广西经济金融智库系列项目

U0861658

广西金融前沿报告 2021

主　编　蔡　幸　周建胜
副主编　黄荣哲　叶栋梁

中国金融出版社

责任编辑：吕　楠
责任校对：孙　蕊
责任印制：程　颖

图书在版编目（CIP）数据

广西金融前沿报告．2021／蔡幸，周建胜主编．—北京：中国金融出版社，2021.9
ISBN 978-7-5220-1289-6

Ⅰ.①广…　Ⅱ.①蔡…②周…　Ⅲ.①地方金融事业—经济发展—研究报告—广西—2021　Ⅳ.①F832.767

中国版本图书馆CIP数据核字（2021）第171125号

广西金融前沿报告2021
GUANGXI JINRONG QIANYAN BAOGAO 2021
出版
发行　中国金融出版社
社址　北京市丰台区益泽路2号
市场开发部　(010)66024766，63805472，63439533（传真）
网 上 书 店　www.cfph.cn
　　　　　　(010)66024766，63372837（传真）
读者服务部　(010)66070833，62568380
邮编　100071
经销　新华书店
印刷　北京市松源印刷有限公司
尺寸　185毫米×260毫米
印张　18
字数　402千
版次　2021年10月第1版
印次　2021年10月第1次印刷
定价　65.00元
ISBN 978-7-5220-1289-6

前言

FOREWORDS

2021年是中国共产党百年华诞，中国全面开启“十四五”规划、全面建设社会主义现代化国家新征程、着力构建新发展格局的开局之年。2021年4月，习近平总书记考察广西时提出“建设新时代中国特色社会主义壮美广西”总目标，广西要“融入共建‘一带一路’，高水平共建西部陆海新通道，大力发展向海经济，促进中国—东盟开放合作，办好自由贸易试验区，把独特区位优势更好地转化为开放发展优势”。

在面向东盟的经济金融合作方面，“十四五”时期广西乘势而上迈向现代化新征程。广西是“一带一路”和“双循环”的重要节点枢纽，是中国面向东盟开放合作的前沿和窗口。按照自治区党委提出的“起步就要提速、开局就要争先”的要求，广西持续强化面向东盟的金融开放门户建设与西部陆海新通道建设、自贸试验区建设的深度结合，推动物流金融服务、金融科技服务、保险综合服务、股权融资服务、政策性金融服务等六个方面在西部陆海新通道沿线省、自治区、直辖市的金融服务一体化，实现改革集成效应。

2018年广西开启建设面向东盟的金融开放门户以来，广西现代金融政策体系日益完善，金融助推经济增长作用日益凸显，金融逆周期调节效果日益明显，区域金融市场竞争力日益增强，金融生态环境日益优化。2020年广西社会融资规模达到7089.4亿元，年增长率为29.28%；广西本外币贷款余额占全国比重首次超过2%，存贷比首次突破100%；国内A股和债券筹资额合计为1981亿元，年增长率为76.97%，比2019年国内A股和债券筹资额增长率提高了33.88个百分点；原保费收入从2019年的644.92亿元提高至2020年的734.33亿元，年增长率为13.86%，比2019年的增长率高11.33个百分点。

作为动态反映广西金融发展态势的蓝皮书，《广西金融前沿报告》已经连续四年公开出版，在广西经济金融界的影响力越来越显著。编撰委员会高度重视《广西金融前沿报告》的学术性、应用性、前瞻性、综合性、权威性，在广泛调查研究的基础上，组织拥有高级职称或博士学位的学者共同完成。《广西金融前沿报告 2021》包括 3 个主题报告、5 个专题报告和附录。其中，3 个主题报告分别反映了银行业、证券业、保险业在推进面向东盟的金融开放门户建设过程中取得的成果、面临的挑战，并就广西金融业在“双循环”背景下实现高质量发展目标提出对策建议；5 个专题报告分别围绕东盟区域金融合作、资产管理这两个研究方向，聚焦广西建设面向东盟的金融开放门户前沿理论与应用研究。

本书获得广西金融与经济研究院、广西应用经济学一流学科（培育）金融学方向、广西财经学院金融硕士专业学位授权点、广西财经学院第一批金融开放门户建设经费资助。

由于作者研究水平有限，时间仓促，书中难免存在疏漏与不足，恳请专家学者与广大读者不吝赐教。

2021 年 6 月

目录

CONTENTS

主题报告

专题报告

主题报告

1. 广西银行业发展前沿报告

2020年是极不平凡的一年，广西银行业在协同支持疫情防控和经济社会发展，扎实做好“六稳”、全面落实“六保”，在疫情防控、推动经济恢复向好、脱贫攻坚、“三企入桂”、扩大开放、改善民生等领域取得了不菲成绩，助力“十三五”规划胜利收官。在“十四五”规划盛大开局之际，广西银行业更要以高质量发展为主题，按照“建设壮美广西 共圆复兴梦想”的总目标要求，支持“三大定位”新使命全面落实，起步就要提速，开局就要争先，在社会主义现代化建设新征程上贡献强大的银行力量。

一、广西银行业有力支持经济社会高质量发展

2020年底，广西共有11类173家银行业金融机构，网点6457家，在全面深入推进绿色金融、跨境金融、农村金融、农信社改革等改革创新中，有力地支持了广西经济社会高质量发展。

（一）银行业存贷款规模与结构进一步优化

从中国人民银行南宁中心支行资料及表1-1统计数据看，2020年底，广西金融机构各项存款余额为34665.55亿元，比上年同期增长9.54%，增速较上年高3.31个百分点，为建设面向东盟的金融开放门户以来的新高，存款新增余额3019.55亿元，同比多增1100多亿元，创历史最高纪录。从存款结构来看，新增住户存款近2000亿元，比上年同期多增350多亿元，充分说明“十三五”期末与全国同期建成小康社会后居民收入增高，尤其说明“六稳”“六保”政策对新冠肺炎疫情冲击的对冲取得良好效果；同时稳企业保市场主体促进企业运营状况转好和经济回升，新增非金融企业存款960多亿元，一改上年非金融企业存款减少的颓势。

表1-1 2020年末广西金融机构存贷款情况

项目	本外币余额（亿元）	人民币余额（亿元）	外币余额（万美元）
一、各项存款	34665.55	34515.57	229867.15
（一）境内存款	34596.85	34471.77	191696.96
1. 住户存款	18988.16	18936.20	79625.82
（1）活期存款	9547.41	9514.04	51154.83
（2）定期及其他存款	9440.74	9422.17	28470.98

续表

项目	本外币余额（亿元）	人民币余额（亿元）	外币余额（万美元）
2. 非金融企业存款	9064.74	9008.54	86132.06
（1）活期存款	4613.30	4570.70	65285.55
（2）定期及其他存款	4451.44	4437.84	20846.51
3. 机关团体存款	5032.21	5015.76	25205.19
4. 财政性存款	468.14	468.14	—
5. 非银行业金融机构存款	1043.61	1043.13	733.90
（二）境外存款	68.71	43.80	38170.19
二、各项贷款	35196.77	34738.99	701601.39
（一）境内贷款	34859.64	34689.20	261205.22
1. 住户贷款	14060.34	14060.16	280.64
（1）短期贷款	1682.05	1681.88	269.27
消费贷款	935.97	935.79	269.27
经营贷款	746.09	746.09	—
（2）中长期贷款	12378.28	12378.28	11.37
消费贷款	10247.06	10247.05	11.37
经营贷款	2131.22	2131.22	—
2. 企（事）业单位贷款	20799.30	20629.05	260924.59
（1）短期贷款	4463.54	4337.00	193930.58
（2）中长期贷款	14846.92	14803.36	66768.03
（3）票据融资	1428.09	1428.09	5.80
（4）融资租赁	40.88	40.88	—
（5）各项垫款	19.87	19.72	220.18
3. 非银行业金融机构贷款			—
（二）境外贷款	337.14	49.78	440396.16

资料来源：中国人民银行南宁中心支行。

2020 年广西银行业贷款有力支持实体经济摆脱新冠肺炎疫情冲击，持续高质量发展。2020 年底，广西银行业各项贷款余额为 35196.77 亿元，与上年同期相比增长了 15.41%，增速较全国平均水平高出 2.92 个百分点，位列西部第一、全国第七名。全年新增贷款 4699.38 亿元，与上年同期相比多增 1008.14 亿元，创下历史新高，带动贷款增速连续 5 年超过全国平均水平，贷款余额占全国比重首次超过 2%，有力地满足了经济高质量发展的金融需求。值得注意的是，银行业普惠金融发展迅猛，个人经营贷款较年初增加 293.8 亿元，同比增长 5.4 倍；企（事）业单位贷款较年初增加 2925.05 亿元，同比增加 940.57 亿元，在“复工贷”“稳企贷”等政策支持下信贷投放规模上了新台阶，存贷比在过去 29 年来首次突破 100%。在贷款流向中，制造业贷款增速高达

18.15%，与上年同比高出10.14个百分点，而制造业中长期贷款更是同比增长64.37%，增速提高近40个百分点，对实体经济支持力度前所未有；服务业贷款同比增长16.5%，占贷款总额近70%，对重点行业的扶持力度加大，为保市场主体、保就业、保民生作出了巨大贡献。①

表1-2　2009—2020年广西银行业规模发展情况

年份	资产总额（亿元）	年末存款余额（亿元）	年末贷款余额（亿元）	营业网点数（个）	从业人员数（人）	法人机构数（家）
2009	11563	9638.90	7360.40	5384	73646	125
2010	14747	11813.90	8979.90	5414	76347	109
2011	17931	13528	10646.40	5477	80332	123
2012	21544.20	15966.70	12355.50	5663	84736	133
2013	24276.40	18393.60	14085.27	5793	88825	134
2014	26967.51	20298.50	16071.30	5984	91282	134
2015	30330.82	22793.50	18119.30	6174	91431	135
2016	33679.50	25477.80	20640.50	6606	96194	507
2017	35891	27899.60	23226.10	6297	91368	145
2018	38527	29789.80	26688.30	6296	90439	145
2019	42213	31646.00	30497.40	6704	95638	524
2020	46600	34665.55	35196.77	6457	—	—

资料来源：中国人民银行历年中国区域金融运行报告，经作者整理。

从表1-2来看，2009年至2020年，广西银行业金融机构资产总额从11563亿元增长到46600亿元，年均增长13.4%；本外币存款余额从9638.9亿元增长到34665.55亿元，年均增长12.3%；本外币贷款余额从7360.4亿元增长到35196.77亿元，年均增长15.3%；营业网点数、从业人员数和法人机构数也在快速增加。

表1-3　2009—2020年广西银行业存贷情况与金融相关率

年份	存贷差（亿元）	存贷比（%）	地区生产总值（亿元）	金融相关率（%）
2009	2278.50	76.36	7112.91	2.39
2010	2834	76.01	8552.44	2.43
2011	2881.60	78.70	10299.94	2.35
2012	3611.20	77.38	11303.55	2.51
2013	4308.33	76.58	12448.38	2.61
2014	4227.20	79.17	13587.82	2.68
2015	4674.20	79.49	14797.80	2.76

① 中国人民银行南宁中心支行.2020年广西金融运行情况［EB/OL］. 2021年2月7日，http://nanning.pbc.gov.cn/nanning/133342/4189530/index.html.

续表

年份	存贷差（亿元）	存贷比（%）	地区生产总值（亿元）	金融相关率（%）
2016	4837.30	81.01	16116.55	2.86
2017	4673.50	83.25	17790.68	2.87
2018	3101.50	89.59	19627.81	2.88
2019	1148.60	96.37	21237.14	2.93
2020	-531.22	101.53	22156.69	3.15

资料来源：国家统计局、中国人民银行历年区域金融运行报告，经作者整理。

从表 1-3 来看，广西银行业存贷差呈先增后减的变化趋势，在 2016 年达到 4837.3 亿元的高点，而到 2020 年出现了罕见的-531.22 亿元，表现为“十三五”规划开局时供给侧结构性改革去杠杆导致的存贷差扩大及“十三五”规划收官时应对新冠肺炎疫情冲击时银行业的大力抗疫纾困；金融相关率（银行业金融资产与地区生产总值的比值）从 2011 年的 2.35%上升到 2020 年的 3.15%，表明广西银行业对实体经济的支持力度不断加大。

（二）银行业有力支持“强首府”战略推进

“强首府”战略实施以来，银行业给予了全方位支持。2020 年南宁市各项存款余额 11573.75 亿元，增速比上年显著提升，存款新增近 800 亿元，比上年多增近 160 亿元，新增存款总额占全区 26.12%，居全区首位。其中，新增住户存款 456.1 亿元，与上年同期相比多增 43.41 亿元；新增非金融类企业存款 312.31 亿元，与上年同期相比多增 503.13 亿元，企业资金紧张状况大大缓解；新增非银行金融机构存款 127.39 亿元，同比多增 60 多亿元，有力满足了面向实体经济的信贷资金需求。

2020 年底，南宁市各项贷款余额 16254.06 亿元，大于存款余额规模，存贷比远超 100%，贷款增速为 12.71%，高出存款增速 5.4 个百分点，新增贷款 1833.29 亿元，占全区贷款近 40%。从贷款流向部门看，住户贷款余额 5105.56 亿元，增速为 16.74%，新增 732.2 亿元，与上年同期相比多增 14.57 亿元；企（事）业单位贷款余额 10812.64 亿元，增速近 12%，新增 1154.11 亿元，与上年同期相比多增 50.69 亿元。尤其是，企（事）业单位新增贷款超过 1000 亿元，与上年同期相比多增 270.53 亿元，占新增企（事）业单位存款近 87%，增速提高 20.52 个百分点。

从贷款投向行业看，信贷支持产业转型升级、基础设施体系完善、中小微企业普惠金融需求、脱贫攻坚与乡村振兴、绿色金融的力度显著增大。其中，贷款投向制造业有所增多，特别是中长期制造业新增贷款 86.58 亿元，占全区比重近半，同比多增 37.4 亿元，增速较上年提高 45.35 个百分点；基建领域吸纳了 60%多的贷款，新增贷款投入 688.49 亿元，占行业新增贷款的 64.17%；小微企业贷款余额 1657.36 亿元，新增贷款 319.38 亿元，增速达 24.5%，较上年同期高出 15.61 个百分点，新增贷款为上年同期近 3 倍，普惠小微企业贷款同比增长 28.71%，高出全区平均水平 9 个百分点；县域地区贷款余额 673.9 亿元，比上年同期增长 17.3%，增速提高 4.5 个百分点，涉农贷款余额达到 2510.66 亿元，增速为 15.07%，显著高于贷款余额总体增速；绿色贷款余额 1642.82 亿元，占全区比重过半，新增 212.12 亿元，占全区新增总额近 36%。①

（三）银行业深度参与面向东盟的金融开放门户建设

为推进面向东盟的金融开放门户建设，在中国人民银行南宁中心支行领导和支持下，围绕跨境贸易和投融资便利化的商业银行业务创新不断推进，争取获批了 9 项外汇创新业务，推动中马钦州产业园区金融创新试点、贸易外汇收支便利化、资本项目收入支付便利化、外国人才薪酬购付汇便利化等多项金融创新试点落地实施。其中，中马钦州产业园区金融创新试点于 2020 年 8 月获得中国人民银行总行批复同意，可开展境外项目人民币贷款、跨境人民币双向流动便利化、境内信贷资产跨境转让、跨境人民币同业融资、简化境外机构人民币银行结算账户离岸划转业务 5 项创新业务，人民币 NRA 账户离岸划转业务的速度大大提升，可节约将近 1 小时；中信银行南宁分行创新开展了民营企业铁矿石交易的全国首例人民币结算业务；柬埔寨加华银行、中银香港金边分行和工行金边分行参与了人民币对柬埔寨瑞尔的区域交易，依托银行间区域交易市场创新推出人民币对柬埔寨瑞尔的双边本币结算新模式；边贸结算银行可通过边境口岸互市贸易结算信息平台将单笔互市贸易结算时间由 30 分钟缩减至 1 分钟；广西 21 家银行 169 个营业网点开通跨境金融区块链服务平台直联权限，发放贷款 728 笔，共计 4.5 亿美元。

2020 年，11 家银行 48 个分支机构入驻广西自贸试验区，创新推出金融服务 20 项，服务企业 2.1 万家，发生跨境收支 20.76 亿美元，新增贷款 244.73 亿元，贷款余额达到 538.62 亿元。2020 年，广西跨境人民币结算量达到 1557 亿元，占本外币跨境收支总额四成以上，其中与东盟各国跨境人民币结算总额多达 681 亿元，占广西与东盟本外币跨境收支约 60%，银行业稳固了人民币在广西—东盟贸易结算中第一大货币的地位，有效推动了面向东盟的金融开放门户建设。②

（四）银行业加大助力西部陆海新通道高水平建设

西部陆海新通道是广西全面履行“三大定位”新使命的重要抓手，被党中央、国务院确立为“十四五”时期重大工程。习近平总书记指出，要依托陆海新通道建设，加快推进现有经济走廊和重点项目建设，积极构建中国—东盟多式联运联盟。在构建以国内大循环为主体、国内国际双循环互相促进的新发展格局中，西部陆海新通道的战略地位更加凸显。

2020 年，广西银行业加大金融创新力度，增加金融供给，有效助力西部陆海新通道高水平建设和高质量发展。西部陆海新通道建设融资余额 4307 亿元，总融资余额年内新增 641 亿元，其中基础设施建设贷款余额 3519 亿元，物流和金融仓储企业贷款余额 400

---

① 中国人民银行南宁中心支行 .2020 年南宁市金融运行情况［EB/OL］. 2021 年 2 月 7 日，http：//nanning. pbc. gov. cn/nanning/133342/4189615/index. html.

② 中国人民银行南宁中心支行 . 广西跨境金融改革创新全面升级　加快面向东盟的金融开放门户建设［EB/OL］. 2021 年 3 月 19 日，http：//nanning. pbc. gov. cn/nanning/133342/4210850/index. html.

亿元，“三单”融资累计投放236.13亿元。银行业聚焦工作合力，全力配合人民银行的部署支持西部陆海新通道建设；聚焦资金供给，全力满足西部陆海新通道基础设施建设资金需求；聚焦金融创新，提升西部陆海新通道建设金融服务质量与水平，典型的案例是西部陆海新通道（广西）多式联运“一单制”综合金融服务平台年内启用，并为广西柳工机械股份有限公司等企业办理了铁海联运“一单制”融资创新业务；聚焦服务保障，确保为西部陆海新通道建设运营提供优质服务。

进入2021年以来，银行业继续加大西部陆海新通道建设支持，通过融资对接会促进8家金融机构和22家西部陆海新通道建设项目企业达成授信意向960亿元，其中6家金融机构与6家企业进行了现场签约，涉及贷款金额442亿元①。

（五）银行业高质量贯彻执行货币政策要求

在全球新冠肺炎疫情肆虐、经济下行压力较大的背景下，中央银行稳健的货币政策要为“六稳”“六保”工作服务，做到灵活精准、合理适度。

2020年，广西银行业新增小微企业贷款893.17亿元，与上年同期相比多增392.97亿元，占新增企业贷款的35.79%，比大型企业贷款增量高出近6个百分点，体现了稳市场主体的重要要求。特别是普惠小微企业贷款同比增加了近20%，增速显著提高。同时，企业信用贷款新增819.76亿元，与上年同期相比多增380亿元，占新增企业贷款的32.85%，与上年同期相比增加了近9个百分点。2020年广西银行业新发放企业贷款平均利率4.76%，与上年同期相比下降了55个基点，其中小微企业平均贷款利率同比下降72个基点。进入2021年以来，随着两项直达货币政策工具继续延长，截至第一季度末，银行业获得人民银行南宁中心支行提供的“零利率”资金30.05亿元，以此带动银行业向4.27万户企业提供贷款104.4亿元，其中信用贷款比率高达16.98%；在获得人民银行奖励资金后支持3.42万户企业到期贷款延期共计297.22亿元，延期率高达59.04%。

为进一步抓好“六稳”，做好“六保”，广西银行业深入贯彻实施“桂惠贷”政策，切实加大了“桂惠贷”投放力度和范围。各银行业金融机构迅速出台行动方案，简化优化审批流程，推动“桂惠贷”加大加快投放。2021年第一季度末，广西银行业累计面向2.61万户企业发放“桂惠贷”贷款752.42亿元。银行业金融机构将“桂惠贷”资金重点投向受疫情影响较大的中小微企业和制造业企业，其中，面向制造业3238户企业发放贷款221.50亿元，占比28.11%；面向25648户小微企业发放贷款454.97亿元，占比61.37%。同时，严格限制实际贷款利率不能同比下降，“桂惠贷”贷款加权平均利率为3.18%，降低企业融资成本7.43亿元，对保民生、保市场主体发展举足轻重。

银行业加大了对脱贫攻坚和乡村振兴的信贷支持，2020年末县域贷款余额8010.92亿元，与上年同期相比增长近20%，高出全区总体增速4.17个百分点，占全区贷款余额高达22.76%；涉农贷款余额为9913.46亿元，增速高达13.31%，较年初新增1236.1亿

① 中国人民银行南宁中心支行．金融助力西部陆海新通道建设［EB/OL］．2021年4月19日，http：//nanning.pbc.gov.cn/nanning/133342/4233477/index.html.

元，同比多增495.5亿元，其中，农村企业贷款增速达21%。此外，随着《2021年信贷政策服务广西经济高质量发展的指导意见》《实施“七个千亿”融资工程》等系列政策文件出台，利用物联网、区块链、大数据、云计算等技术发展了供应链金融模式，2021年第一季度累计向348家企业投放供应链融资超过680亿元，“桂信通”企业征信服务平台与中征应收账款融资服务平台得以充分利用；累计建成14条应收账款融资供应链，帮助上游114家企业和农户融资52亿元。①

二、广西银行业与西部邻近省市的比较分析

2020年全国各省（自治区、直辖市）国内生产总值排名中，广西与重庆、云南、贵州排名相近，且均是西部陆海新通道沿线重要枢纽节点，在经济地理上均为西南民族地区，其中重庆、云南、广西在金融业发展定位上均有意做强面向东盟的区域性金融中心。将广西置身于这些省（自治区、直辖市）中进行比较分析，更有利于明确广西银行业的发展地位与作用，更契合“两个高于”的广西“十四五”时期经济增速目标。本部分数据若无特别说明，均来自万得（Wind）金融数据库。

（一）大型商业银行发展亟待加快

从大型商业银行机构网点数来看，2018年之前广西网点数一直远高于重庆、贵州、云南等西部邻近省市，优势较为明显。② 这与广西地域面积相对较大的原因直接相关，且依托经济总量曾位居各参与比较省（自治区、直辖市）之首而言，大型商业银行机构布局较早且相对稳定。但是，值得注意的是，2019年随着云南国内生产总值超越广西，大型商业银行机构营业网点数也一举超过广西，云南网点数增加而广西网点数下降，二者差距为535个。这说明大型商业银行在区域经济发展中起到举足轻重的作用，经济的快速发展必然有金融的强力支持，尤其表现为大型商业银行的加快布局。

从图1-2可以看出，广西大型商业银行资产规模自2006年以来与西部邻近省市保持连续升势，从2006年的3420亿元增长到2019年的14164亿元，年均增长速度近11%，超过同期国内生产总值增速，且曾一度超过重庆的规模。值得我们注意的是，云南省、重庆市大型商业银行资产规模十年来均大于广西，为经济上的赶超提供了强力金融支持，尤其是2019年广西大型商业银行资产规模增速均小于其他省市，呈更缓慢的发展状态。

① 中国人民银行南宁中心支行．多措并举　广西金融支持实体经济惠民生［EB/OL］．2021年4月30日，http：//nanning. pbc. gov. cn/nanning/133342/4241575/index. html.

② 大型商业银行包括中国工商银行、中国农业银行、中国银行、中国建设银行和交通银行。银行网点就是银行对外营业的地方，一般分为分行、支行、分理处、储蓄所和二十四小时自助银行等。

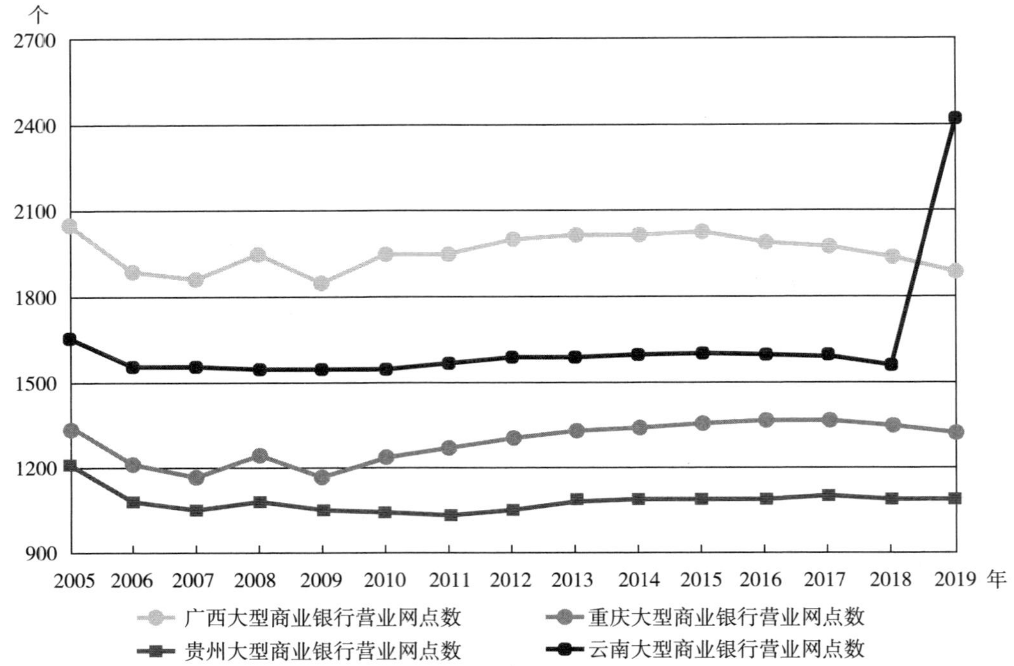

图 1-1　广西与西部若干省市大型商业银行营业网点数

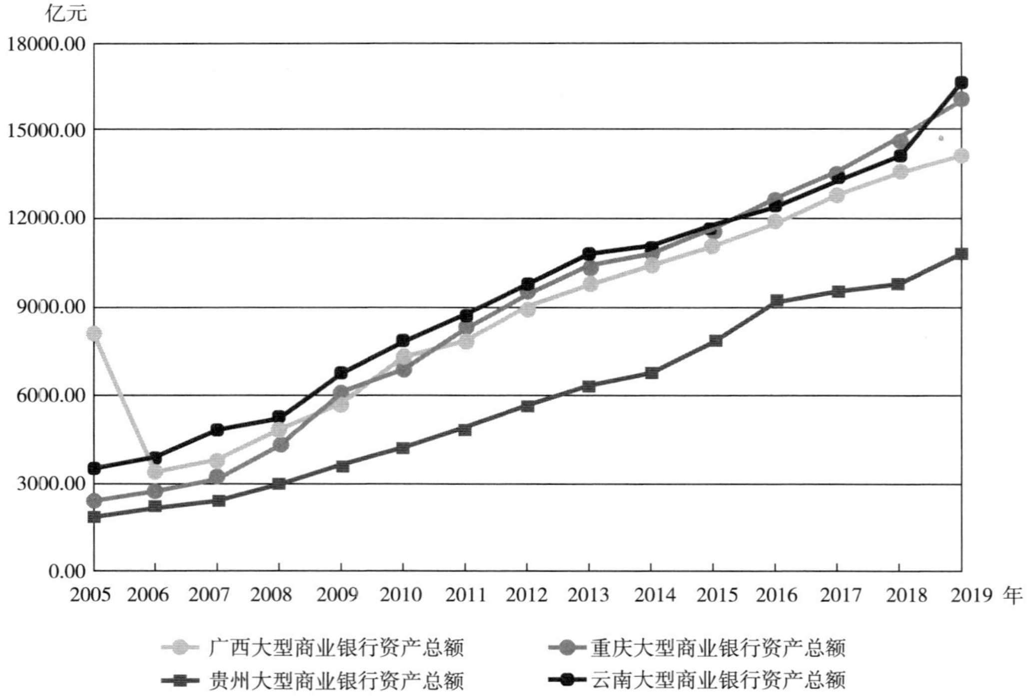

图 1-2　广西与西部若干省市大型商业银行资产规模

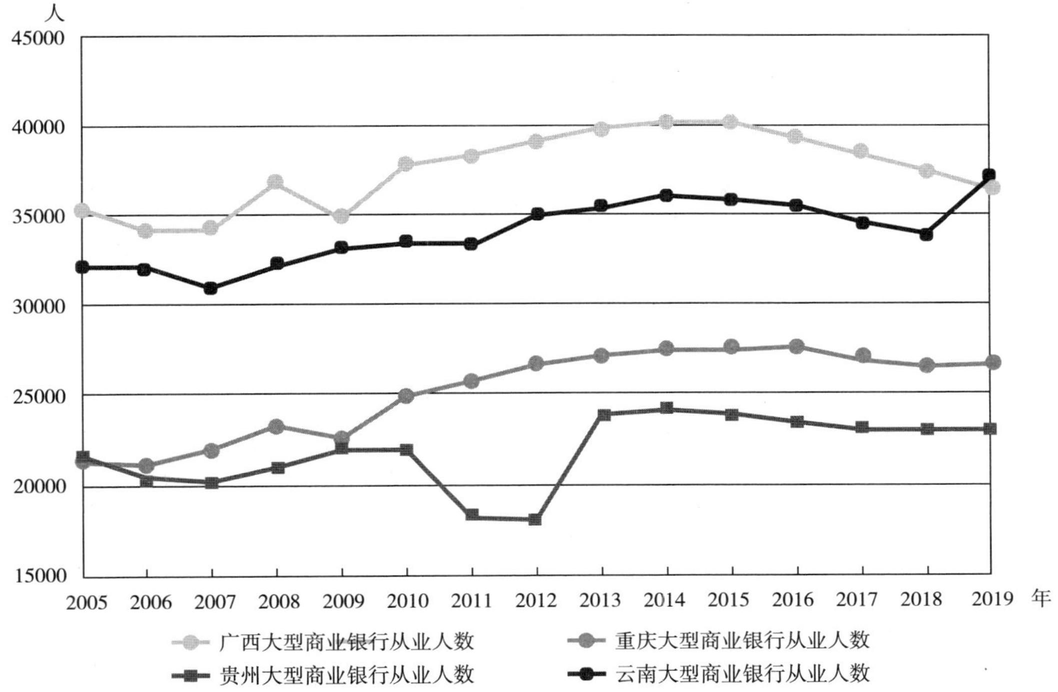

图 1-3　广西与西部若干省市大型商业银行从业人数

从图 1-3 来看，2018 年之前，广西大型商业银行从业人数一直多于西部邻近省市，这与机构数量占优基本一致，但随着近年来金融科技快速发展而呈下降态势。与机构数量变化一致的是，自 2019 年起，云南大型商业银行从业人数开始超越广西，但只超过了 500 人，说明云南大型商业银行网点虽然多出了 535 个，但从业人员数量增长得更少，即云南省大型商业银行在金融科技助推下，后来居上，以相对更少的从业人员数支持了机构运作，效率上要胜于广西，这体现了广西大型商业银行加快转型、提高效率的紧迫性。

（二）政策性银行支持力度相对较弱

在政策性银行网点数（见图 1-4）方面，云南省机构网点数量一直最多，其次为贵州，广西机构网点数量只比重庆多，这反映出国家在区域发展政策支持中，云南省、贵州省获得的倾斜支持力度更大，直接为近年来云南省、贵州省快速稳定的经济增长作出了不可磨灭的贡献，而在西部陆海新通道建设及新一轮西部大开发中，广西唯有争取更大支持，才能有效支撑“两个高于”经济增速目标的实现。

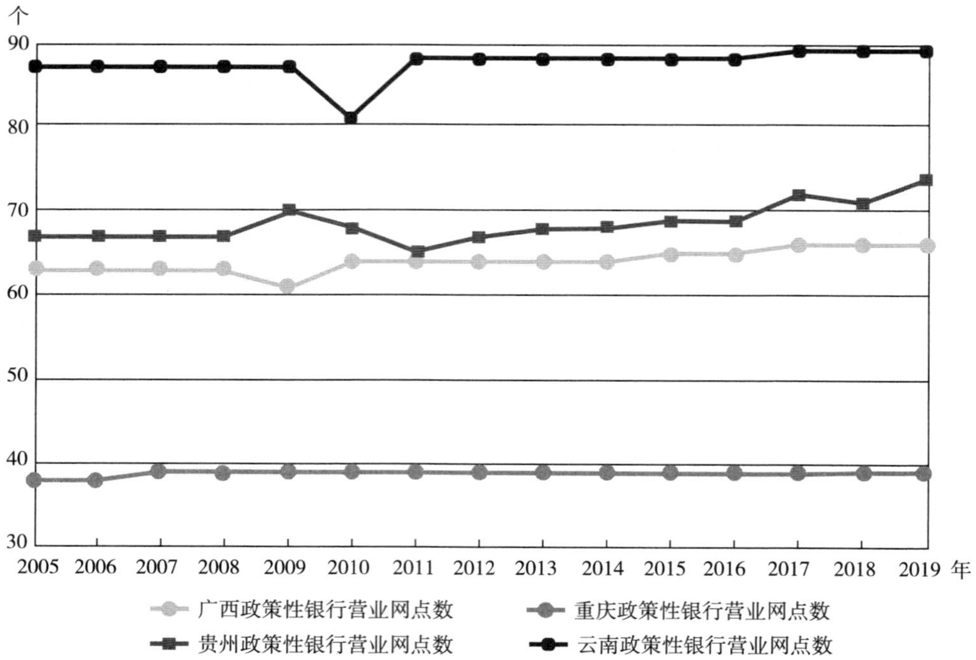

图 1-4　广西与西部若干省市政策性银行营业网点数

从图 1-5 中可以看出，广西政策性银行资产规模已位列所比较省（自治区、直辖市）末位。与机构网点数量较为一致的是，云南省政策性银行资产规模位居榜首，自 2014 年以来保持着最快的增速，2019 年资产规模已突破 6832 亿元，比广西高出 1400 多亿元，从如此大的投资规模差异来看，因投资乘数效应对云南的经济增长有更大的推动作用。广西政策性银行资产规模自 2017 年以来先降后升，但增速缓慢，比贵州、重庆都要少。随着"十四五"开局，广西基础设施建设加快规划和建设，广西作为沿边地区在进出口方面也亟待获得跨越提升，需要政策性银行支持只会增而不会减。

从图 1-6 反映来看，广西政策性银行从业人数并不少，与相对劣势的营业网点和资产规模来看，表明广西政策性银行相对更臃肿和低效，提质增效的压力也相对较大。特别是与资产规模相当的重庆相比，从业人员高出了 500 多人，这是明显的效率差距。

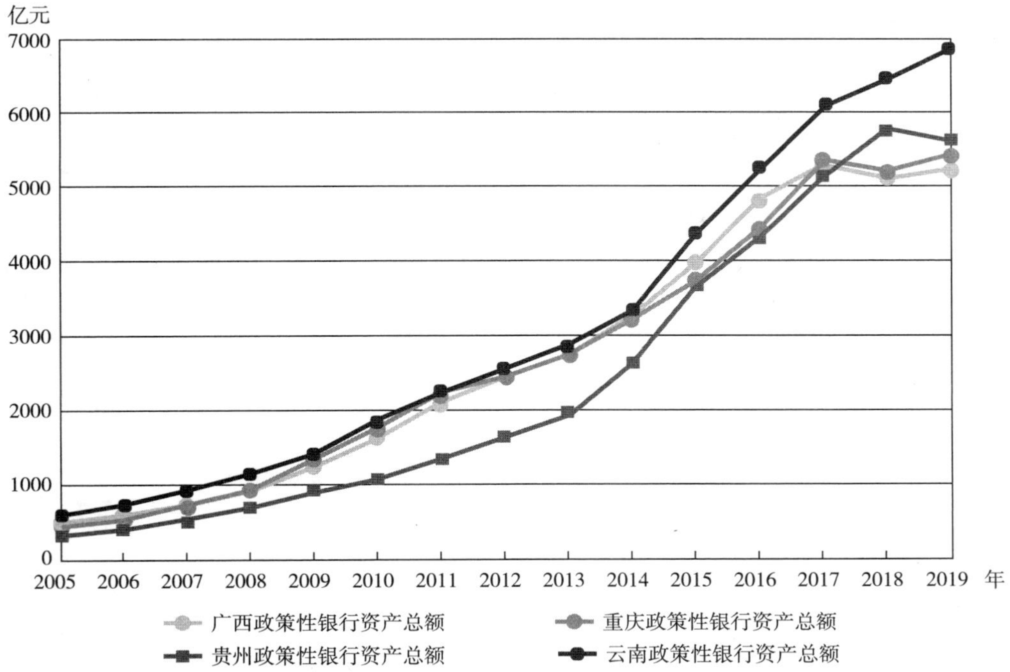

图 1-5 广西与西部若干省市政策性银行资产规模

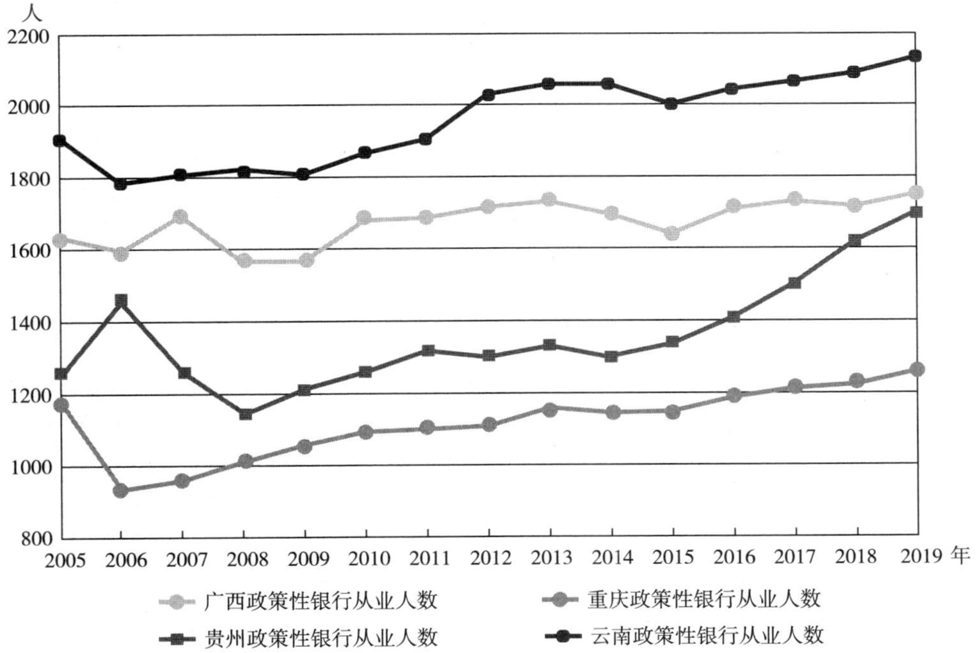

图 1-6 广西与西部若干省市政策性银行从业人数

（三）股份制商业银行发展相对滞后

在股份制商业银行方面，云南省、重庆市在过去十余年来均在机构网点数上多过广西，其中云南省的机构网点数已经多出 200 余个，呈加大趋势，而重庆市也有 100 余个网点数的差值且呈上升之势，就算是网点数一直处于劣势的贵州省，2018 年以来也呈更快的上升势头。在 2013 年云南省经济快速起飞以来，股份制商业银行机构网点数一直快速增长，平均增速高出广西一倍以上。股份制商业银行机构网点数的快速增长，说明区域经济的快速增长和金融营商环境的吸引力不断增强。广西在机构网点数上的劣势及增长乏力的态势进一步凸显了市场化更强的股份制商业银行对区域经济发展活力的反映。

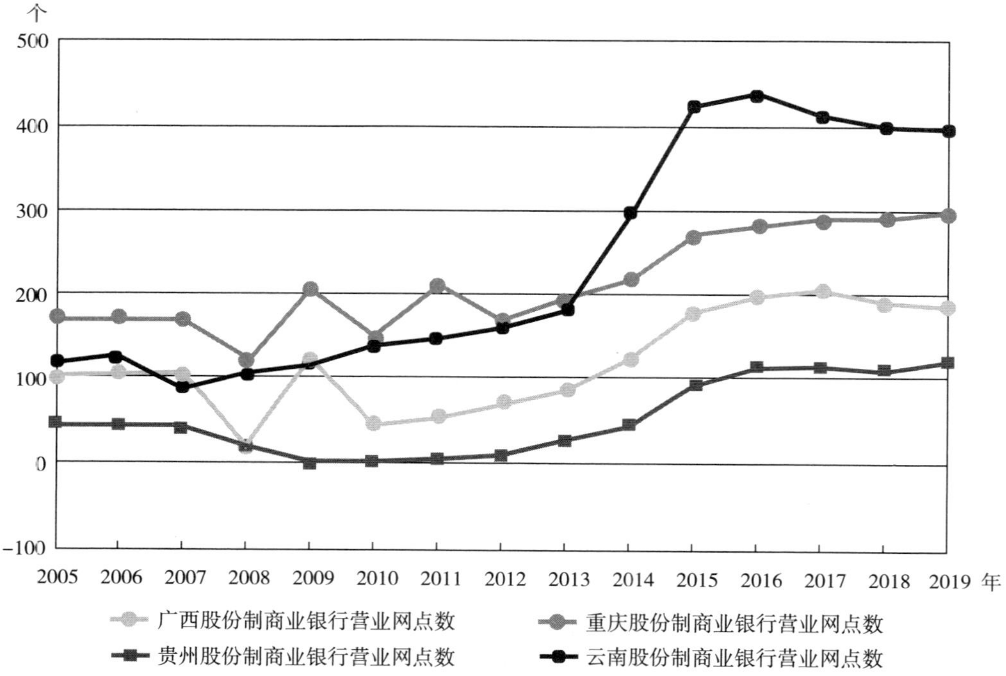

图 1-7　广西与西部若干省市股份制商业银行营业网点数

从图 1-8 中可以看出，广西在股份制商业银行资产规模上明显小于重庆市和云南省，特别是低于重庆市近 3100 亿元，机构数量少近三分之一，但资产规模却小了四成多，进一步反映了发展效率方面的差距。广西与云南省、贵州省同为西部相对落后地区，股份制商业银行资产规模都比较小，尤其云南省虽然在机构网点数上远远占优，但资产规模的优势并不是特别明显，而且，自 2017 年以来，广西股份制商业银行资产规模的增速一直比云南省、贵州省要快，这在某种程度上也反映出广西经济发展的潜力，特别是“三大定位”新使命的推进履行提升了广西的区位和未来发展预期。

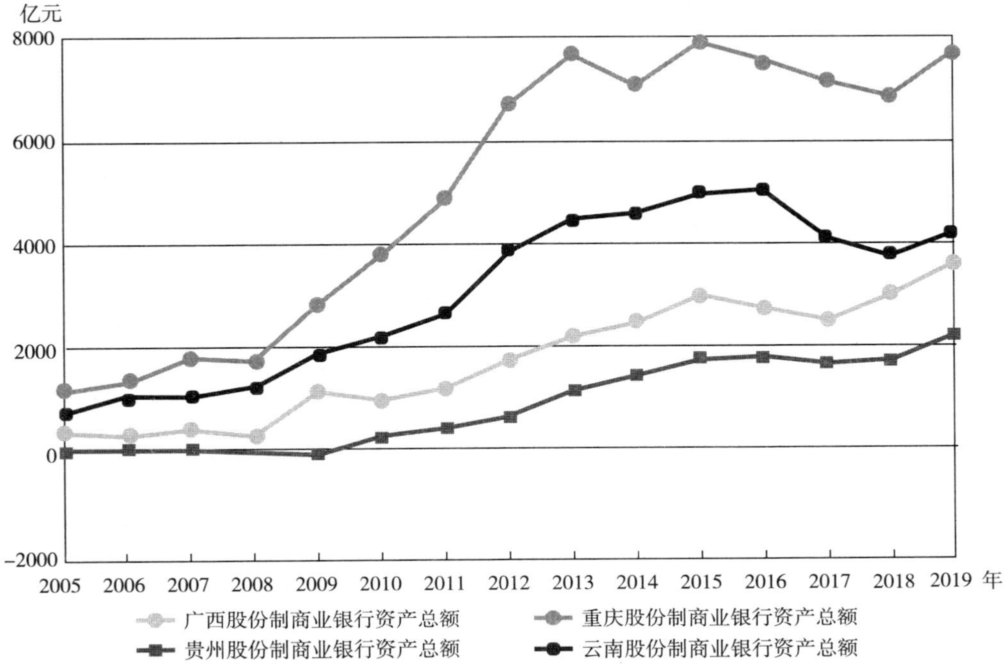

图 1-8　广西与西部若干省市股份制商业银行资产规模

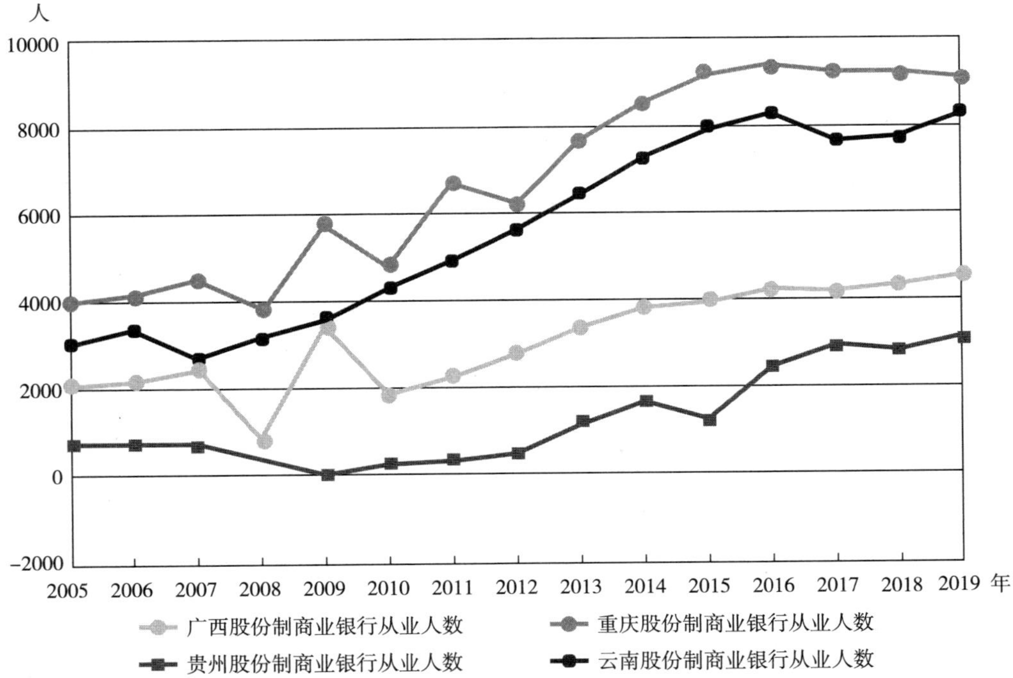

图 1-9　广西与西部若干省市股份制商业银行从业人数

从图 1-9 反映来看，广西股份制商业银行从业人数相对较少，在 2019 年末仅为 4545

人，是重庆市的一半，是云南省的 55%左右。由此可见，广西股份制商业银行人员数量较少，而相比不占优的机构网点数和资产规模，运营效率相对较高，但总体来看，股份制商业银行发展相对滞后，规模体量亟待扩大。

（四）城市商业银行发展仍待提速

从城市商业银行机构网点数量（见图 1-10）来看，广西三家城市商业银行机构营业网点数呈快速发展势头，已位列比较省（自治区、直辖市）之首，在 2019 年末达到 587 个，是 10 年前的近 5 倍。在其余三个省（市）均无快速发展的情形下，广西城市商业银行机构网点数量自 2013 年以来增速最快，这说明自沿边金融综合改革试验区建设以来布局加快，发展提速。

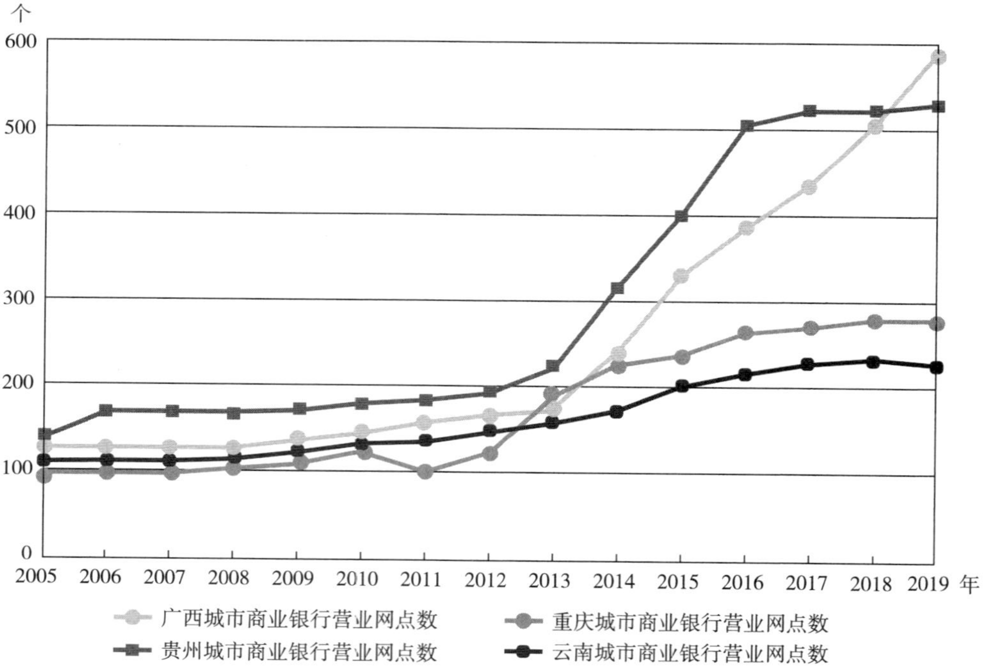

图 1-10 广西与西部若干省市城市商业银行营业网点数

由图 1-11 可以看出，广西城市商业银行资产规模仍相对较小，作为支持区域经济发展的地方主力金融机构，资产规模和区域经济规模相对而言更为匹配。广西城市商业银行资产规模虽然在过去实现了快速增长，但增速比重庆市和云南省均较为落后，三者在 2013 年时不相上下，而到 2019 年末，广西三家城市商业银行资产规模仅为 6510 亿元，比云南省和重庆市分别少了约 3000 亿元和 1000 亿元。

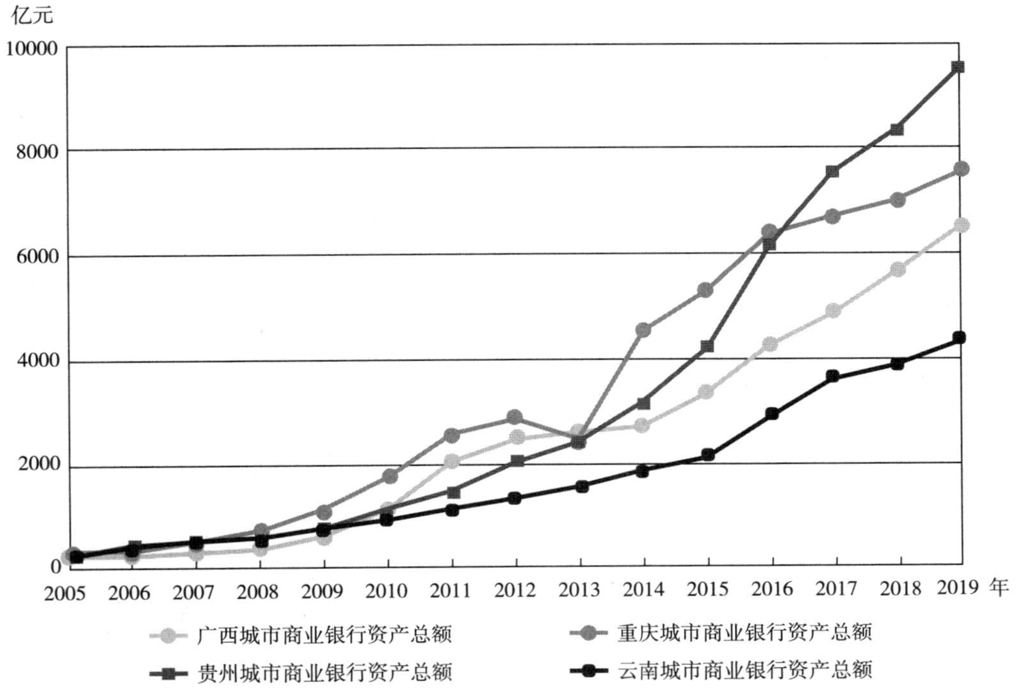

图 1-11　广西与西部若干省市城市商业银行资产规模

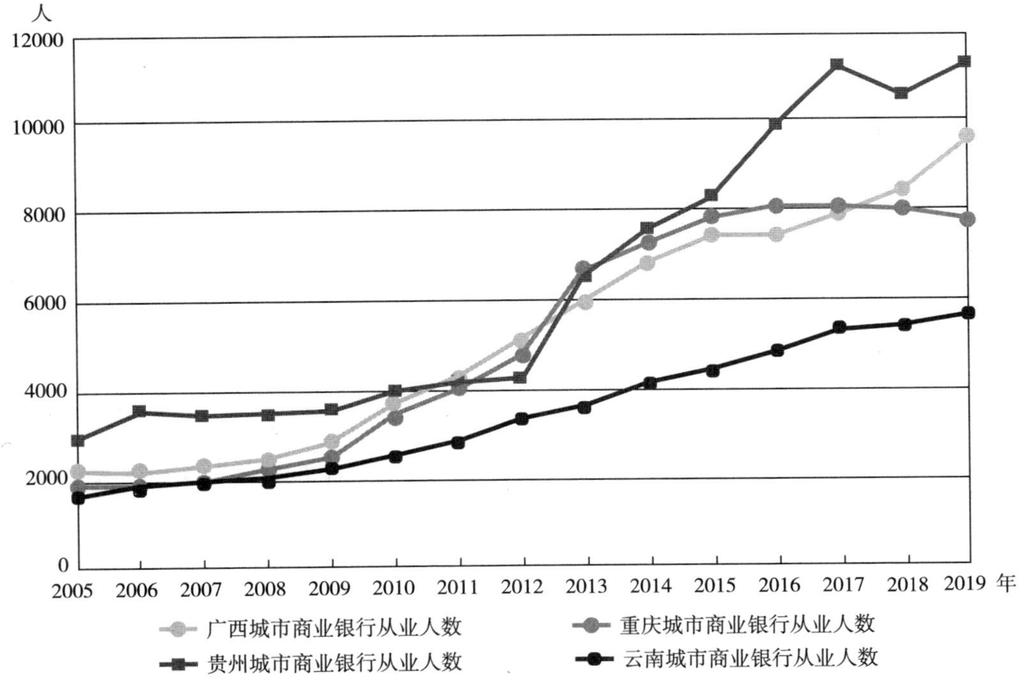

图 1-12　广西与西部若干省市城市商业银行从业人数

从图 1-12 反映来看，广西城市商业银行从业人数少于云南省，高于重庆市和贵州省。2019 年从业人数 9591 人，少于云南省 2000 人，分别多于重庆市和贵州省约 1800 人和 4000 人。从业人数相对占优，与机构网点数占据榜首有较大关系，但对于相对较多的机构网点数而言，每个机构网点的从业人员数较少，说明网点规模较小，较难实现规模经济。广西区、重庆市、贵州省、云南省城市商业银行数量分别为 3 个、2 个、2 个和 3 个，数量上不相上下，广西城市商业银行单个资产规模上不如重庆市和云南省。

（五）农村小型金融机构有待整合提升

从图 1-13 可以看出，广西农村小型金融机构营业网点数一直稳居各参与比较的省（自治区、直辖市）前列，但 2019 年下降至 2347 个，被云南省 2369 个超越。重庆市农村小型金融机构营业网点数因地域面积较小而未超过 2000 家，其余三省区均相差不大，但与贵州省的稳定及云南省的快速增长相比，广西的下降趋势值得关注，在未来乡村振兴战略推进中更需加快发展。

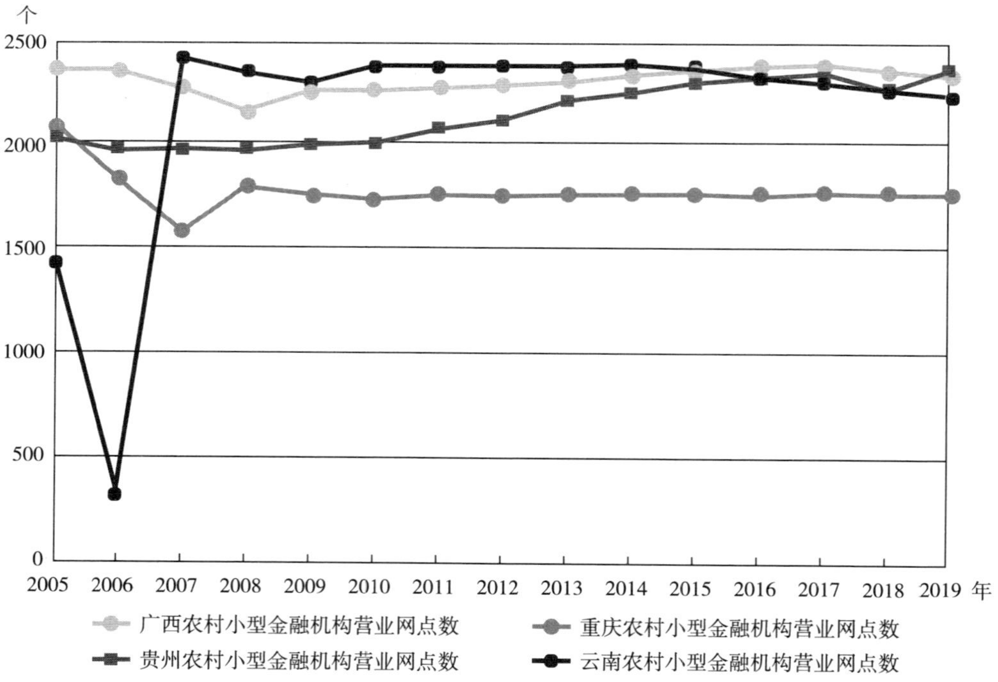

图 1-13　广西与西部若干省市农村小型金融机构营业网点数

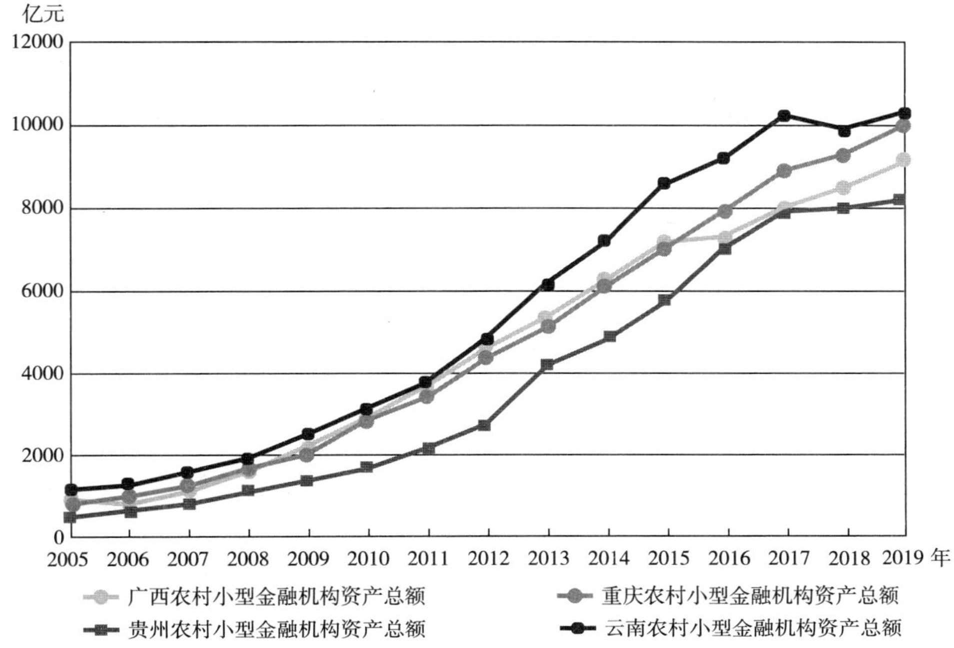

图 1-14 广西与西部若干省市农村小型金融机构资产规模

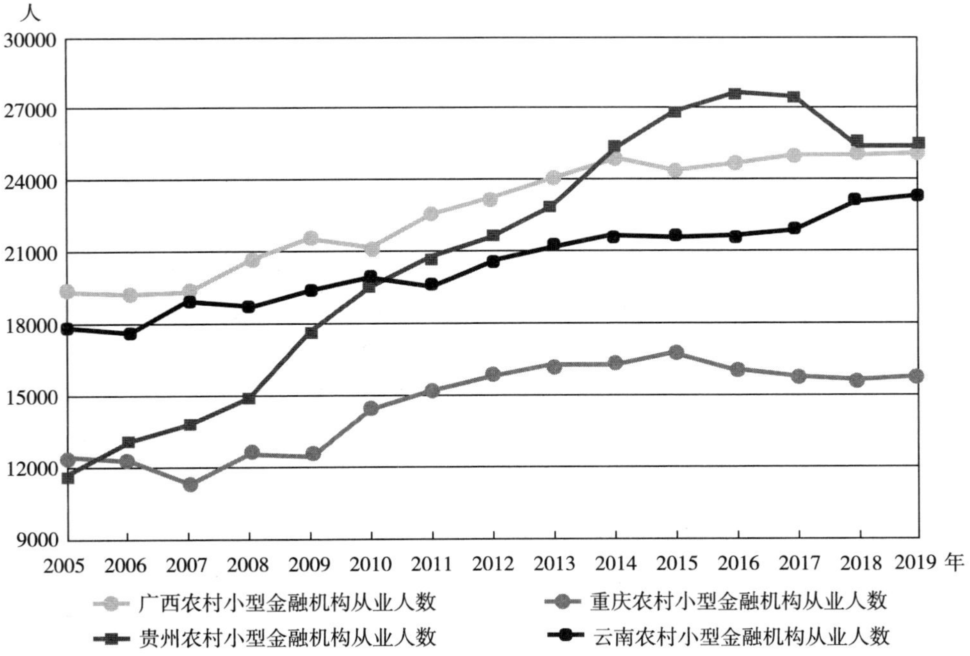

图 1-15 广西与西部若干省市农村小型金融机构从业人数

自 2015 年以来，广西农村小型金融机构资产规模就被重庆市超越，并一直低于云南省规模，且曾经在 2016 年增长缓慢而跟贵州省不相上下。从 2006 年的近 800 亿元增长到 2019 年的 9103 亿元，实现了十倍以上的增长，但从相对增速来看，却不如重庆市、贵州省和云南省，农村小型金融机构在城乡统筹发展中发挥的作用有待提升。

从业人数方面，广西农村小型金融机构从业人数近年来保持相对稳定，但自 2014 年起被云南省超越，并在 2018 年以来人数相当，表现为云南省经历了快速增长后进一步减员增效，提升发展质量，而广西呈稳定发展态势。相比重庆较少而稳定的从业人数和贵州的快速增长，凸显广西在发展效率和速度方面还有待加强。从机构的数量来看，云南省有 133 个农村小型金融机构，广西区有 95 个，贵州省有 84 个，而重庆市经整合后只保留 1 家，综合比较机构数和网点及资产规模来看，重庆市拥有较强的规模效应，有利于全市范围内统一调配资源，也因较强的规模实力，更具有服务乡村振兴、农业产业化和农业现代化对农业经营体制改革中规模化、集约化的服务能力。

（六）新型农村金融机构支农作用显著增强

从 2007 年开始试点后，新型农村金融机构呈快速增长态势，截至 2019 年，广西机构数一举超过其他省市，以 653 个位居第一名，在一年内实现了 400 家左右的增长。在营业网点机构数上，广西的快速增长说明农村金融改革创新提速，比重庆市的下降和云南省与贵州省的缓慢增长更凸显农村普惠金融发展加快。

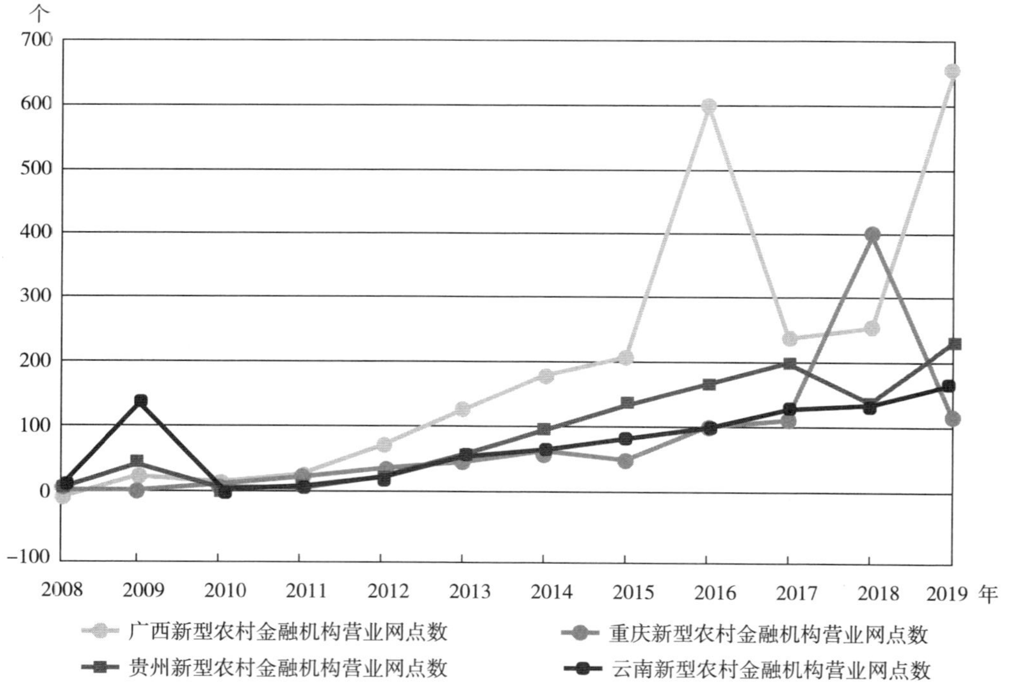

图 1−16　广西与西部若干省市新型农村金融机构营业网点数

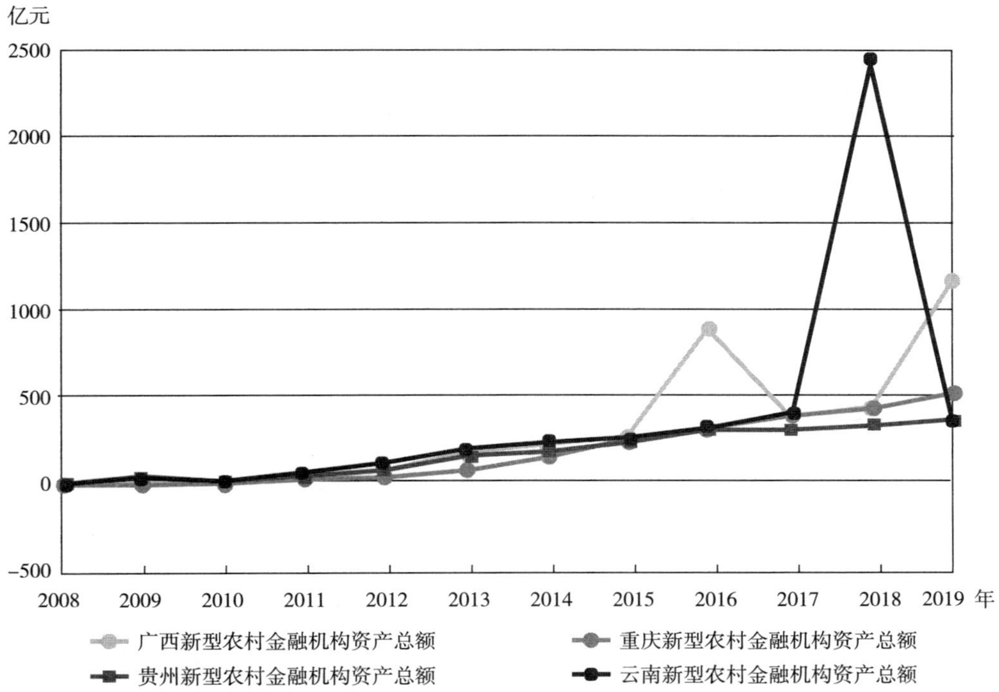

图 1-17　广西与西部若干省市新型农村金融机构资产规模

2015 年之前，各省（自治区、直辖市）新型农村金融机构均处于稳定发展阶段。2015 年之后，各省（自治区、直辖市）新型农村金融机构加快结构调整，其中广西在机构数上更快扩张整合，与之相对应的是资产规模不断攀升，截至 2019 年增至 1173 亿元，与营业网点机构数同时登顶，而重庆市随着机构缩减资产规模也迅速下降，和贵州处于同一水平。

与营业网点机构数、资产规模相似，广西新型农村金融机构从业人员在 2015 年后呈现了较快增速和整合发展，而重庆市人员数量 2019 年降为倒数第一，贵州省、云南省则一如既往地稳定发展。

从法人机构数量来看，2009 年经历一波快速增长后，各省（自治区、直辖市）都进入稳定发展状态，但 2015 年后广西大起大落改革加快，2019 年以 424 家居首，是重庆市的 10 倍以上，云南省和贵州省的 5 倍和 6 倍以上。

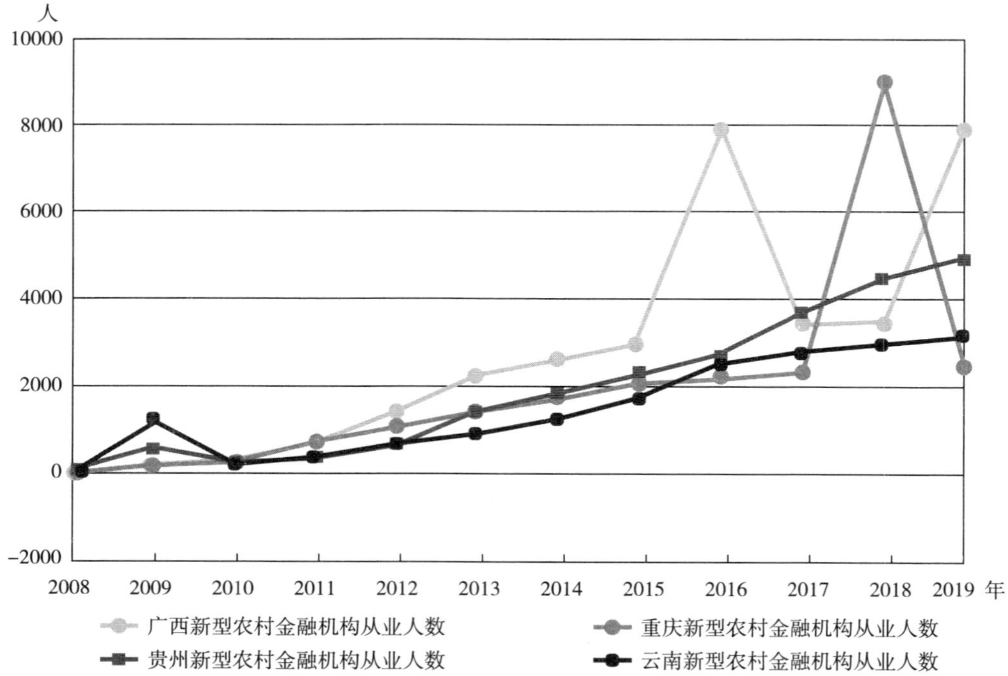

图 1-18　广西与西部若干省市新型农村金融机构从业人数

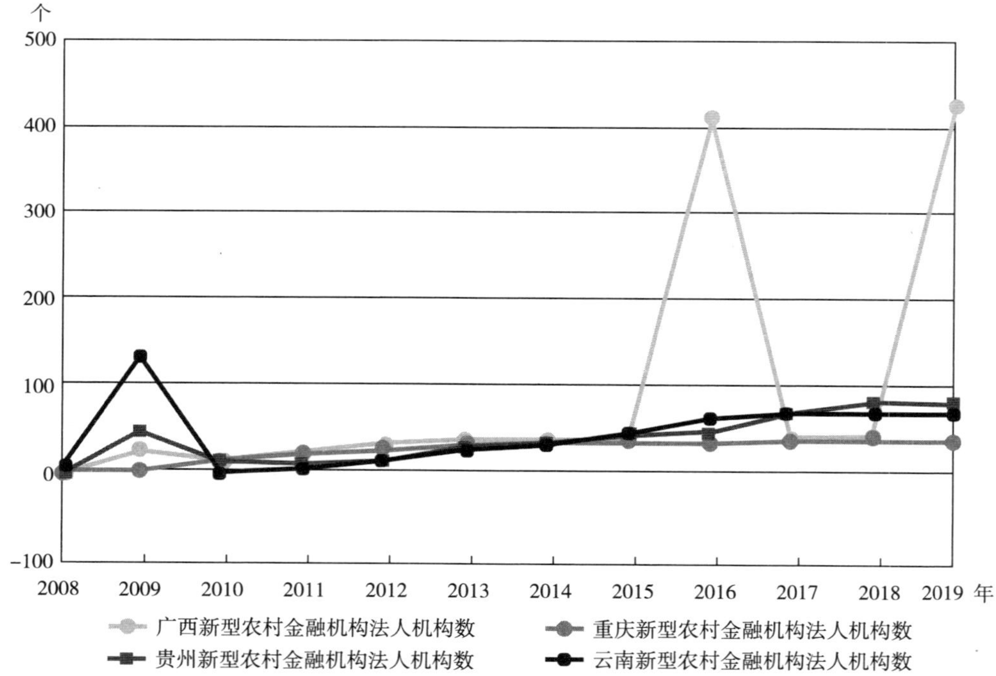

图 1-19　广西与西部若干省市新型农村金融机构法人机构数

（七）外资金融机构发展有待提速

从图 1-20 来看，重庆市在外资金融机构数量上遥遥领先，作为长江经济带的重要节点枢纽、西部地区金融中心开放度最高，也体现了在建设面向东盟的金融中心方面的实力和潜力，而云南一直致力于打造面向南亚东南亚的门户，外资金融机构数量也较具优势。广西在打造面向东盟的金融开放门户建设已经步入第三年，在外资金融机构入驻上还没有显著突破。

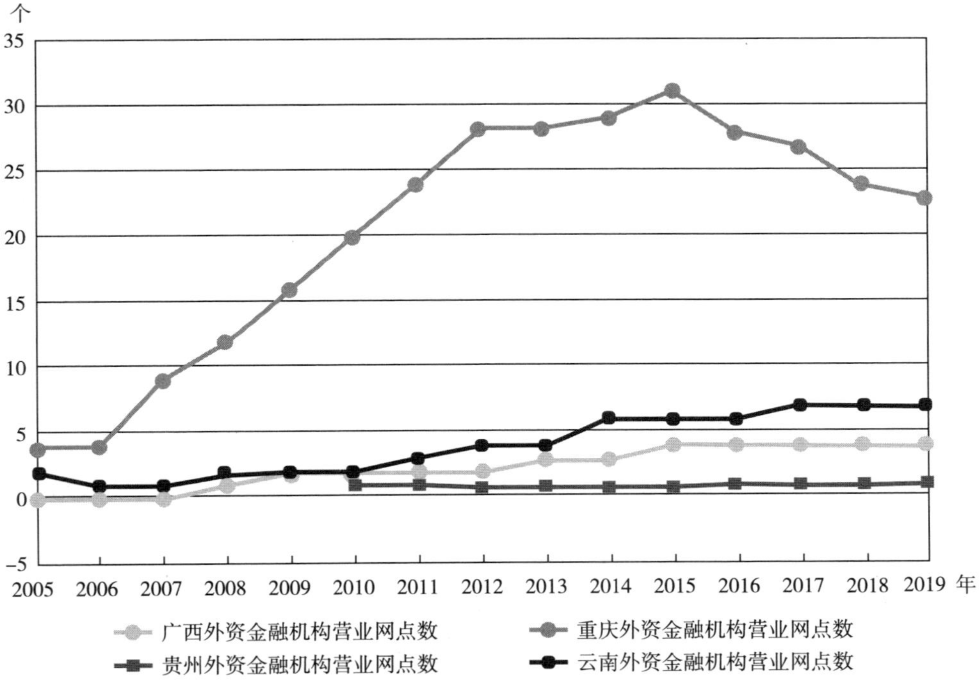

图 1-20 广西与西部若干省市外资金融机构营业网点数

从图 1-21 中资产规模来看，云南省具有最大的资产规模，其次为重庆市，二者分别是广西的 6 倍多和 4 倍多。广西在资产规模上增长缓慢，截至 2019 年仅有 63 亿元，银行业的国际化发展较为缓慢。

从图 1-22 中外资金融机构从业人数看，各省（自治区、直辖市）的分化更大，2019 年广西外资金融机构从业人数不足 80 人，而重庆市为 2400 多人，云南省为 3100 多人，差距较悬殊。

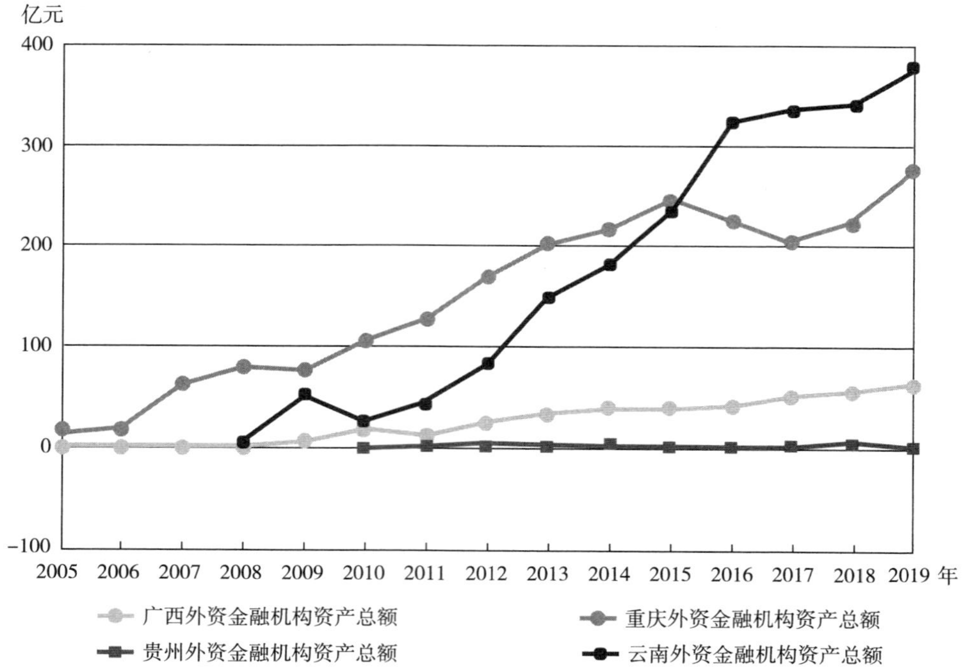

图 1-21 广西与西部若干省市外资金融机构资产规模

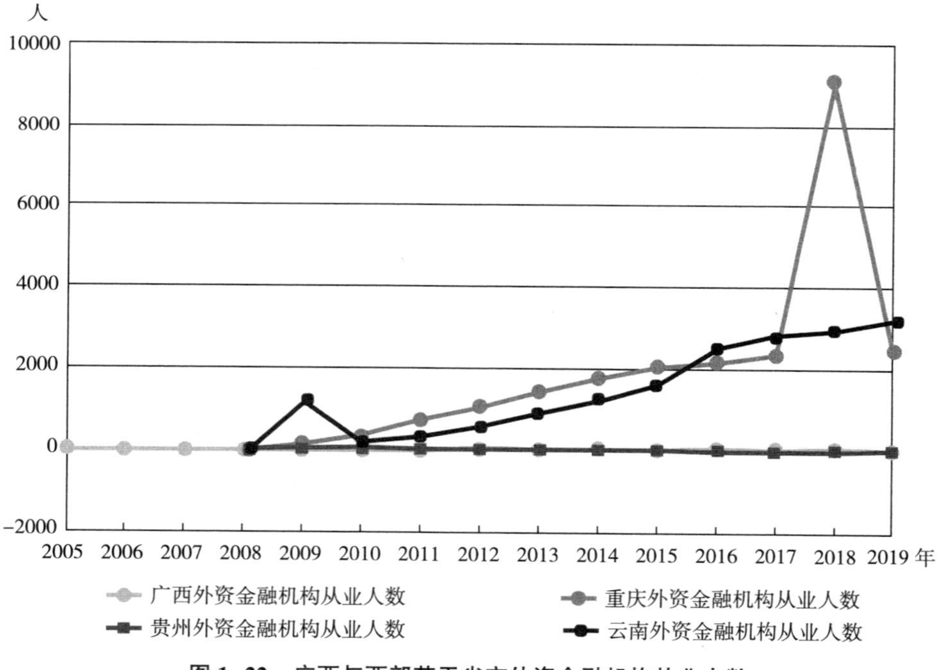

图 1-22 广西与西部若干省市外资金融机构从业人数

（八）银行信贷及其在社会融资中地位相对较大

随着多层次资本市场不断发展完善，银行信贷占社会融资比重呈下降之势。图 1-23 表示各省（自治区、直辖市）人民币贷款、外币贷款、委托贷款、信托贷款、未贴现银行承兑汇票总和占社会融资规模比重，从图 1-23 中可见各省（自治区、直辖市）指标呈下降之势，但广西该指标相对较大，2020 年末仍高达 69%，而云南省已低至 56%，这间接表明广西在债券发行和股票市场融资方面发展相对滞后，对银行业的依赖较重。

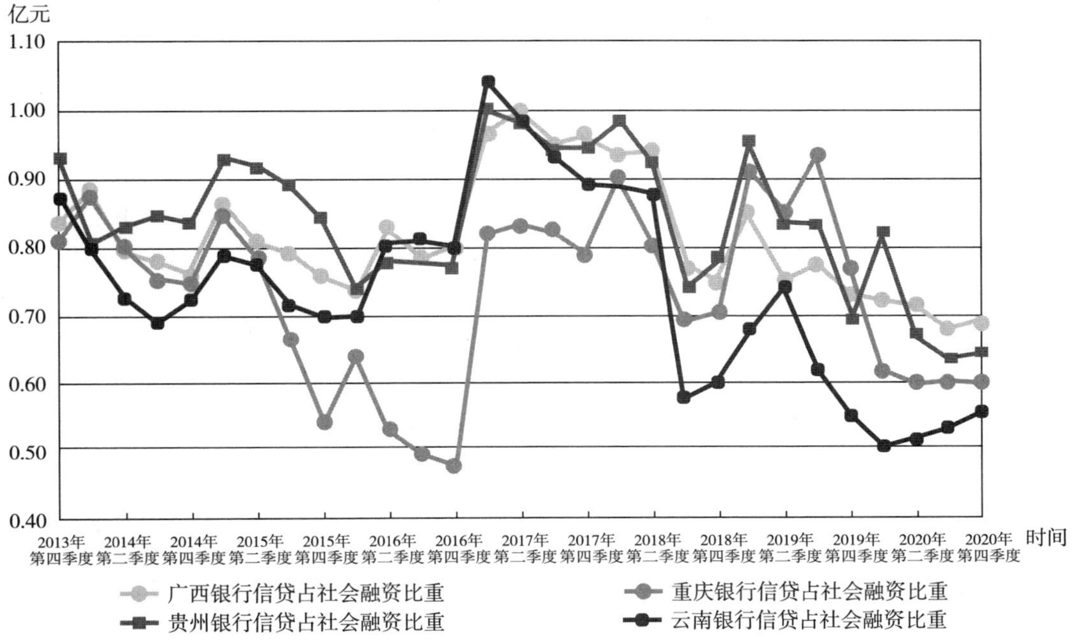

图 1-23 广西与西部若干省市银行信贷占社会融资规模比重

三、广西银行业高质量发展的基本目标要求

随着“十四五”规划和 2035 年远景目标的宏伟蓝图徐徐展开，广西银行业高质量发展也踏上了新征程。为贯彻“创新、协调、绿色、开放、共享”新发展理念，全面构建和融入以国内大循环为主体、国内国际双循环相互促进的新发展格局，广西银行业全面履行“三大定位”新使命，为推进“壮美广西”建设贡献不竭的金融动力。

（一）与实体经济协同高质量发展

银行业高质量发展离不开实体经济的高质量发展，只有实体经济的良性发展，才能实现银行业高质量发展。新冠肺炎疫情以来，以商业银行为主体的金融机构在宏观货币政策支持下，加大了对实体经济支持力度，加强了普惠金融、民营企业与中小微企业贷款、制造业贷款、脱贫攻坚与乡村振兴贷款等重点领域和薄弱环节的业务发展，通过降低贷款利率、延期还本付息、合理减费等一系列“实招”推动抗疫纾困，以对实体经济让利的方式切实做好企业复工复产金融服务。在“十四五”规划启动之际，银行业应继续坚持以“服务实体经济”为第一要务，支持广西“三大定位”新使命全面履行，推动北部湾经济区、西部陆海新通道、新一轮西部大开发、强首府等系列国家和区域发展战略深入实施，为打造新发展格局下双循环的重要枢纽节点和西部地区开放发展新高地而全面参与面向东盟的金融开放门户建设，与实体经济协同高质量发展。

（二）加快银行业战略转型升级

“十四五”规划开启了我国新的发展阶段，开辟新发展格局，必须贯彻新发展理念。习近平总书记强调，推动“十四五”时期经济社会发展，必须把新发展理念贯穿发展全过程和各领域，实现更高质量的发展。新冠肺炎疫情在对经济社会造成巨大冲击的同时，也倒逼经济社会加快数字化转型，对于银行业而言，充分利用新一代信息技术，积极推进金融科技应用和数字化转型，促进银行业在服务实体经济过程中积极推进改革创新，提升金融服务综合能力和质量，优化自身业务结构，提升市场竞争力，增强盈利能力，实现战略转型升级和高质量发展。

（三）秉持并深化“以客户为中心”的经营理念

银行业是现代服务业，服务业的使命宗旨是为客户提供优质服务并创造自身价值。在银行业激烈竞争日趋加剧背景下，客户是银行业赖以生存和发展的重要主体，是银行业价值创造的源泉。如果无法满足客户日益多样化的需求，提供更好的用户体验，为客户创造更高更好的价值，则将会进一步折损自身竞争力，导致客户流失并挤压自身生存空间。因此，秉持并深化“以客户为中心”的经营理念，是银行业提供优质服务的关键所在，对于银行业的高质量发展有着根本性决定作用。

（四）筑牢防范系统性风险底线

面对后新冠肺炎疫情时代和区域竞争加剧及宏观上百年未有之大变局的复杂区内外和国内外形势，银行业经营环境日趋复杂严峻，不确定性明显增加，对银行业优化业务结构，提升资产质量，防范系统性风险提出了更高挑战。银行业要坚持发展第一要务，必须强化全面风险管理体系，夯实安全性的基础地位，不断提升抵御风险能力。即便是针对中小企业直达实体经济创新货币工具，中央银行明确表示“坏账由银行自身承担，但监管对于坏账率的容忍度提高百分之三”，所以作为攻坚战之一的防范系统性风险，在“十四五”期间仍是银行业经营发展的重要底线，也是实现高质量发展的根本前提。

四、广西银行业高质量发展的问题分析

（一）银行业盈利模式较单一

与国内商业银行整体的盈利模式较为一致的是，广西银行业盈利模式较为单一，对利息收入的依赖比较重。以城市商业银行为例，广西三家城市商业银行的利息收入占营业收入的比重仍然极大，特别是柳州银行和广西北部湾银行，在2020年上半年比重仍高达90%以上，而三家银行的手续费及佣金收入却不足5%（见表1-4、表1-5、表1-6）。地方商业银行和全国性商业银行的差距较为明显，如中国工商银行的手续费及佣金净收入与营业收入之比在2019年达到15.26%。总之，广西银行业收入结构较为不平衡，来源均比较单一，非利息收入业务虽然也在不断发展，但在整体比例中依然不占优势。

表1-4　广西北部湾银行近年收入来源结构　　单位：万元人民币、%

项目	2020年上半年	2019年	2018年	2017年	2016年	2015年
营业收入	286237	467314	327192	206963	162023	276199
利息净收入	262142	426176	293778	185141	148686	243170
手续费及佣金净收入	12621	29951	18237	22573	21323	19105
利息净收入与营业收入之比	91.58	91.20	89.79	89.46	91.77	88.04
手续费及佣金净收入与营业收入之比	4.41	6.41	5.57	10.91	13.16	6.92

资料来源：广西北部湾银行历年年度报告、半年报，经笔者整理。

表1-5　柳州银行近年收入来源结构　　单位：万元人民币、%

项目	2020年上半年	2019年	2018年	2017年	2016年	2015年
营业收入	157878	350220	282139	531065	453167	484371
利息净收入	151274	336263	270034	226215	232543	238922
手续费及佣金净收入	4666	12774	10524	8400	6290	5642
利息净收入与营业收入之比	95.82	96.01	95.71	42.60	51.32	49.33
手续费及佣金净收入与营业收入之比	2.96	3.65	3.73	1.58	1.39	1.16

资料来源：柳州银行历年年度报告、半年报，经笔者整理。

表1-6　桂林银行近年收入来源结构　　单位：万元人民币、%

项目	2020年上半年	2019年	2018年	2017年	2016年	2015年
营业收入	323217	637939	575402	484491	411248	312826
利息净收入	201289	446694	339727	384060	313519	249288
手续费及佣金净收入	3937	2383	50878	31311	41089	25010

续表

项目	2020年上半年	2019年	2018年	2017年	2016年	2015年
利息净收入与营业收入之比	62.28	70.02	59.04	79.27	76.24	79.69
手续费及佣金净收入与营业收入之比	1.22	0.37	8.84	6.46	9.99	7.99

资料来源：桂林银行历年年度报告、半年报，经笔者整理。

综合表1-4、表1-5、表1-6来看，广西北部湾银行、柳州银行、桂林银行的盈利结构较为单一。2019年各行的利息净收入无论是在数额还是在占营业收入比重上均比上一年增加。2020年上半年，三家银行的利息净收入仍然占据很大比重，尤其是柳州银行及广西北部湾银行，占比高达90%以上。我们可以看出，三家城市商业银行依然着重发展传统业务，但在改革的浪潮中，单一的盈利模式不利于银行的高质量发展。桂林银行、柳州银行、广西北部湾银行的非利息收入（以手续费及佣金收入为主）在营业收入中占比较低。2020年上半年，桂林银行手续费及佣金净收入为0.41亿元，与2019年上半年相比减少0.49亿元；柳州银行手续费及佣金净收入0.47亿元，与2019年上半年相比减少0.32亿元；广西北部湾银行手续费及佣金净收入为1.26亿元，与2019年上半年相比减少0.02亿元。究其原因，不仅是这三家银行的中间业务类型较少，与同行竞争优势不足，同时也因疫情影响导致理财业务量下降。因此，广西三家城市商业银行的非利息收入发展程度较低。

（二）应对利率市场化能力较弱

再以城市商业银行为例，桂林银行、柳州银行、广西北部湾银行目前均以存贷利差作为主要的营业利润来源，而中间业务发展较为滞后，应对利率市场化能力较弱。桂林银行2019年末的利息净收入占营业收入的比重为70.02%，但同年以手续费及佣金净收入为主的中间业务收入仅占营业收入的0.37%；柳州银行2019年末利息净收入占比96.01%，手续费及佣金净收入占比3.65%；广西北部湾银行2019年末利息净收入占比91.20%，手续费及佣金净收入占比6.41%。2020年上半年，广西三家城市商业银行的利息净收入占比很高，柳州银行甚至高达95.82%，而以手续费及佣金净收入为主的中间业务收入均未超过5%，且较上年有缩小趋势。

相比之下，全国性大型银行发展历史较城市商业银行较早，资产规模大，内部管理机制较为完善，在LPR改革以及利率市场化进程不断深入的背景下，着重发展中间业务，转变盈利模式，增加新的盈利增长点。以中国工商银行为例，2020年末，中国工商银行手续费及佣金净收入占营业收入14.87%。同为城市商业银行性质的西安银行，也是LPR报价行之一，其2019年手续费及佣金净收入占营业收入比重为17.89%。广西银行业手续费及佣金净收入占营业收入比重与中国工商银行和西安银行比较相差较大，且开展的中间业务结构层次偏低，以支付结算、银行卡及代理业务等传统的劳动密集型业务为主，占比达到80%，附加值较低、业务结构层次不高，而顾问咨询等专业性强附加值高的创新型中间业务的发展则严重滞后。

（三）经营风险对运营的安全性构成威胁

经营风险不断加大，对经营安全性构成了威胁，特别是 LPR 形成机制改革后商业银行利率定价难度增大。广西银行业长期以来享受利差政策红利，贷款利率一直参照贷款基准利率定价，LPR 形成机制改革后利率换“锚”，利率的不确定性增大，而广西银行业经营管理机制创新滞后，利率风险陡然增大。银行业历史性不良贷款较多，虽然近年来不良资产处置力度加大，但由于非利息收入增长缓慢，不良贷款消化能力有待提升，抵御风险能力尚待加强。截至 2019 年末，广西银行业金融机构不良贷款余额 680. 4 亿元，较 2018 年减少 25. 6 亿元，不良贷款率 2. 23%，较 2018 年下降 0. 4 个百分点。与西安银行相比，广西城市商业银行不良贷款率均比西安银行较大，尤其是柳州银行，几乎是西安银行不良贷款率的两倍。截至 2020 年上半年，桂林银行、柳州银行、广西北部湾银行的不良贷款率与上年末相比，基本保持稳定。虽然广西三家城市商业银行整体的不良贷款率没有增加，但不良贷款余额仍处高位，存量风险较大，对安全性的威胁较明显。

表 1-7　广西城市商业银行不良贷款率　　单位：%

项目	监管标准	2020 年 6 月末	2019 年末	2018 年末
桂林银行	≤5	1. 62	1. 75	1. 74
柳州银行	≤5	2. 46	2. 34	2. 48
广西北部湾银行	≤5	1. 15	1. 47	1. 53

资料来源：各银行历年年报、半年报。

（四）银行业同业竞争不断加剧

广西经济体量在全国各省（自治区、直辖市）中相对较小，经济基础薄弱导致银行业竞争不断加剧，对银行业高质量发展不利。从城市商业银行的角度看，三家城市商业银行在 6 家国有大型商业银行和 10 多家全国性股份制商业银行及其他银行业金融机构的夹缝中生存。桂林银行是一家具有独立法人资格的股份制城市商业银行，其市场定位为服务市民、服务中小企业。桂林市政府是其股东之一，无论是在资金还是政策上，都给予桂林银行大量的支持，尤其是桂林银行更名之后代表着桂林的形象与名片，更是获得了桂林市政府的高度关注和扶持。柳州银行是一家地方性股份制商业银行，由地方财政和地方优势骨干企业发起组建。成立以来，柳州银行致力于“中小企业伙伴银行”的品牌建设，以服务地方经济和市民为己任，在柳州这座工业城市中业务得到了大力的发展。广西北部湾银行是广西壮族自治区唯一一家直接由广西壮族自治区政府领导的区域性银行，其政府资源优势明显，主要服务于广西经济、北部湾和中国—东盟自由贸易区建设，政策支持力度较大。三家城市商业银行主要市场在广西区内，市场定位和客户群相似，业务与开发的金融产品具有高度同质性。2020 年上半年，广西北部湾银行存款利息支出 21. 42 亿元，同比增加 6. 66 亿元，增幅为 45. 14%，由于银行间竞争不断加剧，存款成本率同比上升 0.14%，同业竞争日趋白热化。中小银行资产总额占银行业资产总额比重从 2005 年的 21%上升至 2020 年的 65.96%，银行业金融机构数量大幅增加，更加剧了行业竞争程度。

随着利率市场化进程不断推进和多层次资本市场的建设完善，大中型企业的融资方式和手段逐渐更新，融资渠道也变得多种多样，不再依赖于商业银行；房地产行业在严厉的调控政策下个人住房贷款开始受到限制，导致该领域传统优势贷款业务受到挤压；政府工作报告连续三年对大型商业银行设置普惠小微贷款增速要达到 30%以上的目标，在这些重要因素影响下，银行业把目光聚焦到中小微企业的贷款业务上，某种程度上加剧了行业市场竞争。

（五）中小商业银行产品和人才劣势较明显

中小商业银行在市场的夹缝中生存，发展的劣势相对比较明显，比如，资金成本高企明显制约产品端的竞争力。以桂林银行小微企业贷款优势产品——桂银乐税贷为例，该产品与广西区其他银行同类产品相比，贷款利率过高（见表 1-8）。资金成本相对较高制约了产品价格优势，如果降低贷款产品定价，则盈利水平将会受到影响。定价空间受限导致贷款产品利率远高于大型国有银行和股份制商业银行，不具备价格优势。此外，中小商业银行在金融科技的投入应用和宣传上处于相对劣势，这将可能加大它们与大型国有商业银行和股份制商业银行的差距。未能及时跟进金融科技创新趋势，将金融科技融入产品的设计和改善中，不能很好地把握网上银行、手机银行等线上渠道的转型，在服务水平和质量上越发滞后，加大营销成本却可能收效甚微，导致发展差距不断拉大。

表 1-8　桂林银行桂银乐税贷产品与相关银行的比较

银行名称	贷款产品	担保方式	授信额度	年利率
桂林银行	桂银乐税贷	信用	最高 400 万元	最低 8%
工商银行	e 税快贷	信用	最高 300 万元	最低 4.05%
交通银行	普惠 e 贷	不限	最高 1000 万元	抵押类最低 3.85%，信用类最低 4.1%
中国银行	银税贷	信用	最高 300 万元	不超过 4.35%
兴业银行	快易贷	信用	最高 200 万元	最低 4.24%

资料来源：根据公开资料整理。

越是竞争激烈的形势下，银行业对人才的依赖就越大，中小商业银行的人才短缺就越突出。以桂林银行为例，研究生及以上学历的人才较为缺乏，仅占员工总数的 6.9%；从职称来看，中级职称比例约 10%，高级职称员工比例更低。桂林银行的员工数量和质量在广西三家城商行中相对占优，但与相关银行在员工薪酬、工作环境等方面仍有较大差距。2020 年，北部湾银行员工平均薪酬达 37 万元，高管人均年薪为 191.5 万元，是同期银行全员平均薪酬的 5.17 倍；桂林银行员工平均薪酬为 34 万元，高管人均年薪仅有 114.2 万元，是同期银行全员平均薪酬的 3.36 倍。中小银行人才竞争非常激烈，但整体上的劣势导致的人才流失现象也较为突出。

（六）风险管理能力有待提升

银行业风险管理的水平仍然较低，内部风险防范机制不完善。比如，在个人理财产品方面，部分产品投资方向较为单一，风险测评及适配的到位程度有待提高，风险提示义务未能很好履行，过度强调产品收益，风险敞口仍然较大，风控部门的应急处理机制不完善等，这和风控人才缺乏及风险防范机制不完善有很大关系。尤其是，风控人才匮乏导致了风险管理能力整体不足，广西银行业特别是地方性银行金融机构在人力资源方面的短板突出。我国目前拥有较好金融专业基础的人才只有大约 300 万人，而真正擅长银行、证券、保险等金融业务知识的人员不到 10 万人。另外，宏观上法律和监管体系的漏洞也为风险管理埋下了隐患，如中国银行“原油宝”理财产品被评为低风险的 R3 级，但大部分投向了原油的衍生品，这违反了监管机构的有关规定但却未受到有关监管部门的警告或处罚，处于银保监会监管的灰色地带。

五、广西银行业高质量发展的机遇分析

以高质量发展为核心要义的“十四五”规划已经开局起步，银行业也迎来了高质量发展的重要历史机遇。

（一）银行业高质量发展的政策机遇不断增加

一方面，政府不断出台产业引导政策，加大对特定领域的支持力度。2020 年 2 月 1 日，人民银行、财政部、银保监会、证监会、外汇局五部门联合发布了《关于进一步强化金融支持防控新型冠状病毒感染肺炎疫情的通知》，旨在从保障信贷资源供给、开辟业务快速审批通道等方面入手，进一步指导银行保险机构持续加大对疫情防控相关领域的金融支持，确保金融服务畅通。此后，人民银行同发展改革委、工业和信息化部等多个部门，以及地方各级政府部门，都加强了政策供给，对相关产业和重点领域给予大力扶持。下一步，结构调整政策、碳达峰碳中和政策，以及新发展理念的贯彻，对银行业高质量发展均是较大的利好。另一方面，央行通过货币政策操作为商业银行提供了更大流动性支持。央行通过公开市场操作和创新型非常规货币政策工具等多种货币政策工具，提供充足流动性，引导金融机构加大信贷投放支持实体经济，促进货币信贷合理增长。2021 年货币政策继续保持稳定性、连续性和可持续性，不急转弯，使稳健的货币政策灵活精准、合理适度，保持货币供应量和社会融资规模增速同名义经济增速基本匹配。加大对国民经济重点领域和薄弱环节的支持力度，促进经济平稳健康运行，推动经济高质量发展，这为银行业高质量发展提供了广阔政策空间。

（二）数字普惠金融发展进程加快推进

尽管新冠肺炎疫情暴发以来经济恢复不均衡、基础不稳固，但推动经济稳中向

好，打造国内国际双循环新发展格局的大方向是不变的，尤其是加快均衡发展，让经济在恢复中实现更高水平均衡。稳健的货币政策，特别是普惠金融货币政策工具的投入使用以及面向中小微企业的纾困政策，均为银行业高质量发展提供了更广阔的空间。数字基础设施建设也在工信部支持下加快推进，极大地激发了金融机构发展数字金融业务的热情，推进数字技术和金融的创新结合。数字技术的广泛应用，加速了全社会的数字化转型，也为银行数字普惠金融的发展带来新的机遇。银保监会推行无接触贷款计划，鼓励金融机构积极拓展线上金融服务，强化网络银行、手机银行、小程序等电子渠道服务管理和保障，优化和丰富非接触式服务渠道及场景，在有效防控风险的前提下探索运用视频连线、远程认证等科技手段，探索发展非现场核查、核保、核签等方式，切实做到应贷尽贷快贷、应赔尽赔快赔，这一举措促进了银行业线上业务的发展，也进一步提升了金融服务的数字化程度，对各银行加快应用金融科技，加速自身线上转型产生了非常重要的影响。据银保监会统计，截至 2021 年 2 月 14 日 12 时，我国各家商业银行线上业务服务替代率平均达到 96%，外汇业务线上化占比 91%。所以，银行及时的数字化转型较好地满足了人们多样化的金融需求，促进了普惠金融发展。

（三）新产业、新模式、新业态加快发展

在“培植工业树，打造产业林”的过程中，智能制造、工业互联网、物联网等新型产业不断被催生发展；以 5G 技术、大数据、人工智能等技术为支撑的新基建也派生了更多的金融需求；碳达峰碳中和战略为绿色金融试验区的建设发展和绿色金融业务开展创造了良好机遇；从脱贫攻坚向乡村振兴的衔接转变也为农村金融发展提供了更多市场空间。特别是促进广西经济后发赶超的蛙跳产业发展，对银行业而言，无疑开辟了更广阔的服务领域。同时，在打造“一带一路”开放发展新高地和国内国际双循环重要枢纽节点过程中，向海经济等新的经济发展模式和新业态也为银行业高质量发展提供了明朗的前景。除了原有的“三大三新”产业外，新兴产业、模式和业态的发展无不在推进广西经济社会高质量发展的同时为商业银行创造更大的发展机遇。

（四）银行品牌形象和地位作用不断提升

随着疫情防控的成功，银行业积极主动、担当作为，在做好自身防疫确保日常金融服务开展的同时，坚决贯彻落实各项抗疫纾困政策，落实货币政策要求，充分发挥金融对疫情防控的支持作用，以实际行动助力打赢疫情防控阻击战，积极履行社会责任，体现了良好的社会责任和担当精神，在提升自身的品牌形象和客户美誉度方面，发挥了更大作用，这也更有利于未来的高质量发展。

六、促进广西银行业高质量发展的对策建议

面对广西银行业发展的相对劣势和瓶颈问题，只有努力抢抓新发展阶段的战略机遇，坚决贯彻新发展理念，加强改革创新和转型发展，构建现代化银行体系，支持广西

重大社会经济发展战略推进，才能更好地实现银行业高质量发展。

（一）加大创新改革和转型发展力度

广西银行业盈利模式较为单一，以利息收入为主导，而非利息收入占比较小，这是传统发展路径的弊端和高质量发展的障碍。因此，借鉴金融市场发达国家的商业银行盈利模式，促进银行业转向为以非利息收入为主的盈利模式。特别是LPR改革后，如果还不加快推动盈利模式多元化，各银行为增强自身生存机会而放宽存款利率和贷款利率的定价机制，存款利率上升而贷款利率下降，存贷利差空间不断缩小并将挤压现有的银行业发展模式。相比于其他大中型商业银行以及股份制商业银行，以中小银行业金融机构为支撑的广西银行业竞争压力将更大，盈利能力将不断下降，最终会陷入发展危机而不能有力支持区域经济高质量发展。因此，为更好地完成业务转型，广西银行业应将更多的资源投入到新业务中，特别是增加非利息收入，优化业务结构，开拓新的利润增长点。

（二）增强银行业创新驱动发展能力

一方面，结合金融科技发展新形势，大力提升科技创新能力和业务高科技发展水平。银行业应与时俱进提供创新产品与服务以满足新形势下客户需求。基于互联网金融发展和移动终端不断普及升级的背景，金融脱媒现象普遍有加大趋势，但也因此给银行业带来了新的业务途径、模式，为银行业的转型和高质量发展提供了良好机遇。广西银行业应努力提高银行科技创新能力，适应当下发展如火如荼的手机银行和互联网金融，通过多种渠道来抢占市场份额；应不断完善线上提交材料、线上审批流程，缩短贷款到账时间，以此为客户提供便利，提升客户的满意度。另一方面，加大银行产品和服务创新力度。随着利率市场化的加速推进和银行间竞争的加剧，银行业应利用利率变动的灵活机制，不断向社会推出新型金融产品，对冲利率浮动风险，提高盈利能力。特别是，利用自身对区域发展战略的把握能力和对实体经济相对熟悉的优势，提升银行的服务效率，根据不同类型实体经济需求创新出更多满足当地实体经济发展、质量更好、更有价格优势的产品和服务，从而增加其竞争优势，争取更多客户，提高了银行的盈利能力。尤其是，基于以中小银行为主的银行业机构体系下，应充分利用决策灵活的一级法人优势，将供应链金融模式与大数据技术深度结合并运用在产品设计方面，收集各个供应链中核心企业的信息，并利用大数据分析技术归纳出企业主的性格特征与风险偏好，据此对客户群体进行细分，从而进行产品服务的优化。此外，应该借鉴现有商业银行和外部平台不断开展战略合作的成功商业模式，以互联网平台为基础，与供应链核心企业、政府部门、电商等平台开展合作，达到数据资源共享的目的，进而打造全方位、一体化的金融产品体系，覆盖更多更广范围，增强金融服务能力。

（三）提高精细化科学管理水平

广西银行业在扩大业务规模和创新推出新业务过程中，注重流程再造，加强业务操作流程的规范性和效率性，同时要避免因内部操作不当导致重大失误的可能，给银行带来不可估量的损失。建立健全内部监管和风控体系，优化银行业务操作流程，从根本上防控经营风险滋生并着力通过精细化科学管理降低银行的经营成本。应不断优化内部治理体系，完善现代化治理机制，提升管理水平。而且，随着 LPR 改革对传统发展模式的挑战日益增大，压缩银行业生存空间，增大运营成本，应建立一个多维度、差异化的产品定价机制，根据客户的行业、额度和在本行办理业务次数的不同，给出有差异的贷款利率，以建立更灵活科学的定价机制。此外，银行业若想要有长久发展，必须注重引进或培养高素质的金融专业人才，充实研发部门、风控部门、市场营销部门以及财务管理部门的队伍实力，进而才有推动技术创新与业务拓展的核心力量，适应高质量发展要求。

（四）坚持高质量服务广西重大发展战略推进

坚持高质量服务广西重大发展战略推进的基本前提，是科学进行战略定位，明确重点发展方向。广西银行业营业网点机构数越来越多，已覆盖广西绝大部分地区，服务好广西社会经济发展便是推动商业银行高质量发展的重要途径。因此，银行业应深度融入广西社会经济发展战略，坚持高质量服务广西重大发展战略为己任，为广西的实体经济高质量发展贡献银行力量。各大银行业金融机构要结合区内不同地区的发展需要和自身发展实际，以地方支柱产业和未来产业作为主要的服务对象，通过为特色产业、高新技术产业等核心产业提供优质服务，强化金融支持，推动整个产业链的健康发展。

在解放思想、担当实干的精神指引下，广西近年来不断深化改革增强活力，扩大开放增加动力，发展势头不断向好，逐渐彰显“三大定位”的基本功能，沿海地区第四增长极初具雏形。在中央和广西多项政策支持下，广西进入了新的发展阶段，广西银行业应主动对接当地经济发展战略，支持地方经济高质量发展，并实现银行自身的价值创造，特别是加大对自贸区、向海经济、全区重大基础设施建设、“双百双新”、钦北防一体化、强首府战略等的支持。同时，客户是经营之本，优质的客户不仅能给银行带来好的效益，而且也能降低银行的经营风险。应积极跟进社会经济发展战略，对相关市场主体进行细分选择，根据不同的客户进行差别定价，对于优质客户应当合理降低其贷款价格，在保证银行收入的基础上提高客户对银行的满意度和忠诚度。另外，还应重视零售业务的发展，发挥自身小而精、深入当地市场的优势，创新研发具有市场竞争力的特色化、差异化和符合自身发展战略定位相符的金融产品，争取更多零售客户。

（五）着力提高风险管理能力和水平

由于疫情影响造成经济恢复不均衡和不稳定，加之全球经济仍处于下行趋势，广西经济虽然有所复苏，但是下行压力依然没有根本性变化。随着外部不确定性不断增加和利率市场化改革推进，存贷利差政策红利逐渐消失，银行业面临着利率风险、市场风险、操作风险以及信用风险的增加。广西银行业客户大多数是中小微企业，而中小微企业的财务状况和经营状况大多不具有优质的资信能力。因此，应加大力度甄别客户群体，严格把控信贷管理，制定出适用于中小微企业的合理有效风险预警机制，加强不良贷款管理，全面提升风险管理水平，提高应对风险能力。

在信贷管理中，应在放贷后要关注客户贷款的具体使用情况，这对于风险控制来说是至关重要的。在贷后工作上，不能只注重于形式，需要深入内部，对实际运营情况进行研究。放贷后要加强对抵押物和质押物的监管，要明确不动产抵押物的产权问题，时刻关注经营权、股权等波动频繁的质押物的价值变化，确保质押物能够及时变现，及时清退银行不良贷款客户，根据客户的信誉度和偿还能力分级监管贷款客户，对于一些风险较大的客户要及时采取措施。通过贷前、贷中和贷后管理，完善传统的信贷风险预警和管理系统。

（六）着力践行银行业社会责任

面对严峻复杂的新型冠状病毒感染肺炎疫情防控形势，银行业要主动作为，践行社会责任，全力做好受疫情影响企业金融服务工作。要开展信贷客户大排查，针对本次疫情对存量信贷客户生产经营状况可能产生的影响，重点排查到期贷款资金落实情况及医药行业企业为抗击疫情新增的融资需求。开通信贷业务绿色通道，通过专项服务方案、信贷规模安排、利率优惠等措施，积极满足其合理融资需求，以金融服务助力疫情防控。普及金融知识，提升金融消费者的金融素养。针对社会公众的实际需求，银行业要充分利用网络和自媒体开展金融知识宣传，重点围绕开展金融消费者法定权利、个人信息保护、疫情期间防范电信网络诈骗、普及个人征信业务知识等主题宣传活动，编纂图文并茂的金融知识网络宣传文稿，普及金融知识，正面教育引导客户正确认识自身法定权利，合规理性维权，帮助公众足不出户享受金融服务，进一步树立良好的企业形象，为高质量发展保驾护航。

参考文献

[1] 周时钰．商业银行高质量发展的含义与实现路径［J］．金融经济，2019（8）：60-62.

[2] 李一鸣．商业银行构建“以客户为中心”服务体系研究［J］．海南金融，2019（10）：50-55.

[3] 陆岷峰．疫情危机与商业银行数字化对策研究［J］．西南金融，2020（5）：36-43.

[4] 中国银行研究院中国经济金融研究课题组．应对新冠肺炎疫情剧烈冲击，政策需果断出重拳调整——中国银行中国经济金融展望报告（2020 年第二季度）［J］．国际金融，2020（4）：51-59.

[5] 郭晓蓓．“新基建”：商业银行数字化转型基石［N］．中国银行保险报，2020-05-06（5）.

[6] 邓雅蔓，周琦．追问中行“原油宝”事件高风险产品为何变为常规理财？［J］．中国经济周刊，2020（8）：21-23.

[7] 中国人民银行南宁中心支行货币政策分析小组，宋军，苏阳等．广西壮族自治

区金融运行报告（2020）［J］. 区域金融研究，2020（6）：5-14.

［8］姜国富 .2019 年广西银行业保险业回顾及 2020 年工作思路［J］. 区域金融研究，2020（4）：62-66.

［9］中国人民银行货币政策分析小组 . 中国区域金融运行报告［R］. 中国人民银行，2019.

［10］孙秋枫，吴梅 . 贷款市场报价利率改革对利率市场化的作用及建议［J］. 经济纵横，2021（1）：122-128.

（执笔人：陈修谦）

2. 广西证券业发展前沿报告

当今世界正经历百年未有之大变局。突如其来的新冠肺炎疫情使得生产、投资、流通和消费等均遭受严重冲击，全球供应链受阻，产业链重构，供求严重失衡，金融风险迅速累积，以国内大循环为主体、国内国际双循环相互促进的新发展格局正在加速构建。尽管大宗商品价格波动剧烈，证券市场的不稳定性不确定性较大，但是与2008年国际金融危机的情况不同，现在的证券市场韧性更强。在疫情期间，证券市场总体表现为实体经济的减震器，而不是外部冲击的放大器。2020年5月，中共中央、国务院发布《关于新时代加快完善社会主义市场经济体制的意见》，要求加快建立规范、透明、开放、有活力、有韧性的资本市场。2021年3月，十三届全国人大四次会议通过《中华人民共和国国民经济和社会发展第十四个五年规划和二〇三五年远景目标纲要》。2020年12月，中国共产党广西壮族自治区第十一届委员会第九次全体（扩大）会议通过《中国共产党广西壮族自治区委员会关于制定国民经济和社会发展第十四个五年规划和二〇三五年远景目标的建议》。2020年11月，中国与东盟、日本、韩国、澳大利亚、新西兰等16个国家共同签署了《区域全面经济伙伴关系协定》（*Regional Comprehensive Economic Partnership*，RCEP）。这些都为广西经济开放发展与资本市场深化合作提供了新机遇。广西证券业能够在服务和融入新发展格局上展现更大作为，在加快推进建设面向东盟的金融开放门户、中国（广西）自由贸易试验区等国家战略，在做好“六保”工作、落实“六稳”任务以及构建“南向、北联、东融、西合”全方位开放发展新格局方面发挥积极作用。

一、广西证券业发展环境分析

（一）国际国内经济金融发展环境分析

1. 全球经济停摆、供应链重构与市场恐慌

近10年全球经济增长明显放缓。2010—2019年全球GDP实际增长率从5.43%下降至2.80%，平均每年下降0.29个百分点。同期，主要西方国家经济下滑更加明显。2010—2019年，美国、日本、德国、英国、俄罗斯的GDP实际增长率年均下降幅度分别达到-0.04个百分点、-0.45个百分点、-0.38个百分点、-0.05个百分点、-0.35个百分点，如图2-1所示。为挽回经济颓势，西方国家纷纷举起保护主义大棒，单边主义抬头，逆全球化思潮持续发酵。美国特朗普政府上台不久就在2017年1月宣布退出跨太平洋伙伴关系协定（Trans-Pacific Partnership Agreement，TPP）；2017年8月，美国、加拿

大、墨西哥三国重谈北美自贸协定（North American Free Trade Agreement，NAFTA）；2018 年 6 月美国对进口欧洲的钢铁和铝分别征收 25%和 10%的关税；2018 年以来美国多次对中国商品大幅度加征关税，2020 年 9 月美国对中国商品肆意加征关税的行为被世贸组织裁定为违规。此外，美国特朗普政府还竭力打压华为、腾讯等中国高科技公司。2020 年 6 月 3 日美国全国商业经济协会（National Association for Business Economics）发布调查报告称，将近 90%的受访者认为美国政府保护主义政策是推升 2020 年经济衰退的主要原因。

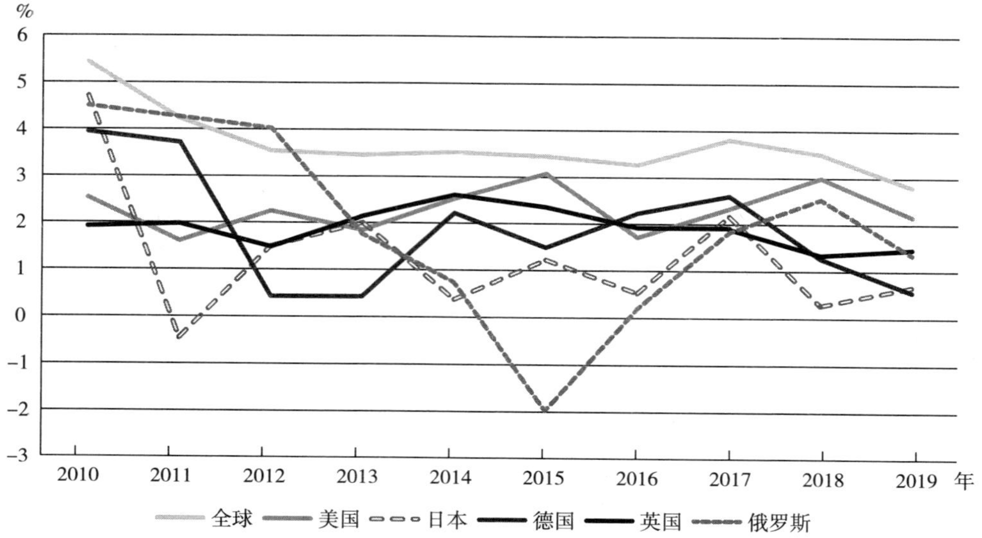

图 2-1　全球及部分西方国家 GDP 实际增长率

（资料来源：根据 Wind 资讯数据绘制）

从国际贸易方面看，虽然美国多次鼓吹中美经济脱钩，但是全球供应链、价值链发展早已将各个国家紧密联系在一起，美国打压中国经济的企图既损害中国利益，也损害美国企业和消费者利益。虽然 2018 年 1 月至 2019 年 12 月美国对中国贸易差额的当月同比增长率（X_1）呈现下行趋势，但是经过季节调整的、当月同比的美国核心消费价格指数（简称核心 CPI）却明显上升，由此计算的美国通货膨胀率（X_2）从 1.8%逐渐上涨至 2.2%，如图 2-2 和图 2-3 所示。格兰杰因果检验表明，课题组能够在 1%显著水平上拒绝“X_1不是 X_2的格兰杰原因”，即美国对中国贸易差额的当月同比增长率（X_1）是美国通货膨胀率（X_2）的格兰杰原因，如表 2-1 所示。可见，美国挑起贸易摩擦的后果是以滞后大约 5 个月的形式逐渐显现出来，既破坏了中美两国经贸关系，也影响了美国国内的物价稳定。

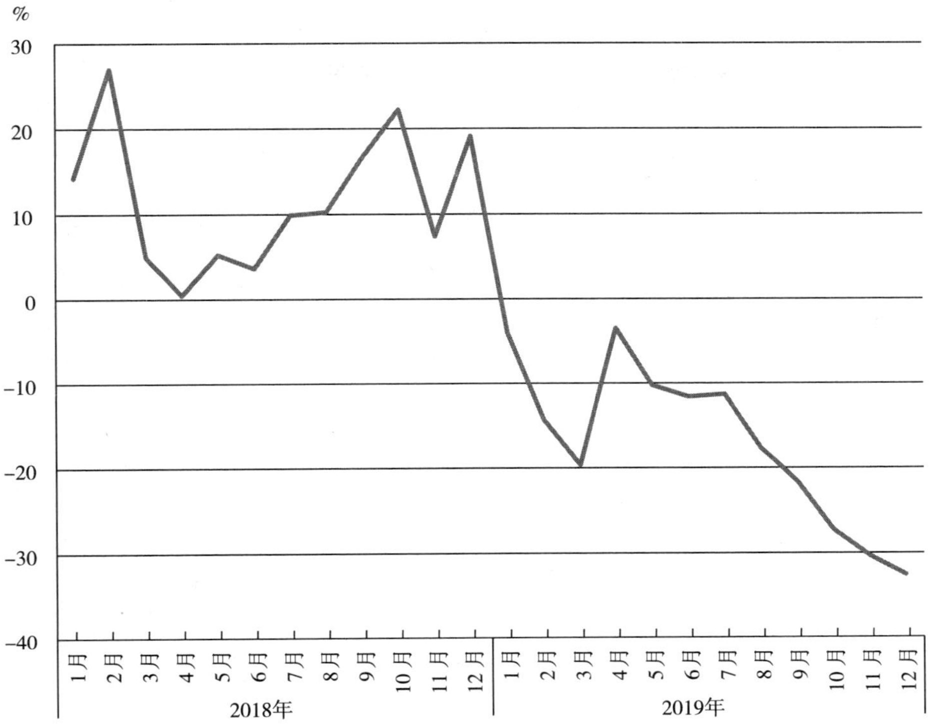

图 2-2 美国对中国贸易差额的当月同比增长率

（资料来源：根据 Wind 资讯数据绘制）

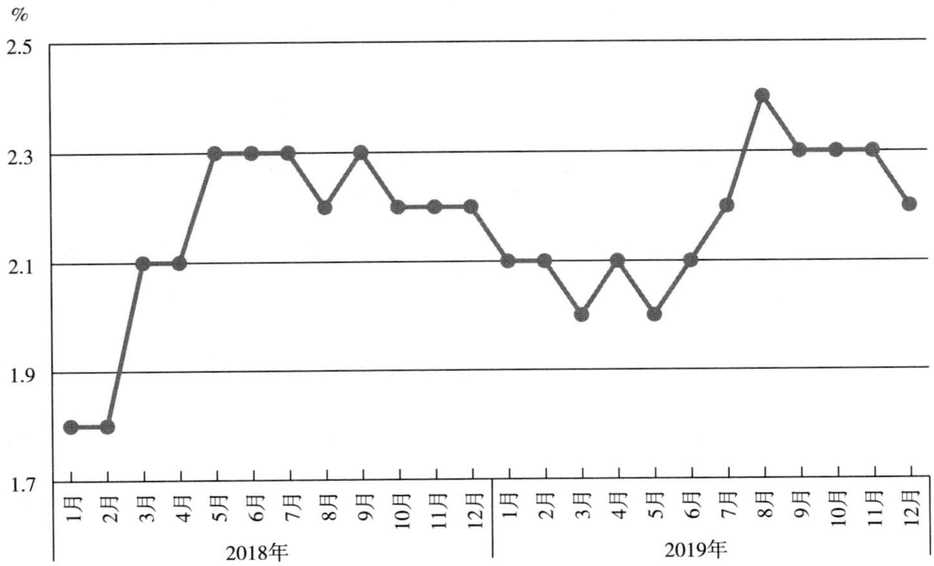

图 2-3 2018—2019 年美国核心 CPI（当月同比）

（资料来源：根据 Wind 资讯数据绘制）

表 2-1 格兰杰因果检验

原假设	滞后阶数	F 统计量	伴随概率
X_2不是X_1的格兰杰原因	5	0.33024	0.8812
X_1不是X_2的格兰杰原因	5	6.74728	0.0095

资料来源：课题组计算。

从证券市场看，2020 年美国、日本、德国、英国、俄罗斯等主要西方国家股票市场的波动幅度明显比 2019 年增大，如图 2-4 所示。课题组按照月末股票指数收盘价计算 2019 年 1 月至 2020 年 10 月美国、日本、德国、英国、俄罗斯的股指收益率变异系数分别高达 777.02%、672.47%、1029.65%、635.60%、657.97%。①

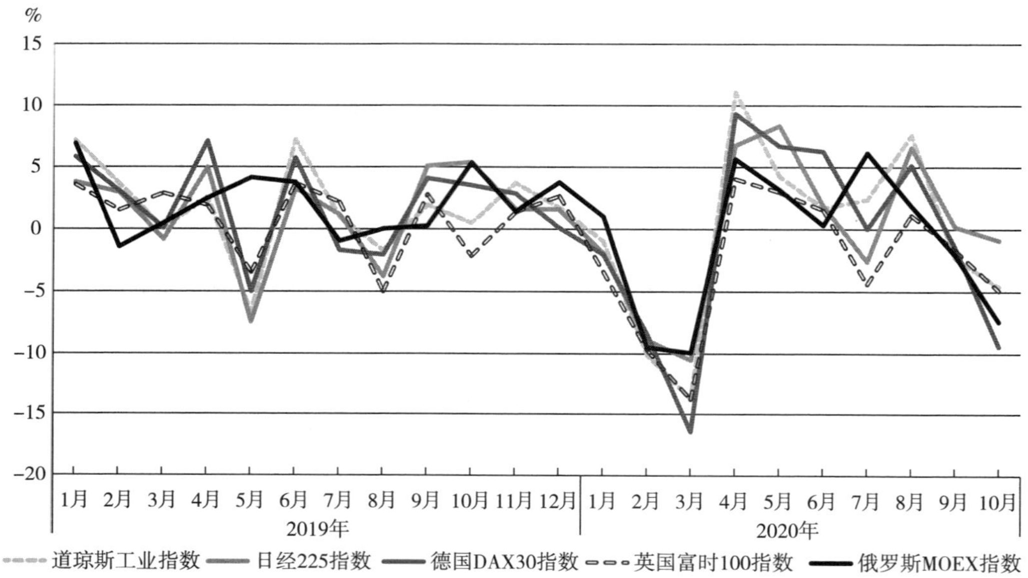

图 2-4 2019 年 1 月至 2020 年 10 月主要西方国家股票市场波动情况

（资料来源：根据 Wind 资讯数据绘制）

2017 年 8 月以后，中国逐渐减持美国国债。中国投资者持有美国国债存量从 2017 年 8 月的 1.20 万亿美元减少至 2020 年 9 月的 1.06 万亿美元，平均每年大约减少 4%，如图 2-5 所示。

① 变异系数是标准差除以均值的商的绝对值，通常以百分比的形式表示。变异系数越大，波动性就越大。

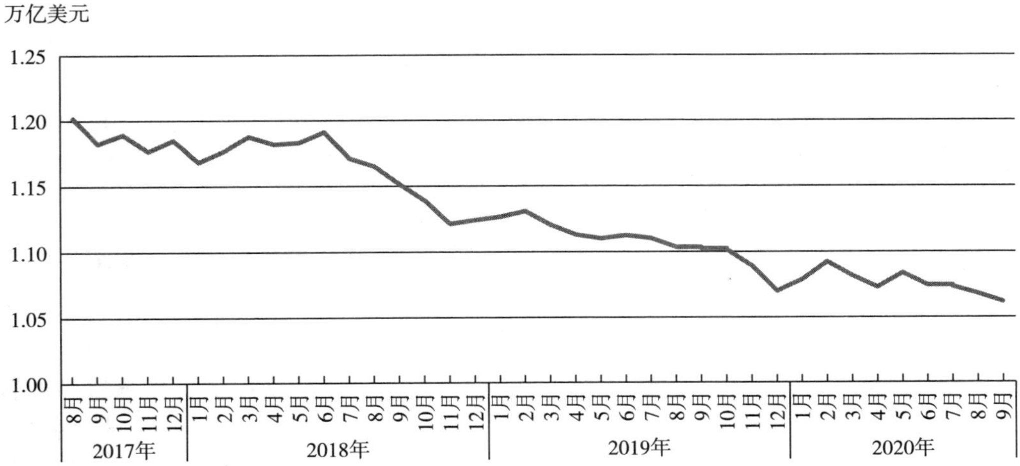

图 2-5 近年来中国投资者持有美国国债的存量变化情况

（资料来源：根据 Wind 资讯数据绘制）

2. 中国以扩大内需为战略基点，畅通国民经济循环

以内循环为主的经济格局非常明显，最终消费是拉动中国经济增长的最重要的需求因素。虽然 2016—2019 年最终消费对中国经济的贡献率从 78.40% 逐渐递减至 57.80%，但是它对中国经济的影响力仍然超过了资本形成与净出口，如表 2-2 所示。而且从变异系数看，最终需求对中国经济贡献率的稳定性也明显强于资本形成与净出口。2016—2019 年最终消费、资本形成、净出口对中国经济贡献率的变异系数分别等于 9.92%、23.01%、538.90%。在三大需求当中，净出口所代表的国际市场需求对中国经济贡献率最小，而且呈现出非常不稳定的状态。

表 2-2 三大需求对中国 GDP 累计同比贡献率

时间	最终消费（%）	资本形成（%）	净出口（%）
2016 年第一季度	78.40	37.80	-16.20
2016 年第二季度	66.90	43.40	-10.30
2016 年第三季度	64.00	46.40	-10.40
2016 年第四季度	66.50	45.00	-11.60
2017 年第一季度	76.20	28.40	-4.60
2017 年第二季度	62.30	39.60	-1.90
2017 年第三季度	61.50	39.20	-0.70
2017 年第四季度	57.50	37.70	4.80
2018 年第一季度	71.30	45.70	-17.00
2018 年第二季度	70.00	42.50	-12.60
2018 年第三季度	67.50	43.30	-10.90
2018 年第四季度	65.90	41.50	-7.40
2019 年第一季度	63.30	17.50	19.20
2019 年第二季度	57.10	26.20	16.70

续表

时间	最终消费（%）	资本形成（%）	净出口（%）
2019 年第三季度	57.70	26.50	15.80
2019 年第四季度	57.80	31.20	11.00
变异系数	9.92	23.01	538.90

资料来源：根据 Wind 资讯数据计算。

从国内产业结构看，第三产业占 GDP 比重明显大于第二、第一产业。2016—2019 年第一产业占 GDP 比重从 8.06%减少至 7.11%，第二产业占 GDP 比重从 39.58%减少至 38.97%，第三产业占 GDP 比重从 52.36%增加至 53.92%，如图 2-6 所示。其中，工业（尤其是制造业）占第二产业产值的比重最大，但近年来它们的比重略有减少，建筑业占第二产业产值的比重则略有增加，如表 2-3 所示。批发零售业、金融业、房地产业占第三产业产值的比重较大，但是近年来批发零售业、金融业的比重略有减少，房地产业的比重则略有增加，信息传输、软件和信息技术服务业增长幅度比较明显，如表 2-4 所示。信息技术创新与普及应用已然成为国内培育经济发展新动能、推动产业提档升级、构筑市场竞争新优势的重要手段。

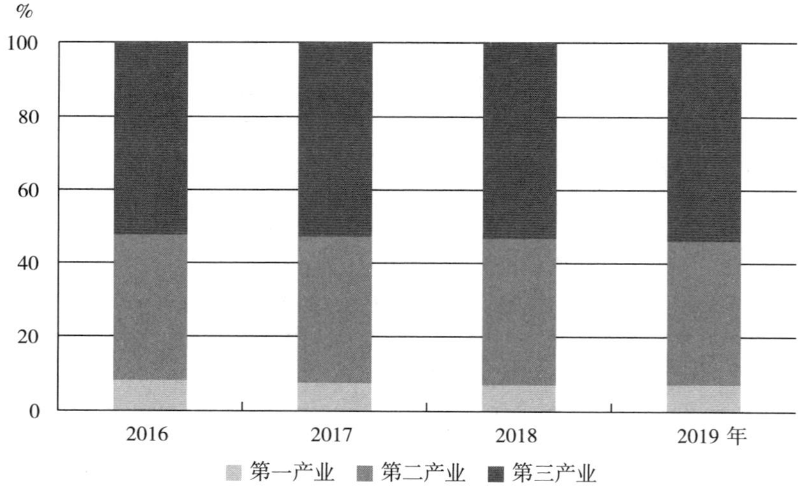

图 2-6　2016—2019 年国内三次产业的比重

（资料来源：根据 Wind 资讯数据绘制）

表 2-3　2016—2019 年国内第二产业的结构变化情况

年份	工业比重（%）	其中	
		制造业比重（%）	建筑业比重（%）
2016	82.65	70.56	17.35
2017	82.61	70.23	17.39
2018	82.13	69.82	17.87
2019	81.73	69.37	18.27

资料来源：根据 Wind 资讯数据计算。

表 2-4　2016—2019 年国内第三产业的结构变化情况

单位：%

产业名称	2016 年	2017 年	2018 年	2019 年	变动幅度
批发和零售业	17.20	16.79	16.36	16.11	-1.09
交通运输、仓储及邮电通信业	7.70	7.68	7.42	7.19	-0.51
住宿和餐饮业	3.17	3.11	3.04	3.03	-0.14
金融业	13.99	13.41	13.00	12.96	-1.03
房地产业	11.66	11.81	11.89	11.70	0.05
信息传输、软件和信息技术服务业	4.69	4.92	5.29	5.49	0.80
租赁和商务服务业	5.02	5.23	5.42	5.54	0.51
其他第三产业	36.56	37.04	37.57	37.97	1.41

资料来源：根据 Wind 资讯数据计算。

3. 中国推动更高水平的对外开放，深入参与国际循环

内外循环相互促进的新格局逐渐形成。2019 年 2 月至 2020 年 11 月国内固定资产投资完成额累计同比增长率（X_3）与进出口金额累计同比增长率（X_4）之间存在比较明显的相关关系，如果进出口金额累计同比增长率增加（或减少）1 个百分点，那么国内固定资产投资完成额累计同比增长率将会提高（或下降）2.44 个百分点，如图 2-7 所示。

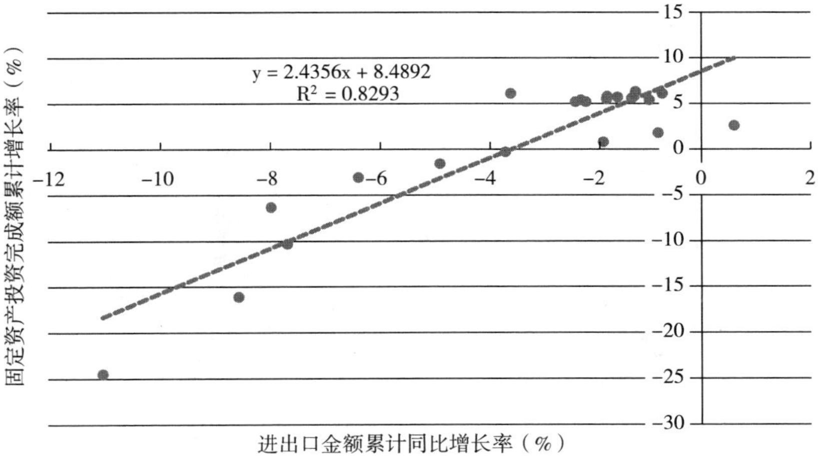

图 2-7　2019—2020 年月度固定资产投资与进出口之间的关系

（资料来源：根据 Wind 资讯数据绘制）

格兰杰因果检验也表明，在 1%显著水平并且检验方程的最大滞后阶数为 3 时，进出口金额累计同比增长率是国内固定资产投资完成额累计同比增长率的格兰杰原因，而不是相反，如表 2-5 所示。

表 2-5　格兰杰因果检验

原假设	滞后阶数	F 统计量	伴随概率
X_3不是 X_4的格兰杰原因	3	3.97475	0.8812
X_4不是 X_3的格兰杰原因	3	7.29720	0.0095

资料来源：课题组计算。

（二）广西经济金融发展环境分析

1. 产业结构调整幅度大

“一稳二降三升”是“十三五”时期以来广西三次产业发展的基本特征。首先，2016—2019 年广西第一产业产值从 0.28 万亿元增加至 0.34 万亿元，在地区生产总值的占比从 15.27%微调至 15.95%，产值比重相对稳定，如图 2-8 所示。其次，2016—2019 年广西第二产业产值从 0.83 万亿元下降至 0.71 万亿元，在地区生产总值的占比从 45.17%大幅减少至 33.33%，产值比重下降较快。最后，2016—2019 年广西第三产业产值从 0.72 万亿元增加至 1.08 万亿元，在地区生产总值的占比从 39.56%大幅增加至 50.72%，产值比重上升较快。

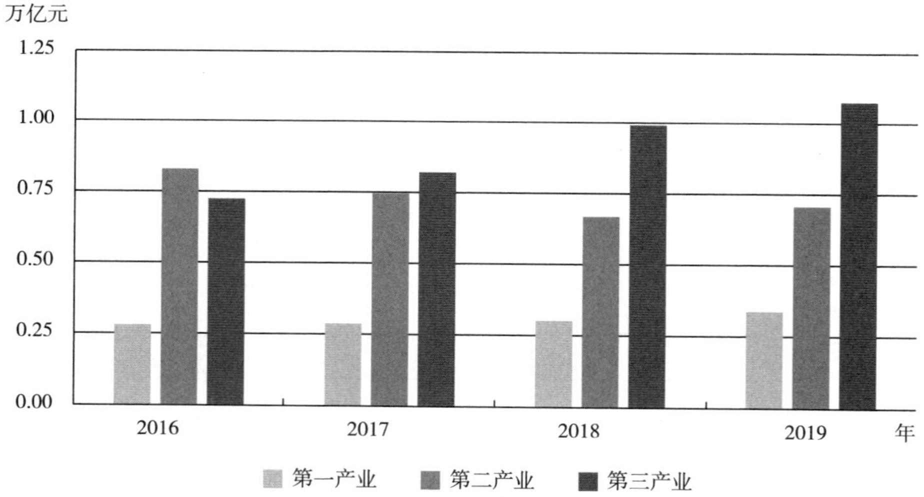

图 2-8　2016—2019 年广西三次产业发展概况
（资料来源：根据 Wind 资讯数据绘制）

经济“脱实向虚”的现象依然存在，但是发展势头正在逐年递减。2016—2019 年广西工业占地区生产总值的比重下降 12.36 个百分点，降幅明显；房地产业占地区生产总值的比重上升 4.38 个百分点，与其他比重基本稳定的产业相比，增幅 4~5 个百分点已经算是较大的变动，如图 2-9 和表 2-6 所示。

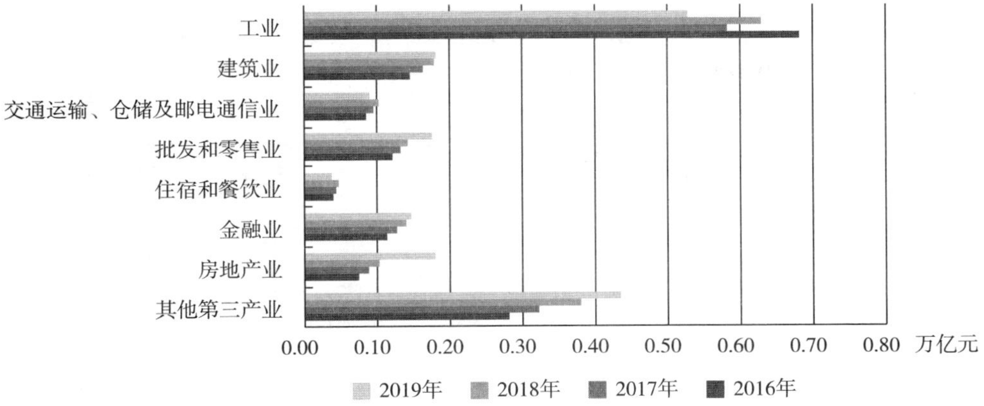

图 2-9 2016—2019 年广西第二、第三产业内部的产值变动

（资料来源：根据 Wind 资讯数据绘制）

表 2-6 2016—2019 年广西第二、第三产业内部的产值比重调整情况

单位：%

产业名称	2016 年	2017 年	2018 年	2019 年	变动幅度
工业	37.21	31.44	32.04	24.85	-12.36
建筑业	7.96	8.83	9.13	8.55	0.59
交通运输、仓储及邮电通信业	4.67	5.16	5.24	4.25	-0.42
批发和零售业	6.63	7.16	7.26	8.28	1.65
住宿和餐饮业	2.17	2.35	2.40	1.77	-0.40
金融业	6.21	6.87	7.15	6.92	0.71
房地产业	4.09	4.78	5.25	8.47	4.38
其他第三产业	15.36	17.40	19.36	20.46	5.10

资料来源：根据 Wind 资讯数据计算。

2. 疫情对广西第二产业的冲击超过其他产业

广西产业发展受到新冠肺炎疫情冲击比较明显。在 2019 年第一季度至第四季度，广西地区生产总值和三次产业的累计同比增长率均为正值，而且三次产业的增长率由高到低依次是第三产业、第二产业、第一产业。在 2020 年第一季度，突如其来的疫情迫使广西经济出现大幅下滑，尤其是第二产业累计同比增长率下降 10%，降幅分别超过第一产业和第三产业累计同比增长率大约 11.7 个百分点和 9.9 个百分点。即使广西地区生产总值、第一产业、第二产业等同比增长率在第二季度至第三季度已经反弹为正值，但是同期的广西第二产业累计同比增长率仍旧没有恢复到正值水平。

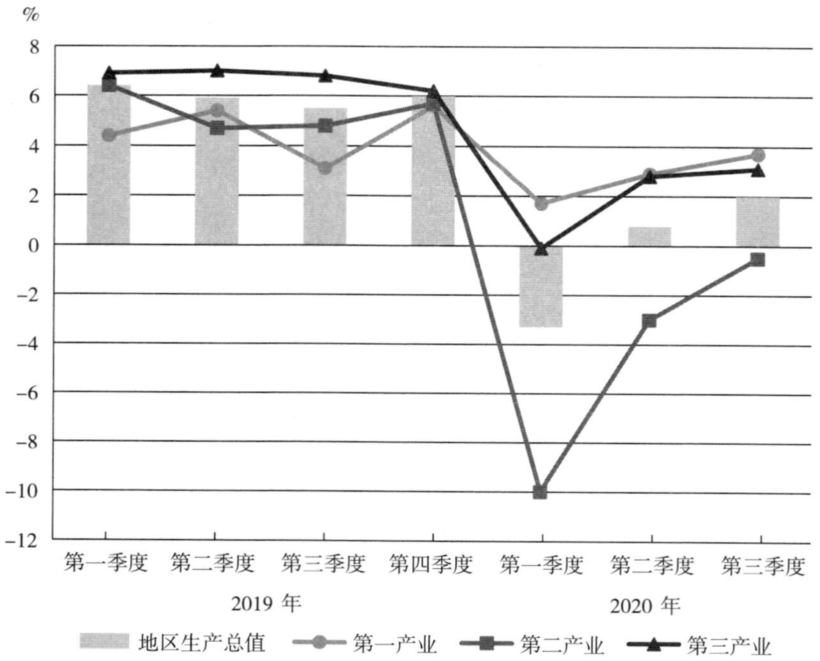

图 2-10　2020 年疫情冲击使得广西第二产业剧烈波动超过其他产业

（资料来源：根据 Wind 资讯数据绘制）

3. 区域金融市场加速发展

（1）金融业成为广西主要产业链的核心产业之一。2018 年 12 月，广西建设面向东盟的金融开放门户上升为国家战略，金融业按照“强基础、补短板、增优势、严监管”的发展思路，不仅实现了自身规模的显著扩张与结构的持续优化，而且对实体经济的影响力也是与日俱增。广西 42 个主要行业如表 2-7 所示。“十二五”时期，广西拥有 4 条主要的产业链、供应链，并且分别以金属冶炼和压延加工品、农林牧渔产品和服务、房地产、化学产品为产业链、供应链的核心，如图 2-11 和图 2-12 所示。“十三五”时期，广西拥有 7 条主要的产业链、供应链，并且分别以金属冶炼和压延加工品、金融、农林牧渔产品及服务、电力、热力的生产和供应、石油和天然气开采产品、通信设备、计算机以及其他电子设备、化学产品为产业链、供应链的核心，如图 2-13 和图 2-14 所示。与“十二五”时期相比较，“十三五”时期广西金融业的经济地位已经显著提升。

表 2-7　广西 42 个主要行业

序号	行业名称	序号	行业名称
1	农林牧渔产品和服务	5	非金属矿和其他矿采选产品
2	煤炭采选产品	6	食品和烟草
3	石油和天然气开采产品	7	纺织品
4	金属矿采选产品	8	纺织服装鞋帽皮革羽绒及其制品

续表

序号	行业名称	序号	行业名称
9	木材加工品和家具	26	水的生产和供应
10	造纸印刷和文教体育用品	27	建筑
11	石油、炼焦产品和核燃料加工品	28	批发和零售
12	化学产品	29	交通运输、仓储和邮电通信
13	非金属矿物制品	30	住宿和餐饮
14	金属冶炼和压延加工品	31	信息传输、软件和信息技术服务
15	金属制品	32	金融
16	通用设备	33	房地产
17	专用设备	34	租赁和商务服务
18	交通运输设备	35	研究和试验发展
19	电气机械和器材	36	综合技术服务
20	通信设备、计算机和其他电子设备	37	水利、环境和公共设施管理
21	仪器仪表	38	居民服务、修理和其他服务
22	其他制造产品和废品废料	39	教育
23	金属制品、机械和设备修理服务	40	卫生和社会工作
24	电力、热力的生产和供应	41	文化、体育和娱乐
25	燃气生产和供应	42	公共管理、社会保障和社会组织

资料来源：广西统计局。

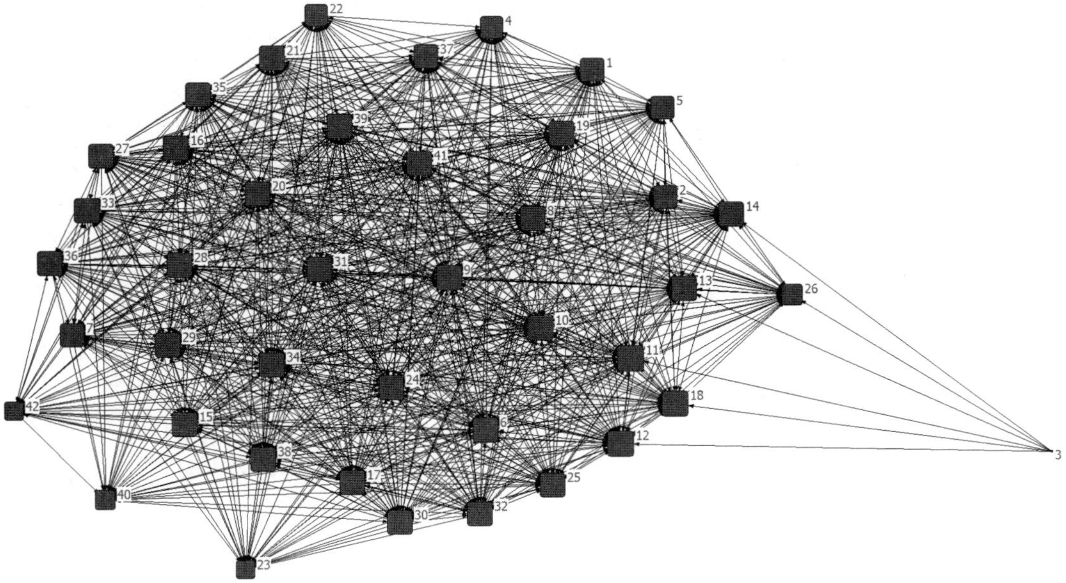

图 2-11 "十二五"时期广西各产业的关联（包含弱关联的连线）

（资料来源：根据《广西投入产出表 2012》绘制，数字代表产业代码）

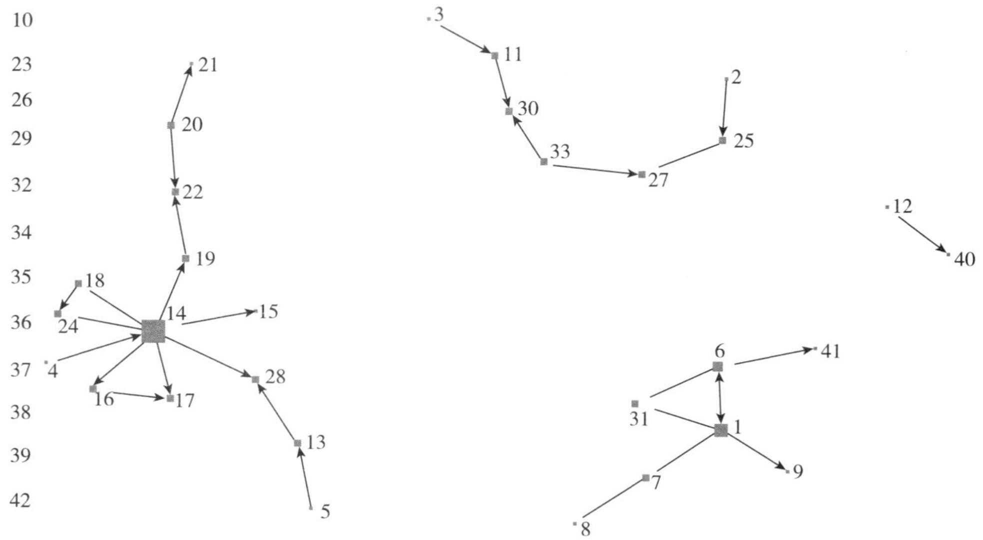

图 2-12　“十二五”时期广西产业关联（剔除关联程度较弱的连线）

（资料来源：根据《广西投入产出表 2012》绘制，数字代表产业代码）

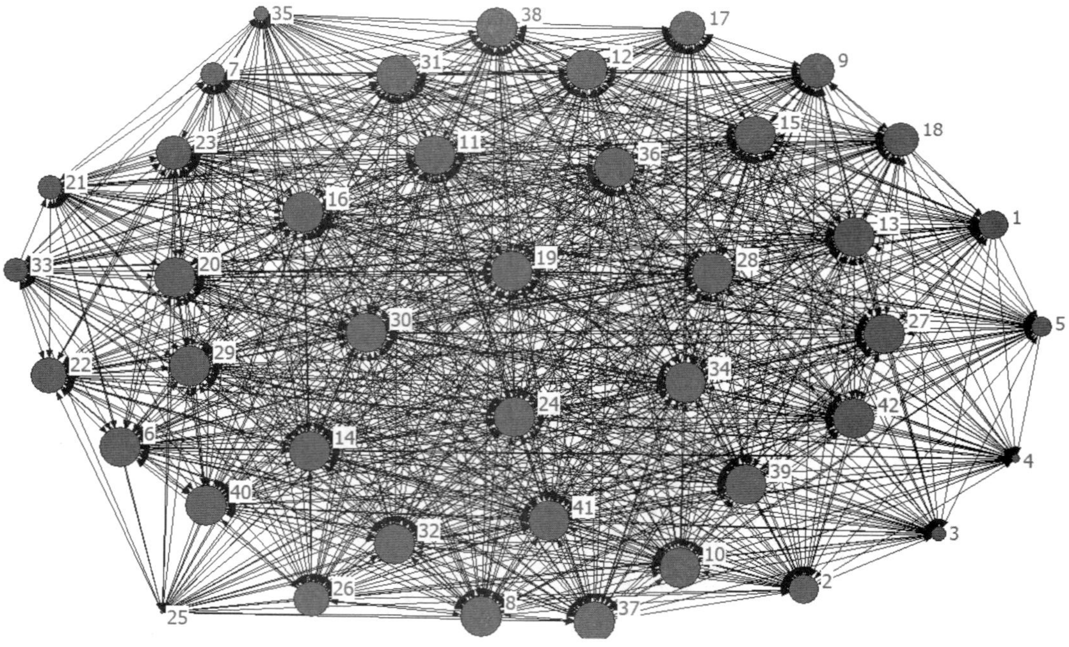

图 2-13　“十三五”时期广西各产业的关联（包含弱关联的连线）

（资料来源：根据《广西投入产出表 2017》绘制，数字代表产业代码）

（2）广西金融业强基础成效明显。截至 2019 年末，广西社会融资规模增量达到 5483. 5 亿元，比 2018 年多增加了 1311. 2 亿元，占全国社会融资规模增量的比重为 2. 14%。广西金融机构本外币存款余额、贷款余额分别是 3. 2 万亿元、3. 1 万亿元，分别比 2018 年末增长 6. 2%、14. 3%。广西银行业金融机构资产总额 4. 16 万亿元、实现利润

444.8 亿元，分别比 2018 年增长 7.9%、9.4%。广西共有上市公司 38 家，新三板挂牌公司 67 家，区域性股权市场挂牌企业 165 家。广西保险业实现原保险保费收入 664.9 亿元，比 2018 年增长 5.7%。

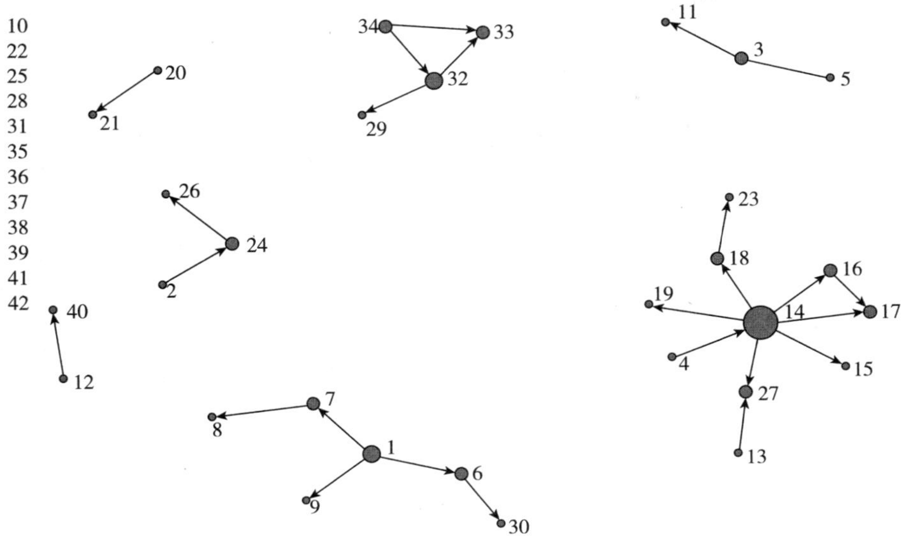

图 2-14 “十三五”时期广西产业关联（剔除关联程度较弱的连线）

（资料来源：根据《广西投入产出表 2017》绘制，数字代表产业代码）

（3）广西金融业补短板力度增强。① 截至 2019 年末，广西民营企业、小微企业贷款余额分别为 4391.4 亿元、5108.75 亿元，分别比 2018 年增长 14.98%、11.07%。累计办理再贴现 642.6 亿元，比 2018 年多增加 326.7 亿元。其中，民营企业、小微票据再贴现占比分别为 77.1%、50.3%。广西出台关于金融支持“双百双新”产业项目、糖业全产业链、林业高质量发展等重点领域若干措施，截至 2019 年末，广西“双百双新”项目融资余额 287 亿元、糖业贷款余额 432 亿元，分别比 2018 年增长 57.7%、18.8%。糖业贷款加权平均利率低于企业贷款加权平均利率 0.79 个百分点。广西推进优化运用扶贫再贷款发放贷款定价，创新再贷款“先贷后借”管理模式。截至 2019 年末，广西金融精准扶贫贷款余额 1682 亿元，比 2018 年增长 8.53%。广西在全国率先推动二代农村信用信息系统与云闪付 APP 功能互嵌，开展“扶贫+信贷+支付”试点。

（4）广西建设面向东盟的金融开放门户取得初步成效。2019 年广西深入推进全口径跨境融资、跨境双向人民币资金池、境外项目人民币贷款等业务发展。2019 年广西跨境人民币结算量达到 1570.34 亿元，比 2018 年增长 20.50%，规模排名西部 12 省（区）、9 个边境省（区）的第一位。2019 年广西人民币跨境收支占全部本外币跨境收支的比重为 44.67%，比 2018 年提高 4.6 个百分点。同时，广西贸易投资便利化也得到了稳固提升，是全国首个实现互市贸易结算与报关信息互联互通的省级行政区。广西运用“对开

① 宋军. 对当前广西金融业发展几个问题的认识 [J]. 区域金融研究，2020 (4).

账户、对存双边本币”的账务处理模式，开展越南盾外币现钞调运进出境业务，本外币现钞调运实现常态化。2019 年，广西累计完成调运越南盾和泰铢现钞分别达到 752 亿盾、1.93 亿铢，共折合 947 万美元。2019 年，广西不仅推出面向东盟的金融开放门户 131 项改革举措，而且制定实施金融支持西部陆海新通道、中国（广西）自由贸易试验区建设等多项政策措施，其中西部陆海新通道建设项目发行债务融资工具 460 亿元、发放贷款余额 558 亿元。

（5）广西防范和化解金融风险能力增强。① 充分发挥“四个系统一个平台”的作用，扩大监测数据采集范围至保险业机构，建立高风险机构风险处置化解联动协调机制，扩大与行业监管部门以及地方金融监管部门的风险信息共享，强化监管信息共享。制订防范化解重大风险攻坚战行动方案，督促监管部门落实监管处置责任，压实广西农村信用联社和村镇银行等主发起行的责任，深入排查风险隐患，稳步开展金融控股公司监管，充分发挥存款保险制度作用。积极打击金融违法犯罪活动，防范银行卡渠道异常资金流动风险，加强互联网金融风险专项整治，联合公安部门加大对地下钱庄、非法网络炒汇等打击力度。

二、广西股票市场发展状况分析

（一）广西上市公司股票市场发展状况分析

1. 企业上市潜力空间较大

截至 2020 年底，国内上市的广西企业共有 38 家，如表 2-8 所示。其中，主板上市公司、中小板上市公司、创业板上市公司分别有 29 家、8 家和 1 家。目前，广西尚无科创板上市公司。截至 2020 年底，国内上市的广西公司总股本和总市值分别为 474.98 亿股、2916.35 亿元。总市值与地区生产总值之比为 13.16%。广西板块指数从 2015 年 6 月最高点 6828.27 点下降至 2018 年 10 月最低点 1863.26 点，随后反弹至 2020 年 12 月 2359.05 点，尤其是 2018 年以后指数在 2000～3000 点徘徊，如图 2-15 所示。另外，2019 年广西规模以上工业企业单位数共 6185 家，在国内各省区市的排名为第 17 位，如表 2-9 所示。虽然规模以上工业企业单位数高于西部省区市，但是广西上市公司数量排名却低于许多西部省区市。2020 年境内 IPO 辅导备案的广西公司仅有 13 家，② 企业上市融资的潜力需要深入挖掘。

① 宋军．对当前广西金融业发展几个问题的认识［J］．区域金融研究，2020（4）．

② 资料来源：中国证监会广西监管局．http：//www.csrc.gov.cn/pub/zjhpublicofgx/tjxx/202101/t20210113_390671.htm.

表 2-8　国内上市的广西公司概况

序号	代码	股票名称	所属行业	上市日期	注册资本（元）	公司注册地	公司办公地
1	000703. SZ	恒逸石化	化纤	1997 年 3 月 28 日	3681645407	广西壮族自治区北海市北海大道西16 号海富大厦第七层 G 号	浙江省杭州市萧山区市心北路 260号恒逸·南岸明珠 3 栋
2	000911. SZ	南宁糖业	食品加工与肉类	1999 年 5 月 27 日	324080937	广西壮族自治区南宁市青秀区古城路 10 号	广西壮族自治区南宁市青秀区古城路 10 号
3	600301. SH	ST 南化	贸易公司与工业品经销商	2000 年 7 月 12 日	235148140	广西壮族自治区南宁市青秀区金浦路 33 号北部湾国际港务大厦 29 层	广西壮族自治区南宁市青秀区金浦路 33 号北部湾国际港务大厦 29 层
4	000833. SZ	粤桂股份	综合类行业	1998 年 11 月 11 日	668401851	广西壮族自治区贵港市幸福路 100号	广东省广州市荔湾区流花路 85 号建工大厦 3 层
5	601003. SH	柳钢股份	钢铁	2007 年 2 月 27 日	2562793200	广西壮族自治区柳州市北雀路 117号	广西壮族自治区柳州市北雀路 117号
6	000953. SZ	*ST 河化	化肥与农用化工	1999 年 12 月 2 日	366122195	广西壮族自治区河池市六甲镇	广西壮族自治区河池市六甲镇
7	002956. SZ	西麦食品	食品加工与肉类	2019 年 6 月 19 日	160000000	广西壮族自治区桂林市高新技术开发区九号小区	广西壮族自治区桂林市高新技术开发区九号小区
8	600423. SH	ST 柳化	化肥与农用化工	2003 年 7 月 17 日	798695026	广西壮族自治区柳州市北雀路 67 号	广西壮族自治区柳州市北雀路 67 号
9	000806. SZ	*ST 银河	电气部件与设备	1998 年 4 月 16 日	1099911762	广西壮族自治区北海市西藏路银河软件科技园专家创业区 1 号	广西壮族自治区北海市银河软件科技园综合办公楼
10	002592. SZ	ST 八菱	机动车零配件与设备	2011 年 11 月 11 日	283331157	广西壮族自治区南宁市高新区高新大道东段 21 号	广西壮族自治区南宁市高新区高新大道东段 21 号
11	600310. SH	桂东电力	电力	2001 年 2 月 28 日	1036425602	广西壮族自治区贺州市平安西路 12号	广西壮族自治区贺州市平安西路 12号
12	002275. SZ	桂林三金	中药	2009 年 7 月 10 日	590200000	广西壮族自治区桂林市临桂区人民南路 9 号	广西壮族自治区桂林市金星路一号
13	000608. SZ	阳光股份	房地产开发	1996 年 9 月 19 日	749913309	广西壮族自治区南宁市江南路 230号南宁经济技术开发区	深圳市深南东路 5016 号京基一百大厦 A 座 6901-01A 单元
14	002696. SZ	百洋股份	食品加工与肉类	2012 年 9 月 5 日	349386910	广西壮族自治区南宁市高新区高新四路 9 号	广西壮族自治区南宁市高新区高新四路 9 号

续表

序号	代码	股票名称	所属行业	上市日期	注册资本（元）	公司注册地	公司办公地
15	000978. SZ	桂林旅游	酒店、度假村与豪华游轮	2000 年 5 月 18 日	360100000	广西壮族自治区桂林市翠竹路 27-2 号	广西壮族自治区桂林市翠竹路 27-2 号
16	600252. SH	中恒集团	中药	2000 年 11 月 30 日	3475107147	广西壮族自治区梧州市工业园区工业大道 1 号	广西壮族自治区梧州市工业园区工业大道 1 号
17	600936. SH	广西广电	有线和卫星电视	2016 年 8 月 15 日	1671026239	广西壮族自治区南宁市五象大道 691 号新媒体中心 A 座 1 楼	广西壮族自治区南宁市云景路景晖巷 8 号广西广电网络综合大楼
18	002175. SZ	ST 东网	工业机械	2007 年 10 月 12 日	753778212	广西壮族自治区桂林市七星区临江路 234 号	广西壮族自治区桂林市七星区临江路 234 号
19	600368. SH	五洲交通	公路与铁路	2000 年 12 月 21 日	1125632068	广西壮族自治区南宁市民族大道 115-1 号现代国际大厦 27 层	广西壮族自治区南宁市民族大道 115-1 号现代国际大厦 27 层
20	603869. SH	新智认知	信息科技咨询与其他服务	2015 年 3 月 26 日	504500508	广西壮族自治区北海市四川南路铁路桥以南新奥大厦	河北省廊坊市经济技术开发区艾力枫社国际广场 E 座
21	300422. SZ	博世科	环境与设施服务	2015 年 2 月 17 日	405713128	广西壮族自治区南宁市高新区科兴路 12 号	广西壮族自治区南宁市高新区科兴路 12 号
22	601368. SH	绿城水务	水务	2015 年 6 月 12 日	882973077	广西壮族自治区南宁市江南区体育路 4 号	广西壮族自治区南宁市江南区体育路 4 号
23	600712. SH	南宁百货	百货商店	1996 年 6 月 26 日	544655360	广西壮族自治区南宁市朝阳路 39 号，41 号，45 号	广西壮族自治区南宁市朝阳路 39 号
24	600236. SH	桂冠电力	新能源发电业	2000 年 3 月 23 日	7882377802	广西壮族自治区南宁市青秀区民族大道 126 号	广西壮族自治区南宁市青秀区民族大道 126 号
25	000716. SZ	黑芝麻	食品加工与肉类	1997 年 4 月 18 日	743999550	广西壮族自治区玉林市容县容城南工业集中区黑五类产业园	广西壮族自治区南宁市双拥路 36 号
26	600556. SH	天下秀	信息科技咨询与其他服务	2001 年 8 月 7 日	1807747642	广西壮族自治区北海市四川路 356 号北海软件园 3 幢	北京市朝阳区三里屯西五街 5 号院 D 座
27	002166. SZ	莱茵生物	生物科技	2007 年 9 月 13 日	565214740	广西壮族自治区桂林市临桂区人民南路 19 号	广西壮族自治区桂林市临桂区人民南路 19 号

续表

序号	代码	股票名称	所属行业	上市日期	注册资本（元）	公司注册地	公司办公地
28	000582. SZ	北部湾港	海港与服务	1995 年 11 月 2 日	1634189554	广西壮族自治区北海市海角路 145 号	广西壮族自治区南宁市良庆区体强路 12 号北部湾航运中心 9-10 层
29	000662. SZ	＊ST 天夏	信息科技咨询与其他服务	1996 年 12 月 16 日	1093097734	广西壮族自治区梧州市长洲区新兴二路 137 号	浙江省杭州市滨江区六和路 368 号 1 幢北四楼 A4068 室
30	600538. SH	国发股份	中药	2003 年 1 月 14 日	511771343	广西壮族自治区北海市海城区北部湾中路 3 号	广西壮族自治区北海市海城区北部湾中路 3 号
31	603368. SH	柳药股份	保健护理产品经销商	2014 年 12 月 4 日	362663799	广西壮族自治区柳州市官塘大道 68 号	广西壮族自治区柳州市官塘大道 68 号
32	000750. SZ	国海证券	投资银行业与经纪业	1997 年 7 月 9 日	5444525514	广西壮族自治区桂林市辅星路 13 号	广西壮族自治区南宁市滨湖路 46 号国海大厦
33	002329. SZ	皇氏集团	食品加工与肉类	2010 年 1 月 6 日	837640035	广西壮族自治区南宁市高新区丰达路 65 号	广西壮族自治区南宁市高新区丰达路 65 号
34	603166. SH	福达股份	机动车零配件与设备	2014 年 11 月 27 日	592018710	广西壮族自治区桂林市西城经济开发区秧塘工业园秧十八路东侧	广西壮族自治区桂林市西城经济开发区秧塘工业园秧十八路东侧
35	002929. SZ	润建股份	通信设备	2018 年 3 月 1 日	220746347	广西壮族自治区南宁市西乡塘区总部路 1 号中国东盟科技企业孵化基地一期 D7 栋 501 室	广西壮族自治区南宁市青秀区民族大道 136-5 号华润中心写字楼 C 座 32 层
36	601996. SH	丰林集团	林木产品	2011 年 9 月 29 日	1145622800	广西壮族自治区南宁市良庆区银海大道 1233 号	广西壮族自治区南宁市良庆区银海大道 1233 号
37	000528. SZ	柳工	建筑机械与重型卡车	1993 年 11 月 18 日	1475921376	广西壮族自治区柳州市柳太路 1 号	广西壮族自治区柳州市柳太路 1 号
38	600249. SH	两面针	家庭用品	2004 年 1 月 30 日	550000000	广西壮族自治区柳州市东环路 282 号	广西壮族自治区柳州市东环路 282 号

资料来源：Wind 资讯。

表 2-9　2019 年国内各省区市规模以上工业企业单位数

排名	地区	规模以上工业企业单位数（家）	排名	地区	规模以上工业企业单位数（家）	排名	地区	规模以上工业企业单位数（家）
1	广东	55394	12	江西	13022	23	新疆	3182
2	江苏	46090	13	上海	8776	24	北京	3121
3	浙江	45695	14	辽宁	7610	25	吉林	3042
4	山东	27129	15	陕西	7037	26	内蒙古	2965
5	河南	19516	16	重庆	6694	27	甘肃	1825
6	福建	18365	17	广西	6185	28	宁夏	1196
7	安徽	17761	18	天津	4813	29	青海	585
8	湖南	16562	19	山西	4793	30	海南	412
9	湖北	15521	20	贵州	4686	31	西藏	148
10	四川	14599	21	云南	4366	—	—	—
11	河北	13181	22	黑龙江	3531	—	—	—

资料来源：Wind 资讯。

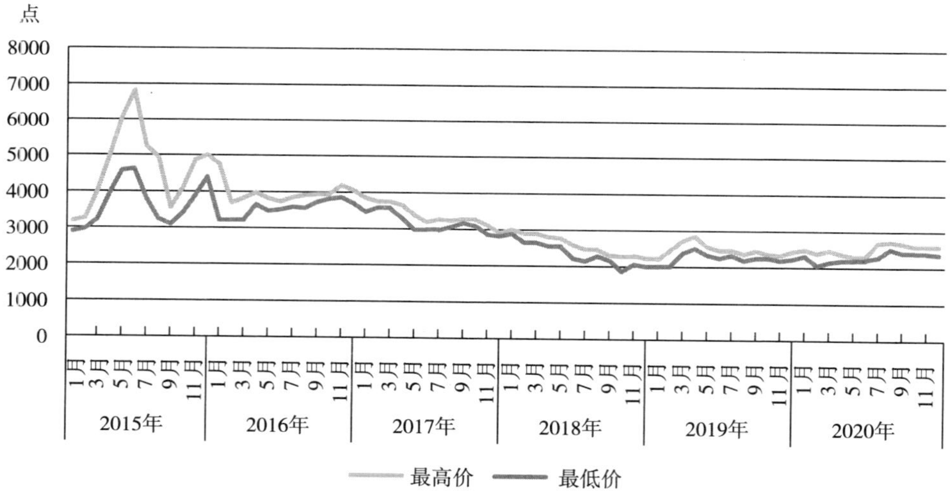

图 2-15　2015—2020 年以来广西板块指数的变动情况

（资料来源：根据 Wind 资讯数据绘制）

2. 股票增发在上市公司直接融资的比重较大

2016—2020 年广西上市公司累计融资 495.96 亿元，在国内各省区市排名第 26 位，如图 2-16 所示。其中，广西 3 家上市公司的首发融资额为 34.95 亿元，24 家上市公司的增发额为 353.02 亿元，2 家上市公司的配股融资额为 44.77 亿元，4 家上市公司的可转债融资额为 43.22 亿元，1 家上市公司的可交换债融资额为 20.00 亿元，广西上市公司在 5 年内没有利用优先股融资，如表 2-10 所示。

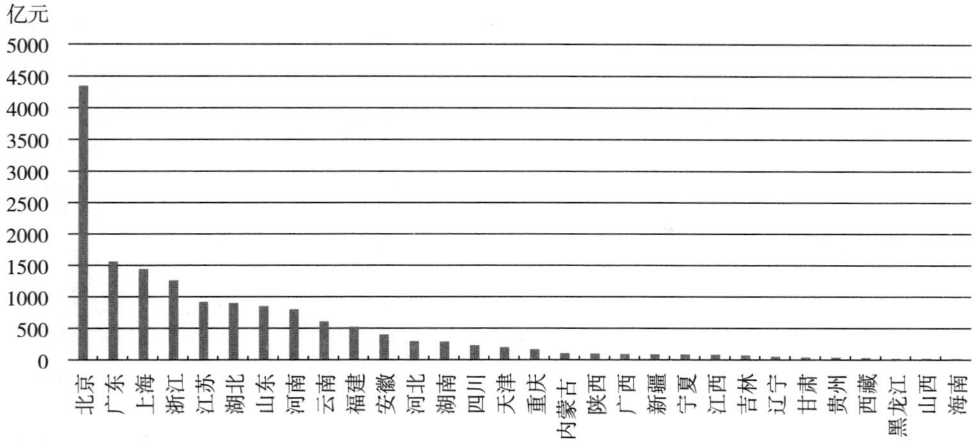

图 2-16　2016—2020 年国内各地区上市公司融资总额

（资料来源：根据 Wind 资讯数据绘制）

表 2-10　2016—2020 年广西上市公司融资方式及金额

序号	证券简称	发行方式	发行日期	融资规模（万元）
1	润建股份	首发	2018 年 2 月 13 日	132171.91
2	广西广电	首发	2016 年 8 月 3 日	144000.00
3	西麦食品	首发	2019 年 6 月 5 日	73320.00
4	北部湾港	增发	2018 年 11 月 15 日	164706.45
5	北部湾港	增发	2018 年 1 月 15 日	168543.97
6	柳药股份	增发	2016 年 2 月 3 日	165000.00
7	*ST 天夏	增发	2016 年 3 月 23 日	416300.00
8	丰林集团	增发	2018 年 8 月 21 日	64467.02
9	恒逸石化	增发	2019 年 1 月 24 日	295000.00
10	恒逸石化	增发	2016 年 9 月 19 日	380000.00
11	恒逸石化	增发	2018 年 11 月 29 日	449500.00
12	黑芝麻	增发	2017 年 12 月 22 日	53792.06
13	黑芝麻	增发	2018 年 11 月 19 日	11000.70
14	新智认知	增发	2016 年 9 月 24 日	164999.97
15	新智认知	增发	2016 年 10 月 18 日	100000.00
16	天下秀	增发	2019 年 12 月 10 日	399500.00
17	天下秀	增发	2020 年 8 月 27 日	212000.00
18	绿城水务	增发	2019 年 6 月 28 日	81233.52
19	百洋股份	增发	2017 年 8 月 29 日	53699.99
20	百洋股份	增发	2017 年 8 月 15 日	56000.00
21	博世科	增发	2016 年 9 月 20 日	55000.00

续表

序号	证券简称	发行方式	发行日期	融资规模（万元）
22	博世科	增发	2020年7月20日	58000.00
23	ST东网	增发	2016年3月24日	59052.11
24	国发股份	增发	2020年12月23日	19753.36
25	桂东电力	增发	2020年12月18日	74488.26
26	*ST河化	增发	2020年3月6日	12000.00
27	*ST河化	增发	2019年12月26日	16170.24
28	恒逸转债	可转债	2020年10月16日	200000.00
29	16恒逸01	可交换债	2016年10月21日	200000.00
30	润建转债	可转债	2020年12月7日	109000.00
31	博世转债	可转债	2018年7月5日	43000.00
32	柳药转债	可转债	2020年1月16日	80220.00
33	国海证券	配股	2020年1月14日	399419.65
34	莱茵生物	配股	2019年4月17日	48230.88

资料来源：Wind资讯。

3. 上市公司股票的信用交易增长较快

2019—2020年国内上市公司股票的日均成交金额、日均换手率分别为6828.84亿元、2.66%，如图2-17所示。其中，2019年和2020年国内上市公司股票的日均成交金额分别为5186.69亿元、8477.75亿元，2019年和2020年国内上市公司股票的日均换手率分别为2.36%、2.96%。2019—2020年广西上市公司股票的日均成交金额、日均换手率分别为32.74亿元、2.66%。其中，2019年和2020年广西上市公司股票的日均成交金额分别为29.79亿元、35.69亿元，2019年和2020年广西上市公司股票的日均换手率分别为2.48%、2.83%。

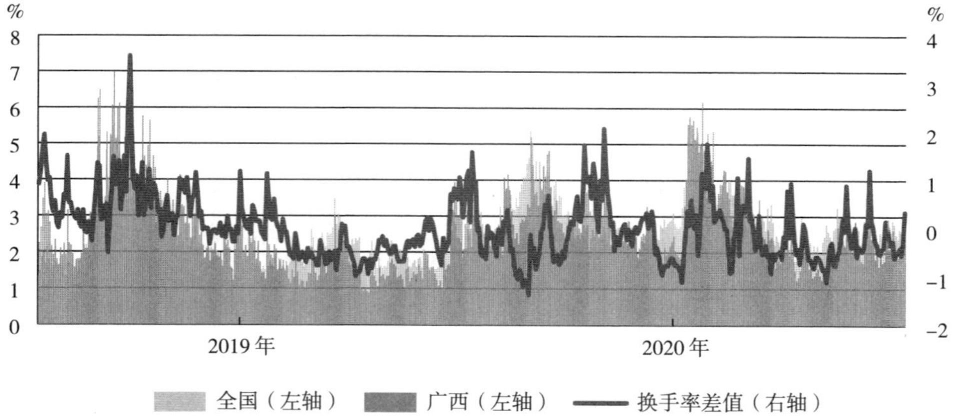

图2-17　2019—2020年国内上市公司股票换手率

（资料来源：根据Wind资讯绘制）

2019—2020 年国内股票市场融资融券的日均余额是 9671.56 亿元，其中 2019 年和 2020 年国内股票市场融资融券的日均余额分别是 7975.52 亿元、11374.58 亿元，增长率是 42.62%，如图 2-18 所示。2019—2020 年广西股票市场融资融券的日均余额是 48.40 亿元，其中 2019 年和 2020 年国内股票市场融资融券的日均余额分别是 38.50 亿元、58.33 亿元，增长率是 51.51%。

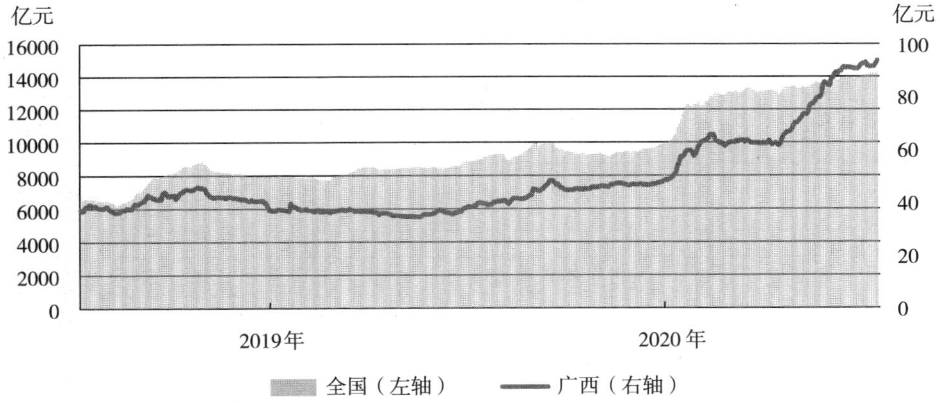

图 2-18　2019—2020 年国内股票市场的融资融券余额

（资料来源：根据 Wind 资讯绘制）

（二）广西“新三板”市场发展状况分析

1. “新三板”挂牌公司的发展方式有待改善

广西“新三板”挂牌公司没有能够很好地兼顾数量增长与绩效改善两个方面。“新三板”市场是全国性的非上市股份有限公司股权交易系统，主要是中小微型企业。截至 2020 年底，“新三板”挂牌公司共有 8187 家，如表 2-11 所示。其中，广东和北京的挂牌公司数量最多，分别达到 1181 家、1073 家；江苏、浙江、上海、山东 4 个省市的挂牌公司数量分别介于 500 家至 1000 家（不含 1000 家）；虽然安徽、湖北等 12 个省市的挂牌公司数量均不足 300 家，但是均超过 100 家；山西、云南等 13 个省区的挂牌公司数量均少于 100 家。

（1）从数量指标来看，“十三五”期间，广西挂牌公司数量以年均增长 16%的速度从 31 家增加至 65 家，在“新三板”挂牌公司当中的比重从 0.61%增加至 0.79%，可交易股票数量占挂牌公司全部股票数量的比重从 60.15%增加至 61.88%，但是由于一部分地区的挂牌公司数量增加更多，使得广西挂牌公司数量在国内各省区市的排名从第 17 位下降至第 22 位。

表 2-11　各地区“新三板”市场发展的基本情况

序号	所属地区	总挂牌家数（家）	家数占比（%）	做市交易家数（家）	集合竞价交易家数（家）	连续竞价交易家数（家）	股份总量（亿股）	可交易股份数量（亿股）	资产合计（亿元）	总资产均值（亿元）	净资产合计（亿元）	净资产均值（亿元）	营业收入合计（亿元）	营业收入均值（亿元）	净利润合计（亿元）	净利润均值（亿元）
1	广东	1181	14.43	80	1099	2	658.041	367.462	2840.675	2.405	1327.197	1.124	2105.907	1.783	59.363	0.050
2	北京	1073	13.11	78	988	7	953.947	685.588	3496.374	3.262	1729.767	1.614	2161.935	2.019	60.731	0.057
3	江苏	987	12.06	58	923	6	564.687	311.946	3078.570	3.119	1228.271	1.244	1719.234	1.745	88.791	0.090
4	浙江	713	8.71	35	676	2	429.833	255.856	1997.718	2.802	855.162	1.199	1709.111	2.397	74.696	0.105
5	上海	646	7.89	64	580	2	356.027	226.292	1697.953	2.628	730.218	1.130	2590.980	4.011	39.084	0.061
6	山东	506	6.18	34	468	4	327.312	198.536	4223.027	8.346	812.015	1.605	1103.465	2.181	57.712	0.114
7	安徽	294	3.59	17	273	4	243.201	132.757	965.163	3.283	461.109	1.568	528.962	1.799	25.669	0.087
8	湖北	294	3.59	21	271	2	152.123	88.266	686.146	2.334	318.622	1.084	530.505	1.804	23.641	0.080
9	河南	290	3.54	23	266	1	198.033	109.800	722.200	2.490	380.158	1.311	405.500	1.403	8.466	0.029
10	福建	281	3.43	13	267	1	186.098	113.580	984.176	3.502	334.149	1.189	492.588	1.753	23.940	0.085
11	四川	239	2.92	8	230	1	134.160	75.977	542.150	2.268	270.593	1.132	383.192	1.610	11.557	0.048
12	河北	203	2.48	18	183	2	134.590	75.050	670.998	3.305	280.185	1.380	369.408	1.820	25.986	0.128
13	辽宁	170	2.08	9	160	1	101.312	56.085	376.131	2.213	214.930	1.264	245.077	1.442	13.877	0.082
14	湖南	165	2.02	11	153	1	110.943	65.784	408.610	2.476	208.516	1.264	323.113	1.958	−3.106	−0.019
15	天津	148	1.81	3	145	0	64.419	36.584	250.114	1.690	137.849	0.931	192.256	1.299	9.419	0.064
16	陕西	136	1.66	5	130	1	90.237	47.924	416.557	3.063	229.905	1.690	240.497	1.768	16.027	0.118
17	江西	120	1.47	8	112	0	66.345	32.015	255.349	2.128	107.980	0.900	219.706	1.831	5.215	0.043
18	重庆	101	1.23	5	95	1	58.968	36.496	241.824	2.394	101.275	1.003	205.868	2.038	2.864	0.028
19	山西	84	1.03	4	80	0	51.183	24.727	181.744	2.164	91.667	1.091	96.842	1.153	5.527	0.066
20	云南	77	0.94	7	69	1	59.294	40.614	370.231	4.808	134.837	1.751	173.878	2.258	−0.048	−0.001
21	黑龙江	66	0.81	3	63	0	47.588	28.428	179.911	2.726	91.802	1.391	127.886	1.938	7.199	0.109

续表

序号	所属地区	总挂牌家数（家）	家数占比（%）	做市交易家数（家）	集合竞价交易家数（家）	连续竞价交易家数（家）	股份总量（亿股）	可交易股份数量（亿股）	资产合计（亿元）	总资产均值（亿元）	净资产合计（亿元）	净资产均值（亿元）	营业收入合计（亿元）	营业收入均值（亿元）	净利润合计（亿元）	净利润均值（亿元）
22	广西	65	0.79	5	60	0	49.651	30.724	149.641	2.302	76.629	1.179	119.087	1.832	2.003	0.031
23	吉林	63	0.77	5	58	0	36.232	19.417	177.854	2.823	77.045	1.223	88.555	1.406	5.336	0.085
24	新疆	62	0.76	4	58	0	43.270	30.177	392.186	6.326	111.894	1.805	118.724	1.915	4.269	0.069
25	内蒙古	50	0.61	6	43	1	43.744	22.736	238.853	4.777	96.427	1.929	145.695	2.914	6.123	0.122
26	宁夏	48	0.59	4	43	1	35.374	24.035	145.194	3.025	73.588	1.533	80.610	1.679	3.093	0.064
27	贵州	47	0.57	2	45	0	69.168	47.289	302.983	6.446	87.726	1.867	99.411	2.115	-2.300	-0.049
28	甘肃	32	0.39	2	30	0	38.364	29.197	167.772	5.243	67.519	2.110	93.661	2.927	-4.902	-0.153
29	海南	30	0.37	3	27	0	37.750	31.634	247.093	8.236	105.466	3.516	76.292	2.543	4.129	0.138
30	西藏	13	0.16	1	12	0	11.581	7.527	69.330	5.333	47.108	3.624	45.683	3.514	2.952	0.227
31	青海	3	0.04		3	0	3.510	1.472	14.735	4.912	8.882	2.961	4.099	1.366	0.375	0.125

资料来源：Wind资讯。

（2）从质量指标来看，虽然“十三五”期间广西挂牌公司在财务方面的总量指标保持基本稳定，如总资产从 150. 691 亿元小幅减少至 149. 641 亿元，净资产从 76. 410 亿元小幅增加至 76. 629 亿元，但是由于挂牌公司数量增加，因此在财务方面的平均指标实际变化还是比较明显的。尤其是总资产均值从 4. 861 亿元/家减少至 2. 302 亿元/家，降幅达到 2. 559 亿元/家；营业收入均值从 3. 313 亿元/家减少至 1. 832 亿元/家，降幅达到 1. 481 亿元/家；净资产均值从 2. 465 亿元/家减少至 1. 179 亿元/家，降幅达到 1. 286 亿元/家，如图 2-19 所示。

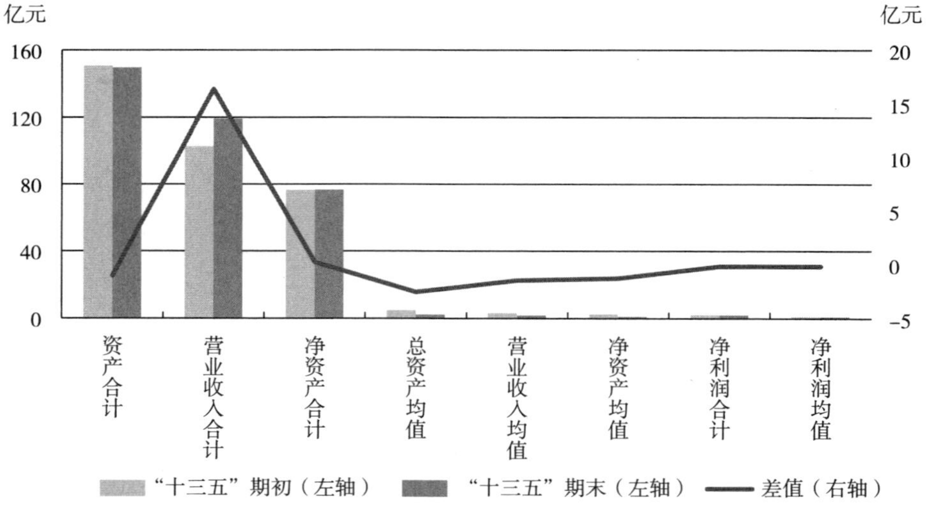

图 2-19 “十三五”期间广西“新三板”挂牌公司的财务指标

（资料来源：根据 Wind 资讯数据计算并绘制）

2. “新三板”挂牌公司的资源集中度较高

（1）区域、行业及交易方式的集中度较高

就区域集中度而言，广西“新三板”挂牌公司主要来自南宁市。2020 年南宁市有 30 家公司在“新三板”市场挂牌，占比达到 45. 4%；桂林有 10 家公司在“新三板”市场挂牌，占比是 15. 4%；玉林、防城港等 8 个地市共有 25 家公司在“新三板”市场挂牌，占比是 38. 5%；河池、贵港、崇左、来宾 4 个地市都没有“新三板”挂牌公司，如表 2-12 所示。

就行业集中度而言，广西“新三板”挂牌公司主要来自制造业。2020 年广西有 28 家制造业企业在“新三板”挂牌，占比 42. 4%；有 9 家信息传输、软件和信息技术服务业企业在“新三板”挂牌，占比 13. 8%；有 28 家挂牌公司分别属于 12 个不同的行业，占比 42. 4%。

就交易方式而言，广西“新三板”挂牌公司主要采取集合竞价的方式进行交易。2020 年广西有 60 家挂牌公司采取集合竞价，占比 92. 3%；有 5 家挂牌公司采取做市交易，占比 7. 7%。

表 2-12　2020 年广西“新三板”挂牌公司的基本情况

序号	证券代码	所属地区	证券简称	交易方式	总股本（亿股）	总资产（亿元）	净资产（亿元）	营业收入（亿元）	净利润总额（亿元）	行业
1	430463. NQ	玉林	春茂股份	做市交易	3. 471	11. 563	1. 110	12. 761	−0. 342	农、林、牧、渔业
2	430535. NQ	柳州	柳爱科技	集合竞价交易	0. 120	0. 489	0. 276	0. 185	−0. 002	制造业
3	430761. NQ	柳州	升禾环保	集合竞价交易	0. 752	2. 129	0. 932	1. 956	0. 197	居民服务、修理和其他服务业
4	831266. NQ	南宁	一铭软件	集合竞价交易	0. 973	0. 239	0. 015	0. 049	−0. 126	信息传输、软件和信息技术服务业
5	831925. NQ	南宁	政通股份	做市交易	1. 340	5. 064	2. 226	0. 593	−0. 168	建筑业
6	831963. NQ	防城港	ST 明利	做市交易	7. 300	23. 970	12. 317	1. 007	−2. 725	制造业
7	832023. NQ	北海	田野股份	集合竞价交易	2. 400	10. 028	7. 476	2. 903	0. 244	制造业
8	832366. NQ	南宁	英伦信息	集合竞价交易	0. 159	0. 508	0. 218	0. 623	0. 002	信息传输、软件和信息技术服务业
9	832885. NQ	桂林	星辰科技	集合竞价交易	0. 640	2. 053	1. 560	0. 951	0. 227	制造业
10	832907. NQ	柳州	宏华股份	集合竞价交易	0. 369	1. 485	0. 556	2. 146	0. 087	农、林、牧、渔业
11	833176. NQ	桂林	桂林五洲	做市交易	0. 949	3. 014	1. 688	1. 598	0. 419	批发和零售业
12	833404. NQ	南宁	飞日科技	集合竞价交易	0. 627	1. 471	0. 476	0. 963	0. 040	制造业
13	833486. NQ	南宁	前程人力	做市交易	0. 335	1. 143	0. 637	14. 691	0. 107	租赁和商务服务业
14	833515. NQ	柳州	禾美农业	集合竞价交易	0. 366	1. 951	0. 351	1. 944	0. 048	农、林、牧、渔业
15	833782. NQ	桂林	天锐医药	集合竞价交易	0. 333	1. 273	0. 281	1. 106	−0. 066	批发和零售业
16	833965. NQ	玉林	科创股份	集合竞价交易	0. 550	0. 916	0. 342	0. 606	−0. 027	制造业
17	834385. NQ	桂林	力港网络	集合竞价交易	0. 883	3. 182	2. 832	2. 152	0. 924	信息传输、软件和信息技术服务业
18	834781. NQ	柳州	新生活	集合竞价交易	0. 329	0. 737	0. 521	1. 755	0. 119	租赁和商务服务业
19	835059. NQ	玉林	桂牛乳业	集合竞价交易	0. 200	0. 826	0. 035	0. 426	−0. 086	制造业
20	835087. NQ	桂林	桂林恒瑞	集合竞价交易	0. 080	0. 493	0. 099	0. 033	−0. 034	农、林、牧、渔业
21	835248. NQ	防城港	越洋科技	集合竞价交易	2. 800	4. 217	3. 238	1. 438	−0. 320	制造业
22	836332. NQ	南宁	千年传说	集合竞价交易	0. 050	0. 347	0. 125	0. 053	0. 004	文化、体育和娱乐业

续表

序号	证券代码	所属地区	证券简称	交易方式	总股本（亿股）	总资产（亿元）	净资产（亿元）	营业收入（亿元）	净利润总额（亿元）	行业
23	836579. NQ	桂林	蓝天股份	集合竞价交易	0. 268	0. 737	0. 495	0. 707	0. 015	科学研究和技术服务业
24	837057. NQ	玉林	创致股份	集合竞价交易	0. 700	1. 918	0. 749	1. 799	-0. 012	批发和零售业
25	837106. NQ	梧州	三鹤药业	集合竞价交易	0. 160	0. 768	0. 286	0. 589	0. 022	制造业
26	837221. NQ	南宁	金穗生态	集合竞价交易	1. 109	2. 861	1. 685	1. 549	0. 322	制造业
27	837331. NQ	玉林	嘉德股份	集合竞价交易	1. 462	3. 630	3. 274	1. 944	0. 787	制造业
28	837773. NQ	桂林	明富金属	集合竞价交易	0. 130	0. 428	0. 239	0. 323	0. 052	制造业
29	838141. NQ	南宁	中新正大	集合竞价交易	0. 419	1. 312	0. 750	1. 297	0. 016	租赁和商务服务业
30	838298. NQ	南宁	益江环保（退市）	集合竞价交易	0. 235	0. 977	0. 556	0. 662	0. 060	水利、环境和公共设施管理业
31	838837. NQ	玉林	华原股份	集合竞价交易	1. 289	4. 749	3. 264	3. 734	0. 215	制造业
32	839724. NQ	南宁	汉和生物（退市）	集合竞价交易	0. 543	2. 617	0. 911	4. 347	0. 378	制造业
33	870021. NQ	南宁	中投创新	集合竞价交易	0. 250	0. 366	0. 212	0. 327	-0. 035	科学研究和技术服务业
34	870178. NQ	梧州	旭平首饰	集合竞价交易	1. 150	2. 564	2. 251	3. 251	0. 183	制造业
35	870396. NQ	防城港	雅美资源	集合竞价交易	0. 400	1. 482	0. 165	0. 000	-0. 142	批发和零售业
36	870422. NQ	南宁	品新检测	集合竞价交易	0. 200	0. 655	0. 373	0. 602	0. 012	科学研究和技术服务业
37	870572. NQ	防城港	鑫海药业	集合竞价交易	0. 118	0. 393	0. 091	0. 629	-0. 020	批发和零售业
38	870799. NQ	桂林	世纪风	集合竞价交易	0. 122	0. 336	0. 066	0. 063	-0. 051	信息传输、软件和信息技术服务业
39	870812. NQ	南宁	赛富电力	集合竞价交易	0. 605	1. 245	0. 756	1. 264	0. 188	科学研究和技术服务业
40	870931. NQ	南宁	侨虹新材	集合竞价交易	2. 668	4. 951	2. 626	1. 290	-0. 117	制造业
41	870980. NQ	南宁	盛业节能	集合竞价交易	0. 200	0. 357	0. 192	0. 026	-0. 044	科学研究和技术服务业
42	871264. NQ	贺州	速丰木业	集合竞价交易	0. 368	1. 125	0. 407	1. 214	0. 005	制造业
43	871323. NQ	南宁	千年工艺	集合竞价交易	0. 100	0. 193	0. 126	0. 269	0. 004	制造业
44	871433. NQ	南宁	捷佳润	集合竞价交易	1. 075	1. 589	1. 334	0. 804	0. 046	信息传输、软件和信息技术服务业

续表

序号	证券代码	所属地区	证券简称	交易方式	总股本（亿股）	总资产（亿元）	净资产（亿元）	营业收入（亿元）	净利润总额（亿元）	行业
45	871450. NQ	南宁	ST 乐美	集合竞价交易	0. 500	0. 644	0. 562	0. 099	0. 014	信息传输、软件和信息技术服务业
46	871554. NQ	钦州	兴创科技	集合竞价交易	0. 120	0. 130	0. 081	0. 099	-0. 019	制造业
47	871654. NQ	南宁	商大科技	集合竞价交易	0. 700	1. 305	1. 122	1. 043	0. 057	制造业
48	871822. NQ	百色	百色水务	集合竞价交易	1. 680	4. 273	2. 555	1. 094	0. 028	电力、热力、燃气及水生产和供应业
49	872072. NQ	南宁	玉柴物流（退市）	集合竞价交易	2. 400	9. 270	2. 971	15. 093	0. 509	交通运输、仓储和邮政业
50	872107. NQ	南宁	昊华股份	集合竞价交易	0. 140	0. 457	0. 186	0. 594	0. 032	信息传输、软件和信息技术服务业
51	872300. NQ	玉林	玉柴动力	集合竞价交易	0. 300	5. 137	1. 837	6. 173	-0. 359	制造业
52	872341. NQ	南宁	同泽股份	集合竞价交易	0. 200	1. 146	0. 350	1. 447	0. 153	科学研究和技术服务业
53	872415. NQ	南宁	欧联股份	集合竞价交易	0. 200	0. 496	0. 250	0. 266	0. 001	建筑业
54	872558. NQ	南宁	侨旺纸模	集合竞价交易	0. 500	1. 045	0. 829	1. 021	0. 044	制造业
55	872696. NQ	南宁	绿友农	集合竞价交易	0. 100	0. 827	0. 155	1. 174	-0. 008	制造业
56	872703. NQ	北海	诚钢矿业	集合竞价交易	2. 000	4. 447	2. 500	2. 417	0. 302	制造业
57	872744. NQ	南宁	华南通信	集合竞价交易	0. 100	0. 695	0. 378	0. 448	0. 007	信息传输、软件和信息技术服务业
58	872773. NQ	南宁	华讯信息	集合竞价交易	0. 067	0. 163	0. 078	0. 082	-0. 008	信息传输、软件和信息技术服务业
59	872841. NQ	钦州	广西百菲	集合竞价交易	0. 119	1. 427	0. 882	2. 830	0. 689	制造业
60	873070. NQ	南宁	华信设计	集合竞价交易	0. 108	0. 481	0. 163	0. 939	0. 025	科学研究和技术服务业
61	873101. NQ	玉林	蓝天口腔	集合竞价交易	0. 400	0. 853	0. 545	0. 769	0. 088	卫生和社会工作
62	873293. NQ	南宁	辽大股份	集合竞价交易	0. 900	3. 228	2. 321	5. 766	-0. 119	制造业
63	873466. NQ	南宁	宏桂印务	集合竞价交易	0. 100	0. 239	0. 158	0. 162	0. 032	制造业
64	873522. NQ	桂林	鲁山墙材	集合竞价交易	0. 223	0. 606	0. 326	0. 539	0. 095	制造业
65	873532. NQ	桂林	宏谋物业	集合竞价交易	0. 200	0. 420	0. 261	0. 404	0. 036	房地产业

资料来源：Wind 资讯。

（2）物流行业的经营业绩相对突出

在广西“新三板”挂牌公司当中，虽然2020年制造业的净利润排名第一，但是该行业每股净利润、净资产利润率等指标数值的排名却比较靠后，如表2-13所示。如果综合考虑多个指标，那么交通运输、仓储和邮政业的每股净利润、净资产利润率的指标数值排名第一，每股净资产的指标数值排名第二，净利润的指标数值排名第三，从总体上看交通运输、仓储和邮政业的经营业绩相对优于其他行业。另外，从各个产业的净利润平均值来看，第一、第二产业的挂牌公司净利润平均值为负，第三产业的挂牌公司净利润平均值为正，而且挂牌物流企业的净利润平均值多于其他行业的净利润平均值，如图2-20所示。

表2-13　2020年广西“新三板”挂牌公司的经营业绩

序号	行业	净利润（亿元）	每股净利润（元/股）	每股净资产（元/股）	净资产利润率（%）
1	制造业	3.007	0.127	1.600	4.065
2	信息传输、软件和信息技术服务业	0.840	0.209	1.411	10.747
3	交通运输、仓储和邮政业	0.787	0.539	2.240	21.684
4	批发和零售业	0.625	0.137	1.416	6.513
5	科学研究和技术服务业	0.594	0.137	1.318	5.418
6	租赁和商务服务业	0.478	0.225	2.389	6.617
7	居民服务、修理和其他服务业	0.302	0.151	1.250	6.793
8	农、林、牧、渔业	0.250	0.155	1.230	5.403
9	卫生和社会工作	0.197	0.262	1.239	9.252
10	水利、环境和公共设施管理业	0.197	0.262	1.239	9.252
11	房地产业	0.095	0.428	1.464	15.748
12	电力、热力、燃气及水生产和供应业	0.087	0.236	1.504	5.869
13	文化、体育和娱乐业	0.032	0.318	1.579	13.327
14	建筑业	0.012	0.047	1.027	2.087

资料来源：根据Wind资讯数据进行计算。

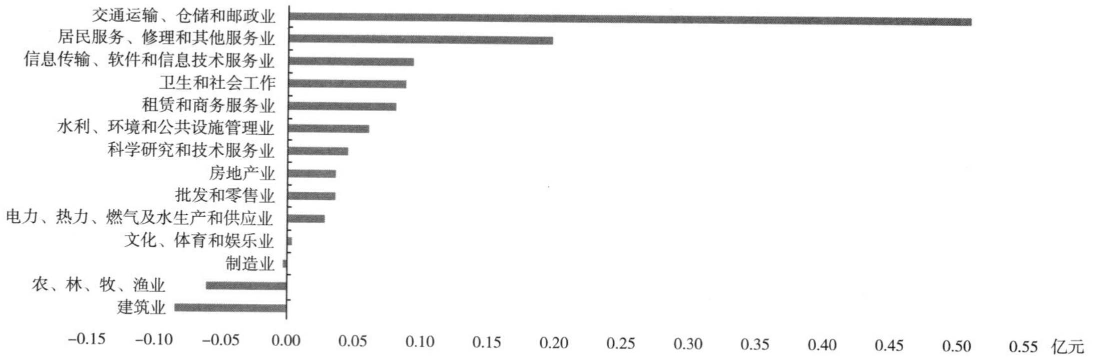

图2-20　广西“新三板”挂牌公司的净利润平均值

（资料来源：根据Wind资讯数据绘制）

（三）广西股权市场发展状况分析

1. 区域股权市场的潜力较大

随着财政金融协同支持企业高质量发展，以直接股权投资的方式，撬动社会资本参与企业建设，规模以上工业企业数量、股权交易所挂牌公司数量等都已经越来越多。国内 31 个省区市的挂牌公司数量与规模以上工业企业数量之间呈现线性相关关系，如图 2-21 和表 2-14 所示。截至 2020 年底，广西拥有 6783 家规模以上工业企业，在广西北部湾股权交易所挂牌交易的公司数量共有 1878 家，挂牌公司数量在全国排名第 20 位。与贵州、内蒙古等经济发展水平相似的西部省区相比较，广西挂牌公司数量仍然有可能进一步增加。根据初步统计，虽然 2020 年广西地区生产总值分别比贵州、内蒙古多 0.44 万亿元、0.48 万亿元，广西规模以上工业企业数量分别比贵州、内蒙古多 1992 家、3876 家，但是广西挂牌公司数量却分别比贵州、内蒙古少 907 家、107 家。① 2015—2020 年广西规模以上工业企业数量从 5421 家增加至 6783 家，年均增长率为 4.58%，而且在未来几年这种增长趋势仍然有可能保持，如图 2-22 所示。

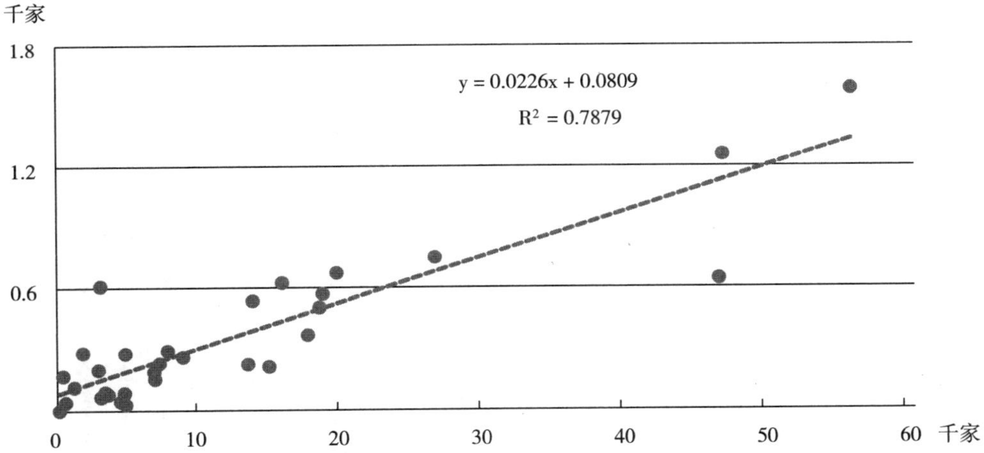

图 2-21　2020 年国内各地区挂牌公司数量与规模以上工业企业数量

（资料来源：根据 Wind 资讯和中国经济与社会发展统计数据库绘制）

① 资料来源：根据 Wind 资讯和中国经济与社会发展统计数据库的相关数据计算。

表 2-14　各地区股权交易所挂牌公司的基本情况

序号	地区	挂牌家数（千家）	资产合计（亿元）	总资产均值（亿元）	净资产合计（亿元）	净资产均值（亿元）	营业收入合计（亿元）	营业收入均值（亿元）	净利润合计（亿元）	净利润均值（亿元）
1	广东	15.8240	679.8622	22.6621	343.8420	12.2801	97.0867	3.5958	10.8130	0.3604
2	浙江	12.5750	546.6978	21.0268	185.8823	8.8515	59.7842	2.4910	4.2110	0.1684
3	山东	7.4750	953.5838	14.2326	487.5722	7.2772	31.2098	0.4658	5.0454	0.0753
4	河南	6.7130	—	—	—	—	—	—	—	—
5	江苏	6.4090	395.4959	49.4370	128.9937	25.7987	6.3501	0.9072	0.3065	0.0383
6	湖北	6.2320	223.6097	12.4228	91.8449	6.5604	55.2227	3.6815	7.5206	0.4424
7	北京	6.0830	22.9013	2.8627	14.0629	2.8126	11.0411	1.5773	0.1829	0.0229
8	福建	5.6970	48.7589	4.4326	26.5951	2.6595	8.2247	0.8225	1.4375	0.1307
9	江西	5.3610	3351.3692	335.1369	1209.9524	120.9952	75.1130	7.5113	4.6270	0.4627
10	安徽	5.0320	6.6512	1.1085	3.2422	0.6484	1.3001	0.2600	0.2604	0.0434
11	湖南	3.6830	8.5477	2.8492	5.8288	1.9429	0.7120	0.2373	-0.1489	-0.0496
12	辽宁	2.9180	4318.2083	539.7760	291.0916	36.3865	46.7562	7.7927	7.3381	0.9173
13	甘肃	2.8250	159.7612	14.5237	111.3826	11.1383	1.8608	0.3722	0.4721	0.0429
14	贵州	2.7850	14383.5425	287.6708	7323.4102	152.5710	317.3680	6.3474	11.1877	0.2238
15	上海	2.6090	77.7543	0.9148	32.8838	0.3915	18.0126	0.2197	-0.1652	-0.0020
16	陕西	2.3010	453.5593	151.1864	114.7651	38.2550	516.4155	172.1385	0.8869	0.2956
17	河北	2.2440	—	—	—	—	—	—	—	—
18	四川	2.1270	3335.3137	333.5314	548.0140	54.8014	50.9010	5.0901	10.1352	1.0135
19	内蒙古	1.9850	383.7195	95.9299	183.9990	61.3330	89.8992	29.9664	8.2526	2.0631
20	广西	1.8780	604.8210	201.6070	249.2808	83.0936	15.2119	5.0706	0.3766	0.1255
21	海南	1.6930	—	—	—	—	—	—	—	—
22	重庆	1.5230	133.1277	33.2819	36.9445	12.3148	4.6170	1.1543	0.3375	0.0844

续表

序号	地区	挂牌家数（千家）	资产合计（亿元）	总资产均值（亿元）	净资产合计（亿元）	净资产均值（亿元）	营业收入合计（亿元）	营业收入均值（亿元）	净利润合计（亿元）	净利润均值（亿元）
23	宁夏	1.1440	—	—	—	—	—	—	—	—
24	新疆	0.8990	152.2568	50.7523	67.1591	22.3864	12.9137	6.4568	0.4116	0.1372
25	天津	0.8510	—	—	—	—	—	—	—	—
26	黑龙江	0.7940	538.1861	269.0930	243.6570	121.8285	15.6766	7.8383	1.2378	0.6189
27	吉林	0.6590	2.4336	2.4336	2.1742	2.1742	0.7641	0.7641	0.0419	0.0419
28	云南	0.4500	177.9943	88.9971	65.3219	65.3219	2.6882	1.3441	1.0595	0.5298
29	青海	0.4110	31.6809	31.6809	0.0000	0.0000	0.9925	0.9925	-0.5377	-0.5377
30	山西	0.2980	—	—	—	—	—	—	—	—
31	西藏	0.0150	—	—	—	—	—	—	—	—

资料来源：Wind 资讯。

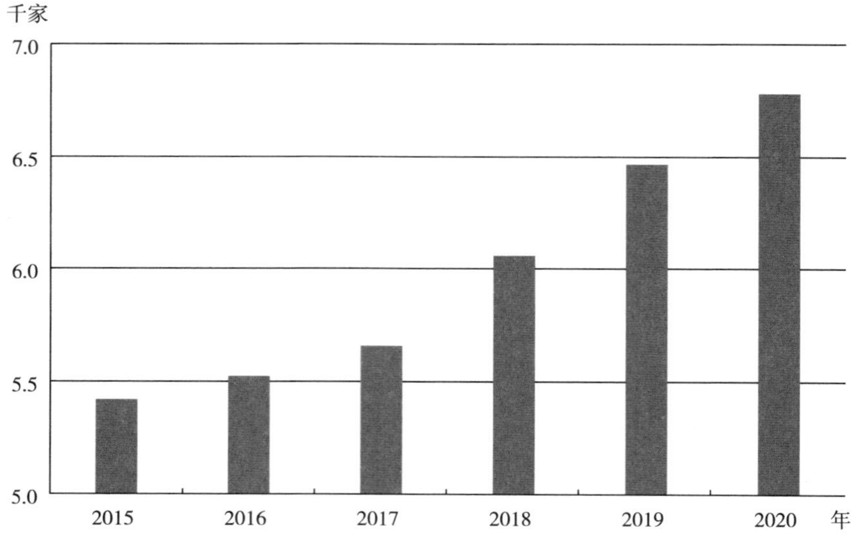

图 2-22　2015—2020 年广西规模以上工业企业数量

（资料来源：根据中国经济与社会发展统计数据库绘制）

2. 区域股权市场挂牌公司的产业集中度较高

根据 Wind 资讯的产业类别及统计数据，截至 2020 年底在广西北部湾股权交易所、前海股权交易中心等交易所（或交易中心）挂牌的 1878 家广西公司分别属于 22 类产业，如图 2-23 所示。其中，（1）资本货物、材料Ⅱ、食品饮料与烟草 3 类公司分别是 360 家、314 家、254 家，数量占比合计将近 50%，注册资本占比 58.00%；软件与服务、零售业、商业和专业服务 3 类公司分别是 146 家、129 家、94 家，数量占比合计将近 20%，注册资本占比 15.24%；其余 16 类公司的数量占比合计约为 30%，注册资本占比 26.76%。（2）在广西北部湾股权交易所挂牌的广西公司共有 1459 家，占比 77.69%；在前海股权交易中心挂牌的广西企业共有 232 家，占比 12.35%；在上海股权托管交易中心挂牌的广西公司共有 185 家，占比 9.85%；在广东股权交易中心、浙江股权交易中心挂牌交易的广西公司各有 1 家，两者占比 0.11%。

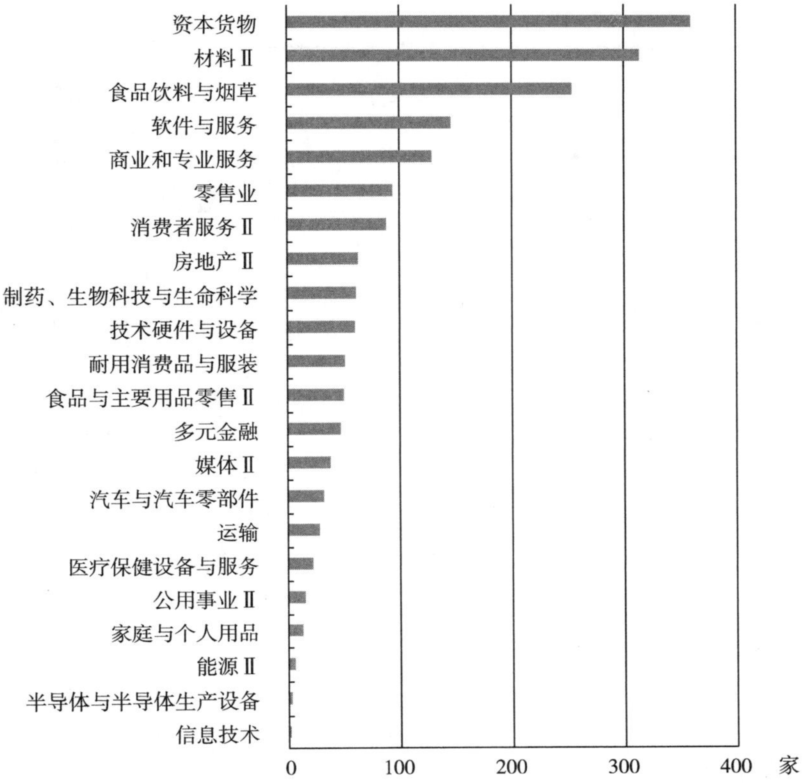

图 2-23　截至 2020 年底在国内各股权交易所（中心）挂牌的广西公司数量

（资料来源：根据 Wind 资讯数据绘制）

三、广西债券、基金及其他市场发展状况分析

（一）债券市场发展状况分析

1. 债券市场规模增长较快

广西债券市场存量从 2016 年末的 446 只、5264.47 亿元增加至 2020 年末的 1224 只、12012.00 亿元，存量债券的数量和余额分别增加了 1.74 倍、1.28 倍，如图 2-24 所示。债券数量在国内 31 个省区市排名从 2016 年第 24 位提高至 2020 年第 16 位，债券余额在国内 31 个省区市排名从 2016 年第 23 位提高至 2020 年第 21 位。

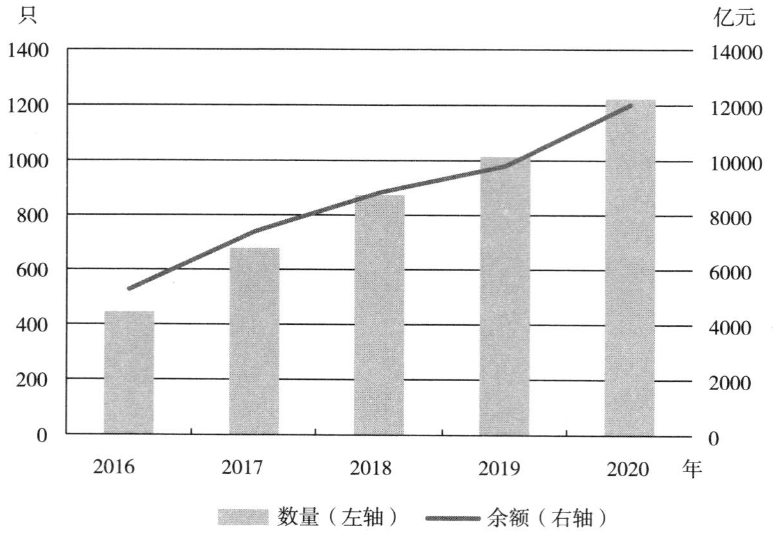

图 2-24　2020 年广西债券存量及余额

（资料来源：根据 Wind 资讯绘制）

2. 债券市场结构持续优化

（1）企业债券的合约条款内容灵活多样

虽然广西企业债券的发行主体、发行方式单一，但是行业分布、计息方式、跨市场交易、附带的期权类型等合约条款内容呈现灵活多样的特征。2016—2020 年广西企业公开募集 85 只债券，发行总额 758.4 亿元，如表 2-15 所示。发行主体是地方国有企业（尤其是投融资平台），承销方式是余额包销，发行方式是信用发行，并且大多数企业债券都能够在证券交易所、银行间债券市场之间进行跨市场交易。

其中，从发行额的规模来看，64 只企业债券（占比 75.29%）的单只发行额小于 10 亿元（含 10 亿元），19 只企业债券（占比 22.35%）的单只发行额介于 10 亿元至 20 亿元（含 20 亿元），2 只企业债券（占比 2.35%）的单只发行额为 40 亿元；从发行期限的长短来看，7 只企业债券（占比 8.24%）的发行期限为 3 年，18 只企业债券（占比 21.18%）的发行期限为 5 年，51 只企业债券（占比 60.00%）的发行期限为 7 年，9 只企业债券（占比 10.59%）的发行期限为 10 年；从有无担保的角度来看，21 只企业债券（占比 24.71%）提供发行担保，64 只企业债券（占比 75.29%）没有提供担保；从利率类型来看，62 只企业债券（占比 72.94%）采用固定利率，23 只企业债券（占比 27.06%）采用累进利率；从是否能够跨市场交易来看，76 只企业债券（占比 89.41%）能够跨市场交易，9 只企业债券（占比 10.59%）不能够跨市场交易；从是否附带特殊条款来看，81 只企业债券（占比 95.29%）附带期权等特殊条款，4 只企业债券（占比 4.71%）没有附带特殊条款。

表 2-15　2016—2020 年广西企业发行债券的基本情况

序号	代码	债券简称	债项评级	主体评级	特殊条款	发行人	发行金额（亿元）	发行期限（年）	是否担保	利率类型	跨市场交易	发行公告日	到期日期
1	1680076. IB	16 柳州投控债	AA+	AA+	债券提前偿还	柳州市投资控股有限公司	19.00	7.00	否	固定利率	否	2016 年 2 月 29 日	2023 年 3 月 8 日
2	127414. SH	PR 邕高 01	AA	AA	债券提前偿还	南宁新技术产业建设开发总公司	5.00	7.00	否	固定利率	是	2016 年 3 月 17 日	2023 年 3 月 25 日
3	1680131. IB	16 南宁建总债 01	AA	AA	债券提前偿还	南宁新技术产业建设开发总公司	5.00	7.00	否	固定利率	是	2016 年 3 月 17 日	2023 年 3 月 25 日
4	1624009. IB	16 麦贺高速项目 NPB01	AAA	—	债券提前偿还，调整票面利率，回售	贺州市正赢富钟高速公路有限公司	3.00	10.00	是	累进利率	否	2016 年 5 月 20 日	2026 年 5 月 26 日
5	139161. SH	PR 柳东通	AA	AA	债券提前偿还	柳州东通投资发展有限公司	20.00	7.00	否	固定利率	是	2016 年 7 月 14 日	2023 年 7 月 22 日
6	1680293. IB	16 柳州东通债	AA	AA	债券提前偿还	柳州东通投资发展有限公司	20.00	7.00	否	固定利率	是	2016 年 7 月 14 日	2023 年 7 月 22 日
7	1624026. IB	16 北海棚改项目 NPB01	AA+	—	回售，债券提前偿还，调整票面利率	北海银都城镇化建设有限公司	12.00	7.00	是	累进利率	否	2016 年 10 月 8 日	2023 年 10 月 12 日
8	139253. SH	PR 邕高 02	AA	AA	债券提前偿还	南宁新技术产业建设开发总公司	5.00	7.00	否	固定利率	是	2016 年 10 月 12 日	2023 年 10 月 20 日
9	1680413. IB	16 南宁建总债 02	AA	AA	债券提前偿还	南宁新技术产业建设开发总公司	5.00	7.00	否	固定利率	是	2016 年 10 月 12 日	2023 年 10 月 20 日
10	139272. SH	16 桂金 02	AA+	AAA	回售，调整票面利率	广西金融投资集团有限公司	15.00	7.00	否	累进利率	是	2016 年 10 月 24 日	2023 年 11 月 1 日
11	1680439. IB	16 桂金投债 02	AA+	AAA	回售，调整票面利率	广西金融投资集团有限公司	15.00	7.00	否	累进利率	是	2016 年 10 月 24 日	2023 年 11 月 1 日

续表

序号	代码	债券简称	债项评级	主休评级	特殊条款	发行人	发行金额（亿元）	发行期限（年）	是否担保	利率类型	跨市场交易	发行公告日	到期日期
12	139274. SH	PR 河国投	AA	AA	债券提前偿还	河池市国有资产投资经营有限责任公司	4. 40	7. 00	否	固定利率	是	2016 年 10 月 27 日	2023 年 11 月 4 日
13	1680440. IB	16 河国投债	AA	AA	债券提前偿还	河池市国有资产投资经营有限责任公司	4. 40	7. 00	否	固定利率	是	2016 年 10 月 27 日	2023 年 11 月 4 日
14	127623. SH	17 桂金债	AA+	AAA	调整票面利率，回售	广西金融投资集团有限公司	5. 00	7. 00	否	累进利率	是	2017 年 8 月 31 日	2024 年 9 月 8 日
15	1780280. IB	17 桂金投债	AA+	AAA	回售，调整票面利率	广西金融投资集团有限公司	5. 00	7. 00	否	累进利率	是	2017 年 8 月 31 日	2024 年 9 月 8 日
16	127639. SH	PR 柳龙建	AA	AA+	债券提前偿还	柳州市龙建投资发展有限责任公司	5. 00	10. 00	否	固定利率	是	2017 年 9 月 13 日	2027 年 9 月 21 日
17	1780297. IB	17 柳州龙投专项债	AA	AA+	债券提前偿还	柳州市龙建投资发展有限责任公司	5. 00	10. 00	否	固定利率	是	2017 年 9 月 13 日	2027 年 9 月 21 日
18	1724025. IB	17 北海棚改项目 NPB01	AA+	—	回售，债券提前偿还，调整票面利率	北海银都城镇化建设有限公司	8. 00	7. 00	是	累进利率	否	2017 年 10 月 24 日	2024 年 10 月 30 日
19	1880098. IB	18 南宁轨交可续期债 01	AA+	AA+	延期，调整票面利率，利息递延权	南宁轨道交通集团有限责任公司	5. 00	3. 00	否	固定利率	否	2018 年 4 月 20 日	2021 年 4 月 28 日
20	1824016. IB	18 梧州南站项目 NPB01	AA	A+	债券提前偿还	梧州市苍海建设开发有限公司	5. 00	10. 00	是	固定利率	否	2018 年 5 月 25 日	2028 年 5 月 31 日
21	127606. SH	18 百东 01	AA	AA	债券提前偿还	广西百色试验区发展集团有限公司	2. 00	7. 00	否	固定利率	是	2018 年 6 月 21 日	2025 年 6 月 29 日
22	1880134. IB	18 百东债 01	AA	AA	债券提前偿还	广西百色试验区发展集团有限公司	2. 00	7. 00	否	固定利率	是	2018 年 6 月 21 日	2025 年 6 月 29 日

续表

序号	代码	债券简称	债项评级	主体评级	特殊条款	发行人	发行金额（亿元）	发行期限（年）	是否担保	利率类型	跨市场交易	发行公告日	到期日期
23	1824018. IB	18 梧州南站项目 NPB02	AA	A+	债券提前偿还	梧州市苍海建设开发有限公司	3.00	10.00	是	固定利率	否	2018 年 7 月 31 日	2028 年 8 月 6 日
24	127867. SH	18 崇左债	AA	AA	债券提前偿还	广西崇左市城市建设投资发展集团有限公司	13.00	7.00	否	固定利率	是	2018 年 9 月 13 日	2025 年 9 月 26 日
25	1880191. IB	18 崇左城投债	AA	AA	债券提前偿还	广西崇左市城市建设投资发展集团有限公司	13.00	7.00	否	固定利率	是	2018 年 9 月 13 日	2025 年 9 月 26 日
26	127870. SH	18 桂东 01	AA	AA	债券提前偿还	防城港市文旅集团有限公司	5.00	7.00	否	固定利率	是	2018 年 9 月 28 日	2025 年 10 月 11 日
27	1880204. IB	18 桂东投债 01	AA	AA	债券提前偿还	防城港市文旅集团有限公司	5.00	7.00	否	固定利率	是	2018 年 9 月 28 日	2025 年 10 月 11 日
28	152010. SH	18 梧州 01	AAA	AA	债券提前偿还	梧州市城市建设投资开发有限公司	5.00	10.00	是	固定利率	是	2018 年 11 月 20 日	2028 年 11 月 28 日
29	1880234. IB	18 梧州城投债 01	AAA	AA	债券提前偿还	梧州市城市建设投资开发有限公司	5.00	10.00	是	固定利率	是	2018 年 11 月 20 日	2028 年 11 月 28 日
30	152028. SH	18 百东 02	AA	AA	债券提前偿还	广西百色试验区发展集团有限公司	2.00	7.00	否	固定利率	是	2018 年 12 月 10 日	2025 年 12 月 24 日
31	1880267. IB	18 百东债 02	AA	AA	债券提前偿还	广西百色试验区发展集团有限公司	2.00	7.00	否	固定利率	是	2018 年 12 月 10 日	2025 年 12 月 24 日
32	152069. SH	18 桂东 02	AA	AA	债券提前偿还	防城港市文旅集团有限公司	3.00	7.00	否	固定利率	是	2018 年 12 月 17 日	2025 年 12 月 25 日
33	1880325. IB	18 桂东投债 02	AA	AA	债券提前偿还	防城港市文旅集团有限公司	3.00	7.00	否	固定利率	是	2018 年 12 月 17 日	2025 年 12 月 25 日

续表

序号	代码	债券简称	债项评级	主体评级	特殊条款	发行人	发行金额（亿元）	发行期限（年）	是否担保	利率类型	跨市场交易	发行公告日	到期日期
34	152072. SH	19 百东 01	AA	AA	债券提前偿还	广西百色试验区发展集团有限公司	6. 00	7. 00	否	固定利率	是	2018 年 12 月 28 日	2026 年 1 月 8 日
35	1980003. IB	19 百东债 01	AA	AA	债券提前偿还	广西百色试验区发展集团有限公司	6. 00	7. 00	否	固定利率	是	2018 年 12 月 28 日	2026 年 1 月 8 日
36	1980005. IB	19 南宁轨交可续期债 01	AA+	AA+	调整票面利率，利息递延权，延期	南宁轨道交通集团有限责任公司	12. 00	3. 00	否	固定利率	否	2019 年 1 月 2 日	2022 年 1 月 25 日
37	139460. SH	19 桂铁 01	AAA	AAA	—	广西铁路投资集团有限公司	20. 00	5. 00	否	固定利率	是	2019 年 2 月 18 日	2024 年 2 月 26 日
38	1980053. IB	19 桂铁投债 01	AAA	AAA	—	广西铁路投资集团有限公司	20. 00	5. 00	否	固定利率	是	2019 年 2 月 18 日	2024 年 2 月 26 日
39	152136. SH	19 梧州 01	AAA	AA	债券提前偿还	梧州市城市建设投资开发有限公司	4. 50	10. 00	是	固定利率	是	2019 年 3 月 18 日	2029 年 3 月 26 日
40	1980076. IB	19 梧州城投债 01	AAA	AA	债券提前偿还	梧州市城市建设投资开发有限公司	4. 50	10. 00	是	固定利率	是	2019 年 3 月 18 日	2029 年 3 月 26 日
41	1980195. IB	19 南宁轨交可续期债 02	AA+	AA+	调整票面利率，利息递延权，延期	南宁轨道交通集团有限责任公司	3. 00	3. 00	否	固定利率	否	2019 年 6 月 11 日	2022 年 6 月 19 日
42	152236. SH	19 柳东债	AA+	AA+	债券提前偿还	广西柳州市东城投资开发集团有限公司	15. 00	5. 00	否	固定利率	是	2019 年 7 月 12 日	2024 年 7 月 24 日
43	1980217. IB	19 柳州东城债	AA+	AA+	债券提前偿还	广西柳州市东城投资开发集团有限公司	15. 00	5. 00	否	固定利率	是	2019 年 7 月 12 日	2024 年 7 月 24 日
44	1980239. IB	19 钦州滨海专项债	AA+	AA	债券提前偿还	钦州市滨海新城投资集团有限公司	4. 80	7. 00	否	固定利率	是	2019 年 8 月 7 日	2026 年 8 月 15 日

续表

序号	代码	债券简称	债项评级	主体评级	特殊条款	发行人	发行金额（亿元）	发行期限（年）	是否担保	利率类型	跨市场交易	发行公告日	到期日期
45	152261. SH	19钦州滨海专项债	AA+	AA	债券提前偿还	钦州市滨海新城投资集团有限公司	4. 80	7. 00	否	固定利率	是	2019年8月7日	2026年8月15日
46	152264. SH	19桂建01	AAA	AAA	调整票面利率，回售	广西建工集团有限责任公司	10. 00	5. 00	否	累进利率	是	2019年8月16日	2024年8月28日
47	1980263. IB	19桂建工债01	AAA	AAA	调整票面利率，回售	广西建工集团有限责任公司	10. 00	5. 00	否	累进利率	是	2019年8月16日	2024年8月28日
48	152364. SH	19北部湾	AAA	AAA	调整票面利率，回售	广西北部湾国际港务集团有限公司	5. 00	5. 00	否	累进利率	是	2019年12月16日	2024年12月19日
49	1980392. IB	19北部湾债01	AAA	AAA	调整票面利率，回售	广西北部湾国际港务集团有限公司	5. 00	5. 00	否	累进利率	是	2019年12月16日	2024年12月19日
50	139435. SH	19桂铁Y1	AAA	AAA	延期，利息递延权，调整票面利率	广西铁路投资集团有限公司	10. 00	3. 00	否	固定利率	是	2019年12月17日	2022年12月19日
51	1980395. IB	19桂铁可续01	AAA	AAA	调整票面利率，利息递延权，延期	广西铁路投资集团有限公司	10. 00	3. 00	否	固定利率	是	2019年12月17日	2022年12月19日
52	152442. SH	20桂北01	AAA	AAA	调整票面利率，回售	广西北部湾投资集团有限公司	40. 00	5. 00	否	累进利率	是	2020年3月27日	2025年4月2日
53	2080081. IB	20桂北投债01	AAA	AAA	调整票面利率，回售	广西北部湾投资集团有限公司	40. 00	5. 00	否	累进利率	是	2020年3月27日	2025年4月2日
54	152510. SH	20东通01	AA+	AA	债券提前偿还，调整票面利率，回售	柳州东通投资发展有限公司	6. 00	7. 00	是	累进利率	是	2020年4月23日	2027年7月3日
55	2080172. IB	20柳州东通01	AA+	AA	调整票面利率，回售，债券提前偿还	柳州东通投资发展有限公司	6. 00	7. 00	是	累进利率	是	2020年4月23日	2027年7月3日
56	152472. SH	20桂交01	AAA	AAA	—	广西交通投资集团有限公司	12. 50	5. 00	否	固定利率	是	2020年4月26日	2025年5月7日

续表

序号	代码	债券简称	债项评级	主体评级	特殊条款	发行人	发行金额（亿元）	发行期限（年）	是否担保	利率类型	跨市场交易	发行公告日	到期日期
57	2080120. IB	20 桂交投 01	AAA	AAA	—	广西交通投资集团有限公司	12. 50	5. 00	否	固定利率	是	2020 年 4 月 26 日	2025 年 5 月 7 日
58	152486. SH	20 崇左债	AA	AA	债券提前偿还	广西崇左市城市建设投资发展集团有限公司	10. 00	7. 00	否	固定利率	是	2020 年 5 月 13 日	2027 年 5 月 20 日
59	2080141. IB	20 崇左养老债	AA	AA	债券提前偿还	广西崇左市城市建设投资发展集团有限公司	10. 00	7. 00	否	固定利率	是	2020 年 5 月 13 日	2027 年 5 月 20 日
60	139446. SH	20 北港 Y1	AAA	AAA	利息递延权，延期，调整票面利率	广西北部湾国际港务集团有限公司	10. 00	3. 00	否	固定利率	是	2020 年 5 月 28 日	2023 年 6 月 2 日
61	2080148. IB	20 北部湾债 01	AAA	AAA	调整票面利率，利息递延权，延期	广西北部湾国际港务集团有限公司	10. 00	3. 00	否	固定利率	是	2020 年 5 月 28 日	2023 年 6 月 2 日
62	152493. SH	20 田东债	AAA	AA-	债券提前偿还	广西田东县龙远投资有限责任公司	6. 00	7. 00	是	固定利率	是	2020 年 5 月 29 日	2027 年 6 月 4 日
63	2080147. IB	20 田东龙远债	AAA	AA-	债券提前偿还	广西田东县龙远投资有限责任公司	6. 00	7. 00	是	固定利率	是	2020 年 5 月 29 日	2027 年 6 月 4 日
64	152513. SH	20 钦临 01	AAA	AA	债券提前偿还	广西钦州临海工业投资集团有限公司	8. 90	7. 00	是	固定利率	是	2020 年 6 月 30 日	2027 年 7 月 6 日
65	2080174. IB	20 钦州临海债 01	AAA	AA	债券提前偿还	广西钦州临海工业投资集团有限公司	8. 90	7. 00	是	固定利率	是	2020 年 6 月 30 日	2027 年 7 月 6 日
66	152595. SH	20 玉投 01	AA	AA	债券提前偿还，交叉保护	玉林市城市建设投资集团有限公司	7. 00	7. 00	否	固定利率	是	2020 年 9 月 21 日	2027 年 9 月 28 日
67	152609. SH	20 扶绥债	AAA	AA-	债券提前偿还	广西扶绥县城市开发投资有限公司	5. 00	7. 00	是	固定利率	是	2020 年 9 月 21 日	2027 年 9 月 28 日

续表

序号	代码	债券简称	债项评级	主体评级	特殊条款	发行人	发行金额（亿元）	发行期限（年）	是否担保	利率类型	跨市场交易	发行公告日	到期日期
68	2080283. IB	20 玉林城投专项债 01	AA	AA	债券提前偿还，交叉保护	玉林市城市建设投资集团有限公司	7.00	7.00	否	固定利率	是	2020 年 9 月 21 日	2027 年 9 月 28 日
69	2080285. IB	20 扶绥债	AAA	AA-	债券提前偿还	广西扶绥县城市开发投资有限公司	5.00	7.00	是	固定利率	是	2020 年 9 月 21 日	2027 年 9 月 28 日
70	152630. SH	20 中马债	AA	AA	债券提前偿还	广西中马钦州产业园区投资控股集团有限公司	5.60	7.00	否	固定利率	是	2020 年 10 月 23 日	2027 年 10 月 30 日
71	2080331. IB	20 中马债	AA	AA	债券提前偿还	广西中马钦州产业园区投资控股集团有限公司	5.60	7.00	否	固定利率	是	2020 年 10 月 23 日	2027 年 10 月 30 日
72	152637. SH	20 钦临 02	AAA	AA	债券提前偿还	广西钦州临海工业投资集团有限公司	2.10	7.00	是	固定利率	是	2020 年 10 月 30 日	2027 年 11 月 6 日
73	2080341. IB	20 钦州临海债 02	AAA	AA	债券提前偿还	广西钦州临海工业投资集团有限公司	2.10	7.00	是	固定利率	是	2020 年 10 月 30 日	2027 年 11 月 6 日
74	111098. SZ	20 桂资 01	AAA	AAA	调整票面利率，回售	广西投资集团有限公司	20.00	5.00	否	累进利率	是	2020 年 11 月 6 日	2025 年 11 月 12 日
75	2080340. IB	20 桂投债 01	AAA	AAA	调整票面利率，回售	广西投资集团有限公司	20.00	5.00	否	累进利率	是	2020 年 11 月 6 日	2025 年 11 月 12 日
76	152654. SH	20 桂农 02	AA+	AA+	债券提前偿还	广西农垦集团有限责任公司	8.40	7.00	否	固定利率	是	2020 年 11 月 11 日	2027 年 11 月 18 日
77	2080361. IB	20 广西农垦债	AA+	AA+	债券提前偿还	广西农垦集团有限责任公司	8.40	7.00	否	固定利率	是	2020 年 11 月 11 日	2027 年 11 月 18 日
78	152638. SH	20 桂交 02	AAA	AAA	调整票面利率，回售	广西交通投资集团有限公司	14.00	5.00	否	累进利率	是	2020 年 11 月 24 日	2025 年 12 月 1 日

续表

序号	代码	债券简称	债项评级	主体评级	特殊条款	发行人	发行金额（亿元）	发行期限（年）	是否担保	利率类型	跨市场交易	发行公告日	到期日期
79	2080343. IB	20 桂交投 02	AAA	AAA	调整票面利率，回售	广西交通投资集团有限公司	14. 00	5. 00	否	累进利率	是	2020 年 11 月 24 日	2025 年 12 月 1 日
80	152710. SH	20 玉投 02	AA	AA	债券提前偿还，交叉保护	玉林市城市建设投资集团有限公司	8. 00	7. 00	否	固定利率	是	2020 年 12 月 18 日	2027 年 12 月 25 日
81	2080427. IB	20 玉林城投专项债 02	AA	AA	债券提前偿还，交叉保护	玉林市城市建设投资集团有限公司	8. 00	7. 00	否	固定利率	是	2020 年 12 月 18 日	2027 年 12 月 25 日
82	152711. SH	20 柳东债	AA+	AA+	回售，调整票面利率	广西柳州市东城投资开发集团有限公司	6. 00	5. 00	否	累进利率	是	2020 年 12 月 22 日	2025 年 12 月 28 日
83	2080435. IB	20 柳州东城债 01	AA+	AA+	回售，调整票面利率	广西柳州市东城投资开发集团有限公司	6. 00	5. 00	否	累进利率	是	2020 年 12 月 22 日	2025 年 12 月 28 日
84	139462. SH	20 柳房债	AA+	AA	债券提前偿还，调整票面利率，回售	柳州市房地产开发有限责任公司	10. 00	7. 00	是	累进利率	是	2020 年 12 月 25 日	2027 年 12 月 31 日
85	2080417. IB	20 柳房债	AA+	AA	债券提前偿还，调整票面利率，回售	柳州市房地产开发有限责任公司	10. 00	7. 00	是	累进利率	是	2020 年 12 月 25 日	2027 年 12 月 31 日

资料来源：Wind 资讯。

（2）公司债券市场

与企业债券的发行主体相比较，广西公司债券的发行主体、承销方式、附带期权等更加多元化，如表 2-16 所示。2018—2020 年广西发行 147 只公司债券，发行总额达到 1097.32 亿元。其中，从发行主体的所有权属性来看，139 只公司债券（占比 94.56%）的发行主体是地方国有企业，2 只公司债券（占比 1.36%）的发行主体是中央国有企业，2 只公司债券（占比 1.36%）的发行主体是民营企业，2 只公司债券（占比 1.36%）的发行主体是中外合资企业，2 只公司债券（占比 1.36%）的发行主体是外商独资企业；从发行额的规模来看，126 只公司债券（占比 85.71%）的单只发行额小于 10 亿元（含 10 亿元），21 只公司债券（占比 14.29%）的单只发行额介于 10 亿元至 20 亿元（含 20 亿元）；从发行期限的长短来看，145 只公司债券（占比 98.64%）的发行期限小于 5 年（含 5 年），仅有 2 只公司债券（占比 1.36%）的发行期限介于 5 年至 10 年（含 10 年）；从有无担保的角度来看，29 只公司债券（占比 19.73%）提供担保，118 只公司债券（占比 80.27%）没有提供担保；从利率类型来看，71 只公司债券（占比 48.30%）采用固定利率，76 只公司债券（占比 51.70%）采用累进利率；从是否附带特殊条款来看，94 只公司债券（占比 63.95%）附带期权等特殊条款，53 只公司债券（占比 36.05%）没有附带期权等特殊条款。

（3）金融债券市场

与企业债券、公司债券的发行主体相比较，金融债券的发行主体明显减少。2016—2020 年广西金融机构发行金融债券 23 只，发行额合计 384 亿元，如表 2-17 所示。其中，从发行人视角来看，7 只金融债券（占比 30.43%）的发行人是国海证券公司，5 只金融债券（占比 21.74%）的发行人是桂林银行，4 只金融债券（占比 17.39%）的发行人是柳州银行，6 只金融债券（占比 26.09%）的发行人是北部湾银行，6 只金融债券（占比 26.09%）的发行人是北部湾财产保险公司；从发行额的规模来看，7 只金融债券（占比 30.43%）的单只发行额小于 10 亿元（含 10 亿元），11 只金融债券（占比 47.83%）的单只发行额介于 10 亿元至 20 亿元（含 20 亿元），5 只金融债券（占比 21.74%）的单只发行额介于 20 亿元至 32 亿元（含 32 亿元）；从利率类型来看，22 只金融债券（占比 95.65%）采用固定利率，仅有 1 只金融债券（占比 4.35%）采用累进利率；从是否附带期权来看，8 只金融债券（占比 34.78%）附带期权特殊要求，15 只金融债券（占比 65.22%）没有附带期权等特殊要求；从发行承销方式来看，16 只金融债券（占比 69.57%）采用余额包销的发行方式，7 只金融债券（占比 30.43%）采用自销、代销或者其他发行方式；从发行期限的长短来看，17 只金融债券（占比 73.91%）的发行期限为 3~5 年，6 只金融债券（占比 26.09%）的发行期限为 10 年。

表 2-16　2018—2020 年广西发行公司债券的基本情况

序号	代码	名称	信用评级	特殊条款	发行人	发行额（亿元）	期限（年）	利率类型	担保	发行日期	到期日期	承销方式
1	112648. SZ	18 桂投 01	AAA	回售，调整票面利率	广西投资集团有限公司	15. 00	5. 00	累进利率	否	2018 年 2 月 6 日	2023 年 2 月 8 日	余额包销
2	112880. SZ	19 桂投 01	AAA	回售，调整票面利率	广西投资集团有限公司	15. 00	5. 00	累进利率	否	2019 年 3 月 18 日	2024 年 3 月 21 日	余额包销
3	112945. SZ	19 桂纾 01	AAA	回售，调整票面利率	广西投资集团有限公司	10. 00	5. 00	累进利率	否	2019 年 8 月 2 日	2024 年 8 月 7 日	余额包销
4	112990. SZ	19 北港 01	AAA	回售，调整票面利率	广西北部湾国际港务集团有限公司	7. 60	5. 00	累进利率	否	2019 年 11 月 1 日	2024 年 11 月 5 日	余额包销
5	114322. SZ	18 柳工 01	AA+	回售，调整票面利率	广西柳工集团有限公司	8. 50	5. 00	累进利率	否	2018 年 3 月 30 日	2023 年 3 月 30 日	余额包销
6	114355. SZ	18 柳工 02	AA+	回售，调整票面利率	广西柳工集团有限公司	3. 50	3. 00	累进利率	否	2018 年 7 月 10 日	2021 年 7 月 10 日	余额包销
7	114379. SZ	18 柳工 03	AA+	回售，调整票面利率	广西柳工集团有限公司	2. 00	3. 00	累进利率	否	2018 年 9 月 18 日	2021 年 9 月 18 日	余额包销
8	114540. SZ	19 柳扶 01	—	—	广西柳州市建设投资开发有限责任公司	2. 80	3. 00	固定利率	是	2019 年 8 月 15 日	2022 年 8 月 15 日	余额包销
9	114657. SZ	20 桂建 01	AAA	—	广西建工集团有限责任公司	10. 00	3. 00	固定利率	否	2020 年 1 月 17 日	2023 年 1 月 20 日	余额包销
10	114660. SZ	20 柳扶 01	—	回售，调整票面利率	广西柳州市建设投资开发有限责任公司	10. 00	3. 00	累进利率	是	2020 年 1 月 20 日	2023 年 1 月 21 日	余额包销
11	114663. SZ	20 桂建 02	—	—	广西建工集团有限责任公司	5. 00	3. 00	固定利率	否	2020 年 2 月 7 日	2023 年 2 月 10 日	余额包销
12	114697. SZ	20 柳扶 02	—	回售，调整票面利率	广西柳州市建设投资开发有限责任公司	5. 20	3. 00	累进利率	是	2020 年 3 月 18 日	2023 年 3 月 18 日	余额包销

续表

序号	代码	名称	信用评级	特殊条款	发行人	发行额（亿元）	期限（年）	利率类型	担保	发行日期	到期日期	承销方式
13	114710. SZ	20 钦州 01	—	回售，调整票面利率	钦州市滨海新城投资集团有限公司	2. 80	5. 00	累进利率	否	2020 年 3 月 27 日	2025 年 3 月 30 日	余额包销
14	114731. SZ	20 桂金 D1	—	交叉保护	广西金融投资集团有限公司	20. 00	1. 00	固定利率	是	2020 年 4 月 27 日	2021 年 4 月 29 日	余额包销
15	114743. SZ	20 河池 01	—	—	河池市国有资产投资经营有限责任公司	5. 00	3. 00	固定利率	否	2020 年 5 月 8 日	2023 年 5 月 8 日	余额包销
16	114749. SZ	20 桂金 D2	—	交叉保护	广西金融投资集团有限公司	10. 00	1. 00	固定利率	是	2020 年 5 月 26 日	2021 年 5 月 28 日	余额包销
17	114762. SZ	20 河池 02	—	—	河池市国有资产投资经营有限责任公司	3. 00	3. 00	固定利率	否	2020 年 5 月 28 日	2023 年 5 月 29 日	余额包销
18	114778. SZ	20 钦州 02	—	—	钦州市滨海新城投资集团有限公司	3. 00	3. 00	固定利率	否	2020 年 6 月 23 日	2023 年 6 月 23 日	余额包销
19	114779. SZ	20 河池 03	—	—	河池市国有资产投资经营有限责任公司	1. 00	3. 00	固定利率	否	2020 年 6 月 23 日	2023 年 6 月 23 日	余额包销
20	114806. SZ	20 钦州 03	—	—	钦州市滨海新城投资集团有限公司	4. 00	3. 00	固定利率	否	2020 年 8 月 19 日	2023 年 8 月 20 日	余额包销
21	114830. SZ	20 来宾 01	AA	—	广西来宾通达投资管理有限公司	10. 00	5. 00	固定利率	是	2020 年 9 月 24 日	2025 年 9 月 25 日	余额包销
22	114831. SZ	20 广能 01	—	回售，调整票面利率	广西广投能源集团有限公司	5. 00	5. 00	累进利率	否	2020 年 9 月 23 日	2025 年 9 月 24 日	余额包销
23	114842. SZ	20 西江 D1	—	交叉保护	广西西江开发投资集团有限公司	5. 30	0. 79	固定利率	否	2020 年 10 月 22 日	2021 年 8 月 9 日	余额包销
24	114885. SZ	20 来宾 02	AA	—	广西来宾通达投资管理有限公司	2. 85	5. 00	固定利率	是	2020 年 12 月 22 日	2025 年 12 月 23 日	余额包销

续表

序号	代码	名称	信用评级	特殊条款	发行人	发行额（亿元）	期限（年）	利率类型	担保	发行日期	到期日期	承销方式
25	143535. SH	18 荣和 01	AA	事先约束，回售，调整票面利率，交叉保护	广西荣和有限责任公司	8. 50	5. 00	累进利率	否	2018 年 3 月 27 日	2023 年 3 月 28 日	余额包销
26	143559. SH	18 桂交 01	AAA	—	广西交通投资集团有限公司	20. 00	3. 00	固定利率	否	2018 年 4 月 2 日	2021 年 4 月 9 日	余额包销
27	143691. SH	18 桂交 02	AAA	回售，调整票面利率	广西交通投资集团有限公司	15. 00	5. 00	累进利率	否	2018 年 6 月 14 日	2023 年 6 月 19 日	余额包销
28	149118. SZ	20 金桂 01	AA+	回售，调整票面利率，控制权变更，交叉保护	广西金桂浆纸业有限公司	8. 00	5. 00	累进利率	否	2020 年 4 月 29 日	2025 年 4 月 30 日	代销
29	149149. SZ	20 桂投 D1	A-1	—	广西投资集团有限公司	3. 00	1. 00	固定利率	否	2020 年 6 月 16 日	2021 年 6 月 19 日	余额包销
30	149150. SZ	20 桂投 01	AAA	回售，调整票面利率	广西投资集团有限公司	5. 00	5. 00	累进利率	否	2020 年 6 月 16 日	2025 年 6 月 19 日	余额包销
31	149303. SZ	20 桂交 02	AAA	回售，调整票面利率	广西交通投资集团有限公司	15. 00	5. 00	累进利率	否	2020 年 11 月 16 日	2025 年 11 月 18 日	余额包销
32	149332. SZ	20 金桂 02	AA+	回售，调整票面利率，交叉保护，控制权变更	广西金桂浆纸业有限公司	8. 00	5. 00	累进利率	否	2020 年 12 月 15 日	2025 年 12 月 16 日	代销
33	150077. SH	18 桂交投	—	—	桂林市交通投资控股集团有限公司	5. 00	3. 00	固定利率	否	2018 年 1 月 3 日	2021 年 1 月 5 日	余额包销
34	150113. SH	18 桂金 01	—	回售，调整票面利率	广西金融投资集团有限公司	5. 00	3. 00	累进利率	否	2018 年 1 月 26 日	2021 年 1 月 29 日	余额包销
35	150251. SH	18 桂金 02	—	回售，调整票面利率	广西金融投资集团有限公司	5. 00	3. 00	累进利率	否	2018 年 3 月 29 日	2021 年 3 月 30 日	余额包销

续表

序号	代码	名称	信用评级	特殊条款	发行人	发行额（亿元）	期限（年）	利率类型	担保	发行日期	到期日期	承销方式
36	150305. SH	18 桂金 03	—	回售，调整票面利率	广西金融投资集团有限公司	10. 00	3. 00	累进利率	否	2018 年 4 月 25 日	2021 年 4 月 26 日	余额包销
37	150681. SH	18 柳控 01	AA+	—	柳州市投资控股有限公司	10. 00	2. 00	固定利率	否	2018 年 9 月 17 日	2020 年 9 月 19 日	余额包销
38	151014. SH	18 百投债	—	回售，调整票面利率	广西百色开发投资集团有限公司	9. 00	5. 00	累进利率	否	2018 年 12 月 18 日	2023 年 12 月 18 日	余额包销
39	151051. SH	18 柳建 01	—	—	广西柳州市建设投资开发有限责任公司	5. 00	2. 00	固定利率	否	2018 年 12 月 27 日	2020 年 12 月 28 日	余额包销
40	151055. SH	18 柳控 03	AA+	回售，调整票面利率	柳州市投资控股有限公司	2. 00	3. 00	累进利率	否	2018 年 12 月 28 日	2022 年 1 月 4 日	余额包销
41	151070. SH	18 桂建 Y1	AAA	延期，调整票面利率，利息递延权	广西建工集团有限责任公司	8. 00	3. 00	固定利率	否	2018 年 12 月 28 日	2021 年 12 月 28 日	余额包销
42	151079. SH	19 桂金 01	—	调整票面利率，回售	广西金融投资集团有限公司	10. 00	3. 00	累进利率	否	2019 年 1 月 10 日	2022 年 1 月 14 日	余额包销
43	151127. SH	19 柳控 01	AA+	—	柳州市投资控股有限公司	16. 70	3. 00	固定利率	否	2019 年 1 月 28 日	2022 年 1 月 30 日	余额包销
44	151182. SH	19 柳建 01	—	—	广西柳州市建设投资开发有限责任公司	4. 00	3. 00	固定利率	否	2019 年 1 月 30 日	2022 年 1 月 31 日	余额包销
45	151206. SH	19 柳建 02	—	—	广西柳州市建设投资开发有限责任公司	11. 00	1. 75	固定利率	否	2019 年 2 月 25 日	2020 年 11 月 26 日	余额包销
46	151329. SH	19 桂金 04	—	回售，调整票面利率	广西金融投资集团有限公司	8. 00	3. 00	累进利率	否	2019 年 3 月 26 日	2022 年 3 月 28 日	余额包销
47	151517. SH	19 桂东 01	—	回售，调整票面利率	广西桂东电力股份有限公司	5. 00	5. 00	累进利率	否	2019 年 4 月 24 日	2024 年 4 月 25 日	余额包销

续表

序号	代码	名称	信用评级	特殊条款	发行人	发行额（亿元）	期限（年）	利率类型	担保	发行日期	到期日期	承销方式
48	151724. SH	19 正润 01	—	—	广西正润发展集团有限公司	5. 00	3. 00	固定利率	是	2019 年 6 月 14 日	2022 年 6 月 17 日	余额包销
49	151863. SH	19 正润 02	—	—	广西正润发展集团有限公司	5. 00	3. 00	固定利率	是	2019 年 8 月 26 日	2022 年 8 月 27 日	余额包销
50	155035. SH	18 柳投控	AA+	—	柳州市投资控股有限公司	20. 00	3. 00	固定利率	否	2018 年 11 月 19 日	2021 年 11 月 21 日	余额包销
51	155198. SH	19 柳投控	AA+	—	柳州市投资控股有限公司	10. 00	3. 00	固定利率	否	2019 年 2 月 28 日	2022 年 3 月 4 日	余额包销
52	155260. SH	19 荣和 01	AA	事先约束，调整票面利率，回售，交叉保护	广西荣和有限责任公司	6. 50	5. 00	累进利率	否	2019 年 3 月 26 日	2024 年 3 月 27 日	余额包销
53	155844. SH	19 柳投资	AA+	回售，调整票面利率	柳州市投资控股有限公司	12. 00	5. 00	累进利率	否	2019 年 11 月 18 日	2024 年 11 月 20 日	余额包销
54	155945. SH	19 桂建 Y1	AAA	延期，调整票面利率，利息递延权	广西建工集团有限责任公司	5. 00	3. 00	固定利率	否	2019 年 4 月 11 日	2022 年 4 月 12 日	余额包销
55	162097. SH	19 柳投 01	AA+	回售，调整票面利率	柳州东通投资发展有限公司	10. 00	4. 00	累进利率	是	2019 年 9 月 6 日	2023 年 9 月 11 日	余额包销
56	162155. SH	19 柳龙 01	AA+	回售，调整票面利率	柳州市龙建投资发展有限责任公司	9. 60	5. 00	累进利率	否	2019 年 11 月 5 日	2024 年 11 月 8 日	余额包销
57	162180. SH	S19 西江 1	—	回售，调整票面利率	广西西江开发投资集团有限公司	3. 60	5. 00	累进利率	否	2019 年 9 月 18 日	2024 年 9 月 20 日	余额包销
58	162218. SH	19 百投债	—	回售，调整票面利率	广西百色开发投资集团有限公司	4. 10	3. 00	累进利率	否	2019 年 9 月 20 日	2022 年 9 月 20 日	余额包销
59	162238. SH	19 桂金 05	—	回售，调整票面利率	广西金融投资集团有限公司	6. 00	3. 00	累进利率	否	2019 年 9 月 26 日	2022 年 9 月 27 日	余额包销

续表

序号	代码	名称	信用评级	特殊条款	发行人	发行额（亿元）	期限（年）	利率类型	担保	发行日期	到期日期	承销方式
60	162239. SH	19 桂金 06	—	—	广西金融投资集团有限公司	3.00	3.00	固定利率	否	2019 年 9 月 26 日	2022 年 9 月 27 日	余额包销
61	162248. SH	19 玉柴 01	—	—	广西玉柴机器集团有限公司	2.10	3.00	固定利率	否	2019 年 10 月 14 日	2022 年 10 月 14 日	余额包销
62	162249. SH	19 建工 Y1	—	利息递延权，调整票面利率，延期	广西建工集团有限责任公司	4.85	3.00	固定利率	否	2019 年 10 月 18 日	2022 年 10 月 21 日	余额包销
63	162312. SH	19 百投 02	—	回售，调整票面利率	广西百色开发投资集团有限公司	1.00	3.00	累进利率	否	2019 年 10 月 16 日	2022 年 10 月 16 日	余额包销
64	162318. SH	19 柳控 02	—	回售，调整票面利率	柳州市投资控股有限公司	8.00	5.00	累进利率	否	2019 年 10 月 23 日	2024 年 10 月 25 日	余额包销
65	162413. SH	19 桂金 07	—	交叉保护	广西金融投资集团有限公司	7.00	1.00	固定利率	否	2019 年 11 月 15 日	2020 年 11 月 19 日	余额包销
66	162418. SH	19 广旅发	—	回售，调整票面利率	广西旅游发展集团有限公司	20.00	5.00	累进利率	否	2019 年 10 月 30 日	2024 年 10 月 30 日	余额包销
67	162431. SH	19 柳投 03	AA+	回售，调整票面利率	柳州东通投资发展有限公司	8.00	4.00	累进利率	是	2019 年 10 月 31 日	2023 年 11 月 5 日	余额包销
68	162514. SH	19 桂铁 F1	AAA	—	广西铁路投资集团有限公司	10.00	3.00	固定利率	否	2019 年 11 月 15 日	2022 年 11 月 19 日	余额包销
69	162584. SH	19 柳房 01	—	回售，调整票面利率，交叉保护	柳州市房地产开发有限责任公司	20.00	5.00	累进利率	是	2019 年 11 月 27 日	2024 年 11 月 28 日	余额包销
70	162593. SH	19 建工 Y2	—	延期，利息递延权，调整票面利率	广西建工集团有限责任公司	5.00	3.00	固定利率	否	2019 年 11 月 22 日	2022 年 11 月 26 日	余额包销
71	162697. SH	19 柳城 01	AA+	回售，调整票面利率	广西柳州市东城投资开发集团有限公司	16.80	5.00	累进利率	否	2019 年 12 月 16 日	2024 年 12 月 17 日	余额包销

续表

序号	代码	名称	信用评级	特殊条款	发行人	发行额（亿元）	期限（年）	利率类型	担保	发行日期	到期日期	承销方式
72	162746. SH	19广林01	—	回售，调整票面利率	广西林业集团有限公司	3.00	5.00	累进利率	否	2019年12月13日	2024年12月16日	余额包销
73	162779. SH	19桂物01	—	—	广西物资集团有限责任公司	5.00	3.00	固定利率	否	2019年12月17日	2022年12月18日	余额包销
74	162799. SH	19百东投	—	—	广西百色试验区发展集团有限公司	2.50	3.00	固定利率	否	2019年12月20日	2022年12月20日	余额包销
75	162800. SH	S19百东1	—	—	广西百色试验区发展集团有限公司	2.00	3.00	固定利率	否	2019年12月19日	2022年12月20日	余额包销
76	162819. SH	19桂东02	—	—	广西桂东电力股份有限公司	3.50	3.00	固定利率	否	2019年12月23日	2022年12月24日	余额包销
77	162841. SH	19贵港01	AA	—	广西贵港市交通投资发展集团有限公司	5.00	4.00	固定利率	否	2019年12月25日	2023年12月25日	余额包销
78	162842. SH	19贵港02	AA	—	广西贵港市交通投资发展集团有限公司	10.00	5.00	固定利率	否	2019年12月25日	2024年12月25日	余额包销
79	162969. SH	20柳控01	—	回售，调整票面利率	柳州市投资控股有限公司	15.00	5.00	累进利率	否	2020年2月18日	2025年2月20日	余额包销
80	162996. SH	20柳城01	—	交叉保护，回售，调整票面利率	广西柳州市东城投资开发集团有限公司	10.00	5.00	累进利率	否	2020年1月16日	2025年1月17日	余额包销
81	162999. SH	20柳州01	—	交叉保护，回售	柳州市城市投资建设发展有限公司	20.00	5.00	固定利率	否	2020年1月16日	2025年1月17日	余额包销
82	163224. SH	20柳投资	AA+	回售，调整票面利率	柳州市投资控股有限公司	12.00	5.00	累进利率	否	2020年3月11日	2025年3月13日	余额包销
83	163263. SH	20北港01	AAA	回售，调整票面利率	广西北部湾国际港务集团有限公司	10.00	5.00	累进利率	否	2020年3月19日	2025年3月23日	余额包销

续表

序号	代码	名称	信用评级	特殊条款	发行人	发行额（亿元）	期限（年）	利率类型	担保	发行日期	到期日期	承销方式
84	163330. SH	20桂农01	AA+	—	广西农垦集团有限责任公司	9. 50	3. 00	固定利率	否	2020年3月26日	2023年3月30日	余额包销
85	163428. SH	20桂投Y1	AAA	有条件赎回，调整票面利率，利息递延权，延期	广西投资集团有限公司	10. 00	3. 00	固定利率	否	2020年4月14日	2023年4月16日	余额包销
86	163443. SH	20柳控03	AA+	回售，调整票面利率	柳州市投资控股有限公司	6. 00	5. 00	累进利率	否	2020年4月15日	2025年4月17日	余额包销
87	163523. SH	20柳建01	AA+	交叉保护，回售，调整票面利率	广西柳州市建设投资开发有限责任公司	9. 00	5. 00	累进利率	是	2020年4月29日	2025年4月30日	余额包销
88	163665. SH	20柳投02	AA+	回售，调整票面利率	柳州东通投资发展有限公司	10. 00	5. 00	累进利率	是	2020年6月16日	2025年6月18日	余额包销
89	163668. SH	G20柳控1	AA+	调整票面利率，回售	柳州市投资控股有限公司	10. 00	5. 00	累进利率	否	2020年6月18日	2025年6月22日	余额包销
90	166067. SH	20百东01	—	—	广西百色试验区发展集团有限公司	9. 50	3. 00	固定利率	否	2020年8月21日	2023年8月24日	余额包销
91	166177. SH	20防港01	AAA	回售，调整票面利率，债券提前偿还	防城港市城市建设投资有限责任公司	3. 00	8. 00	累进利率	是	2020年3月4日	2028年3月5日	余额包销
92	166178. SH	20防港02	AA	回售，调整票面利率，债券提前偿还	防城港市城市建设投资有限责任公司	3. 00	8. 00	累进利率	否	2020年3月4日	2028年3月5日	余额包销
93	166250. SH	20绿港01	—	债券提前偿还	南宁绿港建设投资集团有限公司	5. 00	3. 00	固定利率	否	2020年3月13日	2023年3月17日	余额包销
94	166283. SH	20桂城01	AA	回售，调整票面利率	桂林新城投资开发集团有限公司	10. 00	5. 00	累进利率	否	2020年3月11日	2025年3月13日	余额包销

续表

序号	代码	名称	信用评级	特殊条款	发行人	发行额（亿元）	期限（年）	利率类型	担保	发行日期	到期日期	承销方式
95	166308. SH	20 柳龙 01	AA+	回售，调整票面利率，交叉保护	柳州市龙建投资发展有限责任公司	5.40	5.00	累进利率	否	2020 年 3 月 13 日	2025 年 3 月 16 日	余额包销
96	166334. SH	20 桂物 01	—	—	广西物资集团有限责任公司	5.00	3.00	固定利率	否	2020 年 3 月 17 日	2023 年 3 月 18 日	余额包销
97	166395. SH	20 广林 01	—	回售，调整票面利率	广西林业集团有限公司	3.00	5.00	累进利率	否	2020 年 3 月 25 日	2025 年 3 月 26 日	余额包销
98	166400. SH	20 桂金 01	—	回售，调整票面利率	广西投资集团金融控股有限公司	19.00	5.00	累进利率	是	2020 年 3 月 19 日	2025 年 3 月 23 日	余额包销
99	166417. SH	20 柳控 02	—	回售，调整票面利率	柳州市投资控股有限公司	7.00	5.00	累进利率	否	2020 年 6 月 5 日	2025 年 6 月 9 日	余额包销
100	166453. SH	20 柳州 02	—	交叉保护，回售	柳州市城市投资建设发展有限公司	15.00	5.00	固定利率	否	2020 年 3 月 25 日	2025 年 3 月 26 日	余额包销
101	166669. SH	20 桂铁 F1	AAA	—	广西铁路投资集团有限公司	10.00	3.00	固定利率	否	2020 年 4 月 24 日	2023 年 4 月 27 日	余额包销
102	166710. SH	20 柳州 03	—	交叉保护，回售	柳州市城市投资建设发展有限公司	5.00	5.00	固定利率	否	2020 年 4 月 24 日	2025 年 4 月 24 日	余额包销
103	166731. SH	20 河池债	—	回售，调整票面利率	河池市国有资产投资经营有限责任公司	10.00	5.00	累进利率	否	2020 年 6 月 12 日	2025 年 6 月 12 日	余额包销
104	166833. SH	20 柳建 02	AA+	回售，调整票面利率	广西柳州市建设投资开发有限责任公司	4.00	3.00	累进利率	是	2020 年 5 月 19 日	2023 年 5 月 21 日	余额包销
105	166896. SH	20 柳投 01	AA+	回售，调整票面利率	柳州东通投资发展有限公司	8.00	5.00	累进利率	是	2020 年 6 月 3 日	2025 年 6 月 5 日	余额包销
106	166964. SH	20 港发 01	—	—	防城港市港发控股集团有限公司	5.70	5.00	固定利率	否	2020 年 6 月 4 日	2025 年 6 月 8 日	余额包销

续表

序号	代码	名称	信用评级	特殊条款	发行人	发行额（亿元）	期限（年）	利率类型	担保	发行日期	到期日期	承销方式
107	167054. SH	20 百投 01	—	—	广西百色开发投资集团有限公司	3.00	3.00	固定利率	否	2020 年 6 月 11 日	2023 年 6 月 11 日	代销
108	167083. SH	20 广林 02	—	回售，调整票面利率	广西林业集团有限公司	2.60	5.00	累进利率	否	2020 年 6 月 23 日	2025 年 6 月 24 日	余额包销
109	167098. SH	20 桂债 01	—	交叉保护，回售，调整票面利率	广西金融投资集团有限公司	8.00	5.00	累进利率	是	2020 年 6 月 22 日	2025 年 6 月 24 日	余额包销
110	167106. SH	20 柳建 03	AA+	回售，调整票面利率	广西柳州市建设投资开发有限责任公司	4.00	3.00	累进利率	是	2020 年 9 月 2 日	2023 年 9 月 4 日	余额包销
111	167126. SH	20 百投 02	—	—	广西百色开发投资集团有限公司	2.00	3.00	固定利率	否	2020 年 6 月 24 日	2023 年 6 月 24 日	代销
112	167136. SH	20 柳州 D1	—	交叉保护	柳州市城市投资建设发展有限公司	10.00	1.00	固定利率	否	2020 年 6 月 23 日	2021 年 6 月 24 日	余额包销
113	167228. SH	20 旅发 D1	—	—	广西旅游发展集团有限公司	7.50	1.00	固定利率	否	2020 年 8 月 13 日	2021 年 8 月 14 日	余额包销
114	167247. SH	S20 百东 1	—	回售，调整票面利率	广西百色试验区发展集团有限公司	5.50	5.00	累进利率	否	2020 年 10 月 26 日	2025 年 10 月 27 日	余额包销
115	167317. SH	20 柳州 04	—	交叉保护，回售	柳州市城市投资建设发展有限公司	7.40	5.00	固定利率	否	2020 年 7 月 24 日	2025 年 7 月 27 日	余额包销
116	167349. SH	20 崇投 01	AAA	回售，调整票面利率	广西崇左市城市建设投资发展集团有限公司	9.00	5.00	累进利率	是	2020 年 8 月 21 日	2025 年 8 月 26 日	余额包销
117	167359. SH	20 玉林 01	—	—	玉林交通旅游投资集团有限公司	8.00	5.00	固定利率	否	2020 年 7 月 30 日	2025 年 7 月 31 日	余额包销
118	167498. SH	20 旅发 D2	—	—	广西旅游发展集团有限公司	2.50	1.00	固定利率	否	2020 年 8 月 20 日	2021 年 8 月 21 日	余额包销

续表

序号	代码	名称	信用评级	特殊条款	发行人	发行额（亿元）	期限（年）	利率类型	担保	发行日期	到期日期	承销方式
119	167503. SH	20 桂城 02	—	回售，调整票面利率	桂林新城投资开发集团有限公司	6. 40	5. 00	累进利率	否	2020 年 8 月 20 日	2025 年 8 月 21 日	余额包销
120	167511. SH	20 柳州 D2	—	交叉保护	柳州市城市投资建设发展有限公司	10. 00	1. 00	固定利率	否	2020 年 8 月 21 日	2021 年 8 月 25 日	余额包销
121	167559. SH	20 广瀚 01	AA	债券提前偿还	广西梧州市广瀚文化旅游投资发展集团有限公司	8. 00	5. 00	固定利率	是	2020 年 8 月 28 日	2025 年 8 月 31 日	余额包销
122	167595. SH	20 柳控 F3	—	回售，调整票面利率	柳州市投资控股有限公司	5. 00	5. 00	累进利率	否	2020 年 9 月 10 日	2025 年 9 月 11 日	余额包销
123	167629. SH	20 广林 03	—	回售，调整票面利率	广西林业集团有限公司	1. 40	5. 00	累进利率	否	2020 年 9 月 9 日	2025 年 9 月 10 日	余额包销
124	167683. SH	20 百投 03	—	—	广西百色开发投资集团有限公司	7. 00	3. 00	固定利率	否	2020 年 9 月 14 日	2023 年 9 月 14 日	代销
125	167702. SH	20 桂债 02	—	回售，调整票面利率，交叉保护	广西金融投资集团有限公司	5. 10	5. 00	累进利率	是	2020 年 12 月 4 日	2025 年 12 月 8 日	余额包销
126	167719. SH	20 绿港 03	AA	—	南宁绿港建设投资集团有限公司	7. 00	5. 00	固定利率	否	2020 年 9 月 18 日	2025 年 9 月 22 日	余额包销
127	167738. SH	20 万通 01	—	—	广西万通房地产有限公司	5. 82	2. 00	固定利率	否	2020 年 9 月 21 日	2022 年 9 月 22 日	余额包销
128	167902. SH	20 万通 03	—	—	广西万通房地产有限公司	1. 20	2. 00	固定利率	否	2020 年 10 月 29 日	2022 年 10 月 30 日	余额包销
129	167942. SH	20 柳旅 01	AA+	—	广西柳州市文化旅游投资发展集团有限公司	1. 30	3. 00	固定利率	是	2020 年 10 月 22 日	2023 年 10 月 23 日	余额包销

续表

序号	代码	名称	信用评级	特殊条款	发行人	发行额（亿元）	期限（年）	利率类型	担保	发行日期	到期日期	承销方式
130	175016. SH	20 桂冠 01	AAA	—	广西桂冠电力股份有限公司	15. 00	3. 00	固定利率	否	2020 年 8 月 14 日	2023 年 8 月 18 日	余额包销
131	175054. SH	20 柳投 04	AA+	回售，调整票面利率	柳州东通投资发展有限公司	10. 00	5. 00	累进利率	是	2020 年 8 月 21 日	2025 年 8 月 25 日	余额包销
132	175080. SH	20 柳钢 01	AAA	—	柳州钢铁股份有限公司	10. 00	3. 00	固定利率	是	2020 年 9 月 9 日	2023 年 9 月 11 日	余额包销
133	175223. SH	20 桂冠 02	AAA	回售，调整票面利率	广西桂冠电力股份有限公司	10. 00	3. 00	累进利率	否	2020 年 9 月 25 日	2023 年 9 月 29 日	余额包销
134	175239. SH	G20 柳控 2	AA+	回售，调整票面利率	柳州市投资控股有限公司	5. 00	5. 00	累进利率	否	2020 年 10 月 16 日	2025 年 10 月 20 日	余额包销
135	175324. SH	20 柳发 01	AA+	回售，调整票面利率	柳州市城市投资建设发展有限公司	11. 00	5. 00	累进利率	否	2020 年 10 月 27 日	2025 年 10 月 29 日	余额包销
136	175364. SH	20 柳投 05	AA+	回售，调整票面利率	柳州东通投资发展有限公司	4. 00	5. 00	累进利率	是	2020 年 12 月 16 日	2025 年 12 月 18 日	余额包销
137	175458. SH	20 柳建 05	AA+	回售，调整票面利率，交叉保护	广西柳州市建设投资开发有限责任公司	4. 00	5. 00	累进利率	是	2020 年 11 月 18 日	2025 年 11 月 20 日	余额包销
138	175527. SH	20 柳发 02	AA+	回售，调整票面利率	柳州市城市投资建设发展有限公司	15. 50	5. 00	累进利率	否	2020 年 12 月 3 日	2025 年 12 月 8 日	余额包销
139	175531. SH	20 柳控 04	AA+	回售，调整票面利率	柳州市投资控股有限公司	1. 50	5. 00	累进利率	否	2020 年 12 月 21 日	2025 年 12 月 23 日	余额包销
140	177063. SH	20 玉林 02	—	—	玉林交通旅游投资集团有限公司	7. 00	5. 00	固定利率	否	2020 年 11 月 24 日	2025 年 11 月 25 日	余额包销
141	177174. SH	20 防港 03	—	—	防城港市城市建设投资有限责任公司	5. 00	5. 00	固定利率	否	2020 年 11 月 17 日	2025 年 11 月 19 日	余额包销

续表

序号	代码	名称	信用评级	特殊条款	发行人	发行额（亿元）	期限（年）	利率类型	担保	发行日期	到期日期	承销方式
142	177277. SH	G20 桂城 1	—	—	桂林新城投资开发集团有限公司	3. 00	3. 00	固定利率	否	2020 年 11 月 27 日	2023 年 11 月 30 日	余额包销
143	177288. SH	20 桂城 03	—	回售，调整票面利率	桂林新城投资开发集团有限公司	3. 60	5. 00	累进利率	否	2020 年 11 月 27 日	2025 年 11 月 30 日	余额包销
144	177304. SH	20 防旅 01	—	—	防城港市文旅集团有限公司	3. 00	5. 00	固定利率	是	2020 年 11 月 30 日	2025 年 12 月 2 日	余额包销
145	177369. SH	20 柳城建	AA+	回售，调整票面利率	广西柳州市城市建设投资发展集团有限公司	7. 00	5. 00	累进利率	否	2020 年 12 月 9 日	2025 年 12 月 11 日	余额包销
146	177408. SH	20 玉资 01	—	事先约束，交叉保护	玉林投资集团有限公司	7. 60	5. 00	固定利率	否	2020 年 12 月 21 日	2025 年 12 月 21 日	余额包销
147	177491. SH	20 桂物 02	—	—	广西物资集团有限责任公司	2. 00	3. 00	固定利率	否	2020 年 12 月 24 日	2023 年 12 月 25 日	余额包销

资料来源：Wind 资讯。

表 2-17　2018—2020 年广西金融机构发行金融债券的基本情况

序号	代码	债券名称	债券评级	主体评级	特殊条款	发行人	发行额（亿元）	期限（年）	利率类型	发行日期	到期日期	承销方式
1	114729. SZ	20 国海 01	AAA	AAA	—	国海证券股份有限公司	12.00	3.00	固定利率	2020 年 4 月 27 日	2023 年 4 月 28 日	自销
2	114803. SZ	20 国海 03	AAA	AAA	—	国海证券股份有限公司	12.50	3.00	固定利率	2020 年 8 月 17 日	2023 年 8 月 19 日	自销
3	114853. SZ	20 国海 04	AAA	AAA	—	国海证券股份有限公司	15.00	3.00	固定利率	2020 年 11 月 9 日	2023 年 11 月 11 日	自销
4	115109. SZ	20 国海 C1	AA+	AAA	—	国海证券股份有限公司	12.00	3.00	固定利率	2020 年 3 月 20 日	2023 年 3 月 23 日	其他
5	118959. SZ	17 国海 C1	—	AAA	—	国海证券股份有限公司	27.90	3.00	固定利率	2017 年 3 月 23 日	2020 年 3 月 23 日	代销
6	118967. SZ	17 国海 C2	—	AAA	—	国海证券股份有限公司	20.60	3.00	固定利率	2017 年 8 月 28 日	2020 年 8 月 28 日	代销
7	118990. SZ	18 国海 C1	—	AAA	—	国海证券股份有限公司	17.50	3.00	固定利率	2018 年 12 月 12 日	2021 年 12 月 12 日	其他
8	1620019. IB	16 桂林银行二级	AA+	AA+	赎回，减记	桂林银行股份有限公司	17.00	10.00	固定利率	2016 年 3 月 29 日	2026 年 3 月 30 日	余额包销
9	1820073. IB	18 桂林银行绿色金融 01	AA+	AA+	—	桂林银行股份有限公司	20.00	3.00	固定利率	2018 年 11 月 21 日	2021 年 11 月 23 日	余额包销
10	1920010. IB	19 柳州银行绿色金融 01	AA+	AA+	—	柳州银行股份有限公司	10.00	3.00	固定利率	2019 年 3 月 4 日	2022 年 3 月 6 日	余额包销
11	1920017. IB	19 桂林银行二级 01	AA	AA+	减记，赎回	桂林银行股份有限公司	30.00	10.00	固定利率	2019 年 3 月 22 日	2029 年 3 月 25 日	余额包销
12	1920023. IB	19 柳州银行绿色金融 02	AA+	AA+	—	柳州银行股份有限公司	10.00	3.00	固定利率	2019 年 4 月 10 日	2022 年 4 月 12 日	余额包销

续表

序号	代码	债券名称	债券评级	主体评级	特殊条款	发行人	发行额（亿元）	期限（年）	利率类型	发行日期	到期日期	承销方式
13	1920034. IB	19 北部湾银行二级 01	AA+	AAA	赎回，减记	广西北部湾银行股份有限公司	20. 00	10. 00	固定利率	2019 年 5 月 10 日	2029 年 5 月 14 日	余额包销
14	1920040. IB	19 桂林银行二级 02	AA	AA+	赎回，减记	桂林银行股份有限公司	10. 00	10. 00	固定利率	2019 年 9 月 20 日	2029 年 9 月 24 日	余额包销
15	1920060. IB	19 北部湾银行绿色金融 01	AAA	AAA	—	广西北部湾银行股份有限公司	20. 00	3. 00	固定利率	2019 年 10 月 11 日	2022 年 10 月 15 日	余额包销
16	1920075. IB	19 北部湾银行绿色金融 02	AAA	AAA	—	广西北部湾银行股份有限公司	10. 00	3. 00	固定利率	2019 年 11 月 27 日	2022 年 11 月 29 日	余额包销
17	2020013. IB	20 桂林银行永续债	AA	AA+	延期，减记，有条件赎回，调整票面利率	桂林银行股份有限公司	32. 00	5. 00	固定利率	2020 年 3 月 27 日	2025 年 3 月 31 日	余额包销
18	2020014. IB	20 北部湾银行小微债 01	AAA	AAA	—	广西北部湾银行股份有限公司	15. 00	3. 00	固定利率	2020 年 3 月 24 日	2023 年 3 月 26 日	余额包销
19	2020015. IB	20 柳州银行小微债 01	AA+	AA+	—	柳州银行股份有限公司	10. 00	3. 00	固定利率	2020 年 3 月 27 日	2023 年 3 月 31 日	余额包销
20	2020030. IB	20 北部湾银行永续债	AA+	AAA	调整票面利率，有条件赎回，减记，延期	广西北部湾银行股份有限公司	30. 00	5. 00	固定利率	2020 年 5 月 25 日	2025 年 5 月 27 日	余额包销
21	2020032. IB	20 柳州银行小微债 02	AA+	AA+	—	柳州银行股份有限公司	10. 00	3. 00	固定利率	2020 年 5 月 27 日	2023 年 5 月 29 日	余额包销
22	2020048. IB	20 北部湾银行二级 01	AA+	AAA	有条件赎回，减记	广西北部湾银行股份有限公司	20. 00	10. 00	固定利率	2020 年 8 月 25 日	2030 年 8 月 28 日	余额包销
23	2023022. IB	20 北部湾保险 01	AAA	AA	有条件赎回，调整票面利率	北部湾财产保险股份有限公司	2. 50	10. 00	累进利率	2020 年 12 月 29 日	2030 年 12 月 31 日	余额包销

资料来源：Wind 资讯。

（4）地方政府债券市场

广西地方政府债券与经济社会发展、逆周期调控等紧密联系，其融资规模明显大于广西发行的企业债券、公司债券和金融债券。2018—2020 年新发行的广西地方政府债券共有 97 只，发行总额 4276.55 亿元，全部债券都采用固定利率计算，如表 2-18 所示。其中，广西地方政府非定向债券有 89 只（占比 91.75%），定向债券仅有 8 只（占比 8.25%）。从发行额的规模来看，23 只地方政府债券（占比 23.71%）的单只发行额小于 10 亿元（含 10 亿元），18 只地方政府债券（占比 18.56%）的单只发行额介于 10 亿元至 20 亿元（含 20 亿元），29 只地方政府债券（占比 29.90%）的单只发行额介于 20 亿元至 50 亿元（含 50 亿元），18 只地方政府债券（占比 18.56%）的单只发行额介于 50 亿元至 100 亿元（含 100 亿元），9 只地方政府债券（占比 9.28%）的单只发行额超过 100 亿元；从发行期限的长短来看，21 只地方政府债券（占比 21.65%）的发行期限小于 5 年（含 5 年），43 只地方政府债券（占比 44.33%）的发行期限介于 5 年至 10 年（含 10 年），33 只地方政府债券（占比 34.02%）的发行期限介于 10 年至 30 年（含 30 年）；从能否跨市场交易来看，89 只地方政府债券（占比 91.75%）能够跨市场交易，8 只地方政府债券（占比 8.25%）不能够跨市场交易；从承销方式来看，除了 8 只定向债券之外，其他 89 只地方政府债券都采用余额包销的方式发行。

3. 信用债发行的地市分布相对集中

广西信用债券一级市场的集中度非常高。广西信用债券的发行主体集中分布在南宁市、柳州市、桂林市等区域中心城市。2018—2020 年广西各地市新发行的信用债券共计 959 只，发行总额达到 3933.62 亿元，如表 2-19 所示。其中，南宁市的信用债券发行额占全区发行总额的将近一半，南宁市、柳州市、桂林市的信用债券发行额占比将近九成。从信用债券的类型来看，无论是债券数量还是金额，南宁市、柳州市、桂林市在各个明细指标方面都远远超过广西其他地市，如表 2-20 和表 2-21 所示。

表 2-18　2018—2020 年广西地方政府债券的基本情况

序号	代码	名称	发行总额（亿元）	期限（年）	跨市场交易	利率类型	发行日期	到期日期	承销方式
1	104576. IB	19 广西债 05	110. 37	7. 00	是	固定利率	2019 年 3 月 28 日	2026 年 3 月 29 日	余额包销
2	104577. IB	19 广西债 06	8. 15	7. 00	是	固定利率	2019 年 3 月 28 日	2026 年 3 月 29 日	余额包销
3	104578. IB	19 广西债 07	9. 85	7. 00	是	固定利率	2019 年 3 月 28 日	2026 年 3 月 29 日	余额包销
4	104579. IB	19 广西债 08	55. 00	5. 00	是	固定利率	2019 年 3 月 28 日	2024 年 3 月 29 日	余额包销
5	104580. IB	19 广西债 09	13. 30	7. 00	是	固定利率	2019 年 3 月 28 日	2026 年 3 月 29 日	余额包销
6	104581. IB	19 广西债 10	6. 70	7. 00	是	固定利率	2019 年 3 月 28 日	2026 年 3 月 29 日	余额包销
7	104645. IB	19 广西债 14	78. 00	10. 00	是	固定利率	2019 年 6 月 19 日	2029 年 6 月 20 日	余额包销
8	104646. IB	19 广西债 15	9. 51	30. 00	是	固定利率	2019 年 6 月 19 日	2049 年 6 月 20 日	余额包销
9	104647. IB	19 广西债 16	20. 62	30. 00	是	固定利率	2019 年 6 月 19 日	2049 年 6 月 20 日	余额包销
10	104648. IB	19 广西债 17	5. 85	30. 00	是	固定利率	2019 年 6 月 19 日	2049 年 6 月 20 日	余额包销
11	104649. IB	19 广西债 18	5. 02	30. 00	是	固定利率	2019 年 6 月 19 日	2049 年 6 月 20 日	余额包销
12	104650. IB	19 广西债 19	65. 00	30. 00	是	固定利率	2019 年 6 月 19 日	2049 年 6 月 20 日	余额包销
13	104908. IB	20 广西债 38	90. 16	7. 00	是	固定利率	2020 年 9 月 8 日	2027 年 9 月 9 日	余额包销
14	104909. IB	20 广西债 39	8. 50	10. 00	是	固定利率	2020 年 9 月 8 日	2030 年 9 月 9 日	余额包销
15	160994. IB	20 广西债 40	42. 35	7. 00	是	固定利率	2020 年 10 月 22 日	2027 年 10 月 23 日	余额包销
16	1805003. IB	18 广西债 01	48. 40	5. 00	是	固定利率	2018 年 3 月 8 日	2023 年 3 月 9 日	余额包销
17	1805004. IB	18 广西债 02	31. 20	5. 00	是	固定利率	2018 年 3 月 8 日	2023 年 3 月 9 日	余额包销
18	1805005. IB	18 广西债 03	6. 00	5. 00	是	固定利率	2018 年 3 月 8 日	2023 年 3 月 9 日	余额包销
19	1805006. IB	18 广西债 04	15. 00	7. 00	是	固定利率	2018 年 3 月 8 日	2025 年 3 月 9 日	余额包销
20	1805061. IB	18 广西债 05	68. 00	3. 00	是	固定利率	2018 年 5 月 17 日	2021 年 5 月 18 日	余额包销
21	1805062. IB	18 广西债 06	50. 00	3. 00	是	固定利率	2018 年 5 月 17 日	2021 年 5 月 18 日	余额包销
22	1805063. IB	18 广西债 07	57. 00	5. 00	是	固定利率	2018 年 5 月 17 日	2023 年 5 月 18 日	余额包销
23	1805092. IB	18 广西债 08	88. 49	5. 00	是	固定利率	2018 年 6 月 6 日	2023 年 6 月 7 日	余额包销
24	1805145. IB	18 广西债 09	318. 66	5. 00	是	固定利率	2018 年 7 月 18 日	2023 年 7 月 19 日	余额包销
25	1805146. IB	18 广西债 10	13. 75	7. 00	是	固定利率	2018 年 7 月 18 日	2025 年 7 月 19 日	余额包销

续表

序号	代码	名称	发行总额（亿元）	期限（年）	跨市场交易	利率类型	发行日期	到期日期	承销方式
26	1805234. IB	18 广西债 11	68. 45	7. 00	是	固定利率	2018 年 8 月 28 日	2025 年 8 月 29 日	余额包销
27	1805235. IB	18 广西债 12	202. 00	5. 00	是	固定利率	2018 年 8 月 28 日	2023 年 8 月 29 日	余额包销
28	1805236. IB	18 广西债 13	13. 00	5. 00	是	固定利率	2018 年 8 月 28 日	2023 年 8 月 29 日	余额包销
29	1805237. IB	18 广西债 14	48. 00	10. 00	是	固定利率	2018 年 8 月 28 日	2028 年 8 月 29 日	余额包销
30	1805287. IB	18 广西债 15	47. 66	7. 00	是	固定利率	2018 年 9 月 19 日	2025 年 9 月 20 日	余额包销
31	1805288. IB	18 广西债 16	29. 42	7. 00	是	固定利率	2018 年 9 月 19 日	2025 年 9 月 20 日	余额包销
32	1805289. IB	18 广西债 17	7. 33	7. 00	是	固定利率	2018 年 9 月 19 日	2025 年 9 月 20 日	余额包销
33	1805290. IB	18 广西债 18	11. 30	7. 00	是	固定利率	2018 年 9 月 19 日	2025 年 9 月 20 日	余额包销
34	1805291. IB	18 广西债 19	2. 95	7. 00	是	固定利率	2018 年 9 月 19 日	2025 年 9 月 20 日	余额包销
35	1805360. IB	18 广西债 20	6. 29	10. 00	是	固定利率	2018 年 10 月 30 日	2028 年 10 月 31 日	余额包销
36	1805382. IB	18 广西债 21	7. 90	5. 00	是	固定利率	2018 年 12 月 27 日	2023 年 12 月 28 日	余额包销
37	1805383. IB	18 广西债 22	1. 50	5. 00	是	固定利率	2018 年 12 月 27 日	2023 年 12 月 28 日	余额包销
38	1806014. IB	18 广西定向 01	45. 78	7. 00	否	固定利率	2018 年 3 月 7 日	2025 年 3 月 9 日	—
39	1806015. IB	18 广西定向 02	14. 13	5. 00	否	固定利率	2018 年 3 月 7 日	2023 年 3 月 9 日	—
40	1806084. IB	18 广西定向 03	68. 03	5. 00	否	固定利率	2018 年 6 月 6 日	2023 年 6 月 8 日	—
41	1806085. IB	18 广西定向 04	10. 13	7. 00	否	固定利率	2018 年 6 月 6 日	2025 年 6 月 8 日	—
42	1806116. IB	18 广西定向 05	48. 68	5. 00	否	固定利率	2018 年 7 月 18 日	2023 年 7 月 20 日	—
43	1806117. IB	18 广西定向 06	18. 09	7. 00	否	固定利率	2018 年 7 月 18 日	2025 年 7 月 20 日	—
44	1806144. IB	18 广西定向 07	33. 53	7. 00	否	固定利率	2018 年 8 月 28 日	2025 年 8 月 30 日	—
45	1806145. IB	18 广西定向 08	22. 41	5. 00	否	固定利率	2018 年 8 月 28 日	2023 年 8 月 30 日	—
46	1905037. IB	19 广西债 01	58. 00	7. 00	是	固定利率	2019 年 1 月 31 日	2026 年 2 月 1 日	余额包销
47	1905055. IB	19 广西债 02	105. 00	7. 00	是	固定利率	2019 年 2 月 26 日	2026 年 2 月 27 日	余额包销
48	1905056. IB	19 广西债 03	50. 00	7. 00	是	固定利率	2019 年 2 月 26 日	2026 年 2 月 27 日	余额包销
49	1905057. IB	19 广西债 04	45. 00	5. 00	是	固定利率	2019 年 2 月 26 日	2024 年 2 月 27 日	余额包销
50	1905177. IB	19 广西债 11	195. 21	10. 00	是	固定利率	2019 年 5 月 28 日	2029 年 5 月 29 日	余额包销

续表

序号	代码	名称	发行总额（亿元）	期限（年）	跨市场交易	利率类型	发行日期	到期日期	承销方式
51	1905178. IB	19 广西债 12	150. 00	10. 00	是	固定利率	2019 年 5 月 28 日	2029 年 5 月 29 日	余额包销
52	1905226. IB	19 广西债 13	4. 00	3. 00	是	固定利率	2019 年 6 月 19 日	2022 年 6 月 25 日	余额包销
53	1905381. IB	19 广西债 20	12. 81	30. 00	是	固定利率	2019 年 11 月 20 日	2049 年 11 月 21 日	余额包销
54	1905382. IB	19 广西债 21	26. 00	30. 00	是	固定利率	2019 年 11 月 20 日	2049 年 11 月 21 日	余额包销
55	2005013. IB	20 广西债 01	56. 57	30. 00	是	固定利率	2020 年 1 月 9 日	2050 年 1 月 10 日	余额包销
56	2005014. IB	20 广西债 02	37. 10	30. 00	是	固定利率	2020 年 1 月 9 日	2050 年 1 月 10 日	余额包销
57	2005015. IB	20 广西债 03	11. 74	30. 00	是	固定利率	2020 年 1 月 9 日	2050 年 1 月 10 日	余额包销
58	2005030. IB	20 广西债 04	11. 00	7. 00	是	固定利率	2020 年 1 月 9 日	2027 年 1 月 10 日	余额包销
59	2005167. IB	20 广西债 05	200. 00	30. 00	是	固定利率	2020 年 2 月 27 日	2050 年 2 月 28 日	余额包销
60	2005168. IB	20 广西债 06	4. 80	30. 00	是	固定利率	2020 年 2 月 27 日	2050 年 2 月 28 日	余额包销
61	2005169. IB	20 广西债 07	6. 98	10. 00	是	固定利率	2020 年 2 月 27 日	2030 年 2 月 28 日	余额包销
62	2005170. IB	20 广西债 08	34. 24	30. 00	是	固定利率	2020 年 2 月 27 日	2050 年 2 月 28 日	余额包销
63	2005171. IB	20 广西债 09	6. 26	10. 00	是	固定利率	2020 年 2 月 27 日	2030 年 2 月 28 日	余额包销
64	2005172. IB	20 广西债 10	57. 11	30. 00	是	固定利率	2020 年 2 月 27 日	2050 年 2 月 28 日	余额包销
65	2005173. IB	20 广西债 11	3. 40	10. 00	是	固定利率	2020 年 2 月 27 日	2030 年 2 月 28 日	余额包销
66	2005174. IB	20 广西债 12	43. 50	30. 00	是	固定利率	2020 年 2 月 27 日	2050 年 2 月 28 日	余额包销
67	2005175. IB	20 广西债 13	27. 30	30. 00	是	固定利率	2020 年 2 月 27 日	2050 年 2 月 28 日	余额包销
68	2005351. IB	20 广西债 14	33. 20	10. 00	是	固定利率	2020 年 4 月 28 日	2030 年 4 月 29 日	余额包销
69	2005352. IB	20 广西债 15	5. 30	10. 00	是	固定利率	2020 年 4 月 28 日	2030 年 4 月 29 日	余额包销
70	2005353. IB	20 广西债 16	13. 20	15. 00	是	固定利率	2020 年 4 月 28 日	2035 年 4 月 29 日	余额包销
71	2005354. IB	20 广西债 17	0. 50	15. 00	是	固定利率	2020 年 4 月 28 日	2035 年 4 月 29 日	余额包销
72	2005431. IB	20 广西债 18	166. 16	7. 00	是	固定利率	2020 年 5 月 20 日	2027 年 5 月 21 日	余额包销
73	2005432. IB	20 广西债 19	28. 60	30. 00	是	固定利率	2020 年 5 月 20 日	2050 年 5 月 21 日	余额包销
74	2005433. IB	20 广西债 20	42. 50	30. 00	是	固定利率	2020 年 5 月 20 日	2050 年 5 月 21 日	余额包销
75	2005434. IB	20 广西债 21	24. 30	15. 00	是	固定利率	2020 年 5 月 20 日	2035 年 5 月 21 日	余额包销

续表

序号	代码	名称	发行总额（亿元）	期限（年）	跨市场交易	利率类型	发行日期	到期日期	承销方式
76	2005435. IB	20 广西债 22	12. 80	15. 00	是	固定利率	2020 年 5 月 20 日	2035 年 5 月 21 日	余额包销
77	2005436. IB	20 广西债 23	7. 85	30. 00	是	固定利率	2020 年 5 月 20 日	2050 年 5 月 21 日	余额包销
78	2005437. IB	20 广西债 24	15. 40	15. 00	是	固定利率	2020 年 5 月 20 日	2035 年 5 月 21 日	余额包销
79	2005438. IB	20 广西债 25	49. 95	30. 00	是	固定利率	2020 年 5 月 20 日	2050 年 5 月 21 日	余额包销
80	2005439. IB	20 广西债 26	17. 30	15. 00	是	固定利率	2020 年 5 月 20 日	2035 年 5 月 21 日	余额包销
81	2005440. IB	20 广西债 27	8. 77	20. 00	是	固定利率	2020 年 5 月 20 日	2040 年 5 月 21 日	余额包销
82	2005441. IB	20 广西债 28	41. 53	30. 00	是	固定利率	2020 年 5 月 20 日	2050 年 5 月 21 日	余额包销
83	2005687. IB	20 广西债 29	95. 70	7. 00	是	固定利率	2020 年 7 月 14 日	2027 年 7 月 15 日	余额包销
84	2005688. IB	20 广西债 30	6. 50	10. 00	是	固定利率	2020 年 7 月 14 日	2030 年 7 月 15 日	余额包销
85	2005723. IB	20 广西债 31	133. 04	5. 00	是	固定利率	2020 年 8 月 5 日	2025 年 8 月 6 日	余额包销
86	2005724. IB	20 广西债 32	45. 47	7. 00	是	固定利率	2020 年 8 月 5 日	2027 年 8 月 6 日	余额包销
87	2005725. IB	20 广西债 33	26. 34	30. 00	是	固定利率	2020 年 8 月 5 日	2050 年 8 月 6 日	余额包销
88	2005726. IB	20 广西债 34	54. 23	30. 00	是	固定利率	2020 年 8 月 5 日	2050 年 8 月 6 日	余额包销
89	2005727. IB	20 广西债 35	63. 96	15. 00	是	固定利率	2020 年 8 月 5 日	2035 年 8 月 6 日	余额包销
90	2005728. IB	20 广西债 36	50. 63	20. 00	是	固定利率	2020 年 8 月 5 日	2040 年 8 月 6 日	余额包销
91	2005729. IB	20 广西债 37	82. 84	15. 00	是	固定利率	2020 年 8 月 5 日	2035 年 8 月 6 日	余额包销
92	2071105. IB	20 广西债 41	25. 00	5. 00	是	固定利率	2020 年 12 月 15 日	2025 年 12 月 16 日	余额包销
93	2071113. IB	20 广西债 42	75. 00	10. 00	是	固定利率	2020 年 12 月 25 日	2030 年 12 月 28 日	余额包销
94	2071114. IB	20 广西债 43	18. 00	10. 00	是	固定利率	2020 年 12 月 25 日	2030 年 12 月 28 日	余额包销
95	2071115. IB	20 广西债 44	25. 00	10. 00	是	固定利率	2020 年 12 月 25 日	2030 年 12 月 28 日	余额包销
96	2071120. IB	20 广西债 45	17. 00	7. 00	是	固定利率	2020 年 12 月 25 日	2027 年 12 月 28 日	余额包销
97	2071121. IB	20 广西债 46	13. 00	7. 00	是	固定利率	2020 年 12 月 25 日	2027 年 12 月 28 日	余额包销

资料来源：Wind 资讯。

表 2-19 2018—2020 年广西各地市发行信用债券的基本情况

序号	地区	数量（只）	数量占比（%）	发行额（亿元）	金额占比（%）
1	南宁市	423	40.52	2174.21	48.06
2	柳州市	254	24.33	1059.35	23.41
3	桂林市	253	24.23	765.64	16.92
4	钦州市	25	2.39	116.15	2.57
5	北海市	9	0.86	74.45	1.65
6	百色市	18	1.72	66.80	1.48
7	崇左市	7	0.67	47.70	1.05
8	贺州市	19	1.82	46.34	1.02
9	防城港市	11	1.05	43.70	0.97
10	玉林市	6	0.57	39.70	0.88
11	梧州市	6	0.57	31.50	0.70
12	河池市	6	0.57	24.44	0.54
13	来宾市	5	0.48	19.35	0.43
14	贵港市	2	0.19	15.00	0.33
合计		1044	100.00	4524.33	100.00

资料来源：根据 Wind 资讯数据整理。

表 2-20 2018—2020 年广西各地市发行信用债券的类型及数量

序号	地区	企业债（只）	金融债（只）	公司债（只）	可转债（只）	短期融资券（只）	中期票据（只）	同业存单（只）	定向工具（只）	资产支持证券（只）
1	南宁市	12	6	54	3	30	54	197	8	13
2	柳州市	3	4	46	1	13	21	124	15	10
3	桂林市	—	9	10	—	—	4	214	1	10
4	钦州市	4	—	5	—	1	4	—	6	—
5	北海市	—	—	6	1	—	—	—	—	—
6	百色市	4	—	11	—	—	—	—	—	2
7	崇左市	5	—	1	—	—	1	—	—	—
8	贺州市	—	—	4	—	—	1	—	2	8
9	防城港市	2	—	5	—	—	—	—	3	—
10	玉林市	2	—	4	—	—	—	—	—	—
11	梧州市	4	—	1	—	—	—	—	1	—
12	河池市	—	—	4	—	—	—	—	—	—
13	来宾市	—	—	2	—	—	—	1	—	—
14	贵港市	—	—	2	—	—	—	—	—	—

资料来源：根据 Wind 资讯数据整理。

表 2-21　2018—2020 年广西各地市发行信用债券的类型及金额

序号	地区	企业债（亿元）	金融债（亿元）	公司债（亿元）	可转债（亿元）	短期融资券（亿元）	中期票据（亿元）	同业存单（亿元）	定向工具（亿元）	资产支持证券（亿元）
1	南宁市	159.90	115.00	413.25	15.30	211.20	384.10	450.50	30.50	19.64
2	柳州市	27.00	40.00	413.70	8.02	89.00	149.00	116.00	76.00	11.41
3	桂林市	—	161.00	56.64	—	—	15.00	488.50	3.00	4.50
4	钦州市	21.40	—	25.80	—	1.50	14.15	—	29.50	—
5	北海市	—	—	38.25	20.00	—	—	—	—	—
6	百色市	16.00	—	47.60	—	—	—	—	—	1.80
7	崇左市	36.70	—	9.00	—	—	2.00	—	—	—
8	贺州市	—	—	18.50	—	—	5.00	—	7.70	10.51
9	防城港市	8.00	—	19.70	—	—	—	—	12.80	—
10	玉林市	15.00	—	24.70	—	—	—	—	—	—
11	梧州市	17.50	—	8.00	—	—	—	—	6.00	—
12	河池市	—	—	19.00	—	—	—	—	—	—
13	来宾市	—	—	12.85	—	—	—	0.50	—	—
14	贵港市	—	—	15.00	—	—	—	—	—	—

资料来源：根据 Wind 资讯数据整理。

4. 疫情防控债券助力经济社会稳定发展

疫情防控债券有力地支持了防疫用品生产、防疫设施建设等。2020 年广西发行 9 只疫情防控债券，发行额达到 65.5 亿元，如表 2-22 所示。其中，从发行额的规模来看，8 只疫情防控债券（占比 88.89%）的单只发行额小于 10 亿元（含 10 亿元），仅 1 只疫情防控债券（占比 11.11%）的单只发行额介于 10 亿元至 20 亿元（含 20 亿元）；从发行期限的长短来看，仅 2 只疫情防控债券（占比 22.22%）的发行期限小于 1 年（含 1 年），7 只疫情防控债券（占比 77.78%）的发行期限介于 1 年至 5 年（含 5 年）；从债券类型来看，疫情防控债券以私募债为主（占比 66.67%），一般公司债和定向工具较少（占比 33.33%）。

以“20 河池 01”（债券代码：114743.SZ）为例，河池市国有资产投资经营有限责任公司扣除发行费用后，将本次募集资金的 50%用于疫情防控相关用途，包括专项供应河池都安瑶族自治县的口罩、防护服等防疫医疗物资和蔬菜、瓜果等生活必需品的采购、运输、销售，为确保复工复产相关的检验、消毒、防护等用品的购置，以及用于河池市人民医院外科大楼项目的建设。

表 2-22 2020 年广西发行疫情防控债券的基本情况

序号	债券代码	债券简称	发行额（亿元）	发行期限（年）	发行人	债券类型	发行起始日
1	114663. SZ	20 桂建 02	5	3	广西建工集团有限责任公司	私募债	2020 年 2 月 7 日
2	149061. SZ	20 恒逸 01	10	3	恒逸石化股份有限公司	一般公司债	2020 年 3 月 11 日
3	032000240. IB	20 南新建总（疫情防控债）PPN001	1. 5	3	南宁新技术产业建设开发总公司	定向工具	2020 年 3 月 17 日
4	163263. SH	20 北港 01	10	5	广西北部湾国际港务集团有限公司	一般公司债	2020 年 3 月 19 日
5	114731. SZ	20 桂金 D1	20	1	广西金融投资集团有限公司	私募债	2020 年 4 月 27 日
6	114743. SZ	20 河池 01	5	3	河池市国有资产投资经营有限责任公司	私募债	2020 年 5 月 8 日
7	114749. SZ	20 桂金 D2	10	1	广西金融投资集团有限公司	私募债	2020 年 5 月 26 日
8	114762. SZ	20 河池 02	3	3	河池市国有资产投资经营有限责任公司	私募债	2020 年 5 月 28 日
9	114779. SZ	20 河池 03	1	3	河池市国有资产投资经营有限责任公司	私募债	2020 年 6 月 23 日

资料来源：Wind 资讯。

（二）广西基金市场发展状况分析

1. 基金管理公司的发展状况

截至 2020 年末，国海富兰克林基金管理公司不仅是广西唯一的基金管理公司，而且是国内 A 股市场第 16 家上市券商，是拥有全业务牌照、营业网点遍布中国主要城市的全国性综合类证券公司。2019 年国海富兰克林基金管理公司的净利润达到 1. 08 亿元，在国内主要基金管理公司当中的净利润指标排名居于第 32 位，如图 2-25 所示。受宏观经济波动的影响，2016—2020 年国海富兰克林基金管理公司的净利润同比增长率介于 -33. 94%至 70. 25%之间，极差超过 100%。

2. 基金管理公司的产品结构

截至 2020 年末，国海富兰克林基金管理公司累计发行 54 只基金产品，资产净值约为 519. 9814 亿元，如表 2-23 以及图 2-27 至图 2-29 所示。① 其中，从成立基金的年份看，虽然 2020 年是国海富兰克林基金管理公司成立基金数量排名第二位的年份，仅次于

① 此处的资产净值总额不含“国富潜力组合 H 港元”和“国富潜力组合 H 美元”2 只基金的净值。

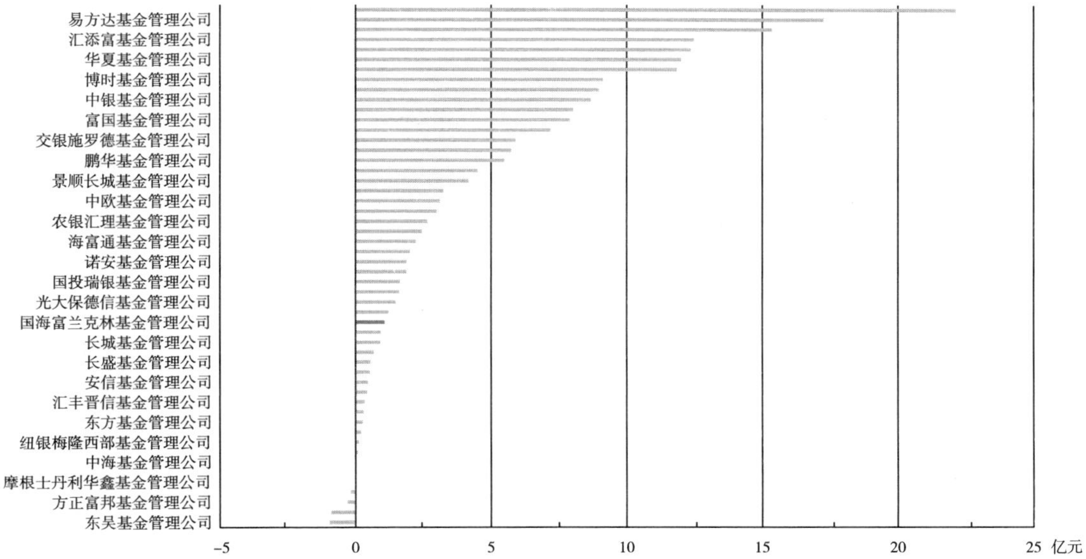

图 2-25　2019 年国内一部分基金管理公司的净利润排名

（资料来源：根据 Wind 资讯数据绘制）

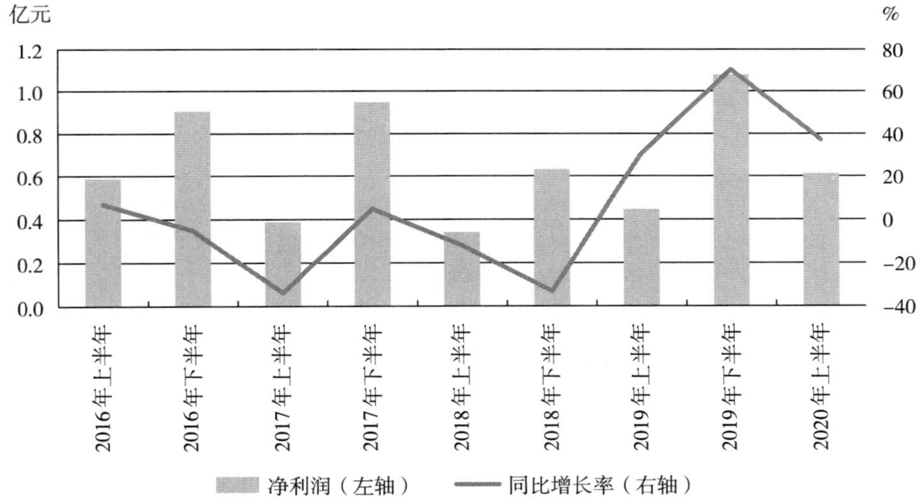

图 2-26　国海富兰克林基金管理公司的净利润变动情况

（资料来源：根据 Wind 资讯数据绘制）

2018 年成立基金数量，但是 2020 年成立基金的资产净值高达 126.1837 亿元，远远超过其他年份成立基金的资产净值。从基金类型看，短期纯债型基金有 2 只，资产净值约为 0.0089 亿元；国际（QDII）股票型基金有 1 只，资产净值约为 7.1683 亿元；国际（QDII）混合型基金有 4 只，资产净值约为 20.6337 亿元；国际（QDII）债券型基金有 2 只，资产净值约为 2.3701 亿元；混合债券型一级基金有 2 只，资产净值约为 1.0417 亿元；混合债券型二级基金有 4 只，资产净值约为 12.0863 亿元；货币市场型基金有 3

只，资产净值约为76.5343亿元；灵活配置型基金有9只，资产净值约为40.5880亿元；偏股混合型基金有12只，资产净值约为152.8642亿元；偏债混合型基金有2只，资产净值约为7.9089亿元；平衡混合型基金有2只，资产净值约为6.8018亿元；普通股票型基金有3只，资产净值约为97.7133亿元；增强指数型基金有2只，资产净值约为4.4708亿元；中长期纯债型基金有6只，资产净值约为14.9652亿元。无论是数量还是资产净值，偏股混合型基金都是国海富兰克林基金管理公司最主要的产品。

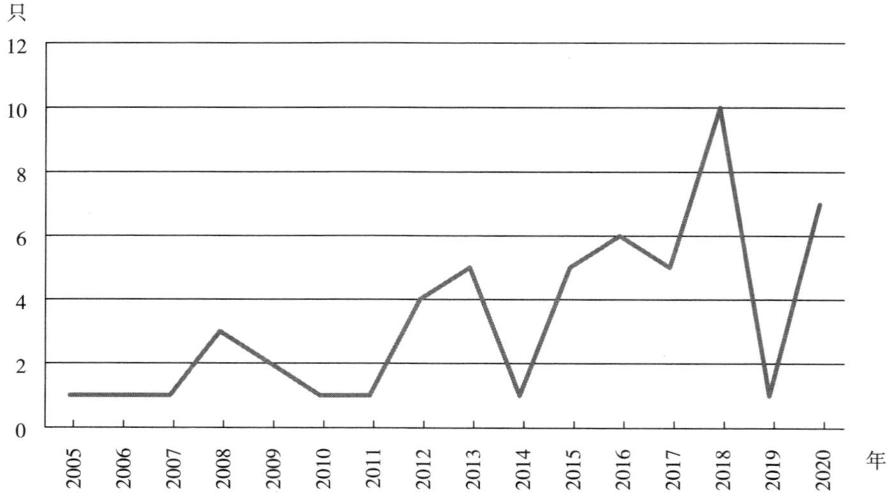

图 2-27 国海富兰克林基金管理公司历年成立基金的数量

（资料来源：根据 Wind 资讯数据绘制）

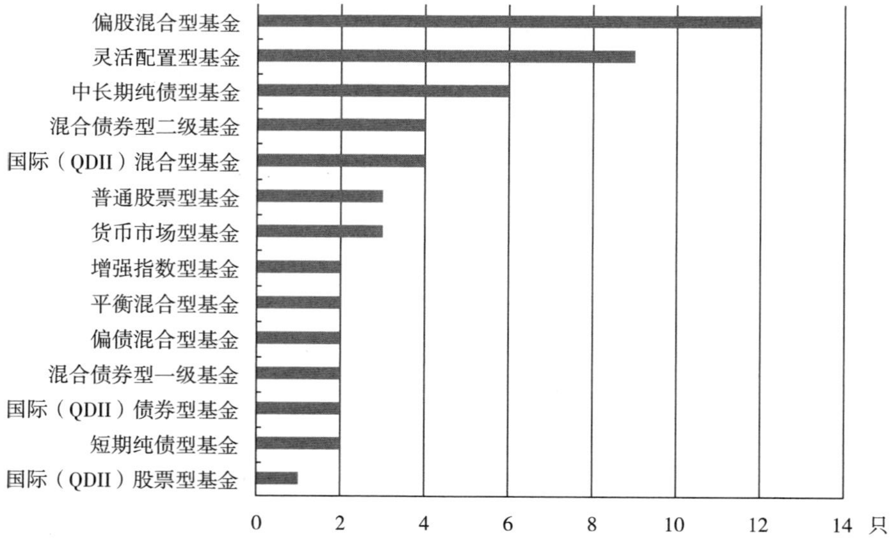

图 2-28 国海富兰克林基金管理公司的基金类型及数量

（资料来源：根据 Wind 资讯数据计算并绘制）

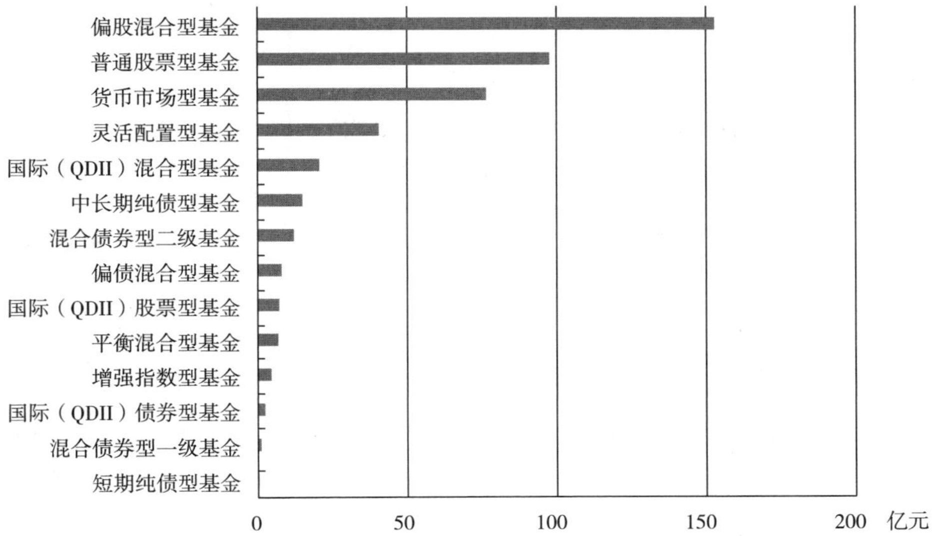

图 2-29　国海富兰克林基金管理公司的基金类型及资产净值

（资料来源：根据 Wind 资讯数据计算并绘制）

表 2-23　国海富兰克林基金管理公司的产品结构

序号	代码	名称	基金类型	2020 年末资产净值（亿元）	基金成立日
1	006702. OF	国富恒嘉短债 A	短期纯债型基金	0. 0020	2018 年 12 月 19 日
2	006703. OF	国富恒嘉短债 C	短期纯债型基金	0. 0069	2018 年 12 月 19 日
3	457001. OF	国富亚洲机会	国际（QDII）股票型基金	7. 1683	2012 年 2 月 22 日
4	000934. OF	国富大中华精选人民币	国际（QDII）混合型基金	17. 3971	2015 年 2 月 3 日
5	006370. OF	国富大中华精选美元	国际（QDII）混合型基金	2. 6663	2019 年 4 月 15 日
6	006373. OF	国富全球科技互联人民币	国际（QDII）混合型基金	0. 5476	2018 年 11 月 20 日
7	006374. OF	国富全球科技互联美元现汇	国际（QDII）混合型基金	0. 0227	2018 年 11 月 20 日
8	003972. OF	国富美元债人民币	国际（QDII）债券型基金	2. 0551	2017 年 1 月 25 日
9	003973. OF	国富美元债美元现汇	国际（QDII）债券型基金	0. 3150	2017 年 1 月 25 日
10	002361. OF	国富恒瑞 A	混合债券型二级基金	5. 3629	2016 年 2 月 4 日
11	002362. OF	国富恒瑞 C	混合债券型二级基金	0. 4071	2016 年 2 月 4 日
12	450005. OF	国富强化收益 A	混合债券型二级基金	6. 0166	2008 年 10 月 24 日
13	450006. OF	国富强化收益 C	混合债券型二级基金	0. 2997	2008 年 12 月 18 日
14	000351. OF	国富岁岁恒丰 A	混合债券型一级基金	0. 7241	2013 年 11 月 20 日
15	000352. OF	国富岁岁恒丰 C	混合债券型一级基金	0. 3177	2013 年 11 月 20 日
16	000203. OF	国富日日收益 A	货币市场型基金	23. 2980	2013 年 7 月 24 日
17	000204. OF	国富日日收益 B	货币市场型基金	2. 0188	2013 年 7 月 24 日
18	004120. OF	国富安享	货币市场型基金	51. 2175	2017 年 5 月 22 日
19	000065. OF	国富焦点驱动灵活配置	灵活配置型基金	14. 8569	2013 年 5 月 7 日
20	001392. OF	国富金融地产 A	灵活配置型基金	0. 1708	2015 年 6 月 9 日

续表

序号	代码	名称	基金类型	2020 年末资产净值（亿元）	基金成立日
21	001393. OF	国富金融地产 C	灵活配置型基金	0. 1296	2015 年 6 月 9 日
22	002087. OF	国富新机遇 A	灵活配置型基金	5. 5192	2015 年 11 月 19 日
23	002088. OF	国富新机遇 C	灵活配置型基金	2. 6814	2015 年 11 月 19 日
24	005552. OF	国富新趋势 A	灵活配置型基金	5. 7703	2018 年 2 月 8 日
25	005553. OF	国富新趋势 C	灵活配置型基金	1. 4695	2018 年 2 月 8 日
26	006039. OF	国富估值优势	灵活配置型基金	6. 3294	2018 年 8 月 22 日
27	450010. OF	国富策略回报	灵活配置型基金	3. 6609	2011 年 8 月 2 日
28	008515. OF	富兰克林国海基本面优选	偏股混合型基金	20. 0381	2020 年 2 月 13 日
29	009846. OF	国富港股通远见价值	偏股混合型基金	16. 2670	2020 年 8 月 18 日
30	010271. OF	国富价值成长一年持有 A	偏股混合型基金	5. 5808	2020 年 11 月 4 日
31	010272. OF	国富价值成长一年持有 C	偏股混合型基金	3. 3680	2020 年 11 月 4 日
32	450002. OF	国富弹性市值	偏股混合型基金	65. 0129	2006 年 6 月 14 日
33	450003. OF	国富潜力组合 A 人民币	偏股混合型基金	30. 7709	2007 年 3 月 22 日
34	450004. OF	国富深化价值	偏股混合型基金	5. 0532	2008 年 7 月 3 日
35	450007. OF	国富成长动力	偏股混合型基金	0. 7251	2009 年 3 月 25 日
36	450011. OF	国富研究精选	偏股混合型基金	5. 9734	2012 年 5 月 22 日
37	960021. OF	国富潜力组合 H 人民币	偏股混合型基金	0. 0746	2016 年 2 月 29 日
38	F450004. OF	国富潜力组合 H 美元	偏股混合型基金	—	2016 年 2 月 29 日
39	F450005. OF	国富潜力组合 H 港元	偏股混合型基金	—	2016 年 2 月 29 日
40	005652. OF	国富天颐 A	偏债混合型基金	7. 5305	2018 年 3 月 27 日
41	005653. OF	国富天颐 C	偏债混合型基金	0. 3784	2018 年 3 月 27 日
42	008625. OF	国富平衡养老三年	平衡混合型基金	0. 5785	2020 年 6 月 3 日
43	450001. OF	国富中国收益	平衡混合型基金	6. 2233	2005 年 6 月 1 日
44	000761. OF	国富健康优质生活	普通股票型基金	7. 3004	2014 年 9 月 23 日
45	001605. OF	国富沪港深成长精选	普通股票型基金	54. 0690	2016 年 1 月 20 日
46	450009. OF	国富中小盘	普通股票型基金	36. 3438	2010 年 11 月 23 日
47	164508. SZ	国富中证 100 指数增强	增强指数型基金	0. 4009	2020 年 3 月 27 日
48	450008. OF	国富沪深 300 指数增强	增强指数型基金	4. 0700	2009 年 9 月 3 日
49	005822. OF	国富恒裕 6 个月	中长期纯债型基金	5. 6496	2018 年 4 月 10 日
50	010468. OF	国富恒博 63 个月定开债	中长期纯债型基金	79. 9504	2020 年 11 月 19 日
51	164509. SZ	国富恒利 A	中长期纯债型基金	4. 1120	2017 年 3 月 10 日
52	164510. OF	国富恒利 C	中长期纯债型基金	0. 0373	2017 年 3 月 10 日
53	450018. OF	国富恒久信用 A	中长期纯债型基金	0. 0322	2012 年 9 月 11 日
54	450019. OF	国富恒久信用 C	中长期纯债型基金	0. 0096	2012 年 9 月 11 日

资料来源：Wind 资讯。

（三）广西衍生金融市场发展状况分析

1. 资产证券化市场

2018—2020 年广西辖区机构发起的资产证券化项目总共 15 项，发行金额合计 94. 38 亿元，如表 2-24 所示。其中，企业资产支持证券化（Asset-Backed Securitization，ABS）项目有 13 项，发行金额为 72. 95 亿元，基础资产包括企业债权（10. 50 亿元）、租赁资产（23. 53 亿元）、小额贷款（3. 50 亿元）、基础设施收费（22. 74 亿元）、棚改及保障房（12. 68 亿元）5 类资产；信贷资产证券化（Collateralized Loan Obligation，CLO）项目有 2 项，发行金额为 21. 43 亿元，基础资产为企业贷款。

次级资产占比超过 20%（不含 20%）的证券化项目有 1 项，次级资产占比超过 10%（不含 10%）且小于 20%（含 20%）的证券化项目有 5 项，次级资产占比小于 10%（含 10%）的证券化项目有 9 项。

南宁市有 7 个证券化项目，发行金额为 44. 80 亿元；柳州有 2 个证券化项目，发行金额为 12. 68 亿元；桂林有 2 个证券化项目，发行金额为 22. 09 亿元；玉林有 1 个资产证券化项目，发行金额为 2. 40 亿元、百色市有 1 个资产证券化项目，发行金额为 1. 80 亿元；贺州有 2 个证券化项目，发行金额为 10. 60 亿元。

2018 年有 4 个资产证券化项目，发行金额为 16. 69 亿元；2019 年有 7 个资产证券化项目，发行金额为 46. 73 亿元；2020 年有 4 个资产证券化项目，发行金额为 30. 96 亿元。

2. 商品期货市场

国海良时期货有限公司是由国内 A 股市场的广西上市券商——国海证券股份有限公司控股。该公司是中国期货业协会首届理事单位，郑州商品交易所第一、第三、第四、第五届理事单位；是郑州商品交易所、大连商品交易所、上海期货交易所、上海国际能源交易中心会员、中国金融期货交易所交易结算会员，可代理国内上市期货、期权品种的交易、结算及交割，并已获准从事期货投资咨询、资产管理。2020 年，国海良时期货有限公司分别开展了云南省临沧市永德县天然橡胶“保险+期货”试点、广东省首个蛋鸡饲料成本指数和蛋鸡养殖利润指数“保险+期货”试点项目。

截至 2020 年 12 月，国海良时期货有限公司在浙江、广西等 5 个省（自治区、直辖市）设立分公司，在上海、南宁等地市设立 23 家营业部。2014 年，国海良时期货有限公司设立全资子公司——国海良时资本管理有限公司，主要从事仓单服务、合作套保、定价服务、基差交易和做市业务等与风险管理服务相关的业务。

表 2-24 2018—2020 年广西辖区机构发起的资产证券化项目

序号	项目名称	发行金额（亿元）	市场分类	基础资产类型	优先级占比（%）	次级占比（%）	内部信用增级	外部信用增级	发起机构/原始权益人	监管机构	发行截止日
1	长江资管——玉柴租赁一期资产支持专项计划	2.41	企业 ABS	租赁资产	69.4	12.11	是	是	广西玉柴融资租赁有限公司	证监会	2018 年 3 月 28 日
2	国开证券——广西租赁资产支持专项计划	8.00	企业 ABS	租赁资产	95	5	是	是	广西融资租赁有限公司	证监会	2018 年 6 月 29 日
3	富桂 2018 年第一期信贷资产支持证券	4.48	信贷 CLO	企业贷款	58.47	26.36	是	否	广西北部湾银行股份有限公司	银保监会	2018 年 11 月 22 日
4	润银——华西通商小贷一期（扶贫）资产支持专项计划	1.80	企业 ABS	小额贷款	88.89	11.11	是	否	百色市通商小额贷款有限责任公司	证监会	2018 年 12 月 21 日
5	西江股份电力上网收费权绿色资产支持专项计划	7.00	企业 ABS	基础设施收费	94.71	5.29	是	是	广西西江集团投资股份有限公司	证监会	2019 年 2 月 27 日
6	柳州市柳东新区保障房信托受益权资产支持专项计划	7.20	企业 ABS	棚改/保障房	95	5	是	是	广西柳州市东城投资开发集团有限公司，柳州东城安居置业开发有限公司	证监会	2019 年 6 月 27 日
7	国海证券——广西租赁第二期资产支持专项计划	8.14	企业 ABS	租赁资产	94.96	5.04	是	是	广西融资租赁有限公司	证监会	2019 年 8 月 8 日
8	联储证券——贺州公共交通收费收益权绿色资产支持专项计划	0.60	企业 ABS	基础设施收费	92	8	是	是	贺州公共交通有限公司	证监会	2019 年 8 月 20 日
9	农银穗盈·申万宏源·桂林交投公交票款资产支持专项计划	5.14	企业 ABS	基础设施收费	80.54	19.46	是	是	桂林市交通投资控股集团有限公司	证监会	2019 年 8 月 20 日
10	兴银——华金新发展小贷扶贫资产支持专项计划	1.70	企业 ABS	小额贷款	97.06	2.94	是	—	南宁市新发展小额贷款有限公司	证监会	2019 年 12 月 10 日

续表

序号	项目名称	发行金额（亿元）	市场分类	基础资产类型	优先级占比（%）	次级占比（%）	内部信用增级	外部信用增级	发起机构/原始权益人	监管机构	发行截止日
11	金聚2019年第一期信贷资产支持证券	16.95	信贷 CLO	企业贷款	70.81	19.27	是	否	桂林银行股份有限公司	银保监会	2019年12月19日
12	国开证券——广西桂东电力电费收益权资产支持专项计划	10.00	企业 ABS	基础设施收费	95	5	是	是	广西桂东电力股份有限公司	证监会	2020年4月30日
13	柳州市柳东新区保障房信托受益权资产支持专项计划（二期）	5.48	企业 ABS	棚改/保障房	94.89	5.11	是	是	柳州柳东安泰物业服务有限公司	证监会	2020年6月29日
14	国海证券——通盛租赁第一期资产支持专项计划	4.98	企业 ABS	租赁资产	86.15	13.85	是	是	广西通盛融资租赁有限公司	证监会	2020年10月16日
15	国开——广西农垦土地承包费资产支持专项计划	10.50	企业 ABS	企业债权	95.24	4.76	是	是	广西农垦集团有限责任公司	证监会	2020年10月16日

资料来源：Wind 资讯。

四、广西证券业发展存在的主要问题

（一）“双循环”背景下区域证券市场的不确定性增多

当今世界正经历百年未有之大变局，新的世界格局正在形成、新的现代化模式得到承认、新的工业革命正在到来、新的全球治理模式出现（金灿荣，2020）。① 新冠肺炎疫情以及全球产业链、供应链与债务链阻滞等因素诱发西方国家民粹主义抬头，推行以邻为壑的宏观经济政策，国际贸易与投资领域的摩擦呈现常态化趋势，资本市场的联动共振效应有可能加剧输入性金融风险。

广西证券市场规模相对较小，市场占有率低，而且企业经营状况有待改善，容易受到宏观市场波动的影响。在广西板块的38家上市公司当中，ST上市公司有7家，占比达到18.42%；“十三五”期间，广西货币金融和其他金融服务业、保险业、资本市场服务业的营业盈余达到33.42∶4.35∶1，资本市场服务业发展相对滞后于银行业、保险业。

（二）“新三化”背景下区域证券市场高质量发展有待加强

首先，证券行业信息技术投入依然处于较低水平。与银行、保险等其他金融机构以及国内同业相比，广西证券行业在信息技术投入方面的力度依然稍显不足。

其次，证券行业数字化应用水平依然有待提升。尽管广西辖区证券机构已经能够通过数字技术优化远程开户、在线交易、智能客服与投顾等功能，但是与国际国内领先机构相比，广西辖区证券机构在数字技术应用的深度与广度方面仍然有待提升。例如，数据资料参差不齐且共享水平较低，无法得到充分挖掘与利用；财富管理智能化服务主要集中在资讯服务与账户分析等方面，但是在智能交易、理财规划、资产配置等方面的应用有限；区块链技术在证券发行、交易、结算清算、登记托管等方面的应用较少。

再次，证券行业数字化转型人才支撑不足。广西证券行业数字化转型尚处于初期阶段，存在着人才支撑不足的情况。这与证券行业普遍存在的“重业务轻技术”以及人才培育机制不健全等深层次原因密切关联。

最后，证券行业数据安全问题亟待解决。在数字化重塑证券金融服务流程、创新证券模式的同时，客观上导致相关数据的曝光范围扩大，需要加强数据安全与系统安全的管理。

（三）构建防范化解金融风险的合力是区域证券市场的重要任务

金融风险不能就金融谈金融，一定要从金融、实体经济、金融生态环境等多个方面综合考虑。特别是金融与实体经济之间的良性互动，是金融安全与稳定的基础。

首先，金融“脱实向虚”的问题在一定程度、一定范围内仍然存在。实体经济回报

① 资料来源：2020年8月21日长江日报“云端大讲堂”. http：//news. cjn. cn/sywh/202008/t3690046. htm.

率较低，吸引资金的能力较弱，金融业在一定程度上存在脱实向虚的情况。在直接融资方式缺乏的情况下，银行部门内生地对高（低）风险企业设置更紧（松）的融资约束。于是，高风险企业的融资需求得不到满足，而不得不转向影子银行，融资成本较高，压缩企业盈利空间；低风险企业获得资金相对过剩，一部分低成本资金转而流向虚拟经济领域，追求更高回报率，但同时也伴随着更大的投资风险。

其次，分业监管有可能导致监管碎片化缺陷。风险监管往往局限于一部分企业、机构、产品以及热点事件，而缺乏对复杂金融市场系统性风险的预警与监管协调。“灰犀牛”的产生就是因为金融市场主体对全局风险不敏感，忽视了风险累积。目前，部分金融活动游离于金融统计体系之外，基础数据不健全；对于金融风险的监测数据标准不统一，统计技术手段还不够丰富，数据组织分散，信息归集和使用存在一定的难度，信息共享机制也不完善；交叉性金融活动、系统重要性金融机构、金融控股公司等关键领域统计监测不足，风险预警数据不敏感；宏观风险统计基础仍然比较薄弱，政策效果评估数据也不够充分。

最后，财政、金融与产业政策之间的协调程度有待提高。地方政府融资平台为本地区经济发展筹措建设资金，是财政属性与金融属性相互融合的中间机构。它不仅有可能诱发影子银行的快速扩张，对民营企业的融资产生“挤出效应”，增大民营企业的融资成本，还有可能带来地方政府融资平台债务归属的不确定性。

五、“十四五”时期广西证券业的发展机遇

（一）科学规划与远景目标

《中华人民共和国国民经济和社会发展第十四个五年规划和 2035 年远景目标纲要》明确提出，“完善资本市场基础制度，健全多层次资本市场体系，大力发展机构投资者，提高直接融资特别是股权融资比重。全面实行股票发行注册制，建立常态化退市机制，提高上市公司质量。深化新三板改革。完善市场化债券发行机制，稳步扩大债券市场规模，丰富债券品种，发行长期国债和基础设施长期债券”“创新直达实体经济的金融产品和服务”“稳妥推进银行、证券、保险、基金、期货等金融领域开放，深化境内外资本市场互联互通，健全合格境外投资者制度”“开展跨境证券投融资改革试点和数据跨境传输安全管理试点”等。

直接融资的发展根植于实体经济。伴随着国内大循环为主体、国内国际双循环相互促进的新发展格局逐步构建起来，我国宏观经济发展环境将会总体向好，实体经济潜力被进一步激发出来，居民财富管理需求更加旺盛，资本市场的国际吸引力不断增强。“十四五”将会成为证券业提速发展的重要战略机遇期。

（二）金融开放门户建设进入收获期

《广西壮族自治区建设面向东盟的金融开放门户总体方案》提出，“到 2023 年，广

西跨境贸易和投资更加便利、金融生态环境更加优良、金融监管更加协同高效，与东盟的机构互设、资金互融、货币互兑、监管互动、人员互联和信息互通进一步增强，基本建成面向东盟的金融开放门户，建立起与全方位开放格局相匹配的现代金融体系。通过金融开放门户建设，人民币东盟区域化水平进一步提高，中国—东盟自由贸易区实施水平进一步提升，'一带一路'建设成果进一步巩固""支持符合条件的银行、保险、证券、资产管理等金融机构在广西组建面向东盟的跨境产品研发、跨境结算、离岸业务、票据保理、灾备、数据、小语种呼叫等中后台运营基地""加强与东盟地区证券、期货及衍生品交易合作""支持符合条件的东盟金融机构到广西设立合资证券公司、基金公司、期货公司，面向东盟开展跨境投融资、资产管理和财富管理业务，推动境内外交易所市场连接，推进与东盟地区证券交易所品种互认"。

（三）证券市场韧性持续增强

"十四五"期间，规范、透明、开放、有活力、有韧性的资本市场将会逐步构建起来。政府鼓励和支持企业进入资本市场融资，通过资本市场推动企业并购重组，在融资端和投资端同时发力，不断优化资源配置。新证券法实施、市场交易制度优化、创业板注册制落地、退市新规发布等一系列政策措施持续发力，促进市场制度体系不断完善，引导越来越多的理财、保险、信托等长期资金流向科技创新领域。在乡村振兴和交通基础设施建设等重点领域，证券业将会大有所为，通过资产支持证券化（Asset-Backed Securitization，ABS）、房地产信托投资基金（Real Estate Investment Trust，REITs）等产品持续提供建设资金。

（四）金融科技推动证券市场快速发展

"十四五"期间，我国将会充分利用 5G 和以 ABCD 等为代表的新型信息技术，① 优化资本市场结构，推进资本市场数字化建设，加快证券经营机构数字化转型。推动国家大数据治理和大数据资源的共享共用，建设集中统一管理的资本市场数据体系；开展数据标准化治理，探索建设基于新型信息技术的场外市场和新型金融基础设施；加快金融科技相关法律法规体系建设，健全金融科技监管体系，建立适合我国特点的金融科技监管沙盒；建设具有国际领先水平的交易结算系统。未来资本市场的竞争，将是智能竞争，是芯片、算法、算力竞争。

近年来，以人工智能、区块链、云计算、大数据等为代表的数字技术渐趋成熟，为证券行业探索"新业态、新模式"创造了条件，金融服务线上化需求持续增长，为证券行业数字化转型发展提供了契机。

---

① A 是指人工智能（Artificial Intelligence），B 是指区块链技术（Block Chain），C 是指云计算（Cloud Computing），D 是指大数据（Big Data）。

六、对策建议

（一）加强证券业制度建设与完善政策体系

一是加快制定和实施广西证券业“十四五”发展规划及2035年远景目标，以国家战略和广西发展规划为指导，充分衔接粤港澳大湾区发展规划。

二是加快形成科技与资本的高水平循环机制。通过包容、高效的资本市场体系促进科创企业提速发展，加快构建科技资本高效循环的新格局。

三是加强新三板市场、区域股权市场等跨市联动，改革补齐多层次资本市场体系短板，提升多层次市场运行效率。

四是支持证券、基金、期货等经营机构创新发展，建设一批面向东盟的国际投资银行和财富管理机构，鼓励和支持业务、产品、服务、组织和技术创新。

五是健全行业发展与风险防范适度相容的内生机制。完善审计、评估、法律、资信评级等服务体系，压实中介机构责任，构建权责匹配的资本市场中介体系。

（二）提升资本市场服务科技创新的能力和水平

一是借助5G、大数据、云计算、物联网、人工智能、碳中和、区块链、供应链再造等，加快区域经济金融的结构优化与升级。引导社会资本重点投资“两新一重”（即新型基础设施建设、新型城镇化建设以及交通、水利等重大工程建设）、企业设备更新与技术改造项目。支持环保产业发展，推进重点行业和重要领域绿色化改造。

二是引导资本流向广西重点发展的若干关键产业链，包括：以柳州为主的汽车产业链，以柳州、玉林为主的机械产业链，以南宁、桂林、北海为主的电子信息产业链，以防城港、百色、河池为主的高端金属新材料产业链，以钦州为主的绿色高端石化产业链，以柳州、贵港、崇左为主的高端绿色家居产业链等一批重点支柱产业链；逐步形成以南宁、柳州为主的新能源汽车产业链，以南宁、桂林、北海为主的新一代通信设备产业链，以玉林为主的锂电新能源新材料产业链，以南宁、桂林、梧州为主的生物医药产业链，以南宁、柳州、桂林为主的高端环保装备产业链等一批战略性新兴产业链。

三是完善和优化再融资、并购重组等政策，完善股权激励和员工持股制度，鼓励私募股权基金投早、投小、投科技，引导越来越多的长期资金投资科创相关领域。

（三）建设高标准的多层次资本市场体系

一是加强多层次股权市场体系的有机内联、错位发展。培育一批面向东盟、具有国际国内竞争力的科创企业。增强新三板、区域性股权交易市场的活力，服务于广大中小微企业。完善场外市场规则体系，建立健全不同市场、不同板块之间基于市场风险特征的转板联动机制。构建资本市场友好型税收体系，充分发挥私募股权基金支持广西企业创新发展的战略作用。

二是深入研究和探索统一信用债发行、交易、信息披露监管标准，理顺交易所与银行间债券市场的关系，构建集中统一的信用债监管体制，加强债券市场信用体系建设以及跨市场诚信档案的管理，规范信用评级中介的健康发展，建立健全市场化、法治化的债券违约处置机制。

三是“十四五”时期探索设计富有广西产业特色的期货品种，推出碳排放权、有色金属商品指数期货等创新工具，规范发展场外衍生品市场，引导实体企业利用期货价格作为国内外贸易的定价依据。

四是全面落实国家制定的金融开放政策，取消证券公司、基金管理公司和期货公司外资股比限制。鼓励广西金融机构“走出去”，完善跨境金融机构与服务网络的空间布局，促进国际国内资本连通互动。

（四）提高上市公司质量

一是认真贯彻落实《国务院关于进一步提高上市公司质量的意见》（国发〔2020〕14 号）等政策文件。完善公司治理制度规则，明确控股股东、实际控制人、董事、监事和高级管理人员的职责界限和法律责任。

二是以投资者需求为导向，完善分行业信息披露标准，优化披露内容，增强信息披露针对性和有效性。严格执行企业会计准则，优化信息披露编报规则，提升财务信息质量。

三是加强对拟上市企业的培育和辅导，提升拟上市企业规范化水平。鼓励和支持混合所有制改革试点企业上市。

四是发挥股权投资机构在促进公司优化治理、产业升级、创新创业等方面的积极作用。培育科技型、创新型企业，支持制造业单项冠军、专精特新“小巨人”等企业发展壮大。

（五）推进证券业的数字化转型

一是优化证券公司分类评价信息技术投入指标，鼓励证券公司自主研发，推广行业数字化转型领域的最佳实践。

二是增强数字化治理能力。加快实施金融科技标准、指标体系，促进金融科技应用融合。深入挖掘数字价值，降本增效。

三是强化数据安全保障，坚守风险防范的底线。构建数据安全保障体系，建立健全行业数据安全通报机制，及时发现、预警、通报、报告重大数据安全事件和漏洞隐患。

（六）培养证券业高层次人才

一是引进和培养数字化人才，构建包括股权激励在内的人才激励长效机制，支持证券公司与高校、科研院所、科技公司之间的联合培养。

二是加强人才的孵化培养和梯队建设，为机构投资者提供全方位、一站式、定制化服务。

参考文献

［1］陈欣．后疫情时代中国资本市场：风险、机遇与展望［J］．理论与评论，2020（2）．

［2］程实，钱智俊．金融赋能“双循环”的三大维度［N］．中国银行保险报，2020-08-03（2）．

［3］金岩石．全球股市会二次下探吗［J］．理财周刊，2020（9）．

［4］刘青松．“十四五”：中国资本市场改革发展瞭望［J］．中国经济报告，2021（1）．

［5］彭俞超，黄志刚．经济“脱实向虚”的成因与治理：理解十九大金融体制改革［J］．世界经济，2018（9）．

［6］宋军．对当前广西金融业发展几个问题的认识［J］．区域金融研究，2020（4）．

［7］徐刚，陈璐，郑仪．新冠疫情对世界经济的影响［J］．国际研究参考，2020（5）．

［8］姚云．“双循环”格局下资本市场风险化解［J］．中国金融，2020（17）．

［9］中国证券业协会．关于推进证券行业数字化转型发展的研究报告［EB/OL］．2020年8月21日，https：//www. sac. net. cn/ljxh/xhgzdt/202008/t20200821_143668. html.

（执笔人：黄荣哲）

3. 广西保险业发展前沿报告

2020 年，在新冠肺炎疫情复杂不利的大环境下，广西保险业认真贯彻落实中央“六稳”“六保”政策，不仅保持行业平稳运行，还在改革创新方面取得多点突破。中国—东盟金融城建设持续推进、保险创新综合示范区建设取得突出成绩、农业保险稳步向高质量发展迈进，较好地完成了建设面向东盟金融开放门户的阶段性任务。

一、广西保险市场发展概况

（一）广西财产险市场发展概况①

1. 财产险整体发展概况

（1）保费收入及增速

2020 年，广西实现财产险保费收入 211.19 亿元，在全国 31 个省市（去除集团、总公司本级，并将计划单列市归入各省中）中列第 26 位。同比 2019 年同期的 193.17 亿元，增加了 18.03 亿元，增长率达到 9.33%。而全国的财产险保费收入为 10938.43 亿元，广西占全国比重为 1.93%，且广西保费收入增速高于全国 3.90%的增长率。

从具体的险种来看，企业财产险保费收入 6.15 亿元、家庭财产险保费收入 4.23 亿元、机动车辆险保费收入 138.76 亿元、工程险保费收入 4.23 亿元、责任险保费收入 11.05 亿元、保证险保费收入 19.21 亿元、农业险保费收入 22.68 亿元、其他险种保费收入 4.90 亿元。

财产险各月度的保费收入及增长情况如图 3-1 所示。

从保费收入来看，2 月因为疫情原因保费收入明显下滑，但 3 月就开始迅速复苏。全年度各月份的保费收入较为平均，没有出现类似于人身险保费收入的季节性波动情况。

从保费收入增长率来看，环比及同比增长率在全年各月份当中同样比较平稳，在 2 月同样因为疫情因素而大幅下降，3 月又迅速复苏，可见广西财产险业有能力且做到了在疫情的大环境中及时复工复产。

① 因受出版时间限制，该部分的分析为 2020 年 1—11 月数据，上年同期比较的数据为 2019 年 1—11 月数据。

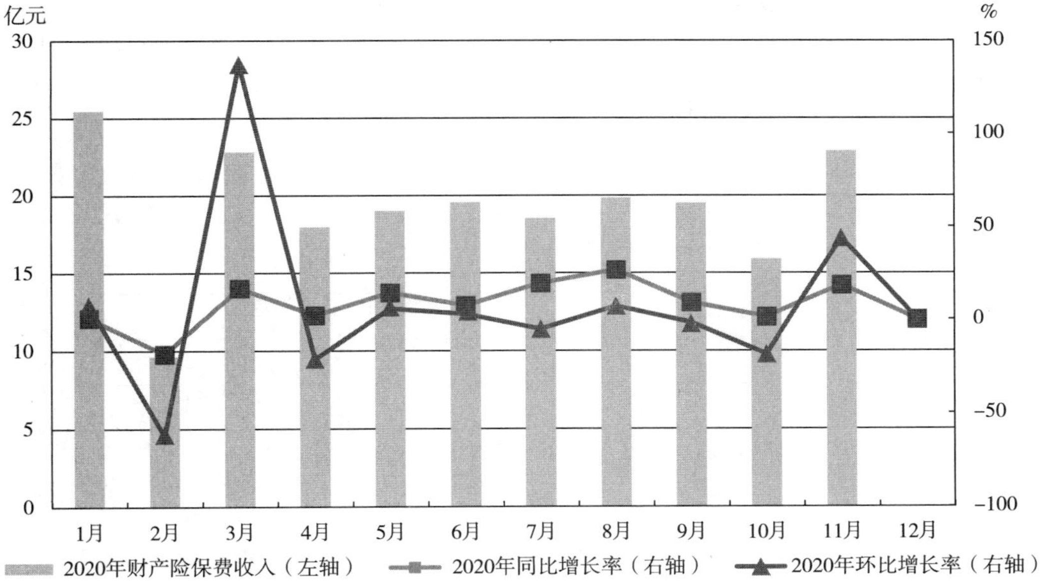

图 3−1　2020 年广西财产险月度保费收入及增长情况

（资料来源：广西银保监局）

（2）保障额度

2020 年，广西财产险提供的保额为 225309. 01 亿元，将保费进行对应计算，相当于每 1 元保费可获得 1066. 85 元的财产险保障。各月度的保额及增长情况如图 3−2 所示，对比月度保费收入情况，保额的变化趋势与保费收入之间基本是一致的，同样都是 2 月大幅下降、3 月迅速复苏、全年较为平稳。

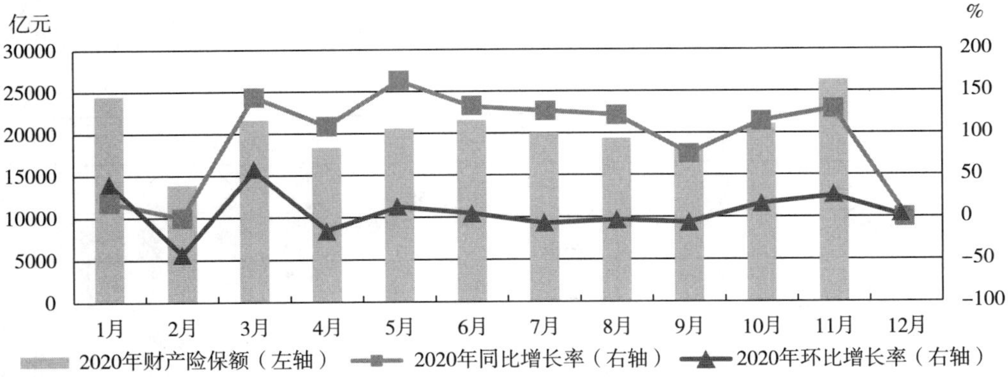

图 3−2　2020 年广西财产险月度保额及增长情况

（资料来源：作者依据广西银保监局官网数据分析）

（3）保单数量

2020 年，广西财产险提供的保单数量为 38326. 19 万件，将广西常住人口进行对应计算，相当于每人拥有 7. 73 件财产险保单。各月度的保单数量及增长情况如图 3-3 所示，在 1 月与 2 月，受疫情影响保单数量较少，其余月份保单数量较为平稳。就增长率而言，环比增长率较平稳，而同比增长率则幅度很大，特别是在 10 月，有 2000%的猛烈同比增长。

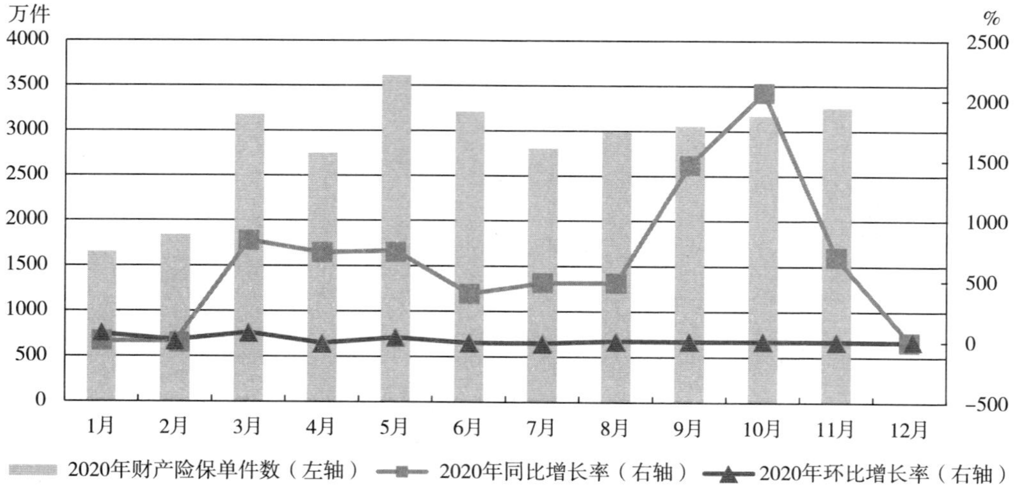

图 3-3　2020 年广西财产险月度保单数量及增长情况

（资料来源：作者依据广西银保监局官网数据分析）

（4）赔付支出

2020 年，广西财产险的总体赔付额为 116. 35 亿元，赔付率为 55. 09%。月度赔付额与赔付率情况如图 3-4 所示，赔付支出金额的变化与保费收入的变化情况基本一致，除在 2 月受疫情影响有明显下降外，整体来看各月间都较为平稳，9 月的赔付最高。

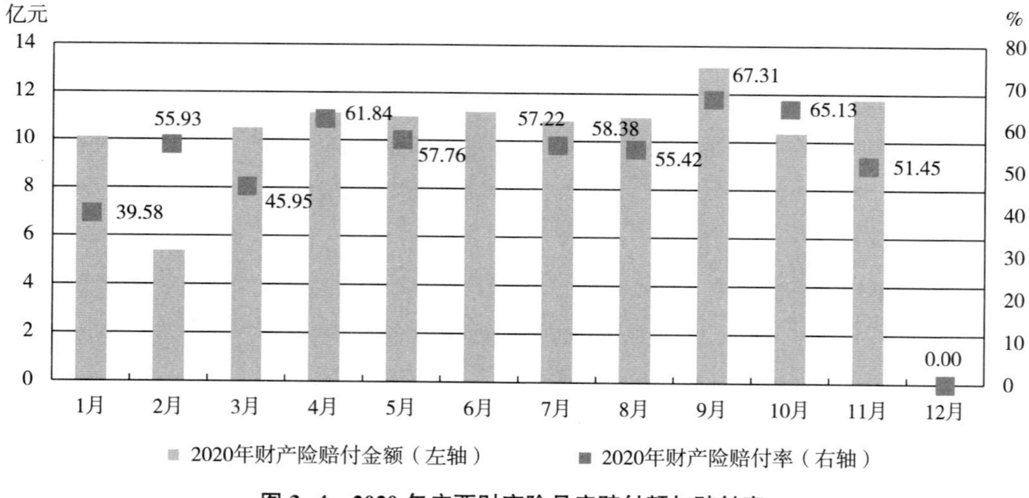

图 3-4　2020 年广西财产险月度赔付额与赔付率

（资料来源：作者依据广西银保监局官网数据分析）

（5）保险业发展情况的描述性指标（保险深度与密度等）

2020 年，广西财产险整体发展情况的描述性指标如表 3-1 所示。

表 3-1　广西财产险业发展情况的描述性指标

保险业发展的描述性指标	广西	全国
保险深度（百分比）	1.32	1.51
保险密度（元/人）	425.79	781.29
保费杠杆比（保额/保费）	1066.85	3061.25
件均保额（元/件）	71470.11	120980.68
件均保费（元/件）	66.99	39.52

资料来源：作者依据中国银保监会、广西银保监局数据计算。

进一步分析保险业发展的描述性指标，保险深度是指保费收入占 GDP 的比重，用于衡量保险业在一个地区各行业当中的分量。广西的财产险保险深度不如全国平均水平，但大体能在一个层次上。

保险密度又称为人均保费，通过总保费收入除以人口总数来计算，用于衡量一个地区中居民拥有保险保障的情况。由表 3-1 可见，广西的财产险保险密度达不到全国平均水平，仅约为全国水平的 55%，说明广西财产险业并不发达。

保费杠杆比是指保额除以保费的值，可以理解为每花费一元钱保费所能获得保障额度的多少，反映了保单的“性价比”以及保险行业所能提供的保障程度。由表 3-1 可见，广西的寿险保费杠杆比远不及全国平均水平，只达到约全国 1/3 的程度。

件均保额是指每一件保单平均所能获得的保障程度，若一地区的件均保额数值越大，说明该地区的投保人偏向于需要高保障的保单，反之则该地区的投保人并不需要那么高保障的保单。从表 3-1 中数值可见，广西的财产险件均保额不如全国平均水平，仅约为全国的 1/2。

件均保费是指每一件保单平均所要支出的保费，要通过与件均保额相比较才能分析出该指标的意义。广西的财产险件均保费是高于全国平均水平的，但这并不是健康的呈现，因为广西的保费杠杆比和件均保额均不如全国平均水平，然而件均保费却高于全国，这说明广西财产险产品性价比是很低的，花费同样价格的保费，所能得到的保障是比较少的。

2. 财产险各险种发展概况

（1）各险种保费收入及增速

从各险种的保费收入构成来看，对 2020 年广西财产险原保费收入 211.19 亿元进行分解，其中企业财产险保费收入 6.15 亿元、占财产险保费收入的比例为 2.91%，家庭财产险保费收入 4.23 亿元、占比 2.00%，机动车辆险保费收入 138.76 亿元、占比 65.70%，工程保险保费收入 4.23 亿元、占比 2.00%，责任保险保费收入 11.05 亿元、占比 5.23%，保证险保费 19.21 亿元，占比 9%，农业保险保费 22.68 亿元、占比 10.74%，其他险种保费 4.90 亿元、占比 2.32%。

全国整体的财产险保费收入构成占比情况为企业财产保险占 4.26%、家庭财产保险占 0.77%、机动车辆保险占 68.38%、工程保险占 1.20%、责任保险占 7.62%、保证保险占 6.02%、农业保险占 7.09%、其他险种占 4.65%。

通过对比全国财产险各险种的保费构成可以体现出广西经济欠发达的特点，首先，广西农业保险的保费占比高于全国平均水平，反映出了广西经济中农业比重比全国平均水平更高，一般认为农业是“基础”、工业和服务业才决定了经济发达程度的“天花板”，处在稳基础阶段的地区必定其经济也相对不发达。其次，广西在企业财产险，责任保险，保证保险这类服务于第二、第三产业的，具有创新导向的险种上，保费占比都不如全国平均水平。最后，广西的工程保险保费收入占比高于全国，这也说明了广西是个正在建设中的省份，还有相当数量的基础设施需要施工。另外，广西机动车辆保险占比是低于全国平均水平的，因此可以认为广西在控制车险“一险独大”、发展非车险业务、优化险种结构方面是做得比较好的。

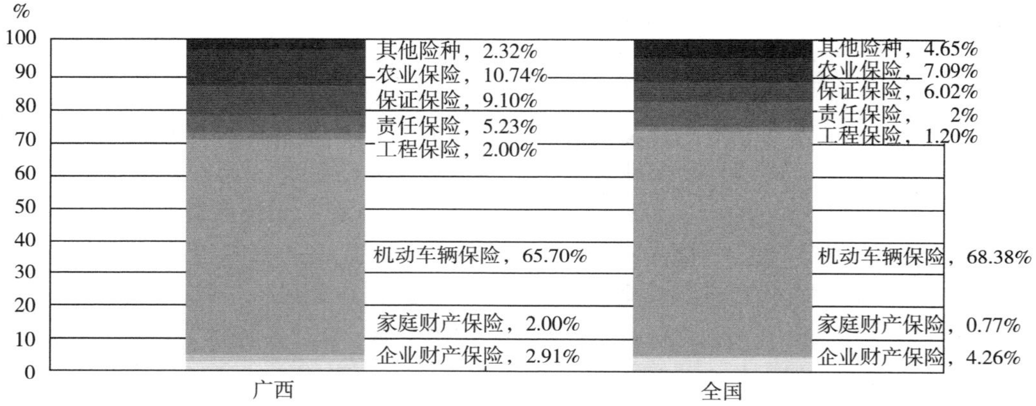

图 3-5　2020 年广西与全国的财产险各险种保费收入构成情况

（资料来源：中国银保监会、广西银保监局）

从各险种的保费收入的增速来看，2020 年广西财产险原保费收入增速为 9.33%，其中企业财产保险保费收入增速为 4.69%、家庭财产保险保费收入增速为 48.69%、机动车辆保险保费收入增速为 5.66%、工程保险保费收入增速为 53.86%、责任保险保费收入增速为 6.18%、保证保险保费收入增速为-0.58%、农业保险保费收入增速为 33.70%、其他险种保费收入增速为 0.45%。工程保险与家庭财产险由于本身基数较小，在 2020 年的增速很快。

而全国整体的财产险保费收入在 2020 年的增速仅为 3.90%，其中企业财产保险保费收入增速为 5.49%、家庭财产保险保费收入增速为-0.45%、机动车辆保险保费收入增速为 2.28%、工程保险保费收入增速为 18.50%、责任保险保费收入增速为 18.21%、保证保险保费收入增速为-16.35%、农业保险保费收入增速为 22.72%、其他险种保费收入增速为 12.35%。除了企业财产险与责任保险，广西财产险各险种的增速均较大程度地领先于全国平均水平。

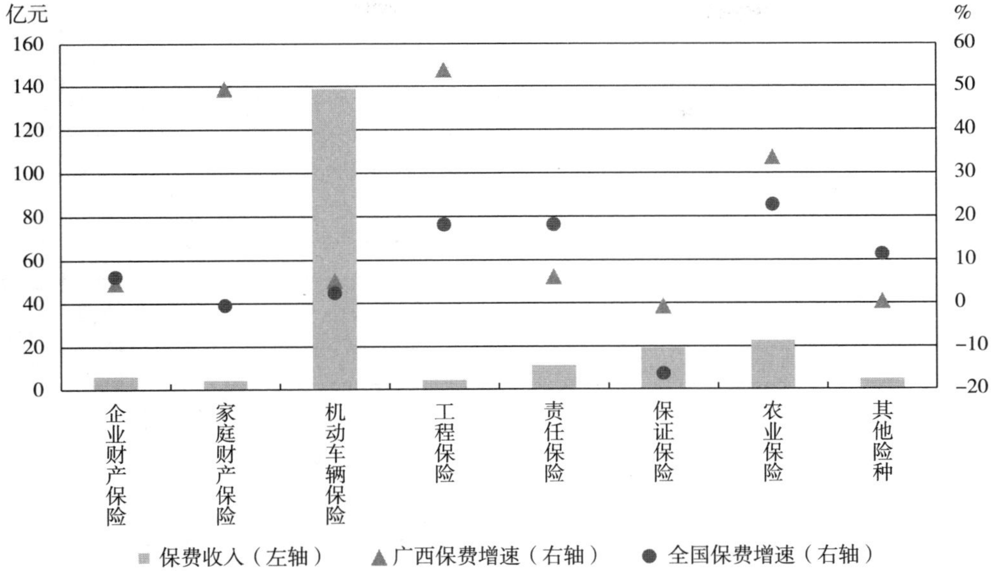

图 3-6　2020 年广西与全国的财产险各险种保费收入增速情况

（资料来源：中国银保监会、广西银保监局）

（2）各险种保障额度

2020 年，广西财产险总保额为 225309.01 亿元，其中机动车辆保险保额为 90211.84 亿元、责任险保额为 42343.97 亿元、农业保险保额为 1261.82 亿元、其他险种保额为 91491.37 亿元。分析保额是为了了解所提供保障的情况，故单纯分析保额的趋势意义不大，要分析“件均保额”才能充分体现出保险业所提供保障的质量。

将各险种保额除以保单数量后可得各险种的“件均保额”，2020 年广西财产险整体件均保额为 71470.11 万元/件，其中机动车辆保险件均保额为 611050.55 万元/件、责任险件均保额为 26415.67 万元/件。全国财产险整体件均保额为 120980.68 万元/件，其中机动车辆保险件均保额为 578747.83 万元/件、责任险件均保额为 234015.67 万元/件。

对比可知，整体财产险的件均保额广西是达不到全国平均水平的，这与广西经济较为落后有关。就财产险市场中占比最高的机动车辆保险而言，广西的件均保额就达不到全国平均水平。占比第二高的责任险方面（在前述分析中已知主要是由机动车第三者责任险构成），广西的件均保额虽然较全国平均水平更高，但实质上处于同一水平，并没有拉升的效果。因此，两大占比最高险种的件均保额就决定了广西财产险业所提供的保障程度达不到全国平均水平。

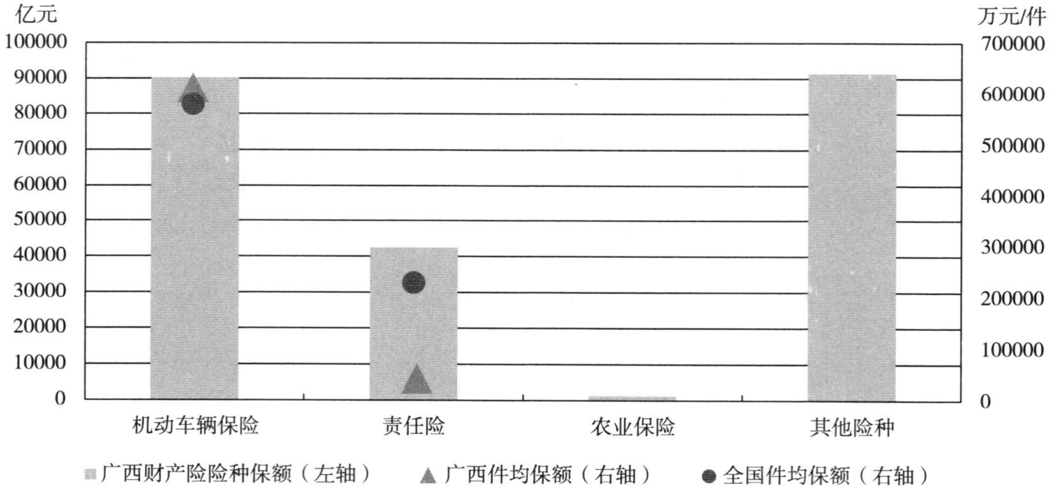

图 3-7　2020 年广西财产险各险种的保额和件均保额

（资料来源：中国银保监会、广西银保监局）

（3）各险种保单数量

2020 年，广西财产险市场保单数量为 31524.93 万件，其中机动车辆保险保单数量为 1476.34 万件、占比 4.68%，责任险保单数量为 16029.87 万件、占比 50.85%，货运险保单数量为 29.76 万件、占比 0.09%，保证保险保单数量为 9965.89 万件、占比 31.61%，其他险种保单数量为 4023.07 万件、占比 12.76%。可以看出保费收入占比最大的车险其保单数量占比却并不高，这是因为机动车辆第三者责任保险是统计入责任险范畴的，所以尽管占比最大的责任保险已经超过 50%，但其中绝大部分还是与机动车辆相关。而保证保险的保单数量大多数是互联网签约保单，因此该类险种的占比也较大。而广西的货运险占比极低，不足 1%。

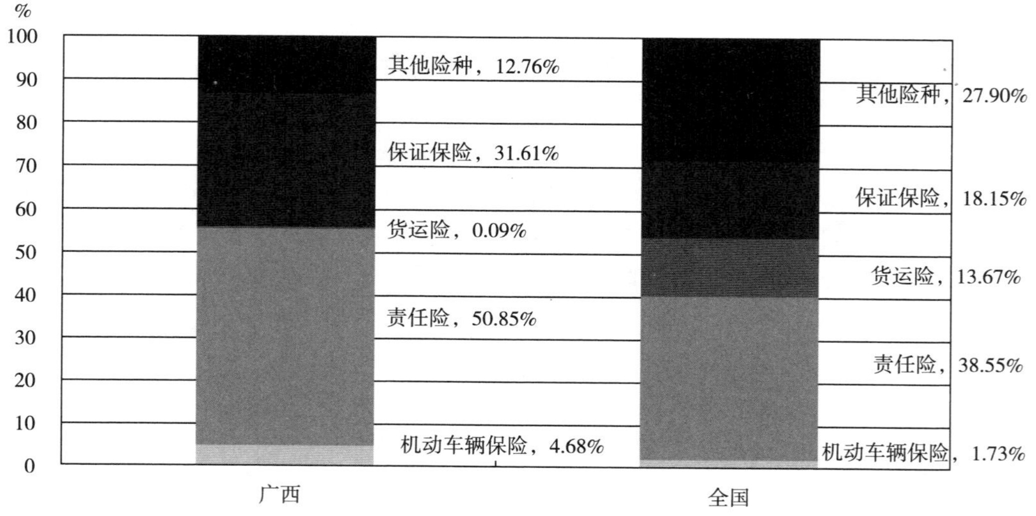

图 3-8　2020 年广西与全国的财产险各险种保单数量占比情况

（资料来源：中国银保监会、广西银保监局）

同期全国的财产险各险种保单数量占比为：机动车辆保险占比 1.73%，责任险占比 38.55%，货运险占比 13.67%，保证保险占比 18.15%，其他险种占比 27.90%。对比发现，全国的保单数量占比结构更优，因为与机动车辆相关的机动车辆险、责任险比重更小，货运险的占比也更合理。广西应当比照全国的趋势，逐步改善倚重车险“一险独大”的现状，进一步优化财产险业务结构。

（4）各险种赔付支出

2020 年，广西财产保险整体的赔付支出额为 116.35 亿元、赔付率为 55.09%。受限于数据获取原因，无法分解各财产险险种的赔付率，在此将“财产险业”的赔付率与“财产险公司”的赔付率进行比较分析。按照我国《保险法》的规定，经营财产保险业务的保险公司可以经营短期健康保险业务和意外伤害保险业务，因此，上述关于“财产险业”与“财产险公司”两个统计口径的区别在于，“财产险公司”包含了意外险与健康险业务。通过图 3-9 比较可见，加入意外险与健康险因素后（即“财产险公司”），不论是广西或是全国的赔付率都略微下降，说明意外险与健康险的赔率是低于财产保险的。将广西的赔付率与全国对比，广西的赔付率比全国平均水平略低，说明广西对财产险业的风险控制是做得比较好的。

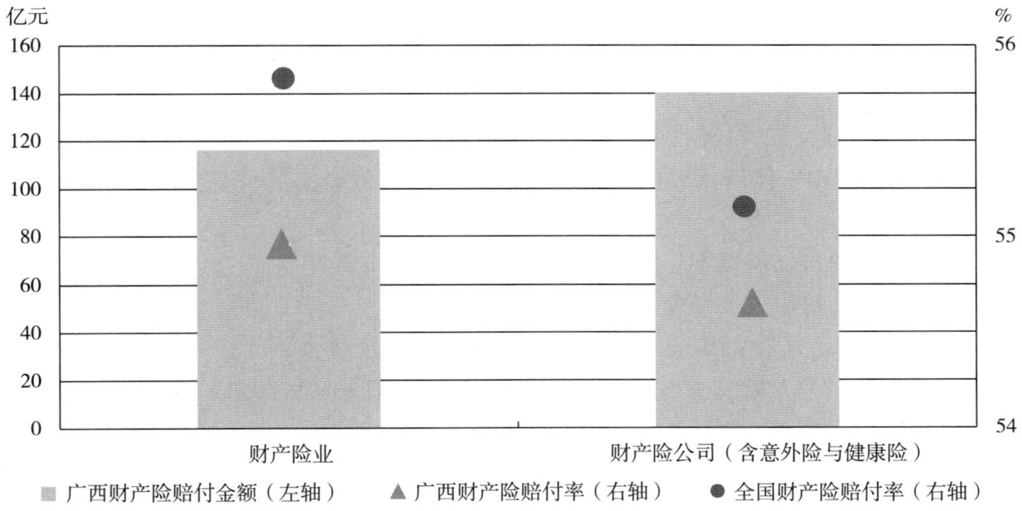

图 3-9　2020 年广西财产险业及财产险公司的赔付支出额和赔付率

（资料来源：中国银保监会、广西银保监局）

（5）各险种发展情况的描述性指标（保险深度与密度等）

2020 年，广西财产险各险种发展情况的描述性指标如表 3-2 所示。

表 3-2 2020 年广西财产险各险种的描述性指标情况

险种	企业财产保险		家庭财产保险		机动车辆保险		工程保险	
保险的描述性指标	广西	全国	广西	全国	广西	全国	广西	全国
保险深度（百分比）	0.0385	0.0645	0.0264	0.0117	0.8673	1.0348	0.0264	0.0182
保险密度（元/人）	12.41	33.30	8.52	6.04	279.75	534.25	8.52	0.30
保费杠杆比（保额/保费）	—	—	—	—	650.14	371.55	—	—
件均保费（元/件）	—	—	—	—	939.87	1557.65	—	—
件均保额（元/件）	—	—	—	—	611050.55	578747.83	—	—
险种	责任保险		保证保险		农业保险		其他险种	
保险的描述性指标	广西	全国	广西	全国	广西	全国	广西	全国
保险深度（百分比）	0.0690	0.1153	0.1201	0.0911	0.1418	0.1073	0.0306	0.0704
保险密度（元/人）	22.27	59.53	38.73	47.02	45.72	55.40	9.87	36.35
保费杠杆比（保额/保费）	3833.39	29957.58	—	—	55.64	48.85	—	—
件均保费（元/件）	6.89	7.81	19.27	13.11	—	—	—	—
件均保额（元/件）	26415.67	234015.67	—	—	—	—	—	—

资料来源：作者依据中国银保监会、广西银保监局数据计算。

广西财产险各险种的描述性指标大部分都不如全国平均水平，其中差距最大的是责任险，其保费杠杆比、件均保额的差距已经不是一个数量级，况且是建立在件均保费之差为 1 元的基础上。

3. 财产险各地市发展概况

（1）各地市保费收入及增速

从保费收入构成来看，如果将广西各地市保费收入按从多到少进行排列，那么 2020 年广西 14 个地市的财产险保费收入情况为：南宁市保费收入为 80.92 亿元、占全区比重为 38.32%，柳州市保费收入为 20.35 亿元、占比 9.63%，玉林市保费收入为 18.72 亿元、占比 8.86%，桂林市保费收入为 15.78 亿元、占比 7.47%，百色市保费收入为 10.19 亿元、占比 4.82%，贵港市保费收入为 9.68 亿元、占比 4.58%，钦州市保费收入为 9.53 亿元、占比 4.51%，河池市保费收入为 8.86 亿元、占比 4.20%，梧州市保费收入为 7.62 亿元、占比 3.61%，北海市保费收入为 7.25 亿元、占比 3.43%，崇左市保费收入为 6.75 亿元、占比 3.20%，来宾市保费收入为 6.08 亿元、占比 2.88%，贺州市保费收入为 5.66 亿元、占比 2.68%，防城港市保费收入为 3.80 亿元、占比 1.80%。

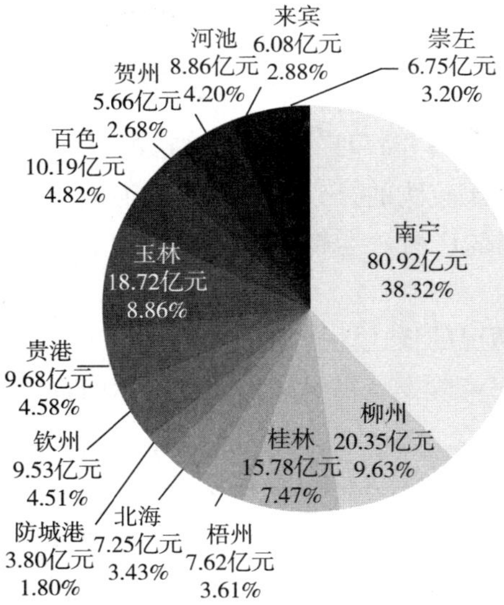

图 3-10　2020 年广西各地市财产险保费收入占比情况

（资料来源：广西银保监局）

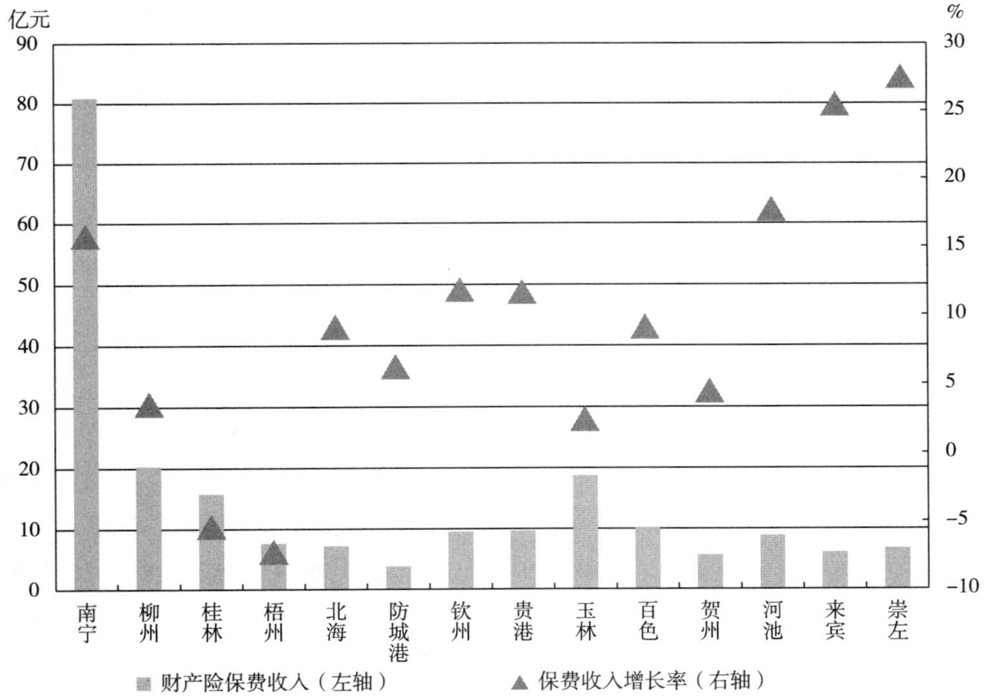

图 3-11　2020 年广西各地市财产险保费收入和增速情况

（资料来源：广西银保监局）

整体而言，广西财产险市场的地域分布过于集中在发达城市，前三位的城市保费收入和占全区比重超过 55%，前四位占比也接近 65%，而其他城市的财产险业并不发达。

值得注意的是，广西传统的三大城市格局是“南柳桂”，而财产险保费收入的前三位却是南宁、柳州、玉林，尽管 2020 年桂林的地区生产总值依旧在广西排名第三，但其财产险保费收入却仅位居第四，原因可能在于人口因素，桂林的人口比玉林少了约 80 万人。

从保费收入增速来看，2020 年广西 14 个地级市的财产险保费收入除了桂林与梧州外，都实现了正增长。增速比较快的是崇左、来宾、河池与南宁，都在 15%以上。而柳州、桂林、梧州、玉林这样的广西“老牌”经济强市的财产险保费收入增速不如其他各市，增长的后劲不足。

（2）各地市保险发展情况的描述性指标

2020 年，广西各地市财产险发展情况的描述性指标如表 3-3 所示。

表 3-3　2020 年广西各地市财产险发展情况的描述性指标

地市	保费收入（亿元）	保险深度（百分比）	保险密度（元/人）
南宁	80.92	2.33	1101.67
柳州	20.35	4.99	498.92
桂林	15.78	3.09	308.73
梧州	7.62	2.48	247.60
北海	7.25	4.26	426.29
防城港	3.80	3.94	394.17
钦州	9.53	2.87	286.83
贵港	9.68	2.18	218.47
玉林	18.72	3.18	318.45
百色	10.19	2.76	276.27
贺州	5.66	2.71	271.48
河池	8.86	2.49	248.63
来宾	6.08	2.71	270.92
崇左	6.75	3.20	319.88

资料来源：作者依据广西银保监局数据计算。

通过表 3-3 的描述性指标可见广西各地市之间财产险业的发展差距，作为省会城市的南宁市，其财产险业发展程度在广西“一骑绝尘”，南宁保险密度是广西 14 个地级市中唯一突破千元/人的，且是第二位柳州的 2 倍以上，是其他城市的 3~4 倍。柳州市财产保险业依然维持一定的总量，但是增速乏力。而桂林市的表现越发不佳，其人口优势越发变小、GDP 甚至在日后几年有被玉林、贵港、钦州、北海所超越的可能，因此其财产险发展情况是下滑的趋势，老牌经济强市梧州也有和桂林类似的境遇。而玉林、贵港、钦州、北海的财产险业发展形势良好，防城港、百色、贺州、河池、来宾、崇左等其他城市的财产险业由于原先体量较小，后续很容易出现波动式的增长。

（二）广西人身险市场发展概况①

1. 人身险整体发展概况

（1）保费收入及增速

2020 年，广西实现人身险保费收入 473.63 亿元，在全国 31 个省市（去除集团、总公司本级，并将计划单列市归入各省中）中列第 23 位。相比 2019 年同期的 423.58 亿元，增加了 50.05 亿元，增长率达到 11.82%。而全国的人身险保费收入为 31241.69 亿元，广西占全国比重为 1.52%，且广西保费收入增速高于全国 7.39%的增长率。

从具体的险种来看，寿险保费收入 313.00 亿元、意外险保费收入 11.70 亿元、健康险保费收入 104.13 亿元。此外，保户投资款新增交费 57.44 亿元、投连险独立账户新增交费 2.33 亿元。

人身险各月度的保费收入及增长情况如图 3-12 所示。

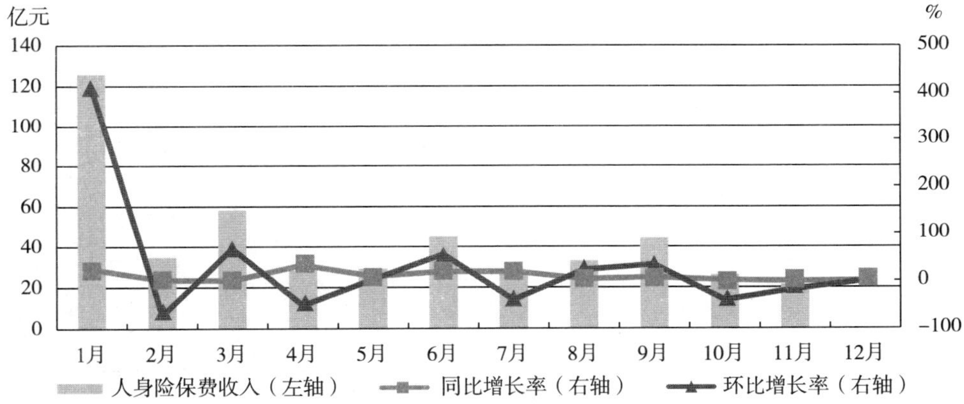

图 3-12　2020 年广西人身险月度保费收入及增长情况

（资料来源：广西银保监局）

从保费收入来看，1 月的保费收入远高于其他月份，且较去年 12 月有爆发性的增长，这主要是由于各公司采取“开门红”冲业绩的销售方式，这也是人身险业的常态。在 2 月受新冠肺炎疫情的影响，保费收入下降幅度很大，环比增长率为负数。在 3 月、6 月、9 月、12 月呈现出季度末集中增长的规律，这是因为各公司采用以季度为考察周期的激励手段的结果，这也是人身险业的增长常态。9 月又有一波较大的增长，这是由于 9 月是全区各中小学、大中专院校的学年度第一个学期的开学时间，也是新生入学注册的时间，学生购买学生意外伤害险，所以该月意外伤害险业务量猛增进而带动人身险整体保费的增长。除上述月份外的其余各月份保费收入水平增幅均较为平稳。

从保费收入增长率来看，环比增长率体现出了与往年相同的季度性波动，即在每季度的第一月不如上季度的最后一月，而在季度第二月就有所下滑，至季度第三月再次猛增到本季度最高值。同比增长率受新冠肺炎疫情影响在 2 月、3 月不足 1%，但从 4 月开

① 因受出版时间限制，该部分的分析为 2020 年 1—11 月数据，上年同期比较的数据为 2019 年 1—11 月数据。

始，随着复工复产与经济的恢复，其余月份的同比增长率基本都能维持在10%左右。

（2）保障额度

2020年，广西人身险提供的保额为551525.55亿元，将保费进行对应计算，相当于每1元保费可获得1164.47元的人身险保障。各月度的保额及增长情况如图3-13所示，对比月度保费收入情况，发现保额的变化与保费收入之间没有存在一一对应的大小关系，其中6月为全年中保额最高的月份。

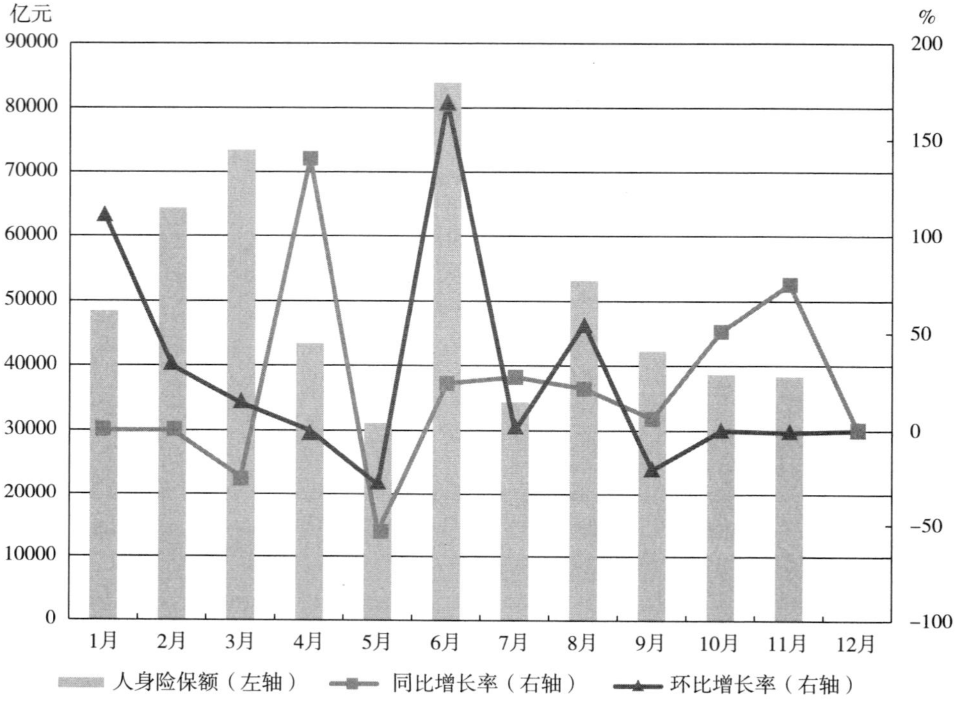

图3-13　2020年广西人身险月度保额及增长情况

（资料来源：作者依据广西银保监局官网数据分析）

（3）保单数量

2020年，广西人身险提供的保单数量为8710.9万件，将广西常住人口进行对应计算，相当于每人拥有1.76件人身险保单。各月度的保单数量及增长情况如图3-14所示，对比月度保费收入与保额情况，发现保单数量与上述两者间没有存在一一对应的大小关系。其中9月的保单数量是最多的，主要是由于9月是全区各中小学、大中专院校的学年度第一个学期的开学时间，也是新生入学注册的时间，学生会大量购买“学平险”，所以该月的保单数量就会猛烈激增。

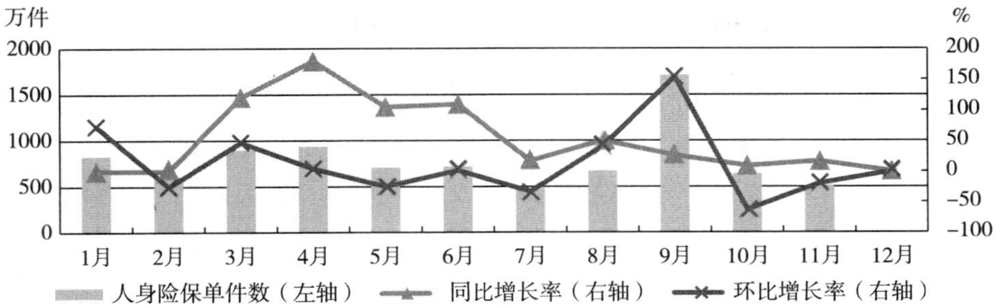

图 3-14 2020 年广西人身险月度保单数量及增长情况

（资料来源：作者依据广西银保监局官网数据分析）

（4）赔付支出

2020 年，广西人身险的总体赔付额为 473.63 亿元，赔付率为 20.28%。月度赔付额与赔付率情况如图 3-15 所示，赔付率的年度波动较大，没有明显的确定趋势。在 11 月的赔付额及赔付率突然上升，主要是因为保单持有人通常会在年内利用人身险弥补损失，如进行医疗费用报销等，因此年末月份赔付率的上升也是保险市场的常有现象。

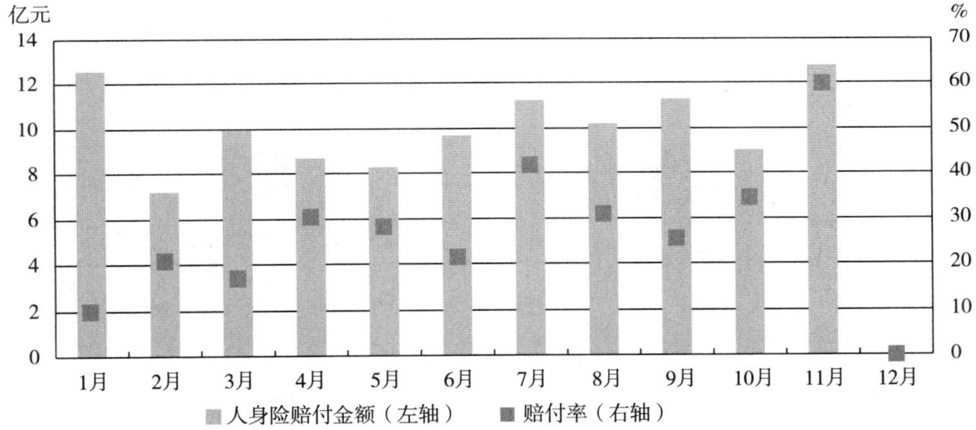

图 3-15 2020 年广西人身险月度赔付额与赔付率

（资料来源：作者依据广西银保监局官网数据分析）

（5）保险业发展情况的描述性指标（保险深度与密度等）

2020 年，广西人身险整体发展情况的描述性指标如表 3-4 所示。

表 3-4 广西人身险整体发展情况的描述性指标

保险业发展的描述性指标	广西	全国
保险深度（百分比）	2.96	4.32
保险密度（元/人）	954.89	781.29
保费杠杆比（保额/保费）	1164.47	1478.85
件均保额（元/件）	633144.17	224900.27
件均保费（元/件）	543.72	152.08

资料来源：作者依据中国银保监会、广西银保监局数据计算。

由表 3-4 可见，广西整体人身险的保险深度、保险密度均达不到全国平均水平。而件均保额和件均保费是高于全国的，但件均保额高并不一定就能说明广西人身险业务优质，从险种构成的因素进一步分析原因，全国意外险保单数量占比 34. 44%，而广西的意外险保单数量占比高达 54. 01%，可见正是因为广西市场中有大量的保额相对其他人身险险种更高的意外险，才致使广西的件均保额偏大。事实上，在发达省区市中，寿险的比重会偏大，寿险的比重才体现出一个地区人身险市场的发达程度，因为意外险保费非常低廉、可以说只能满足最基本的保障需求，而保费较高的寿险才能满足更高层次的保障需求。广西人身险市场发展程度低也可通过保费杠杆比作为辅证，在件均保额和件均保费高于全国平均水平的情况下，可对应的保费杠杆比却不如全国平均水平，这说明广西在单位保费上能提供的保障程度并不领先，故行业发展水平也不可能领先。

2. 人身险各险种发展概况

（1）各险种保费收入及增速

从各险种的保费收入构成来看，对 2020 年广西人身险原保费收入 473. 63 亿元进行分解，寿险保费收入 313. 00 亿元、占人身险保费收入的比例为 66. 09%，健康险保费收入 134. 54 亿元、占比 28. 41%，意外险保费收入 26. 09 亿元、占比 5. 51%。

全国整体的人身险保费收入构成占比情况为寿险 72. 06%、健康险为 24. 46%、意外险为 3. 48%。

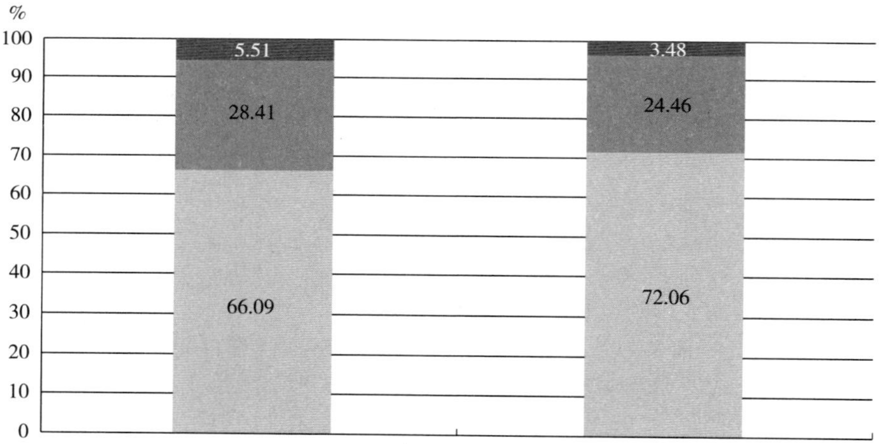

图 3-16　2020 年广西与全国的人身险各险种保费收入构成情况

（资料来源：中国银保监会、广西银保监局）

对比全国，广西的意外险与健康险的占比较全国整体水平更大，而寿险比重偏小，这反映出了广西人身险市场险种结构的问题。一般而言，寿险的比重大的地区才是人身险发展程度高的地区，因为意外险保费非常低廉，可以说只是能满足最基本的保障需求，而保费较高的寿险才能满足更高层次的保障需求，尽管几元钱的、便宜的一份意外险算一件保单，几千上万元的、昂贵的一份寿险也算是一件保单，但两者的经济分量差别很大。因此，由广西寿险比重偏低可看出，广西人身险市场的发展程度不高。

从各险种的保费收入的增速来看，2020 年广西人身险原保费收入增速为 11. 82%，其中寿险保费收入增速为 9. 76%，健康险保费收入增速为 17. 37%，意外险保费收入增速为 9. 65%。而全国整体的人身险保费收入增速为 7. 39%，其中寿险为 5. 03%、健康险为 16. 42%、意外险为-0. 61%。在 2020 年人身险整体以及三大险种的保费收入增速方面，广西都比全国水平更快，这体现出了广西人身险业的后发优势，也是对于 2019 年增速放缓的一种“状态恢复”。

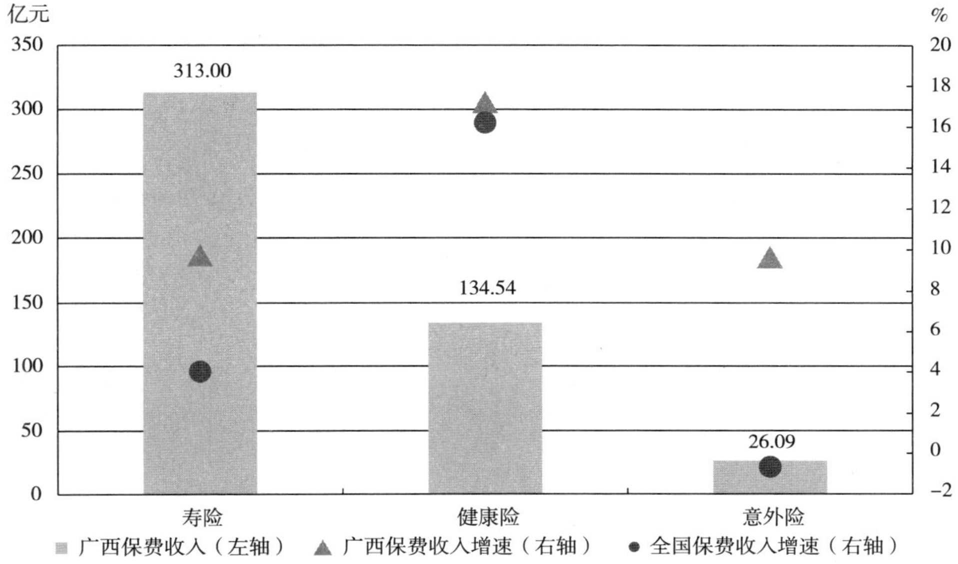

图 3-17　2020 年广西与全国的人身险各险种保费收入及增速情况

（资料来源：中国银保监会、广西银保监局）

（2）各险种保障额度

2020 年，广西人身险总保额为 551525. 55 亿元，其中寿险保额为 8492. 38 亿元、健康险保额为 296834. 82 亿元、意外险保额为 246198. 35 亿元。分析保额是为了了解所提供保障的情况，因此单纯分析保额的趋势意义不大，要分析“件均保额”才能充分体现出保险业所提供保障的质量。

将各险种保额除以保单数量后可得各险种的“件均保额”，2020 年广西人身险整体件均保额为 633144. 17 万元/件，其中寿险件均保额为 294108. 37 万元/件，健康险件均保额为 798584. 95 万元/件，意外险件均保额为 523254. 03 万元/件。全国人身险整体件均保额为 224900. 27 万元/件，其中寿险件均保额为 411666. 70 万元/件，健康险件均保额为 127579. 07 万元/件，意外险件均保额为 406883. 90 万元/件。

对比全国，不论是整体人身险还是具体的寿险、健康险、意外险三大险种，广西的件均保额均高于全国平均水平，说明广西人身险业所提供的保障质量是较高的，原因可能在于：随着监管部门对保险回归保障的导向，近年来所新增保单的保额普遍优于前几年的“老款产品”，而广西是保险业后发省份，近年来的保单数量较多而“老款产品”

较少，因此拉高了件均保额。

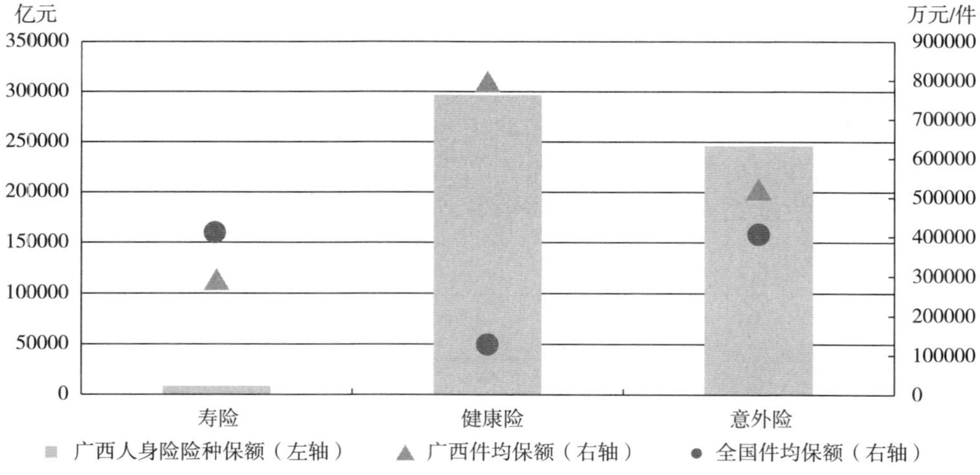

图 3-18 2020 年广西人身险各险种的保额和件均保额

（资料来源：中国银保监会、广西银保监局）

（3）各险种保单数量

2020 年，广西人身险市场保单数量为 8710. 90 万件，其中寿险保单数量为 288. 75 万件、保单数量占比 3. 31%，健康险保单数量为 3717. 01 万件、占比 42. 67%，意外险保单数量为 4705. 14 万件、占比 54. 01%。

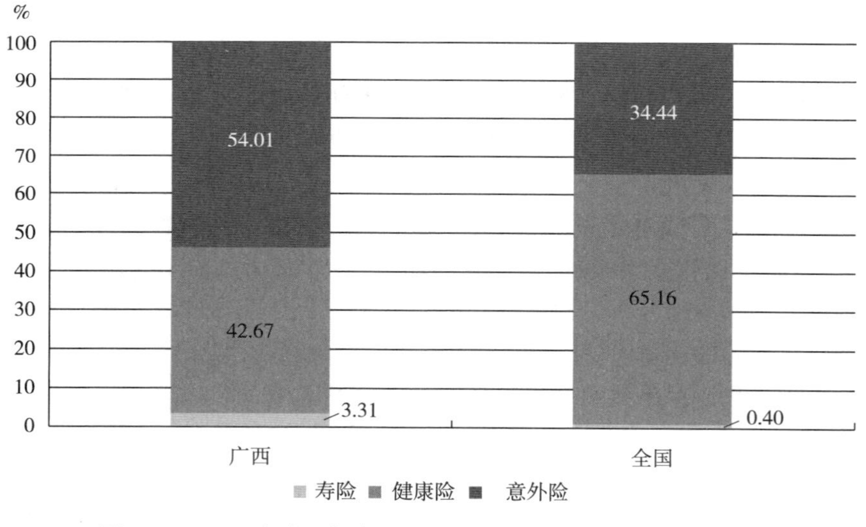

图 3-19 2020 年广西与全国的人身险各险种保单数量占比情况

（资料来源：中国银保监会、广西银保监局）

全国的人身险各险种保单数量占比为：寿险占比 0. 40%，健康险占比 65. 16%，意外险占比 34. 44%。广西情况比较好的是寿险方面，高于全国多个百分点，说明寿险正逐渐得到广西居民的认可。情况不太好的是健康险，低于全国平均占比 22. 49%。业界公认的调查显示，健康保障需求被公认为是大部分投保人最优先、最迫切的保障需求，即健康保险是“第一保险需求”，而广西的健康险保单数量占比过低，说明广西的健康保障满足程度还有很大缺口。

（4）各险种赔付支出

2020 年，广西人身保险整体的赔付支出额为 110. 92 亿元、赔付率为 23. 42%，其中寿险赔付支出额为 45. 20 亿元、赔付率为 14. 44%，健康险赔付支出额为 58. 86 亿元、赔付率为 43. 75%，意外险赔付支出额为 6. 86 亿元、赔付率为 26. 29%。全国人身保险整体赔付率为 20. 12%，其中寿险赔付率为 15. 42%、健康险赔付率为 33. 12%、意外险赔付率为 26. 06%。与全国相比，广西寿险赔付率整体偏高于全国平均水平。情况较好的是寿险与意外险，寿险赔付率低于全国约 1 个百分点，原因在于今年的新保单数量较多、距离赔付预计发生的年度较远，意外险方面的赔付率也非常接近全国平均水平。情况不好的是健康险，赔付率高于全国约 10 个百分点，由于健康险通常是赔付率较高、对于保险公司而言容易经营亏损的险种，而广西在如此关键的险种上的表现最不尽如人意，可见广西人身保险业存在的经营风险隐患是非常大的。

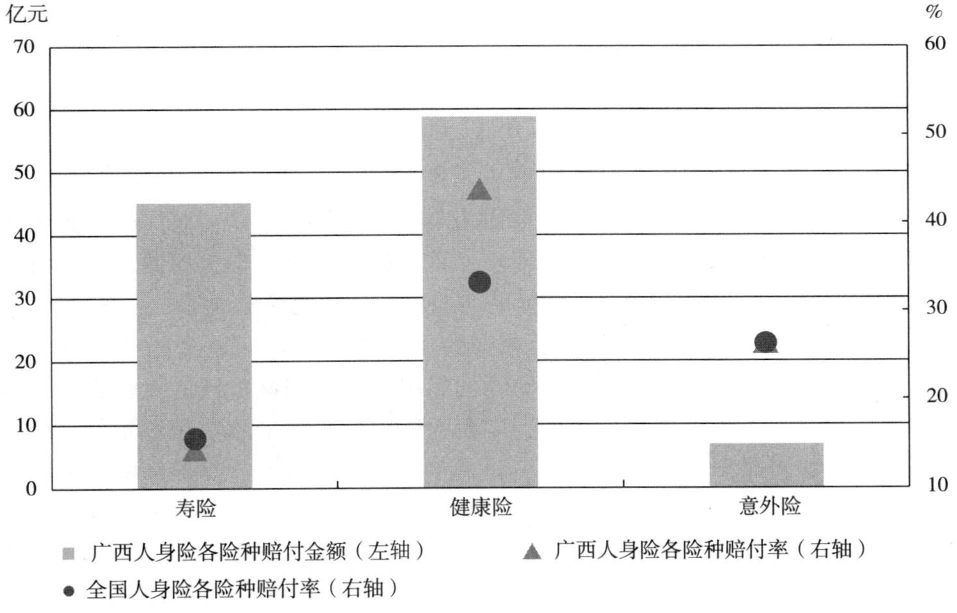

图 3-20　2020 年广西人身险各险种的赔付支出额和赔付率

（资料来源：中国银保监会、广西银保监局）

（5）各险种发展情况的描述性指标（保险深度与密度等）

2020 年，广西人身险各险种发展情况的描述性指标如表 3-5 所示。

表 3-5　2020 年广西人身险各险种发展情况的描述性指标

险种	寿险		健康险		意外险	
保险业发展情况的描述性指标	广西	全国	广西	全国	广西	全国
保险深度（百分比）	1.96	3.11	0.84	1.06	0.16	0.15
保险密度（元/人）	631.05	1608.00	271.24	545.80	52.61	77.67
保费杠杆比（保额/保费）	27.13	14.87	2206.37	2234.95	9435.22	26475.93
件均保额（元/件）	294108.37	411666.70	798584.95	127579.07	523254.03	406883.90
件均保费（元/件）	10839.78	27685.70	361.94	57.08	55.46	15.37

资料来源：作者依据中国银保监会、广西银保监局数据计算。

进一步分析保险业发展的描述性指标，保险深度是指保费收入占 GDP 的比重，是衡量保险业在一个地区各行业当中的分量。由表 3-5 可见，广西意外险保险深度与全国平均水平一致外，但寿险与健康险深度不及全国平均水平。

保险密度又称为人均保费，通过总保费收入除以人口总数来计算，是衡量一个地区中居民拥有保险保障的情况。由表 3-5 可见，广西的人身险三大险种密度均达不到全国平均水平，其中寿险密度仅约为全国水平的 1/3，说明寿险在广西的普及程度远达不到全国平均水平。

保费杠杆比是指保额除以保费的值，可以理解为每花费一元钱保费所能获得保障额度的多少，反映了保单的“性价比”以及保险行业所能提供的保障程度。由表 3-5 可见，广西的寿险保费杠杆比差不多是全国水平的两倍，这与广西寿险业“后发”有关，即近年来所新增保单的保额普遍优于前几年的“老款产品”，而广西因近年来的保单数量较多而“老款产品”较少，所以寿险保费杠杆比较高。但健康险的保费杠杆比与全国平均水平一致。意外险则远不及全国平均水平，只达到约全国 1/3 的程度。

件均保额是指每一件保单平均所能获得的保障程度，若一地区的件均保额数值越大，说明该地区的投保人偏向于需要高保障的保单，反之则该地区的投保人并不需要那么高保障的保单。从表 3-5 中数值可见，广西的寿险件均保额不如全国平均水平，这可能是囿于寿险保费较昂贵，广西地区居民收入水平较低，买不起高保障的寿险保单。而广西的健康险与意外险的件均保额都高于全国水平，说明广西购买了上述两个险种的居民，其能得到的保障程度高于全国其他地区的居民，而在广西没有购买上述两个险种的居民是没有获得相应保障的。

件均保费是指每一件保单平均所要支出的保费，要通过与件均保额相比较才能分析出该指标的意义。由于广西寿险的件均保额较低，因此寿险的件均保费相应也比较低，辅证了广西地区居民收入水平较低，买不起高保障的寿险保单。而广西的健康险和意外险的件均保额是全国平均水平更高的，相应的广西的健康险和意外险的件均保费也比全国平均水平高。

3. 人身险各地市发展概况

（1）各地市保费收入及增速

从保费收入构成来看，如果将广西各地市保费收入按从多到少进行排列，2020 年广西14个地市的人身险保费收入情况为：南宁市保费收入为149.87亿元、占全区比重为31.64%，桂林市保费收入为55.72亿元、占比11.76%，柳州市保费收入为47.49亿元、占比10.03%，玉林市保费收入为43.74亿元、占比9.23%，贵港市保费收入为29.98亿元、占比6.33%，梧州市保费收入为23.06亿元、占比4.87%，百色市保费收入为21.89亿元、占比4.62%，北海市保费收入为21.69亿元、占比4.58%，河池市保费收入为18.76亿元、占比3.96%，钦州市保费收入为17.71亿元、占比3.74%，贺州市保费收入为12.55亿元、占比2.65%，来宾市保费收入为11.64亿元、占比2.46%，崇左市保费收入为10.99亿元、占比2.32%，防城港市保费收入为8.53亿元、占比1.80%。

整体而言，广西人身险市场的地域分布过于集中在发达城市，前三位的城市保费收入和占全区比重超过50%，前四位占比也超过60%，而其他城市的人身险业并不发达。值得注意的是，广西传统的三大城市格局是“南柳桂”，而人身险保费收入的第二位却是桂林市，事实上2020年桂林的GDP在广西排名第三，且桂林市人口也没有柳州及玉林多，一方面，可能是文化因素，桂林是广西区内文化气息最高的城市、教育发达、居民素质高，有可能对人身保险会更为认可。另一方面，桂林的人均GDP是广西区内最高的，有可能是因为个人收入较高，可以负担得起所需的保费。

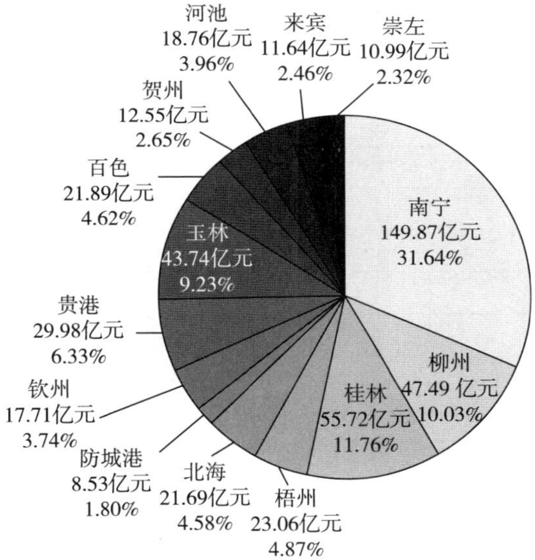

图3-21　2020年广西各地级市人身险保费收入占比情况

（资料来源：广西银保监局）

从保费收入增速来看，2020年广西14个地级市的人身险保费收入均实现了正增长。增速比较快的是百色、南宁、河池、来宾和崇左，都在15%以上，拉动了广西人身险保费的整体增速。增速最慢的是玉林，增速甚至不足1%。其他城市的增长幅度基本在10%~15%。

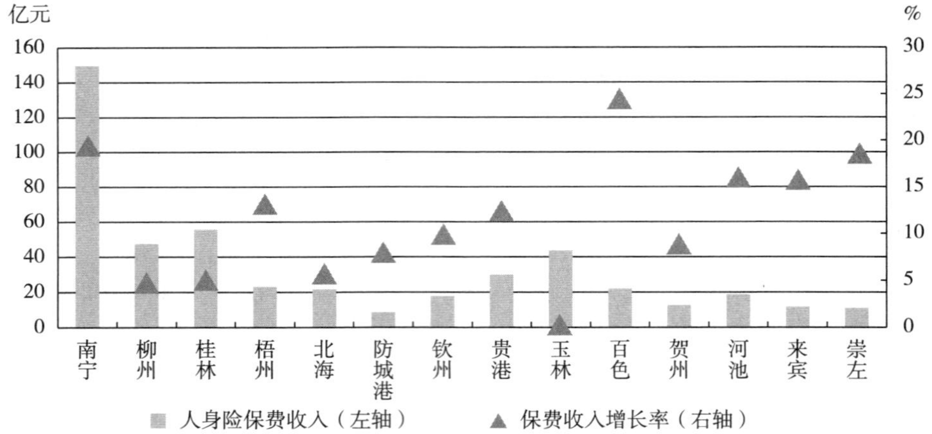

图 3-22　2020 年广西各地级市人身险保费收入增速情况

（资料来源：广西银保监局）

（2）各地市保险发展情况的描述性指标（保险深度与密度等）

2020 年，广西各地市人身险发展情况的描述性指标如表 3-6 所示。

表 3-6　2020 年广西人身险各险种的描述性指标情况

地市	保费收入（亿元）	保险深度（百分比）	保险密度（元/人）
南宁	149.87	4.32	2040.46
柳州	47.49	2.09	1164.56
桂林	55.72	3.69	1089.87
梧州	23.06	2.89	749.58
北海	21.69	2.38	1275.54
防城港	8.53	1.65	885.65
钦州	17.71	1.79	532.90
贵港	29.98	2.98	676.61
玉林	43.74	3.36	744.12
百色	21.89	2.25	593.64
贺州	12.55	2.35	601.66
河池	18.76	2.82	526.46
来宾	11.64	2.40	518.71
崇左	10.99	1.93	520.71

资料来源：作者依据广西银保监局数据计算。

通过观察表 3-6 的描述性指标，首先可见作为省会城市的南宁，其人身险业发展程度在广西“一骑绝尘”，只有南宁的人身险保险密度超过 2000 元/人，且南宁的人身险保险深度也是全广西最高的。在南宁之后，柳州、桂林、北海的人身险保险密度突破了 1000 元/人，组成了第二梯队。最后的梯队是百色、河池、来宾、崇左，这四个城市本身的居民收入就相对较低。

二、广西保险行业在全国的竞争力评价分析

（一）竞争力评价分析方法介绍

1. 研究方法的选取

评价一个地区保险行业的竞争力，可以从两方面进行衡量，一是现有的保险业务发展水平，二是该地区保险业发展的资源即保险业未来发展的潜力。因此，需要构建“保险业务发展水平”与“保险业发展资源及潜力”两个一级指标来反映地区保险业竞争力的不同方面，然后在每一个一级指标下面构建若干个二级指标，进行综合分析以得到保险公司综合竞争力的评价。由于人身保险业与财产保险业的经营模式、发展思路、监管要求等方面都有所区别，因此对人身保险业与财产保险业进行分别评价分析。

因此，本研究涉及多个变量（指标），而在一般的研究情况下，多个变量之间常常有一定的相关关系，会影响研究结果的准确性。主成分分析法就能解决上述问题，主成分分析法可将大量彼此可能存在相关关系的变量转换成较少的彼此不相关的综合因子（主成分）进行分析，并且在新的综合变量基础上加以综合评价。因此，主成分分析法是本研究最恰当的分析工具。

近年来，随着计算机软件的应用，使得主成分分析的应用也越来越广泛。在经济统计研究中，除了经济效益的综合评价研究外，对不同地区经济发展水平的评价研究，不同地区经济发展竞争力的评价研究，人民生活水平、生活质量的评价研究等都可以用主成分分析方法进行研究。另外，主成分分析除了用于系统评估研究领域外，还可以与回归分析结合，进行主成分回归分析，以及利用主成分分析进行挑选变量，选择变量子集合的研究。

2. 主成分分析的原理及模型

（1）主成分分析的基本思想

主成分分析是采取一种数学降维的方法，找出几个综合变量来代替原来众多的变量，使这些综合变量能尽可能地代表原来变量的信息量，而且彼此之间互不相关。这种将多个变量化为少数几个互相无关的综合变量的统计分析方法就叫作主成分分析或主分量分析。

主成分分析所要做的就是设法将原来众多具有一定相关性的变量，重新组合为一组新的相互无关的综合变量来代替原来变量。通常，数学上的处理方法就是将原来的变量做线性组合，作为新的综合变量，但是这种组合如果不加以限制，则可以有很多，具体应按如下方式选择。如果将选取的第一个线性组合即第一个综合变量记为 F_1，自然希望它尽可能多地反映原来变量的信息，这里“信息”用方差来测量，即希望 $Var(F_1)$ 越大，表示 F_1 包含的信息越多。因此在所有的线性组合中所选取的 F_1 应该是方差最大的，故称 F_1 为第一主成分。如果第一主成分不足以代表原来 p 个变量的信息，再考虑选

取 F_2 即第二个线性组合，为了有效地反映原来信息，F_1 已有的信息就不需要再出现在 F_2 中，用数学语言表达就是要求 $Cov(F_1, F_2)=0$，称 F_2 为第二主成分，依此类推可以构造出第三、第四……第 p 个主成分。

（2）主成分分析的数学模型

对于一个样本资料，观测 p 个变量 $x_1, x_2, \cdots, x_p$，n 个样品的数据资料矩阵为：

$$X=\begin{pmatrix} x_{11} & x_{12} & \cdots & x_{1p} \\ x_{21} & x_{22} & \cdots & x_{2p} \\ \vdots & \vdots & \vdots & \vdots \\ x_{n1} & x_{n2} & \cdots & x_{np} \end{pmatrix}=(x_1, x_2, \cdots, x_p)$$

其中：$x_j=\begin{pmatrix} x_{1j} \\ x_{2j} \\ \cdots \\ x_{nj} \end{pmatrix}$，$j=1, 2, \cdots, p$

主成分分析就是将 p 个观测变量综合成为 p 个新的变量（综合变量），即

$$\begin{cases} F_1=a_{11}x_1+a_{12}x_2+\cdots+a_{1p}x_p \\ F_2=a_{21}x_1+a_{22}x_2+\cdots+a_{2p}x_p \\ \qquad\cdots \\ F_p=a_{p1}x_1+a_{p2}x_2+\cdots+a_{pp}x_p \end{cases}$$

简写为：

$F_j=\alpha_{j1}x_1+\alpha_{j2}x_2+\cdots+\alpha_{jp}x_p$，其中 $j=1, 2, \cdots, p$。

要求模型满足三个条件：第一，F_i，F_j 互不相关（$i\neq j$，I，$j=1, 2, \cdots, p$）；第二，F_1 的方差大于 F_2 的方差大于 F_3 的方差，依此类推；第三，$a_{k1}^2+a_{k2}^2+\cdots+a_{kp}^2=1$，其中 $k=1, 2, \cdots, p$。于是，称 F_1 为第一主成分，F_2 为第二主成分，依此类推，有第 p 个主成分。主成分又叫主分量。这里 a_{ij} 我们称为主成分系数。

上述模型可用矩阵表示为：$F=AX$，其中

$$F=\begin{pmatrix} F_1 \\ F_2 \\ \vdots \\ F_P \end{pmatrix}, X=\begin{pmatrix} x_1 \\ x_2 \\ \vdots \\ x_P \end{pmatrix}, A=\begin{pmatrix} a_{11} & a_{12} & \cdots & a_{1p} \\ a_{21} & a_{22} & \cdots & a_{2p} \\ \vdots & \vdots & \vdots & \vdots \\ a_{p1} & a_{p2} & \cdots & a_{pp} \end{pmatrix}=\begin{pmatrix} a_1 \\ a_2 \\ \vdots \\ a_P \end{pmatrix}$$

A 称为主成分系数矩阵。

3. 主成分分析的基本步骤

设有 p 项指标的 n 个样本构成矩阵 X。

样本观测数据矩阵为：

$$X=\begin{pmatrix} x_{11} & x_{12} & \cdots & x_{1p} \\ x_{21} & x_{22} & \cdots & x_{2p} \\ \vdots & \vdots & \vdots & \vdots \\ x_{n1} & x_{n2} & \cdots & x_{np} \end{pmatrix}$$

第一步：对各指标原始数据标准处理，变换成为 Z-score 分数。

$$Z_{ij}=\frac{X_{ij}-\overline{X}_j}{S_j} \quad i=1,\ 2,\ \cdots,\ n;\ j=1,\ 2,\ \cdots,\ p$$

其中 $\overline{X}_j=\frac{1}{n}\sum_{i=1}^{n}X_{ij}$ 为第 j 个变量的均值，$S_j^2=\frac{1}{n-1}\sum_{i=1}^{n}(X_{ij}-\overline{X}_j)^2$ 为第 j 个变量的样本方差。对于逆向指标的数据，还要首先采用 $x'_{ij}=-x_{ij}$（叶宗裕，2003）的方法转化为正向指标后，才能进行上述的标准化处理。

通过标准化处理为 Z-score 分数以后，首先，处理后的全部指标数据均为正向，且数据越大越好；其次，指标数据中有些是比率指标、有些是数值指标，对全部数据精细归一化处理后全部指标数据都在 0 至 1 间取值，避免了指标单位对评价结果的影响，即达到了无量纲化的处理要求。

第二步：计算样本相关系数矩阵 R。

$$R=\begin{bmatrix} r_{11} & r_{12} & \cdots & r_{1p} \\ r_{21} & r_{22} & \cdots & r_{2p} \\ \vdots & \vdots & \vdots & \vdots \\ r_{n1} & r_{n2} & \cdots & r_{pp} \end{bmatrix}$$

则经标准化处理后的数据的相关系数为：

$$r_{ij}=\frac{1}{n-1}\sum_{k=1}^{n}Z_{ki}Z_{kj} \quad i,\ j=1,\ 2,\ \cdots,\ p$$

第三步：求矩阵 R 的特征值和特征向量。

求矩阵 R 的特征值 $\lambda_i \geqslant \lambda_2 \geqslant \lambda_p$ 和特征向量 $U(u_{ij})_{1\ p\times p}$ 要运用雅克比方法。特征值 λ_i 是特征方程 $|R-\lambda E|=0$ 的根，它的大小反映了各个主成分在描述所评价对象上所起的作用的大小，λ_i 对应的特征向量 U_{*j} 由方程 $|R-\lambda_i E|U_{*j}=0$ 给出。

第 i 个主成分可以表示为 $F_i=\sum_{j=1}^{n}U_{ki}Z_{*j} \quad i=1,\ 2,\ \cdots,\ p$

第四步：选取主成分数目的判定准则。

主成分分析可以得到 p 个主成分，但是，由于各个主成分的方差是递减的，包含的信息量也是递减的，所以实际分析时，一般不是选取 p 个主成分，而是根据各个主成分累计贡献率的大小选取前 k 个主成分，这里贡献率就是指某个主成分的方差占全部方差的比重，实际也就是某个特征值占全部特征值合计的比重。

所以，第 i 个主成分的方差贡献率表示该主成分能解释的原始变量的信息量，贡献率为 $a_i=\lambda_i/\sum_{i=1}^{p}\lambda_i$。

对于一般的主成分分析，累计的方差贡献率 q 应当是越大越好，最好 $q \geq 85\%$，若研究的条件无法保证 q 大于 85%，至少也应当超过 50%、接近 60%。

对于约定的累计方差贡献率 q_0，如果有关系 $\sum_{i=1}^{k-1}\lambda_i / \sum_{i=1}^{p}\lambda_i < q_0 < \sum_{i=1}^{k}\lambda_i / \sum_{i=1}^{p}\lambda_i$ 成立，则取前 k 个主成分进行分析评价。

第五步：计算主成分得分并进行分析。

根据标准化的原始数据，利用所得到的前 K 个主成分 F_i 作为变量，相应的方差贡献率 λ_i 作为权重，就可得到各主成分加权平均后的得分 $G = \sum_{i=1}^{k}\lambda_i F_i / \sum_{i=1}^{k}\lambda_i$。

基于所得出的数据，就可以进行进一步的统计分析，其中常见的应用有主成分回归，变量子集合的选择，综合评价等。

（二）广西财产保险业在全国的综合竞争力评价分析①

1. 指标的选取及数据的处理

（1）指标的选取

业务水平是一个地区保险业发展水平的直接体现，反映了一个地区保险业的经营管理能力、盈利能力和地区财产受到保险保障的程度。该部分选取的指标为：2020 年财产保险保费收入、2020 年财产保险保费收入较上一年的增长率、2020 年财产保险赔付支出、2020 年财产保险深度、2020 年财产保险密度。这些指标也是各类保险学术分析中的经典选取指标，也是中国保险监管机构多年来衡量地方保险业发展的官方统计口径。数据均来源于公开数据，公开数据这一途径能保证数据统计过程中的科学性，也保证了权威性。

各个指标中，指标"2020 年财产保险保费收入"是在各地银保监局网站中的保险业经营数据统计中直接获取；指标"2020 年财产保险保费收入较上一年增长率"则要通过与 2019 年的财产保险保费收入（2019 年的财产保险保费收入同样是在各地银保监局网站中的保险业经营数据统计中直接获取）进行计算，公式为：（2020 年财产保险保费收入-2019 年财产保险保费收入）/2019 年财产保险保费收入，并进行百分比换算；指标"2020 年财产保险赔付支出"同样是在各地银保监局网站中的保险业经营数据统计中直接获取。这里需要注意的是该指标是逆向指标，即指标的绝对数越小才是越积极的，进行主成分分析之前要首先采取 $x'_{ij} = -x_{ij}$（叶宗裕，2003）的方法转化为正向指标；指标"2020 年财产保险深度"因受限于公开数据发布时间，所以并非直接获取，需要通过计算，公式为：2020 年财产保险保费收入/2020 年地区 GDP，其中地区 GDP 的数据来源于各地国民经济和社会发展统计公报；指标"2020 年财产保险密度"的情况类似，计算公式为：2020 年财产保险保费收入/2020 年地区常住人口，其中地区常住人口的数据也来源于各地国民经济和社会发展统计公报。

① 因受出版时间限制，该部分的分析为 2020 年前三季度数据。

（2）数据的处理

分析的原始数据如表 3-7 所示。

表 3-7　分析的原始数据　　单位：亿元、万人

指标名称／地区	2020 年财产保险保费收入	2019 年财产保险保费收入	2020 年财产保险赔付支出	2020 年 GDP	2020 年常住人口
北京	341.06	341.00	352.00	25759.50	2154.00
天津	127.89	113.00	63.88	10095.43	1562.00
河北	461.82	428.00	214.72	25804.37	7592.00
辽宁	305.23	281.00	178.63	17707.97	4352.00
上海	380.98	397.00	256.00	27301.99	2428.00
江苏	761.51	699.00	392.81	73808.77	8070.00
浙江	711.89	652.00	246.05	45825.92	5850.00
福建	257.21	253.00	164.90	31331.55	3973.00
山东	641.81	584.00	406.91	52186.01	10070.00
广东	1032.00	1047.00	543.19	78397.07	11521.00
海南	57.11	54.00	18.77	3841.31	945.00
山西	185.31	169.00	130.60	12499.90	3729.00
吉林	155.27	145.00	86.13	8796.68	2691.00
黑龙江	172.88	160.00	126.02	8619.67	3751.00
安徽	371.93	337.00	141.65	27668.07	6366.00
江西	214.54	191.00	114.21	18387.77	4666.00
河南	437.15	394.00	287.41	39876.71	9640.00
湖北	289.96	301.00	215.12	29779.42	5927.00
湖南	320.54	291.00	179.46	29780.59	6918.00
重庆	176.68	162.00	126.00	17707.10	3124.00
四川	415.76	378.00	273.97	34905.03	8375.00
贵州	175.17	168.00	50.63	12650.00	3623.00
云南	232.13	217.00	82.49	17539.75	4858.00
西藏	21.38	19.00	3.08	1308.32	351.00
陕西	178.10	163.00	135.81	18681.48	3876.00
甘肃	115.79	105.00	64.81	6444.28	2647.00
青海	32.66	31.00	9.25	2170.13	608.00
宁夏	54.01	52.00	20.56	2796.02	695.00
新疆	197.93	180.00	75.10	9819.94	2523.00
内蒙古	174.58	162.00	74.54	12319.99	2540.00
广西	172.42	158.00	89.14	15999.07	4960.00

注：因受出版时间限制，“2020 年财产保险保费收入”“2019 年财产保险保费收入”“2020 年财产保险赔付支出”“2020 年 GDP”实际均为本年度中前三季度的数据，“2020 年常住人口”实际为 2019 年末的常住人口。

资料来源：各地银保监局、各地国民经济和社会发展统计公报。

对所需分析的指标依据原始数据计算，最终进行主成分分析的处理后数据如表 3-8 所示。

表 3-8 进行主成分分析的处理后数据

指标名称	2020 年财产保险保费收入（亿元）	2020 年财产保险保费收入较上一年的增长率（百分比）	2020 年财产保险赔付支出（亿元）	2020 年财产保险深度（百分比）	2020 年财产保险密度（元/人）
指标方向 / 地区	正向	正向	逆向	正向	正向
北京	341.06	0.02	187.00	1.32	1583.38
天津	127.89	13.18	58.67	1.27	818.76
河北	461.82	7.90	216.79	1.79	608.30
辽宁	305.23	8.62	145.40	1.72	701.36
上海	380.98	-4.04	195.00	1.40	1569.11
江苏	761.51	8.94	402.88	1.03	943.63
浙江	711.89	9.19	415.04	1.55	1216.91
福建	257.21	1.66	187.13	0.82	647.39
山东	641.81	9.90	342.58	1.23	637.35
广东	1032.00	-1.43	634.61	1.32	895.76
海南	57.11	5.76	29.41	1.49	604.34
山西	185.31	9.65	97.04	1.48	496.94
吉林	155.27	7.08	63.78	1.77	577.00
黑龙江	172.88	8.05	65.36	2.01	460.89
安徽	371.93	10.36	194.65	1.34	584.24
江西	214.54	12.32	105.85	1.17	459.79
河南	437.15	10.95	231.50	1.10	453.48
湖北	289.96	-3.67	149.66	0.97	489.22
湖南	320.54	10.15	160.82	1.08	463.34
重庆	176.68	9.06	90.10	1.00	565.56
四川	415.76	9.99	228.91	1.19	496.43
贵州	175.17	4.27	92.13	1.38	483.49
云南	232.13	6.97	109.99	1.32	477.83
西藏	21.38	12.53	11.07	1.63	609.12
陕西	178.10	9.26	103.52	0.95	459.49
甘肃	115.79	10.28	57.25	1.80	437.44
青海	32.66	5.35	15.84	1.50	537.17
宁夏	54.01	3.87	26.71	1.93	777.12
新疆	197.93	9.96	95.92	2.02	784.50
内蒙古	174.58	7.77	76.86	1.42	687.32
广西	172.42	9.13	94.22	1.08	347.62

注：因受出版时间限制，“2020 年财产保险保费收入”“2020 年财产保险深度”是 2020 年前三季度的数据，“2020 年财产保险保费收入较上一年的增长率”是 2020 年前三季度比 2019 年前三季度的增长率，“2020 年财产保险密度”是通过 2020 年前三季度保费收入与 2020 年底常住人口计算的估计值。

2. 分析的检验

利用主成分分析法，共选取了 2 个主成分，其累计解释率达到了 73.2969%，接近 75%，主成分分析的碎石图如图 3-23 所示。

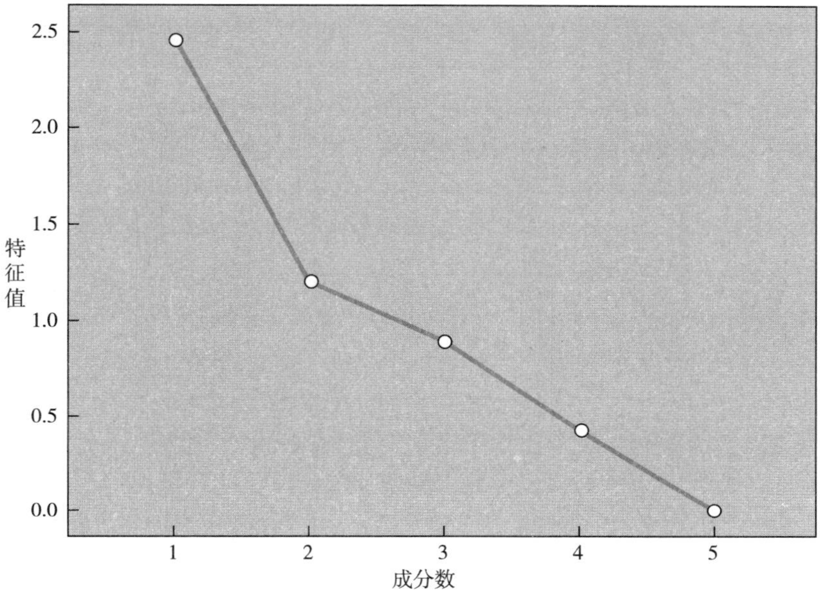

图 3-23　主成分分析碎石图

（资料来源：作者计算整理）

对所做的主成分分析进行 KMO 检验与 Bartlett 球形检验，KMO 检验值为 0.534，接近 0.6。Bartlett 球形检验的近似卡方统计量值为 129.802、df 值为 10、Sig 值在 0.000 以下，说明小于显著水平 0.05、可拒绝原假设，因此适合进行因子分析。

3. 分析的结果

（1）评分值及年度全国排名

各地区财产保险业务水平的主成分分析评价得分及排名可见表 3-9，由表 3-9 可见，2020 年由于疫情原因，各省、自治区、直辖市的综合竞争力排名较往年有一定的波动，其中不乏往年排名高的发达省份，在疫情大环境下排名遭到“断崖式”下降。而广西 2020 年财产险业综合竞争力的评价得分为-0.6049，得分为负数说明没有达到全国的平均水平，在全国各地中排名第 23 位，与往年相比变化不大。

表 3-9　2020 年全国各省区市的财产险业综合竞争力评价得分排名

排名	地区	主成分分析评价得分
1	上海	1.5161
2	宁夏	1.3632
3	北京	1.2305
4	新疆	0.8494

续表

排名	地区	主成分分析评价得分
5	黑龙江	0.6940
6	吉林	0.6185
7	青海	0.5630
8	海南	0.5517
9	甘肃	0.3518
10	西藏	0.3494
11	辽宁	0.3287
12	内蒙古	0.2488
13	贵州	0.1894
14	河北	0.1046
15	湖北	0.0334
16	山西	-0.0397
17	天津	-0.0595
18	云南	-0.1363
19	浙江	-0.1584
20	福建	-0.3412
21	重庆	-0.4642
22	安徽	-0.4770
23	**广西**	**-0.6049**
24	江西	-0.6441
25	陕西	-0.6663
26	广东	-0.7150
27	湖南	-0.7883
28	四川	-0.8100
29	山东	-0.9952
30	河南	-1.0424
31	江苏	-1.0498

资料来源：作者计算整理。

将各省区市财产险业的综合竞争力评价得分以条形柱状图的形式列示，如图 3-24 所示，通过该图可直观地看出各省区市财产保险业务水平的差距。

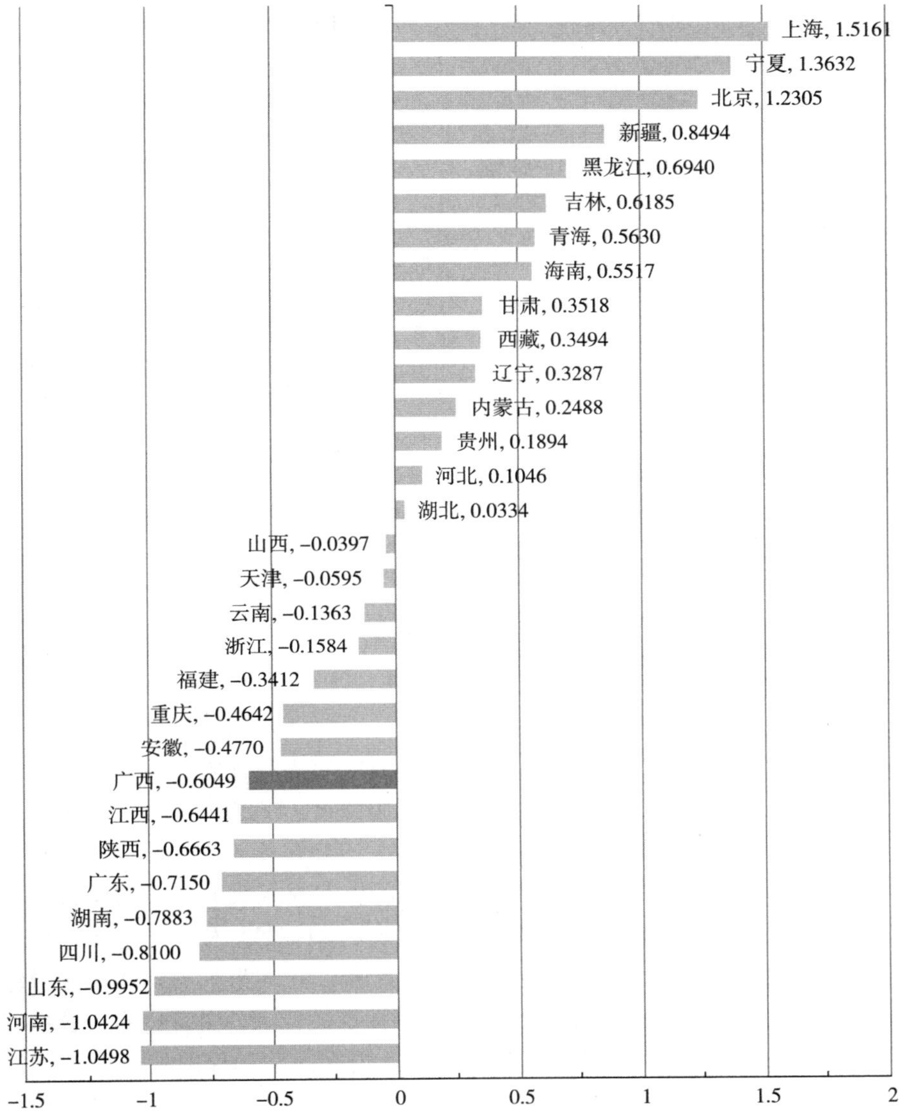

图 3−24　2020 年全国各省区市的财产险业综合竞争力评价得分排名

（资料来源：作者计算整理）

（2）评分值及历年趋势比较

本研究沿用以往各年度《广西金融前沿报告》使用的量化分析方法与口径，并对比广西财产险业的历年综合竞争力评分值以及在全国的排名情况，如图 3−25 所示。从 2015 年起至今广西的综合竞争力评分值都是负数，从未达到过全国平均水平，并且名次都是在 20~30 名，可以说一直处于全国最后的梯队。在 2019 年受车险商业费改的影响，年度内车险保费下降幅度较大，进而导致该年度内的财产险业综合竞争力评分值暴跌，同年度在全国的排名处于倒数第二的 30 位，这一年度也是本研究与建立量化评价分析以来的最低纪录。而在 2020 年，广西财产险业的综合竞争力评分值有所上升，且在全国排名达到第23位，该排名是有量化评价分析以来的最好成绩。

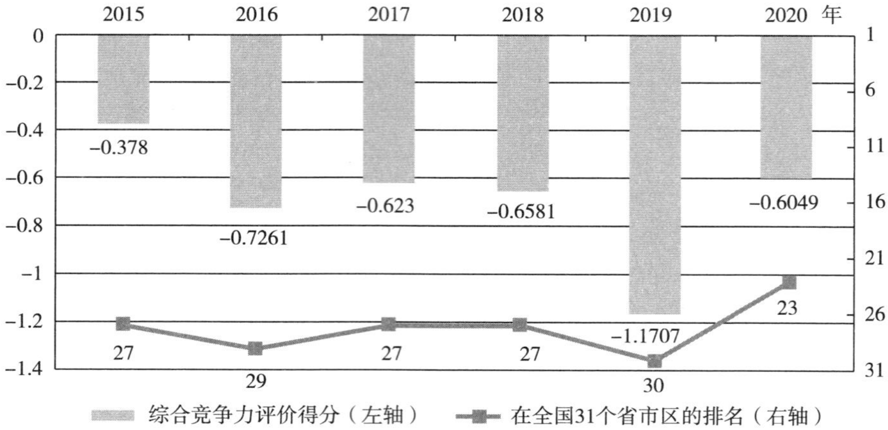

图 3-25　2015—2020 年广西财产险业综合竞争力评分值与全国排名情况

（资料来源：作者计算整理）

（三）广西人身保险业在全国的综合竞争力评价分析①

1. 指标的选取及数据的处理

（1）指标的选取

选取的指标为：2020年人身保险保费收入、2020年人身保险保费收入较上一年的增长率、2020年人身保险赔付支出、2020年人身保险深度、2020年人身保险密度。

各个指标中，指标"2020年人身保险保费收入"是在各地银保监局网站中的保险业经营数据统计中直接获取；指标"2020年人身保险保费收入较上一年的增长率"则要通过与2019年的人身保险保费收入（2019年的人身保险保费收入同样是在各地银保监局网站中的保险业经营数据统计中直接获取）进行计算，公式为：（2020年人身保险保费收入-2019年人身保险保费收入）/2019年人身保险保费收入，并进行百分比换算；指标"2020年人身保险赔付支出"同样是在各地银保监局网站中的保险业经营数据统计中直接获取。这里需要注意的是该指标是逆向指标，即指标的绝对数越小才是越积极的，进行主成分分析之前要首先采取 $x'_{ij}=-x_{ij}$（叶宗裕，2003）的方法转化为正向指标；指标"2020年人身保险深度"因受限于公开数据发布时间，所以并非直接获取，需要通过计算，公式为：2020年人身保险保费收入/2020年地区GDP，其中地区GDP的数据来源于各地国民经济和社会发展统计公报；指标"2020年人身保险密度"的情况类似，计算公式为：2020年人身保险保费收入/2020年地区常住人口，其中地区常住人口的数据也来源于各地国民经济和社会发展统计公报。

① 因受出版时间限制，该部分的分析为2020年前三季度数据。

（2）数据的处理

分析的原始数据如表 3-10 所示。

表 3-10　分析的原始数据

单位：亿元、万人

地区＼指标名称	2020 年人身保险保费收入	2019 年人身保险保费收入	2020 年人身保险赔付支出	2020 年 GDP	2020 年常住人口
北京	1452. 16	1622. 00	352. 00	25759. 50	2154. 00
天津	418. 37	465. 00	63. 88	10095. 43	1562. 00
河北	1256. 47	1417. 00	214. 72	25804. 37	7592. 00
辽宁	787. 24	918. 00	178. 63	17707. 97	4352. 00
上海	1061. 73	1195. 00	256. 00	27301. 99	2428. 00
江苏	2563. 28	2809. 00	392. 81	73808. 77	8070. 00
浙江	1597. 30	1727. 00	246. 05	45825. 92	5850. 00
福建	764. 68	836. 00	164. 90	31331. 55	3973. 00
山东	2229. 79	2446. 00	406. 91	52186. 01	10070. 00
广东	3485. 98	4064. 00	543. 19	78397. 07	11521. 00
海南	109. 27	131. 00	18. 77	3841. 31	945. 00
山西	603. 87	657. 00	130. 60	12499. 90	3729. 00
吉林	447. 49	495. 00	86. 13	8796. 68	2691. 00
黑龙江	656. 25	750. 00	126. 02	8619. 67	3751. 00
安徽	794. 59	896. 00	141. 65	27668. 07	6366. 00
江西	553. 92	575. 00	114. 21	18387. 77	4666. 00
河南	1644. 70	1899. 00	287. 41	39876. 71	9640. 00
湖北	1224. 12	1331. 00	215. 12	29779. 42	5927. 00
湖南	930. 65	999. 00	179. 46	29780. 59	6918. 00
重庆	649. 89	696. 00	126. 00	17707. 10	3124. 00
四川	1461. 02	1635. 00	273. 97	34905. 03	8375. 00
贵州	245. 21	266. 00	50. 63	12650. 00	3623. 00
云南	385. 10	445. 00	82. 49	17539. 75	4858. 00
西藏	10. 04	12. 00	3. 08	1308. 32	351. 00
陕西	736. 85	816. 00	135. 81	18681. 48	3876. 00
甘肃	285. 50	306. 00	64. 81	6444. 28	2647. 00
青海	52. 05	57. 00	9. 25	2170. 13	608. 00
宁夏	119. 75	130. 00	20. 56	2796. 02	695. 00
新疆	371. 10	429. 00	75. 10	9819. 94	2523. 00
内蒙古	438. 28	517. 00	74. 54	12319. 99	2540. 00
广西	426. 11	448. 00	89. 14	15999. 07	4960. 00

注：因受出版时间限制，“2020 年人身保险保费收入”“2019 年人身保险保费收入”“2020 年人身保险赔付支出”“2020 年 GDP”实际均为本年度中前三季度的数据，“2020 年常住人口”实际为 2019 年末的常住人口。

资料来源：各地银保监局、各地国民经济和社会发展统计公报。

对所需分析的指标依据原始数据计算，最终进行主成分分析的处理后数据如表 3-11 所示。

表 3-11　进行主成分分析的处理后数据

指标名称	2020 年人身保险保费收入（亿元）	2020 年人身保险保费收入较上一年的增长率（百分比）	2020 年人身保险赔付支出（亿元）	2020 年人身保险深度（百分比）	2020 年人身保险密度（元/人）
指标方向 地区	正向	正向	逆向	正向	正向
北京	1452. 16	13. 36	352. 00	5. 64	6741. 69
天津	418. 37	10. 68	63. 88	4. 14	2678. 43
河北	1256. 47	5. 23	214. 72	4. 87	1654. 99
辽宁	787. 24	3. 18	178. 63	4. 45	1808. 92
上海	1061. 73	10. 37	256. 00	3. 89	4372. 86
江苏	2563. 28	7. 39	392. 81	3. 47	3176. 31
浙江	1597. 30	11. 00	246. 05	3. 49	2730. 43
福建	764. 68	10. 82	164. 90	2. 44	1924. 69
山东	2229. 79	7. 62	406. 91	4. 27	2214. 29
广东	3485. 98	5. 80	543. 19	4. 45	3025. 76
海南	109. 27	0. 25	18. 77	2. 84	1156. 30
山西	603. 87	6. 69	130. 60	4. 83	1619. 39
吉林	447. 49	6. 29	86. 13	5. 09	1662. 91
黑龙江	656. 25	3. 51	126. 02	7. 61	1749. 53
安徽	794. 59	2. 00	141. 65	2. 87	1248. 18
江西	553. 92	13. 74	114. 21	3. 01	1187. 14
河南	1644. 70	1. 71	287. 41	4. 12	1706. 12
湖北	1224. 12	10. 28	215. 12	4. 11	2065. 33
湖南	930. 65	10. 79	179. 46	3. 13	1345. 26
重庆	649. 89	12. 05	126. 00	3. 67	2080. 31
四川	1461. 02	6. 41	273. 97	4. 19	1744. 50
贵州	245. 21	7. 55	50. 63	1. 94	676. 81
云南	385. 10	2. 42	82. 49	2. 20	792. 71
西藏	10. 04	11. 56	3. 08	0. 77	286. 04
陕西	736. 85	8. 20	135. 81	3. 94	1901. 06
甘肃	285. 50	8. 97	64. 81	4. 43	1078. 58
青海	52. 05	6. 22	9. 25	2. 40	856. 09
宁夏	119. 75	11. 92	20. 56	4. 28	1723. 02
新疆	371. 10	4. 83	75. 10	3. 78	1470. 87

续表

指标名称	2020 年人身保险保费收入（亿元）	2020 年人身保险保费收入较上一年的增长率（百分比）	2020 年人身保险赔付支出（亿元）	2020 年人身保险深度（百分比）	2020 年人身保险密度（元/人）
指标方向 地区	正向	正向	逆向	正向	正向
内蒙古	438.28	1.93	74.54	3.56	1725.51
广西	426.11	13.33	89.14	2.66	859.09

注：因受出版时间限制，"2020 年人身保险保费收入""2020 年人身保险深度"是 2020 年前三季度的数据，"2020 年人身保险保费收入较上一年的增长率"是 2020 年前三季度比 2019 年前三季度的增长率，"2020 年人身保险密度"是通过 2020 年前三季度保费收入与 2020 年底常住人口计算的估计值。

资料来源：作者计算整理。

2. 分析的检验

利用主成分分析法，共选取了 2 个主成分，其累计解释率达到了 75.9359%，超过了 75%，主成分分析的碎石图如图 3-26 所示。

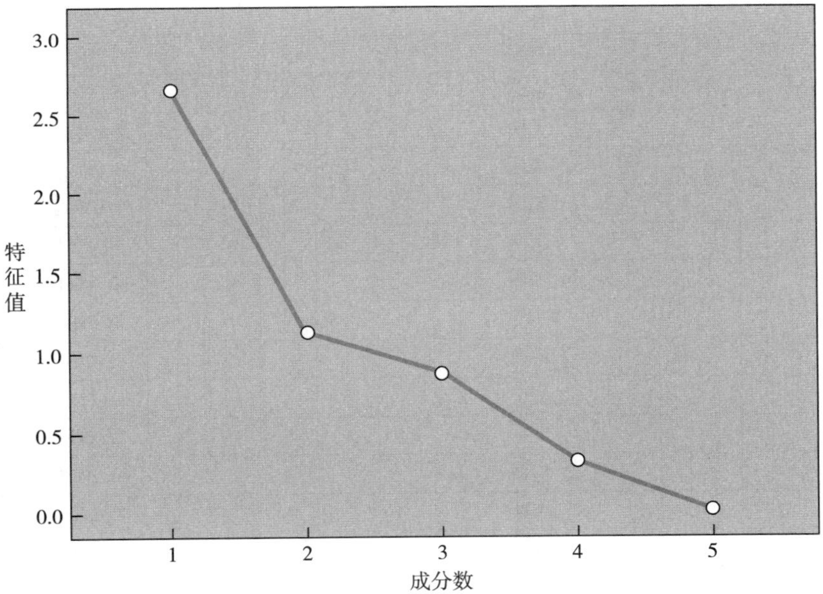

图 3-26　主成分分析碎石图

（资料来源：作者计算整理）

对所做的主成分分析进行 KMO 检验与 Bartlett 球形检验，KMO 检验值为 0.534，接近 0.6。Bartlett 球形检验的近似卡方统计量值为 121.756、df 值为 10、Sig 值在 0.000 以下，说明小于显著水平 0.05、可拒绝原假设，因此适合进行因子分析。

3. 分析的结果

（1）评分值及年度全国排名

各地区人身保险业务水平的主成分分析评价得分及排名可见表 3-12，在 2020 年的疫情大环境下，相较于各省区市财产保险业综合竞争力排名所出现的大幅波动现象，各省区市人身保险业综合竞争力排名与往年相比变动不大，即以往年度综合竞争力强的省区市在 2020 年依旧属于强者梯队、以往年度竞争力相对弱的省区市在 2020 年依旧属于弱者梯队。而广西 2020 年人身险业综合竞争力的评价得分为-0. 2927，得分为负数说明没有达到全国的平均水平，在全国各地中排名第 21 位，仍旧处于后三分之一的梯队中。

表 3-12　2020 年全国各省区市的人身险业综合竞争力评价得分排名

排名	地区	主成分分析评价得分
1	北京	2. 0766
2	广东	1. 6525
3	江苏	1. 1529
4	上海	0. 9421
5	山东	0. 9411
6	浙江	0. 7001
7	湖北	0. 3942
8	四川	0. 2942
9	重庆	0. 1296
10	河南	0. 1011
11	河北	0. 0937
12	天津	0. 0468
13	福建	0. 0357
14	湖南	0. 0299
15	陕西	-0. 0567
16	江西	-0. 0844
17	黑龙江	-0. 0982
18	山西	-0. 1804
19	辽宁	-0. 2157
20	宁夏	-0. 2593
21	**广西**	**-0. 2927**
22	吉林	-0. 2996
23	甘肃	-0. 4255
24	新疆	-0. 5687
25	安徽	-0. 6008
26	内蒙古	-0. 6677
27	贵州	-0. 8294
28	西藏	-0. 9489
29	青海	-0. 9568
30	云南	-0. 9619
31	海南	-1. 1441

资料来源：作者计算整理。

将各省区市人身险业的综合竞争力评价得分以条形柱状图的形式列示，如图 3-27 所示，通过该图可直观地看出各省区市人身保险业务水平的差距。

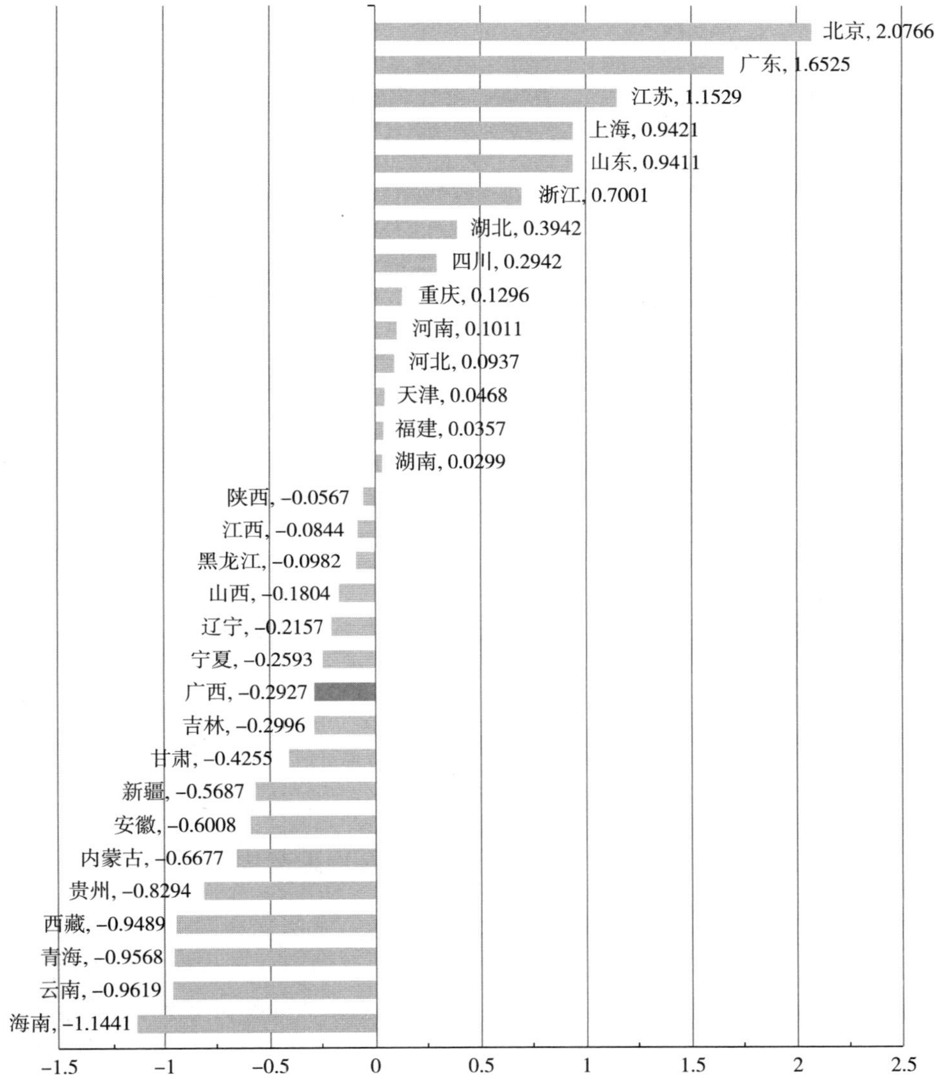

图 3-27　2020 年全国各省区市的人身险业综合竞争力评价得分排名

（资料来源：作者计算整理）

（2）评分值及历年趋势比较

本研究沿用以往各年度《广西金融前沿报告》使用的量化分析方法与口径，并对比广西人身险业的历年综合竞争力评分值以及在全国的排名情况。由图 3-28 可见，从 2015 年起至今广西的综合竞争力评分值都是负数，从未达到过全国平均水平，并且名次都很稳定地处在 25~27 位，一直属于全国后三分之一的梯队。在 2019 年，受到全国强化寿险监管、禁止销售高预定利率寿险产品的影响，广西人身险业的综合竞争力评价评分值有所下降。而在 2020 年，广西人身险业的综合竞争力评分值有所上升，且在全国排名达到 21 位，该排名是有量化评价分析以来的最好成绩，离全国的中等水平（11~20 位）仅一步之遥。

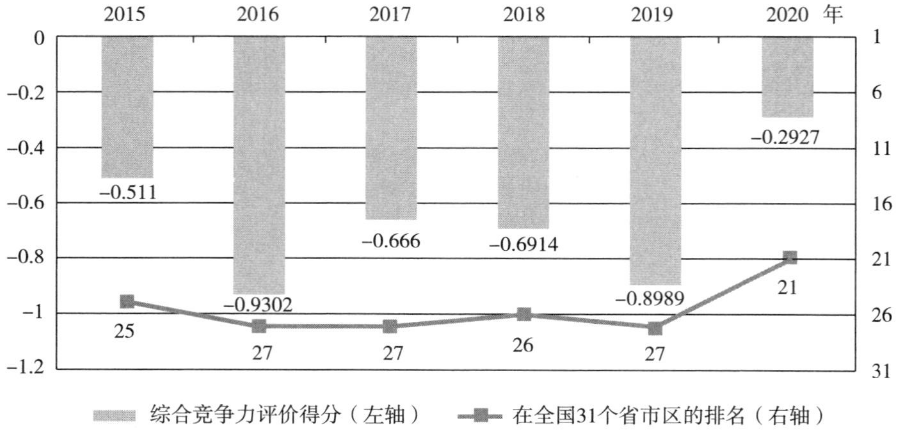

图 3-28 2015—2020 年广西人身险业综合竞争力评分值与全国排名情况

（资料来源：作者计算整理）

三、广西保险业支持疫情防控的行动与成效分析

2020 年突如其来的疫情，使经济社会秩序受到了严重冲击。疫情期间，广西保险业多措并举，精准发力，以优质高效的保险服务，支持政府打赢疫情防控阻击战。广西保险业支持疫情防控的行动与成效主要体现在以下几个方面。

（一）扩展原保单保险责任，将新冠肺炎纳入保障范围

如中国人寿广西分公司对于政保业务及法人业务，含疾病保险金住院定额给付责任的保险合同，因确诊新型冠状病毒肺炎住院的等待期调整为 0 天。对于“关爱保”团体保险产品，在原方案产品基础上增加因确诊为新型冠状病毒肺炎导致伤残及身故责任；再如中国人保广西分公司对因新型冠状病毒肺炎引起的重疾、医疗或者疾病身故，取消了条款等待期、“特定传染病”免责、费用补偿型医疗保险免赔额、医疗险案件就诊医院等限制；泰康人寿将其主打产品“泰康爱心保”的保险责任升级，既保障意外，同时也保障因为新型冠状病毒导致的身故或伤残。

（二）开发及推广针对新冠肺炎的创新保险产品

如人保财险广西分公司专门针对中小企业员工和从业者个人对复工后感染新型冠状病毒的顾虑，推出了保费低、保障高、覆盖人群广的法定传染病保险产品，并提供企业团体和个人两种承保方案，全面助力中小企业复产复工。

（三）对相关企业实行“一企一策”的精准保险扶持

疫情期间广西保险业对受疫情影响的中小微企业，特别是疫情防控领域如医药产品、医疗器械企业等重点企业的复工复产保驾护航，实行了对不同企业采取不同保障策略，拒绝千篇一律的保障方案。如人保财险对于不同的企业采取了不同的延长停驶运营车辆保险期限、责任保险免费延展、对部分城市的雇主责任保险、医疗责任保险、公众责任保险的续保、新保业务启动非见费出单等。

2020 年上半年，广西保险业为 965 家交通运输企业延长保险期限，对投保安全生产责任保险、承运人责任保险、旅行社责任保险等险种的企业实施优惠政策并协助开展防疫工作。2020 年前三季度，广西保险业已为超过 5 万家企业、1000 多万人/车次提供新冠肺炎及复工复产风险保障。

（四）向有关机构、团体及群众赠送保险保障

如平安产险广西分公司从 2 月 2 日起，发起免费领 10 万元保障金活动，向全国 1000 万群众免费提供 10 万元身故保障金。所有人均可通过平安好生活 APP 免费领取，保障出生 28 天至 65 周岁人群，保险期限为 62 天，保障含新冠肺炎在内的因法定传染病导致的身故责任。中银保险广西分公司发起“中银守护，平安天使”抗击新冠疫情专属保障行动，为在桂及赴鄂参与“新冠肺炎”防治的一线医护人员无偿捐赠保险，用金融力量为医者驰援武汉加持、保驾护航。截至 2020 年前三季度，广西保险业已为抗疫一线捐赠保险保障超过 2600 亿元。

（五）利用科技手段升级线上服务、简化流程避免面见办理业务

由于防疫要求，在办理保险业务时必须减少面对面接触，因此广西诸多保险公司采用科技手段多方面简化流程以提高效率。如华农保险广西分公司充分利用互联网、手机 APP 等现代科技手段引导客户线上操作，采取了微信远程进行小额车物查勘定损、减免事故证明材料实行电子化收单、电话调解等方式，在有效办理业务基础上最大程度减少人际接触。民生保险广西分公司推广“掌上民生”APP，实行电子签单为客户远程投保提供便利，无须面访，开启电话、微信视频契约调查，避免相互接触感染，调整体检规则，体检资料有效期延长至两年，需体检、契约调查的客户，安排在疫情结束后进行。

（六）支持实体经济发展、促进疫情后的经济恢复

为助力疫情后的经济发展，广西保险业创新开展保险资金支持实体经济线上线下对接活动，搭建“险资入桂”项目对接平台。广西银保监局联合自治区地方金融监管局和中国保险资产管理业协会于 2020 年 7 月 29 日—8 月 6 日举办了广西保险资金在线支持广西实体经济暨“险资入桂共建金融开放门户”系列线上发布会。发布会邀请相关实体企业线上路演，保险机构、保险资管机构、银行、信托、基金等机构 3000 人次参与活动。发布会以线上形式开展，通过“资管汇”APP 完成项目发布、直播路演、线上互动。本

次保险资金在线支持广西实体经济活动共收集到的融资项目总投规模达 2000 亿元，涵盖广西 25 家信用等级在 AA+以上的企业，涉及市政、交通、水利水电等基础设施类和制造业、文化旅游业等行业。参与线上路演发布融资项目信息的融资主体共计 8 个，合计发布 29 个项目/产品，融资规模 400 亿元，项目/产品的线上洽谈 37 次。

四、广西保险业参与面向东盟金融开放门户建设的行动与成效分析

（一）广西保险业参与面向东盟金融开放门户建设的整体任务完成情况

为全面完成中国人民银行等 13 部委联合印发的《广西壮族自治区建设面向东盟的金融开放门户总体方案》所提出的各项改革任务，广西壮族自治区人民政府办公厅根据自治区党委、自治区人民政府决策部署，印发了《广西建设面向东盟的金融开放门户五年实施规划（2019—2023 年）》（以下简称《五年规划》），《五年规划》共计 131 项具体建设任务。对《五年规划》进行归纳，其大任务“加强面向东盟的跨境保险合作”下共涉及 3 个模块，共涉及 13 项具体建设任务。其中“研究设立保险创新综合试验区”模块涉及 4 项具体建设任务；二级指标任务“推动跨境保险服务体系创新”涉及 3 项具体建设任务；二级指标任务“推动跨境保险合作创新”涉及 6 项具体建设任务。

广西面向东盟金融开放门户建设情况的官方评估是由广西壮族自治区地方金融监督管理局委托广西财经学院课题组进行的。根据官方评估结果，2019 年度，广西面向东盟金融开放门户建设中“加强面向东盟的跨境保险合作”任务的评分为 82 分，年度满分为 100 分。2020 年 1—8 月“加强面向东盟的跨境保险合作”任务的评分为 73 分。可见，整体而言，在 2019 年度与 2020 年度，广西保险业已经较好地完成了面向东盟金融开放门户的建设要求。

（二）广西保险业参与面向东盟金融开放门户建设的主要成绩及亮点

在此，将广西保险业参与面向东盟金融开放门户建设的主要成绩及亮点分成研究设立保险创新综合试验区、推动跨境保险服务体系创新、推动跨境保险合作创新三个方面进行叙述。

1. 研究设立保险创新综合试验区的成绩及亮点

广西在研究设立保险创新综合试验区方面的成绩及亮点如表 3-13 所示。

表 3-13　广西设立保险创新综合试验区的成绩及亮点

内容	具体成绩
保险创新综合试验区建设	（1）推动金融门户办出台《创建保险创新综合试验区实施方案》，并制订《广西银保监局推进创建保险创新综合试验区工作方案》，成立五个工作推进小组，明确各个小组工作职责和工作任务，推进各项工作有序开展。 （2）指导各地市银保监分局结合本辖区经济社会和保险业发展实际均制订了本辖区工作方案。 （3）选取南宁、北海、崇左、防城港作为保险创新示范区，先行先试开展保险体制机制和产品服务创新。 （4）配合自治区金融监管局开展广西金融区域发展规划研究，将保险创新试验区发展规划纳入金融区域发展规划。 （5）制定《保险创新示范区评审细则》。
新型保险机构设立	（1）太平保险集团在中国—东盟金融城成立太平保险东盟保险服务中心。2020 年 1—6 月，太平保险东盟服务中心已落地广西 9 笔海外业务，提供国际风险保障 76 亿元，实现保费收入 598 万元，加快海外保险业务集聚到广西发展，助力太平财险广西分公司系统内海外业务保费规模排名从第 22 位跃升至第 8 位。 （2）阳光财产保险总公司正式获批在南宁设立了覆盖广西、广东两省区业务的电销中心。 （3）华安保险南区理赔作业中心在广西南宁设立。
跨境保险服务中心、服务点设立	（1）人保财险、平安产险等公司在东兴、凭祥设立了跨境保险专业支公司，专门从事跨境保险经营管理。 （2）人保财险、中国人寿、华安财险等公司在东兴、凭祥、水口、龙邦等出入境口岸设立了跨境保险服务网站点或服务窗口，将保险服务延伸到跨境经贸往来最前沿。 （3）与海关合作创新进出口贸易“先放行、后缴税”的通关便捷服务。 （4）2019 年全年，累计为 8.6 万辆次的跨境车辆提供保障额度 79.4 亿元的跨境车辆商业保险服务；为 15.27 万跨境劳务人员提供保障金额 271.10 亿元的意外伤害保险服务，为广西企业提供进出口货运险业务 3179 笔，保障达 127.61 亿元的进出口货物保险保障。
形成东盟区域国际保险交易市场	除人保财险、平安财险继续与越南保越保险公司开展跨境保险合作外，华安财险又与越南北宁邮政保险有限公司签订战略合作协议，就跨境保险的政策咨询、理赔查勘开展合作。

资料来源：广西金融监管局《广西面向东盟金融开放门户建设情况评估报告》。

2. 推动跨境保险服务体系创新的成绩及亮点

广西在推动跨境保险服务体系创新方面的成绩及亮点如表 3-14 所示。

表 3-14　广西推动跨境保险服务体系创新的成绩及亮点

内容	具体成绩
完善保险保障体系	(1) 人保财险、平安产险等公司在东兴、凭祥设立了跨境保险服务中心，专门从事跨境保险经营管理；人保财险、中国人寿、华安财险等公司在凭祥、水口、龙邦等出入境口岸设立了跨境保险服务网站点或服务窗口，将保险服务延伸到跨境经贸往来最前沿。2020 年华安财险在崇左凭祥、百色靖西设立 2 个沿边保险服务点。 (2) 推动出口信保广西分公司完善跨境保险保障体系。2019 年公司支持企业“走出去”保额 21.82 亿美元，有效保障了“一带一路”重大项目建设。2020 年在做好原有项目续保的基础上，新增承保中长期项目 1 个，承保南宁轻工院科特迪瓦阿比让项目 2.52 亿美元，新增承保马中关丹产业园（二期）海外投资项目 2 个，保额约 0.67 亿美元，并且储备了一批项目。 (3) 积极开拓跨境综合保障服务。人保财险为沿边地区的重大项目建设提供配套保险保障 111.4 亿元，中国信保 2019 年以来支持出口企业实现保单融资 1466.4 万美元。 (4) 推动跨境车辆保险发展，截至目前共有 3 家财险公司开展跨车险业务。2019 年全年，累计为 8.6 万辆次的跨境车辆提供保障额度 79.4 亿元的跨境车辆商业保险服务。2020 年 1—8 月累计承保进出境车辆 4.25 万台次，提供风险保障 22.99 亿元。 (5) 跨境务工人员人身保险体系建设得到推进。2019 年为 15.27 万跨境劳务人员提供保障金额 271.10 亿元的意外伤害保险服务。2020 年 1—6 月，人保财险、中国人寿、北部湾保险广西分公司跨境务工人员意外伤害保险共为 4226 人次跨境务工人员提供人身保险保障 7.94 亿元。跨境务工人员意外伤害保险提档升级，保障范围从意外伤害扩展至意外死亡和疾病医疗。平安财险首创“绑架勒索保险”，为“走出去”企业的海外人员提供“意外+健康+危机管理+救援”的一整套风险解决方案。 (6) 中信保为使广西高新技术企业免受贸易环境恶化的影响，持续推动保单增信融资工作。2019 年以来支持出口企业实现保单融资 1466.4 万美元。2019 年为广西企业提供进出口货运险业务 3179 笔保障达 127.61 亿元的进出口货物保险保障。
创新跨境保险服务平台	推动南宁市政府建设保险创新产业园，园区设立保险产品和共性技术实验室、保险产品和技术创新孵化器、面向东盟的区域保险交易市场、离岸保险业务中心。
健全保险创新服务体系	(1) 自治区商务厅、财政厅、发展改革委、中国出口信用保险公司广西分公司共同搭建广西“走出去”风险保障平台，为广西“走出去”企业提供风险管理、融资增信、信息咨询、人员培训、处理突发事件等服务。 (2) 推动跨境保险提档升级，优化出口信用保险服务、跨境车辆商业保险服务、跨境人员意外伤害保险服务、进出口货物保险服务和关税保证保险服务，提高广西与东盟国家贸易投资便利化。

资料来源：广西金融监管局《广西面向东盟金融开放门户建设情况评估报告》。

3. 推动跨境保险合作创新的成绩及亮点

广西在推动跨境保险合作创新方面的成绩及亮点如表 3-15 所示。

表 3-15　广西推动跨境保险合作创新的成绩及亮点

内容	具体成绩
签订跨境保险监管协定	（1）中国人保财险与越南保越保险公司战略合作，就跨境保险合作形成理赔查勘相互委托及结果互认机制。 （2）人保财险、平安财险与越南保越保险公司开展跨境保险合作，华安财险与越南北宁邮政保险有限公司签订战略合作协议。崇左保险行业协会已与越南保险行业协会建立沟通合作机制。持续推动中国太平保险集团东盟保险服务中心运营发展。
中国—东盟保险合作与发展论坛升级	（1）成功举办第 5 届中国—东盟保险合作与发展论坛，2020 年因疫情原因未举办。 （2）打造中国—东盟保险合作与发展论坛升级版，与亚洲保险监督官论坛（AFIR）保持紧密合作。
保险公司在境外设立营业机构	持续关注跟进人保财险广西分公司代表人保财险到越南设立工作组情况，正研究推动其他保险机构设立代表处。
鼓励广西保险公司拓展东盟业务	（1）2020 年 1—6 月，太平保险东盟服务中心已落地广西 9 笔海外业务，提供国际风险保障 76 亿元，实现保费收入 598 万元，加快海外保险业务集聚到广西发展，助力太平财险广西分公司系统内海外业务保费规模排名从第 22 位跃升至第 8 位。 （2）人保财险广西分公司设立了越南海外保险办事处，常驻越南河内，专门负责处理跨境保险业务承保理赔相关事宜，有效推动和协调跨境保险业务开展。
支持东盟国家保险公司到广西设立机构	支持东盟国家保险公司到广西设立机构和开展业务，根据调研发现，东盟国家保险公司规模普遍较小，达不到在我国设立机构的条件。
支持中国—东盟保险培训交流	（1）成功举办第 5 届中国—东盟保险合作与发展论坛，2020 年因疫情原因未举办。 （2）推动崇左市保险行业协会与越南保险行业协会形成常态化的交流沟通机制。

资料来源：广西金融监管局《广西面向东盟金融开放门户建设情况评估报告》。

（三）广西保险业参与面向东盟金融开放门户建设的创新实践案例

1. 案例一：央地联动推动保险创新综合试验区建设

（1）案例主要内容

2019 年，自治区地方金融监管局、广西银保监局组织各级各相关部门落实《广西壮族自治区建设面向东盟的金融开放门户总体方案》，制订《创建保险创新综合试验区实施方案》及其配套政策，大力推进保险创新综合试验区建设。

支持中国—东盟金融城建设有进展。2019 年 9 月，中国首家面向东盟的保险区域总部——中国太平保险集团东盟保险服务中心落户中国—东盟金融城，并实行实体化运作。

面向东盟的跨境保险有新突破。跨境保险服务体系逐步完善，保险公司在东兴、凭祥等边境县（市）设立跨境保险服务中心、服务网站点或服务窗口，将保险服务延伸到跨境经贸往来最前沿。

服务“一带一路”和西部陆海新通道建设有新支撑。聚焦服务西部陆海新通道境内外港口码头、产业园等基础设施建设提供保险服务，中国信保累计为北部湾港务集团提供 17.5 亿美元保险保障；助力高新技术企业和小微企业拓展海外市场，中国信保全年服务小微企业 2000 多家，提供出口信用保险保障 13.6 亿美元，同比增长 46.9%。

服务实体经济助推高质量发展有新举措。积极引资入桂支持重点项目建设，2019 年全年保险资金在广西投资余额突破 500 亿元。

服务乡村振兴助力脱贫攻坚有新贡献。创新支农融资，人保财险对我区 20 个深度贫困县的农业保险实行降低保费、提高保额的优惠措施，复制推广都安“贷牛还牛”的保险扶贫模式，为全区 8 个市县授信 21 亿元支农融资额度；创新扶贫模式，中国人寿将大新县健康扶贫“一站式”经办服务模式复制推广到崇左全辖区，在龙州县试点“精准防贫项目”，防止出现新的致贫返贫。

（2）案例的创新点

创新点一：政保互动，扩大出口信用保险知晓度和覆盖率。出口信用保险对出口企业覆盖率快速攀升至 58%，高于全国 30 个百分点。

创新点二：由于在不同国家法律、保险监管制度等方面存在差异，各地跨境车保险的条款、费率都以各地经办公司自行拟定为主，缺乏统一的承保理赔与服务标准。人保财险广西分公司率先采用行业统一的《机动车出境综合商业保险示范条款》，开发了跨境车险新品，精简附加险条款，价格便宜、手续简便、出单快捷，满足了不同车主的多样需求。

创新点三：近年来，广西边境地区需要大量越南人入境劳务，为使外籍务工人员获得保险，减轻企业、用工单位因劳务人员遭受意外伤害、疾病带来的经济压力，推出适合跨境劳务人员保险保障的服务。根据当地跨境劳务特点，为跨境劳务人员量身打造保险服务。

创新点四：促进扶贫领域的两个新转变。一是由精准扶贫向精准防贫转变。在脱贫攻坚新形势下，将脱贫攻坚工作重心转移到“防贫”上。二是由行业扶贫向合力扶贫转变。中国人寿主动协助政府深入开展入户调查、异地核查等服务，有效破解政府人力不足的难题，并以强大的科技优势、专业的运营团队、高效的服务质量，在精准识别、及时预警、便捷申请、高效给付等方面做出新的探索。

2. 案例二：创新关税担保模式降低企业通关成本

（1）案例主要内容

关税保证保险，是由具备资质的保险公司为企业提供关税担保，在货物通关时，凭借“一张保单”即可享受“先放行后缴税”的便利保证保险。国务院于 2018 年 10 月 13 日发布《优化口岸营商环境促进跨境贸易便利化工作方案》，2018 年 11 月 1 日起，海关总署、银保监会在全国海关范围内开展关税保证保险改革试点，进一步为外贸企业减负增效。

为了更好地配合试点工作，作为三个试点保险公司之一的人保财险高度重视，积极参与产品开发，提前完成经海关总署和银保监会认可的《关税保证保险条款》产品备案，以及相关的承保、核保、理赔系统开发工作。在试点开始的第二天，即 2018 年 11 月 2 日，签下了广西区内首批关税保证保险保单。

随后，中国人民财产保险股份有限公司广西分公司根据关税保证保险服务中出现的新情况，及时优化产品条款，完善在线管理平台，不断扩大承保面，2019 年共为 106 家进口企业的 6.89 亿元关税提供担保，大大地节约了企业关税成本，提高了通关效率。

据介绍，关税保证保险以进出口货物收发货人作为投保人，海关作为被保险人，企业向保险公司投保关税保证保险后，凭借《关税保证保险单》向海关办理税款类担保手续，即可实现“先放行后缴税”。通过人保财险与海关开发的“关税保证保险在线管理平台”，从客户端“线上申请”到保险端“线上审核”、到海关端“线上核验”采取全流程无纸化操作，进一步提高了通关效率，原油等大宗货物通关放行进入读秒时代。同时，关税保证保险不要求企业缴存保证金，相关保障的准入门槛显著低于银行保函，有效降低企业通关纳税成本。

（2）案例的创新点

创新点一：提升了通关效率。进出口企业凭借保险公司出具的《关税保证保险单》向海关办理税款类担保手续，即可实现“先放行后缴税”，全流程线上办理，无纸化操作，实现“数据多跑路，企业少跑腿”。

创新点二：降低了通关成本。关税保证保险不要求公司缴存通关保证金，相关保险保障的准入门槛显著低于银行保函，既不占用企业流动资金，又不占用企业授信额度，有效降低通关纳税成本。

3. 案例三：创设中国太平保险集团东盟保险服务中心

（1）案例主要内容

2019 年 5 月，中国太平保险集团与自治区政府签署新一轮战略合作协议，开启共同建设面向东盟的金融开放门户新篇章。中国太平保险集团广西分公司按照自治区政府打造金融开放门户核心区和金融要素集聚区的战略规划要求，及时向集团提出在南宁设立面向东盟的区域性总部的建议和方案，并取得自治区政府和广西银保监局的大力支持。

9 月 21 日，中国太平保险集团东盟保险服务中心正式揭牌运营，实现了全国性金融机构在广西设立区域性总部“零的突破”，是中国太平优化在东盟地区国际化布局的平台，更是中国保险行业创新运用两个市场、两种资源提升全球竞争力的重大探索实践。

中国太平保险集团东盟保险服务中心作为国内保险业在广西设立的第一个区域性总部，体现出四大成效。

强统筹、优布局、提升竞争力。该中心的设立旨在加快和优化中国太平在东盟地区的国际化布局，统筹整合国内外两个市场、两种资源，提升经营水平，铺设合作网络，扩大市场影响，提升国际竞争力。目前，中国太平在新加坡、马来西亚、泰国和印度尼西亚 4 个国家设立机构。

强保障、化风险、建立共保体。中国太平将以东盟保险服务中心成立为契机和平台，更进一步发展与东盟保险主体的战略合作关系，完善跨境风险保障体系，构建共保体。

强创新、重研发、打造孵化器。该中心以研发和创新领航发展，正积极探索与地方政府共建保险创新实验室，着力打造保险产品和服务创新的孵化器。

强培育、搭平台、打造特战队。该中心将发挥中国太平国际化人才的专业培养和管理，打造一支适应国际化竞争的市场特战队，为中国太平推进东盟市场和境外机构的发展提供人才保障与支撑。

（2）案例的创新点

创新点一：工作机制创新。在广西分公司成立门户领导小组，直接向集团领导指定的专员联络汇报。坚持编写工作简报将工作进展情况上报集团，特事急事发送专报，确保集团领导随时准确掌握推进情况，为项目推进定向把舵。

创新点二：管理布局创新。东盟保险服务中心可借助广西的区位优势，优化中国太平在东盟地区战略布局，着力打造服务中国与东盟合作的专业平台，促进跨境业务综合服务水平的提升，推动跨境保险业务高质量发展。

（四）广西保险业参与面向东盟金融开放门户建设所存在的问题

1. 与东盟国家的互设保险分支机构未取得突破

宣布构建面向东盟金融开放门户以来，我国国内保险机构在广西边境地区设立了一定数量的跨境保险服务中心或跨境保险服务点（窗口），且与东盟部分国家的保险公司之间也签订了一定数量的战略合作协议，但仅新增人保财险广西分公司在越南河内设立了越南海外保险办事处这一家机构，同时东盟国家保险公司也未到我国境内（以及广西区内）设立营业机构。尽管相关招商引资以及提升营商环境的工作都在开展且效果良好，但是应当以结果为导向，配套工作只能算是“过程”，双边互设保险分支机构才是“结果”，没有“结果”的话“过程”再好也无意义。

2. 未充分重视教育与学术在跨境保险合作中的作用

一是中国—东盟保险学院及中国—东盟保险研究院没有正式成立，建立上述两院能在理论与机制创新方面促进和指引广西保险行业的发展，但目前相关工作推进缓慢，所积累的工作储备距离该学院的正式设立还有很大的差距。

二是缺少关于东盟保险市场研究的最新专项著作及报告。目前笔者在我国图书市场中可查阅的关于东盟国家保险市场的书籍只有 2015 年由陈文辉编写的《东南亚保险市场研究》，该研究报告距今已经有 5 年时间，相关数据及资料已经相对陈旧。

三是没有与东盟国家在保险技术、学术研究、人才培训等方面形成长期性的固定合作机制。尽管在每年一度的中国—东盟博览会期间都会举办中国—东盟保险合作与发展论坛且层次较高，但一年一次频次较低，应加强各个层级、而非只是高层级的合作。

3. 广西本土保险公司参与跨境保险合作程度较低

广西下辖北部湾财险和国富人寿两家本土保险公司，实现了财险与寿险的牌照双全。而在面向东盟的前沿省（区）云南、贵州、海南中，云南只有财产险公司、海南和贵州只有寿险公司，可见广西保险业在上述省份中具有一定优势。

然而，在广西的跨境保险业务中，跨境车险、信用保险、海外投资保险、跨境务工人员人身险等业务，主要都是由中信保、人保、国寿、平安等老牌大公司的广西分公司来开展，仅有北部湾保险公司参与过一些广西跨境务工人员意外伤害险业务。后续，应当提升广西本土保险公司在面向东盟跨境保险业务中的比重。

4. 跨境保险的“核心险种强、非核心险种弱”，且未形成产品体系

跨境车险、信用保险、海外投资保险、跨境务工人员人身险等业务通常是跨境保险的核心险种，上述险种广西区开展情况良好，规模上不断增加，这体现出了广西建设面向东盟的金融开放门户是积极务实的。但其他跨境保险产品的相关办法及政策尚未能出台，且实际业务量偏小，满足不了保障需求，具体的产品如推动航运保险、油污责任保险、海事综合责任保险、运费应收账款保险、船舶建造保险、科技保险、首台（套）重大技术装备保险等，后续必须在制度和规范上形成保障体系。

五、广西保险业发展的对策建议

（一）不能满足现状、要关注金融开放门户的最终任务的落实

依据官方评估报告，面向东盟金融开放门户建设中保险业任务完成情况在 2019 年的年度完成率是 82%，2020 年是 73%，可见当前的成绩进度暂时领先于时间进度安排的。但绝不能停滞不前，要看未来的“天花板”，而不要看当前的“地板”。广西的跨境保险业务本身是具有一定优势与发展基础的，或许正是由于基础较好，面向东盟的金融开放门户建设的任务才主要由广西负责开展，但若是“高开低走”，或是“高开不走”就会辜负国家对广西的期望。

在取得目前成绩的时候，要清醒地认识到发展的难点与瓶颈，例如在“走出去”与“引进来”方面，从 2019 年建设至今仅有人保财险广西分公司在越南河内新设立了越南海外保险办事处，再无其他保险企业到东盟国家境内设立营业机构，此外东盟国家保险公司也未到我国境内（以及广西区内）设立营业机构，并且东盟国家的本土保险公司规模普遍较小，达不到在我国设立机构的条件。面向东盟金融开放门户在保险方面最终的建设成效，很大程度上还取决于这双方机构互设的情况，若后续几年都未能真正有双方保险机构互设上的突破，则可以认为金融开放门户在保险业方面就没有实现实质成效。

（二）作为保险创新综合试验区的各市之间应当采取差异化的发展定位

要按照《广西建设面向东盟的金融开放门户五年实施规划》的要求，南宁、柳州、桂林三个地市要建设“保险创新产业园区”，北海、防城港、钦州、贵港、梧州五个地市要建设“航运保险”创新示范区，百色、崇左两个地市要建设“跨境保险”创新示范区，河池、贺州、玉林、来宾四个地市要建设“保险支农融资”创新示范区。进一步，同一类型的保险创新示范区的各市之间，也应当要有特色定位的区分，如同样以“保险创新产业园区”为发展目标的南宁、柳州、桂林三市，南宁市可考虑以“保险交易产业园区”为定位、柳州市可考虑以“财产险创新产业园区”为定位、桂林市可考虑

以“寿险创新产业园区”为定位，不同城市之间的定位要有差异性，后续发展的方向也将有所不同。

（三）以太平保险集团合作、带动更多广西险企“走出去”与“引进来”

为使我国（广西）与东盟国家互设保险分支机构数量增加，应当以中国太平保险集团为“走出去”的突破口，毕竟中国太平本身已经在海外布局多年，已经拥有成熟的东南亚经营网络。广西应当以太平集团在南宁设立的东盟保险服务中心为依托，发挥太平集团总部设在香港及以东盟为重点区域之一的国际化经营优势，加强与东盟国家保险业的沟通与合作，带动更多的国内保险公司到东盟国家境内设立营业机构，同时也吸引更多的东盟国家保险公司到我国境内（以及广西区内）设立营业机构，推进中国—东盟区域保险业的合理布局。

（四）充分发挥教育与学术对跨境保险合作的作用

一是可依托广西财经学院设立中国—东盟保险学院，广西财经学院是全区唯一开设保险本科专业的院校，全校以“辐射东盟”为重要的办学理念之一，全校的教学和科研都以面向东盟作为整体导向，具有长期充足的经验及成果；二是撰写关于东盟国家保险市场的最新书籍或报告。书籍报告应当体现出当前中国与东南亚发展的最新情况，反映出当前全球所处在的百年未有之大变局的时代背景，更新最新年度的数据，体现出新冠肺炎疫情对区域保险业长期性影响的预判；三是加强中国与东盟国家在各个层级之间的保险技术、学术研究、人才培训等方面的交流频次。要形成长期性的固定合作机制，不能过度依赖于每年一度的中国—东盟博览会期间举办的中国—东盟保险合作与发展论坛。

（五）提升两家本土保险公司参与跨境保险合作程度

要充分发挥广西下辖北部湾财险和国富人寿两家本土保险公司即财险与寿险的“牌照双全”优势。一是支持上述两家公司设立跨境保险分支机构（跨境保险服务中心）提供跨境保险服务，并在边境口岸设立跨境保险综合服务点，与海关、边检等部门提供一揽子通关服务。二是支持上述两家公司与东盟国家保险公司建立合作关系，实现理赔查勘相互委托或结果互认。三是支持上述两家公司到东盟国家设立业务组、代表处、海外分公司等境外经营机构，有效拓展东盟保险业务。总之，应当让上述两家公司充分参与到跨境保险合作中，成为“主角”而非“配角”或“龙套”。

（六）以制度化的方式逐步完善跨境保险产品体系

不能仅仅发展跨境车险、信用保险、海外投资保险、跨境务工人员人身险等常规跨境保险险种，更应当关注航运保险、油污责任保险、海事综合责任保险、运费应收账款保险、船舶建造保险、科技保险、首台（套）重大技术装备保险等其他险种。后续要通过制度化的方式逐步完善跨境保险产品体系，出台上述险种的相关办法及政策，并推进面向东盟的跨境保险合作评估总体情况做到制度集成，有效协调各个险种间的发展关系。

参考文献

［1］广西银保监局网站．广西保险市场主要数据（快报）［R］．2018—2020.

［2］各地人民政府门户网站．各地国民经济和社会发展统计公报［R］．2018—2020.

［3］广西银保监局网站．广西保险业行业要闻［N］．2018—2020.

［4］姜国富，陈晓峰，邓譞．广西跨境保险发展研究［J］．区域金融研究，2017（7）：21-26.

［5］陆峰．“一带一路”下中国—东盟自贸区保险业的发展目标定位［J］．当代经济管理，2019（10）：89-97.

［6］陆峰．论保险地理学的学科创建［J］．新经济，2019（3）：3-5.

［7］寇业富．2019中国保险公司竞争力评价研究报告［M］．第一版．北京：中国财政经济出版社，2019：59-61.

［8］陆峰．基于聚类分析的我国寿险公司拓展东盟市场策略［J］．保险研究，2018（2）：39-49.

［9］李洪成．SPSS数据分析基础与实践［M］．北京：电子工业出版社，2016.

［10］汪红萍．“一带一路”倡议背景下云南沿边跨境保险问题研究［J］．时代金融，2016（8）：48-49.

［11］唐金成．CAFTA框架下的保险国际化问题研究——以广西为例［M］．北京：中国市场出版社，2016：4-52.

［12］李博方．新加坡离岸再保险市场的发展及启示［J］．保险理论与实践，2017（3）：85-99.

［13］贲圣林，俞洁芳，景麟德等．扬帆起航：走向国际的中资保险公司［M］．杭州：浙江大学出版社，2017：32-35.

［14］孙天琦，刘宏玉，刘旭，袁静文．“离岸金融”研究［J］．上海金融，2018（11）：14-18.

［15］Lee C C，Chang C H，Arouri M，Lee C C. Economic Growth and Insurance Development：The Role of Institutional Environments［J］．Economic Modelling，2016（59）：361-369.

［16］Pradhan R P，Arvin B M，Norman N R，Nair M，Hall J H. Insurance Penetration and Economic Growth Nexus：Cross-Country Evidence from Asean［J］．Research in International Business & Finance，2016（36）：447-458.

［17］Liu G C，Lee C C，Lee C C. The Next between Insurance Activity and Economic Growth：A Bootstrap Rolling Window Approach［J］．International Review of Economics & Finance，2016（43）：299-319.

［18］Hou H，Cheng S Y. The Dynamic Effects of Banking，Life Insurance，and Stock

Markets on Economic Growth [J]. Japan and the World Economy, 2017 (41): 87-98.

[19] Kanniainen, Lehtonen. Offset Contracts as an Insurance Device in Building the National Security [J]. Defence and Peace Economics, 2019 (1): 85-97.

[20] Der Veer K J. Loss Shocks in Export Credit Insurance Markets: Evidence From a Global Insurance Group [J]. Journal of Risk and Insurance, 2019, 86 (1): 73-102.

(执笔人：陆峰)

专题报告

4. 广西建设面向东盟的金融开放门户的经济影响研究

2018 年 12 月 28 日，经国务院同意，中国人民银行、国家发展改革委等 13 部委联合印发《广西壮族自治区建设面向东盟的金融开放门户总体方案》（以下简称《总体方案》），广西建设面向东盟的金融开放门户正式成为国家战略。建设面向东盟的金融开放门户，是党的十九大以来国家批复的第一个省级全域金融开放战略，也是唯一面向东盟的金融开放战略。金融开放门户获批以来，广西全区高度重视，在金融领域推出一系列有针对性的发展举措，力争实现以金融门户建设带动全区经济的快速发展。课题在总结广西金融开放门户建设成效的基础上，通过门槛回归模型，分析了广西金融开放门户的经济效应，并根据模型分析结果提出了强化金融开放门户的经济增长效应的政策措施。

一、广西建设面向东盟的金融开放门户成效

（一）取得的成效

1. 金融综合实力不断提升

全区金融业增加值连续多年保持增长态势。2019 年，全区金融业增加值为 1469.45 亿元，金融业增加值占 GDP 比重为 6.92%，金融业增加值、金融业增加值占 GDP 比重指标连续 6 年保持升势。金融机构本外币存贷款余额稳定增长。本外币各项存款余额 31646.01 亿元，同比增长 6.23%，本外币各项贷款余额 30497.39 亿元，同比增长 14.27%，金融机构新增贷款 3691.24 亿元，同比多增 246.01 亿元，增量实现了历史新高。银行业金融机构资产规模不断扩大。截至 2019 年末，银行业本外币资产总额 4.16 万亿元，同比增长 7.94%。资本市场平稳发展。截至 2019 年末，共有 A 股上市公司 45 家，新三板挂牌企业 67 家，小额贷款公司 379 家，融资性担保公司 111 家，债券融券规模达 1259.27 亿元。保险业保持较快增长，2019 年原保险保费总收入为 644.92 亿元，同比增长 5.7%。社会融资规模增量再创新高。2019 年，全区社会融资规模增量达 5484 亿元，在全国排名第 16 位。金融组织体系不断完善，截至 2019 年共有银行业金融机构 173 家，金融机构网点 2200 多个，保险机构 43 家，保险机构网点 2200 多个，证券公司 29 家，证券营业部 187 家，私募基金管理人 84 家，融资性担保机构 108 家。

2. 金融创新能力不断增强

打造保险创新综合试验区。以南宁、北海、防城港、崇左为试点，在四个城市开展保险创新综合示范区建设，其中，南宁重点打造保险集聚区和保险创新产业园区，北海、

防城港利用港口优势构建完善航运保险全产业链，崇左利用沿边优势重点发展跨境车险和境外务工人员人身意外险，通过在体制机制改革和产品服务创新方面赋予上述城市先行先试政策，打造“一核（南宁）多点（北海、防城港、崇左）”的保险创新格局。

推进绿色金融改革创新试点。以南宁、柳州、桂林、贺州四个城市作为全区绿色金融改革创新试点城市，鼓励试点城市建立绿色金融企业（项目）库，支持试点城市金融机构开展绿色金融业务，进一步完善绿色信贷范围和统计标准，争创全国绿色金融改革创新示范区。

争取国家级农村金融改革创新试验区。全面推动“田东模式”升级，深化机构体系、信用体系、支付体系、保险体系、担保体系、村级服务体系六大体系建设，大力发展数字普惠金融，支持百色市向国务院申报金融服务乡村振兴试验区。

加快五年规划重点任务创新。目前，广西共完成取消企业银行账户许可、资本项目外汇收入结汇支付便利化、货物贸易名录登记业务电子化办理、创建保险创新综合试验区实施方案等金融体制机制改革 10 项；完成跨境区块链服务平台应收账款融资试点、金融机构依托国际贸易“单一窗口”提供金融服务、外币现钞调运资金头寸清算模式、跨境务工人员人身保险体系等金融产品和服务创新 12 项；中国—东盟金融城建设、移动支付先行区建设、边境口岸贸易结算互联互通体系建设等 16 项金融改革事项实现重大突破；面向东盟离岸信息港建设、设立广西合资证券公司、探索构建本外币合一银行账户体系等 38 项重点金融改革事项正在推进；设立保险创新产业园、设立广西振兴边疆股权投资基金、成立中国—东盟保险学院等 16 项金融改革创新事项正准备启动。

3. 跨境金融引领开放能力不断增强

2019 年，广西跨境人民币结算量 1570. 34 亿元，同比增长 20. 50%，连续 10 年在西部 12 省（区/市）和全国 9 个边境省（区）中排名第一；完成泰铢调运 1. 93 亿铢，越南盾现钞调运 752 亿盾，其中越南盾现钞调运规模较 2018 年增长 2. 23 倍；中越人民币现钞跨境累计调入量与 2018 年相比增长了近 24 倍；成功引入柬埔寨加华银行、工商银行金边分行、中国银行金边分行等境外银行参与人民币对柬埔寨瑞尔银行间市场区域交易；推动 13 家新加坡银行机构、10 家马来西亚银行机构成为人民币跨境支付系统的间接参与者；新增备案开展跨境人民币支付业务的非银行支付机构 9 家；推动广西银行业以银团贷款方式成功开展境外项目人民币贷款业务，建设银行广西分行、中国进出口银行广西分行、农业银行广西分行组成银团为马来西亚关丹钢铁项目提供超过 20 亿元贷款支持；指导跨国企业集团办理跨境双向人民币资金池业务 48 亿元，跨国企业集团境内外资金流通渠道不断畅通，面向东盟的人民币跨境结算和货币交易中心初显雏形。

4. 重大项目落地数量再创新高

启动金融大招商行动，持续推广“十个统一”招商模式，以“三企入桂”为重点，迅速引进一批金融重大项目，金融机构和金融要素不断集聚。2019 年，金融开放门户核心区——中国—东盟金融城新增 39 家持牌金融机构和重点金融企业，累计入户机构（企业）达到 60 家。中国人寿、中国太平、大地财险、平安集团、北部湾银行、国任财险、建信人寿等大型持牌金融机构和中国太平保险集团东盟保险服务中心、中银香港东南亚业务营运中心等区域性总部成功落户中国—东盟金融城；中国人保区域总部、交通银行金融创新联合实验室等一批重点项目正在加快推进；新加坡盛利理财公司、中国银行广西分行等多家金融机构的相关项目正在筹备推进。

5. 重大金融平台对金融发展的支撑力不断增强

按照《总体方案》中国家赋予广西的九大方面 27 项任务，以及《广西建设面向东盟的金融开放门户五年实施规划》确定的 131 项金融改革举措，广西集中力量，集聚资源，全面推进绿色金融改革创新示范区、保险综合创新示范区建设，谋划启动跨境金融创新示范区、金融服务乡村振兴示范区；加快区域性货币交易清算中心、区域性人民币离岸金融中心、跨境金融中介服务中心、跨境投融资中心建设；推动打造财富管理服务基地、金融后台服务基地、金融交流培训基地和金融信息服务基地；建设黄金产业交易市场、中国—东盟大宗商品现货交易市场、区域产权交易市场和区域股权投资市场。目前，上述重大金融发展平台成为广西金融开放门户建设的重要支撑力量，助推广西金融业高质量健康平稳发展。

6. 特色鲜明的金融集聚区逐步形成

根据各市金融发展基础，结合各市经济发展优势，积极推动有条件的地区先行先试，探索金融改革经验，一批特色鲜明的金融集聚区初步成形。南宁市不断加快面向东盟的金融开放门户核心区建设进度，以中国—东盟金融城为载体，初步形成金融总部集聚区、金融信息服务区、金融营运服务区和科技金融产业区“一城四区”的金融发展格局；北（海）钦（州）防（城港）依托港口优势，重点打造区域性国际航运金融中心；其他地市则依托自身优势，积极探索自下而上的金融改革创新，形成各具特色的金融创新示范区和金融创新基地。例如，柳州、来宾建设产融结合示范区，防城港、崇左等建设跨境金融创新示范区，百色、玉林建设金融服务乡村振兴示范区，桂林、河池建设旅游金融创新基地，贵港、梧州建设中小微企业金融创新基地，贺州打造东融先行示范区等。

（二）呈现的亮点

1. 金融开放门户与其他国家战略实现有机联动

加大金融开放门户、广西自由贸易试验区、西部陆海新通道三大国家战略间的有效联动，推动三者融合发展、一体发展。建设西部陆海新通道金融综合信息系统，印发实施《金融支持西部陆海新通道建设的若干政策措施》，成立西部陆海新通道建设金融服务部，推动金融开放门户与西部陆海新通道的有效联动，提高金融服务西部陆海新通道建设能力。结合中国（广西）自由贸易试验区建设，制定出台《关于金融支持中国（广西）自由贸易试验区建设的指导意见》《关于支持中国（广西）自由贸易试验区建设的金融服务方案》，实施资本项目收付支付便利化试点等 12 项便利化措施，在广西自贸试验区内允许诚信优质企业直接办理跨境贸易投资人民币结算，开展跨境金融区块链服务平台试点，推进中国—东盟跨境金融合作示范工程，中马“两国双园”金融创新试点、中国—东盟金融中心、广西—新加坡跨境金融合作试点、中国—东盟金融合作学院四项重大项目，强化金融支持自贸区建设力度。

2. 重点突出扩大人民币在东盟国家的使用

无论是沿边金融综合改革试验区建设还是金融开放门户建设，广西推进金融改革、加快金融开放的初衷如一，即通过建立金融开放门户，扩大人民币在东盟国家的使用，从而为我国人民币的国际化贡献力量。《总体方案》中更是明确指出要通过金融开放门户建设，使人民币东盟区域化水平进一步提高。在重大金融创新工程中，广西重点推进和打造的“四个四”金融发展平台，都直接或间接为了扩大人民币在中国与东盟对外贸易、跨境融资、直接投资中的使用范围。在《五年实施规划》具体的 131 项金融改革任务中，约有半数都是与跨境金融业务直接相关。2019 年，完成了推动金融机构依托国际贸易“单一窗口”提供金融服务、发展非银行支付机构在广西提供跨境人民币结算、扩大与越南商业银行人民币业务往来、推动广西银行业金融机构人民币贸易融资资产跨境转让、完善广西外币现钞调运资金头寸清算模式、扩大跨境资金池应用、推动银行业金融机构开展依托人民币 NRA 账户的跨境金融创新、为越南入桂务工人员开设人民币账户、开展跨境区块链服务平台应收账款融资试点、完善跨境务工人员人身保险体系、推广“先放行、后缴税”的关税保证保险便利通关服务模式等 11 项金融产品与服务创新，制定《广西自律机制优质企业跨境人民币结算便利化方案》《广西跨境金融创新工作指引》《关于扩大人民币跨境使用促进贸易投资便利化的指导意见》，鼓励金融机构创新跨境人民币金融业务；成功争取将中国—东盟银联体高官会议永久会址设在广西；强化与东盟国家的金融合作，拓展跨境反假货币、反洗钱、征信合作，推动边境银行与越方银行机构签订 12 份反假合作协议（备忘录）、签订首个中越金融机构跨境合作备忘录等，人民币国际化的东盟通道正在形成。

3. 发挥地缘优势搭建中国—东盟双边金融开放平台

金融开放门户重点聚焦东盟，面向东盟开展金融创新，搭建金融平台，助推中国—东盟双边经贸发展。积极举办中国—东盟金融合作与发展领袖论坛，并根据形势发展积极谋划打造升级版的金融合作与发展领袖论坛，推动论坛全面升级，更好服务广西金融改革发展需要，力争打造成为中国与东盟之间金融界共谋合作、互利互信的重要平台；积极举办中国—东盟保险合作与发展论坛，加快论坛提升，突出中国与东盟及亚洲周边国家和地区保险监管与业务合作，完善监管联动机制和会商机制，以跨境保险创新服务中国—东盟经贸发展。充分利用广西政府与越南边境四省联合工作委员会沟通交流平台，强化与越南的跨境征信、反洗钱、金融人才交流等方面的金融合作，不断扩大与越南金融管理部门的交流平台，以金融合作助推经贸合作。充分利用中国—东盟银联体高官会议这一平台，加快与东盟之间开展金融合作，促进二者之间的相互贸易与投资。

4. 突出边境特色金融服务

金融开放门户突出广西沿边特色，立足边境贸易，形成了具有广西特色的一系列金融创新。银行产品和服务方面，推动越南入桂务工人员开设人民币账户，在认可越南居民持《越南社会主义共和国出入境通行证》入桂务工合法化的基础上，在自贸试验区崇左片区试点将上述通行证作为越南务工人员开立个人人民币银行账户的有效证件，目前，多家银行已为长期、稳定的越南入桂务工人员开设了人民币账户并正常使用。推动边境口岸贸易结算互联互通平台建设，边民互市贸易结算已经实现在线核验、全程电子化办理，办理时间缩短至 1 分钟以内，进一步提升贸易的便利化水平。在跨境车辆保险方面，不断推动跨境车险流程、服务和单证创新，跨境车辆保险总体规模位居全国前列，累计为 11 万次跨境车辆提供 101 亿元风险保障；跨境劳务人员人身保险方面，对跨境务工人员人身意外险进行提档升级，将保障范围由意外伤害扩展至意外死亡和疾病医疗，2019 年共为 15.27 万跨境务工人员提供了 271.10 亿元的风险保障。关税保证保险方面，创新推出进出口贸易“先放行、后缴税”的关税保证保险便利通关服务模式，人保财险仅 2019 年前三季度就累计出具了 348 笔关税保证保险保单，为企业释放关税保证金近 7 亿元。

5. 积极总结金融改革开放经验

作为中国面向东盟的国际大通道以及“一带一路”有机衔接重要门户，广西金融改革使命从建设沿边金融综合改革试验区时期的“为我国深入推进金融改革开放提供经验借鉴”到建设面向东盟的金融开放门户时期的“为我国全面深化金融改革开放探索可复制可推广的经验”，始终都承担着我国边境地区金融改革和开放的试验田，总结、传播沿边地区金融改革和开放经验的角色。广西沿边金融综合改革形成的“人民币对越南盾银行柜台挂牌‘轮值定价’‘抱团定价’的‘东兴模式’”“农村金融改革‘田东模式’”“跨境车辆险、跨境劳务险等保险创新”等十大可复制可推广经验释放出的改革红利和制度红利，为其他地区的金融改革开放提供了宝贵的可资借鉴的经验。金融开放门户建设中，广西将再接再厉，拿出更多务实创新的金融改革举措，以更加积极的姿态，勇于担当，大胆试，大胆闯，为我国全面深化金融改革开放探索更多可复制可推广的经验。而根据目前广西的金融改革形势和广西已经推动的重大金融改革事项，我们有理由充分相信，在建设金融开放门户的过程中，广西的金融改革开放完全可以向党和国家交出更完美的答卷，为全国金融改革开放作出更大的贡献。

二、基于门槛回归模型的金融开放门户经济影响分析

（一）确立模型

1. 门槛回归模型

本章使用汉森（Bruce E. Hansen）提出的面板门槛回归模型开展研究，分析在门槛变量的不同水平下，广西区内 14 个地级市金融开放门户建设对当地经济增长的影响变化，首先建立金融开放与经济增长的基准模型与单重门槛模型：

$$y_{it} = \beta_0 + \beta F_{it} + \theta X_{it} + u_i + \lambda_t + \mu_{it} \tag{4.1}$$

$$y_{it} = \alpha_i + \theta X_{it} + F_{it}\beta_1 I(q_{it} \leqslant \gamma) + F_{it}\beta_2 I(q_{it} > \gamma) + \mu_{it} \cdots \tag{4.2}$$

模型（4.1）为面板数据回归基本模型，是基准模型。其中，y_{it} 代表地级市的人均 GDP，F_{it} 变量为金融开放指标，是我们的主要研究对象，X_{it} 变量代表控制变量矩阵，u_i 为个

体效应，λ_t 为时间效应，μ_{it} 变量为独立同分布的固定效应随机扰动项，变量 i 代表各个地级市，变量 t 代表年份。式（4.2）是单重门槛模型，q_{it} 表示门槛变量，且该变量不包含在解释变量里，γ 为门槛值。在式（4.2）中，当 $q_{it} \leqslant \gamma$ 时，F_{it} 的系数为 β_1；当 $q_{it} > \gamma$ 时，F_{it} 的系数为 β_2，I 为示性函数。也就是说，当门槛变量处于不同区间时，金融开放对经济增长的影响会有所不同。模型具有门槛作用，即仅当 $\beta_1 \neq \beta_2$ 时，门槛回归模型才会成立。

2. 模型的估计及检验方法

在门槛回归模型中，最主要的问题分别为：一是估计门槛值；二是检验门槛效应是否存在。

（1）估计门槛值

为了消除个体的固定效应，对式（4.2）进行去均值处理，得到：

$$y_{it}^* = \theta X_{it}^* + F_{it}^*\beta_1 I(q_{it} \leqslant \gamma) + F_{it}^*\beta_2 I(q_{it} > \gamma) + \mu_{it} \tag{4.3}$$

变换后模型可表示为向量形式：

$$Y^* = X^*(\gamma)\beta + U^* \tag{4.4}$$

于是，通过最小化式（4.4）残差平方和，即可得到门槛值 γ 和模型其他参数的估计值。

$$SSE(\gamma) = (Y^* - X^*(\gamma)\beta)'(Y^* - X^*(\gamma)\beta) \tag{4.5}$$

则门槛值 γ 的最小二乘估计值为 $\hat{\gamma} = \mathrm{argmin}SSE(\gamma)$，估计残差向量为 $\hat{\mu}^* = \hat{\mu}^*(\hat{\gamma})$、估计残差方差为 $\hat{\sigma}^2 = \mu^{*\prime}\mu^*/(N(T-1)) = SSE(\hat{\gamma})/(N(T-1))$、估计回归系数为 $\hat{\beta} = \hat{\beta}(\hat{\gamma})$。

（2）模型检验

对于式（4.2），只有存在门槛值，模型才具有门槛效应。因此，需要对模型进行检验。原假设和备择假设分别用 H_0、H_1 表示，则：

$$H_0: \beta_1 = \beta_2,\ H_1: \beta_1 \neq \beta_2$$

当存在门槛效应时，此时不同区间下的系数 β_1 和 β_2 取值不相同，即 $\beta_1 \neq \beta_2$，则拒绝原假设；当不存在门槛效应时，即 $\beta_1 = \beta_2$，则接受原假设，模型为线性模型。汉森主要通过计算不存在门槛值效应时的残差平方和 SSE_0，以 F 检验来检验原假设是否成立。由于传统的参数检验的大样本不服从卡方分布，因此可以以 Bootstrap 法模拟 F 检验的一阶渐近分布，通过检验原假设是否成立。

（二）指标变量

1. 金融开放度

金融开放度是本文的指标变量，也是模型的核心解释变量。通过前文文献分析提出的当前金融开放度主要测量方法，结合数据的可获取性、指标体系的权威性，本章借鉴韩越等（2018），张海军和张志明（2020），利用广西各市实际外商直接投资和金融机构外币存款构建金融开放度指标，即金融开放度指标 ifo =（外商直接投资+金融机构外币存款）/本地区 GDP。

2. 其他指标变量

（1）门槛变量

金融发展指标：采用金融机构本外币存款余额+金融机构本外币贷款余额/地区 GDP 作为衡量地区金融规模（fscale）的指标。金融机构本外币贷款余额/金融机构本外币存款余额作为衡量地区金融效率（fefficy）的指标。

经济发展指标：采用实际 GDP 作为衡量经济发展水平的指标。

（2）被解释变量

被解释变量主要是各市人均地区生产总值（pgdp）。

（3）其他控制变量

本章的控制变量主要有 5 个：政府支出，即政府公共预算支出；固定资产投资，资本形成总额的代理变量；社会消费品零售总额，消费支出的代理变量，以上三个变量与经济增长理论上存在正相关关系。外贸依存度，即进出口总额占地区生产总值的比重，该指标可以在贸易方面反映一个国家或地区的经济金融开放程度，并对其经济增长影响较大。其中，人均地区生产总值、政府公共预算支出、固定资产投资、社会消费品零售总额均以 2010 年为基期进行调整，为了减少波动，均进行取对数处理。

（三）变量描述性统计和平稳性检验

本章运用广西 14 个地级市 2010—2019 年的面板数据，资料来源于 2011—2020 年《广西统计年鉴》和《中国城市统计年鉴》。其中，2018 年各市地区生产总值和 2010—2019 年社会消费品零售总额为调整后数据。实际外商直接投资为商务部口径。变量描述性统计特征如表 4-1 所示。

表 4-1　模型变量描述性统计

变量	观测值	均值	标准差	最小值	最大值
人均 GDP（lpgdp）	140	10.26	0.44	9.47	11.27
投资支出（linvest）	140	6.69	0.64	5.34	8.4
财政支出（lfexpend）	140	5.27	0.55	3.96	6.67
社会消费（lconsp）	140	5.49	0.84	3.97	7.62
金融规模（fscale）	140	1.97	0.89	1.16	5.59
金融开放（ifo）	140	0.01	0.01	0	0.05
贸易开放（ito）	140	0.23	0.42	0.01	2.49
地区生产总值（lrgdp）	140	6.78	0.58	5.69	8.25
金融效率（fefficy）	140	0.7	0.15	0.51	1.34

对面板进行平稳性检验，运用 IPS 面板单位根检验方法，具体检验结果如表 4-2 所示。可以看出在 5%显著水平下，所有面板数据均不平稳，但一阶差分之后的面板数据均为平稳数据。

表 4-2　各变量面板单位根检验结果

变量	t 检验值	p 值	是否平稳	一阶差分后 t 值	一阶差分后 p 值	是否平稳
人均 GDP（lpgdp）	0.78	0.78	否	-2.14	0.02	是
实际 GDP（rgdp）	3.66	1	否	-2.19	0.02	是
固定资产投资（linvest）	0.53	0.70	否	-8.32	0.00	是
政府支出（lfexpend）	-0.04	0.48	否	-3.90	0.00	是
社会消费（lconsp）	2.89	1	否	-2.38	0.01	是
外贸依存度（ito）	3.07	1	否	-7.29	0.00	是
金融规模（fscale）	0.62	0.73	否	-2.42	0.01	是
金融支持（fsupport）	0.58	0.72	否	-4.63	0.00	是
金融开放度（ifo）	-1.53	0.07	否*	-6.38	0.00	是

注：金融开放度（ifo）水平值在5%水平下不能拒绝存在面板单位根假设。

由于以上面板数据均包含单位根，为防止出现伪回归现象，下面进行面板数据的协整检验，采用异质面板的 Westerlund 检验，由表 4-3 可以看出，Westerlund 检验拒绝了没有协整的零假设，即表明上述面板数据之间存在协整关系。

表 4-3　面板数据协整检验结果

Westerlund test for cointegration

Ho: No cointegration	Number of panels = 14	
Ha: Some panels are cointegrated	Number of periods = 10	
Cointegrating vector: Panel specific		
Panel means: Included		
Time trend: Included		
AR parameter: Panel specific		
Variance ratio	Statistic	p-value
	3.3893	0.0004

（四）实证结果

1. 基准回归结果

本章面板数据为短面板（T<N），在进行误差项截面相关、异方差和自相关检验后，发现本章面板数据同时存在上述三大问题，再经过 Hausman 检验后，最终确定基准模型为双边固定效应模型，模型的参数估计值如表 4-4 所示。

表 4-4　基准模型参数估计值

lpgdp	Coef.	Std. Err.	t	P>t	[95%Conf.	Interval]
linvest	0.131	0.028	4.690	0.001	0.068	0.195
lfexpend	0.173	0.028	6.070	0.000	0.108	0.237
lconsp	0.471	0.053	8.910	0.000	0.351	0.590

续表

lpgdp	Coef.	Std. Err.	t	P>t	[95%Conf.	Interval]
ito	-0.021	0.021	-1.030	0.328	-0.068	0.025
fscale	-0.080	0.041	-1.960	0.081	-0.171	0.012
fefficy	0.238	0.112	2.110	0.064	-0.017	0.492
ifo	-0.198	0.323	-0.610	0.554	-0.928	0.532
year2	-0.011	0.006	-1.660	0.130	-0.025	0.004
year3	-0.005	0.005	-0.960	0.365	-0.016	0.006
year4	0.017	0.003	5.150	0.001	0.009	0.024
year5	0.015	0.005	3.110	0.013	0.004	0.026
year6	-0.007	0.006	-1.200	0.260	-0.019	0.006
year7	-0.009	0.006	-1.580	0.148	-0.023	0.004
_cons	5.885	0.118	49.960	0.000	5.618	6.151

从表4-4中可以看出，核心解释变量金融开放度（ifo）的估计系数为-0.198，但不显著。这表明就广西14个城市平均而言，当前金融开放对经济增长还没有产生显著的影响。金融规模（fscale）的系数在10%水平下显著为负，表明当前金融规模对经济增长存在显著负效应，其原因可能在于金融机构对金融负债（本外币存款）的使用效率较低。金融效率（fefficy）的回归系数在10%水平下显著为正，表明金融效率的提升会对地区经济增长产生显著的正向促进作用。固定资产投资（linvest）、社会消费（lconsp）和政府支出（lfexpend）对经济增长均有显著正向效应，这与经济理论相一致。此外，外贸依存度（ito）的回归系数为负，但也不显著。可能的原因是，广西的进出口贸易有相当一部分为过境贸易，对本地经济影响作用有限。如崇左市2019年进出口贸易总额为地区生产总值的2.49倍。

2. 门槛回归结果

基准模型中，平均而言，金融开放对广西14个城市的经济增长存在不显著的负效应，但金融开放是否对处于不同经济或金融发展水平下的城市具有不同效应——门槛效应并不明确，下面建立门槛回归模型，对此进行探讨。本研究先后将金融规模、金融效率和地区生产总值作为门槛变量，用于考察上述变量是否超出某个门槛特征，金融开放才会促进广西城市的经济增长。分别就金融规模、金融效率和地区生产总值3个变量进行双门槛和单门槛情况下的门槛回归，验证其是否存在门槛效应。具体做法是，经过300次的Bootstrap抽样得到具体的F统计量和其临界值。结果发现，金融规模和金融效率不存在门槛效应，只有地区生产总值在5%的显著性水平下存在单门槛效应，如表4-5所示。

表 4-5 门槛效应的显著性检验

变量	F 值		P	F 临界值		
				10%	5%	1%
金融规模	单重门槛效应检验	4.21	0.75	16.32	22.30	45.46
	双重门槛效应检验	9.52	0.37	19.24	22.73	41.42
金融效率	单重门槛效应检验	17.07	0.10	16.95	20.28	26.53
	双重门槛效应检验	8.08	0.40	13.88	15.82	23.48
地区 GDP	单重门槛效应检验	22.30	0.01	15.34	17.98	22.53
	双重门槛效应检验	7.44	0.49	14.57	17.38	22.93

因此，金融开放度与地区经济增长在地区生产总值门槛变量下适合单门槛模型，即模型在地区生产总值的不同区间存在非对称关系，ofi 的系数具有不同的估计值。估计得到的地区生产总值门槛值（对数值）为 6.52 亿元，95%的置信区间为（6.50，6.54）。

表 4-6 金融开放门槛效应模型

被解释变量	人均 GDP（lpgdp）
固定资产投资（linvest）	0.115*** （4.90）
政府财政支出（lfexpend）	0.149*** （3.43）
社会消费（lconsp）	0.487*** （8.64）
对外贸易依存度（ito）	-0.0284 （-1.37）
金融效率（fefficy）	0.240*** （4.24）
金融规模（fscale）	-0.0677*** （-4.21）
0._cat#c.ifo	-1.581*** （-2.73）
1._cat#c.ifo	1.291** （2.21）
截距（_cons）	6.001*** （47.25）
N	140

注：括号内为 t 值。

下面对门槛估计值的真实性进行检验，根据图 4-1 可以直观地看到，似然比统计量 LR 是门限变量的函数，显著性水平为 5%时水平线即 LR 统计量区间上限取值为 7.35，当 LR 小于 7.35 时，我们便确定了门限值的置信区间，令 LR=0，即可确定所对应的门槛值为 6.52 亿元。

门槛效应模型的估计回归模型结果（见表 4-6）显示，当经济发展程度低于门槛值时，金融开放度对地区人均 GDP 的回归系数为-1.58，在 1%水平下显著，即当地区生产总值（2010 年为基期）对数值不超过 6.52 亿元，地区生产总值（2010 年为基期）不超过 675.52 亿元时，金融开放对地区经济增长存在显著负效应。当地区生产总值超过门槛值时，金融开放度对地区人均 GDP 的回归系数为 1.29，在 5%水平下显著，即当地区生产总值超过 675.52 亿元时，金融开放对地区经济增长具有显著正向效应。此外，门槛模型中给出了其他解释变量的系数估计值，参数符号和显著性水平与基准模型保持一致。

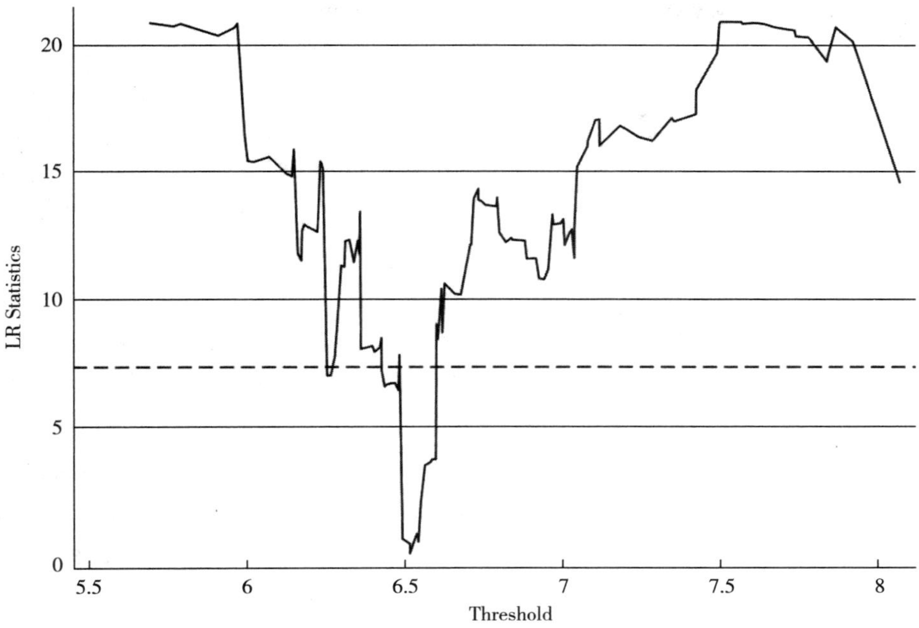

图 4-1　门槛估计值的真实性检验

3. 模型结果应用

门槛模型回归结果表明，对广西 14 个城市而言，金融开放对地区经济增长的影响表现为两种区制，即金融开放门户建设是否促进地区经济增长，根据不同区制表现为不同的结果。当以地区 GDP 作为门槛变量时，存在着一个门槛值：675.52 亿元。金融开放门户建设对经济增长的影响在以 675.52 亿元为门槛的 2 个区制分别呈现出强抑制和强促进的作用。

通过分析以上模型门槛回归结果，结合广西各个城市在经济、金融发展的具体表现，综合而言，门槛回归结果与现实情况基本一致，具有较高准确度。根据门槛变量的不同区间，将广西 14 个城市划分为两种类型，一类是南宁、柳州、桂林、梧州、玉林等经济总量较高，经济发展水平相对较高的城市；这些城市 2010—2019 年全部或绝大部分时期地区生产总值高于门槛值。另一类是河池、贺州、来宾等经济总量偏低的城市，这些城市 2010—2019 年绝大部分或全部时期地区生产总值低于门槛值。

经济总量较高的地市，金融发展水平较好、金融开放程度也较高。如南宁市作为广西的经济金融中心，其金融开放程度位居广西第一，金融开放水平逐年上升的同时，金融开放对地区经济增长能起到显著促进作用。而经济总量偏低的城市，如河池、贺州、来宾等，金融发展水平较低、金融开放对地区经济增长的效应显著为负，其原因可能在于对金融资源配置效率较低，导致地区的有效资本形成不足，从而金融资产的增长却没有形成相应的 GDP 增长。

自沿边金融改革以来，广西一方面加大营商环境改善力度，比如加快金融制度创新、监管措施完善、增强法治意识、扩大招商引资等；另一方面则在金融发展水平较高的地区如南宁市、边境三地市试点开展金融开放门户建设创新工作，积累可复制可推广的经验成果。结合模型分析结果，从广西全区的角度来看，未来经济发展程度较高的城市，可以采取较大力度的金融开放措施，金融开放带动经济增长的效应非常明显；经济发展水平偏低的城市，其采取金融开放措施则要较为谨慎，因为金融开放对地区经济增长会产生显著负效应，不宜大幅推进金融开放门户建设，应当重点夯实经济基础，有序稳妥进行金融开放建设。

4. 金融开放门户建设对经济增长效应的影响

（1）满足一定条件的金融开放门户建设会促进经济增长

从本章整体研究成果来看，金融开放门户建设有可能促进经济增长，但要满足一定的条件。具体来说，当一个地区的经济发展水平较高时，金融开放门户建设就会对本地区的地区经济增长起到明显的正向作用，即经济发展水平越高，金融开放对经济增长的促进作用越明显。对广西而言，扩大金融开放门户建设势在必行，既要加大推进金融各领域的对外开放，持续深化金融改革，又要注重防范金融风险。通过改善社会治理水平，营造良好的发展环境，提升金融发展水平，进一步推动金融改革开放，从而促进广西经济增长，更好地服务于与东盟国家的高质量交流发展战略要求。

（2）金融开放门户的经济增长效应存在门槛值

本章基于广西 14 个城市的数据得出：当地区生产总值作为门槛变量时，金融开放门户建设与经济增长的关系呈现两种区制，即存在门槛值：675. 52 亿元。当某一城市的地区生产总值小于 675. 52 亿元时，对外金融开放门户建设对经济增长呈现出强抑制作用；当某一地市的金融发展水平大于 675. 52 亿元时，金融开放对地区经济增长呈现出强促进作用。

（3）广西现阶段金融效率提升显著促进地区的经济增长

本研究同时发现，当前广西金融效率对地区经济增长具有显著正效应，金融效率越高就意味着金融机构本外币存款中转化为贷款的比例也越高，有更多的资金进入生产领域，促进地区投资，进而推动地区经济增长。

（4）广西现阶段金融规模（发展水平）抑制金融开放门户的经济增长效应

广西的金融发展水平表现较好，与发达地区的差距在逐年缩小，这与广西经济发展实际情况基本符合。但是广西的金融发展仍存在金融市场主体不完善、金融市场化水平较低、金融服务实体经济动能缺乏等缺陷，使得金融开放门户建设可能存在负效应。此外，广西的金融发展速度不断加快，自由贸易区与西部陆海新通道建设也将推动金融对外开放水平不断提高，相信在广西不断加大改革力度、完善金融体系的促进下，广西的金融发展水平会在近两年得到较快发展。

三、强化金融开放门户经济效应的政策建议

根据门槛模型的实证分析可以看出，广西的金融发展水平以及社会治理水平会抑制

门户的经济增长效应，因此，要强化门户经济增长效应，需要进一步加快全区金融业发展水平以及创造良好的营商环境。

（一）积极推动跨境金融

1. 加快面向东盟的跨境人民币业务创新

以口岸互联互通、离岸金融、清算结算等重大平台建设为重点，以本外币合一的银行账户管理体系、中马钦州产业园“一揽子”创新试点、贸易外汇收支便利化试点、跨境金融区块链服务平台应用等为抓手，加快推动人民币面向东盟的跨区域使用。加快离岸人民币中心建设，以中银香港东南亚业务运营中心、交通银行离岸金融业务分中心为载体，加强广西商业银行与东盟国家银行间的合作，加强在岸、离岸市场的良性互动，不断扩大人民币离岸业务规模。加快货币交易清算中心和面向东盟国家的货币现钞调运中心建设，推动建立跨境资金结算平台，向境内外提供以人民币计价和结算的金融服务，不断扩大人民币跨境使用。不断拓宽东盟国家投资者跨境投融资渠道，支持广西商业银行与东盟同业建立代理关系，试点开展非上市股权、不良资产等非标准化资产的跨境转让，开展满足境外资金合理的保值增值需求的业务创新。

2. 推动面向东盟的跨境保险创新

以崇左、东兴等沿边城市为重点，聚焦跨境务工人员人身保险、跨境机动车辆保险、出口信用保险、跨境航运保险、跨境电子商务保险等，不断完善支持政策体系和基础设施，力争形成可复制可推广经验，打造形成面向东盟的保险要素集聚区。

（二）大力发展资本市场

1. 加大上市企业培育

建立健全上市企业培育储备机制，深入挖掘各产业中的优秀企业强化上市培训，力争培育成为上市和挂牌企业。抓紧制定广西资本市场发展规划，突出主板、中小板、新三板、创业板、科创板“多板齐上”，加快本地资本市场发展。加快推动竞争力较强、主导产业突出的企业在沪深主板市场上市。加快推动成长性好、科技含量高的中小型高科技企业在中小板市场、科创板上市。积极培育规模不大的“两高六新”中小企业在创业板或者新三板市场上市。积极培育关键核心技术创新能力的企业，为推动在科创板上市做好准备。鼓励适合在境外市场融资的企业到美国、新加坡以及中国香港等境外市场上市。

2. 进一步发展债券市场

丰富债券品种，发展公司债券、企业债券、项目收益债、非金融企业债务融资工具等，大力支持自治区重点投资项目以债券市场筹措资金。积极支持企业通过资产证券化、可续期公司债券、绿色公司债券、市政公司债、创新创业债券、集合债、中小企业私募债、并购私募债、境外人民币债券、非金融企业债务融资工具等新型债务融资工具拓宽直接融资渠道。

3. 发展股权投资基金

制定税收减免、行政审批、补贴奖励等一揽子优惠政策在内的股权及创业风险投资扶持办法，鼓励和吸引风险投资、私募基金、天使投资、创业投资等各类股权投资基金在五象新区金融总部基地设立总部或分支机构，发起设立各类股权投资基金，为企业提供覆盖全生命周期的投融资服务。制定符合发展战略的风险投资重点产业及细分领域指导目录，促进创业投资基金和产业投资基金快速发展。加快已有引导基金运作步伐，建立创业投资风险补偿及退出机制，扶持广西优势产业和战略性新兴产业发展。

此外，要充分利用广西食糖、蚕丝绸等农产品优势，加大整合现有大宗农产品交易市场，联合郑州期货交易所等国内外知名商品交易所，加快建设中国—东盟大宗商品现货交易市场；依托广西丰富的黄金资源，积极与广西黄金公司开展对接，协助其尽快出台黄金产业交易市场建设方案，加快推进建设黄金产业交易市场以及加快区域产权交易市场、区域股权投资市场建设，形成完善的金融开放市场体系。

（三）促进市场主体多元化发展

1. 持续实施“引金入桂”战略

大力引进积极争取更多面向东盟的中外资银行、证券、保险、基金、期货、信托等金融机构总部、分支机构、中后台服务机构入驻南宁，推动中外资携手在广西设立面向东盟的合资银行、证券、保险、基金等类型金融机构，重点打造南宁成为我国面向东盟的外资金融机构密集布局重点城市。加大金融开放门户宣传力度及配套措施的制定实施，争取浙商银行、恒丰银行等全国性金融机构来广西设立省级分支机构，实现全国性金融机构在广西的全覆盖。

2. 强化本地金融机构培育

加快推动设立民营银行、消费金融、合资证券、融资租赁等各类法人金融机构，不断完善金融组织体系。研究制订设立民营银行的具体方案，支持相关发起主体积极开展设立工作。研究设立服务于东盟地区的创新型证券期货经营机构，开展跨境承销与保荐、经纪、资产管理、咨询等业务，争取各交易所在广西设立各类大宗商品交割仓库，支持设立证券期货经营机构，争取设立全国性保险专业中介法人机构、专业性保险法人机构以及地方人寿保险法人机构，吸引保险机构在五象总部基地设立区域性总部、信息中心、后援中心、培训基地，支持设立金融租赁公司、消费金融公司、信托公司、财务公司等非银行金融机构，支持消费金融、科技金融、结算中心等新兴业态的发展，形成高效、完备的金融组织体系。

（四）加大金融招商引资力度

不断完善金融招商模式，进一步强化金融大招商，在全区推广“十个统一”招商模式的基础上，强化信息支撑，加快开发全区金融招商引资信息系统，构建“互联网+金融招商”模式，实现招商项目实时收集、快速反馈、全程跟进、快速落地，实现自治区与各设区市、重点园区金融招商团队的无缝对接、招商项目与进度的线上线下无缝对接。加快组织专题招商、以商招商。针对“四个四”重大金融平台、绿色金融创新综合试验区、保险创新综合试验区等金融开放门户建设重大主题开展专题招商，举办不同主题的招商大会，落实金融招商、以商招商的奖励制度。加快中国—东盟金融城建设招商。根据“一轴两翼、一城四区”的空间布局规划，围绕外资银行、金融科技、金融大数据、保险创新、跨境支付等，加快金融机构在中国—东盟金融城设立分支机构、后台运营服务基地、面向东盟的区域总部或业务中心，推动中国—东盟金融城金融总部集聚区、金融运营服务区、科技金融产业区和金融信息服务区建设。

（五）进一步提高金融服务实体经济动能

以南宁、柳州、桂林、贺州等自治区绿色金融改革创新示范区创建城市为重点，围绕“双百双新”产业、糖业、林业等重点产业，加快探索金融制度、组织、市场、产品、服务、保障措施等创新，加快推动金融支持全区经济新旧动能转换和产业提档升级。重点鼓励银行业金融机构将其产业项目企业列为总行级、分行级重点客户，优化信贷业务创新，采取供应链金融、银团贷款、联合授信、并购贷款、投贷联动、银保互动等方式加大对“双新双百”产业尤其是新一代信息技术、生物医药和医疗器械、智能装备制造、新材料、节能环保等战略性新兴产业以及未来产业的信贷支持。统筹产业、金融、财政、环保政策，加快推进绿色信贷、绿色债券、绿色保险、绿色基金等领域的改革创新，加快探索金融支持糖业、林业、化工、有色金融等传统产业绿色转型升级模式，推动全区经济增长模式向绿色转型。

（六）推动金融开放门户与其他重大战略协同发展

加大金融开放门户与中国（广西）自由贸易试验区、西部陆海新通道、中国—东盟信息港三大国家战略间的有效联动，推动政策集成创新，实现“四位一体”发展。

1. 加大金融开放门户建设与中国（广西）自由贸易试验区建设间的有效联动

以加快推进人民币在东盟国家的跨境使用为重点，强化金融改革创新、先行先试，积极支持金融机构开展跨境发债、跨境投资并购和跨境资金集中运营等金融服务创新，支持自贸区内符合条件的企业试点实施资本项目外汇收入支付便利化业务，不断提升涉外企业跨境贸易和跨境投资的自由化便利化水平，推动中国（广西）自贸试验区建设迈上新台阶。

2. 加大金融开放门户建设与西部陆海贸易新通道建设间的有效联动

重点加大对铁路、公路、港口、航道等重大基础设施建设、物流中心站等重要节点和国际陆海联运基地建设的金融支持力度，不断拓宽融资渠道。开展有针对性的金融产品和服务创新，积极开展运单、仓单、账单标准化融资业务，加快建立物流金融综合一体化服务平台，推进金融机构和第三方金融仓储公司合作，构建铁海联运“一站式”融资服务。

3. 加大金融开放门户建设与中国—东盟信息港建设间的有效联动

依托中国—东盟信息港，加快建设面向东盟的金融大数据中心以及面向东盟的离岸信息港，加快在东盟地区布点建设云计算中心，为中国东盟金融开放合作提供数据存储、数据灾备等公共服务和基础支撑环境，为国内企业走出去提供金融信息。

（七）进一步深化对外金融开放合作

1. 推动与粤琼两省金融的协同发展

积极对接粤、琼，充分发挥粤港澳大湾区、海南自贸港和广西面向东盟的金融开放门户等国家战略优势，开展金融政策联合创新，推动金融创新政策共享，并及时复制推广相互之间金融改革创新最新成果。开展重点领域金融合作的先行先试。探索推动金融机构跨区域协作，建立跨省（区）联合授信机制，鼓励粤桂琼商业银行通过银团贷款、联合贷款等方式满足跨区域重大项目的资金需求等，推动金融资源跨区域配置；充分研究各自的比较优势与金融特色，探索优化区域金融产业分工与布局，推动三省（区）金融产业协同发展，并以金融资源的聚集促进北部湾城市群建设；积极开展金融跨区域改革开放试点，在粤桂合作特别试验区，探索开展金融业务同城化等试点，推动手机 PAY、二维码等移动支付在示范区交通、医院、旅游、教育、政府服务等公共服务领域逐步覆盖，推动金融设施互联互通；加快建立三省（区）公共信息共享、地方金融监管协作等信息沟通合作机制，合作防范金融风险，营造良好的金融协同发展环境。

2. 加大传统金融对外开放力度

大力支持设立民营银行，支持民营企业参与发起设立或增资扩股村镇银行，支持符合条件的民营资本发起设立非银行性金融机构，吸引民间资本进入广西银行业领域。加快对外开放步伐，鼓励符合条件的外国或外资银行在南宁设立中外独资银行、外商独资银行及分支机构，支持广西银行业同港澳、世界其他国家的金融合作与交流，鼓励地方法人引资引智结合引进国外战略投资者，支持银行业金融机构积极开展跨境项目贷款、并购贷款和财富管理等，拓展国际业务和开展国际合作。

3. 加快开放平台渠道打造

借助中国—东盟博览会、中国—东盟商务与投资峰会重要平台，升级中国—东盟金融合作与发展领袖论坛，争取与东盟国家轮流合办，考虑增设中国—东盟央行行长圆桌会议，设立论坛秘书处机构专司论坛事务，使论坛对推动中国—东盟金融合作发挥关键性、建设性作用，切实提高论坛质效，力争打造成为东盟国家积极参与和具有国际影响力的区域高端金融论坛。提升中国—东盟保险合作与发展论坛，突出中国与东盟及亚洲周边国家和地区保险监管及业务合作，完善监管联动机制和会商机制，以跨境保险创新服务国际经贸发展。充分利用广西与越南边境四省联合工作委员会这一平台，强化与越南的跨境征信、反洗钱、金融人才交流等方面的金融合作，扩大与越南金融管理部门的交流平台，助推经贸合作。充分利用中国—东盟银联体高官会议平台，进一步加大与东盟之间的金融合作，不断促进相互贸易与投资。加快推进中国—东盟金融合作学院、中国—东盟金融智库联盟、中国—东盟保险学院等交流合作平台建设，推动面向东盟国家的金融培训以及对东盟国家的技术援助常态化、实体化运行。

（八）不断优化金融发展环境

1. 进一步壮大人才队伍

要制定高层次金融人才引进优惠政策，完善相关配套政策，为金融门户枢纽建设创造良好的发展环境。

制定金融人才队伍建设规划。实施合理、动态的人才评价机制与积极有效的激励机制，深入推进专业技术人才管理制度改革，为全区金融引才、育才、用才工作提供顶层设计和指引。

进一步完善高层次金融人才引进、培养等政策。采取核心人才带动引进、重要人才重点引进等弹性方式引进高层次金融人才，尤其是具有国际视野、熟悉国际金融业务和规则的优秀人才，在工作、住房、社保、就医、子女教育等方面为其提供便利化服务，使人才引得进、留得住。

强化人才培养。与广西大学、广西财经学院等广西财经类重点院校以及区外金融类知名高校建立长期合作关系，采取专业进修、跟班学习、短期培训等方式联合培养金融人才；联合金融类高校、研究院所以及金融机构，共建金融智库，针对广西金融开放门户建设对金融人才的需求，设计、策划一批重大培训项目，以项目带动金融人才培养；建立本地金融人才到国内金融机构总部、金融监管机构的跟班学习和挂职培养制度；建立完善金融高级人才信息数据库，实施更新数据，完善金融人才培养的长效机制。

2. 深入推进营商环境优化

进一步加大政策支持，深入落实广西优化营商环境行动方案和行动计划，研究制定出台促进地方金融发展环境的相关实施细则。结合广西金融人才发展实际情况，进一步梳理完善现有金融人才奖励政策。用足用好广西金融开放门户专项资金，不断做好广西金融创新奖申报、评审和表彰等金融创新奖励工作。深入推进“放管服”改革，根据全区统一部署，做好涉及地方金融监管的小额贷款、融资担保公司等申请事项审批改革各项工作，减权放权、简化流程，加强事中事后监管。以广西自贸试验区为抓手，加快完善符合国际通行规则的跨境金融交易、投资和服务机制，打造政务环境宽松、法治环境公平和市场服务环境高效的金融营商环境，不断提升广西金融发展的软实力。完善金融突发事件应急机制和风险防范处置工作机制，排查和化解各类风险隐患，多渠道定期发布防范和打击非法金融活动相关风险提示，严厉打击金融违法行为，提升社会公众金融法治和风险防范意识，维护区域金融稳定有序。强化人民银行南宁中心支行、广西银保监局、广西证监局等金融监管部门与地方政府之间的工作协调，强化监管合力，提高监管有效性，做好系统性、区域性金融风险的防范。

3. 完善社会信用体系建设

有效整合银行、证券、保险、公安等部门的信用信息资源，加快完善征信系统的对接与联网，打造共建共享、互惠互利的信用平台。建设统一信用中心，加大全区信用信息的归集、共享和应用力度，建立联合奖惩统一发起与响应机制，为打造诚信广西提供硬件保障。建立健全诚实守信的正向激励机制，深入开展信用市、信用县、信用社区、信用乡镇、信用企业和信用村、信用户的创建活动，在全社会弘扬诚信意识，营造良好的信用环境。

4. 加大金融风险防范

加大金融监管部门之间的金融信息共享，建立统一的覆盖金融市场的各类主体的金融监管信息平台，强化监管合力。建立健全全区金融风险防范联席会议制度，定期对全区金融运行过程中可能出现的风险进行评估和研究分析。健全金融风险防范应急机制，制定相应的应急预案，完善金融稳定监测指标、金融风险预警指标体系，完善监管部门监管、金融机构内控、从业人员自律、社会舆论监督等多层次金融风险防范体系，增强处理金融突发事件和化解系统性风险的能力。完善风险处置机制，加大力度查处金融违法犯罪案件，严厉打击逃废债行为，依法打击各种金融诈骗违法犯罪行为，不断规范金融市场秩序。

参考文献

[1] 爱德华·肖．经济发展中的金融深化［M］．上海：格致出版社，2015.

[2] 杨英杰，刘海龙．习近平关于金融工作重要论述的理论价值与实践意义［J］．理论研究，2019，12（6）：5-13+61.

[3] 谢寿琼，韩健．中国金融开放的经济增长效应研究——基于金融发展溢出效应的视角［J］．武汉金融，2020（3）：3-9.

[4] 陈清，张海军．极化理论视角下金融发展与经济发展关系研究——“金融窖藏”说法的新回应［J］．经济与管理评论，2018（5）：114-129.

[5] 蓝发钦．中国资本项目开放的测度［J］．华东师范大学学报（哲学社会科学版），2005（2）：87-94.

[6] 张永升，杨伟坤，荣晨．金融开放与经济增长：基于发达国家与发展中国家的实证分析［J］．财政研究，2014，（3）：78-80.

[7] 杜秦川．金融全球化、门槛效应与中国经济增长：文献综述［J］．金融评论，2013（3）：112-126.

[8] 邓敏，蓝发钦．金融开放条件的成熟度评估：给予综合效益的门槛模型分析［J］．经济研究，2013（1）：120-133.

[9] 郭桂霞，彭艳．我国资本账户开放的门槛效应研究［J］．金融研究，2016（3）：42-58.

[10] 谢朝华，吴珍珠．我国金融发展与经济增长多元门槛效应检验［J］．价格理论与实践，2016（12）：135-138.

[11] 王舒健，李钊．金融发展与中国地区经济增长差异的互动关系［J］．上海金融，2007（5）：13-15.

[12] 张小波，傅强．金融开放对中国经济增长的效应分析及评价——基于中国1979—2009年的实证分析［J］．经济科学，2011（3）：5-16.

[13] 张小波．金融开放与宏观经济波动——基于修正的“三元悖论”框架的分析［J］．西南政法大学学报，2017，19（4）：103-112.

[14] 刘毅，曹锐钢．金融开放与经济增长效应研究的文献综述［J］．上海金融，2006（12）：8-11.

［15］张金清，赵伟，刘庆富．“资本账户开放”与“金融开放”内在关系的剖析［J］．复旦学报（社会科学版），2008（5）：10-17.

［16］姜波克．金融国家化进程中的风险问题研究［J］．学习与探索，2005（4）：16-17.

［17］姜波克．论开放经济下中央银行的冲销手段［J］．金融研究，1999（5）：1-4.

［18］范祚军．基于国家干预视角的泛北部湾区域金融合作推进［J］．广西大学学报（哲学社会科学版），2011，33（2）：1-7.

［19］马勇，王芳．金融开放、经济波动与金融波动［J］．世界经济，2018（2）：20-44.

［20］董骥，李增刚．金融开放水平、经济发展与溢出效应［J］．财经问题研究，2019（8）：70-79.

［21］Njikam O. Financial Liberalization and Growth in African Economies：Tht Role of Policy Complementarities［J］. Revie of Development Finance，2017，7（1）：73-83.

［22］Masten A B，Ccricelli F，Masten I. Non-linear Growth Effects of Financial Development：Does Financail Integartion Matter?［J］. Journal of International Money and Finance，2008，27（2）：295-313.

［23］Klein MW，Olivei G P. Capital Account Liberalization，Financial Depth，and Economic Growth［J］. Journal of International Money and Finance，2008，27（6）：861-875.

［24］King R. Levine R. Finance，Entrepreneurship and Growth：Theory and Evidencen［J］. Journal of Monetary Economics，1993（3）.

［25］Klenow，P. J.，Rodriguezclare，A. Economic Growth：A Review Essay［J］. Journal of Monetary Economics，2004，40（3）：597-617.

［26］Ahmed. Effects of Financial Liberalization on Financial Market Development and Economic Performance of the SSA Region：An Empirical Assessment［J］. Economic Modeling，2013（30）：261-273.

［27］Quinn D P，Toyoda A M. Does Capital Account Liberalization Lead To Growth?［J］. The Review of Financial Studies，2008，21（3）：1403-1449.

（执笔人：王水莲）

5. 广西建设面向东盟的金融开放门户的社会影响研究

2018 年 12 月 28 日，经国务院同意，中国人民银行等 13 部委联合印发了《广西壮族自治区建设面向东盟的金融开放门户总体方案》（以下简称《总体方案》），广西建设面向东盟的金融开放门户正式上升为国家战略，这是党的十九大以来国家批复的重要的全省域金融开放战略。

广西与东盟国家陆海相邻，地缘相近、人缘相亲、语言相通，交流合作日益密切，这正是广西建设面向东盟金融开放门户的优势。截至 2020 年 10 月，广西建设面向东盟的金融开放门户战略实施了近两年时间，广西与东盟的金融合作取得了巨大成效，边境贸易结算、金融机构互设、跨境银团贷款等各项业务都有了质的突破，有效地促进了双边经济贸易发展。与此同时，这一金融发展战略也产生了相应的社会影响，如广西的人口规模、生活环境、城市建设、居民心理等都发生了相应的变化。为推进《总体方案》的顺利实施，提高广西经济社会发展水平和居民的幸福感，开展金融开放门户建设对广西产生的社会影响研究有着重要意义。

一、广西金融开放门户建设社会影响调查研究

（一）指标体系选择

金融开放门户建设是一项非常复杂的经济社会活动，它体现着各种社会现象的交叉和渗透。虽然该项目主要是针对金融领域开展跨境合作，但跨国金融合作产生的社会影响也是非常明显的。其涉及的领域也是多方面的，诸如价值体系、个人行为、家庭关系、社会网络、生活方式、政府组织等。因此，金融开放门户产生的社会影响就是该项目建设所带来的表现在价值观、个人行为、家庭关系、生活方式、道德观念、政府组织及城市建设等各方面的变化。目前，对于金融开放所造成的社会影响尚无统一的评价标准，因为很难界定项目建设区域内社会方面的变化哪些是由于金融开放直接导致的。各国学者根据自己所从事的研究课题在寻求评价标准方面做了许多有益的探索。根据已有的研究结论，社会影响的评价指标体系主要有以下几个方面：（1）人口特征：人口规模、密度和变化，移民，流动人口，季节性或休闲度假的居住人口等；（2）社区与制度结构：志愿组织，社团活动，地方政府的规模和结构，变化历程，就业和收入特征，地方、区域、国家的联系，产业、商业的多样性，规划和区划活动等；（3）政治和社会资源：权力和权威的分配，领导能力和特征，国际组织的合作等；（4）个体和家庭的变迁：对风

险和安全的感知，对迁移和拆迁的关注，对政治和社会制度的信任，居住的稳定性，对政策、项目的态度，家庭和友谊网络，对社会福利的关注等；（5）社区资源：社区基础设施的改变，本地人口，土地利用方式的改变，对文化、历史和宗教的影响等。针对广西建设面向东盟的金融开放门户自身的特征，本研究采用人口影响、劳动与就业等五个项目下的 18 个指标进行社会影响研究，具体如表 5-1 所示。

表 5-1　金融开放门户建设社会影响研究指标体系

影响类别	所属变量	定义
人口影响	人口迁移规模（人数、距离等）	由预计行动造成的，在一定时期内、一个特定地理区域的人口流动，如广西与东盟国家之间的人口流动
劳动与就业	收入水平	由项目给广西带来的收入水平的变化
	项目提供的就业机会	由项目给广西带来的就业机会的变化
政府和社会资源	领导能力和特征	由项目所引起的广西政府执政能力的变化
	与东盟各国的国际关系	由项目引起的广西与东盟国家之间关系的变化
	区域发展规划	由项目所在区域对土地开发规划所带来的影响
	信息公开度	由项目建设所引起的政府项目信息公开度所带来的影响
生活设施与社会服务	工商业多样性	由项目建设引起的区域内的私营行业（制造业、零售业和服务业等）的数量和种类的变化
	道路质量与等级	由项目建设所引起的城乡道路设施的改善程度
	商业设施情况	由预计项目造成的区域内商业基础服务和设施的供应情况
	城市建设	由项目引起的城市规模及各项设施的建设
居民心理和社会适应性	生活环境	由项目建设给居民生活环境所带来的影响
	城市形象	由项目建设引起的居民心中城市形象的影响
	对项目社会发展对策的满意度	居民对项目社会发展对策的心理接受程度
	社会关系网络的变化	由项目建设引起的居民社会网络关系的影响，如广西与东盟国家居民之间的网络关系
	项目建设过程中的心理状态	由项目建设所引起的对居民自豪感及爱国情感的影响
	对项目的支持态度	居民对项目建设是支持还是反感或是无所谓
	对社会公平的影响	由项目建设引起的对社会公平的影响

（二）问卷调查分析

鉴于难以区分金融开放门户条件下和非开放条件下社会状况的不同，单纯统计资料上的社会指标的变化不能真实反映金融开放门户建设给广西造成的社会影响。基于这些认识，研究者参照上述评价标准，专门设计了针对广西建设面向东盟金融开放门户社会影响的调查问卷，于 2020 年 7 月在问卷星网站上进行发放。因为金融开放门户建设专业性较强，一般的社会公众理解程度不够，当地金融机构的从业者才能更深刻地感受到金融开放门户所带来的社会影响，为了保证答卷的客观性，本问卷主要向广西区内的金融机构从业者发放。本次调查共发放问卷 128 份，收回 128 份，其中有效问卷 128 份。对问卷结果分析如下。

1. 广西建设面向东盟的金融开放门户对广西居民的收入有怎样的影响？［单选题］

选项	小计	比例
A. 明显增加	33	25.78%
B. 略有增加	50	39.06%
C. 没有影响	45	35.16%
本题有效填写人次	128	

2019 年广西城镇居民人均可支配收入为 34745 元，同比增长 7.1%；农村居民人均可支配收入 13676 元，同比增长 10%；城镇居民和农村居民的可支配收入都较上年度有增加，但很难就此判断该收入影响是金融开放门户建设产生的结果。因此，本研究还是将该指标纳入问卷调查中，以期望得到更精确的结果。调查结果显示，认为金融开放门户建设对广西居民收入影响略有增加的占比最高，为 39.06%；认为没有影响的占比次之，为 35.16%；认为明显增加的占比为四分之一左右，这说明门户建设对广西居民收入的积极影响已经得到了认可，但还不是很突出，处于初步影响阶段。金融开放门户建设对金融机构的影响最为明显，业务范围向东南亚国家拓展，金融科技促进业务效率不断提升；金融发展为实体经济提供了更多支持，增强了企业的抗风险能力和盈利能力，因而从总体上金融开放门户建设促进了广西居民收入的提高。

2. 广西建设面向东盟的金融开放门户对广西居民的就业机会有怎样的影响？［单选题］

选项	小计	比例
A. 明显增加	43	33.59%
B. 略有增加	58	45.31%
C. 没有影响	27	21.09%
本题有效填写人次	128	

调查结果显示，认为金融开放门户建设对广西居民的影响略有增加的占比最高，为 45.31%；认为明显增加就业机会的占比次之，为 33.59%；认为没有影响的占比不到四分之一。这说明门户建设对广西区内就业机会的积极影响已经显示出来，尚未达到非常明显的程度。广西与东盟国家金融机构互设、跨境金融配套服务机构的设立、金融业务的创新等直接带来了更多的就业机会；金融支持广西培育经济发展新动能，服务新产品、新业态和新模式有利于促进实体经济发展，从而带动就业。但由于金融开放门户建设还处于起步阶段，目前对就业机会的影响还有较大的局限性，基本体现在金融行业，金融促进实体经济发展并以此广泛带动就业的效果还没有体现出来。

3. 广西建设面向东盟的金融开放门户对广西的人口规模有怎样的影响？［单选题］

选项	小计	比例
A. 吸引外地人员进入	92	71.88%
B. 导致人口流出	9	7.03%
C. 没有明显影响	27	21.09%
本题有效填写人次	128	

《2019年广西壮族自治区国民经济和社会发展统计公报》公布的数据显示，截至2019年末，广西全区户籍总人口5695万人，比上年末增加36万人；全区常住人口4960万人，比上年末增加34万人，其中城镇人口2534.3万人，比上年末提高0.87个百分点。省会城市南宁市全市户籍人口781.97万人，比上年增加11.14万人，增长1.4%；南宁市常住人口734.48万人，比上年增加9.07万人，增长1.3%，其中城镇常住人口467.88万人，比上年增加15.26万人，增长3.4%。2019年广西壮族自治区和南宁市的户籍人口、常住人口、城镇人口均较上年度有增加。因为不能就此直接判断该影响是金融开放门户建设带来的，所以将该指标也纳入了问卷调查中，以增加判断的准确性。调查结果显示，认为金融开放门户建设吸引外地人员进入的占比最高，为71.88%；认为没有影响的占比明显较少，为21.09%。由此可见，金融开放门户建设带来广西人口数量的增长是较为明确的。人口是经济发展的关键要素，许多研究显示，人口净流出的地区经济发展也呈现出衰退现象。人口流入有利于带来大量劳动力，同时也有了更广阔的消费市场，从而拉动经济发展。广西建设面向东盟的金融开放门户一方面需要高质量的金融专业人才，另一方面支持实体经济发展也需要大量人力资源。《总体方案》实施以来，广西积极加大国家级人才计划对广西金融人才队伍建设的支持力度，创新柔性人才引进和使用机制，对人才引进取得了较好的效果。

4. 广西建设面向东盟的金融开放门户对中国（广西）与东盟国家的关系产生怎样的影响？[单选题]

选项	小计	比例
A. 明显改善	54	42.19%
B. 略有改善	59	46.09%
C. 没有改善	15	11.72%
本题有效填写人次	128	

调查结果显示，金融开放门户建设对中国与东盟国家关系略有改善的占比最高，为46.09%；认为明显改善的占比次之，为42.19%，说明金融开放门户建设对国际关系产生了积极影响。广西地处中国—东盟自由贸易区的中心位置，是华南经济圈、西南经济圈和东盟经济圈的结合部，不仅沿海，而且沿江、沿边，背靠国内广阔腹地，又面向东盟十国市场，是我国唯一与东盟既有陆地接壤又有海上通道的省区，也是我国进入东盟最便捷的通道。广西与东盟国家的经贸往来由来已久，社会关系也有着深厚的历史积淀。随着中国—东盟博览会、中国—东盟商务与投资峰会等国际会议在广西南宁连续举

办，广西与东盟之间的多领域合作交流更加密切，广西紧邻东盟国家的区位优势也不断凸显，影响力日渐扩大。金融开放门户建设进一步拓展了广西与东盟国家的合作领域，对于改善投资关系、金融合作关系及政治关系都能起到积极作用。2019 年 10 月，在人民银行的支持指导下，自治区成功举办中国—东盟金融交流会。2019 年 12 月初，秦如培常务副主席带队到泰国、新加坡举办“共建共享面向东盟的金融开放门户、西部陆海新通道暨中国—东盟信息港推介交流会”，扩大政策宣传，推动合作交流，广西代表团在印度、新加坡、泰国共举行 25 场公务活动，引起各界强烈反响。成功举办 2019 年亚信金融峰会，形成《2019 亚信金融峰会南宁倡议》，推动亚信成员国借助“南宁渠道”开展更高水平、更宽领域、更深层次的金融合作。但由于国际利益关系的较量及金融开放门户建设尚处于起步阶段，对国际关系的影响有待进一步提升。

5. 广西建设面向东盟的金融开放门户对广西领导层执政能力产生怎样的影响？［单选题］

选项	小计	比例
A. 明显改善	55	42. 97%
B. 略有改善	57	44. 53%
C. 没有改善	16	12. 5%
本题有效填写人次	128	

调查结果显示，金融开放门户建设对广西领导层执政能力的影响略有改善的占比最高，为 44. 53%；认为明显改善的比例略低于前者，为 42. 97%，两者相差不大，从而可以看出，门户建设对广西领导层执政能力产生了积极的推动作用。金融开放门户建设启动以来，广西区内相关职能部门积极改善营商环境，完善金融基础设施，提高行政效率，努力提高执政能力。《总体方案》实施以来，相继出台了《五年实施规划》《三年行动计划》《关于加快建设面向东盟金融开放门户的若干措施》《关于支持金融人才发展的十条措施》等十余项配套文件；针对《总体方案》的九大任务，共梳理出 92 项重点金融改革创新事项清单，并在多方面取得阶段性进展，包括完成体制机制改革 10 项、完成产品服务创新 12 项、实现重大改革突破 16 项、已启动并正在推进重点事项 38 项和拟启动的改革创新事项 16 项。一系列文件的颁布与实施体现了广西政府敢于创新、勇于探索的决心和勇气，在提升执政能力的道路上奋勇前进。

6. 广西建设面向东盟的金融开放门户对区域规划（尤其是金融城）建设产生怎样的影响？［单选题］

选项	小计	比例
A. 规划科学合理	62	48. 44%
B. 规划效果一般	63	49. 22%
C. 规划不合理	3	2. 34%
本题有效填写人次	128	

从金融开放门户对广西的区域规划（尤其是金融城）建设产生的影响来看，认为规划效果一般的占比和规划科学合理的占比略有差异，48.44%的被调查者认为规划科学合理，说明金融开放门户建设在区域规划方面得到了较多的认同；49.22%的被调查者认为规划效果一般，金融项目及工业园区规划还有待改善。在金融改革项目规划方面，广西支持南宁、柳州、桂林、贺州等设区市创建绿色金融改革创新示范区；支持南宁市打造中国—东盟金融城，打造投资大厦、基金大厦、保险产业园等金融特色楼宇和特殊功能区；将北海、钦州和防城港等设区市定位为面向东盟的金融开放门户副中心，着力打造区域性国际航运金融中心，支持北海市建设向海金融示范区。随着中国人寿、中国太平、大地财险、平安集团、国富融通基金、广投资管、北部湾银行、国任财险等金融机构，中银香港东南亚业务营运中心、中国太平东盟保险服务中心等区域性总部相继入驻，南宁市“中国—东盟金融城”正成为我国面向东盟的重要金融集聚区，金融集聚效应不断放大，城市规划效果彰显。但有过半被调查者不认为规划科学合理，较多被调查者认为金融城的规划较为零乱，缺乏整体感和科学性，区域规划还有较大的改善空间。

7. 广西建设面向东盟的金融开放门户对广西工商业多样化产生怎样的影响？［单选题］

选项	小计	比例
A. 明显改善	51	39.84%
B. 略有改善	69	53.91%
C. 没有改善	8	6.25%
本题有效填写人次	128	

从金融开放门户建设对广西工商业多样化产生的影响来看，39.84%的被调查者认为改善效果明显，广西与东盟国家的金融合作推动了国际产业园区的建设和贸易往来，增加了工商业的多样化。《总体方案》实施后，人民币现钞跨境调运使用中国电子口岸联网核查系统数据通道，通关规范化、便利化程度不断提高，广西沿边现钞跨境调运的市场活跃度不断提升，广西人民币跨境调运工作已向常态化发展。中国与东盟本外币现钞实现批量互通互换，兑换东盟货币现钞将更加安全、方便、快捷，给边境贸易带来了极大的便利，从而有利于提高广西工业的多样化水平。但过半（60.16%）被调查者认为改善效果不明显，说明金融开放门户建设对工商业实体经济的影响作用尚未明显体现出来。

8. 广西建设面向东盟的金融开放门户对广西道路建设的规模与质量有怎样的影响？［单选题］

选项	小计	比例
A. 明显改善	71	55.47%
B. 略有改善	50	39.06%
C. 没有改善	7	5.47%
本题有效填写人次	128	

从金融开放门户建设对广西道路交通建设的规模与质量影响来看，55.47%的被调查者认为改善效果明显，广西区内的地铁、高速公路和铁路网络建设取得了较大突破，交通更加便捷、高效。广西金融开放门户建设，是要推进面向东盟的跨境金融创新，扩大金融服务业的对内对外开放，并以此支持实体经济发展，因此，打造完善的区内及面向东盟的道路交通网络具有重要战略意义。据了解，《广西与东盟互联互通交通基础设施建设行动计划》将用 10 年的时间，建成以南宁国际综合交通枢纽为中心，以海港、空港为龙头，以泛北部湾海上、南宁—新加坡陆路和南宁通往东盟国家航空三大通道为主轴，以广西通往广东、湖南、贵州和云南方向运输通道为主线的出省出边出海国际大通道体系。认为略有改善及没有改善的被调查者占比总和为 44.53%，不及半数，这说明广西道路交通规模和质量建设取得了较好的成效，也还有需要改进的空间。

9. 广西建设面向东盟的金融开放门户对广西区内商业设施情况有怎样的影响？［单选题］

选项	小计	比例
A. 明显改善	64	50%
B. 略有改善	55	42.97%
C. 没有改善	9	7.03%
本题有效填写人次	128	

商业设施主要是指服装、百货、建材、装饰材料大市场或者综合性大商场，另外，大型的餐饮、娱乐、休闲设施，商业广场以及商业街等标志性的与民众生活密切相关的商业设施统称大型商业设施。商业设施建设的多样性及档次水平一方面体现了当地经济发展程度，另一方面也反映出居民生活的质量。金融开放门户建设对广西区内商业设施建设的影响主要体现在各大综合性商场及与民众生活密切的各种相关商业设施等方面。调查结果显示，认为改善明显的被调查者占比为 50%，认为略有改善的占比为 42.97%，只有 7.03%的被调查者认为没有改善。说明金融开放门户建设对商业设施的布局产生了积极影响，对商业发展产生了积极带动作用，便利并丰富了居民生活。

10. 广西建设面向东盟的金融开放门户对广西区内城市建设有怎样的影响？［单选题］

选项	小计	比例
A. 明显改善	67	52.34%
B. 略有改善	56	43.75%
C. 没有改善	5	3.91%
本题有效填写人次	128	

从金融开放门户建设对广西区内城市建设影响的角度来看，52.34%的被调查者认为有明显改善效果，43.75%的被调查者认为略有改善，只有 3.91%的被调查者认为没有改善。可见金融门户建设对广西区内的居民建筑、公共建筑及市政公用设施建设产生了积

极推动作用，得到了较大程度的认可。一方面，金融开放门户战略支持南宁市打造中国—东盟金融城，打造投资大厦、基金大厦、保险产业园等金融特色楼宇和特殊功能区，将北海、钦州和防城港等设区市定位为面向东盟的金融开放门户副中心，着力打造区域性国际航运金融中心，支持北海市建设向海金融示范区。金融城市建设，将有利于企业与居民的投融资选择，提高投融资效率。另一方面，广西加大智慧城市建设的步伐，以科技创新为支撑，建设绿色、低碳、智能城市，为市民们创造更美好的生活。但仍有近半比例认为改善效果不明显，一是2019年是金融开放门户建设的第一年，对城市建设的影响效果显现还需要时间；二是金融开放门户建设对城市建设的影响是间接体现的，较难直观感受。

11. 广西建设面向东盟的金融开放门户对政府信息公开度有怎样的影响？［单选题］

选项	小计	比例
A. 明显提高	46	35.94%
B. 略有提高	61	47.66%
C. 没有改变	21	16.41%
本题有效填写人次	128	

信息公开度正是保障公民知情权、参与权和监督权的最好手段，信息公开是主权在民的体现，有利于公民维护自身利益，也有利于提高政府的公信力，以此促进政府决策的顺利执行。从金融开放门户建设对政府信息公开度影响角度来看，认为略有提高的被调查者占比最高，为47.66%；认为明显改善的占比35.94%，低于前者较大幅度；还有16.41%的人员认为没有影响。从而可以看出，金融开放门户建设对政府信息公开的影响还不是很乐观。从金融开放门户的信息公开度来看，2019年，广西全区共组织金融开放门户专题报道1300余篇，其中，央媒报道159篇，中央电视台、《人民日报》《经济日报》《中国经济时报》《金融时报》、新华社国内动态清样等央媒给予重点报道；此外，政府专门开设了面向东盟的金融开放门户微信平台，并设有“金融资讯”“政策发布”“热点专栏”进行信息发布，较大程度上提高了信息透明度。从广西整体信息公开的角度来看，通过广西壮族自治区人民政府门户网站（http：//www.gxzf.gov.cn/）进行重要信息发布、政务公开和数据公布等。但广西各城市在政府决策程序、决策依据等方面的信息及经济社会发展等方面的数据公开还有较大欠缺，需要进一步提高信息公开度。

12. 广西建设面向东盟的金融开放门户对居民的生活环境有怎样的影响？［单选题］

选项	小计	比例
A. 明显改善	46	35.94%
B. 略有改善	64	50%
C. 没有改善	18	14.06%
本题有效填写人次	128	

生活环境对人的身心健康有着重要影响，好的生活环境能使人身心愉悦，从而和谐

地处理各种社会关系；不好的生活环境会对身心造成伤害，不利于社会和谐发展。经济发展项目会从竞争程度、工作压力、人际关系等各方面影响居民的生活环境。从金融开放门户建设对居民生活环境影响来看，一半被调查者认为略有改善，35.94%的人员认为改善效果明显，还有 14.06%的被调查者认为没有改善。金融开放门户建设对居民生活环境的影响主要体现在社会环境、自然环境、家庭环境及工作环境等各方面，这一影响较为间接，需要一定的时间积累才能显现出来。金融发展的根本目的是要促进实体经济发展，而经济发展的最终目标是要改善居民的生活环境，提高生活质量和幸福感。64.06%的被调查者认为对居民生活环境的改善效果不明显，说明在这一方面还需做较大努力。

13. 广西建设面向东盟的金融开放门户对广西区内的城市形象有怎样的影响？［单选题］

选项	小计	比例
A. 明显提高	64	50%
B. 略有提高	54	42.19%
C. 没有影响	10	7.81%
本题有效填写人次	128	

城市形象，是一个城市的建筑物、道路、交通、店面、旅游景点、生活设施及文化氛围、风土人情等给人的印象和感受，综合反映出一个城市的内在素质、发展水平和文明程度。从金融开放门户建设对城市形象影响的角度来看，半数被调查者认为明显提高了城市形象，42.19%的被调查者认为略有提高，还有 7.81%的人员认为没有影响。认为明显提高城市形象的人员占比最多，说明金融开放门户建设较有助于改善城市形象，尤其是对广西省会城市南宁的形象有明显的提升作用。2019 年 6 月，南宁市人民政府关于印发《加快建设广西面向东盟的金融开放门户南宁核心区的若干措施的通知》实施，南宁市政府采取一系列措施营造金融开放的良好环境，努力将南宁建设为面向东盟的金融集聚区，有利于明显改善南宁的城市形象。另一半被调查者中，42.19%的人员认为略有提高，说明对广西区内整体城市形象的改善还不够充分，还需作出较大努力。

14. 广西建设面向东盟的金融开放门户对广西居民的自豪感和爱国情感有怎样的影响？［单选题］

选项	小计	比例
A. 明显增强	59	46.09%
B. 略有增强	57	44.53%
C. 没有影响	12	9.38%
本题有效填写人次	128	

广西建设面向东盟的金融开放门户，不仅有利于扩大我国金融业面向东盟的开放与交流，也有利于我国与东盟国家经济、政治、文化及社会各方面的交流与合作，进而提高我国在东盟国家中的国际地位。广西建设面向东盟的金融开放门户，是我国金融改革开放的重要尝试，是广西沿边金融综合改革的深化与发展，是广西构建“南向、北联、

东融、西合”全方位开放新格局的重要支撑。从金融开放门户建设对广西居民的自豪感和爱国情感的角度来看，认为明显增强的被调查者占比最多，为46.09%；44.53%的被调查者认为略有增强。从占比关系来看，金融开放门户建设较有利于提高广西居民的自豪感和爱国情感。由此可以看出，金融开放门户建设上升为国家战略，体现了国家领导对广西开放发展的重视，也体现出广西对于国家开放战略的重要意义。

15. 广西建设面向东盟的金融开放门户对社会关系网络产生怎样的影响？[单选题]

选项	小计	比例
A. 明显拓宽了	58	45.31%
B. 略有拓宽	54	42.19%
C. 没有影响	16	12.5%
本题有效填写人次	128	

从金融开放门户建设对社会关系网络影响的角度来看，认为明显拓宽了社会网络的被调查者占比最高，为45.31%，认为略有拓宽的人员占比稍低于前者，还有12.5%的被调查者认为没有影响。金融开放门户建设有利于拓展广西社会各界与东盟国家的关系网络，包括经济贸易网络、金融开放合作、旅游项目合作、留学项目合作以及民间往来等。由于地理位置的原因，广西的壮族与泰国的傣族、老挝的老龙族、越南的侬族等民族有密切的交流关系，在语言、生活方式和文化等方面存在一定的共性，有利于广西与东盟各国进行国际贸易和文化经济等方面的交流。因为金融开放门户建设还处于起步阶段，对社会关系网络的影响还有待进一步加深。

16. 广西建设面向东盟的金融开放门户对社会公平产生怎样的影响？[单选题]

选项	小计	比例
A. 明显改善	47	36.72%
B. 略有影响	52	40.63%
C. 没有影响	29	22.66%
本题有效填写人次	128	

从金融开放门户对社会公平公正影响的角度来看，认为略有影响的被调查者占比最高，为40.63%；认为明显改善的人员占比次之，为36.72%；还有22.66%的被调查者认为没有影响。从人员占比关系来看，63.29%的被调查者认为金融开放门户建设对社会公平没有明显影响，说明在这一方面还需要作出较大改善。公平正义从最真实、最普遍的意义上体现着和谐社会的基本要求。事实表明，公平正义不仅广泛涉及上层建筑领域中的问题，也大量涉及生产关系问题，是直接关系到全体人民的经济权益和政治权益的重大问题。金融开放门户建设一方面需要引进大量专业建设人才及金融机构，因此需要建设公开、公平、公正的制度环境，才能对机构和人才引得进、留得住；另一方面该项金融开放发展战略是一项浩大工程，需要各部门各领域的协同合作，只有营造出一个公平、公正的环境才能调动各方面的积极性，为实现共同目标而奋斗。

17. 您对广西建设面向东盟的金融开放门户的态度是怎样？[单选题]

选项	小计	比例
A. 强烈支持	64	50%
B. 支持	54	42.19%
C. 无所谓	10	7.81%
本题有效填写人次	128	

广西建设面向东盟的金融开放门户上升为国家战略是时代赋予广西的历史使命。为贯彻实施《总体方案》，广西提出探索创建“四大示范区”“四大中心”“四大基地”和“四大市场”，这些基础性平台的启动，需要充分调动社会各方面力量参与到建设中来。因此，社会各界的支持对项目的推进具有重要意义。从对金融开放门户建设的态度来看，半数被调查者表示强烈支持，42.19%的被调查者表示支持，只有 7.81%的人员认为无所谓。说明被调查者基本是支持金融开放门户建设的，期望这一战略能为广西带来新的更大的发展机遇。

18. 您对广西建设面向东盟的金融开放门户项目社会发展对策的满意度如何？[单选题]

选项	小计	比例
A. 非常满意	58	45.31%
B. 一般	65	50.78%
C. 不满意	5	3.91%
本题有效填写人次	128	

为推进金融开放门户建设，广西区政府、各厅局机构及各市政府纷纷出台了多项金融改革举措，从顶层设计到整体推进，从整体框架到具体方案，广西全面深化金融改革步伐。从问卷调查结果来看，半数的被调查者对金融开放门户各项目社会发展对策的满意度表示为一般，表示非常满意的人员占比为 45.31%，略低于前者。总体来看，对建设项目社会发展对策的满意程度还是较为乐观的，各项改革举措和发展策略得到了较大程度的认同。当然，随着时间的推进，各项发展策略还有待进一步完善。

二、广西金融开放门户建设社会影响的综合分析

前文对问卷调查结果进行了逐一分析，现将答卷情况进行汇总，汇总详情如表 5-2 所示。

表 5-2　广西建设面向东盟的金融开放门户的社会影响调查汇总

序号	类别	问题	选项 1		选项 2		选项 3	
			答案	占比	答案	占比	答案	占比
1	劳动与就业	广西建设面向东盟的金融开放门户对广西居民的收入有怎样的影响？	明显增加	25.78%	略有增加	39.06%	没有影响	35.16%
		广西建设面向东盟的金融开放门户对广西居民的就业机会有怎样的影响？	明显增加	33.59%	略有增加	45.31%	没有影响	21.09%
2	人口影响	广西建设面向东盟的金融开放门户对广西的人口规模有怎样的影响？	吸引外地人员进入	71.88%	导致人口流出	7.03%	没有明显影响	21.09%
3	政府和社会资源	广西建设面向东盟的金融开放门户对中国（广西）与东盟国家的关系产生怎样的影响？	明显改善	42.19%	略有改善	46.09%	没有改善	11.72%
		广西建设面向东盟的金融开放门户对广西领导层执政能力产生怎样的影响？	明显改善	42.97%	略有改善	44.53%	没有改善	12.50%
		广西建设面向东盟的金融开放门户对区域规划（尤其是金融城）建设产生怎样的影响？	规划科学合理	48.44%	规划效果一般	49.22%	规划不合理	2.34%
		广西建设面向东盟的金融开放门户对政府信息公开度有怎样的影响？	明显提高	35.94%	略有提高	47.66%	没有改变	16.41%
4	生活设施与社会服务	广西建设面向东盟的金融开放门户对广西工商业多样化产生怎样的影响？	明显改善	39.84%	略有改善	53.91%	没有改善	6.25%
		广西建设面向东盟的金融开放门户对广西道路建设的规模与质量有怎样的影响？	明显改善	55.47%	略有改善	39.06%	没有改善	5.47%
		广西建设面向东盟的金融开放门户对广西区内商业设施情况有怎样的影响？	明显改善	50%	略有改善	42.97%	没有改善	7.03%
		广西建设面向东盟的金融开放门户对广西区内城市建设有怎样的影响？	明显改善	52.34%	略有改善	43.75%	没有改善	3.91%

续表

序号	类别	问题	选项1		选项2		选项3	
			答案	占比	答案	占比	答案	占比
5	居民心理和社会适应性	广西建设面向东盟的金融开放门户对居民的生活环境有怎样的影响?	明显改善	35.94%	略有改善	50%	没有改善	14.06%
		广西建设面向东盟的金融开放门户对广西区内的城市形象有怎样的影响?	明显提高	50%	略有提高	42.19%	没有改变	7.81%
		广西建设面向东盟的金融开放门户对广西居民的自豪感和爱国情感有怎样的影响?	明显增强	46.09%	略有增强	44.53%	没有影响	9.38%
		广西建设面向东盟的金融开放门户对社会关系网络产生怎样的影响?	明显拓宽了	45.31%	略有拓宽	42.19%	没有影响	12.50%
		广西建设面向东盟的金融开放门户对社会公平产生怎样的影响?	明显改善	36.72%	略有影响	40.63%	没有影响	22.66%
		您对广西建设面向东盟的金融开放门户的态度是怎样?	强烈支持	50%	支持	42.19%	无所谓	7.81%
		您对广西建设面向东盟的金融开放门户项目社会发展对策的满意度如何?	非常满意	45.31%	一般	50.78%	不满意	3.91%

(一)对劳动与就业的影响

调查结果显示，广西建设面向东盟的金融开放门户对收入和就业的影响认为略有增加的被调查者的占比高于认为明显增加的被调查者比例，说明金融开放门户建设尚未给广西居民的收入和就业带来明显的促进效应。金融开放门户建设首先影响的是金融行业，通过广西与东盟国家金融业务合作的加强和金融机构互设从而增加金融行业的就业岗位及收入水平；随着金融合作水平的提升和金融效率的提高，金融服务实体经济的效能不断发挥，以此促进产业竞争力提升，因而从更广泛的角度促进就业和收入水平提升，这需要一个持续积累和政策效应叠加的过程。2019年是金融开放门户总体方案实施的第一年，25.78%的被调查者认为门户建设带来了收入的明显增加，33.59%的被调查者认为门户建设带来了就业机会的明显增加，说明金融开放门户战略的实施对居民就业和收入已经开始产生积极影响。经济金融建设项目对居民就业和收入的影响是最直接也是非常关键的社会影响，与居民生活密切相关，直接关系到居民的认同感和支持度，因此，要调动更广泛的社会力量参与到金融开放门户建设项目中来，需要及时跟踪并采取有力措施促进居民就业和收入情况的改善。

（二）对人口流动的影响

71.88%的被调查者认为金融开放门户建设吸引了外地人员进入，说明人才吸引政策产生了积极效应。为保障金融开放门户战略的顺利实施，广西壮族自治区人民政府印发出台《加快建设面向东盟的金融开放门户若干措施》。该措施重视吸引优秀金融人才集聚，落实金融人才优惠政策。根据《广西壮族自治区高层次人才认定办法（试行）》，向相应层次的金融人才发放“高端人才服务卡”，凭卡可直接到广西高层次人才“一站式”服务平台具体办理或由相关部门专人负责办理调入关系结转、本人及家属落户、配偶就业、子女入学、医疗社保、人才安居、居留和出入境证件申请、自用物品进境免税证明、创业扶持等手续。鼓励东盟国家在广西区内高校就读的留学生到区内金融机构工作，按国家有关规定直接给予工作许可。各项优惠措施的出台增强了广西对高端金融人才的吸引力，促进了金融人才的集聚。金融开放门户建设一方面需要引进大量高层次的金融专业人才，以推动金融行业的跨境开放与合作；另一方面随着金融拉动实体经济效应的发挥，将会需要更多各方面的人才投入到经济建设中来。

（三）对政府和社会资源的影响

金融开放门户建设对政府和社会资源的影响包括对中国（广西）与东盟国家的关系、广西领导层执政能力、区域规划（尤其是金融城）建设、政府信息公开度四个方面的影响。这四个方面的影响除了认为对政府信息公开度影响的被调查者占比为35.94%，较大程度地低于认为略有影响的被调查者47.66%的比例之外，其余三个指标的被调查者认为明显改善的比例均稍低于认为略有改善的比例。说明金融开放门户建设对政府和社会资源的积极影响已得到较好的体现。

广西建设面向东盟的金融开放门户，是党的十九大以来国家批准实施的重要金融开放战略，是我国金融改革开放的重要尝试。2019年，在《广西建设面向东盟的金融开放门户五年实施规划》和《三年行动计划》《广西建设面向东盟的金融开放门户南宁核心区实施方案》《加快建设面向东盟的金融开放门户若干措施》等多重政策驱动下，坚持“市场主导、政府引导，本币驱动、服务实体，稳妥有序、风险可控，创新发展、人才引领”基本原则，推动中国（广西）自由贸易试验区创新发展，着力服务西南中南西北出海口、面向东盟的国际陆海贸易新通道建设，为打造21世纪海上丝绸之路和丝绸之路经济带有机衔接的重要门户提供金融支持；扎实推进五年实施规划与三年行动计划，深耕“四大示范区”“四大中心”“四大基地”“四大市场”金改“试验田”，为建设面向东盟的金融开放门户蓄积金融新动能。一系列政策措施的出台提高了广西领导层的执政能力及区域规划能力。与此同时，广西与东盟国家相继多次举办高层次的金融合作论坛，共商金融合作、共谋金融发展，拓展了中国（广西）与东盟各国的关系。金融开放门户战略实施后，政府通过报刊、网站、电视台、手机等多种渠道向社会公众公开项目建设进度，加强了政府信息公开度。

从另一个角度来看，被调查者认为对政府和社会关系各项指标有明显改善的比例依然低于认为没有明显改善的比例，说明金融开放门户建设对政府能力和社会关系还没有产生更广泛的积极影响，需要持续推进各项政策措施，加强执政能力建设，进而为金融开放门户建设提供更有力的保障。

（四）对生活设施与社会服务的影响

金融开放门户建设对居民生活设施与社会服务的影响主要包括对广西工商业多样化、道路建设的规模与质量、区内商业设施、城市建设四个方面的影响。认为金融开放门户建设对工商业多样化产生明显改善效果的被调查者占比为39.84%，低于认为略有改善的53.91%的人员占比，这应该与广西居民的总体收入水平和购买力相关。对工商业多样化的影响主要体现为工业区建设及贸易往来等各方面。中国—马来西亚钦州产业园区、中国—泰国崇左产业园、中国—东盟卫星导航国际合作联盟、中国—东盟北斗智能产业园、中国—东盟北斗/GNSS（南宁）中心等合作项目和机构相继落地，标志着广西与东盟的合作不断升级；此外，作为中国面向东盟的门户港，广西北部湾港已开辟27条外贸航线，实现东盟主要港口全覆盖，与东盟的经贸往来日益密切。

认为金融开放门户建设对广西道路建设的规模与质量、商业设施、城市建设有明显改善效应的被调查者占比均达到或超过50%，在所有被调查的指标中表现最为乐观。说明金融开放门户建设对广西“硬”环境建设产生了积极效果，居民生活便利度和多样性有了明显改善。近年来，广西围绕提升出海出边大通道能力，江海联动、水陆空并举，大手笔推进交通基础设施建设。交通固定投资逐年“加码”，铁路建设全面铺开，同时加快构筑通向东盟的空中国际大通道。广西已基本实现高速公路连接各市、连通周边省份和出海、出边的网络化目标，形成了东部沿海省区“西进”和西南省市“东进”必经的高速公路网，长期被视为中国交通脉络“神经末梢”的广西，由于海陆空交通建设并举，一跃成为连接中国—东盟的国际“交通枢纽”。随着广西对外开放度的不断加强，广西区内的商业综合体越来越多，尤其是作为省会城市的南宁市，都市综合体项目日益丰富；广西城市建设方面，广西积极推动城市高质量发展，公园城市、文明城市建设效应突出，不断提升人民群众的幸福感、获得感和安全感。

（五）对居民心理和社会适应性的影响

广西建设面向东盟的金融开放门户对居民心理和社会适应性影响主要从对居民的生活环境、城市形象、居民的自豪感与爱国情感、社会关系网络、社会公平五个方面的影响，以及居民对金融开放门户建设的态度和对各项目社会发展对策的满意度两个方面来进行评价。认为金融开放门户建设对城市形象、居民的自豪感与爱国情况、社会关系网络三个方面有明显改善效应的被调查者占比最多，均超过45%；对金融开放门户建设表示强烈支持的占50%，高于持一般支持态度的比例。这表明金融开放门户建设较大程度上改善了广西区内的城市形象，提高了居民的自豪感和爱国情感，并能有效拓展居民与东盟国家的社会关系网络，因而半数的被调查者对金融开放门户战略持强烈支持态度，42.19%的被调查者持支持态度，只有7.81%的被调查者认为无所谓。从以上数据可以看出，金融开放门户建设对居民心理情感产生了较积极的影响，这是战略实施的良好社会效益，也有利于战略的顺利实施。

认为对生活环境和社会公平有明显改善效应的被调查者占比分别为35.94%和36.72%，低于认为略有改善的被调查者，说明金融开放门户建设对这两个方面的影响效果还不是很突出，但总体还是产生了改善效应。生活环境包括与居民生活息息相关的家庭环境、学习环境和工作环境等更为具体化、个性化的微观环境，金融开放门户建设的初期对居民生活环境的影响尚未能直接体现出来，还需要时间的积累。金融开放门户建设对社会公平的影响较为间接，很难直接体现出来，因而也需要在各项目的持续推进中观测。

被调查者中对各项社会发展对策表示非常满意的占比为45.31%，低于表示持一般满意态度的50.78%的比例。金融开放门户建设作为一项金融领域的发展战略，首先直接采取的是各项经济、金融发展措施，各项目的社会发展对策还有待于随着项目的持续建设而推进。

（六）总体评价

从调查数据可以看出，被调查者中认为金融开放门户建设产生了明显改善效应低于40%的指标有居民收入、就业、政府信息公开度、工商业多样化、生活环境及社会公平六个方面，说明金融开放门户建设对这些指标尚未产生明显的促进效果，还需要作出更大的努力。居民收入、就业，以及生活环境与居民的生活质量，幸福感和满意度息息相关，金融开放门户战略最终要通过扩大金融合作网络，提高金融效率以促进产业经济的发展，进而提高居民就业率和收入水平。政府信息公开使政府将信息充分公开，减少了政府与公众的信息不对称，会极大地改善社会公众的监督条件，提升公众的监督能力，并提升政府的公信力。64%的被调查者认为金融开放门户建设没有促进政府信息公开度的明显提升，说明政府需要在这方面做出较大努力，以提升政府的公信力和与社会公众合作的能力。金融开放门户建设对工商业多样化没有产生明显的改善效应一方面是该效应的体现方式较为间接，还需要时间的推进才能更明显地体现出来，另一方面也受制于居民的收入水平的影响。因此，这一指标的改善有待于金融促进实体经济效益的发挥。社会公平关系到金融开放门户建设能否吸引高端的金融人才，以及能否用好人才和留得住人才，这一指标的偏低说明政府在公平、公正的制度建设方面需要作出更大的改善。

另外12个指标的被调查者认为金融开放门户建设产生了较大改善效应的比例超过40%，其中六个指标（人口流入、道路建设、商业设施、城市建设、城市形象、支持态度）的占比超过50%，说明项目建设产生了较积极的社会效应，值得予以肯定。建设面向东盟的金融开放门户，是党的十九大以来国家批复的第一个省级全域金融开放战略，事关我国金融业扩大开放实践的新探索，肩负着深化中国—东盟合作、推进“一带一路”建设的重要使命。对广西来说，这既是加快自身发展的重大历史机遇，也是落实国家战略的重要任务和重大责任。为推进这一金融开放战略的顺利实施，广西各级政府部门统筹制定面向东盟的金融开放门户建设的指导政策，研究制定《金融开放门户五年实施规划》《三年行动计划》《广西关于加强金融人才队伍建设实施意见》等配套文件，出台了一系列重大改革举措，这些政策措施取得了明显的经济效应，其社会效应也得到了认同。随着项目的持续推进，金融开放门户建设将产生更广泛、更深刻的社会效应。

三、广西建设面向东盟的金融开放门户的社会发展对策建议

（一）加强金融服务实体经济

金融开放门户建设项目的社会影响离不开经济影响，尤其是就业、收入及生活环境等方面更离不开实体经济发展。《广西壮族自治区建设面向东盟的金融开放门户总体方案》的第五大任务内容为“加强金融服务实体经济”，明确提出要发展符合跨境园区特点的金融服务体系，支持东兴、凭祥边境经济合作区、中国—马来西亚钦州产业园区以及钦州保税港区、凭祥综合保税区、北海综合保税区等园区企业发展；支持广西新一代信息技术、高端装备制造、新能源汽车、生物医药、新材料、节能环保、文化旅游、健康养老等产业发展。

习近平总书记明确指出：“金融要把为实体经济服务作为出发点和落脚点”，“金融是经济的血脉，为实体经济服务是金融的天职，是金融的宗旨”。在党的十九大报告中，习近平总书记再次指出：“深化金融体制改革，增强金融服务实体经济能力。”贯彻落实好党的十九大、全国金融工作会议精神，引导金融回归本源服务实体经济是当前金融工作的一项重要任务。做好广西建设面向东盟的金融开放门户这项工作依然需要全面理解金融的功能及实体经济的内涵，把金融特有的规律和实体经济规律结合起来，坚持实体经济第一性的原则，加强体制、机制建设，提升金融服务实体经济的能力和水平。广西经济发展水平的落后与金融发展落后有着直接关系，金融是经济的血脉，金融难以给经济输血，经济自然就缺乏上升的支撑。金融只有切实地服务于实体经济发展，才能带来更多的就业机会，以增加城乡居民的可支配收入，进而带动更大的市场空间。

（二）完善人才选拔模式，构建公开、公平、公正的社会环境

当前推进广西面向东盟的金融开放门户建设，加快人才队伍建设，建立干部能上能下、公平竞争的用人机制已显得尤为重要。在如何选择和使用干部方面，各级领导班子必须坚持“公开、公正、公平”的原则，倡导干部树立公平竞争、能上能下、执政为民的观念。对拟提拔任用的干部，坚持做到“三公开”，择优选用。一是程序公开，二是竞争公开，三是结果公开。通过“三公开”，不断规范资格审查、竞争演讲、民主测评、结果公示、试用期等选拔程序，在公开竞争中，赛马场上选良驹，好中选优，选拔“德、能、勤、绩”突出，干部职工普遍认可的优秀人才充实到领导岗位，使竞争上岗科学选人用人的机制逐步完善，并得到干部的一致拥护。从全国经济发展水平排名情况来

看，广西仍然属于落后地区，让广西承担金融开放门户建设的重任体现了中央支持广西经济社会发展的决心和对广西政府的信任，能否顺利完成《总体方案》的各项任务，实现广西经济金融的跨越式发展考验着广西政府的智慧和担当。人才是经济社会发展的根本，构建公开、公平、公正的用人机制才能更好地选拔人才、用好人才，进而保障金融开放门户建设战略的顺利实施。

（三）加大政府信息公开力度，提高执政能力和政府公信力

现代社会中政府的公信力已经成为一项宝贵的社会资源，政府与公众的相互信任可以增强彼此的合作效果，政府与企业建立共识可以提升经济活动的成效，从而降低政府行政成本。因此，政府唯有以坦诚的态度面对公众才能提升自己的公信力。政策稳定、政务公开是现代国家经济社会发展的重要环境，公众越清楚地理解政府的政策意图，对未来的预期就越有把握。同时，明确的预期能够鼓励社会的长远投资，也能有力地促进经济社会的发展。事实证明，那些吸引投资多、经济社会发展好的地区常常是政府信息公开做得好的地区，是政府最讲信用的地区。广西建设面向东盟的金融开放门户，涉及经济金融领域各方面的改革，尤其需要社会公众的支持与配合，比如构建反洗钱、反假币等风险防范体系以及各金融改革示范区的建设，因此，加大政府信息公开力度，提高政府公信力是取得社会公众支持的前提。

（四）完善城市建设与项目规划，切实给居民带来获得感和满意度

城市建设是城市管理的重要组成部分。城市建设以规划为依据，通过建设工程对城市人居环境进行改造，对城市系统内各物质设施进行建设。城市经过规划、建设后投入运行并发挥功能，提供服务，真正为市民创造良好的人居环境，保障市民正常生活，服务城市经济社会发展。城市建设的意义在于推动中国经济新常态下持续健康发展，是实现人民美好生活的载体。广西建设面向东盟的金融开放门户关系到金融改革示范城市以及各城市金融功能区的建设，并进而辐射到产业合作区及商业综合体等项目建设，与产业发展和居民生活息息相关。提高城市规划的科学性、合理性，一方面有利于提升城市形象，完善城市功能，使城市等级得到提高，另一方面能增加就业，吸引投资，加速经济社会发展；另外也有助于丰富市民业余生活，便民利民。

（五）加强对社会影响的监测和评价工作

建设面向东盟的金融开放门户是我国金融业扩大开放的新实践新探索，是广西更好深化中国—东盟开放合作、融入“一带一路”建设的重要使命，更是深入贯彻落实“三大定位”新使命和“五个扎实”新要求、以更高水平开放引领更高质量发展、加快建设壮美广西的重大机遇。忽视金融开放门户建设对于所在地居民的社会影响，忽视金融发展与社会因素的关联会影响到项目的顺利实施及其目标的实现。经济发展产生社会影响，社会影响又会反作用于经济发展。金融开放门户建设首先是对广西的金融开放合作及实体经济发展产生影响，但随之也会带来各种社会影响，这些社会影响最终会关系到社

会公众对项目建设的认同感和支持度，并进而影响项目的顺利推进。因此，在项目实施之初就应该建立评价指标框架，以此为指导，在项目实施全过程中就确定的评价指标持续跟踪开展监测，是全面评估项目成效的要求，也是确保项目顺利取得预期目标的迫切要求。

参考文献

［1］刘佳燕．社会影响评价在我国的发展现状及展望［J］．国外城市规划，2006（4）：77-81.

［2］赵丽奇，黄有亮，刘华兴，谢政民．工程项目社会影响评价新方法研究——基于变量分析法［J］．建筑经济，2014（11）：122-125.

［3］李强，史玲玲．“社会影响评价”及其在我国的应用［J］．学术界，2011（5）：19-27.

［4］李强，史玲玲，叶鹏飞，李卓蒙．探索适合中国国情的“社会影响评价”指标体系［J］．河北学刊，2010（1）：106-122.

［5］刘军伟，李华燊．和谐社会背景下政府公共投资项目社会影响评价研究［J］．广西社会科学，2012（1）：199-122.

［6］梁海森．广西建设面向东盟的金融开放门户路径研究——基于国际竞争优势理论［J］．区域金融研究，2019（10）：13-19.

［7］范世祥．加快建设金融开放门户　谱写金融发展新篇章［N］．广西日报，2019-2-27（14）.

［8］陆心社，陈武．建设面向东盟的金融开放门户　谱写广西全方位开放发展新篇章［N］．人民日报，2019-7-10（18）.

［9］黄志勇，蒙飘飘，申韬．面向东盟金融开放门户：广西自贸区实现后发赶超跨越发展的关键点研究［J］．南宁师范大学学报（哲学社会科学版），2019，40（6）：9-18.

［10］范世祥．2019 年广西建设面向东盟的金融开放门户实践与成效［J］．区域金融研究，2020（4）：17-22.

［11］申韬，曹梦真，徐静怡．金融开放门户建设背景下广西与东盟跨境金融合作研究［J］．金融理论探索，2020（3）：60-69.

［12］李炳程．开发性金融支持广西建设面向东盟的金融开放门户研究［J］．开发性金融研究，2019（6）：79-87.

［13］吴望春，李春华．中国广西建设面向东盟的金融开放门户的 SWOT 分析［J］．东南亚纵横，2019（6）：60-66.

［14］谭卓雯，杨秋．强金融　促开放　建门户——广西面向东盟深化金融改革综述［EB/OL］（2019-07-12），http：//www. gxzf. gov. cn/gxyw/20190712-756856. shtml.

（执笔人：李娟）

6. 广西建设面向东盟的金融开放门户的生态影响研究

中国和东盟GDP合计约占世界的四分之一，在全球经济中占据重要地位，尤其是2020年新冠肺炎疫情的暴发，对全球经济冲击巨大。在此背景下，中国与东盟之间的合作至关重要，将助力双方经济快速复苏。自2010年中国—东盟自由贸易区全面启动，2015年成功升级，中国与东盟之间开展了全方位深度合作，双方大幅度降低关税，双边贸易额不断刷新历史纪录，中国已连续多年成为东盟第一大贸易伙伴。2019年，中国与东盟双边贸易额已经达到6415亿美元，超过美国成为中国第二大贸易伙伴。2020年上半年，受到新冠肺炎疫情影响，全球贸易陷入低迷，而中国对东盟的进出口却逆势上涨。据海关总署统计，截至2020年上半年，中国对东盟进出口2.09万亿元，增长5.6%，东盟取代欧盟，正式成为我国的第一大贸易伙伴。在中国与东盟的各项合作中，广西作为中国对东盟开放的前沿和桥头堡，扮演了重要的角色。广西区位优势独特，处于中国—东盟自由贸易区的中心位置，承担着打造面向东盟金融开放门户的重要任务，甚至已经上升到国家战略层面，而构建良好金融生态环境正是其主要任务之一。

2018年底，中国人民银行等13部委联合印发了《广西壮族自治区建设面向东盟的金融开放门户总体方案》（以下简称《总体方案》）提出九大任务，共计27条专项任务，其中明确提出要通过优化地方营商环境，构建金融风险防范机制，打击涉外经济领域违法犯罪活动，探索建立中越两国金融消费者权益保护合作机制来构建良好的金融生态环境。由此可见，在广西建设面向东盟金融开放门户的背景下，营造良好的金融生态环境的重要性和必要性。

金融生态环境是金融体系健康有序运作的外部环境，主要由社会信用、法律法规体系、银企关系、征信问题、企业制度等多方面内容构成，金融生态环境与地区金融体系能否健康有序发展密切相关，与当地经济的发展有直接关系。在广西建设面向东盟金融开放门户的背景下，完善金融生态环境将有助于进一步巩固我国与东盟的经贸关系，进一步深化我国与东盟国家的金融合作，也是广西实现经济快速发展的有效途径。同时，良好的金融生态环境也是广西打造面向东盟金融开放门户必须要承担的主要任务之一，具有重要的战略意义。

一是构建良好的金融生态环境有助于完善广西金融市场体系，提高广西金融行业的整体实力。加强面向东盟的金融市场合作是广西建设面向东盟金融开放门户的重要任务，目前广西金融市场建设还不够完善，只有提高广西金融行业的整体实力，构建良好的金融生态环境，才能够在面向东盟的金融市场合作中占据主导地位。建立良好的金融生态环境，可以增强企业、金融机构等参与者的竞争力，有助于促进与东盟地区证券、期货及金融衍生产品的交易合作以及与东盟债券市场的进一步合作，推动广西加速打造面向东盟的金融开放门户。

二是构建良好的金融生态环境有利于改善社会信用环境，提高金融主体的信用风险防范能力，确保金融市场的健康有序发展。社会信用体系是金融生态环境的重要组成部分，金融生态环境的改善必然要求构建良好的社会信用体系，这将提高金融市场主体的诚信意识和风险防控意识，对金融机构的信用风险管理至关重要，可以推动金融市场健康有序发展。另外，良好的社会信用环境有利于吸引金融机构大量入驻，促进广西经济发展，同时也有利于广西与东盟金融机构之间的交流，有助于加快广西建设面向东盟金融开放门户的进程。

三是构建良好的金融生态环境有利于改善银企关系，缓解中小企业融资难、融资贵问题。目前我国中小企业融资的渠道和服务体系还不健全，银企关系得不到有效缓解、中小企业融资难等问题也无法得到有效解决，银企之间信息不对称问题始终困扰着双方。一方面，由于我国征信体系尚未建立健全，金融机构难以获得中小企业的信用信息，难以鉴别信息的真实性；另一方面，相对于大型企业和国有企业来说，中小企业的规模较小，固定资产较少，无法提供足够的抵押担保，企业对银行提供的金融服务也无法全面了解。良好的金融生态环境可以帮助银企双方改善关系，实现共赢。

一、广西建设面向东盟的金融开放门户的金融生态环境现状分析

金融生态环境是金融体系健康有序运作的外部环境，主要由社会信用、法律法规体系、银企关系、征信问题、企业制度等多方面内容构成，金融生态环境与地区金融体系能否健康有序发展密切相关，与当地经济的发展有直接关系。目前，我国文献研究大多是从经济发展水平、金融发展水平、政府治理行为以及社会信用环境四个角度多个指标来分析和评价金融生态环境的发展水平和完善程度。因此，本章也将从这四个角度来对广西建设面向东盟金融开放门户背景下的金融生态环境的现状进行阐述和分析。

（一）广西经济发展水平

1. 地区生产总值发展水平

2015—2019 年，广西地区生产总值和人均地区生产总值逐年提高，2019 年广西地区生产总值首次突破 2 万亿元人民币大关，同比增长了 6 个百分点，但低于全国 6.1%的平均水平。表 6-1 显示了 2015—2019 年广西（人均）地区生产总值的发展情况，可以看出，虽然广西（人均）地区生产总值呈现增长态势，但是增速却逐年下降，由 2015 年的 8.1%的增速下降到 2019 年的 6.0%。受新冠肺炎疫情影响，截至 2020 年上半年，广西地区生产总值为 10206.04 亿元，同比增长 0.8%，由第一季度的 3.3%负增长转为正增长，增速排名全国前十，广西经济运行呈现出良好的复苏态势。随着广西建设面向东盟金融开放门户进程的加快，广西与东盟之间的合作将更加全面和深入，而这也将为广西的经济增长注入新的能量。

表 6-1　2015—2019 年广西（人均）地区生产总值发展情况

项目	2015 年	2016 年	2017 年	2018 年	2019 年
GDP（亿元）	16803. 12	18317. 64	18523. 26	19627. 81	21237. 14
人均 GDP（元/人）	35190. 00	38027. 00	38102. 00	41489. 17	42964. 00
GDP 增速（%）	8. 1	7. 3	7. 1	6. 8	6. 0

资料来源：Wind。

2. 进出口总额发展情况

近几年，广西进出口贸易总额稳步增长，截至 2019 年，广西进出口总额达到 4694. 7 亿元，其中，进口 2097. 6 亿元，同比增长 8. 7%；出口 2597. 1 亿元，同比增长 19. 4%。在贸易方式方面，一般贸易比重提升，贸易结构持续优化，广西外贸对边境贸易的依赖度降低，贸易结构更加合理。由表 6-2 可以看出，2015 年至 2019 年，广西与东盟之间进出口贸易总额在逐年提高，从 2015 年的 290. 1 亿元增加至 2019 年的 2334. 7 亿元，在 5 年的时间里双方进出口总额翻了 8 倍，尤其是 2016 年，增长幅度超过 5 倍。东盟进出口总额在广西全区总额中占比也由 2015 年的 9. 09%提升到 2019 年的 49. 7%，在 2016 年之后，广西与东盟的进出口贸易总额占据了广西进出口总额的半壁江山。事实上，东盟已连续 20 年成为广西最大的贸易伙伴和广西企业最大的“走出去”投资目的地。

在推动广西“走出去”高质量发展的过程中，广西发挥地市特色产业，推动一个城市一个重点产业的发展模式，发挥柳州制造业优势，崇左糖产业优势，北海、钦州、防城港的港口优势，推动广西与东盟各产业深度合作。在广西建设面向东盟金融开放门户的战略任务当中，明确提出要加大对跨境电子商务的金融支持，推动中国（南宁）跨境电子商务综合试验区建设，以便提高广西跨境商务贸易额在广西进出口贸易总额中的占比。另外，中国—东盟大宗商品现货交易中心建设的加速推动，农产品交易体系的完善以及加快推进大宗商品跨境贸易使用人民币结算等措施和政策的实施也将会进一步促进广西与东盟之间进出口贸易的健康成长。

表 6-2　2015—2019 年广西与东盟进出口贸易总额发展情况

年份	广西进出口总额（亿元）	广西—东盟进出口总额（亿元）	东盟进出口总额占比（%）
2015	3190. 3	290. 1	9. 1
2016	3170. 4	1835. 4	57. 9
2017	3866. 3	1893. 9	49. 0
2018	4106. 7	2061. 5	50. 2
2019	4694. 7	2334. 7	49. 7

资料来源：Wind。

3. 经济结构

近几年，广西转型升级步伐加快，产业结构持续优化。由表 6-3 可知，2015 年至 2019 年，广西全区农林牧渔业增加值逐年提高，但其占比始终处于 16%以下。广西第三产业则发展迅猛，第三产业增加值从 2015 年的 6520. 15 亿元增加至 2019 年的 10771. 97

亿元，增长幅度高达 65.2%，其占比也从 38.8%提高至 50.72%。这体现出广西近几年对第三产业的重视和扶持。

表 6-3　2015—2019 年广西三次产业增加值情况

年份	产业增加值（亿元）			产业增加值占比（%）		
	第一产业	第二产业	第三产业	第一产业	第二产业	第三产业
2015	2565.45	7717.52	6520.15	15.27	45.93	38.80
2016	2796.80	8273.66	7247.18	15.27	45.17	39.56
2017	2878.30	7450.85	8194.11	15.54	40.22	44.24
2018	3021.09	6692.87	9913.85	15.39	34.10	50.51
2019	3387.74	7077.43	10771.97	15.95	33.33	50.72

资料来源：国家统计局。

（二）广西金融发展水平

1. 广西银行业

在金融资源中，金融机构的存款和贷款占据了非常重要的地位，其中，存款代表了金融机构吸收存款的能力，而贷款则体现了金融机构的信贷投放能力和投资效率。表 6-4 反映了 2015—2019 年广西金融机构存贷款余额的变化情况。从数值上可以看出，虽然广西的存款和贷款余额呈现上涨态势，但存款余额长期高于贷款余额，导致金融机构出现存贷差。虽然存贷差的规模在 2016 年有所扩大，但在之后几年得到明显的缓解，2019 年存贷差达到 1148.6 亿元。存贷差过大反映了广西金融机构的金融资源配置效率低，无法将其所掌握的资金充分利用起来，造成资源浪费。另外，中小企业融资难问题也同时困扰着广西的金融机构和企业。银行等金融机构基于信用风险等考虑，为了维护自身的利益和安全，对申请贷款的企业设置了重重门槛，而中小企业自身的信用和抵押品往往不够充足，盈利能力较差，获得贷款的成本极高。对于银行来说，虽然可以避免贷款违约，降低信用风险，但是也堵塞了资金的流通通道，使得资金无法顺利流入实体经济，造成较高的存贷差，降低了金融资源配置效率。

从广西区内各地级市的金融资源配置来看，也存在较为严重的资源分配不均衡的情况。表 6-5 反映了 2019 年广西区内部分地级市金融机构存贷款余额情况。从数据上可以看出，作为广西首府的南宁市，2019 年存贷款余额高达 25206.0 亿元，是排名第二的柳州市存贷款余额的 3.5 倍，而排名最低的来宾市存贷款余额仅有 1360.5 亿元，是南宁市的 5.4%。这表明广西区内各地级市的存贷款规模差距巨大，金融资源分布极不均衡，南宁占据了绝对的领先地位。从表 6-5 中广西区内各地级市的存贷差可以看出，桂林的存贷差最大，为 793.3 亿元，而南宁的存贷差则为负值，贷款余额比存款余额高出 3636.0 亿元。这说明桂林金融机构缺乏投资渠道，所吸收的存款无法充分地利用起来，而南宁市则正好相反，虽然南宁市的存款余额高于桂林市，但是作为广西省会城市，投资渠道更多，导致金融机构资金紧张。这也反映出广西区内各地级市的金融资源配置并不均衡。

表 6-4　2015—2019 年广西金融机构存贷款余额情况

年份	广西存款余额（亿元）	广西贷款余额（亿元）	广西存贷差（亿元）	广西存贷款余额（亿元）
2015	22793. 5	18119. 3	4674. 2	40912. 8
2016	25477. 8	20640. 5	4837. 3	46118. 3
2017	27899. 6	23226. 1	4673. 5	51125. 8
2018	29789. 8	26688. 3	3101. 5	56478. 1
2019	31646. 0	30497. 4	1148. 6	62143. 4

资料来源：Wind。

表 6-5　2019 年广西各地级市金融机构存贷款余额情况

地级市	存款余额（亿元）	贷款余额（亿元）	存贷款余额（亿元）	存贷差（亿元）
南宁	10785. 0	14421. 0	25206. 0	-3636. 0
柳州	3916. 7	3226. 1	7142. 8	690. 6
桂林	3624. 7	2831. 4	6456. 1	793. 3
贵港	1298. 8	1134. 8	2433. 6	164. 0
钦州	1184. 9	860. 4	2045. 3	324. 5
河池	1213. 8	799. 0	2012. 9	414. 8
防城港	779. 2	716. 1	1495. 4	63. 1
贺州	793. 2	591. 5	1384. 7	201. 7
来宾	751. 2	609. 3	1360. 5	141. 9

资料来源：Wind。

2. 广西证券业

近年来，在广西各级政府和相关部门的大力支持下，广西的资本市场主体质量不断提高，资本市场体系日益完善，市场规模逐步扩大，但是与我国其他金融业发达省份相比，广西总体证券业水平仍然有待提高。具体来看，截至 2019 年末，仅国海证券一家证券公司将总部设在广西辖内。同样地，总部设在广西辖内的基金管理公司也仅为 1 家，而期货公司更是一家没有。2019 年广西新增上市公司 1 家，目前广西共有境内上市公司 38 家，新三板挂牌公司 67 家，区域性股权市场挂牌企业有 165 家。表 6-6 描述了 2015 年至 2019 年广西证券业的基本发展情况，总体来看，广西的上市公司数量有所进展，多层次资本市场体系日益完善，但是发展速度缓慢，总体规模有待提高。在证券交易量方面，2019 年，广西证券交易额累计 5. 3 万亿元，同比增长 20. 4%，保持稳定增长。在融资方面，广西直接融资总额在过去 5 年里有所提高，从 2015 年的 950 亿元提高到 2019 年的 1119. 4 亿元，增长幅度为 18%，其中债券融资占据主导地位，股票融资规模较小，甚至还出现了下滑，A 股市场融资总额从 2015 年的 151 亿元下降到 2019 年的 50. 6 亿元。广西债券融资和直接融资总额虽然在过去 5 年当中有所增长，但是波动较大，融资不稳定，其中，直接融资总额从 2016 年的 1038 亿元下降到 2017 年的 689 亿元，下降幅度高达 34%，而 2019 年广西直接融资总额又出现了井喷式增长，增长幅度高达 43%。

表 6-6　2015—2019 年广西证券业发展情况

项目	2015 年	2016 年	2017 年	2018 年	2019 年
将总部设在广西的证券公司数量（家）	1	1	1	1	1
将总部设在广西的基金公司数量（家）	1	1	1	1	1
将总部设在广西的期货公司数量（家）	0	0	0	0	0
广西上市公司数量（家）	35	36	36	37	38
广西国内 A 股市场筹资（亿元）	151	148	8	37.5	50.6
广西国内债券筹资（亿元）	799	890	681	744.8	1068.8
广西直接融资总额（亿元）	950	1038	689	782.3	1119.4

资料来源：Wind。

3. 广西保险业

近几年，广西保险行业发展成绩显著，市场体系日趋完善。截至 2019 年，广西保险市场有 2 家地方法人机构，44 家省级分公司，广西各级保险分支机构 2244 家，各级专业中介机构 339 家。初步形成了地方法人公司与分支机构、中资与外资、商业性与政策性、综合性与专业性等多种形式共同发展的保险市场体系。全区保险从业人员约 19 万人，保险行业专业队伍得到进一步扩充。

保险行业除了防范风险之外，还具有储蓄功能，储蓄保费有利于保护存户利益，增强银行信用，帮助稳定一国金融体系。表 6-7 反映了 2015 年至 2019 年广西地区保费收入构成的发展情况。从数据上可以看出，广西保费收入主要是由寿险和财产险保费构成，相对于财产险而言，寿险所占比重更大。各类保费以及总保费收入都呈现出明显的增长态势，总保费收入从 2015 年的 385.7 亿元上涨到 2019 年的 644.9 亿元，增长幅度高达 67.2%，其中，5 年当中寿险保费收入和财产险保费收入分别增长了 61.3% 和 47.4%，“社会稳定器”和“经济助推器”功能得到有效发挥。但是近几年保费收入增长率却出现了明显的下降趋势，2019 年，广西地区总计保费收入仅增长 5.7%。2020 年由于受到新冠肺炎疫情影响，保险业务增加，截至 2020 年 6 月，广西地区总计保费收入已经达到 436.4 亿元，比去年同期的 389.1 亿元高出了 12.2 个百分点。

表 6-8 反映了我国和广西的保险深度和保险密度的变化情况。从数据上可以看出，近几年广西的保险密度有了显著的提高，从 2015 年的 804.3 元/人增长到 2019 年的 1329.8 元/人，增长幅度高达 65.3%，但是其每年的增长率却呈现出明显的下降趋势，2019 年广西保险密度仅仅增长 4.1 个百分点。与全国保险密度数据相比，广西的保险密度依旧处于较低水平，2019 年，全国保险密度为 3051.1 元/人，而广西比全国平均水平低了 1721.3 元/人，不足全国平均水平的一半，差距非常明显，这说明保险在广西地区的普及度过低，民众参与保险的主动性和积极性有待提升。在保险深度方面，可以从表 6-8 中看出，虽然广西保险深度从 2015 年的 2.3%提高到 2019 年的 3.1%，涨势明显，但是与全国保险深度平均水平相比，依旧有明显的差距。另外，广西保险深度也面临着年增长率降低的困境，广西保险行业的创新能力仍需加强，开发保险行业新的增长点。随着我国经济进入“新常态”以及新冠肺炎疫情的暴发，保险行业被寄予厚望承担

更加重要的角色，提高在整个国民经济中的地位。

表 6-9 反映了广西各地市保险密度以及保险深度的情况。从各市的情况可以看出，南宁作为广西经济发展水平最高的省会城市，其保险密度和保险深度都远远高于广西其他城市。值得注意的是，广西区内各城市的保险深度和保险密度差距极大，就保险密度而言，排名第一的南宁市的保险密度达 2816.4 元/人，比排名第二的柳州市高出了 1087.3 元/人，而保险密度最低的河池市仅为 634.0 元/人，不足南宁市的 23%。这反映了河池、百色、崇左等地居民保险意识不强，保险行业发展水平较低，广西地区间的保险资源分配不合理，保险市场发展不平衡。

表 6-7　2015—2019 年广西保费收入发展情况

年份	广西寿险保费收入（亿元）	广西财产险保费收入（亿元）	广西其他保费收入（亿元）	广西总计保费收入（亿元）	广西总计保费收入增长率（%）
2015	185.4	147.1	53.2	385.7	23.1
2016	238.6	165.7	64.9	469.2	21.6
2017	283.5	196.0	85.6	565.1	20.4
2018	292.6	219.1	117.3	629.0	11.3
2019	299.0	216.8	149.1	664.9	5.7

资料来源：Wind。

表 6-8　2015—2019 年全国和广西保险深度和保险密度发展情况

年份	全国保险密度（元/人）	广西保险密度（元/人）	广西保险密度增长率（%）	全国保险深度（%）	广西保险深度（%）	广西保险深度增长率（%）
2015	1770.9	804.3	28.4	3.54	2.30	15.0
2016	2241.6	970.0	20.6	4.18	3.00	30.4
2017	2638.4	1157.0	19.3	4.46	3.00	0.0
2018	2673.1	1277.0	10.4	4.14	3.10	3.3
2019	3051.1	1329.8	4.1	4.30	3.10	0.0

资料来源：Wind。

表 6-9　2018 年广西各地级市保险密度和保险深度情况

城市	保险密度（元/人）	保险深度（%）
南宁	2816.4	5.07
柳州	1729.1	2.29
北海	1628.6	2.25
桂林	1347.4	3.42
防城港	1183.2	1.62
梧州	1007.7	3.00
玉林	961.7	3.48
贵港	839.8	3.17

续表

城市	保险密度（元/人）	保险深度（%）
贺州	833.4	2.87
钦州	772.4	1.98
来宾	745.5	2.41
崇左	723.6	1.49
百色	720.1	2.25
河池	634.0	2.85

资料来源：Wind。

（三）广西宏观经济治理

表 6-10 反映了 2015 年至 2019 年广西地方公共财政收入和支出的发展情况。从数据上可以看出，受益于经济增长和政府的大力支持，广西财政实力逐步加强，全区一般公共预算收入连续多年保持增长，从 2015 年的 1515.08 亿元增长到 2019 年的 1811.89 亿元，增长 19.6 个百分点，其中税收占比在 65%左右，2019 年税收占比降到近些年的最低点达到 63.3%。与此同时，广西地方公共财政支出也在逐年增加，2019 年全区实现一般公共预算支出 5849.02 亿元，同比增长 10.1%。从数据上可以看出，在当前经济下行压力逐步加大的形势下，随着减税降费举措的执行，广西收支矛盾也开始逐步凸显。其中，最明显的变化就是广西一般公共预算收入自给率呈现逐年下降趋势且总体偏低，自给率从 2015 年的 37.2%下降到 2019 年的 31.0%，这说明广西地方公共财政支出的增长速度超过了公共财政收入增长的速度，财政压力凸显。

表 6-11 显示了 2019 年广西壮族自治区下辖各地级市一般公共预算收入和支出的情况。从数据上可以看出，广西各市的财政收入和支出差别巨大，作为省会的南宁市远远高于其他城市。从各地公共财政收入来看，2019 年南宁市的财政收入高达 370.93 亿元，比位列第二名的柳州市高出了 149.48 亿元，而排名最低的崇左市，其财政收入尚不足南宁市的十分之一。从各地的财政自给率来看，依旧是省会城市南宁排名最高，其财政自给率为 47.1%。数据显示，百色、来宾、贺州、河池以及崇左等城市的财政自给率均不足 20%，其中崇左市的财政自给率仅仅为 11.6%，体现了突出的收支矛盾。财政收入升不上来，财政支出降不下去，崇左等城市的财政压力巨大，而 2020 年受到新冠肺炎疫情的影响，广西各地级市的财政状况预计会进一步恶化，各地政府急需采取相应措施来缓解财政压力。

表 6-10　2015—2019 年广西地方公共财政收入和支出发展情况

年份	广西地方公共财政收入（亿元）	广西税收收入（亿元）	税收占比（%）	广西地方公共财政支出（亿元）	财政自给率（%）
2015	1515.08	1031.57	68.1	4076.42	37.2
2016	1556.24	1036.20	66.6	4472.48	34.8

续表

年份	广西地方公共财政收入（亿元）	广西税收收入（亿元）	税收占比（%）	广西地方公共财政支出（亿元）	财政自给率（%）
2017	1615.03	1057.59	65.5	4912.89	32.9
2018	1681.48	1122.03	66.7	5310.89	31.7
2019	1811.89	1146.78	63.3	5849.02	31.0

资料来源：Wind。

表 6-11　2019 年广西各地级市公共财政收入和支出情况

城市	地方公共财政收入（亿元）	地方公共财政支出（亿元）	财政自给率（%）
南宁	370.93	787.71	47.1
柳州	221.45	498.87	44.4
桂林	152.79	496.03	30.8
玉林	111.09	419.17	26.5
百色	94.01	478.74	19.6
梧州	84.60	293.66	28.8
贵港	62.69	292.98	21.4
钦州	57.40	225.09	25.5
防城港	47.41	139.53	34.0
河池	45.98	390.64	11.8
贺州	36.16	220.12	16.4
来宾	34.35	189.4	18.1
崇左	33.74	290.05	11.6

资料来源：Wind。

（四）广西信用环境

良好的信用环境是金融生态环境稳定的一个重要因素，广西金融生态运行的平稳性和系统性都受到信用环境的直接影响。拥有良好的信用环境可以显著降低金融系统和生态的信用风险。2019 年，广西银行业资产质量得到改善，但总体来看风险依旧较大。截至 2019 年末，广西银行业金融机构不良贷款余额为 680.4 亿元，同比降低 3.6 个百分点，不良贷款率为 2.23%，同比下降 0.4%，其中，法人金融机构不良贷款率为 5.6%，同比降低了 0.9%。总体来看，虽然广西银行业不良贷款情况有所改善，但是整体风险依旧较大。

近些年来在广西区政府和相关监管部门的指导下，广西社会信用体系建设有了显著成效，但是与我国发达地区相比，广西地区的社会信用体系还存在不足，信用信息的归集和处理等环节制度不规范、信用服务机构还不够普及。另外，信用管理法律法规体系也不够完善，许多地区都颁布了适合自身信用体系发展的法规和规章，但是各地之间的管理制度有所不同，造成我国信用管理法律法规不统一，难以为信用监管提供有效的支持。

二、广西金融生态环境存在的问题

（一）广西金融资源配置效率有待提高

近年来，广西金融机构存贷差逐年缩小，但其规模依旧较大，2019年，存贷差达1148.6亿元。这说明广西金融机构的金融资源配置效率低，无法将其所掌握的资金充分利用起来，造成资源浪费。从广西区内各地级市的金融资源配置来看，也存在较为严重的资源分配不均衡的情况。南宁市作为广西省会城市，其存贷余额远远高于区内其他城市。可以看出，广西各市金融资源分配不均衡，差距极大。广西证券行业的发展相对滞后，居民证券投资意愿较低，这也使得有意愿落户广西的证券公司、基金公司和期货公司较少。截至2020年，将总部设立在广西辖内的证券公司仅有国海证券一家，目前还没有期货公司将总部设在广西辖内。

目前，广西的保险密度依旧处于较低水平，2019年，全国保险密度为3051.1元/人，不足全国平均水平的一半，差距非常明显，这说明广西地区民众参与保险的积极性不高。在保险深度方面，虽然广西保险深度从2015年的2.3%提高到2019年的3.1%，增幅显著，但是与全国保险深度水平相比，依旧有明显的差距。在全国范围内，广西的金融资源供给规模远远低于东部发达地区，金融资源的匮乏进一步限制住了广西金融行业的健康发展。而在广西全区范围内，依旧存在着金融资源分配不均匀的现象，在保险行业体现得尤为明显。南宁作为广西经济发展水平最高的省会城市，其保险密度和保险深度都远远高于广西其他城市，其保险密度甚至是河池市的4倍以上。如果不采取有效措施尽快弥补这种不合理的分配，广西各市之间的资源差距只会越来越大，最终形成恶性循环，进一步拉大保险市场的发展差距。

虽然近几年广西保险行业得到了显著发展，但是行业内依旧存在产品同质化等问题。当前广西保险行业产品种类较为单一，分红险在寿险当中比重过高，而车险保费收入在财产险保费收入当中也占据了绝大多数比重。保险产品缺乏创新，同质化问题突出，服务覆盖面不足，加上部分险种针对性和适用性差，条款设计缺乏严密性，保障功能设计不足，难以满足市场日益个性化、多样化的需求，服务能力有待加强，对实体经济的支持面有待扩展。另外，广西保险行业存在着较为突出的退保风险。2018年，广西人身保险公司累计退保金支出73.74亿元，虽比2017年略微降低，但总体来看，近几年退保金支出呈现明显的上涨态势，2016年至2018年三年的时间广西人身保险公司累计退保金支出已经上涨了78.2%。退保金额的突然增加会对保险公司的运营产生负面影响，增大保险公司的流动性风险。

（二）广西信用环境亟待改善

经过多年的社会信用体系建设，广西的信用观念已经得到了改善，但依旧存在着以下几个方面的问题。

首先，广西社会信用意识和风险意识有待提高，信用体系建设有待加强。企业缺乏信用意识，企业内部对于信用管理松懈，提供虚假信息、违约骗贷的事件屡见不鲜。特别是中小企业信用数据不透明，加剧了银行与中小企业之间信息不对称的问题，导致中小企业融资难、成本高。而银行为了防控信用风险，只能提高贷款门槛，造成有钱无法贷，使得存贷差进一步恶化。

其次，目前广西在信用管理方面采取了黑名单制度和失信联合惩戒机制等，虽然效果显著，但多是在本行业和地方政府规章制度的基础上建立起来的，这也造成各地各行业的黑名单标准不同，惩戒措施不同，甚至出现各法规条款之间重叠和混乱的情况出现。

最后，我国信用法律法规体系还不完善，监管部门对于信用信息的保护存在不足。个人和企业的信用信息泄露和盗取现象屡见不鲜，侵犯了信息主体的合法权益，对个人和企业造成伤害。事实上，传统的监管方式已经不再适应于目前快速发展的大数据和互联网征信模式。现有条例可以对传统征信行业起到很好的监督和保护作用，但随着互联网金融和大数据技术的快速发展，法律法规的修订无法跟上新技术的更新换代，这造成了监管上的漏洞和松懈，也给了某些不法分子钻漏洞的机会。例如，2016 年 3 月，某商业银行工作人员为牟取私利，违规查询并出售大量个人征信报告，造成大量客户信用信息泄露。2016 年 8 月，犯罪分子对某地方性商业银行实施诈骗，盗取大量客户的个人信用信息。2019 年底，考拉征信非法提供身份证返照查询 9800 多万次，获取不法收益 3800 万元，造成大量用户的个人信息泄露。从这些事件可以看出，由于缺乏法律界定和保护，信用监管缺失，个人信用信息的泄露和滥用情况严重。

（三）广西银企合作有待加强，中小企业融资难问题严重

目前，广西中小企业的融资渠道仍然比较单一，大多数民企主要采用内源性融资，依靠企业的自有资金，融资规模受到较大的制约，仅有少部分中小企业通过银行贷款等外源性融资方式筹集资金。对于中小企业来说，通过发行股票和债券等方式进行融资的难度较大，众所周知，发行股票和债券的门槛较高，对企业规模、企业盈利等方面要求严格，中小企业往往难以满足条件。因此，纵然资本市场上存在多种多样的融资方式，但真正适合中小企业的其实并不多，这导致中小企业难以获取长期稳定的融资，影响企业的可持续性发展。

正是由于中小企业融资渠道狭窄，中小企业更是要抓住为数不多的融资机会，而银行贷款正是中小企业获取资金的“救命稻草”。然而，事实却是仅有少数私营企业能够成功获得银行贷款，中小企业融资难、融资贵问题始终难以得到有效的解决。正是在这种常规贷款渠道屡屡受阻的情况下，民间借贷却在借贷市场上悄然滋生，尤其是在沿海和江浙地区，民间借贷非常活跃，中小企业的参与度较高。虽然相关监管部门多次出台监管新规规范民间借贷行为，对民间借贷中的违法违规行为进行严厉打击，但是地下钱庄、高利贷等违法行为依旧是屡禁不止，暴力催收、非法集资等事件时有发生，严重影响了金融秩序和经济社会秩序的稳定。

中小企业融资难问题是由多个因素共同作用的，其中信息不对称是一个主要原因。

一方面，由于我国征信体系尚未建立健全，金融机构难以获得中小企业的信用信息，即便能够获取企业所公布的公开信息，也难以鉴别其真实性和准确性，无法对申请信贷业务的中小企业客户作出准确的信用评级。另一方面，相对于大型企业和国有企业来说，中小企业的规模较小，固定资产较少，因而无法提供足够的抵押担保。因此，在衡量收益和风险之后，金融机构会更偏向于将贷款发放给大型企业，甚至不惜降低贷款利率。若金融机构将贷款发放给中小企业，通常来说会提高贷款利率来弥补自身所承担的信用风险，但这又会提高中小企业的融资成本，降低企业的还款能力，使得违约风险进一步提高，最终形成恶性循环。事实上，相对于中小企业而言，大型企业和国有企业的融资渠道更加多样化，对于银行贷款并不像私营企业那样急切，但是考虑到信用风险，银行更青睐于贷款给大型企业，这导致金融资源分配不平衡。另外，当经济环境向好时，企业盈利能力提升，急于扩张规模，此时银行会下调贷款门槛；而一旦经济形势恶化，企业经营困难，在急需资金度过危机时，银行在衡量违约风险之后，往往会催收贷款。这种“晴天借伞雨天收伞”的做法使得中小企业的融资环境进一步恶化。

（四）金融生态法律制度体系不够完善

法律体系建设是金融生态环境的一个关键要素，只有建立健全法律制度，才能够完善金融生态环境的建设。然而，一直以来，我国的金融法律体系建设较为薄弱，依旧存在着诸多问题，阻碍了金融生态环境的健康发展。

1. 广西农村金融生态法律环境有待优化

近年来，我国多次强调促进“三农”发展，在党的十九大提出实施“乡村振兴”战略，这体现了我国对于农村金融发展的重视，在各项政策的支持和推动下，我国的农村合作金融体系也得到了快速发展。然而，到目前为止，我国尚未针对农村合作金融出台专门的法律法规，能够参照的法律依旧是《商业银行法》等有关法律法规，农村合作金融法律法规的缺失严重制约了农合机构业务的开展，影响了其规模的扩张，阻碍了农村合作金融的健康发展。首先，产权制度的改革会与现行法律《商业银行法》《公司法》等产生矛盾。例如，相关部门在将农村信用社改制成农商银行的过程中，参照《商业银行法》的相关规定，要按照商业银行进行监管，不再享受农村信用社的各项优惠政策。其次，由于目前没有相关法律对农村合作金融的营业范围、金融性质等问题提出明确的规定，部分农村合作金融机构在利益的驱动下，逐步走向商业化，原本用于支持农村发展的金融业务也发生了改变，与合作金融的初衷相背离。另外，目前广西的农合机构普遍存在规模较小、实力较弱、管理松散等问题，在参照商业银行标准的背景下，农合机构受到自身规模和资金的限制，其业务难以有效开展，支持农村建设的业务创新更是难上加难。最后，从目前广西农村政策性金融运行状况来看，作为支持“三农”事业发展的中国农业发展银行获取资金的来源渠道极为有限，主要依赖于财政资金和公共事业单位存款以及发行金融债券。其中，财政存款资金所占比重较小且存在拨款的滞后性等问题；公共事业单位存款则主要是农发行为防控流动性危机而配置，通常都是由短期存款构成，无法将该笔资金用于长期投资，存在诸多限制；金融债券和再贷款资金则占据了农发行资金来源的绝大多数，但是这种筹集资金的方式大大增加了农发行的融资成本，阻碍了农发行资金流动和健康发展。从农发行的资金流向来看，其贷款主要发放给农业产业化龙头企业和加工企业等大型企业，而在企业数量上占优的农业中小企业所获得的贷款额反而占比很小。

近些年随着全民普法教育的开展，广西农村地区民众的法律意识在不断增强，但与我国经济发达省份地区相比，广西农民的法律意识较为淡薄，农村法治宣传工作还有待改进，具体体现在以下几点。第一，广西农村地区民众的文化素质相对偏低，在一定程度上限制了对法律法规知识的理解。尤其是广西贫困地区的民众因贫失学，文化水平较低，甚至不识字的民众占据了绝大多数，难以充分了解当地的政策法规，当自身权益受到损害时，也不会使用法律手段来维护自身的权益。第二，虽然近些年广西农村地区多次开展普法宣传活动，但是由于普法宣传效果难以进行定量化衡量，短期内也无法看出明显的效果，导致某些宣传工作人员应付了事，仅做表面工作来应付检查。广西农村普法工作方式通常比较单一，大多通过标语、宣传资料、横幅等形式，宣传效果较好的传媒和互联网等普法形式在农村地区难以开展，这种单一化的宣传方式普法效果不佳。通过标语等方式进行宣传，虽然降低了宣传成本，但是民众往往只知道法律法规名称却不知道其中所表达的含义，而通过分发宣传资料进行普法教育，虽然可以对法律法规进行较为详细的描述，但对于民众而言，宣传资料的理论性太强，可操作性差，缺少有针对性的深度讲解，难以达到预期的普法教育效果。甚至很多民众认为法制宣传只是“走形式”，缺乏参与积极性，即便参与也是敷衍了事。第三，普法宣传教育工作缺少专业团队，经费不足。目前广西的普法宣传工作主要是依靠乡镇司法所以及乡村干部等，由于财政对普法经费投入较少，导致普法工作队伍力量薄弱，普法资料紧缺，从而使得普法宣传工作难以在广大农村地区全面展开，影响了农村法制宣传的深度和广度。

2. 金融机构市场准入和退出机制有待建立健全

目前，我国金融机构市场准入与退出机制还不完善，准入机制存在一定的法律漏洞，对某些金融机构的监管不严。例如，伴随着近些年私募基金的野蛮生长，一些机构滥用登记备案信息非法自我增信，以私募基金为名违规进行集资等行为，严重损害了消费者和投资者的合法权益。另外，我国金融机构的退出机制也存在着不足。目前金融机构的破产处置主要依据《企业破产法》《银行业监督管理法》等法律法规，但是这些法律法规仅仅是提出了金融机构破产的规定和要求，并未对破产界限标准、破产清偿顺序等具体问题给予明确的阐明，对于金融投资者的保护措施也没有详细的规定，缺乏可操作性。当金融机构经营不善破产倒闭时，往往伴随着支付危机，金融机构难以偿还债务，此时投资者面临着血本无归的风险，其自身权益难以得到保障。虽然我国 2015 年出台了《存款保险条例》，用于保护储户的利益，防范金融风险，稳定金融秩序。存款保险制度的推出提升了投资者对于银行等金融机构的信心，当出现金融危机或者银行经营不善时，由于存款保险制度的保护，存款者进行挤兑的可能性大大降低，有效提升了金融市场的稳定性。然而，存款保险制度也并不是没有风险和漏洞的。我国的存款保险制度规定银行的最高赔付限额为 50 万元，换句话说，银行不会为额外的风险进行赔付，这会增加银行进行风险投资的可能性。

3. 民间借贷立法有待完善

目前我国民间借贷还缺乏立法规范和约束。近年来，民间借贷发展迅速，规模不断扩大，民间借贷的重要性也逐步在监管部门中达成了共识。但是，目前民间借贷的法律法规极为分散，这种碎片化的法律体系主要体现在以下两个方面：一方面，目前法律对于民间借贷的规制主要来自《合同法》《民法通则》等民法典法条、最高法的司法解释和金融监管部门的通知中，缺少一个系统性的法律规范；另一方面，全国各地各自出台了监管法规条例，却依旧缺乏国家层面统一的立法规制，法律体系中甚至没有明确规定“民间借贷”的确切含义和概念，无法有效约束和规范各地的民间借贷。

三、广西建设面向东盟的金融开放门户背景下优化金融生态环境的建议

（一）提升广西金融资源配置效率，优化金融生态环境

1. 大力开发金融资源

广西的金融资源规模较小，低于全国平均水平，应加速推动广西金融资源的开发进程，优化金融资源布局和结构调整。首先，广西各金融机构应加强行业内的合作与交流，加快广西建设面向东盟金融开放门户的进程，树立中国—东盟金融一体化的发展理念，推进对外开放步伐。立足与东盟对接的区位优势，进一步强化广西与东盟各国的金融合作，实现金融资源在更大的区域内优化配置。

除了要大力开发城市金融资源之外，也要关注农村地区金融的良性发展。政府应通过加大政策性金融支持力度和增加信贷投入对农村地区支持，促进中国农业银行增进“三农”金融服务，推动金融机构强化支农惠农投入保障。在农业保险保障支持方面，着力推动多元化农业保险体系建设，引导保险公司加大对农业保险投入，并提高农业保险保障水平和保险覆盖面。

政府应进一步向广大民众普及金融知识，增强风险防范意识，强化广西银行从业人员对金融消费者的保护意识，提高金融工具利用率，促进广西地区的金融深化程度。

2. 推动证券市场健康发展

近年来，在广西各级政府和相关部门的大力支持下，广西的资本市场主体质量不断提高，资本市场体系日益完善，市场规模逐步扩大，但是与我国其他金融业发达省份相比，广西总体证券业水平仍然有待提高。

首先，政府部门应当尽快出台相关政策扶持广西证券市场的健康发展，为优秀证券公司提供资金和技术支持。另外，广西区内各市的证券行业发展水平极不平衡，其中南宁市处于绝对的领先地位，而贺州等城市证券行业发展水平较低。为改善金融资源分配不合理的状况，政府应对证券行业发展水平较低的城市进行合理引导和扶持，完善金融资源进行合理配置的正规渠道，缩小各地行业发展差距。

其次，要强化资本市场监管力度，优化监管体系资源配置。目前，就广西证券行业监管来看，监管资源较多地倾斜在资质审核上，容易形成监管背书。相关监管部门应将监管重心转移到对操纵市场、内幕交易等违法违规行为的监督等重大问题上。更应当提高监管效率，逐步简化事前审核，将发行和定价功能交给市场，重点发挥行业自律监管功能。

再次，要引导证券公司公平和充分的竞争，优化证券行业生态环境。当前，虽然市场竞争日益激烈，但是竞争低端化和竞争同质化现象较为严重，这使得中小证券公司缺乏创新动力，难以推动差异化发展。另外，证券公司目前依旧可以依靠牌照红利盈利，券商市场化并购不常见，这不利于证券行业的健康长期发展。因此，应当为证券行业营造良好的生态环境，为证券公司提供公平公正的发展平台。应鼓励证券行业进行并购，让市场优胜劣汰，为发展良好的优秀公司提供更大的上升空间和机会，为金融市场的安全有序发展提供动力。

最后，在当前广西建设面向东盟金融开放门户的背景下，政府应积极推动新型金融机构落户，鼓励股权投资机构落户，鼓励金融科技发展，支持面向东盟证券期货服务基地建设，给予重点金融机构倾斜等方面鼓励优质金融要素集聚。

（二）继续推进社会信用体系建设，优化社会信用环境

社会信用体系建设是一项复杂的工程，需要企业、金融机构、政府部门以及监管机构等多方的通力合作。目前，广西的社会信用体系建设依旧存在不足，可以从以下几个方面进行完善。

1. 政府部门应加快社会信用体系基础建设

目前，广西各行业领域的信用信息归集工作机制不够完善，应尽快加强信用信息记录，广西各部门应加大个人和企业的基础信息和信用记录工作力度，及时对各行业的信用信息进行整理和归类，加快和完善行业信用信息数据库的建设工作，实现各行业间的信用信息共享，为下一步的信用信息管理工作打下基础。为了改善信用信息标准不统一以及对失信惩戒力度不统一的问题，相关部门应尽快提供信用信息和数据在采集和共享使用等方面的规范和标准，出台对失信黑名单成员惩罚措施的统一标准和工作流程。政府各部门在进行日常监督管理工作时，应充分利用和推广“信用中国（广西）”等自治区信用信息平台和网站，积极收集失信黑名单、诚信典型等信用记录，发挥信用信息共享枢纽的功能，为各行业各领域之间实现信用信息共享提供平台，也为信用协同监督管理提供依据。

随着互联网金融的快速发展，传统的监管手段和模式已经难以在当前“互联网+”时代下进行全面的信用监管，政府相关部门应对传统的监管模式进行创新改革，加速推进信用信息共享机制的建立，完善广西各地区、各部门、各行业之间信用信息和数据的共享和管理。充分利用“互联网+”技术，进一步加快各地的诚信和信用信息网站建设，完善“信用中国（广西）”等信用信息平台，为全社会提供各类信用信息查询服务，逐步扩大监管范围。

在当前广西建设面向东盟金融开放门户的背景下，政府部门应采取措施，刺激信用服务需求，推动信用评价报告等征信产品在各领域的应用，引导和鼓励具有资质的专业化征信机构落户广西，为征信机构提供公平竞争的市场环境。同时也要加强我国与东盟的跨境征信合作，鼓励国内有实力的征信机构“走出去”，在东盟各国建立分支机构，与东盟同行业征信机构进行深度交流和充分竞争，为中国与东盟的征信合作打下基础。

广西相关部门应加强民众信用意识，提供诚信文化建设。政府相关部门可以通过开展各类信用宣传教育活动，提高民众的信用意识，营造守法守信的社会氛围。通过学校、社区等宣传，加强对青少年群体的信用教育，积极推进将诚信教育纳入课堂当中。

2. 完善信用惩罚机制

广西相关监管部门应进一步完善信用黑名单机制，对失信的企业和个人则要纳入失信黑名单当中，对于存在严重失信行为的企业，全区各级各部门应将其列为重点监管对象，并采取相应的行政性措施对其进行惩戒，如限制其发行股票和债券、限制其项目审批、限制其在北部湾股权金融资产交易中心挂牌交易等；而对于存在有能力履行还款但拒不履行行为的失信个人，应实施相应限制措施，例如限制其乘坐飞机、列车等交通工具、严禁入住星级酒店等高消费场所。除此之外，也要充分利用“信用中国（广西）”等信用信息共享网站，将严重失信的个人和企业在共享平台上进行公示，并提供失信行为查询功能，以便为市场识别和排除风险。

除了对失信行为采取行政性惩戒措施之外，也要完善行业性和社会性惩戒机制。各行业协会应逐步健全本行业的职业道德规范，加强与第三方信用服务机构之间的合作，依法对本行业内部企业进行信用评级，完善行业内部的自律机制。政府相关部门可以借鉴日本、巴西等国家实施的会员制征信模式，即以行业协会为主导，建立行业内部的征信系统，行业协会会员和相关组织在行业内部进行信用信息的交换和收集。在该模式下，行业协会会员有义务向征信机构提供其所拥有的信用信息和数据，基于对等原则，行业协会征信机构对协会会员开放各类信用服务。近年来，该模式在我国也开始逐步兴起，虽然并不是我国的主流征信模式，但却可以完善我国各行业内部的信用管理。在社会性惩戒方面，政府各部门应充分发挥各类社会组织作用，鼓励和引导全社会广泛参与到失信行为的联合惩戒当中，完善失信举报制度，鼓励民众对失信的个人和企业进行举报，但同时也要注意保护举报人的个人隐私安全。

最后，政府相关部门应建立和完善信用修复机制，明确各类失信行为的惩戒期限。

3. 完善信用奖励机制

进一步完善诚信“红名单”机制，落实自治区诚信示范企业联合激励政策，将诚实守信的示范企业纳入诚信红名单当中。相关部门应通过多种渠道为诚信企业和个人树立诚信典型。例如开展自治区诚信企业公示活动，充分利用信用信息共享平台，提供网上申报、网上监督，对成功入选的诚信企业进行网上公示，给予奖励。新闻媒体、行业协会等组织机构也可以推荐信用良好的个人和企业，为社会推介诚信典型，营造良好的诚信氛围。

政府部门应研究制定相关措施为诚信示范主体提供多渠道奖励措施。相关部门通过建立审批“绿色通道”，为诚信企业提供行政便利。在政府服务过程中，为诚信示范单位提供帮助，最大限度地简化行政事务办理程序，依据法律法规适度放宽审批门槛，加快办理进程。另外，政府部门应为诚信示范企业提供公共服务便利，在政府采购、政府投资工程建设招投标等事务当中，尽量优先选择信用状况良好的诚信示范企业。在实施财政性资金项目安排等政府优惠政策时，也应依法依规优先选择信用良好的单位对其进行扶持。在广西各级市场监管方面，监管部门也可以依据监管对象的信用情况进行区别待遇，优化监管资源，将监管重心放在信用较差的市场主体上，重点关注和监督失信企业，对于信用良好的市场主体可以提供便利，在日常检查当中，适当降低检查频次，节省监管资源。除了行政性奖励之外，广西政府也应鼓励税务部门与金融机构进行合作，为信用良好的企业提供贷款优惠，降低贷款门槛等。

4. 完善信用体系法律法规建设

目前，我国信用管理法律法规体系还不够完善，我国各地区各省份的社会信用体系建设进程不一，发展程度不同，许多地区都颁布了适合自身信用体系发展的法规和规章，但是各地之间的管理制度有所不同，造成我国信用管理法律法规不统一，难以为信用监管提供强有力的支持，因此我国应尽快完善信用管理相关法律体系建设。在为信用管理立法时需要充分学习和总结地方信用法律法规的经验教训，在地方立法的基础上，总结地方立法的经验和长处，弥补各地信用法律法规的不足之处，避免走弯路。在为信用管理立法的过程中，需要明确信用等级统一标准。目前，各地对于失信行为进行惩戒的标准各不相同，只有建立统一的信用标准，才能采取相对应的惩戒和奖励措施。在对失信主体进行惩戒和奖励时，也要充分考虑奖惩力度，应在依法依规的前提下施行奖惩措施，避免出现奖惩过度、违法奖惩等问题。另外，立法应对失信主体惩戒的时限进行明确的规定，对于在时限内采取改正措施，纠正失信行为的，应及时结束惩戒措施。另外，应尽快解决个人和企业信用信息安全问题，政府部门应加快推进信用信息收集、共享和应用各个环节的标准和规范，防止信用信息泄露和盗用，按照强化信用监管要求，广西相关部门应及时对现行法规存在的问题和漏洞进行有针对性的修改。

（三）改善银企关系，缓解中小企业贷款难问题

目前，我国金融体系发展还不完善，针对中小企业融资的渠道和服务体系还不健全，银企关系恶化、中小企业融资难等问题也无法在政府法律和制度层面得到有效的改善和解决。虽然自治区政府近年来逐步推进信用体系建设、发展北部湾股权交易所、构建多层次资本市场、出台多项中小企业融资的政策扶持，采取了多项措施，但中小企业融资难问题依旧没有得到有效解决，银行和企业之间互相不信任的关系也没有彻底扭转。要解决中小企业融资难、融资贵问题，还需要从改善银企关系入手，在政府的协调引导之下，银行、企业以及社会各组织通力合作，共同解决问题。

1. 合理发挥政府职能

政府部门应进一步加强协调工作，推动企业信用担保体系建设，建设中小企业融资

平台，加大中小企业贷款扶持力度，开辟中小企业直接融资渠道，加大财政资金扶持，积极帮助中小企业解决融资难、成本高问题。

首先，政府应尽快出台相关政策营造健康有序的市场竞争环境，扩展中小企业融资渠道，健全融资体系。具体来说，政府应尽快完善中小企业服务机制，为中小企业和银行搭建桥梁，加强政银企沟通，完善中小企业的信用评价机制，多渠道采集中小企业信用信息和数据，将信用记录良好、发展空间大、科技含量高的中小企业推介给银行。除了银行贷款之外，政府部门也应通过中小企业融资平台，为中小企业扩大融资渠道，积极推进信用担保融资、民间借贷融资、互联网融资、众筹融资等多个融资渠道。积极引导小额贷款公司、财务咨询机构等中小型金融机构充分发挥自身优势，扩展服务领域，积极创新金融产品，为中小企业提供服务，这样既能缓解中小企业的融资压力，也可以促进小额贷款公司、互联网金融公司等新型金融机构的发展，让双方实现共赢。

其次，中小企业融资难、融资贵问题很大程度上源于中小企业担保难。近些年虽然广西积极推进担保体系建设，设有多家小额贷款公司、融资性担保公司等机构，但是其数量仍然不足以满足中小企业的需求，融资担保功能作用也没有得到充分的发挥。因此政府相关部门应建立健全中小企业融资担保体系。具体来说，政府部门应从担保费用、担保金额等多个方面完善融资担保体系，提升银行贷款的积极性，加大对担保行业的扶持力度，促使其快速发展。尽快搭建和健全中小企业担保的信息平台，加强信用信息的收集和共享，及时了解被担保中小企业的信用记录和经营状况，尽可能保护担保机构。另外，广西应进一步引导和支持民间资本进入担保领域，为中小企业信用担保机构保驾护航，提供税收减免等优惠政策，加大担保风险补偿力度。政府也可以出资来参与和主导中小企业担保机构，通过政府的介入来提高担保机构的实力和信誉，促进担保行业的健康发展。

最后，广西应持续推动多层次资本市场建设，利用资本市场为中小企业发展助力。目前，广西中小企业受到企业规模、盈利等方面的影响，直接融资比重较低，政府相关部门应大力开发融资潜力。具体来说，应进一步推动中小企业改造重组，鼓励和引导中小企业上市，依托北部湾股权交易所，大力发展股权投资。

2. 提高中小企业自身融资能力

中小企业融资难问题除了受到外部环境等因素影响之外，也跟自身的信用管理水平低下有关。中小企业应尽快完善自身的信用管理体系，加强信用观念。目前，很多中小企业内部的信用管理是由多个部门兼职，容易造成互相推诿、职责不清等问题，企业应成立专门的信用管理部门，制定出切实可行的信用管理制度，建立企业内部信用管理人才库，吸收经验丰富的专业人才，增加企业内部相关人才的培训，增强员工的业务能力。中小企业无法顺利获得银行贷款的原因之一还在于中小企业通常无法提供全面准确的企业运营信息和财务信息。因此，中小企业还应完善财务管理制度，及时更新企业财务信息，建立健全财务核算制度和应付账款管理制度，提高自身的风险防范能力，防止出现信用违约事件。除此之外，中小企业也应注意提升企业形象，关注企业的产品和服务质量，防范出现由于产品质量问题而导致的企业形象崩塌。除了关注自身的信用问题之外，中小企业也要防范在自身运营过程中可能遭受的信用风险，例如客户违约等。因此中小企业应收集客户信用信息，建立客户的信用信息数据库，充分利用信用中国（广西）等信用信息数据分享平台，时刻关注平台发布的诚信红名单和黑名单，避免与失信企业进行业务往来，将违约风险防患于未然，提高企业自身的信用风险管理能力。

3. 转变金融机构服务观念

中小企业贷款难问题与银行的自身定位以及信贷管理制度密切相关。相对于中小企业而言，商业银行更倾向于将资金贷款给大型企业。然而，现实情况往往是中小企业缺少资金急需贷款，而大型国有企业却资金雄厚，融资渠道丰富，不需要过多的银行贷款。一方面，银行对于中小企业的信用和还款能力有所质疑和顾虑，不敢轻易贷款；另一方面，商业银行青睐于信用良好具有还款能力的大型企业，甚至不惜降低贷款利率主动寻求贷款，这使得商业银行的投资收益大幅收窄，也降低了市场资源配置效率。对于这种困局，除了要求中小企业提高自身诚信以及改善外部市场环境之外，银行也应当主动寻求变革，勇于创新业务，大胆探索管理机制，要对自身重新定位，不仅要服务于大型企业，也要对中小企业提供全面的金融服务。

首先，在风险管理方面，银行应尽快健全信用风险管理体系，完善风险管理内部控制系统。内部控制是风险管理的重要环节，是整个风险管理体系框架中的一个子系统，决定了风险管理体系能否稳定地运行。广西商业银行应借鉴先进经验，完善内部控制制度和操作流程，明确风险管理部门的职责，确保内部控制制度的严格实施。银行还应加强银行内部的风险防范意识，将风险防范意识融入日常工作当中，加强银行工作人员尤其是风险管理相关人员的培训，熟练掌握内部控制的各项规定和要求。银行要对稽核监督工作高度重视，尽快建立健全稽核体系，确保稽核监督部门的独立性和公正性。商业银行还应加强与第三方有资质有实力的审计机构合作，建立双重保险机制，确保商业银行对于潜在风险的把控。除此之外，广西商业银行应健全信用信息管理系统。信用信息和数据是银行信用风险管理的基础和依据，如果没有足够的数据，那么信用风险管理体系也将是无源之水，无本之木。银行应尽快统一数据标准和规范，实现信用信息共享和互通，解决信息碎片化问题，提高数据的质量和利用率。

其次，广西商业银行应转变业务模式，调整贷款策略，为中小企业提供差异化的金融服务。中小企业在融资上表现出时间短、规模小、数量多等特点，而商业银行传统的贷款业务无法与之完全契合，导致银行更倾向于贷款给大型企业，因此广西商业银行应进一步推广"信贷工厂"模式，通过设计标准化的产品和流程，从接触客户开始，在中小企业贷款产品的设计、授信申请、贷款审查、审批、放贷、风险管理直到贷款的回收等各个环节，均采取标准化和批量化的流水线作业。"信贷工厂"模式可以充分满足中小企业客户贷款额度小、时间短等特点，也可以让银行扩大贷款规模，降低运作成本和机会成本，提高贷款运作效率和服务能力，实现中小企业和银行双方共赢。除此之外，广西商业银行还应尽快推广和完善互联网金融模式。互联网金融的出现对商业银行等传统金融机构形成了巨大压力，其创新性的经营模式迅速地抢占了商业银行在存贷款等业务的市场份额，挑战商业银行的垄断地位。相对于商业银行，互联网金融通过各种创新能够较好地解决中小企业融资难的问题，因此面对互联网金融的来势汹汹，商业银行应尽快接纳和融入互联网金融，实现产品和业务创新，更好地为中小企业服务，适应时代潮流，实现共同发展。事实上，从多年前开始各大商业银行就已经走上了互联网金融的发展之路，例如 2015 年 5 月，交通银行发布小微金融 O2O 创新产品“好生意”，为小微商户提供理财融资等金融服务；中国银行与百度小贷进行深度合作，提供中小企业授信等服务。

最后，广西商业银行还应加大金融科技的应用力度和范围，通过科技手段缓解中小企业融资难、融资贵问题。商业银行对中小企业贷款风险偏好较弱，很大程度上是源于银企双方的信息不对称。一方面，银行难以判断中小企业的有效信用信息并据此提供贷款；另一方面，中小企业无法全面了解银行产品和服务，这使得双方长期对立。除了从外部环境和政策扶持来改善这一问题之外，还可以运用区块链、大数据、云计算等金融科技技术手段来寻求解决方案。通过区块链技术，银行可以及时掌握企业的营业和现金流状况，以应收账款数据为依据，为中小企业提供无抵押贷款。商业银行掌握着海量的客户信息，银行应充分利用这些数据资源，可以通过利用大数据技术对中小企业客户的营运、销售、财务、信用等方面的信息和数据进行分析，挖掘出具有发展潜力、经营良好的诚信优质企业，发现客户的融资需求，并为其开发和设计具有针对性的融资产品。另外，大数据技术还可以帮助商业银行识别和规避信用风险，通过对客户的信用数据进行分析，可以优化信贷流程和客户评价模型，有效地提高银行信用风险防控和管理能力。

（四）优化金融生态法治环境

1. 优化广西农村金融生态法律环境

目前，我国农村政策性金融机构的运营和监管主要参照的法律法规是《商业银行法》等，尚未出台专门的法律法规。在这种情况下，农村政策性金融机构业务的开展得不到有效的规范和监管，业务范围的界定相对模糊，因此，制定出台有针对性的法律迫在眉睫。具体来说，针对农村政策性金融机构的立法应重点规范其业务范围、经营细则、资金来源以及风险防控等方面。借鉴《商业银行法》的有关条例，出台与农村金融特点相契合的法律法规。另外，对于农村商业性金融机构也要进行正确的引导和监管。追逐利益是商业性金融机构的天性，即便农村商业性金融机构也存在支持农村建设的功能和作用，但是目前我国农村商业性金融机构的业务范围存在界定模糊的问题，若没有适合的法律法规对其进行监管，必将影响农村金融的健康发展。因此，广西相关监管部门应尽快出台相关法规条例对农村商业性金融机构的“三农”相关业务进行重点监管。

广西相关部门应尽快完善产业政策，促进农业中小企业专业化、特色化、智能化发展。为农业中小企业搭建互助平台，促进行业交流，引导农业中小企业形成产业集群，扩大企业规模。广西政府还应大力推广智慧农业物联网系统，促进广西农业中小企业向智能化发展。目前，广西农业生产大量依靠人力物力投入，生产效率低下，随着城市化进程的加快，广西农村大量劳动力移居城市，导致农村劳动力不足。在此背景下，广西相关部门应出台政策支持现代化农业建设，将“互联网+”等现代信息技术应用到农业领域，创新农业生产模式，打破传统的以人力为主的农业发展道路。

广西还应尽快加强农村地区民众的法律意识，进一步完善普法宣传和法制教育工作。针对法制宣传工作队伍力量薄弱问题，相关部门应试行农村普法宣传员制度，从当地司法部门中选派工作人员到当地乡镇、学校担任法制宣传员，指导开展普法教育工作，提供法律法规讲授服务，充分利用当地人力资源，整合法律法规相关基层工作人员，组织普法宣传队伍到农村进行宣传教育。相关部门还应积极扩展普法宣传方式，在坚持常态化宣传之外，还应将法制宣传与党委政府其他工作相结合，例如将普法宣传与精准脱贫攻坚相结合，针对不同对象的法律需求，精准利用法律咨询、以案说法等形式进行普法教育。注重法制宣传载体的创新，除了横幅、标语等常用方式之外，还要充分利用手机短信、报纸、法律书籍、法治宣传资料等方式将法律知识传授给居民。农村居民之间的邻里纠纷、土地纠纷等事件较多，很多村民不会去司法机构通过法律手段进行解决，针对这种情况，司法所应建立“流动调解室”，主动为村民解决纠纷，让村民习惯于使用法律手段化解邻里矛盾，培养村民的法律意识。同时，还应切实保障普法宣传经费，将农村法制教育落实到位，而不是浮于表面，应付了事。此外还要加大对普法工作人员的培训力度，加强对农村法制宣传员的选拔、培训工作。

2. 完善金融法律法规体系

国家应尽快制定金融法律法规的相关配套措施，对一些比较抽象和笼统的条文进行修订，强调立法的精准，提高具体法律条例的可执行性和可操作性。另外，立法要有效地适应经济社会发展的要求，对互联网金融、金融科技公司等新型金融产物也要纳入监管范围，完善新型金融方面的法律法规制度，制定相应的监管规范和标准，确保金融市场的稳定和安全。目前，虽然 P2P、第三方支付等互联网金融已经有了相应的监管细则，但是随着新型金融的快速发展，旧条例难免出现漏洞和不足，为防止不法分子利用法律漏洞，监管部门应尽快出台相应的措施和条例来进行弥补。

我国关于金融消费者权益保护在《证券法》《商业银行法》等多部金融法律都有所规定和要求，但涉及内容较少且都未进行系统性的规定和阐述，没有对金融消费者进行有针对性的明确规定，缺乏可行性和可操作性。在这种情况下，金融消费者很难维护自身的合法权益，一旦发生类似于 P2P 平台恶性退出等金融事件时，消费者和投资者往往血本无归。因此，现在有必要出台一部关于金融消费者权益保护的有针对性的法律，与现行的法律相互配合协调，加大金融消费者的保护力度。

除了国家层面的立法之外，广西地方立法机关也应通过地方金融立法加强广西金融市场的监管和调控。广西地方立法机关要随时关注金融业态的发展变化，做到与时俱进，充分考虑到法律法规执行的滞后性，根据金融行业变化出台有针对性的法律法规，并进行动态性的修订，使法律的制定跟上金融行业快速创新的步伐。广西作为中国—东盟自贸区重要门户，在广西地方立法的过程中，要充分考虑到广西在中国—东盟金融合作中的特殊地位，发挥地方立法的“试验田”功能，为广西建设面向东盟金融开放门户提供法律保障和支持。另外，广西也要重视与其他省份和地区在立法方面的交流与沟通，向我国金融立法完善的地区学习先进经验，提高立法质量。

3. 提高金融监管效率

随着互联网金融和金融科技的快速发展，传统的监管模式已经难以应对新型金融环境的变化，广西金融监管部门应充分利用云计算、大数据、区块链等科技力量来提升金融监管部门的工作效率以及监管政策包容度，在监管政策上引导金融机构开展跨境金融创新，营造金融创新的良好环境。建立健全广西金融监管服务平台，搭建一体化的智能监管平台，推进大数据技术的运用，通过大数据分析来为监管工作提供决策依据，充分利用监管平台进行监管信息共享，加强行业风险预警以及对失信企业的重点监管，实现对地方金融机构的全面监控。

广西相关监管部门应完善地方金融法律保障，颁布适合广西的金融监管条例，加强地方金融监管的法制建设。目前，地方金融监管存在职责不明确、监管力度不到位等问题，广西相关部门应加速推进金融监管立法进程，从法律层面明确地方金融监管机构的监管权限、内容和职责，加强对“7+4”类机构的监管。

广西监管部门还应注重金融监管专业队伍的培养。长期以来，由于广西经济发展水平较低，与我国经济发达省市地区相比，对于高端人才的吸引力相对较弱。在当前复杂的金融环境以及金融科技飞速发展的大背景下，金融监管工作对于专业能力和先进技术的要求越来越严格，对于金融监管专业人才的需求也越来越急迫。因此广西政府应完善细化人才配套政策，完善金融人才分类评价、认定标准等制度。加大金融人才引进力度，建立海内外金融高端人才库和学生资源库。金融监管部门也应多吸收有监管经验的专业人才，加强监管工作人员的专业培训，提高监管队伍的整体素质。

4. 完善金融机构市场准入退出机制

政府部门应放宽金融服务业市场准入，完善金融机构退出机制。具体来说，应构建多层次、有差异、合理分工的银行机构体系，优化金融资源配置，放宽金融服务业市场准入，完善金融机构市场化法治化退出机制。从法律体系建设层面来说，应推进《金融机构破产法》的制定工作。目前，制定《金融机构破产法》的市场基础基本成熟，市场化运行机制也在逐步完善，金融机构破产退出是优胜劣汰的必然结果，经营不善无法提供良好服务的金融机构有序退出也是保护金融消费者和投资者合法权益的有效途径，社会公众对此已经有了足够的认知。当金融机构经营不善破产倒闭时，往往伴随着支付危机，难以偿还债务，此时投资者面临着血本无归的风险，其自身权益难以得到保障。针对此类问题，我国应学习西方发达国家的先进经验，健全和完善存款保险制度，设立保险准备金来应对由于破产倒闭而出现的理赔问题，切实保障投资者的合法权益。我国相关部门还应完善金融机构破产清算机制作为存款保险的配套制度。

参考文献

［1］胡冰，王晓芳．对“一带一路”国家对外投资支点选择：基于金融生态环境视角［J］．世界经济研究，2019（7）：61-77+135.

［2］王晓亮，田昆儒，蒋勇．金融生态环境与政府投融资平台企业投资效率研究

[J]. 会计研究，2019（6）：13-19.

[3] 于明霞，高艺格. 金融生态环境评价研究——以吉林省为例 [J]. 工业技术经济，2017，36（9）：153-160.

[4] 金浩，李瑞晶. 金融生态环境与农村金融减贫的非线性效应——基于门限面板模型的实证检验 [J]. 现代财经（天津财经大学学报），2017，37（7）：23-34.

[5] 钱爱民，付东. 金融生态环境、金融资源配置与产能过剩 [J]. 经济与管理研究，2017，38（5）：54-65.

[6] 刘敏楼. 农村金融生态环境对金融发展的影响 [J]. 湖南农业大学学报（社会科学版），2016，17（5）：20-26.

[7] 徐丹丹，刘凯元，曾章备，谭慧颖. 我国区域农村金融生态环境评价研究——基于突变级数法的分析 [J]. 农业经济问题，2016，37（4）：70-80.

[8] 袁丹丹，姚永鹏. 区域金融生态环境与经济增长的耦合协调关系量化分析 [J]. 资源开发与市场，2016，32（4）：414-417+442.

[9] 林欣. 中国金融生态与经济增长关系研究 [J]. 统计与决策，2016（1）：119-123.

[10] 姚爽，黄玮强，张展，赵立恒. 区域金融生态环境评价——基于修正变异系数法 [J]. 技术经济，2015，34（10）：61-67.

[11] 张敏，谢露，马黎珺. 金融生态环境与商业银行的盈余质量——基于我国商业银行的经验证据 [J]. 金融研究，2015（5）：117-131.

[12] 曹志鹏，刘刚. 普惠金融时代我国金融生态环境演进及优化 [J]. 西南金融，2015（5）：21-24.

[13] 张守志. 广西沿边金融改革试验区金融生态环境评价指标体系构建及实证研究 [J]. 区域金融研究，2015（5）：59-67.

[14] 金运，韩喜平. 中国农村金融生态环境改进研究 [J]. 商业研究，2014（12）：14-21.

[15] 魏志华，曾爱民，李博. 金融生态环境与企业融资约束——基于中国上市公司的实证研究 [J]. 会计研究，2014（5）：73-80+95.

[16] 吴韡. 农村金融生态环境的评估及优化——以湖北省为例 [J]. 农业经济问题，2013，34（9）：51-57.

[17] 熊学萍，何劲，陶建平. 农村金融生态环境评价与影响因素分析 [J]. 统计与决策，2013（2）：100-103.

[18] 史亚荣，何泽荣. 城乡一体化进程中的农村金融生态环境建设研究 [J]. 经济学家，2012（3）：74-79.

[19] 罗正英，周中胜，王志斌. 金融生态环境、银行结构与银企关系的贷款效应——基于中小企业的实证研究 [J]. 金融评论，2011，3（2）：64-81+125.

[20] 周妮笛. 基于 AHP-DEA 模型的农村金融生态环境评价——以湖南省为例 [J]. 中国农村观察，2010（4）：10-19+95.

［21］胡滨．区域金融生态环境评价方法与实证研究［J］．经济管理，2009，31（6）：16-22.

［22］韩廷春，雷颖絮．金融生态环境对金融主体发展的影响［J］．世界经济，2008（3）：71-79.

［23］中国人民银行洛阳市中心支行课题组．区域金融生态环境评价指标体系研究［J］．金融研究，2006（1）：167-177.

［24］徐小林．区域金融生态环境评价方法［J］．金融研究，2005（11）：39-45.

［25］Maciej Dziku ć，Marek Tomaszewski. The Effects of Ecological Investments in the Power Industry and Their Financial Structure：A Case Study for Poland［J］. Journal of Cleaner Production，2016，118.

［26］Emerging Spaces of Neoliberal Urbanism in China：Land Commodification，Municipal Finance and Local Economic Growth in Prefecture - level Cities［J］. Urban Studies，2015，52（15）.

［27］Livia Ilie. Challenges for Financial Managers in a Changing Economic Environment［J］. Procedia Economics and Finance，2015，27.

［28］Mahlindayu Tarmidi，Rusli Abdul Roni. An International Comparison of the Determinants and Financial Information Quality in XBRL Reporting Environment［J］. Procedia - Social and Behavioral Sciences，2014，164.

［29］Rafael La Porta，Florencio Lopez-de-Silanes，Andrei Shleifer. Law and Finance After a Decade of Research［J］. Handbook of the Economics of Finance，2013，2.

（执笔人：郭钏）

7. 广西金融业支持乡村振兴战略研究

2018 年 7 月 20 日，广西区人民政府为充分发挥规划的指引和领导作用，明确广西乡村走向振兴的时间和路线规划，根据中共中央、国务院以及自治区党委印发的关于乡村振兴的相关指导意见，编制并出台了《广西乡村振兴战略规划（2018—2022 年）》。金融支持是广西乡村振兴战略得以稳步实施的重要支撑力量，而实施乡村振兴战略也为广西金融业推进自身转型升级提供了重要发展机遇。金融支持乡村振兴应通过提供充分的资金供给和优质的金融服务，完善乡村基础设施建设和支撑乡村产业发展，来助推乡村又好又快走向振兴。

广西壮族自治区地处我国南部，幅员辽阔，具有独特的气候条件和地貌特征，水、土、热资源十分丰富，是我国典型的农业大区。据统计，截至 2018 年底，广西壮族自治区常住人口总数为 4926 万人，其中农业常住人口数量为 2452 万人，占比 49. 78%；2019 年，广西全区总产值为 20352. 51 万元，其中农业总产值为 3019. 37 万元，占全区总产值的 14. 84%。现阶段从全国范围来看，广西仍属于欠发达地区，乡村振兴发展之路还存在着诸多阻碍，主要表现为：农业基础薄弱，发展滞后，农业现代化水平较低，农业发展呈现出“大而不强、大而不优”的显著特点；农业装备设施水平低，农业生产效率低下，农业科技创新能力不强；城乡在基础设施、收入水平等方面发展差距仍较大，乡村脱贫工作十分艰巨繁重等。因此，广西乡村振兴战略的稳健实施，亟须金融充分发挥其引领和助推的作用。

一、广西乡村振兴对金融支持的需求分析

（一）乡村振兴战略概述

1. 乡村振兴战略的概念

2017 年 10 月 18 日，习近平总书记在党的十九大报告中提出实施乡村振兴战略。解决好农业、农村、农民问题始终是全党工作的重心，“三农”问题也始终是关乎国家命运发展的根本性问题。广西区政府积极响应党中央的号召，出台了广西乡村振兴战略规划，将统筹城乡发展空间、优化乡村“三生”空间、分类推进村屯发展以及有序推进乡村振兴作为广西乡村振兴发展的新格局，全力推动乡村产业、文化、生态、人才和组织振兴，致力于打造山清水秀的八桂“富春山居图”。

2. 乡村振兴战略的必要性

农村具有最广泛、最深厚的历史基础，同时也肩负着最艰巨、最繁重的发展任务。

广西如期实现全面建成小康社会和全面实现现代化的目标，需要农村发挥其强大的潜力和后劲。

打赢脱贫攻坚战，必须实现乡村振兴。相较于我国其他地区而言，广西的经济基础薄弱，经济发展较为落后，贫困程度也较深。作为全国脱贫攻坚的主战场之一，广西的脱贫攻坚任务十分艰巨。实施乡村振兴战略，有利于从根本上解决广西贫困面大、贫困人口多和贫困程度深等发展难题，对于加快实现脱贫目标、提高当地农民生活水平和坚决打赢脱贫攻坚战具有决定性作用。

缩减城乡发展差距，必须实现乡村振兴。现阶段，广西农村基础设施较为薄弱，基本公共服务尚不完善，经济增长较缓慢。城乡发展不平衡、乡村发展不充分的特点尤为突出。实施乡村振兴战略，有助于加快推动城乡融合发展，破除机制体制障碍，促进农业增效、农民增收，从根本上解决广西城乡发展不平衡、乡村发展不充分的难题。

推动农业现代化发展，必须实现乡村振兴。推动农村产业兴旺，是乡村振兴战略的发展重点，也是乡村振兴战略得以平稳实施的坚实基础和强劲推动力。要想解决乡村经济发展难题，必须着眼于推进农业现代化发展，提高农业发展水平。实施乡村振兴战略，有助于提高农业发展质量，解决广西现阶段“农业大而不强、大而不优”的难题，推动乡村产业振兴发展。

打造宜居生态环境，必须实现乡村振兴。广西地理位置独特，具有优越的地貌和气候条件，良好的生态环境是广西的最大发展优势和宝贵财富。实施乡村振兴战略，通过统筹推进乡村居住环境整治，大力发展有机生态农业，立足于原始的自然生态优势，构建人与自然协调发展、和谐共生的新格局，实现农民富、农村美的有机统一。

（二）广西乡村振兴战略的新格局

广西区人民政府根据地方经济和社会发展实际，编制出台了乡村振兴战略规划，文件明确了广西乡村振兴发展的新格局。

1. 统筹城乡发展空间

促进城乡融合发展是实现乡村振兴的一大关键举措。根据主体功能进行划分，统筹规划城乡的发展空间，统一安排和全面布局城乡空间的开发、保护和整治，加快实现“多规合一”。

（1）强化空间用途管制

各专项规划必须要统一受到国土空间规划的约束，并强化国土空间规划对各专项规划的指导作用。根据主体功能划分原则和陆地海洋统筹管理原则，对于自然资源的开采、保护和整治环节，必须做到统筹管理。科学合理地对自然环境的承载能力以及国土空间开发的适宜性进行评价，充分发挥生态保护红线的功能，强化其对农村、城镇和生态等空间的保护作用。在各市县层面打开主体功能区战略新格局，在维护不同主体功能区发挥自身特定作用的同时，注重不同主体功能区之间的协同发展，健全差异化、多元化共同发展机制，实现山、水、草、田、林、湖等的保护、修复和治理工作统筹推进。

（2）完善城乡布局结构

着眼于广西城乡发展不平衡、乡村发展不充分的发展难题，推动构建各级城市、城镇和乡村携手并进的发展新格局，加快实现城乡协调发展的战略目标，强化城市对乡村发展的引领作用，增强城市在经济、文化和教育等方面的带动能力，多方位共同推进实现乡村发展增速。值得注意的是，必须充分保护小城镇和农村的地域特色和文化特色，因地制宜地支持、引导和推动当地特色小镇产业发展。注重构建村镇互促发展新格局，实现村镇之间协调、联动发展。建设美丽乡村，大力推进乡村清洁和环境治理等工作，致力于打造山水相映、人水相宜的宜居乡村。

（3）推进城乡统一规划

统筹规划城镇和乡村的发展，加大对乡村农业产业的扶持力度，逐渐缩小城乡产业发展的差距。与此同时，加大对农业基础设施建设和公共服务等方面的投入力度，切实保障农村居民的生活质量和生活水平。此外，乡村自然资源的开发和利用、生态环境保护以及旱涝灾害防治等问题不容忽视，必须通盘考虑、统筹谋划城乡的一体化发展，形成城乡之间各具特色而又互促共生的良好发展新格局。科学规划乡村布局，充分考虑乡村的发展规律和分布特征等因素，避免随意拆建、合并村庄问题的出现。加强乡村风貌建设工作，避免“一刀切”工程，适当保留农房自有的个性和特色，并注重村落整体的条理性，避免乡村景致千篇一律，失去特色，同时防止乡村过度商业化、城市化。

2. 优化乡村“三生”空间

维护和健全人口、资源和环境的协调发展机制，推动实现经济效益、社会效益和生态效益的有机统一，创造高效的生产空间，营造舒适的生活空间，保护秀美的生态空间，坚决维护人与自然的和谐发展关系。

（1）有序高效利用生产空间

乡村的生产空间，是指以生产、提供农产品为主，同时兼具生态功能的土地空间。以保障粮食安全为核心，以供给重要农产品为重点，充分利用各地区的地域比较优势，重点建设和发展桂北、桂中等五大农产品生产区。制定、完善并落实农业功能区划分制度，将粮食生产、糖料甘蔗生产以及特色农产品等的功能区、保护区及优势区进行科学划定，并合理划分适宜养殖、限量养殖和禁止养殖的功能区，严格保护农业生产的土地空间。立足于乡村农业现代化发展的实际需求，合理划定农村经济开发区，通盘考虑农业生产各类园区的建设工作，以适应和满足乡村现代产业的发展需要。

（2）合理布局生活空间

乡村生活空间主要表现为农村居民居住点，同时具备为农民提供生产和生活服务的功能。对于乡村基础设施建设工作，首先要明确用地的位置、用地规模的大小、管理的具体要求以及相关的建设标准，严格遵循和顺应乡村传统的发展运行规律，始终维护节约用地的原则，科学划分管控界限，合理开展和推进公共服务设施建设工作，推动实现乡村生活空间大小适度、规划合理以及功能完善。最大限度地维护和保持原始的乡村风格，尤其注重保护乡村原始的特色景观。在保护乡村自然环境和人文环境的同时，可适当融入现代感，注意原始感和现代感的有机集成，更加人性化、多元化地开发和利用国土空间，打造宜居乡村生活空间，提升农村居民生活的舒适感。

（3）严格保护生态空间

乡村生态空间是具备自然属性的土地空间，其主要作用是提供生态服务、产品等。以国家公园建设为中心，围绕这一主体加快建立自然保护区体系，同时强化提高对生态功能区的保护能力，推进构建生态和谐和生态安全的战略格局。始终坚守人与自然是一个命运共同体的信念，强化对乡村自然环境的整体保护和修复，整治和改善乡村的生态环境。提高乡村自然资源的使用效率，提升生态乡村生态环境的服务价值。强化生态红线的约束作用，协同准入管理制度共同维护乡村生态安全。

3. 分类推进村屯发展

严格遵循村屯传统的发展运行规律，顺应其自然的演变趋势，充分考虑不同村屯之间的差异，如地理位置、自然资源和发展现状等。牢牢抓住“集聚”“融合”“特色”和“撤并”四个关键点，分类推进村屯发展，实现乡村振兴。

（1）集聚提升类村屯

现阶段，在所有乡村类型中，占据大多数数量的是规模较大的中心村屯和今后将继续存在的一般村屯，这些村屯的发展是乡村振兴战略的重点之一。推动村屯发展，首先要科学合理地选定村屯的发展方向，在保持原规模和原形式的基础上，有序地推进村屯发展，逐渐改造提升村屯。尝试从大力发展乡村产业、净化乡村生态环境、鼓舞提振农民信心以及增添乡村活力等方面改造和提升村屯。鼓励各类村屯充分发挥自身的独特优势，深度强化主导产业的支撑作用，切实提升和改善农村居民的生产条件和生活水平。

（2）城郊融合类村屯

坐落于城郊的村屯，因其独特的地理位置天然具备着两个重要的发展机遇和发展方向，一是其拥有被改造和被提升成为城市后花园的条件和优势，二是其有机会通过转型而迈入城市行列。必须通盘考虑和统筹谋划此类村屯的自身实际发展需要，不能够盲目将其工业化或城镇化，应选择恰当的发展路径推进城乡融合发展。此外，进一步缩减城乡在基础设施建设上的差距，尽可能做到基础设施和公共服务互联互通、共建共享，全力打造保有原始的乡村风貌、达到城市的治理水平、具备满足城市的消费需求能力的新乡村。

（3）民族特色类村屯

广西区内存在许多民俗风情浓郁、特色鲜明和文化底蕴深厚的村屯，例如，少数民族特色村落、历史名村、特色旅游村和传统村屯等。这些民族特色村屯承载着八桂少数民族的优秀传统文化，必须统筹保护和全力发展此类村屯，努力保持其完整、真实的独有特色。注重保护特色村屯的选址、布局和景观等整体形态和环境，切实保护历史文物、古迹建筑和传统民居等传统建筑。充分尊重特色村屯原住民的生活习惯和民族习俗，加大对特色村屯基础设施建设的投入，加快改善和提高当地公共服务水平，适当利用此类村屯风情浓郁的特色资源来开发当地乡村旅游业和特色产业，构建村屯特色资源开发保护与乡村振兴协同发展的新格局。

（4）搬迁撤并类村屯

位于自然生产生活条件较为恶劣、生态环境遭到严重破坏和自然灾害频发等地区的村屯，必须通过生态移民、农村集聚和易地扶贫等方式，搬迁至自然条件较适宜的宜居地。除此之外，因配合国家重大项目建设需要而搬迁的村屯中，人数较为稀少且无存续价值或存续价值低的村屯，也必须通过搬迁的方式实现农村集聚化管理。村屯的搬迁撤并，为国家统一布局农村生计问题和环境整治问题提供了有利的条件。与此同时，要注意易地搬迁居民的安居和就业问题，切实做好易地搬迁居民的服务工作。

4. 有序推进乡村振兴

广西乡村振兴事业任重道远，这一发展任务是长期的，也是艰巨的。攻坚之路必须保有耐心而不可冒进，避免出现发展阶段与实际条件不匹配的情况。正确看待不同乡村地区的发展差异，有序推进各地区村屯的发展，逐步实现农村农业现代化。

（1）梯次推进乡村振兴

科学划分乡村区域，依据经济发展水平和农业现代化程度等指标将乡村划分为：典型带动区、稳步提升区和重点攻坚区，明确各类村屯的发展要务和关键点。

经济较为发达的典型带动区要充分发挥引领带动作用，锐意进取、积极创新，助推城乡融合发展。经济发展水平较好的稳步提升区要注重提档增速，加快完善基础设施建设以及公共服务配套设施，加快补齐发展的短板。重点攻坚区要切实改善基础条件，突破发展瓶颈，通过调整产业结构、强化乡村发展管理水平和创新发展模式等路径寻求自身发展，加快实现农业农村现代化。

（2）准确聚焦阶段任务

在全面建成小康社会的关键时期，必须准确把握攻坚的关键点，将工作重心放在预防和化解重大风险、推进贫困人口脱贫工作和加大污染防治力度三个方面。积极采取针对性措施，改善农村农业现代化发展和乡村建设进程中的薄弱环节，加快补齐发展短板，为乡村振兴之路打下坚实的基础。在全面建设社会主义现代化国家的新征程中，着力加快城乡发展一体化的制度设计以及相关政策制度创新，逐步缩小城乡在基础设施建设以及公共服务配套设施上的差距，加快实现乡村振兴。

（三）金融支持与乡村振兴战略的关系

2018 年中央一号文件《中共中央　国务院关于实施乡村振兴战略的意见》指出："要坚持农村金融改革发展的正确方向，健全适合农业农村特点的农村金融体系，推动农村金融机构回归本源，把更多金融资源配置到农村经济社会发展的重点领域和薄弱环节，更好满足乡村振兴多样化金融需求。"因此，在乡村快步走向振兴的进程中，金融支持是乡村振兴战略不可或缺的支撑力量，乡村战略的稳健实施，离不开金融支持这一强劲推动力。

1. 金融推动资源再配置

金融工作的重点和核心在于切实服务实体经济，推动实体经济又好又快地发展。由我国当前新的主要矛盾可知，现阶段城乡发展不平衡、乡村发展不充分的难题，是阻碍我国全面建成小康社会和全面建设现代化国家的重要制约因素之一。而"三农"问题既是关乎国民生计的根本性问题，也是经济社会发展中的重点领域和薄弱领域，当前国家的工作重点在于补齐这一短板。实施乡村振兴战略，需要大量资金的补给和支持。只有充分发挥金融在资源配置中的作用，带动和引导各类信贷资金和优质要素参与到乡村振兴发展中来，才能有效支持农村基础设施建设，改善公共服务设施，促进农业增效，农民增收。进而逐渐缓解农村居民对美好生活的需要与乡村发展不平衡不充分之间的矛盾。

2. 金融引领乡村产业发展

党的十九大提出，乡村振兴战略的总要求是："产业兴旺、生态宜居、乡风文明、治理有效和生活富裕"。其中，乡村产业兴旺是乡村振兴的重要前提和基础，也是实施乡村振兴战略的根本要求。近年来，广西农村金融体系不断发展完善，农村金融服务和金融产品日趋多元化，服务质量不断提升。更灵活、更完善的信贷资金供给模式弥补了农业产业发展中的资金缺口，向"三农"倾斜的信贷政策，也有效推动了农村产融结合。加大农村金融对"三农"事业的支持力度，有利于助推农村产业向规模化、现代化和标准化发展，引导农业生产目标由原来的"增加产量"向"提升质量"转变，带动乡村产业兴旺发展。

3. 金融推进农村现代化

方便、快捷和灵活的金融服务是现代城市的基础性服务之一，随着农业产业不断向前发展，现代化农业对农村金融服务也提出了更高更多的要求。"三农"的进一步发展，需要多元化的、周到齐全的农村金融服务的助力。然而，目前在农村地区提供基础性普惠金融服务的金融机构仍较少，广西区内现阶段主要是农村信用社、农业发展银行等涉农金融机构提供农村金融服务。由于农村人口分布较散，人口老龄化现象明显，因此金融机构在农村地区推行基础性金融服务也面临着诸多困难，如营业网点建设成本高、农村金融业务风险大以及金融运行环境差等难题。因此，农村地区普惠金融服务的普及，具有非常重要的现实意义。普及基础性金融服务，势必为推动乡村振兴提供了关键的平台，打下了重要的基础，能够加快农业和农村实现现代化。

4. 金融助力农户脱贫

我国精准扶贫最根本的目标和任务，是到2020年实现农村人口摆脱贫困。其中，金融扶贫是促进农民增收、加快农民脱贫的重要机制。金融扶贫工作，有力地保障了贫困人口就业、易地搬迁、农村产业扶贫等扶贫模式的顺利实施。大部分金融机构在农村地区开展金融业务不可避免要面临着"高风险"和"高成本"两大难题，这是由于信息不对称、乡村人口分布较散以及农村地区人口老龄化明显等原因造成的。然而，农村中小型金融机构长期扎根于农村，具有深厚的农村发展基础，深入了解农村居民的实际金融需求和生产生活情况，具有开展农村金融业务的独特优势。农村金融充分发挥地域优势和产业特色，运用多种金融扶贫模式，精准对接"三农"发展的金融需求，为推进精准扶贫工作，实现脱贫目标提供了强大的金融保障。

（四）广西乡村振兴战略中金融支持的需求分析

1. 探索金融支农新模式

在乡村振兴战略不断深入推进的背景下，广西区政府相继制定了相应的助推乡村发展的政策制度和支持措施。农村金融机构要立足于乡村振兴战略的发展需要，以服务和支撑乡村实体经济发展为出发点，充分了解和分析区政府出台的相关政策和措施，及时准确地把握本地区推进乡村振兴工作的实际金融需求，将政策传导与资金支持进行有机结合，切实服务“三农”。

简单、传统的发展模式已经无法满足乡村振兴战略的工作要求，金融必须充分运用自身在资源配置中的推手角色，积极组织和引导社会各类优质要素和金融资源向“三农”聚集，充分发挥金融在模式创新和模式转换中的导向性作用，加快创新涉农金融产品，完善相关的金融服务，提高信贷资金供给的效率和力度。精准有效地对接金融需求，探索金融支农新模式，充分利用互联网平台，全面提升金融支农的能力和水平。

2. 加大普惠金融服务力度

现阶段，因业务发展和企业规模发展的需要，各中小微企业的信贷资金需求不断增加。然而，金融机构向中小微企业发放信贷资金往往门槛较高且条件繁多，导致大多数中小微企业长期面临着融资成本高、融资效率低等发展难题。金融机构必须充分结合乡村振兴战略的发展现状，从实际需求出发，加强对中小微企业的信贷资金支持。其中，尤其要加大对农业企业的金融扶持力度，全力支持农业科技企业创新，有效提升普惠金融信贷资金的投放量和覆盖率，切实降低中小微企业的融资成本和融资门槛，积极寻求措施解决中小微企业的融资难题。

金融机构应充分结合区内农业发展的实际情况，积极服务区内现代特色农业产业质量品牌提升和农业供给侧结构性改革，加大对新型农业经营主体的金融支持力度，推进特色农业产业示范区建设，为促进农业产业融合发展贡献普惠金融的力量。

3. 推动互联网金融发展

农村金融机构必须要从农业供给侧结构性改革的实际需求出发，积极探索和实施“互联网+农村金融”的发展模式，充分利用大数据平台，扩大大数据在金融服务中的应用面。加快在农村地区构建和推广线上和线下相结合的金融服务新模式，帮助农村居民通过互联网金融获取金融知识、体验快捷方便金融服务和购买互联网金融产品，推动农村金融向普惠化、信息化发展。

与此同时，持续推动互联网金融创新，高效利用科技金融，加快互联网金融产品的研发设计，是针对性解决中小微企业融资担保难、融资效率低的有效途径。金融机构必须充分利用人民银行征信体系和农村信用信息数据库，依托大数据平台，从各地区的发展实际出发，因地制宜地对互联网信贷产品进行创新。通过互联网为资金需求方提供线上金融服务，逐步简化放贷的环节，提高放贷效率。根据广西区内各类特色农业产业发展的实际需求，研发推出“惠农便捷贷”“蔗农贷”等定向性信贷产品，满足各类农业经营主体的多元化融资需求。

二、广西乡村振兴对金融支持的供给分析

（一）金融支持广西乡村振兴的供给现状

1. 供给主体

以商业性金融机构、合作性金融机构以及政策性金融机构为主要构成部分的正规金融机构和非正规金融机构，是现阶段广西区内主要的金融供给主体。

（1）正规金融机构

正规金融机构主要包括商业性金融机构、政策性金融机构以及合作性金融机构等，也包括经过合法注册的提供金融服务的非银行金融机构。此类金融机构受到一般法律条款规制，并接受专门的银行监管机构监管。广西农村正规金融机构主要由商业银行、政策性银行、合作性金融机构以及其他形式的金融机构组成。正规金融机构在广西农村金融体系中占据主导地位，是推动广西乡村振兴发展的中坚力量。

商业性金融机构包括以盈利为目的的银行和非银行金融机构，作为独立的企业法人，商业性金融机构往往通过合理调整其资产负债结构，充分保障流动性和安全性，在此前提下追求企业的最大化盈利。目前，各类商业银行等银行业金融机构是构成广西商业性金融体系的重要组成部分。加快实现乡村振兴战略的总要求和总目标，资金是最重要、最有力的资源，也是金融的主要载体。商业性金融机构作为广西区内主要的金融主体，是实现乡村振兴发展的重要推动力量。中国农业银行作为商业性金融机构支农的主力军，协同其他金融机构，充分发挥金融在资源配置中的推手作用，带动更多的优质要素资源配置到“三农”中来。通过发放信贷资金等途径来支持农村基础设施提升，支持农业发展提质增效，支持农村产融结合，支持生态宜居乡村建设，逐步满足农民对美好生活的各种需要。

合作金融是指兴起于农村，由农户自发组织，并按照合作制原则形成的金融体系，是农村金融机构的主体和农业信贷资金的主要来源。合作性金融机构同时具备合作组织和金融组织的特点，针对特定群体和局部区域，合作金融在金融资源配置上是有效率的，有其存在的必要性。具体表现在存贷利差小，且尊重弱势群体的经济和金融发展权利。此外，合作性金融组织还具有网点建设在农村覆盖更广、着重于服务区域内小微客户以及具备更强的稳定性、封闭性和抵御风险的能力等特点。广西的合作性金融机构主要是分布于各县市的农村信用社。

政策性金融机构是由一国政府或政府机构发起、出资创立、参股、保证或扶植的，以某种特定政策性金融业务为其基本业务活动的金融机构。与商业性金融机构不同的是，政策性金融机构以某种特定政策性金融业务为其基本的业务活动，并不以企业利润最大化为其经营目标。政策性金融机构直接或间接地从事某种特定的政策性融资活动，从而充当政府机构发展经济、促进社会发展稳定、进行宏观经济调节管理工具的金融机构。政策性金融机构的建立，有效补充了商业性金融机构的金融业务，完善和优化了广西现有的农村金融体系。中国农业发展银行作为广西唯一一家农业政策性银行，既

是农村基础设施主干银行，也是脱贫攻坚的主力银行。作为广西农村金融体系中的骨干和支柱，充分发挥了农业政策性银行的职能作用。

（2）非正规金融机构

非正规金融机构的具体表现形式主要有民间借贷等资金筹措活动。这类各主体之间的资金借贷不具备合法的借贷手续，且借贷活动游离于监管范围之外。一般来说，民间借贷主体之间的联系较为紧密，因此能够有效降低由于信息不对称带来的风险。此外，民间借贷还具有短期借贷、还款时间较灵活、借款手续较简单等优点。近些年来，广西非正规金融机构在一定范围内迎合了中小微企业的融资需求，在一定程度上缓解了市场资金的供求矛盾和供给压力，提高了金融资源的配置效率，有效促进了地方中小微企业和农业特色产业的发展。

2. 供给现状

近年来，广西区内金融机构规模不断扩大，金融体系不断丰富。

表 7-1　2018 年广西壮族自治区金融机构情况

机构类别	营业网点			法人机构（个）
	机构个数（个）	从业人数（人）	资产总额（亿元）	
一、大型商业银行	1938	37345	13556	0
二、国家开发银行和政策性银行	66	1718	5101	0
三、股份制商业银行	190	4345	3092	0
四、城市商业银行	505	8415	5657	3
五、城市信用社	0	0	0	0
六、小型农村金融机构	2363	24988	8453	95
七、财务公司	2	56	183	1
八、信托公司	0	0	0	0
九、邮政储蓄银行	972	9992	1933	0
十、外资银行	4	80	56	0
十一、新型农村金融机构	255	3460	451	45
十二、其他	1	40	44	1
合计	6296	90439	38527	145

资料来源：广西银保监局、中国人民银行南宁中心支行、广西地方金融监管局。

表 7-2　2018 年部分金融机构增资扩股情况

金融机构	北部湾银行	柳州银行	桂林银行	农村合作金融机构
增资扩股（亿元）	18.8	39.1	17.9	20.9

资料来源：《广西金融运行报告》。

由表 7-1 可以看出，截至 2018 年末，广西区内共有金融机构 6296 个，金融从业人员 90439 人，金融机构资产总额达 38527 亿元。其中，大型商业银行和小型农村金融机构的机构数量最多，分别达 1938 个和 2363 个，远超其他形式的金融机构数量，分别占广西区内总金融机构数量的 30.78%和 37.53%。如表 7-2 所示，2018 年广西区内四家金融机构分别大幅扩张自身机构规模，有效提升了资本充足率，加强支农资金储备。2018年末，广西银行业金融机构资产总额、负债总额和税后净利润总额分别实现同比增长7.3%、7.0%和7.3%，广西金融体量在不断扩大。

广西持续推进农商行组建，加快实现县域机构全覆盖目标。截至2019年12月末，广西共组建完成160个城商行县域机构网点，银行基础服务行政村覆盖率和保险基础服务乡镇覆盖率分别达99.5%和99.1%。此外，广西深化普惠金融机制创新，鼓励各大银行设立普惠金融事业部，积极引导信贷资源向农村地区投放。截至2018年末，广西涉农贷款余额达8113.25亿元，同比增长4.04%。

（1）农业银行广西分行的金融供给

农业银行始终跟进广西乡村振兴战略的建设工作，将金融资源集中投向特色农业、农村基础设施建设和精准扶贫等重点领域，大力推动农村的产业发展，提高农村的生活水平，改善农民的生活条件。近年来，农业银行切实服务农业供给侧结构性改革，大力推进现代农业产业融合发展。截至2018年9月末，农业银行发放各类贷款情况如表7-3所示。

表7-3 农业银行各类贷款余额

贷款类别	糖业贷款	林业贷款	龙头企业贷款
贷款余额（亿元）	24.25	10.27	45.13

资料来源：作者根据《金融服务广西乡村振兴战略的实践与思考》整理所得。

2007年至2018年9月末，农业银行持续加大对农村基础设施建设的信贷投入，12年间累计投放县域城镇化贷款374亿元，累计投放水利贷款244亿元支持农村水利建设工程，累计投放县域幸福产业贷款58亿元用于支持农村幸福产业发展。与此同时，农业银行还积极落实金融服务脱贫攻坚工作，截至2018年9月末，农业银行累计投放精准扶贫贷款51亿元，惠及21.14万贫困人口。

此外，农业银行积极发展互联网金融，全面推广“惠农e贷”“惠农e付”和“惠农e商”，不断升级“三农”融资服务、便民支付体系以及县域电商金融服务，取得了明显的成效。农业银行设计推出“速贷保”“见保贷”“农担小微贷”等新型信贷产品，建立了56万户线上贷款白名单，覆盖了杧果、烟农、砂糖橘和蔗农等各类特色产业。“惠农e付”工程共建设完成982个服务点，乡镇覆盖率达82%，配备了480万张以上惠农卡和1.2万台金融电子设备，累计达成186万笔交易。截至2018年9月末，“惠农e商”工程实现县域全覆盖，商户规模达8万户。

（2）邮政储蓄银行广西分行的金融供给

邮政储蓄银行始终坚持服务农村产业，支持乡村振兴发展，为广西农村基础设施建设、民生改善、脱贫攻坚以及农村实体经济转型升级等方面提供强有力的金融支持。由此，邮政储蓄银行先后获得了“小企业金融服务先进单位”“广西金融服务百姓口碑榜——普惠金融优秀银行”等荣誉称号。

邮政储蓄银行积极扶持广西中小微企业发展，2016年以来累计为13万户次以上中小微企业提供信贷资金支持。2018年后，邮政储蓄银行积极响应国家支持中小微企业发展的号召，陆续出台多项利率优惠文件，降低中小微企业利率定价超过 100 个基点。截至 2019 年 6 月末，14 家地方小微担保公司累计从邮政储蓄银行获得授信 12.7 亿元，130 户小微企业客户通过新型“政银担”模式获取金融服务，邮政储蓄银行累计实现 5.45 亿元的贷款规模。此外，邮政储蓄银行注重金融产品创新，力求解决小微企业融资难度大、成本高等难题，建立“传统金融”“政府金融”“民生金融”和“新兴金融”全产品体系，全方位提升小微金融的服务能力和水平。

脱贫攻坚是实现乡村振兴的重大工程，邮政储蓄银行积极投身关系脱贫攻坚工作，以邮政储蓄力量支持贫困地区的发展。首先，邮政储蓄银行通过驻村第一书记推荐，将信贷资金与贫困户产业进行有效对接。截至 2019 年 6 月末，邮政储蓄银行累计走访 33 个国家级贫困县，走访第一书记 382 人，通过驻村第一书记合作模式累计投放 4404 万元扶贫贷款。其次，邮政储蓄银行积极与担保公司、企业等机构开展合作，加大对涉农扶贫客户的支持力度，如涉农企业和新型农业经营主体。截至 2019 年 6 月末，通过平台合作模式累计发放贷款 9.03 亿元，结余 8.24 亿元。最后，邮政储蓄银行积极推动信用村建设，完善农村金融信用体系。截至 2019 年 6 月末，邮政储蓄银行累计将 68 个贫困村建立为信用村，金融精准扶贫贷款结余 17.32 亿元。其中，个人精准扶贫贷款、产业精准扶贫贷款和项目精准扶贫贷款分别结余 8.42 亿元、8 亿元和 0.9 亿元。

邮政储蓄银行全辖 82%的营业网点分布在县域及县域以下，2012 年初始，邮政储蓄银行大力推进“支付服务渠道延伸至村屯”工程。截至 2019 年 6 月，累计在农村地区设立 3034 个助农取款服务点，不断提升农村基础金融服务，切实改善农村支付环境，为金融支持乡村振兴奠定了坚实的基础。

（3）广西农村信用社的金融供给

近年来，广西农村信用社着眼于农业供给侧结构性改革，积极服务农村实体经济，加大支农力度，不断提升“三农”服务质量和效益。

表 7-4　2018 年底广西农村信用社资产总额、存贷款余额情况

项目	总/余额（亿元）	较年初增长（亿元）	增长率
资产	8355.87	—	6.47%
存款	6890.07	549.65	8.67%
贷款	5345.24	669.16	14.31%

资料来源：中国金融新闻网。

表 7-5　广西农村信用社存款及各类贷款份额

类别	存款	扶贫小额贷款	农户贷款	涉农和小微企业贷款	扶贫龙头企业贷款
份额	22%左右	99%以上	64.12%	近 50%	60%以上

资料来源：中国金融新闻网。

现阶段，广西农村信用社的资产规模和资金实力均位列全区银行业第一，拥有最高的存贷款余额、数量最多的机构和从业人员以及最广泛的服务网络，是广西全区支持乡村振兴发展力度最大的银行业金融机构。

据统计，截至 2020 年 3 月末，广西农村信用社累计向 68.5 万户贫困户发放涉农信贷资金，贷款金额达 346.2 亿元。其中，累计 252.9 亿元的扶贫小额信贷资金发放给 56.8 万户贫困户，惠及贫困人数达 270 万人。2016 年至 2020 年 3 月末，农村信用社累计发放 5232 亿元贷款至区内 54 个贫困县，2018 年累计发放涉农贷款余额 4073.09 亿元、农户贷款余额 2041.78 亿元和扶贫小额信贷 204.14 亿元，分别占全区余额 50.20%、65.64%和 99%以上。农村信用社每年累计发放的各类涉农贷款均稳居区内银行业第一，作为广西区内金融支农的主力军，农村信用社实实在在地支起了广西金融支持乡村振兴的半壁河山。

（4）农业发展银行广西分行的金融供给

农业发展银行积极服务乡村振兴，奋勇扛起广西粮食收购、农村基础设施建设和脱贫攻坚的重担。2015 年以来，农发行累计发放各类支农贷款超过 1880 亿元，涉农贷款余额居全区金融机构首位，充分发挥了农业政策性银行的骨干和支柱作用。

农发行准确把握农业政策性银行的定位，结合农业供给侧结构性改革的实际需求，全方位服务广西乡村振兴。一是全面推进农村脱贫攻坚。据统计，农发行 2019 年 9 月末精准扶贫贷款余额 562 亿元，居全区金融机构第一名，累计发放超过 490 亿元信贷资金扶持农民脱贫，全力支持广西脱贫攻坚工作。此外，全力推动区内 54 个深度贫困地区易地搬迁、产业发展以及基础设施建设等行动，扶持政策性金融扶贫示范区试点工作。二是全力推动农业现代化发展。据统计，农发行累计发放超过 368 亿元贷款支持广西特色优势产业发展，例如，糖料蔗收购、林业以及特色旅游等，有力推动了农村产业提档升级。三是积极保障粮食安全。农发行大力支持广西重要农产品的储备调控，累计发放 280 亿元信贷资金保障粮油购买、销售和储存，支持了 60%以上的粮食商品流通量，有效维护了粮食安全，促进市场稳定。四是全力支持农村现代化。据统计，农发行累计发放超过 742 亿元支持农村基础设施建设的薄弱环节，推动城乡一体化建设和水利建设等，有效改善了农村人居环境，促进城乡融合发展。

（5）农业保险广西各总分公司的金融供给

2019 年，广西出台了政策性农业保险的工作方案，力图进一步加快农村产业发展和乡村振兴。该方案调整和优化了农业保险的产品结构，以满足农业经营主体对风险保障的多元化需求，丰富了广西区内特色农作物险种，如水稻、花生等。

表 7-6　2018—2019 年农业保险保障情况

项目	2018 年	2019 年
户次（万户）	648	744
风险保障（亿元）	1270	1500

资料来源：广西金融监督管理局网站。

2018 年，广西区内共有 41 家保险经营主体，当年新增各级保险机构和专业保险中介机构分别为 60 家和 23 家。截至 2018 年底，广西农业遭受灾害损失累计获得农业保险补偿共 8.3 亿元，累计超过 54.1 万户次建档立卡贫困户获得超 76.27 亿元的风险保障，农业保险惠及3万户以上农户，农业保险的保障能力大幅提升。此外，保险业加大扶贫攻坚力度，2018年全力推动大病保险“特惠”政策，提供“一站式”服务，实现建档立卡贫困人口大病保险全面覆盖，全年贫困人口大病保险赔付达4亿元，惠及24.1万人次建档立卡贫困人口。

2019年，广西受非洲猪瘟影响，畜牧业遭受巨大损失。为减少养殖农户的损失以及防控市场风险，能繁母猪保险和育肥猪保险金额分别被提升至1500元和800元，全区累计56.4万户次农户获得生猪保险赔付13.2亿元，同比分别增长25%和225%。

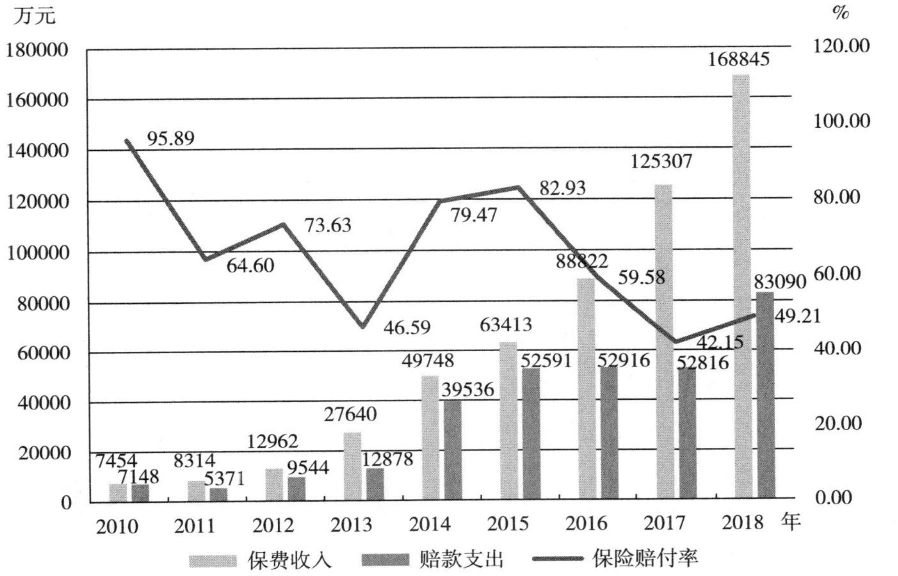

图7-1 2010—2018年广西农业保险保费收入、赔款支出和赔付率情况

（资料来源：历年《广西统计年鉴》）

2010—2018年，农业保险不断加大对农村农业生产经营的保障力度，农业保险保费收入和赔款支出实现稳步增长，8年间保费收入和赔款支出分别实现了161391万元和75942万元的增长。此外，农业保险赔付率均在40%以上，2010年甚至高达95.89%。这是由于农业生产受季节和气候的影响较大，本身具有高风险性，随着近几年广西农业生产水平不断提高，农业经营风险得到有效防范和控制。

（二）影响金融供给的因素和成因分析

1. 关于金融机构的影响因素和成因分析

（1）缺乏涉农放贷积极性

国有商业银行经过信贷管理体制改革调整之后，在一定程度上缩小了基层银行的信贷权限。并且，由于银行的信贷约束机制缺乏弹性，信贷资金的投放方向过于集中，导致基层银行关于中小微企业和农业生产经营的融资业务受限，资金支持力度十分有限。此外，由于农业生产经营受到自然环境因素的影响较大，不可抗的自然风险使得农业生产经营具有高风险性。然而，商业性金融机构往往具有较高的风险控制意识，风控管理非常严格。为了最大限度地降低涉农信贷业务，由于农业生产经营的高风险性而可能产生的损失，追求机构利益的最大化，银行业金融机构大多会慎重权衡涉农信贷产品的风险与收益。一般来说，银行业金融机构往往会通过缩短涉农信贷产品的期限以及降低涉农贷款额度来降低不良贷款的风险。中小微企业贷款、涉农贷款的高风险性和过紧的信贷约束和激励机制的失衡，使得银行信贷人员对于发放此类贷款的积极性明显降低，中小微企业和农业经营主体在办理抵押贷款时，往往面临着抵押率低、交易费用高、贷款门槛高以及贷款条件多等难题，信贷资金的需求远远得不到满足。

（2）涉农金融产品创新动力不足

相较于城市金融机构，广西的农村金融机构在资金投入上更少，业务拓展范围更小，管理水平更低，在许多方面存在着诸多不平衡。此外，由于农村金融市场缺乏充分的竞争环境，广西农村信用社在涉农业务上形成一家独大的局面，这在一定程度上限制了农村金融主体创新涉农业务的主动性和积极性，直接导致了农村金融服务滞后以及涉农金融产品开发不足。创新的惰性和利益驱动往往使得银行等金融机构向风险相对较低和收益相对较高的地区转移，为“三农”发展提供融资帮助的意愿不高，更缺少增加农村金融市场份额、创新涉农金融产品和提高农村金融服务水平的动力。此外，广西农村金融市场发展步伐缓慢，金融机构开拓市场和创新业务的动力不足，金融服务宣传不到位，这些制约因素直接导致了广西涉农金融产品供给少，金融服务质量无保障，服务方式相对单一，服务效率相对低下等难题。

（3）农业保险发展滞后

相较于其他地区，广西的农业保险起步较晚且发展缓慢，健全完善的农业保障体系和风险防范体系尚未构建完成。现阶段，广西的农业生产经营主要依靠政策性农业保险来分散风险，此类农业保险虽然保险覆盖面广，但是缺乏针对性保障，无法很好地适应现代化农业生产经营和特色农业产业发展的需要。在农业生产经营的过程中，存在着不可预见的市场风险和不可抗的自然风险，二者大大降低了保险机构提供农业生产经营风险保障的积极性，致使农业产业发展无法获得农业保险的充分保障。农业生产经营本身存在的弱质性和高风险性，直接增加了商业性保险机构投保农业生产经营的成本，放大了保险机构的投保风险；此外，还直接导致保险机构缺乏创新涉农保险产品的动力，降低了对农业生产经营投保的积极性，以至于保险机构不得不调整农业保险的保障范围，甚至是取消部分农业保险业务。农业保险的发展滞后和保障缺位，使得农村产业发展得不到有效的风险保障，制约了农村产业的快速发展，进一步影响了乡村振兴的进程。

2. 关于企业的影响因素和成因分析

（1）资本运作效率低

一般而言，中小微企业发展到一定阶段后，要想实现企业的规模效益，就不能仅仅依靠原始的资本积累，提高资本运作效率是中小微企业突破发展瓶颈的有效途径。然而，中小微企业发展存在着诸多制约因素，导致企业融资难，资本运作效率不高。具体表现在以下两个方面：一是中小微企业的财务管理制度尚不完善，财务信息不够健全。与企业经营成果相关的硬性指标达不到银行的授信要求，直接导致中小微企业很难顺利融到企业发展所需的信贷资金。二是中小微企业的人才管理机制不合理，企业的财务风险控制水平低下。如果中小微企业缺乏高水平的专业财务人员，那么就可能无法有效降低企业的财务成本，不能有效防范和管理财务风险，这一制约因素大大降低了中小微企业的资本运作水平和效率。

（2）产业结构单一化

以农业生产经营为核心业务的中小微企业是推动乡村振兴发展的重要力量，然而，此类企业的产业结构大多呈现出产业相似、产业结构较单一的特点，产品同质化较严重。普通的中小微农业企业大多具有前期资金投入大且回收期长的发展弊病，加上缺乏农业保险的有力支持和保障，农业企业在经营中往往面临着资金链断裂的风险，且抗风险能力普遍较低。随着中小微农业企业不断发展壮大，企业对信贷资金的需求日趋旺盛，融资难题亟待解决。然而，商业性金融机构出于风险控制和利益驱动的考虑，往往会抬高中小微企业的融资门槛，增加信贷授信条件，这大大增加了中小微企业的融资成本和难度。

3. 关于政府的影响因素和成因分析

相较于国外发达国家，我国的法律法规建设起步晚且基础较薄弱，与农村金融相关的政策制度建设仍不完善、不到位。主要表现在以下两个方面：一是与农村金融机构相关的法律法规没有充分结合农村金融市场的实际发展情况，现有的法律法规对与农村金融相关的概念还存在界定不清的问题，这直接导致了农村金融机构在参与乡村振兴发展的各个环节时容易出现法律界定不明确的问题；二是关于民间金融的法律法规尚欠缺。当正规金融机构无法满足农业经营发展的融资需求时，农业主体便会通过民间金融的途径来寻求信贷资金，但是整个民间金融信贷环节尚缺少相关法律的指导和保障。

此外，由于广西的农村居民受教育程度偏低，且部分贫困地区的居民法律意识较淡薄，缺乏基本的法律知识，这一制约因素大大阻碍了农村金融法律法规的建设工作，也导致金融机构对发放涉农贷款的意愿和信心不足。

三、金融支持广西乡村振兴发展的重点与难点

（一）金融支持广西乡村振兴发展的重点

1. 强化农村基础设施建设

农村的基础设施建设始终是乡村振兴发展的重点领域，加大对农村基础设施建设的投入是改善提升农村居民生活条件的直接路径。总的来说，现阶段广西农村基础设施建设呈现以下两个方面的特征。一是由于广西农村地区的地形较为复杂，导致农村水、电、路的建设工作难以推进，尤其是自然条件恶劣的深度贫困地区，基础设施建设工作遇到巨大阻碍，困难重重。整体而言，广西的农村基础设施建设尚显薄弱。二是广西农村基础设施建设具有成本高、耗时长和见效慢的特点。由于广西农村地区的经济水平落后，各方面基础条件较差，要想从根本上改善农村风貌，需要投入大量的资金和时

间，建设成本较高。根据广西区人民政府编制出台的《广西乡村振兴战略规划》文件，金融支持农村基础设施建设的重点聚焦于以下三个方面。

（1）乡村基础设施建设方面

道路交通、电网建设和生活用水是农村基础设施建设的三大重点。广西乡村振兴战略对乡村基础设施建设的规划中提出：首先，要大力支持和推进县乡道路改造“3000 公里”工程，即在农村贫困地区新建、改建或续建道路，全力推进农村地区的道路建设工作。此外，重点关注少数民族特色村落、历史名村、特色旅游村、传统村屯等旅游景区的交通设施建设，打通农村地区的旅游路、资源路。

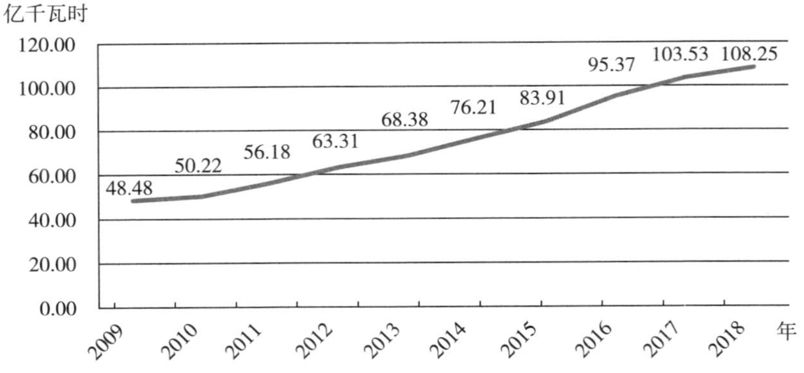

图 7-2　2009—2018 年广西农村地区用电量

（资料来源：历年《广西统计年鉴》）

其次，由于近十年来广西农村地区的居民用电量逐年攀升，从 2009 年的 48. 48 亿千瓦时增加到 2018 年的 108. 25 亿千瓦时，农村地区用电量的剧增对当地供电能力和水平提出了更高的要求。因此，为了满足农村地区用电需求，必须全面提高农村贫困地区的供电能力、提升供电质量和完善供电服务，农网改造升级三年攻坚行动势在必行。

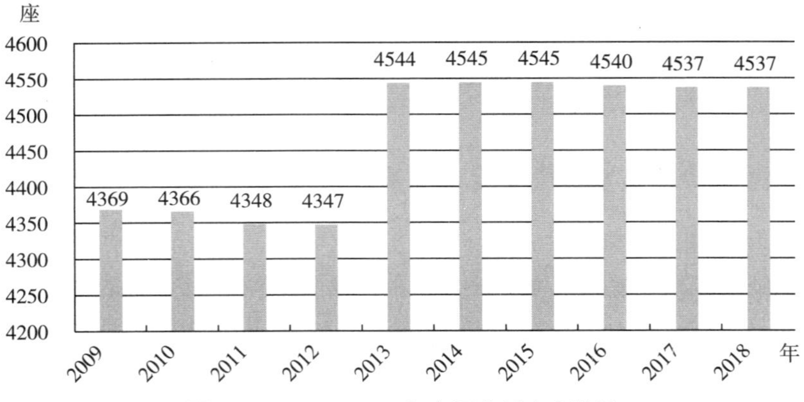

图 7-3　2009—2018 年广西农村水库数量

（资料来源：历年《广西统计年鉴》）

最后，在农村地区大力发展集中式供水，能够有效保障农村居民的用水安全。2013 年起，广西重点关注农村地区的生活用水问题，加大了对农村地区水库建设的投入，

2013 年当年新增农村水库 197 座，往后五年内农村水库数量保持稳定，充分保障了农村居民的用水供给和安全。

（2）乡村资源环境方面

乡村振兴战略始终将优化农村生态环境、保护农村生态资源作为战略推进重点。改善农村人居环境，必须统筹推进农村人居环境整治，加快提升乡村风貌，建立健全长效机制。乡村振兴战略明确指出，必须大力开展农村人居环境整治重大行动，例如，“乡村风貌提升”“清洁乡村”“厕所革命”“污水治理”以及“乡村特色提升”等行动。守护壮乡绿水青山，建设宜居八桂，尤其要注重优化农村生态安全屏障，开展农村土地绿化，扎实推进石漠化综合治理，加大重要生态系统保护和修复，开展水生态净化行动，开展农村生态环境突出问题整治行动。并且，开展生态保护与建设重大工程，主要包括“国土绿化”“湿地保护与修复”“生物多样性保护”“蓝色海湾整治”“重点流域环境综合整治”“石漠化综合治理”“土壤污染防治”等重大工程。此外，必须通过建立多元化生态保护补偿机制、健全生态资源用途管制制度和全面落实生态环境保护责任制，为农村生态建设提供强大保障。

近年来，广西不断推进自然环境修复工作，加大农村生态环境保护力度，水土流失治理面积逐年增加。

（3）农村公共服务方面

广西农村公共服务设施建设的重点在于教育和医疗两个方面。现阶段，广西农村地区的经济发展水平比较落后，农村居民收入水平较低，教育基础薄弱。因此，难以留住高水平、高素质的人才，人才流失问题较为突出。与此同时，广西农村地区的医疗水平低下，医疗设备不足，专业医护人员缺乏，农村居民的医疗问题难以得到有效、全面的保障。加大农村地区教育和医疗建设投入的同时，还应当加快农村地区的网络建设工作，提高数字电视、宽带网络等的覆盖率，降低农村地区信息入户的门槛和使用成本。实施乡村振兴战略，要重点关注农村公共服务建设，全面提升农村居民的生活水平，有效改善农村风貌。

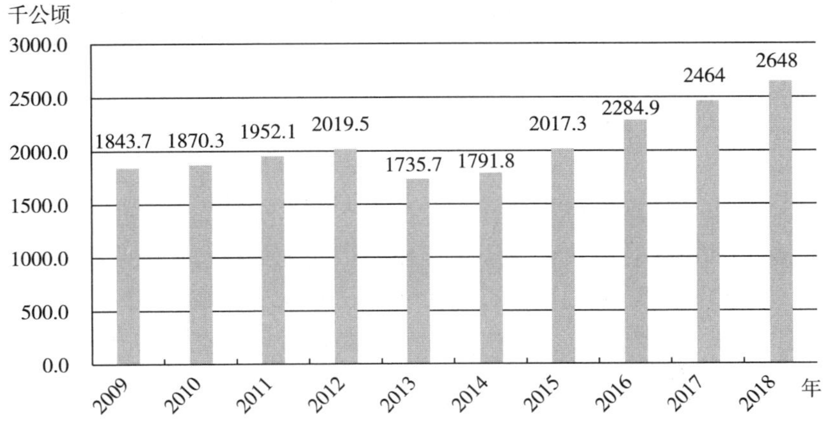

图 7-4　2009—2018 年广西水土流失治理面积

（资料来源：历年《广西统计年鉴》）

基础设施建设是农村产业兴旺发展的重要前提之一，是加快一二三产业和城乡融合发展的强大基础，金融支农工作重点推进农村基础设施建设具有非常大的现实意义。

2. 推动农村产业振兴发展

推动实现乡村振兴，就要以农业供给侧结构性改革为导向，重点推动农村产业兴旺发展。从广西乡村振兴战略的发展任务来看，金融支持乡村产业兴旺要着力于以下五个方面。

（1）强化农业生产能力

首先，要巩固和提升粮食的综合产能，严格保护粮食安全和耕地，全面保障粮食在生产、流通和储备等各环节的安全，助推粮食产业提质升级。其次，大力发展现代种业，大力支持推进种业创新项目。再次，强化农业科技支撑作用，创新产、学、研等各方协同机制模式，加快农业重点实验室等农业科技创新平台的建设。最后，提升农业装备水平，研发设计适应广西区内农业生产特点的农业机械设备，加快农业生产现代化的进程。

（2）推动现代特色农业提档升级

借鉴工业化思维理念，推动现代特色农业发展。要重点加强龙头企业的主导作用，补齐发展链条，全面提升现代特色农业的规模和总量。通过加快农业企业创新、优质农业品牌创建以及市场扩张来促进农业增效，推动现代特色农业结构调整和优化升级，主要通过以下四个途径：①调整和优化现代特色农业产业结构，争取三年实现现代特色农业提质升级，完善现代特色农业产业体系；②加快现代特色农业产业集聚化发展，加大农业示范区的建设投入，推动覆盖农、林、牧、渔各类产业和各级区域；③始终秉承“质量兴农”和“绿色兴农”的发展理念，加快质量兴农的评价、政策、工作和考核体系的构建；④注重优质农业品牌的培育，做好品牌宣传推介，突出打好农业“绿色牌”，打造特色产业品牌，培育新品牌，鼓励企业争创驰名商标、培育知名品牌。

（3）建立现代农业经营体系

重点强化和巩固家庭经营在农业生产中的基础性地位，同时丰富新型农业经营体系，探索家庭、集体、企业和合作经营等新型农业经营主体协同发展的新模式。推动农业生产实现集约化、专业化、组织化和社会化，并充分发挥大规模农业经营主体的引领作用，带动小规模农业经营主体的发展，主要通过以下途径：培育和壮大新型农业经营主体，发展壮大村级集体经济，扶持小农生产。

（4）推进农村产业融合发展

建立健全利益联结机制，注重制度创新、技术创新和商业模式创新，推动跨界要素合理配置和产业融合，实现农村产业全方位振兴。一是支持农产品加工业发展，强化县域大规模加工企业和加工龙头企业的引领作用，带动优势特色产业发展；二是发展乡村特色旅游，致力于打造一条富含地方特色、彰显民族风采的旅游线路；三是培育新产业和新业态，积极探索互联网、旅游、生态等各方要素与现代农业的有机结合方式，促进信息产业、文化产业以及旅游产业等与农业融合发展；四是建立健全农产品流通体系，鼓励和引导支持各类大型物流企业进驻农村地区开展业务，扩大经营范围。

（5）构建农业开放新格局

充分利用广西的地理优势和自然资源，积极开拓国内和国外两个市场，拓宽开放合作范围，提高开放合作水平。积极推动广西优质农业“走出去”与“引进来”相结合，发展农业开放合作新业态，主要途径有：积极参与“一带一路”农业交流合作，深化与东盟农业合作，对接粤港澳大湾区建设，深化桂台现代农业合作。

（二）金融支持广西乡村振兴发展的难点

1. 金融服务机构覆盖面不足

乡村振兴战略规划将促进农业产业发展兴旺作为工作重点，但是现阶段农村地区金融机构的数量仍较少，现有的金融主体规模难以很好地满足广西乡村振兴中对信贷资金和金融服务的需求，金融支农的力度和效率均受到农村金融体量的制约。广西金融市场的主体以银行业金融机构为主，证券公司、基金公司、期货公司和保险公司等金融机构数量较少。截至 2018 年底，广西区内财务公司机构的数量仅为 2 个，且未有信托公司进驻广西区内设立营业网点。总体而言，广西金融市场体量小，基础薄弱，发展尚不成熟，难以有效发挥金融在资源配置中的推手作用，给予乡村振兴工作充足的、有力的金融保障。此外，广西区内农村金融机构的发展，存在着数量少、规模小、发展缓慢以及实力薄弱等难题，难以提供助推乡村振兴的强大动力。相比较而言，广西农村信用社的营业网点较多，县域及乡镇的网点覆盖率更高。但是，农村信用社的信贷约束机制非常严格，基层银行的放贷权限较小，信贷资金供给少，支持乡村振兴的力度有限。商业性金融机构为了实现企业利益最大化，最大限度地降低不良贷款的风险，往往更倾向于将信贷资金投向规模大、实力强的企业，对于具备高风险性的农业生产和中小微企业的放贷意愿不足。农业发展银行等政策性银行开展的金融业务受限，也难以满足农业产业发展的资金需求。

因此，要从根本上提高金融支农的力度，首要的难点突破就在于推进农村金融市场建设，健全农村金融体系，扩大金融机构在县域及县域以下地区的覆盖面，在成本和风险可控、机构可持续发展的前提下，鼓励和支持各类金融机构到乡镇设立营业网点。

2. 农村金融服务渗透率不高

近年来，国家陆续出台相关政策措施，鼓励和支持银行业金融机构通过各种途径创新金融服务，比如增加实体营业网点数量、增设 ATM、设立自助银行和金融便利店等。金融机构可以通过与当地龙头企业、经营大户以及专业机构等第三方组织开展合作，为农村大型商店、农村交易市场等农资交易平台提供和配备金融设备，如 POS 机、转账电话等，使农村居民能够享受到方便快捷的查询、转账、提现等金融基础性服务。值得注意的是，尽管银行业金融机构不断推进新型金融服务创新，但从整体而言，创新业务还是围绕着基础性金融服务展开，对农村新型农业经营主体的增值服务供给不足，无法有效满足家庭农场主和专业大户等经营主体因规模化、产业化经营产生的资金需求。

加快实现金融服务村村通，是提高农村金融服务渗透率最直接的途径。利用灵活、便捷的金融电子设备在具备基本条件的村屯开展和延伸金融服务，充分利用网络便利，在农村大型商店、超市和供销社等经营场所布设金融交易设备，使金融服务渗透到每一个乡村。

3. 金融产品创新动力不足

在乡村振兴发展的进程中，解决“三农”问题需要农村金融充分运用资源调配能力，推动金融产品创新是降低金融交易成本和交易风险的有效途径之一。广西农村金融市场起步较晚，发展尚不成熟，现阶段的资金资源总量不足和交易规模小等突出问题，是制约金融产品创新的主要因素，因为这将直接导致金融机构研发设计金融产品的成本过高、风险过大。基于盈利性、安全性和流动性的考虑，农村金融市场对于金融机构的创新吸引力较低，主要表现为以下三个方面。（1）涉农金融产品的创新主体单一。农村信用社在广西农村金融市场中几乎占据了垄断地位，一家独大的局面在一定程度上限制了农村金融主体创新金融业务的主动性和积极性。（2）农村金融产品创新具有残缺性。现阶段，金融机构推出的金融产品同质化严重，且金融产品创新仍停留在基础产品的层面，金融衍生品创新乏力。（3）金融产品创新的相关配套政策措施不到位。由于缺乏有效的金融、财税、工商、农林等部门的合作联动机制，导致各行业、各方面配合度不足，加上金融产品创新本身具有成本高、风险大、回报期长等特点，且担保、评估等手续复杂，配套政策措施的不完善在一定程度上阻碍了金融机构的产品创新工作。因此，金融支农推动乡村振兴的一大工作难点，就在于充分激发金融机构开展金融产品创新工作的主动性和积极性。

4. 农村征信体系构建不完善

健全完善的征信体系是涉农信贷工作得以顺利开展的良好基础。广西是我国首批建设农村信用体系的地区，在个人征信体系建设工作中取得了一定成果。然而，由于起步晚、基础差，农村征信体系建设仍是广西金融支农的一大薄弱环节，突出问题主要表现在以下几个方面。（1）农村信用环境差，监管机构对失信行为的惩戒力度不足。（2）相关法律法规不健全，有关概念界定不清，缺乏具有实际操作意义的文件指导。（3）缺乏有效的个人征信监管体系。以上所述的个人征信体系建设中显现的突出问题，主要是由于传统信用文化与现实信用缺失之间、信息共享与个人征信法规之间、中介机构公信力与效率之间、信用信息供需之间存在的矛盾造成的。强化金融支持乡村振兴发展的力度，必须加快农村个人征信体系建设，可以在农村地区普及信用知识，制定与广西农村个人征信体系建设的实际情况相符合的地方性法规，充分发挥地方政府的职能，统一规划和领导个人征信体系建设工作，强化信用监管，有效运用各种措施解决当前的征信体系建设问题。其中，完善广西农村个人征信体系，改革难点主要表现为以下两个方面：一是加快农村征信方式创新，积极探索能够降低征信信息收集成本和提高征信体系覆盖面的有效途径；二是加快构建多层次、多维度的农村征信体系，满足农村居民多方位、多元化的征信需求。

四、广西金融支持乡村振兴发展的对策建议

（一）健全金融支农组织体系

1. 发展农村普惠金融

强化提升农村普惠金融的服务能力。首先，进一步推进银行业金融机构的专业化体制机制改革，丰富农村金融服务主体，引导和支持大型商业银行开展普惠金融业务，为“三农”发展提供专业化的优质金融服务。其次，深入推进广西农村信用社的管理体制改革工作，大力支持和引导合格的县级农村信用社和农村合作银行改制组建为农村商业银行。鼓励中小银行加大物理网点的建设投入，将金融服务广泛下沉至县域和乡镇，提高金融支农机构和支农金融服务在县域和乡镇的覆盖率。最后，加快培育和发展新型的农村金融机构，大力支持并积极引导各类优质金融要素聚焦支持乡村振兴，如证券、期货、保险、基金、信托和担保等金融资源，构建多层次、全方位的金融支农体系。各类金融主体应当相互配合，充分发挥自身的行业优势，共同改善金融产品同质化、金融服务模式单一等问题。

2. 完善资金供给体系

各类农村金融机构是乡村振兴战略发展的重要支柱，应当充分利用金融机构在乡村振兴战略中的支撑力量，构建健全完善的支农资金供给体系，充分保障乡村振兴发展的资金供给。银行业金融机构应强化与财税、工商、农林等政府部门的协调与配合，明确金融支持乡村振兴的重点地区、重点行业和重点项目，加强金融机构与政府部门在信贷支持方面的协调联动，建立金融机构更精准、更有效的信贷资金供给机制。农业发展银行作为广西区内唯一的政策性支农银行，应加大对道路交通、电网改造、农田开发等农村基础设施建设项目的支持力度。商业性银行应为乡村振兴战略工作开展的重大项目建设提供资金保障。此外，还应当大力推动县域及乡镇实体营业网点的建设，完善营业网点的金融服务功能，提升服务质量，将优质的金融服务渗透到每一个乡村。农村信用社作为广西金融支农的主力军和领头羊，要充分利用自身的地缘优势，深入调查了解当地“三农”发展的实际需求，精准对接农业产业经营的资金需要。与此同时，全力开展涉农金融产品的研发创新工作，以满足农村经营主体与中小微企业多样化的金融需求，促进广西特色农业产业发展。并且，应积极拓宽乡村振兴的资金支持渠道，探索建立乡村振兴资金支持新机制，积极引导各类资金和要素聚焦乡村振兴领域。

此外，建立健全差异化信贷政策体系是支持“三农”发展和全面做好乡村振兴金融服务的重要保障。相关部门应出台专项信贷政策，以支持农村基础设施和公共服务建设，针对乡村振兴建设的重点领域和重点项目，开通信贷审批绿色通道，优化、简化办理条件，切实提高资金供给效率。

（二）创新金融支农模式和产品

1. 创新金融支农新模式

一是建立健全金融服务乡村振兴的具体政策措施，积极推广将“政府”“银行”“担保”“企业”等各方面有机结合的服务模式，加大金融支农、惠农的力度和范围。二是加快完善农业融资担保体系，大力推进政策性与非政策性农业融资担保机构在市区、县域和乡镇的分支机构建设工作，不断下沉农业融资服务重心，扩大融资服务范围。此外，积极发展政府融资担保，强化政府、银行和担保机构之间的合作，优化完善三方的风险分担机制。并且，鼓励和支持其他融资担保机构积极服务“三农”，尝试通过再担保和联合担保相结合的方式，保障“三农”融资工作的顺利开展。三是开展信用户、信用村、信用乡镇和信用县等农村信用“四级联创”，制定并完善与农村个人征信体系建设相关的法律法规，加大信用知识的宣传教育力度，强化征信监管，提高失信成本，增加守信价值。四是鼓励大型商业银行设立专门的金融支农部门，为乡村振兴事业提供各类专项金融服务。并且，充分利用互联网和金融科技，打造高效便捷的金融支农新模式，致力于降低金融交易成本，提升金融服务半径。

2. 创新涉农金融产品

加快农村普惠金融产品创新，是现阶段金融支持乡村振兴发展的重点之一。首先，要加快完善落实相关的配套政策措施。涉农金融产品的研发设计并非是金融机构的独立工作，需要财税、工商、农林等其他部门的协调与配合。因此，完善落实各方面配套政策措施是全方位支持涉农金融产品创新的必要基础。其次，要充分发挥和运用涉农金融机构的创新主体作用。由于创新涉农金融产品具有成本高、风险大、收益不稳定等特点，导致中央政策的鼓励和引导一直是金融产品创新长久以来的主要推动力，然而，金融产品创新的持续发展根植于金融机构自身的创新意愿和动力。因此，相关部门应当积极采取措施，充分调动金融机构的创新积极性，发挥其主体创新作用。最后，推动开发多元化的农村金融产品。一是推动产品层次多元化。涉农金融产品的研发设计不能“一刀切”，应当根据不同层次的农业主体和各特色产业发展的实际需求，对接不同层次、不同类别的金融产品需要，开发相应的涉农金融产品；二是金融产品类型多元化。涉农金融产品的创新不应局限于银行业金融机构领域，资本市场、保险市场等方面应积极参与到涉农金融产品的研发设计中来，共同推进涉农金融产品的发展。

此外，结合乡村振兴战略的实际推进情况和广西当地特色产业的发展情况，相关部门还应积极支持和引导各类金融机构研发出针对广西特色小镇、历史名村、传统村屯、产业园区等特色产业的专项金融产品和服务，探索开展广西主要特色农产品价格指数、天气指数保险等业务。结合当地的发展实际，因地制宜且具有针对性地开展涉农金融产品的研发设计。

（三）加快发展农业保险

农业保险是农村经济增长的助推器，也是农村经济社会的稳定器。充分发挥和运用农业保险的作用，能够对乡村振兴发展的薄弱环节提供强有力的基本风险保障。现阶段，广西区内农业保险起步较晚、发展滞缓，农业保险制度尚不完善，农业保险的风险保障作用尚未得到充分激发。因此，必须大力推进农业保险基层服务体系建设，拓宽农业保险的保障范围，提高农业保险的覆盖面，切实提升农业保险的服务水平。与此同时，保险机构还应当充分考虑当地特色优势农产品生产和销售的情况，因地制宜开展农业保险险种设计，针对广西特色优势农产品的生产和销售研发设计专项农业普惠险种。

1. 创新农业保险模式

积极探索农产品价格保险新模式，尝试将各类金融衍生产品与农业保险进行有机组合，如“保险+期货”模式。合理利用期货市场的价格机制，通过保险公司承保，将农业经营主体的农产品价格标的转移到期货市场，由此分散因农产品价格波动带来损失的风险，增加农业保险对农产品价格波动风险的对冲作用，更好地保障农业经营主体的生产经营活动。值得注意的是，相关部门必须制定相关规范制度来严格约束利用期货市场进行投机操作的行为。

2. 加快农业保险推广

由于农业生产经营本身具有较强的周期性和季节性，养殖业、经济作物种植等规模化经营往往周期较长且风险较高。如养牛的周期普遍是两年以上，果树种植需要三年以上。因此，为了有效分散较长经营周期给农业生产经营带来的风险，必须进一步加快农业保险的宣传推介，尤其是高风险领域保险的推广。注重提高农业经营主体的保险意识，培养其利用农业保险分散农业生产风险的能力，使农业保险进一步渗透到农业生产经营的各环节中，提高农业保险的使用率，充分发挥农业保险的风险保障功能。此外，相关部门可以适当提高补助金比例，加大农业保险对农业生产的保障力度，降低农业经营主体的风险损失。与此同时，要强化农业保险监管，防止保险公司利用信息不对称等借机侵害农业经营主体的合法权益。

（四）完善金融支农激励政策

1. 完善支农激励机制

要充分发挥再贷款、再贴现等货币政策工具的资金配置作用，合理运用补贴、结构调控、税收优惠、激励等政策工具，鼓励金融机构加大对乡村振兴建设项目的资金投入，完善金融服务，提高农村金融的服务水平和服务质量，全方位提升金融支农的力度。此外，合理运用差异化存款准备金、农业贷款贴息、涉农机构补贴等政策工具，针对在乡村振兴建设中积极作为的金融机构进行奖励和补贴。此外，与金融支农相关的激励补贴政策不应仅适用于特定的金融机构，应当将此类奖助政策推广落实至各个行业和领域。根据相关机构或个人的涉农业务量、业务成本以及在乡村振兴建设中的实际贡献等方面来综合评定，给予满足奖补条件的机构或个人相应的优惠和奖助，以此来争取更多金融支农的有生力量。此外，探索建立金融支农激励政策与财政惠农惠民政策相结合的新机制，综合汇聚各方力量，合力推动金融支农。

2. 鼓励企业上市融资

鼓励和支持达到相关标准的涉农企业上市融资，合理有效地利用多层次资本市场实现涉农企业挂牌上市、发行债券以及兼并重组等。积极引导涉农企业通过多元化渠道融资，缓解企业的融资压力，使企业成长和业务拓展获得充分的资金保障。此外，还要加快完善涉农贷款贴息政策，推动县域和乡镇金融机构涉农贷款增量奖励政策落地实施，鼓励金融机构增加涉农贷款投放量，降低涉农企业、新型农业经营主体、普通农户等涉农贷款需求方的融资成本。

（五）完善相关农村金融配套政策

金融支持乡村振兴，不仅需要市场的调节，也需要政府的干预和引导。广西区政府在出台乡村振兴战略规划的指导文件之外，还应完善相关的配套政策措施，强化金融服务乡村振兴的制度保障。现阶段，广西城乡二元结构明显，在一定程度上扩大了农村金融在运行环境、运行条件、组织形式以及经营目标上与城市金融的差异和差距。因此，相关部门应积极推动与农村金融相关的配套政策制定，以完善的政策制度来保障乡村振兴工作的稳步推进。

1. 健全农村抵质押配套政策

一方面，大力推进农村财产确权登记等相关工作。首先要明确发证机构，关于农村土地登记要做到明确权属、精准度量、明晰界限和具有权威性。并且，在全国范围内建立起统一的农村财产查询、登记平台。另一方面，建立起健全完善的农村财产价值评估体系，为金融机构向农业经营主体发放信贷资金过程中的抵押物价值评估环节提供参考依据。建立起公开、活跃和规范的农村资产流转市场，有序推进农村土地承包经营权和农民房屋产权抵押贷款试点工作，鼓励金融机构尝试开展林权抵押贷款业务。

2. 建立健全政策保障体系

有关政府部门应强化农村社会保障，重点解决农村居民养老保险和医疗保险问题。依据财政和个人各按一定比例分担保险费用的原则，稳步提高农村养老保险和医疗保险覆盖面。切实保障农村居民的生活质量和水平，逐步提高农村居民抵御各种风险的能力，防止农村居民因年迈、患病等原因导致生活贫困。

参考文献

[1] 张贵年．金融支持新型农业经营主体研究——基于乡村振兴战略背景下的视角［J］．山西财经大学学报，2018，40（S2）：46-48.

[2] 龙建平．欠发达地区金融支持乡村振兴的路径选择［J］．金融与经济，2018，495（11）：91-94.

[3] 杨晖．金融支持乡村振兴的实践、挑战和对策——基于赣州市的调查与思考［J］．金融与经济，2019，498（2）：62-66.

[4] 冯兴元，孙同全．金融支持乡村振兴战略与多层次农村金融体系探讨［J］．农村金融研究，2018，465（12）：21-25.

[5] 赵秀玲．乡村振兴下的人才发展战略构想［J］．教育文化论坛，2018，10

（3）：137.

［6］张挺，李闽榕，徐艳梅．乡村振兴评价指标体系构建与实证研究［J］．管理世界，2018，34（8）：99-105.

［7］韦家华，连漪．乡村振兴评价指标体系研究［J］．价格理论与实践，2018（9）：82-85.

［8］蔡兴，蔡海山，赵家章．金融发展对乡村振兴发展影响的实证研究［J］．当代经济管理，2019（8）：1-9.

［9］武丽娟，徐璋勇．我国农村普惠金融的减贫增收效应研究——基于4023户农户微观数据的断点回归［J］．南方经济，2018（5）：104-127.

［10］王睿，周应恒．乡村振兴战略视阈下新型农业经营主体金融扶持研究［J］．经济问题，2019（3）：95-103.

［11］蒋远胜，徐光顺．乡村振兴战略下的中国农村金融改革——制度变迁、现实需求与未来方向［J］．西南民族大学学报（人文社科版），2019，40（8）：47-56.

［12］王波，郑联盛．绿色金融支持乡村振兴的机制路径研究［J］．技术经济与管理研究，2019（11）：84-88.

［13］姜松，喻卓．农业价值链金融支持乡村振兴路径研究［J］．农业经济与管理，2019（3）：19-32.

［14］陆岷峰．关于乡村金融供给侧结构性改革支持乡村振兴战略研究［J］．当代经济管理，2019，41（10）：84-90.

［15］吴本健，王蕾，罗玲．金融支持乡村振兴的国际镜鉴［J］．世界农业，2020（1）：11-20+57.

［16］郭佳莲．农村金融支持乡村振兴战略的路径选择：基于全国11家省级农信的案例［J］．西南金融，2019（8）：54-62.

［17］Chiara Criscuolo，Carlo Menon. Environmental Policies and Risk Finance in the Green Sector：Cross-Country Evidence［J］. Energy Policy，2015（83）：38-56.

［18］Jeanneney and Kpodar. Financial Development and Poverty Reduction Can There Be a Benefit Without a Cost. The Journal of Development Studies，2011-Taylor&Francis.

［19］Zeng X，Qu K，Rehman A. Glycosylated Conductive Polymer：A Multimodal Biointerface for Studying Carbohydrate - Protein Interactions［J］. Acc Chem Res，2016，49（9）：1624.

［20］Akeweta N J，Ndaghu A A，Kefas P D. Livelihood as Poverty Coping Strategy of Ruralwomen in Song Local Government Area，Adamawa State［J］. International Journal of Agriculture Innovation & Research，2014.

（执笔人：聂勇）

8. 中国（广西）自由贸易试验区金融营商环境研究

党的十八大以来，党中央、国务院高度重视优化营商环境，作出了一系列关于优化营商环境、提高综合竞争力的重大部署。2015 年 10 月 26 日，党的十八届五中全会强调“形成对外开放新体制，完善法治化、国际化、便利化的营商环境”；2016 年 9 月 3 日，G20 工商峰会开幕式上，习近平总书记强调“加大放宽外商投资准入，提高便利化程度，促进公平开放竞争，全力营造优良营商环境”；2017 年 7 月 17 日，中央财经领导小组第十六次会议上，习近平总书记强调“营造稳定公平透明、可预见的营商环境，加快建设开放型经济新体制，推动我国经济持续健康发展”；2018 年 9 月 20 日，中央全面深化改革委员会第四次会议强调“围绕自由贸易试验区建设发展需要，在营造优良投资环境、提升贸易便利化水平、推动金融创新服务实体经济、推进人力资源领域先行等方面，加大改革授权，加大开放力度，给予政策扶持”。《2019 中国城市营商环境指数评价报告》中指出，金融环境指标与经济规模呈现正相关关系。近年来，中国的各个城市积极颁布政策吸引高端人才、创新发展科学技术、合理聚集利用金融资源、努力优化金融市场，提升城市竞争优势，促进经济发展。广西壮族自治区党委、政府于 2018 年开始部署全区全面开展优化营商环境行动。从 2019 年 8 月 30 日起，中国（广西）自由贸易试验区正式运行，并决定要努力建成金融服务全面到位、投资条件便利、市场环境高度安全、金融工作快捷高效、能有效发挥引领作用的国际一流营商环境。2020 年 5 月 19 日，经自治区十三届人大常委会第十五次会议表决通过的《广西壮族自治区优化营商环境条例（草案）》中指出，要全面深化改革，要强化政府工作机制，要时刻关注市场主体的具体需求，使各类市场主体无论何时何地均拥有一样的权利和机会，适用一样的规则和服务水平，不对其进行区别对待。从而为各种市场主体的投资营造安全、稳定、高效的工作环境和发展环境，力争使全区的营商环境的主要指标达到世界银行基本标准，达到全国先进水平，向国内的一流营商环境水平靠拢。

中国（广西）自由贸易试验区的建设，担负着优化广西营商环境、推动广西经济进一步增长、中国经济进一步提升的重要任务。它的建设在一定程度上吸引各方优秀人才的同时，广西也面临着进一步提升政府治理能力，构建具有良好工作机制的政府，进一步提升市场开放程度，从而优化营商环境的挑战。而《广西壮族自治区优化营商环境条例》的出台，意味着广西对营商环境优化工作的重视程度需进一步加强，广西需进一步采取相应措施促进营商环境的规范化水平，持续向建设符合国际标准的营商环境水平迈进。为了更好地应对以上机遇和挑战，广西将营商环境建设作为当前经济发展的重点和热点领域，且营商环境的细分项目——金融营商环境对经济发展具有重要影响。因此，我们需要对金融营商环境的内涵做出准确界定，并对广西金融营商环境的现状及存在的问题进行科学、合理的探讨，提出优化广西金融营商环境对策建议，对于推动中国（广西）自由贸易试验区高质量建设具有重要意义。

一、中国（广西）自贸试验区概述及其建设成效

（一）中国（广西）自由贸易试验区概述

中国（广西）自由贸易试验区包括南宁片区、钦州港片区、崇左片区，主要履行加快转变政府职能、深化投资领域改革、推动贸易转型升级、深化金融领域开放创新、推动创新驱动发展、构建面向东盟的国际陆海贸易新通道、形成“一带一路”有机衔接的重要门户七大职责。中国（广西）自由贸易试验区是广西全面深化改革和加强对外开放程度的试验田，对国家战略的实施和地区经济的发展起到推动作用。

1. 功能定位

以制度创新为核心，以可复制可推广为基本要求，将中国（广西）自由贸易试验区建设成为面向东盟的国际陆海贸易新通道、21 世纪海上丝绸之路和丝绸之路经济带有机衔接的重要门户、高标准高质量自由贸易园区。

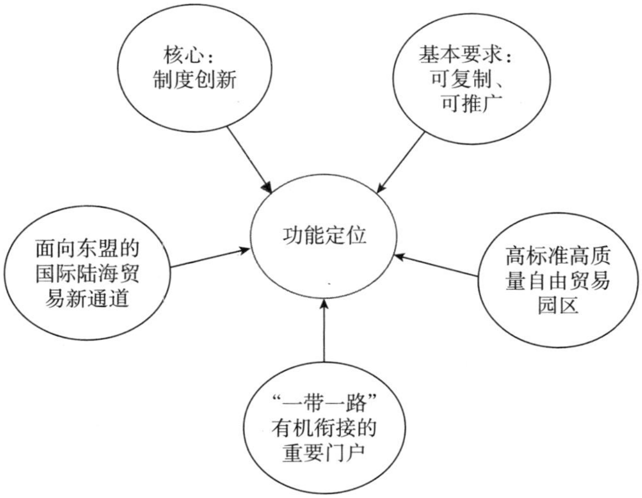

图 8-1　中国（广西）自由贸易试验区功能定位

2. 中国（广西）自由贸易试验区的管理体制与工作机制

广西壮族自治区人民政府成立中国（广西）自由贸易试验区工作领导小组，按照统筹管理、分级负责的原则，建立权责明确、精简高效、科学合理、运转协调的管理体制，持续推进自贸试验区治理体系和治理能力的现代化。

2019 年 12 月 9 日，经自治区党委编委同意，中国（广西）自由贸易试验区工作办公室正式设立，办公室设在自治区商务厅，设立自贸区综合信息处、自贸区制度创新处、

自贸区协调指导处 3 个职能处室。统筹协调自贸试验区建设工作，研究自贸试验区发展规划、支持政策、重点改革措施等重大事项，为推动自贸试验区建设发展提供强有力的体制机制保障（见图 8-2）。

南宁片区、钦州港片区、崇左片区市人民政府分别对片区建设负有主体责任，为加强对自贸试验区建设的组织领导，各片区分别设置管理委员会，即南宁片区管理委员会、钦州港片区管理委员会、崇左片区管理委员会。管理委员会负责片区建设和管理的具体工作，履行推进片区开发建设、金融发展等职责。

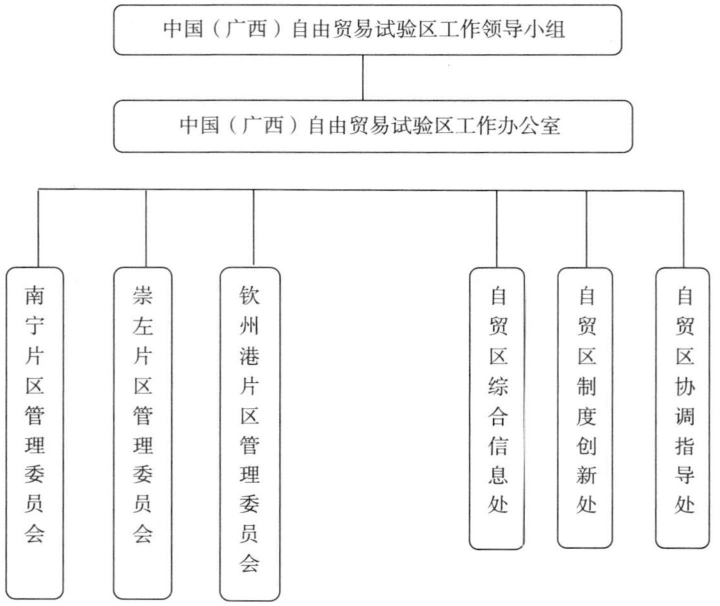

图 8-2　广西自由贸易试验区管理体制与工作机制

（资料来源：《国务院关于印发 6 个新设自由贸易试验区总体方案的通知》（国发〔2019〕16 号））

3. 中国（广西）自由贸易试验区创新措施

（1）开展“证照分离”改革

自 2019 年 11 月 15 日国务院发布《关于在自由贸易试验区开展“证照分离”改革全覆盖试点的通知》以来，为持续深化中国（广西）自由贸易试验区“放管服”改革，进一步明确与加强政府和企业责任，扩大企业的经营自主权，推动经济高速发展。中国（广西）自由贸易试验区内对所有涉企经营的许可事项实行全覆盖清单管理，按照以下方式开展“证照分离”改革。一是对设定必要性已不存在、市场机制能够有效调节、行业组织或中介机构能够有效实现行业自律管理、通过事中事后监管能够有效规范的涉企经营许可事项，直接取消审批。取消审批后，企业持有营业执照即可开展经营。二是审批改为备案。为利于有关主管部门实施行业管理与有效监管，维护集体利益。按照“多证合一”的要求在企业登记注册环节时进行备案，备案后市场监管部门及时将企业的备案信息移送到有关主管部门。三是实行告知承诺。有关主管部门依法将实行告知承诺事项的可量化可操作、监管规则和违反承诺的后果等准确完整地一次性告知企业后，企业对自身确需保留的经营许可事项作出承诺，有关主管部门通过监管能够纠正企业不符合经营许可条件行为、有效防范风险的，实行告知承诺。有关主管部门将企业承诺内容向社会公开，方便社会监督。四是对部分涉企经营许可事项，通过下放审批权限给中国（广西）自由贸易试验区各片区有关主管部门、大幅减少审批材料、延长或取消许可证件的有效期限等切实有效的措施优化审批服务，提高审批效率、降低办事成本，实现打造国际化、法治化营商环境的目标。

（2）探索开放合作新模式

中国（广西）自由贸易试验区从上至下积极探索面向东盟的合作模式，各片区积极加大与东盟国家的合作力度，积极构建良好的金融营商生态。其中位于南宁片区的中国—东盟金融城积极吸引金融机构加入，且中国—东盟金融合作学院在南宁落地，共引入金融机构 134 家，扩大跨境人民币结算量，持续扩大人民币在东盟国家的使用规模和国际地位。钦州港片区开展中国与马来西亚跨境金融的合作试点，对马来西亚银行开展人民币同业融出业务和国内贸易信用证福费廷业务，对马来西亚关丹园区的企业开展人民币贷款业务，推动人民币流动性便利化。中国（广西）自由贸易试验区崇左片区积极开展跨境劳务合作工作，积极探讨延长外籍务工人员的停居留期限、降低外籍务工人员出入境证件的办理成本、精简证件办理环节、规范跨境劳务公司和外籍务工人员管理、解决外籍务工人员在银行开户办理工资卡等问题，寻找跨境劳务合作程度更进一步加强的突破口，促进劳务跨境合作进一步发展，大力推进中国（广西）自由贸易试验区与新加坡等同盟国家的合作效率与合作程度。

（3）贸易便利化创新

2020 年 7 月 13 日，广西壮族自治区人民政府办公厅印发了关于《中国（广西）自由贸易试验区跨境贸易便利化若干政策措施的通知》，体现了中国（广西）自由贸易试验区对贸易便利化创新的重视。中国（广西）自由贸易试验区在全国边境陆路口岸首创全信息化智能通关，通过实施"人脸识别""一码通"等作业加快出入境车辆的通关速度，缩短通关时间，降低企业运营成本，推动广西国际贸易物流交易。在边境贸易通关方面创新通关监管服务，充分利用凭祥这个西部陆海新通道的陆路门户，发挥广西陆海相邻的地区优势，全面推行边民互市贸易无纸化模式，开发边民互市贸易申报 APP 软件，打造跨境劳务的合作联审平台，创新边民互市的鲜活农产品的监管流程等，全面提升边境贸易的监管程度与服务水平。在港口贸易方面注重提升效率降低费用，通过完善港口进出口货物通关手续，减少货物在港时间，提高港口集装箱进出口环节作业的效率；通过政府指导定价、实行市场调节收费项目费率和政府合理监管等方式降低中介费用，推行无纸化退税等方式提升港口贸易的服务水平，促进港口贸易的便利化提升，从而吸引更多东盟国家与广西进行贸易交易，建设良好的贸易环境，起到良好的推动地区经济发展的模范与带头作用。

（4）完善金融市场建设

中国（广西）自由贸易试验区主要包括南宁片区、钦州港片区和崇左片区，它是我国与东盟国家开展全面合作的重要桥梁，是我国西南地区参与国际合作的重要途径与重要渠道。要发挥中国（广西）自由贸易试验区明显的区位优势，构建良好健康的金融营商环境，促进地区经济有效发展，完善中国（广西）自由贸易试验区的金融市场就显得至关重要。当前，中国（广西）自由贸易试验区借鉴其他试验区的良好经验，在南宁片区，推动有条件的金融机构设立离岸金融的业务中心、推动保险机构开展相关跨境保险业务等一系列完善金融市场建设程度的措施正渐次展开实施，以扩大与完善金融市场。

（5）进行金融开放创新

现代金融是中国（广西）自由贸易试验区重点发展的产业，金融创新是促进现代金融发展进步的推进器。而中国（广西）自由贸易试验区南宁片区作为金融创新的主阵地，在金融业务与服务等方面均积极地进行了改革创新。具体体现在成立广西（南宁）金融创新联合实验室，提出陆海新通道跨境金融创新、境内信贷资产跨境转让、境外项目人民币贷款、跨境人民币同业融资等创新金融业务；与此同时，为加深跨境金融服务的深度，扩宽跨境金融服务的广度，促进跨境金融产业的发展，中国（广西）自由贸易试验区首先建设了一批开放度高的功能性平台，并将中银香港东南亚业务营运中心作为中国（广西）自由贸易试验区区域化管理的核心内容。出于为广西金融创新提供政策支持的目的，中国（广西）自由贸易试验区分别从财税、土地、人才等 7 个方面大力支持金融发展，出台了若干措施以加快建设以南宁片区为核心区的广西金融开放门户，加强金融创新的政策支持力度；此外，中国（广西）自由贸易试验区针对各片区金融发展特点制定创新各片区实施高水平贸易投资便利化试点，为各片区的金融机构方便快捷地办理跨境的人民币业务、人民币双向融资业务、资本项目外汇收入支付便利化业务等提供重点支持，同时在片区内允许非银行的支付机构依照法律法规开立跨境的人民币备付金账户等，以吸引对外资的引进，最大限度地利用外资，推动人民币国际化流动性的提升，营造良好的金融创新环境氛围。

（二）中国（广西）自由贸易试验区建设成效

1. “放管服”改革有所深化

自中国（广西）自由贸易试验区成立以来，广西不断以加快政府职能转变为核心，持续进行制度改革，精简行政审批，下放行政权力，书写了令人满意的答卷。全区中开办企业满意度、办理施工许可满意度、获得电力满意度均达到 80%以上。一年多以来，中国（广西）自由贸易试验区进行了“证照分离”全覆盖试点，545 项涉企许可事项照后减证和简化审批，持续优化产品准入、改善登记便利化，实现企业注销“一网通办”和部门协同，缩减了企业设立开办时间，提高了企业日常运营效率。同时，在全区全面开展了工程建设项目审批制度改革，落实项目审批系统与全区政务一体化平台的对接工作任务，优化审批流程，实现全流程监督，实现了工程建设项目的审批一体化，压缩审批时间和环节。为广西的行政管理体制、行政审批制度、营商环境建设的优化奠定一定的基础。

2. 投资自由度放宽

近年来广西全面落实党中央关于全面打造西南中南地区开放发展的新战略要求，以中国（广西）自由贸易试验区为载体，深入贯彻新发展理念，全面落实新发展格局，积极抓住新发展机遇，不断提升广西地区的投资、金融开放度与自由度，积极搭建合作共享通道与平台。截至2020年7月，广西自贸试验区全面落实"外资准入负面清单+外商投资信息报告"，自贸试验区期末企业超过1.4万家，其中外资企业近200家，实际利用外资额达到1.4亿美元，为区内经济发展健全良好的投资服务体系，促进了地区经济的高质量发展，有效加深了国内各地区与东盟各国的合作交流，为"一带一路"建设提供了更优质的服务，有利于金融营商环境的有效改善。

3. 贸易与通关便利度提高

中国（广西）自由贸易试验区加快建设国际贸易"单一窗口"和口岸建设，发挥面向东盟的区位优势，大力推进与东盟国家的合作，不断取得新进展。"单一窗口"通过提交相关电子信息简化跨境手续与业务流程，建立利益相关者之间的组织间的信息交流系统，为完成跨境的所有监管要求提供便利化支持，促进边境机构和地区的贸易合作运行。为加快中国（广西）自由贸易试验区建设国际贸易"单一窗口"建设，提高贸易便利化水平，中国（广西）自由贸易试验区积极探索与东盟国家的"单一窗口"互联互通，并于2020年12月2日在钦州港片区启用"外国人工作、居留单一窗口"建设。通过"单一窗口"的建设发展，企业或个人办理过境业务不需强制到指定场所提交相关纸质凭证，而可以通过"单一窗口"申报，对申报所需数据企业或个人只需在网络上进行"一点接入、一表录入、一次提交"就可经由"单一窗口"服务一站式办理相关过境业务，极大地节约了企业或个人的人力成本与时间成本，改善企业或个人办理过境手续业务的操作体验。此外，广西大力推行实施"两步申报""国际会展检验检疫"等监管模式提升贸易速率；发挥面向东盟的区位优势，促进跨境电商、平行进口汽车等新业态的发展，增加与东盟国家的业务合作范围。通关与贸易的便利度有所提升，促进了更多东盟国家的企业与广西进行贸易合作，吸引了更多优秀外籍人才流入。

4. 金融创新水平提升

中国（广西）自由贸易试验区着力推动人民币国际化，区内第一笔跨境资产转让、跨境贸易人民币付款等业务开始实施；推广了面向东盟的人民币现钞调运、区域挂牌交易和贸易结算，加快构建良好的金融政策体系与营商环境。

在广西金融支持"稳外贸""稳外资"工作背景下，围绕服务实体和发展规划，鼓励各金融机构积极设立创新实验室与创新中心。2020年1月6日起成立的广西金融创新联合实验室作为广西金融政策创新试点，深入研究广西地区经济发展特点，积极探索南宁、钦州、崇左三大自贸片区的发展机制。中国（广西）自由贸易试验区着力推动人民币国际化，2020年4月，金融创新联合实验室借助传统账户、NRA账户、离岸外币账户等账户体系以及全牌照的经营优势创新开启了服务于广西企业跨境投融资的新路径；区内第一笔跨境资产转让、跨境贸易人民币付款等业务也开始实施。广西金融创新水平的提升推广了面向东盟的人民币现钞调运、区域挂牌交易和贸易结算，加快推动面向东盟各国的金融开放门户建设，构建良好的金融政策体系与营商环境。

二、自贸试验区建设下广西金融营商环境的评价

（一）金融营商环境评价指标分析

中国人民银行杭州中心支行课题组（2020）借鉴世界银行基于企业生命周期视角的营商环境来定义金融营商环境，认为主要是在金融企业（机构）设立、运营及退出的整个活动过程中所面临的各种环境和条件总和，包括市场准入和业务许可、要素及基础设施服务获得性、金融法制及监管环境、市场经营及竞争环境、投资者保护与退出机制等多个方面；参考世界银行对企业营商环境的评价，分别衡量金融机构经营活动的进入、建设、运行、退出四个阶段中面临的营商环境，作为一级指标，并在这四个一级指标下设置 12 个二级指标来构建金融营商环境评价指标体系（具体细分指标见表 8-1）。区域良好的金融营商环境，有利于吸引境内外金融机构集聚发展，有利于形成完善成熟丰富的金融业态和金融体系，有利于金融业更加高效地服务地区实体经济的发展。

表 8-1　金融营商环境指标体系

一级指标	二级指标
准入	业务自由度、市场开放度
建设	人才要素保障度、基础设施完善度、专业服务丰富度
运行	监管透明度、税费负担度、投资者保护度、金融法制健全度
退出	风险救助度、破产保护度、退出便利度

（二）广西金融营商环境的评价

中国（广西）自由贸易试验区的建设在一定程度上推动广西金融营商环境发展的同时，广西的金融营商环境也受市场开放程度、金融业发展水平、金融人才供给、金融市场稳定情况等多种因素影响。为更好地对广西金融营商环境进行评价且考虑到数据收集的局限性，本报告参考中国人民银行杭州中心支行课题组（2020）研究成果并结合广西实际，用广西与四个发达省份——广东、浙江、江苏、福建的对应数据来对广西金融营商环境评价进行对比分析。

1. 市场开放水平

（1）社会融资规模

社会融资结构由于对融资双方的要求都非常高且具有长期复杂的形成过程，所以社会融资结构和规模对于实体经济来说是一个非常重要的评判指标，对于基础经济建设具有举足轻重的影响力。由表 8-2 看出 2019 年广西社会融资规模增量为 5484 亿元，与发达省份广东社会融资规模增量 29190 亿元、浙江社会融资规模增量 22162 亿元、江苏社会融资规模增量 24104 亿元、福建社会融资规模增量 8974 亿元相比差距较大。社会融资规模主要受融资供给、融资需求和融资价格三方面的影响。根据货币政策传导理论，货

币政策的松紧情况会影响银行体系的流动性，而社会融资规模和广义货币供给量 M_2 有很强的关联性，即广义货币供给量 M_2 对社会融资规模正向效应最大。融资主体的融资需求主要受宏观环境层面 GDP 的影响，与社会融资规模密切相关。由融资供给和融资需求决定的贷款利率则决定了融资利润和融资成本，即对融资价格有一定影响，与社会融资规模呈反向变动关系。综上所述，在地区发展中要结合社会融资总量来衡量金融对一个经济的支持力度，要保持合理的社会融资规模，进一步促进经济发展。对此，2020 年 5 月 22 日，中国（广西）自由贸易试验区内通过举行“中国—东盟跨境人民币业务中心迁址”的揭牌仪式进一步促进金融创新，提升经营水平，扩大社会融资规模，但广西市场开放程度仍有待进一步加强。

表 8-2　2019 年广西与部分发达省份社会融资规模增量统计　　单位：亿元

省份	地区社会融资规模增量	其中							
		人民币贷款	外币贷款	委托贷款	信托贷款	未贴现银行承兑汇票	企业债券	政府债券	非金融企业境内股票融资
广西	5484	3714	−29	79	0	403	217	890	51
广东	29190	22125	−464	−689	−1378	78	4787	2076	549
浙江	22162	16003	−174	−408	72	1017	2679	1530	333
江苏	24104	17345	−291	−836	368	975	3139	1874	289
福建	8974	5697	−78	−152	−493	1049	860	1032	145

资料来源：2019 年地区社会融资规模增量统计表。

（2）进出口贸易总额

广西拥有的方便快捷的出海通道决定了广西在中国与东南亚经济来往中扮演了一个重要的角色。自中国（广西）自由贸易试验区建设以来广西海事局为集装箱船提供“一对一”的 VTS 服务专席，提升海上运输工作的便利性与效率性，为促进广西进出口贸易发展提供相应措施支持。如表 8－3 所示，广西 2019 年进出口的总额为 4694.7 亿美元，进口为 2097.6 亿美元，出口为 2597.1 亿美元，其中广西与福建的进出口总额差距最小，但福建的进出口总额仍是广西的 3 倍左右。进出口贸易总量比较小是广西进出口总额与发达省份差距较大的一个重要原因；此外，广西出口的较多商品是技术含量低、消费弹性小、附加价值较低的初级产品和自然资源，企业从中获取的利润较低，而进口商品中大多数是附加价值较高的能源类商品，广西工业发展因此受到制约，导致政府难以依托进出口贸易实现经济的快速增长，广西进出口的贸易总量和结构有待改善。

表 8-3　2019 年广西与部分发达省份进出口贸易情况

省份	进出口总额（亿元）	同比增长（%）	进口（亿元）	同比增长（%）	出口（亿元）	同比增长（%）
广西	4694.7	14.4	2097.6	8.7	2597.1	19.4
广东	71436.8	−0.2	28057.4	−2.9	43379.3	1.6
浙江	30832.0	8.1	7762.0	5.8	23070.0	9.0
江苏	43379.7	−1.0	16171.1	−5.7	27208.6	2.1

续表

省份	进出口总额（亿元）	同比增长（%）	进口（亿元）	同比增长（%）	出口（亿元）	同比增长（%）
福建	13306.7	7.8	5028.8	6.3	8277.9	8.7

资料来源：各省份 2019 年国民经济和社会发展统计公报。

2. 金融业发展水平

（1）银行业

随着金融全球化发展，银行业对一个地区的经济增长具有重大影响，银行业的发展水平和信贷结构等因素可以影响一个地区的经济水平。如表 8-4 所示，广西银行业金融机构的存款余额为 31646.0 亿元，与广东银行业金融机构存款余额 232458.6 亿元、浙江 131298.5 亿元、江苏 152837.3 亿元、福建 49836.4 亿元相比排在最后一位；广西银行业金融机构的贷款余额为 30497.4 亿元，与广东银行业金融机构贷款余额 167994.6 亿元、浙江 121750.6 亿元、江苏 133329.9 亿元、福建 52640.8 亿元相比排在倒数第一位。但银行业金融机构存贷款总额与 2018 年相比仍是增长状态，且银行业金融机构贷款总额同比增长大于银行业金融机构存款总额，说明广西考虑到自身地区经济的特点，与中国（广西）自由贸易试验区建设相结合扩大存贷款规模，调整信贷结构，吸引资金投入，促进区域内银行业与金融营商环境发展。

表 8-4　广西与部分发达省份银行业发展水平

省份	银行业金融机构存款余额（亿元）	同比增长（%）	银行业金融机构贷款余额（亿元）	同比增长（%）
广西	31646.0	6.2	30497.4	14.3
广东	232458.6	11.7	167994.6	15.7
浙江	131298.5	12.7	121750.6	15.1
江苏	152837.3	9.4	133329.9	15.2
福建	49836.4	8.8	52640.8	13.2

资料来源：各省份 2019 年国民经济和社会发展统计公报。

（2）证券期货业

自从中国（广西）自由贸易试验区建设以来，在广西各级政府和广西证监局的共同努力下，广西证券期货业的规模逐步扩大，体系不断健全与完善，证券期货业不断进步。由表 8-5 看出，截至 2019 年底，在广西境内上市的公司有 38 家，在广东境内上市的公司有 618 家，在浙江境内上市的公司有 458 家，在江苏境内上市的公司有 428 家，在福建境内上市的有 140 家。在广西证券期货业发展进步的同时，与发达省份相比，广西仅有 1 家法人证券公司，没有法人期货公司，仅有 1 家法人基金公司，证券期货业竞争力较其他省份明显不足。广西证券期货经营机构面临着转型压力日益加大的挑战，且广西辖区上市公司、拟上市公司数量总体偏少，上市挂牌后备资源短缺，导致广西资本市场发展后劲明显不足。

表 8-5　广西与部分发达省份证券期货业发展水平

省份	境内上市公司（家）	法人证券公司（家）	法人期货公司（家）	法人基金公司（家）
广西	38	1	0	1
广东	618	28	22	35
浙江	458	5	12	2
江苏	428	7	9	0
福建	140	3	5	3

资料来源：各省份 2019 年国民经济和社会发展统计公报、互联网资源。

（3）保险业

中国（广西）自由贸易试验区以保险创新综合试验区建设为载体创新跨境保险业务，在进出口贸易方面提供先放行、后缴纳税款的服务并设立了我国第一家跨境保险的服务中心；在扶贫保险方面广西推出即时赔付的大病保险服务模式。以上措施促进广西保险业运行稳中有进，主要监管指标保持稳健，市场体系不断完善，业务平稳较快发展，风险保障功能不断加强，金融服务质量提升，逐步向高质量服务靠近。由表 8-6 看出，截至 2019 年底，广西拥有法人保险机构 1 家，保费收入 644. 9 亿元，与 2018 年底相比增长 5. 7%，与发达省份相比法人保险机构和保费收入较少。一方面说明广西企业的金融风险预防意识有待增强，另一方面也表明广西企业与发达省份相比数量较少，广西保险业的发展空间较大。广西应进一步深化金融营商环境的改革创新，从严监管，及时发现并化解金融风险，从而提高金融供给总量，进一步加强实体经济服务品质，吸引各省及更多外资企业入驻。

表 8-6　广西与部分发达省份保险业发展水平

省份	法人保险机构（家）	保费收入（亿元）	同比增长（%）
广西	1	644. 9	5. 7
广东	25	5496. 7	17. 9
浙江	4	2627. 0	15. 6
江苏	5	3750. 2	13. 1
福建	3	1174. 8	8. 6

资料来源：各省份 2019 年国民经济和社会发展统计公报、互联网资源。

（4）新型金融业态

随着广西对金融业改革创新的重视程度增强，高杠杆和产能过剩的现象频发及实体经济的高利率促使各类金融机构和投资者选择除传统信贷途径之外的方法进行投资，促进广西的新型金融业态进一步发展。其中广西全区融资性的担保公司、小额贷款类公司、典当行、非银行支付机构等业务快速发展，规模和经营效益稳中有进；但仍然存在金融机构违法违规经营、利用机构优势侵害消费者权益等问题，特别是无证从事金融业务，以及一些持证机构为无证机构提供资金清结算通道、开展代收代付业务等违法违规行为仍然存在，新型金融业态风险仍需持续重点关注和整治。

3. 金融人才供给

自2019年8月30日至2024年8月30日的5年时间内，中国（广西）自贸试验区为吸引区内鼓励发展的产业高管、骨干、紧缺专业等人才，对其个人所得税中地方分享的部分给予全额奖励，对港澳籍和外籍人才按照相应的税负差额给予奖励；为吸引外籍和留学生人才，若其计划长期在区内工作且满足区内相应产业的发展方向，广西将给予此类外籍和留学生人才工作、住房、医疗教育等方面的便利。与其他行业相比，金融行业对学历要求较高，金融行业内各个细分行业的学历分布也有所不同，即为公募行业>证券行业>期货行业>银行行业>保险行业（见表8-7）。当前金融行业大专和本科学历的从业人员大多位于企业（机构）基层岗位，由表8-8看出，金融业中从业人员最多的地区是广东省，从业人员超过43万人，其中广西金融从业人员11.7万人。此外，地方经济水平对金融从业人员的工资影响较大，广东、浙江、江苏、福建这几个发达省份的金融行业人年均工资均大于10万元；虽然金融行业的工资在全行业的工资水平之上，将金融行业的工资与全行业的工资进行对比，可以发现广东、浙江、福建平均的薪酬是其他行业薪酬水平的两倍甚至以上，而广西和江苏金融行业的工资与全行业的工资水平的比值在两倍以下，不难推论出随着工资水平的下降，广西和江苏这两个省份对金融人才的吸引力也就不具有较好的优势，广西金融人才的供给随之会受到一定影响。

表8-7　2019年金融行业学历

学历	总员工	研究生及以上	本科	大专及以下
证券样本合计人数（人）	59458	12256	33588	13614
占比（%）	100	20.6	56.5	22.9
期货从业人员人数（人）	31132	4223	18270	8639
占比（%）	100	13.6	58.7	27.7
公募从业人员人数（人）	16764	10045	6333	386
占比（%）	100	59.9	37.8	2.3
银行样本合计人数（人）	1712939	104359	883600	724980
占比（%）	100	6.1	51.6	42.3
保险样本合计人数（人）	373834	18065	183533	172236
占比（%）	100	4.8	49.1	46.1

资料来源：东方财富Choice数据。

表8-8　2019年广西与部分发达省份金融人才供给

省份	金融从业人员（万人）	金融行业工资（万元/年）	全行业工资（万元/年）	金融行业工资/全行业工资
广西	11.7	8.7	4.7	1.8
广东	43.15	12.6	6.0	2.1
浙江	37.96	13.0	6.2	2.1
江苏	33.32	11.2	6.2	1.8
福建	16.48	10.8	5.4	2.0

资料来源：东方财富Choice数据。

4. 金融稳定情况

（1）金融基础设施完善度

作为供应各种金融服务的来源，优良的金融基础设施可以有效提高工作效率，强化金融监管，及时发现并化解金融风险。在防控风险基础设施建设方面，人民银行南宁中心支行积极推进“四系统、一平台、一体系”的建设——通过金融机构征信查询监管系统、风险压力评估系统、风险监测系统、存款保险管理系统对金融机构进行实时监控、数据传送、查询防范违法违规风险等工作；通过建立银行卡收单的业务等监管平台使全部收单机构及时报送收单情况；通过在银行、海关、税务等部门间建立跨部门的工作机制，形成全覆盖的、综合服务的管理体系。在数据管理基础设施建设方面，广西通过开展征信查询服务、建设奖惩分明的信用约束机制、率先开发农户信用信息系统及全国首创广西金融扶贫大数据管理平台四个方式加强普惠金融和数据管理基础设施建设，从而提高金融服务质量。在支付结算的基础设施建设方面，广西通过全面建立银行卡助农取款服务点等方式健全非现金支付体系；优化现金服务并使黄金交易的二级系统上线，为广西居民拓宽了投资理财的渠道，在一定程度上提升了金融服务的便利性。此外，广西进一步加强国库管理基础设施建设和外汇管理基础设施建设，加强各单位工作效率和质量，满足企业生产运营的防范规避汇率风险等多样化的需求。

（2）法治和监管健全度

2018 年 11 月，广西地方金融监管局挂牌成立，主要承担协调解决区域性重大金融、经济问题，组织协调区内金融工作；处理广西地方金融突发事件、防范化解金融风险；监管区内金融机构；建设立法、人才队伍、监管统计等系统工作；改善广西区内的金融环境五大职责。广西地方金融监管局设有 11 个机构处室（见图 8-3），其中广西金融监管主要有现场监管和非现场监管，现场监管较多采用聘请三方机构如会计师事务所、信用评级公司等提供专项检查报告进行监管；非现场监管主要通过调取机构的各类报表、外部举报电话等方式实现，同时通过系统平台进行监管，目前主要通过广西小额贷款公司、融资类担保公司信息监管平台，国家典当信息监管系统等方式对这三类机构非现场监管，通过监测交易数据、财务数据、公司信息等相关变量、指标，进行风险预警及监管。广西地方金融监管局的挂牌成立标志着广西正不断完善金融业态、促进全区金融与经济良性发展，完善法制和监管健全度，进一步构建优良的金融营商环境。

（3）政务便利和政策支持度

为促进广西区内金融营商环境的发展，近年来广西颁布了一系列相应政策支持金融营商环境的改善。2019 年 11 月 29 日中国（广西）自由贸易试验区开始开展“证照分离”的改革，实行政务审批的新模式，提高广西金融营商环境的综合实力与竞争力。广西综合金融服务平台于 2020 年 1 月 3 日正式运行，该平台对各管理部门及金融机构的数据使用进行分层级的管理，企业在平台上可以发布相应的信息以满足自身融资需求。从而在政府、金融行业和企业合作中创新、增加金融产品和金融服务，完善日常监管，提升工作效率。2020 年 5 月 19 日，《广西壮族自治区优化营商环境条例（草案）》中进一步指出要打造投资便利、政务处理高效、安全稳定的国内一流营商环境，为广西未来构建良好的金融营商环境提供了政策支持。

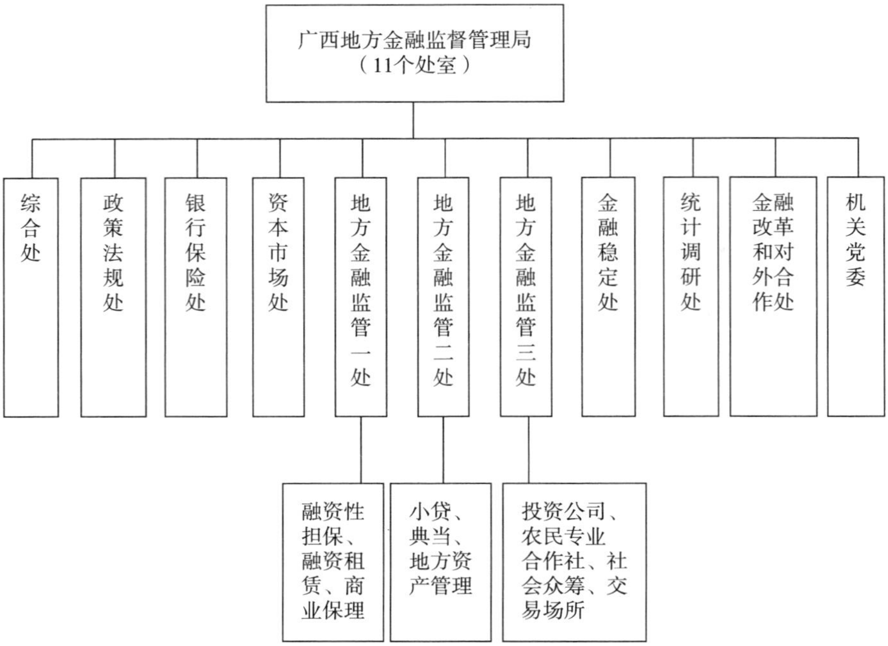

图 8-3　广西地方金融监管局机构处室

（资料来源：刘晓庆《广西地方金融监管现状、问题及对策》）

5. 金融改革与创新

（1）打造面向东盟的金融开放门户

广西独特的地理优势促使广西在我国对外开放发展中占据重要地位。自中国（广西）自由贸易试验区成立伊始，广西就合理利用互联网信息技术大力发展跨境电商进出口贸易业务，推动发展国际商品线上业务。运用互联网技术开展面向国内、东盟市场的金融服务，探索发展线上的医疗、教育、营销等新业态和新模式，增强与东盟国家的合作程度、促进数字经济共享，共同进步，致力于改善区内金融营商环境。

（2）强化金融科技创新

广西注重提升金融科技的创新能力与实力，2020 年 4 月 29 日，中国（广西）自由贸易试验区中的南宁片区交通银行首次为一家境外的企业办理首笔 NRA 账户的人民币贸易融资业务，此企业即为中国（广西）自由贸易试验区内专门从事电子主板的研发、制造高新技术企业的主要供应商之一。广西始终重点关注在中国（广西）自由贸易试验区内建立的各类科研机构和高新技术企业，促使中国（广西）自由贸易试验区拥有便捷高效的贸易投资条件、良好的金融服务、安全高效地监管风险的金融营商环境，向拥有高标准高质量金融营商环境的省份靠近。

6. 金融营商环境整体状况

“中国金融中心指数（CDI · CFCI）”以金融机构实力、金融市场规模、金融生态环境、金融产业绩效等 5 个指标体系为考量，考察评价对象为我国的 31 个金融中心城市，即对中国三大全国性金融中心和六大经济区域的28个区域金融中心进行评价排名，由于区域金融中心一般为各省份的省会城市——各省份的经济中心，且考量指标对金融营商环境具有较大程度的影响，即中国金融中心指数在一定程度上可以反映省份整体金融营商环境发展情况，所以表8-9用第十期与第十一期数据分析广西与发达省份的整体金融营商环境发展情况。由表中数据可知，与其他发达省份相比，2018年与2019年广西南宁的中国金融中心指数均比较低，分别为27.21与34.6，说明目前广西的金融营商环境具有较大的发展空间。但是与其他发达省份相比，广西南宁的“中国金融中心指数”排名变动情况最大，排名情况上升了6位，由2018年的第30名变动至2019年的第24名，2020年仍位居第24名（据第十二期“中国金融中心指数”报告）。广西南宁中国金融中心指数分数与排名的上升得益于广西近年来颁布的各项战略与不断加大的金融政策支持力度，广西积极实施强首府战略，通过建立中国（广西）自由贸易试验区、构建良好营商环境等一系列战略措施，积极打造面向东盟地区的金融开放门户，促使广西金融业保持较快的增长速度，从而为广西各地区经济建设提速，有效加快广西各地区金融资源的汇集速度，金融营商环境整体处于稳定增长阶段。

表8-9　广西与发达省份“中国金融中心指数（CDI·CFCI）”综合得分与排名

城市	第十期（2018年）		第十一期（2019年）		
	分数	排名	分数	排名	排名变动情况
广西南宁	27.21	30	34.6	24	+6
广东广州	73.03	4	73.5	4	0
浙江杭州	58.02	5	63.1	6	-1
江苏南京	55.57	9	54.5	9	0
福建福州	37.76	17	36.8	20	-3

资料来源：金融中心信息网。

三、广西金融营商环境存在的问题

（一）市场开放程度较弱

一个地区的市场开放水平同社会经济体制密切相关，市场开放程度强的地区意味着这一地区的经济体制较为成熟，地区的社会融资和进出口贸易的规模与结构也较为完善。由上文分析可知广西的地区社会融资规模增量、进出口总额与广东、浙江等发达省份的经济水平相比存在较大差距，虽然广西通过中国（广西）自由贸易试验区的建设在一定程度上增加了广西与东盟各个国家的贸易数量，提高了广西与东盟各个国家的合作程度，但广西在加强与其他海外国家的经济交流方面的战略措施仍比较缺乏，出台的支持广西与海外各国进行经济贸易合作的相关政策总体较少，致使广西的地区社会融资规模增量、进出口总额较少，说明广西的经济体制仍然处于不够完善的状态，与发达省份相比，广西的市场开放程度始终处于劣势地位，市场开放程度有待加强。

（二）金融业发展中存在中小企业融资难现象

对金融机构来说，无论其资金运用于大型企业还是中小企业，通过吸收存款等渠道募集来的资金成本应该是大致相同的。但是，一方面由于大多中小企业处在创建期，整体上规模偏小，创建时期企业的管理制度尚未健全，商业模式与运行机制尚且处于探索阶段，此时中小企业资产中大部分是流动资产，而金融机构更偏向于用中小企业的固定资产做抵押，不利于正需要大量资金且大多情况下入不敷出的中小企业筹集资金。另一方面由于目前广西金融业的社会征信系统建设与大数据平台建设的不完善，征信系统上一些中小企业的信用信息不全面，导致金融机构与中小企业的信用信息传输渠道有限，双方存在信息不对称现象，金融机构出于风险管理的角度考虑，更愿意向自己比较了解且大多数情况下信用状况优于中小型企业的大型企业提供资金。综上所述，大型企业一般是直接融资优先考虑的主要对象，中小型企业大多只能选择间接融资方式进行融资，融资成本、交易成本过高，进而导致金融机构减少对中小企业的融资支持，中小企业面临融资难现象。

（三）金融人才缺乏

广西金融的从业人员为 11.7 万人，与发达省份相比金融行业的从业人员较少，高端人才和基层员工都缺乏。虽然广西壮族自治区相继出台了诸如提供个人所得税地方分享部分予以全额奖励等一系列优惠政策吸引人才流入，但是由于缺乏完善的人才评估体系和管理系统，人才优惠政策难以实现全面覆盖，企业为留住人才所花费的成本较高，培养人才的周期较长；再加上广西金融人才大环境的金融从业者培养机制不健全、企业产业结构不合理、规模不大等，广西提出的培养专业金融人才的针对性计划不够完善，目前培养金融人才的规模与金融从业人员掌握的金融从业知识技能无法满足金融行业发展所需人才的需求，企业签订金融类高校专门培养的金融人才的积极主动性较低，签订人才的效率有待提升；且广西出台的人才激励机制与发达省份相比优势小，无法像发达省份中的企业一样给予高层次人才理想的薪资待遇与服务保障等，无法满足高层次人才获得更优越的生活需求，导致广西的金融高层次人才流入难、人才流出易。

（四）民间借贷行为不规范，存在不良贷款现象

中小微企业需要凭借借贷方式以实现融资目的和生产经营的正常运行，但是银行金融机构为了更好地规避风险拒绝向其发放贷款，自然人及中小微企业只能转向民间借贷。但是由于民间借贷监管体系不完善致使债权人债务人之间的信息不对称，债务人可能出现借款后下落不明或者到期无法偿还贷款的现象，再加上监管机构处置民间借贷效率较低、执行力不足，致使民间仍然不断出现不良贷款的现象。

目前广西企业的民间借贷方式主要有四种（如图 8-4 所示），一是企业集资型借贷，主要是企业向股东、职工借债或以入股的方式筹措资金，或者向社会进行季节性集资，利率、股息一般相当或略高于银行同期贷款利率。二是低利率互助型，即相互熟悉、

信任的企业间用自有闲置资金进行的无偿或有偿的相互借贷行为，此种借贷借款期限灵活，贷款方基本不考虑盈利或只有微小收益，借款方主要是解决生产急需问题。三是中介借贷型，一部分企业借助于财务管理、财务顾问等正规中介机构的融资行为或非正规中介机构为依托进行民间借贷。另外，民间注册成立担保公司，为企业提供担保。四是高息型借贷。此种借贷方式以信用交易为特征、利率较高，主要是企业间以关系和信誉为基础，由资金相对富余的企业向资金匮乏且急需资金的企业提供高息借贷，筹措资金用于生产资金的周转。以上借贷行为缓解了企业运营中的资金不足问题，有利于企业的正常运营。但是由于民间借贷监管体系不完善，缺乏相应的信用监管平台与民间借贷管理机构，致使债权人债务人之间的信息不对称，债务人可能出现借款后下落不明或者到期无法偿还贷款的现象，再加上监管机构处置民间借贷效率较低、执行力不足，致使民间仍然不断出现不良贷款的现象。

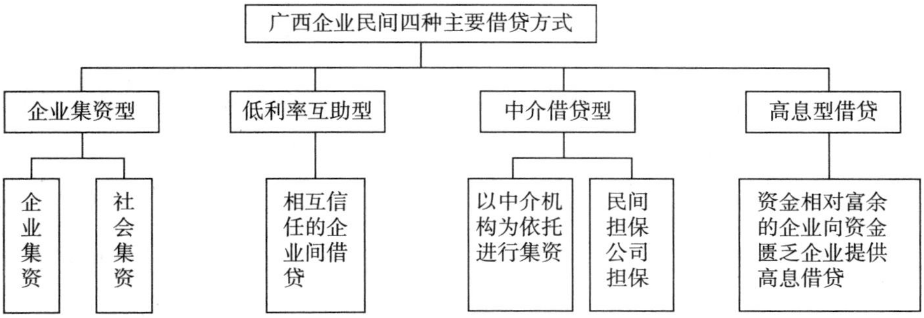

图 8-4 广西企业民间主要借贷方式

（资料来源：根据网上相关资料整理得出）

（五）政府与企业之间缺乏沟通，工作机制不够完善

政府为促进广西的经济发展和工作效率，制定了很多政策与制度措施，但是整体上政府与企业之间交流较少，缺乏政企之间高效的交流反馈渠道。政府与企业面对面地沟通交流机制有待完善，政府没有及时向企业介绍各阶段的经济与社会发展战略和规划，大部分企业只能从报纸、网络新闻等各种媒介间接地了解政府颁布的各项政策对经济社会发展规划的影响，致使企业获取政府制定的经济与社会发展规划存在滞后与偏差的可能性，不能很好地依据经济与社会的发展制定自己的发展路线，导致企业与广西地区经济与社会发展不能互相促进，共同进步。再加上政府目前的政策宣传力度仍有不足，优惠政策难以实现对广西企业特别是中小企业的全面有效普及，颁布与出台的专门对企业有利的政策措施较少，导致中小企业在获取政策信息、市场准入等方面无法享受绝对公平的待遇，在一定程度上限制了中小企业的发展，不利于各企业对广西金融营商环境的建设出力。

四、优化广西金融营商环境的对策建议

（一）加强市场对外开放程度，促进区内经济增长

一是要大力支持广西与海外各国进行经济贸易合作。依托"一带一路"建设，探索各国经济交流方面的战略措施，吸收优秀经济发展战略；优化海关服务，简化货物进出口流程，完善"单一窗口"建设，加强广西与东盟国家的合作，改善进出口和社会融资结构，扩大社会融资规模与进出口总额，促进国际贸易交流与合作，发挥广西衔接"一带一路"建设的重要门户作用，全面扩大广西的市场对外开放程度。二是要合理利用广西的地理优势并结合中国（广西）自贸试验区建设的政策措施，在适应广西自身经济发展的前提下借鉴发达省份的对外开放模式。加强广西与东盟国家的合作，改善进出口和社会融资结构，扩大社会融资规模与进出口总额，促进广西经济的健康发展。

（二）建立中小企业信用担保体系，完善信用基础设施

一是政府应健全针对中小企业存在的融资风险的分担机制，及时登记中小企业的税务、工商、信用情况等信息，加强担保机构和金融机构对中小企业和机构的了解程度，使担保机构对中小企业和机构的担保力度有所加强，在一定程度上为中小企业融资提供政策方面的支持。二是利用大数据技术进行正规的互联网融资服务平台建设，搭建金融机构与企业的融资桥梁。平台及时上传汇总企业最新信用资料，企业通过平台发布融资需求，金融机构则根据需求便捷高效地调查借款企业的信用状况，实现企业与金融机构资金融资的有效对接，促进中小企业进行线上融资，增加企业融资渠道。

（三）出台相关人才激励政策，吸引人才聚集

为吸引更多金融行业的专业人才流入，应进一步完善人才优惠政策，借鉴上海、广东等自由贸易试验区先进做法，充分发挥中国（广西）自由贸易试验区不断发展与广西营商环境逐步改善的叠加优势，创新完善人才评估体系，加强人才系统管理，扩大人才优惠政策覆盖面，吸引更多优质企业进驻广西；针对金融人才缺乏的现象，对入选国家级计划的人才给予一定奖励，针对异地的高层次人才可以提供金额固定的生活及住房补贴等，满足其生活安居需求。针对外籍高层次人才，可以使其享受人才签证、创新创业等便利，并在住房、医疗保障等方面推行与准国民一样的待遇。此外，一个地区金融从业者掌握的金融专业知识与技能在很大程度上决定了金融人才数量的多寡，应根据广西实际情况有计划、有针对性地培养人才，推动政府、各大高校、企业间的合作交流，及时确定广西金融行业的发展方向，鼓励各大高校针对性地培养符合企业需求的金融人才，同时注重提升金融类高校的知名度与专业度，实现人才与政府、企业、高校的有效配置，促进金融人才与企业的共同进步。

（四）金融监管部门加大对金融营商环境的法治监管力度

1. 打击非法借贷，规范民间借贷行为

政府及金融监管部门应完善社会的征信系统，出台相关政策对借贷行为进行有效管理，加大非法借贷惩治力度，大力整治非法借贷行为；全面记录债务人的信用状况与具体财务信息，增强借贷双方的互相了解程度，增强双方信息透明度，降低债权人与债务人双方信息不对称的现象发生的概率。采用落实责任制进行民间非法借贷行为管理，通过把处理民间非法借贷案件的责任具体地落实到司法单位或个人身上的措施等，提高相关部门处理非法借贷案件的效率与执行力，做到真实有效地保护金融市场上债权人合法的权益，构造良好的金融营商环境。

2. 完善信息共享机制，减少非正规查询

一是建立与完善金融机构、企业与金融监管部门三方信息共享系统。建立健全信用信息全面收集机制，企业在金融监管部门的工商、信用等信息要与银行等金融机构共享，在企业需要融资时金融机构有权申请金融监管部门提供企业的信息，从而让金融机构可以通过正规的渠道充足了解企业的基本信息，真实了解企业的运行情况及资金链运用情况，便于金融机构为真正需要资金的企业更好地提供贷款等支持措施。二是加强行使维护金融市场正常秩序的行政职能。在依照法律法规、保护商业机密的前提下及时公布失信企业名单，减少金融机构调查与企业融资成本，促进市场主体诚信运营，加快融资进程。

（五）政府出台相应政策，加强政务处理能力

1. 建立政府与企业间的长效沟通机制

要有效完善政企间的合理沟通机制，一是要运用现今较成熟的大数据平台，利用互联网大数据专门建立一个政府与企业沟通交流的平台，并设置专人管理，通过平台及时颁布制度政策，了解企业发展过程中遇到的问题，及时收集企业对政府工作机制及政策措施、关于促进广西经济与社会发展规划的意见与建议，加强政企之间的沟通交流，实现政企之间的真正网上对话，进而出台有益于企业及区域经济发展的政策方面的措施，提升政府的工作效率。二是要根据地区经济发展情况及时召开政企座谈会，与企业面对面交流。双方应从企业与经济社会发展的角度出发共同商讨广西各个时期的经济社会发展规划，并将最新确定的各项重大政策措施告知企业，使企业有效依托经济社会的发展规划制定符合自身发展的战略规划，从而在实现企业自身长足发展的同时，促进广西良好金融营商环境建设的发展。

2. 形成需求导向的工作机制

通过派专人对企业进行走访调研的方式，进入企业内部，与企业内部员工进行交流，加大对企业生产经营活动的了解程度，精确了解企业的真实发展情况，倾听企业的诉求，真正知道企业在经营过程中面临的各种问题，了解企业需求，出台有利于企业经营发展的政策制度。其次应进一步建立服务型政府，完善政府服务，根据企业合理运行

需求较多的地方设置专门的部门进行管理。如可在市场各部门审批过程中专门建立小额诉讼的绿色通道，配备相应的审批程序、部门和工作人员进行专门管理运行，简化工作流程，在促进政企合作之间避免形式主义，真正实现服务型政府与企业的相互促进。

（六）推进科技金融模式创新，提升市场主体活跃度

一是政府充分支持与引导企业和各大高校等社会力量加大科研力度，对建设金融科技研究院提供资金支持，进一步提升金融科技创新的能力与实力；同时大力培养与引进科技金融人才，加大中青年金融科技人才的储备，为创新金融产品与机器设备提供动力支持。二是构建良好的互动交流平台，共享不同省份间的科技金融发展模式，促进不同省份的科技金融模式融合创新，利用科技探究新的金融交易方式和监管模式，使广西拥有更加便利的贸易投资条件、更加良好的金融服务，进一步加强金融风险的预防、发现和解除风险的能力，构建良好的金融营商环境，提升金融市场主体的参与度与活跃性。

参考文献

[1] 赵鹤．普惠金融服务下小微企业营商环境探析［J］．特区经济，2018（9）：130-135.

[2] 王晓玲．辽宁自贸试验区营商环境评价与优化［J］．东北财经大学学报，2018（4）：90-97.

[3] 崔瑜．金融基础设施助推地方发展［J］．中国金融，2018（23）：137-139.

[4] 欧阳芳．优化营商环境及增强企业获得感的对策研究——以福建省为例［J］．行政事业资产与财务，2019（1）：53-54.

[5] 霍学文．加强信用建设优化首都金融信贷营商环境［J］．中国银行业，2019（8）：29-31.

[6] 刘晓庆．广西地方金融监管现状、问题及对策［J］．科技经济导刊，2020，28（13）：178-179.

[7] 黄成．规则对接视角下粤港澳大湾区金融营商环境改革的路径与策略［J］．广州社会主义学院学报，2020（1）：103-106.

[8] 中国人民银行杭州中心支行课题组．长三角一体化背景下金融营商环境评估与优化［J］．浙江金融，2020（2）：3-14.

[9] Asli Demirgüç-Kunt, Inessa Love, Vojislav Maksimovic. Business Environment and the Incorporation Decision［J］. Journal of Banking & Finance, 2006, 30（11）：2967-2993.

[10] El-hadj Bah, Lei Fang. Impact of the Business Environment on Output and Productivity in Africa［J］. Journal of Development Economics, 2015, 114（5）：159-171.

[11] Cristina Raluca G H. Popescu, Gheorghe N. Popescu. An Exploratory Study Based on a Questionnaire Concerning Green and Sustainable Finance, Corporate Social Responsibility, and Performance: Evidence from the Romanian Business Environment［J］.

Journal of Risk and Financial Management, 2019, 12 (4): 162. DOI: 10.3390/jrfm12040162.

[12] Chrysovalantis Gaganis, Fotios Pasiouras, Fotini Voulgari. Culture, Business Environment and SMEs' Profitability: Evidence from European Countries [J]. Economic Modelling, 2019, 78 (5): 275-292.

[13] Peter Wanke, Yong Tan, Jorge Antunes, Abdollah Hadi-Vencheh. Business Environment Drivers and Technical Efficiency in the Chinese Energy Industry: A Robust Bayesian Stochastic Frontier Analysis [J]. Computers & Industrial Engineering, 2020, 144 (6), Article 106487.

[14] Farok J. Contractor, Ramesh Dangol, N. Nuruzzaman, S. Raghunath. How Do Country Regulations and Business Environment Impact Foreign Direct Investment (FDI) Inflows? [J]. International Business Review, 2020, 29 (2), Article 101640.

（执笔人：曹秋菊）

附　录

1. 中国 GDP 增长率（累计同比）

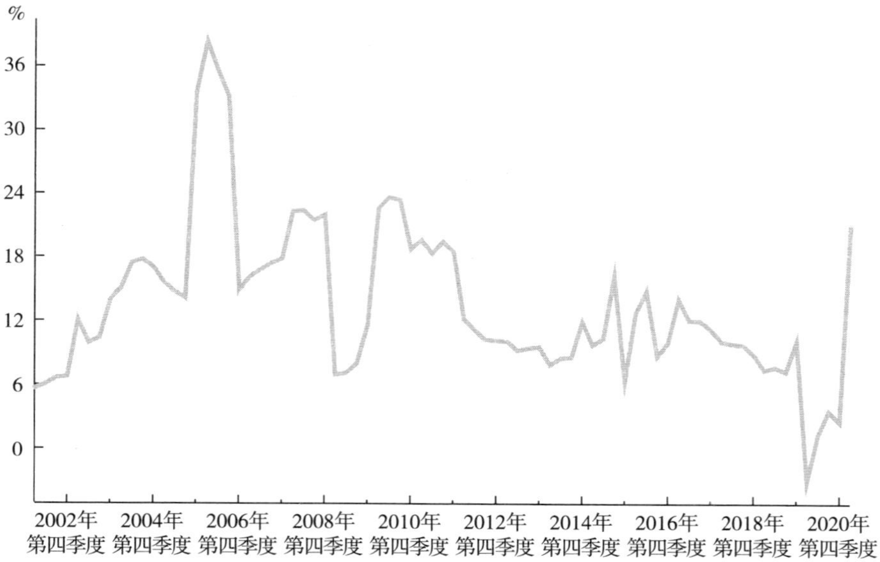

2. 中国工业增加值增长率（累计同比）

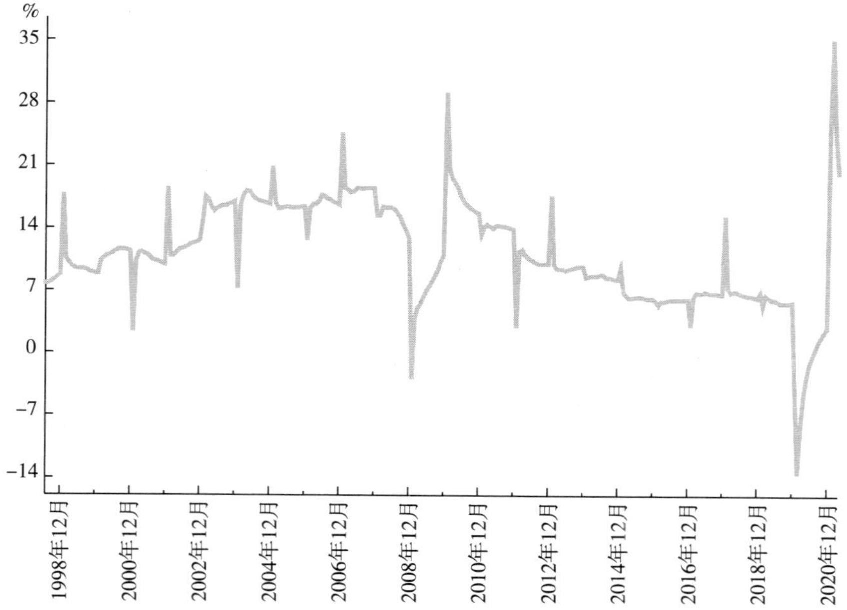

3. 中国 CPI 指数（累计同比）

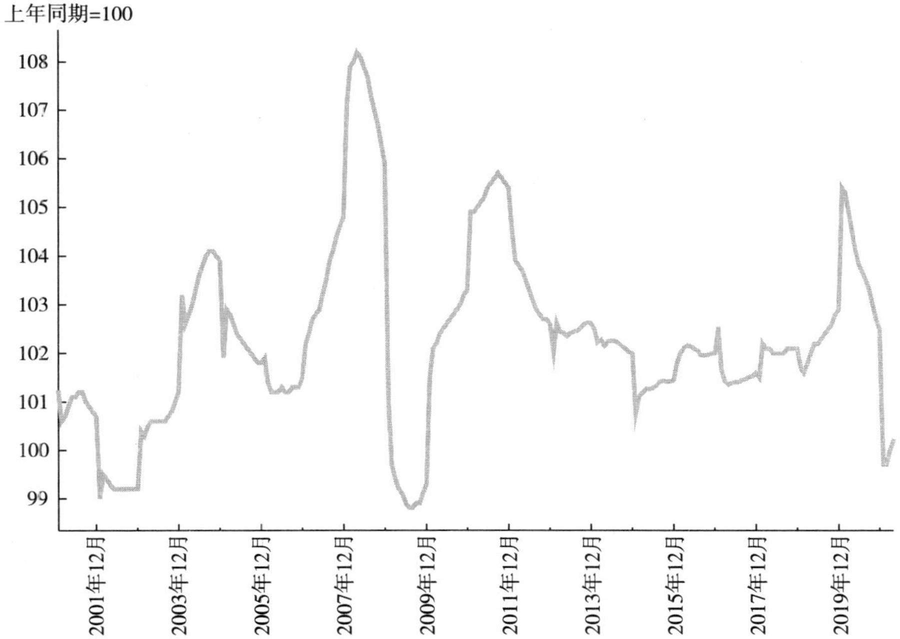

4. 中国进出口金额增长率（季节调整后的当月同比）

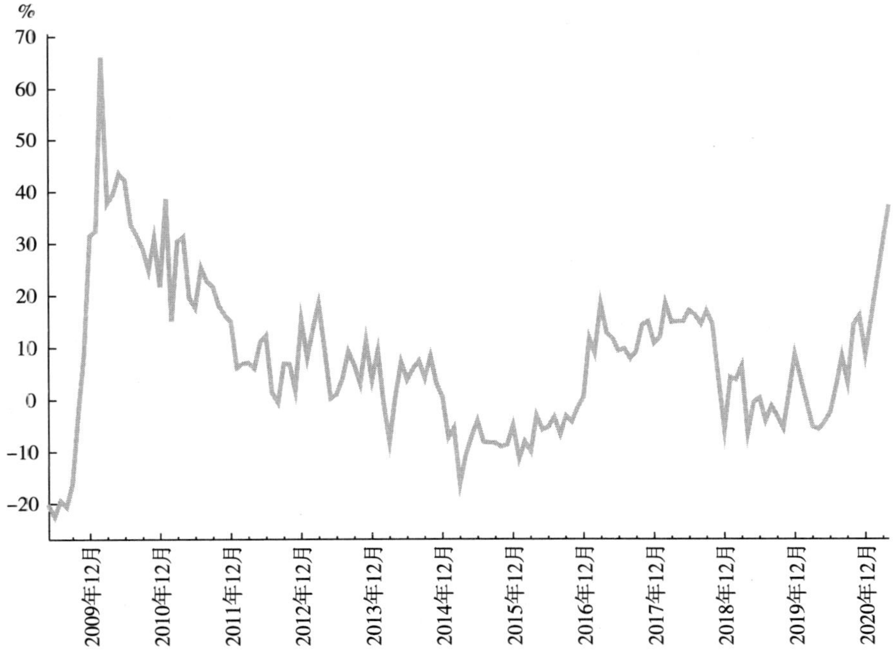

5. 中国固定资产投资实际完成额增长率（累计同比）

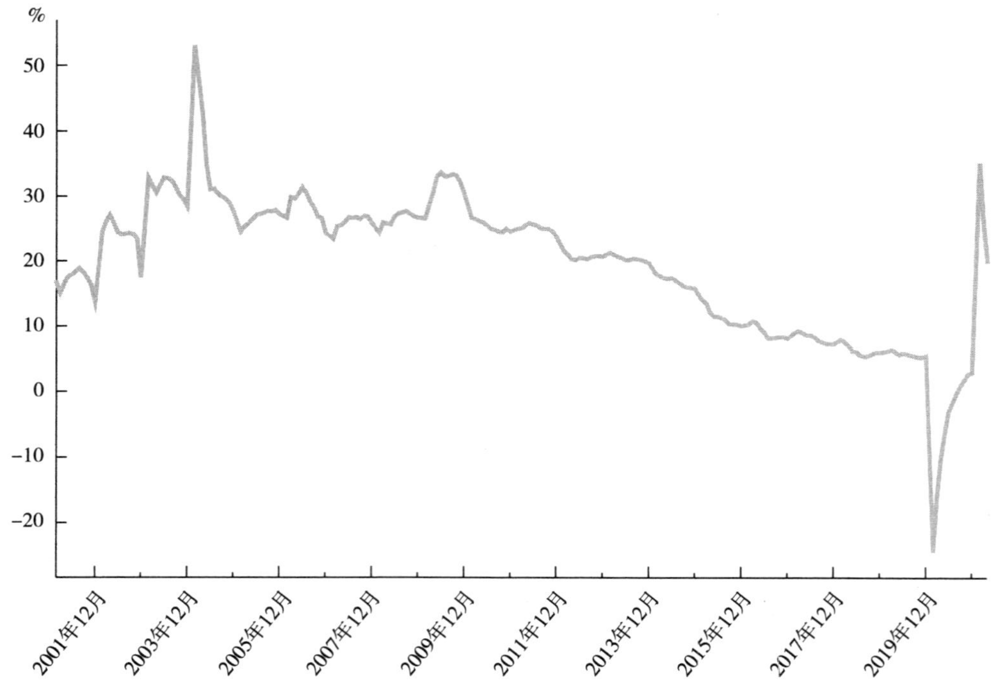

6. 中国社会消费品零售总额增长率（累计同比）

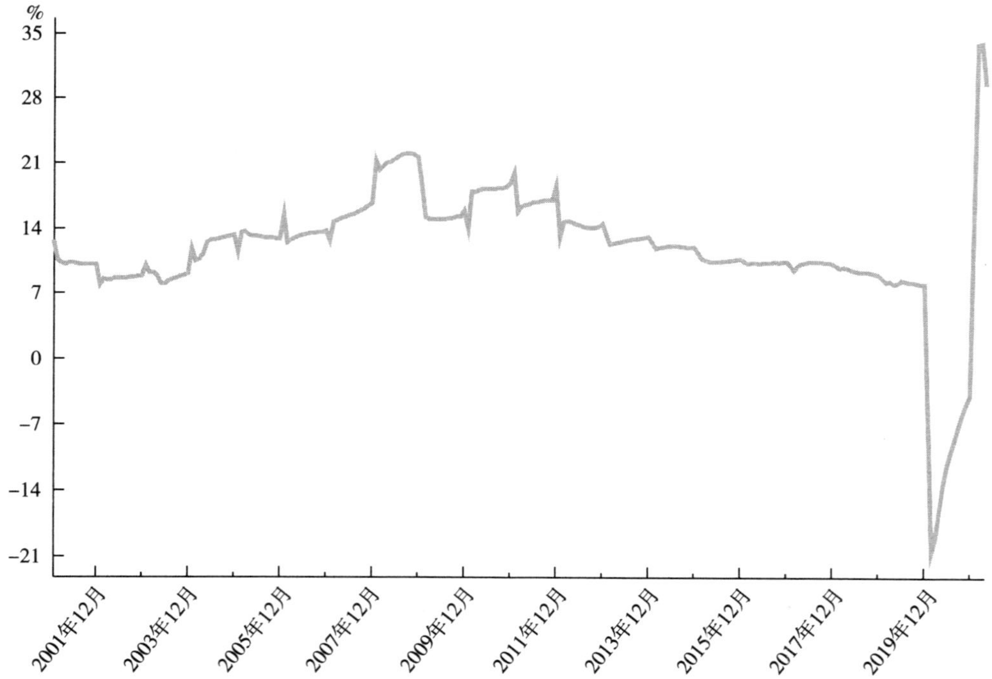

7. 中国广义货币余额增长率（当月同比）

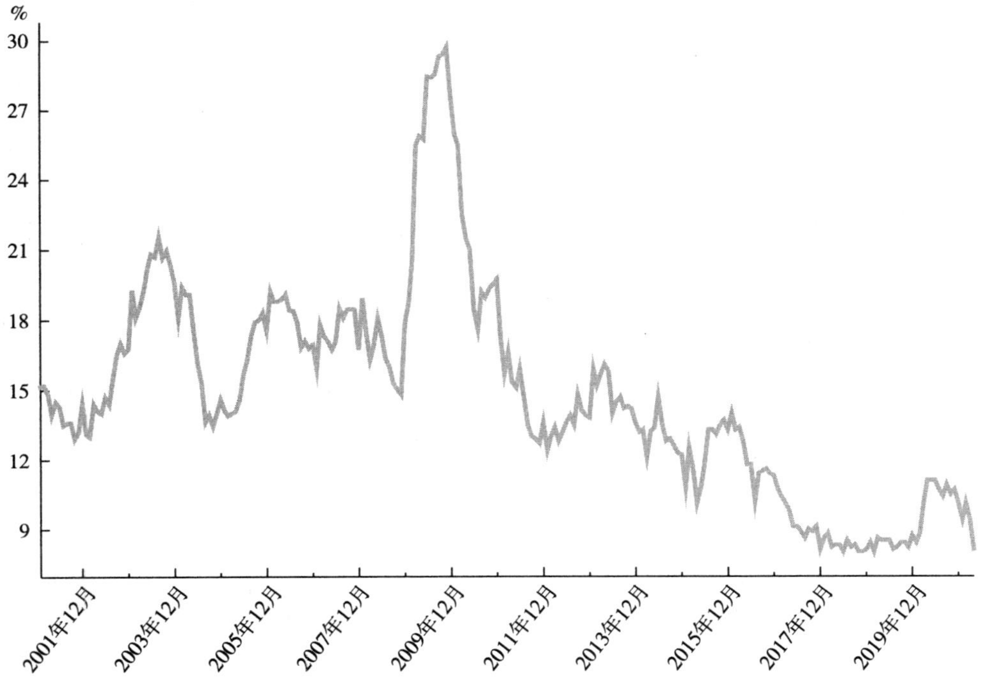

8. 人民币存款准备金率（大型存款类金融机构）

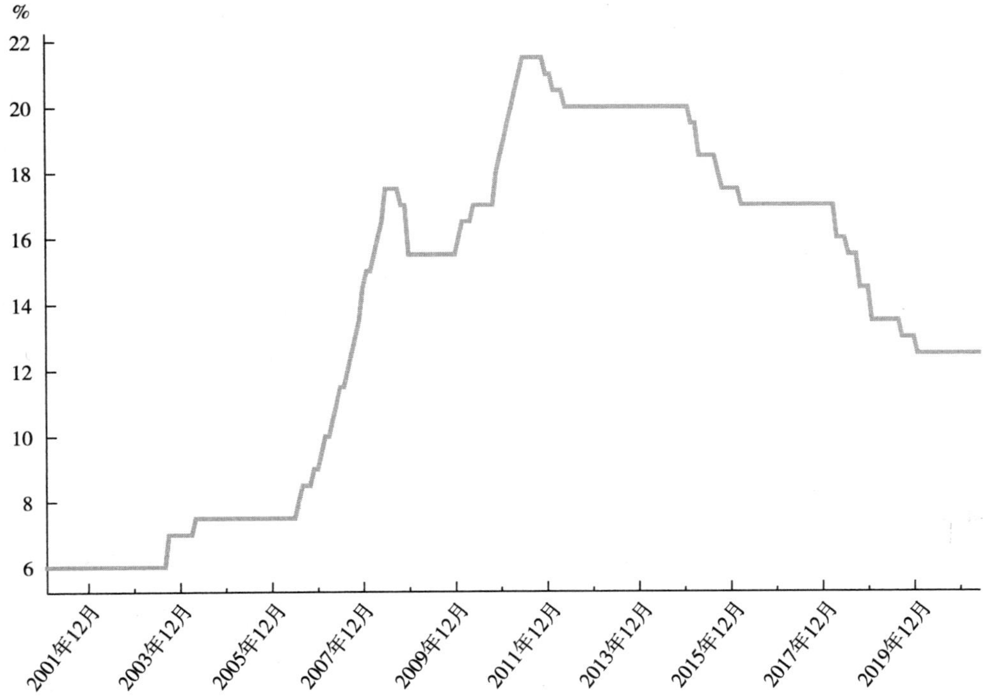

9. 广西地区生产总值增长率（累计同比）

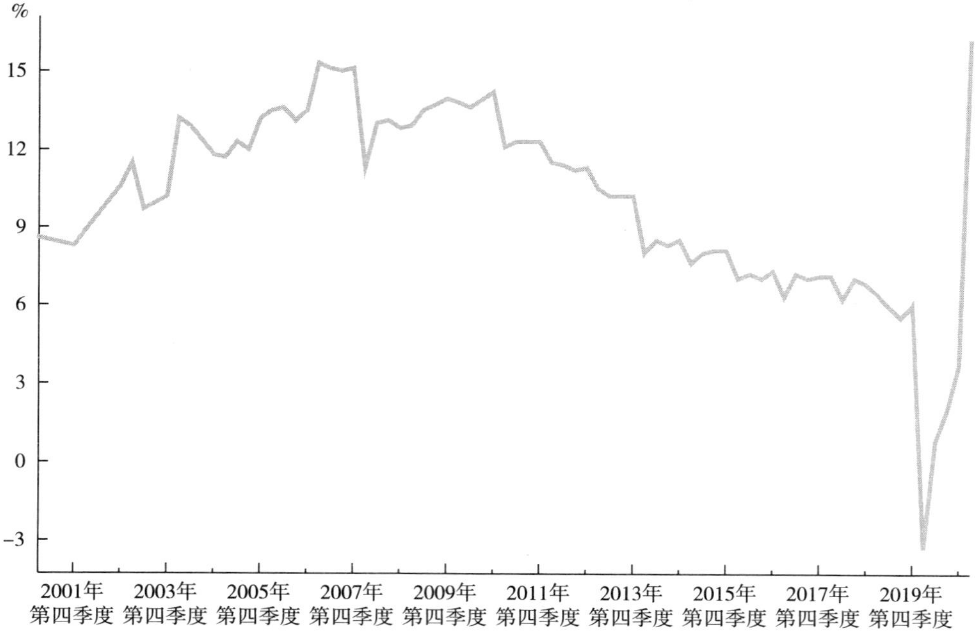

10. 广西工业用电量增长率（累计同比）

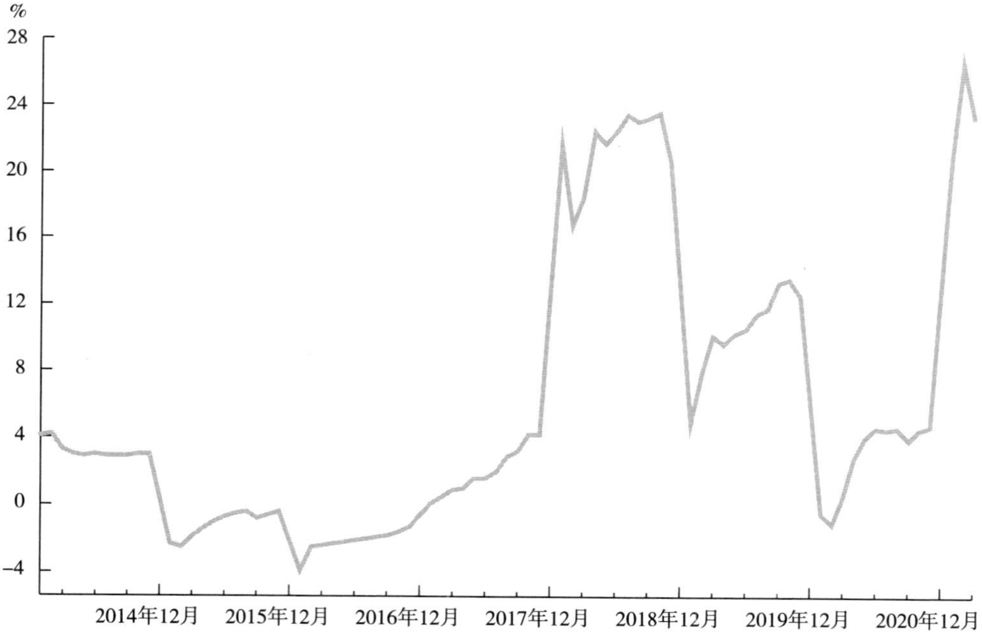

11. 广西 CPI 指数（累计同比）

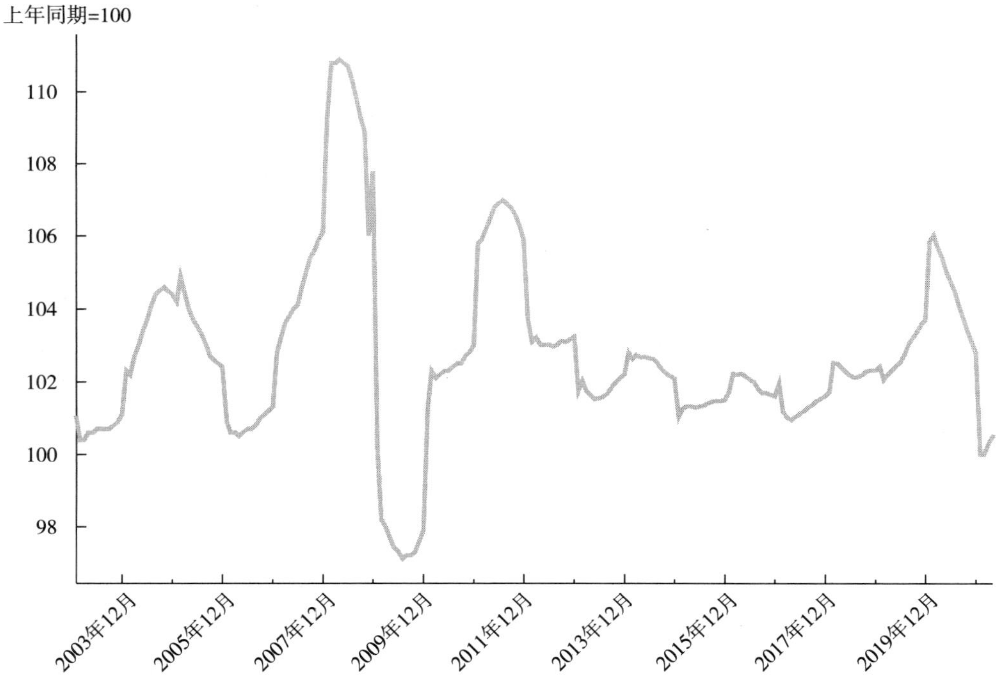

12. 广西进出口金额增长率（人民币，累计同比）

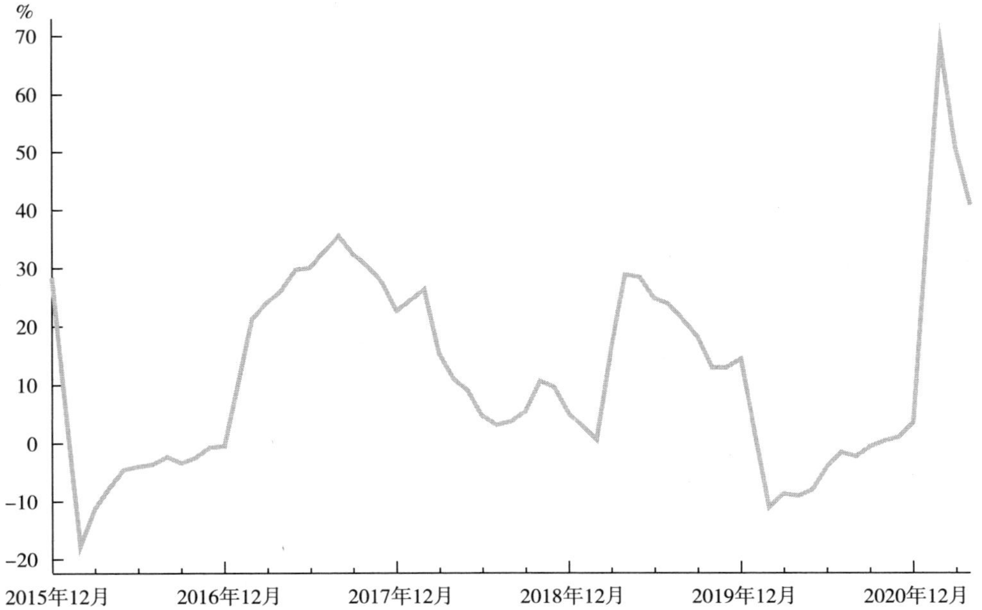

13. 广西地方公共财政收入增长率（累计同比）

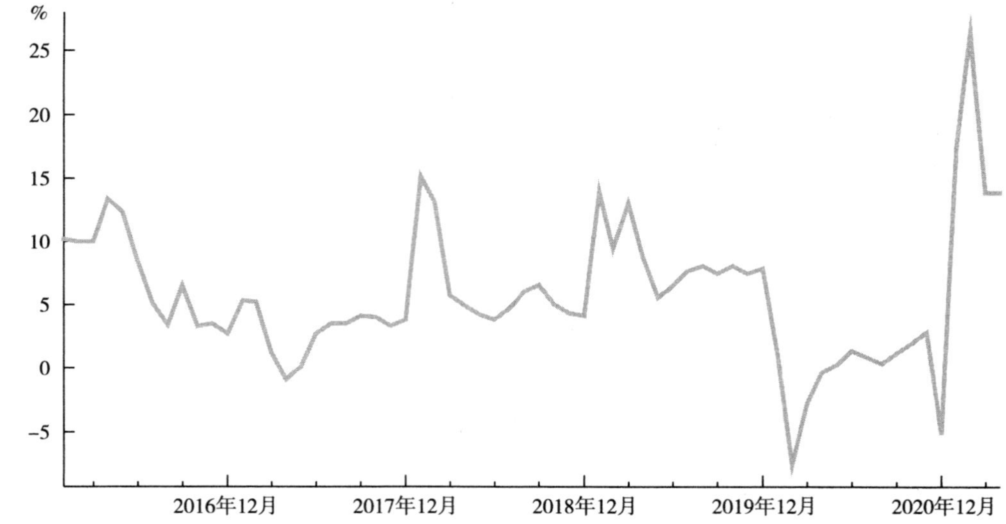

14. 广西城市平均低保标准

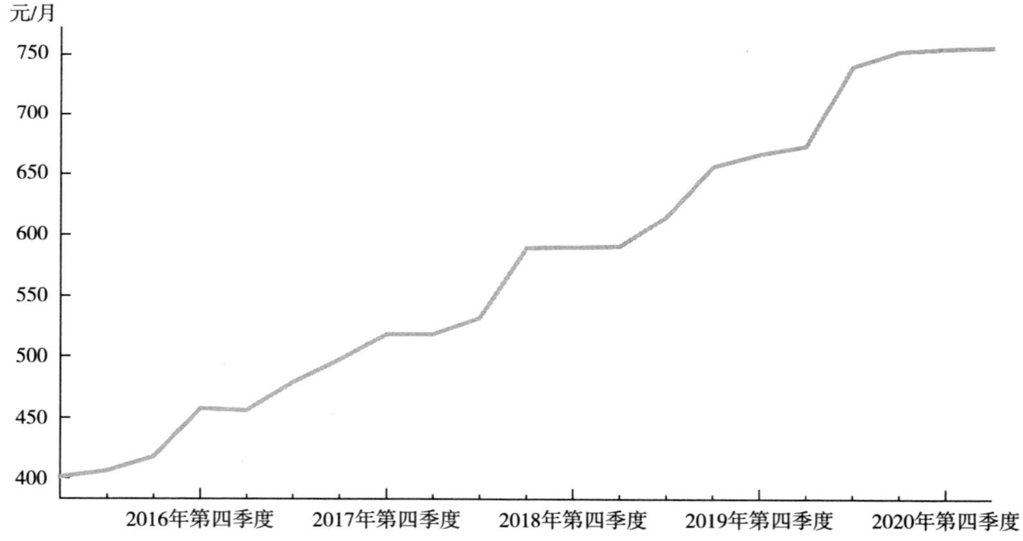

15. 广西房地产开发投资额增长率（累计同比）

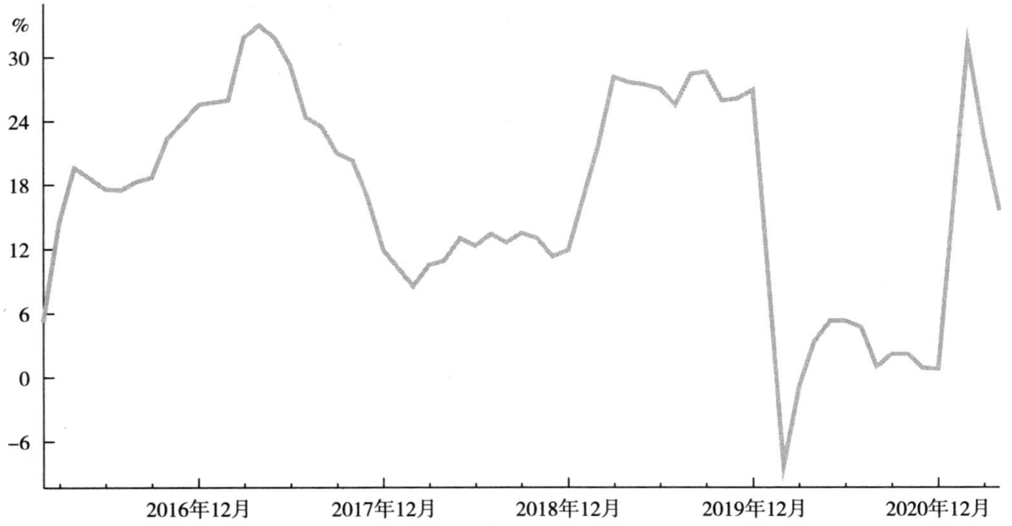

16. 广西铁路货运量增长率（累计同比）

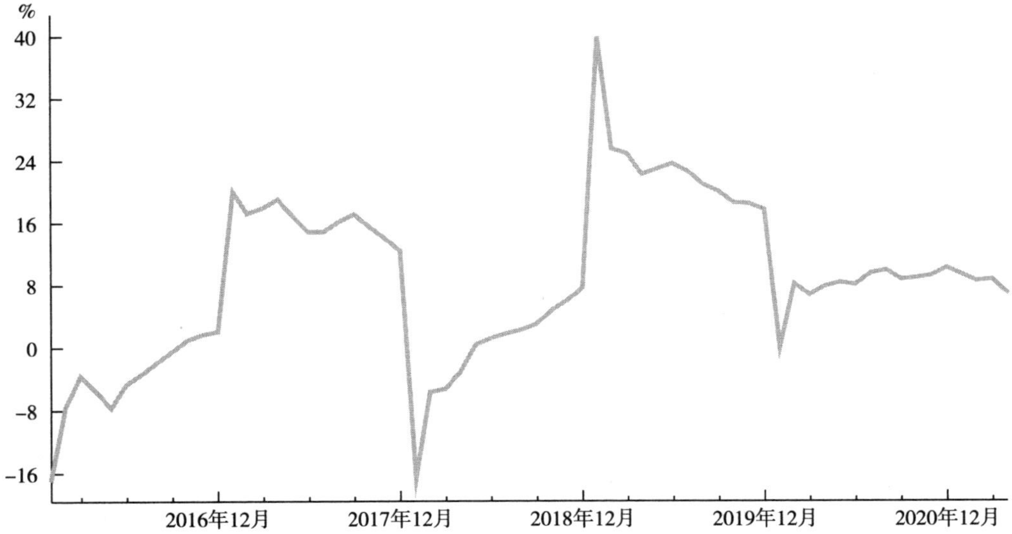

中国国家标准汇编

2010年修订-27

中国标准出版社　编

中国质检出版社
中国标准出版社
北　京

图书在版编目（CIP）数据

中国国家标准汇编：2010年修订. 27/中国标准出版社编. —北京：中国标准出版社，2011

ISBN 978-7-5066-6542-1

Ⅰ. ①中… Ⅱ. ①中… Ⅲ. ①国家标准-汇编-中国-2010 Ⅳ. ①T-652.1

中国版本图书馆CIP数据核字(2011)第187945号

中国质检出版社
中国标准出版社 出版发行

北京市朝阳区和平里西街甲2号(100013)
北京市西城区三里河北街16号(100045)

网址:www.spc.net.cn
总编室:(010)64275323 发行中心:(010)51780235
读者服务部:(010)68523946
中国标准出版社秦皇岛印刷厂印刷
各地新华书店经销

*

开本 880×1230 1/16 印张 35.75 字数 994 千字
2011年12月第一版 2011年12月第一次印刷

*

定价 220.00 元

出 版 说 明

1.《中国国家标准汇编》是一部大型综合性国家标准全集。自1983年起，按国家标准顺序号以精装本、平装本两种装帧形式陆续分册汇编出版。它在一定程度上反映了我国建国以来标准化事业发展的基本情况和主要成就，是各级标准化管理机构，工矿企事业单位，农林牧副渔系统，科研、设计、教学等部门必不可少的工具书。

2.《中国国家标准汇编》收入我国每年正式发布的全部国家标准，分为"制定"卷和"修订"卷两种编辑版本。

"制定"卷收入上一年度我国发布的、新制定的国家标准，顺延前年度标准编号分成若干分册，封面和书脊上注明"20××年制定"字样及分册号，分册号一直连续。各分册中的标准是按照标准编号顺序连续排列的，如有标准顺序号缺号的，除特殊情况注明外，暂为空号。

"修订"卷收入上一年度我国发布的、修订的国家标准，视篇幅分设若干分册，但与"制定"卷分册号无关联，仅在封面和书脊上注明"20××年修订-1,-2,-3,……"字样。"修订"卷各分册中的标准，仍按标准编号顺序排列(但不连续)；如有遗漏的，均在当年最后一分册中补齐。需提请读者注意的是，个别非顺延前年度标准编号的新制定的国家标准没有收入在"制定"卷中，而是收入在"修订"卷中。

读者配套购买《中国国家标准汇编》"制定"卷和"修订"卷则可收齐上一年度我国制定和修订的全部国家标准。

3.由于读者需求的变化，自1996年起，《中国国家标准汇编》仅出版精装本。

4.2010年我国制修订国家标准共2846项。本分册为"2010年修订-27"，收入新制修订的国家标准41项。

中国标准出版社

2011年8月

目　　录

ICS 29.240.10
K 40

中华人民共和国国家标准

GB/T 16896.2—2010

高电压冲击测量仪器和软件 第2部分:软件的要求

Digital recorders for measurements in high-voltage impulse tests—Part 2:Software requirement

(IEC 61083-2:1996,MOD)

2010-11-10 发布　　　　2011-05-01 实施

中华人民共和国国家质量监督检验检疫总局
中国国家标准化管理委员会　发布

前　言

本部分修改采用 IEC 61083-2:1996《高压冲击试验测量用仪器和软件　第 2 部分:对软件的要求》。

本部分与 IEC 61083-2:1996 主要差异如下:

——在第 3 条中,TDG 的编码由“软盘”更改为“CD”,计算机的类型由“IBM™-PC”更改为“Windows”;

——删除了 1996 版中的标准波形 3 个来源,增加了标准波形的分组;

——增加了冲击电压解析波形、变压器试验中测得的波形、测得的光滑波形、测得的波前有振荡的波形;

——修订了表 5 中 B1、B2、B3 与记录波形不符的数据的小数点错误;

——本部分与 IEC 61083-2:1996 的主要差异涉及的主要条款,已通过在其外侧页边空白位置的垂直单线(|)进行了标注。

本部分中的附录 A、附录 B、附录 D 为资料性附录,附录 C 为规范性附录。

本部分由中国电器工业协会提出。

本部分由全国高电压试验技术和绝缘配合标准化技术委员会(SAC/TC 163)归口。

本部分主要起草单位:西安高压电器研究院有限责任公司、国网电力科学研究院。

本部分参加起草单位:清华大学、西安交通大学、河南平高电气股份有限公司、保定天威保变电器股份有限公司、山东电力研究院、南方电网技术研究中心、江西省电力科学研究院。

本部分主要起草人:任稳柱、吴维宁、贾涛、杨迎建、戚庆成、张小勇、万启发、吴鸿雁、王亭、李彦明。

本部分参加起草人:曾其武、李云龙、赵富强、王国利、章叔昌、薄海旺。

高电压冲击测量仪器和软件
第2部分:软件的要求

1 概述

1.1 范围

对满足GB/T 16927.1和GB/T 16927.2所规定的测量不确定度和程序的软件,本部分规定了试验波形和规定限值。

本部分适用于对冲击电压和冲击电流试验中记录的测量数据进行处理的软件。

本部分包括:

——对用于处理冲击试验和校准信号数据的软件,规定评价此软件不确定度的试验程序;

——定义与数字处理有关的术语;

——确定必需的试验以表明软件符合GB/T 16927.1和GB/T 16896.1的要求;

——规定标准波形参数估算的限值;

——对性能记录提出要求。

注:对GB/T 16927.1中没有规定的波形,例如在变压器和避雷器中采用的波形,推荐根据原始数据并按照相关技术委员会规定的其他方法来估算冲击波形的参数。

1.2 规范性引用文件

下列文件中的条款通过GB/T 16896的本部分的引用而成为本部分的条款。凡是注日期的引用文件,其随后所有的修改单(不包括勘误的内容)或修订版均不适用于本部分,然而,鼓励根据本部分达成协议的各方研究是否可使用这些文件的最新版本。凡是不注日期的引用文件,其最新版本适用于本部分。

GB/T 2900.19—1994 电工术语 高电压试验技术和绝缘配合(neq IEC 60071:1993)

GB/T 16927.1 高电压试验技术 第一部分:一般试验要求(GB/T 16927.1—1997,eqv IEC 60060-1:1989)

GB/T 16927.2—1997 高电压试验技术 第二部分:测量系统(eqv IEC 60060-2:1994)

GB/T 16896.1—2005 高电压冲击测量仪器和软件 第1部分:对仪器的要求(IEC 61083-1:2001,MOD)

IEC 61083-1:2001 高电压冲击测量用仪器和软件 第1部分:对仪器的要求

2 术语和定义

下列术语和定义适用于本部分,其他有关的术语和定义见GB/T 2900.19、GB/T 16927.1。

2.1 在GB/T 16896.1有关条款中的术语和定义有:

——数字记录仪的输出;

——满刻度偏转;

——平均数码宽度;

——采样率;

——记录长度;

——额定分辨率;

——原始数据;

——处理后数据。

2.2

内部噪声水平 internal noise level

是指当恒定电压施加在数字记录仪的输入端时，所记录采样值的标准偏差。

2.3

标准波形 reference waveform

由试验数据发生器供给测量软件的波形。

3 试验数据发生器(TDG)

试验数据发生器(TDG)是本部分的组成部分，它是可产生具有规定参数标准波形的计算机程序，可适用于 Windows[1] 操作系统，它是一个菜单驱动程序，不需要另外的说明就可使用；操作说明见附录 B。

4 软件校验

校验软件是为了评估下面的一组或多组冲击波形参数：

U_p/I_p——电压/电流的峰值；

T_1——波前时间；

T_2——半峰值时间；

T_c——截断时间；

T_p——峰值时间；

β,τ——过冲，过冲持续时间；

A,f——振荡的幅值，频率。

对每一组选取的波形中的所有标准波形，应对校验软件的所有参数进行计算。参考波形分为 5 组，见表 1。

表 1 参考波形的分组

波形组	标准波形
N	基本波形
A	解析波形
B	变压器试验中测得的波形
C	测得的光滑波形
D	测得的波前有振荡的波形

选择 TDG 的设置应与使用软件的数字记录仪的设置相匹配(见 4.4)。TDG 的数据模拟数字记录仪记录所选的参考波形的输出。TDG 的 5 组参考波形在附录 A 中给出。被试软件应满足的规定限值在表 2、表 4、表 5、表 6、表 7 中给出。

4.1 校验程序

用户选择的波形组中的每一种标准波形均是由 TDG 产生并输入给被试软件。将被试软件确定的参数值与表 2、表 4、表 5、表 6、表 7 给出的限值相比较。对每一种设置，如果参数的所有值都在规定的限值内，则被试软件通过测试。

4.2 计算方法的要求

参考的雷电冲击波形和操作波形是按照 GB/T 16927.1 的要求进行，因此被校验的软件也应符合

1) Windows 是微软公司产品的商标名称。给出此信息是为了标准使用者的便利，并不包含 IEC 对此产品的认可。如果能够表明有相同的结果也可以使用等效的产品。

GB/T 16927.1 的要求。

4.3 数据格式

由 TDG 产生的标准波形模拟从用户的数字记录仪得到的原始数据，标准波形以 ASCII 码格式记录为时间/幅值数据组对，它们各自的值以秒和伏（或安培）为单位给出。如果被试软件要求的数据格式/数值范围与 TDG 提供的数据格式/数值范围不能对应，应使用适当的变换程序。

注：不能读出 TDG 标准波形的软件（直接或变换的方式）不适用于本标准。

4.4 TDG 设置

TDG 的设置应适当，以使得与高压试验期间用来进行记录的数字记录仪所选的设置值相匹配，包括采样间隔、位数和内部噪声水平等的选择。这些设置应存入数据输出文件中。

5 参考波形参数的规定限值

5.1 IEC 61083-2:1996 中的波形

表 2 参考波形参数的规定限值

类别	波形	峰值 U_p/I_p MV/kA	T_1/T_p μs	T_2/T_c μs	幅值/振荡/过冲 kHz/μs/%Vp
N1	LI，解析的	1.044～1.054	0.81～0.86	59.6～60.8	—
N2	LIC，解析的	0.86～0.88	0.49～0.53	0.55～0.59	—
N3	LISL，解析的	1.032～1.042	1.52～1.68	46.9～47.9	$f<500$ kHz
N4	LIFA，解析的	0.99～1.00	1.17～1.24	47.8～48.8	$f>500$ kHz
N5	SI，解析的	0.94～0.96	240～260	2 400～2 600	—
N6	LIFO，测得的	0.949～0.959	1.30～1.43	86.7～88.5	—
N7	LICFO，测得的	0.84～0.87	0.48～0.54	0.51～0.56	—
N8	LILO，测得的	−1.038～−1.048	3.26～3.46	60.8～62.1	$\tau>1$ μs
N9	LISO，测得的	−1.022～−1.033	2.10～2.23	41.5～42.3	$\tau<1$ μs
N10	IC，测得的	−10.1～−9.9	8.3～9.2	20～22	—

注：
LI——解析的雷电冲击波；
LIC——解析的雷电冲击截波；
LISL——解析的有长持续时间过冲的雷电冲击波；
LIFA——解析的有短持续时间过冲的雷电冲击波；
SI——解析的操作冲击波；
LIFO——测得的雷电冲击波；
LICFO——测得的雷电冲击截波；
LILO——测得的有长持续时间过冲的雷电冲击波；
LISO——测得的有短持续时间过冲的雷电冲击波；
IC——测得的冲击电流波。

这些波形见附录图 A.1-1～图 A.10-10，其规定限值如表 2 所示。

5.2 解析波形

共包括了 17 种解析波形。这些波形见附录图 A.11-A1～图 A.27-A17，它们的振荡频率和过冲是不同的。表 3 给出了解析波形的选择，表 4 给出了其规定限值。

5.3 变压器试验中测得的波形

这些冲击波形是在变压器试验中记录的，见附录图 A.28-B1～图 A.31-B4，其规定限值如表 5 所示。

表 3 解析波形的选择

	过冲 β						
f/kHz	3%	5%	10%	15%	20%	25%	30%
200			A3			A4	A5
250			A6		A7		
300		A8	A2，A9	A10			
400			A11	A12			
500		A13	A1，A14				
650		A15					
800		A16					
900	A17						

表 4 解析波形参数的规定限值

	峰值	波前时间	半值时间
类别	U_p/kV	T_1/μs	T_2/μs
A1	845～850	1.01～1.07	47.6～48.6
A2	888～892	1.45～1.53	47.4～48.4
A3	71.3～71.6	1.80～1.91	47.3～48.3
A4	99.2～99.7	1.85～1.97	41.2～42.1
A5	103.4～103.9	2.17～2.31	38.0～38.8
A6	71.7～72.1	1.59～1.69	46.8～47.8
A7	95.1～95.5	1.62～1.72	44.6～45.5
A8	55.4～55.6	1.33～1.41	55.3～56.4
A9	76.3～76.7	1.41～1.50	44.1～45.0
A10	91.2～91.7	1.45～1.54	47.8～48.8
A11	76.6～77.0	1.03～1.09	45.9～46.8
A12	81.0～81.4	1.08～1.15	42.5～43.3
A13	82.9～83.3	1.03～1.10	55.5～56.6
A14	77.7～78.1	0.90～0.95	45.3～46.2
A15	86.6～87.0	0.86～0.92	55.7～56.8
A16	85.6～86.0	0.71～0.76	56.0～57.2
A17	84.7～85.1	0.71～0.75	56.9～58.1

表 5　变压器试验中测得的波形参数的规定限值

类别	峰值 U_p/kV	波前时间 T_1/μs	半值时间 T_2/μs
B1	263.3～264.7	1.18～1.26	56.1～57.3
B2	54.45～54.73	2.78～2.96	41.8～42.6
B3	165.3～166.2	1.37～1.45	54.3～55.3
B4	1256～1262	1.54～1.64	49.5～50.5

5.4　测得的光滑波形

附录图 A.32-C1～图 A.35-C4 冲击波形是在现场校准过程中记录的。其规定限值如表 6 所示。

表 6　测得的光滑波形参数的规定限值

类别	峰值 U_p/kV	波前时间 T_1/μs	半值时间 T_2/μs
C1	99.3～98.8	1.55～1.65	48.9～49.9
C2	100.1～99.6	1.61～1.71	
C3	99.5～99.0	0.98～1.04	46.4～47.3
C4	100.5～100.0	1.11～1.18	57.3～58.5

5.5　测得的有波前振荡的波形

附录图 A.36-D1～图 A.41-D6 冲击波形是测得的波前有振荡的波形，其规定限值如表 7 所示。

表 7　波前有振荡的波形参数的规定限值

类别	峰值 U_p/kV	波前时间 T_1/μs	半值时间 T_2/μs
D1	99.6～99.1	1.48～1.57	60.1～61.3
D2	98.3～97.8	1.53～1.63	59.7～60.9
D3	297.3～295.8	1.60～1.69	60.2～61.4
D4	296.5～295.0	1.51～1.60	60.0～61.2
D5	197.7～196.7	0.98～1.04	50.9～51.9
D6	197.1～196.1	1.59～1.69	54.5～55.6

6　性能记录

应在性能记录中记录被试软件校准的参数设置和标准波形组，包括：

——被试软件名称，版本号，发行日期；

——应用该软件的数字记录仪；

——选择的 TDG 设置；

——校验的标准冲击波形清单；

——被试软件测定的合格参数清单。

7　性能校核

7.1　对用户可改进的软件的性能校核

对用户可改进的软件进行性能校核（例如用户开发的软件，包括使用商用开发包编写的软件）时，可通过计算单个典型的标准波形的参数对软件进行校核。

7.2 对商用软件和硬件系统的性能校核

对不能轻易改进的软件(例如编码形式的商用软件)和硬件系统,只需证明使用的软件和已测试过的软件版本相同(结果列入性能记录中)。

8 处理后的数据应用

当使用处理后的数据时,在性能记录中应描述处理数据使用的方法。按GB/T 16896.1—2005的要求,应保留原始数据用来与处理后的数据相互比较。推荐的比较方法是用原始数据和处理后的数据重迭画出曲线。

本标准不包括可自动处理数据且没有选择项的数字记录仪(指不能读出原始数据的记录仪)。

附 录 A
（资料性附录）
参考波形例子

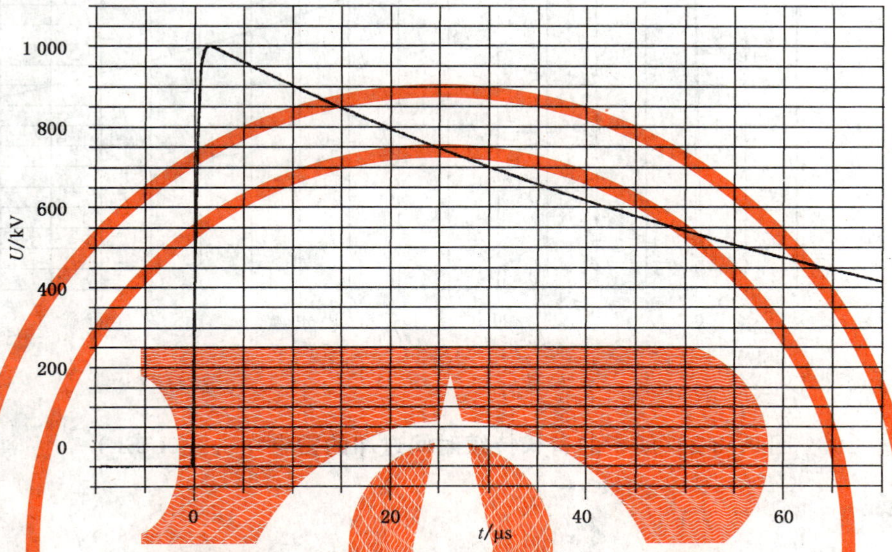

图 A.1-1 解析的雷电冲击波(LI)

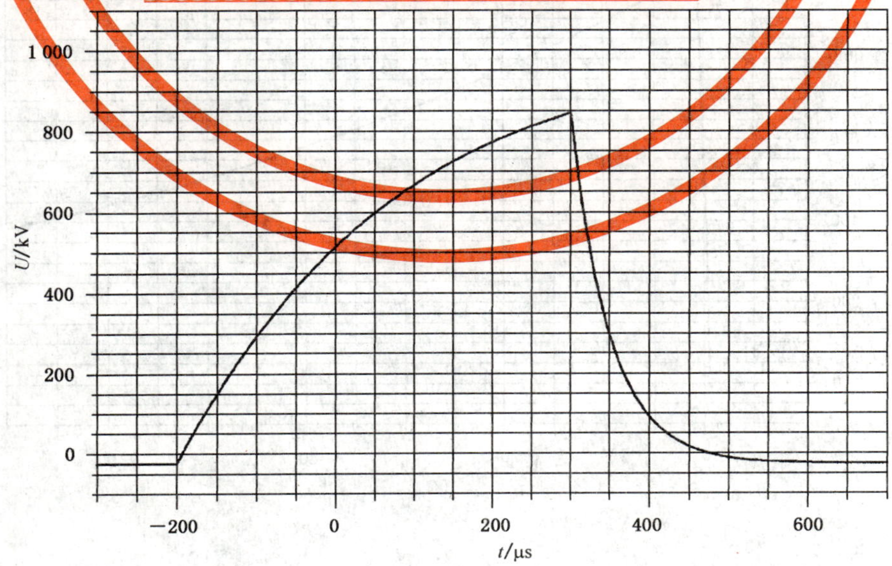

图 A.2-2 解析的雷电冲击截波(LIC)

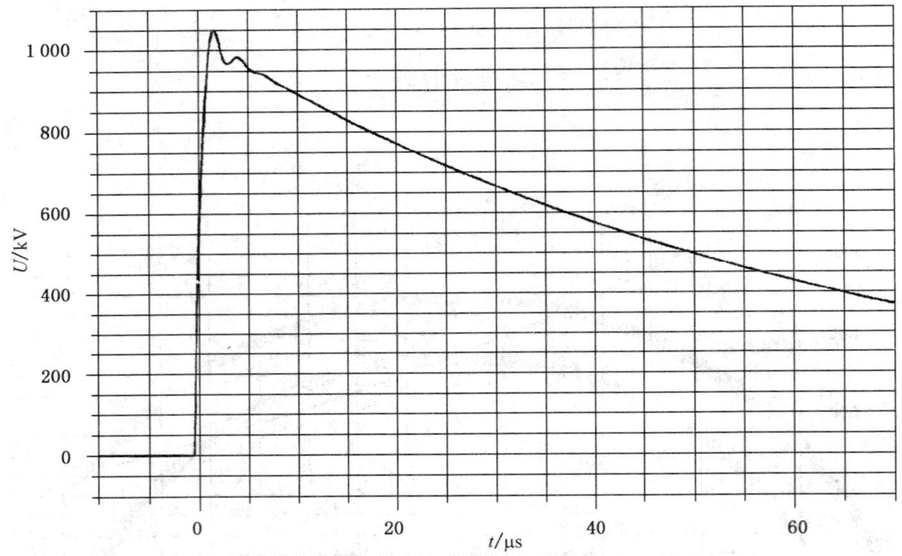

图 A.3-3 解析的有长持续时间过冲的雷电冲击波(LISL)

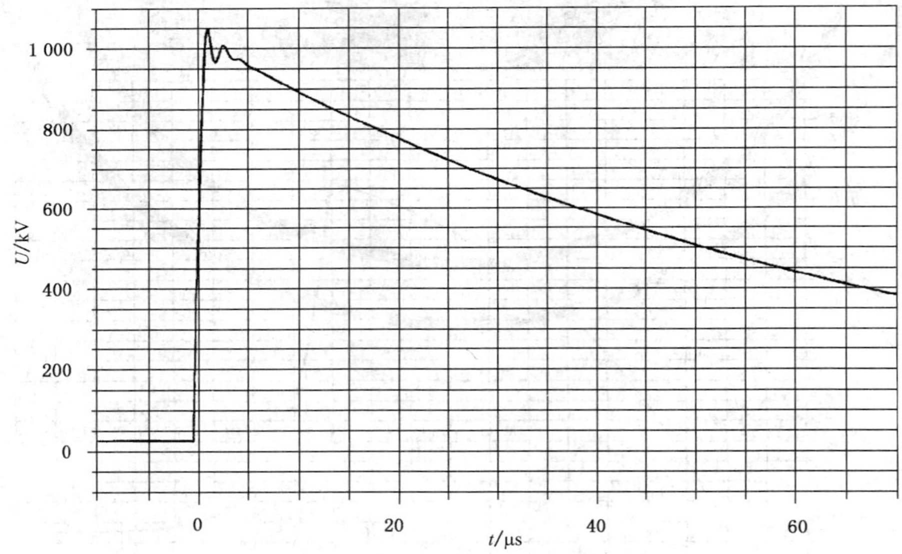

图 A.4-4 解析的有短持续时间过冲的雷电冲击波(LIFA)

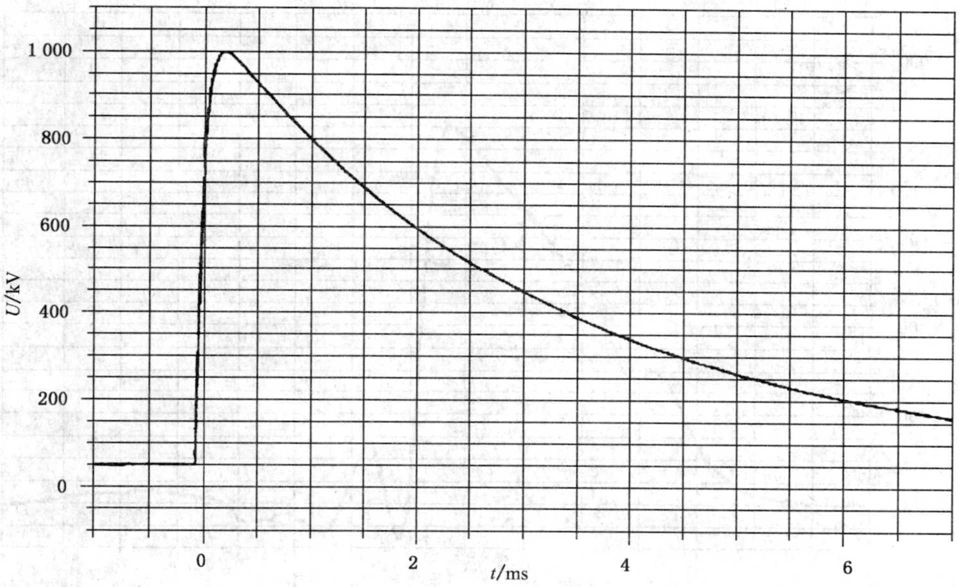

图 A.5-5 解析的操作冲击波(SI)

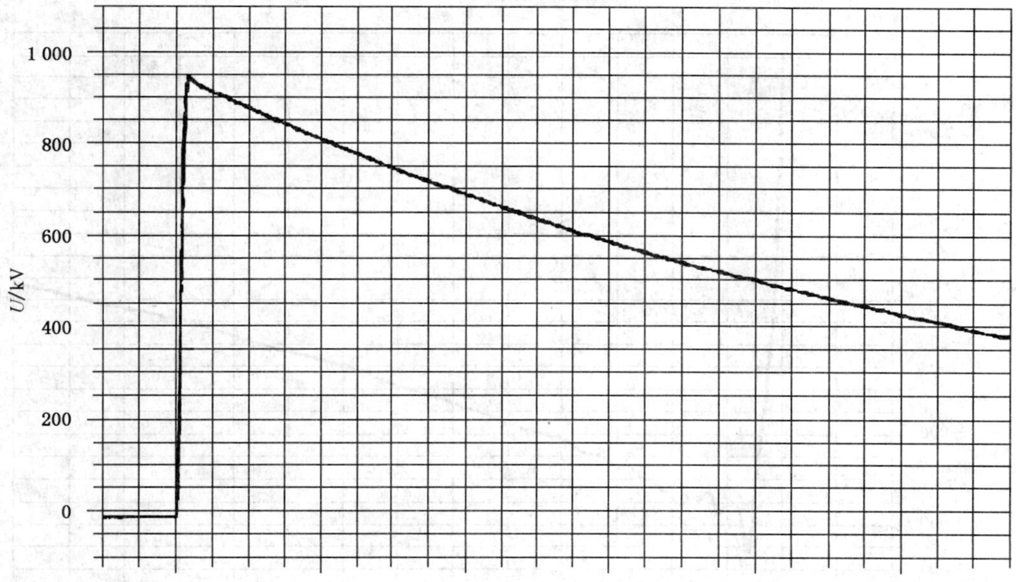

图 A.6-6 测得的雷电冲击波(LIFO)

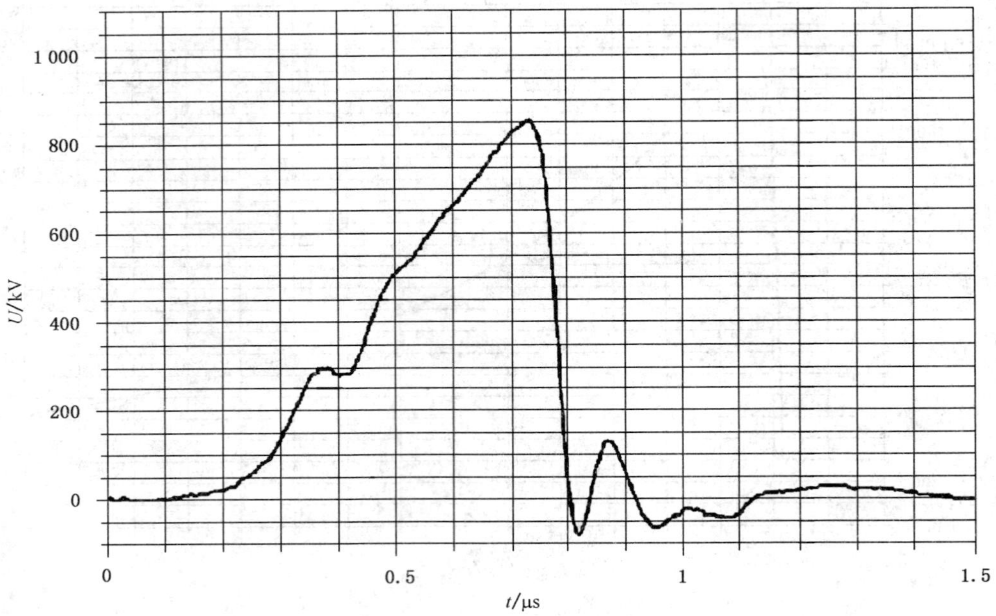

图 A.7-7 测得的雷电冲击截波(LICFO)

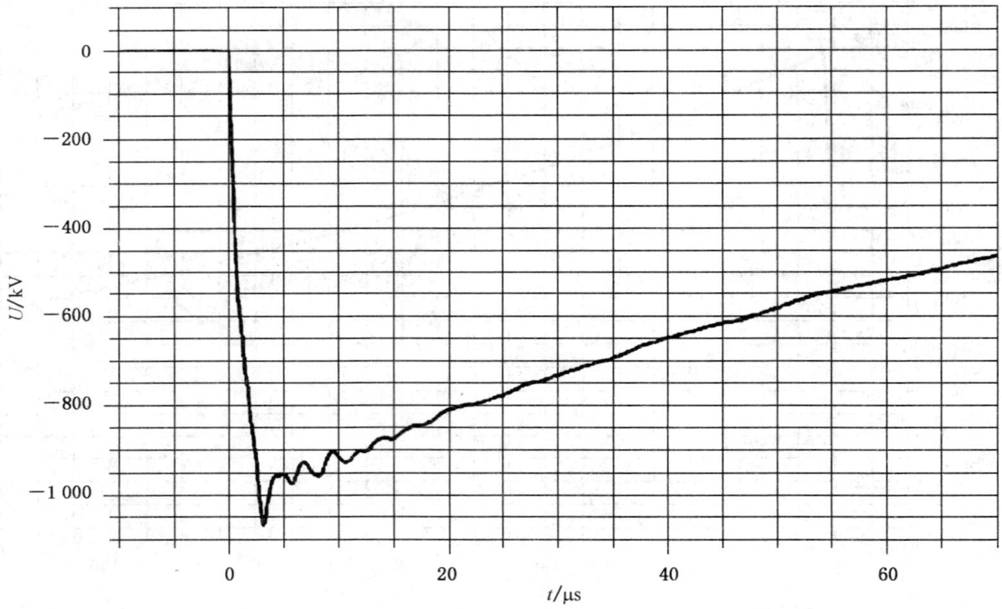

图 A.8-8 测得的有长持续时间过冲的雷电冲击波(LILO)

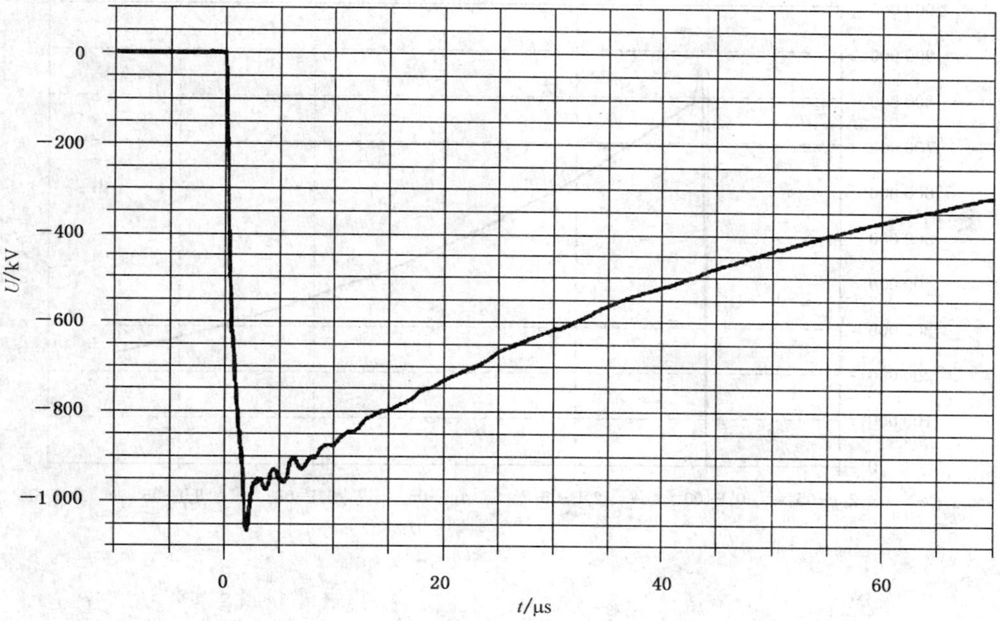

图 A. 9-9 测得的有短持续时间过冲的雷电冲击波(LISO)

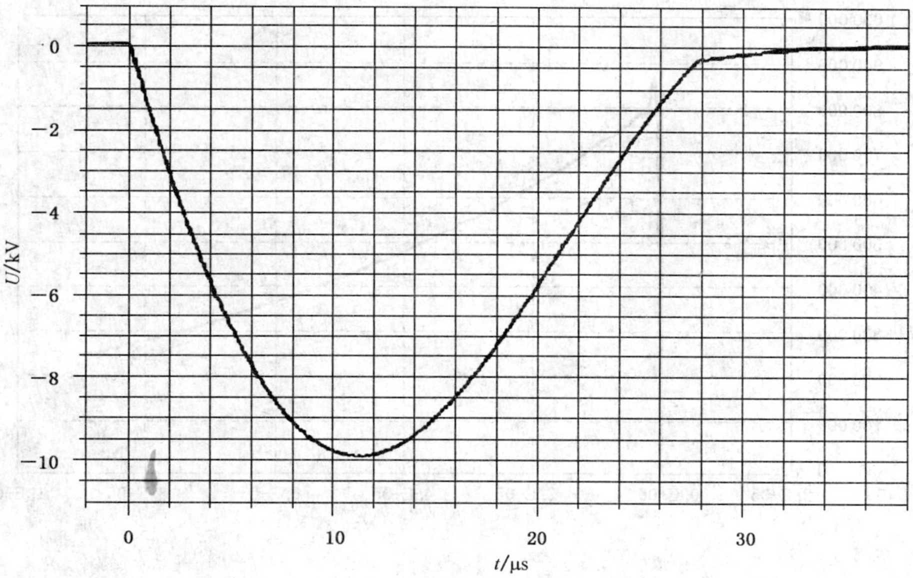

图 A. 10-10 测得的冲击电流波(IC)

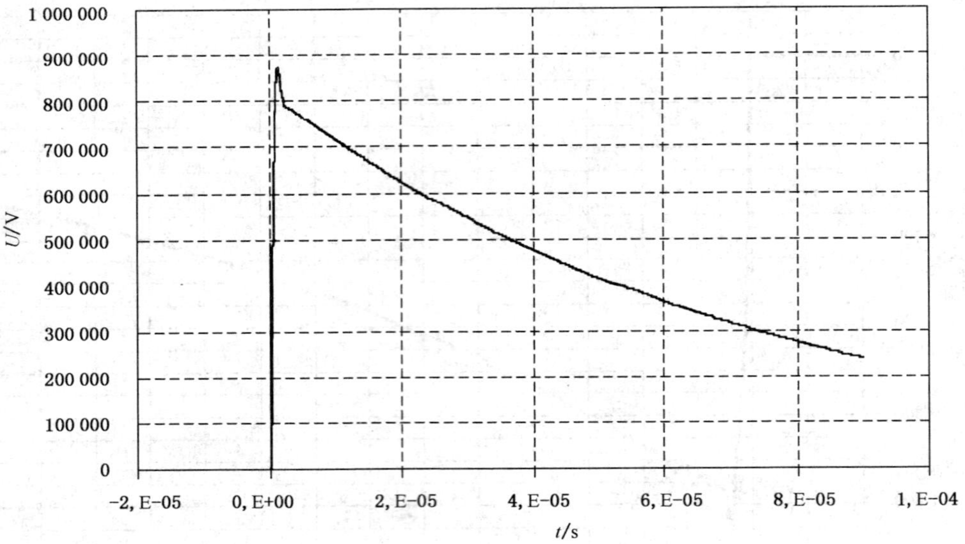

图 A.11-A1 解析的雷电冲击波

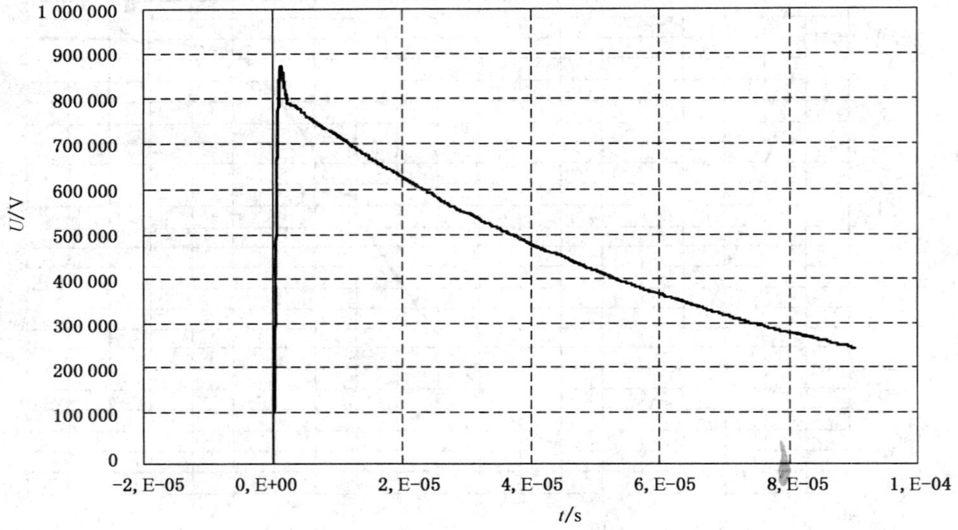

图 A.12-A2 解析的雷电冲击波

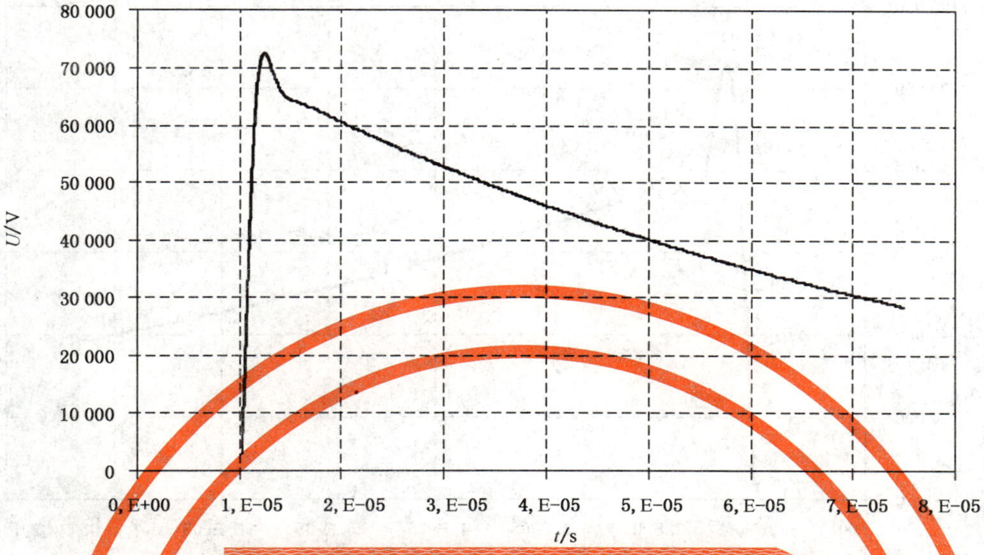

图 A.13-A3 解析的雷电冲击波

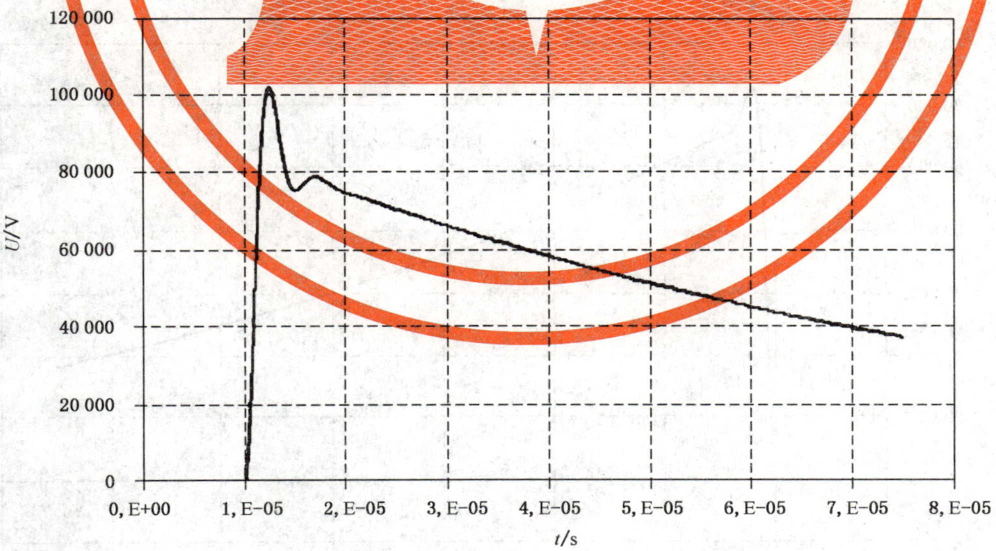

图 A.14-A4 解析的雷电冲击波

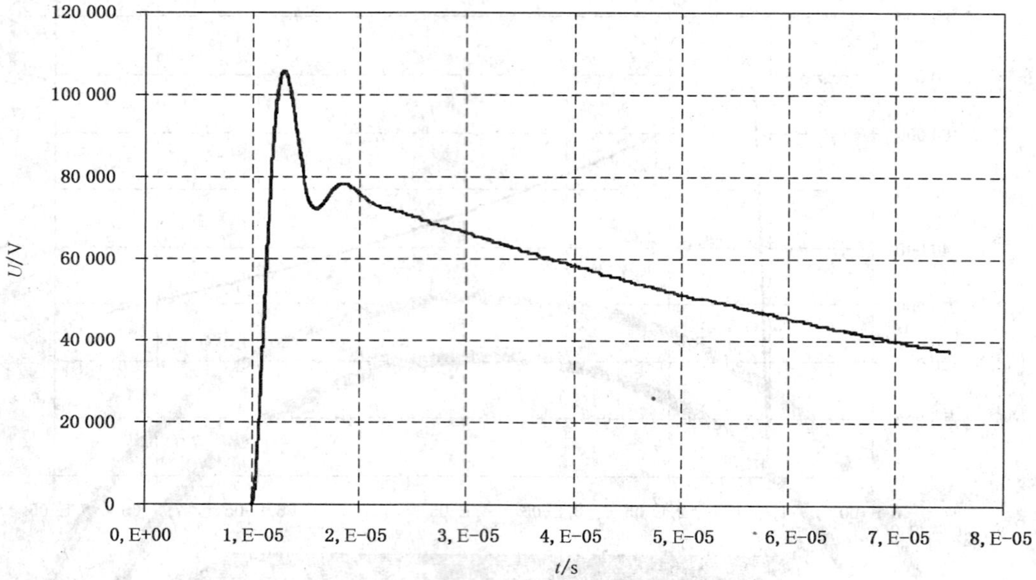

图 A.15-A5 解析的雷电冲击波

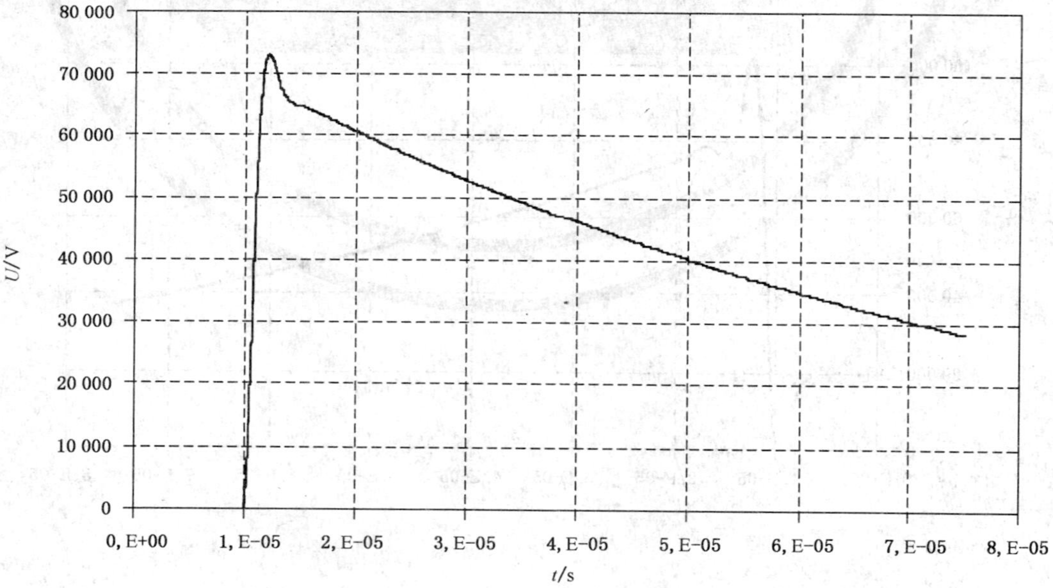

图 A.16-A6 解析的雷电冲击波

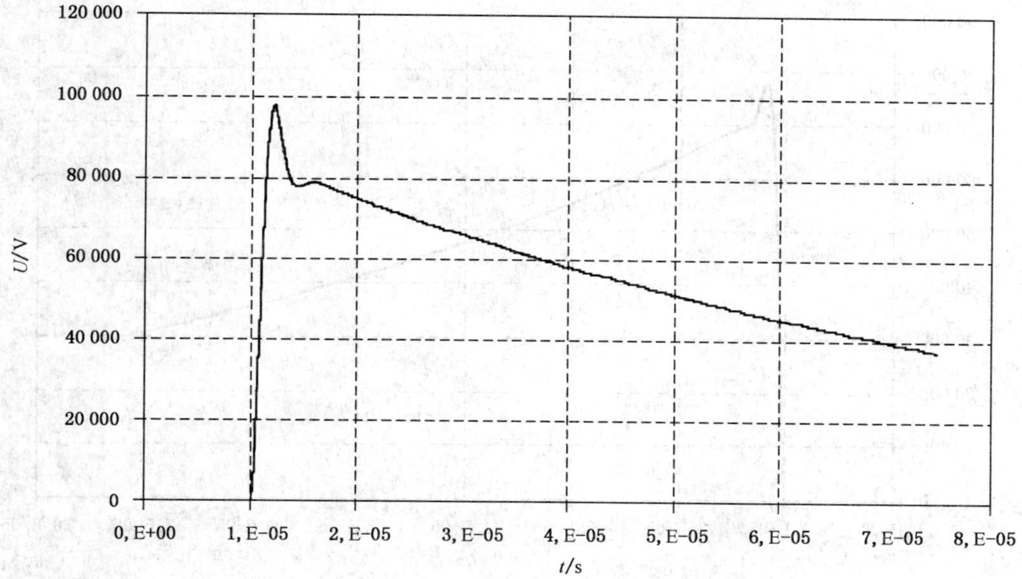

图 A. 17-A7 解析的雷电冲击波

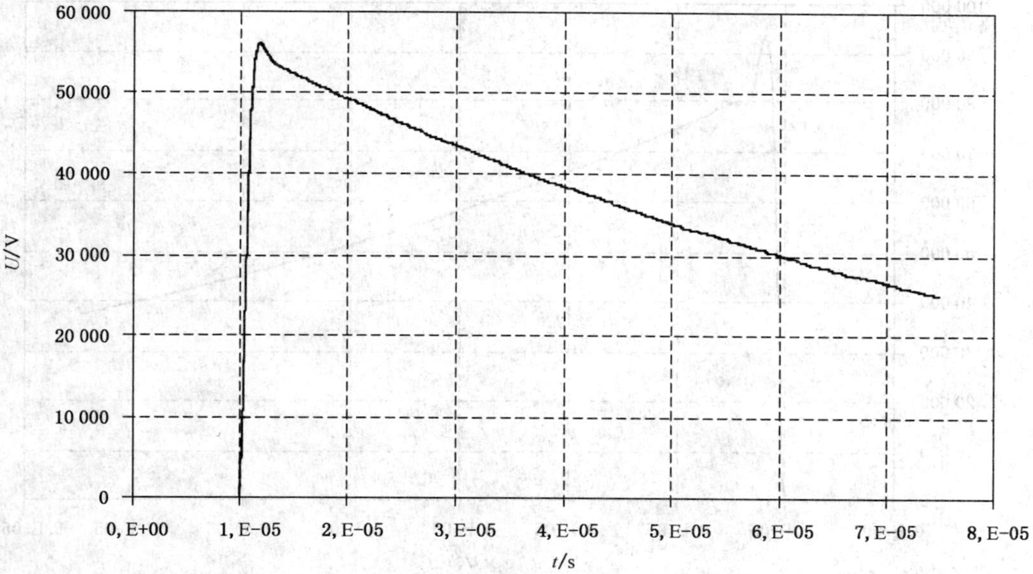

图 A. 18-A8 解析的雷电冲击波

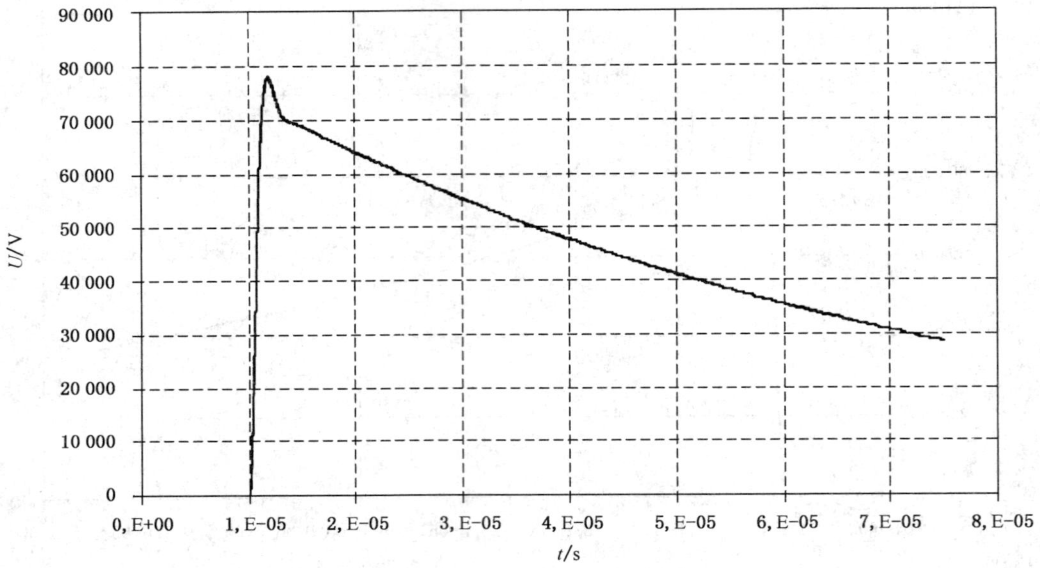

图 A. 19-A9　解析的雷电冲击波

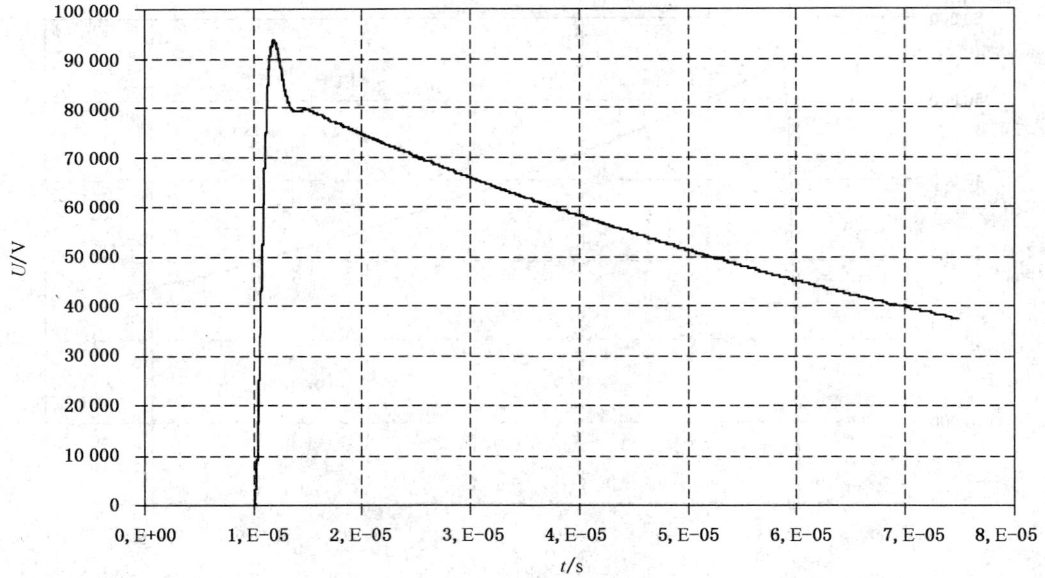

图 A. 20-A10　解析的雷电冲击波

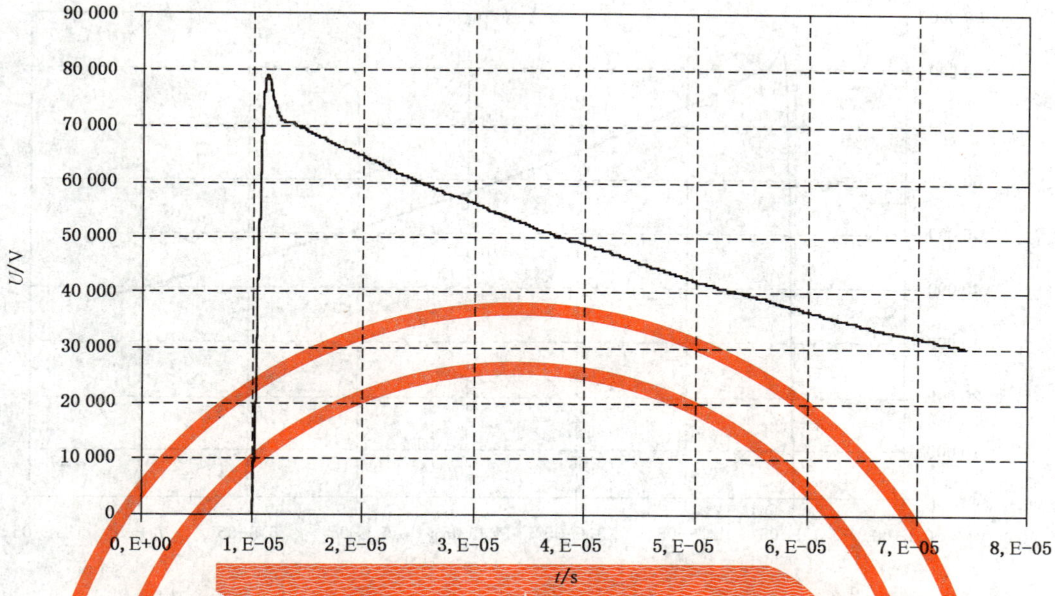

图 A.21-A11 解析的雷电冲击波

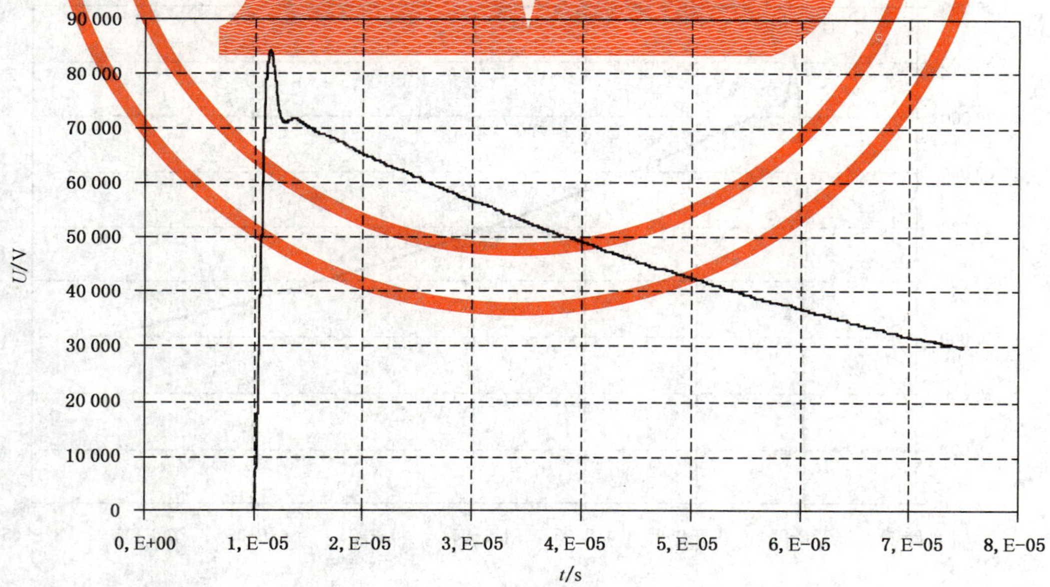

图 A.22-A12 解析的雷电冲击波

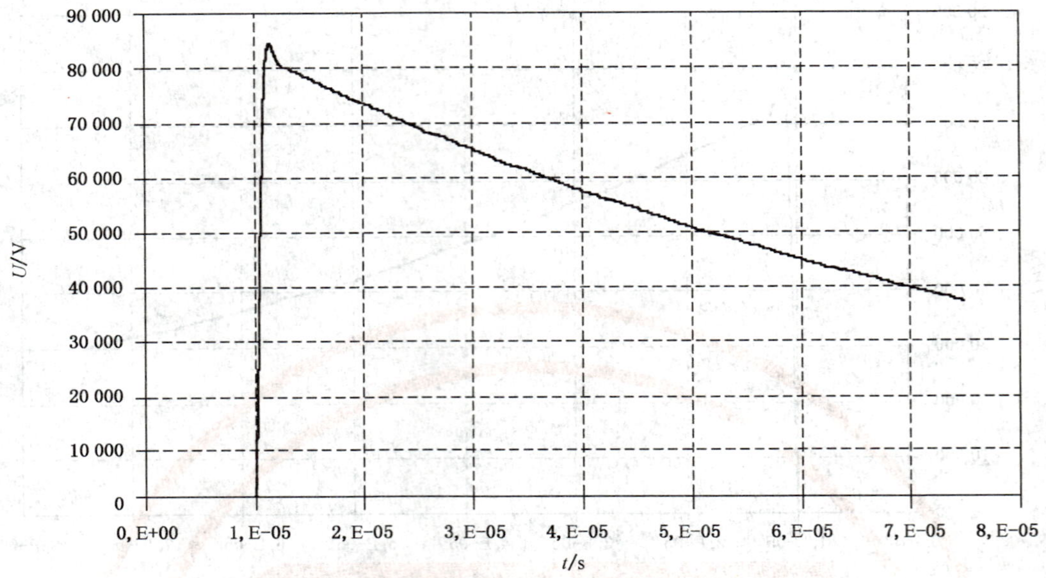

图 A.23-A13　解析的雷电冲击波

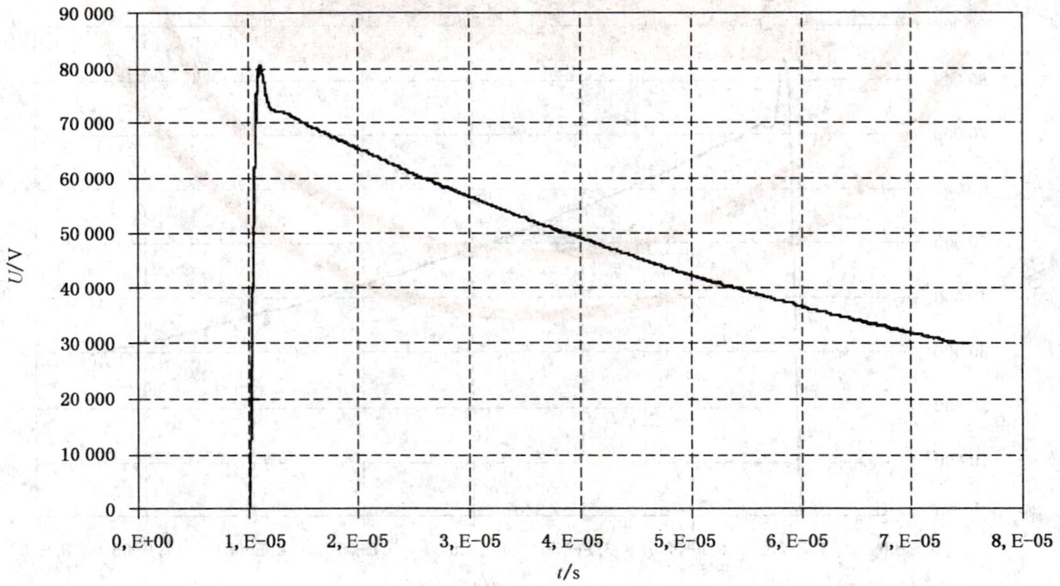

图 A.24-A14　解析的雷电冲击波

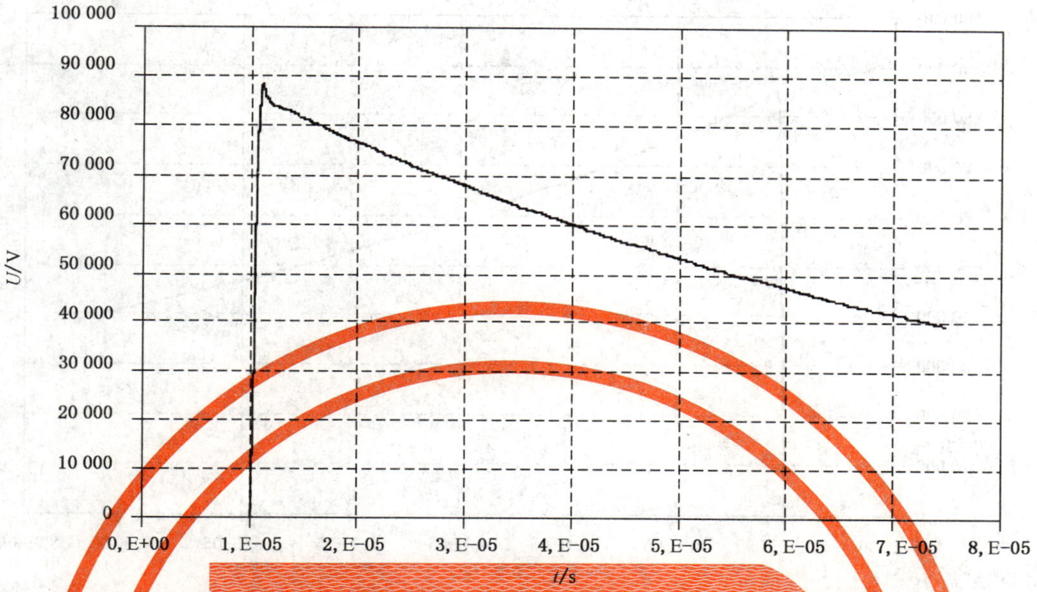

图 A.25-A15 解析的雷电冲击波

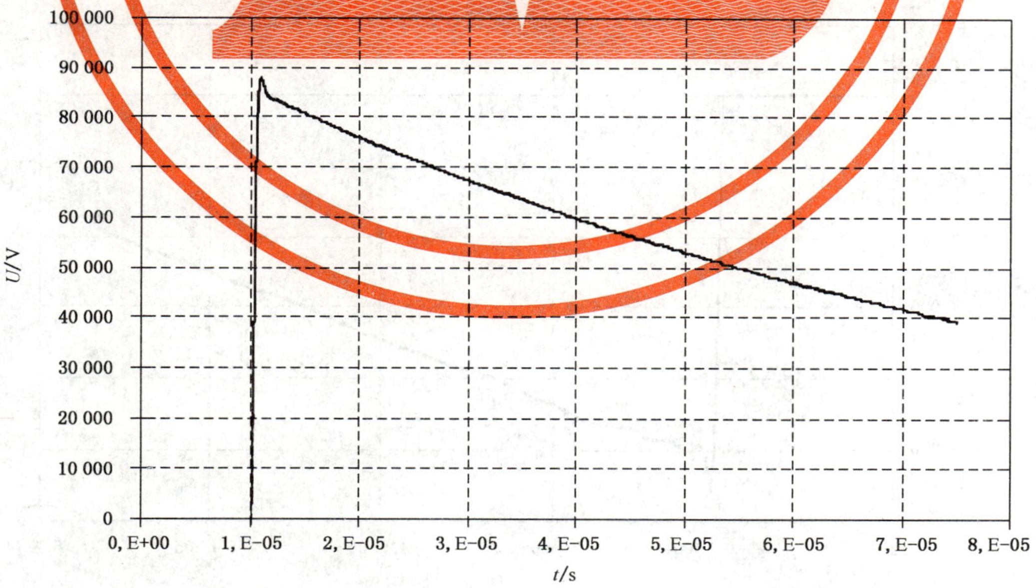

图 A.26-A16 解析的雷电冲击波

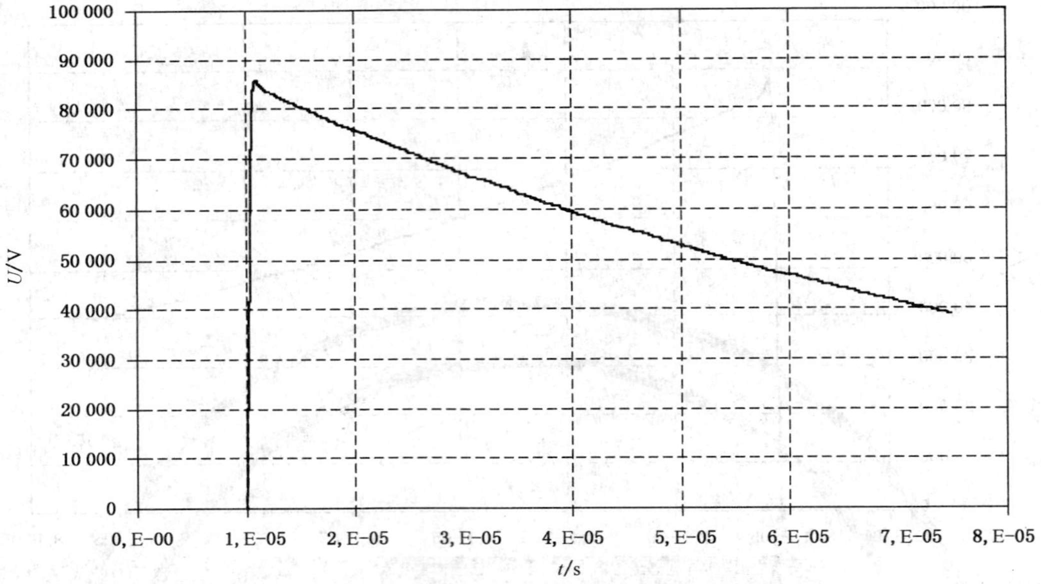

图 A.27-A17 解析的雷电冲击波

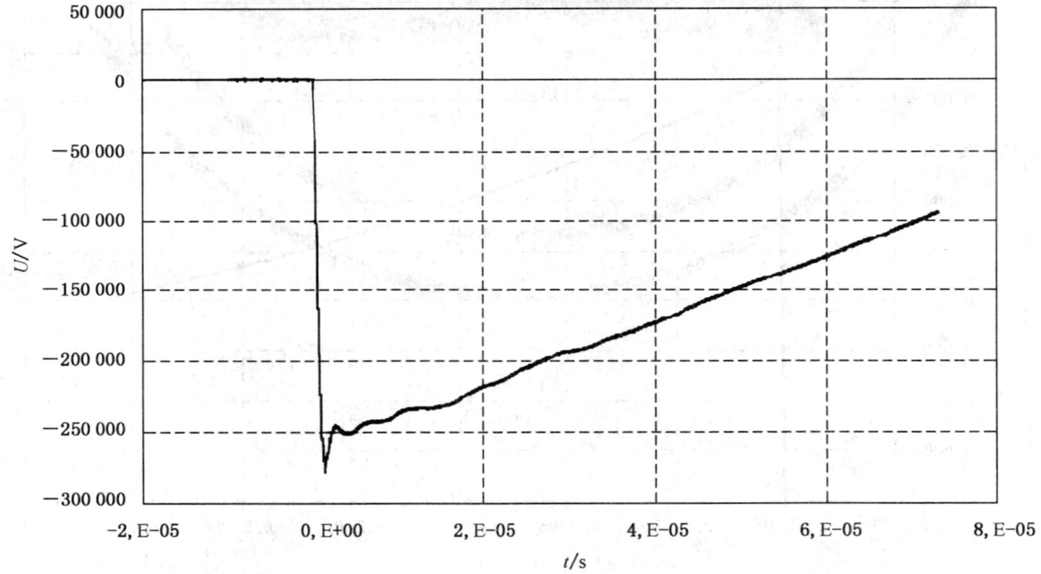

图 A.28-B1 变压器试验中测得的雷电冲击波

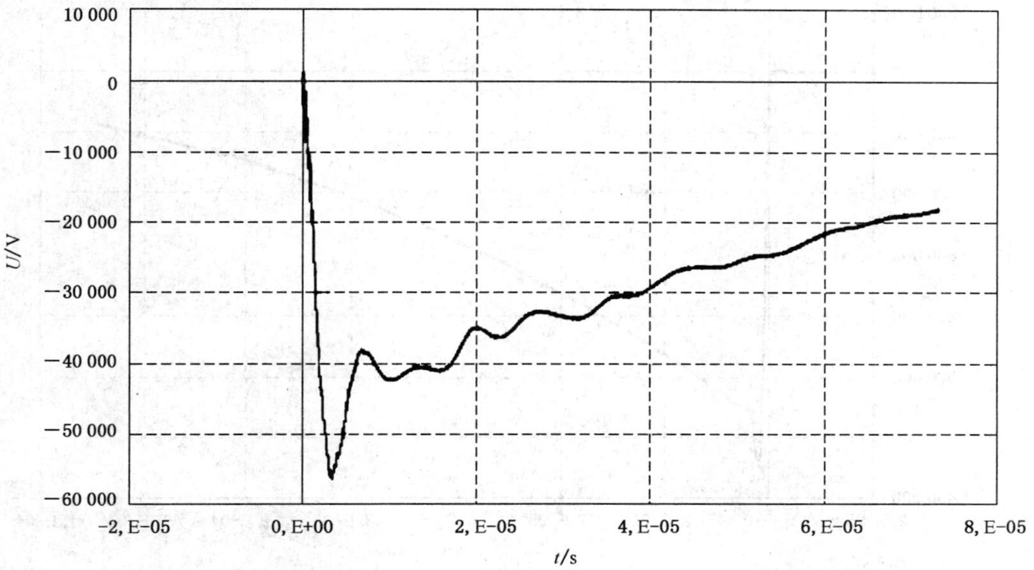

图 A. 29-B2　变压器试验中测得的雷电冲击波

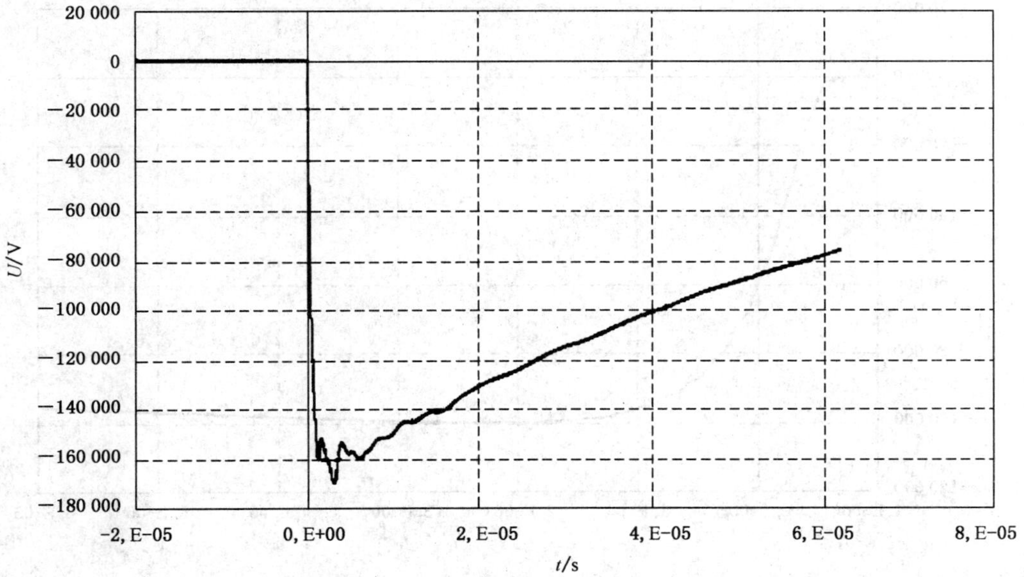

图 A. 30-B3　变压器试验中测得的雷电冲击波

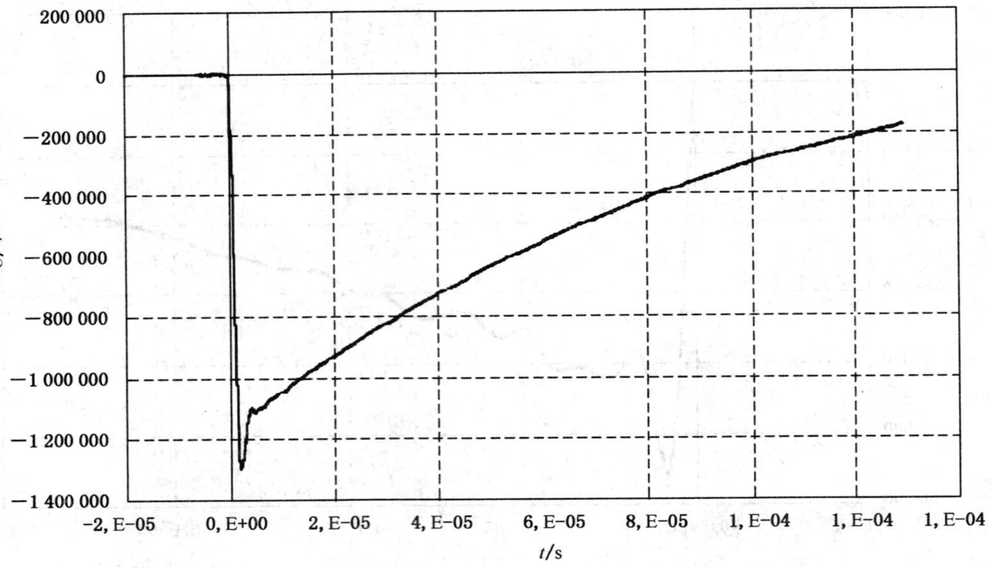

图 A.31-B4　变压器试验中测得的雷电冲击波

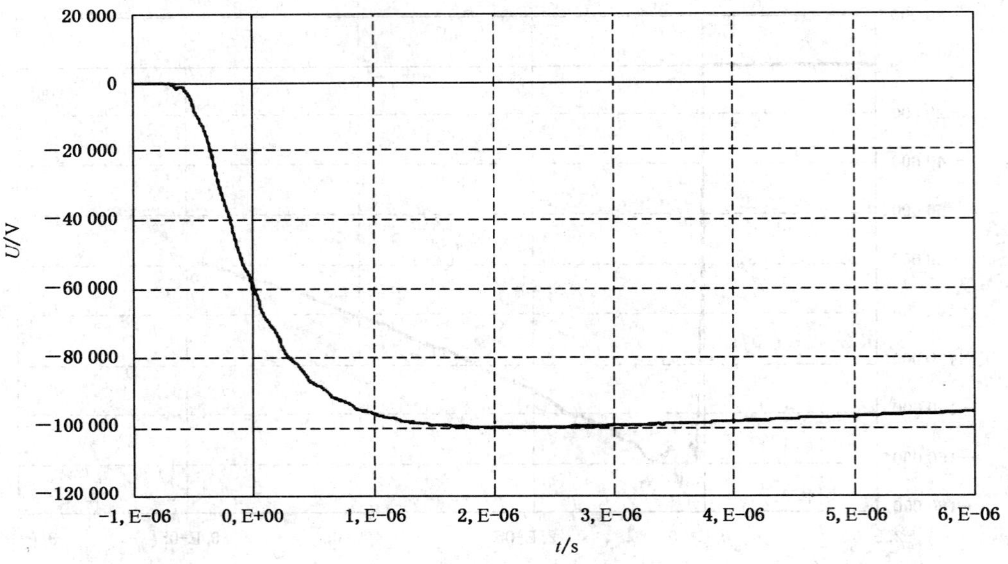

图 A.32-C1　测得的雷电冲击波

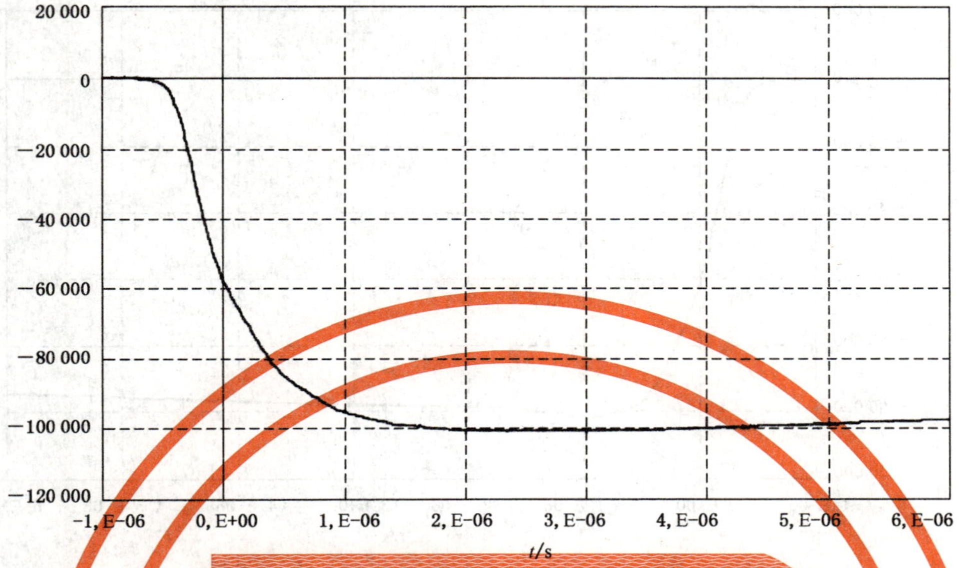

图 A. 33-C2　测得的雷电冲击波

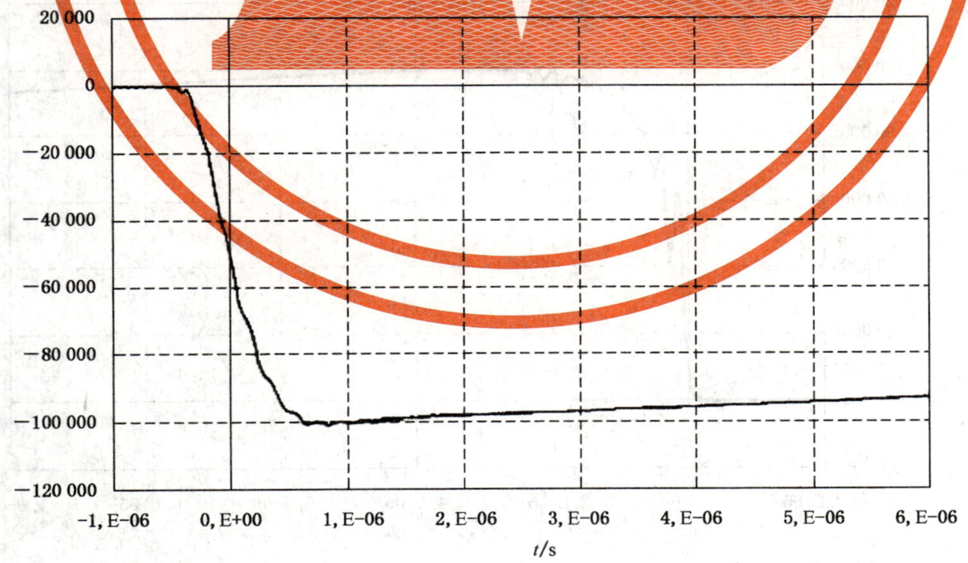

图 A. 34-C3　测得的雷电冲击波

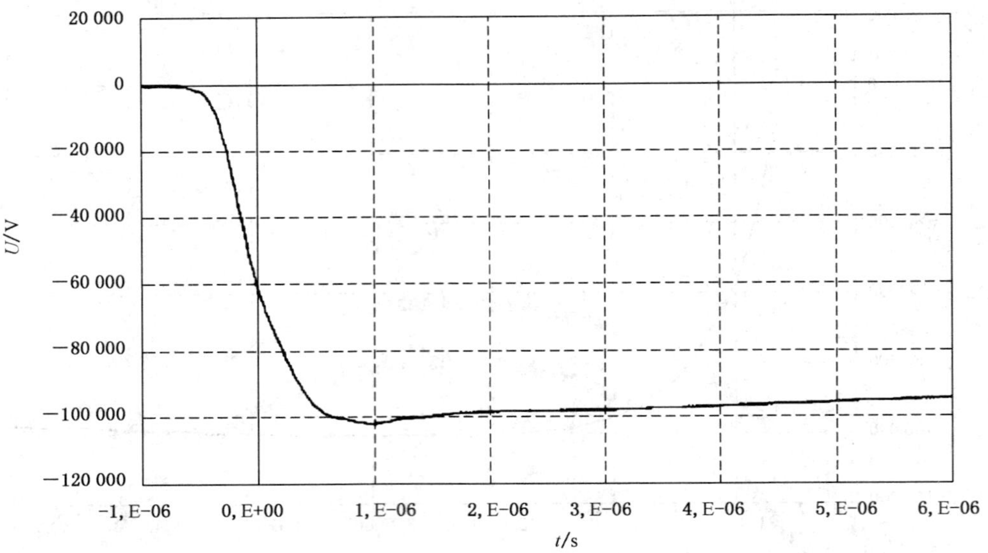

图 A.35-C4 测得的雷电冲击波

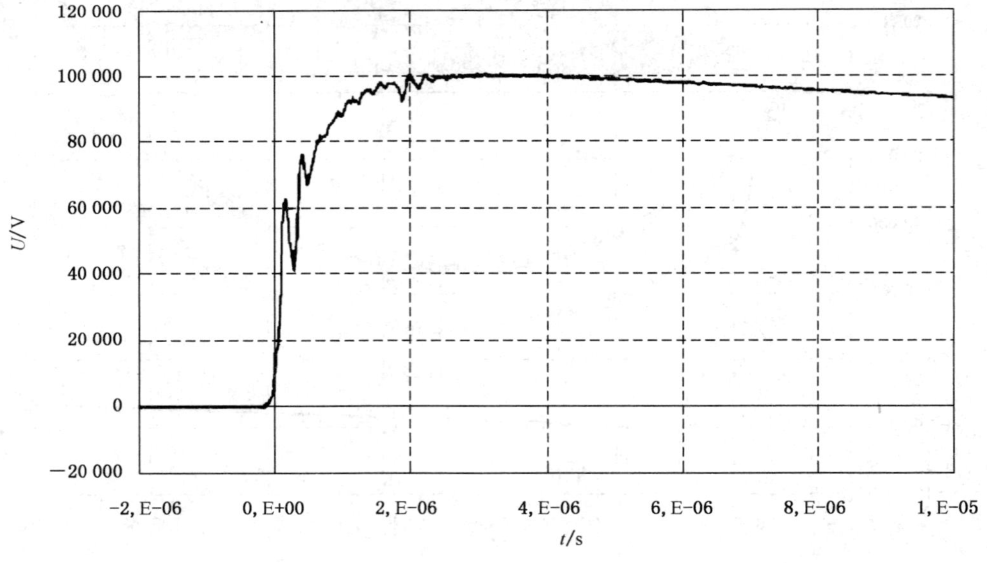

图 A.36-D1 测得的波前有振荡的雷电冲击波

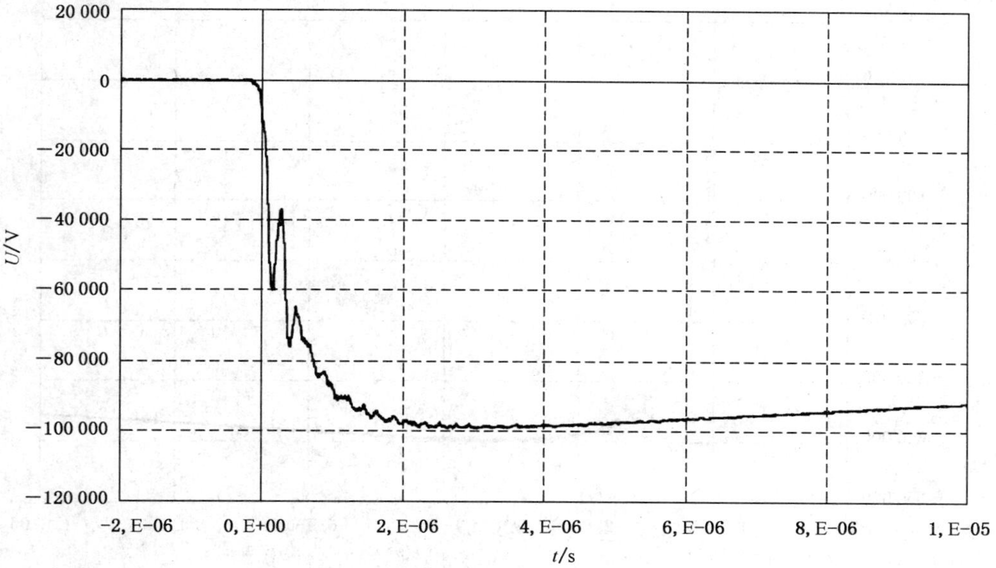

图 A.37-D2　测得的波前有振荡的雷电冲击波

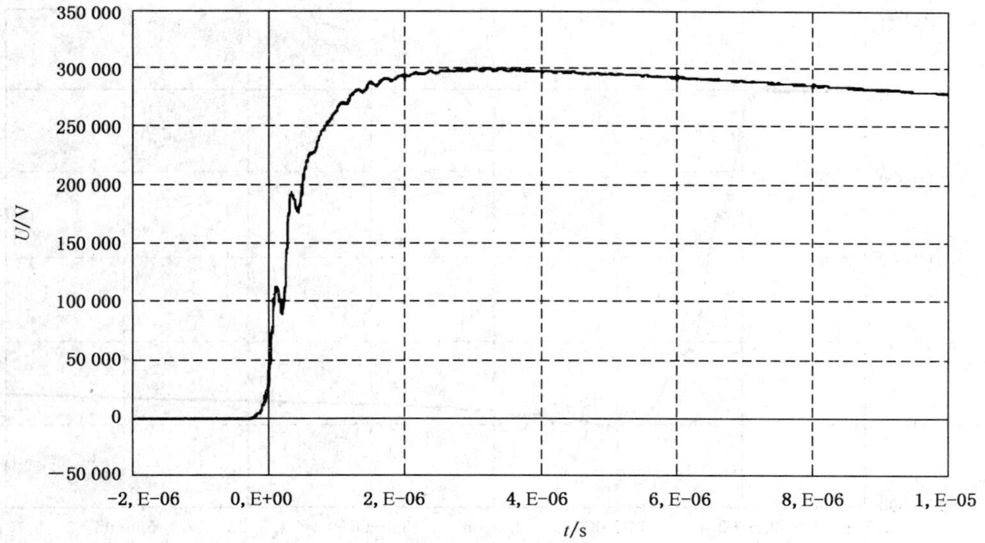

图 A.38-D3　测得的波前有振荡的雷电冲击波

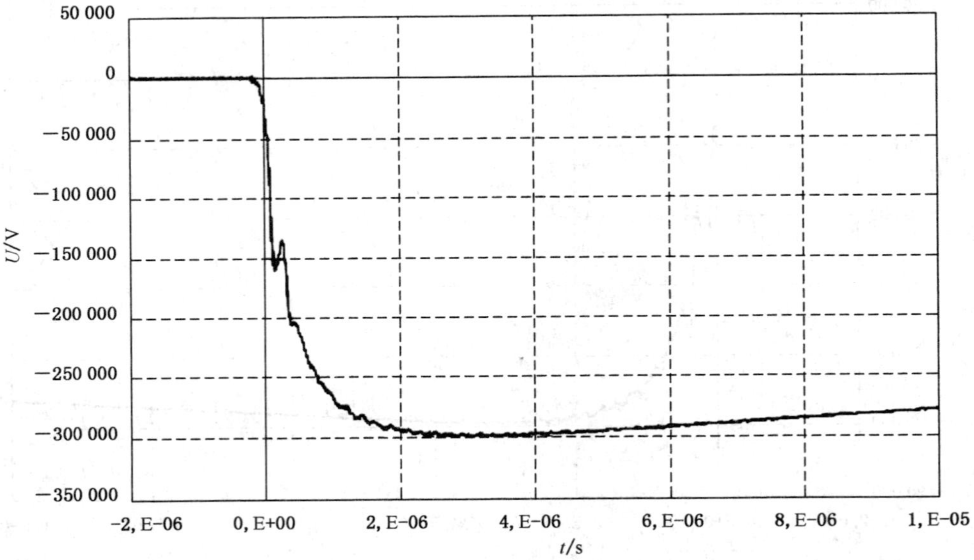

图 A. 39-D4 测得的波前有振荡的雷电冲击波

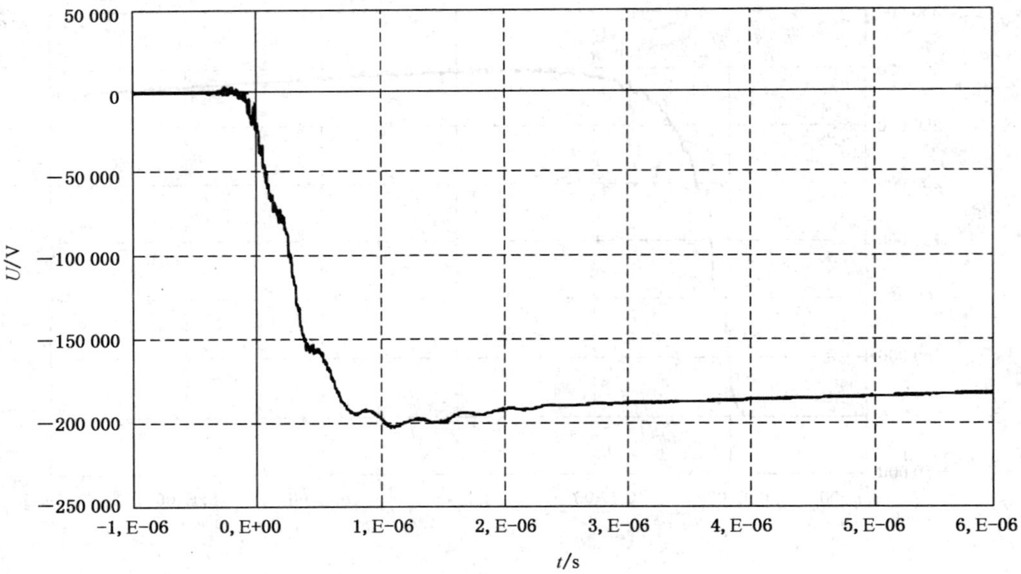

图 A. 40-D5 测得的波前有振荡的雷电冲击波

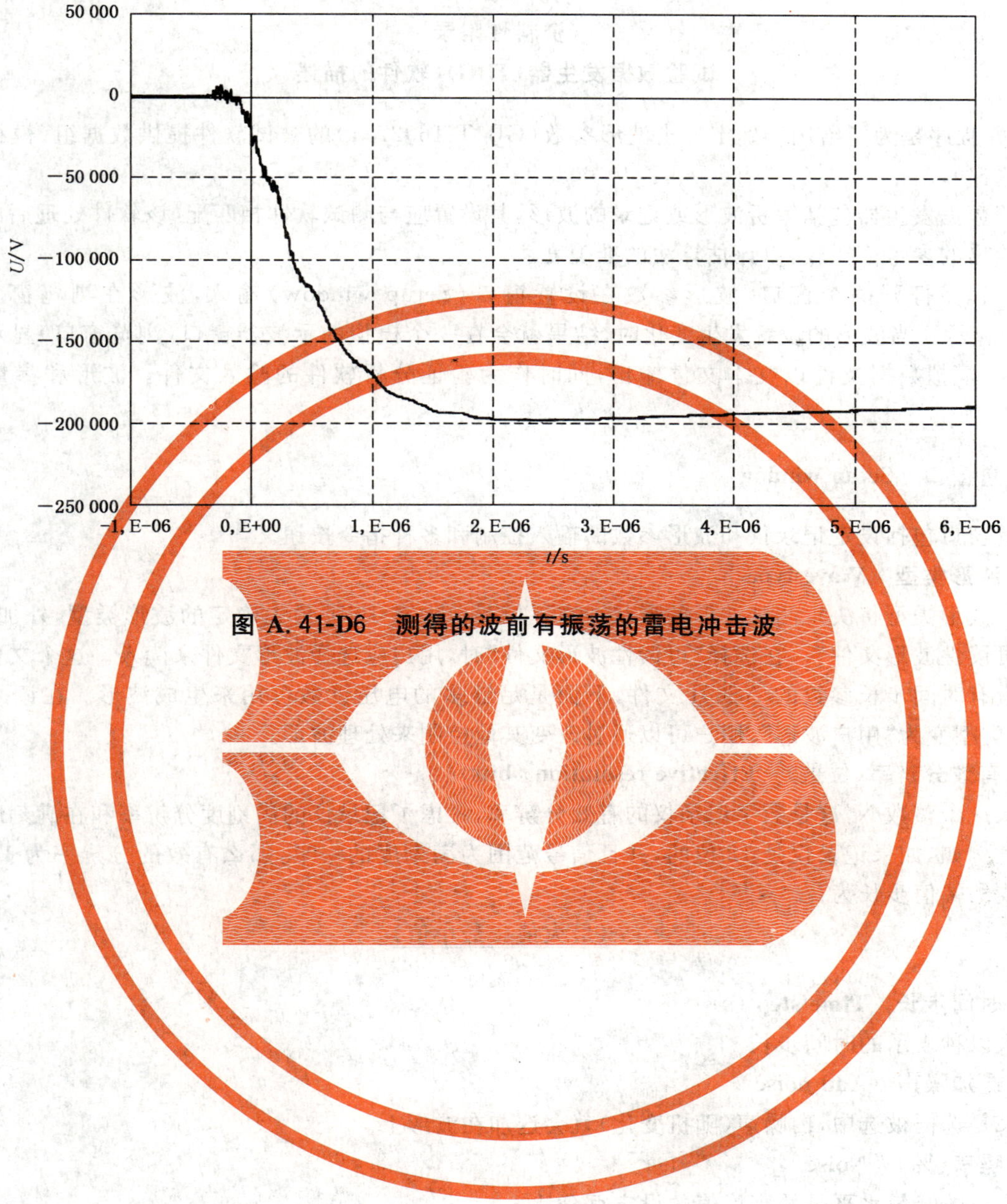

图 A.41-D6 测得的波前有振荡的雷电冲击波

附 录 B
（资料性附录）
试验数据发生器(TDG)(软件的描述)

TDG程序是为了给用于确定冲击波形参数(GB/T 16927.1)的被试软件提供数据组(模拟暂态记录仪的输出)。

试验数据发生器包括解析波形或记录的波形,其设置应与测试软件相匹配,该软件处理后的参量应与表2给出的参考值比较,以评估算法的准确度。

这个程序打开两个窗口,波形参数在设置窗口(Setup window)输入,波形在浏览窗口(View window)显示。当波形的设置发生变化时,结果就会在一个模拟的示波器窗口(浏览窗口)显示。当设置正确时,模拟数据文件以文本文件输出,同时作为验证分析软件的输入文件。波形和参量可一并打印。

B.1 设置窗口 Setup window

设置窗口包括设定记录仪和波形参数的输入控制和多种指令按钮。

B.1.1 波形类型 Wave type

选择波形类型将决定测试波形的形状。在下拉菜单中有10种预先确定的波形类型,外加“用户波形”和“可读性波形文件”。在选择“可读性波形文件”时,用户应选择波形文件来读入。这个文件是一个在首行带有时间步长参数的ASCII文件,下面是足够多的电压读数可用来生成波形。在读入该文件后,波形类型变为“用户波形”,用户可以通过改变其他控制来处理波形。

B.1.2 有效分辨率(位数) Effective resolution (bits)

输入一个整数N,这是数字记录仪的有效分辨率,考虑了记录仪的满刻度分辨率和在满刻度下的信号幅值。例如,如果记录仪是12位的,并且信号范围为满刻度的一半,那么有效的分辨率为11位。此输出曲线的幅值步长为:

$$\frac{(\text{最大值}-\text{最小值})}{2^N}$$

B.1.3 时间步长 Time step (s)

输入以秒表示的时间步长。

B.1.4 迭加噪声 Add noise

如果复选框被选中,白噪声(随机变化)就会迭加在波形上。

B.1.5 噪声(%) Noise

白噪声的峰值水平是最高峰值的设定百分比。

B.1.6 显示 Display

刷新浏览窗口,按键盘上的“Enter”键或点软件界面的“display”按钮。

B.1.7 打印 Print

此按钮与文件/打印菜单一样,用Windows(默认)打印机打印当前显示的窗口。

B.1.8 另存为 Save as

此按钮的主要目的是把模拟记录仪的输出量写成文本文件。这个文件中每一行包含一个以秒为单位的时间值和一个对应的数字化电压值。

B.1.9 保存带有数据的图例 Save legend with data

如果选择此框,波形参数就会被写在文本数据文件的开始部分。如果没有选择此框,数据文件只包括时间和电压数据。

B.2　浏览窗口　View window

浏览窗口显示模拟波形的模拟示波器屏幕图像。蓝色网格线标出刻度，红色线是零电压线，绿色线是峰值。

B.2.1　放大与缩小　Zooming

通过点击和拖动鼠标的左键来控制缩放功能框，用户就能根据波形显示的特征来放大或缩小波形。当放开鼠标按键，“浏览”就会放大选择的区域。这可能会引起一些或所有屏幕网格线消失。如果图像放的足够大，就会看到记录仪的时间和电压步长。当“另存为”命令执行后，一个简单的点对点画线可连接记录仪在文本文件中的点。如果“打印”命令也执行后，那么打印图像会显示与浏览窗口同样的图像区域。若要恢复整个屏幕的显示，选择“浏览/自动比例调整(View/Autoscale)”菜单或者在工具条点击“自动比例调整(Autoscale)”按钮。

浏览窗口也有一个带有以下命令的标准菜单栏和工具条：

B.2.2　文件菜单　File menu

B.2.2.1　另存为　Save as

打开文件对话框，然后把模拟波形另存为表格式独立的文本文件。

B.2.2.2　打印　Print

打开“Print”对话框，然后打印与可视窗口相同内容的图像。

B.2.2.3　打印预览　Print preview

预览即将打印的内容。

B.2.2.4　打印设置　Print setup

选择打印机或改变打印设置。

B.2.2.5　退出　Exit

关闭所有窗口，并退出 TDG 软件。

B.2.3　浏览菜单　View menu

B.2.3.1　工具栏　Toolbar

显示或隐藏工具栏。

B.2.3.2　状态栏　Status bar

显示或隐藏状态栏。

B.2.3.3　自动比例调整　Autoscale

恢复到正常尺寸显示，显示满幅的波形，可用鼠标来放大波形和浏览波形的细节。

附 录 C
（规范性附录）
叠加有过冲的标准雷电冲击全波参数的计算程序

该附录描述了利用试验电压因数函数对叠加有过冲的标准雷电冲击波形参数进行计算的程序。

C.1 程序的基础

程序依据以下经验公式[见式(C.1)]：

$$U_t = U_{mp} + k(f)(U_e - U_{mp}) = U_{mp} + k(f)\beta \qquad \cdots\cdots (C.1)$$

式中：

U_t——试验电压 U_t 为带有过冲幅值(β)的雷电冲击电压；

U_{mp}——基本曲线的峰值电压；

U_e——带有原始噪声的记录曲线的峰值电压；

β——过冲幅值；

$k(f)$——试验电压因数，它是一个与频率有关的函数，式(C.2)如下：

$$k(f) = \frac{1}{1+2.2f^2} \qquad \cdots\cdots (C.2)$$

此处频率 f 的单位为 MHz。

C.2 计算数字波形的程序

该程序是式(C.1)的实施过程，用于计算机辅助计算数字格式的冲击波形。

a) 过记录曲线的真实原点由一个双指数函数拟合所记录的曲线找到波形的基准曲线，$U_m(t)$；

b) 找到 $U_m(t)$ 的峰值，U_{mp}；

c) 找到带有原始噪声的记录曲线的峰值 U_e，$U(t)$（如果需要可以使用一个高频数字滤波器滤掉放大器和/或量化的噪声）；

d) 计算过冲幅值，$\beta = U_e - U_{mp}$；

e) 从记录曲线上减去波形的基准曲线，得到剩余的曲线，$R(t) = U(t) - U_m(t)$；

f) 通过式(C.2)中的试验电压因数 $k(f)$，构造一个等同于 $k(f)$ 的传递函数 $H(f)$ 的数字滤波器；

g) 对剩余的曲线 $R(t)$ 进行数字滤波，得到滤波后的曲线 $R_f(t)$；

h) 将滤波后的剩余曲线 $R_f(t)$ 和基波 $U_m(t)$ 进行叠加，得到试验电压曲线，$U_t(t)$；

i) 从试验电压曲线计算出冲击曲线的峰值和时间参数；

j) 显示出记录曲线 $U(t)$ 和试验电压曲线 $U_t(t)$；

k) 对试验电压数据、波前时间、半峰值时间和过冲幅值进行记录。

C.3 对图片格式波形进行人工计算的程序

该程序是式(C.1)的实施过程，用于图片格式冲击波形参数的人工计算。

a) 通过记录曲线 $U(t)$，人工绘制一个基本曲线 $U_m(t)$，从而去除峰值上的振荡；

b) 找到 $U_m(t)$ 的峰值，U_{mp}；

c) 找到记录曲线 $U(t)$ 的峰值 U_e；

d) 计算过冲幅值，$\beta = U_e - U_{mp}$；

e) 在 $U(t)$ 曲线最大峰值两侧、$U(t)$ 和 $U_m(t)$ 曲线上的两个交点所对应的时间间隔，计算过冲的持续时间 t，同时计算过冲频率 $f = 1/2t$；

f) 由式(C.2)计算试验电压因数 $k(f)$ 的值；

g) 由式(C.1)计算试验电压值 U_t；

h) 由试验电压曲线上按峰值电压 U_t 确定时间参数；

i) 记录试验电压值、波前时间、半峰值时间和过冲幅值。

附　录　D
（资料性附录）
操作冲击的评价

D.1　操作冲击试验的定义

D.1.1　操作冲击电压：波前持续时间大于 20 μs 的冲击电压。

D.1.2　试验电压值：除非有关的技术委员会特殊规定，试验电压值指峰值。

D.1.3　到峰值的时间 T_p：实际原点与冲击电压到达峰值的时间间隔，即冲击电压峰值的 30%和 90%两电压点之间的时间间隔 T_{AB}的 2.4 倍。

由下式确定（见图 D.1）：

$$T_p = KT_{AB}$$

$K=2.42-3.08\times10^{-3}|T_{AB}|+1.51\times10^{-4}|T_2|$ 和 $T_{AB}=t_{90}-t_{30}$

式中：

$|T_{AB}|$和$|T_2|$以 μs 表示。

注：对于现场试验，$K=2.4$。

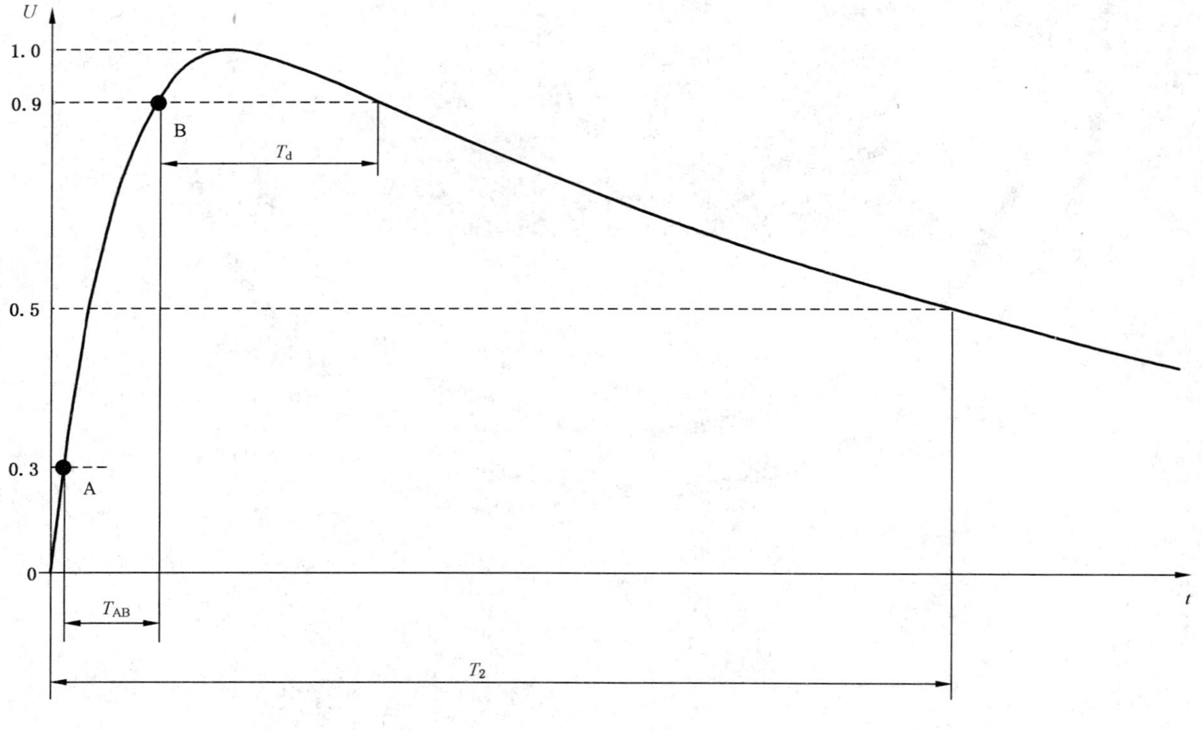

图 D.1　操作冲击全波

D.1.4　半峰值时间 T_2：操作冲击电压的半峰值时间 T_2 是指实际原点与电压第一次减少到半峰值的时间间隔。

D.1.5 高于 90%的时间 T_d：指冲击电压超过峰值电压的 90%部分的持续时间间隔。

D.1.6 到零的时间 T_0：指实际原点与冲击电压第一次过零点的时间间隔。

注 1：有时需要用 T_d 和 T_0 替代值 T_2。例如，当试品或者回路中的冲击特性处于饱和状态或者考虑到这些参数对试品内绝缘重要部分的考核更苛刻时。在特殊的操作冲击情况下，仅提供一种与波形有关的参数。试验记录中应对特殊的时间参数给出清楚的说明。例如，冲击的 T_p/T_2 或者 $T_p/T_d/T_0$。

注 2：考虑特殊试验时，额外的参数由有关的技术委员会规定。

ICS 43.040.40
T 24

中华人民共和国国家标准

GB 16897—2010
代替 GB 16897—1997

制动软管的结构、性能要求及试验方法

Brake hose—Structure, performance and test methods

2011-01-10 发布　　　　2011-07-01 实施

中华人民共和国国家质量监督检验检疫总局
中国国家标准化管理委员会　发布

前　言

本标准的表 1、表 6 及表 9 中的性能要求、第 8 章为强制性的，其余为推荐性的。

本标准与 FMVSS 106—1993《制动软管》的一致程度为非等效。

本标准代替 GB 16897—1997《制动软管》。

本标准与 GB 16897—1997《制动软管》相比主要变化如下：

——增加了术语的英文名称(见第 3 章)；

——增加了试验样品数量规定(见表 1、表 6、表 9)；

——增加了液压制动软管总成的“耐高温脉冲性”试验(见表 1)；

——增加了塑料软管的“爆裂强度”计算公式(见表 6)；

——修改了用于真空制动软管的标识(见第 8 章)；

——删除了“永久联接管接头”和“真空管系连接器”术语(1997 版 3.6 条、3.8 条)；

——删除了气压制动软管总成的“耐寒性”中的“气密性”试验(1997 版 6.2.8 款)；

——修改了内径 Φ3.2 mm 液压制动软管总成爆裂强度的评价指标(见表 1)；

——对真空制动软管规格尺寸和部分项目的试验要求进行了修订(见第 7 章)。

本标准由中华人民共和国国家发展和改革委员会提出。

本标准由全国汽车标准化技术委员会(SAC/TC 114)归口。

本标准负责起草单位：中国第一汽车集团公司技术中心。

本标准参加起草单位：河北亚大汽车塑料制品有限公司、中车集团南京 7425 工厂。

本标准主要起草人：杨兆国、张明远、黄忆南、周宇飞、杨泉良、孙克俭、王胜先。

本标准所代替标准的历次版本发布情况为：

——GB 16897—1997。

制动软管的结构、性能要求及试验方法

1 范围

本标准规定了汽车(含摩托车)及挂车用制动软管、制动软管接头和制动软管总成的结构、性能要求、试验方法及标识。

本标准适用于汽车(含摩托车)及挂车使用的液压、气压、真空制动软管及制动软管接头和制动软管总成。

2 规范性引用文件

下列文件中的条款通过本标准的引用而成为本标准的条款。凡是注日期的引用文件,其随后所有的修改单(不包括勘误内容)或修订版均不适用于本标准,然而,鼓励根据本标准达成协议的各方研究是否可使用这些文件的最新版本。凡是不注日期的引用文件,其最新版本适用于本标准。

GB/T 1690—2006 硫化橡胶或热塑性橡胶耐液体试验方法

GB/T 7129—2001 橡胶或塑料软管 容积膨胀的测定

GB/T 10125—1997 人造气氛腐蚀试验 盐雾试验

GB 12981 机动车辆制动液

GB/T 14905—1994 橡胶和塑料软管各层间粘合强度测定

3 术语和定义

下列术语和定义适用于本标准。

3.1

制动软管 brake hose

制动系统中除管接头之外用于传输或存储供汽车制动器加力的液压、气压或真空的柔性导管。

3.2

制动软管接头 brake hose end fitting

除卡箍外,附加在制动软管端部的连接件。

3.3

制动软管总成 brake hose assembly

装有制动软管接头的制动软管。制动软管可有护套,也可无护套。

3.4

护套 armor

装在制动软管外部的用于提高制动软管抗刮伤或耐冲击能力的保护装置。

3.5

自由长度 free length

在制动软管总成处于垂直状态时,管接头之间外露制动软管的直线长度。

3.6

爆裂 rupture

导致制动软管与管接头脱离或泄漏的故障。

3.7

公称内径 nominal inside diameter

用于描述制动软管的尺寸规格,对于橡胶软管,用“Φ”和以毫米为单位的内径表示,如“Φ3.2 mm

的软管”是指公称内径为 3.2 mm 橡胶软管；对于塑料软管；用“Φ”和以毫米为单位的外径表示，如“Φ8 mm的软管”是指公称外径为 8 mm 塑料软管。

4 一般要求

4.1 用于试验的制动软管总成应是至少 24 h 以前制造的且未经使用的产品。试验前，制动软管总成应在 15 ℃～32 ℃温度下至少保持 4 h。

4.2 用于屈挠疲劳试验和耐寒性试验的制动软管总成，在安装到试验设备上之前应拆除全部附件，如钢丝护套、橡胶护套等。

4.3 液压制动软管总成使用的试验介质应为 GB 12981 规定的 HZY3 级制动液。有特殊要求时，也可采用其他型号的制动液进行试验，但应在试验报告中注明其型号。

4.4 除有特殊要求外，试验应在室温为 15 ℃～32 ℃的条件下进行。

5 液压制动软管总成

5.1 结构

制动软管总成由制动软管和制动软管接头组成，制动软管和制动软管接头间是永久性联接，该联接依靠接头部分对软管的压皱或冷挤变形来实现的。

5.2 性能要求

制动软管总成或相应的零件试验按 5.3 进行，其试验结果应满足表 1 中规定的各项性能要求。

表 1 液压制动软管总成性能

序号	试验项目		单位	性能要求	数量 根	试验方法
1	缩颈后的内孔通过量[a]		—	量规全程通过	35	5.3.1
2	最大膨胀量		mL/m	见表 2	4	5.3.2
3	爆裂强度[b]		MPa	≥34.5		5.3.3
4	制动液的相容性	缩颈后的内孔通过量	—	量规全程通过	4	5.3.4
		爆裂强度[b]	MPa	≥34.5		
5	屈挠疲劳[c]		h	≥35	4	5.3.5
6	抗拉强度		N	≥1 446	4	5.3.6
7	吸水性	爆裂强度[b]	MPa	≥34.5	4	5.3.7
		屈挠疲劳[c]	h	≥35	4	
		抗拉强度	N	≥1 446	4	
8	耐寒性		—	无裂纹	1	5.3.8
9	耐臭氧性		—	无龟裂	1	5.3.9
10	耐高温脉冲性	爆裂强度[b]	MPa	≥34.5	4	5.3.10
11	接头的耐腐蚀性		—	金属基体无腐蚀	1	5.3.11

[a] 应切割总成进行缩颈后的内孔通过量试验，试验样品的数量为 43 根，其中 8 根用于缩颈后的内孔通过量试验；

[b] 公称内径为 3.2 mm 的制动软管总成爆裂强度应不小于 49 MPa；

[c] 只对用于车架与轮轴有相对运动部位的制动软管总成进行此项试验。

表 2　最大膨胀量

公称内径 mm	试验压力			
	6.9 MPa		10.3 MPa	
	正常膨胀的软管 (HR) mL/m	低膨胀的软管 (HL) mL/m	正常膨胀的软管 (HR) mL/m	低膨胀的软管 (HL) mL/m
≤3.2	2.17	1.08	2.59	1.38
4.0～5.0	2.82	1.81	3.35	2.36
≥6.0	3.41	2.69	4.27	3.84

5.3　试验方法

5.3.1　缩颈后的内孔通过量

按表 3 规定的尺寸和图 1 的要求选择量规，此量规在自重的作用下全长 76 mm 插入制动软管。

单位为毫米

图 1　量规

表 3　量规尺寸

公称内径 mm	直径 D(最小) mm	质量 g
3.2	2.03	57±3
4.8	3.05	85±4
6.3	4.19	120±6
其他	公称内径×0.64	57±3

5.3.2　最大膨胀量

按照 GB/T 7129—2001 规定进行试验，试验压力为 6.9 MPa 和 10.3 MPa，试验介质为无空气或气体的蒸馏水，或者 GB 12981 规定的 HZY3 级制动液。

5.3.3　爆裂强度

将制动软管总成连接到压力系统上，充满 5.3.2 规定的试验介质，排出所有空气，以 100 MPa/min±20 MPa/min 的速率加压至 28 MPa±1 MPa，并保持 120 s±10 s；保压后仍以同样的速率施加压力，直到超过表 1 规定的压力，检查并记录制动软管总成是否损坏。

5.3.4　制动液的相容性

5.3.4.1　试验准备

试验准备如下：

a)　将制动软管总成从下面连接到容量为 500 mL 的储液罐上，在储液罐中注入 100 mL 符合 GB 12981规定的 HZY3 级制动液，如图 2 所示；

b） 将下端封闭的制动软管总成内注满制动液后，使制动软管总成垂直放入恒温箱内。

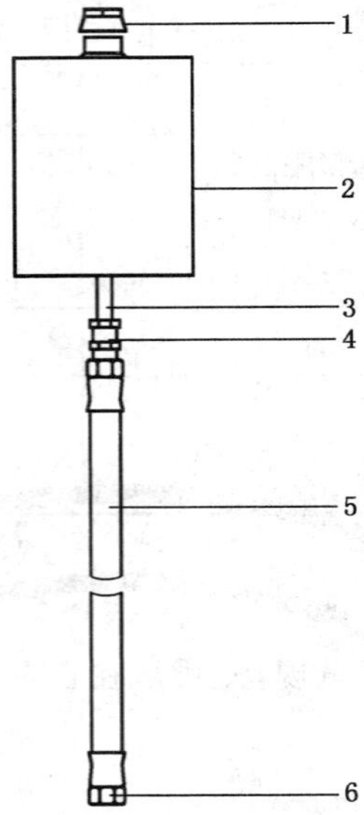

1——盖子；
2——储液罐；
3——铜管；
4——管接头；
5——试验用制动软管；
6——旋塞。

图 2 相容性试验装置

5.3.4.2 试验程序

试验程序如下：

a） 将制动软管总成在 90 ℃±1 ℃的温度下放置 70 h±2 h；

b） 将制动液从制动软管总成中排出，拆下制动软管总成，并在室温中冷却 30 min±5 min；

c） 按 5.3.1 检查缩颈后的内孔通过量；

d） 在 3 h 内按 5.3.3 进行制动软管总成的爆裂强度试验。

5.3.5 屈挠疲劳

5.3.5.1 试验设备

试验设备主要由转动部分和固定部分组成，设备示意图见图 3。转动部分由可动水平连杆及转盘组成，可动水平连杆的两端通过轴承垂直安装在转盘上，转盘的中心与轴承的中心相距 101.6 mm，固定部分为可调的非动水平连杆，非动水平连杆平行于和转盘中心在同一水平面内的可动水平连杆，两个水平连杆上都装有可平行安装制动软管总成的若干个接头。转盘以 800 r/min±10 r/min 的速率旋转时，固定在可动水平连杆上的制动软管端部也以此速率转动，形成 203.20 mm±0.25 mm 的圆形轨迹，而制动软管的另一端则固定不动。可动水平连杆上的接头是封闭的，而非动水平连杆上的接头应与液压源连通，试验设备的液压源容积及管路设置不允许影响试验结果，试验中当制动软管损坏而压力下降到设定值时，试验设备应能够自动停机，同时记录运转时间及停机时管路中的系统压力。

5.3.5.2 试验准备

试验准备如下：

a） 拆除外部的附件，如护套、安装支架和日期环带等；

b） 将软管总成置于垂直状态，在软管总成的下端悬挂 576 g±3 g 的砝码，用一游标卡尺或类似的量尺测量软管总成的自由长度，并予以记录，精确到 0.5 mm；

c） 将制动软管总成安装在屈挠疲劳试验机上，其最小自由长度及松弛量应符合表 4 中规定的数值，并测量如图4所示平行于转盘轴线的投影长度。

5.3.5.3 试验程序

试验程序如下：

a) 对管路系统施加静压力为1.62 MPa±0.10 MPa的5.3.2规定的试验介质，并从系统中排出所有气体；

b) 驱动转盘，使其以800 r/min±10 r/min的速率旋转；

c) 当制动软管总成因泄漏引起压力下降时，应终止试验，记录制动软管总成压力下降时的运转时间和压力，该运转时间为屈挠疲劳寿命时间。

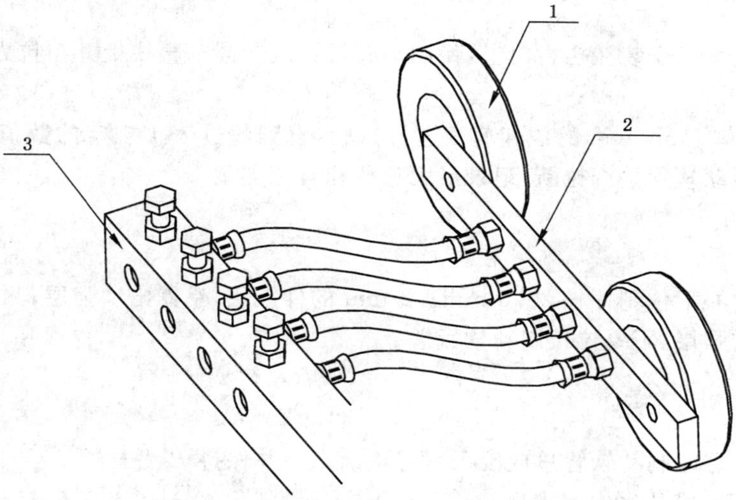

1——转盘；

2——可动水平连杆；

3——固定水平连杆。

图3 屈挠疲劳试验机示意图

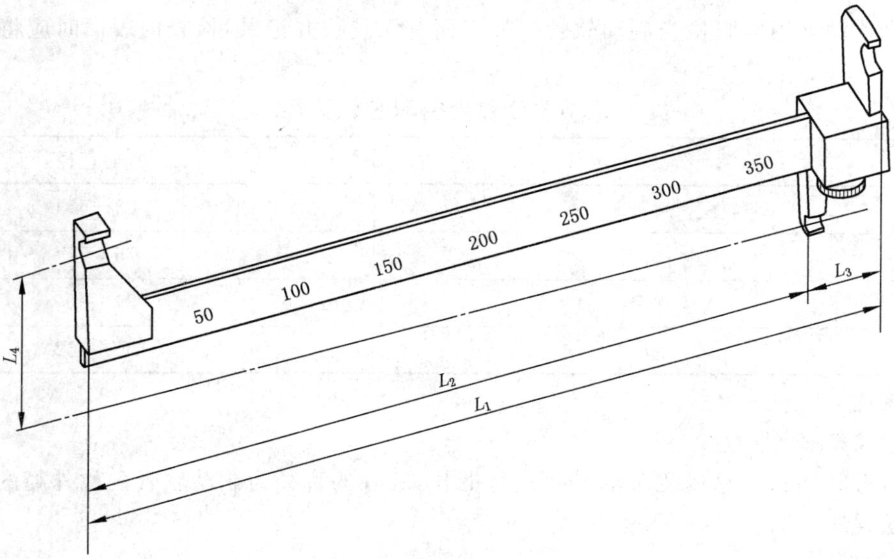

L_1——自由长度；

L_2——屈挠疲劳试验长度；

L_3——松弛量；

L_4——100 mm。

图4 松弛量调整装置

表 4　自由长度和松弛量

单位为毫米

公称内径	自由长度	松弛量
≤3.2	200～400	44±0.4
	>400～480	32±0.4
	>480～600	19±0.4
>3.2	250～400	25±0.4

5.3.6　**抗拉强度**

5.3.6.1　**试验准备**

将制动软管总成垂直安装在拉力机上，使制动软管总成在同一直线上并与拉力方向一致。

5.3.6.2　**试验程序**

以 25 mm/min±3 mm/min 的拉伸速度进行试验，直到超过表 1 规定的数值，检查并记录制动软管接头是否拉脱或制动软管是否拉断，记录最大负荷和破坏类型。

5.3.7　**吸水性**

5.3.7.1　**试验准备**

将制动软管的中心部位剥掉长 28.6 mm±2 mm 的外胶层，暴露出增强层，测量其自由长度。在剥外胶层时不应损坏增强层，不要拉长制动软管总成。

5.3.7.2　**试验程序**

试验程序如下：

a)　将剥掉外胶层的制动软管总成浸入室温蒸馏水中并保持 70 h±2 h；

b)　将制动软管总成从水中取出后，在 30 min 内分别按 5.3.3、5.3.5、5.3.6 进行爆裂强度、屈挠疲劳和抗拉强度试验，每项试验均使用不同的制动软管总成。

5.3.8　**耐寒性**

拆除护套，将制动软管总成以自由状态与表 5 规定的芯轴一同放置在温度为－40℃±1℃的低温箱中，保持 70 h±2 h，接着在该温度下，用均匀的速度，在 5 s 内将制动软管总成绕芯轴弯曲至少 180°。试验后，在室温条件下用肉眼检查制动软管内外表面有无裂纹并记录，检查内表面时应将制动软管沿纵向切开。

表 5　公称内径和芯轴直径

单位为毫米

序号	公称内径	芯轴直径
1	<3.2	63～65
2	3.2	76～77
3	4.0～6.0	89～90
4	>6.0	100～102

5.3.9　**耐臭氧性**

5.3.9.1　**试验准备**

拆除护套，将制动软管总成绕芯轴 360°进行捆扎，芯轴的直径为制动软管公称外径的 8 倍。

5.3.9.2　**试验程序**

试验程序如下：

a)　在室温条件下将绕有制动软管总成的芯轴放置 24 h 以上，然后再放入臭氧浓度为(50±5)×10^{-8}、箱内温度为 40 ℃±2 ℃的臭氧试验老化箱中，保持 70 h±2 h；

b)　在 7 倍放大镜下检查制动软管外表面是否出现龟裂或裂纹，带箍部位或带箍附近的部位可忽略不计。

5.3.10 耐高温脉冲性

5.3.10.1 试验装置

试验装置如下：

a) 压力循环装置应能施加 11 MPa 压力，并能自动控制加压和泄压周期；

b) 一个具有合适的恒温控制装置的加热系统，并能保持 143 ℃±3 ℃温度的隔热循环空气烘箱。

5.3.10.2 试验程序

试验程序如下：

a) 将制动软管总成连接到能产生 0 MPa～11 MPa 的压力循环装置上；

b) 将压力循环装置和制动软管总成注满符合 GB 12981 规定的 HZY3 级制动液，并排出空气；

c) 将制动软管总成放置在烘箱内并在 30 min 内使烘箱温度达到 143℃±3℃；

d) 对制动软管总成施加 11 MPa～11.5 MPa 的压力，保持 60 s±6 s，然后降至 0 MPa，再保持 60 s±6 s。应在 2 s 内达到规定的压力(从 0 MPa 至 11 MPa、从 11 MPa 至 0 MPa)，制动软管总成的压力循环应至少进行 150 次；

e) 从装置上卸下制动软管总成并排出液体。在室温空气中冷却制动软管总成，时间至少为 45 min；

f) 按 5.3.3 规定对制动软管总成进行爆裂强度试验。

5.3.11 接头的耐腐蚀性

按照 GB/T 10125—1997 规定进行中性盐雾试验，试验时间 24 h。试验后用不高于 40℃的清洁流水轻轻清洗，除去盐沉积物，然后在 2 min 内用空气吹干，检查制动软管接头表面是否出现金属基体腐蚀产物，但褶皱或标记信息的部位出现的腐蚀现象不包括在内。当涂装过的铁制连接件上出现红锈或铜制连接件上出现腐蚀痕迹时，记录盐雾腐蚀试验结果。

6 气压制动软管总成

6.1 结构

气压制动软管总成由两端金属基制动软管接头(或夹箍)和中间的制动软管组成。

6.2 性能要求

制动软管总成或相应的零件试验按 6.3 进行，其试验结果应满足表 6 中规定的各项性能要求。

表 6 气压制动软管总成性能

序号	试验项目	单位	性能要求	数量 根	试验方法
1	缩颈后的内孔通过量	—	量规全程通过	17	6.3.1
2	气密性	—	无气泡发生或局部膨胀	3	6.3.2
3	长度变化率	%	−7～+5	3	6.3.3
4	爆裂强度[a]	MPa	≥5.5		6.3.4
5	抗拉强度	N	见表 7	3	6.3.5
6	粘合强度	kN/m	≥1.5	1	6.3.6
7	耐热性	—	无裂纹、碳化或热降解	1	6.3.7
8	耐寒性	—	无裂纹	1	6.3.8
9	耐 3[#] 标准油体积变化率	%	≤100	1	6.3.9
10	耐水后的抗拉强度	N	见表 7	1	6.3.10

表 6（续）

序号	试验项目	单位	性能要求	数量 根	试验方法
11	耐臭氧性	—	无龟裂	1	6.3.11
12	耐氯化锌性	—	无裂纹	1	6.3.12
13	接头的耐腐蚀性	—	金属基体无腐蚀	1	6.3.13
注：橡胶制动软管不进行第12项试验，塑料制动软管不进行第1、6项试验。					
a 塑料制动软管的爆裂强度应不小于式(1)计算结果。					

塑料制动软管爆裂强度要求按式(1)进行计算：

$$p_{min} = \frac{\sigma \times 2e_{min}}{D_{max} - e_{min}} \quad \cdots\cdots(1)$$

式中：

p_{min}——塑料制动软管最小爆裂压力，单位为兆帕(MPa)；

σ——PA11/PA12管爆裂压力常数，20 MPa；

e_{min}——塑料制动软管最小壁厚，单位为毫米(mm)；

D_{max}——塑料制动软管最大外径，单位为毫米(mm)。

表 7　抗拉强度

公称内径 mm	抗拉强度 N	
	用于车架与轮轴有相对运动部位	用于无相对运动部位
<6.3	≥1 100	≥220
6.3～12.7	≥1 450	≥660
≥12.7	≥1 450	≥1 450
注：送检样品应明确在使用时是否有相对运动。如没有特别的说明，应认定其用于车架与轮轴有相对运动的部位。		

6.3　试验方法

6.3.1　缩颈后的内孔通过量

采用图5所示的量规，量规在自重的作用下全长B插入制动软管。

单位为毫米

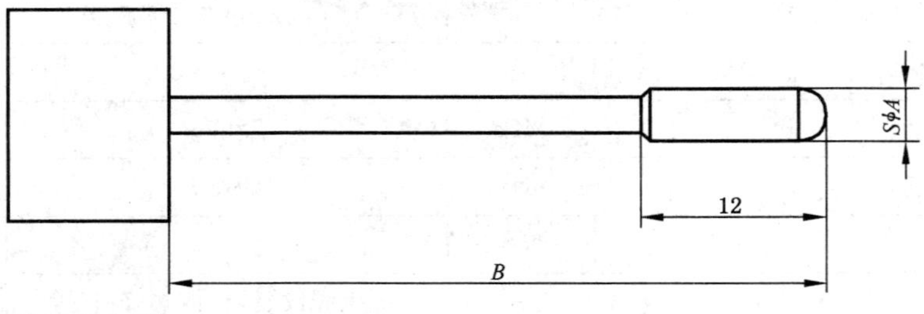

$S\phi A$——软管公称内径的66%；

B——接头全长加50 mm以上。

注：量规的质量为60 g～100 g。

图 5　量规

6.3.2 气密性

将制动软管总成的一端封闭，从另一端充以空气或惰性气体至压力为 1.4 MPa，切断气源，浸入水槽中保压 5 min 后，观察有无气泡产生和局部膨胀。

6.3.3 长度变化率

将制动软管总成内充满水，排尽管内空气。当压力达到 0.1 MPa 的情况下，在制动软管总成的中央处划 300 mm 间隔的标线并进行测量(L_1)，然后增压到 1.4 MPa，保压 5 min 后，再次测量标线间的距离(L_2)，按式(2)计算长度变化率。该项试验对螺旋制动软管总成不适用。

$$\Delta L=\frac{L_2-L_1}{L_1}\times 100 \quad \cdots\cdots(2)$$

式中：

ΔL——长度变化率，%；

L_1——压力 0.1 MPa 时的标线间的距离，单位为毫米(mm)；

L_2——压力 1.4 MPa 时的标线间的距离，单位为毫米(mm)。

6.3.4 爆裂强度

将制动软管总成连接到压力系统上，充满水，排出所有空气。以 6.2 MPa/min±0.7 MPa/min 的速率施加压力，直至制动软管总成爆裂或制动软管接头脱落，记录此时的压力值。

6.3.5 抗拉强度

按 5.3.6 进行试验，直到超过表 7 规定的数值。对于卡套式连接的尼龙软管，试验时的接头螺母拧紧力矩为相关技术条件的规定值。

6.3.6 粘合强度

按照 GB/T 14905—1994 规定进行粘合强度试验，试样类型为 1 型试样，速度为 25 mm/min±5 mm/min。该项试验对带钢丝增强层的软管、单层管及尼龙管不适用。

6.3.7 耐热性

芯轴直径依据表 8 进行选取，将制动软管总成绕芯轴 360°进行捆扎，如表 8 图示，然后在 100℃±2℃的恒温箱中放置 70 h±2 h；将制动软管总成冷却到室温后，从芯轴上取下制动软管总成并将其伸直肉眼检查制动软管总成内外表面是否有裂纹、碳化或热降解现象并记录，检查内表面时应将制动软管沿纵向切开。

表 8 芯轴尺寸

单位为毫米

公称内径	芯轴直径	弯曲状态
3.2	76	
4.8	102	
6.3 或 9.5 外径	127	
7.9	152	
9.5	178	
10.3	178	
11.1	203	
12.7	203	
15.9	228	

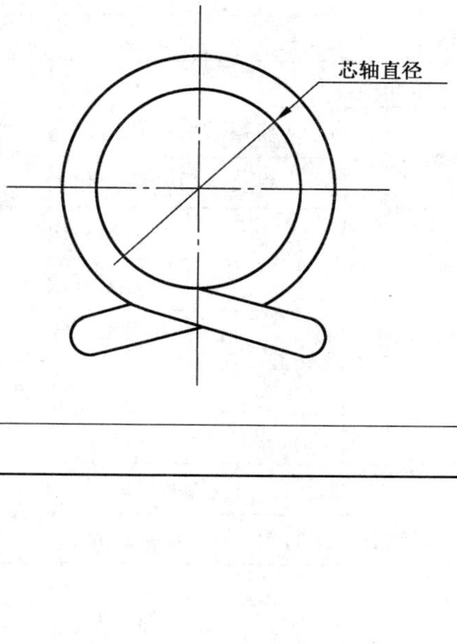

注：9.5 外径为塑料制动软管。

6.3.8 耐寒性

按 5.3.8 进行试验，芯轴半径依据表 8 进行选取。

6.3.9 耐3#标准油体积变化率

6.3.9.1 制样

从制动软管总成的橡胶软管内胶层上制取长度为50 mm、宽度为8 mm、厚度不大于1.6 mm的长方形试样，试样表面应平滑。

6.3.9.2 试验程序

按照GB/T 1690—2006中7.3进行试验，在100 ℃±2 ℃的恒温箱放置70 h±2 h，试验介质为GB/T 1690—2006附录A中表A.3规定的3#标准油。

6.3.10 耐水后的抗拉强度

将制动软管总成浸入室温的蒸馏水中70 h±2 h，然后从水中取出，在30 min内按5.3.6进行抗拉强度试验。

6.3.11 耐臭氧性

按5.3.9进行试验。

6.3.12 耐氯化锌性

将尼龙气压制动软管总成在室温下浸泡在浓度为50%氯化锌(化学纯)水溶液中200 h±2 h，从该溶液中取出后，在七倍放大镜下观察制动软管外表面的裂纹。

6.3.13 接头的耐腐蚀性

按5.3.11的规定进行试验。

7 真空制动软管总成

7.1 性能要求

制动软管总成或相应的零件试验按7.2进行，其试验结果应满足表9中规定的各项性能要求。

表9 真空制动软管总成性能

序号	试验项目			单位	性能要求	数量 根	试验方法
1	缩颈后的内孔通过量			—	量规全程通过	10	7.2.1
2	耐负压后外径变化量			mm	≤1.6	1	7.2.2
3	爆裂强度			MPa	≥2.4	1	7.2.3
4	耐弯曲性外径变化量			mm	见表10	1	7.2.4
5	粘合强度			kN/m	≥1.5	1	7.2.5
6	耐热性			—	无裂纹、碳化或热降解	1	7.2.6
7	耐寒性			—	无裂纹	1	7.2.7
8	耐臭氧性			—	无龟裂	1	7.2.8
9	耐燃料性	缩颈后的内孔通过量		—	量规全程通过	1	7.2.9
		耐负压后外径变化量		mm	≤1.6		
10	耐变形性	重载工况	第一次	N	≤310	1	7.2.10
			第五次		≥178		
		轻载工况	第一次		≤222		
			第五次		≥89		
		外径保持率		%	≥90		
11	接头的耐腐蚀性			—	金属基体无腐蚀	1	7.2.11
注：塑料制动软管不进行第1、5、10项试验。							

7.2 试验方法

7.2.1 缩颈后的内孔通过量

用图 1 所示量规检验每一条制动软管总成，对于重载工况的制动软管总成，量规的外径为制动软管总成公称内径的 75%；对于轻载工况的制动软管，量规的外径为制动软管公称内径的 70%。

7.2.2 耐负压后外径变化量

取长为 300 mm±6 mm 且一端密封的制动软管，测量制动软管外径；将制动软管接到真空压力源上，向其施加真空度为 85 kPa±3 kPa 的压力并至少保持 5 min；在该真空度作用下，测量制动软管变形最大部位的尺寸。

7.2.3 爆裂强度

按 6.3.4 进行试验。

7.2.4 耐弯曲性外径变化量

取长度符合表 10 规定的制动软管，以自然曲率弯曲该制动软管，直到制动软管两端如图 6 所示的相接触；在 A 处测量制动软管弯曲前和弯曲后的外径尺寸，弯曲前后外径的差值即为制动软管耐弯曲性外径变化量。

表 10 耐弯曲性外径变化量

单位为毫米

公称内径	5	6	7	8	10	12	16	19	25
软管长度	178	203	230	279	305	356	560	711	914
外径变化量	≤4.4	≤2.4	≤5.0	≤5.2	≤4.0	≤6.7	≤5.6	≤5.6	≤7.1

图 6 耐弯曲性

7.2.5 粘合强度

按 6.3.6 进行试验。

7.2.6 耐热性

按 6.3.7 进行试验，依据制动软管公称内径按表 11 选取软管长度及芯轴直径。

7.2.7 耐寒性

按 5.3.8 进行试验，依据制动软管公称内径按表 11 选取软管长度及芯轴直径。

表 11 耐热性、耐寒性试验条件

单位为毫米

公称内径	耐热性		耐寒性	
	软管长度	芯轴直径	软管长度	芯轴直径
5	200	76	445	152
6	230	76	445	152
7	230	89	483	178
8	230	89	483	178
10	250	89	483	178
12	280	102	520	203
16	300	114	560	229
19	350	127	610	254
25	400	165	725	330

7.2.8 耐臭氧性

按 5.3.9 进行试验。

7.2.9 耐燃料性

取长为 300 mm±6 mm 的制动软管总成，在制动软管总成中注满符合 GB/T 1690—2006 附录 A 中表 A.1 规定的试验液体 A；将注满试验液体 A 的制动软管总成在室温下放置 48 h±1 h，按 7.2.1 进行缩颈后的内孔通过量试验，按 7.2.2 进行耐负压后外径变化量试验。

7.2.10 耐变形性

试验程序如下：

a) 按表 12 规定的试样尺寸制取制动软管总成试样，并选取相应通过试样全长的量规，测量并记录变形试样外径尺寸 D_1；

b) 将试样纵向放置在加压装置上；

c) 如图 7 所示，向试样逐渐施加压力 P，使试样尺寸 D 达到表 12 中规定的数值；

d) 保持压缩状态 5 s 后卸去负荷，记录施加的最大负荷；

e) 再重复 c)、d)操作四次，每两次之间允许有 10 s 的间隔；

f) 在室温下放置 60 s 后，测量并记录试样外径尺寸 D_2；

g) 制动软管总成的外径保持率按式(3)计算：

$$\Delta D=\frac{D_2}{D_1}\times 100 \qquad (3)$$

式中：

ΔD——外径保持率，%；

D_1——试验前外径，单位为毫米(mm)；

D_2——试验后外径，单位为毫米(mm)。

表 12 试样和量规尺寸

单位为毫米

公称内径	试样		量规	
	D	L	宽度	厚度
5	1.2	25.4	3.2	1.2
6	1.6	25.4	3.2	1.6
7	1.6	25.4	3.2	1.6
8	2.0	25.4	4.8	2.0
10	2.4	25.4	4.8	2.4
12	3.2	25.4	6.4	3.2
16	4.0	25.4	6.4	4.0
19	4.8	25.4	6.4	4.8
25	6.4	25.4	6.4	6.4

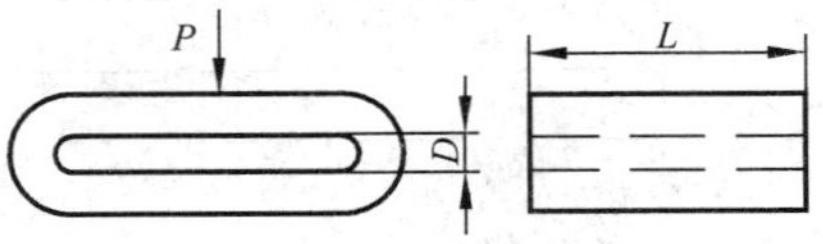

图 7 耐变形性试样

7.2.11 接头的耐腐蚀性

按 5.3.11 进行试验。

8 标识

8.1 制动软管

8.1.1 标识条带

标识条带应位于制动软管的外表面上且平行于制动软管的纵向轴线，其宽度应不小于1.6 mm且清晰可见。标识条带上应标有8.1.3规定的标识内容，其标识要求应符合8.1.2的规定。使用石油基制动液的液压制动软管应用绿色标识条带。

8.1.2 标识要求

每根制动软管的标识，从一个标识的尾端到另一个标识的首端的间隔应小于152 mm，应以印刷体大写英文字母或数字表示标识内容，字体高度应大于3.2 mm。

8.1.3 标识内容

标识内容如下：

a) 标准编号“GB 16897”；

b) 制造日期；

c) 制造商或其简称；

d) 公称尺寸，例如：“3.2 mm”表示橡胶制动软管的公称内径为3.2 mm，“12 mmOD”表示尼龙管的公称外径为12 mm；

e) “HR”表示标准膨胀的液压制动软管，“HL”表示低膨胀的液压制动软管；

f) “A”表示指定用于气制动软管；

g) “V”表示指定用于真空制动系统，其中“VH”表示重载工况的真空制动软管，“VL”表示轻载工况的真空制动软管。

8.2 制动软管接头

除用压皱、冷挤、热粘结、压配工艺使接头相对于制动软管有装配变形的制动软管总成外，制动软管接头中至少有一个管接头上应有以腐蚀、压纹或粘贴方法表示的标识。该标识应以印刷体大写英文字母或数字表示，字高应不小于1.6 mm，标识内容为制造商简称或可追溯的制造商标识。

8.3 制动软管总成

8.3.1 用压皱、冷挤、热粘结、压配工艺安装接头的制动软管总成，应按8.3.2或8.3.3的规定进行标识。

8.3.2 按总成装配厂商推荐的位置，在制动软管总成上加一环带标识。环带标识应沿制动软管总成纵向轴线的管接头两端之间自由移动。环带标识应用腐蚀、压纹或粘贴的方法用字高不小于3.2 mm的印刷体大写英文字母或数字表示，标识内容如下：

a) 标准编号“GB 16897”；

b) 制造日期；

c) 制造商或其简称。

8.3.3 用压皱、冷挤、热粘结、压配工艺安装接头的制动软管总成，至少应在制动软管总成一端的接头上有标识，标识应用腐蚀、压纹或粘贴的方法用字高不小于1.6 mm的印刷体大写英文字母或数字标示出制动软管总成制造商简称或可追溯的制造商标识。

ICS 01.080.01
A 22

中华人民共和国国家标准

GB/T 16902.4—2010

设备用图形符号表示规则 第4部分：屏幕和显示器用图形符号（图标）的设计指南

Rules for the presentation of graphical symbols for use on equipment—Part 4: Guidelines for the adaptation of graphical symbols for use on screens and displays(icons)

(ISO 80416-4:2005, Basic principles for graphical symbols for use on equipment—Part 4: Guidelines for the adaptation of graphical symbols for use on screens and displays(icons), MOD)

2011-01-14 发布　　2011-08-01 实施

中华人民共和国国家质量监督检验检疫总局
中国国家标准化管理委员会　发布

前 言

GB/T 16902《设备用图形符号表示规则》与 GB/T 16900《图形符号表示规则 总则》、GB/T 16901《产品技术文件用图形符号表示规则》、GB/T 16903《标志用图形符号表示规则》共同构成指导图形符号设计及应用的系列国家标准。

GB/T 16902《设备用图形符号表示规则》分为 4 个部分：

——第 1 部分：原形符号；

——第 2 部分：箭头的形式和使用；

——第 3 部分：应用导则；

——第 4 部分：屏幕和显示器用图形符号(图标)的设计指南。

本部分为 GB/T 16902 的第 4 部分。

本部分按照 GB/T 1.1—2009 给出的规则起草。

本部分使用重新起草法修改采用 ISO 80416-4:2005《设备用图形符号的基本原则 第 4 部分：屏幕和显示器用图形符号(图标)的重绘指南》。

本部分与 ISO 80416-4:2005 相比，结构变化情况为：未包括其中的“4.3 国际标准”。

本部分与 ISO 80416-4:2005 相比，存在的技术性差异及其原因为：

——为了适应我国的技术条件，对 ISO 80416-4:2005 中的规范性引用文件做了如下调整：

- 将 IEC 60417 用技术内容上对应但没有采标关系的 GB/T 5465(所有部分)代替；
- 增加规范性引用文件 GB/T 16273；
- 将 IEC 80416-1 用技术内容上对应但没有采标关系的 GB/T 16902.1 代替；
- 将 ISO 80416-2 用修改采用的 GB/T 16902.2 代替。

——由于我国尚未建立完善的图形符号注册制度和相关程序，因此本部分未包括 ISO 80416-4:2005 中的“4.3 国际标准”。

——为了强调使用符合标准的图形符号，将 5.3.1 中的推荐型条款改为要求型条款。

本部分对 ISO 80416-4:2005 做了下列编辑性修改：

——将所规定的“采用国际标准”的条款修改为采用国家标准，如 5.3.1 中用“标准化图形符号”代替原文中的“国际标准化图形符号”；

——由于国家标准 GB/T 16273 仅部分对应 ISO 7000，因此第 8 章在增加对 GB/T 16273 的引用的同时，保留对 ISO 7000 的引用；

——对 ISO 80416-4:2005 中涉及图标在国际范围通用性的条款进行了修改，如附录 B.2。

本部分由全国图形符号标准化技术委员会(SAC/TC 59)提出并归口。

本部分起草单位：中国标准化研究院、轻工业标准化所、中机生产力促进中心。

本部分主要起草人：邹传瑜、白殿一、杨柞年、张亮、陈永权、高永梅。

引　言

图形符号是以图形为主要特征，信息传递不依赖于语言的视觉形象。设备用图形符号在设备上具有广泛的用途。在设计用于同一场所或相似设备上的符号族时，符号的一致性是非常重要的。当这些符号缩小到很小尺寸时，符号的视觉清晰度也同样重要。因此，有必要将形成设备用图形符号的原则标准化，以保持符号的一致性并确保符号在视觉上的清晰度，从而提高符号的可识别性。

屏幕和显示器用图形符号(图标)能降低软件用户界面的复杂性，使软件更加易学好用。

设备用图形符号表示规则
第4部分:屏幕和显示器用图形符号
(图标)的设计指南

1 范围

GB/T 16902的本部分给出了屏幕和显示器上图形符号(图标)的设计指南。本部分也规定了图标与符号原图的一致性原则。

本部分适用于电工设备、复印机、汽车仪表及家用电器等各类设备上使用的图标的设计。

2 规范性引用文件

下列文件对于本文件的应用是必不可少的。凡是注日期的引用文件,仅注日期的版本适用于本文件。凡是不注日期的引用文件,其最新版本(包括所有的修改单)适用于本文件。

GB/T 5465(所有部分) 电气设备用图形符号

GB/T 16273(所有部分) 设备用图形符号

GB/T 16902.1 图形符号表示规则 设备用图形符号 第1部分:原形符号

GB/T 16902.2 设备用图形符号表示规则 第2部分:箭头的形式和使用(GB/T 16902.2—2008,ISO 80416-2:2001,MOD)

ISO 7000 设备用图形符号 索引和一览表(Graphical symbols for use on equipment—Index and synopsis[1])

ISO/IEC 11581-2 信息技术 用户系统接口和符号 图标和功能 第2部分:对象图标(Information technology—User system interfaces and symbols — Icon symbols and functions — Part 2:Object icons)

ISO/IEC 11581-3 信息技术 用户系统接口和符号 图标和功能 第3部分:指针图标(Information technology—User system interfaces and symbols—Icon symbols and functions—Part 3:Pointer icons)

ISO/IEC 11581-5 信息技术 用户系统接口和符号 图标和功能 第5部分:工具图标(Information technology—User system interfaces and symbols—Icon symbols and functions—Part 5:Tool icons)

ISO/IEC 11581-6 信息技术 用户系统接口和符号 图标和功能 第6部分:操作图标(Information technology — User system interfaces and symbols—Icon symbols and functions—Part 6:Action icons)

3 术语和定义

GB/T 16902.1中界定的以及下列术语和定义适用于本文件。

1) 对应的国家标准:GB/T 16273(所有部分)及其他相关国家标准。

3.1

抗锯齿 anti-aliasing

在线条和背景颜色之间增加若干饱和度较低的色度，达到减少曲线和斜线边缘锯齿、使线条更加平滑的技术。

3.2

缺省 default

操作系统或应用软件程序预设的、用户可以按需要进行更改的选项或属性。

3.3

图标 icon

呈现在屏幕或显示器上的图形符号。

注：图标可以是静态交互的，并随用户输入发生变化；也可以是动态的，并随设备状态发生变化。

3.4

图标编辑器 icon editor

创建图标文件的专用应用软件(或“工具”)。

3.5

像素 pixel;pel

屏幕或显示器上可寻址的最小图形元素。

注：屏幕或显示器的分辨率通常参考横向和纵向的像素数，如：1024×768 像素。

4 应用领域

4.1 屏幕和显示器

作为图标使用的图形符号可以在全色、非全色以及单色的屏幕或显示器上显示。所显示的图标的大小取决于具体计算机软件以及显示技术的属性，例如屏幕或显示器的物理尺寸以及有效像素数。为了保证视觉清晰度，在确保符号原图外观的前提下可对其进行修改。

4.2 辅助文件

如辅助文件中的图形符号与屏幕或显示器上的图标传递相同的信息，则二者的视觉形象宜相同。

5 使用原则

5.1 一般用途

图标广泛用于图形用户界面的软件系统中。图标可以是静态图标，用于视觉识别、强化文字说明、启动某项功能，或当鼠标选中时能够打开一个对象；也可以是动画或动态图标，用于显示所示对象的当前状态。在现有的操作系统(或“平台”)中，图标的属性多样，所使用的文件类型也不尽相同。GB/T 16902的本部分不给出这些属性和文件类型的具体细节。

5.2 图标类型

ISO/IEC 11581 各个部分中规定了以下图标类型：

——对象图标(ISO/IEC 11581-2)；

——指针图标(ISO/IEC 11581-3)；

——工具图标(ISO/IEC 11581-5);

——操作图标(ISO/IEC 11581-6)。

注1:操作图标又称“工具栏”图标。

注2:相同图形符号用于不同的图标类型可表示相似的功能。例如,打印机图标可以用来描述打印机对象、启动打印动作、显示打印机状态或油墨量。

5.3 图形符号与图标间的关系

5.3.1 一致性

如果一个图形符号既作为设备用图形符号(印刷或雕刻形式)、又作为图标使用,其含义应一致。

标准化图形符号仅应传递已规范的含义。

5.3.2 现有图形符号的采用

新设计图标的符号原图宜选用现有标准化图形符号中含义相同的图形符号。

注:附录A给出了已有图形符号作为图标被采用的例子。

5.4 颜色

5.4.1 技术考虑

不同操作系统的缺省调色板也不同。在制定或采用图标时,有必要考虑图标的操作系统或环境的缺省调色板,以免产生意外后果。

使用阴极射线管(CRT)和液晶显示板(LCD)的屏幕或显示器通常使用8位(即256色)图标。而某些设备可能需要2位(单色)或4位(16色)的图标,如复印机和家用电器。

在4位调色板中,可以通过在颜色空间中混合不同的颜色来生成其他颜色,即将色调值相似的颜色设为“棋盘格”。

仅宜将色调值相似的颜色在空间上进行混合(递色)。混合对比色调值的颜色会造成明显的“棋盘”样式。

用于网络的图标宜使用在不同浏览器上都能正常显示的调色板。

5.4.2 颜色的使用

为了保证视觉效果的协调性,宜考虑所有可能使用的图标。若无特殊原因,各图标宜保持相同的色彩外观与平衡。

由于饱和色颜色非常突出,宜谨慎使用,并且饱和色宜用于特殊意图,如警告或状态改变等。

将已标准化的警告标志作为图标使用时应保持其颜色不变(参见GB/T 2893.1)。

较大的图标(如32×32像素)可以使用单色和灰色线条营造三维效果、高光效果或阴影效果。较小的图标(如16×16像素)可以使用饱和色和黑色轮廓线使其更易于识别和理解。

注:按惯例,当前“不可用”的对象或功能显示为“灰色”(即无色)图标。

6 图标的形成

6.1 概述

现有的阴极射线管(CRT)、液晶显示板(LCD)以及等离子体显示板(PDP)等显示设备对图标的形成和显示有一定的制约。图标为常规显示尺寸时，可能无法使线条保持一致的宽度或规则的弧度。

图标的形成可以使用矢量绘图工具。而习惯做法是将图标以位图的形式保存并显示。所谓位图即一个正方形或矩形网格（单元格）内的一串（代表单个像素的）色块。

为适应目标操作系统所支持的单元格尺寸、调色板，需要制定不同版本的图标。如果没有提供适合尺寸的图标，操作系统可能会自动改变现有图标的尺寸，通过增删像素阵列的平均行数和列数统一为所需的单元格尺寸。这一过程经常会导致意想不到的不良后果，所以宜根据所需的不同尺寸单独制定相应的版本。

注：某些操作系统能识别出有效屏幕分辨率和调色板，将不同尺寸的单元格做适当的组合以适应当前屏幕分辨率。一个图标文件包含 8 个不同单元格尺寸和调色板的版本是很常见的情况。

新图标的设计指南见附录 B。

6.2 单元格尺寸

大部分图标类型的单元格尺寸均应遵循已有的操作系统规则。

常见的图标尺寸为：64×64 像素、48×48 像素、32×32 像素、16×16 像素以及 8×8 像素。有时也使用 24×24 像素的图标尺寸，但并不常见。图标最终显示的尺寸取决于显示屏物理尺寸和所使用的调色板，如：640×480 像素（4 位调色板）；800×600 像素（8 位调色板）；1024×768 像素（24 位调色板）等。

6.3 单元格内图形图像的位置

确定单元格内图像的位置时宜考虑操作系统的下述相关规定：

——有些系统要求图像在单元格内左对齐、底端对齐；有些系统则要求图像在单元格内水平居中对齐，底部向基线对齐；

——相邻图标不宜在视觉上相连，图像的外边缘与单元格间宜留出足够空白以避免此种情况；相邻图标看上去是否相连取决于多种因素，例如操作系统的定位方式和存储设置；

——有些操作系统需要在图像周围留出空白（透明）区域以显示对象的状态（如可用、选中、运行中、不可用等），因此图像的尺寸可能比其他操作系统的设计尺寸小。

6.4 线条绘制

6.4.1 线条的视觉质量

绘制宽度为一个像素或两个像素的线条时，并不能始终保持斜线的宽度不变或曲线的弧度一定。抗锯齿技术能够改善视觉质量。

6.4.2 斜线

水平线和垂直线的宽度恒定，但斜线很难保持相同的视厚度。例如与一条宽度为两个像素的直线相匹配的斜线，其宽度需为 3 个像素，如图 1 所示。

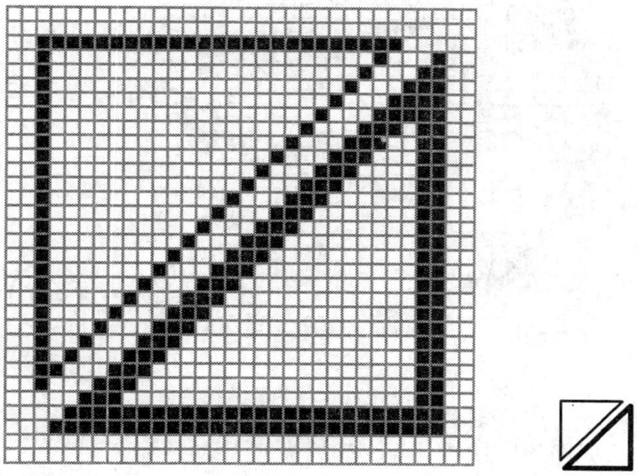

图 1　斜线宽度示例(放大尺寸和原始尺寸)

只有 11.5°、22.5°、45.0°、67.5°和 78.5°的斜线才能有规则的外观,即像素值以 1∶3、1∶2、1∶1、2∶1和 3∶1 的比率呈阶梯状变化,如图 2 所示。

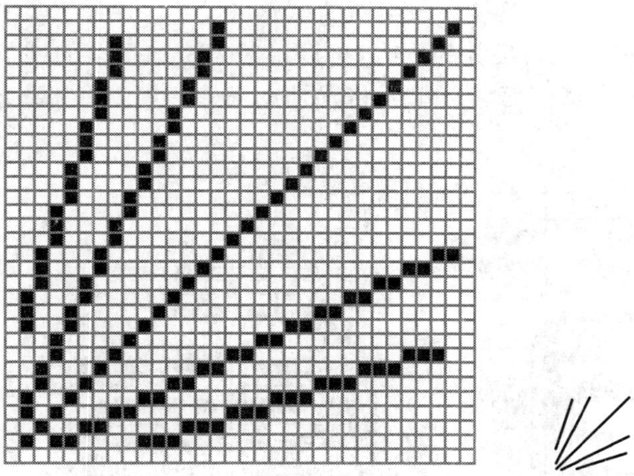

图 2　规则斜线示例(放大尺寸和原始尺寸)

6.4.3　曲线

使线条宽度更规则的一种方法就是使用相似的颜色仔细消除锯齿,但线条可能会显得模糊,而且只有线条边缘颜色和屏幕背景颜色固定时该方法才有效。图 3 所示圆周的左边经过了抗锯齿处理,右边没有经过处理。

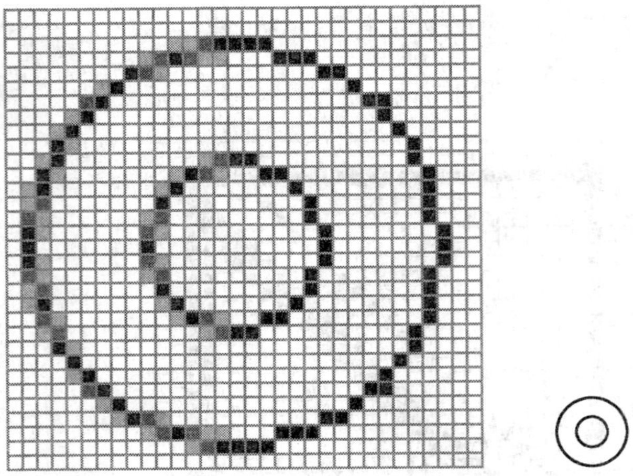

图 3 抗锯齿示例(放大尺寸和原始尺寸)

6.5 创建适合不同分辨率或实现工具的图标方案

外观简单的图标更易于识别和理解。一种推荐方法就是在较大的单元格尺寸(如 48 × 48 像素)内设计图标,且主要要素宜不大于 3 个。

另一种方法就是限定所需要素的最少数量,确保这些要素与最小尺寸的图标相适宜;随后可以制定较大尺寸的版本并增加更多细节。

有些图标编辑工具能够将给定图像缩放至新的单元格尺寸。这种工具有用且节省时间,但是所得图像仍需进一步编辑。随着单元格尺寸的放大,可以给对象增加更多的细节,或者增加对象的要素数量,使图标的视觉效果更为丰富。而随着单元格尺寸的缩小,建议减少要素数量或减少细节,如图 4 所示。

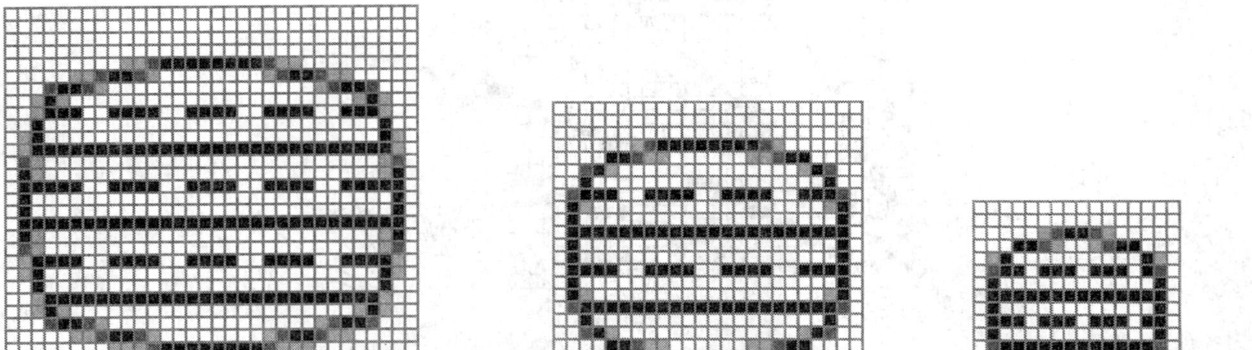

注:以 GB/T 5465.2(5773)"电子图像,交错"为例。

图 4 32×32、24×24、16×16 像素的图标示例(放大尺寸和原始尺寸)

6.6 填充区域

将符号用于屏幕和显示器时,宜保持原形符号的完整性。显示技术为区别符号的各部分和其周围区域提供了新的选择。例如，符号的每个部分都可以用不同颜色填充，而符号周围的区域可以是透明色。

6.7 可识别性

图形符号作为图标使用时，宜考虑整体的组合，确保每个部分能被识别，尤其是随单元格尺寸缩小细节也减少的时候图形符号也能被识别。

6.8 箭头的表示

GB/T 16902.2 规定了箭头的使用及其比例的基本原则。

为同一程序或平台设计的所有图标宜使用形式一致的箭头。图 5 是使用同一箭头的示例。

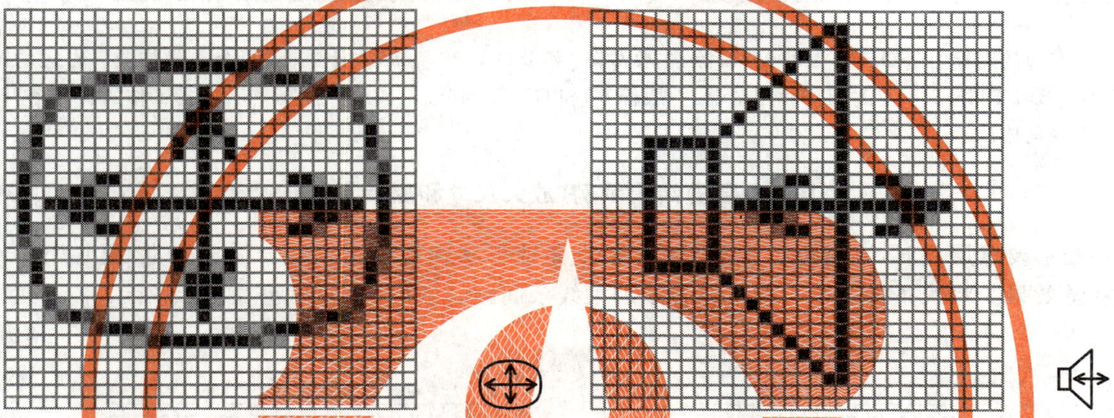

注：以 GB/T 5465.2(5067)“图像尺寸调整”(左)和 GB/T 5465.2(5081)“扬声器/传声器”(右)为例。

图 5　图标中使用的箭头示例(放大尺寸和原始尺寸)

6.9 组合图标

6.9.1 概述

由单一的要素构成的图标很少。通常，可能需要组合数个图形要素使图标能更明确、清晰地传递信息。

如有可能，组合图标宜以标准化的图形符号要素为基础，如否定要素和箭头(见 GB/T 16902.1 和 GB/T 16902.2)。

6.9.2 层叠要素

呈现多个对象或要素时，将图像各部分间相互重叠，对于使图形符号保持适宜大小的尺寸并且明确要素间的关系或顺序可能是必须的。通过叠加各要素的有效单元格区域使其斜向层叠可以实现上述目标。为了即保持各要素的独立性又突出主要要素，应特别注意图像中哪些部分需要被隐藏或显示、哪些部分需要优先或强调，例如，哪些部分要放在视觉层次的顶层(如图 6 所示)。

注：反之，主要要素会影响用于其他分辨率或实现工具的较小或“袖珍型”图标方案的设计，而这可能需要对设计构思进行“提炼”。

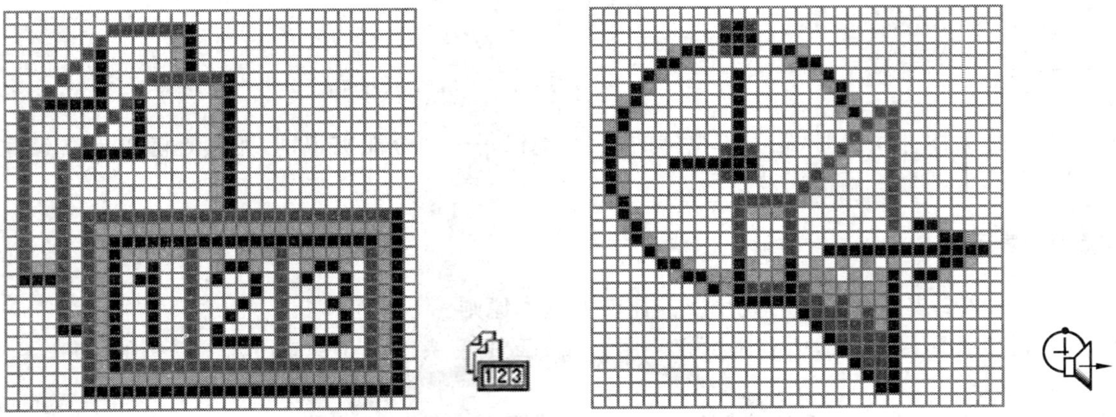

注：左边的图标由 ISO 7000(0709)“双源/主要故障”和 ISO 7000(0695)“计数器”两个符号构成。右边的图标由 GB/T 5465.2(5440)“可编程定时器，一般符号”和 GB/T 5465.2(5127)“按扬声器方式工作的扬声器”两个符号构成。

图 6　层叠结构示例(放大尺寸和原始尺寸)

将图形要素层叠时，宜避免由于不同对象的线条或形状在视觉上相重合形成视觉“凝集”而导致墨渍的视觉效果。将线条按照单一像素叠合或加大线条间距，能够避免该问题，如图 7 所示。

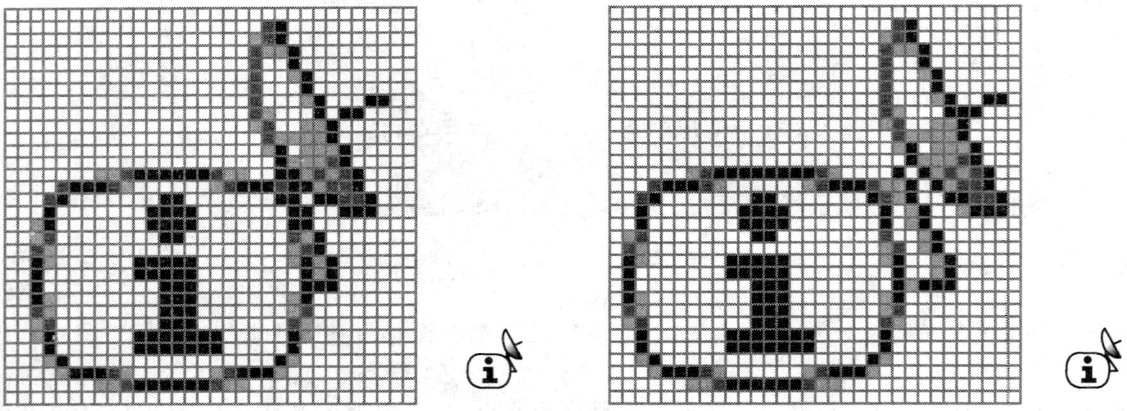

注：由 ISO 7000(2026)“帮助”和 GB/T 5465.2(5464)“卫星接收模式，一般符号”两个符号构成。

图 7　“凝集”和“非凝集”图形要素示例(放大尺寸和原始尺寸)

6.9.3　视觉连续线条

设计包含多个要素的图标时，宜避免产生“接连”的现象(即一个要素的线条与另一个要素的方向相近的线条重叠，看起来线条好像贯穿了两个要素，造成视觉上的连接)。这种视觉效果并不可取。能够通过合理地重叠或偏移对象来避免此种情况，如图 8 所示。

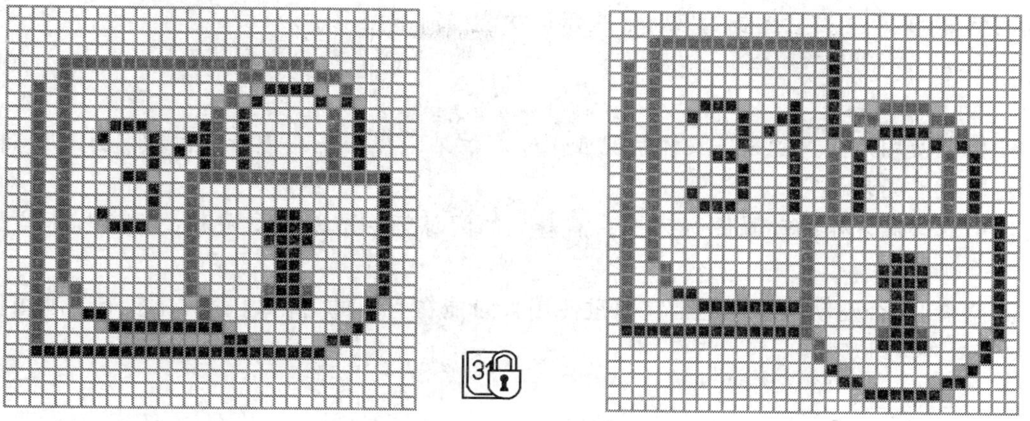

注：由 GB/T 5465.2(5662)“日期”和 GB/T 16273.1(171)“锁”两个符号构成。

图 8 “接连”和非“接连”图形要素示例(放大尺寸和原始尺寸)

6.9.4 附加要素

设计时还要考虑到操作系统可能会自动添加一些附加要素。例如，桌面图标的下部通常会有“快捷方式”箭头(如图 9 所示)、状态指示、共享资源指示等。

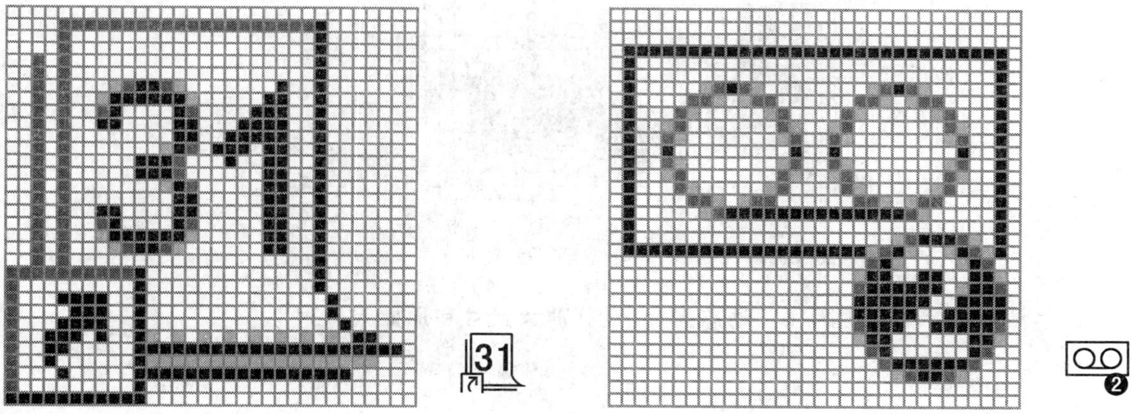

注：GB/T 5465.2(5662)“日期”(左)和 IEC 60417(5561)“盒式磁带”(右)两个符号的示例。

图 9 附加要素示例(放大尺寸和原始尺寸)

7 图标的状态

7.1 概述

可以用动画或动态显示图标的状态，以向用户提供附加信息。

7.2 状态指示

依据实现工具，可能需要不同版本的图标来指示其状态，这样当鼠标移到某一图标上时能显示某一进程的结束、某一功能被阻止或功能无法使用。在制定这样的图标时，宜遵循操作系统供应商的既有惯例和指导准则。例如,某个工具栏图标为“灰色”表示该功能当前不可用。

7.3 动画图标

使用动画图标能使用户注意到某一具体情况或用以表示某一操作正在进行。例如,打印机图标可通过闪烁表示打印纸或墨粉用完。

宜避免可能引起癫痫发作的动画图标闪烁。需避免的闪烁频率范围宜参考相关国家标准或最新研究。

除非发生紧急情况,否则动画图标通常宜慎重使用且只能在有限的时间内显示。多个动画图标会制造干扰、引发混淆,宜予以避免。

7.4 动态图标

动态图标用于显示某一对象状态或条件的改变。例如,警报状态解除后,可在所示图标上显示一个“×”(“删除”符号)来表示警报随之取消,如图10所示。

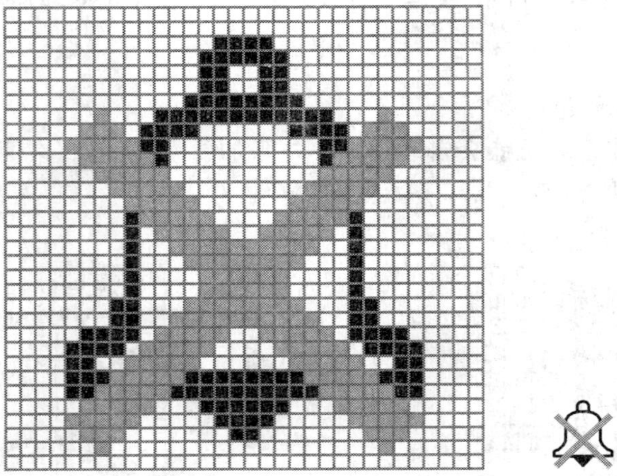

注:ISO 7000(2301)“紧急警告指示符”,添加了“删除”符号的图示。

图10 动态图标示例(放大尺寸和原始尺寸)

8 一致性

同一套图标的视觉平衡感宜一致。同一套图标宜有类似的视觉形式,例如,写实程度相似。

图标中使用的要素和含义宜与GB/T 5465、GB/T 16273和ISO 7000中已经使用的相一致。

在家庭或办公中已经使用的图形概念(即国家标准和已确立的行业规范)也宜予以考虑。

9 方向

图标含义的解释可能取决于其方向,宜注意避免含义模糊。以ISO 7000(2567)“保险丝盒通路”为例,显示器上一个倒置的符号(如图11所示)表示的意义和其正置时的含义解释可能不同,例如图12所示的GB/T 16273.6(1-07)“充电状态”。

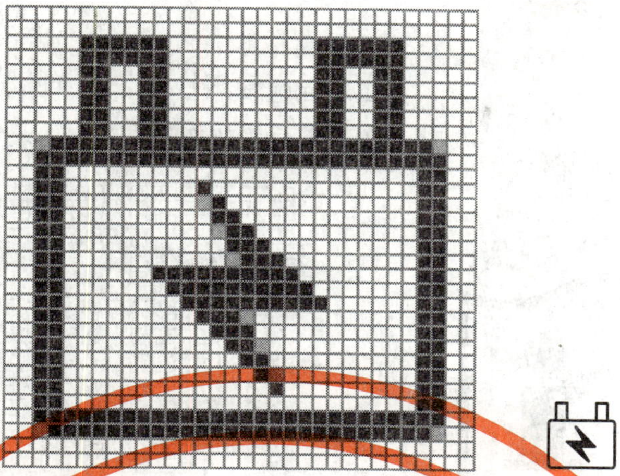

图 11 方向模糊的图标示例(放大尺寸和原始尺寸):“保险丝盒通路”会被误解为“充电状态”

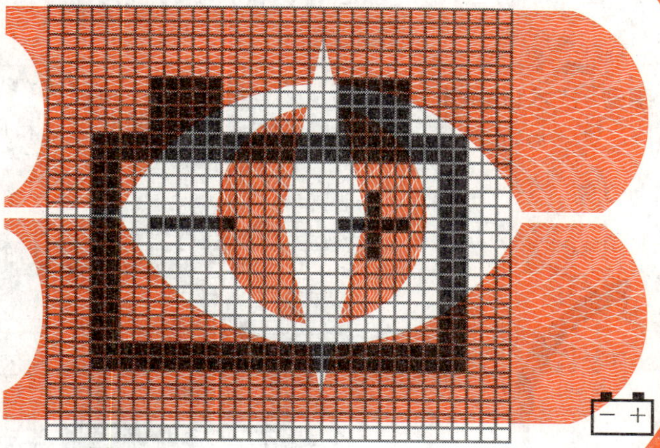

图 12 以 GB/T 16273.6(1-07)“充电状态”为例(放大尺寸和原始尺寸)

附 录 A
（资料性附录）
作为图标的符号示例

GB/T 16273.1(168)“手册；技术说明书”

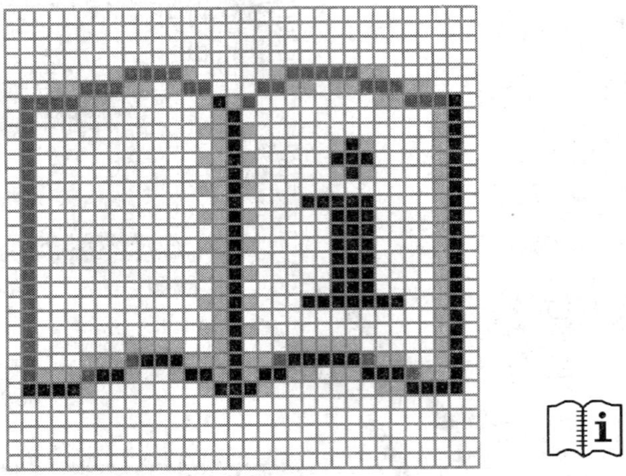

作为图标的 GB/T 16273.1(168)
（放大尺寸和原始尺寸）

GB/T 5465.2(5440)“可编程定时器，一般符号”

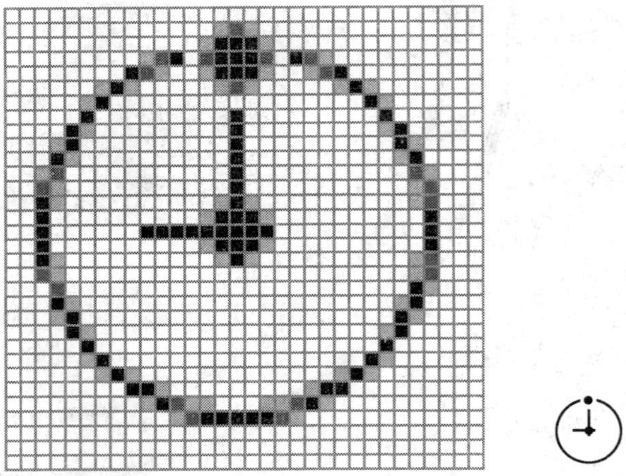

作为图标的 GB/T 5465.2(5440)
（放大尺寸和原始尺寸）

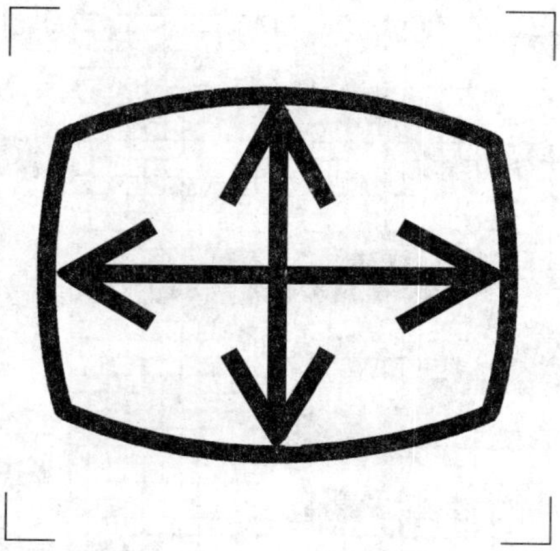

GB/T 5465.2(5067)“图像尺寸调整”

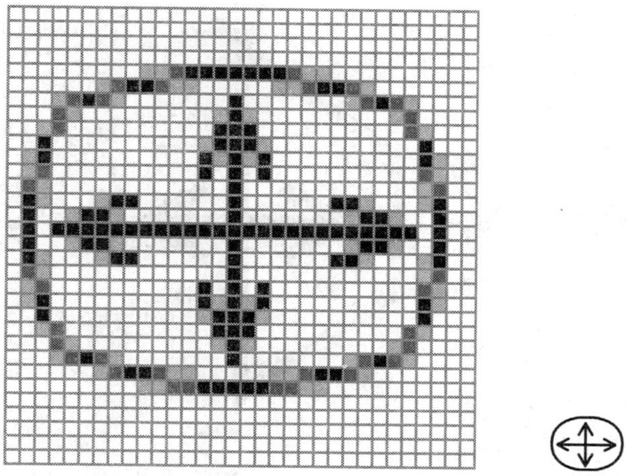

作为图标的 GB/T 5465.2(5067)
(放大尺寸和原始尺寸)

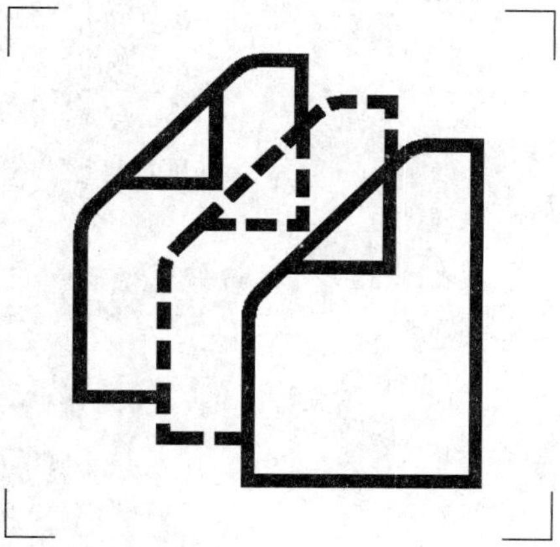

ISO 7000(0710)“底片(母片)缺失故障”

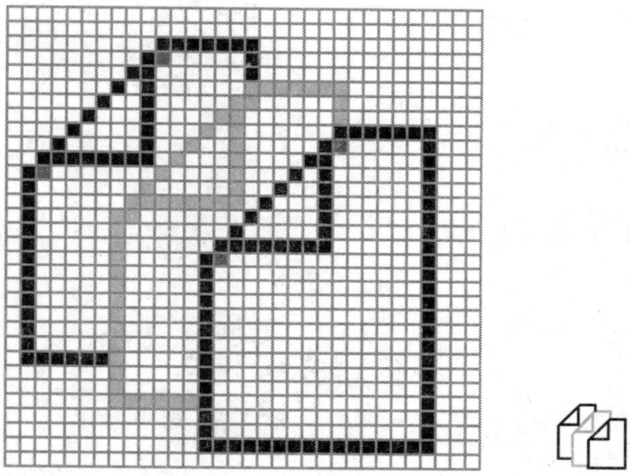

作为图标的 ISO 7000(0710)(放大尺寸和原始尺寸)

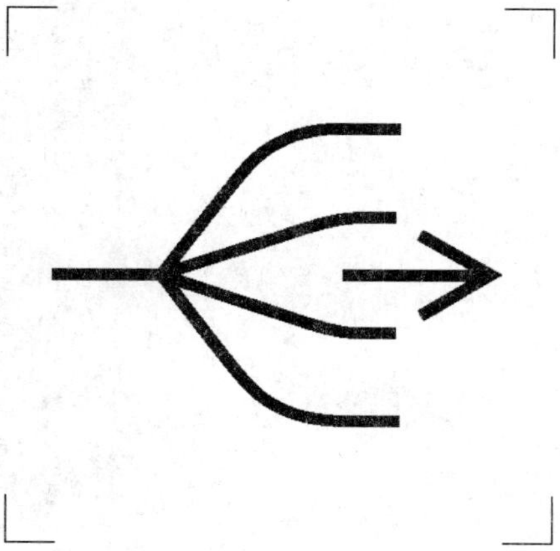

ISO 7000(0698)“倒空分类器”

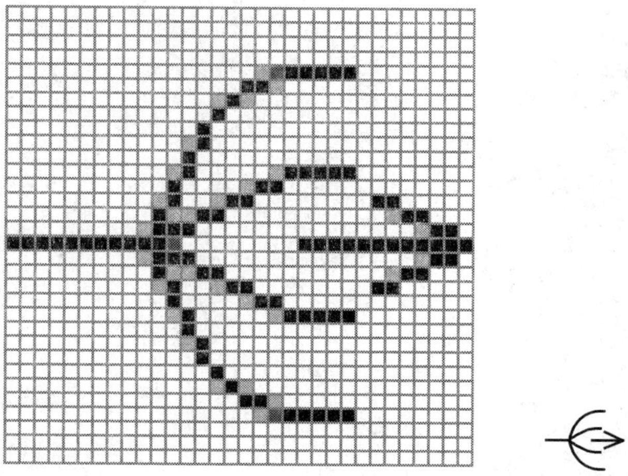

作为图标的 ISO 7000(0698)(放大尺寸和原始尺寸)

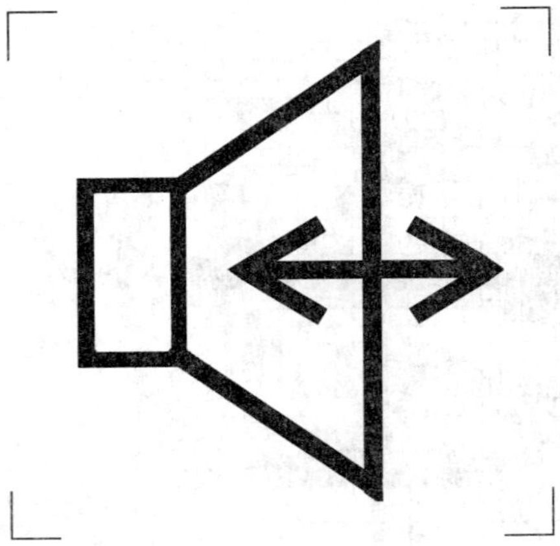

GB/T 5465.2(5081)“扬声器/传声器”

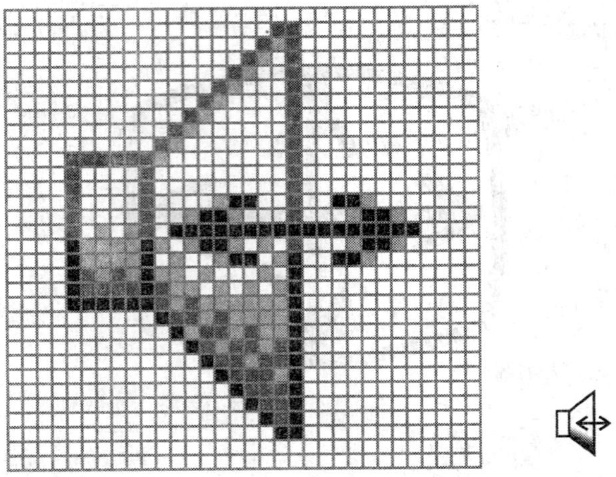

作为图标的 GB/T 5465.2(5081)
(放大尺寸和原始尺寸)

附 录 B
（资料性附录）
新图标设计指南

B.1 抽象程度

界面中的图标可以代表对象，功能，还可以表示警告、指示状态等。

由于对象图标（或名词图标）所指代的对象必然存在于物质世界中，因此其视觉比喻不难找到。文档文件、邮件、打印机等普通办公对象有既定惯例。ISO/IEC 11581-2 对这组核心图标进行了标准化。

功能图标（或动词图标）的设计较为复杂。通常，这些功能的表示通过与功能与对象的关系或动作对象的变化来表示。ISO/IEC 11581-6 对这组核心图标进行了标准化。

与绘制真实对象本身相比，使用以前曾经存在的与系统对象相关的对象更为适当。例如，"钟"经常用于表示警报。虽然钟不再是日常使用的实物，但是它比发出警报的电子电路更容易记住并引起联想。

只有无法使用比喻方法时才宜使用抽象的几何符号。抽象符号的含义仅有少量规定（例如：流程图表示、安全标志、公路交通标志等），但对于其普遍使用和解释并没有明确的管理或指南。

在没有人身危险或危害时不宜使用已制定的安全标志。

B.2 文化背景

在设计图标时，图标设计人员宜特别注意文化敏感性，以保证图标的通用性。

例如，使用手和手势的象征意义时，面向观察者张开的一只竖起的手表示"停止！"，在某些地区则可能表示"下地狱！"；而在符号语言中，其意思可能是"听！"或"你看！"。同样，"竖起的大拇指"表示"好！"，但在某些地区则有极为不敬之意。在东方文化中，与脚底或手掌相关联的图像有侮辱之意。相似的，某些身体部位、动物或其他物体在某些群体中可能有负面含义或宗教含义，宜避免使用。

B.3 图标中的文字

除非图标中的文字或缩略语易于理解，否则宜避免在图标中使用文字或缩略语。文字会延长识别时间，而且即便提供了解释，某些用户也可能无法理解。

B.4 图标形状

在设计图标时，图标外廓形状（轮廓）宜尽可能多样化以便易于区分和识别。如印刷时，大写和小写相结合的拉丁文字比全部大写的更易识别和阅读。

B.5 视觉语言

一致性是图标设计的一个关键要素。采用或制定系列化的比喻性对象时宜有相应的视觉层次、配套颜色等，且不宜任意更换。

当需要很多族图标时，宜从以下方面考虑整族图标：

——哪些宜有通用性或多样性？

——什么情况下可能重复使用要素？

——将要素结合的规则是什么？
——各要素间有何种关系？
——重复使用的要素确保固定的位置有益吗？
一致性将视觉语言结合起来，使用户更快地理解和联想。

B.6 二维和三维设计

图标可以设计成二维或三维。现行方法是制定三维的(如正等轴测图)、逼真的图标。为了保持视觉一致性，需遵守操作系统平台已确立的惯例和风格指南。图B.1是打印机图标二维形式和三维形式的图标示例。

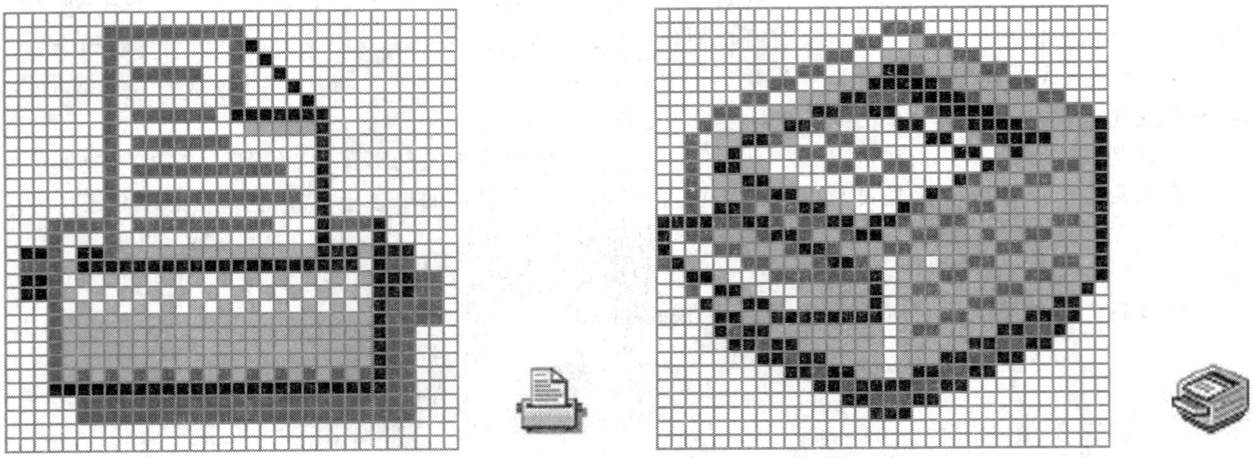

图B.1 二维图标和三维图标示例(放大尺寸和原始尺寸)

B.7 景深

为了保证被遮盖部分的可识别性，宜考虑将最后面的部分变为“灰色”以增加层次或距离感。此外，在重叠部分相“接触”处，在最后的部分使用浅灰色像素能够进一步帮助分离和识别重叠部分，如图B.2所示。

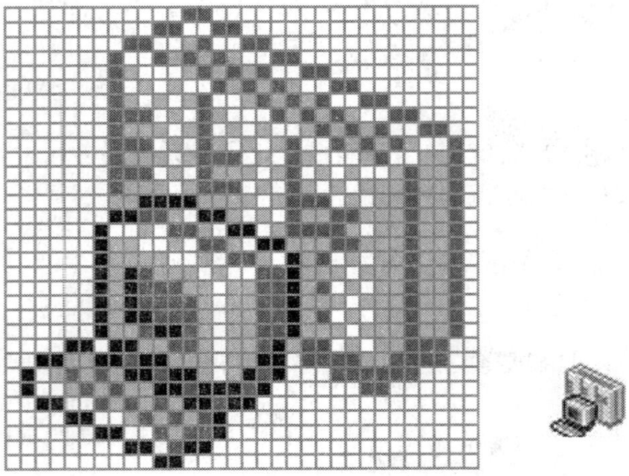

图B.2 变灰部分示例(放大尺寸和原始尺寸)

参 考 文 献

[1] GB/T 2893.1 图形符号 安全色和安全标志 第1部分:工作场所和公共区域中安全标志的设计原则(GB/T 2893.1—2004,ISO 3864-1:2002,MOD)

[2] ISO/IEC 11581-1 信息技术 用户系统接口和符号 图标和功能 第1部分:图标 通用(Information technology—User system interfaces and symbols—Icon symbols and functions—Part 1: Icons—General)

ICS 29.240.01
K 40

中华人民共和国国家标准

GB/T 16927.3—2010

高电压试验技术 第3部分：现场试验的定义及要求

High voltage test techniques— Part 3: Definitions and requirements for on-site testing

(IEC 60060-3:2006,MOD)

2010-11-10 发布 2011-05-01 实施

中华人民共和国国家质量监督检验检疫总局
中国国家标准化管理委员会 发布

前　言

本部分是根据 IEC 60060-3:2006《高电压试验技术　第 3 部分:现场试验的定义和要求》进行制定的。本部分与 IEC 60060-3:2006 的一致性程度为修改采用。

本部分与 IEC 60060-3:2006 的主要差异:

——按 GB/T 1.1—2009 的规定,对标准的语言表述和格式作了修改;

——适用的电压范围,由最高电压 U_m 大于 1 kV 的设备改为标称电压 3 kV 及以上的系统中的设备;

——在 5.3.2 中,根据中国标准,不推荐使用内部校准器,故删除了"内部或";

——在 6.4.3 注 2 中,将"可能要求在额定电压下的测量电流高达 0.5 mA"改为"要求在额定电压下的测量电流尽可能地大,应不小于 0.1 mA";

——在 7.3.1 和 10.3.1 中的注中出现"$\sqrt{2}\pm5\%$",与上下文不符,改为"$\sqrt{2}\pm15\%$";

——删除了 8.6.2 和 9.6.2 中的注"对于性能递降的绝缘或者非自恢复绝缘的试验推荐使用此程序";

——分别将图 1、图 2 中 a)图中的"$T_1/T_2=0.8/50\ \mu s$"改为"$T_1/T_2=0.8/40\ \mu s$"。

本部分中各章、条的编排顺序与 IEC 60060-3:2006 基本一致,大部分条文的内容与 IEC 60060-3:2006 相同,不同之处在主要差异中已给予说明。

本部分由中国电器工业协会提出。

本部分由全国高电压试验技术和绝缘配合标准化技术委员会(SAC/TC 163)归口。

本部分负责起草单位:国网电力科学研究院、西安高压电器研究院有限责任公司。

本部分参加单位:河南平高电气股份有限公司、保定天威保变电气股份有限公司、山东电力研究院、陕西电力科学研究院、国家绝缘子避雷器质量监督检验中心、南方电网技术研究中心、江西省电力科学研究院、湖北省电力试验研究院、北京华泰变压器有限公司、库柏耐吉(宁波)电气有限公司、西安西电变压器有限责任公司、河北省电力研究院。

本部分负责起草人:杨迎建、王建生、雷民、崔东、王亭。

本部分参加人:田恩文、吴义华、潘瑾、尹盈盈、郑素梅、郭建贞、陈玉峰、蒲路、罗旭如、程正、许中、罗维、罗伟、刘成学、沈红、危鹏、吕金壮、蔡汉生。

引　言

由于现场试验不同于制造厂和试验室试验，会受到诸如外部电场和磁场、气候条件等多种外部因素的影响，所以，通常在现场试验过程中不能达到GB/T 16927.1和GB/T 16927.2中规定的要求。

现场高电压试验适用于：

——作为设备现场交接程序的一部分的耐受试验，目的是证明设备从制造厂到现场的运输以及现场的安装符合制造厂的技术要求；

——现场检修后的耐受试验，目的是证明设备已经修好，且说明设备状态已经适合恢复运行；

——出于诊断目的的试验，如局部放电测量，目的是证明设备绝缘不存在危险的缺陷，并作为预期寿命的指征。

高电压试验技术
第3部分:现场试验的定义及要求

1 范围

GB/T 16927的本部分适用于下列电压的现场试验和运行状态下的试验,且与GB/T 16927.1有关:

——直流电压;

——交流电压;

——非振荡或振荡型雷电冲击电压;

——非振荡或振荡型操作冲击电压。

对于特殊试验,采用下述电压:

——超低频电压;

——衰减型交流电压。

本部分适用于标称电压3 kV及以上的系统中的设备。由相关的技术委员会负责选取电器、设备和设施的现场试验电压、试验程序和试验电压水平。对与本部分所描述的现场试验电压不同的特殊情况,可以由相关的技术委员会进行规定。

注1:上面列出的不同电压波形对试品(绝缘)提供的作用效果是不相同的。

注2:试验电压水平的选择宜考虑到较大的容许偏差和测量的不确定度。

2 规范性引用文件

下列文件对于本文件的应用是必不可少的。凡是注日期的引用文件,仅注日期的版本适用于本文件。凡是不注日期的引用文件,其最新版本(包括所有的修改单)适用于本文件。

GB 311.1—1997 高压输配电设备的绝缘配合(neq IEC 60071-1:1993)

GB/T 2900.19—1994 电工术语 高电压试验技术和绝缘配合(neq IEC 60071-1:1993)

GB/T 16927.1—1997 高电压试验技术 第一部分:一般试验要求(eqv IEC 60060-1:1989)

GB/T 16927.2—1997 高电压试验技术 第二部分:测量系统(eqv IEC 60060-2:1994)

3 术语和定义

下列术语和定义适用于本文件。所有与试验程序有关的其他定义见GB/T 16927.1和GB/T 16927.2。

3.1

现场试验 on-site test

在待试电器、设备和设施使用地点进行的试验,同时应尽可能使设备与运行状态一致。

3.2

冲击电压 impulse voltage

刻意施加的非振荡或振荡型瞬态电压,该电压通常快速上升到电压峰值,然后其包络线较缓慢降至零点。

(GB/T 2900.19—1994 中的 4.12,修改过)

3.3

雷电和操作冲击电压　lightning and switching impulse voltage

雷电冲击和操作冲击的基本区别在于波前持续时间。波前持续时间不大于 20 μs 的冲击电压称为雷电冲击电压,其他较长波前持续时间的冲击电压称为操作冲击电压。

通常,操作冲击电压也可以通过远大于雷电冲击电压的总持续时间来表征。

(GB/T 2900.19—1994 中的 3.32、4.13、4.25,修改过)

3.4

试验电压的特性　characteristics of the test voltage

本部分中为确定试验电压而标称不同类型电压变化范围时所规定的特性。

3.5

试验电压的预期特性　prospective characteristics of a test voltage

不发生破坏性放电所能得到的特性。当使用预期特性时,应予以规定。

3.6

试验电压的实际特性　actual characteristics of a test voltage

试验期间试品端子上所呈现的特性。

3.7

试验电压值　value of the test voltage

现行标准有关条款中规定的试验电压值。

3.8

试品绝缘的分类　classification of insulation in test objects

设备高压结构的绝缘系统基本上分为自恢复和非自恢复绝缘,可以由外绝缘和/或内绝缘构成。

3.8.1

外绝缘　external insulation

空气间隙及设备固体绝缘外露在大气中的表面,它们承受作用电压并受大气和其他外部条件,例如污秽、湿度、虫害等的影响。

(GB/T 2900.19—1994 中的 3.24)

3.8.2

内绝缘　internal insulation

不受大气和其他外部条件影响的设备内部的固体、液体或气体绝缘。

(GB/T 2900.19—1994 中的 3.25)

3.8.3

自恢复绝缘　self-restoring insulation

在外施电压下引起破坏性放电之后的一定时间间隔内其绝缘性能可完全恢复的绝缘。

(GB/T 2900.19—1994 中的 3.28,修改过)

3.8.4

非自恢复绝缘　non-self-restoring insulation

在外施电压下引起破坏性放电之后,丧失绝缘性能或者不能完全恢复其绝缘性能的绝缘。

(GB/T 2900.19—1994 中的 3.29,修改过)

注:在高压电器中,自恢复绝缘部件和非自恢复绝缘部件经常组合在一起使用,一些部件的绝缘可能会由于反复或持续的加压造成劣化。当规定要采用的试验程序时,在该方面的绝缘性能应由相关的技术委员会考虑。

3.9

测量系统及其组件　measuring system and their components

3.9.1

测量系统　measuring system

适合于进行高电压测量的整套装置。

(GB/T 16927.2—1997 中的 3.1.1,修改过)

注 1：测量系统通常由下述组件构成：转换装置，包括从此装置连接到试品和地的引线、从转换装置的输出端连接到指示或记录仪器(带有衰减阻抗、终端阻抗和匹配阻抗或网络)的传输系统，以及指示或记录仪器和到高压电源的连接线。

这些组件可与高压电源组成一个紧凑的单元。这种情况通常适用于中压电器的便携式试验设备。

注 2：如果能达到本部分规定的准确度要求，非传统原理的测量系统也是可以接受的。

注 3：测量系统工作的环境，其距带电体和接地构架的净距以及存在的电场或磁场都会显著影响其准确度。

3.9.2

测量系统的性能记录　record of performance of a measuring system

由使用者建立描述测量系统的详细记录，并包括系统满足标准要求的证明文件。文件中应包括初始验收试验结果和历次性能试验、性能校核一览表及其结果。

(GB/T 16927.2—1997 中的 3.1.2)

3.9.3

认可的测量系统　approved measuring system

由下述各项表明能满足本部分要求的测量系统：

——初始性能试验；

——历次性能校核和性能试验；

——性能记录中这些试验结果的内容。

仅认可性能记录中所描述的布置和使用条件下的测量系统。

(GB/T 16927.2—1997 中的 3.1.3,修改过)

3.9.4

标准测量系统　reference measuring system

具有足够的准确度和稳定性的测量系统，在进行特定波形和范围内的电压或电流同时比对测量中，它被用来认可(校准)其他测量系统。

(GB/T 16927.2—1997 中的 3.1.4)

注：标准测量系统(按 GB/T 16927.2 的要求维护的)能作为认可测量系统使用，反之，认可测量系统不能作为标准测量系统使用。

3.9.5

转换装置　converting device

将被测量的高电压转换成适合于指示或记录仪器的其他量的装置。通常采用分压器或高电压测量阻抗。

(GB/T 16927.2—1997 中的 3.2.1,修改过)

注：其他形式的转换装置有电压互感器、光学传感器和电场探头。

3.9.6

传输系统　transmission system

把转换装置的输出信号传送到指示和/或记录仪器的成套装置。

注：传输系统通常由带有终端阻抗的同轴电缆组成，但它可能包括接在转换装置和仪器间的衰减器或其他装置。例如，光传输系统包括光发射器，光缆和光接收器以及相应的放大器。

(GB/T 16927.2—1997 中的 3.3,修改过)

3.9.7

指示或记录仪器　indicating or recording instrument

用来显示或记录测量值或相关值的装置。

(GB/T 16927.2—1997 中的 3.4)

3.9.8

测量系统的刻度因数　scale factor of a measuring system

乘以仪器的读数就可以得到输入量的值的系数。给出的刻度因数由最近一次性能试验确定。

注 1：许多测量系统可直接显示输入量的数值(也就是说测量系统的刻度因数为 1)。

注 2：一个测量系统可以具有一个以上的刻度因数，例如，对于不同频率范围或不同冲击波形可具有不同的刻度因数。

(GB/T 16927.2—1997 中的 3.5.1，修改过)

3.9.9

测量系统的动态特性　dynamic behaviour of a measuring system

当输入量发生瞬态变化时测量系统的特性，通过该系统阶跃响应或幅-频响应来描述。

3.9.10

测量的不确定度　uncertainty of a measurement

一个与测量结果关联的参数，其表征了测量值的分散性，这些测量值可合理地趋向于被测量。

3.9.11

容许偏差　tolerance

测量值与规定值之间的允许偏差应区别于测量误差，测量误差为测量值与真值之间的差异。

注 1：测得的试验电压要求在规定试验电压水平的规定容许偏差范围内。试验电压水平由相关的技术委员会规定。不能确切知道真值，可以利用具有规定的涵盖概率的测量不确定度范围进行估计。真值还是不能确定，该值可能超出容许偏差的范围，特别是当测量值接近容许偏差限值且部分超出不确定度时。

注 2：测量值为显示值乘以刻度因数。真值是未知的，但可以用无穷多个采用相同测量方法得到的数据的平均值表述。

3.9.12

额定测量电压　rated measuring voltage

在本部分中给出的不确定度限值范围内，测量系统能够在规定频率或波形下使用的的最高电压。

(GB/T 16927.2—1997 中的 3.9.1，修改过)

3.9.13

工作电压或电流范围　operating voltage or current range

在本部分中给出的不确定度限值范围内，测量系统能够在规定频率或波形下使用的电压或电流范围。

(GB/T 16927.2—1997 中的 3.10，修改过)

注：工作范围的限值由用户选择，并经 GB/T 16927.2 中规定的性能试验验证。

3.9.14

工作时间(对直流或交流电压)　operating time (for direct or alternating voltages)

在本部分中给出的不确定度限值范围内，在其额定测量电压下，测量系统能够持续工作的时间。

(GB/T 16927.2—1997 中的 3.9.2，修改过)

3.9.15

最大施加次数(冲击)　maximum rate of application

在本部分中给出的不确定度限值范围内，在规定的时间内，对规定的冲击波形，在其额定测量电压或额定测量电流下能够施加冲击的最多次数。

(GB/T 16927.2—1997 中的 3.9.3，修改过)

3.9.16

验收试验 acceptance test

测量系统或装置在使用前进行的试验。验收试验包括型式试验(在相同设计的一台装置上进行)和例行试验(在每台装置上进行),是为了评价其特定的特性,例如,元件的温度效应系数的测量,耐受试验等。此外,测量系统的验收试验还包括首次性能试验。

(GB/T 16927.2—1997 中的 3.11.1)

3.9.17

性能试验 performance test

为检验整套测量系统在现场条件下工作的特性而进行的试验。

(GB/T 16927.2—1997 中的 3.11.2)

3.9.18

性能校核 performance check

为了确认最近一次性能试验仍然有效的程序。性能校核应在现场进行。

(GB/T 16927.2—1997 中的 3.11.3,修改过)

3.9.19

参考记录(仅对冲击电压测量) reference record (for impulse voltage measurement only)

在规定的条件下性能试验中得到的记录,并保留此记录以便与将来在相同条件下的性能试验或性能校核中所得的记录相比较。

(GB/T 16927.2—1997 中的 3.11.4,修改过)

4 正常和特殊使用条件

GB 311.1—1997 中的第 3 章适用。

5 测量系统的一般试验和校核

5.1 验收试验

测量系统组件的验收试验,应按照 GB/T 16927.2 的规定进行。

5.2 性能试验

现场测量系统的性能试验,应按照 GB/T 16927.2 的规定进行。只要有证据证明测量系统在现场条件下可以正常运行,试验可以在现场条件下进行。

如果性能校核显示标定的刻度因数发生了显著变化,应进行性能试验。在进行试验前应阐明变化原因。

建议性能试验每年重复一次,但任何情况下,性能试验至少每 5 年重复一次。

5.3 性能校核

5.3.1 概述

对于在现场安装的测量系统,在试验前应在试验现场对系统刻度因数进行性能校核,以证明测量系统的性能未受到运输的影响并安装正确。

对于其他已证明可靠性的测量系统,至少每年一次的性能试验能够替代现场的性能校核。

注:这里主要是指用于现场试验的高压试验装置的内置式测量系统。

测量系统的刻度因数应使用下列方法之一进行校核。

5.3.2 方法1:组件刻度因数的校核

转换装置(包括传输系统)和测量仪器的刻度因数应使用不确定度为1%的外部校准器进行校核。如果性能记录中的刻度因数与校准得到的刻度因数偏差不超过3%,则认为标定的刻度因数仍然有效。如果超过3%,应根据GB/T 16927.2利用性能试验确定新的刻度因数。

注:校准器可以是变比仪、标准电压源、电桥等。

5.3.3 方法2:与可移动(运输)的认可测量系统进行比对

在现场试验过程中,两套测量系统应并联连接。试验应在至少一个电压水平下进行,最好是在超出试验过程中应施加的最高电压的20%下进行。两套系统应同时读数。如果两套系统测得的电压差小于5%,那么此测量系统的性能是可以接受的。否则应进行进一步校核,如按照GB/T 16927.2进行性能校核或性能试验。

5.4 性能记录

以往性能校核和性能试验的数据应保留在性能记录中。

6 直流电压试验

6.1 概述

本规定与GB/T 16927.1中描述的绝缘试验电压相关。

6.2 直流电压试验的定义

6.2.1 试验电压值

算术平均值。

(GB/T 16927.1—1997中的5.1.1)

6.2.2 纹波

相对于直流电压算术平均值的周期性偏差。

6.2.3 纹波幅值

纹波最大值和最小值之差的一半。

(GB/T 2900.19—1994中的4.11.1,修改过)

注:实际使用中,纹波幅值可以认为是真有效值乘以一个估计的系数1.4。

6.2.4 纹波系数

纹波幅值与试验电压值之比。

6.3 试验电压

6.3.1 试验电压的要求

6.3.1.1 电压波形

除非相关的技术委员会另有规定,施加到试品上的试验电压应是纹波系数不大于3%的直流电压。

值得注意的是试品的接入和试验条件可能影响纹波系数。

注：如果对较高的纹波值有怀疑，建议对纹波进行测量。

6.3.1.2 容许偏差

除非相关的技术委员会另有规定，整个试验中试验电压的测量值应保持在规定水平的±3%以内。当试验持续时间超过 60 s 时，在整个试验过程中试验电压的测量值应保持在规定水平的±5%以内。

6.3.1.3 试验电压的产生

试验电压通常采用整流装置获得。对试验电压源的要求主要取决于试品的类型和现场试验条件。这些要求主要由试验回路可能的阻抗变化决定。

电源特性应足以使试品的电容能够在极短的时间内充电。但是，对于带很长电缆的试品，需要有较长的充电时间。电源(包括其储能电容)还应该能够提供试品的持续泄漏电流和吸收电流。

6.4 试验电压的测量

6.4.1 用认可测量系统进行测量

试验电压值和纹波幅值(有必要时)的测量应该使用按第 5 章通过试验和校核的认可的测量系统来进行测量。而且测量系统应有足够的工作时间以满足现场试验持续时间的要求。还要注意 GB/T 16927.2 中对测量纹波幅值、瞬态或电压稳定性的装置的响应特性的要求。

6.4.2 对认可测量系统的要求

一般是要求测量试验电压值(算术平均值)的总不确定度为 5%。如果有纹波且纹波系数小于 3%，也不应超过这些不确定度限值。

纹波幅值测量的总不确定度为 10%。

6.4.3 刻度因数的稳定性

在可使用的电压、环境温度和湿度范围内，以及在性能记录中给定的空间尺寸条件下测量系统的刻度因数变化应不超过±2%。

注 1：直流电压转换装置的设计应能使所有放电或其外表面的泄漏电流直接传导至地，同时对测量系统电流来说，内部放电电流或泄漏电流可以忽略不计。

注 2：为使泄漏电流和测量电流之比较小，要求在额定电压下的测量电流尽可能的大，应不小于 0.1 mA。

6.4.4 测量上升电压的动态特性

认可测量系统的实际响应时间 T_N 应不大于 0.5 s。当电压按 6.6 中规定的速度上升时，允许按 6.4.2 中规定的不确定度进行测量。

注：如果用分压器测量纹波电压，分压器的带宽至少应是纹波基频的 5 倍。

6.4.5 试品的连接

试验电源装置和分压器与试品的连接应使用直径足够大的导体，以避免过多的放电和电晕。试品和地的连接应该短且牢固，以避免对试验回路中发生闪络时电压变化的影响。

6.5 测量系统的试验和校核

应按本部分中的第 5 章进行试验和校核。

6.6 耐受电压试验程序

对试品施加电压时应从足够低的数值开始，以防止瞬变过程引起的过电压的影响；然后应缓慢地升高电压，以便能在仪表上准确读数，但也不能太慢，以免试品在接近试验电压 U 时耐压的时间过长。当电压高于 75%U 时，如果电压的上升速率约为每秒 2%U，一般认为满足了这些要求。试验电压应保持规定的时间，然后通过适当的电阻使回路电容(含试品电容)放电以降低试验电压。

试验的持续时间应由相关的技术委员会规定，并考虑与试品元件的电阻和电容有关的到达稳态电压分布的时间，当相关的技术委员会没有另行规定时，耐压试验的持续时间应是 60 s。

如果没有发生破坏性放电，则满足试验要求。

注：诊断试验程序应由相关的技术委员会规定。

7 交流电压试验

7.1 概述

本规定与 GB/T 16927.1 中描述的耐受试验和诊断试验电压相关。

7.2 交流电压试验的定义

7.2.1 试验电压值

为峰值除以$\sqrt{2}$。

(GB/T 16927.1—1997 中的 6.1.3)

注：当有效值可能更重要时，例如涉及到热效应时，相关的技术委员会可以要求测量试验电压的有效值而不是峰值。

7.2.2 峰值

交流电压的最大值。但是不计由非破坏性放电引起的微小高频振荡。

(GB/T 16927.1—1997 中的 6.1.1)

7.2.3 方均根(有效)值

一个完整的交流电压周期内各电压值平方的平均值的平方根。

(GB/T 16927.1—1997 中的 6.1.2)

7.3 试验电压

7.3.1 电压波形

如果相关的技术委员会没有规定，试验电压一般应为频率在 10 Hz～500 Hz 范围内的正弦交流电压。

试验电压的波形为两个半波几乎相同的近似正弦波。如果峰值与有效值之比在$\sqrt{2}\pm 15\%$之内，则正弦波形的微小畸变不影响高电压试验的结果。

注：如果峰值与有效值之比不在$\sqrt{2}\pm 15\%$之内，则应证明正、负极性峰值的差别不超过 2%。

7.3.2 容许偏差

除非相关的技术委员会另有规定，在整个试验中试验电压的测量值应保持在规定值的±3%之内。如果试验持续时间超过 60 s，整个试验中试验电压的测量值应保持在规定值的±5%之内。

7.3.3 试验电压的产生

试验电压通常由升压变压器或者谐振回路提供。谐振回路可以通过可调电抗器或者变频器调至谐振。

试验回路中的试验电压应足够稳定以保证不受泄漏电流变化的影响。试品上的非破坏性放电不应使试验电压降低过多及维持时间过长以致明显影响试品上破坏性放电电压的测量值。

7.3.3.1 变压器回路

为了使试验电压几乎不受泄漏电流变化的影响，当试品在试验电压下发生短路时，变压器提供的短路电流与泄漏电流相比应该足够大。任何情况下对于自恢复性外绝缘(绝缘子，隔离开关等)的干试验，短路电流应不小于 0.1 A(有效值)。

试品和任何附加电容的总电容量应足够大以确保试验电压不受试品上非破坏性局部放电或者预放电的影响。一般为 0.5 nF～1.0 nF。

注：如果试验变压器的外保护电阻阻值不大于 10 kΩ，变压器的等效入口电容可以认为与试品并联。

7.3.3.2 串联谐振回路

串联谐振回路实际是由容性试品或容性负载和与之串联的电感以及中压电源(励磁变压器)组成。也可以是由感性试品和与之串联的电容器组成。通过改变回路参数或电源频率，回路可调谐至谐振。此时有一个幅值远高于电源电压，波形近似为正弦波的电压施加到试品上。

谐振条件和试验电压的稳定性取决于电源频率和试验回路特性的稳定性。

当试品发生放电时，电源输出相对较小的电流，可以限制对试品绝缘的损伤。

当试品(如电缆、电容器或气体绝缘系统)的外绝缘上泄漏电流同流过试品的电容电流相比很小或者形成破坏性放电的能量很小时，串联谐振回路就特别有用。

7.4 试验电压的测量

7.4.1 用认可测量系统进行测量

试验电压峰值(或者有效值，有必要时)的测量应该使用按第 5 章通过试验和校核的认可的测量系统来进行测量。而且，测量系统应有足够的工作时间以满足现场试验持续时间的要求。

测量应在带有试品的回路中进行。

注：如果已经按照 4.2 确定了刻度因数，串联谐振系统输出的正弦试验电压值将通过可以测量平均值和有效值的仪表来确定。

7.4.2 认可测量系统的要求

一般情况下，要求测量试验电压峰值的不确定度为 5%。

7.4.3 刻度因数的稳定性

在可使用的电压、环境温度和湿度范围内，以及在性能记录中给定的空间尺寸条件下，测量系统的刻度因数变化应不超过±2%。

7.4.4 动态特性

如果在使用的频率范围内刻度因数变化范围保持在±2%以内，则认为测量系统的动态特性对峰值电压测量是适当的。

注：选择频率范围时，应考虑谐波分量。

7.4.5 试品的连接

试验电源装置和分压器与试品的连接应使用直径足够大的导体，以避免过多的放电和电晕。试品和地的连接应该短且牢固，以避免对试验回路中发生闪络时的电压变化的影响。

7.5 测量系统的试验和校核

应按本部分中的第5章进行试验和校核。

7.6 耐受电压试验程序

对试品施加电压时应从足够低的数值开始，以防止瞬变过程引起的过电压的影响；然后应缓慢地升高电压，以便能在仪表上准确读数，但也不能太慢，以免试品在接近试验电压 U 时耐压的时间过长。当电压高于75%U 时，如果电压的上升速率约为每秒2%U，一般认为满足了这些要求。试验电压应保持规定的时间，然后迅速降压，但是不能突然分断电压以免产生操作过电压，而导致设备损坏或者得到不确定的试验结果。

试验的持续时间应由相关的技术委员会规定。当相关的技术委员会没有另行规定时，耐压试验的持续时间应是60 s。如果试品上没有破坏性放电发生，则满足试验要求。

注：诊断试验程序应由相关的技术委员会规定。

8 雷电冲击电压试验

8.1 概述

本规定与GB/T 16927.1中描述的耐受试验和诊断试验电压有关。

8.2 雷电冲击电压试验的定义

这些定义适用于非振荡和振荡型的冲击电压。两种类型的冲击电压都适用于现场的高压试验。

8.2.1 全波雷电冲击电压

是指没有被破坏性放电截断的雷电冲击电压。

8.2.2 非振荡型雷电冲击电压

冲击电压迅速上升到峰值，然后无振荡的较缓慢降低到零的冲击电压。见图1。

注：在GB/T 16927.1中定义的标准雷电冲击电压1.2/50 μs是非振荡的冲击电压的一个例子。

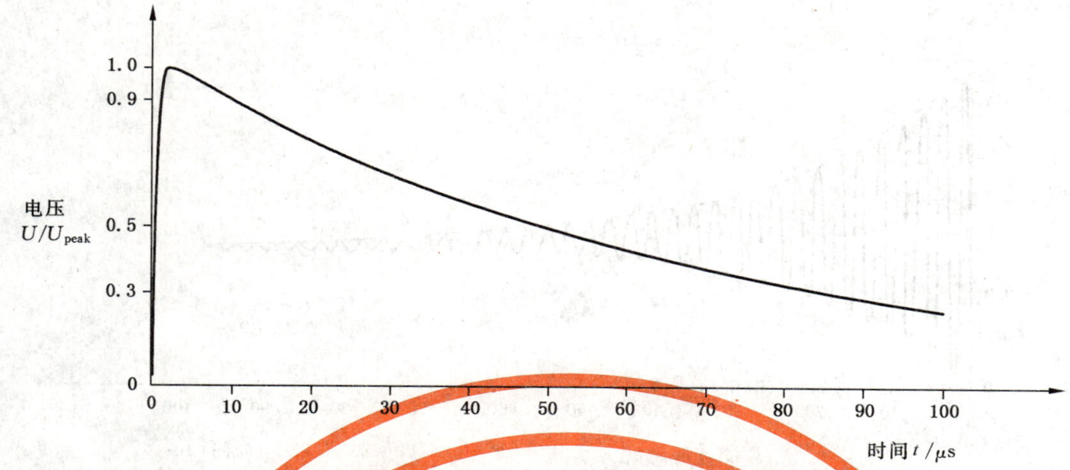

a） $T_1/T_2=0.8/40$ μs

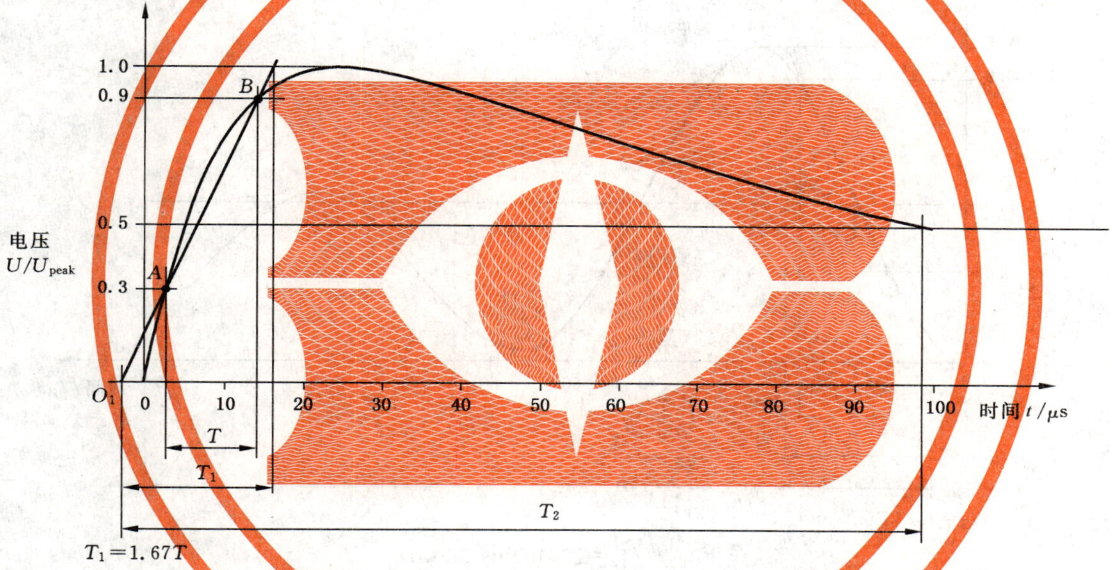

b） $T_1/T_2=20/100$ μs

图 1　非振荡型雷电冲击波形

8.2.3　振荡型雷电冲击电压

冲击电压迅速上升到峰值，然后伴随着频率范围在 15 kHz 和 400 kHz 之间的阻尼振荡降低至零，其中有或无电压极性的改变。用包络线和振荡频率表述其特性。见图 2。

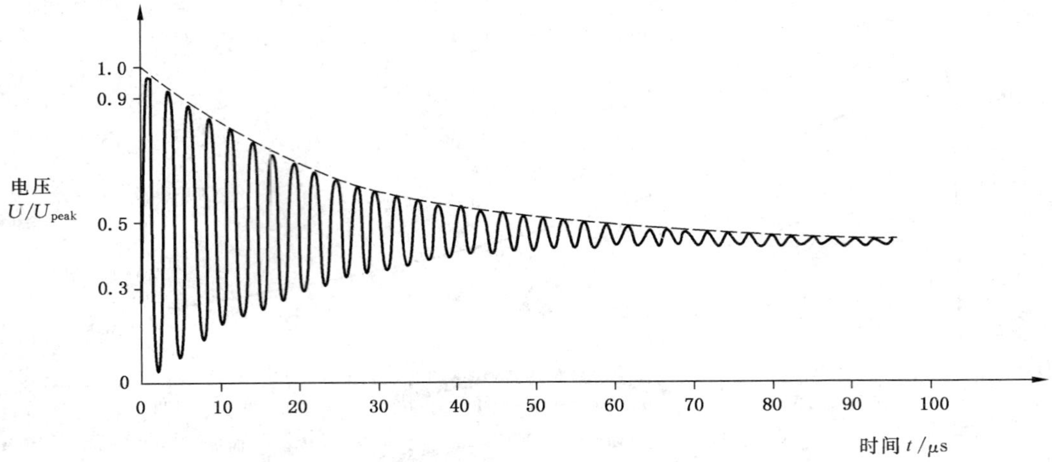

a） T_1/T_2＝0.8/40 μs，370 kHz

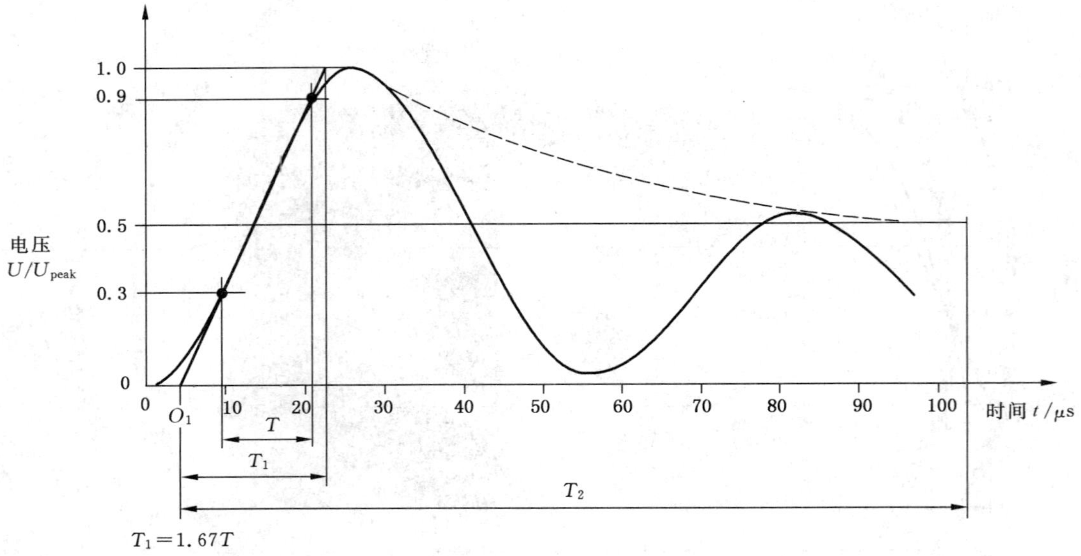

b） T_1/T_2＝20/100 μs，16 kHz

图 2 振荡型雷电冲击波形

8.2.4 试验电压值

指峰值。

（GB/T 16927.1—1997 中的 7.1.1，修改过）

如果在波前发生破坏性放电，试验电压为预期峰值电压。

注：如果叠加有振荡，应按照 GB/T 16927.1 确定峰值。

8.2.5 波前时间 T_1

两种类型的雷电冲击的波前时间 T_1 是一个视在参数，定义为冲击波峰值的 30％和 90％之间的时间间隔 T 的 1.67 倍。

8.2.6 视在原点 O_1

视在原点是比冲击电压达到 30％峰值时刻超前 0.3T_1 的点（见图 1 和图 2）。对于具有线性时间刻度的示波图，视在原点就是30%峰值和90%峰值连线的延长线与时间坐标轴的交点。

8.2.7 半峰值时间 T_2

非振荡型雷电冲击电压半峰值时间 T_2 是一个视在参数，定义为视在原点 O_1 与电压降低到峰值一半时刻之间的时间间隔。

振荡型雷电冲击电压半峰值时间 T_2 是一个视在参数，定义为视在原点 O_1 与振荡电压的包络线降低到峰值一半时刻之间的时间间隔。

8.3 试验电压

8.3.1 雷电冲击全波电压

波前时间 T_1 在 0.8 μs～20 μs 范围内、半峰时间 T_2 在 40 μs～100 μs 范围内的冲击电压。

注：对于非振荡型冲击电压，叠加的振荡应不大于峰值的5%。

8.3.2 容许偏差

除非相关的技术委员会另有规定，试验电压的测量值应在规定值的±5%之内。

注：可接受的时间参数限值在8.3.1中给出。

8.3.3 试验电压的产生

雷电冲击电压通常由冲击电压发生器产生。冲击电压发生器实质上是直流电源给许多并联的电容器充电，然后通过串联放电将电压施加在包含试品的回路中。对于非振荡型雷电冲击电压的产生，其回路包括电阻和电容负载。对于振荡型雷电冲击电压的产生，其回路包含感性负载，如发生器与电容负载之间的电感。对于同样的发生器，这种振荡回路能够产生峰值约为非振荡型冲击峰值两倍的的振荡冲击。

8.4 试验电压的测量和冲击电压波形的确定

8.4.1 用认可测量系统进行测量

试验电压峰值、时间参数和波形的测量应该使用按第5章通过试验和校核的认可测量系统来进行测量。而且对于在现场进行的大量试验，测量系统应有足够的最大施加次数。

测量应在带有试品的回路中进行，一般对于每个试品均应核查冲击波形。

注：通过试验回路参数计算确定冲击波形的方法不能满足要求。

8.4.2 认可测量系统的要求

一般要求如下：

——测量雷电冲击电压全波峰值的不确定度为5%；

——测量两种类型冲击电压的时间参数和振荡冲击电压中的振荡频率（此频率用来确定波形种类）的不确定度为10%；

——测量叠加有振荡的冲击，确认此叠加振荡不大于±5%。

8.4.3 刻度因数的稳定性

在性能记录中给出的环境温度范围内，以及在性能记录中给定的空间尺寸条件下，测量系统的刻度因数变化不应超过±2%。

8.4.4 动态特性

当满足下列条件时，测量系统的动态特性能满足性能记录中所规定的波形的时间参数和峰值参数的测量要求：

——对波前时间在规定范围内的雷电冲击全波电压，刻度因数的变化保持在±2%以内；以及

——测得的时间参数的不确定度在10%以内。

8.4.5 试品的连接

转换装置应直接与试品端子连接。

8.5 测量系统的试验和校核

8.5.1 概述

应按本部分中的第5章进行试验和校核。

注：推荐使用参考记录校核动态特性。

8.5.2 干扰水平校核

在现场要对每个测量系统（电压或电流）进行干扰水平校核，试验时电缆或其他传输系统输入端短接，电缆或传输系统的接地连接不变。应该在最高试验电压下使电压测量系统输入端产生干扰。应记录输出。所测得的干扰幅值应小于测量系统测量电压输出值的2%。如果证明干扰不影响测量，允许干扰幅值大于2%。

8.6 耐受电压试验程序

推荐的试验程序由3.8中定义的试品性质决定。

注：诊断试验程序应由相关的技术委员会规定。

8.6.1 耐受电压试验：程序A

对试品施加3次规定波形和极性的额定冲击耐受电压。按照相关的技术委员会规定的方法进行检查，如果没有发现试品损坏，则认为满足试验要求。

注：对于性能递降的绝缘或者非自恢复绝缘的试验推荐使用此程序。

8.6.2 耐受电压试验：程序B

对试品施加15次规定波形和极性的额定冲击耐受电压。如果在试品绝缘的自恢复部分上发生破坏性放电的次数不超过2次，并按相关的技术委员会规定的方法对试品绝缘的非自恢复部分进行检查，没有发现试品损坏，则认为满足试验要求。

8.6.3 其他耐受电压试验

如果需要，相关的技术委员会可规定特殊的耐受电压试验和相关电器的验收标准。

9 操作冲击电压试验

9.1 概述

本规定与GB/T 16927.1中描述的耐受试验和诊断试验电压有关。

9.2 操作冲击电压试验定义

这些定义适用于非振荡型冲击和振荡型冲击电压。两种类型的冲击电压都适用于现场的高压试验。

9.2.1 非振荡型操作冲击电压

3.3 中定义的操作冲击电压，电压迅速上升到峰值，然后无振荡地较缓慢降低到零。见图 3。

注：在 GB/T 16927.1 中定义的标准操作冲击电压 250/2 500 μs 是非振荡型操作冲击电压的一个例子。

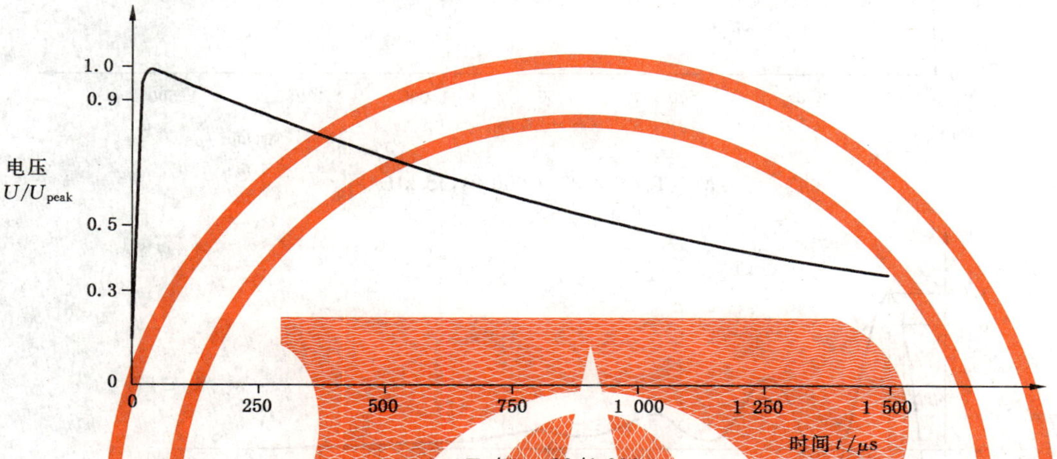

a) $T_p/T_2=20/1\ 000\ \mu s$

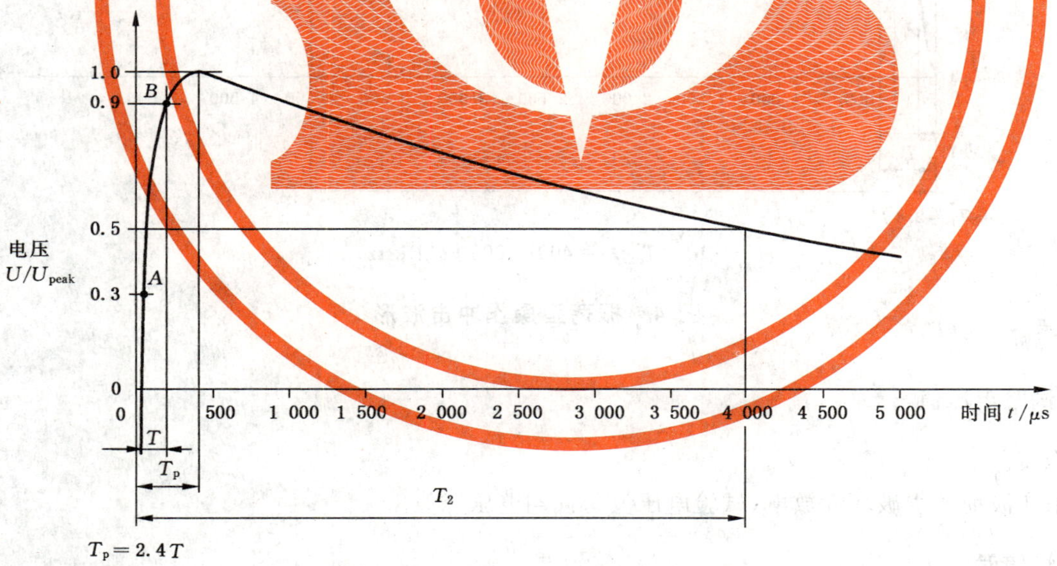

b) $T_p/T_2=400/4\ 000\ \mu s$

图 3 非振荡型操作冲击波形

9.2.2 振荡型操作冲击电压

3.3 中定义的操作冲击电压，电压迅速上升到峰值，然后伴随着频率范围在 1 kHz 和 15 kHz 之间的阻尼振荡降低至零，其中有或无电压极性的反转。用包络线和振荡频率表述其特性。见图 4。

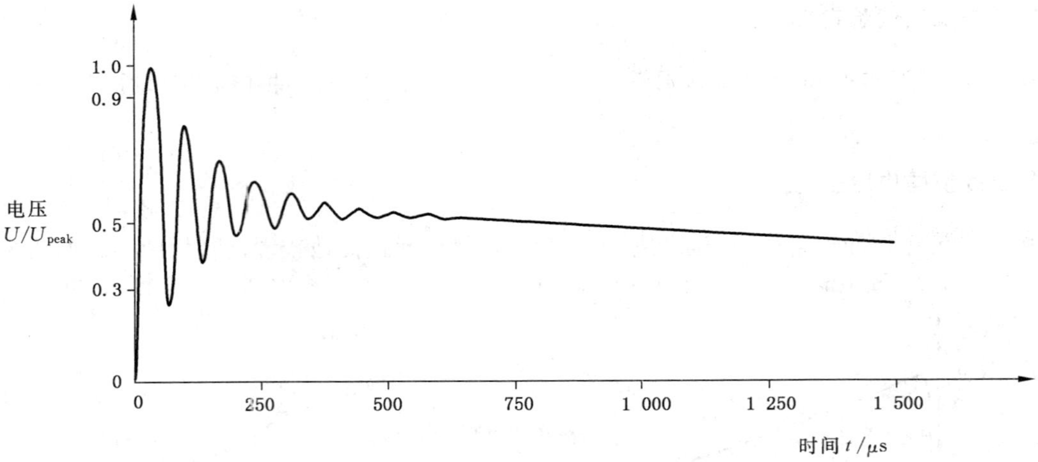

a) T_p/T_2=20/1 000 μs,15 kHz

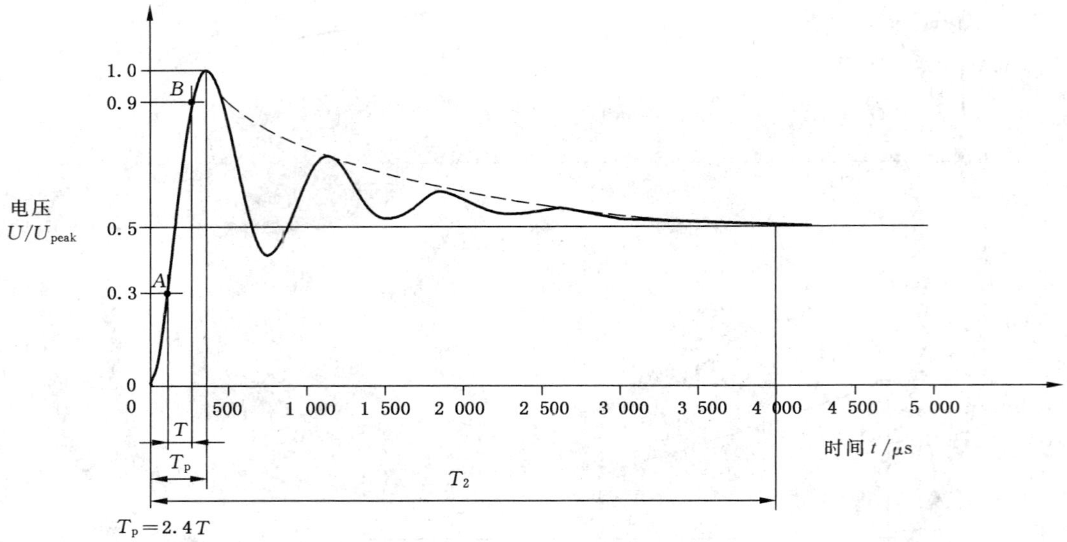

b) T_p/T_2=400/4 000 μs,1 kHz

图 4 振荡型操作冲击波形

9.2.3 试验电压值

指峰值。

如果在波前发生破坏性放电,试验电压值为预期电压峰值。

9.2.4 峰值时间 T_p

峰值时间 T_p 是指实际原点和到达电压峰值时刻之间的时间间隔,定义为冲击电压峰值的 30%和 90%两时刻时间间隔 T 的 2.4 倍。

9.2.5 半峰值时间 T_2

对于非振荡型操作冲击电压,定义为实际原点和电压降到半峰值时刻之间的时间间隔。

对于振荡型操作冲击电压,定义为实际原点和振荡型操作冲击电压的包络线降低到半峰值时刻之间的时间间隔。

9.2.6 振荡冲击电压的频率

两个连续峰值之间时间间隔的倒数。

9.3 试验电压

9.3.1 操作冲击电压

峰值时间 T_p 在 20 μs～400 μs 范围内，半峰值时间 T_2 在 1 000 μs～4 000 μs 范围内的冲击电压。

9.3.2 容许偏差

除非相关的技术委员会另有规定，试验电压的测量值应保持在规定值的±5％之内。

注：可接受的时间参数限值在 9.3.1 中给出。

9.3.3 试验电压的产生

操作冲击电压通常由冲击电压发生器产生。冲击电压发生器实质上是直流电源给许多并联的电容器充电，然后通过串联放电将电压施加在包含试品的回路中。对于非振荡型操作冲击电压的产生，其回路包括电阻和电容负载。对于振荡型操作冲击电压的产生，其回路包含感性负载，如发生器与电容负载之间的电感。对于同样的发生器，这种振荡回路能够产生峰值约为非振荡型冲击峰值两倍的的振荡型冲击。

操作冲击电压也可以通过对试验变压器低压绕组施加冲击电压的方法产生。

9.4 试验电压的测量和冲击电压波形的确定

9.4.1 用认可测量系统进行测量

试验电压峰值、时间参数和试验电压的频率测量应该使用按第 4 章通过试验和校核的认可测量系统来进行测量。而且，对于在现场进行的大量试验，测量系统应有足够的最大施加次数。

测量应在带有试品的回路中进行，一般对于每个试品均应核查冲击波形。

注：通过试验回路参数计算确定冲击波形的方法不能满足要求。

9.4.2 认可测量系统的要求

一般要求如下：

——测量操作冲击电压峰值的不确定度为 5％；

——测量两种类型冲击电压的时间参数和振荡型冲击电压中的振荡频率（此频率用来确定波形种类）的不确定度为 10％。

9.4.3 刻度因数的稳定性

在性能记录中给出的环境温度范围内，以及在性能记录中给定的空间尺寸条件下，测量系统的刻度因数变化不应超过±2％。

9.4.4 动态特性

当满足下列条件时，测量系统的动态特性能满足性能记录中所规定的波形的时间参数和峰值参数的测量要求：

——对波前时间在规定范围内的操作冲击电压，刻度因数的变化在±2％以内，以及

——测得的时间参数的不确定度在 10％以内。

9.4.5 试品的连接

转换装置应直接与试品端子连接。

9.5 测量系统的试验和校核

9.5.1 概述

应按本部分中的第5章进行试验和校核。

注：推荐使用参考记录校核动态特性。

9.5.2 干扰水平校核

在现场要对每个测量系统(电压或电流)进行干扰水平校核，试验时电缆或其他传输系统输入端短接，电缆或传输系统的接地连接不变。应该在最高试验电压下使电压测量系统输入端产生干扰。应记录输出。所测得的干扰幅值应小于测量系统测量电压输出值的2%。如果证明干扰不影响测量，允许干扰幅值大于2%。

9.6 耐受电压试验程序

推荐的试验程序由3.8中定义的试品性质决定。

注：诊断试验程序应由相关的技术委员会规定。

9.6.1 耐受电压试验：程序A

对试品施加3次规定波形和极性的额定冲击耐受电压。按照相关的技术委员会规定的方法进行检查，如果没有发现试品损坏，则认为满足试验要求。

注：对于性能递降的绝缘或者非自恢复绝缘的试验推荐使用此程序。

9.6.2 耐受电压试验：程序B

对试品施加15次规定波形和极性的额定冲击耐受电压。如果在试品绝缘的自恢复部分上发生破坏性放电的次数不超过2次，并按相关的技术委员会规定的方法对试品绝缘的非自恢复部分进行检查，没有发现试品损坏，则认为满足试验要求。

9.6.3 其他耐受电压试验

如果需要，相关的技术委员会可规定特殊的耐受电压试验和相关电器的验收标准。

10 超低频(VLF)电压试验

10.1 概述

本规定的内容与特殊试验相关。

10.2 超低频电压试验的定义

10.2.1 超低频电压

超低频交流电压是指波形介于矩形和正弦之间频率非常低的交流电压。

10.2.2 试验电压值

VLF 电压的峰值。

注：当有效值可能更重要时，例如绝缘内的物理效应取决于有效值，相关的技术委员会可以要求测量试验电压的有效值，而不是峰值。

10.2.3 峰值

忽略小的高频振荡时 VLF 电压的最大值。

10.2.4 有效值

一个完整的交流电压周期内各电压值平方的平均值的平方根。

(GB/T 16927.1—1997 中的 6.1.2)

注 1：对于标准正弦波，该值是峰值除以$\sqrt{2}$。

注 2：对于标准矩形波，该值等于峰值。

10.3 试验电压

10.3.1 电压波形

试验电压应是一个频率在 0.01 Hz～1 Hz 之间的交流电压。

注：对于更宽的频率范围，相关的技术委员会应规定与试品内的物理效应、试验持续时间以及试验电压值相关的频率范围。

正弦 VLF 电压波形应是两个半波几乎相同的近似正弦波。如果峰值与有效值之比在$\sqrt{2}$±15%范围内，则正弦波形的微小畸变不影响高电压试验的结果。

注：如果峰值与有效值之比超出$\sqrt{2}$±15%范围，则应证明正、负极性峰值的差别不超过 2%。

矩形 VLF 电压波形应是两个半波几乎相同的近似矩形波。为避免暂态过程引起的过电压，应控制电压极性的变化。峰值与有效值之比应在 1.0±5%范围内。

10.3.2 容许偏差

除非相关技术委员会另有规定，试验电压的测量值应在规定值的±5%范围内。

10.3.3 试验电压的产生

正弦 VLF 电压可用下述方法产生，例如，通过控制正极性和负极性高压直流电源对容性试品的充电。通过可调电阻对相应的试品放电。

矩形 VLF 电压可用下述方法产生，例如，以高压直流电源为基础，通过可切换的整流器和电感、储能电容以及试品电容组成的振荡电路相连可以实现极性反转。

电压源所要满足的要求主要取决于被试设备的类型和现场试验的条件。这些要求主要取决于试验电流值和电流性质。所选择的电源特性应满足试品的额定电压。电源(包括其储能电容)应足以提供泄漏和吸收电流以及任何内部和外部的非破坏性放电电流，且电压跌落不应超过 15%。

10.4 试验电压的测量

10.4.1 用认可测量系统进行测量

试验电压的测量应该使用按第 5 章通过试验和校核认可的测量系统来进行测量。而且，测量系统应有足够的工作时间以满足现场试验持续时间的要求。

测量应在带有试品的回路中进行。

10.4.2 认可测量系统的要求

一般要求试验电压峰值的测量总不确定度为5%。

10.4.3 刻度因数的稳定性

在性能记录中给出的环境温度、湿度范围内，以及在性能记录中给定的空间尺寸条件下，测量系统的刻度因数变化不应超过±2%。

10.4.4 动态特性

认可的测量系统的响应时间 T_N 不应大于0.5 ms。如果在VLF电压频率的(0.5～2)倍之间，刻度因数的变化在±2%范围内，则认为测量系统的动态特性是满足要求的。

10.4.5 试品的连接

转换装置应直接与试品端子连接。

10.5 测量系统的试验和校核

应按本部分中的第5章进行试验和校核。

注：对于认可的直流和交流电压测量系统，若其在直流和工频之间的频率响应比较平滑(在±2%以内)，可认为是VLF电压认可测量系统。

10.6 试验程序

应由相关的技术委员会规定试验程序，并考虑波形、试验频率、试验电压值和试验持续时间。

11 衰减型交流电压试验

11.1 概述

本规定与特殊试验相关。

11.2 衰减型交流电压试验的定义

11.2.1 衰减型交流电压

从一个(负极性或正极性)充电电压开始，并且在零电压值上下具有阻尼的正弦振荡的交流电压。衰减型交流电压用峰值、回路频率和衰减系数来表征。见图5。

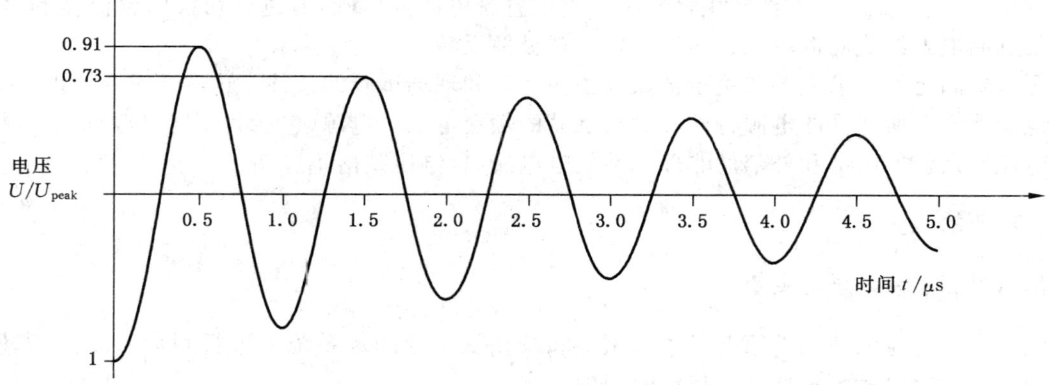

图5 衰减型交流电压(f_r=1 kHz，D_f=0.2)

11.2.2 试验电压值

指峰值。

11.2.3 峰值 U_p

施加在试品上的最大电压，其值等于充电电压。

11.2.4 回路频率 f_r

两个同极性连续峰值之间的时间间隔的倒数。

11.2.5 衰减系数 D_f

同极性的第一和第二个峰值电压之差与第一个峰值电压之比。

11.3 试验电压

11.3.1 电压波形

衰减型交流电压的回路频率在 20 Hz～1 000 Hz 之间，衰减系数通常最高达到 40％。

11.3.2 容许偏差

除非相关技术委员会另有规定，试验电压的测量值应在规定值±5％范围内。

注：11.3.1 给出了可接受的回路频率和衰减系数的限值，无另外的容许偏差限值。

11.3.3 试验电压的产生

衰减型交流电压是由已经充电的试品电容通过适当的电感放电产生。试验回路基本包括高压直流电压源、电感、电容和适当的开关。当达到充电电压时开关闭合，试品上会产生衰减型交流电压。

回路频率由电感和电容的值决定。为了减少试品电容对回路频率的影响，可以给试品并联一个附加的储能电容。衰减系数取决于试验回路和试品的特性。

11.4 试验电压的测量

11.4.1 用认可测量系统进行测量

试验电压峰值的测量应该使用按第 5 章通过试验和校核的认可的测量系统来进行测量。而且，对于在现场进行的大量试验，测量系统应具备足够的最大施加次数。

测量应在带有试品的回路中进行，一般对于每个试品应测量其回路频率 f_r 和衰减系数 D_f。

注：通过计算确定试验回路的回路频率 f_r 和衰减系数 D_f 的方法不能满足要求。

11.4.2 认可测量系统的要求

一般要求如下：

——在其频率范围内测量试验电压峰值的总不确定度为 5％；

——测量回路频率 f_r 和衰减系数 D_f 的总不确定度为 10％。

11.4.3 刻度因数的稳定性

在性能记录中给出的环境温度、湿度范围内，以及在性能记录中给定的空间尺寸条件下，测量系统的刻度因数变化应不超过±2％。

11.4.4 动态特性

当电源频率范围在直流到1 000 Hz之间时，如果刻度因数的变化在±2%范围内，则认为测量系统的动态特性可以满足峰值电压和时间参数的测量要求。

在测量系统仅用于最大回路频率 f_r 小于1 000 Hz的试验系统情况下，如果电源频率范围在直流到实际最大回路频率 f_r 之间时，刻度因数的变化保持在±2%范围内，则认为测量系统的动态特性可以满足峰值电压和时间参数的测量要求。

11.4.5 试品的连接

转换装置应直接与试品端子连接。

11.5 测量系统的试验和校核

11.5.1 一般要求

应按本部分中的第5章进行试验和校核。

11.5.2 干扰水平校核

在现场要对每个测量系统(电压或电流)进行干扰水平校核，试验时电缆或其他传输系统输入端短接，电缆或传输系统的接地连接不变。应该在最高试验电压下使电压测量系统输入端产生干扰。应记录输出。所测得的干扰幅值应小于测量系统测量电压输出值的2%。如果证明干扰不影响测量，允许干扰幅值大于2%。

11.6 试验程序

相关的技术委员会应规定用于这些试验的推荐程序，也可以确定相关电器的验收标准。

ICS 53.100
P 97

中华人民共和国国家标准

GB/T 16937—2010/ISO 5006:2006
代替 GB/T 16937.1—1997,GB/T 16937.2—1997

土方机械　司机视野试验方法和性能准则

Earth-moving machinery—Operator's field of view—Test method and performance criteria

(ISO 5006:2006,IDT)

2010-12-23 发布　　2011-07-01 实施

中华人民共和国国家质量监督检验检疫总局
中国国家标准化管理委员会　发布

前　言

本标准等同采用ISO 5006:2006《土方机械　司机视野　试验方法和性能准则》(英文版),包括其技术勘误ISO 5006:2006/Cor 1:2008。

本标准等同翻译ISO 5006:2006。

为便于使用,本标准对ISO 5006:2006作了下列编辑性修改:

——将“本国际标准”一词改为“本标准”;

——用小数点“.”代替作为小数的“,”;

——删除国际标准的前言;

——对ISO 5006:2006中引用的国际标准,用已被采用为我国的标准代替对应的国际标准;

——表1中的“*”和“注:”改为“[a]”;

——将10.4.1的第2段内容移到10.4.2的第2段;

——将技术勘误纳入标准正文中,并在正文中的页边空白处用垂直双线“‖”标识。

本标准代替GB/T 16937.1—1997《土方机械　司机视野准则》和GB/T 16937.2—1997《土方机械　司机视野评定方法》。

本标准与GB/T 16937.1—1997和GB/T 16937.2—1997相比主要变化如下:

——将三项标准(GB/T 16937.1—1997、GB/T 16937.2—1997和JB/T 7160—1993《工程机械　司机视野试验方法》)合并为一项标准;

——标准结构重新进行了编排;

——对有关术语和定义进行了修改,并增加了若干术语和定义;

——增加了机器的1 m边界矩形的可视性试验和性能准则;

——可视性的性能准则中,细化了机器种类以及工作质量分类;

——增加了对大型、派生和其他类型土方机械的相关要求;

——增加了间接视野的辅助装置(反射镜、CCTV)的相关内容。

本标准的附录A为资料性附录。

本标准由中国机械工业联合会提出。

本标准由全国土方机械标准化技术委员会(SAC/TC 334)归口。

本标准负责起草单位:天津工程机械研究院、厦门厦工机械股份有限公司。

本标准参加起草单位:广西柳工机械股份有限公司、福田雷沃国际重工股份有限公司。

本标准主要起草人:吴润才、李蔚苹、袁旭、王军伟、王金华。

本标准所代替标准的历次版本发布情况为:

——GB/T 16937.1—1997;

——GB/T 16937.2—1997。

引　言

本标准的目的是致力于以能够量化的客观工程术语，来表达司机能够看到的机器周围的可视性，使司机能正确、有效和安全地操作机器。本标准包括采用位于司机眼睛处的两个灯光的试验方法。由机器及其部件和附属装置而造成的遮影，是在环绕机器相距 1 m 的最小矩形边界线和可视性试验圆上确定的。该测试圆的半径为 12 m。使用的该方法不捕捉司机可视性的全部位置，但提供信息以帮助确定机器可视性的可接受性能。本标准中的准则为设计者提供了关于可接受的可视性遮影区域的指导。

依据司机可视性和机器的操作方式，试验方法将机器周围区域划分为六个区域：前面(A 区)，前侧面(B 区和 C 区)，后侧面(D 区和 E 区)和后面(F 区)。

对于每个区域，都考虑到了司机具有的身体特征。除 65 mm 眼距外(身材为第 50 百分位司机的正常双目间距)，考虑到司机可能转动头部和左右移动上身，增加了另外的眼距调节。这样对于 A 区、B 区和 C 区，眼距范围扩大到 405 mm。对于 D 区、E 区和 F 区，司机的头部转动和上身回转是由坐姿司机的身体形态所限定。因此，对于 D 区、E 区和 F 区，最大可达到的眼距为 205 mm。对于某些机器类型，按照司机的人体工效学，采用的眼距小于最大允许值。这样做是为了保持机器的当前最新技术水平。

制定的可视性的性能准则是基于采用各种代表性尺寸的人类司机和地面人员的身体形态，以及已提供的满足可视性要求的机器设计。为了制定可视性准则，使用了眼睛位置和遮影宽度的组合。在各遮影之间存在着适当的位置，就使区域内有多个遮影时可以满足要求。

在直接视觉认为不足的场合，可用作为间接可视性的辅助装置[反射镜或闭路电视(CCTV)]以达到可接受的可视性能。对于 1 m 边界的矩形(RB)，最好用补充的间接视野装置(反射镜或 CCTV)。其他辅助装置(见 ISO 16001:2008)可用于特例场合。

工地组织可以成为补充的有效形式以补偿其余可视性的遮影。

土方机械 司机视野 试验方法和性能准则

1 范围

本标准规定了用于确定和评价在环绕机器相距1 m的最小矩形分界线和12 m可视性试验圆上，司机可视性的静态试验方法。

本标准适用于表1中列出的和GB/T 8498中定义的有特定坐姿司机位置的土方机械。对于表1中未列出的机器，包括大型机器、派生的土方机械和其他类型的土方机械，可以采用该可视性试验程序，见10.4。

本标准适用于在工地作业和公路上行驶的土方机械。

本标准按机器族的类型(见表1)规定了达到最大工作质量(见GB/T 21154)的各类机器可视性的性能准则。

2 规范性引用文件

下列文件中的条款通过本标准的引用而成为本标准的条款。凡是注日期的引用文件，其随后所有的修改单(不包括勘误的内容)或修订版均不适用于本标准，然而，鼓励根据本标准达成协议的各方研究是否可使用这些文件的最新版本。凡是不注日期的引用文件，其最新版本适用于本标准。

GB/T 6572.1 液压挖掘机 术语(GB/T 6572.1—1997,eqv ISO 7135:1993)

GB/T 8420 土方机械 司机的身材尺寸与司机的最小活动空间(GB/T 8420—2000,eqv ISO 3411:1995)

GB/T 8498 土方机械 基本类型 识别、术语和定义(GB/T 8498—2008,ISO 6165:2006,IDT)

GB/T 8591 土方机械 司机座椅标定点(GB/T 8591—2000,eqv ISO 5353:1995)

GB/T 21154 土方机械 整机及其工作装置和部件的质量测量方法(GB/T 21154—2007,ISO 6016:1998,IDT)

ISO 16001:2008 土方机械 危险监测系统及其可视辅助装置 性能要求和试验

3 术语和定义

下列术语和定义适用于本标准。

3.1

试验地面 test surface

形成可视性试验基准地平面的区域。

3.2

灯丝位置中心点 filament position centre-point

灯泡灯丝连线的中心位置。

见图1。

单位为毫米

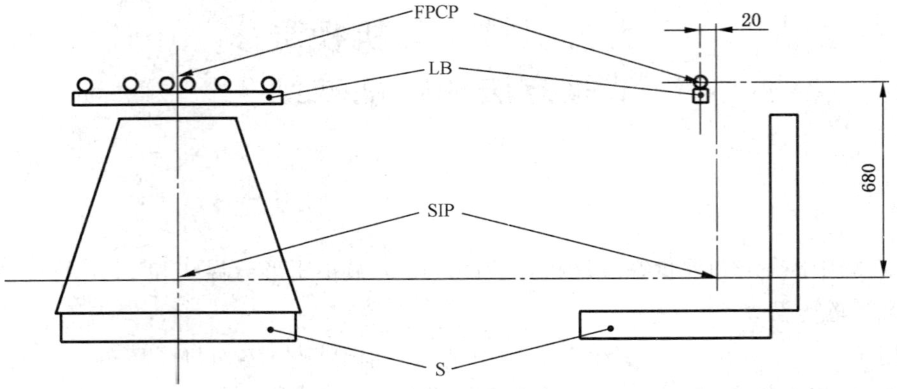

说明：

LB——灯杆；

SIP——座椅标定点；

S——座椅；

FPCP——灯丝位置中心点。

图1 光源装置

3.3 可视性试验的定位

3.3.1

可视性试验圆 visibility test circle

VTC

位于基准地平面上，中心在灯丝位置中心点垂直下方的12 m半径的圆。

见图2。

3.3.2

1 m边界矩形 rectangular 1 m boundary

RB

在基准地平面上，距离机器外侧1 m的矩形边界线。但铰接式自卸车和平地机除外，该矩形边界线至铰接式自卸车前端的距离以及至平地机后端的距离均大于1 m。

见图2和8.3.3。

3.3.3

视野A区 sector of vision A

在机器正前方，由半径为12 m的9.5 m弦长所确定的可视性试验地面的扇形范围。该弦长垂直于通过灯丝位置中心点的纵向平面并被该纵向平面所平分。

见图2。

3.3.4

视野B区和C区 sectors of vision B and C

视野A区以外，以通过灯丝位置中心点横向平面为界线，在机器前方所确定的可视性试验地面的扇形范围。

见图2。

3.3.5

视野D区和E区 sectors of vision D and E

在机器后方，通过灯丝位置中心点纵向平面的左右两侧各45°角所确定的可视性试验地面的扇形范围。

见图2。

3.3.6

视野 F 区　sectors of vision F

在机器后方处于视野 D 区和 E 区之间的可视性试验地面的扇形范围。

见图 2。

单位为米

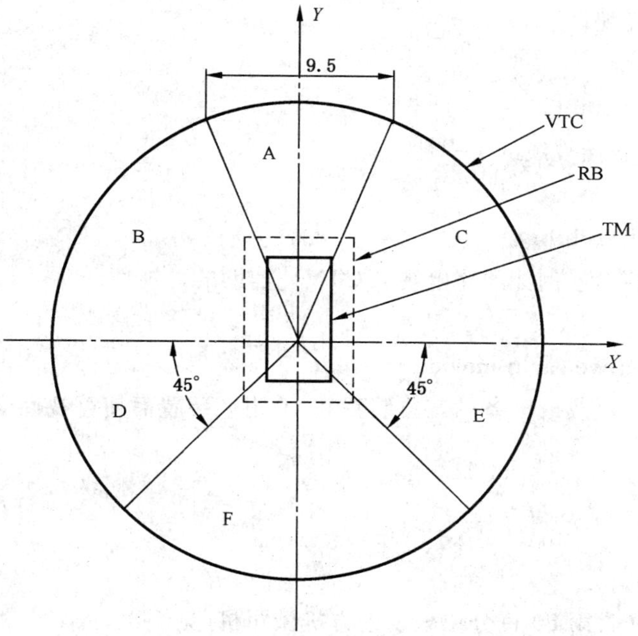

说明：

VTC——可视性试验圆；

RB——1 m 边界的矩形；

TM——被试机器；

Y——机器的前进方向；

A、B、C、D、E、F——视野区域。

图 2　可视性试验的定位

3.4

遮影　masking

由主机和/或工作装置的部件挡住两个灯泡灯丝的光线，在 12 m 可视性试验圆上或在 1 m 边界矩形处的垂直试验物体上所形成的影子。

注：可能导致遮影的部件包括，例如滚翻保护结构(ROPS)、窗框或门框、排气管、发动机罩和工作装置或附属装置(如铲斗，动臂)。

3.5

光源仪器　light source apparatus

至少两个光源，可 360°回转，回转点在灯丝位置中心点的试验装置。

见图 1。

3.6

可视性的性能准则　visibility performance criteria

使司机能够在机器操作和行驶中看到其周围区域的土方机械设计用准则。

注：这些可视性的性能准则是规定在 12 m 可视性试验圆处或 1 m 边界矩形处允许的最大遮影。

3.7

工地组织　jobsite organization

工地上协调机器和人员共同工作的规则和程序。

示例:安全说明书、交通模式、限制的区域、司机和工地的培训、机器和车辆的标记(例如特殊警告灯、警告标志)、倒退行驶限制和通讯系统,等等。

3.8　直接可视性和间接可视性

3.8.1

直接可视性　direct visibility

由光源的光所确定的直接视线的可视性。

3.8.2

间接可视性　indirect visibility

用反射镜或其他可视装置[例如闭路电视(CCTV)]辅助的可视性。

3.9

派生土方机器　derivative earth-moving machine

与机器标准配置相比,更改或配备的工作装置和/或附属装置而使可视性变化的机器。

4　基本尺寸

4.1　灯距尺寸

本标准规定下列三种灯距:

a)　65 mm,代表身材为第 50 百分位坐姿土方机械司机(见 GB/T 8420)双目间距的灯距;

b)　205 mm,代表身材为第 50 百分位土方机械司机(见 GB/T 8420)当向后方 45°角(从正前方位置顺时针或逆时针的 135°)观看时的眼睛运动范围(考虑身躯和头的运动)的灯距;

c)　405 mm,代表身材为第 50 百分位土方机械司机(见 GB/T 8420)当向前(从正前方位置顺时针或逆时针的 90°)观看时的眼睛运动范围(考虑身躯和头的运动)的灯距。

4.2　遮影尺寸

本标准对 1 m 边界矩形规定一个 300 mm 的遮影尺寸,其代表在土方机械接近区域上工作的人员胸部近似厚度。

4.3　测量的基准尺寸

本标准规定下列三种测量基准尺寸:

a)　1 m,用于与土方机械周围 1 m 矩形边界线相关联的距离,其描述土方机械周围的接近区域(最近距离);

b)　1.5 m,基于身材为第 5 百分位的土方机械司机,在接近区域处进行可视性观察的基准地平面以上最大高度;

c)　12 m,从灯丝位置中心点测量的水平面上可视性试验圆的半径。

5　试验仪器和设施

5.1　光源装置:能将一条带有两个垂直安装卤化灯泡(或相当的)的灯杆水平定位。每个灯泡能从灯杆中点向每一侧水平移动 32.5 mm～202.5 mm。灯杆应能围绕灯丝位置中心点旋转 360°。灯泡灯丝的垂直中心点应位于 GB/T 8591 定义的座椅标定点(SIP)以上 680 mm 和前方 20 mm(见图 1)的位置。

5.2　垂直试验物体:高度 1.5 m,有适当的厚度(如 150 mm),用以评价 1 m 边界矩形上的遮影。

5.3 试验地面:应是一个压实的地面或铺砌的地面,其各向坡度不大于3%。

5.4 为了确定可视性试验圆或1 m边界矩形上的遮影,可以用一个手持的反射镜检测光源和基准地平面或垂直试验物体之间的视线。允许采用其他可给出同等结果的仪器。

6 机器的试验配置

6.1 机器应按制造商的规定配备工地作业和/或公路行驶的附属装置和工作装置。

6.2 机器的所有开口(如门和窗)应关闭。

6.3 机器应位于试验地面上,机器的工作装置和附属装置处于制造商规定的行驶状态,见附录A中的示例。灯丝位置中心点(按3.2的定义)应在可视性试验圆中心的垂直上方。机器的前面应朝向A区。

6.4 土方机械的司机座椅应位于对光源没有限制或影响(例如阻碍光条的旋转)的位置。

7 辅助装置的性能准则

7.1 反射镜的性能准则

对可视性试验圆的间接可视性,反射镜凸面的最小曲率半径应为300 mm。

对机器周围1 m边界矩形的间接可视性,反射镜凸面的最小曲率半径应如下:

——距离灯丝位置中心点在2.5 m以下时,半径为200 mm;

——距离灯丝位置中心点在3.5 m以下时,半径为300 mm;

——距离灯丝位置中心点在5 m以下时,半径为400 mm。

注:专门为确定土方机械的反射镜半径与视觉距离之间的函数研究正在进行中。

7.2 CCTV系统的性能准则

CCTV系统应符合ISO 16001:2008。

8 试验程序

8.1 试验地面标记和机器在试验地面上的位置

8.1.1 用两条中心线标出一个12 m半径的可视性试验圆,如图2所示。

8.1.2 在试验地面上标出区域A、B、C、D、E和F,如图2所示。

8.1.3 将机器放置到6.3规定的试验地面上。

8.1.4 在地面上,距离围绕机器垂直投影1 m的最小矩形处,标出1 m边界矩形,如图3所示。对于挖掘机,1 m边界矩形从主机(见GB/T 6572.1)最前端的点或推土铲(如果是其标准配置时)的前方测量,见图A.3。

单位为米

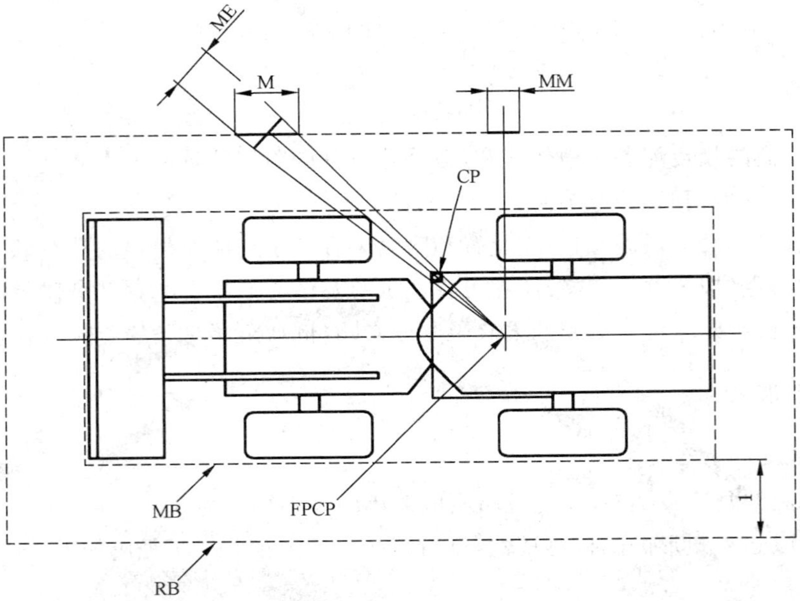

说明：

MB——机器边界；

RB——1 m 边界矩形(距离机器四侧均 1 m,除了表 1 的注)；

FPCP——灯丝位置中心点；

M——RB 上的遮影宽度；

ME——垂直于光源的遮影有效宽度；

MM——最大遮影为 300 mm；

CP——司机室立柱。

图 3　1 m 边界矩形上的定位和遮影

8.2　试验仪器的定位

8.2.1　按 5.1 规定的灯泡灯丝中心点安装光源。

8.2.2　灯距以对称于光源装置中心的 65 mm 间隔布置。如果灯距允许采用最大值 205/405 mm,左右光源各自位置可布置成使得在 12 m 可视性试验圆或 1 m 边界矩形上的测量将遮影减到最小。在这个方法中,只要灯源离灯丝位置中心点距离为 102.5 mm 或 202.5 mm,则两个灯源不必对称于灯丝位置中心点,该方法适于被进行评价的视野区域。

注：为了机器的研究和开发,可采用 65 mm 的灯距获得对机器周围遮影更详细的评价,并建议用于这类工作。

8.2.3　为了进行测量,旋转灯杆使两个光源之间的直线与 3.2 中定义的灯丝位置中心点和可视性遮影部件中心的直线相垂直。

8.3　遮影的测量

8.3.1　一般规定

第一步,所有测量应考虑采用直接可视性进行测量。

第二步,需要时,测量中可加入辅助装置(如反射镜或 CCTV),以满足可视性的性能准则。

为定义反射镜的间接可视性(第 7 章),采用直接可视性的相同试验程序测量和记录光源在反射镜中对可视性试验圆和 1 m 边界矩形的反射。在反射镜定位的视野区域,采用与 8.3.2 的可视性试验圆中以及与 8.3.3 的 1 m 边界矩形中相同的灯距。

8.3.2　在可视性试验圆处的测量

按表 1 的规定调节有关区域的灯距。按 8.2.2 和 8.2.3 中的规定安放光源。

当一个遮影覆盖相邻的可视性区域时，应按遮影部分较大的可视性区域，用表1中规定的每个区域用的灯距来评价该遮影。

当一台机器有两个或更多的相互靠近的垂直部件时，可采用小于该区域所规定最大值的灯杆灯距来确定最小遮影(也见8.2.2)。

应考虑10.1中规定的相邻遮影之间的最小间距要求。

记录基准地平面上的可视性试验圆处的遮影，以便确定可视性试验圆上遮影的弦长。

不需要记录宽度小于100 mm的遮影。

对于可视性试验圆上的遮影比该试验圆内侧和外侧1 m内的遮影宽时(由于某些机器的部件，如门插销、杯架、扶手)，可以用试验圆内侧和外侧1 m处的较窄遮影宽度的平均值作为该遮影的宽度。

注：试验可以在黑暗的环境中进行，那时机器部件的影子可以在可视性试验圆上直接记录；或用一个位于试验地面或垂直试验物体上的反射镜以产生对灯丝的视线来确定遮影所在地点。

8.3.3 1 m边界矩形处的测量

为确定机器接近区域视线范围内的实际遮影，该测量应使灯距(RB上的灯距小于或等于405 mm)与遮挡物相垂直。使用5.2规定的垂直试验物体，并沿如图4所示的1 m边界矩形进行检查。对于铰接式自卸车前端和自行式平地机后端至RB的距离在表1中规定。在1 m边界矩形上对光源的直接视线被机器部件遮挡的地方作标记。记录遮影的x和y坐标。如果RB上的遮影宽度(M)超出300 mm，则测量垂直于光源的遮影宽度(ME)，见图3。记录ME作为遮影宽度。

如果垂直试验物体的顶部被遮挡，检查是否至少可以看到垂直试验物体的200 mm长度。如能看到，1 m边界矩形上的该点(位置)不计入遮影评价中。

注：对高度在1.5 m以下的垂直试验物体上的可视性可以用一个上下移动试验目标的反射镜进行检查。

不需要记录宽度小于200 mm的遮影。

当一台机器有两个或更多的相互靠近的垂直部件，可采用小于该区域所规定最大值的灯杆灯距来确定最小遮影(也见8.2.2)。

单位为米

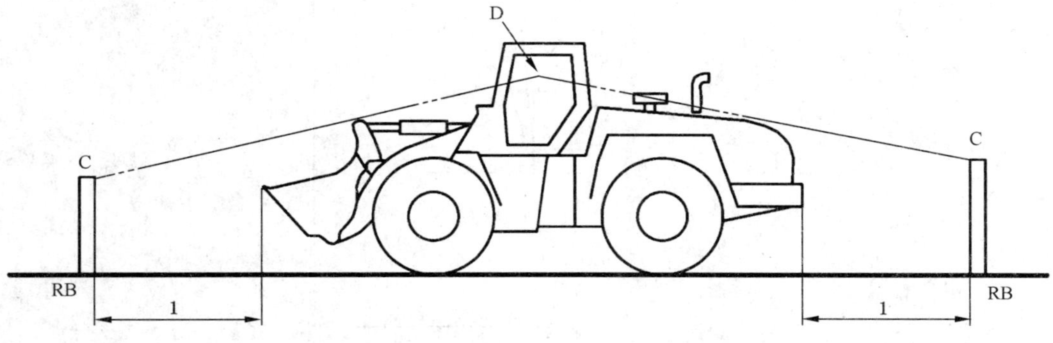

说明：

RB——1 m边界矩形；

C——垂直试验物体；

D——光源。

图4 1 m边界矩形处的测量

9 计算方法

9.1 可视性试验圆或1 m边界矩形处确定遮影的计算步骤

计算步骤可用于确定可视性试验圆或1 m边界矩形处的遮影。

该规定的计算步骤提供了替代试验方法的一种方式。

表示双目视野的眼距 s 和遮影(均以 mm 表示)由下面公式给出(也见图 5):

$$x=\left(\frac{b-s}{a}\right)r+s \quad \cdots\cdots(1)$$

式中:

a——产生遮影的部件与灯丝之间的距离,单位为毫米(mm);

b——产生遮影的部件宽度,其垂直于灯丝位置中心点和部件中心的半径线并在水平方向测量,单位为毫米(mm);

r——在试验地面上,灯丝位置中心点到可视性试验圆或 1 m 边界矩形的半径,单位为毫米(mm);

s——灯泡灯丝之间的距离,用以表示双目视野的眼距,单位为毫米(mm);

x——与可视性试验圆成正切的遮影宽度,或 1 m 边界矩形上的遮影有效宽度(图 3 中的 ME),单位为毫米(mm)。

注:该公式是遮影的近似计算方法,其计算将随着遮影宽度的增加而精度降低,但其对 5 m 及以下的遮影宽度提供了可接受的精度而不必进行实际测量验证。

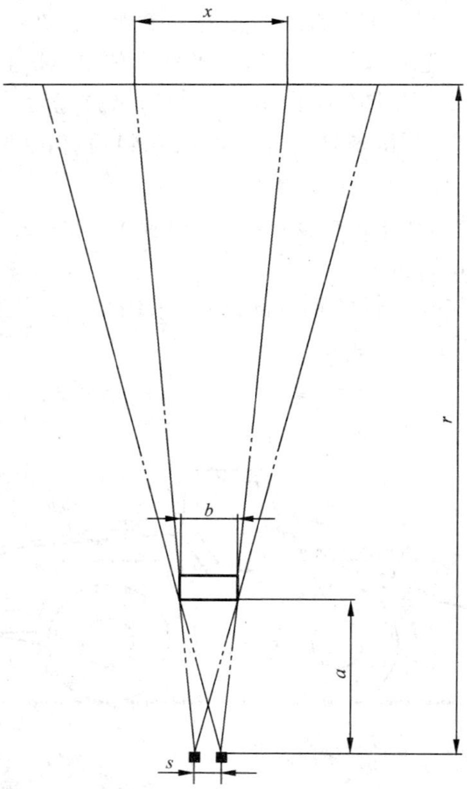

注:符号的定义见前面的公式。

图 5 确定遮影的计算方法

9.2 计算机模拟

基于本标准所规定原理的计算机模拟可用于确定可视性遮影,并提供试验报告的结果。

10 评价方法和性能准则

10.1 可视性试验圆处可视性的性能准则

可视性试验圆上任何两个相邻遮影之间的空位应等于或大于 700 mm。如果不是如此,这两个遮挡物和其空位应组合在一起作为一个要报告的遮影结果。

相邻的窄遮影可和其空位组合并作为一个较大的遮影，以减少要报告的遮影的数目。

如果测量结果表明没有遮影或遮影小于或等于表 1 中规定的直接视野的性能准则，则判定机器的可视性符合本标准的要求。

注：表 1 中列出了不同类型/质量的机器可视性的性能准则。表 1 的第一栏定义了机器的类型和按机器质量的机器分类。表 1 中规定了每一机器类型/质量的可视性试验圆上允许的遮影最大宽度，并规定了可视性试验圆上视野区域 A、B、C、D、E 和 F 的可视性准则。每个可视性区域的第一行规定最大允许的灯距。其他各行规定每个可视性区域的遮影数目和最大宽度。

区域 A、B 和 C 用的 65 mm 眼距所进行的可视性试验，是为测试目的而未考虑司机的 405 mm 以内正常头部和眼的运动。司机看到的实际可视性遮影的尺寸小于用 65 mm 眼距测量的遮影尺寸。例如，测量一个距离灯丝位置中心点 570 mm、宽度为 160 mm 的司机室立柱的遮影，用眼距 65 mm 测量的遮影宽度将是 2 000 mm，但当眼距 205 mm 时遮影将完全消失，见图 6。

表 1　可视性的性能准则

单位为毫米

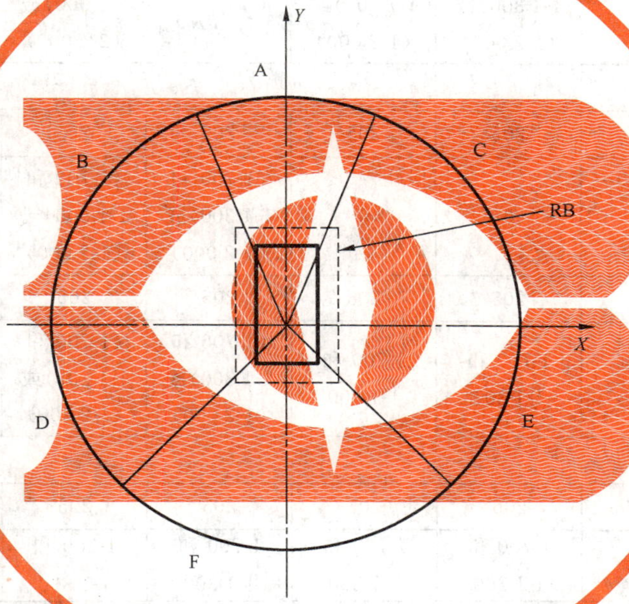

每种机器类型的第一行是允许的眼距。第二行是允许的遮影的数目和宽度。

按 GB/T 21154 的工作质量（空载）m/t	A	B	C	D	E	F	RB
轮胎式装载机							
$m<10$	65	205	205	205	205	65	405
	2-700	0	0	1-700 和 1-1 300	1-700 和 1-1 300	(1-700 和 1-1 300) 或 (1-2 000)	300
$10\leqslant m<25$	65	205	205	205	205	65	405
	2-700 或 1-1 300	0	0	(1-700 和 1-1 300)或 (1-2 000)	(1-700 和 1-1 300)或 (1-2 000)	3-1 300	300

表 1（续）

按 GB/T 21154 的工作质量（空载）m/t	A	B	C	D	E	F	RB
轮胎式装载机							
25≤m≤30	405	205	205	205	205	65	405
	0	1-700 和 1-1 300	1-700 和 1-1 300	(1-700 和 1-1 300)或(1-2 000)	(1-700 和 1-1 300)或(1-2 000)	3-1 300	300
滑移转向装载机							
所有轮胎式和履带式	65	65	65	205			405
	0	(1-700 和 1-1 300)或(1-2 000)	(1-700 和 1-1 300)或(1-2 000)	(2-2 100 和 2-1 300)或(2-4 000)			300
履带式装载机							
m＜20	65	205	205	205	205	65	405
	2-700	0	0	(1-700 和 1-1 300)或(1-2 000)	(1-700 和 1-1 300)或(1-2 000)	(1-700 和 1-1 300)或(1-2 000)	300
20≤m≤30	405	205	205	205	205	65	405
	0	1-700 和 1-1 300	1-700 和 1-1 300	(1-700 和 1-1 300)或(1-2 000)	(1-700 和 1-1 300)或(1-2 000)	(1-700 和 1-1 300)或(1-2 000)	300
挖掘装载机							
m≤15	65	205	205	205	205	65	405
	2-700	1-700 和 1-1 300	1-700 和 1-1 300	1-700 和 1-1 300	1-700 和 1-1 300	1-1 300 和 1-3 000	300
轮胎式挖掘机							
m＜10 前置动臂	205			205	205	65	405
	(1-700 和 1-1 300)或(1-2 000)			0	0	(1-700 和 1-1 300)或(1-2 000)	300
m＜10 侧置动臂	205	205	405	205	205	65	405
	(1-700 和 1-1 300)或(1-2 000)	0	1-2 500	0	0	(1-700 和 1-1 300)或(1-2 000)	300
10＜m＜25	405	205	405	205		65	405
	1-700 和 1-1 300	0	1-700 和 1-5 500	1-700 和 1-1 300	不规定[a]	1×机器宽度和 2-1 300	300

表 1（续）

按 GB/T 21154 的工作质量（空载）m/t	A	B	C	D	E	F	RB
履带式挖掘机							
$m<10$ 前置动臂	205			205	205	65	405
	(1-700 和 1-1 300)或(1-2 000)			0	0	(1-700 和 1-1 300)或(1-2 000)	300
$m<10$ 侧置动臂	205	205	405	205	205	65	405
	(1-700 和 1-1 300)或(1-2 000)	0	1-2 500	0	0	(1-700 和 1-1 300)或(1-2 000)	300
$10\leqslant m<25$	405	205	405	205		65	405
	1-700 和 1-1 300	0	1-700 和 1-5 500	1-700 和 1-1 300	不规定[a]	1×机器宽度和 2-1 300	300
$25\leqslant m\leqslant 40$	405	205	405	205		65	405
	1-700 和 1-1 300	0	1-1 600 和 1-5 500	1-700 和 1-1 300	不规定[a]	1×机器宽度和 2-1 300	300
刚性车架自卸车							
$m<10$	65	205	205	205	205	65	405
	0	0	0	0	0	0	300
$10\leqslant m<20$	65	205	205	205	205	65	405
	0	1-700 和 1-1 300	1-700 和 1-1 300	0	1-700 和 1-1 300	0	300
$20\leqslant m\leqslant 50$	65	205	205	205		65	405
	0	1-700 和 1-1 300	1-700 和 1-1 300	0	不规定[a]	3-1 300	300
铰接车架自卸车							
$m<25$	65	205	205	205	205	65	405
	0	0	0	1-700 和 1-1 300	1-700 和 1-1 300	3-1 300	300 $X=1\ 500$ 见图 A.5
$25\leqslant m\leqslant 50$	65	205	205	205	205	65	405
	0	0	0	1-700 和 1-1 300	1-700 和 1-1 300	3-1 300	300 $X=2\ 500$ 见图 A.5
自卸车(前置车身)							
$m\leqslant 10$	65	205	205	205	205	65	405
	0	0	0	0	0	0	300

表 1（续）

按 GB/T 21154 的工作质量(空载)m/t	A	B	C	D	E	F	RB
履带式推土机							
$m<10$	205	205	205	205	205	65	405
	1-700 和 2-1 300	1-700 和 1-1 300	1-700 和 1-1 300	1-700	1-700	2-700 和 1-1 300	300
$10\leqslant m\leqslant 18$	405	405	405	205	205	65	405
	0	0	0	1-700 和 1-1 300	1-700 和 1-1 300	2-700 和 1-1 300	300
平地机							
$m<15$	65	205	205	205	205	65	405
	2-700 和 1-1 300	0	0	0	0	2-700 和 1-1 300	300 $Y=2\ 000$ 见图 A.6
土方回填压实机							
$10\leqslant m<25$	65	205	205	205	205	65	405
	2-700	0	0	(1-700 和 1-1 300)或 1-2 000	(1-700 和 1-1 300)或 (1-2 000)	3-1 300	300
$25\leqslant m\leqslant 35$	405	205	205	205	205	65	405
	0	1-700 和 1-1 300	1-700 和 1-1 300	(1-700 和 1-1 300)或 (1-2 000)	(1-700 和 1-1 300)或 (1-2 000)	3-1 300	300
压路机							
$5\leqslant m<10$	65	65	65	205	205	65	405
	0	(1-700 和 1-1 300)或 (1-2 000)	(1-700 和 1-1 300)或 (1-2 000)	1-700 和 1-1 300	1-700 和 1-1 300	(1-700 和 1-1 300)或 (1-2 000)	300
$10\leqslant m\leqslant 25$	65	205	205	205	205	65	405
	2-700	0	0	(1-700 和 1-1 300)或 (1-2 000)	(1-700 和 1-1 300)或 (1-2 000)	3-1 300	300

[a] 当机器视野区域没有重大危险存在时(例如由于机器速度、与试验圆的距离和机器的机动性)，表中不规定具体的性能准则。

单位为毫米

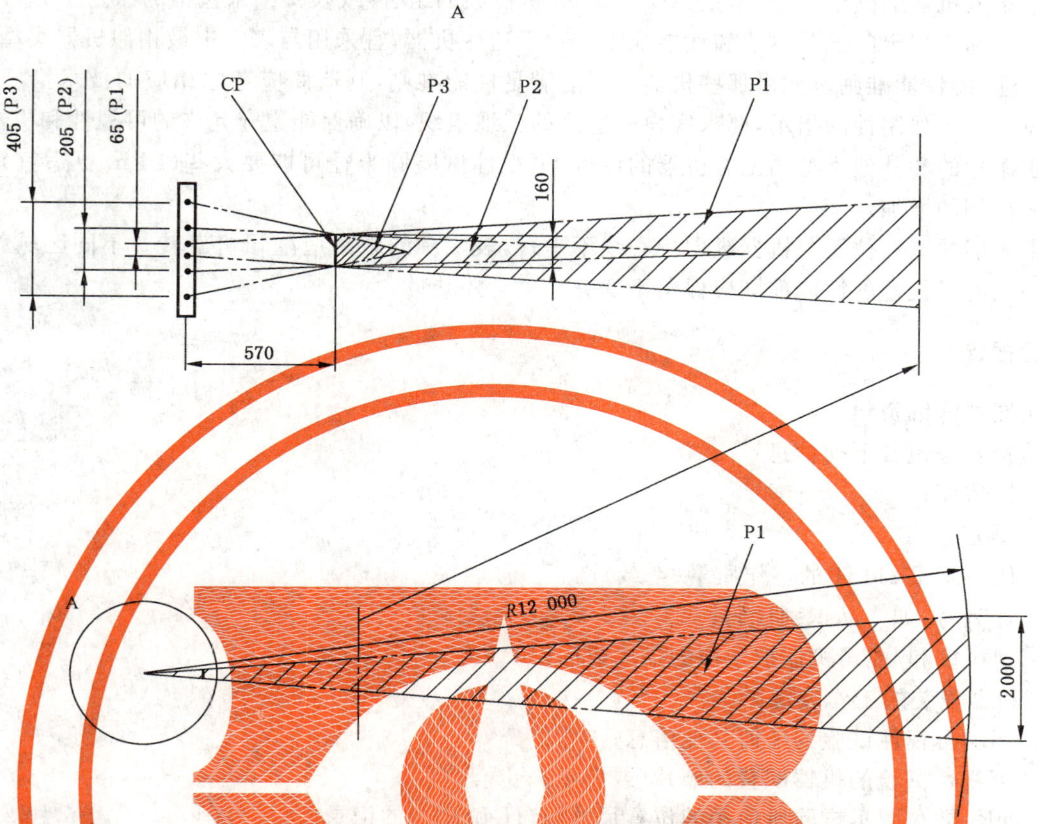

说明：

CP——司机室立柱；

P1——灯距 65 mm 的遮影宽度；

P2——灯距 205 mm 的遮影宽度；

P3——灯距 405 mm 的遮影宽度。

图 6　遮影宽度相对于灯距的示例

10.2　1 m 边界矩形可视性的性能准则

如果测量结果表明没有遮影或遮影小于或等于可接受的遮影(300 mm)，则判定机器的可视性符合本标准的要求。

10.3　遮影超出直接视野的可视性要求时的性能准则

如果直接视野不符合 10.1 中可视性试验圆和 10.2 中 1 m 边界矩形规定的性能准则，应考虑下列辅助装置提供的视野：

a)　并入由反射镜提供的间接视野；

b)　并入由辅助视觉装置(如 CCTV)提供的间接视野。

如果辅助装置的可视性符合表 1 及 10.1 和 10.2 中的性能准则，则判定机器的可视性符合本标准的要求。

10.4　表 1 中未包含的大型、派生和其他类型土方机械的要求

10.4.1　大型机器

对于机器质量超出表 1 给定范围的机器，制造商宜采用本标准规定的试验方法和性能准则。对于不满足相应机器族中机器质量最高分类的性能准则的机器，制造商应考虑相应的技术措施，并应在司机手册中提出强制性的指示，要求客户有适当的工地组织，以确保能遵守允许的可视性和机器操作。

10.4.2 土方机器的派生和其他类型

对于土方机器的其他类型(包括 GB/T 8498 机器族的组合)或表 1 中未包括的派生土方机器，制造商宜采用本标准规定的试验方法和性能准则。对于这些机器，宜采用与表 1 中最相似机器类型(考虑其设计和用途)的性能准则。如果那些机器不可能满足性能准则，制造商应考虑相应的技术措施，并应在司机手册中提出强制性的指示，要求客户有适当的工地组织，以确保能遵守允许的可视性和机器操作。

对于派生的和其他类型的土方机器的评价，可视性试验圆半径可能要大些(24 m 更适宜)，遮影要随半径成比例的增加。

如果机器的座椅位置与机器纵向中心线不平行，表 1 中的眼距应随司机旋转。不同区域相对机器纵向中心线的可视性的性能准则应保留不变。

11 试验报告

11.1 机器的详细资料

试验报告应包含下列信息：

a) 制造商；

b) 型号；

c) 按 GB/T 21154 的工作质量(空载)；

d) 序列号，如产品识别代码；

e) 司机室和/或司机保护结构的描述或标识；

f) 机器安装的工作装置；

g) 影响可视性试验的任何其他信息；

h) 可视性试验的机器配置的照片(或图示)；

i) 如附录 A 图示试验所使用的位置尺寸(HH 和 RR)的记录。

11.2 绘图

绘图应图示出直接视野和间接视野的静态试验结果，包括用规定的灯距在指定的可视性区域的可视性试验圆上的遮影[单位为毫米(mm)]；应提供遮影之间的距离及其位置，还应提供 1 m 边界矩形处的遮影。

12 对司机操作说明的可视性信息

机器的司机操作说明应包含下列当司机操作机器时能使可视性危险减到最少的信息：

a) 要求司机操作机器时考察他/她的视野的建议；

b) 装有反射镜或视觉辅助装置(CCTV)时，关于其位置和使用的信息；

c) 对于 10.4 中规定的机器，要求有合适的工地组织以尽量减少由于受限于可视性的危险的信息；

d) 机器用户对机器配置进行的将导致机器可视性受限制的更改应按本标准验证的信息。

附　录　A
（资料性附录）
HH 和 *RR* 的尺寸和位置

A.1　装载机

运料位置的铲斗：*HH*=(300±50) mm。

单位为米

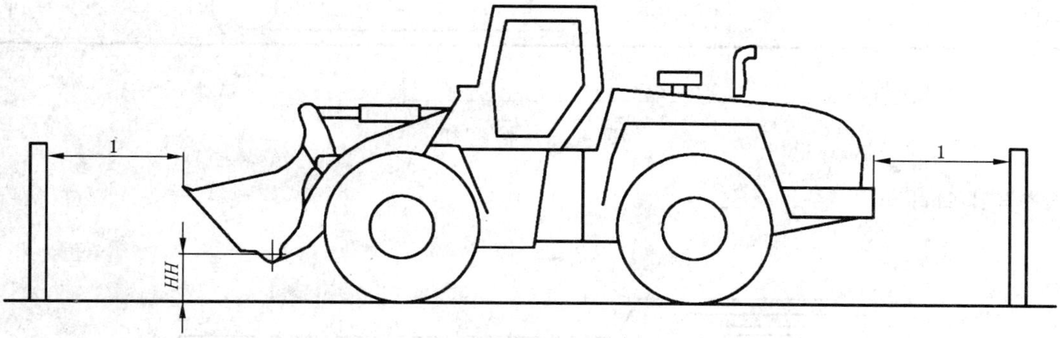

图 A.1　装载机

A.2　挖掘装载机

运料位置的装载铲斗：*HH*=(300±50) mm。用带反铲铲斗(包括中央铰接和侧铰接)在运料位置的机器周围的最小矩形来确定 1 m 边界矩形的位置。

单位为米

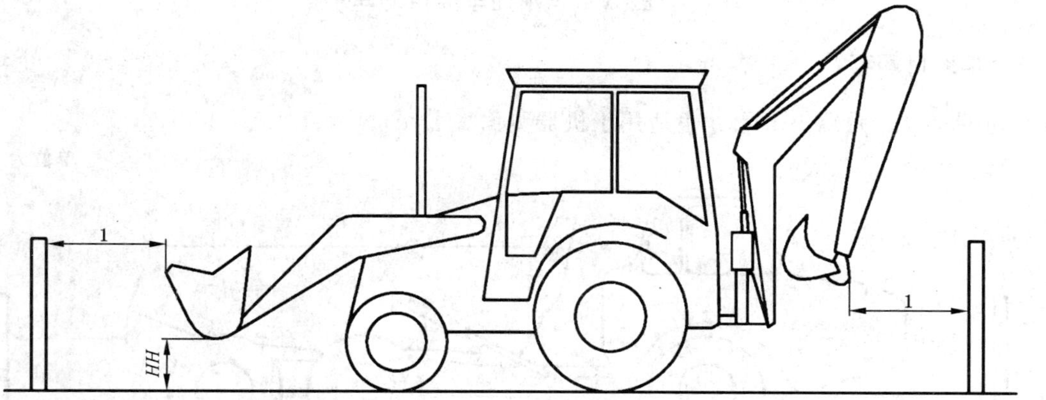

图 A.2　挖掘装载机

A.3　挖掘机

位置如图所示。用履带或推土板的前端(取其中较前者)来确定机器周围 1 m 边界矩形的位置，包括标准配置时的推土铲(见 GB/T 6572.1)。

单位为米

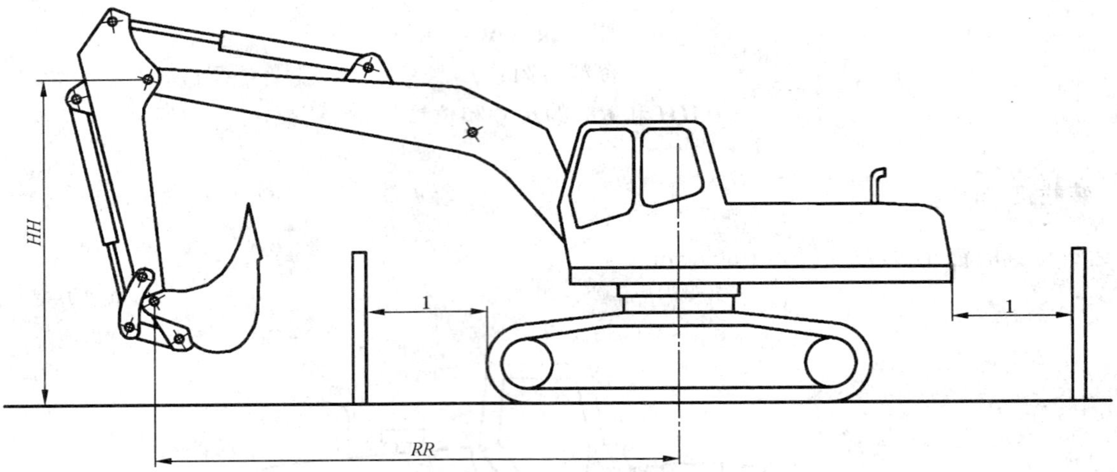

图 A.3 挖掘机

A.4 刚性车架自卸车

单位为米

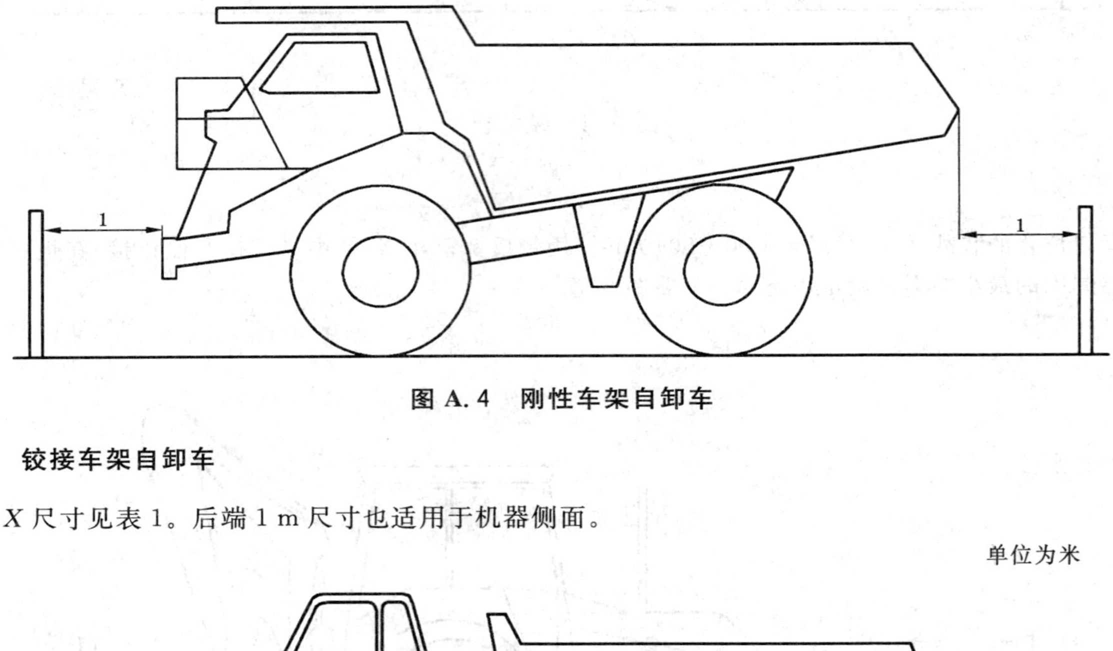

图 A.4 刚性车架自卸车

A.5 铰接车架自卸车

X 尺寸见表 1。后端 1 m 尺寸也适用于机器侧面。

单位为米

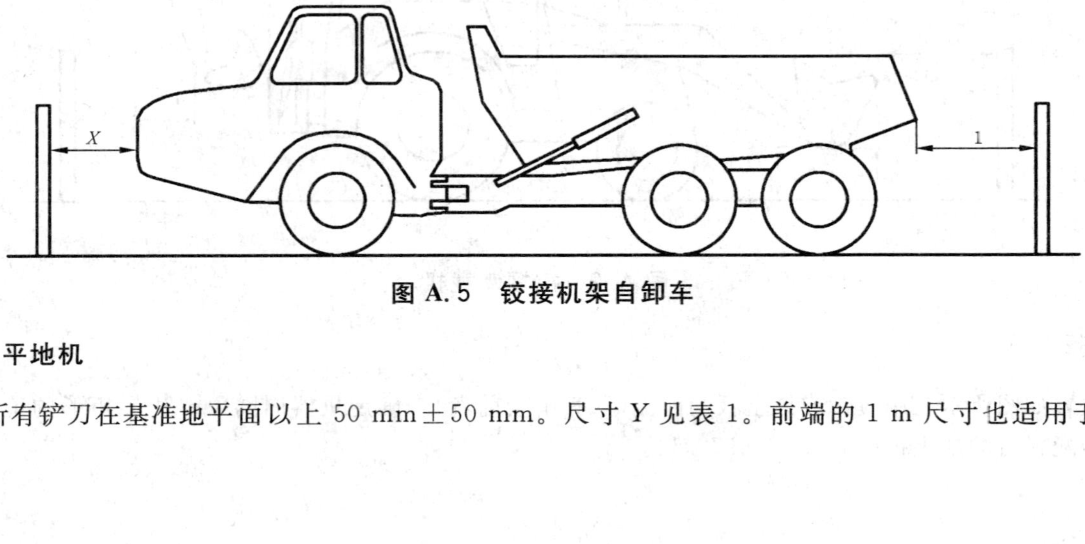

图 A.5 铰接机架自卸车

A.6 平地机

所有铲刀在基准地平面以上 50 mm±50 mm。尺寸 *Y* 见表 1。前端的 1 m 尺寸也适用于机器侧面。

单位为米

图 A.6 平地机

A.7 压实机

$HH=(150\pm50)$ mm。

单位为米

图 A.7 压实机

A.8 压路机

单位为米

图 A.8 压路机

ICS 01.140.30
A 10

中华人民共和国国家标准

GB/T 16962—2010
代替 GB/T 16962—1997

国际贸易付款方式分类与代码

Classification and codes for international trade payment

2010-12-01 发布　　　　2011-05-01 实施

中华人民共和国国家质量监督检验检疫总局
中国国家标准化管理委员会　发布

前　言

本标准代替 GB/T 16962—1997《国际贸易付款方式代码》。

本标准与 GB/T 16962—1997 相比的主要变化为：

——标准名称由“国际贸易付款方式代码”改为“国际贸易付款方式分类与代码”；

——对标准的前言进行了修改；

——增加了规范性引用文件；

——增加了第 3 章“术语和定义”；

——将代码结构由 1 位变为 2 位；

——将第 4 章中的付款方式“记账”改为“协议”，“免费”改为“不付款”。

本标准由全国电子业务标准化技术委员会提出并归口。

本标准起草单位：中国标准化研究院、商务部许可证局、中国对外贸易经济合作企业协会。

本标准主要起草人：胡涵景、王凌云、李颖、熊虹艳、刘颖、徐俊荣、陈兵、陈颖。

本标准所代替标准的历次版本发布情况为：

——GB/T 16962—1997。

国际贸易付款方式分类与代码

1 范围

本标准规定了我国国际贸易付款方式分类与代码。

本标准适用于我国从事国际贸易的机构进行电子数据交换和信息处理。

2 规范性引用文件

下列文件中的条款通过本标准的引用而成为本标准的条款。凡是注日期的引用文件，其随后所有的修改单(不包括勘误的内容)或修订版均不适用于本标准，然而，鼓励根据本标准达成协议的各方研究是否可使用这些文件的最新版本。凡是不注日期的引用文件，其最新版本适用于本标准。

GB/T 15421 国际贸易方式代码

GB/T 18126 国际贸易付款条款的缩略语(PAYTERMS)

3 术语和定义

下列术语和定义适用于本标准。

3.1

付款条款 terms of payment

为使付款成为偿还债务的有效手段而应满足的要求，这些要求通常包括与付款期限、付款方式(无论是否包括担保)、付款金额和付款地点有关的声明。该条款不判定这些声明的合法性。

3.2

托收 collection

银行依据收到的指示对金融票据和商业单证进行操作，以便：

a) 承兑和/或付款；

b) 承兑交单和/或付款交单。

3.2.1

金融票据 financial documents

汇票、本票、支票、付款收据或其他用于获得付款的类似票据。

3.2.2

商业单证 commercial documents

发票、货运单据、所有权凭证或其他类似凭证，以及其他非金融票据的任何凭证。

4 国际贸易付款方式分类与代码表

按 GB/T 15421 和 GB/T 18126 规定了国际贸易的机构间进行电子数据交换和信息处理时采用的2位数字代码。国际贸易付款方式分类与代码见表1。

表 1 国际贸易付款方式分类与代码表

代码	付款方式	英文名称	说明
10	信用证	LETTER OF CREDIT	信用证 L/C (Letter of Credit)
20	托收	COLLECTION	
			付款交单 D/P (Documents against Payment)

表 1（续）

代码	付款方式	英文名称	说　　明
			承兑交单 D/A (Documents against Acceptance)
30	汇付	REMITTANCE	
			信汇 M/T (Mail Transfer)
			电汇 T/T (Telegraphic Transfer)
			票汇 D/D (Demand Draft)
40	现付	IN CASH	
			银行本票 P/N (Promissory Note)
			现金支付 (In Cash)
			现金支票 (Cash Cheque)
50	协议	AGREEMENT	根据政府间协议付款
60	不付款	NO PAY	它不是一种实际付款方式，考虑到在国际贸易业务和管理、统计方面的需要，用在样品、赠送、捐赠、援助等不付款的情况

在机构内部的具体应用中，使用者可根据实际需要对每一类付款方式进行细分类。

示例:30　汇付

31　信汇

32　电汇

33　票汇

……

ICS 35.240.60
A 24

中华人民共和国国家标准

GB/T 16963—2010
代替 GB/T 16963—1997

国际贸易合同代码编制规则

Drafting rules for international trade contract codes

2010-12-01 发布 2011-05-01 实施

中华人民共和国国家质量监督检验检疫总局
中国国家标准化管理委员会 发布

前　言

本标准代替 GB/T 16963—1997《国际贸易合同代码规范》。

本标准与 GB/T 16963—1997 相比的主要变化为：

——标准名称由《国际贸易合同代码规范》改为《国际贸易合同代码编制规则》；

——对标准的前言进行了修改；

——对标准的范围进行了修改；

——对规范性引用文件进行了修改；

——增加了第 3 章“术语和定义”；

——对第 4 章“代码结构”进行了修改；

——增加了第 5 章“代码编制规则”。

本标准由全国电子业务标准化技术委员会提出并归口。

本标准主要起草单位：中国标准化研究院、商务部许可证局、中国对外贸易经济合作企业协会。

本部分主要起草人：胡涵景、孟朱明、戴文生、王凌云、熊虹艳。

本标准所代替标准的历次版本发布情况为：

——GB/T 17963—1997。

国际贸易合同代码编制规则

1 范围

本标准规定了我国国际贸易合同代码结构和代码编制规则。

本标准适用于我国进出口企业编制国际贸易合同代码。

2 规范性引用文件

下列文件中的条款通过本标准的引用而成为本标准的条款。凡是注日期的引用文件，其随后所有的修改单(不包括勘误的内容)或修订版均不适用于本标准，然而，鼓励根据本标准达成协议的各方研究是否可使用这些文件的最新版本。凡是不注日期的引用文件，其最新版本适用于本标准。

GB/T 2260　中华人民共和国行政区划代码

GB/T 2659　世界各国和地区名称代码(GB/T 2659—2000,eqv ISO 3166-1:1997)

GB/T 7408　数据和交换格式　信息交换　日期和时间表示法(GB/T 7408—2005,ISO 8601:2000,IDT)

GB/T 15191　贸易数据元目录　标准数据元(GB/T 15191—1994,idt ISO 7372:1993)

3 术语和定义

下列术语和定义适用于本标准。

3.1

合同　contract

平等主体的自然人、法人、其他组织之间设立、变更、终止民事权利义务关系的协议。

［中华人民共和国合同法］

3.2

国际贸易合同　international trade contract

不同国家(地区)的当事人通过友好协商，按照一定交易条件，买卖某种商品所达成的协议。它是根据买卖双方都接受的国际贸易惯例或国家法律的规定而成立的。合同不仅规定买卖的商品，也规定双方的权利和义务，对双方均有约束力。

［中华人民共和国合同法］

3.3

进出口企业　import and export enterprise

从事货物进出口或者技术进出口的对外贸易经营者。

［中华人民共和国对外贸易法］

4 代码结构

国际贸易合同代码结构依据 GB/T 15191 对合同号的规定，国际贸易合同代码最多为 17 位不定长(即总长度不超过 17 位)字母数字。国际贸易合同代码结构如图 1 所示。

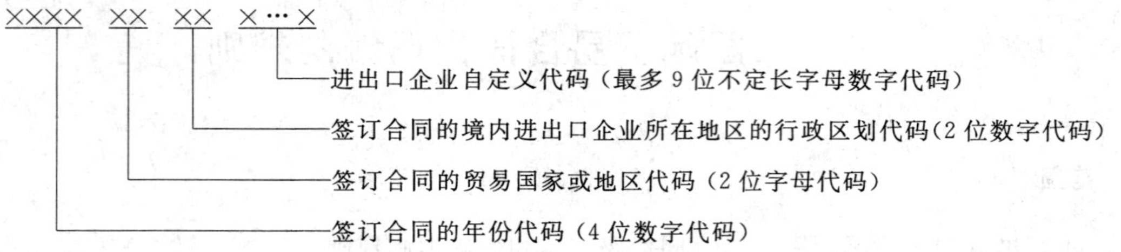

图 1　国际贸易合同代码结构

5　代码编制规则

国际贸易合同的代码结构由下列 4 个部分组成：

a）代码的前 4 位为签订合同的年份代码，用 GB/T 7408 中的 4 位数字代码表示；

b）代码的第 5 位和第 6 位为签订合同的贸易国家或地区代码，用 GB/T 2659 中的两位字母代码表示；

c）代码的第 7 位和第 8 位为签订合同的境内进出口企业所在地区的行政区划代码，用 GB/T 2260 中的前两位数字代码表示；

d）代码的第 9～17 位为进出口企业自定义代码，最多用 9 位不定长字母数字表示。即：进出口企业自定义的代码的总长度不超过 9 位。其中，合同的数字编号放在代码中的最后几位。

示例：

某境内进出口企业所在地为北京(行政区划代码为 11)，该企业于 2009 年与美国(国家代码为 US)某公司签订了一份国际贸易合同(企业自定义代码为 ABC0116)，则该合同号为：2009US11ABC0116。

参 考 文 献

[1] 中华人民共和国合同法(全国人民代表大会常务委员会,1999 年 3 月 15 日第九届全国人民代表大会常务委员会第二次会议通过,中华人民共和国主席令(九届第 15 号))

[2] 中华人民共和国对外贸易法(全国人民代表大会常务委员会,1994 年 5 月 12 日第八届全国人民代表大会常务委员会第七次会议通过 2004 年 4 月 6 日第十届全国人民代表大会常务委员会第八次会议修订,中华人民共和国主席令(八届第 22 号))

ICS 03.060
A 90

中华人民共和国国家标准

GB 16999—2010
代替 GB 16999—1997

人民币鉴别仪通用技术条件

Universal technical requirements of RMB—Banknote discriminating device

2010-09-26 发布 2011-05-01 实施

中华人民共和国国家质量监督检验检疫总局
中国国家标准化管理委员会 发布

前　言

本标准的全部技术内容为强制性。

本标准依据 GB/T 1.1—2009 的起草规则编制。

本标准技术要求遵循"以真鉴假，以假鉴假"的技术原理。

本标准代替 GB 16999—1997《人民币伪钞鉴别仪》。本标准与 GB 16999—1997 相比，主要技术变化如下：

——标准名称由原《人民币伪钞鉴别仪》修订为《人民币鉴别仪通用技术条件》(见封面)。

——修改了标准范围，修改为：对流通纸币进行自动鉴别的点验钞机和验钞仪产品(见第 1 章)。

——修订"定义"为"术语和定义"，修改了部分术语并新增了术语(见第 3 章)。

——增加了产品分级方法(见 4.1.2)。

——修订"技术要求"为"要求"。对鉴别技术种类进行了规范，分为光鉴别技术与磁鉴别技术两大类。增加：鉴别技术种类划分表及多光谱图像分析鉴别技术和冠字号码识别技术等(见 5.1.1 表 1)。

——增加：鉴别仪使用寿命时间要求(见 5.3)。

——修改了"试验方法"内容。增加：鉴别仪鉴别能力和漏辨率、误辨率检测选用"测试样张"等试验方法(见 6.2.4)。

——增加规范性附录 A 鉴别仪常规性能要求与试验方法(见附录 A)。

——增加规范性附录 B 检验规则(见附录 B)。

本标准由全国防伪标准化技术委员会(SAC/TC 218)提出并归口。

本标准起草单位：中国人民银行货币金银局、中国人民银行印制科学技术研究所、梓昆科技(杭州)有限公司、公安部防伪产品质量监督检验中心、中钞长城金融设备控股有限公司、浙江维融电子有限公司、温州经济技术开发区经纬实业总公司、辽宁聚龙金融设备股份有限公司、沈阳中钞信达金融设备有限公司、深圳贝斯特机械电子有限公司、湖南丰汇银佳科技有限公司、辽宁科技大学、南京新创验钞设备有限公司、苏州少士电子科技有限责任公司、广州康艺电子有限公司、江苏金陵机械制造总厂(5311 工厂)、广东百佳百特实业有限公司、南京理工速必得科技股份有限公司、北京圣福伦科技有限公司。

本标准主要起草人：陈宝山、郑会仓、柴红、杜旭东、顾梓昆、闫育华、赵文枢、张健、胡志宏、魏伟、厉亦光、诸俊、柳长庆、余立群、安永冠、谭伟基、刘熙、崔文华、叶新亮、吴时欣、朱昌权、傅介平、蔡永权、胡刚、张文峰、王恒义。

本标准所代替标准的历次版本发布情况为：

——GB 16999—1997。

人民币鉴别仪通用技术条件

1 范围

本标准规定了人民币鉴别仪(以下简称鉴别仪)的通用技术要求、试验方法、检验规则及标志、包装、运输、贮存。

本标准适用于对流通纸币进行自动鉴别的点验钞机和验钞仪产品。

2 规范性引用文件

下列文件对于本文件的应用是必不可少的。凡是注日期的引用文件,仅注日期的版本适用于本文件。凡是不注日期的引用文件,其最新版本(包括所有的修改单)适用于本文件。

GB/T 191—2008 包装储运图示标志

GB/T 2828.1—2003 计数抽样检验程序 第1部分:按接收质量限(AQL)检索的逐批检验抽样计划

GB/T 2829—2002 周期检验计数抽样程序及表(适用于对过程稳定性的检验)

GB/T 3767—1996 声学 声压法测定噪音源功率级 反射面上方近似自由场的工程法

GB/T 3785—1983 声级计的电、声性能及测试方法

GB/T 4857.5—1992 包装 运输包装件 跌落试验方法

GB 4943—2001 信息技术设备的安全

GB/T 5080.7—1986 设备可靠性试验 恒定失效率假设下的失效率与平均无故障时间的验证试验方案

GB/T 6587.4—1986 电子测量仪器 振动试验

GB/T 6587.5—1986 电子测量仪器 冲击试验

GB 9254—2008 信息技术设备的无线电骚扰限值和测量方法

GB 17625.1—2003 电磁兼容 限值 谐波电流发射限值(设备每相输入电流≤16 A)

3 术语和定义

下列术语和定义适用于本文件。

3.1

纸币 banknote(s)

中国人民银行依法发行的、以特定承印物为基础印制的、流通的货币。

3.2

假币 forged banknote(s)

伪造、变造的国家货币。

3.3

测试样张 test banknote(s)

以纸币特征为基础,按鉴别仪测试需求由中国人民银行统一制作编号的测试样品,和(或)经中国人

民银行收缴、鉴定、编组的假币样张。

3.4

动态鉴别　dynamic discrimination

能自动连续鉴别纸币真假的方式。

3.5

静态鉴别　static discrimination

能自动鉴别单张纸币真假的方式。

3.6

鉴别仪　banknote discriminating device

点验钞机和验钞仪。

3.6.1

点验钞机　currency counter

按动态鉴别方式点验纸币的机具(清分机、自助服务装备除外)。

3.6.2

验钞仪　currency detector

按静态鉴别方式进行纸币鉴别的仪器。

3.7

漏辨率　un-discrimination error rate

未辨出的假币张数与实际清点假币张数的比率。

3.8

误辨率　mis-discrimination error rate

真币辨为假币的张数与实际清点真币张数的比率。

3.9

冠字号码识别　character recognition

在点验过程中,对纸币冠字号码进行识别、记录的功能。

3.10

冠字号码误识　character recognition error

单张纸币冠字号码中任何一个字符识别发生错误时定为误识。

3.11

冠字号码误识率　character mis-discrimination error rate

发生冠字号码误识的纸币数量与实际识别纸币数量的比率。

3.12

光鉴别技术　technology of fluorescence discrimination

点验钞时,对纸币光学特征进行分析的鉴别技术。

3.12.1

光谱图像分析鉴别技术　technology of spectrum photo analysis discrimination

点验钞时,对纸币进行一个波段或两个(含)以上波段独自全幅成像、采集、分析、记录而实现纸币的真伪鉴别,横、纵向分辨率均在25 dpi(含)以上,包含紫外图像分析鉴别技术、白光图像分析鉴别技术、红外图像分析鉴别技术、多光谱图像分析鉴别技术等。

3.12.1.1

多光谱图像分析鉴别技术　technology of multi-spectrum photo analysis discrimination

利用多种(两种或两种以上)频谱的光源照明,获取相应于每种光谱的图像,进行信息处理、存储等功能的分析鉴别技术。

3.12.2

特定光学特征分析鉴别技术　technology of specific features of fluorescence discrimination

点验钞时，对纸币特定光学特征进行鉴别的技术，横、纵向分辨率均在 25 dpi 以下，包含紫外光学特征分析鉴别技术、红外光学特征分析鉴别技术、荧光特征分析鉴别技术等。

3.13

磁鉴别技术　technology of magnetive discrimination

点验钞时，对纸币磁性特征进行分析的鉴别技术。

3.13.1

磁特征定量分析鉴别技术　technology of magnetive features quantify analysis discrimination

点验钞时，对纸币磁性特征进行定量分析的鉴别技术，包含安全线特征磁性分析鉴别技术、磁图像分析鉴别技术等。

3.13.2

磁特征定性鉴别技术　technology of magnetive features qualitative discrimination

点验钞时，对纸币磁性特征进行定性分析的鉴别技术。

3.14

假币提示　counterfeit banknote(s) alarm

鉴别出假币时进行声光报警，自动停机且假币停在接钞台的最后一张或分离（可疑币或假币不计数）等的功能。

4　分类及型号编制方法

4.1　分类

4.1.1　按鉴别方式分为点验钞机（动态方式，以 D 表示）和验钞仪（静态方式，以 J 表示）两类。

4.1.2　按采用防伪技术的鉴别能力和相应的评测结果分 A 级、B 级、C 级三个级别，A 为最高级。具体分级办法见表 2、表 3。

4.2　型号编制方法（示例）

JBY　×　×××××××　(×)

- (×)——（预留产品等级编号）
- ×××××××——是指产品特性、设计序号或者修改序号，制造商可自行规定。
- ×——产品分类（以 D 或 J 表示）
- JBY——鉴别仪"鉴"、"别"、"仪"汉语拼音的第一个字母

5　要求

5.1　鉴别性能

5.1.1　鉴别技术种类及鉴别性能

鉴别仪的鉴别技术种类划分见表 1，其主要（鉴别）性能与分级见表 2、表 3。

表 1 鉴别技术种类

序　号	项　　目	序　号	项　　目
1	紫外图像分析鉴别技术	7	荧光特征分析鉴别技术
2	白光图像分析鉴别技术	8	安全线特征磁性分析鉴别技术
3	红外图像分析鉴别技术	9	磁图像分析鉴别技术
4	多光谱图像分析鉴别技术	10	磁特征定性鉴别技术
5	紫外光学特征分析鉴别技术	11	冠字号码识别技术
6	红外光学特征分析鉴别技术	12	其他鉴别技术

5.1.2 鉴别能力

鉴别能力由采用的鉴别技术决定。鉴别能力的分级见表 2、表 3。鉴别能力技术要求：

a) 在使用过程中，鉴别仪应不受任何外界干扰影响，降低鉴别能力；

b) 鉴别能力(检测数据或出具的检测、评价报告)有效期，一般规定为两年。必要时可强制性增加检测次数。

5.1.3 鉴别速度

指点验钞机全部鉴别功能开启时的工作速度。其指标见表 2。

5.1.4 漏辨率和误辨率的指标

点验钞机漏辨率和误辨率的指标见表 2，验钞仪漏辨率和误辨率的指标见表 3。

表 2 点验钞机主要(鉴别)性能与分级

序号	项　　目		要　　求		
			A 级	B 级	C 级
1	鉴别能力(鉴别技术，种)		≥9	≥5	≥4
2	券别、套别及版别识别能力		具有三种识别能力	具有不少于一种识别能力	不限
3	鉴别速度/(张/min)	长边进钞时	≥900		
		短边进钞时	≥350		
		冠字号码识别时	≥700	≥500	不限
4	漏辨率/%		≤0.015		≤0.03
5	误辨率/%		≤0.02	≤0.05	
6	冠字号码误识率/%(采用时)		≤0.03		
7	假币提示		具有		
8	常规能力	纸币数量显示位数	≥4		≥3
		送钞台和主接钞台容量/张	≥130		
		错点率[a]/%	≤0.001		
		连续工作时间/h	≥4(点验纸币不少于 200 000 张)		

表 2 点验钞机主要(鉴别)性能与分级(续)

序号	项目		要求		
			A 级	B 级	C 级
8	常规能力	粘连币[b]辨别	能辨别粘连纸币,并具有听觉或视觉提示标志,并自动分离或停机		
		外接显示功能	具有同步显示		不限
9	预置[c]数识别功能		具有		

[a] 累计清点回笼完整券实际张数与点钞计数器显示的张数之差(绝对值)与累计清点回笼完整券实际张数的比率。

[b] 两张(含)以上相互粘连的纸币。

[c] 指点验钞时机器能按预先设定的张数逐批点验纸币。

表 3 验钞仪主要(鉴别)性能与分级

序号	项目	要求		
		A 级	B 级	C 级
1	鉴别能力(鉴别技术,种)	≥9	≥5	≥4
2	券别、套别及版别识别能力	具有不少于一种识别能力		不限
3	鉴别时间/s	≤1	≤1.5	≤2
4	漏辨率/%	≤0.001		≤0.015
5	误辨率/%	≤0.01	≤0.03	
6	冠字号码误识率/%(采用时)	≤0.03		
7	假币提示	具有		

5.2 常规性能

鉴别仪的常规性能要求见附录 A 。

5.3 使用寿命

鉴别仪使用寿命一般为 3 年。

6 试验方法

6.1 鉴别次数

鉴别次数分为:

a) A 级点验钞机纸币任意一面鉴别一次定为鉴别一次;B、C 级点验钞机纸币正反两面各鉴别一次定为鉴别一次。

b) 验钞仪纸币按规定朝向鉴别一次为鉴别一次。

6.2 主要(鉴别)性能测试

6.2.1 鉴别能力(鉴别技术种类)测试方法

6.2.1.1 目测法

用目视方法检查点验钞机、验钞仪上的检测装置使用传感器的种类和数量,按表1项目记录结果。

6.2.1.2 仪器测试法

6.2.1.2.1 准备

利用点验钞机、验钞仪上可连接至计算机的图像或数据输出接口,通过实时传输图像或数据到计算机,对点验钞机、验钞仪的鉴别能力(鉴别技术种类)进行测试、分析。

6.2.1.2.2 回笼完整券测试

测试时使用回笼完整券,配合相关测试应用软件进行计算机辅助测评。每种套版券别回笼完整券各使用1张,对点验钞机、验钞仪测试3次,并记录输出数据与结果。

6.2.1.2.3 测试结果的评判

对测试结果的评判分为:

a) 对表1中第1、2、3、4项关于光谱图像的鉴别技术,应能在计算机上输出全幅、25 dpi分辨率以上、包含纸币两个面向的相关光谱特征的图像,每次测试至少有1次能达到此项要求,则表明其具有相关光谱图像的鉴别技术。
b) 对表1中第5、6、7、10项关于光学特征分析和磁特征定性鉴别技术,应能在计算机上输出纸币的相关光学和磁特征,每次测试至少有1次能达到此项要求,则表明其具有相关光学特征分析和磁特征定性鉴别技术。
c) 对表1中第8项关于安全线特征磁性分析鉴别技术,应能在计算机上输出完整的磁信号波形,测试至少有1次能达到此项要求,则表明其具有安全线特征磁性分析鉴别技术。
d) 对表1中第9项关于磁图像分析鉴别技术,应能在计算机上输出全幅磁谱图像,测试至少有1次能达到此项要求,则表明其具有磁图像分析鉴别技术。
e) 对表1中第11项冠字号码识别技术,A类机测试1次,B、C类机按特定面向测试3次,应能在计算机上输出识别的冠字号码(打印记录),测试至少有1次能达到此项要求,则表明其具有冠字号码识别技术。
f) 对表1中第12项其他鉴别技术,按生产厂家提供的测试方法进行测试。

6.2.2 券别、套别及版别识别能力的测试

6.2.2.1 券别识别

6.2.2.1.1 点验钞机券别识别

在90张一种券别纸币中,采用连续2张和非连续方式10张同套别的不同券别纸币,测试10次,按表2要求的项目记录结果。

6.2.2.1.2 验钞仪券别识别

对同套别的不同券别纸币,测试5次,按表3要求的项目记录结果。

6.2.2.2 套别识别

6.2.2.2.1 点验钞机套别识别

在90张一种套别纸币中，采用连续2张和非连续方式10张同券别的不同套别纸币，测试10次，按表2要求的项目记录结果。

6.2.2.2.2 验钞仪套别识别

对同券别的不同套别纸币进行测试，测试5次，按表3要求的项目记录结果。

6.2.2.3 版别识别

6.2.2.3.1 点验钞机版别识别

在90张一种版别纸币中，采用连续2张和非连续方式加入10张同套别、同券别的不同版别纸币，测试10次，按表2要求的项目记录结果。

6.2.2.3.2 验钞仪版别识别

对同套别、同券别的不同版别的纸币进行测试，测试5次，按表3要求的项目记录结果。

6.2.3 点验钞机鉴别速度

在各项鉴别功能全部开启的状态下，用100元面额回笼完整券累计1800张进行测试，测出鉴别时间，记录结果，按公式(1)计算出鉴别速度。

$$v_j = \frac{Z}{t} \quad \cdots\cdots(1)$$

式中：

v_j——鉴别速度，单位为张每分钟(张/min)；

Z——鉴别张数，单位为张；

t——鉴别时间，单位为分(min)。

6.2.4 漏辨率、误辨率的试验方法

待检鉴别仪按要求准备完毕，按表4要求随机抽样准备出厂的产品，用纸币按表5要求进行批量鉴别试验。在鉴别过程中：

a) A级点验钞机按每种测试券别100张为单位，回笼完整券中随机加入与鉴别技术种类对应编号的测试样品各1张和假币样张1组，鉴别表5中相应券别对应次数，按公式(2)、(3)计算漏辨率和误辨率，以作为其漏辨率和误辨率的判定，按表2要求的项目记录结果。

b) B、C级点验钞机按每种测试券别100张为单位，回笼完整券中随机加入与鉴别技术种类对应编号的测试样品各1张和假币样张1组，正反面分别各鉴别表5中相应券别对应次数，按公式(2)、(3)计算漏辨率和误辨率，以正或反面的最优值作为其漏辨率和误辨率的判定，按表2要求的项目记录结果。

c) 验钞仪按每种测试券别100张为单位，回笼完整券中随机加入与鉴别技术种类对应编号的测试样品各1张和假币样张1组，按规定朝向鉴别表5中相应券别对应次数，按公式(2)、(3)计算漏辨率和误辨率，按表3要求的项目记录结果。

$$L_v = \frac{Z_{wj}}{Z_{sj}} \times 100\% \quad \cdots\cdots(2)$$

式中：

L_v ——漏辨率；

Z_{wj}——未辨出假币张数，单位为张；

Z_{sj} ——实际假币张数，单位为张。

$$W_v = \frac{Z_{zj}}{Z_{sz}} \times 100\% \quad \cdots\cdots(3)$$

式中：

W_v ——误辨率；

Z_{zj} ——真币辨为假币张数，单位为张；

Z_{sz} ——实际真币张数，单位为张。

表 4 漏辨率、误辨率及可靠性试验抽样数量

批量或连续生产数量/台	2～8	9～15	16～50	51～100	101～200	200 以上
抽样数量/台	2	3	5	8	13	20

表 5 鉴别试验项目

纸币券别	伍元	拾元	贰拾元	伍拾元	壹佰元
点验钞机券别测试次数/次	300	600	600	1 800	3 000
点验钞机测试券别张数/张	30 000	60 000	60 000	180 000	300 000
验钞仪券别测试次数/次	50	100	100	200	500
验钞仪测试券别张数/张	5 000	10 000	10 000	20 000	50 000

6.2.5 冠字号码误识率的测试方法

在各项鉴别功能全部开启的状态下，A 级产品用回笼完整券 100 张；B、C 级产品用同面向的回笼完整券 100 张，进行测试，记录、按公式(4)计算结果。

$$G_v = \frac{Z_{gw}}{Z_s} \times 100\% \quad \cdots\cdots(4)$$

式中：

G_v ——冠字号码误识率；

Z_{gw}——发生冠字号码误识的纸币张数，单位为张；

Z_s ——实际识别纸币张数，单位为张。

6.2.6 验钞仪鉴别时间

用与鉴别技术种类对应编号的测试样品各 1 张和假币样张 1 组进行鉴别，测出每次鉴别的时间，按表 3 要求的项目记录结果，取最劣值。

6.2.7 预置数识别功能

选用 100 张 100 元面额回笼完整券分别设置 3 个预置数，到达预置数时能够自动停机并有视觉提示,各鉴别2次,按表2要求的项目记录结果。

6.2.8 常规能力试验方法

6.2.8.1 计数器显示位数

按表2相对应的要求进行点钞操作、测试、记录结果。

6.2.8.2 送钞台和接钞台容量

按表2相对应的要求进行点钞操作、测试、记录结果。

6.2.8.3 错点率

按表2相对应的要求,选用5元~100元回笼完整券各100张分别进行累计点钞至500 000张时,记录结果,按公式(5)计算出错点率。

$$C_v = \frac{|Z_{hs} - Z_{dx}|}{Z_{hs}} \times 100\% \quad \cdots\cdots(5)$$

式中:

C_v ——错点率;

Z_{hs}——清点回笼完整券实际张数,单位为张;

Z_{dx}——点验钞机显示张数,单位为张。

6.2.8.4 连续工作时间

按表2相对应的要求,清点纸币不少于200 000张,测试、记录结果。

6.2.8.5 粘连币(重张,连张)辨别

按表2要求的项目进行测试、记录结果。

6.2.8.6 外接显示功能

按表2要求的项目进行测试、记录结果。

6.3 鉴别仪常规性能试验方法

鉴别仪的常规性能试验方法见附录A。

7 检验规则

检验规则见附录B。

8 标志、包装、运输、贮存

8.1 标志

产品铭牌及包装箱上须标明制造厂名、产品型号、电源额定值、制造日期、产品执行标准,并在显著位置标注产品分类等级及有效期等。其中包装箱上还须标明生产厂地址、质量、外形尺寸等,储运标志应符合GB/T 191—2008等有关规定。

8.2 包装

产品及配件的包装应具有防潮措施，出厂时应附有合格证、使用说明书等资料。

8.3 运输

产品装卸过程中严禁抛掷，运输过程中应防止雨雪淋湿。

8.4 贮存

产品的存放场所应清洁、通风，环境温度为－25 ℃～55 ℃，相对湿度为10%～95%，贮存期限为一年，超过贮存期限的产品，应开箱检验合格后使用。

附 录 A
（规范性附录）
鉴别仪常规性能要求与试验方法

A.1 外观和结构

外观和结构要求，见表A.1。

表 A.1 外观和结构

名称			要求
外观	1	注塑件、喷塑件	表面应无明显划伤、凹痕、变形，色质上无明显色差
	2	镀层、涂层	表面应无明显划伤，无脱落和生锈现象
	3	不干胶件	薄膜面板、商标等不干胶件应粘贴平整，牢固，不允许边缘有脱翘现象
	4	标志、字符	所有标志字符应清晰
	5	紧固件	各紧固件应固定牢固
结构	6	紧固件	紧固件应有防振措施，无松动或脱落
	7	调整机构及操作机构	调整范围应符合规定
			操作机构应灵活
	8	安装和焊接	导线的排列应整齐，元器件的排列安装应合理，连接件应有防脱措施
			焊接中应无虚焊、漏焊现象
	9	防腐措施	线路板及各焊点应有防腐措施
			金属零部件的镀层应无脱落或锈蚀现象
	10	传动机构	传动机构应无打滑、跳动、卡阻现象
			运转应平稳、无异常噪声
标记耐久性	通过检查和擦拭标记来检验其是否合格。 擦拭标记时，应当用一块蘸有水的棉布用手擦拭15 s，试验后标记仍应当清晰，标记铭牌应当不可能轻易被揭掉，而且不得出现卷边		

A.2 机电基本参数

A.2.1 基本参数要求

点验钞机和验钞仪基本参数，分别见表A.2和表A.3。

表 A.2 点验钞机基本参数

序号	名称	要求		
		A级	B级	C级
1	电源适应能力	220 V(1±10%) 50 Hz(1±5%)		
2	额定消耗功率/W(稳态运行时整机)	<300	<250	<150

表 A.2 点验钞机基本参数（续）

序号	名称		要求		
			A级	B级	C级
3	准备时间/min		<3	<2	<2
4	空载运转噪声/[dB(A)]		<60		
5	工作温升/K	外壳	<20		
		液晶显示屏	<20		

表 A.3 验钞仪基本参数

序号	名称		要求		
			A级	B级	C级
1	电源适应能力		220 V(1±10%) 50 Hz(1±5%)		
2	额定消耗功率/W(稳态运行时整机)		<150	<100	<50
3	准备时间/min		<1.5		<1
4	空载运转噪声 /[dB(A)]		<60		
5	工作温升/K	外壳	<20		
		液晶显示屏	<20		

A.2.2 可靠性要求

A.2.2.1 可靠性用 MTBF(平均无故障工作时间)表示。鉴别仪的可靠性要求分别为：

a) 点验钞机 MTBF 大于或等于 2 000 h。

b) 验钞仪 MTBF 大于或等于 2 500 h。

A.2.2.2 易损件寿命：分钞、捻钞橡皮件工作寿命≥1 000 万张（或 1 年），其他易损件工作寿命≥1 200 万张。

A.2.3 安全性能要求

安全性能要求见表 A.4。

表 A.4 安全性能

序号	名称	要求
1	一般要求	符合 GB 4943—2001 中 1.3 的有关要求
2	接地电阻	(Ⅰ类)≤0.1 Ω
3	接触电流	Ⅰ类设备≤3.5 mA；Ⅱ类设备≤0.25 mA
4	绝缘电阻	≥20 MΩ
5	抗电强度	符合 GB 4943—2001 中 5.2 的有关要求

A.2.4 电磁兼容要求

A.2.4.1 产品工作时电源端子骚扰电压和辐射骚扰场强的极限值应不低于GB 9254—2008中A级的要求。

A.2.4.2 产品谐波电流发射限值应符合GB 17625.1—2003中A类的要求。

A.3 环境要求

A.3.1 气候环境要求，见表A.5。

表A.5 气候条件

序号	名称		要求
1	工作气候	温度/℃	0～40
		相对湿度/%	40～90
		大气压力/kPa	70～106
2	贮存运输气候	温度/℃	−25～55
		相对湿度/%	10～95
		大气压力/kPa	70～106
3	恒定湿热		温度(40 ℃±2 ℃)，湿度90^{+2}_{-3}%

A.3.2 机械环境

A.3.2.1 振动要求，见表A.6。

表A.6 振动要求

项目		数值
共振搜索	频率范围	5 Hz～55 Hz～5 Hz
	扫频速率	小于或等于1倍频程(min)
	驱动振幅(峰值)	0.19 mm
共振保持	驱动振幅(峰值)	1.59 mm(5 Hz≤f<10 Hz) 0.76 mm(10 Hz≤f≤25 Hz) 0.19 mm(25 Hz<f≤55 Hz)
	时间	10 min
振动循环	频率范围	5 Hz～55 Hz～5 Hz
	扫频速率	小于或等于1倍频程(min)
	驱动振幅(峰值)	0.19 mm
	次数	2次
振动方向		X,Y,Z
机器状态		非工作状态

A.3.2.2 冲击要求，见表A.7。

表 A.7 冲击要求

加速度	脉冲持续时间	波形	冲击次数	机器状态
147 m/s^2	(11±1)ms	半个正弦波	6 个面，每面 3 次	非工作状态

A.3.2.3 包装跌落要求，见表 A.8。

表 A.8 包装跌落要求

序号	实验机器质量/kg	跌落高度/mm
1	小于 200	100
2	小于 100	250
3	小于 50	500
4	小于 20	1 000

A.4 试验方法

A.4.1 外观试验

外观用目视和手感检查，按表 A.1 项目进行。

A.4.2 基本参数试验

A.4.2.1 电源适应能力

将 220 V，50 Hz 电源用调压器分别调至 198 V 和 242 V(50 Hz 下)与 47.5 Hz 和 52.5 Hz(220 V 下)输入鉴别仪，用 100 张纸币随机掺入 2 张测试样张，在此四种状态下点验钞机各鉴别 2 次，验钞仪各鉴别 1 次。鉴别完一次，开停机一次，如此反复 5 次，机器应能正常鉴别。

A.4.2.2 额定消耗功率

在额定电压和额定频率供电条件下点验钞机在连续稳定鉴别过程中，验钞仪在通电工作 5 min 后，用功率表测试整机额定消耗功率，按表 A.2 和表 A.3 项目记录结果。

A.4.2.3 准备时间

开启鉴别仪 3 min 内，按表 A.2 和表 A.3 项目记录结果。

A.4.2.4 空载运行状态噪声

按照 GB/T 3767—1996 规定进行。测试仪器应使用 GB 3785—1983 中规定的Ⅰ型或Ⅰ型以上的声级计，鉴别仪在标称鉴别速度状态下空载运行，测试点距离被测鉴别仪表面 1 m，测试结果按表 A.2 和表 A.3 项目记录结果。

A.4.2.5 工作温升

鉴别仪工作 4 h，点验钞机≥100 000 张；验钞仪≥5 000 张，用温升测试仪测量外壳(距电机距离大于或等于 25 mm 处)、液晶屏(如有)处最高温升按表 A.2 和表 A.3 项目记录结果。

A.4.3 可靠性试验

A.4.3.1 可靠性试验方案

试验按照 GB/T 5080.7—1986 中编号为 4：9 的序贯试验方案进行。测试次数分别为：

a) 点验钞机鉴别测试不少于 75 万次；

b) 验钞仪鉴别测试不少于 12 万次。

A.4.3.2 抽样数量

抽样数量按表 4 执行。

A.4.3.3 鉴别方法

鉴别方法按 6.2.4 试验方法进行。

A.4.3.4 可靠性判别依据

失效数小于或等于 3，即判该批产品可靠性合格。

A.4.3.5 失效判别依据

见表 B.3～表 B.7。

A.4.3.6 失效数的计算

A.4.3.6.1 试验中凡出现 A.4.3.4 中任一 B 类不合格时，即为一个失效；凡出现 A.4.3.4 中任一 A 类不合格时，即判可靠性不合格。

A.4.3.6.2 试验中出现故障，但未判定为失效时，不能更换元器件或采取修理措施。否则，每采取一个更换或修理措施，即计入一个失效。

A.4.3.6.3 只计算独立失效，对于同一台样机出现两个独立失效时，应计算两次。

A.4.3.6.4 从属失效不计入失效。

A.4.3.7 易损件寿命试验

按 A.2.2.2 要求的项目进行测试、记录结果。

A.4.4 安全要求试验

A.4.4.1 一般要求

按 GB 4943—2001 的有关章条进行。

A.4.4.2 接地电阻

不超过 0.1 Ω，按 GB 4943—2001 规定的方法进行。

A.4.4.3 绝缘电阻

将鉴别仪接入绝缘电阻测试仪，测试电压为直流 500 V，分别测试电源两极之间、电源两极与接地可触及金属部件之间、电源两极与未接地的可触及部件之间。按表 A.4 项目记录结果。

A.4.4.4 接触电流

按 GB 4943—2001 规定的方法进行。按表 A.4 项目记录结果。

A.4.4.5 抗电强度

按 GB 4943—2001 规定的方法进行。按表 A.4 项目记录结果。

A.4.5 电磁兼容试验

A.4.5.1 鉴别仪无线电骚扰特性测量按 GB 9254—2008 第 9 章、第 10 章规定的方法进行。

A.4.5.2 鉴别仪谐波电流发射限值测量按 GB 17625.1—2003 第 6 章规定的方法进行。

A.4.6 环境试验

A.4.6.1 耐温度试验

A.4.6.1.1 工作温度下限试验

将不包装的鉴别仪放入 0 ℃±3 ℃的低温箱内(温度变化速率不大于 1 ℃/min,不超过 5 min 的平均值)通电保持 2 h,然后每 30 min 鉴别一次,共 4 次,鉴别仪应工作正常。恢复 2 h 后,应符合 A.1。

A.4.6.1.2 工作温度上限试验

将不包装的鉴别仪放入 40 ℃±2 ℃的高温箱内(温度变化速率不大于 1 ℃/min,不超过 5 min 的平均值)通电保持 2 h,然后每 30 min 鉴别一次,共 4 次,鉴别仪应工作正常。恢复 2 h 后,应符合 A.1。

A.4.6.1.3 贮存、运输温度下限试验

将经过包装的鉴别仪放入－25 ℃±2 ℃的低温箱内(温度变化速率不大于 1 ℃/min,不超过 5 min 的平均值)保持 16 h,然后将温度升至室温后取出鉴别仪,在室温下放置 8 h 以上,拆开包装,鉴别不少于 5 次,鉴别仪应工作正常,应符合 A.1。

A.4.6.1.4 贮存、运输温度上限试验

将经过包装的鉴别仪放入 55 ℃±2 ℃的高温箱内(温度变化速率不大于 1 ℃/min,不超过 5 min 的平均值)保持 16 h,然后将温度升至室温后取出鉴别仪,在室温下放置 8 h 以上,拆开包装,鉴别不少于 5 次,鉴别仪应工作正常,应符合 A.1。

A.4.6.2 恒定湿热试验

将未包装的鉴别仪放入 40 ℃±2 ℃的试验箱内,保持 1 h,然后在 30 min 内将试验箱湿度调至 90^{+2}_{-3}%,保持 48 h 后,鉴别仪在试验箱内进行恢复。

先将试验箱的湿度调至(75±3)%,然后在 30 min 内将试验箱温度降至 20 ℃±5 ℃,保持 1 h 后,将鉴别仪取出,鉴别不少于 5 次,鉴别仪应工作正常,应符合 A.1 和 A.2.3。

A.4.6.3 振动试验

按 GB/T 6587.4—1986 进行。将鉴别仪固定在振动试验台上,按表 A.6 项目进行试验,振动完毕,检查各紧固件不应有松动现象,鉴别不少于 5 次,鉴别仪应工作正常,应符合 A.1。

A.4.6.4 冲击试验

按 GB/T 6587.5—1986 进行。将鉴别仪固定在冲击试验台上,按表 A.7 项目进行试验,冲击完毕,检查各紧固件不应有松动现象,鉴别不少于 5 次,鉴别仪应工作正常,应符合 A.1。

A. 4. 6. 5　包装跌落试验

按 GB/T 4857. 5—1992 进行。将机器按出厂要求包装后，放在距水泥地面相应高度（见表 A. 8），按自由落体方式跌落，上、下、左、右四面各跌落一次，拆开包装检查各个紧固件不应松动，外壳无裂纹，鉴别不少于 5 次，鉴别仪应工作正常，应符合 A. 1。

附 录 B
（规范性附录）
检 验 规 则

B.1 检验分类

鉴别仪产品检验分型式检验和常规检验。

B.2 型式检验

B.2.1 型式检验项目按表 B.1 进行，检验不合格判据见表 B.3～表 B.7。

B.2.2 判别水平和抽样方案按 GB/T 2829—2002 判别水平Ⅰ，二次抽样方案进行。其抽样数量，不合格质量水平及对应的判别组数为：$n_1=10$，$n_2=10$，B 类不合格 RQL＝12，C 类不合格 RQL＝20。其中环境试验和电磁兼容试验抽样数量为 3 台。

B.2.3 不合格的分类按 GB/T 2829—2002 中的 5.4 进行。

B.2.4 合格与不合格的判断、检查结果处置按 GB/T 2829—2002 执行。

B.2.5 以下情况需进行型式检验：

a) 新产品或者产品转厂生产时；

b) 如材料、工艺、配方等有较大改变，考核对产品性能影响时；

c) 产品长期停产后，恢复生产时；

d) 出厂检验结果与上次型式检验结果有较大差异时；

e) 国家质量监督机构提出进行型式检验要求时。

B.3 常规检验

B.3.1 常规检验项目按表 B.1 进行，检验不合格判据见表 B.3～表 B.7。

B.3.2 检验水平、抽样方案和合格质量水平见表 B.2。

B.3.3 不合格的分类按 GB/T 2828.1—2003 中的 4.2 进行。

B.3.4 合格与不合格的判断、检查结果处置按 GB/T 2828.1—2003 中的 11.1 和 11.2 进行。

表 B.1 产品检验项目

检验项目			常规检验		型式检验
			逐台	抽查	
包装检验				○	○
外观和结构要求			○		○
基本参数	1	电源适应能力			○
	2	额定消耗功率			○
	3	准备时间		○	○
	4	空载运转噪声			○
	5	工作温升		○	○

表 B.1 产品检验项目（续）

检验项目			常规检验		型式检验
			逐台	抽查	
主要性能	1	鉴别能力	○		○
	2	券别、套别及版别识别能力	○		○
	3	鉴别速度		○	○
	4	漏辨率		※	○
	5	误辨率		※	○
	6	冠字号码误识率(采用时)	○		○
	7	假币提示	○		○
	8	常规能力		○	○
	9	预置数识别功能	○		○
可靠性要求					○
安全要求			*	○	○
电磁兼容要求					○
环境要求					○

注 1:“○”表示在该类检验中应进行的项目。

注 2:“※”表示在每批的实际生产中,在每种型号产品中随机抽样 1～2 台,依据 6.2.4 漏辨率、误辨率的试验方法,按表 5 中测试券别张数和 6.2.4 中所规定测试次数的 5%比例,进行对漏辨率和误辨率指标的验证测试。

注 3:“*”表示在生产的最终阶段对生产线上的产品进行的 100%检测,安全要求中的接地电阻和抗电强度项目允许用经验证后确定的等效、快速的方法进行。

表 B.2 合格质量判定

检验项目	检验水平	抽样方案	合格质量水平 AQL		
			A 级不合格	B 级不合格	C 级不合格
包装检验	一般 I	按 GB/T 2828.1—2003 中一次抽样方案进行	不规定 AQL 值。出现一个 A 类不合格即判该批不合格	1.5	2.5
外观、结构检验	S-4			2.5	4
主要性能参数及基本参数	S-2			2.5	—
安全要求检验			当发现一个不合格时,即判该批为不合格		

表 B.3 包装检验判据

项目	不合格内容		不合格类别
包装检验	1	包装箱严重破损不能起保护作用	A
	2	包装箱内实物(附件、备件、合格证、说明书)与装箱单不符	C

表 B.4 外观和结构判据

项目		不合格内容	不合格类别
紧固件	1	紧固件有松动现象或无防震措施	B
	2	紧固件有严重松动或脱落	A
调整机构及操作	1	调整范围比规定小	C
	2	操作机构不灵活	B
安装和焊接	1	导线排列不整齐,元器件安装不合理,连接件无防脱措施	C
	2	有虚焊、漏焊现象	A
防腐措施		线路板及各焊点无防腐措施,金属件镀层脱落或锈蚀	B
传动机构	1	传动机构有打滑、跳动、卡阻现象	A
	2	运转不平稳;噪声偏大	B

表 B.5 主要性能及基本参数检验判据

项目			不符合内容	不合格类别
主要性能	1	鉴别能力	不符合表 2、表 3 要求	A
	2	券别、套别及版别识别能力		B
	3	鉴别速度		A
	4	漏辨率		A
	5	误辨率		A
	6	冠字号码误识率(采用时)		A
	7	假币提示		A
	8	常规能力		A
	9	预置数识别功能		A
基本参数	1	电源适应能力	不符合表 A.2、表 A.3 要求	B
	2	额定消耗功率		B
	3	准备时间		B
	4	空载运转噪声		B
	5	工作温升		B

表 B.6 安全要求检验判据

项目		名称	不符合内容	不合格类别
安全要求	1	一般要求	不符合表 A.4 要求	A
	2	接地电阻(Ⅰ类)		A
	3	接触电流		A
	4	绝缘电阻		A
	5	抗电强度		A

表 B.7 环境要求、可靠性要求、电磁兼容检验判据

项　　目	不合格内容	不合格类别
环境要求	不符合 A.3 要求	B
可靠性要求	不符合 A.2.2 要求	B
电磁兼容	不符合 A.2.4 要求	A

参 考 文 献

[1] 《最高人民法院关于办理伪造国家货币、贩运伪造的国家货币、走私伪造的货币犯罪案件具体应用法律的若干问题的解释》(最高人民法院审判委员会第683次会议,1994年)
[2] 《中华人民共和国人民币管理条例》(中国人民银行2000年2月3日颁布,2000年5月1日实施)
[3] 《中国人民银行假币收缴、鉴定管理办法》(中国人民银行2003年4月15日颁布,2003年7月1日施行)
[4] 《不宜流通人民币挑剔标准》(中国人民银行2003年11月13日印发)

ICS 11.020
C 61

中华人民共和国国家标准

GB 17017—2010
代替 GB 17017—1997

地方性氟中毒病区控制标准

Control criteria for endemic fluorosis areas

2011-01-14 发布　　2011-06-01 实施

中华人民共和国卫生部
中国国家标准化管理委员会　发布

前　言

本标准的全部技术内容为强制性。

本标准代替 GB 17017—1997《地方性氟中毒病区控制标准》。

本标准与 GB 17017—1997 相比主要变化如下：

——增加了饮茶型地方性氟中毒病区控制的评价指标。

——增加了饮水含氟量、砖茶含氟量两项技术指标。

——删掉了人群总摄氟量指标。

——增加了附录 A 评价指标抽样方法。

本标准附录 A 为规范性附录。

本标准由中华人民共和国卫生部提出并归口。

本标准起草单位：中国疾病预防控制中心地方病控制中心、贵州省疾病预防控制中心、四川省疾病预防控制中心、山东省地方病防治研究所、山西省地方病防治研究所。

本标准主要起草人：孙殿军、安冬、王三祥、孙玉富、于光前、赵丽军、边建朝、杨小静。

本标准所代替标准的历次版本发布情况为：

——GB 17017—1997。

地方性氟中毒病区控制标准

1 范围

本标准规定了地方性氟中毒病区控制标准、判定标准指标的检验方法及评价指标的抽样方法。

本标准适用于以行政村或自然村为单位的饮水型、燃煤污染型、饮茶型及其混合氟源引起的地方性氟中毒病区。

2 规范性引用文件

下列文件中的条款通过本标准的引用而构成为本标准的条款。凡是注日期的引用文件，其随后所有的修改单(不包括勘误的内容)或修订版均不适用于本标准，然而，鼓励根据本标准达成协议的各方研究是否可使用这些文件的最新版本。凡不注日期的引用文件，其最新版本适用于本标准。

GB 19965 砖茶含氟量

WS/T 106 地方性氟中毒病区饮水氟化物的测定方法

WS 192 地方性氟骨症诊断标准

WS/T 208 氟斑牙诊断

3 术语和定义

下列术语和定义适用于本标准。

3.1

地方性氟中毒 endemic fluorosis

人们长期生活在高氟环境中或由于生活习惯，通过饮水、空气、食物及茶叶等介质摄入过量的氟而导致慢性蓄积性中毒。

3.2

氟斑牙 dental fluorosis

在牙齿发育形成期间由于机体摄氟过多而引起牙釉质矿化不全或松网样改变，临床上肉眼可见牙釉质表面失去正常光泽，出现白垩、着色、缺损样表现。

3.3

地方性氟骨症 endemic skeletal fluorosis

地方性氟中毒病区的居民，因摄入过量氟化物而引起以颈、腰和四肢大关节疼痛、肢体运动功能障碍以及骨和关节X线征象异常为主要表现的慢性代谢性骨病。

3.4

生活饮用水 drinking water

供人生活的饮水和生活用水。

[GB 5749—2006，3.1]

3.5

集中式供水 central water supply

自水源集中取水，通过输配水管网送到服务用户或者公共取水点的供水方式，包括自建设施供水。为用户提供日常饮用水的供水站和为公共场所、居民社区提供的分质供水也属于集中式供水。

[GB 5749—2006，3.2.1]

在农村分大型集中式供水和小型集中式供水。

3.5.1

农村大型集中式供水　large central water supply for rural areas

日供水量≥1 000 m^3(或供水人口≥1 万人)的农村集中式供水。

3.5.2

农村小型集中式供水　small central water supply for rural areas

日供水量<1 000 m^3(或供水人口<1 万人)的农村集中式供水。

[GB 5749—2006,3.2.3]

3.6

改良炉灶　improved stove and kitchen

采取将煤烟排放到室外的措施(包括改炉、改灶、改烟囱),改变室内敞炉灶燃煤的方式,或配置专用炉具,使用沼气、液化气、电等清洁能源替代原煤,有效避免室内燃煤污染。

3.7

砖茶　brick tea

包括黑砖茶、茯砖茶、花砖茶、青砖茶、康砖茶、紧茶、金尖茶、米砖茶、沱茶等。又称紧压茶或边销茶。

4　控制指标

4.1　基本要求

按照附录 A 规定的抽样方法评价病区控制指标,饮水型病区应满足 4.2.1 和 4.2.2 的要求,燃煤污染型病区应满足 4.3.1 和 4.3.2 的要求,饮茶型病区应满足 4.4.1、4.4.2 和 4.4.3 的要求,可判定病区达到控制标准。

4.2　饮水型病区

4.2.1　饮水含氟量:农村大型集中式供水≤1.0 mg/L;农村小型集中式供水≤1.2 mg/L。

4.2.2　当地出生居住的 8～12 周岁儿童氟斑牙患病率≤30%。

4.3　燃煤污染型病区

4.3.1　合格改良炉灶率(包括使用清洁能源,如电能、液化气、沼气等)和炉灶正确使用率均在 90%以上。

4.3.2　当地出生居住的 8～12 周岁儿童氟斑牙患病率≤30%。

4.4　饮茶型病区

4.4.1　砖茶含氟量≤300 mg/kg。

4.4.2　连续 3 年,30～60 周岁当地居民临床氟骨症患病率降低,经 X 线检查证实无新发中度及以上氟骨症病人。

4.4.3　当地出生居住的 8～12 周岁儿童氟斑牙患病率≤30%。

5　判定标准指标的检验方法

5.1　氟斑牙的诊断分度,按 WS/T 208 要求执行。

5.2　饮水含氟量测定,按 WS/T 106 要求执行。

5.3　砖茶含氟量测定,按 GB 19965 要求执行。

5.4　地方性氟骨症诊断标准,按 WS 192 要求执行。

附　录　A
（规范性附录）
评价指标抽样方法

A.1　饮水含氟量

采出厂水样 1 份，末梢水样 2 份，计算算术平均值。

A.2　砖茶含氟量

在评价的行政村或自然村，随机采集 30 户砖茶样品测定含氟量，计算算术平均值。

A.3　合格改良炉灶率

合格改良炉灶指燃煤炉（灶）坚固耐用严密，烟道通畅，燃烧充分，能保证炊事、供暖等热量需要，对于使用沼气、液化气、电等清洁能源的炉（灶），保证无空气污染并符合国家质量技术标准。在评价的行政村或自然村，检查所有居民户的炉灶，计算合格改良炉灶率（%）[见式（A.1）]，如果一个家庭仅使用炉或灶，则单独改良炉或灶；如果同时使用炉和灶，则应同时改良。

$$合格改良炉灶率=\frac{合格改良炉灶户数}{全村居民户数}\times 100\% \quad\cdots\cdots\cdots\cdots(A.1)$$

A.4　合格改良炉灶正确使用率

炉（灶）使用期间，正确使用为勤除烟灰，保持烟道通畅，炉（灶）燃烧时必须加盖，避免煤烟逸漏室内；炉（灶）长期闲置时，清除炉渣、烟道灰，将铁部件上油，并放置于干燥处保存。在评价的行政村或自然村，检查所有居民户的合格改良炉灶正确使用情况，计算正确使用率（%）[见式（A.2）]。

$$合格改良炉灶正确使用率=\frac{正确使用炉灶户数}{合格炉灶户数}\times 100\% \quad\cdots\cdots\cdots\cdots(A.2)$$

A.5　儿童氟斑牙患病率

在评价的行政村或自然村，检查所有当地出生居住的 8～12 周岁儿童牙齿，计算氟斑牙患病率。

A.6　临床氟骨症患病率

在评价的行政村或自然村，检查所有当地 30～60 周岁居民颈、腰和四肢大关节的临床症状与体征，计算临床氟骨症患病率。

A.7　X 线检查氟骨症

在评价的行政村或自然村，对检出的临床中度以上氟骨症患者拍摄骨盆、右前臂加肘关节和右小腿加膝关节 X 线片，观察骨 X 线改变。

ICS 11.020
C 61

中华人民共和国国家标准

GB 17019—2010
代替 GB 17019—1997

克山病病区控制标准

Control criteria for Keshan disease areas

2011-01-14 发布　　2011-06-01 实施

中华人民共和国卫生部
中国国家标准化管理委员会　发布

前　言

本标准的全部技术内容为强制性。

本标准代替 GB 17019—1997《克山病基本控制标准》。

本标准与 GB 17019—1997《克山病基本控制标准》相比主要变化如下：

——删除了对基本控制克山病病区(县)的定义；

——病情控制指标中的发病率改为患病率；

——附录中增加了病例上报程序。

本标准的附录 A、附录 B 为规范性附录。

本标准由中华人民共和国卫生部提出并归口。

本标准起草单位：中国疾病预防控制中心地方病控制中心克山病研究所。

本标准主要起草人：王铜、侯杰、冯红旗、裴俊瑞、李奇。

本标准所代替标准的历次版本发布情况为：

——GB 17019—1997。

克山病病区控制标准

1 范围

本标准规定了克山病病区控制标准、病例上报及病区控制考核验收程序。

本标准适用于克山病病区病情控制的考核验收，描述克山病病情、开展克山病流行病学研究、监测和防治效果的考核评估。

2 规范性引用文件

下列文件中的条款通过本标准的引用而成为本标准的条款。凡是注日期的引用文件，随后所有的修改单（不包括勘误的内容）或修订版均不适用于本标准，然而，鼓励根据本标准达成协议的各方研究是否可使用这些文件的最新版本。凡是不注日期的引用文件，其最新版本适用于本标准。

GB 17020　克山病病区判定和类型划分

GB 17021　克山病诊断标准

3 术语和定义

下列术语和定义适用于本标准。

3.1

克山病　Keshan disease，KD

一种原因不明的地方性心肌病；病理学主要改变是心肌实质的变性、坏死和瘢痕形成，心脏呈肌原性扩张，心腔扩大、室壁趋向变薄；主要临床特征是心功能不全和心律失常。

3.2

患病率　prevalence rate

某地人口中某种疾病现患的频率。

4 病情控制

按病例上报程序（见附录 A）和克山病病区控制的考核验收程序（见附录 B），依据 GB 17020、GB 17021，以乡为单位，对克山病病区进行规范的病情调查，克山病发病、患病水平达到下述三个条件时，可判定克山病病区的病情得到控制：

a)　连续 5 年以上（不含 5 年）全乡无急型、亚急型克山病发病。

b)　慢型克山病患病率小于 0.2%。

c)　潜在型克山病患病率小于 3.0%。

附 录 A
（规范性附录）
病例上报程序

A.1 县级疾病预防控制中心应定期通过问卷调查或线索调查，收集新发现的急型、亚急型、慢型克山病病例信息，核实后上报市级疾病预防控制中心。

A.2 市级疾病预防控制中心、省地方病所或省级疾病预防控制中心、中国疾病预防控制中心地方病控制中心，对病例情况逐级核实后上报。

A.3 上报病例由中国疾病预防控制中心地方病控制中心备案。

附 录 B
（规范性附录）
克山病病区控制考核验收程序

B.1 克山病病区控制的达标考核验收以乡为单位。县级卫生行政部门对病区县所辖病区乡组织开展达标评估，经评估所有病区乡均达到控制标准后，由县级卫生行政部门逐级报送至省级卫生行政部门，省级卫生行政部门组织对申报县进行考核验收。

B.2 经省级卫生行政部门考核验收，所有病区县均达到病区控制标准后，由省级卫生行政部门向卫生部报送全省病区的考核验收报告。

ICS 11.020
C 61

中华人民共和国国家标准

GB 17020—2010
代替 GB 17020—1997

克山病病区判定和类型划分

Delimitation and classification of Keshan disease areas

2011-01-14 发布　　2011-06-01 实施

中华人民共和国卫生部
中国国家标准化管理委员会　发布

前　言

本标准的全部技术内容为强制性。

本标准代替 GB 17020—1997《克山病病区划定和类型划分》。

本标准与 GB 17020—1997 相比主要变化如下：

——增加了对历史病区的界定；

——强调了克山病病例的当地原发性；

——病区类型的划分主要依据慢型克山病的患病率和是否有急型、亚急型克山病病例的发生；

——病区类型划分中用慢型克山病的患病率指标替代原来的发病率指标；

——确定了病区判定和类型划分标准的适用年限。

本标准的附录 A 为资料性附录。

本标准由中华人民共和国卫生部提出并归口。

本标准起草单位：中国疾病预防控制中心地方病控制中心克山病研究所。

本标准主要起草人：王铜、冯红旗、侯杰、裴俊瑞、李奇。

本标准所代替标准的历次版本发布情况为：

——GB 17020—1997。

克山病病区判定和类型划分

1 范围

本标准规定了克山病病区判定和类型划分的依据。

本标准适用于克山病病区的判定和类型划分，描述克山病病情、开展克山病流行病学研究、监测和防治效果的考核评估。

2 规范性引用文件

下列文件中的条款通过本标准的引用而成为本标准的条款。凡是注日期的引用文件，随后所有的修改单(不包括勘误的内容)或修订版均不适用于本标准，然而，鼓励根据本标准达成协议的各方研究是否可使用这些文件的最新版本。凡是不注日期的引用文件，其最新版本适用于本标准。

GB 17021 克山病诊断标准

3 术语和定义

下列术语和定义适用于本标准。

3.1

克山病 Keshan disease KD

一种原因不明的地方性心肌病；病理学主要改变是心肌实质的变性、坏死和瘢痕形成，心脏呈肌原性扩张，心腔扩大、室壁趋向变薄；主要临床特征是心功能不全和心律失常。

3.2

患病率 prevalence rate

某地人口中某种疾病现患的频率。

4 病区判定

病区判定以乡为单位。根据克山病地区分布特点(参见附录A)，对病区进行判定。既往或现在有急型或亚急型克山病发生或有慢型克山病病例存在的乡，即可判定为病区乡，克山病病例是指在病区村居住不少于6个月新发克山病患者，不是外来病例。

5 病区类型划分

克山病病区分为以下几种类型，各病例诊断见GB 17021：

a) 重病区

近5年内有急型或亚急型克山病发生或慢型克山病患病率高于0.9%。

b) 中病区

近5年内无急型或亚急型克山病发生，慢型克山病患病率介于0.3%～0.9%。

c) 轻病区

近5年内无急型或亚急型克山病发生，慢型克山病患病率低于0.3%。

d) 历史病区

既往有急型或亚急型或慢型克山病发生，但近5年内已无克山病病例存在的地区。

附 录 A
（资料性附录）
克山病地区分布特点

A.1 本病呈明显的地区性发病，且病区范围相对稳定。在一个省（区）范围内，只有部分县，在一个县范围内，只有部分乡是病区，而另一些县、乡为非病区。

A.2 病区分布于农村。

A.3 病区外环境低硒。

ICS 35.100
L 79

中华人民共和国国家标准

GB/T 17178.2—2010

信息技术　开放系统互连
一致性测试方法和框架
第2部分:抽象测试套规范

Information technology—Open systems interconnection—Conformance testing methodology and framework—Part 2: Abstract test suite specification

(ISO/IEC 9646-2:1994,MOD)

2011-01-14 发布　　　　2011-05-01 实施

中华人民共和国国家质量监督检验检疫总局
中国国家标准化管理委员会　发布

前　　言

GB/T 17178《信息技术　开放系统互连　一致性测试方法和框架》标准分为7个部分：

——第1部分：基本概念

——第2部分：抽象测试套规范

——第3部分：树和表的组合表示法

——第4部分：测试实现

——第5部分：一致性评估过程对测试实验室和客户的要求

——第6部分：协议轮廓测试规范

——第7部分：实现一致性声明

本部分为GB/T 17178的第2部分。

GB/T 17178的本部分与ISO/IEC 9646-2:1994(英文版)的一致性程度为修改，理由为：在ISO/IEC 9646-2:1994中涉及的TTCN语言是ISO/IEC 9646-3:1998中TTCN-2，而ISO/IEC 9646-3由ETSI进行了修订，修订为ETSI ES 201 873-1 V2.2.1:2003(TTCN-3)，TTCN-3是对整个测试说明语言的一个完全的重新设计。TTCN-3除去了表格和文本表示之间的密切关系，清理了OSI特定的语言构造，并引入了一些新概念。对TTCN的重新设计是为了使其现代化，使它的应用领域扩展到OSI一致性测试以外的领域。

本部分的附录A、附录B、附录C为资料性附录。

本部分由中华人民共和国工业和信息化部提出。

本部分由全国信息技术标准化技术委员会归口。

本部分起草单位：中国电子技术标准化研究所。

本部分主要起草人：卓兰、黄家英、吴东亚。

引 言

本部分在某个级别上的为 OSI 一致性测试套规范提供了一种通用的方法，该级别与可执行测试套(以下称为“抽象测试套”)的手段无关。这个抽象级别适合于标准化，并便于运行相应可执行测试套的不同组织所产生的结果比较。

第 6 章和第 7 章重新调用可能存在抽象测试套过程的客观基础之前关于 OSI 协议规定者必须履行的要求。这个需求针对在相关基础规范(例如，规定 OSI 协议规范标准的国家标准或 ITU-T 建议)中一致的一致性条款和 ICS 形式表来表达。

第 8 章到第 14 章描述了抽象测试套的开发过程，其中包括所使用的设计准则以及其结构和覆盖范围的指南。定义可能抽象测试法并给出指南，以帮助测试套规定者来决定在产生特定测试套时使用那种测试法。针对抽象测试套规范给出了要求和指南。这些包括将测试例细划分为测试步和针对测试结果分配的测试裁决。

还要求测试套制定者向测试实现者提供信息(例如，控制测试例选择的限制)。

最后，在第 15 章还给出了对测试套维护的指南和要求。

信息技术 开放系统互连 一致性测试方法和框架 第2部分:抽象测试套规范

1 范围

1.1 GB/T 17178的本部分规定了要求并给出了指南,以便产生用于一个或多个OSI规范的与系统无关的一致性测试套。特别地,它适用于产生所有OSI一致性测试规范,包括这些一致性测试规范的所有草案版本。

1.2 本部分适用于产生抽象测试例,该抽象测试例将通过控制和观察协议行为,按照相关静态和/或动态一致性要求检验实现的一致性。本部分所包括的抽象测试方法实际上能用于规定任何测试例,该测试例能用控制与观察协议数据单元(PDUs)和抽象服务原语(ASPs)来抽象的表达。对某些协议虽然测试例是需要的,但不能用这一措辞来表达测试例。这种测试例其本身可能需要包含在一致性测试规范中,但这种测试例规范超出本部分的范围。

注:例如,与应用服务有关的某些静态一致性要求,可以要求专门针对该特定应用的测试技术。

本部分可用于产生一个或多个相邻协议的测试套,无论这些协议是否嵌入在下层其他协议中。

1.3 本部分不包含下述内容:

a) 抽象测试套规范和形式描述技术之间的关系;

b) 采用针对特定应用、协议或系统的测试方法进行测试,包括不是PDU交换手段的测试。

注:本部分完全适用于某些(但不是全部)物理层协议。然而,许多概念可适用于所有协议。

2 规范性引用文件

下列文件中的条款通过GB/T 17178的本部分的引用而成为本部分的条款。凡是注日期的引用文件,其随后所有的修改单(不包括勘误的内容)或修订版均不适用于本部分,然而,鼓励根据本部分达成协议的各方研究是否可使用这些文件的最新版本。凡是不注日期的引用文件,其最新版本适用于本部分。

GB/T 9387.1—1998 信息技术 开放系统互连 基本参考模型 第1部分:基本模型(idt ISO 7498.1:1994)

GB/T 17967—2000 信息技术 开放系统互连 基本参考模型 OSI服务 定义约定(idt ISO/10731:1994)

GB/T 16263.1—2006 信息技术 ASN.1编码规则 第1部分:基本编码规则(BER)、正则编码规则(CER)和非典型规则(DER)规范(idt ISO/IEC 8825:1990)(又见ITU建议X.209(1988))

GB/T 17178.1—1997 信息技术 开放系统互连 一致性测试方法和框架 第2部分:基本概念(idt ISO/IEC 9646-1:1994)

GB/T 17178.6—2010 信息技术 开放系统互连 一致性测试方法和框架 第6部分:协议轮廓测试规范(ISO/IEC 9646-6:1994,IDT)

ISO/IEC 9646-3:1998 信息技术 开放系统互连 一致性测试方法和框架 第3部分:树和表的组合表示法

ISO/IEC 9646-7:1995 信息技术 开放系统互连 一致性测试方法和框架 第7部分:实现一致性声明

ETSI ES 201 873 V2.2.1:2003 测试描述方法(MTS)测试和测试控制表示法 第三版

3 术语和定义

GB/T 17178.1—1997 中确立的全部术语和定义均适用于本部分。

4 缩略语

GB/T 17178.1—1997 所给出的缩略语适用于本部分。另外,本部分还将增加如下缩略语:

ACSE 联系控制服务元素
ASE 应用服务元素
ASN.1 抽象语法记法一
ASP 抽象服务原语
ATM 抽象测试法
ATS 抽象测试套
FDT 形式描述技术
ICS 实现一致性声明
IUT 被测实现
IXIT 测试实现附加信息
LT 下测试器
LTCF 下测试器控制功能
MPyT 多方测试
OSI 开放系统互连
PCO 控制观察点
PCTR 协议一致性测试报告
PDU 协议数据单元
RTS 远程传送服务
SAP 服务访问点
SPyT 单方测试
SUT 被测系统
TCP 测试协调规程
TM-PDU 测试管理协议数据组
TMP 测试管理协议
TSS&TP 测试套结构与测试目的
TTCN 树和表组合表示法
UT 上测试器

5 符合性

5.1 符合本部分的基础规范应满足第 6 章和第 7 章中所述的所有要求。

注:为使基础规范成为一致性测试的有效基础,这样的符合性是先决条件。

5.2 符合本部分的 ATS 规范:

a) 应是一致性测试套;

b) 应以 ISO/IEC 或 ITU-T 标准化的测试表示法来规范;

c) 应包括第 9 章到第 15 章所述的所有要求;

d) 应该在 ISO/IEC 或 ITU-T 已出版的规范中,或者在没有这样的 ISO/IEC 或 ITU-T 规范时,应该是ISO/IEC或ITU-T正在进行标准化的过程中的公众可用规范，它应该具有最高可用的标准化程度，并至少应是委员会草案或等价草案。

注：为了确保ATS在国际上需经公众的仔细推敲、校正和接受，在ATS能完全符合本部分之前，ATS超出国际标准化要提交的标准化过程需求的范围。

5.3 建议使用的测试表示法采用TTCN。

注：认为X.290(1988)不能用于该目的。

6 OSI国际标准的一致性要求

6.1 概述

OSI中的一致性含义在GB/T 17178.1—1997中给出。无歧异并客观地理解OSI基础规范的一致性要求是必要的，它是产生用于该规范的ATS的必要条件。第6章和第7章陈述了对相关制定者的要求，以保证对一致性要求有这样的理解。

附录B中给出了附加的指南。

6.2 一般要求

6.2.1 应在静态一致性要求和动态一致性要求之间作出清晰的区别。为避免歧异性，它们应互相独立地陈述。

6.2.2 应清楚该规范的一致性意味着什么，要求什么要做(即，必备)，允许什么的但不是必备的(即，可选)，要求什么不做(即，禁止)，以便与它一致。

6.2.3 通信实例是否动态一致总应是可决定的。

例如，宜能够察看PDU活动的记录，就相关的规范而言确定它是否有效。

6.3 一致性条款

6.3.1 规定了OSI协议、抽象语法、编码规则或信息客体的每个基础规范都应包含的一致性条款，它们应清楚且无二义地表达。

6.3.2 一致性条款应区分开以下几类信息：

a) 陈述动态一致性要求条款的引用；

b) 与基础规范本身实现有关的静态一致性要求；

c) 与多规范依赖性有关的静态一致性要求(见6.4)。

6.3.3 产生符合ICS形式表的一致性声明(ICS)的要求，应根据规范本身的实现要求分开陈述。

6.3.4 一个协议规范的一致性条款也宜包括：

a) 能接受从对等体收到的所有正确的PDU序列并能以正确的PDU序列响应的要求；

b) 能正确响应接收到的所有不正确的PDU序列的要求；

c) 在面向连接的协议中，支持初始的连接和接受的连接或两者的选项；

d) 在无连接协议中，支持发送PDU、接收PDU或两者的选项。

6.3.5 每个一致性条款中宜包括或引用的检验列表在附录B的第B.5章中列出。

6.4 多规范依赖性

在一个或多个低层基础规范中，可以通过每一个基础规范加以规定，该基础规范要求提供在一个或多个低层基础规范中的非必备特性。如果多规范依赖性要包括在ICS形式表中，则ICS形式表将只反映多规范依赖性在相应的基础规范的一致性条款中的定义。

为了支持给定的协议或者信息客体而要求给定的低层服务元素，多规范依赖性通常应根据给定的低层服务元素来规定。另外，如果给定的服务元素可以被支持，那么每个低层的协议规范宜规定所要求的协议的那些单元。这涉及到服务元素暗含的功能度，并且不能以任何方式暗含存在的服务接口。

注：这与服务不一致性，宁愿是有条件要求的表达，而有条件要求是由符合其服务定义的协议导致的。

在它不可能通过这个低层服务来表达依赖性的情况下，该依赖性可以根据低层协议单元或者其他的要求支持高层协议的规范(参考规范)来定义。

如果多规范依赖性需要保持该协议的完整性,则多规范依赖性只宜在协议规范中规定。若多规范依赖性实际上定义了轮廓,则宜避免这些多规范依赖性。

多规范依赖性也可以以类似的方法在信息客体规范中规定。

7 ICS形式表的要求

7.1 供应者相对他们所提供的每个ICS所应满足的特定要求而言,应在相关基础规范中说明。这些要求的规范应包括ICS形式表。ICS形式表应以调查表形式表示,需要相关基础规范实现的供应者或实现者来填写。

7.2 ICS形式表应覆盖基础规范所标识出的所有主要必备能力、所有可选和条件的功能、规程要素、参数、选项、PDU、定时器、多规范依赖性和其他能力。

7.3 正确定义的(按照引用)从ICS形式表到静态一致性要求的映射,在ICS形式表中这个静态一致性要求的表达,应与基础规范的一致性要求条款相一致性。

7.4 ISO/IEC 9646-7:1995提供了产生ICS形式表的要求和指南。

8 引导一致性测试规范的抽象测试套产生过程

8.1 为了对抽象测试套规范提出要求和一般指南,假设导致一致性测试规范的抽象测试套产生过程的规范形式是有用的。本章描述的正是这种常规形式的过程。ATS制定者并不需要确实遵循该常规形式,但是建议他们使用包含相同步骤(可能有不同的次序)的类似过程。

8.2 根据GB/T 17178的本部分的目的,假定抽象测试套的产生过程如下:

a) 研究相关规范和ICS形式表以确定哪些一致性要求(包括选项)需要被测(见第9章);

b) 确定需要哪些测试组以便获得合适覆盖的一致性要求(见10.2);

c) 可选地,开发测试组目标:每个测试组元素的公共测试目标(见10.3);

d) 开发反映包含了测试组的测试组目标(如果有)的测试目的,它为被测试的一致性要求提供足够覆盖范围(见10.3和10.4);

e) 选择需要规定完整抽象测试例的测试上下文和抽象测试法,并决定对下测试器、上测试器(如果已选择的测试方法是合适的)和测试协调规程能力所设置所需的约束(见第11章);

f) 应使用标准化测试表示法来规定抽象测试例集合,包括要使用的测试步结构(见第12章);

g) 规定以下内容的相互关系:

1) 在测试例之间;

2) 在测试例和ICS之间;

3) 在测试例和测试实现的附加信息(IXIT)之间的关系(如果可能);

以上是为了确定用于执行的测试例选择和参数化的约束以及对它们能够执行的次序的约束(见第14章);

h) 考虑用于维护ATS的规程(见第15章)。

8.3 假设在ATS产生过程期间以下列合适的各个部分开发一致性测试规范的总体结构:

a) 测试套结构和测试目的(TSS和TP)(见第10章);

b) 用于一种或多种抽象测试方法的一个或多个ATS(见第11章);

c) 测试管理协议(TMP)规范(如果可用的话)(见第13章)。

8.4 第9章至第15章提供了与上述过程中每个步骤相关的要求和指南。

8.5 轮廓的一致性测试是以适当测试例的应用为基础,这些测试例来自该轮廓所引用的基础规范的基础规范的ATSs。这些基础规范的ATSs可为单协议ATSs或多协议ATSs。在一些测试例中,将一个或多个特定轮廓中所用基础规范的子集基础规范的ATS进行标准化可能是合适的,这种情况下,必要时则应该对 ATS 进行修改以扩大覆盖范围满足其他轮廓或完整规范的需要。

附加轮廓特定测试例可能是需要的，以便指出与该轮廓相关一致性要求，但一致性要求超出基础规范的 TSS 和 TP 范围。这些附加轮廓特定测试例已在轮廓特定测试规范中标准化。GB/T 17178.6—2010 中对关于产生协议轮廓的轮廓测试规范的要求和指南在 GB/T 17178.6—2010 中给出。

9 一致性要求和 ICS 形式表

9.1 在规定 ATS 之前，ATS 制定者应首先确定用于有关基础规范的一致性要求以及在涉及这些协议实现的 ICS 形式表中所陈述的内容。

9.2 第 6 章和第 7 章规定基础规范制定者所满足的要求，它们是产生特定基础规范或组合的基础规范的 ATS 的先决条件。

9.3 如果没有对静态一致性要求恰当地规定，则 ATS 的制定者宜对产生相关规范的修正件或修订本作出贡献，以阐明一致性要求。

10 测试套结构和测试目的(TSS&TP)

10.1 基本要求

10.1.1 适用于为相同的基础规范或组合的基础规范中而规定的全部 ATSs 的测试套结构和测试目的的集合，应该在有关的一致性测试规范中规定，最好在单独部分中规定。

10.1.2 每个 ATS 应由许多测试例组成，每个测试例设计成能获得规定的测试目之一，如果需要嵌套，则这些测试例可以组成若干测试组。该结构应该是层次结构，因此在较低级的项应完全包含在较高级项内。类似测试组可以出现在一个以上的较高级的测试组中。

10.1.3 测试套制定者应确保每一个 ATS 测试目的子集与能力测试有关，并且另一个 ATS 测试目的子集与行为测试有关。它需要不导致行为测试和能力测试的不同测试例，这是因为可能使用组合的行为和能力测试目的。测试套制定者应该对如何从基础规范中派生测试目的，或使测试目的与基础规范相关性提供说明。测试套制定者还应提供 ATS 所获得的覆盖范围的概要。

10.2 测试套结构规范

10.2.1 为确保最终得到的抽象测试套提供有关一致性要求的足够覆盖范围，建议测试套制定者，按照嵌套式测试组以一种自顶向下的方式来设计测试套结构。

把相同测试套构进入测试组中有许多方法；没有一种方式是一定是正确的，对某个测试套是最佳的方法，可能并不合适另一个测试套。然而测试套制定者应确保测试套包括与下述任何种类有关的测试例：

a) 能力测试(对于静态一致性要求)；
b) 有效行为的行为测试；
c) 行为测试，它探查被测实现(IUT)对无效测试事件的反映；这些无效测试事件细分为句法上无效测试事件、语义上的无效测试事件及不合时宜的测试事件，它们均与所涉及协议相关；
d) 关注 IUT 不同角色的测试；
e) 关注发送给 IUT 的 PDU 的测试；
f) 关注接收来自 IUT 的 PDU 的测试；
g) 关注发送 PDU 和接收 PDU 之间相互作用的测试；
h) 与每种必备能力有关的测试；
i) 与每种可选能力有关的测试；
j) 与每个协议阶段有关的测试；
k) 在特定状态下出现的测试事件变化；
l) 定时和定时器变化；

m) PDU 编码变化；

n) 各个参数值变化；

o) 参数值组合变化；

p) 来自一个以上基础规范相关要求的组合；

q) 多方行为特定测试。

该列表不是穷举的；为了确保特定测试套有关一致性要求的足够覆盖范围，有可能需要附加的类别。进而，这些种类相互重叠，将它们排列成为相应的层次结构就是测试套制定者的任务。

10.2.2 下列结构是在单方测试上下文中特定角色的单层协议测试组的举例，这些举例是作为指南而提供的：

A 能力测试

A.1 必备能力

A.2 可选能力

B 行为测试：响应对等实体有效行为

B.1 连接建立阶段(如果相关)

B.1.1 关注向 IUT 发送什么

B.1.1.1 每个状态下的测试事件变化

B.1.1.2 定时/计时器变化

B.1.1.3 编码变化

B.1.1.4 各参数值变化

B.1.1.5 参数值的组合

B.1.2 关注向 IUT 请求发送什么

按照 B.1.1 的子结构

B.1.3 关注相互作用

按照 B.1.1 的子结构

B.2 数值传送阶段

按照 B.1 的子结构

B.3 连接释放阶段(如果有关)

按照 B.1 的子结构

C 行为测试：响应对等实体的语法或语义无效行为

C.1 连接建立阶段(如果有关)

C.1.1 关注向 IUT 发送什么

C.1.1.1 每个状态下的测试事件变化

C.1.1.2 无效事件的编码变化

C.1.1.3 各无效参数值变化

C.1.1.4 无效参数值组合变化

C.1.2 关注向请求 IUT 发送什么

C.1.2.1 单个无效参数值

C.1.2.2 参数值的无效组合

C.2 数据传送阶段

按照 C.1 的子结构

C.3 连接释放阶段(如果有关)

按照 C.2 的子结构

D 行为测试：响应对等实体对不合时宜事件

D.1　连接建立阶段(如果有关)

D.1.1　向IUT发送什么

D.1.1.1　每个状态下的测试事件变化

D.1.1.2　定时/定时器变化

D.1.1.3　特定编码变化

D.1.1.4　主要各参数值变化

D.1.1.5　参数值主要组合的变化

D.1.2　关注向请求IUT发送什么

按照D.1.1的子结构

D.2　数据传送阶段(如果有关)

按照D.1的子结构

D.3　连接释放阶段(如果有关)

按照D.1子结构

10.2.3　该测试组结构不覆盖基本互连测试。这些测试组可提供作为选定的能力和/或行为测试的列表,但是不应该包括任何附加测试目的。

10.3　测试目的的规范

10.3.1　测试套制定者应创建测试目的的集合,其中每个测试目的都关注相关规范的单个一致性要求或相关一致性要求的集合(例如在多协议测试例中)。建议首先标识相关测试目的的测试组(如10.2中所述)然后为每个测试组产生测试组目标的文本。在每个测试组中特定的测试目标应加以定义,宜变成为嵌套的测试组目标或各个的测试目的。用这种方法,通过逐步细化测试目标,则可以产生结构化的测试目的集合。

测试目的可以从研究适合于所涉及测试组的相关规范中的条款直接产生;对某些测试组,测试目的可从协议状态表中直接派生;对于其他的测试组,测试目的可以从PDU编码定义或特定参数规范或从规定有关一致性要求的文本中派生。

这种次序结构技术有助于确保被测试的一致性要求有足够的覆盖范围。因为每个测试目的全面描述不必明确写出,但是它可通过向下跟踪贯穿于测试组目标的嵌套结构将其组合起来,这也就避免了测试目的文本的不必要重复。

注:如果测试套制定者使用了基础规范的形式化描述,测试目的可以用某种自动方法派生。如果使用自动方法时,相同要求适用。然而,基于形式化描述技术(FDTs)的方法超出本部分的范围。但如果FDT被用于使用该测试目的,则建议采用标准的FDT。

10.3.2　为了增加测试单个PDU中单个参数的有效性,包括组合参数的测试目可以为单个抽象测试例加以规定。然而,对无效参数值的测试不应与单个测试目的中其他有效或无效值的测试组合在一起。

10.3.3　作为设计TSS和TP过程的一部分,建议先为被测的每个一致性要求标识出一个测试目的(例如规定参数)。第二步,可以对相关的一致性要求的测试目的组合进行规定。如果这样,则:

a)　包含组合的相关一致性要求的新测试目的应明确写出,以便引用包含各个一致性要求的测试目的;

b)　应给予指明一个抽象测试例是为一新的测试目的而产生的,而不是为被替代的每一个引用的测试目的而产生不同的测试例;

c)　每一被替代的测试目的应保留在测试目的集合之中,但应标识出新的测试目的,该新测试目的替代原有被替代的测试目。

10.3.4　标示并组合特定一致性要求的结果是测试套结构和测试例名称列表规范,该规范应用于测试目的和为测试目的而产生的ATS。

10.3.5　不管用哪种方式派生测试目的,测试套制定者都应尽可能确保提供相关规范一致性要求足够的覆盖范围。至少应有一个测试目的与每个不同一致性要求相关或与相关的一致性要求的集合相关。

10.3.6 规定测试目的不仅为了可明确测试的一致性要求，而且为了使用GB/T 17178的本部分中定义的测试法可能不能测试这些一致性要求。

注：不可测试的要求的测试目的通过指出 ATS_S 中的某些缺口通知基础规范制定者，哪些一致性要求是不可测试的。

10.4 覆盖

理想上，TSS&TP宜提供相关基础规范的所有一致性要求的覆盖范围。然而，如果有关的ATS(s)仅仅是为了满足测试特定轮廓的要求而开发，那么TSS&TP也许最初发展时恰恰为这些相关基础规范与特定轮廓相关基础规范所有一致性要求提供覆盖范围。当资源允许时，为了提供全部的基础规范的覆盖范围TSS&TP宜被扩充。

对10.2中测试套结构举例的引用的“足够”覆盖范围的含义给出指南是可能的。为表述这一点可采用缩写表示法：字母“X”表示测试组标识符中首位数字的全部相应值，类似地用“Y”表示测试组标识符中第二位数字的全部相应值，以便用B.X.Y.1表示B.1.1.1、B.1.2.1、B.1.3.1、B.2.1.1、B.2.2.1、B.2.3.1、B.3.1.1、B.3.2.1和B.3.3.1。

用这种表示法，可以将10.2中所举例中的最小“足够覆盖范围”认为如下：

a) 对于能力测试组(A.1、A.2)
   1) 每个相关能力至少对应一种测试目的；
   2) 每个相关的PDU类型和使用每个参数的“常规”或默认值的每个这种类型的各个主要变化，至少对应一种测试目的；
b) 对涉及到每个状态中测试事件变化的测试组(B.X.Y.1、C.X.1.1、D.X.Y.1)，每个相关状态/事件组合至少对应一种测试目的；
c) 对于涉及到的计时器和定时的测试组(B.X.Y.2、D.X.Y.2)，至少有一个涉及到每个定义的定时器期满的测试目的；
d) 对于涉及编码变化的测试组(B.X.Y.3、C.X.1.2、D.X.Y.3)，每种相关PDU类型编码变化的有关类型，至少有一种测试目的；
e) 对于涉及有效单参数值的测试组(B.X.Y.4、D.S.Y.4)：
   1) 对于每个有关的整型参数，所涉及的测试目的具有边界值和一个随机选择的中等范围值；
   2) 对于每个相关逐比特参数，测试目的实际上有许多值，但它们不小于所有的“常规”或公共值；
   3) 对于其他相关参数，至少有一种与测试目的相关的值不同于其他测试组中被认为的“常规的”或默认值；

注：有效参数值的测试要关注测试ICS中的相关的自要求。

f) 对于涉及到语法上或语义上无效各参数值的测试组(C.X.1.3、C.X.2.1)
   1) 对于每个有关的整型参数，测试目的与允许边界值相邻的无效值再加上其他随机选择的无效值有关；
   2) 对于每个有关逐比特参数，测试目的象实际上一样有许多无效值；
   3) 对于所有类型其他的相关参数，至少每个参数有一个测试目的；

   注：无效参数值的测试宜关注的值超出了相关基础规范中定义范围，而不是关注超出了ICS声称范围的有效值。
g) 对于涉及参数值组合的测试组(B.X.Y.5、C.X.1.4、C.X.2.2、D.X.Y.5)：
   1) 每个重要的特定值(例如，边界值)的组合至少有一种测试目的；
   2) 为测试相关值任意组合，每个相互有关参数集合至少有一种测试目的。

测试套制定者应不假定测试实现者或测试实验室针对在ICS中规定的值测试事件进行任何检测，

而不是在抽象测试例中规定的测试事件进行检测。因此，每当检验规定的有效参数值时，测试目的和抽象测试例就应该明确地使用ICS中所给定的值。测试套应包括支持检验基础规范所允许的并且是在ICS所陈述的参数值所支持的测试例。这些测试例应使用包含相关ICS值的测试套参数。测试套还应包括检验与基础规范有关的无效参数值的有效作用的测试例。就基础规范而言，超出ICS有效参数值应不被测试。

注：一致性测试正式方法的进展可以为相应ATS有关覆盖范围提供相关途径，特别是针对上述b)中状态/事件变化。然而，本部分并未建议任何特定的分析方法。

10.5 TSS和TP符合性条款

TSS和TP部分应包括涉及用TSS和TP开发的测试套的一致性条款。该条款至少要求符合TSS和TP部分的ATS：

a) 由相应于TSS和TP部分中规定的测试目的集合或子集的测试例集合组成；

b) 使用TSS和TP部分中规定的整个测试套结构的相应子集的测试套结构；

注：宜进行的抽象测试套的唯一子集划分如下：

——当基础规范的一个完整的ATS不存在时，将TSS和TP的划分成子集，以便给出一个或多个轮廓的完整的覆盖范围；

——省略按抽象测试法不可测试的测试目的；特别是对于嵌入测试法变体，这件事是很有必要的，由于使用测试目的关注的规范之上的基础规范所施加的限制引起的。

c) 测试组和测试例使用相同的命名约定；

d) 维持在要用于测试例解除选择的ICS形式表和部分IXIT形式表中的测试目的和条目之间的TSS和TP中规定的关系(如果有)；

e) 符合GB/T 17178的本部分。

11 抽象测试方法

11.1 概述

11.1.1 在抽象测试方法中，存在可以规定测试例的两个上下文：单方测试(SPyT)上下文和多方测试(MPyT)上下文。

11.1.2 根据测试目的，当要求IUT只与一个其他的实开放系统通信时需要SpyT上下文。

11.1.3 根据测试目的，当要求IUT与多个其他的实开放系统并发通信时需要MpyT上下文。在MpyT上下文中，IUT可以借助同一个服务提供者与所有实开放系统通信，或者可以借助不同服务提供者与各个实开放系统通信。

11.1.4 抽象测试方法使用了4个抽象测试功能件，分别称为：下测试器(LT)、下测试器控制功能(LTCF)、上测试器(UT)和测试协调规程(TCP)。

11.1.5 在SpyT上下文中，要求的功能件如下：

a) 表现为IUT的对等实开放系统的LT，为测试例分配了裁决结果；

b) 表现为IUT用户的UT；

c) LT和UT之间的TCP。

11.1.6 在MpyT上下文中，要求的功能件如下：

a) 并行执行的LT集合，表现为IUT的对等实开放系统的每个LT；

b) 协调LTs和UTs(如有此配置)活动的LTCF，为测试例分配了裁决结果；

c) 可选的，并行执行的LT集合，表现为IUT的用户的每个UT；

d) 每一对相关的LT与UT，若干LTs之间，LTs与LTCF，若干UT之间及UTs与LTCFs之间的TCP。

11.1.7 抽象测试法(ATM)描述由适用于SpyT上下文或MpyT上下文的抽象测试功能件(LTs，

Uts,LTCF and TCP)配置组成的抽象测试体系结构,还描述了这些功能件与测试系统和被测系统(SUT)之间的相互关系。每个ATM确定控制观察点(PCO)和测试事件(即抽象服务原语(ASP)和协议数据单元(PDU)),这些测试事件应该用于该ATM的抽象测试例中。

11.1.8 在SpyT上下文中,已定义的4种主要ATMs,随它们所提供IUT的控制和观察范围变化而定义。它们被称为本地测试法、分布式测试法、协调测试法和远程测试法,在11.3中定义了这些测试法。这些ATM的几种变体可用在ATS中(见11.4)。

11.1.9 在MpyT上下文中,LTCF、一个或多个LT,零个或多个UT和TCP的任何设置都可用作MpyT的ATM。这些ATMs可能包括用于LT/UT对的SPyT ATMs的任意组合,但也可包括使用LTs却无需任何相对应的UTs。

11.1.10 每一个ATS应按照一个或多个ATM加以规定。每个ATS将标识出每一个测试例或测试组用哪一个ATM。

11.2 单方测试上下文的通用规范

11.2.1 概述

SpyT提供端系统SUT。

11.2.2 对下测试器的要求

11.2.2.1 LT表示一种在测试执行期间,通过低层服务提供者间接对IUT的低服务界面进行控制和观察的手段的表示。

这是通过规定LT PCO处的事件来执行的。

11.2.2.2 在GB/T 17178的本部分中,表示法用来提供SUT和LT内部的协议。

IUT本身是依据在其上下边界处上提供的服务来定义。IUT可以在单个的OSI层内的单个协议的实现。另一种是,IUT也包括了在一个或多个OSI层中多个相邻协议的实现。IUT中的协议被指明P_1到Pn。

被测LT的最高层协议编号为Pn,并且最低层协议编号为P_1。例如,单协议IUTs,n是等于1的。

SUT可以实现比P_1低的协议,但是在抽象测试法中不关心这些协议。然而,SUT应包括物理层。

低于协议P_1的低层服务提供者被指明为X—服务中。

X—服务可以只使用物理媒体,或使用一个或多个OSI层。这里对低于P_1层的层边界线所提供的低层服务没有要求。在一些实例中,尤其是应用层测试,低层服务提供者可处于P_1在相同的层上。

同一表示法应用于LT,因此LT PCO处的测试事件用X-ASP和/或(P_1到P_n)-PDU来进行规定。

注:该表示法的产生与OSI基本参考模型(ISO 7498)编号的各层无关,以便允许任何IUT的描述,这些IUT的边界不与OSI层边界匹配,例如托付、并发和恢复协议。但是当IUT是整个跨越的OSI层的实现时,则X-ASP与(N-1)-ASP等价而Y-ASP与(N)-ASP等价,他们与ISO 7498的N和N-1的使用是一致的(见附件C)。

11.2.2.3 如果LT和IUT之间的通信在并行连接上是分离的(例如测试分离和重新组合的功能),则LT可以把多个PCO使用在MpyT上下文中。在要求多连接的其他情况下,宜使用MpyT上下文。

11.2.3 对上测试器的要求

对UT的通用要求是随ATM而改变。

各种ATMs之间的主要区别在于UT的性质及其与LT的协调。

在某些测试方法中,UT要使用PCO,此外LT还使用该PCO。在这些测试方法中,在UT PCO处的测试事件定义应按照相应的OSI服务定义和基础规范。UT PCO的服务称作Y-服务。在UT PCO处的活动应不要求SUT或IUT支持不是相关基础规范的组成部分的ASP参数、PDU和能力。

如果该PCO处于人类能访问的接口,则SUT的用户接口就可以起到PCO的作用。

11.2.4 测试协调规程

为有效可靠地执行一致性测试,对于UT、LT之间测试过程的协调要求有某些规则集合,这些规则的一般目标是为了使LT能控制以运行IUT所选择的测试套所需要的方法操作UT。

这些规则将引导开发 TCP，以获得在测试过程期间 UT、LT 之间的同步以及管理所交换的信息。该同步的细节和如何达到所要求的效果是与 SUT 的特性及测试方法密切相关的。

应该为每一个 ATS 规定 TCP 的要求，TCP 应该包括在 UT 处受控的（如果合适，则被观察）的事件传递给 LT 的规定，并且这些事件必须被记录下来。

11.3 用于单方测试的抽象测试法

11.3.1 概述

在端系统 SUT 中的 IUT，有 4 种类别的 ATM：本地测试法、分布式测试法、协调测试法和远程测试法。

11.3.2 本地测试法

在本测试法中：

a) 在 LT PCO 处的测试事件仅用 X-ASPs 和/或（P_1 到 P_n）-PDU 进行规定；

b) 在 UT PCO 处的测试事件用 Y-ASPs 来进行规定；

c) IUT 的上层服务边界应该是能用于测试目的标准的硬件接口；测试套除了那些标准的硬件接口规范的要求外，不应对 SUT 中接口的实现设置任何要求；

d) IUT 硬件的上接口规范应定义相关的 ASP 和/或 PDU 与它们在接口处的实现映射；

e) UT 应装在测试系统中；

f) 用于 TCP 的要求应在 ATS 中规定，但在测试系统中本地实现。

本地测试法如图 1 所示。

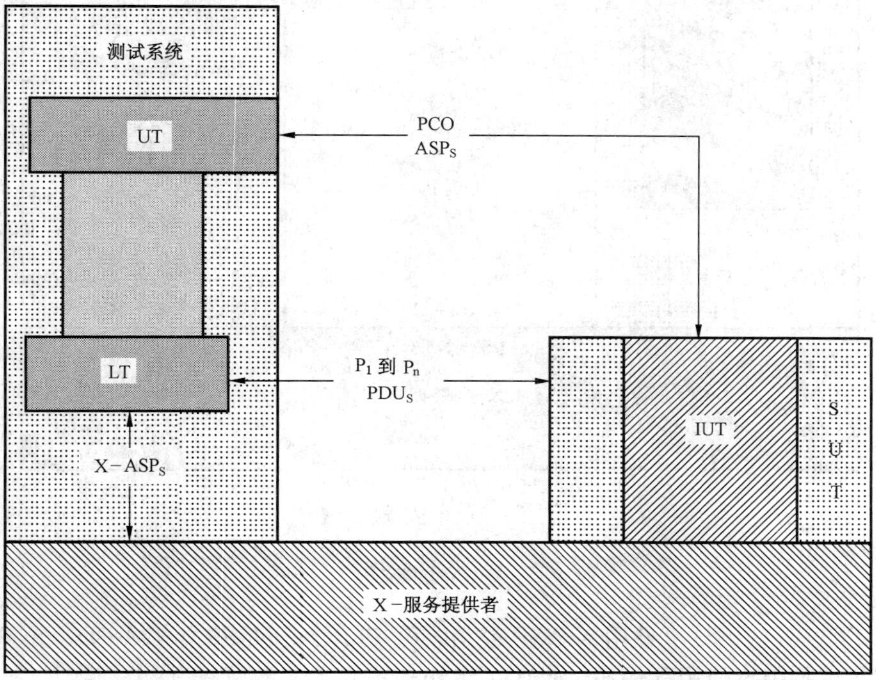

图 1 本地测试法

11.3.3 分布式测试法

在本测试方法中：

a) 在 LT PCO 处的测试事件仅用 X-ASP 或/和（P_1 到 P_n）-PDU 来进行规定；

b) 在 UT PCO 处的测试事件用 Y-ASP 来进行规定；

c) IUT 的上层服务边界应该是能用于测试目的的人类用户接口，或者标准化的编程语言接口，测试套除了那些标准的编程语言接口规范（如果适用）之外，不应对 SUT 中接口的实现设置任何要求；

d) 相关的 ASPs 和它们在 IUT 上层接口中的实现应存在映射；

e) UT 位于在 SUT 中；

f) 对 TCP 的要求应在 ATS 中规定，尽管规程本身并未在 ATS 中规定；

g) 如果 IUT 的上接口是人类用户接口，则 SUT 的操作员满足 TCP 的要求；

h) 如果上接口是标准化的编程语言接口，那么用软件实现的 UT 和 UT、LT 都要满足 TCP 的要求。

本测试方法如图 2 所示。

用于分布式测试法的 ATS 本身并不规定其 UT 接口。

为避免 SUTs 内部设计设置要求，仅为对测试目的而言，ASPs 应不要求编程语言接口而标准化。

注：在应用层，直到应用编程接口是标准化才能提供访问 OSI 应用服务的公共手段，分布测试法的使用实际上局限于使用人类用户与 OSI 应用（如文件传输访问和管理启动者）的接口。

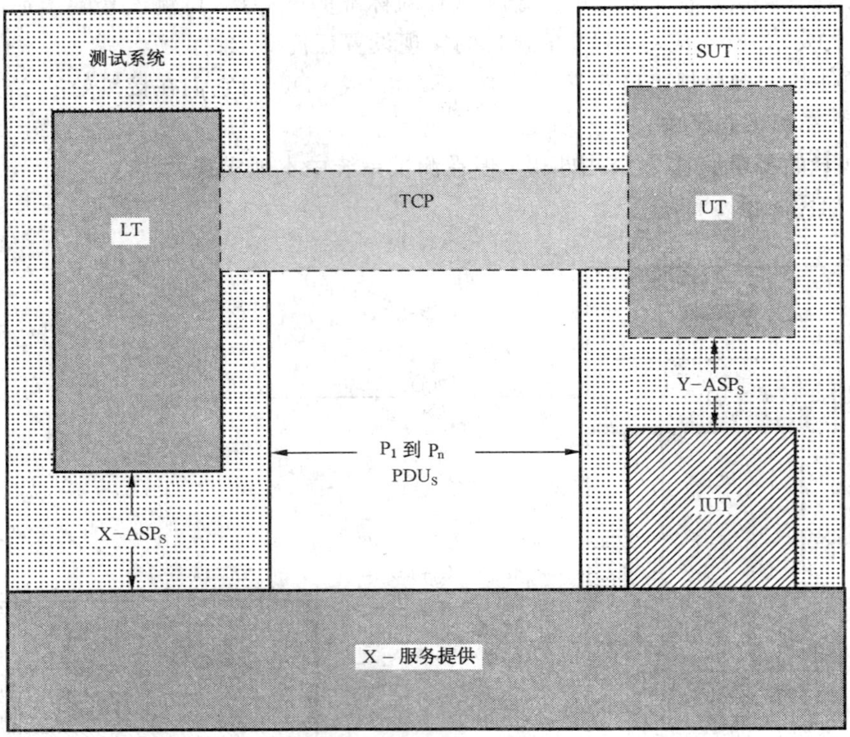

图 2 分布式测试法

11.3.4 协调测试法

在本测试方法中：

a) 在 LT PCO 处的测试事件用 X-ASP 或/和(P_1 到 P_n)-PDU 加上 TM-PDU 来进行规定；

b) 在 ATS 规范中不使用 Y-ASP；对 IUT 上服务边界存在不做假设；

c) UT 位于在 SUT 中；

d) 用于由 ATS 引用 TCP 的要求应在 ATS 中以标准的 TMP 手段进行规定；

e) 由测试套制定者要求的 UT 应实现 TMP 并获得对 IUT 相应的效果；

f) 为了 UT 符合 TMP 规范的要求的测试，应该把测试例添加到 ATS 上；这样的测试例并不影响对 IUT 的一致性评估。

标准化的 TMP 适用于协调测试法用的特定 ATS 规范，而可能不适用于协调测试法用的其他 ATS。

关于 TMP：

a) 被要求的 TMP 应在 IUT 的顶部处的抽象服务边界以上的 SUT 中直接实现；

b) IUT 应不要求用来解释 TM-PDU，只往复于 UT 传递 TM-PDU；

c) TMP 仅为测试的某个特定协议而定义，所以不需要与底层的协议无关；

d) 测试例的裁决应不基于 SUT 能力，以便展现在 IUT 上服务边界处的任何 ASP 或 ASP 参数，因为这可能与协调测试法的定义相矛盾，IUT 的上服务边界不是本测试法中 PCO。然而，为了便于 UT 实现者的任务，建议将 TMP 从 ASPs 中分离出来进行规定，TMP 的定义（如同任何 OSI 协议定义一样）能够参考其低层服务的 ASPs（即在 IUT 上服务边界的 ASPs）。

本测试法如图 3 所示。

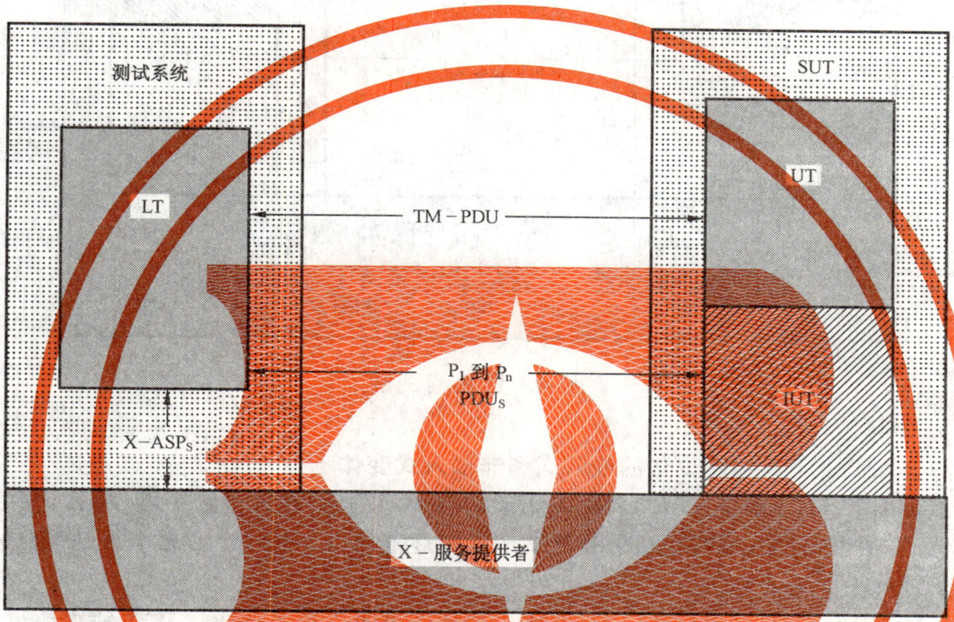

图 3 协调测试法

11.3.5 远程测试法

在本测试法中，为不可能观察与控制 IUT 上服务边界的情况作出了规定。还有，在本测试法中：

a) 在 LT PCO 处的测试事件用 X-ASP 或/和(P_1 到 P_n)-PDU 来进行规定；

b) Y-ASP 并不用于 ATS 规范，对 IUT 上服务边界存在不做假设；

c) 对于 TCP 的某些要求可能是在 ATS 中隐含地或非形式化地表达，但对其可行性或实现性应不做假设；

d) 抽象地说，对给定的基础规范而言，可以获得的在 ATS 中隐含地或非形式化表述的对 TCP 的任何影响和对 IUT 的任何控制与观察，SUT 需要完成某些 UT 的功能；这些功能对其可行性或实现性既不进行规定，也不做任何假设；

e) LT 宜试图按照实现符合 IXITs 有关信息来获得隐含的或非形式化表达的 TCP。

另外，为了克服在 IUT 以上缺乏行为规范（若需要），则要求的 SUT 行为应该用需要由 LT 观察的 X-ASP 或(P_1 到 P_n)-PDU 进行规定。这种隐含规范形式应表示为"诱发所要求的行为，在 SUT 中需要做的什么事情"的含义。

然而，可能的是，不能执行 ATS 中的某些测试例（例如，连续否认的数据 PDU 的传输等）。

甚至对于这样隐含的控制规范，也可用这种方法规定控制，但不规定在 IUT 上观察。这就是这种测试方法和其它测试方法之间的主要区别。

本测试法如图 4 所示。

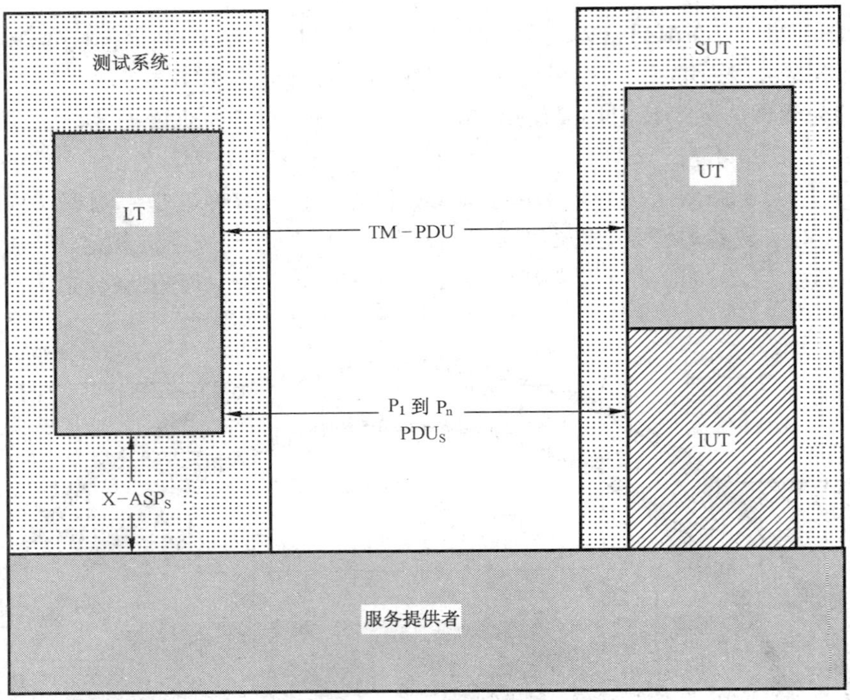

图 4　远程测试法

11.4　测试法变体

11.4.1　在单方测试上下文中测试法的嵌入式和非嵌入式变体

在单方测试上下文中，如果控制和观察应用于访问 IUT 上服务边界的手段，那么这些测试方法是非嵌入的。然而，如果控制和观察是通过被测试的基础规范的以上的一个或多个基础规范的实现，那么这些测试方法被称为嵌入式的。

每个测试法都有一个非嵌入变体，这个非嵌入变体既可以应用于单协议 IUT 或多协议 IUT。如果一个非嵌入式变体应用于多协议 IUT，则在组合每个协议的一致性要求的测试目的情况下，这个 IUT 将作为一个整体被测试。

每个测试法也都有一个嵌入式变体，以便测试多协议内 IUT，每次测一个协议。

当测试由协议 P_1 到 P_n 组成的 IUT 时，嵌入式变体只关注协议 P_1 到 $P_e(e<n)$。在该变体中，协议 P_1 到 P_e 被嵌在协议 P_e+1 到 P_n 中进行测试。非嵌入式变体关注协议 P_1 到 P_n 的所有测试目的。

注：对嵌入式变体的这种描述假设了 IUT 的协议按照连续的邻近的用户/提供者关系排序。

嵌入式变体被定义测试多协议 IUT 的一部分。这不意味着它们不能访问多协议 IUT 内部的服务边界，而是说在测试法不使用这样的边界。这样，被测试协议与最高层协议之间的所有协议，为了使 PDU 被表达为 ATS 中的测试事件，将被看成是多协议 IUT 的一部分。

另外，嵌入式测试可以递增地测试一个以上协议组成的 IUT。首先协议 P_1 可以嵌入在协议 P_2 到 P_n 中被测试。如果测试了协议 P_1，这个协议可以被看作是一个新的服务提供者的一部分，结果，IUT 由协议 P_2 到 P_n 组成。对其他的协议而言重复这个过程测试。最后一个协议 P_n 利用一个非嵌入式变体来测试。

11.4.2　多用户变体

某些协议要求 LT 和 IUT 之间只有一个通信路径，但是具有 IUT 的一个以上用户。这种情况可以要求定义几个 UT 来满足测试目的的要求(如图 5 所示)。

如果使用了一个以上的 UT，那么在 UT 之间可以规定 TCP 以便提供协调它们的活动，无须通过 LT 进行。

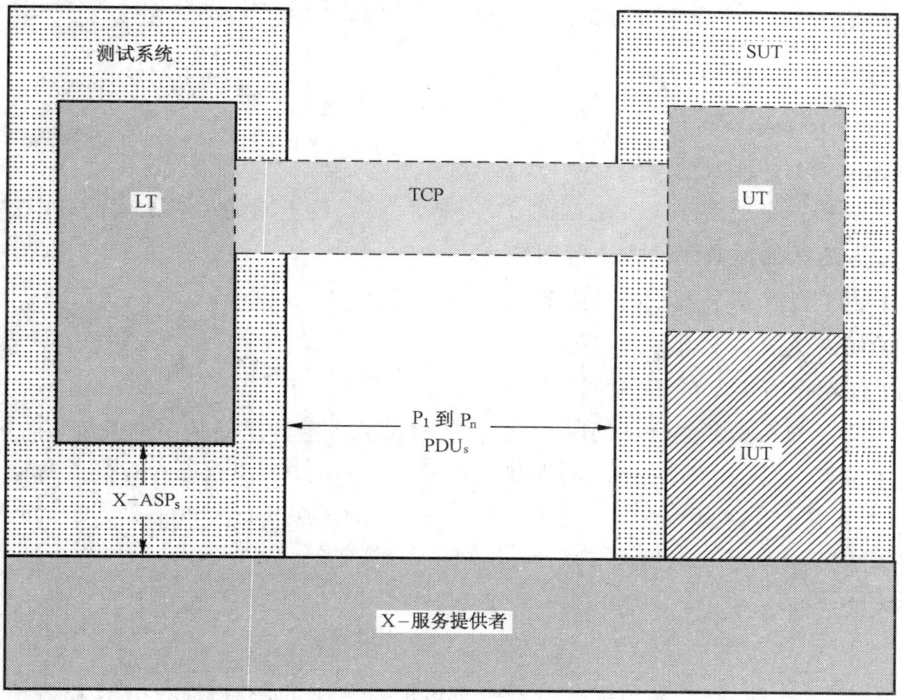

图 5 多用户单方测试

11.5 多方测试上下文中的通用规范

11.5.1 概述

MPyT 上下文是要求 IUT 与多个其他的开放实系统通信的上下文。只有 IUT 一个被测试，但是需要多个 LT 来测试 IUT。

在 MPyT 上下文中测试开放中继系统。

在 MPyT 上下文中，每个 LT 表示与之 IUT 通信的开放实系统之一。每个 LT 通过观察和控制在多方测试上下文中那样的 ASP 和 PDU 来与 IUT 的相应部分进行通信。

在 MPyT 上下文中，LT 应该提供一个初步的结果，但是不需要分配一个裁决。

11.5.2 下测试器控制功能

协调 LT 控制功能(LTCF)的活动，并且可以分配对测试例的裁决。尽管 LTCF 的行为可与其中一个 LT 的行为相结合起来规定，但 LTCF 在体系结构上与 LT 不同。LTCF 不直接的负责控制和观察一个 PCO 的行为。

一个 LTCP 应规定在 MpyT 上下文的每一个测试例中。

11.5.3 上测试器

在 MPyT 上下文中，可以象在 SPyT 上下文中那样使用 UTs，或者 UT 可以不存在，这取决于用于特定测试套的 ATMs 的要求。

注：由于特殊原因，为避免 SUT 遇到不必要的复杂要求，在单个的 MpyT ATS 中宜使用少数的不同配置的 UT。

11.5.4 测试协调规程

对 TCP 的要求应该在每一个测试例中规定。

LT 和 UT 间的 TCP 可以按照单方测试的 4 种 ATM 之一规定。把相同的 SPyT ATM 用于对所有的 LT/UT 是没有要求。

在每一个测试例中，TCP 在 LTCF 和每一个 LT 之间规定。另外，TCP 可以在不同的 LT 间规定，这无需借助 LTCF。

注：例如用于 LTCF 和 LT 之间的 TCP：

a) 开始和停止于 LT；

b) 延缓或重新开始执行 LT；

c) 交换例如预备的结果之类的信息。

也可在 LTCF 和一个或多个 UT 之间的 TCP 中规定，或者不同的 UT 之间的 TCP 中规定。

11.5.5 用于多方测试的抽象测试方法的图解

图 6 示出了用于带有多个 UT 的多方测试的一般模型。

图 7 示出了如果使用单个 UT 的模型。

图 8 示明了使用没有 UT 的多方测试的。

图 9 说明了没有 UT 的多方测试的应用，适合于测试 2 个子网之间的中继系统，在这个中继系统中有 2 个 LT，该中继系统外部的服务访问点处每一个子网上的 LT。这允许在它的常规模式下测试开放中继系统，观察它对每一个子网的行为。2 个 LT 之间的 TCP 要求 LT 之间的连通，可以借助开放中继系统或者其他手段。

11.6 对抽象测试法的选择

11.6.1 概述

在能够定义 ATS 之前，有必要研究基础规范都可能被测试的所有环境，并且相应地建立抽象测试上下文和要用于产生一个或多个 ATS 的 ATM。

ATMs 在它们提供的对 ITU 的控制和观察的程度方面有变化。因此，对测试法的选择影响在测试例描述中的行为的可表达性。

11.6.2 综合测试服务

测试套制定者应该把要求放入一致性测试规范中，以定义哪个 ATM 应至少被声称为所考虑的基础规范提供综合测试服务的任何组织所支持。如果某个组织支持这个最小的 ATM 集合，则该组织可以声称提供了综合测试服务，甚至当其他 ATMs 可以适用于所考虑的基础规范时。

综合测试服务应至少提供一个 ATS，除了在 SUT 声称符合的基础规范中所包含的那些要求外，该 ATS 不把任何附加要求放置在 SUT 上。

为了满足在 SPyT 上下文中的这个要求，远程测试法的 ATS 应被包括在综合测试服务中，除非其他测试法之一也满足了这个要求。对于在应用层内的某些协议或嵌入在应用里面的某些协议，有可能通过包括分布式测试法的嵌入式变体用的测试套来满足这个要求。对于带有硬件上接口的 IUT，也可能通过包括本地测试法用的测试套来满足该要求。

为了满足在 MpyT 上下文中的这个要求，相关 ATS 应仅使用 ATMs(即，用 TTCN 的测试构件配置)，该 ATMs 不要求在 SUT 中的接口，但除了 SUT 声称符合的相关基础规范所要求的那些要求外。

如果所产生的标准化 ATS 规范不能满足关于综合测试服务的条款的上述要求，则它应在范围条款中包括下列声明：

“本抽象测试套独自不能胜任关于在针对〈基础规范名称〉的 GB/T 17178.2 所定义的综合测试服务的条款。”

综合测试服务要求声明应作为独立的条款放置在包含特定基础规范的测试目的的一致性测试规范的组成部分中。

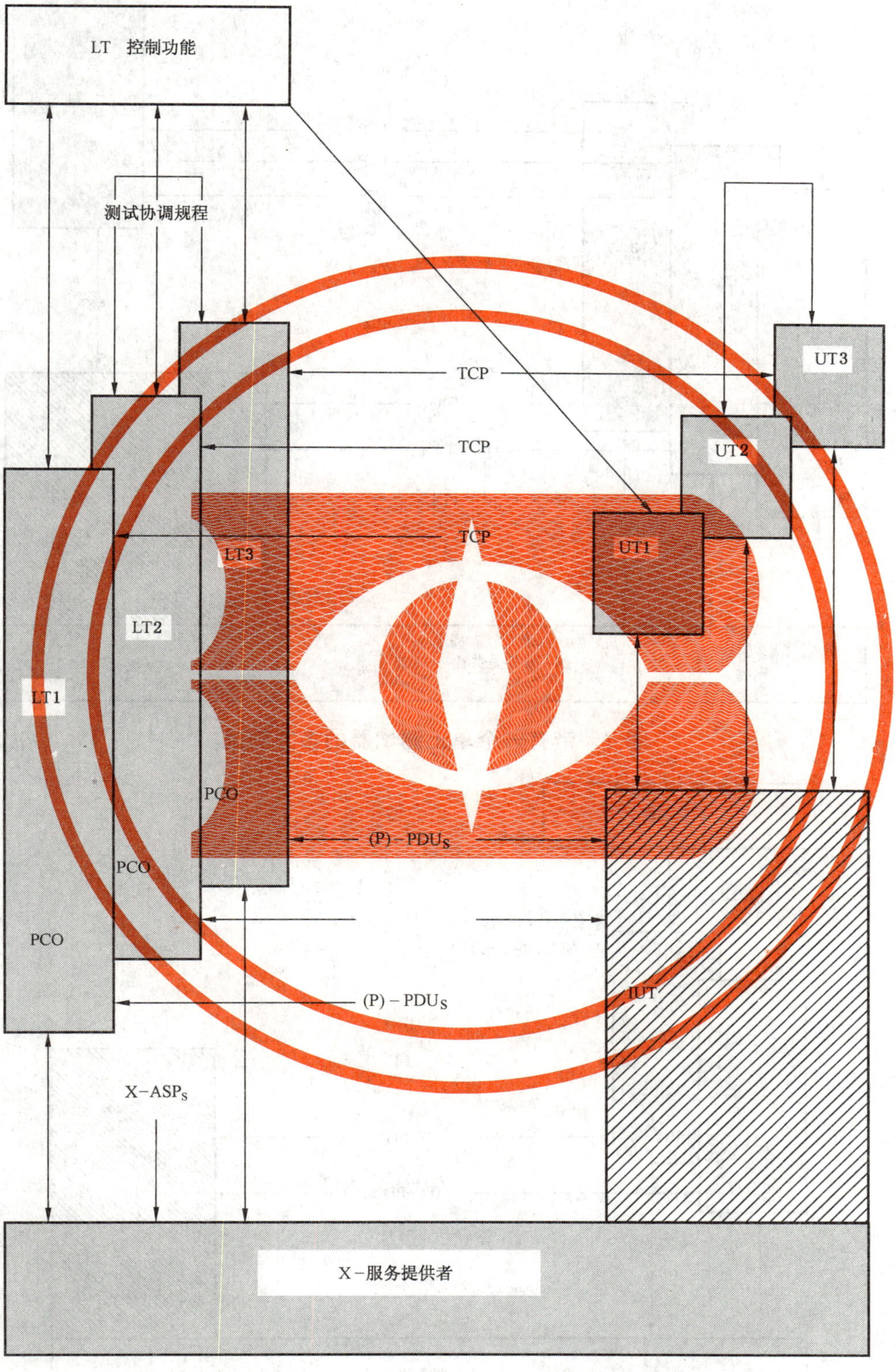
LT 控制功能
测试协调规程
TCP
TCP
TCP
UT3
UT2
UT1
LT3
LT2
LT1
PCO
PCO
PCO
(P)-PDUs
(P)-PDUs
IUT
X-ASPs
X-服务提供者

图 6 多方测试一般模型

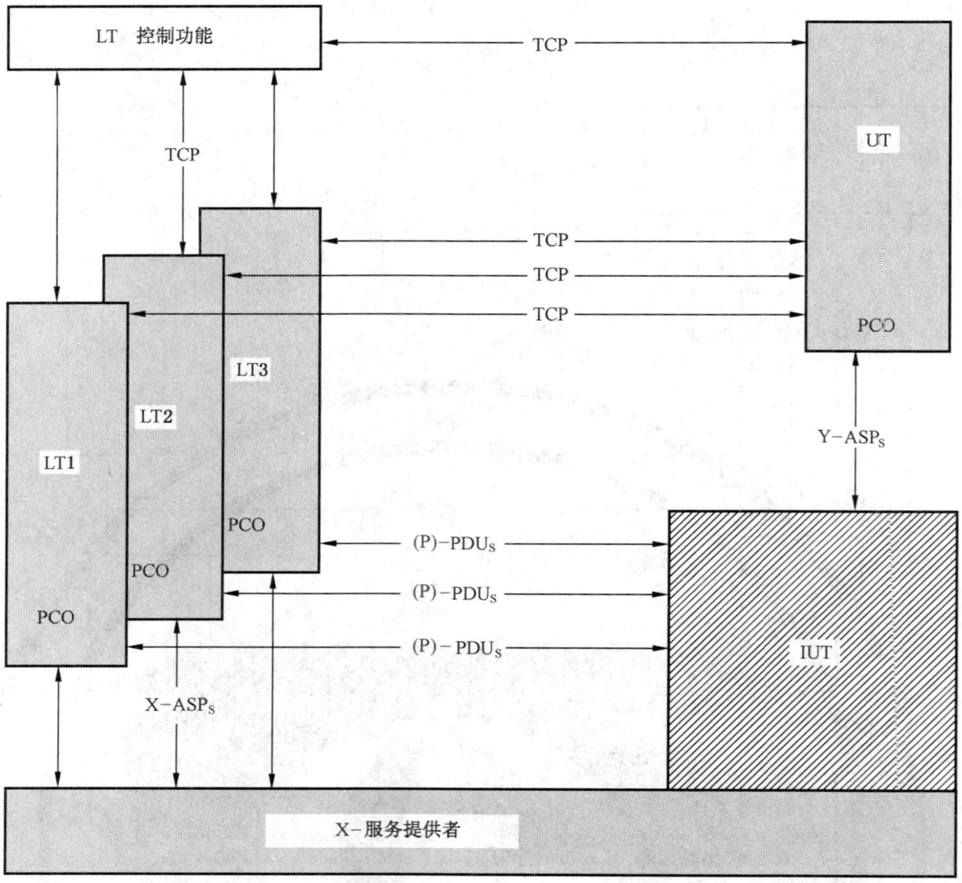

图 7 带有一个单上测试器的多方测试

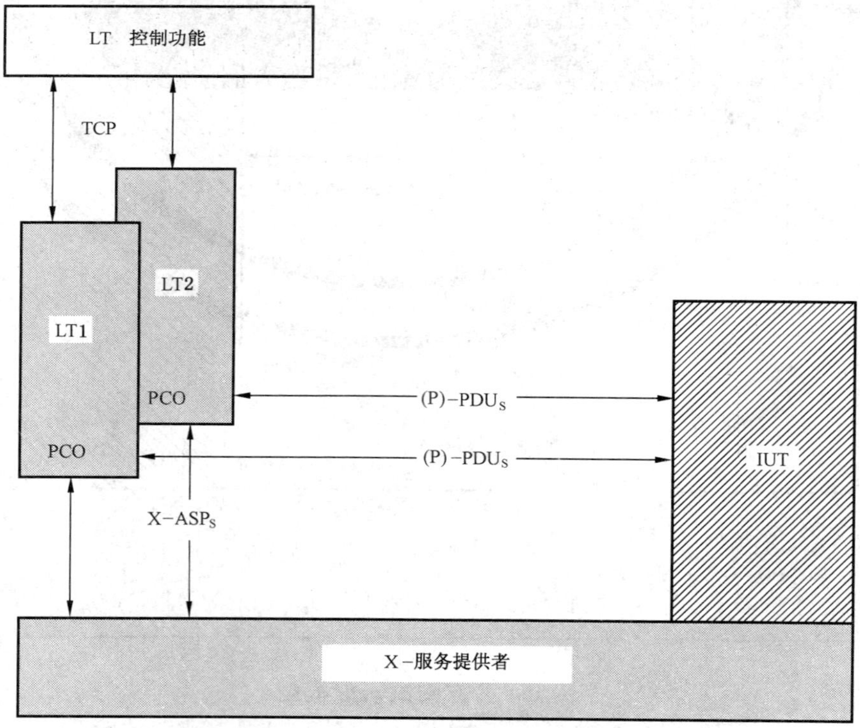

图 8 无上测试器的多方测试

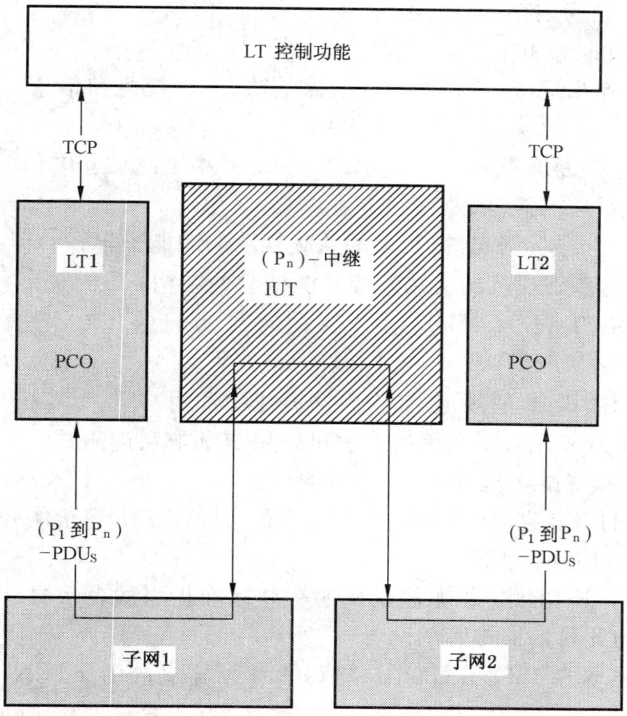

图 9　无上测试器的应用实现

11.6.3　被测实现的类型

测试法和要测试的实开放系统的配置之间存在一种关系。

GB/T 17178.1—1997 的 7.2 给出了分类的 SUT 和 IUTs 的全面叙述。

当选择测试法时，测试套制定者应标识出它们是否还没有这样做，他们计划产生的测试是否用于下列 IUT，这些 IUTs：

a)　是单协议、多协议的或者包括了协议和信息客体的组合；
b)　属于端系统或中继系统；
c)　属于完整系统或部分系统；
d)　属于全开放系统或混和系统；
e)　具有可访问的服务边界或者没有；
f)　是专用的(即，被单个应用所使用)或通用的(即，被几个应用所使用)；
g)　要求一次只与某一个开放系统通信或者并发地与一个以上地实开放系统通信。

11.6.4　抽象测试法地适用性

关于不同协议测试法的适用性的某些考虑在附录 A 中讨论。

对于所考虑地基础规范，应选择一个或多个合适的 ATMs。

对于每个基础规范或基础规范的组合而产生的 ATSs，宜把优先权分配给供不同可适用测试法用的标准化的不同 ATSs，以便对很可能是适用于大多数实系统的那些 ATSs 给予最高优先权。

12　抽象测试套的规范

12.1　概述

ATS 包含供特定测试法或测试法集合用的测试例集合和可选的测试步骤。

嵌入式测试法的 ATS 可以按两部分规定：一部分，它与完成嵌入的基础规范无关，另一部分，它是特定于嵌入的基础规范的。前者称之为公共部分，后者称之为特定部分。

ATS规范应在测试套自身之前包含下列信息：

a) ATS名称、始发日期和版本号；

b) 引用(协议的)基础规范(及其版本号)，抽象语法、编码规范和信息客体(当合适时)，它们都用于测试例的规范中；

c) 引用OSI服务定义(及其版本号)，其中的ASPs都用于测试套中；

d) 引用定义测试表示法的规范(及其版本号)；

e) 测试套覆盖范围的描述，例如，被测试的基础规范的功能子集；

f) 按照测试组及其与基础规范的关系来描述测试套的结构；

g) ATS是否要求SPyT和/或MPyT上下文；

h) 所使用的SPyT或MPyT ATMs的标识；

i) TCP的描述或引用TMP的规范(如果在测试法中适用)；

j) 可选的是，哪些能力和行为测试例的列表可以用作基本互连测试；

k) 辅助测试实现方和测试实验室使用ATS的信息；

l) 与基础规范相关的以及在ATS中已经考虑到的(或ITU-T等价的)技术勘误表的标识。

12.2 树表组合表示法(TTCN)的使用

12.2.1 测试套制定者应该应用规定抽象测试例的一种标准化测试表示法。在ISO/IEC 9646-3:1998中所定义的TTCN就是为此目的而推荐的。

12.2.2 如果ATS使用了除在ISO/IEC 9646-3:1998中所定义的用TTCN表示的那些设施外的附加设施，则这样的附加设施应在ATS中被编制成文档，并且，当合适时，应借助缺陷报告或修正件来提交这样的附加设施，被包含在ISO/IEC 9646-3:1998中。

在MPyT上下文中的测试套和测试例应通过使用ISO/IEC 9646-3:1998中规定的“并发TTCN”来规定。

LTs可以被规定为测试构件，即扮演LTCF的角色的主要测试构件。UTs可以类似地被规定为测试构件。

对于嵌入式测试法，用TTCN表示的ATS可以被分成公共部分和特定部分。

12.3 抽象测试例的规范

12.3.1 一旦已选择了测试表示法和测试法，则可以规定抽象测试例。

每个抽象测试例应：

a) 仅仅反映由测试目的制定者所定义的单个测试目的(它可以包括相关的一致性要求的集合)；

b) 规定了构成测试体的所有测试事件序列；

c) 规定了构成测试前序的所有测试事件序列，而该测试前序是为确定在空闲测试状态下和在可选的一个或多个其他稳定测试状态下测试例能被启动所必需的(见12.3.3)；

d) 规定了构成测试后序的所有测试事件序列，而该测试后序是为确保在空闲测试状态下和在可选的一个或多个稳定测试状态下测试例能终止所必需的；

e) 使用所选择的测试表示法和选择SPyT或MPyT ATMs中的合适的一个来加以规定；

f) 规定了要与包含通过测试例的完整路径的每个可能测试事件序列相关联的测试结论。

12.3.2 当为嵌入式测试法而规定测试例时，测试套制定者可以发现，在使ATS参数化时，允许测试例被使用，并且在几个较高的基础规范中不被变化。在这个情况下，ATS规范将是多部分文档。某一部分规定了公用部分，它包含了以“形式参数”进行参数化的测试例。另外几部分各自为特定较高的基础规范或基础规范的组合而规定了特定部分，并且这个特定部分包含了合适的“实际参数”。为了拥有完整的ATS，有必要拥有公用部分和特定部分之一。

12.3.3 如果测试目的只能借助在SUT中的与系统有关行动来达到，则不可能为ATS中的那个测试目的而规定抽象测试例。这个限制应在ATS规范中被编制成文档。

注：为了达到以逐个测试例为基础的测试目的，宜指出编写特别一致性解析测试的可能性，但这样的测试超出标准化范围。

如果测试目的不能达到，是由于所选择的ATM的特定性质引起的，则该限制也应在ATS规范中被编制成文档。

因此，对于每个规定的测试目的，ATS规范应该或者为达到该测试目的而规定抽象测试例，或者应把为什么这样的测试例不能被包含在内编制成文档。

12.3.4 在给定的抽象测试例中可以规定选择一个以上的测试前序，一个测试前序用于测试例能启动的若干稳定测试状态中每一个状态。每个测试前序使测试例从测试体的特定稳定测试状态到达测试体的初始测试状态。因此，测试例可以启动和终止的稳定测试状态的最小集合应该为了ATS而加以定义，该集合应包括合适的空闲测试状态。

注：很可能每个测试例将需要使用不多于2个或3个测试前序。

在测试体的初始测试状态不是空闲测试状态的每个抽象测试例中，测试套制定者应定义一个测试前序，以使测试例从测试体的空闲测试状态到达测试体的初始测试状态。另外，在测试体不必要在空闲测试状态下结束的每个抽象测试例中，测试套制定者应定义一个或多个测试后序，使抽象测试例能在空闲测试状态下终止。

注：在空闲测试状态下启动和终止抽象测试例的能力是必要的，以便能各自地运行与其他抽象测试例分离的每个抽象测试例。

如果为了抽象测试例而定义了一个以上的测试前序或测试后序，则测试套制定者应规定每个测试前序或后序被使用的条件。选择测试前续应依赖于测试启动的稳定测试状态。选择测试后续应依赖于测试体终止的测试状态以及测试例终止的稳定测试状态。

仅当测试体的初始测试状态是所希望的测试例的启动稳定测试状态时，才应该允许忽略抽象测试例的测试前序。类似的是，仅当测试体的每个路径的最终测试状态是所希望的测试例的终止稳定测试状态之一时，才应该允许忽略抽象测试例的测试后序。每个测试后序使测试例从测试体的终止状态到达测试例能终止的稳定测试状态。

如果企图能利用在某一稳定状态下(而不是空闲测试状态下)启动的测试前序，则测试套制定者应规定为了下一个测试例的访问而存储了每个抽象测试例的终止稳定测试状态的身份。然后下一个测试例可以对比该状态与可能的稳定状态的身份，以便确定是否使用了那个测试前序。用这个方法时，前序的使用是以启动稳定测试状态为条件的，而不是无条件的可选。

如果测试体的初始测试状态是瞬态测试状态，则在不首先运行测试前序的情况下，测试体应是不运行的。

12.3.5 每个测试前序、测试体和测试后序可以按若干测试步标识出来，但不一定是这些测试步。

在设计抽象测试例内的测试步结构时，测试套制定者能从使用几个抽象测试例中的几个相同测试步中受益。

12.4 分配裁决

12.4.1 测试套制定者应确保每个抽象测试例显式地定义：

a) 与“通过的”裁决相关联的每一序列测试事件；

b) 与“不确定的”裁决相关联的每一序列测试事件；

注：该裁决可能与表示IUT行为的测试事件序列有关联，尽管这里测试事件序列是有效的，但它们却妨碍测试目的的完成。

c) 与“不通过的”裁决有关联的测试事件的所有其余序列，它们是各自定义的或者是通过使用未定义的测试事件来分类的。

12.4.2 对于在MPyT上下文中的测试例的裁决应只通过LTCF来分配。各个LTs只涉及到与其相关联的PCO(s)。因此，LTs只能分配一个初步的结果。当某个LT存在与差错之中或者相反时，它应分配一个初步结果。当所有LT已完成其分配的行为时，LTCF应通过评价所有初步结果来确定该裁决。

12.4.3 对于从与相关基础规范的有关的IUT中收到的测试事件的有效性，在测试例中要执行的检验应在抽象测试例范围内显式地加以规定。测试套制定者应不假设测试实现方或测试实验室将针对基础规范而执行对测试事件的任何检验，但在抽象测试例中规定的检验除外。

12.5 抽象测试套规范一致性条款

ATS规范应包括一致性条款。

一致性条款应包含下列声明：

“测试实现方应遵守GB/T 17178.4的要求。特别是，这些要求涉及基于每个抽象测试套的可执行测试套的实现。使用该抽象测试套运行一致性测试服务的实验室应遵守GB/T 17178.5”。

12.6 与基础规范相一致

ATS应准确地代表它所要进行一致性测试基础规范。如果在开发ATS期间在基础规范中发现了差错或二义性，则测试套制定者宜把标识出问题的缺陷报转发给相应转发给我国信息技术标准化技术委员会。如果在ATS标准化之后，在ATS和基础规范之间发现了差异，则在问题解决方案方面基础规范应有优先权。

FDTs可能便利于根据基础规范确认测试套。

12.7 版权

ATS需要使用适当的软件工具进行处理，并且ATS需要在测试套制定者和测试实现者之间以机器处理形式进行交换。然而，一旦某个ATS被出版，例如作为一个国家标准，测试实现者使用的ATS的版本在语意上应与出版的版本完全相同。这件事引起了版权问题。

下列声明应出现在该ATS(例如“抽象测试套[1)]”)标题所引出ATS规范中，它作为ATS本身第一页的脚注：

“[1)] 这种抽象测试套版权的释放：该规范的使用者可以自由产生、再产生和处理该抽象测试套机可处理版本，以至于该抽象测试套可用于预期的目标，可以在该规范中给出的格式表示的抽象测试套，以便检查机器可处理版本的正确性并使之人类可读。”

术语规范可适当修改，反映出版物的确切的版本形式，例如，国家标准、国际标准、技术报告或ITU-T实现手册。

还有，应该把言辞“除非另有规定”添加在适当页面的版权声明中的“本出版物没有任何一部分可被修改……”之前。

13 测试管理协议(TMP)的规范

在SPyT协调测试法的情况下，TCP通过作为一致性测试规范的独立部分TMP的标准化来实现。类似的是，TMP可以用于MPyT测试法中。

为了获得ASP的效应，TMP需有能力把请求运送给IUT，并且把与出现ASPs等价的效应的观察记录反向运送给LT。UT宜是TMP的实现。为了测试符合TMP规范要求的UT，测试例应在ATS规范中规定。然而，这样的测试例并不影响IUT的一致性评估。

如果产生了一致性测试规范中的TMP部分，则应提供形式表，以便用于包括每个TM-PDUs条目的TMP实现声明。

14 在ATS规范中涉及使用ATS的信息

14.1 ATS规范包含了标准化的ATS连同其他必要的信息，这些信息用来便利于产生可执行的测试套和运行测试活动。

测试套制定者应在ATS规范中提供辅助测试实现方和测试实验室使用ATS的信息。该信息应包括，但不限于下列内容：

a) 抽象测试例与ICS形式表条目的映射，以确定每个抽象测试是否被选择用于特定IUT；映射宜用适合于布尔表达式的表示法加以规定；

b) 用于每个ATS的部分IXIT形式表的规范；该形式表应包含测试套要求各值的所有参数列表；如果任何要求的参数值在ICS中都能找到，则对于每个这样的参数的IXIT形式表条目应该引用ICS形式中的对应条目；

注：IXIT形式表的其他方面在GB/T 17178.1—1997、GB/T 17178.4—2010、ISO/IEC 9646-5：1994和ISO/IEC 9646-7：1995中讨论。

c) 抽象测试例与部分IXIT形式表的映射，以便对用于特定IUT的测试套进行参数化；映射应标识出对测试的要求，而该测试可能妨碍针对特定IUT的测试例运行；映射宜用适合于布尔表达式的表示法加以规定；

d) 为了在协议一致性测试报告(PCTR)中的结果的表示，列出这些抽象测试例的次序(见14.2)；

e) 对可以执行的测试例的次序可能有一些约束；

f) 应该用声称符合标准化的ATS规范的测试手段来实现测试例或测试组的标识；

g) 关于TCP或引用TMP规范的要求(如果在所选择的测试法中可适用)；

h) 用于测试符合TMP规范的要求的UT的测试例(如果在所选择的测试法中可适用)；

i) 任何必要的定时信息。

14.2 在为了表示结果的PCTR中要列出的抽象测试例的次序或者显式地在ATS规范中规定为列表，或者隐式地(通过默认)规定为在ATS中规定的抽象测试例的次序。另外，ATS规范可以提供或引用关于每个测试例状态的信息，在这种情况下，该信息被保存在PCTR中。

如果任何所列出的基本互连测试都是作为一致性评估过程中的初步阶段而运行，则与该测试相关联的测试裁决应该在PCTR中为相应能力或行为测试例所指出的位置内列出(即，好像该测试曾作为能力或行为测试而运行)。

14.3 在ATS中所列出的抽象测试例的次序并不意味着执行的准确次序。然而，对执行的可能次序可以规定若干约束(即，定义部分排序，例如，可能所希望的是，在运行更为复杂的、详细的该测试例的若干变体之前，运行一个简单的抽象测试例)。

注：为了使执行时间最小化而对测试例执行次序的优化认为是一个性能问题。这个领域超出了标准化的范围。

15 对抽象测试套规范的维护

一旦ATS规范已经产生并在使用中，可以预料到正在使用ATS的人们会检测到其中的差错和遗漏。测试套制定者在这样的环境下借助于相关缺陷报告规程来进行对ATS规范的更新。

另外，对与测试套相关的基础规范将经常地作出更改。测试套制定者应确保在相关基础规范的更改已经若可之后尽快更新ATS规范。

附 录 A
（资料性附录）
OSI 协议测试方法的适用性

A.1 物理层

在物理层内，测试事件包括测量或生成物理信号（例如，电信号或光信号）的某一特性的行动。不过，GB/T 17178 并不全面提出物理层的要求（例如，对于物理层未提供任何标准化测试表示法）。

对于物理部件（诸如，调制解调器和收发器）的物理层功能，本地测试法直接适用。

对于局域网，远程和协调测试法可能是最实用的。

在局域网的某些情况下，在 IUT 之上的足够控制和观察可以通过数据链路协议的常规活动来提供。在这样的情况下，在 SUT 内的数据链路协议实现提供了 UT 功能度，并且适用数据链协议用于测试协调。这是远程测试法的嵌入式变体的一个例子。然而，如果在数据链协议之上没有协议可使用，则这可能认为是协调测试法的一个例子。

A.2 数据链路和 MAC 协议

对于测试数据链路协议，宜考虑到以下几点：

a） 仅当 IUT 具有标准化硬件上接口时，本地测试法才适用；
b） 仅当 LT 可以使控制物理服务原语（或许更实际的是物理 PDU 和数据链路 PDU）来实现时，本地测试法才适用。对某些类型的子网来说，这可能是困难的。

对于媒体访问控制（MAC）协议测试：

c） 在 IUT 之上的足够控制和观察可以通过逻辑链控制（LLC）协议的常规活动来提供。在这样的情况下，在 SUT 内的逻辑链路控制协议实现提供了 UT 功能度，并且适用逻辑链路控制协议用于测试协议。这是远程测试法的嵌入式变体的一个例子。然而，如果在逻辑链路控制协议之上没有协议可使用，则这可能认为是协调测试法的一个例子。

如果数据链协议的单协议测试是不可能的，则宜考虑嵌入式测试法。

A.3 网络协议

对于网络协议，要使用的测试法依赖于 IUT 是一个端系统，还是一个开放中继系统。

宜认识到，在某些子网技术情况下，要求有 3 个以上的协议来提供网络服务。这些协议中的每个协议都可以单独地或按相邻协议的任何组合进行测试。

考虑了该层作为一个整体，网络 ASP 和数据链 ASP 都是可控的和可观察的。因此，对于端系统，所有 4 个 SPyT ATMs（非嵌入式变体）都是适用的，但是，由于数据链服务不是端到端的，所以 LT 必须经过单个链路被连接到 SUT。

对于网络层中继系统，使用 2 个或 2 个以上的 LT 的 MPyT 测试法都是适用的。LTs 的数目将根据为完成测试目的所要求的 IUT 构件的数目以及由 SUT 所支持的 IUT 构件的数目而变化。例如，简单的测试目的可能要求两个 LT，每个借助不同的服务提供者进行通信，借助网络层中继 IUT 交换 PDUs。这个举例的图解如图 A.1 所示。当中继系统的测试目的成为更复杂时，LTs 被增加，以便于附加中继构件进行通信。

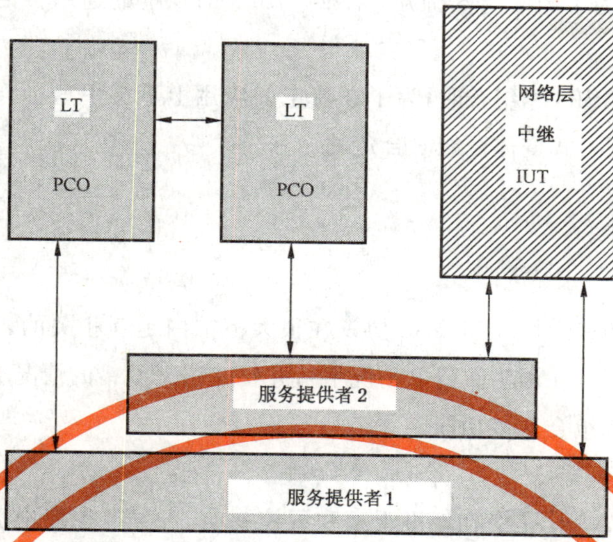

图 A.1 网络中继的简单 MPyT 测试法的使用

A.4 运输协议

协调测试法、远程测试法和分布式测试法的嵌入变体都适用于运输协议一致性测试中。

A.4.1 多用户单方测试的要求

在测试运输协议的多路复用功能时，一个 LT 可以用来与一个以上的 UT(即，多用户)进行通信。在这个例子中，多个运输连接是在一个网络连接上进行多路复用的，并且该 LT 和每个 UT 之间存在通信和协调；每个 UT 处理一个运输连接。这个例子的图解如图 A.2 所示。当多路复用或更复杂时，更多的 UT 被增加，以便处理新的运输连接。

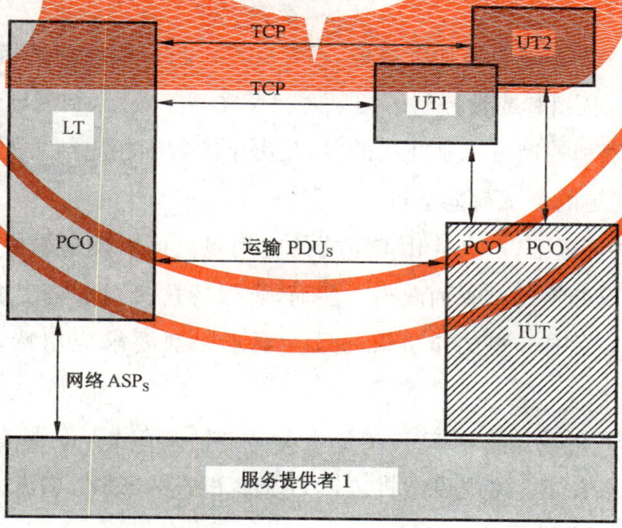

图 A.2 在多用户测试中的分布式测试法的使用

A.5 会话协议

协调测试法，远程测试法和分布式测试法的嵌入式变体都使用于会话协议测试。

对大型系统组，测试与表示协议和合适应用服务元素(ASEs)组合在一起的会话协议将是合适的。因此，测试会话协议宜按下列 2 种方法之一来完成：

a) 作为单协议实现，为了测试能支持几个不同 ASEs 的规定的通用会话服务——协调测试法可能是合适的；

b) 在与表示协议和 ASEs 相组合时，为了在特定的应用上下文中这种会话协议——这种测试法和分布测试法的嵌入式变体可能时合适的。

A.6 表示协议和应用协议

A.6.1 一般说明

在特定应用上下文中的表示协议和 ASE 协议在很大范围内是互相关的。无效应用 PDUs 将必须表示协议实现所检测到(例如，在语法差错的情况下)，并且在语义差错的情况下，必须被相关 ASE 实现所检测到。实系统可以选择组合这些功能。

A.6.2 表示

在与低层相同范围内，ASPs 是潜在地可观察和可控制的。这样，在理论上 4 个 SPyT ATM(非嵌入式变体)都是可以应用的。然而，测试与 ASE 隔离的表示协议是价值有限的，因为它只可能测试协议机，留下表示层更感兴的方面不予测试，即抽象和传送语法之间的映射。因此，宁愿测试在特定应用上下文中嵌入关联控制服务元素(ACSE)的表示协议和其他 ASEs。于是，相关可适用的测试法就是远程测试法和分布式测试法的嵌入式变体。

A.6.3 传送语法

传送语法(例如，用基本编码规则所编码的 ASN.1)相对于一致性来说是与 OSI 协议规范很不相同的。一般来说，可能不存在传送语法的编码规则的一致性测试，而该传送语法是与使用这些规则的 ASE 无关的。在任何情况下，传送语法会利用表示协议来测试，将使用与该协议相适应的测试法。

A.6.4 应用

一致性测试可以按照 ASPs 抽象地加以规定，不管有没有与一致性测试相关联的 SAP 的概念。如果在 ASE ASPs 和可以被观察和/或被控制的结果之间存在某一映射，则测试可以按照这些 ASE ASPs 加以规定。对 ASPs 的观察和控制可以是间接的，这是由于映射到相应结果的性质所致，但是只要映射是可能的，则按这些措词规定的测试就能运行。

一般认可的是，在某些环境下，定义应用上下文的应用规范可以规定非协议一致性要求，这些非协议一致性要求必须作为协议交换的结果而获得。然而，宜保持这些要求与常规协议一致性要求完全不同，甚至可能处于独立的规范中。测试非协议一致性要求一般要求应用特定的测试法，所以发生在 GB/T 17178 范围之外。

当测试在包括了 ACSE 的应用上下文中的特定 ASEs 时，则在 LT 之下的 PCO 将利用在 LT 外能出现的可能 ASPs 的集合来表征。这些事情将包括 ACSE 和表示 ASPs 两者。

A.6.5 多用户单方测试的 MHS 要求

一般来说，远程测试法和分布式测试法都使用于 MHS，这依赖于 SUT 的角色(即，当 SUT 是初始者时，则分布式测试法是合适的)。

MHS 协议的某一方面值及特别叙述。这涉及收到宜交付给一个以上的接受者的单个消息，并且涉及生成对始发源的合适独立响应。这种情况的测试例需要使用分布式测试法的多用户变体(见图 A.3)。

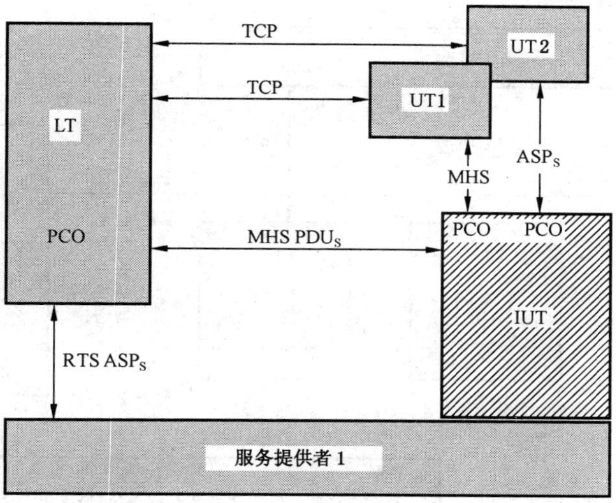

图 A.3 多用户测试的 MHS 要求的举例

A.6.6 事务处理

事物处理的单关联方面可以在 SPyT 上下文中进行测试。

事物处理的多关联方面需要在 MPYT 上下文中进行测试。例如，为了在与对话树中的一个上级和两个下级进行通信的中间系统角色中测试 IUT，则可能需要 3 个 LT，并且可能不必要使用 UT。这样做的图解如图 A.4 所示。然而，如果测试目的的要求一个 UT，则它可能需要 TCP 和 LTs 之一，这样做由 TMP 来实现。这样做的图解如图 A.5 所示。

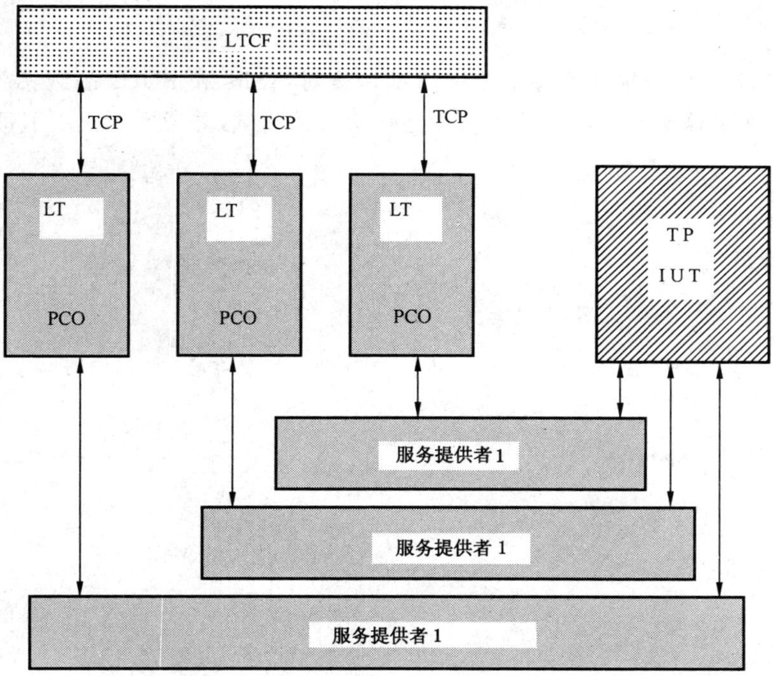

图 A.4 对于事务处理在 MPyT 测试法 TMP 的使用

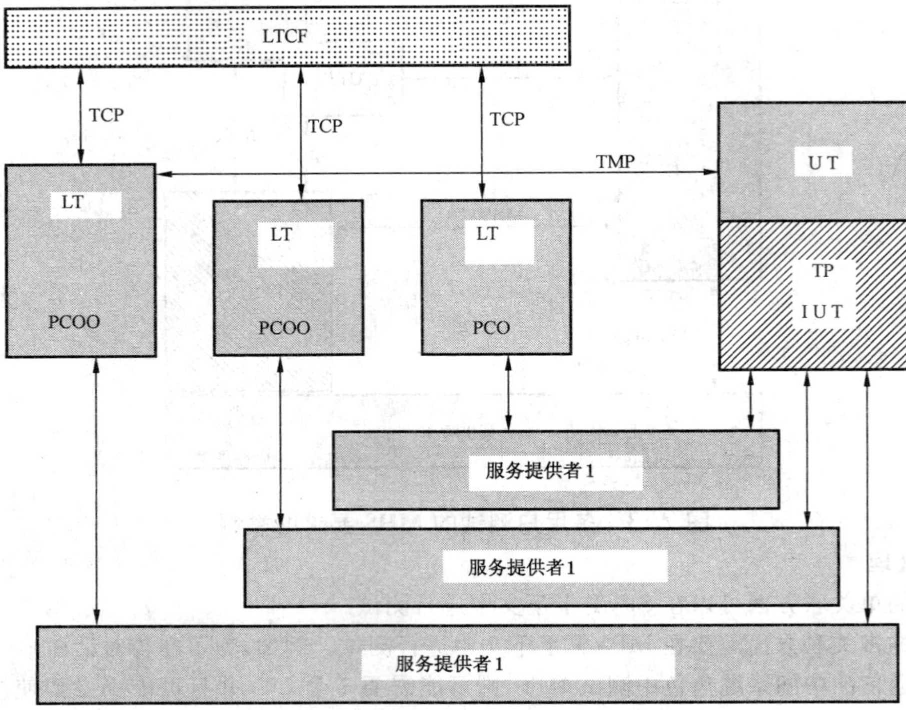

图 A.5 用于事务处理的 MpyT 测试方法中 TMP 的使用

A.7 无连接协议

由于在 GB/T 17178 中所描述的每个测试法都是按对 ASPs 和 PDUs 的观察和控制来定义的，并不按照连接来定义，所以这些测试法都适用于无连接协议的测试，并考虑到应用于每层的约束。

附 录 B
（资料性附录）
为便于一致性测试而提供给协议规范者的指南

B.1 概述

本附录主要为规定协议的新规范的制订者给出了指南，通过对一致性要求非常清晰地理解，以便于一致性测试。

在本附录中，关于实现要求和选项的指南宜于ISO/IEC 9646-7中ICS形式表的指南一起阅读。

B.2 关于范围的指南

B.2.1 在所指范围一章中的精确性设置了在其余规范中的精确性的调子。在规范中所叙述的要求宜与范围和应用领域相一致，反之亦然。

B.2.2 所指范围宜清晰地区分在协议规范中所包括的下列3种类型的信息：

a) 在通信时要遵循的通信规程定义；

b) 被规程实现的供应者满足的要求；

c) 关于如何实现规程的指南。

关于如何实现规程的指南并不构成附加要求，也不对一致性有任何影响。如果包括了这样的指南，则所指范围宜产生这些要点，并且如何指示能把指南与规范的要求区分开来。如果指南是与要求分开的，则该区分时很易于产生的。在ISO/IEC导则中推荐的这样的分开方法是把指南放置在注释和附录中。

B.2.3 规范适用于谁宜是清楚的。

B.2.4 在什么条件下规范适用宜是清楚的。

协议规程适用于在通信时成对的通信各方之间。如果所涉及到的通信各方可能存在任何二义性，则这宜在范围中加以解决。

如果协议规范是按下类这样的方法编写是最好的，即被单个通信方（为此目的的第1通信方）满足的要求表示了一个或多个别的通信各方（第2个通信方）的利益。然后，当两个（或两个以上）通信各方都期望按照规范进行通信时，则规范首先应用于某一方，将它处理为“第一”某一方，然后，依次处理别的各方。这样作确保如果规程被违规了，则清楚哪一方有故障。

B.2.5 如果围绕在定义上未标准化的一些因素而给出的任何指南，所指范围宜把在不影响一致性的情况下可以不理睬任何这样的指南弄清楚了。

B.2.6 哪些方面被排斥在范围之外宜清楚地标识出来。

不是与规程或与实现规程的产品相关的所有因素都需要是标准化的；的确，通常希望保留一些实现者的自由度。例如，可能希望忽略在协议规范中对超时的显示值的要求，而代之以指南。

所指范围宜把在定义上被标准化的那些方面弄清楚了，而那些方面是指南所包含的，但不被任何要求所包含，并且那些方面被排斥在规范所考虑范围之外。范围可能考虑到的任何方面可能都被包含在内，并且在任何方面与标准化的各方面密切相关的基础上，对任何方面需要显式加以叙述。

B.2.7 如果可能，任何选项宜在范围内清晰地标识出来。

选项是协议规范中的最麻烦的一部分，但也是必要的一部分。这是选项落入标准化和不标准化之间的某处。在下面将较为深入地包含这些选项。重要的是，一些主要选项未被深入地包含在规范内部，而是在开始时对它们作出清晰地说明。如果这些选项的数目和详细特征使之不现实，人们宜严肃地鉴别这样的复杂性是否实际需要。为了简化规范，详细的各选项能否以某种方式（例如，各类别）被组在一起？

B.2.8 在考虑了其余范围之后，宜重新审查范围条款。

直到其余范围已经被考虑之后，才有可能满足某些上述建议。因此，一般需要返回到范围，检验范围在实际上是否赞同规范的内容。通常是，寻找那些条款是否超出已经包含的范围。

B.3 关于规范性引用文件的指南

B.3.1 规定OSI协议的规范宜引用OSI参数模型，定义OSI服务的相关规范和用于合适约定、指南或FDTs的任何相关规范。

B.3.2 宜搞清楚规范性引用文件是引用规范的特定版本或版次，或者是每个后续版本或版次。

通常是要求最新版或版次，但是，这样可以引起问题，即当变成另一规范时，它可能影响与手头上的某一规范相一致。

B.4 关于要求和选项的指南

B.4.1 每个要求的状态宜是无二义性的。

可选的和有条件的一致性要求都是常见的，但是有太多的可能性将其解释为可选的。作为一个例子，实现发送某一给定的PDU可能是可选的。然而，如果那个PDU是已经证实的服务的一部分，则常常有接受响应的要求。关于响应的这样的一致性要求是有条件的，并且按照这样显式地加以说明。如果发送PDU是可选的，则接收响应也是可选的，这可能是一种错误说法。

B.4.2 符合所有必备动态一致性要求的通信实例宜是可能的。

B.4.3 有条件的要求适用的条件宜清晰详细地说明。

B.4.4 实现者或供应者知道这些条件是什么不是不可能的。

B.4.5 在什么是动态可选和什么是静态可选之间宜没有任何混淆的可能性。对于在通信时对使用特性的支持时可选的来说，可能有必备的静态一致性要求。相反，在通信时在给定的上下文中必备使用的消息可能是支持静态可选的协议机制的一部分。

B.4.6 如果规范包含了选项的“购物列表”并且对允许的这种选项组合存在约束，则这些约束宜清晰地加以规定。这些约束宜包括对所允许的选项范围的任何互斥的和任何最小及最大限制的标识。

B.4.7 如果规范对选择选项未给出任何规则，则宜搞清楚在范围中只有总选项范围和各个选项是标准化的，但不是选项选择是标准化的。

B.4.8 宜避免“合法化选项”。有一些选项，这些选项允许声称与相同规范相一致的相同事物的可替换和不兼容的版本。虽然它们本身不妨碍对一致性的客观理解，但它们可能挫败OSI的目标。

B.4.9 不宜存在给予实现者准许不理睬规范中的重要要求的任何选项。这样的选项降低规范及与其相一致的含义的价值。

B.4.10 如果在规范中有禁令，则这些禁令宜足够准确成为有意义的。

许多规范拥有若干条款，这些条款有效地表明“做这件事的全部，并且别的什么也不做”。这样的禁令可能是无意义的，因为每一协议运送了不标准化的某些信息，即所谓的“用户数据”，并且每个标准化的产品都具有不标准化的属性，例如，权重。除非这些禁令被显式地予以说明，否则可能难以在规范不能禁止的事物和规范作者希望禁止的事物之间勾画出一个清晰的客观差别。

B.5 一致性条款的检验列表

下类内容是在每个一致性条款中宜包括或引用（如果相关）什么的检验列表，以规定静态一致性要求：

a) 哪些一致性类别是要求被支持的；

b) 哪些角色是要求被支持的；

c) 在那些功能单元中的哪些功能单和PDUs（或操作和通知）是无条件要求的，因为它们对协议或信息客体的完整性来说是必不可少的；

d) 在那些功能单元中的哪些功能单元和 PDUs(或操作和通知)成为必备的，作为评价基于给定的一致性类别的条件的结果(即，如果一致性类别是被支持的，则它们成为必备的)；

e) 在那些功能单元中的哪些功能单元和 PDUs(或操作和通知)成为必备的，作为评价基于给定的角色的条件的结果(即，如果角色是被支持的，则它们成为必备的)；

f) 哪些 PDUs(或操作和通知)成为必备的，作为评价基于给定的可选功能单元是被支持的条件的结果(即，如果功能单元是被支持的，则它们成为必备的)；

g) 在协议用来提供服务的情况下，哪些 PSlls 成为必备的，作为评价基于给定的该服务元素是被支持的条件的结果(即，如果服务元素是被支持的，则它们成为必备的)；

h) 哪些 PDUs(或操作和通知)成为必备的，作为评价基于某一组合的一致性类别、角色、功能单元和服务元素的条件的结果(即，如果组合是被支持的，则它们成为必备的)；

i) 对于每个一致性类别、角色、功能单元或 PDUs 来说，哪些低层服务的元素是被要求的。

类似的考虑适用于对参数和参数值的支持，但是这些参数和参数值通常最好以制表形式在 ICS 形式表中加以规定，而不是用言词在一致性条款加以规定。的确，某些更复杂的条件是易于在 ICS 形式表中适用条件表达式和逻辑运算符进行规定，而不是在一致性条款中对言词进行规定。然而，如果 ICS 形式表详述了在一致性条款中所述的一致性要求，而不是以不同的形式或拒绝一致性要求，则一致性条款宜认可这件事，并且引用在 ICS 形式表的状态列中所提供的争夺细节。

在已知这样的规范的情况下，所有的其他功能单元、PDUs、操作和通知都是可选的。

B.6 关于 PDUs 的指南

B.6.1 允许的 PDUs 类型集合和参数编码，宜清晰地加以说明。

B.6.2 对于每个参数而言，允许的值范围宜清晰地加以说明。

B.6.3 发生在所述范围之外的所有值宜显式地被说明为无效的。

如果不这样做，某些人将主张这样的值是未定义的，但是允许的，而另外一些人将主张这些值是无效的。

B.6.4 未定义的 PDU 类型是否被允许宜是清楚的。

宣告所有未定义的 PDU 类型是无效的是较安全的。

B.6.5 在范围中，关键的未定义的值宜显式地被指出为未定义的。

B.6.6 在第一通信方接受无效或未定义的 PDU 类型或参数的每个情况下，宜有被该第一通信方所遵循的已定义的规程。

B.6.7 在这样的情况下，检测到已定义的规程是否已被遵循宜是可能的。如果情况不清楚则这应是由于无论该规程是否已经遵循都无关紧要引起的。

有时，在收到无效 PDU 时要遵循的规程有意地与在相同环境下所收到的有效 PDU 时的规程相同。例如，在直到收到某一特定类型的 PDU 之前，该规程可能不做任何事情，对别的每一事情均不予理睬。在这样的情况下，看似已过去的差错均未被检测到可能是无关紧要的。在另一些情况下，可能试图宜对差错情况给予特定处理，但是已经不良地选择了该规程。在这些后者情况下，可能是不能区分开有差错的动作与无差错情况的动作。

B.6.8 在编码 PDUs 时，如果有任何字段被宣告为“保留的”，则宜有一个清晰的说明，即在这些字段中什么值(如果有的话)是允许的或什么值是不允许的。

B.6.9 如果互相关的参数能被运载在分开的 PDUs 上，则在这些参数的值之间的允许的关系的集合宜准确地及清晰地加以定义。

B.6.10 如果参数编码考虑到参数以任何次序加以规定，并且 PDU 格式对允许的次序设置了约束，则这些约束宜清晰地予以说明。宜认识到，如果许多不同的次序是被允许的，则本应对不同次序的大型代表性采样进行测试。同时，宜利用允许这种自由度的某一优点来充足地补偿已增加的测试一致性的复杂性。

B.6.11 宜在低层协议中运载的比特、八位位组等的次序宜清晰低加以说明。

例如，两个整数型八位位组宜首先传送最高有效八位位组或者最低有效八位位组？令人惊奇的是二义性的这样的简单情况怎么通常就没有注意到。

B.6.12 服务数据单元和 PDUs 之间的关系宜清晰地加以定义。

B.7 关于状态的指南

B.7.1 协议规程通常适用形式化或非形式化的有限状态方法来定义。这些状态的规范通常是不兼容的。

B.7.2 每个状态宜清晰地加以定义。

B.7.3 如果存在只能出现在可能状态的子集中的事件，则宜把可能出现的事件与有效的出现(事件)区分开来。

B.7.4 要求的引用和状态转移宜针对每个可能的状态/事件对加以定义。特别是，它们宜针对可能的但无效的状态/事件对加以定义。

B.8 关于 FDTs 的指南

B.8.1 下列指南仅适用于包括形式描述的那些规范。在无需 FDT 的辅助的情况，就能编写出准确、无二义性的规范，但是，在诸如协议等的复杂规范中，推荐使用形式描述。然而，宜意识到，相对于一致性来说，形式描述自身可能会产生一些问题。

B.8.2 宜明白的是，形式描述是否形成规范性的规范部分，或者是仅作为指南而提供。

对形式描述的状态具有清楚的理解是很重要的。理想的是，在文本和形式描述之间宜没有任何不一致，但是因为在实际上这是很难以达到，所以重要的是让读者知道哪个优先考虑。如果形式描述仅作为指南而提供，则它不能定义一致性要求。

B.8.3 FDT 宜是一种标准化技术，并且宜正确地加以引用。

B.8.4 如果形式描述定义了若干要求，但不是规范中的所有要求，则宜清晰地说明文本包括了不是形式描述所包括的若干要求，并且这些附加要求宜清晰地标识出来。

B.8.5 如果形式描述定义了若干要求，并且它还定义了实现协议的某些方面的一种允许的方法，但是打算给予实现者自由，让他用某一其他方法去实现那些方面，则这样做就构成了过度定义。这在形式描述也都是很常见的，并且，相对于一致性而言，这也产生了困难。如果形式描述是规范中的不可缺少的部分，则文本宜是提供用来限定形式描述，以便指出在何处这样的过度定义存在以及什么是实际的要求。

问题经常出现，因为形式描述藐视了理想化实现的内部行为，而不是可观的的要求的外部行为。只有可观察的外部行为是能被测试的，因此，只有该外部行为宜构成对一致性目的的若干要求。很可能是，与用来把指南提供给实现者的那个 FDT 不同的 FDT 宜用来定义这些要求。

B.9 其他指南

仍然宜对可能出现显而易见的信息加以说明。

如果某些事物被忽略了，因为它是“显而易见的”，则某些读者将设想要求它，因为它是“显而易见的”，而另一些读者将设想它被忽略了，以便为实现者提供自由度。例如，“检验和”的存在就意味着它必须被检测吗？

附　录　C
（资料性附录）
GB/T 17178(ISO/IEC 9646) 与 ISO/IEC 7498 服务标识之间的关系

C.1　图 C.1 图示了跨越整个 OSI 层的 IUT，并示出了与(N－1)服务等价的 X-ASPs 和与(N)服务等价的 Y-ASPs 和在与(N)协议实体相关的 ISO/IEC 7498 中使用的(N－1)和(N)相一致。

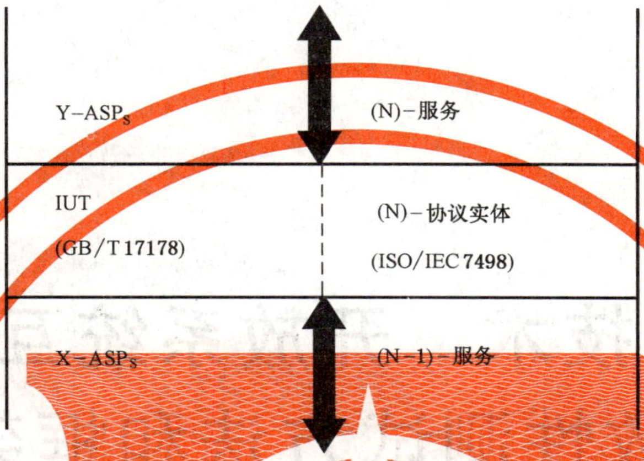

图 C.1　(N)实体的服务表示法

C.2　图 C.2 图示了不跨越整个 OSI 层的某个协议的 IUT。IUT(3)的一个举例可能是托付、并发和恢复(CCR)的实现，在那种情况下，(1)代表表示，(2)代表了 ACSE，以及(4)代表了事务处理。在这种情况下，IUT 的低层边界部分地与 OSI 层边界重合(即，表示服务)，IUT 的低层边界部分地与非层边界相重合(即，关联控制服务)。在与 IUT 的这个组合边界处的 ASPs 由抽象测试方法中的 X-ASPS 所代表，而只有表示服务可以由 OSI 基本参考模型的(N－1)服务表示法所代表。此外，在这个情况下的 Y-ASPs 是在 CCR 服务边界处，该边界不是 OSI 层服务边界，因此，该 Y-ASPS 不能由(N)服务表示法所代表。

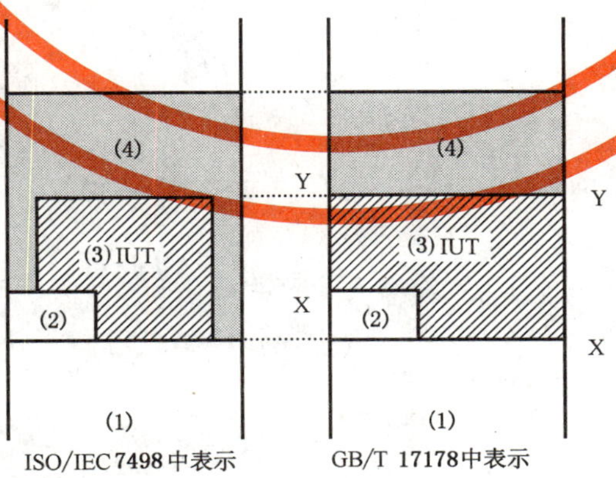

图 C.2　在 OSI 层范围内的 IUT 的两个表示

ICS 35.100
L 79

中华人民共和国国家标准

GB/T 17178.4—2010

信息技术 开放系统互连 一致性测试方法和框架 第4部分：测试实现

Information technology—Open systems interconnection—Conformance testing methodology and framework—Part 4: Test realization

(ISO/IEC 9646-4:1994,MOD)

2011-01-14 发布 2011-05-01 实施

中华人民共和国国家质量监督检验检疫总局
中国国家标准化管理委员会 发布

前　言

GB/T 17178《信息技术　开放系统互连　一致性测试方法和框架》标准分为 7 个部分：

——第 1 部分：基本概念

——第 2 部分：抽象测试套规范

——第 3 部分：树和表的组合表示法

——第 4 部分：测试实现

——第 5 部分：一致性评估过程对测试实验室和客户的要求

——第 6 部分：协议轮廓测试规范

——第 7 部分：实现一致性声明

本部分为 GB/T 17178 的第 4 部分。

GB/T 17178 的本部分与是 ISO/IEC 9646-4：1994（英文版）的一致性程度为修改，理由为：在 ISO/IEC 9646.4：1994 中涉及的 TTCN 语言是 ISO/IEC 9646.3：1998 中 TTCN-2，而 ISO/IEC 9646.3 由 ETSI 进行了修订，修订为 ETSI ES 201 873-1 V2.2.1：2003（TTCN-3），TTCN-3 是对整个测试说明语言的一个完全的重新设计。TTCN-3 除去了表格和文本表示之间的密切关系，清理了 OSI 特定的语言构造，并引入了一些新概念。对 TTCN 的重新设计是为了使其现代化，使它的应用领域扩展到 OSI 一致性测试以外的领域。

本部分的附录 A 为资料性附录。

本部分由中华人民共和国工业和信息化部提出。

本部分由全国信息技术标准化技术委员会归口。

本部分起草单位：中国电子技术标准化研究所。

本部分主要起草人：卓兰、黄家英、吴东亚。

引 言

GB/T 17178.1—1997 和 GB/T 17178.2—2010 定义了为测试与发布为国际标准或 ITU-T 建议的 OSI 协议规范和/或传送语法的实现的一致性用的通用方法。这两部分还把一些要求放在 OSI 一致性测试规范和抽象测试套(ATS)规范的产生上。

ISO/IEC 9646-3:1998 定义了用于抽象测试套规范标准化的测试表示法——树表结合表示法(TTCN)。

一旦符合 GB/T 17178:2 的 OSI 一致性测试规范和 ATS 是可用的,它们的测试操作是基于同一参考 ATS 规范,则由不同测试实验室所获得的测试结果宜是可比较的。

ISO/IEC 9646-5:1994 把一些要放在一致性评价过程,使得测试结果能与其他测试实验室所获得的结果进行比较,并能得到广泛的接受。

GB/T 17178 的本部分集中考虑上述过程中的一个中间阶段——测试实现。在测试准备工作能够开始之前,测试被测实现的测试手段(MOT)加以提供。

测试实现者是指负责提供这样测试手段(MOT)的那些组织。

GB/T 17178.6—2010 定义了为了规定针对轮廓一致性测试的轮廓测试规范(PTS)要求的通用方法。

ISO/IEC 9646-7:1995 定义了如何基于标准化的实现一致性声明(ICS)表达系统与基础规范和轮廓的一致性,并使之形成文档。

本部分把一些要求放置在测试实现上,以确保测试例的执行反映在参考 ATS 的目的。

本部分将提出测试实现的有关要求,以确保测试事件的执行能反映参考抽象测试套(ATS)所规定的行为,这样才能达到标准化 ATS 的目的。

信息技术　开放系统互连　一致性测试方法和框架　第4部分：测试实现

1　范围

GB/T 17178的本部分规定了一些要求，并给出了涉及与按照GB/T 17178.2规定的参数抽象测试套(ATS)规范的一致性测试手段(MOT)的实现指南。

本部分适用于产生测试单方协议、多方协议或轮廓用的MOT。

注：这隐含着使用在GB/T 17178.1—1997中定义的ATS。然而，在本部分中，术语ATS形式也适用于为测试特定的轮廓而设计的附加的抽象测试例，并且包括在轮廓特定测试规范(PSTS)中。

这些要求局限于MOT那些方面，这些方面可以被映射成在GB/T 17178.1—1997中定义的抽象测试功能，或者它们对于正确使用标准化ATS来说必不可少。这样的一些方面可能包括产生一致性日志或测试套实现附加信息(IXIT)形式表进展的设施。测试系统和上测试器的进一步实现细节超出本部分的范围。

MOT的接受、确认和安装超出本标准的范围。

2　规范性引用文件

下列文件中的条款通过GB/T 17178的本部分的引用而成为本部分的条款。凡是注日期的引用文件，其随后所有的修改单(不包括勘误的内容)或修订版均不适用于本部分，然而，鼓励根据本部分达成协议的各方研究是否可使用这些文件的最新版本。凡是不注日期的引用文件，其最新版本适用于本部分。

GB 9387—1988　信息技术　开放系统互连　基本参考模型　第1部分：基本模型(idt ISO 7498:1984)(又见ITU-T建议X.200(1984))

GB/T 17178.1—1997　信息技术　开放系统互连　一致性测试方法和框架　第1部分：基本概念(idt ISO/IEC 9646-1:1994)

GB/T 17178.2—2010　信息处理系统　开放系统互连　一致性测试方法和框架　第2部分：抽象测试套规范(ISO/IEC 9646-2:1994,MOD)

GB/T 17178.6—2010　信息技术　开放系统互连　一致性测试方法和框架　第6部分：协议轮廓测试规范(ISO/IEC 9646-6:1994,IDT)

ISO/IEC 9646-3:1998　信息技术　开放系统互连　一致性测试方法和框架　第3部分：树和表的组合表示法

ISO/IEC 9646-5:1994　信息技术　开放系统互连　一致性测试方法和框架　第5部分：一致性评估过程对测试实验室和客户的要求

ISO/IEC 9646-7:1995　信息技术　开放系统互连　一致性测试方法和框架　第7部分：实现一致性声明

ETSI ES 201 873 V2.2.1:2003　测试描述方法(MTS)测试和测试控制表示法　第三版

3　术语和定义

GB/T 17178.1—1997中确定的全部术语和定义均适用于本部分。另外，“TTCN协调点”的定义在 ISO/IEC 9646-3:1998 给出。

4 缩略语

GB/T 17178.1—1997 所给出的缩略语适用于本部分,另外,本部分还将增加如下缩略语:

ASP	抽象服务原语
ATM	抽象测试法
ATS	抽象测试套
BIT	基本互连测试
ETS	可执行测试套
ICS	实现一致性声明
IUT	被测实现
IXIT	测试实现附加信息
LT	下测试器
LTCF	下测试器控制功能
MOT	测试工具
MPyT	多方测试
OSI	开放系统互联
PATS	参数化抽象测试套
PCO	控制观察点
PDU	协议数据单元
PETS	参数化可执行测试套
PSTS	轮廓特定测试规范
PTS	轮廓测试规范
SATS	已选的抽象测试套
SETS	已选的可执行测试套
SPyT	单方测试
SUT	被测系统
TCP	测试协调规程
TM-PDU	测试管理协议数据单元
TTCN	树表组合表示法
UT	上测试器

5 测试实现概述

5.1 引言

测试实现是指在一致性测试规范及其抽象测试套(ATS)的基础上产生的与 OSI 协议规范一致的 IUT 用的测试手段(MOT)的过程。

5.2 测试工具合成

MOT 是能执行下列内容的设备和规程的组合:

a) 测试例的派生;

b) 测试例的选择;

c) 测试例的参数化;

d) 测试例的执行;和

e) 一致性测试日志的产生。

关于基本协议规范的一致性评估，MOT 为与参数 ATS 相一致的协议规程提供了 ATS 实现。

关于基础协议规范的一致性评估，MOT 提供了每个 ATS 的实现，包括(如果有)与轮廓测试规范概要(PTS 概要)相一致的任何附加的抽象测试例的实现。

5.3 测试手段(MOT)的功能

在派生过程中，把 ATS 的抽象测试例转换成可执行的测试例，以形成可执行的测试例(ETS)。

基础规范的选择过程以完整的 ATS 开始。对 IUT 不合适的测试例按照实现的一致性声明(ICS)和测试实现附加信息(IXIT)的规定加以解除选择。

在轮廓测试的情况下，选择过程以适用于轮廓的测试例列表开始，该列表是特定轮廓测试规范的一部分。对 IUT 不合适的测试例按照轮廓 ICS 和轮廓 IXIT 的规定加以解除选择。

在参数化过程中，在参数化过程中，在测试例中参数按照合适的 IXIT(和可能的 ICS)的规定给出合适的值。

然后，把 MOT 用于 IUT 一致性评估过程中，以按照在测试活动中的测试例，并导致一致性日志产生。

5.4 已选择的和参数化的测试套

测试套的中间形式可以加以创建或者可以不加以创建，这取决于派生过程出现。

这类中间形式被称为：

a) STAS：选择的抽象测试套；

b) SETS：选择的可执行测试套；

c) PATS：参数化的抽象测试套；

d) PETS：参数化可执行抽象测试套。

5.5 参数化可执行测试套(PETS)

在上述各种形式中，仅抽象测试套必须是明确的。

某个 MOT 可以从当测试例运行时的相关 ATS(已知 ICS 和 IXIT)中自动生成 PETS。这样的 MOT 不以有形形式展现出 ETS、SETS 和 PETS。

然而，被执行的内容总是参数化可执行测试套(PETS)。

6 测试实现的要求

6.1 引言

关于测试实现的要求提出：

a) MOT 作为一个整体；

b) 从抽象测试例到可执行测试例的派生过程；

c) 产生一致性日志用的设施；

d) IXIT 形式表的进展；

e) 其他文档的产生。

6.2 测试手段(MOT)的要求

6.2.1 功能概述

MOT 应提供该符合 GB/T 17178.2—2010 的单个 ATS。测试实现者应仅使用最高标准化状态(例如，DIS，而不是 CD)的 ATS 规范版本。

测试工具应提供：

a) 下测试器实现，如果使用了多方测试上下文，则提供下测试器控制功能(LTCF)的实现；

b) 在测试法所要求的范围内，提供测试器的规范；

c) 为 SPyT 本地测试法和上测试器超出 SUT 的任何 MPyT 测试法提供上测试器的实现；

d) 可选的是，SPyT 协调测试法和分布式测试法的上测试器的实现，如果合适，实现 MPyT 测试法，这一条可作为可选项；

e) 按照在参数ATS规范中所规定的要求，提供测试协调规程的规范；

f) 为SPyT本地测试法和上测试器超出MPyT下测试器的TMP的实现，如果合适，为MPyT测试法提供测试系统内的TCPs的实现；

g) 为SPyT协调测试法提供SUT的任何MPyT测试法，或者如果合适，为MPyT测试法提供MPyT下测试器内的TMP的实现。

6.2.2 执行的测试例

MOT应包括从ATS抽象测试例中派生的可执行测试例，或应包括派生可执行测试例的手段。

MOT的实现，应与在ATS中所选择测试表示法的语义一致。

MOT应提供对OUT的不合适的测试例的解除选择的手段，并应提供在5.3中提出的对选择的测试例(无论这里是处于抽象级还是可执行级)进行参数化的手段。

对选择过程中的要求按ISO/IEC 9646-5:1994的7.3加以表达。

对参数化过程中的要求按ISO/IEC 9646-5:1994的7.4加以表达。

6.2.3 基本互连测试的选择

MOT应为了选择在基本互连测试(BIT)测试表中所述的能力测试例或行为测试例提供设施，如果这样的列表是在参数ATS中规定的，且MOT应为了在能力和行为测试例前初始全部运行它们提供的设施。

MOT还应为了忽略来自于对于能力和行为测试所选择的测试例是集合中的BIT所指出的那些测试例题提供设施。

6.2.4 参数化的执行可执行测试套

MOT应包括由派生、选择和参数化过程所导致的执行PEST能力。

6.2.5 测试手段的一致性

测试实现者应提供MOT与参数规范的一致性声明，它标示不支持ATS的任何子集(见6.3.4)。

测试实现者应标识出对MOT所要求的测试执行的所有约束，这些约束超出了在参数ATS规范中所叙述的那些约束(例如，限制IXIT所规定的值范围)。

注：测试实现者宜注意到对在ATS规范中所述的综合测试服务要求。测试实现者可能希望开发每个要求的ATM用的MOT，以使测试实现实验室能提供综合测试服务。

6.2.6 一致性日志

MOT应为生成一致性日志提供设施(见6.4)。

6.3 关于执行测试套(ETS)派生的要求

6.3.1 引言

本章要求适用于所有可执行测试套，包括SETS或PETS，不论它们是否是有形的。

6.3.2 与参数ATS规范的一致性

ETS应从单个参数ATS规范中派生得到。

对于与参数ATS一致的ETS，它应遵循6.3.3～6.3.5所叙述的要求。同时，他还应遵循参数ATS规范本身中以及在多部分一致性测试标准的其他部分(如果适用，例如TMP)中所叙述的要求。

6.3.3 ATS与ETS的对应性

每个可执行测试例应是单个抽象测试例的具体实现，并且对于以可执行测试例为基础的执行而言，每一个可执行测试理应是可选的。

包含抽象测试例的测试事件的所有序列应在可执行测试例中能实现。

每个抽象测试例的测试目的和裁决分配应在相应的可执行测试例中加以维护。

除了在抽象测试例中定义PDU参数之外，MOT应不对从IUT接收到的PDU参数的有效性进行校验。测试系统可能执行的进一步检验都超出本标准的范围，并且应不影响对每个测试例裁决分配。

在参数 ATS 中所定义的测试组关系应在 ETS 中加以维护。每一个测试组是由在 ATS 中命名的测试例集所构成，这些测试例应在该 ETS 中表达成一个命名的可执行测试例集。

ATS 包括抽象测试套到 ICS 形式表和部分 IXIT 形式表问题的映像(见 GB/T 17178.2—2010 第 14 章)。该映射应在 ETS 中加以维护。

6.3.4 设置抽象测试套的(ATS)子集

ETS 派生过程一般导致派生 ATS 的所有抽象测试例。然而，可能接受的是派生 ATS 的某些子集用的 ETS。如果子集被创建，那么就 ICS 形式表和 IXIT 形式表问题与 ATS 中的测试例的映射而言，测试例集合的排除应与 IUT 的测试选择过程相一致。

注：这意味着对所有 IUT 必备的测试例可能包括在子集中，但是，测试实现者可不选择实现可选的或有条件的特定测试例集合，因此，不要求测试实现者去测试 IUT 的特定类别。

因此，所实现的 AST 子集应等价于一个或多个潜在的 SATS。

6.3.5 派生过程独立性

在 MOT 中，派生过程应导致对给定 IUT 正在执行的相同 PETS，而与派生时间无关，但派生过程与选择参数化的过程有关。

注：见附录 A 的 A.2.1 和图 A.1。

在测试准备阶段，特定 IUT 的选择和参数化过程的应用是测试实验室的职责。

6.4 一致性记录的要求

如 6.2 所述，MOT 应提供生成一致性记录的某些手段。

一致性日志是作为测试活动而产生的、人可读的信息记录，是以记录观察到的测试结果并验证测试裁决的分配。

该信息组合了当 PETS 针对 IUT 运行时出现的实际测试事件的观察结果及使那些事件与所涉及的抽象测试例有关联的信息。

在一致性测试报告的产生中以及在争议和询问的解决方法中可使用到一致性日志，而争议和询问是在一致性许可过程期或由于一致性评估过程的结果可能出现的问题。

一致性日志应包括：

a) 一致性日志的唯一标志，其中包括执行 PETS 的起始日期和事件；
b) MOT 标识，开始日期，版本号和 ETS 标志(如果有)；
c) 每个测试例运行的起止指示，如果 MPyT 上下文被调用，那些下测试器曾被启动及被停止，包括唯一引用在 ATS 中所规定的抽象测试例(例如，TTCN 测试例引用或 TTCN 测试例表示符)；
d) 由下测试器发给 IUT 的 PDU 和由下测试器从 IUT 接受到的 PDU，包括 PDU 参数和用户数据中所包含的详细信息的纪录；
e) 在抽象测试例中所规定的抽象测试事件，这些事件包括由下测试器观察到的所有抽象服务原语，由下测试器借助测试协调规程所发送和接收到的全部测试事件，包括往返于上测试器的以及这些测试事件出现的相关点(例如，控制观察点(PCO)或 TTCN 协调点的标识)；
f) 如果使用了 MPyT 上下文，则包括由 LTCF 发送和接收的所有测试事件，包括这些测试事件出现的相关点(例如，控制观察点(PCO)或 TTCN 协调点的标识)；
g) 关于初步结果的所有信息；
h) 每个测试例结果的标示，将是判定分配，抽象或可执行测试例差错(错误)，或异常测试例终止；
i) 由下测试器按观察到的所有测试例事件的次序而记录的这些测试事件的时戳或排序；
j) 由 ATS 所要求的任何附加信息。

注：上述 j)的例子是指下列事件发生的时候的一个例子，下列事件是指按 TTCN 写成的抽象测试例规定，如果相应的测试事件出现，则初步的结果信息(在裁决列内)或标号(在标号列内)应被记录在一致性日志中。

一致性日志应适用在协议规范、抽象语法(如果有)、编码规则(如果有)或 ATS 中所定义的术语和约束来显示所有的名称、缩略语和值(所命名的头两个放在前面)。

MOT 应有能力在纸面上产生的一致性日志。还建议以等价的内容将一致性日志制成机器易读的形式。

注:关于生成一致性日志产生的指南见附录 A 第 A.3 章。

6.5 扩充 IXIT 书写形式的要求

部分 IXIT 形式表应加以扩充,以考虑到 MOT。为获得这件事,测试实现者应通过增加需要回答的那些附加问题来增加部分 IXIT 形式表,以便准备特定 IUT 用的 MOT。

测试实现者应包括在扩展部分 IXIT 形式表中的所有信息,这些信息涉及到 ATS 的实现,这些信息是客户填写 IXIT 所需要的。

测试实现者宜引用 ISO/IEC 9646-5:1994 的 6.4.5,并且以便于产生测试实验室的符合性 IXIT 形式表的这种方法来产生扩展部分 IXIT 形式表。

最后得到的扩展部分 IXIT 形式表应被提供给测试实验室,以使可以满足 ISO/IEC 9646-5:1994 的 6.4.5 的要求。

6.6 关于其他文档的要求

这类文档应伴随 MOT,以使测试实验室能执行与参数 ATS 规范相一致的测试操作,并且关于信息被提供给客户方面能执行与 ISO/IEC 9646-5:1994 中相一致的测试操作。

这类文档应包括下列内容:

a) MOT 标识,起始日期,版本号和 ETS 标识(如果有);
b) 协议规范(如果合适,和服务定义)的国家标准名字和版本号,参数 ATS 规范的名字和版本号,以及已经考虑到的 ATS 技术勘误表的清单;
c) MOT 描述(关于指南见 A.4.3);
d) 当参数 ATS 所要求时,应提供测试协调规程和上测试器的规范;
e) 由于 MOT 的限制,而引起的不能执行的测试例(如果有);

注:这样的限制宜是例外,并且仅当特定抽象例不能可行地实现时才宜出现。

f) 测试执行用的那些规程的描述,这些规程是由测试实验室和/或用户来执行的,这些规程是专门针对 MOT 的;
g) 与参数 ATS 规范的一致性声明;
h) 符合本部分的声明;
i) 解释一致性日志的指南。

如果测试实现者检测到在任何抽象测试例中的差错,或者检测到指出在相关的规范中有错误或二义性要求的任何抽象测试例,测试实现者应标识出在伴随 MOT 的文档中的那些测试例。

注:测试实现者也宜把标识了问题的缺陷报告转发给负责维护相关规范的组织。

7 符合性

当且仅当第 6 章的全部要求被满足时,MOT 才符合本部分规定。

注:验证 MOT 是否实现与测试实现相关联的 4 种功能(即派生、选择、参数化和执行)的主要手段在一致性日志中。

附　录　A
（资料性附录）
关于测试实现的附加指南

A.1　关于测试手段（MOT）附加指南

A.1.1　概述

本附录给出了关于GB/T 17178.1—1997中7.4的4种抽象测试功能（即下测试器、上测试器、测试协调规程和下测试器控制功能）如何能在MOT中加以定义和实现。LTCF仅适用MPyT中。

注：一个测试系统可适应几个MOTs。

A.1.2　下测试器的实现

A.1.2.1　功能

A.1.2.1.1　对于GB/T 17178.2—2010中定义的每一种SPyT抽象测试方法来说，测试协调控制的主要焦点是下测试器。在SPyT中下测试器的主要功能是：

a）运行从抽象测试例中派生的可执行测试例；

b）记录与ATS相一致的每个测试例的裁决和初步结果；

c）控制观察在抽象测试例中所包括的测试事件（这些事件包括生成和接收的PDUs、ASPs，生成和接收的测试管理PDUs（TM-PDUs），与TCPs相关的测试事件）。

下测试器是实系统的一部分，称之为测试系统。测试系统和SUT一起提供在IUT中最低协议之下的低层服务。

A.1.2.1.2　在MPyT上下文中，可能有几个下测试器。每个下测试器完成的功能如下：

a）对于每个抽象测试例，运行与单个控制观察点（PCO）（或与相同下测试器所共同处理需要的PCOs集合）相关联的相应可执行测试例的这部分；

b）记录在抽象测试例的相应部分中所规定的初步结果；

c）控制和观察所出现的测试事件，并且这些测试事件是与抽象测试例的相应部分相关的。

A.1.2.2　下测试器技术

下测试器中的实体，即IUT的对等体，能按照不同的技术进行设计，例如：

a）编码器/解码器——简单地编码和解码为测试例正在运行而要求的ASPs和PDUs，而不是上述协议的一个实现；

b）增强型实现——所涉及协议的一个实现，通过附加的差错生成器、配置模块或类似来修改，以确保无效或无用ASPs和PDUs可以按照由正在运行的测试例的要求进行生成。

A.1.3　上测试器的实现

MOT提供了与在ATS中所使用的ATM相一致的上测试器功能的实现和规范。

上测试器能采用不同的形式，例如：

a）上测试器的软件实现（它可以与SUT和IUT的设计无关，或可以为SUT和IUT的设计相关），它安装在IUT之上的SUT内，并具有与ASPs的本地实现相接口的映射区域；

b）人类操作者——上测试器的功能是通过对用户接口可以访问的个人来执行，而该用户接口映射到IUT服务边界，并可访问和操纵合适ASPs的实现；

c）国家（标准）的上测试器——即，SUT的上测试器用来实现上测试器的功能，无需所安装的任何附加机制；这可以用来实现SPyT远程测试法和类似的MPyT测试法。

A.1.4　下测试器和上测试器之间的TCPs的实现

在下测试器和上测试器之间的TCPs可以有许多方法加以实现，例如，带同步或不带同步，使用一条通信信道附加到在下测试器和上测试器之间所使用的一条信道上或不使用附加通信信道等方法。

用于上测试器的几种公共类型的 TCP 实现可以标识出：

a) 人类操作者——上测试器的功能是通过对用户接口可以访问的个人来执行的，而该用户接口映射到 IUT 服务边界；该操作者与下测试器同步，其进展可以通过各种手段检测到；例如，借助于来自下测试器的用户接口的加速消息的集合；

b) 脚本解释器(Scenario interpreter)——上测试器通过远程情景解释器来实现；它与下测试器装置一起从所生成文件中采取其指令，并具有它和 IUT 服务边界之间的映射区域；

c) TMP——上测试器借助 TMP 而与下测试器同步，它使用通过 IUT 及其低层所提供的服务，并且使用了下测试器的相应功能。

A.1.5 下测试器控制功能(LTCF)的实现

在 MPyT 上下文中，LTCF 具有下列功能：

a) 控制下测试器，也可能控制上测试器，而下测试器和上测试器是与每个相关抽象测试例的要求相一致的；

b) 记录在抽象测试例的相应部分中所规定的裁决和相关初步结果(如果有)。

LTCF 可能需被实现为在测试系统中待运行的软件和由人类操作者待履行的规程的一种组合。

A.1.6 在多方测试(MPyT)上下文中的测试协调规程(TCP)的实现

A.1.6.1 在下测试器和上测试器之间的通信

在下测试器和上测试器之间的通信的实现在 A.1.4 中描述。

A.1.6.2 下测试器和 LTCF 之间的通信

在下测试器和 LTCF 之间的通信按各种方法来实现，或者通过测试系统内的直接连接的方法，如果它们都被放置在同一系统内，或者通过完全分开的链路的方法，它们可以使用与在 GB/T 17178.2—2010 内的 LT 和 LLT 之间所定义的 TCP 或 TMP 相类似的技术。

A.1.6.3 下测试器之间的通信

下测试器之间的通信的实现类似于它与 LTCF 的通信。

如果下测试器是在分开的测试系统内，则 TCPs 可以通过某一合适的协议来实现。

注：当没有上测试器时，例如，为了测试中继系统可以使用这个方法。

A.1.6.4 上测试器之间的通信

对于 SUT 来说，上测试器是本地的(除非在本地测试法中或在 MPyT 上下文内的等价方法中使用了上测试器)。因此，上测试器之间的通信依赖于 SUT 的能力。TCPs 可能以软件或通过人工操作者与 SUT 的交互来实现。

A.1.6.5 上测试器和 LTCF 之间的通信

LTCF 和上测试器之间的通信宜或通过借助于下测试器之一的通信来实现，或通过在 A.1.4a)中所描述的人工操作者通信来实现。

A.1.7 多协议测试手段(MDT)的实现

多协议 IUT 用的 MOT 宜为多协议 ATS 提供派生、选择和参数化过程。

测试例的选择宜通过评价在 ATS 中的选择表达式来实现，而该 ATS 是与它所覆盖的每个协议和信息客体的 ICS 和 IXIT 的规定相一致的。

A.1.8 轮廓用的测试手段(MOT)的实现

用于轮廓的 MOT 通过使用在 PTS 概要中所引用的每个 ATS 的顺序 MOT 来实现。

另外，需要 MOT 来实现来自 PSTS 的附加轮廓特定 ATS(如果有)。

对用于轮廓的某一给定 ATS 中的测试例的解除选择按下列两步来完成：

a) 预先选择适合于轮廓的测试例：这个预先选择使用由在 PSTS 中的轮廓测试制定者所供应的可适用测试例的列表(见 GB/T 17178.6—2010)；

b) 对不适合于 IUT 的测试例解除选择，依赖于轮廓 ICS 和轮廓 IXIT。

注：不能工作的测试例也可以通过测试实验室来解除选择。

A.2 关于可执行测试例(ETS)派生过程的附加指南

A.2.1 概述

派生过程可以在下列期间出现：

a) 测试实现期间；

b) 测试实验室安装 MOT 期间；

c) 对特定 IUT 而言，测试准备期，即，使选择和参数化过程的互混合的测试准备；

d) 测试操作期间，作为解释和编译 ATS 的结果。

图 A.1 用图解示出了组合在第 5 章(测试实现概述)中所描述的和在第 6 章中规定要求的测试派生、选择、参数化和执行过程的许多可能性。

当测试轮廓时，对于在 PTS 概要中所引用的每个 ATS，必须执行 PETS 派生/执行过程。

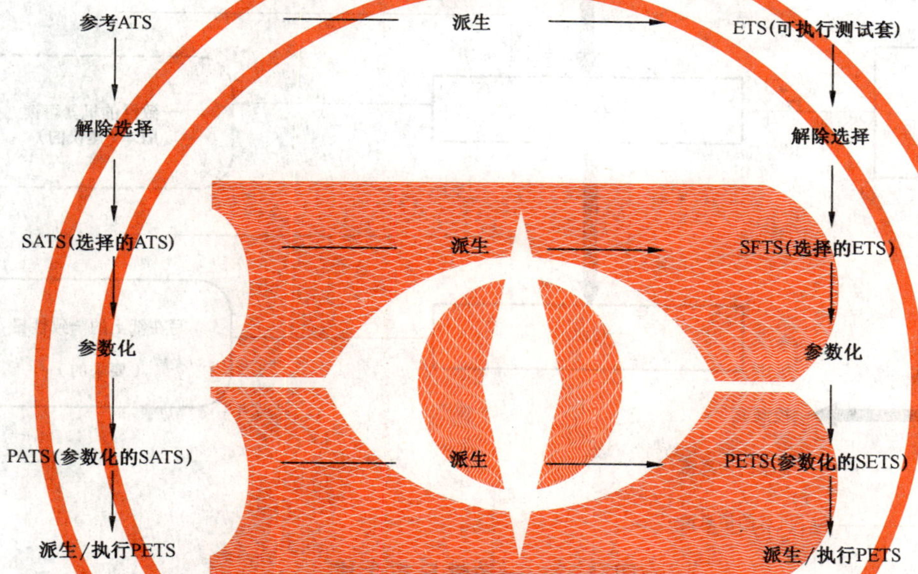

图 A.1 PETS 派生/执行过程

A.2.2 可执行测试套(ETS)派生的输入

测试实现者必须考虑下列输入：

a) 被测试的特定构件的参数 ATS 规范，以及包含的 TCPs 规范；

b) ICS 形式表；

c) 常规地附属于参数 ATS 规范的部分 IXIT 形式表。

A.2.3 可执行测试套(ETS)维护

一旦执行 PETS 的能力已经在 MOT 中实现了，并且 MOT 在使用中，则测试实现者可以接收来测试实验室的问题报告。这些问题随着执行规程出现，或者随着与参数 ATS 规范的一致性出现。在这样的环境下，测试实现者可得到合适校正。

每当存在 ATS 规范更新的时候，测试实现者也宜提供 MOT 的更新(见 6.6 的最后一段和注)。

A.3 关于一致性日志的附加指南

为了产生一致性日志，做以下几件事是必要的：

a) 在 PETS 的招行期间，以其出现的次序来记录实际测试事件；

b) 分析关于相关选择的和参数化的抽象测试例，把实际测试事件映射到抽象测试事件，并且记录所有其他必要的信息。

仅对在一致性日志中被记录的信息以及如何表达该信息有一些要求。

在执行每个可执行测试例之后，对实际测试事件的已排序列表的分析可以被置入每个可执行测试例中，并执行该分析；在执行了 PETS 之后，该分析也可以按照不同的过程加以执行，或者通过这些技术的组合来执行。执行这个分析的手段以及关于执行 PETS 的这个分析的时序不是标准化的。

如 6.4 的规定的那样，MOT 应具有能力产生在纸面上的一致性日志。还建议以等价的内容提供一致性日志的机器可读形式。

产生一致性日志的过程在概念上可以如图 A.2 所示。

注：预期测试实验室至少保留实际测试事件的已排序列表或一致性日志的机器可读版本。

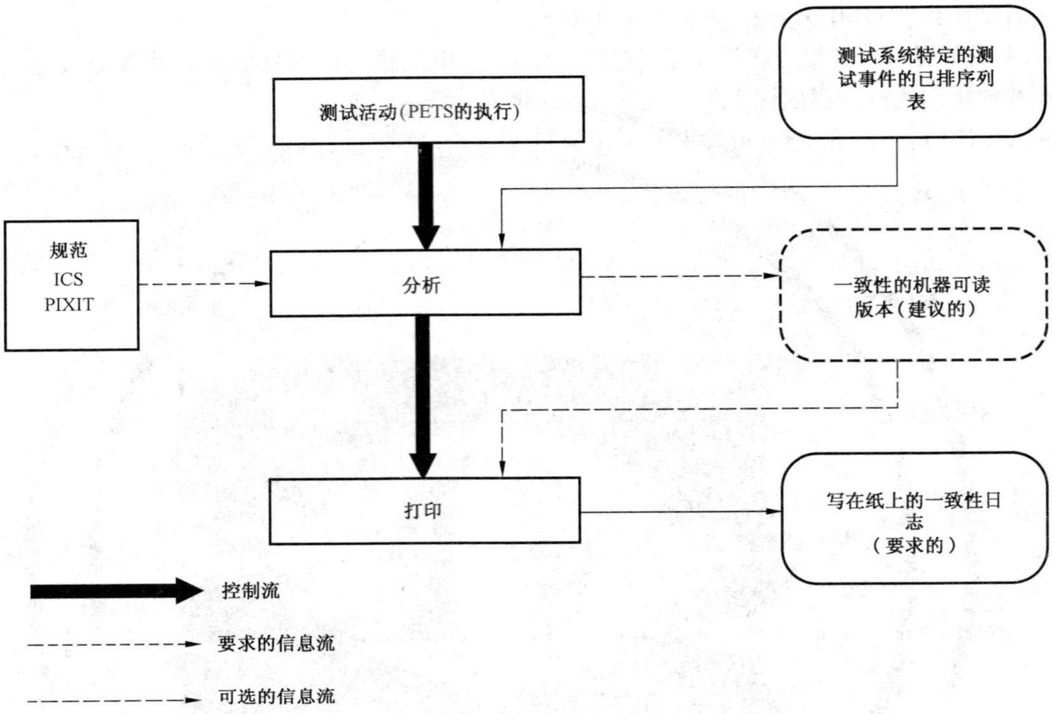

图 A.2 一致性日志生成

A.4 关于文件编制的附加指南

A.4.1 简介

除 6.4 和 6.5 述及的有关要求外，还建议编制下列文档：

a) 测试系统信息；

b) MOT 描述；

c) 测试实验室用户信息；

d) 测试实验室操作说明。

A.4.2 测试系统信息文档

使 MOT 适应于特定测试系统。该文档宜包含与该测试系统相关的下列信息：

a) 设备的类型和配置；

b) 操作系统名称和版本号；

c) 下测试器的名称和版本号；

d) 如果由测试实现者提供上测试器，则包含该上测试器的实现的名称和版本号；

e) 为了测试目的，把测试系统链接到 IUT 所必需的设备和/或规程(即，服务提供者)；

f) 为了测试目的，把上测试器(如果有)链接到 IUT 所必需的设备和/或规程；

g) 负责维护 MOT(包括 ETS)的并对 MOT(包括 ETS)给出建议的组织的名称、地点和联系信息。

A.4.3 测试手段(MOT)描述信息

该文档宜包含与参数ATS规范有关的下列MOT的各方面的描述：

a) 下测试器：可执行测试表示法及其映射到抽象测试表示法(例如，映射到TTCN)的档；ASPs如何被控制、被观察和被存储的描述，以及所选择的方法实现把排序规则安装在抽象测试例中的文档；在MPyT上下文的情况下，LTCF的描述；

b) 上测试器：ASPs如何被控制、被观察和被存储的描述——除SPyT远程测试法和类似MPyT测试法外——以示出关于上测试器功能的要求和被满足；

c) 测试协调：TCP至其实现的映射的描述；对这件事的要求在参数ATS规范中规定；

d) 测试器之间通信：下测试在LTCF和上测试器之间如何进行通信的描述；

e) 选择过程：在对不适合于测试IUT的抽象测试进行解除选择时，对ICS和IXIT的使用的描述；

f) 参数化过程：在对为测试IUT而选择的测试例进行参数化时，对ICS和IXIT的使用的描述；

g) 便于产生一致性日志。

A.4.4 测试实验室用户信息文档

在该文档中，测试实现者宜提供下列信息，以便使测试实验室能通知其客户如何准备测试用的SUT：

a) 上测试器：如果该构件被供应了，则提供下列信息——把上测试的接口如何映射到服务边界的合适实现的描述，关于服务定义的实现而作出的任何假设，或者关于在SUT内可利用的能力和资源而作出的假设；如果该上测试器未被供应，宜包括如何实现该上测试器的描述；如果存在一个上测试器，则这样的描述包括了TMP；该上测试器如何通信的描述；

b) 测试协调：为了实现TCPs，客户必须做什么；如果这样做是必要的，如何进行在SUT和下测试之间的人工调协的描述；任何相关定时信息，例如，期望的TMP性能；

c) 低层服务：指出客户必须提供足够可靠的(N-1)服务，并且尽可能解释这是如何获及的(而不涉及特定计算机)。

A.4.5 测试实验室操作说明文件

在该文档中，测试实现者宜提供在MOT执行测试时辅助和指导测试实验室的信息，如果必要，还宜提供对问题的诊断和对测试的重新运行的信息。这宜包括：

a) 测试准备：如何使用ICS和IXIT来执行测试，对不合适的测试例的解除选择以及按MOT而选择一个测试例的参数化；

b) 测试执行：在下测试器如何运行测试的描述，以及如何分析结果的描述；

c) 执行控制：控制测试例的执行的细节级别的定义；操作说明书宜描述测试例如何被执行，因此，隐式地定义了许多测试例可以如何被控制作为单个执行单元；一个极端情况是指在整个测试活动(基本互走测试、能力测试和行为测试)中有一条单个命令的事件发生时的一个情况；另一个极端情况是指在ETS中每个单个测试例的每个单元测试步骤中都有一条命令的事件发生时候的一个情况；

d) 一致性记录：对其执行的控制；一致性日志的内容可以被反向映射到在参数ATS规范中的标准化测试事件；

e) 上测试器：在上测试器上待执行的任何初始置信测试的描述，以及如何获及来自上测试器的已存储测试事件；

f) TCPs在下测试器、上测试器之间以及在MPyT上下文、LTCF内如何进行任何人工协调的描述。

ICS 35.100.01
L 79

中华人民共和国国家标准

GB/T 17178.6—2010/ISO/IEC 9646-6:1994

信息技术 开放系统互连 一致性测试方法和框架 第6部分:协议轮廓测试规范

Information technology—Open System Interconnection—Conformance testing methodology and framework—Part 6:Protocol profile test specification

(ISO/IEC 9646-6:1994,IDT)

2011-01-14 发布　　2011-05-01 实施

中华人民共和国国家质量监督检验检疫总局
中国国家标准化管理委员会　发布

前　言

GB/T 17178 在《信息技术　开放系统互连　一致性测试方法和框架》总标题下包含如下 7 个部分：

第 1 部分：基本概念；

第 2 部分：抽象测试套规范；

第 3 部分：树和表的组合记法；

第 4 部分：测试实现；

第 5 部分：测试实验室和客户关于一致性评估过程的要求；

第 6 部分：协议轮廓测试规范；

第 7 部分：实现一致性声明。

本部分是 GB/T 17178 的第 6 部分，本部分使用翻译法，等同采用国际标准 ISO/IEC 9646-6:1994《信息技术　开放系统互连　一致性测试方法和框架　第 6 部分：协议轮廓测试规范》(英文版)。

本部分的引言和 3.1 做了编辑性修改。由于本部分并未引用 ISO 7498:1984 和 ISO TR 8509:1987，因此本部分删除了原英文标准中第 2 章的相应引用标准。

本部分中所应用的 GB/T 16682.1—2010 和 GB/T 16682.2—2010 的内容与原英文标准是等同的。

本部分的附录 A 为规范性附录。

本部分由全国信息技术标准化技术委员会提出并归口。

本部分起草单位：中国电子技术标准化研究所。

本部分主要起草人：郭楠、卓兰、徐全平。

引　言

GB/T 17178 的本部分在 GB/T 17178.2 所规定的协议测试方法基础上，提供了 OSI 协议轮廓测试方法。

GB/T 17178.1 定义了术语并介绍了协议和轮廓测试的一般概念。GB/T 17178.4 列出了测试实现的要求，ISO/IEC 9646-5 列出了一致性评估过程的要求，这两部分都可以用于轮廓测试。ISO/IEC 9646-7 表述了如何将轮廓要求存档在实现一致性声明(ICS)和轮廓要求列表(RL)中。

轮廓规范是包含有一个或多个轮廓的文档。国际标准化轮廓(ISP)就是一个标准轮廓规范的例子。

轮廓定义为一个或多个基础规范的选择及对完成特殊功能所必需的那些被选类、公共子集、选项和参数的标识。轮廓可以促进实现相同轮廓的系统间的互工作。

为了证实互工作可以完成和实现与轮廓规范的一致，就需要测试轮廓实现与有关的轮廓规范的一致性。

第 6 章描述了轮廓一致性的含义和表达轮廓一致性要求的方法。

第 7 章描述了基于基本协议规范所定义的方法论上的轮廓测试的原理。

轮廓测试规范(PTS)是用于规定轮廓一致性测试的一套完整的文档。PTS 基于由轮廓所引用的协议抽象测试套(ATS)规范。第 7 章中会对 PTS 进行描述。

PTS 概要在一个单一文本中提供了 PTS 所有要素的引用。PTS 概要的描述在第 8 章中，PTS 概要的模板也在附录 A 中有所描述。

轮廓特定测试规范(PSTS)包括了有关与基础规范的 ATS 规范的所有改动以及轮廓测试所要求的附加测试用例。第 9 章描述了 PSTS。

信息技术　开放系统互连
一致性测试方法和框架
第6部分:协议轮廓测试规范

1　范围

GB/T 17178的本部分为OSI协议轮廓一致性测试中的轮廓测试规范(PTS)的产生规定要求并提供指南。本部分还规定了有关协议轮廓规范中的一致性要求表达的要求。

本部分适用于轮廓实现每一个协议动态和静态一致性要求的一致性测试,也适用于包括在轮廓中的任何一个信息客体,它是通过控制并观察协议数据单元(PDU)的交换而实现的。

一致性以外的测试要求在本部分范围之外。

2　规范性引用文件

下列文件中的条款通过GB/T 17178的本部分的引用而成为本部分的条款。凡是注日期的引用文件,其随后所有的修改单(不包括勘误的内容)或修订版均不适用于本部分,然而,鼓励根据本部分达成协议的各方研究是否可使用这些文件的最新版本。凡是不注日期的引用文件,其最新版本适用于本部分。

GB/T 16682.1—2010　信息技术　国际标准化轮廓的框架和分类方法　第1部分:一般原则和文件编制框架(ISO/IEC TR 10000-1:1998,MOD)

GB/T 16682.2—2010　信息技术　国际标准化轮廓的框架和分类方法　第2部分:OSI轮廓用的原则和分类方法(ISO/IEC TR 10000-2:1998,MOD)

GB/T 17178.1—1997　信息技术　开放系统互连　一致性测试方法和框架　第1部分:基本概念(idt ISO/IEC 9646-1:1994)

GB/T 17178.2—2010　信息技术　开放系统互连　一致性测试方法和框架　第2部分:抽象测试套规范(ISO/IEC 9646-2:1994,IDT)

GB/T 17178.4—2010　信息技术　开放系统互连　一致性测试方法和框架　第4部分:测试实现(idt ISO/IEC 9646-4:1994,IDT)

ISO/IEC 9646-3:1992　信息技术　开放系统互连　一致性测试方法和框架　第3部分:树和表组合记法(TTCN)

ISO/IEC 9646-5:1994　信息技术　开放系统互连　一致性测试方法和框架　第5部分:测试实验室和客户关于一致性评定过程的要求

ISO/IEC 9646-7:1998　信息技术　开放系统互连　一致性测试方法和框架　第7部分:实现一致性声明

3　术语和定义

GB/T 17178.1中确定的以及下列术语和定义适用于本部分。

3.1

成分(轮廓中的)　component(of a profile)

轮廓的成分是指单个协议或者一个或多个协议的组合,它们具有零个或多个信息客体,这些信息客体是轮廓的基础并组合在一起测试。

4 缩略语

GB/T 17178.1 中确定的术语和定义及下列缩略语适用于本部分。

ATM	抽象测试法	(abstract test method)
ATS	抽象测试套	(abstract test suite)
ETS	可执行测试套	(excutable test suite)
ICS	实现一致性声明	(implementation conformance statement)
ISP	国际标准化轮廓	(international standardized profile)
IUT	被测实现	(implementation under test)
IXIT	测试用的实现额外信息	(implementation extra information for testing)
MOT	测试手段	(means of testing)
OSI	开放系统互连	(open systems interconnection)
PCTR	协议一致性测试报告	(protocol conformance test report)
PICS	协议实现一致性声明	(protocol implementation conformance statement)
PSTS	轮廓特定测试规范	(profile specific test specification)
PTS	轮廓测试规范	(profile test specification)
RL	要求列表	(requirement list)
SCS	系统一致性声明	(system conformance statement)
SCTR	系统一致性测试报告	(system conformance test report)
SUT	被测系统	(system under test)
TMP	测试管理协议	(test management protocol)
TSS&TP	测试套结构和测试目的	(test suite structure and test purposes)
XRL	轮廓 IXIT 要求列表	(profile IXIT requirements list)

注:下列缩略语为 GB/T 16682.1 中的 ISP 所定义,但是在 GB/T 17178 中被更为通用的术语所替代:

IPRL　ISP 要求列表　(ISP requirements list(通用的术语是轮廓 RL))

ISPICS　ISP 实现一致性声明　(ISP implementation conformance statement(通用的术语是轮廓 ICS))

ISPIXIT　ISP 测试用的实现额外信息　ISP implementation extra information for testing(通用的术语是轮廓 IXIT))

5 符合性

遵循 GB/T 17178 的本部分的协议轮廓规范应满足第 6 章中所陈述的所有要求。遵循 GB/T 17178 的本部分的轮廓测试规范概要(PTS 概要)应满足第 8 章和附录 A 中所陈述的所有要求。所有引用的一致性测试规范应遵循 GB/T 17178.2。

与 GB/T 17178 的本部分相符的轮廓特定测试规范(PSTS)应满足第 9 章中所表述的所有要求,并且对于所给轮廓来讲是唯一的国际上协调一致的轮廓特定测试规范。

如果遵循 GB/T 17178 的本部分的 PTS 概要要引用 PSTS,那么 PSTS 应该遵循 GB/T 17178 的本部分。

遵循 GB/T 17178 的本部分的轮廓测试规范(PTS)应满足第 10 章中所陈述的所有要求。

6 轮廓一致性的含义

6.1 轮廓内容和轮廓一致性的原则

轮廓明确了联合起来完成一个特定功能的一套基础规范之间的关系,也可以规定与每一个用到的基础规范相关的特定细节。

于是,轮廓:

a) 应该限制选择基础规范选项的必需范围,以使完成实现轮廓的系统之间的互工作具有最大的可能性;这样,轮廓可以把基础规范选项保留为所提供的轮廓的选项,而不影响互工作;

b) 不能规定对轮廓所引用的基础规范产生冲突或导致不一致性的任何要求;

c) 可以包括比轮廓所引用的基础规范的一致性要求更特定并在范围上更受限的一致性要求。

例如,当一个特征与允许的参数值范围相关联时,轮廓应该仅能采用由那个基础轮廓所允许的相同的值的范围,或者是这个范围的子集。

因此,与一套基础规范的一致性并不一定隐含与轮廓的一致性。然而,根据定义,与轮廓的一致性隐含与其引用的一套基础规范的一致性。

6.2 轮廓一致性要求

6.2.1 概述

静态一致性和动态一致性的概念也适用于轮廓。

6.2.2 静态一致性要求条款

为了保证轮廓与基础规范之间的相容性,应规定轮廓的静态一致性要求,若可能,引用所引用的基础规范的一致性要求。

轮廓中应有静态一致性要求条款,构成如下:

a) 主要子集和实现种类的概述,它为类别和选项更详细的选择提供整体性的合理依据;

b) 与这些子集或实现种类相关的一致性要求;

c) 就轮廓中所选的每个基础规范而言,有基础规范静态一致性要求的引用和为轮廓做出选择的规范;

d) 轮廓的任何附加静态一致性要求,它涉及相关服务和协议的互相依赖性。

一致性条款的一般指导见 GB/T 17178.2—2010 中附录 B 的 B.5。

6.2.3 轮廓和基础规范静态一致性要求之间的关系

IOSI 协议轮廓的静态一致性要求应与 ISO/IEC 9646-7 定义的基础规范中的静态一致性要求有关。

6.2.4 轮廓静态一致性要求的表达

轮廓实现一致性声明(ICS)形式表中表达轮廓静态一致性要求。见 ISO/IEC 9646-7 中关于轮廓 ICS 形式表的要求和指南。

6.2.5 动态一致性要求

在轮廓 ICS 中所陈述的给定的实现选择,轮廓的动态一致性要求大部分是由所引用的基础规范所指定的。

这样,动态一致性要求应由轮廓通过一起引用基础规范和履行轮廓一定目的的任何进一步的必要限制要求来规定的。

轮廓对基础规范的动态一致性要求的限制视为例外,只适用于传输,这些限制不适用于接收。因此,接收到一个被排斥的选项可以导致接收系统在轮廓之外运行,但是仍然与基础规范一致。

6.3 测试用的轮廓额外信息表达

用于测试轮廓的额外信息在轮廓 IXIT 中表达。关于轮廓 IXIT 和轮廓 IXIT 形式表的范围和角色见 GB/T 17178.1—1997 的 6.2.3,更详细的内容见 ISO/IEC 9646-5:1994 的 6.4.5。

7 一般测试原则

7.1 轮廓测试规范(PTS)

PTS 是用于评估与轮廓一致性的所有一致性测试规范的集合。

PTS的内容由称作为PTS概要的标准化文件来规定,PTS概要是PTS的一部分。

PTS概要不包含任何一致性测试规范的全部内容,只是包含他们的引用。PTS概要引用:

a) 基础规范;

b) 为一个轮廓创建的或为一个相关轮廓组成家族创建的特定资料,称做PSTS。

PTS的用户有:

a) 测试实现者,他们开发了用于轮廓的可执行测试套(ETS);

b) 测试实验室,它们执行轮廓的一个实现的一致性评估过程;

c) 实验室客户,他们需要知道用于测试轮廓实现的规范。

轮廓的制定者可以使用公共轮廓或公共子轮廓的概念,这里称为“公共(子)轮廓”,用来定义一个轮廓的公共部分,该部分可以用于一个或多个其他轮廓中。对于公共(子)轮廓自身来讲,它可以是不完整的。这样的一个公共(子)轮廓的例子是公共上层要求轮廓,它包括这些协议:会话协议、表示协议和关联控制服务元素协议。

在这种轮廓的情况下,一个完整轮廓的PTS概要可以引用一个公共(子)轮廓的PTS概要,以允许公共(子)轮廓的PTS合并在引用轮廓的PTS中。

公共(子)轮廓可以引用另一个公共(子)轮廓。

7.2 开发轮廓测试规范(PTS)元素的规则

PTS应为轮廓的每一个一致性要求提供测试覆盖。

PTS的内容基于已有的一致性测试规范,每一个PTS都包括测试套结构和测试目的(TSS&TP)、部分测试用的实现额外信息(IXIT)形式表、至少一个抽象测试套(ATS)加上测试管理协议(TMP)(如果有的话),可应用于轮廓一个成分(即一个或多个协议和/或信息客体)。PTS应避免与一致性测试规范的重复,并只应包含一致性测试规范的引用。

如果轮廓里的一些成分不存在一致性测试规范,在轮廓的情况下,则应按照GB/T 17178.2开发一致性测试规范,并提交到相关标准化组织,用于将相关基础规范的一致性测试规范标准化(虽然由ATS提供的覆盖可以是不完整的)。

如果轮廓里包含有轮廓特定一致性要求,那么就应该为这些要求创建测试目的和相应的抽象测试用例。

7.3 与基础规范测试的关系

7.3.1 概述

轮廓每一个成分的一致性测试规范理论上是基础规范的一致性测试规范的子集,同样地,轮廓本身规定了基础规范的一个子集。

7.3.2 轮廓排斥的选项

在某些例外的情况下,轮廓可以包括要求以把基础规范允许的动态行为排除在外(即禁止使用基础规范中允许使用的一个可选性能,或者限制基础规范中允许的参数取值范围)。

当设计一致性测试规范以测试这种要求时,不应该有争议性的测试故意在轮廓外进行实现操作。因此,测试手段(MOT)应该总在轮廓限定的范围内。当在轮廓中进行测试时,如果发现实现展示超出了轮廓的行为以外,那么该测试用例应被记录为失败裁决。

当测试轮廓实现时,可以调整参数的取值以适合轮廓的要求。所有参数值应该在轮廓规定的范围内选取(测试有效行为),或者在基础规范允许的范围外选取(测试无效行为)。

7.3.3 轮廓范围以外的选项

在一些情况下,轮廓可以规定某个性能或者某个参数在范围外。

当测试轮廓实现时,范围外参数值的出现可以成为正确编码完整协议数据单元(PDU)的要求(即如果只有子结构中的一个元素在范围外)。然而,不应该在该轮廓的PTS中对该参数的语义进行测试。

那些不是为了用来正确编码PDU的参数不应是轮廓测试的主体。范围外的性能也不应作为轮廓测试的主体。不应该有用轮廓规定范围外的值来测试实现的测试用例,仅有用基础规范所规定的范围之内的值来测试实现的测试用例。但是,无效行为测试用例需要探测被测实现对相关基础规范无效行为的响应。

7.3.4 作为接收器的 IUT 的轮廓测试

系统可以支持多个轮廓,并可具有对下述 PDU 正确响应的能力,该 PDU 包含被测轮廓范围外或者由被测轮廓排外的参数。因此,当测试的被测实现(IUT)作为接收器时,MOT 应仅展现"轮廓内"的行为,不应该尝试强迫接收 IUT 在轮廓外操作。

测试套制定者应该仅规定有效的行为测试用例,该测试用例把它们的行为限制在轮廓规定的范围内。在轮廓限定基础规范允许的范围的场合,这也同样适用于参数值的范围。

如果更大范围内的值被发送到某一实现,实现者不要修改该实现来排斥这些值。还有,实现者宜有可能约束轮廓规范的实现,这样可以排斥在更大范围内的值。所以,不能对在更大范围内取值的轮廓实现的行为进行唯一定义。

7.3.5 作为发送器的 IUT 的轮廓测试

在连接协商过程中,MOT 应一直作为系统来实现轮廓,并准备与基础规范中所有可用的选项进行协商。

系统的能力会产生变化,以便系统为轮廓测试进行特定配置。在连接建立之上,系统可以提供轮廓范围之外的选项。然而,由于 MOT 被要求作为轮廓的实现,这些选项或者忽略或者协商掉。因此,发生的对话就在"轮廓内"。

在上测试器控制对话中所有参数值的场合,对于 IUT 发起的协议请求和响应,上测试器不应期望实现排斥或"裁剪"那些轮廓允许范围外的参数值,但可以对基础规范允许范围内的参数值进行排斥或"裁剪"。

在给定的参数被归类为轮廓范围外的场合,以及在上测试器既不为它规定值也不能对不使用参数的连接进行协商的场合,对于 IUT 发起的协议请求和响应,下测试器应忽略该参数的到达。

7.4 抽象测试法(ATM)

GB/T 17178.2 中所定义的用于基本 OSI 协议的所有抽象测试法(ATM)都适用于测试轮廓的成分。轮廓测试时选择 ATM 的考虑见 10.3.3。

7.5 被测系统(SUT)配置

在针对基础规范或轮廓规范一致性测试所处的上下文中,IUT 被定义为一个或多个协议(也可能加上信息客体)的实现。

根据那些利用相同基础规范中不同性能的轮廓,被测系统(SUT)能够在不同性能轮廓间进行协商或对该 SUT 能够进行合理的配置。系统一致性声明(SCS)和与其相关的 ICS 提供由 SUT 支持的有关轮廓的信息。

如果对多轮廓的 SUT 进行测试用以支持多个轮廓,则每次只能测试一个轮廓。因此,SUT 需要根据每个被测的轮廓进行配置,除非该被测系统具有不经过重新配置就可以支持多个轮廓的能力。

如果需要 SUT 配置,则它应发生在每个测试活动之前,使用轮廓 IXIT 中包含的信息。

注:有关 SUT 配置的要求在 ISO/IEC 9646-5 中规定。

8 轮廓测试规范概要(PTS 概要)

8.1 概述

PTS 概要是一个标准的文档,引用完整地规定轮廓一致性测试的所有必要文件。PTS 概要和它所引用的文件一起构成了 PTS。

8.2 PTS 概要的内容

8.2.1 概述

PTS 概要应具有以下结构：

a) 第 1 部分包括作为整体适用于轮廓以及 PTS 的引用(见 8.2.2)；

b) 第 2 部分分成几个子部分 2.N，每一个子部分包括应用于轮廓成分 N 的引用(见 8.2.3 和 8.2.4)；

c) 子部分 2.N.m 包括应用于轮廓成分 N 的特定 ATS m 的引用(见 8.2.5)；

d) 子部分 2.S 包括应用于公共(子)轮廓(如果有)的引用(见 8.2.6)；

e) 第 3 部分引用轮廓的特定信息，该信息与轮廓中任何单独的成分无关(见 8.2.7)；

f) 第 4 部分包括一致性条款(见 8.2.8)。

附录 A 给出了 PTS 概要模板的详细信息，用于给 PTS 制定者生成 PTS 概要。它也包括一个一致性条款，该条款会声明为了符合本模板 PTS 概要需要满足的要求。

8.2.2 PTS 概要第 1 部分：轮廓标识

PTS 概要的第 1 部分应包括与轮廓有关的一般信息。它应特别包含：

a) 由 GB/T 16682.2—2010 分类方法得出的轮廓标识符；

b) 轮廓规范的引用；

c) 轮廓要求列表(RL)的引用；

d) 轮廓特定 ICS 声明形式表的引用(如果需要)；

e) 部分轮廓 IXIT 要求列表(XRL)的引用(如果需要)；

f) 轮廓 SCS 形式表的引用(如果需要)。

8.2.3 PTS 概要第 2 部分：轮廓测试规范的成分

第 2 部分应包含子部分的概要，描述被测轮廓中每一个成分的一致性测试规范。

8.2.4 PTS 概要子部分 2.N：成分 N 的一致性测试规范

8.2.4.1 PTS 概要应包含针对每一个被测成分的子部分 2.N。

8.2.4.2 成分中的每一个协议都应具备以下内容：

a) 协议标识，包括名称、规范的引用以及有关轮廓的任何更多的信息(例如版本号、类别、补篇及技术勘误表的引用，如适用)；

b) 协议实现一致性声明(PICS)形式表的引用。

如果基础规范中不存在 PICS 形式表，则由 PTS 制定者创建合适的 PICS 形式表并提交到相应的组织以推动标准化。

8.2.4.3 如果成分中包含信息客体，则信息客体应具备以下内容：

a) 信息客体标识，包括它的客体标识符、规范的引用以及有关轮廓的任何更多的信息(如适用)；

b) 信息客体 ICS 形式表的引用。

如果信息客体中不存在 ICS 形式表，则由 PTS 制定者创建合适的信息客体 ICS 形式表并提交到负责信息客体规范的组织，通过适当的批准过程推动其标准化。

8.2.4.4 另外，对于每个成分都应有 TSS&TP 引用部分，应具备以下内容：

a) TSS&TP 规范的引用；

如果成分中不存在 TSS&TP 规范，则由 PTS 制定者创建合适的 TSS&TP 并提交到相应的组织进行标准化。

b) 附加的测试目的的引用(如果有)。

如果相应成分的 PSTS 需要附加的测试目的，则应引用轮廓特定测试规范制定。

8.2.5 PTS 概要子部分 2.N.m:成分 N 使用 ATS m

子部分 2.N.m 应包含可用于测试成分 N 的每个 ATS m 的引用。这部分是 PTS 中内容最多技术上最复杂的部分。

对于每个 ATS 规范应包含以下内容:

a) ATS 标识,包括规范的引用以及有关轮廓的任何更多的信息(例如版本号、出版日期、来源);

b) 关于 ATS 所使用的协议、服务和/或信息客体的精确信息,如:任何所用到的技术勘误表或任何规范子集的限制;

c) ATS 用到的 ATM;

d) TMP 规范的引用(如相关);

e) 部分 IXIT 形式表的引用;

f) 成分 N 中任何附加测试用例的引用;这些应该在 PSTS 中(如果有)。

8.2.6 PTS 概要子部分 2.s:公共(子)轮廓的 PTS 概要

如果轮廓的定义中用到了公共(子)轮廓,则子部分 2.N 和 2.N.m 中的一些内容应该由公共(子)轮廓的 PTS 概要的直接引用代替。

8.2.7 PTS 概要第 3 部分:不与任何单个成分有关的一致性测试规范

第 3 部分应引用与多个单个轮廓成分相关的 PSTS 中的信息(如果有)。

它应包含:

a) 轮廓特定的附加测试目的的引用,如果有;

b) 轮廓特定的附加测试用例的引用,如果有。

8.2.8 PTS 概要第 4 部分:一致性条款

第 4 部分应包含一致性条款。

附录 A 提供了 PTS 概要一致性条款的正文。

9 轮廓特定测试规范(PSTS)

PSTS 是一个标准化的文本,它是 PTS 的一部分,在 GB/T 17178.1—1997 中术语和定义。

它应包含:

a) 相关抽象测试用例的列表:

1) 来自适用于轮廓的每个 ATS 的测试用例列表,该测试用例列表应等同于使用虚构的轮廓 ICS 的结果,该实现一致性声明指明对相关 ATS 的选择表达式所有允许的轮廓选项的支持;

2) 测试用例替代表,标识出 a)1)列表中的哪个抽象测试用例被 PSTS 中的测试用例所替代,并标识出每个替代测试用例;

3) 测试(与轮廓的一个单个成分相关的)轮廓一致性要求的附加测试用例列表,不包括相关基础 ATS 规范,从理论上讲,该列表宜为空;

4) 附加测试用例列表,该附加测试用例与包括多个成分的轮廓特定一致性要求有关,本测试用例的集合构成一个附加 ATS。

b) 下列相关抽象测试用例的集合:

1) 上述 a)2)列表中标识的替代测试用例;

2) 上述 a)3)列表中标识的抽象测试用例,如可能,这些测试用例宜归纳并迁移到相应的 ATS 规范中;

3) 上述 a)4)列表中标识的附加 ATS 的测试用例。

c) 下列相关测试目的的集合:
   1) 与 a)2)、a)3)中标识的测试用例相关的新的或修改过的测试目的;
   2) a)4)中标识的附加 ATS 的 TSS&TP。
d) 规定所有相关抽象测试用例参数化的信息,用以下形式表示:
   1) 现有的部分 IXIT 形式表的修改;
   2) 部分轮廓 XRL,该 XRL 给出与现有部分 IXIT 形式表相关的附加要求;
   3) 部分轮廓特定 IXIT 形式表。
e) 与列表 a)1)中标识的测试用例相关的被修改的选择表达式,当必要时,涉及轮廓特定 ICS 形式表和/或轮廓特定 IXIT 形式表,或修改的部分 IXIT 形式表。
f) TMP 的修改或补充(如果相关的话)。
g) 包含在 SCTR 形式表中的轮廓特定信息,该 SCTR 形式表是根据 ISO/IEC 9646-5:1994 附录 A 中给出的模板制作的。

另外,在开发 PTS 的过程中,应使用 PSTS 为 PTS-Summary 引用的文件提供工作单元,但不应该在标准化的过程中完成。这包括缺陷报告和技术勘误。

PSTS 可以与单个轮廓有关,也可以与多个轮廓有关。在与多个轮廓有关的情况下,应明确指出 PSTS 的哪个成分与每个轮廓相关。

PSTS 应包含一致性条款,该条款包含以下说明:

"测试实现者应遵循 GB/T 17178.4 的要求,特别是那些有关基于 PSTS 的可执行测试套(ETS)的实现。为本轮廓进行一致性测试服务的测试实验室应遵循 ISO/IEC 9646-5 的要求"。

10 轮廓测试规范(PTS)开发过程

10.1 概述

本章描述了为轮廓获得组成 PTS 的一套文档的过程。

10.2 轮廓实现一致性声明(轮廓 ICS)形式表

宜检查确保轮廓 ICS 形式表足够用于测试轮廓,这包括检查轮廓中每一个协议和信息客体的轮廓 RL 和 ICS 形式表。在进行检查时,可以在 ICS 形式表或轮廓 RL 中发现缺陷,也可以在一致性条款规范中发现缺陷。

宜将检查中发现的缺陷提交给相应的规范制定组。ICS 形式表和轮廓 RL 的结构在轮廓测试时不能改变,但可以在缺陷报告过程中改变。

在开发过程中,PSTS 用于保持文档,如缺陷报告,而缺陷报告并不在标准化的过程中。

10.3 每个成分的一致性测试规范

10.3.1 每个一致性测试规范的使用

对于每一个将要在轮廓中测试的成分,宜检查确保一致性测试规范足够用于测试轮廓。

每个一致性测试规范的所有元素都要经过这种检查,即:TSS&TP、ATS、TMP(如果有的话)和部分 IXIT 形式表。

通过这些检查可以发现某个标准的元素不可用于某特定成分,在这种情况下,应该为轮廓中该成分的子集开发所缺少的元素,该元素宜提交给相应的规范制定组。

在进行检查时,可以在任何元素的规范中发现缺陷,如:测试目的、测试用例或选择规则的不充分或缺失。

不充分导致的缺陷宜通过缺陷报告程序提交给相应的规范制定组,并应确定一个替代者临时解决该缺陷。

遗漏导致的缺陷会给一致性测试规范带来附加内容以克服遗漏。开发这些附件内容是为了满足轮廓的需要,宜把附加的内容提交给 ATS 规范的指定组,以便决定是否对一致性测试规范作出必要的修改。

任何的替代内容和附加内容都应该包含在 PSTS 中。

一致性测试规范的个体元素结构在轮廓测试时不能改变,但可以在缺陷报告过程中改变。

检查部分 IXIT 形式表宜导致部分轮廓 XRL 的产生,也能确定是否需要部分轮廓特定 IXIT 形式表。

10.3.2 基础规范的测试目的

总体上讲,测试目的是为了基础规范而编写的,与特定轮廓和特定 ATM 无关。对于轮廓上下文来讲,不需要为测试一个协议而特别地产生一个 TSS&TP 版本。

宜对每一个相关的规范或几个规范的合成的 TSS&TP 进行分析,来决定是否需要对测试目的进行添加或修改以覆盖轮廓的要求。

这些测试目的可以与某个基础规范有关,也可以与一起测试的多个基础规范有关。

与某个基础规范有关的附加测试目的应在合适的点上与相关的 TSS&TP 相符。这会导致将它们加入到现有的测试组中或/和导致增加新的测试组。

与多个基础规范有关的附加测试目的应在独立的 TSS&TP 中规定。

10.3.3 抽象测试法(ATM)的选择

根据轮廓的本质,轮廓内的协议测试一般是从下层往上层,一个协议一个协议的完成,逐渐使用所选抽象测试法(ATM)中嵌入的变体。应用轮廓就是这样一个特殊的例子。但是,有些时候适合对两个协议进行测试,或者对一个协议加上作为轮廓一个单独成分的一个或多个信息客体进行测试。

当选择使用 ATM 时,应在经济因素(即开发费用、现有源材料的可用性以及为测试实验室和客户使用 ATM 的费用)和技术因素(例如:测试 IUT 时能施加的控制程度和使用给定的 ATM 测试成分的可测性)之间做好平衡。

从经济因素考虑通常会规定对于一个给定轮廓下的给定的成分只能开发一个 ATS 规范。这样的好处就是,在不同 SUT 所产生的测试报告之间更容易进行比较。

技术考虑是指为整个给定的 ATS 规范使用一个 ATM 不总是可行的。轮廓中单个的成分可以需要不同的 ATM 测试它不同的角色(如分布式的发起者的角色,远程的响应者的角色)。尤其是当进行多部分测试时,因为为了测试一个多部分协议中的一个实现的所有性能和所有方面的行为,就有可能需要用到若干个不同的多部分测试 ATM(即下测试器、上测试器的不同配置等)。

而且在一个轮廓中,可以需要用不同的 ATM 对不同的成分进行测试。一个明显的例子就是,当一个由多部分协议组成的轮廓在由单方协议构成的协议栈上运行。然而,即使在一个纯粹的单独协议轮廓中,对极下层的嵌入协议用 ATM 的嵌入变体是不切实际的,因为嵌入的越深控制就越弱。在这种情况下,可以考虑使用协同测试法中的非嵌入式变体以增强控制。

因此,不可能要求只使用一个 ATM 对整个轮廓,或者甚至对轮廓的单个成分进行测试。

10.4 轮廓测试规范(PTS)的轮廓特定元素

10.4.1 轮廓特定测试目的

有必要定义附加的轮廓特定测试目的和相关的测试用例。这些附加的轮廓特定测试目的应包括:

a) 轮廓要求,这些轮廓要求是已标识的基础规范测试覆盖中不充分导致的;这些测试目的应记录在 PSTS 中。

注:同时,宜将它们报告给基础规范制定组,包含在基础规范 TSS&TP 中,通过使用缺陷报告或者补篇的程

序(如果合适)。

b) 附加轮廓特定要求,同在轮廓特定 ICS 形式表中定义的一样;这些测试目的应记录在 PSTS 中。

10.4.2 抽象测试用例

应在 PSTS 中制定从附加轮廓特定测试目的中得到的抽象测试用例。这些抽象测试用例的规范应包括选择表达式,涉及轮廓 ICS 形式表和部分轮廓 IXIT 形式表问题。

创建的轮廓特定测试用例可以替代基础 ATS 规范中的测试用例。替代之后,应创建 PSTS 测试用例替代者列表,列出基础规范测试里的标识符和替代轮廓特定测试用例的相应的标识符。

10.4.3 轮廓特定 ICS 和轮廓特定 IXIT

如果轮廓特定测试用例、选择规则的修改或参数化规则的修改需要附加的 ICS 形式表和/或 IXIT 形式表问题,那么就需要创建合适的信息表(或者如果已经有形式表则作出补充)。

如果要创建或补充一个轮廓特定 ICS 形式表,则应该附加轮廓 RL,并且发给轮廓制定组以包含在轮廓规范中。

如果要创建部分轮廓特定 IXIT 形式表,则应包含在 PSTS 中。

10.5 标准化的最小状态

在 PTS 概要和 PSTS 作为国际标准轮廓、国际标准或 ITU-T 建议的一部分出版之前,PTS 概要所引用的所有文献都应该至少达到 CD 的状态或其等效状态。

10.6 PTS 概要和轮廓特定测试规范(PSTS)的包装

10.6.1 PTS 并不在一个单个的文本中发布,它是由用户根据 PTS 概要的指导在众多文本中获得的集合。

只有轮廓特殊标准化的部分,即 PTS 概要和 PSTS,才会按照轮廓规范的各独立部分出版。

10.6.2 轮廓规范可以包含一个或多个轮廓。如只制定了一个轮廓,则典型的轮廓规范文本有以下 3 个部分:

a) 第 1 部分包括轮廓的规范,它的要求列表和轮廓特定 ICS 形式表;

b) 第 2 部分包括 PTS 概要;

c) 第 3 部分包括 PSTS。

图 1 表示了一个包括单个轮廓的完整的轮廓规范的格式。图 1 也表示了完整轮廓规范的范围和 PTS 的范围之间的关系。

10.6.3 如果完整的轮廓规范具有多个轮廓,则它的典型结构如下:

a) 每一个轮廓规定在多部分轮廓规范中的一个独立的部分;

b) 每一个 PTS 概要规定在另一个多部分规范中的一个独立的部分;

c) PSTS 在它们自己的多部分规范的独立部分发布,有可能会包含一个公共部分,该公共部分适用于多个轮廓。

图 2 表示了与多于一个轮廓有关的多部分规范的结构。

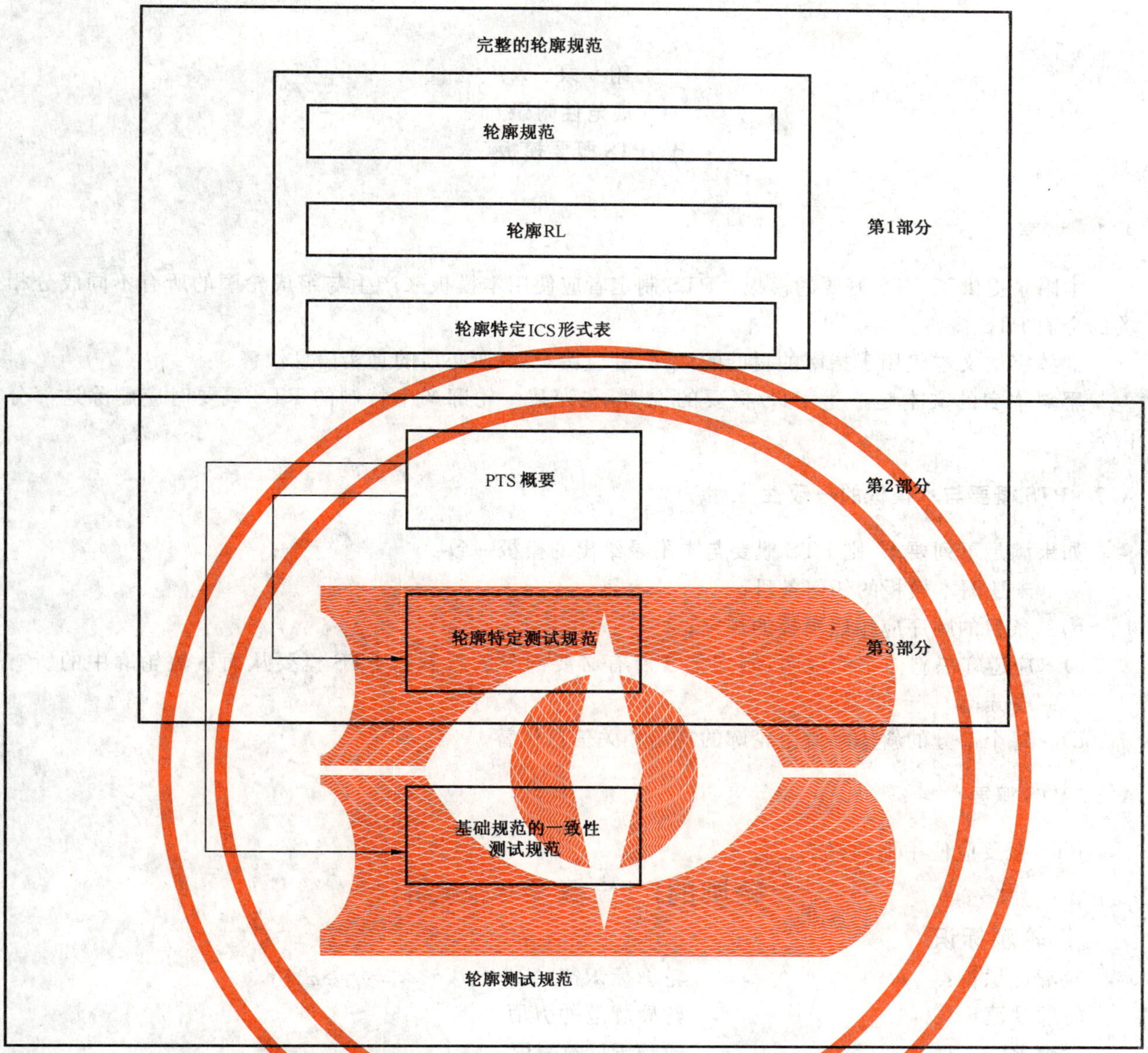

图 1　单个轮廓的完整轮廓规范和 PTS

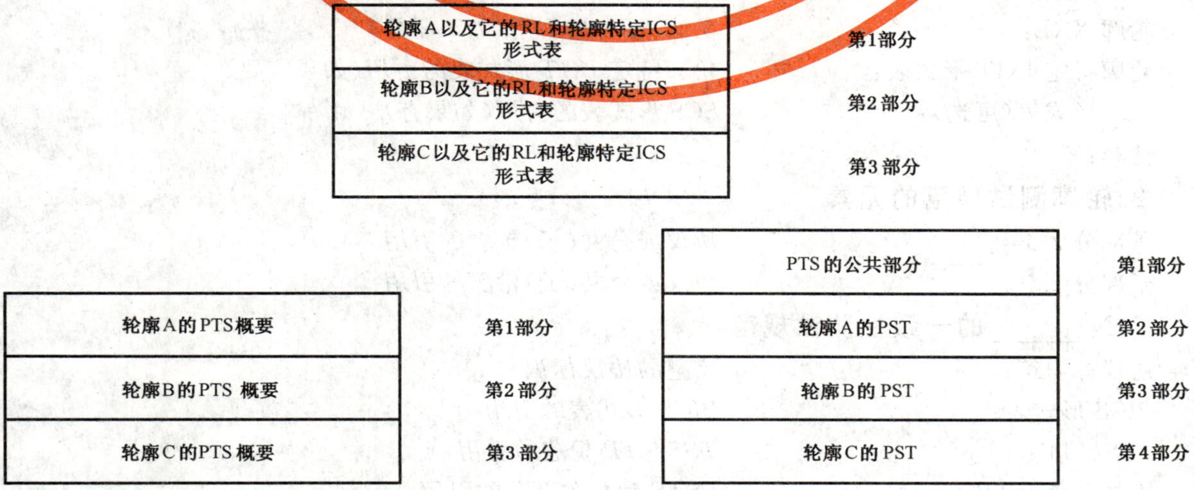

图 2　多部分轮廓规范

附 录 A
（规范性附录）
PTS 概要模板

A.1 概要

本附录提供了 PTS 概要的模板。PTS 制定者应使用本模板来产生与组成轮廓的所有不同成分相关的全面 PTS 概要。

*斜体字*的文本仅用于指南的目的的注释，并应由 PTS 所必需的真实信息代替。

黑斜体字的文本是产生 PTS 概要的说明，在为某一轮廓产生特制的 PTS 概要时应删除这部分内容。

A.2 PTS 概要与本模板的一致性

如果满足下列要求，则 PTS 概要与本附录给出的模板一致：

a) 未遗漏本模板的任何条目；

b) 条目的顺序应按照模板的规定；

c) 应遵守黑斜体字的说明，制定包含所有必要部分的特制的 PTS 概要从而覆盖轮廓中的所有成分；

d) 每个部分的斜体字应由轮廓的特定相关信息代替。

A.3 PTS 概要

PTS 概要应使用下列格式：

轮廓的PTS 概要　轮廓引用

1. 轮廓标识

轮廓标识符：	*轮廓标识符(GB/T 16682.2 分类法)*
轮廓规范：	*轮廓规范的引用*
轮廓 RL：	*轮廓 RL 的引用*
轮廓特定 ICS 形式表：	*轮廓特定 ICS 形式表的引用(如果需要)*
轮廓 XRL：	*轮廓 XRL 的引用(如果需要)*
轮廓特定 IXIT 形式表：	*轮廓特定 IXIT 形式表的引用(如果需要)*
SCS 形式表(可选)：	*SCS 形式表的引用(如果有)*
注释：	

2. 轮廓测试规范的元素

子部分 2.1：	*协议或公共(子)轮廓的引用*
子部分 2.N：	*协议或公共(子)轮廓的引用*

2.N ______的一致性测试规范

协议标识符：	*完整的协议标识*
PICS 形式表：	*PICS 形式表的引用*
TSS&TP：	*TSS&TP 规范的引用*
附加 TSS&TP：	*PSTS 和相关部分的引用*

包含信息客体的轮廓应加入以下引用：

信息客体：　　　　　　　　　　*课题标识符和其他引用*
信息客体 ICS 形式表：　　　　　*信息客体 ICS 形式表的引用*

2.N.m 为______使用抽象测试套

抽象测试套规范：　　　　　　　*ATS 规范的引用*
ATS 的应用性：　　　　　　　　*覆盖的协议和服务*
抽象测试法：　　　　　　　　　*抽象测试法的名称*
测试管理协议(如果有)：　　　　*TMP 的引用*
部分 IXIT 形式表：　　　　　　*部分 IXIT 形式表的引用*
附加测试用例：　　　　　　　　*PSTS 和相关部分的引用*

根据适用于成分N 的每一个抽象测试套重复2.N.m 的部分

2.S 公共（子）轮廓的PTS-Summary ________

对于引用公共（子）轮廓的轮廓，应用本部分的格式替代子部分2.N 和子部分2.N.m

公共(子)轮廓的 PTS 概要：　　*(子)轮廓的 PTS 概要的引用*

3.与给定协议不相关的测试规范

附加测试套结构：　　　　　　　*PSTS 和相关部分的引用*
附加测试目的：　　　　　　　　*PSTS 和相关部分的引用*
附加测试用例：　　　　　　　　*PSTS 和相关部分的引用*

4.一致性条款

该 PTS 概要测试手段的测试实现者应遵循 GB/T 17178.4 中的要求。

特别是，每一个引用的 ATS 的实现应遵循 ATS 规范，该抽象测试套规范与本 PTS 概要引用的 PSTS 所做的修改一致。轮廓特定测试规范中的 ATS 的实现应符合 PSTS。

根据本 PTS 概要进行一致性测试服务的测试实验室应遵循 ISO/IEC 9646-5。

ICS 23.060.40;25.040.40
N 16

GB

中华人民共和国国家标准

GB/T 17213.17—2010/IEC 60534-2-5:2003

工业过程控制阀　第2-5部分:流通能力 流体流经级间恢复多级控制阀的计算公式

**Industrial-process control valves—
Part 2-5:Flow capacity—Sizing equations for fluid flow through multistage control valves with interstage recovery**

(IEC 60534-2-5:2003,IDT)

2011-01-14 发布　　2011-05-01 实施

中华人民共和国国家质量监督检验检疫总局
中国国家标准化管理委员会　发布

前　言

GB/T 17213《工业过程控制阀》分为如下部分:

——第1部分:控制阀术语和总则(GB/T 17213.1—1998,eqv IEC 60534-1:1987)

——第2-1部分:流通能力　安装条件下流体流量的计算公式(GB/T 17213.2—2005,IEC 60534-2-1:1998,IDT)

——第2-3部分:流通能力　试验程序(GB/T 17213.9—2005,IEC 60534-2-3:1997,IDT)

——第2-4部分:流通能力　固有流量特性和可调比(GB/T 17213.10—2005,IEC 60534-2-4:1989,IDT)

——第2-5部分:流通能力　流体流经级间恢复多级控制阀的计算公式(GB/T 17213.17—2010,IEC 60534-2-5:2003,IDT)

——第3-1部分:尺寸　两通球形直通控制阀法兰端面距和两通球形角形控制阀法兰中心至法兰端面的间距(GB/T 17213.3—2005,IEC 60534-3-1:2000,IDT)

——第3-2部分:尺寸　角行程控制阀(蝶阀除外)的端面距(GB/T 17213.11—2005,IEC 60534-3-2:2001,IDT)

——第3-3部分:尺寸　对焊式两通球形直通控制阀的端距(GB/T 17213.12—2005,IEC 60534-3-3:1998,IDT)

——第4部分:检验和例行试验(GB/T 17213.4—2005,IEC 60534-4:1999,IDT)

——第5部分:标志(GB/T 17213.5—2008,IEC 60534-5:2004,MOD)

——第6-1部分:定位器与控制阀执行机构连接的安装细节　定位器在直行程执行机构上的安装(GB/T 17213.6—2005,IEC 60534-6-1:1997,IDT)

——第6-2部分:定位器与控制阀执行机构连接的安装细节　定位器在角行程执行机构上的安装(GB/T 17213.13—2005,IEC 60534-6-2:2000,IDT)

——第7部分:控制阀数据单(GB/T 17213.7—1998,eqv IEC 60534-7:1989)

——第8部分:噪声的考虑　实验室内测量空气动力流流经控制阀产生的噪声(GB/T 17213.8—1998,eqv IEC 60534-8-1:1986)

——第8-2部分:噪声的考虑　实验室内测量液动流流经控制阀产生的噪声(GB/T 17213.14—2005,IEC 60534-8-2:1991,IDT)

——第8-3部分:噪声的考虑　空气动力流流经控制阀产生的噪声预测方法(GB/T 17213.15—2005,IEC 60534-8-3:2000,IDT)

——第8-4部分:噪声的考虑　液动流流经控制阀产生的噪声预测方法(GB/T 17213.16—2005,IEC 60534-8-4:1994,IDT)

本部分为GB/T 17213的第2-5部分,标准编号为GB/T 17213.17。

本部分等同采用IEC 60534-2-5:2003《工业过程控制阀　第2-5部分:流通能力　流体流经级间恢复多级控制阀的计算公式》(英文版)。

本部分等同翻译IEC 60534-2-5:2003。

本标准在制定时按GB/T 1.1—2000《标准化工作导则　第1部分:标准的结构和编写规则》和GB/T 20000.2—2001《标准化工作指南　第2部分:采用国际标准的规则》的有关规定做了如下编辑性修改:

a) 删除了国际标准的前言;

b) “IEC 60534 的本部分”改为“GB/T 17213 的本部分”;

c) 原引用文件的引导语按 GB/T 1.1—2000 的规定改成规范性引用文件的引导语;

d) 用小数点“.”代替作为小数点的逗号“,”。

本部分的附录 A 和附录 B 为资料性附录。

本部分由中国机械工业联合会提出。

本部分由全国工业过程测量和控制标准化技术委员会(SAC/TC 124)归口。

本部分负责起草单位:上海工业自动化仪表研究所。

本部分参加起草单位:上海仪器仪表自控系统检验测试所、上海西派埃仪表成套有限公司、天津精通控制仪表技术有限公司、上海自动化仪表股份有限公司自动化仪表七厂、宁夏银星能源股份吴忠仪表有限公司、重庆川仪十一厂有限公司、鞍山自控仪表(集团)股份有限公司。

本部分主要起草人:王炯、陈蒙南、李明华、杨建文、范萍、高强、张世淑、王志泽。

本部分为首次发布。

工业过程控制阀　第2-5部分:流通能力　流体流经级间恢复多级控制阀的计算公式

1　范围

GB/T 17213 的本部分包含预测流经多级控制阀的可压缩和不可压缩流体流量的计算公式。

不可压缩流体计算公式以牛顿不可压缩流体标准流体动力学方程为依据。这些公式不用于非牛顿流体、液体混合物、泥浆或液体-固体输送系统。

若压差/绝对入口压力比($\Delta p/p_1$)相当低,可压缩流体的特性类似于不可压缩流体。在这种条件下,可压缩流体的计算公式可以上溯到牛顿不可压缩流体的标准流体动力学方程。但当 $\Delta p/p_1$ 比值增大时会导致可压缩性效应,这就需要用合适的校正系数修改基本方程。可压缩流体的计算公式可用于气体和蒸汽,但不用于气体-液体、蒸汽-液体或气体-固体混合物之类的多相流。

本标准仅适用于多级多通道控制阀和多级单通道控制阀。

2　规范性引用文件

下列文件中的条款通过 GB/T 17213 的本部分的引用而成为本部分的条款。凡是注日期的引用文件,其随后所有的修改单(不包括勘误的内容)或修订版均不适用于本部分,然而,鼓励根据本部分达成协议的各方研究是否可使用这些文件的最新版本。凡是不注日期的引用文件,其最新版本适用于本部分。

GB/T 17213.1—1998　工业过程控制阀　第1部分:控制阀术语和总则(eqv IEC 60534-1:1987)

GB/T 17213.2—2005　工业过程控制阀　第2-1部分:流通能力　安装条件下流体流量的计算公式(IEC 60534-2-1:1998,IDT)

GB/T 17213.9—2005　工业过程控制阀　第2-3部分:流通能力　试验程序(IEC 60534-2-3:1997,IDT)

3　术语和定义

GB/T 17213.1 确立的以及下列术语和定义适用于本部分。

3.1

多级控制阀　multistage control valves

阀内件以间隔分为若干级的球体控制阀(见图1和图2)。所有级的孔径的几何轮廓必须类同。第二级流量系数 C 与第一级流量系数 C 的比值不得超过 1.80。其他级与其前一级的流量系数 C 的比值不得超过 1.55,且必须始终保持±9%的允差。一般不可压缩流体的级流量系数大约相等,只有当要求较高压力降时才能分配给特定级稍小的流量系数 C。

3.2

间隔　gap

相邻级的间距。

3.3

多级多通道控制阀　multistage multipath control valves

阀内件具有多个以间隔分为若干级的流量通道的球体控制阀(见图1)。间隔应按下述公式计算,允差−10%~+15%:

$$\delta = A \times 1/l \times 1.589/(D_S)^{1/2}$$

式中：

δ——间隔，其最小限值为 4，最大限值为 44，单位为毫米（mm）；

A——额定行程下相邻上游级节流通道总横截面积，单位为平方毫米（mm^2）；

l——行程，单位为毫米（mm）；

D_S——相邻上游级外径，单位为毫米（mm）。

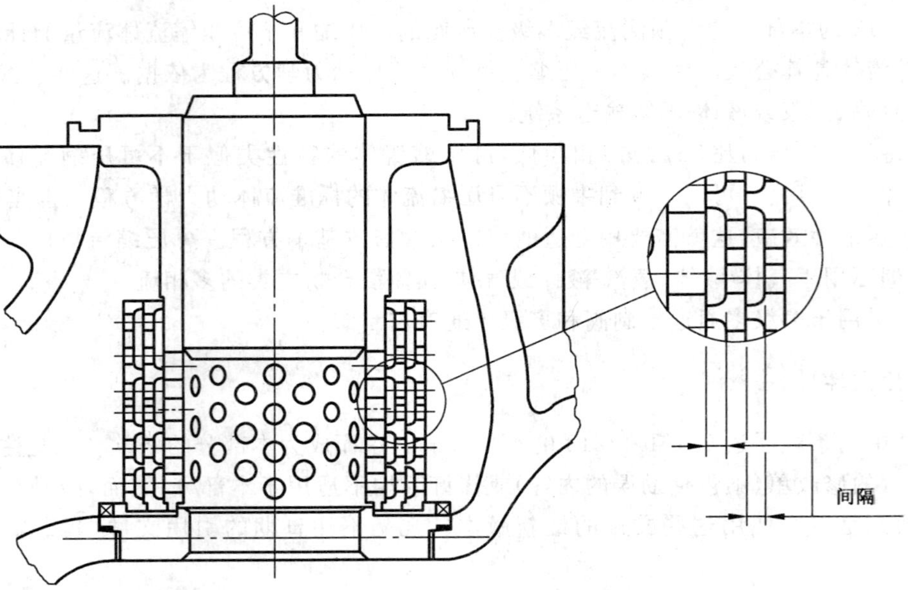

注：此为多级阀内件的一个实例。

图 1　多级多通道阀内件

3.4

多级单通道控制阀　multistage single path control valves

阀内件具有以间隔分为若干级的单通道的球形控制阀（见图 2）。间隔宜维持在下述最小及最大限值范围内：

最小间隔：前一级阀座直径的 0.6 倍；

最大间隔：前一级阀座直径的 1.1 倍。

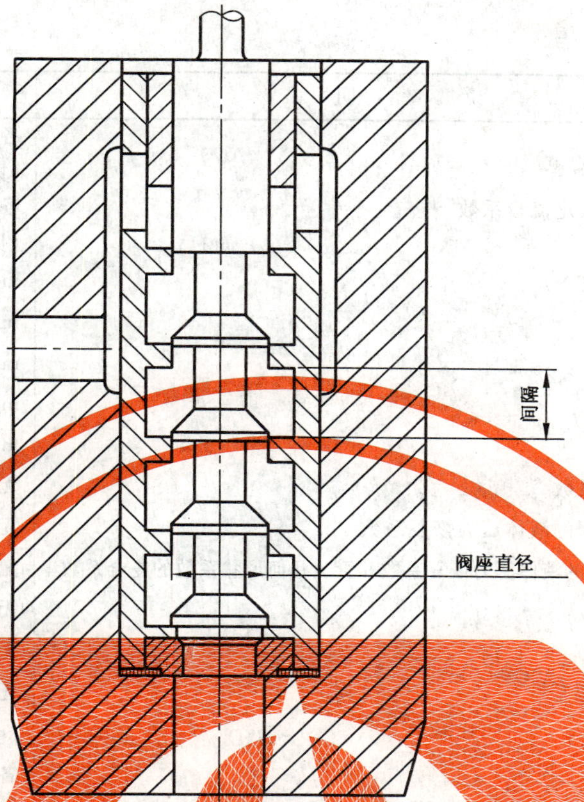

注：此为多级阀内件的一个实例。

图 2　多级单通道阀内件

4　安装

在单级控制阀的应用中，渐缩管或其他管件的影响可能比较显著。而对于 $C_v/d^2 \leqslant 0.01$（或 $K_v/d^2 \leqslant 0.0086$）的多级控制阀事实上并无影响。

采用本部分提出的关系式计算控制阀尺寸时，都假设计算的流量系数包含 A 点与 B 点之间的全部压头损失，见图 3。

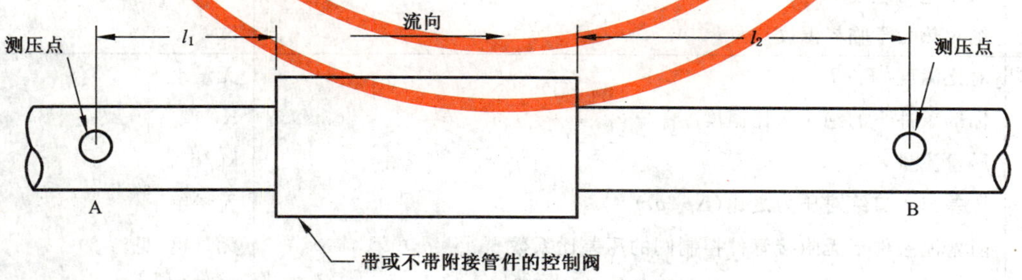

图中：

l_1——两倍管道公称通径；

l_2——六倍管道公称通径。

图 3　尺寸计算用参考管段

5 符号

符号	说明	单位
C	流量系数(K_v、C_v)	各不相同(见 GB/T 17213.1)(见注 3)
C_i	用于反复计算的假定流量系数	各不相同(见 GB/T 17213.1)(见注 3)
d	控制阀公称通径(DN)	mm
D	管道内径	mm
D_1	上游管道内径	mm
D_2	下游管道内径	mm
D_0	节流孔直径	mm
F_F	液体临界压力比系数	无量纲
F_L	无附接管件控制阀的液体压力恢复系数	无量纲(见注 3)
F_{LP}	带附接管件控制阀的液体压力恢复系数和管道几何形状系数的复合系数	无量纲(见注 3)
F_P	管道几何形状系数	无量纲
F_γ	比热比系数	无量纲
k	级互作用系数	无量纲
M	流体分子量	kg/kmol
N	数字常数(见表 1)	各不相同(见注 1)
n	级数	无量纲
p_1	A 点测得的入口绝对静压力(见图 3)	kPa 或 bar(见注 2)
p_2	B 点测得的出口绝对静压力(见图 3)	kPa 或 bar
p_c	绝对热力学临界压力	kPa 或 bar
p_r	对比压力(p_1/p_c)	无量纲
p_v	入口温度下液体蒸汽的绝对压力	kPa 或 bar
Δp	上、下游取压口的压力差(p_1-p_2)	kPa 或 bar
Q	体积流量(见注 4)	m^3/h
r	再热系数	无量纲
T_1	入口绝对温度	K
T_c	绝对热力学临界温度	K
T_r	对比温度(T_1/T_c)	无量纲
t_s	标准条件下的绝对参比温度	K
W	质量流量	kg/h
x	压差与入口绝对压力之比($\Delta p/p_1$)	无量纲
x_T	阻塞流条件下无附接管件控制阀的压差比系数	无量纲(见注 3)
x_{TP}	阻塞流条件下带附接管件控制阀的压差比系数	无量纲(见注 3)
Y	膨胀系数	无量纲
Z	压缩系数	无量纲
ρ_1	在 p_1 和 T_1 时的流体密度	kg/m^3
ρ_1/ρ_0	相对密度(对于 15℃的水,$\rho_1/\rho_0=1.0$)	无量纲
γ	比热比	无量纲

表（续）

符号	说明	单位
ξ	控制阀或阀内件附接渐缩管、渐扩管或其他管件时的速度头损失系数	无量纲
ξ_1	管件上游速度头损失系数	无量纲
ξ_2	管件下游速度头损失系数	无量纲
ξ_{B1}	入口的伯努利系数	无量纲
ξ_{B2}	出口的伯努利系数	无量纲
注 1：为确定常数的单位，应使用表 1 给出的单位对相应的公式进行量纲分析。 注 2：1 bar＝10^2 kPa＝10^5 Pa。 注 3：这些值与行程有关，由制造商发布。 注 4：体积流量以立方米每小时为单位，由符号 Q 表示指的是标准条件，标准立方米每小时是在 1 013.25 mbar 和 273 K 或 288 K 下的值(见表 1)。		

6 不可压缩流体的计算公式

以下所列公式可确定控制阀不可压缩流体的流量、流量系数、相关安装系数和相应工作条件的关系。流量系数可以在下列公式中选择一个合适的方程来计算。

6.1 紊流

控制阀在非阻塞流条件下工作时，计算流经控制阀的牛顿流体流量的公式由 GB/T 17213.1 的基本公式(1)导出。

6.1.1 非阻塞紊流

6.1.1.1 无附接管件的非阻塞紊流

应用条件：$\Delta p < F_L{}^2(p_1 - F_F \times p_v)$

流量系数应由式(1)确定：

$$C = \frac{Q}{N_1}\sqrt{\frac{\rho_1/\rho_0}{\Delta p}} \qquad \cdots\cdots(1)$$

注 1：数字常数 N_1 取决于一般计算公式中使用的单位和流量系数的类型 K_v 或 C_v。

注 2：无附接管件的控制阀在非阻塞紊流条件下的计算示例见附录 B。

6.1.1.2 带附接管件的非阻塞紊流

应用条件：$\Delta p < (F_{LP}/F_P)^2(p_1 - F_F \times p_v)$

流量系数应由式(2)确定：

$$C = \frac{Q}{N_1 F_P}\sqrt{\frac{\rho_1/\rho_0}{\Delta p}} \qquad \cdots\cdots(2)$$

注：管道几何形状系数 F_P 见 8.1。

6.1.2 阻塞紊流

在阻塞流条件下，流体流经控制阀的最大流量应由下列公式计算。

6.1.2.1 无附接管件的阻塞紊流

应用条件：$\Delta p \geqslant F_L{}^2(p_1 - F_F \times p_v)$

流量系数应由式(3)确定：

$$C = \frac{Q}{N_1 F_L}\sqrt{\frac{\rho_1/\rho_0}{p_1 - F_F p_v}} \qquad \cdots\cdots(3)$$

注：无附接管件的控制阀在阻塞流条件下的计算示例见附录 B。

6.1.2.2 带附接管件的阻塞紊流

应用条件：$\Delta p \geqslant (F_{LP}/F_P)^2(p_1 - F_F p_v)$

流量系数应由式(4)确定：

$$C = \frac{Q}{N_1 F_{LP}} \sqrt{\frac{\rho_1/\rho_0}{p_1 - F_F p_v}} \quad \cdots\cdots (4)$$

7 可压缩流体的计算公式

以下所列公式可确定控制阀可压缩流体的流量、流量系数、相关安装系数和相关工作条件的关系。可压缩流体的流量可分为质量流量和体积流量两种单位，因此公式必须能处理这两种情况。流量系数可在下列公式中选择合适的公式来计算。

7.1 紊流

7.1.1 非阻塞紊流

7.1.1.1 无附接管件的非阻塞紊流

应用条件：$x < F_\gamma x_T$

流量系数应按下列公式计算：

$$C = \frac{W}{N_6 Y \sqrt{x p_1 \rho_1}} \quad \cdots\cdots (5)$$

$$C = \frac{W}{N_8 p_1 Y} \sqrt{\frac{T_1 Z}{x M}} \quad \cdots\cdots (6)$$

$$C = \frac{Q}{N_9 p_1 Y} \sqrt{\frac{M T_1 Z}{x}} \quad \cdots\cdots (7)$$

注 1：膨胀系数 Y 的详细说明见 8.4。

注 2：流体分子量 M 的值见附录 A。

7.1.1.2 带附接管件的非阻塞紊流

应用条件：$x < F_\gamma x_{TP}$

流量系数应按下列公式计算：

$$C = \frac{W}{N_6 F_P Y \sqrt{x p_1 \rho_1}} \quad \cdots\cdots (8)$$

$$C = \frac{W}{N_8 F_P p_1 Y} \sqrt{\frac{T_1 Z}{x M}} \quad \cdots\cdots (9)$$

$$C = \frac{Q}{N_9 F_P p_1 Y} \sqrt{\frac{M T_1 Z}{x}} \quad \cdots\cdots (10)$$

注 1：管道几何形状系数 F_P 见 8.1。

注 2：带附接管件的非阻塞紊流控制阀计算示例见附录 B。

7.1.2 阻塞紊流

在阻塞流条件下通过控制阀的最大流量应按下列公式计算。

7.1.2.1 无附接管件的阻塞紊流

应用条件：$x \geqslant F_\gamma x_T$ 式(11)～式(13)中 $F_\gamma x_T$ 的最大值应不超过 1。

流量系数应按下列公式计算：

$$C = \frac{W}{N_6 Y \sqrt{F_\gamma x_T p_1 \rho_1}} \quad \cdots\cdots (11)$$

$$C = \frac{W}{N_8 p_1 Y} \sqrt{\frac{T_1 Z}{F_\gamma x_T M}} \quad \cdots\cdots (12)$$

$$C=\frac{Q}{N_9 p_1 Y}\sqrt{\frac{MT_1 Z}{F_\gamma x_T}} \quad \text{(13)}$$

7.1.2.2 带附接管件的阻塞紊流

应用条件：$x \geqslant F_\gamma x_{TP}$ 式(14)～式(16)中 $F_\gamma x_{TP}$ 的最大值应不超过1。

流量系数应按下列公式计算：

$$C=\frac{W}{N_6 F_P Y\sqrt{F_\gamma x_{TP} p_1 \rho_1}} \quad \text{(14)}$$

$$C=\frac{W}{N_8 F_P p_1 Y}\sqrt{\frac{T_1 Z}{F_\gamma x_{TP} M}} \quad \text{(15)}$$

$$C=\frac{Q}{N_9 F_P p_1 Y}\sqrt{\frac{MT_1 Z}{F_\gamma x_{TP}}} \quad \text{(16)}$$

8 确定修正系数

8.1 管道几何形状系数 F_P

$C_v/d^2 \leqslant 0.01$（或 $K_v/d^2 \leqslant 0.0086$），F_P 可取为1。较高的 C_v/d^2（或 K_v/d^2）比值的 F_P 取值参见 GB/T 17213.2。

注：F_P 的图形近似值参见 GB/T 17213.2 中图2a)和图2b)。

8.2 液体压力恢复系数 F_L 或 F_{LP}

8.2.1 无附接管件的液体压力恢复系数 F_L

F_L 是无附接管件阀的液体压力恢复系数。该系数表示阻塞流条件下阀体内几何形状对阀容量的影响。它定义为阻塞流条件下的实际最大流量与理论上非阻塞流条件下的流量之比。如果压差是阻塞流条件下的阀入口压力与明显的“缩流断面”压力之差，就要算出理论非阻塞流条件下的流量。系数 F_L 可以通过符合 GB/T 17213.9 的试验来确定。F_L 的典型值如表2所示。

8.2.2 带附接管件的液体压力恢复系数与管道几何形状系数的复合系数 F_{LP}

F_{LP} 是带附接管件控制阀的液体压力恢复系数和管道几何形状系数的复合系数。当 $C_v/d^2 \leqslant 0.01$（或 $K_v/d^2 \leqslant 0.0086$）时，F_{LP} 等于 F_L。较高的 C_v/d^2（或 K_v/d^2）比值的 F_{LP} 值计算参见GB/T 17213.2。

8.3 液体临界压力比系数 F_F

F_F 是液体临界压力比系数。该系数是阻塞流条件下明显的“缩流断面”压力与入口温度下液体的蒸汽压力之比。蒸汽压力接近零时这个系数为0.96。

F_F 值可用图4曲线确定或由式(17)确定近似值。

$$F_F=0.96-0.28\sqrt{\frac{p_v}{p_c}} \quad \text{(17)}$$

8.4 膨胀系数 Y

膨胀系数 Y 表示流体从阀入口流到“缩流断面”（其位置就在节流孔的下游，该处的射流面积最小）处时的密度变化。它还表示压差变化时“缩流断面”面积的变化。

理论上，Y 受以下几个因素的影响：

a) 阀孔面积与阀体入口面积之比；

b) 流路的形状；

c) 压差比 x；

d) 雷诺数；

e) 比热比 γ。

a)、b)、c)和 e)项的影响可用压差比系数 x_T 表示。x_T 通过空气试验确定，将在8.5.1中论述。

雷诺数是控制阀节流孔处惯性力与黏性力之比。在可压缩流体情况下（在多级阀内件情况下），由于紊流几乎始终存在，因此其值不受影响。

流体比热比会影响压差比系数 x_T。

Y 可用式(18)计算：

$$Y=\left[1-\frac{1-\left(1-k\frac{x}{x_T}\right)^{\frac{1}{n}}}{1.212F_\gamma}\right]\left(1+r\frac{x^{\sqrt{n-1}}}{F_\gamma}\right) \quad\cdots\cdots(18)$$

代入式(18)的 x 值不可超过 $F_\gamma x_T$，其最大值是 0.963。

式(18)中 x_T 的值不用 F_γ 修正。

有关 k 和 r 的信息分别参见 8.8 和 8.9。

8.5 压差比系数 x_T 和 x_{TP}

8.5.1 无附接管件的压差比系数 x_T

x_T 是无渐缩管或其他管件的控制阀的压差比系数。如果入口压力 p_1 保持恒定并且出口压力 p_2 逐渐降低，则流经控制阀的质量流量就会增大至最大极限值，进一步降低 p_2 流量不再增加，这种情况称作阻塞流。

当压差比 x 达到 $F_\gamma x_T$ 的值时就达到了这个极限值。x 的这个极限值就定义为临界压差比。即使实际压差比更大，用于式(11)～式(16)中任何一个计算公式的 x 值应保持在这个极限之内。计算 Y[式(18)]时，x 的极限值也是 $F_\gamma x_T$。因而，Y 的数值取决于级的数量及 x/x_T 比。压差相当低时，其值接近 1.0。

x_T 值可通过空气试验来确定。试验程序见 GB/T 17213.9。

注：装有全口径阀内件的控制阀全开时的 x_T 典型值见表 2。使用这个资料时应慎重。要求精确值时，应通过试验获得。

8.5.2 带附接管件的压差比系数 x_{TP}

如果多级控制阀装有附接管件，若 $C_v/d^2\leqslant 0.01$(或 $K_v/d^2\leqslant 0.008\,6$)，计算公式中使用的 x_T 值不会受到影响。在这种情况下，x_{TP} 等于 x_T。较高的 C_v/d^2（或 K_v/d^2）比值的 x_{TP} 值计算参见 GB/T 17213.2。

8.6 比热比系数 F_γ

系数 x_T 是以接近大气压、比热比为 1.40 的空气流体为基础的。如果流体比热比不是 1.40，可用系数 F_γ 调整 x_T。比热比系数用式(19)计算：

$$F_\gamma=\frac{\gamma}{1.40} \quad\cdots\cdots(19)$$

注：γ 和 F_γ 的值见附录 A。

8.7 压缩系数 Z

许多计算公式都不包含上游条件下流体的实际密度这一项，而密度则是根据理想气体定律由入口压力和温度导出的，在某些条件下，真实气体性质与理想气体偏差很大。在这些情况下，就应引入压缩系数 Z 来补偿这个偏差。Z 是对比压力和对比温度两者的函数。对比压力 p_r 定义为实际入口绝对压力与所述流体的绝对热力临界压力之比。对比温度 T_r 的定义与此类似，即：

$$p_r=\frac{p_1}{p_c} \quad\cdots\cdots(20)$$

$$T_r=\frac{T_1}{T_c} \quad\cdots\cdots(21)$$

注 1：p_c 和 T_c 的值见附录 A。

注 2：对于多级阀，未知 Z 对 Y 的影响。

注 3：如果不能确定 Z，取其值为 1。

8.8 级互作用系数 k

式(18)中，此系数表示将阀压降比 x 转换为缩流断面压降比时所需系数，并包含最终级出口处与其他级之间压力恢复差异的校正系数。不同数量的级具有特定的 k 值。这些值在表 3 中列出。

8.9 再热系数 r

式(18)的前一项基于各级间流体的完全再加热(膨胀时热度降低后热函的完全恢复),实际上不会出现这样的情况,级间只能部分再加热使流体不膨胀到理论比量,当级的数量增加到 4 以上时由于级数增加导致摩擦再热增强,局部再加热效应逐渐减退。式(18)的后一项识别这些效应并对 Y 的理论计算式作出相应的改变,系数 r 使得校正量可通过阀压降比进行计算,不同数量的级具有特定的 r 值。这些值在表 3 中列出。

表 1 数字常数 N

常数	流量系数 C		公式的单位
	K_v	C_v	$p,\Delta p$
N_1	1×10^{-1}	8.65×10^{-2}	kPa
	1	8.65×10^{-1}	bar
N_2	1.6×10^{-3}	2.14×10^{-3}	—
N_5	1.80×10^{-3}	2.41×10^{-3}	—
N_6	3.16	2.73	kPa
	3.16×10^{1}	2.73×10^{1}	bar
N_8	1.10	9.48×10^{-1}	kPa
	1.1×10^{2}	9.48×10^{1}	bar
N_9	2.46×10^{1}	2.12×10^{1}	kPa
($t_s=0$ ℃)	2.46×10^{3}	2.12×10^{3}	bar
N_9	2.60×10^{1}	2.25×10^{1}	kPa
($t_s=15$ ℃)	2.60×10^{3}	2.25×10^{3}	bar
注:使用表中提供的数字常数和表中规定的实际公制单位就能得出规定单位的流量系数。			

表 2 液体压力恢复系数 F_L 和额定行程下的压差比系数 x_T 的典型值[a]

控制阀类型	阀内件类型	级的数量	流向[b]	F_L[c,d]	x_T
球形阀,角阀	多级 多通道	2	流开或流关	0.97	0.812
		3	流开或流关	0.99	0.888
		4	流开或流关	0.99	0.925
		5	流开或流关	0.99	0.950
球形阀,角阀	多级 单通道	3	流开或流关	0.97	0.896
		4	流开或流关	0.99	0.935
		5	流开或流关	0.99	0.960

[a] 这些值仅为典型值,实际值应由制造商规定。

[b] 趋于阀开或阀关的流体流向,即将截流件推离或推向阀座。

[c] F_L 的值被认为在所有百分数的 C 时都是恒定的。

[d] 所有级的孔径的几何轮廓都必须类同。

表 3　级互作用系数 k 和再热系数 r 的值

级　数	k	r
1	0.404	0
2	0.673	0.215
3	0.825	0.316
4	0.885	0.335
5	0.915	0.310

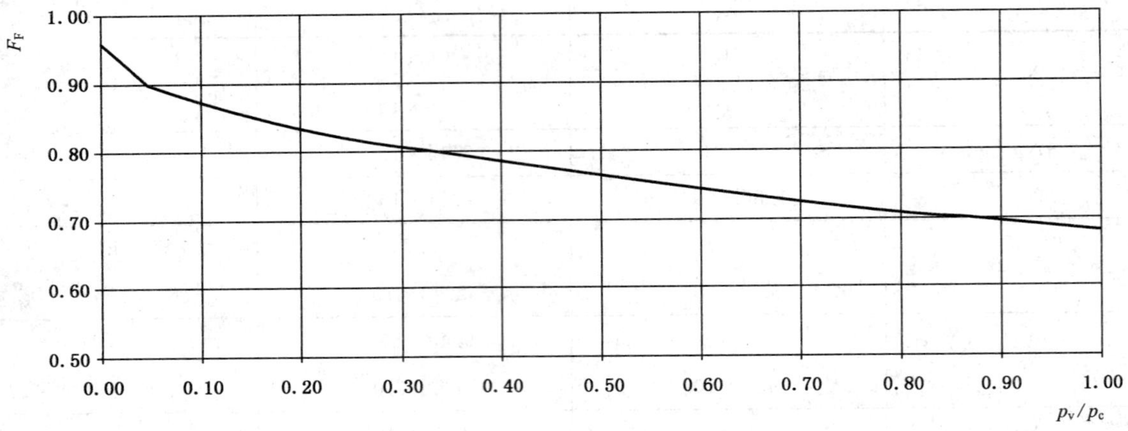

图 4　液体临界压力比系数 F_F

附 录 A
（资料性附录）
物理常数[a]

气体和蒸汽	符号	M	γ	F_γ	p_c [b]	T_c [c]
乙炔	C_2H_2	26.04	1.30	0.929	6 140	309
空气	—	28.97	1.4	1.000	3 771	133
氨	NH_3	17.03	1.32	0.943	11 400	406
氩	A	39.948	1.67	1.191	4 870	151
苯	C_6H_6	78.11	1.12	0.800	4 924	562
异丁烷	C_4H_9	58.12	1.10	0.784	3 638	408
丁烷	C_4H_{10}	58.12	1.11	0.793	3 800	425
异丁烯	C_4H_8	56.11	1.11	0.790	4 000	418
二氧化碳	CO_2	44.01	1.30	0.929	7 387	304
一氧化碳	CO	28.01	1.40	1.000	3 496	133
氯气	Cl_2	70.906	1.31	0.934	7 980	417
乙烷	C_2H_6	30.07	1.22	0.871	4 884	305
乙烯	C_2H_4	28.05	1.22	0.871	5 040	283
氟	F_2	18.998	1.36	0.970	5 215	144
氟里昂 11(三氯-氟化甲烷)	CCl_3F	137.37	1.14	0.811	4 409	471
氟里昂 12(二氯二氟甲烷)	CCl_2F_2	120.91	1.13	0.807	4 114	385
氟里昂 13(一氯三氟代甲烷)	CClF	104.46	1.14	0.814	3 869	302
氟里昂 22(一氯二氟代甲烷)	$CHClF_2$	80.47	1.18	0.846	4 977	369
氦	He	4.003	1.66	1.186	229	5.25
庚烷	C_7H_{16}	100.20	1.05	0.750	2 736	540
氢	H_2	2.016	1.41	1.007	1 297	33.25
氯化氢	HCl	36.46	1.41	1.007	8 319	325
氟化氢	HF	20.01	0.97	0.691	6 485	461
甲烷	CH_4	16.04	1.32	0.943	4 600	191
一氯甲烷	CH_3Cl	50.49	1.24	0.889	6 677	417
天然气	—	17.74	1.27	0.907	4 634	203
氖	Ne	20.179	1.64	1.171	2 726	44.45
一氧化氮	NO	63.01	1.40	1.000	6 485	180
氮	N_2	28.013	1.40	1.000	3 394	126
辛烷	C_8H_{18}	114.23	1.66	1.186	2 513	569
氧	O_2	32.000	1.40	1.000	5 040	155

表（续）

气体和蒸汽	符号	M	γ	F_γ	p_c[b]	T_c[c]
戊烷	C_5H_{12}	72.15	1.06	0.757	3 374	470
丙烷	C_3H_8	44.10	1.15	0.821	4 256	370
丙二醇	C_3H_6	42.08	1.14	0.814	4 600	365
饱和蒸汽	—	18.016	1.25～1.32[d]	0.893～0.943[d]	22 119	647
二氧化硫	SO_2	64.06	1.26	0.900	7 822	430
过热蒸汽	—	18.016	1.315	0.939	22 119	647

[a] 环境温度和大气压力下的流体常数(不包括蒸汽)。

[b] 压力单位为 kPa(绝对压力)。

[c] 温度单位 K。

[d] 代表性值,准确的特性需要了解确切的组成成分。

附　录　B
（资料性附录）
公式计算范例

B.1　例 1：不可压缩流体——无附接管件非阻塞紊流

过程数据：

流体：	水
入口绝对温度：	$T_1=356\ \text{K}$
密度：	$\rho_1=970\ \text{kg/m}^3$
蒸汽压力：	$p_v=55.2\ \text{kPa}$
热力学临界压力：	$p_c=22\ 120\ \text{kPa}$
入口绝对压力：	$p_1=680\ \text{kPa}$
出口绝对压力：	$p_2=120\ \text{kPa}$
流量：	$Q=295\ \text{m}^3/\text{h}$
管道尺寸：	$D_1=D_2=150\ \text{mm}$

控制阀数据：

控制阀类型：	球形阀
阀内件：	3 级，多通道
流向：	流关
控制阀尺寸：	$d=150\ \text{mm}$
液体压力恢复系数：	$F_L=0.99$（见表 2）

计算：

$$F_F=0.96-0.28\sqrt{\frac{p_v}{p_c}}=0.946 \qquad \cdots\cdots(17)$$

式中：

$p_v=55.2\ \text{kPa}$；

$p_c=22\ 120\ \text{kPa}$。

下一步，确定流态：

$$F_L^2(p_1-F_F p_v)=615\ \text{kPa}$$

它大于压差 560 kPa，因此，流态是非阻塞流，流量系数 C 用式(1)计算：

$$C=\frac{Q}{N_1}\sqrt{\frac{\rho_1/\rho_0}{\Delta p}}=123\ \text{m}^3/\text{h}\ （对于\ K_v） \qquad \cdots\cdots(1)$$

式中：

$Q=295\ \text{m}^3/\text{h}$；

$N_1=1\times10^{-1}$（见表 1）；

$\rho_1/\rho_0=0.97$；

$\Delta p=560\ \text{kPa}$。

B.2 例 2:不可压缩流体——无附接管件的阻塞紊流

过程数据：

流体：	水
入口温度：	$T_1=366$ K
密度：	$\rho_1=965$ kg/m^3
蒸汽压力：	$p_v=80$ kPa
热力学临界压力：	$p_c=22\ 120$ kPa
入口绝对压力：	$p_1=680$ kPa
出口绝对压力：	$p_2=76$ kPa
流量：	$Q=284$ m^3/h
管道尺寸：	$D_1=D_2=150$ mm

控制阀数据：

控制阀类型：	球形阀
阀内件：	3 级,多通道
流向：	流关
控制阀尺寸：	$d=150$ mm
液体压力恢复系数：	$F_L=0.99$（见表 2）

计算：

$$F_F=0.96-0.28\sqrt{\frac{p_v}{p_c}}=0.943 \qquad \cdots\cdots(17)$$

式中：

$p_v=80.1$ kPa；

$p_c=22\ 120$ kPa。

下一步,确定流态：

$$F_L{}^2(p_1-F_F p_v)=593\ \text{kPa}$$

它小于压差($\Delta p=460$ kPa),因此,流态是阻塞流,流量系数 C 用式(3)计算：

$$C=\frac{Q}{N_1 F_L}\sqrt{\frac{\rho_1/\rho_0}{p_1-F_F p_v}}=115\ \text{m}^3/\text{h}\ (对于\ K_v) \qquad \cdots\cdots(3)$$

式中：

$Q=284$ m^3/h；

$N_1=1\times10^{-1}$（见表 1）；

$F_L=0.99$；

$\rho_1/\rho_0=0.967$；

$p_1=680$ kPa；

$F_F=0.943$；

$p_v=80$ kPa。

B.3 例 3:可压缩流体——带附接管件的非阻塞流

过程数据：

流体：蒸汽
入口温度：$T_1=523\ \mathrm{K}$
分子量：$M=18\ \mathrm{kg/kmol}$
密度：$\rho_1=5.98\ \mathrm{kg/kmol}$
比热比：$\gamma=1.31$
入口绝对压力：$p_1=1\ 379\ \mathrm{kPa}$
出口绝对压力：$p_2=552\ \mathrm{kPa}$
压差比：$x=0.600$
流量：$W=16\ 800\ \mathrm{kg/h}$
入口管道尺寸：$D_1=200\ \mathrm{mm}$
出口管道尺寸：$D_2=200\ \mathrm{mm}$

控制阀数据：
控制阀类型：球形阀
阀内件：3 级，钻孔同心套筒
控制阀尺寸：$D_1=200\ \mathrm{mm}$，$D_2=200\ \mathrm{mm}$
压差比系数：$x_\mathrm{T}=0.888$
级互作用系数：$k=0.825$
再热系数：$r=0.316$

计算：

$$F_\gamma=\frac{\gamma}{1.40}=0.936 \qquad (19)$$

$$Y=\left[1-\frac{1-\left(1-k\frac{x}{x_\mathrm{T}}\right)^{\frac{1}{n}}}{1.212F_\gamma}\right]\left(1+r\frac{x}{F_\gamma}^{\sqrt{n-1}}\right)=0.920 \qquad (18)$$

式中：
$k=0.825$；
$x=0.599$；
$x_\mathrm{T}=0.888$；
$F_\gamma=0.936$；
$r=0.316$；
$n=3$。

$$C=\frac{W}{N_6Y\sqrt{xp_1\rho_1}}=82.2\ \mathrm{m^3/h}(对于\ K_\mathrm{v}) \qquad (5)$$

式中：
$W=16\ 800\ \mathrm{kg/h}$；
$Y=0.920$；
$x=0.599$；
$x_\mathrm{T}=0.888$；
$p_1=1\ 379\ \mathrm{kPa}$；
$\rho_1=5.98\ \mathrm{kg/m^3}$；

$N_6=3.16$（见表 1）。

B.4 例 4：多级尺寸计算，可压缩流体——无附接管件阻塞流

过程数据：

流体：	碳氢气体
入口温度：	$T_1=348\ \mathrm{K}$
分子量：	$M=44\ \mathrm{kg/kmol}$
比热比：	$\gamma=1.15$
压缩系数：	$Z=1.01$
入口绝对压力：	$p_1=690\ \mathrm{kPa}$
出口绝对压力：	$p_2=120\ \mathrm{kPa}$
流量：	$Q=5\ 000\ \mathrm{m^3/h}$（在压力 101.325 kPa，温度 288 K 时）
入口管道尺寸：	$D_1=150\ \mathrm{mm}$
出口管道尺寸：	$D_2=150\ \mathrm{mm}$
压差比：	$x=0.826$

控制阀数据：

控制阀类型：	球形阀
阀内件：	2 级，钻孔同心套筒
控制阀尺寸：	$D_1=150$ mm 入口，$D_2=150$ mm 出口
多级阀往往具备膨胀出口	
压差比系数：	$x_T=0.812$
级互作用系数：	$k=0.673$
再热系数：	$r=0.215$

计算：

$$F_\gamma=\frac{\gamma}{1.40}=0.821 \qquad\cdots\cdots(19)$$

$$Y=\left[1-\frac{1-\left(1-k\dfrac{x}{x_T}\right)^{\frac{1}{n}}}{1.212F_\gamma}\right]\left(1+r\frac{x}{F_\gamma}^{\sqrt{n-1}}\right)=0.784 \qquad\cdots\cdots(18)$$

式中：

$k=0.673$；

$x=0.826$（由于 x 的实际值大于 $F_\gamma x_T$，式(18)中的 x 必须用 $F_\gamma x_T$ 代替）；

$x_T=0.812$；

$F_\gamma=0.821$；

$F_\gamma x_T=0.667$；

$r=0.215$；

$n=2$。

$$C=\frac{Q}{N_9 p_1 Y}\sqrt{\frac{MT_1 Z}{x}}=54.1\ \mathrm{m^3/h}\ (\text{对于}\ K_v) \qquad\cdots\cdots(10)$$

式中：

$Q=5\ 000\ \mathrm{m^3/h}$；

$M=44\ \mathrm{kg/kmol}$；

$T_1=348\ \mathrm{K}$；

$Z=1.01$；

$p_1=690\ \mathrm{kPa}$；

$Y=0.784$；

$x(=x_T F_\gamma)=0.667$；

$N_9=2.60\times10$（见表 1）。

B.5 例 5:可压缩流体——带附接管件的非阻塞流

尽管附接管件对流经多级阀的流体的影响可忽略不计，因而可假设 F_P 等于 1，本文仍列出例 5 以证明此假设的有效性。

过程数据：

流体：	二氧化碳
入口温度：	$T_1=433\ \mathrm{K}$
分子量：	$M=44.01\ \mathrm{kg/kmol}$
比热比：	$\gamma=1.30$
压缩系数：	$Z=0.988$
入口绝对压力：	$p_1=680\ \mathrm{kPa}$
出口绝对压力：	$p_2=286\ \mathrm{kPa}$
流量：	$Q=1\ 840\ \mathrm{m^3/h}$（在压力 101.325 kPa，温度 0 ℃时）
入口管道尺寸：	$D_1=100\ \mathrm{mm}$
出口管道尺寸：	$D_2=150\ \mathrm{mm}$
渐缩管：	短尺寸，同轴

控制阀数据：

控制阀类型：	球形阀
阀内件：	3 级，多通道（钻孔同心套筒）
控制阀尺寸：	$d=80\ \mathrm{mm}$
压差比系数：	$x_T=0.888$（见表 2）
液体压力恢复系数：	$F_L=0.99$（见表 2）

计算：

$$F_\gamma=\frac{\gamma}{1.40}=0.929 \qquad (19)$$

式中：$\gamma=1.30$

$$x=\frac{\Delta p}{p_1}=0.579$$

它小于 $F_\gamma x_T=0.824$；因此，流动是非阻塞流，流量系数由式(10)计算。

$$Y=\left[1-\frac{1-\left(1-k\frac{x}{x_T}\right)^{\frac{1}{n}}}{1.212F_\gamma}\right]\left(1+r\frac{x}{F_\gamma}^{\sqrt{n-1}}\right) \qquad (18)$$

式中：

$Y=0.913$；

$x=0.579$；

$F_{\gamma}=0.928$；

$x_{T}=0.888$；

$k=0.825$(见表 3)；

$r=0.316$(见表 3)；

$n=3$。

$$C=\frac{Q}{N_9 F_P p_1 Y}\sqrt{\frac{M T_1 Z}{x}}=21.7\text{m}^3/\text{h}(\text{对于 }K_v) \quad\cdots\cdots(10)$$

式中：

$Q=1\ 840\ \text{m}^3/\text{h}$

$N_9=2.46\times 10^1$(对于 $t_s=0$ ℃,见表 1)；

$F_P=$假设为 1；

$p_1=680$ kPa；

$Y=0.913$；

$M=44.01$ kg/kmol；

$T_1=433$ K；

$Z=0.988$；

$x=0.579$；

由于两个渐缩管都是同心、短尺寸的，速度头损失系数可以用以下公式计算：

入口渐缩管：

$$\zeta_1=0.5[1-(d/D_1)^2]^2=0.065 \quad\cdots\cdots(23)$$

引用 GB/T 17213.2

式中：

$d=80$ mm；

$D_1=100$ mm。

对于出口渐缩管：

$$\zeta_2=1.0[1-(d/D_2)^2]^2=0.512 \quad\cdots\cdots(24)$$

引用 GB/T 17213.2

式中：

$d=80$ mm；

$D_2=150$ mm。

伯努利系数为：

出口渐缩管：

$$\zeta_{B1}=1-(d/D_1)^4=0.590 \quad\cdots\cdots(22)$$

引用 GB/T 17213.2

式中：

$d=80$ mm；

$D_1=100$ mm。

$$\zeta_{B1}=1-(d/D_2)^4=0.919 \quad\cdots\cdots(22)$$

引用 GB/T 17213.2

式中：

$d=50$ mm；

$D_2=100$ mm。

入口和出口渐缩管的有效速度头损失系数：

$$\sum\zeta=\zeta_1+\zeta_2+\zeta_{B1}-\zeta_{B2}=0.248 \qquad (21)$$

引用 GB/T 17213.2

式中：

$\zeta_1=0.065$；

$\zeta_2=0.512$；

$\zeta_{B1}=0.590$；

$\zeta_{B2}=0.919$。

用迭代法计算渐缩管的影响，从 $C_i=C, F_{P(1)}=1$ 开始：

$$F_{P(2)}=\frac{1}{\sqrt{1+\frac{\sum\zeta}{N_2}\left(\frac{C_1}{d^2}\right)^2}}=0.999 \qquad (20)$$

引用 GB/T 17213.2

式中：

$\sum\zeta=0.248$；

$C_1=C=21.7\ \mathrm{m^3/h}$；

$d=80$ mm；

$N_2=1.60\times10^{-3}$（见表 1）。

因为 $F_{P(2)}/F_{P(1)}=0.999$，大于 0.990，所以最后计算时用 $F_{P(2)}$ 代替 F_P。

$$x_{TP}=\frac{\frac{x_T}{F_P^2}}{1+x_T\frac{\sum\zeta_1}{N_5}\left(\frac{C}{d^2}\right)^2}=0.886 \qquad (37)$$

引用 GB/T 17213.2

式中：

$x_T=0.888$；

$F_P=0.999$；

$\zeta_1=\zeta_1+\zeta_{B1}=0.655$；

$N_5=1.80\times10^{-3}$；

$C=21.7\ \mathrm{m^3/h}$；

$d=80$ mm。

$F_\gamma x_{TP}=0.928\times0.886=0.822$，大于 $x=0.579$，所以是非阻塞流。

以式(10)重新计算 C：

$$C=\frac{Q}{N_9F_Pp_1Y}\sqrt{\frac{MT_1Z}{x}}=21.7\ \mathrm{m^3/h}(对于\ K_v) \qquad (10)$$

式中：$F_P=0.999$。

参 考 文 献

[1] Boger H W. "Multi-Step Control Valves: Testing and Sizing", *ISA Conference and Exhibit*, Paper 801,(New York,1972).

[2] Perego A. "A New Method for Multistage Trim Sizing", *Valvole & Attuatori*, March/April 1995, pp. 6-20.

[3] Singleton E W. "Multistage Control Valve Sizing", *Intech*, Instrument Society of America, Research Triangle Park, NC 27709, August 1997, pp. 47-51.

[4] Singleton E W. "The Calculation of the '*Y*' Factor for Multistage Control Valves", *Valve World*, April 2001, pp. 38-43.

ICS 17.220.20
N 22

中华人民共和国国家标准

GB/T 17215.101—2010/IEC TR 62051-1:2004

电测量 抄表、费率和负荷控制的数据交换 术语 第1部分:与使用DLMS/COSEM的测量设备交换数据相关的术语

Electricity metering—
Data exchange for meter reading, tariff and load control—Glossary of terms—
Part 1: Terms related to data exchange with metering equipment using DLMS/COSEM

(IEC TR 62051-1:2004, IDT)

2011-01-14 发布 2011-06-01 实施

中华人民共和国国家质量监督检验检疫总局
中国国家标准化管理委员会 发布

前　言

本部分为GB/T 17215“电测量术语”部分(IEC 62051)。

本部分等同采用IEC TR 62051-1:2004《电测量　抄表、费率和负荷控制的数据交换　术语　第1部分:与使用DLMS/COSEM的测量设备交换数据相关的术语》(英文版)。

本部分等同翻译IEC TR 62051-1:2004。

为了便于使用,本部分做了下列编辑性修改:

a)　用小数点“.”代替作为小数点的逗号“,”;

b)　删除了国际标准的前言;

c)　用“本部分”代替“本国际标准”;

d)　增加了引言,便于使用者了解GB/T 17215标准对应的IEC 62051～IEC 62059的标准体系及编号情况;

e)　增加了汉语拼音索引和英文对应词索引。

本部分的附录A为资料性附录。

本部分由中国机械工业联合会提出。

本部分由全国电工仪器仪表标准化技术委员会(SAC/TC 104)归口。

本部分起草单位:哈尔滨电工仪表研究所、陕西电力科学研究院、清华大学、南京国电电力自动化研究院、国电南瑞科技股份有限公司、陕西省电力公司、西北电网有限公司、黑龙江省电力科学研究院。

本部分主要起草人:杨晓西、宋晓林、刘骥、许慕梁、杨长江、刘守谦、陆以彪、张立华、侯永发、宣跃、陈波。

引 言

GB/T 17215 系列标准基本采用 IEC/TC 13“电能测量和负荷控制设备”的国际标准。我国将参照 IEC/TC 13 的标准结构制定与之相对应的电能测量和负荷控制标准体系，经调整后的 IEC/TC 13 标准体系将根据其类别不同、对象不同以及技术要求的共性及特殊性分别编入 IEC 62051～IEC 62059 共 9 个分区：

IEC 62051 电测量 术语

IEC 62052 交流电测量设备 通用要求

IEC 62053 交流电测量设备 特殊要求

IEC 62054 交流电测量设备 费率和负荷控制 特殊要求

IEC 62055 电测量 付费售电系统

IEC 62056 电测量 抄表，费率和负荷控制的数据交换

IEC 62057 电测量 试验设备

IEC 62058 交流电测量设备 验收检验

IEC 62059 交流电测量设备 可信性

我国对该系列国际标准转化为我国国家标准过程中确定对应的国家标准编号原则和方法如下：

IEC/TC 13“电能测量和负荷控制”对应我国标准总编号为：GB/T 17215。各部分编号分别为：

IEC 62051 电测量 术语 对应为 GB/T 17215.1××（“1”表示 IEC 62051，“××”表示第几部分）

IEC 62052 交流电测量设备 通用要求（GB/T 17215.2××，“2”表示 IEC 62052，“××”表示第几部分）

IEC 62053 交流电测量设备 特殊要求（GB/T 17215.3××，“3”表示 IEC 62053，“××”表示第几部分）

IEC 62054 交流电测量设备 费率和负荷控制 特殊要求（GB/T 17215.4××，“4”表示 IEC 62054，“××”表示第几部分）

IEC 62055 电测量 付费售电系统（GB/T 17215.5××，“5”表示 IEC 62055，“××”表示第几部分）

IEC 62056 电测量 抄表，费率和负荷控制的数据交换（GB/T 17215.6××，“6”表示 IEC 62056，“××”表示第几部分）

IEC 62057 电测量 试验设备（GB/T 17215.7××，“7”表示 IEC 62057，“××”表示第几部分）

IEC 62058 交流电测量设备 验收检验（GB/T 17215.8××，“8”表示 IEC 62058，“××”表示第几部分）

IEC 62059 交流电测量设备 可信性（GB/T 17215.9××，“9”表示 IEC 62059，“××”表示第几部分）

GB/T 17215 系列标准中目前已经发布了 7 个标准：

GB/T 17215.211—2006 交流电测量设备 通用要求、试验和试验条件 第 11 部分：测量设备（IEC 62052-11:2003，IDT）

GB/T 17215.301—2007 多功能电能表 特殊要求

GB/T 17215.311—2008 交流电测量设备 特殊要求 第 11 部分：机电式有功电能表（0.5、1 和 2 级）（IEC 62053-11:2003，MOD）

GB/T 17215.321—2008 交流电测量设备 特殊要求 第 21 部分：静止式有功电能表（1 和 2 级）

(IEC 62053-21:2003,IDT)

GB/T 17215.322—2008 交流电测量设备 特殊要求 第22部分:静止式有功电能表(0.2S级和0.5S级)(IEC 62053-22:2003,IDT)

GB/T 17215.323—2008 交流电测量设备 特殊要求 第23部分:静止式无功电能表(2级和3级)(IEC 62053-23:2003,IDT)

GB/T 17215.421—2008 交流电测量设备 费率和负荷控制 第21部分:时间开关的特殊要求(IEC 62054-21:2004,IDT)

电测量 抄表、费率和负荷控制的数据交换 术语 第1部分:与使用DLMS/COSEM的测量设备交换数据相关的术语

1 范围

GB/T 17215 的本部分反映了继 1999 年 IEC 62051 出版之后,国际标准中用到的一些最重要的术语。这些新的术语使用在 GB/T 19882、GB/T 19897 系列标准中做了详细说明的 DLMS/COSEM,主要与测量设备进行数据交换有关。

本部分适用于读表、费率和负荷控制。

2 规范性引用文件

下列文件中的条款通过 GB/T 17215 的本部分的引用而成为本部分的条款。凡是注日期的引用文件,其随后所有的修改单(不包括勘误的内容)或修订版均不适用于本部分,然而,鼓励根据本部分达成协议的各方研究是否可使用这些文件的最新版本。凡是不注日期的引用文件,其最新版本适用于本标准。

GB/T 2900.69—2005 电工术语 综合业务数字网(ISDN) 第1部分:总则(IEC 60050-716-1:1995,IDT)

GB/T 14733.4—1993 电信术语 交换技术(neq IEC 60050-714:1992)

3 术语和定义、缩略语

3.1 术语和定义

GB/T 2900.69 与 GB/T 14733.4 确立的术语和定义以及下列术语和定义适用于本部分。

3.1.1

基于 HDLC 的、面向连接的三层协议栈 3-layer,connection-oriented,HDLC-based profile

基于 OSI 简化体系结构的通信协议栈,包括物理层,基于 HDLC 标准的数据链路层,以及包含面向连接的应用控制服务组件(ACSE)的 COSEM 应用层。

[GB/T 19897.4]

3.1.2

抽象数据和对象 abstract data and objects

不同于测量值的数据,它可与一种能量类型相关并使用抽象接口对象建模。

[GB/T 19882.31 和 GB/T 19882.32]

3.1.3

操作 ACTION

使用逻辑名(LN)引用,调用 COSEM 接口对象方法的 xDLMS 数据通信服务。该服务的可用性在 xDLMS 一致性块中指明,其使用在应用连接建立时协商。

[GB/T 19882.33]

3.1.4

激活掩码 activation mask

COSEM 接口类“寄存器激活”的掩码列表属性的元素。激活掩码定义了当激活掩码有效时哪个

"寄存器"、"扩展寄存器"和"需量寄存器"对象被使能。掩码可加入到掩码列表或从掩码列表中删除。任何时候仅仅一个掩码是有效的。

[GB/T 19882.32]

3.1.5

活动日历类　activity calendar

用于为处理不同费率结构建模的COSEM接口类。它依循经典的方法,通过定义季节、星期等基于日历的时间表,来定义表计中的时间表。"活动日历"对象可以与更泛化的对象"时间表"共存,甚至可与之重叠。

[GB/T 19882.32]

3.1.6

应用连接　application association;AA

两个应用进程之间的逻辑连接,定义了信息交换的语境。在DLMS/COSEM中,应用连接总是由客户机应用进程使用COSEM-OPEN服务建立。应用连接用低层地址(SAP-s)标识。

[GB/T 19882.33和GB/T 19882.32]

3.1.7

应用连接请求　application association request

AARQ

作为调用COSEM-OPEN.请求服务的结果,应用连接请求是由客户机应用层发送到服务器应用层的应用协议数据单元(APDU)。它持有定义所提议的应用语境和xDLMS语境参数。它由支撑层传送。

[GB/T 19882.33]

3.1.8

应用连接响应　application association response

AARE

作为调用COSEM-OPEN请求服务的结果,应用连接响应是可以由服务器应用层发送到提议连接的客户机应用层的应用协议数据单元(APDU)。它持有协商后的应用语境和xDLMS语境参数,或者失败时持有诊断信息。它由支撑层传送。

[GB/T 19882.33]

3.1.9

应用语境　application context

在给定应用连接中管理数据交换的通用规则集。在DLMS/COSEM中,应用语境是预定义的,并用COSEM-OPEN服务的应用语境名参数标识。

[GB/T 19882.33]

3.1.10

应用控制服务组件　application control service element

ACSE

控制应用连接的建立和断开的应用层服务组件。

[GB/T 19882.33]

3.1.11

LN连接　association LN

在服务器使用逻辑名(LN)引用时,对客户机和服务器的应用进程之间的应用连接进行建模的COSEM接口类。对于设备能够支持的每个LN连接,COSEM逻辑设备都有LN连接接口类的一个实例。LN连接对象持有应用连接语境和xDLMS语境的参数,它提供了在给定应用连接中可用的

COSEM 对象列表以及这些对象的属性和方法的访问权限,并且处理身份验证过程(见 3.1.12)。

[GB/T 19882.32]

3.1.12

SN 连接　association SN

在服务器使用短名(SN)引用时,对客户机和服务器应用进程之间的应用连接进行建模的 COSEM 接口类。对于设备能够支持的每个 SN 连接,COSEM 逻辑设备都有一个 SN 连接接口类的实例。SN 连接对象提供了在给定应用连接中可用的 COSEM 对象列表,它有专门的方法来提供关于这些对象的属性和方法的访问权限的信息以及处理身份验证过程(见 3.1.11)。

[GB/T 19882.32]

3.1.13

属性　attribute

接口对象的元素,具有确定的意义,并且包括了要使用的数据类型和可以取值的集合的描述。在 COSEM 中,每个对象的第一个属性是逻辑名(见 3.1.82)。

[GB/T 19882.32]

3.1.14

属性_0 引用　attribute_0 reference

xDLMS 提供的,用于在单个的 GET 和 SET 服务中引用一个接口对象的全部公共属性的特性。该特性的可用性在 xDLMS 一致性块中指明,其使用在应用连接建立时协商(见 3.1.84)。

[GB/T 19882.33]

3.1.15

属性描述符　attribute descriptor

在使用逻辑名(LN)引用时,与属性相关的 GET 和 SET 服务的 xDLMS 参数。通过 COSEM 接口类标识符、COSEM 对象实例标识符(逻辑名)和给定对象内的属性标识符这三部分合在一起能够完整标识一个属性。GET 和 SET 服务能访问所有属性,或者只访问部分属性(有选择性的访问)。GET 和 SET 服务能引用一个属性或多个属性,在后者的情况下,GET/SET 请求服务包含一张属性描述符表。

[GB/T 19882.33]

3.1.16

身份验证　authentication

在请求和提供数据通信服务之前,确定通信双方真实身份的过程。它是 DLMS/COSEM 提供的安全机制的一个组件,定义了以下三个安全级别的身份验证:

- 最低安全级别:在这种情况下,服务器和客户机都不需要确认;
- 低安全级别:LLS,见 3.1.69;
- 高安全级别:HLS,见 3.1.57。

[GB/T 19882.33 和 GB/T 19882.32]

3.1.17

自动捕获　automatic capturing

与"通用集"接口类有关的概念。当选择自动捕获时,按照捕获周期属性的定义周期性地采集捕获对象(见 3.1.23)。

[GB/T 19882.32]

3.1.18

基址名　base_name

当使用短名(SN)引用时,基址名决定了 COSEM 接口对象的逻辑名属性在服务器中所映射的短名。该对象的其他属性和方法,则通过每个 COSEM 接口类所定义的偏移量映射到短名。对于每个对象，该映射是在服务器的执行阶段进行。通过读取 SN 连接对象的对象列表属性，可以检索每个对象的基址名。

[GB/T 19882.32]

3.1.19

结算周期标识符　billing period identifier

在 COSEM 中，与一个或多个历史结算周期有关的由 OBIS 码值组中的数值 F 标识的值，用于标识对象，通常是曲线对象，用来保存历史数据。

[GB/T 19882.31]

3.1.20

块传送　block transfer

在报文长度超过最大协议数据单元(PDU)的长度时传送长服务参数的方法。当使用 LN 引用时，应用层的块传输在从服务器到客户机方向上用 GET 服务定义；在从客户机到服务器方向上用 SET 服务定义；在两个方向上用 ACTION 服务定义。该特性的可用性在 xDLMS 一致性块中指明，其使用在应用连接建立时协商。如果低层协议提供分段(例如基于 HDLC 的数据链路层)，则从服务器到客户机的块传输采用对应用层透明的方式。

[GB/T 19897.4 和 GB/T 19882.33]

3.1.21

日历　calendar

见 3.1.5。

[GB/T 19882.32]

3.1.22

捕获　capture

COSEM 接口类"通用集"的方法，在调用时，通过读取指定的属性(或者，如果是复杂结构的属性，则属性的其中一部分内容用数据索引引用)将捕获对象的值拷贝到缓冲区中。

[GB/T 19882.32]

3.1.23

捕获对象　capture_object

捕获到"通用集"对象的缓冲区中的"数据"、"寄存器"、"扩展寄存器"、"需量寄存器"、"时钟"或"通用集"对象的属性。

[GB/T 19882.32]

3.1.24

询问　challenge

采用 HLS 身份验证机制时，从客户机传递到服务器以及从服务器传递到客户机的信息。通信双方以秘密的方式处理询问，并返回结果。

[GB/T 19882.32]

3.1.25

通道　channel

物理或逻辑计量设备的测量输入，用于测量不同类型或同一类型数个输入通道的能量，并分别进行标识与处理。通道用 OBIS 码数值组中的数值 B 标识。

[GB/T 19882.31]

3.1.26

类标识符　class_Id

具有特定的属性集和方法集特性的 COSEM 接口类的标识符，COSEM 对象是 COSEM 接口类的实例。用它所属的接口类的类标识符及其逻辑名(COSEM 实例标识符)明确地标识 COSEM 对象。

[GB/T 19882.32]

3.1.27

客户机 client

在 DLMS/COSEM 中,计量设备和数据采集系统之间的数据交换是基于客户机服务器(C/S)方式的,客户机是在数据采集系统上运行的应用进程,服务器是在计量设备上运行并通过通信接口显示计量设备可用资源的应用进程。客户机应用进程请求服务器提供给它们的远程服务。

[GB/T 19897.3、GB/T 19897.4 和 GB/T 19882.33]

3.1.28

客户机管理应用进程 client management application process

具有一个保留地址的客户机应用进程,其作用是支持来自服务器的事件通知。

[GB/T 19897.4 和 GB/T 19882.33]

3.1.29

时钟 clock

建模处理所有与日期和时间相关的信息的 COSEM 接口类。

[GB/T 19882.32]

3.1.30

通信协议栈 communication profile

通信协议栈是约定的协议层集合,该协议栈包括以层类型和应用控制服务组件所表征的应用层。例如三层、面向连接的、基于 HDLC 的通信协议集。

[GB/T 19882.33]

3.1.31

确认服务 confirmed services

确认服务涉及在服务组件访问点的单个请求原语、在不同服务组件访问点的指示原语、以及与请求原语在同一个服务访问点的确认原语。在 DLMS/COSEM 中,确认服务能够用于建立和断开应用连接,以及利用来自服务器的响应交换数据。

[GB/T 19882.32]

3.1.32

一致性块 conformance block

xDLMS 的服务和特性列表,由客户机请求,与服务器协商的 COSEM_OPEN 服务的参数。

[GB/T 19882.33 和 GB/T 19882.32]

3.1.33

一致性测试 conformance testing

见 3.1.50

3.1.34

能量计量配套规范 COmpanion Specification for Energy Metering;COSEM

能量计量设备通信的接口模型,通过通信接口提供可用的功能的总览,使用面向对象的方法建模。

[GB/T 19882.32]

3.1.35

COSEM 接口对象 COSEM interface object

COSEM 接口类的实例。在物理设备的各逻辑设备中实例化的对象集建立了计量设备功能性的模型,正如同通过通信接口所见。

[GB/T 19882.32]

3.1.36

COSEM 表计模型　COSEM meter model

COSEM 将计量设备建模为物理设备,包括一个或多个逻辑设备。每个逻辑设备包含若干个 COSEM 对象,建模逻辑设备的功能。每个逻辑设备支持与一个或多个与客户机的应用连接。应用连接定义了数据交换的语境,以及访问对象及其属性和方法的范围。每个逻辑设备用全球唯一的逻辑设备名标识,每个物理设备必须包含一个管理逻辑设备。

[GB/T 19882.32]

3.1.37

累积值　cumulative values

COSEM 中的对象,它是"寄存器"接口类的实例。

[GB/T 19882.32]

3.1.38

当前平均值和最终平均值对象　current and last average value objects

COSEM 中,以 OBIS 码当前值为逻辑名,作为接口类"需量寄存器"实例的 COSEM 对象的不同属性。

[GB/T 19882.32]

3.1.39

数据类　data

COSEM 接口类,通常用于存储配置数据和参数。

[GB/T 19882.32]

3.1.40

日期和时间　date and time

COSEM 中,具有"八位字节串"数据类型的属性,每个元素的格式都有明确的定义。

[GB/T 19882.32]

3.1.41

日历表　day_profile_table

日历表是接口类"活动日历"的属性,按每种日类型定义了动作和相应激活时间的有序列表。

[GB/T 19882.32]

3.1.42

夏令时　daylight saving

接口对象"时钟"的属性,控制夏令时管理。接口类"时间表"定义了在时钟前拨或后拨时执行脚本的规则。

[GB/T 19882.32]

3.1.43

专用密钥　dedicated_key

在使用加密数据通信服务(APDU-s)时所用的 COSEM-OPEN 请求服务的参数和 xDLMS 初始化请求 PDU 的一个元素。

[GB/T 19882.33]

3.1.44

需量寄存器类　demand register

用于存储需量值,以及与之相关的换算单位、状态和时间信息的 COSEM 接口类。它给出了当前平均值和最终平均值,支持区间需量和滑差需量计算。它提供了复位方法和下一个周期方法,以结束一个积分周期并开始一个新的积分周期。

[GB/T 19882.32]

3.1.45

设备 ID　device ID

由制造商和/或用户定义的设备标识符，通常用接口类“数据”的实例表示。

[GB/T 19882.31 和 GB/T 19882.32]

3.1.46

设备语言报文规范-用户协会　device language message specification-user association

DLMS UA

维护服务提供者。

3.1.47

配电线报文规范　Distribution Line Message Specification;DLMS

应用层规范，与下层无关，因而与通信信道无关。设计用于支持计算机集成语境中向(能量)配送设备发送报文和从配送设备接收报文。它是以 IEC 61334-4-41 发布的一个国际标准。该概念已扩展成为设备语言报文规范，其目的是为结构化建模和表计数据交换提供一个互操作语境。对于计量任何类型的能量(如电、水、气或热)，支持远程读表、远程控制以及增值服务应用。

[GB/T 19882.33]

3.1.48

DLMS/COSEM

使用 COSEM 对计量设备进行接口建模并使用 DLMS 与此类计量设备进行数据交换的标准规范。

[GB/T 19882.33 和 GB/T 19882.32]

3.1.49

符合 DLMS/COSEM　DLMS/COSEM compliant

已经成功地通过了 DLMS/COSEM 一致性测试的计量设备。

3.1.50

DLMS/COSEM 一致性测试　DLMS/COSEM conformance testing

对实现满足 IEC 62056 系列标准相关部分中指定的 DLMS/COSEM 要求的验证。处于测试阶段的计量设备称为“被试品”。

3.1.51

DLMS/COSEM-TCP/UDP 包封　DLMS/COSEM- TCP/UDP wrapper

将 COSEM 应用层接口转换为 Internet TCP/UDP 协议接口。

3.1.52

错误值　error values

用于表示计量设备错误状况的 COSEM 对象，通常它们是 COSEM 接口类“数据”的实例，其值属性的数据类型是“八位字节串”。

[GB/T 19882.31 和 GB/T 19882.32]

3.1.53

事件通知　event notification

用逻辑名引用的非 C/S 方式数据通信服务。使用事件通知请求服务，服务器进程主动向远端客户机应用发送关于某个事件发生的未经请求的通知。该服务的可用性在 xDLMS 一致性块中指明，其使用在应用连接建立时协商。

[GB/T 19882.32]

3.1.54

扩展寄存器类　extended register

对过程值及与其相关的换算单位、状态和时间信息进行建模，并提供了复位方法的 COSEM 接口类。“扩展寄存器”对象反映过程值的特性，过程值用标识对象的逻辑名来描述。

[GB/T 19882.32]

3.1.55

获取服务　GET

用逻辑名(LN)引用检索 COSEM 接口对象属性的 xDLMS 数据通信服务，该服务的可用性在 xDLMS 一致性块中指明，其使用在应用连接建立时协商。

[GB/T 19882.33]

3.1.56

高级数据链路控制　high-level data link control

HDLC

用面向比特的协议来控制数据链路，使用 GB/T 7421 中定义的帧格式进行信息交换。

[GB/T 19897.4]

3.1.57

高安全级别　high-level security

HLS

用于确定客户机和服务器双方的真实身份的验证机制，典型的应用场合是通信信道自身不提供安全性，而又必须防范窃听和报文(口令)的重放。

[GB/T 19882.33 和 GB/T 19882.32]

3.1.58

识别服务　identification service

可选的应用层服务，允许客户机在建立物理连接后获取服务器中所实现的协议栈信息，该服务直接使用物理层的数据通信服务并且绕过协议的其他部分。

[GB/T 19897.3]

3.1.59

信息报告　information report

用短名(SN)引用的非 C/S 方式的数据通信服务。使用信息报告请求服务，服务器应用进程能够主动向远端客户机应用发送事件发生的非请求通知。该服务的可用性在 xDLMS 一致性块中指明，其使用在应用连接建立时协商。

[GB/T 19882.33]

3.1.60

实例化　instantiation

创建一个特定接口类的接口对象的过程，接口对象与其所属的接口类具有相同的属性和方法集。接口对象有一个专门的实例标识符，也称作逻辑名，该逻辑名给出了它所建模信息的意义。

[GB/T 19882.32]

3.1.61

接口类　interface class

IC

包含特定的属性集和方法集并定义了它们用法的抽象实体，每个接口类用它的 instance_id 标识。

[GB/T 19882.32]

3.1.62

接口建模　interface modelling

使用 COSEM 接口对象模型化计量设备如同通过其通信接口所见的功能性的过程。

[GB/T 19882.32]

3.1.63

接口对象　interface object

由它所属的接口类的类标识符、以及其自身的 instance_id(即逻辑名 LN)标识的接口类实例。在COSEM 中，OBIS 码用来标识接口对象。

[GB/T 19882.32]

3.1.64

I/O 控制信号　I/O control signals

描述计量设备 I/O 信号线状态的 COSEM 接口对象。

[GB/T 19882.31 和 GB/T 19882.32]

3.1.65

互操作性　interoperability

当通信双方都遵照 DLMS/COSEM 规范时，数据采集系统与不同类型和/或来自不同制造商的计量设备交换数据的能力，以及计量设备与不同数据采集系统交换数据的能力。通常在读表和部分编程时要求实现互操作性，而表计配置可以采用制造商专用的编程工具实现。

3.1.66

逻辑设备　logical device

物理设备中的抽象实体，表示用 COSEM 接口对象建模的功能子集。每个物理设备必须至少包含一个"管理逻辑设备"，但可以包含更多的逻辑设备，如:电、气等。数据采集系统和逻辑设备之间使用C/S 方式进行信息交换，其中在数据采集系统中运行的应用进程充当客户机，在逻辑设备中运行的应用进程充当服务器。

[GB/T 19882.32]

3.1.67

逻辑名　logical name;LN

所有 COSEM 接口对象的第一个属性，它同接口类的版本合在一起定义对象的含义。

[GB/T 19882.33 和 GB/T 19882.32]

3.1.68

逻辑名引用　logical name (LN) referencing

访问 COSEM 接口对象的属性和方法的方法，使用属性与方法所属的 COSEM 接口类和 COSEM 对象实例的标识符。可替代的方法是短名引用。

[GB/T 19882.33 和 GB/T 19882.32]

3.1.69

低安全级别　low-level security

LLS

当通信信道提供足够的安全以避免窃听和报文(口令)重放时，通过验证口令来确认客户机真实身份的验证机制。

[GB/T 19882.33 和 GB/T 19882.32]

3.1.70

低层 HDLC 地址　lower HDLC address

用于支持多点连接时物理设备的数据链路层地址。

[GB/T 19897.4]

3.1.71

管理逻辑设备　management logical device

任何物理设备的必选组件，具有一个保留地址。它必须支持到一个具有最低安全级别的公共客户机端的应用连接，其作用是支持物理设备内部结构的显示以及服务器端事件的通知。

[GB/T 19882.32]

3.1.72

制造商专用的抽象对象 manufacturer-specific abstract objects

为制造商专用的抽象信息建模的制造商专用对象。

[GB/T 19882.32]

3.1.73

制造商专用的属性和方法 manufacturer-specific attributes and methods

由制造商在标准已经定义的接口类中自行添加的属性和方法，但在该接口类的标准定义中并不存在。不过，标准已经定义的属性和方法是正的索引，而制造商专属的属性和方法是负的索引。

[GB/T 19882.32]

3.1.74

制造商专用的类标识符 class_id manufacturer-specific class_id

在 8 192～32 767 之间的接口类标识符，用于标识制造商专用的接口类。

[GB/T 19882.32]

3.1.75

制造商专用的接口类 manufacturer-specific interface class

具有制造商专用的属性和方法而且由制造商专用的类标识符标识的接口类。

[GB/T 19882.32]

3.1.76

制造商专用的 OBIS 码 manufacturer-specific OBIS codes

值组 B 到值组 F 中的任何一个值组有一个以 OBIS 码表示在制造商专用范围内的数值。

[GB/T 19882.31]

3.1.77

制造商专用的对象 manufacturer-specific objects

接口对象，它们是标准接口类的制造商专用实例或者是制造商专用接口类的实例，因而可用于为使用标准对象无法建模的信息建模。制造商专用对象允许支持竞争和创新。制造商专用对象，如果是标准接口类的实例，可以用制造商专用 OBIS 码标识。使用标准数据通信服务与制造商专用对象进行数据交换是可能的，但为了解释数据，来自制造商的附加信息也可能是必需的。

[GB/T 19882.32]

3.1.78

映射(短名) mapping (short names)

在 DLMS/COSEM 计量设备设计阶段，为 COSEM 接口对象的属性和方法指定短名(SN)的过程。

[GB/T 19882.33 和 GB/T 19882.32]

3.1.79

最大值和最小值对象 maximum and minimum value objects

表示过程值的最大值和/或最小值的接口对象。它们可以是接口类“扩展寄存器”或“通用集”的实例。

[GB/T 19882.32]

3.1.80

测量算法 measuring algorithm

实现有功功率、无功功率或视在功率，以及电能和功率因数等某种定义的计算方法。在处理谐波和分相值的方法上，算法彼此不同。它们用“数据”接口类的实例标识。

[GB/T 19882.31 和 GB/T 19882.32]

3.1.81

媒介　media

允许处理和标识与不同能量类型(如电、热、气和水)有关的测量数据的概念,且由 OBIS 码的值组 A 标识。

[GB/T 19882.31]

3.1.82

方法　method

用于检查和修改属性值的接口对象的组件。通常 COSEM 接口类的方法是可选的,可以使用 ACTION服务(使用逻辑名引用)、读,写或非确认写(使用短名引用)的服务,或者通过执行一个脚本来调用。如果使用数据通信服务来调用方法,服务器可以返回数据作为响应。

[GB/T 19882.32]

3.1.83

方法描述符　method descriptor

与用逻辑名引用的 ACTION 服务相关的 xDLMS 方法的参数。方法完全由 COSEM 接口类标识符、COSEM 对象实例标识符(逻辑名)和给定的对象内的方法标识符标识。ACTION 服务可以引用单个方法或者方法列表。

[GB/T 19882.32]

3.1.84

多重引用　multiple references

使用 SN 引用时由 xDLMS 所提供的特性,用于在单个读/写/非确认写服务中引用多个短名。该特性的可用性在 xDLMS 一致性块中指明,其使用在应用连接建立时协商。见 3.1.14。

[GB/T 19882.33]

3.1.85

对象标识系统　object identification system

OBIS

为测量设备中常用的数据项定义标识码的系统。

[GB/T 19882.31]

3.1.86

参数方式访问　parameterized access

使用短名引用时,允许使用 xDLMS 的读/写服务仅访问部分属性的 COSEM 特性。该部分属性由指定的选择访问参数确定,选择访问参数已被定义为 COSEM 接口类规范中属性规范的一部分。该特性的可用性在 xDLMS 一致性块中指明,其使用在应用连接建立时协商。见 3.1.118。

[GB/T 19882.32]

3.1.87

口令　password

使用 LLS 身份验证机制时,由服务器保存并由客户机提交的信息。口令由 COSEM-OPEN 服务的呼叫/响应验证数值参数传送。

[GB/T 19882.33 和 GB/T 19882.32]

3.1.88

物理设备　physical device

物理测量设备,测量设备的 COSEM 接口模型中用到的最高等级的组件。

[GB/T 19882.32]

3.1.89

物理量 physical quantity

计量设备使用适当算法测量的量。作为为物理量建模的 COSEM 接口对象,OBIS 码数值组中的数值 C 确定物理量的类型。

[GB/T 19882.31]

3.1.90

掉电处理 power-failure handling

DLMS/COSEM 服务器以明确定义的方式处理掉电事件的能力,规则在接口类“时间表”和“活动日历”的定义中设置。

[GB/T 19882.31]

3.1.91

掉电监视 power-failure monitoring

DLMS/COSEM 服务器对有关电力故障的数据进行建模的能力。可以是事件的简单计数,此类事件的持续时间的累计等。

[GB/T 19882.31 和 GB/T 19882.32]

3.1.92

预先建立的连接 pre-established association

没有使用 COSEM-OPEN 服务建立的、而且不能断开的应用连接,它可以是确认的或者是非确认的。预先建立的连接用于简化与简单设备的通信,通常是单向的,可以是从客户机到服务器或者是从服务器到客户机。

[GB/T 19882.33]

3.1.93

首选读表值 preferred readout-values

存储在计量设备中已定义的数据集,用来作为单个 GET(LN)或读(SN)服务请求的响应。

[GB/T 19882.32]

3.1.94

优先级 priority

COSEM 用于处理紧急报文的特性,该特性的可用性在 xDLMS 一致性块中指明,其使用在应用连接建立时协商。优先级处理特性仅在 LN 引用中可用。

[GB/T 19882.33]

3.1.95

处理方法 processing methods

对被测的物理量如有功功率、电压、压力等进行进一步处理。处理方法可以给出瞬时值、积分值、电量或者需量值以及关于超过设定门限值的信息。OBIS 码的值组 D 标识处理方法。

[GB/T 19882.31]

3.1.96

结算周期曲线 profile for billing periods

保存与多个结算周期有关的数据序列的曲线对象。

[GB/T 19882.31 和 GB/T 19882.32]

3.1.97

通用集 profile generic

存储动态过程值的泛化 COSEM 接口类。该接口类采集数据是通过捕获捕获对象,即其他接口对象、寄存器、时钟或甚至是其他“通用集”对象的一个或多个属性,并将它们放入缓存。通过 xDLMS 服务调用“捕获”方法或者执行脚本就发生捕获。捕获可以随机或者周期性地执行。通用集对象还可以使用自动捕获。缓冲区可以基于所定义的捕获对象分类。可以使用不同的分类方法。可以使用对缓冲区的选择性访问，或对一个数值范围或者一个条目范围。缓冲区可以通过调用复位方法复位。“通用集”对象可以用于存储最大值/最小值、标准读表值、历史值、负荷曲线、谐波等序列。

[GB/T 19882.32]

3.1.98

曲线对象　profile objects

COSEM 接口对象，“通用集”接口类的实例，用于保存一个或多个数据序列。

[GB/T 19882.31 和 GB/T 19882.32]

3.1.99

公共客户机　public client

具有保留的服务访问点（SAP）的客户机侧应用进程，其作用是支持显现服务器的结构。

[GB/T 19882.33]

3.1.100

读服务　read

用短名引用的 xDLMS 服务。它用于在期望响应时获取属性值或者执行方法。该服务的可用性在 xDLMS 一致性块中指明，其使用在应用连接建立时协商。

[GB/T 19882.33]

3.1.101

读表模式和编程模式　readout mode and programming mode

在模式 A、B、C 和 E 中为直接本地数据交换提供的操作模式，参见 GB/T 19897.1 中定义。在模式 E 中，使用 COSEM 模型和 3 层、面向连接的、基于 HDLC 协议栈进行数据读取和编程。

[GB/T 19897.1 和 GB/T 19882.32]

3.1.102

寄存器类　register

对过程值及与其相关的换算单位进行建模，并提供复位方法的 COSEM 接口类。“寄存器”对象反映过程值的特性，该过程值用标识对象的逻辑名描述。

[GB/T 19882.32]

3.1.103

寄存器激活类　register activation

用于处理不同费率结构的 COSEM 接口类。当某个特定的激活掩码是激活的，寄存器激活类就指明哪个“寄存器”，“扩展寄存器”和“需量寄存器”对象是使能的。该接口类提供了增加寄存器以及增加和删除激活掩码的方法。在任何时候，仅有一个激活掩码是激活的。

[GB/T 19882.32]

3.1.104

注册的 COSEM 名　registered COSEM names

用于 COSEM 表计模型和 DLMS/COSEM 协议的组件，它必须具有全球唯一并且无歧义的名称。这些对象必须是由 DLMS 用户协会注册，并包含以下几项：

- COSEM 接口的类标识-s 和版本；
- 标准的 COSEM 对象标识符（OBIS 名）；
- COSEM_应用语境名；
- COSEM_身份验证机制名。

[GB/T 19882.33 和 GB/T 19882.32]

3.1.105

寄存器监视器类 register monitor

COSEM 接口类,定义了门限值集、其他接口对象需监测的属性以及在属性监测到越过门限值时将执行的脚本集。

[GB/T 19882.32]

3.1.106

断开请求(RLRQ)APDU release request (RLRQ) APDU

作为调用 COSEM-RELEASE 请求服务的结果,由客户机应用进程发送到服务器应用进程的应用协议数据单元。它由支撑层传送。

[GB/T 19882.33]

3.1.107

断开响应(RLRE)APDU release response (RLRE) APDU

作为调用 COSEM-RELEASE. 请求服务的结果,由服务器应用进程发送到客户机应用进程的应用协议数据单元。它由支撑层传送。

[GB/T 19882.33]

3.1.108

复位 reset

某些 COSEM 接口类提供的方法。在调用后,某些属性被设定为实例特定的默认值。

3.1.109

复位和源指示 reset,indication of source

在 GB/T 19897.1 中定义的模式 A 到模式 D 中使用 OBIS 码时,OBIS 码的某些值组在它们无关时可以被压缩。在这种情况下,为了使得能解释如此压缩的编码,在值组之间插入分隔符。值组 E 和 F 之间的分隔符可以携带复位源的信息。

[GB/T 19897.1 和 GB/T 19882.32]

3.1.110

允许响应 response-allowed

xDLMS_初始化请求服务的参数。

[GB/T 19882.33]

3.1.111

SAP 分配表 SAP_assignment

包含指定一个物理设备中的逻辑设备到它们服务访问点(SAP)的信息的 COSEM 接口类,SAP 是低层地址或者低层地址的组合。

[GB/T 19882.32]

3.1.112

换算单位 scaler_unit

接口类"寄存器"、"扩展寄存器"和"需量寄存器"的属性,它提供了值属性的换算单位信息。如果值使用复杂数据类型,换算单位适用于所有的元素。GB/T 19882.32 定义了 COSEM 用到的所有单位的编码。

[GB/T 19882.32]

3.1.113

时间表 schedule

用于对计量设备中处理与时间和日期相关的活动建模的 COSEM 接口类。"时间表"对象和"特殊日期表"对象共同起作用。"入口"属性包含脚本列表以及脚本执行的日期和时间边界条件。方法允许添加、删除、使能和去使能入口。“时间表”对象可以和“活动日历”对象共存，甚至可以与之重叠。

[GB/T 19882.32]

3.1.114

脚本　script

COSEM 提供的用于改变 COSEM 对象的属性值或调用其方法的特性。

[GB/T 19882.32]

3.1.115

脚本表类　script table

包含一个脚本入口表以及执行任何脚本入口方法的 COSEM 接口类。脚本入口确定了被写入的一个对象属性或要调用的一个对象方法，并且如果有必要，确定一个服务参数。通过调用脚本表中的执行方法激活脚本，这可由同一个逻辑设备的其他 COSEM 对象或者由外部 ACTION 或写服务发起。能够调用脚本的 COSEM 对象有“时间表”、“活动日历”、“单操作时间表”和“寄存器监视器”，若干“脚本表”对象是预先定义的。

[GB/T 19882.32]

3.1.116

季历表　season_profile

接口类“活动日历”的属性，包含一个定义季节开始日期列表。该列表根据季节起始排序，每个季节激活一个特定的周历表。

[GB/T 19882.32]

3.1.117

分段　segmentation

HDLC 提供的特性，用于以多个分段传输长服务数据单元，使得对等的应用层之间能以透明的方式通过数据链路层传输长的 APDU-s。

[GB/T 19882.32]

3.1.118

选择性访问　selective access

允许以逻辑名 LN 引用，使用 xDLMS 的 GET 或 SET 服务而仅访问一个属性的一部分的 COSEM 特性，该属性的一部分由特定的选择性访问参数确定，该参数定义为 COSEM 接口类规范中属性规范的一部分。该特性的可用性在 xDLMS 一致性块中指明，其使用在应用连接建立时协商。

[GB/T 19882.33 和 GB/T 19882.32]

3.1.119

服务器　server

在客户机/服务器语境中，向客户机提供服务的通信实体。在 DLMS/COSEM 中，运行在计量设备上的应用进程充当服务器。

[GB/T 19882.33 和 GB/T 19882.32]

3.1.120

服务类别　service_class

COSEM-OPEN 和 GET、SET 或 ACTION.请求服务的参数，指明服务是以确认的方式还是非确认的方式调用。当客户机以确认的方式调用服务时，需要来自服务器的响应。

[GB/T 19882.33]

3.1.121

以逻辑名引用提供的服务　services provided with logical name (LN) references

在 DLMS/COSEM 中，客户机总是使用逻辑名(LN)引用的数据通信服务，服务器可以使用逻辑名

(LN)引用的服务或短名(SN)引用的服务。对于 LN 引用,DLMS/COSEM 定义了三个 C/S 类型服务:与属性有关的 GET 和 SET 服务,以及与方法有关的 ACTION 服务。还定义了一个非 C/S 类型的服务:事件通知服务。这些服务的可用性在 xDLMS 一致性块中指明,其使用在应用连接建立时协商(见 3.1.21)。

3.1.122

以短名引用提供的服务　services provided with short-name (SN) references

为了使用短名引用,定义了三个 C/S 方式的数据通信服务:读、写和非确认写服务。还定义了一个非 C/S 类型的服务:信息报告服务。该服务的可用性在 xDLMS 一致性块中指明,其使用在应用连接建立时协商(见 3.1.121)。

[GB/T 19882.33]

3.1.123

设置服务　SET

用逻辑名引用的 xDLMS 数据通信服务,用于修改 COSEM 接口对象的属性。该服务的可用性在 xDLMS 一致性块中指明,其使用在应用连接建立时协商。

[GB/T 19882.33]

3.1.124

短名　short name;SN

COSEM 接口对象的属性或方法的标识符,它使用 DLMS 命名变量的语法。短名在映射过程中指定。

[GB/T 19882.33]

3.1.125

短名映射器　short-name mapper

客户机应用层可选的应用服务组件,在服务器使用短名引用时它是必不可少的。其作用是将使用 LN 引用的数据通信服务请求映射到使用 SN 引用的数据通信服务请求,以及将使用 SN 引用的数据通信服务响应映射到使用 LN 引用的数据通信服务响应。

[GB/T 19882.33]

3.1.126

短名引用　short-name (SN) referencing

首先将 COSEM 接口对象映射到短名后,访问其属性和方法的方法。可替代的方法是逻辑名(LN)引用。

[GB/T 19882.33]

3.1.127

单操作时间表　single-action schedule

用于对计量设备内指定的周期性动作建模的 COSEM 接口类。该接口类的一个实例"计费周期结束"动作在标准中已经预先定义。

[GB/T 19882.32]

3.1.128

专用地址　special addresses

为特殊目的保留的地址,标识特定的应用进程或用于广播。

3.1.129

特殊日期表　special days table

允许定义一些日期的 COSEM 接口类,在这些日期里,对于特殊日期将不考虑正常转换行为。"特殊日期表"接口类与"时间表"和"活动日历"接口类一同起作用。

[GB/T 19882.32]

3.1.130

标准读出集 standard readout

携有标准读数集的预先定义"通用集"对象，当采用 GB/T 19897.1 中定义的直接本地数据交换时，可能会用到它们。标准读数对象也可能与一个能量类型以及一个通道有关。

[GB/T 19897.1 和 GB/T 19882.32]

3.1.131

费率 tariff

用于标识对应不同费率的测量值的 OBIS 码的特性。它们用 OBIS 码的值组 E 的数值标识。

[GB/T 19882.32]

3.1.132

费率划分 tariffication

COSEM 将测量值分配到不同的费率时段的能力。以接口对象"寄存器激活"、"时间表"、"活动日历"和"特殊日期表"建立费率划分模型。

[GB/T 19882.32]

3.1.133

门限值 threshold

"寄存器监视器"接口类的属性，它定义了与引用寄存器的属性进行比较的一个值(见 3.1.105)。

[GB/T 19882.32]

3.1.134

时间积分量 time integral values

COSEM 提供了不同的时间积分值，从不同的时间点开始并经过不同的时间间隔进行计算。接口类"寄存器"或"扩展寄存器"实例的 COSEM 对象表示了这些值。各种时间积分用对象标识符(OBIS 名)的值组 D 标识。

[GB/T 19882.31]

3.1.135

时钟设置 time setting

"时钟"接口类提供了多种设置或调整时钟的机制，包括夏令时。"时间表"接口类的定义决定了在时钟设定或调整之后需要执行的脚本。

[GB/T 19882.32]

3.1.136

时间戳(与接口类"PSTN 自动拨号"有关) time stamps (in relation with IC"PSTN auto dial")

接口类"PSTN 自动拨号"的呼叫请求窗口属性，包含窗口激活或者失效时的起始和结束的日期或时间标记。

[GB/T 19882.32]

3.1.137

时标(与结算周期有关) time stamp (in relation with billing periods)

历史数据值的时标是表示历史结算周期数据的 COSEM 对象内已捕获对象的一部分。

[GB/T 19882.32]

3.1.138

时钟同步 time synchronization

"时钟"接口类提供了多种时钟同步机制，用于调整本地时钟与主站时钟之间的小偏差。

[GB/T 19882.32]

3.1.139

非确认服务　unconfirmed services

包含在一个服务组件访问点的单个请求原语和在不同服务组件访问点的一个或多个指示原语的服务。在DLMS/COSEM中，非确认服务的引用可用于建立非确认的应用连接，以及从客户机发送广播数据到服务器。

[GB/T 19897.4 和 GB/T 19882.33]

3.1.140

非确认写　unconfirmed write

用短名引用的xDLMS服务，用于设置属性值，或执行方法。该服务的可用性在xDLMS一致性块中指明，其使用在应用连接建立时协商。

[GB/T 19882.33]

3.1.141

唯一标识符(ID码)　unique identifier

OBIS为计量设备中的全部单个数据提供了一个唯一的标识符，不仅包括测量值，还包括计量设备配置或获取计量设备运行状态的抽象数据。ID码用于以下信息的标识：

- 接口类各种实例或接口对象的逻辑名；
- 通过通信线传输的数据；
- 计量设备上显示的数据。

[GB/T 19882.32]

3.1.142

上层HDLC地址　upper HDLC address

物理设备中逻辑设备的数据链路层地址。

[GB/T 19897.4]

3.1.143

实用表　utility tables

封装了ANSI C12.19实用表的COSEM接口类，包括标准的和制造商专用的实用表。每个"实用表"对象封装一个实用表。

[GB/T 19882.32]

3.1.144

值数　value group

OBIS码的元素，目前包括6个值组(按照顺序标记为A,B,C,D,E,F)。

[GB/T 19882.31]

3.1.145

DLMS版本　version (of DLMS)

DLMS协议的标识符。

[GB/T 19882.33]

3.1.146

(接口类)版本　version (of an interface class)

COSEM接口对象标识符的元素。在读取"LN连接"或"SN连接"接口对象的对象列表时，返回版本信息。在这个标准中，可以存在接口类的多个版本，但是在一个逻辑设备中，某个确定的接口类的所有实例应是同一个版本。

[GB/T 19882.32]

3.1.147

周历表　week_profile_table

接口类“活动日历”的属性，定义了用于特定季节一周每一天的所用日表的名称。

[GB/T 19882.32]

3.1.148

窗口尺度　window size

HDLC 标准允许在得到确认前按序传送多个帧的信息，收和发序列号使得能以已经正确收到的帧序号信息进行确认。连续帧的最大数目被称为窗口尺度。

[GB/T 19897.4]

3.1.149

写服务　write

使用短名引用的 xDLMS 服务。用于不期望响应时设置属性值或执行方法。该服务的可用性在 xDLMS 一致性块中指明，其使用在应用连接建立时协商。

[GB/T 19882.33]

3.1.150

扩展的 DLMS　xDLMS

DLMS 标准的扩展。COSEM 方法的主要目的是在保持与已有的 DLMS 标准向下兼容的同时，为计量设备和系统提供一个面向业务领域的接口对象模型。为了达到这些目标，COSEM 包含一个 DLMS 扩展。在维持与 DLMS 标准完全兼容的同时，通过 COSEM 接口对象，提供了更多表计的特定计量概况。xDLMS 是提供对 COSEM 对象访问的应用层服务组件。它包括一些新的服务，主要支持 LN 引用，并定义了附加的数据类型。它还定义了一个新的一致性块。xDLMS 的当前 DLMS 版本是 6。

[GB/T 19882.33]

3.2　缩略语

AA	应用连接(见 3.1.6)
AARE	应用连接响应(见 3.1.8)
AARQ	应用连接请求(见 3.1.7)
ACSE	应用控制服务组件(见 3.1.10)
AE	应用实体(见 IEC 62051,12.3.4)
APDU	应用协议数据单元(见 IEC 62051,12.3.11)
COSEM	能量计量配套规范(见 3.1.34)
DLMS	配电线报文规范(见 3.1.47)
DLMS UA	设备语言报文规范-用户协会(见 3.1.46)
HDLC	高级数据链路控制(见 3.1.56)
HLS	高安全级别(见 3.1.57)
IC	接口类(见 3.1.61)
ID	标识符(见 GB/T 14733.4—1993)
LN	逻辑名(见 3.1.67)
LLS	低安全级别(见 3.1.69)
OBIS	对象标识系统(见 3.1.85)
OSI	开放系统互联(见 GB/T 2900.69—2005)
PDU	协议数据单元(见 IEC 62051,12.3.11)

RLRQ	断开请求(见 3.1.106)
RLRE	断开响应(见 3.1.107)
SAP	服务接入点(见 3.1.111)
SN	短名(见 3.1.124)
WPDU	PDU 封装(见 IEC 62051,12.3.11)
xDLMS	扩展的 DLMS(见 3.1.50)

附 录 A
（资料性附录）
IEC 62051 中“术语总汇”

该部分摘自 IEC 62051 索引

参 考 文 献

[1] GB/T 7421—2008 信息技术 系统间远程通信和信息交换高级数据链路控制(HDLC)(ISO/IEC 13239:2002,IDT)

[2] GB/T 19882.31—2007 自动抄表系统 第3-1部分:应用层数据交换协议 对象标识系统(IEC 62056-61:2002,IDT)

[3] GB/T 19882.32—2007 自动抄表系统 第3-2部分:应用层数据交换协议 接口类(IEC 62056-62:2002,IDT)

[4] GB/T 19882.33—2007 自动抄表系统 第3-3部分:应用层数据交换协议 COSEM应用层(IEC 62056-53:2002,IDT)

[5] GB/T 19897.1—2005 自动抄表系统低层通讯协议 第1部分:直接本地数据交换(IEC 62056-21:2002,MOD)

[6] GB/T 19897.3—2005 自动抄表系统低层通讯协议 第3部分:面向连接的异步数据交换的物理层服务进程(IEC 62056-42:2002,IDT)

[7] GB/T 19897.4—2005 自动抄表系统低层通讯协议 第4部分:基于HDLC协议的链路层(IEC 62056-46:2002,IDT)

[8] 电气测量术语表(IEC 62051:1999)

索　引

汉语拼音索引

英文对应词索引

D

E

G

H

I

T

U

V

W

X

ICS 75.180.30
E 98

中华人民共和国国家标准

GB/T 17286.3—2010/ISO 7278-3:1998
代替 GB/T 17286.3—1998

液态烃动态测量 体积计量流量计检定系统 第3部分:脉冲插入技术

Liquid hydrocarbons—Dynamic measurement—Proving system for volumetric meters—Part 3:Pulse interpolation techniques

(ISO 7278-3:1998,IDT)

2010-09-02 发布　　2010-12-01 实施

中华人民共和国国家质量监督检验检疫总局
中国国家标准化管理委员会　发布

前　言

GB/T 17286《液态烃动态测量　体积计量流量计检定系统》包括以下4个部分：

——第1部分：一般原则；

——第2部分：体积管；

——第3部分：脉冲插入技术；

——第4部分：体积管操作人员指南。

本部分为GB/T 17286的第3部分。

本部分等同采用ISO 7278-3:1998《液态烃动态测量　体积计量流量计检定系统　第3部分：脉冲插入技术》。

本部分代替GB/T 17286.3—1998《液态烃动态测量　体积计量流量计检定系统　第3部分：脉冲插入技术》。

本部分在修订时按GB/T 1.1—2000《标准化工作导则　第1部分：标准的结构和编写规则》和GB/T 20000.2—2009《标准化工作指南　第2部分：采用国际标准》的有关规定做了一些编辑性修改。

本部分与GB/T 17286.3—1998技术内容上的主要差异如下：

——在GB/T 17286.3—1998中，对重复性概念的定义为："在规定的使用条件下，重复施加相同的激励，计量器具给出非常相似响应的能力"。在本部分中，这一定义改为："在相同测量条件下，重复测量同一个被测量，测量仪器提供相近示值的能力"。这一重新定义，使概念更加清晰、准确、规范。

——在GB/T 17286.3—1998中，对检测开关信号的定义为："一种启动或停止显示设备的开关信号或电压变化的信号"。在本部分中这一定义改为："一种启动或停止指示设备的开关信号或电压变化的信号"。

——在本部分中提出建议，为减小流量计的内部旋转非线性度，可以使用旋转一周只发一个脉冲的流量计。可能在实际应用中并不多见，但该建议仅从减小流量计的内部旋转非线性度考虑。

——在GB/T 17286.3—1998中，对于锁相环脉冲插入法n''的定义为："根据多相输出收集频率增高的脉冲数"。在本部分中定义为："收集的电压控制振荡器(VCO)产生的高频脉冲数"。

——在GB/T 17286.3—1998中第5.1.5中规定："在每种情况下都应使用相同的体积管检测开关信号前沿"。在本部分中修改为："在每种情况之下都应该使用相同的信号前沿或后沿"。

——在第2章中，将ISO 6551:1982改为GB/T 17746—1999(idt ISO 6551:1982)。

本部分的附录A为规范性附录。

本部分由中国石油天然气股份有限公司提出。

本部分由石油工业油气计量及分析方法专业标准化技术委员会油气计量分技术委员会归口。

本部分负责起草单位：中国石油天然气股份有限公司计量测试研究所。

本部分主要起草人：高军、刘晓光、刘宪英。

本部分所代替标准的历次版本发布情况为：

——GB/T 17286.3—1998。

引　言

用体积管检定带脉冲输出的流量计时，检定期间所需收集脉冲数的最少数量有一个限制，流量计在一个检定运行期间能够产生的脉冲数，有时被限制到远低于10 000个脉冲。因此，在很多应用中不得不寻求增加流量计分辨力的方法。

解决该问题的一种方法是处理流量计发出的脉冲信号，以提高流量计的分辨力。这种提高流量计分辨力的技术叫做脉冲插入技术。

本部分主要适用于体积管，但不会以任何方式限制不同脉冲插入技术在这一领域或其他领域内的进一步发展。

国家标准GB/T 17286.3—1998《液态烃动态测量　体积计量流量计检定系统　第3部分：脉冲插入技术》自1998年10月01日实施以来，为促进我国原油动态计量技术发展，起到了积极的推动作用。近10年来，国内外液态烃动态测量技术发生了新的变化，在适应我国具体国情的前提下，为了推进液态烃计量技术发展及与国际惯例接轨，有必要对GB/T 17286.3—1998进行修订。

液态烃动态测量
体积计量流量计检定系统
第3部分:脉冲插入技术

1 范围

GB/T 17286的本部分给出了在常规体积管或小容积体积管检定涡轮或容积式流量计的系统中,为提高流量计的分辨力,应用脉冲插入技术时应遵守的使用方法和条件。在检定其他形式的流量计时,也可参照本部分提供的方法。

本部分叙述了三种最常用的脉冲插入技术以及它们的使用条件;还叙述了检验脉冲插入系统运行状态所使用的设备和校验方法;也叙述了测量流量计脉冲间隔不规则性的一些方法(见附录A)。

2 规范性引用文件

下列文件中的条款通过GB/T 17286的本部分的引用而成为本部分的条款。凡是注日期的引用文件,其随后所有的修改单(不包括勘误的内容)或修订版均不适用于本部分,然而,鼓励根据本部分达成协议的各方研究是否可使用这些文件的最新版本。凡是不注日期的引用文件,其最新版本适用于本部分。

GB/T 17746—1999 石油液体和气体动态测量 电和(或)电子脉冲数据电缆传输的保真度和可靠度(idt ISO 6551:1982)

3 术语和定义

下列术语和定义适用于GB/T 17286的本部分。

3.1

时钟 clock

产生稳定频率的设备,它的周期被用作测量时间的参比标准。

3.2

检测开关信号 detector signal

一种启动或停止指示设备的开关信号或电压变化的信号。

3.3

内部旋转线性度 intra-rotational linearity

旋转式流量计在恒定的流量下产生脉冲,脉冲之间间隔均匀程度的定量量度结果。线性度一般表示脉冲间隔相对平均脉冲间隔的标准偏差。这种量度包括流量计机械装置引起的周期和非周期的测量结果。

内部旋转线性度是均匀程度的量度,是流量计的转子引起的,以断续的或周期的方式重复。

3.4

前沿与后沿 leading/lagging edge

用于触发或控制计数器脉冲的升、降电压。

3.5

相位检测器　phase detector

检测两个脉冲之间相位差的电子线路。

3.6

斜波发生器　ramp generator

输出电压随时间线性变化的电子线路。不能使用非线性斜波发生器。

3.7

[测量仪器的]重复性　repeatability (of a measuring instrument)

在相同测量条件下,重复测量同一个被测量,测量仪器提供相近示值的能力。

注:使用的规定条件如下:

a) 相同的测量程序;

b) 相同的观测者;

c) 在相同的条件下使用相同的测量设备;

d) 在相同的地点;

e) 在短时间内重复。

3.8

分辨力　resolution

定量表示指示仪表对紧密相邻的指示量值有效识别的能力。

3.9

旋转式流量计　rotating meter

这种流量计的测量元件中,有一个或多个由流动的流体驱动的旋转部件(如涡轮流量计的叶轮和容积式流量计的转子)。对本部分来说,流量计的输出应该是电子脉冲的形式,脉冲频率的平均值是流量的函数。

4　原理

4.1　概述

使用本部分叙述的三种脉冲插入技术的任何一种时,应注意以下几点:

a) 使用脉冲插入技术是以脉冲频率没有明显变化的假设为依据,由流量(见5.1.3),特别是由内部旋转非线性度(见第6章)引起的频率变化将降低流量计检定的准确度。

b) 插值后的脉冲数 n' 一般不是整数,这一点将在4.2、4.3和4.4中描述。

流量计转子旋转一周可能会发出多个脉冲,为减小内部旋转非线性度的影响,可以使用转子旋转一周只发一个脉冲的流量计。

4.2　双计时法

该方法的操作原理如图1所示。在检定运行期间,计数器需收集流量计发出的完整脉冲总数 n,以及测量两个时间间隔 T_1 和 T_2 组成,单位为s。

a) T_1 可以用 T_1(ⅰ)或 T_1(ⅱ)表示。

T_1(ⅰ)是指第一检测开关触发后流量计发出的第一个脉冲,与第二个检测开关触发后流量计发出的第一个脉冲,这两个脉冲之间的时间间隔;

T_1(ⅱ)是指第一检测开关触发之前流量计发出的最后一个脉冲,与第二个检测开关触发之前流量计发出的最后一个脉冲,这两个脉冲之间的时间间隔。

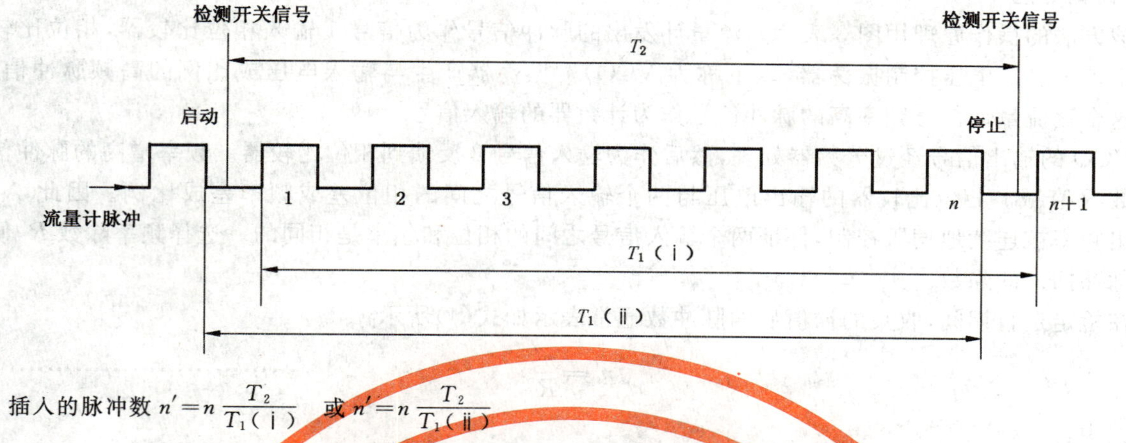

图 1　双计时脉冲插入法

b)　T_2 为第一个和第二个检测开关触发信号之间的时间间隔。插入的脉冲数 n' 由式(1)和式(2)给出：

$$n'=n\frac{T_2}{T_1(\text{i})} \qquad \cdots\cdots(1)$$

或

$$n'=n\frac{T_2}{T_1(\text{ii})} \qquad \cdots\cdots(2)$$

4.3　四倍计时法

该方法的操作原理如图 2 所示。在检定运行期间，计数器需收集流量计发出的完整脉冲总数 n，以及测量四个时间间隔 T_1 到 T_4 组成，单位为 s。

a)　T_1 为第一检测开关的触发信号与该信号之后流量计发出的第一个脉冲之间的时间间隔。

b)　T_2 为第一检测开关触发之前流量计发出的最后一个脉冲，与该检测开关触发之后流量计发出的第一个脉冲之间的时间间隔。

c)　T_3 为第二检测开关的触发信号与该信号之后流量计发出的第一个脉冲之间的时间间隔。

d)　T_4 为第二检测开关触发之前流量计发出的最后一个脉冲，与该检测开关触发之后流量计发出的第一个脉冲之间的时间间隔。

e)　T 为检定时间，也即一次检定运行中，两个检测开关触发信号之间的时间间隔。

完整的脉冲数 n 是由检测开关的触发信号开启计数器，用常规的方法计入的总脉冲数。

两个检测开关触发信号之间插入的脉冲数 n' 按式(3)计算：

$$n'=n+\frac{T_1}{T_2}-\frac{T_3}{T_4} \qquad \cdots\cdots(3)$$

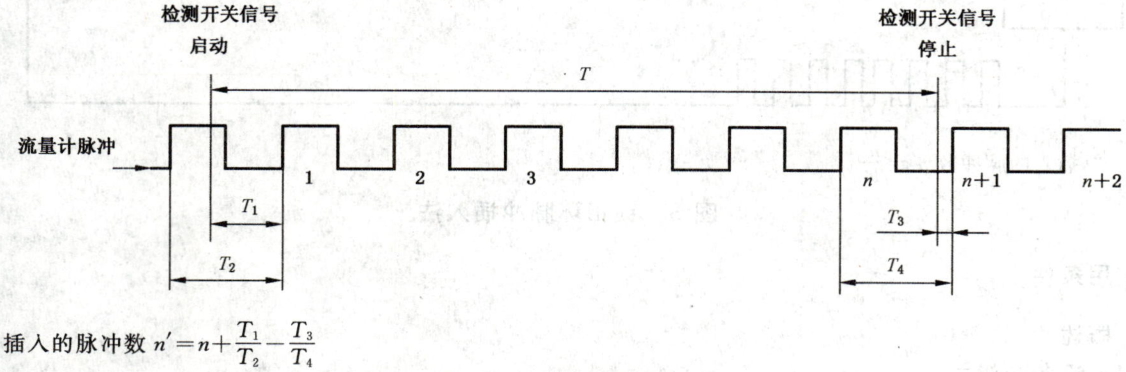

图 2　四倍计时脉冲插入法

4.4 锁相环法

该方法的操作原理用图3表示。流量计发出的脉冲信号作为信号1输入相位比较器，相位比较器的输出信号进入电压控制振荡器(以下称为VCO)。振荡器产生与输入电压成比例的高频脉冲信号。选择这个比流量计信号频率高的脉冲信号作为计数器的输入信号。

VCO的输出信号经过分频器处理，然后作为输入信号2反馈到相位比较器。频率增高的脉冲信号被除数 R 衰减。相位比较器的输出电压与两个输入信号之间的相位差或频率差成比例。因此，VCO的输出频率被连续地伺服控制，保证两个输入信号之间的相位和频率是相同的。选择频率除数 R，便确定了脉冲插入的除数。

在检定运行期间，收集的插值后的脉冲数通常表示如式(4)所示：

$$n' = \frac{n''}{R} \qquad \cdots\cdots (4)$$

式中：

n''——收集的电压控制振荡器(VCO)产生的高频脉冲数；

R——选择的除数。

为达到精确控制的目的，相位比较器的输出信号应经过滤波，以避免VCO输出信号的跃变。这种滤波器通常是简单的电阻-电容型滤波器(RC滤波器)，具有暂时存储VCO所需电压的性能，以便保持在每次相位比较时产生 R 倍流量计频率的脉冲信号。为提高稳定性且又不会掩盖由于流量的波动而引起的输入脉冲频率的变化，应选择恒定的滤波时间。

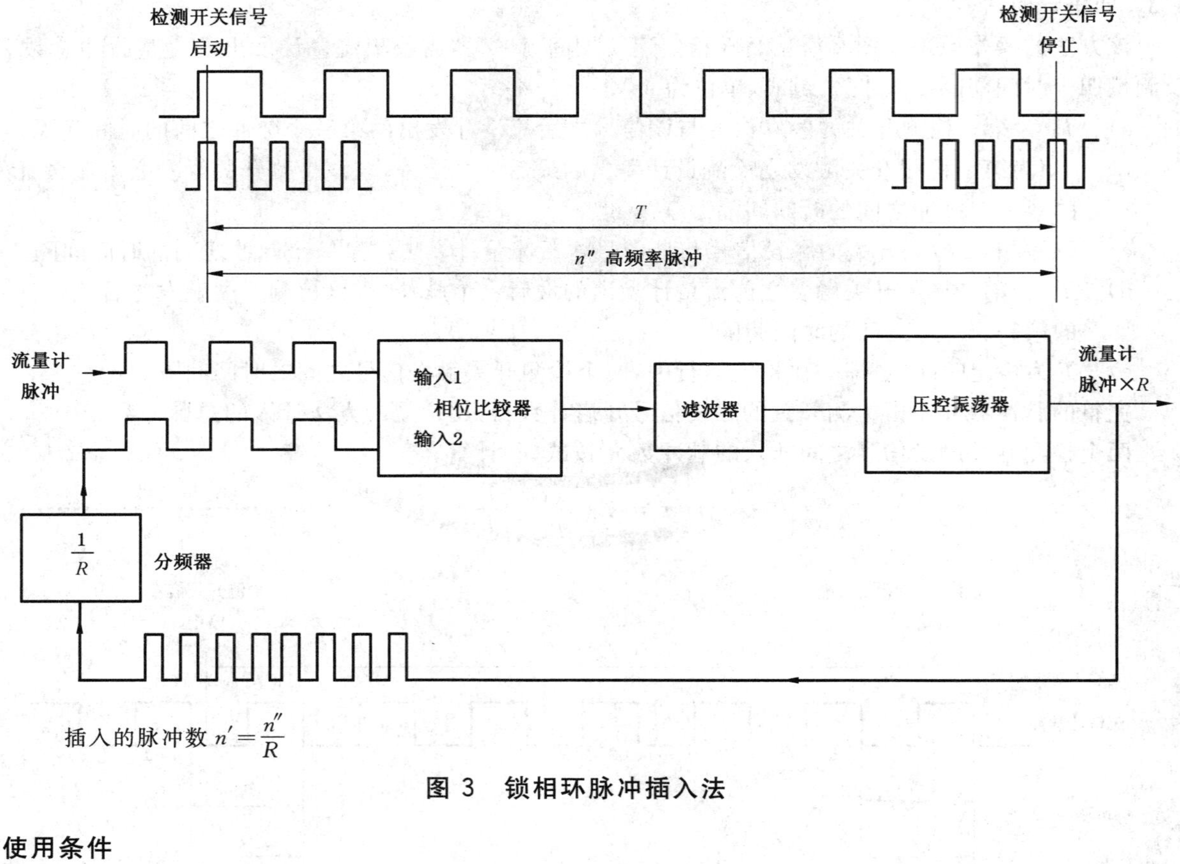

图3 锁相环脉冲插入法

5 使用条件

5.1 概述

5.1.1 设备分辨力

连接到系统中指示设备的分辨力，在任何情况下都应优于0.01%。

5.1.2 n'的有效位数

插值后的脉冲数n'不一定是整数。对产生小数结果的计时法,n'应修约到5位有效数字,不能多也不能少。

5.1.3 流量的稳定性

脉冲插入法是以检定运行期间流量稳定为前提的。为保证液流的稳定性,体积管位移器运行期间流量瞬时的波动应小于平均流量的±2%。

注1:为证明流量波动时,脉冲插入设备能满意地运行,可在模拟流量变化的条件下进行检验(见7.3)。

注2:通常以流量计的脉冲信号频率来评估流量的稳定性。

5.1.4 抗干扰性

使用的设备不应该对电子干扰产生响应(见7.4),具体来说就是具有足够高的信噪比。

5.1.5 检测开关信号

开关的信号沿应该有明确的定义,并具有良好的重复性(一些机械式的开关由于开关跳动,产生的信号后沿重复性较差)。在每种情况之下都应该使用相同的信号前沿或后沿。

5.1.6 时钟的稳定性

计时用的时钟应具有与要求的分辨力同等的稳定性。

5.2 双计时法的分辨力

为获得优于0.01%的分辨力,检定的时间例如T_2(见图1)比用来测量时间的时钟的基准周期t_c(即时钟频率的倒数)至少应大20 000倍。

即: $$T_2 \geqslant 20\ 000 t_c \qquad (5)$$

即: $$\frac{n}{f_m} \geqslant \frac{20\ 000}{f_c} \qquad (6)$$

因此: $$f_c \geqslant 20\ 000 \frac{f_m}{n} \qquad (7)$$

式中:

f_m——检定时流量计最大频率值,单位为赫兹(Hz);

f_c——时钟频率,单位为赫兹(Hz);

n——检定期间收集的脉冲数。

5.3 四倍计时法的分辨力

为获得优于0.01%的分辨力,检定的时间例如T(见图2)比用来测量时间的时钟的基准周期t_c(即时钟频率的倒数)至少应大40 000倍。

即: $$f_c \geqslant 40\ 000 \frac{f_m}{n} \qquad (8)$$

式中:

f_m、f_c和n在5.2中已经说明。

5.4 锁相环法

5.4.1 频率(连锁)范围

工作频率范围应始终大于而且包括被检流量计的脉冲频率。

注:对脉冲插入系统最小频率范围建议采用100:1。

5.4.2 脉冲插入的除数

脉冲插入的除数应由制造厂预先设置,并用铅封或者其他措施进行保护。

5.4.3 锁相环法的分辨力

为获得优于0.01%的分辨力,收集的脉冲数应大于10 000个。

6 对流量计的要求

使用脉冲插入技术时,流量计的性能应符合本条款的规定。

理想的流量计在稳定的流量下运行时，发出脉冲的时间间隔应完全相等。实际上，旋转式流量计由于内部旋转非线性度和其他的随机波动，脉冲的时间间隔是不太规则的。

这种不规则性会降低脉冲插入系统的准确度。没有不受这种不规则性影响的脉冲插入系统，而且有些系统受到的影响还更严重。这种不规则程度越大，在检定运行期间收集的脉冲数就要更多，才能避免大的误差。目前，对这种不规则性的影响了解还不够多，不能制定应遵守的规则。但是，如果遵守下面给出的指导意见，由这种不规则性导致的误差未必很严重。

为得到可接受的流量计检定结果，可按照以下两个条件来决定所需要收集的脉冲数。

a) 如果脉冲间隔按随机方式分布，由式(9)计算最少脉冲数：

$$n_m = 500(\sigma_1)^2 \quad \cdots\cdots(9)$$

式中：

n_m——建议的最少脉冲数；

σ_1——脉冲间隔相对平均时间间隔的标准偏差，用百分数表示；

500——常数依据理论和现场实践经验推导出来的。

通常情况下，式(9)过高地估算了要求的脉冲有效数值，但是当流量计存在严重的周期性的内部旋转非线性度时，就可能估算得过低了。在这种情况下，重复性将是标准偏差 σ_1、流量计每转一周发出的脉冲数和检定收集的总脉冲数的复杂函数。

b) 在流量计检定过程中，收集 100 个以上的脉冲数，且流量计转子应至少旋转一周以上。实践结果表明，某些检定中收集的脉冲数比推荐值少时，也能获得满意的结果，而有的检定则需要收集更多的脉冲数。

上述给出的建议是以理论和实践经验为依据的，当检定重复性差时，既有可能是流量计重复性差，也有可能是脉冲插入的误差造成的。通过增加检定运行次数来增加收集的脉冲数也是可行的技术，但在这里不作讨论。如果重复检定达不到满意的结果，就应考虑使用其他的方法。附录 A 中给出了评定脉冲稳定性的方法。

7 脉冲插入系统的校验

7.1 概述

在检定中使用前面叙述的三种脉冲插入方法中的任意一种前，都应按下面的条款对脉冲插入系统进行校验，并根据第 8 章填写校验报告。通过校验，检查脉冲插入设备对给定的频率范围和频率变化速率响应的正确性。校验应包括环境条件测试，且覆盖在实际应用中可能遇到的变化范围，如温度、湿度以及电源电压的变化。

可以选用一台或多台流量计在不同的流量下产生脉冲信号，利用体积管检测开关或其他的模拟方法来实施校验。

7.2 校验电路

图 4 给出了校验电路的方框图。脉冲发生器提供两路脉冲输出，其频率由 VCO 确定，并且在可调节分频器中置入系数使两路脉冲频率产生差别。

频率为 F 的一路脉冲由计数器 A 来计数，并由启/停门电路来控制。另一路频率为 F/R 的脉冲进入被测试的脉冲插入设备，也由检测开关的启/停信号控制。计数器 A 和脉冲插入设备利用共同的回零指令复位。

在 VCO 的控制下脉冲发生器的输出频率为 F，利用斜波发生器使频率改变 ΔF，并且使 F 在 $\mathrm{d}F/\mathrm{d}t$ 的速率下随时间变化。

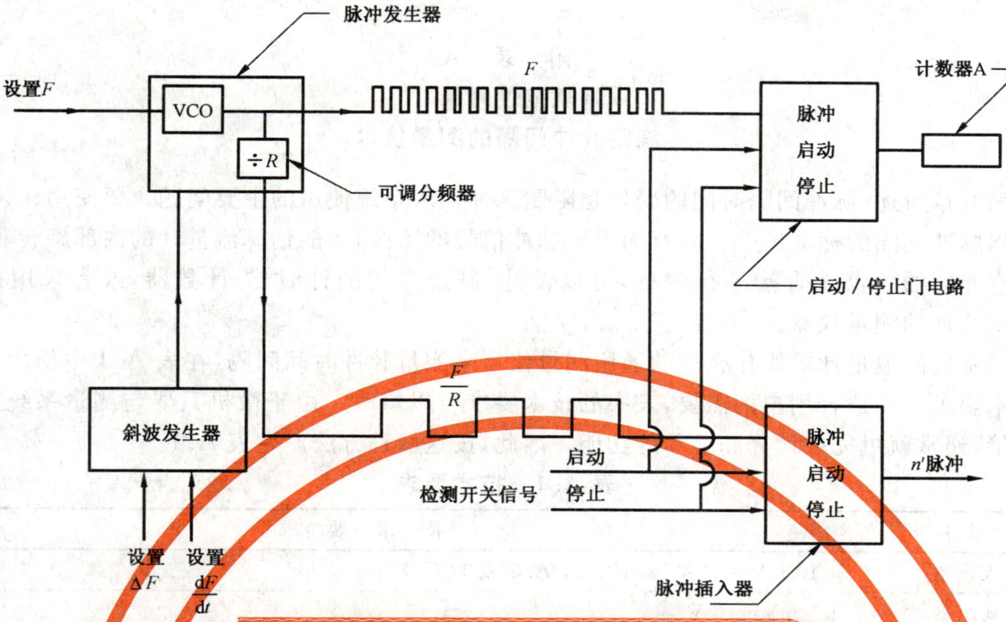

图 4 设备校验方框图

系统回零后，控制检测开关的启/停信号，并设定时间间隔使计数器 A 至少足以累计 10 000 个脉冲。对于锁相环法，计数器 A 读数与脉冲插入设备读数的一致性应该在 0.01%以内。对于双计时法和四倍计时法，计数器 A 的读数与($n'\times R$)的一致性也应该在 0.01%以内。

7.3 校验程序

在要求的流量计频率范围内至少进行三点校验：在下限±5%范围内、中间值±10%范围内和上限±5%的范围内。在锁相环法中，当脉冲插值的除数可变时，还应在其最小值、最大值及中间值下进行校验。这些校验应持续一定时期，例如在耐久性试验的开始到结束这段时间。

为校验脉冲插入设备对频率(或流量)变化的响应能力，还应进行附加的校验。用斜波发生器(如图 4 所示)提供在给定时间间隔内脉冲频率的变化。斜波发生器频率的变化率应该是一个变量，使模拟的流量计频率从低于平均频率 15%到高于平均频率 15%之间变化完成校验。应在平均频率的低值、中间值和高值下校验这些频率的变化。频率变化的最小周期应为 0.5 s。

耐久性试验应在频率范围的中间值附近、稳定的条件下进行，校验应持续至少 72 h。

7.4 避免电噪声干扰

脉冲插入系统抗电噪声干扰的能力，应按照 GB/T 17746—1999 规定的校验程序校验。这种校验应在上面叙述的设备校验同时完成。

8 校验报告和标记

设备校验完成后，校验结果都在规定范围之内时，应填写校验报告，包括：

a) 本部分的标准号；

b) 使用的脉冲插入方法；

c) 频率范围；

d) 脉冲插入除数的范围(如果应用)；

e) 校验频率的最大变化 dF/dt。

也可以用上面的资料标记设备。

附 录 A
（规范性附录）
确定脉冲间隔的测量技术

正如第6章所述，脉冲间隔时间的变化是限制脉冲插入系统使用的主要问题。要使用建议的公式，应先计算出脉冲间隔的标准偏差。只有测量出脉冲信号的图像，才能估算流量计的内部旋转非线性度。目前尚没有专门的仪器来直接进行测量，可以设计、制造专用的计时器/计数器，或者采用折中的方案——使用其他的测量仪器。

为说明常用的流量计需要什么样的通用测量仪器来测量脉冲时间间隔，在表A.1中给出了该系统的一般技术要求。为适合用户的需要，表中的技术要求可以修改。由于微机只要与测量系统进行合适的通讯连接，通常就可完成计算和显示的功能。因此，按这两种方法产生表A.1。

表 A.1 技术要求

项 目	技 术 要 求
输入设备	10 mV～30 V隔离输入，A.C或D.C耦合
启动电平	5 mV～10 V
频率范围	1 Hz～10 kHz
分辨力	1 μs
容量	1 000个脉冲
计算	平均值，方差，标准偏差，分布函数，识别图形能力
显示或输出	屏幕图像，转储到绘图仪或打印机

下列三种仪表可用来测量脉冲时间。

a) 电子计时器

可用电子计时器来测量两个脉冲之间的时间间隔。这种计时器的分辨力能满足要求，许多计时器还有适应性很强的输入特性。由于要花时间来读取测量的时间间隔，所以它不适合测量连续的脉冲。连接到计算机上的计数器允许计第二个或第三个脉冲的时间，但是应该避免与流量计运转周期同步。为读取连续的脉冲时间，可用两个或三个计数器与计算机连接记录结果，但难以控制。

b) 示波器

带屏幕存储的老式存储示波器，开关置于“储存”和“自由运行”状态时，可显示脉冲的图像，能拉伸脉冲间隔来进行粗略的估算。

现代的数字式存储示波器可存储输入的脉冲信号，并在屏幕上显示或输入到计算机。由于这些信息是脉冲电压和来自起点的时间，求出脉冲之间的时间间隔可能有困难。部分仪表应经过检验，以便确认它们是否具有所要求的性能。

也可以考虑用可编程的计算机来模拟示波器的可能性。

c) 逻辑分析仪

为校验组合电子系统的操作，常用逻辑分析仪测定整个系统发生事件的时间。大多数的分析仪有多个通道，只需要其中一个通道来确定时间间隔。每一个通道都有确定几百个事件发生时间的能力，确定的时间不是实际时间就是相对最后一个事件的时间。收集的数据可在一起的屏幕上显示，而多数情况是传输到计算机上计算和打印。

由于分析仪是按在5 V或12 V方波脉冲电压的正常电子逻辑电平下设计，通常要求对信号进行处理。

ICS 53.100
P 97

中华人民共和国国家标准

GB/T 17300—2010/ISO 2867:2006
代替 GB/T 17300—1998

土方机械 通道装置

Earth-moving machinery—Access systems

(ISO 2867:2006,IDT)

2010-12-23 发布 2011-07-01 实施

中华人民共和国国家质量监督检验检疫总局
中国国家标准化管理委员会 发布

前　言

本标准等同采用 ISO 2867:2006《土方机械　通道装置》(英文版),包括其技术勘误 ISO 2867:2006/Cor 1:2008。

本标准等同翻译 ISO 2867:2006。

为便于使用,本标准作了下列编辑性修改:

——将“本国际标准”一词改为“本标准”;

——用小数点“.”代替作为小数点的“,”;

——删除了国际标准的前言;

——对 ISO 2867:2006 中引用的国际标准,用已被采用为我国的标准代替对应的国际标准;

——将技术勘误内容纳入标准正文中,并在正文中的页边空白处用垂直双线“‖”标识。

本标准代替 GB/T 17300—1998《土方机械　通道装置》。

本标准与 GB/T 17300—1998 相比主要变化如下:

——增加了引言和参考文献;

——第 3 章中增加了若干术语和定义;

——对梯子、阶梯等尺寸进行了重新规定。

本标准由中国机械工业联合会提出。

本标准由全国土方机械标准化技术委员会(SAC/TC 334)归口。

本标准负责起草单位:天津工程机械研究院、厦门厦工机械股份有限公司。

本标准参加起草单位:山东山工机械有限公司、广西柳工机械股份有限公司。

本标准主要起草人:陈树巧、阎堃、李蔚苹、刘艳芳、胡浩。

本标准所代替标准的历次版本发布情况为:

——GB/T 17300—1998。

引　言

机械领域安全标准的结构为：

a） A 类标准（基础安全标准），给出适用于机械的基本概念、设计原则和一般特征。

b） B 类标准（通用安全标准），涉及机械的一种安全特征或使用范围较宽的一类安全防护装置：

——B1 类，特定的安全特征（如安全距离、表面温度、噪声）标准；

——B2 类，安全装置（如双手操纵装置、联锁装置、压敏装置、防护装置）标准。

c） C 类标准（机器安全标准），对一种特定的机器或一组机器规定出详细的安全要求的标准。

本标准为 GB/T 15706.1—2007 中规定的 C 类标准。

当 C 类标准中的条款与 A 类或 B 类标准所规定的条款不同时，对于已经按照 C 类标准的条款设计和制造的机器而言，C 类标准的条款优于其他类标准的条款。

注：GB 17888 是一系列 B 类标准，对固定式和移动式机器的通道装置提出了总的要求，可作为设计土方机械通道装置总的参考。

土方机械　通道装置

1　范围

本标准规定了通道装置(踏脚、梯子、走道、平台、扶手/扶栏、抓手、护栏及机壳出入口)的要求,这些通道装置用于辅助司机、维修人员和服务人员在土方机械上作业。本标准适用于按制造商说明书要求停放的土方机械(见 GB/T 8498)上通往司机平台和日常保养点的通道装置。

注:本标准基于 GB/T 8420 中定义的身材为第 5 百分位～第 95 百分位之间的司机的尺寸。

本标准涉及下列重大危险、危险状态和危险事件:人员滑倒、绊倒和跌落,以及不健康的姿势或过度消耗体力。

2　规范性引用文件

下列文件中的条款通过本标准的引用而成为本标准的条款。凡是注日期的引用文件,其随后所有的修改单(不包括勘误的内容)或修订版均不适用于本标准,然而,鼓励根据本标准达成协议的各方研究是否可使用这些文件的最新版本。凡是不注日期的引用文件,其最新版本适用于本标准。

GB/T 8420　土方机械　司机的身材尺寸与司机的最小活动空间(GB/T 8420—2000,eqv ISO 3411:1995)

GB/T 8498　土方机械　基本类型　识别、术语和定义(GB/T 8498—2008,ISO 6165:2006,IDT)

GB/T 17301　土方机械　操作和维修空间　棱角倒钝(GB/T 17301—1998,idt ISO 12508:1994)

3　术语和定义

下列术语和定义适用于本标准。

3.1

通道装置　access system

机器上提供给工作人员进出机器和上、下检查平台或日常维修平台用的装置。

3.1.1

基本通道装置　primary access system

常用出入口的通道装置。

3.1.2

备用出口通道　alternative exit path

当基本通道装置不能使用时,在预期的紧急情况下从司机平台处使用的通道。

3.2

基本尺寸　basic dimension

考虑了基于舒适性的人类工效学标准的尺寸值。

注:可接受的数值在指定的范围之内(从最小到最大)。

3.3

机壳出入口　enclosure opening

进出通道装置的出入口,足够一个人通过。

3.3.1

基本出入口　primary opening

通道的常用出入口。

3.3.2

备用出入口　alternative opening

当基本出入口不能使用时，紧急情况下使用的出入口。

3.3.3

服务出入口　service opening

维修、服务或检查时使用的出入口。

3.4

护栏　guardrail

为防止人员跌落，沿着走道或平台开放侧设立的装置。

3.5

扶手和抓手　handrail and handhold

通道装置的一部分，用手可以抓握以帮助支承身体和保持平衡。

3.5.1

扶手　handrail

手不需要离开就可移动至不同位置的装置。

3.5.2

抓手　handhold

单手抓握的装置。

3.6

防滑面　slip-resistant surface

具有提高鞋的附着性能的通道装置表面。

3.7　**梯子**

3.7.1

斜梯　inclined ladder

与水平面所成的倾斜角大于50°，但不大于75°的梯子。

3.7.2

直梯　vertical ladder

与水平面所成的倾斜角大于75°，但不大于90°的梯子。

3.7.3

梯子限落装置　ladder fall-limiting device

使从梯子上坠落的风险降至最小的任何装置。

示例：梯笼。

3.8

阶梯　stairway

通道装置或通道装置的一部分，与水平面所成的倾斜角大于20°，但小于50°，由三个或更多个踏脚组成。

3.9

踏脚　step

放置单脚或双脚的装置，梯子或阶梯的一部分，或单独安装（放置）。

3.9.1

柔性踏脚　flexible step

由一种在接触障碍物时能移动并返回至原始位置的材料安装的踏脚（减少对踏脚的损害）。

3.10

梯级高度 riser height

两个相邻踏脚之间的高度,从一个踏脚踏面到下一个踏脚踏面之间测得的距离。

3.11

踏面深度 tread depth

踏脚前缘至后缘的距离。

3.12

跨步距离 stride distance

一个踏脚的前缘至下一个踏脚前缘的水平距离。

3.13

走道 walkway

允许在机器上不同位置之间走动或移动的通道装置的一部分。

3.13.1

吊臂走道 boom walkway

主要沿着与水平面所成的倾斜角不大于20°的吊臂上使用的走道。

3.13.2

走廊 passageway

用于直立行走的两侧带有限制挡板的走道。

3.14

平台 platform

支承作业人员从事操作、日常维修或检查的水平面。

3.14.1

操作平台 operator platform

司机操作机器行驶和作业的区域。

3.14.2

休息平台 rest platform

梯子之间使用的供人站立时休息的平台。

3.15

挡脚板 foot barrier

防止人脚从平台或走道边缘滑落的装置。

3.16

斜坡 ramp

与水平面所成的倾斜角不大于20°的平面。

3.17

防滑条 cleat

加在走道或斜坡表面以提高摩擦力的凸起件。

3.18

三点支承 three-point support

通道装置的特性,使作业人员在上、下机器或在机器上移动时能够同时使用两只手和一只脚或两只脚和一只手。

3.19

两点支承 two-point support

通道装置的特性,使作业人员上、下机器或在上面移动时能够同时使用两只脚或一只手和一只脚。

4 通道装置的一般要求

4.1 基本通道装置

4.1.1 通道装置中关于手和脚放置的正确使用应一目了然，无需专门训练。

4.1.2 对勾挂肢体或衣物而造成危险的通道装置凸出部分，应使其最小。

4.1.3 对绊倒使用者或增加其跌落伤害程度的凸出部分，应使其最小。

4.1.4 应尽量避免使用者接触到如过热或过冷、带电、运动部件和尖锐物体等，以减少潜在的危险。

4.1.5 所有用于行走、踏脚或爬行的通道装置表面（包括作为通道装置一部分的任何装置或结构部件）都应是防滑的。

4.1.6 当高出地面 1 m 以上时，通道装置部件的正确布置应允许并利于作业人员在上、下和在通道中移动时使用三点支承，对于阶梯、斜坡、走道和平台可以使用两点支承。在使用所有梯子时宜使用三点支承。如果提供三点支承，履带板和履带块表面均可用作通道踏脚。

4.1.7 如果司机或服务人员需要携带物品到司机位置或日常维修点，应提供下述之一的装置（如果不明显要提供说明）：

a) 阶梯或斜坡通道，为了只需要两点支承时，一只手可以用来携带物品；

b) 每 2 m 设置能够暂时放置物品的平台或平面，使得在通道装置中移动时能够保持三点支承；

c) 能够将物品运到司机位置或日常保养点的装置，使得在通道装置中能够一直保持三点支承。

4.2 可移动的基本通道装置

为方便存放在机器中，基本通道装置可以是移动的，但应保证在使用或存放时安全牢固。为防止动力出现故障，装备有动力驱动通道装置的机器应有备用出口通道（见 4.3）。

4.3 备用出口通道

备用出口通道应设置在机器上不同于通向司机平台基本通道的位置。如果备用出口不明显，应对其进行标识。备用出口通道用于紧急情况（如机器倾翻），因此，不需要满足 4.1 中对基本通道的要求。

5 行走和站立表面的要求

5.1 在以下垂直力的作用下，通道装置的行走和站立表面不应出现永久变形：

a) 在表面的任何位置以直径为 125 mm 的圆盘上集中作用 2 000 N 的力；

b) 4 500 N 的力均匀分布在每平方米的表面区域上，如果表面区域小于 1 m^2，允许使用按比例折算的载荷。

a)和 b)中规定的力应先后施加，但不能同时。

检查过程中用于支承人员的机壳顶篷，如司机室和机棚的顶篷，只需要满足 a)的要求。

5.2 走道和平台表面上的开孔不允许直径大于或等于 40 mm 的球形物体通过。在人员要行走、站立或作业的区域之上的走道和平台表面上的开孔，不允许直径大于或等于 20 mm 的球形物体通过。在有必要防止通过的物料可能对该表面上部或下部的人员造成伤害的时候，应使用无开孔的表面。对于吊臂走道和其他仅在检查或日常保养使用的类似区域，站立或踏脚表面的开孔可以增大到上述数值的 2 倍。

5.3 扶手、抓手和护栏的任何点应能承受来自任意方向的不小于 1 000 N 的作用力，且没有明显的永久变形。柔性装置在试验载荷的作用下，不应偏离正常位置 80 mm 以上。

6 踏脚要求

6.1 踏脚应符合图 1 和表 1 给出的尺寸要求。所有踏脚宜有足够容纳两只脚的宽度，梯子和单级或多级踏脚参见尺寸 C。对于在机器工作时容易受到损坏的踏脚，允许设置可容纳一只脚的踏脚。

6.2 如果从梯子的顶部或底部的踏脚迈向临近的踏脚表面，且身体需侧向移动时，踏脚与支承面最近边缘的距离应在球形半径 $SR \leqslant 300$ mm 之内。见图 1。

单位为毫米

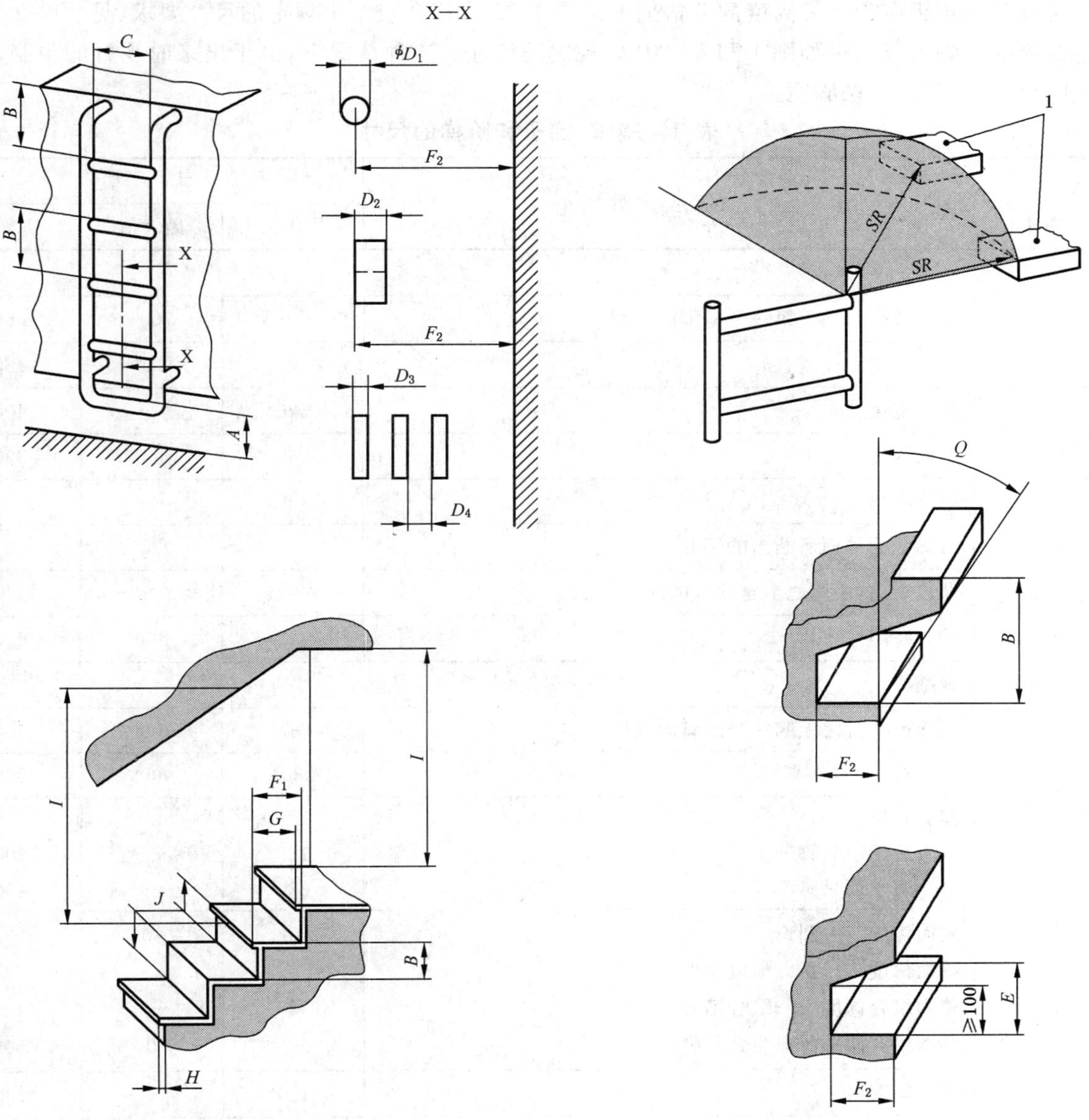

说明：

1——平台。

符号见表 1。

图 1　踏脚、梯子和阶梯

6.3　一般考虑以下方面：

a）在有可能脚伸出踏脚之外且会与运动部件接触的地方，应在踏脚与运动部件之间设置护罩；

b）踏脚的设计应尽量减少脚侧向滑出踏脚的危险；

c）踏脚的踩踏面不应被用作抓手；

d）踏脚的设计应尽量减少异物积存，并有助于清除鞋底的泥土和碎块；

e）踏脚的设计应便于使用者自然放脚或对于使用者是清楚可见的。

6.4　最好避免安装柔性踏脚（或串接两个或多个柔性踏脚），除非该踏脚在机器作业过程中容易受到损坏。安装单级的柔性踏脚，当施加 250 N 的水平力，且该力作用于柔性踏脚外缘的中心并向内推时，在任一平面内的移动不应超过 80 mm。当对任何一个柔性踏脚施加相同的水平力时，串接的两个或多个柔性踏脚组合布置的反向斜度不应大于 30°。

6.5 阶梯踏脚跨距应为梯级高度的 2 倍加上跨步距离，应符合表 1 中规定的尺寸要求(见 J)。

6.6 单级的踏脚可以缩进如图 1 和表 1 中 Q 规定的尺寸。这种情况下，由于出来时视野的限制，踏脚的宽度应至少为建议的两脚宽度。

表 1 踏脚、梯子和阶梯的尺寸

单位为毫米

符号(见图 1)	说明	尺寸		
		最小值	最大值	基本值
阶梯				
A	地面或平台之上第一个踏脚的高度	—	700[d]	400
B	梯级高度	—	250	180
C	踏脚宽度	320	—	400
F_1	踏面深度	240	400	300
G	跨步距离	130	—	—
H	自梯级到踏面所凸出的部分	—	25	0
I	通过走道，踏脚之上至顶部的间隙	2 000	—	>2 000
J	踏脚跨距[a]	—	800	600
梯子和单级或多级踏脚				
A	地面或平台之上第一个踏脚的高度	—	700[d]	400
B	梯级高度	230[b]	400[c]	300
C	踏脚宽度 ——适于一只脚 ——适于两只脚	 160 320	 — —	 200 400
D_1 D_2 D_3 D_4	踏面深度——圆形 踏面深度——正方形或矩形 踏面组合深度——组合踏脚 踏面组合间距——组合踏脚	19 6 3 —	60 — — 50[e]	— 50 — 50[e]
E	足背间隙	150	—	190
F_2	足尖间隙(踏脚前缘或圆形踏脚中心后面的自由空间)	150	—	200
I	通过走道，踏脚之上至顶部的间隙	2 000	—	>2 000
Q	一个踏脚/一段楼梯的最大倾斜度	—	15°	—
SR	梯子至下一个的踏脚位置[f] 的球形半径	—	300	0

[a] 计算公式：$J=G+2B$。

[b] 梯子踏脚的顶部至平台 150 mm。

[c] 如果将履带用作踏脚，从履带板至平台之间的梯级高度可以增加到 500 mm。

[d] 实际应用中，尺寸不宜超过 600 mm。

[e] 如果脚放置位置平行于踏面的组成部分则为 40 mm。

[f] 见 6.2。

7 梯子

7.1 梯子踏脚应符合第 6 章和表 1 中对踏脚的一般要求。

7.2 在地面以上垂直延伸超过 5 m 的梯子应装备梯子限落装置，优先采用不活动型装置（如梯子护栏）。这种装置不应要求使用者在上、下梯子时频繁操作。

如果使用，梯子护栏或其他类似装置的底边应位于地面或平台以上最大 3 m，最小 2.2 m。

梯子护栏的内表面至踏脚距离不应超过 700 mm，其内部宽度也不应超过 700 mm。

7.3 最大每 6 m 应设置一个休息平台，梯段高度不超过 10 m 的单级梯段的梯子除外。

7.4 垂直高度大于 2 m 的环绕或螺旋型梯子应在开放侧装备护栏。

7.5 对于特定梯子，梯子梯级高度要一致。

8 阶梯

8.1 阶梯的踏脚应符合第 6 章和表 1 的要求。

8.2 阶梯中踏脚踏面深度应大于或等于梯级高度。相邻的梯级高度和踏脚踏面深度应一致。

8.3 阶梯应至少安装一个扶手。

8.4 自地面或平台以上垂直距离大于 3 m 的阶梯应在开放一侧或两侧安装护栏。

9 扶手和抓手

9.1 扶手和抓手应符合图 2 和表 2 中规定的尺寸要求。

9.2 扶手和抓手应沿着通道装置适当地放置，为正在移动的人员提供连续的支承，并帮使用者能保持平衡。

9.3 扶手和抓手的横截面宜为圆形。也可使用带有圆角的正方形或矩形横截面（见 GB/T 17301）。

9.4 任何扶手或抓手，若其手抓面超出支承点时，应对手抓面的末端形状进行改变，以防止手从该端滑落。

9.5 在梯子装置中使用扶手优于抓手。扶手或抓手可能是梯子中的整体部件或是分别独立的。

9.6 抓手的设计和布置应使其受到损坏的风险尽可能小。

9.7 扶手和抓手的表面应避免粗糙、尖角或凸出物对手引起的伤害。

单位为毫米

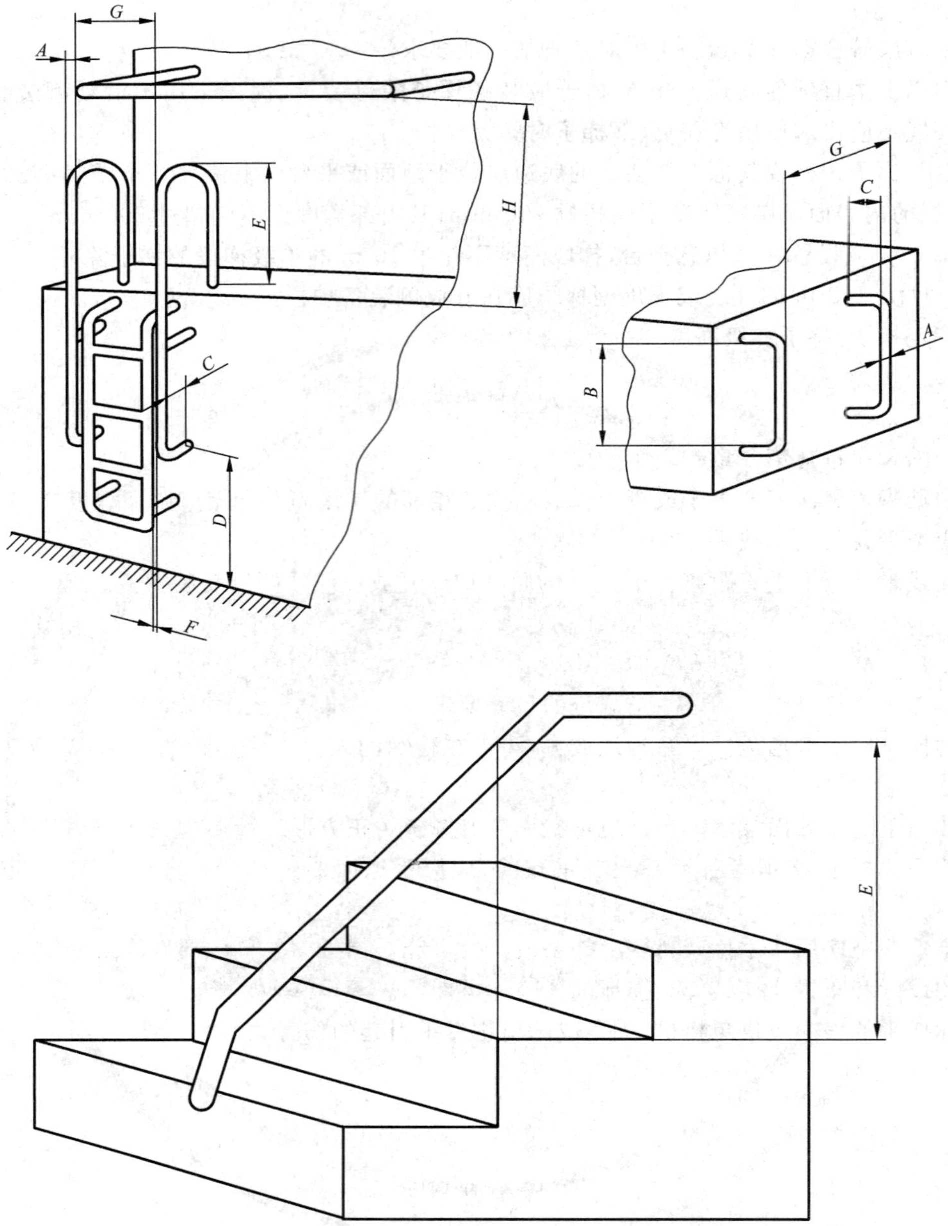

说明：
符号见表 2。

图 2 扶手和抓手

表 2 扶手和抓手的尺寸

单位为毫米

符号 (见图 2)	说　　明	尺　　寸		
		最小值	最大值	基本值
A	宽度(直径或横向平面) ——梯子、踏脚或走道 ——阶梯和斜坡扶手	15[a]	38 80	25 50
B	抓手支腿弯曲半径之间的距离	150	—	250
C	放手部位至安装表面间的间隙	50	—	75
D	站立表面以上的距离	—	1 700	900
E	扶手延长部分在踏脚、平台、阶梯或斜坡以上的垂直距离	850	960	900
F	梯子边缘与扶手或抓手之间的偏移距离(如果梯子与扶手是独立的部件)	50	200	150
G	平行扶手之间的宽度 ——梯子 ——阶梯和斜坡	— 460	600[b] —	400[c] 700
H	走道、走廊、踏脚或阶梯踏脚以上的距离	850	1 400[d]	900

a 如果为垂直方向且扶手或抓手的固定位置在地面以上超过 3 m 时为 19 mm。

b 当扶手/抓手与门口是一个整体部件时，最大为 950 mm。

c 如果要求臂部有空隙时为 600 mm。

d 对于位于司机室门之上的扶手和抓手，可能增加至 1 700 mm。

10 平台、走廊、走道、护栏和挡脚板

10.1 平台、走廊、走道、护栏和挡脚板应符合图 3 和表 3 中规定的尺寸要求。

10.2 护栏的顶部栏杆与走道或平台之间的中间位置应安置栏杆。

10.3 如果平台或走道表面的开放侧在地面或其他平台以上，垂直距离大于 3 m，则平台和走道应安装护栏。

10.4 如果可以保持三点支承，仅用于日常保养点的走道最小宽度可以为 230 mm。

10.5 当护栏中有出入口时，除了用于梯子或踏脚的通道外，还应在该出入口上安装符合 5.3 中规定要求的装置。

10.6 在脚有可能从走道或平台上滑落的地方，应安装挡脚板。

单位为毫米

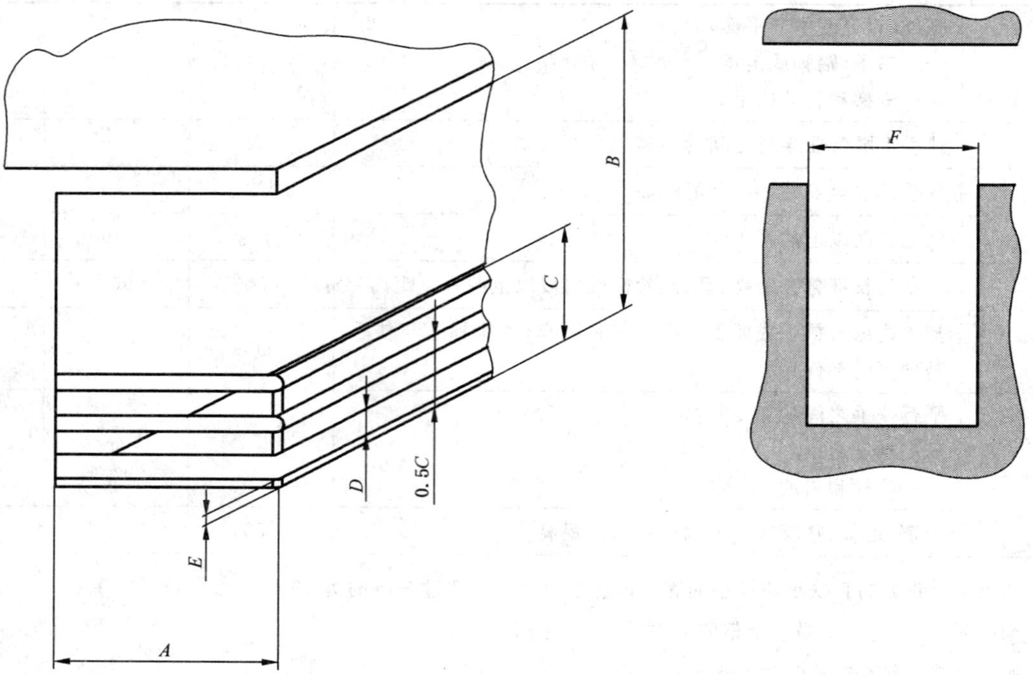

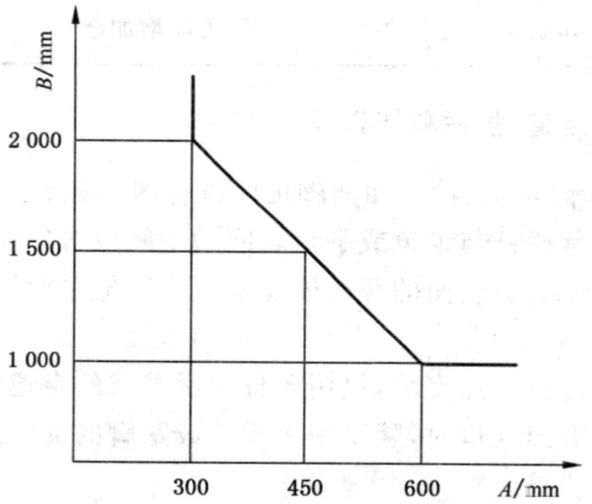

说明：

符号见表 3。

图 3　平台、走廊、走道、护栏和挡脚板

表 3 平台、走廊、走道、护栏和挡脚板

单位为毫米

符号（见图 3）	说明	尺寸		
		最小值	最大值	基本值
A	宽度[a] ——平台 ——走道	 300 300[b]	 — —	 600 600
B	空间高度 ——站立 ——跪姿[c] ——爬行[c]	 2 000 1 500 1 000	 — — —	 — — —
C	护栏高度	1 000	1 100	1 100
D	挡脚板高度	50	—	100
E	挡脚板至地板间隙	0	10	0
F	走廊宽度 ——使用者正前通道[d] ——使用者侧向通道 ——使用者相互反向通行	 550 330 900	 — — —	 650 450 1 300

[a] 该宽度如图 3 所示，取决于空间高度。

[b] 见 10.4。

[c] 仅用于检查和日常保养。

[d] 爬行时用基本尺寸作为最小值。

11 机壳出入口

11.1 机壳出入口应符合图 4 和表 4 中规定的尺寸要求或满足 11.2 和 11.3 的要求。

11.2 对于设计要求有前入口或走下来进入机壳的机器，如滑移转向装载机，当不能满足图 4 和表 4 规定的尺寸要求时，应至少符合下列要求：

a) 基本出入口：出入口宽度(*A*)应大于 550 mm，门槛以上的出入口高度(*B*)应大于 875 mm；

b) 备用出入口：出入口尺寸应能通过 380 mm×550 mm 的矩形。

这些要求也适用于小型挖掘机和小回转半径挖掘机(MSRX)。

11.3 如果不能实现矩形出入口，最小出入口区域可减小至图 4 中所示的最小尺寸。另外，距离最小出入口低处(窄处)从地板算起的垂直距离可由 460 mm 最大增加到 770 mm，相应的最小宽度由 250 mm 增加到 300 mm。

11.4 基本出入口应从通道踏脚或从平台、走道或地面直接出入。

11.5 机壳的门应能由人力打开，还要维持 4.1.6 要求的支承作用。打开门时与门的接触不能作为支承点之一。

11.6 打开或关闭带铰链的基本机壳门的力不应超过 135 N。打开和关闭所有其他带铰链通道门或盖的力不应超过 245 N。此要求适用于门的打开和关闭，不适用于门锁的启用。

11.7 在机器操作期间为使机壳门能始终开着，应提供一个使其固定在开启位置的装置，并且该装置应能承受 300 N 的关闭力。

11.8 铰链门一般应向外开启。滑动门的设计应避免由于机器操作产生的惯性力作用使门移动。

11.9　至少应留有 50 mm 的手间隙：

a)　铰链门的外部垂直边与门架之外的其他固定物体之间；

b)　需要时，为打开或拆下其他类型的机壳门或盖。

11.10　在重力作用下就位的可拆装的机壳出入口盖，设计时应避免其从出入口处掉落。

11.11　可手拆的机壳出入口盖的质量不应超过 25 kg。

11.12　基本和备用出入口的圆角半径不应超过 150 mm。

单位为毫米

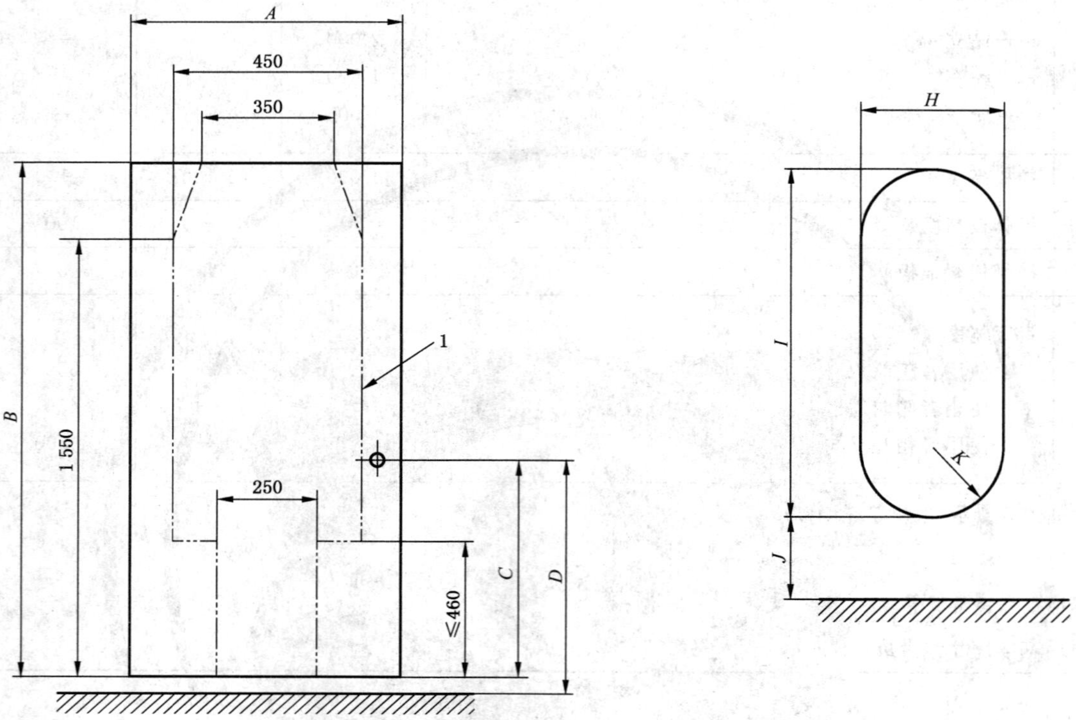

a）基本出入口　　　　b）服务出入口

说明：

1——最小出入口。

对头部的锥度只允许用于站姿司机室。

改变最小出入口的形状，不需要对称。

符号见表 4。

注：尺寸为最小值，除非另有注明。

图 4　机壳出入口

表 4　机壳出入口尺寸

单位为毫米

符号 (见图 4)	说　明	尺　寸		
		最小值	最大值	基本值
基本出入口				
A	宽度	450	—	680
B	高度 ——坐姿司机室 ——站姿司机室	 1 300 1 800	 — —	 >1 300 >1 800
C	地板至门内把手的高度 ——坐姿司机室 ——站姿司机室	 350 800	 850 1 000	 >350 >800
D	站立面之上的门外把手的高度	500	1 500[a]	900
备用出入口(最好与基本出入口同样大小)				
	——圆形(直径) ——正方形 ——矩形	650 600×600 450×650	— — —	>650 >(600×600) >(450×650)
服务出入口				
H	宽度	450	—	680
I	高度[b]	760	—	1 100
J	底边至地板	—	500	250
K	圆角半径	—	0.5*H*	150

[a] 如果距离从地面算起,则为 1 700 mm。

[b] 如果 $H<680$ mm,$J>250$ mm,则 $I>1\ 100$ mm。

参 考 文 献

[1] GB/T 15706.1—2007 机械安全 基本概念与设计通则 第1部分:基本术语和方法(ISO 12100-1:2003,IDT).

[2] GB/T 17299—1998 土方机械 最小入口尺寸(idt ISO 2860:1992).

[3] GB 17888.1—2008 机械安全 进入机械的固定设施 第1部分:进入两级平面之间的固定设施的选择(ISO 14122-1:2001,IDT).

[4] GB 17888.2—2008 机械安全 进入机械的固定设施 第2部分:工作平台和通道(ISO 14122-2:2001,IDT).

[5] GB 17888.3—2008 机械安全 进入机械的固定设施 第3部分:楼梯、阶梯和护栏(ISO 14122-3:2001,IDT).

[6] GB 17888.4—2008 机械安全 进入机械的固定设施 第4部分:固定式直梯(ISO 14122-4:2001,IDT).

ICS 35.240.60
A 13

中华人民共和国国家标准

GB/T 17303.1—2010
代替 GB/T 17303.1—1998

发票报文
第1部分：联合国标准发票报文

Invoice message—
Part 1: United nations standard invoice message

2010-09-02 发布 2011-04-01 实施

中华人民共和国国家质量监督检验检疫总局
中国国家标准化管理委员会 发布

前　言

GB/T 17303《发票报文》分为2个部分：

——第1部分：联合国标准发票报文；

——第2部分：国际贸易商业发票报文。

本部分为GB/T 17303的第1部分。

本部分修改采用联合国欧经会贸易简化与电子业务中心（UN/CEFACT）UN/EDIFACT D.08A：2008《联合国标准发票报文》（英文版），主要差异如下：

——将“范围”中1.3“原则”调整至第4章“应用原则”；

——对章条号进行了调整。

本部分代替GB/T 17303.1—1998《发票报文　第1部分：联合国发票报文》。

本部分与GB/T 17303.1—1998相比主要变化为：

——本部分修改采用UN/EDIFACT D.08A：2008《发票报文》，而GB/T 17303.1—1998等同采用EDIFACT D.96B：1996《发票报文》；

——对标准的前言进行了修改；

——增加了规范性引用文件；

——增加了报文的内容。

本部分由全国电子业务标准化技术委员会提出并归口。

本部分起草单位：中国标准化研究院、青岛港（集团）有限公司、宁波港股份有限公司。

本部分主要起草人：张荫芬、胡涵景、王凌云、李颖、肖玉敬、张蕾、龚天法、陈颖。

本部分于1998年4月第一次发布。

发票报文
第1部分：联合国标准发票报文

1 范围

GB/T 17303 的本部分规定了根据买卖双方商定的条件对所提供的商品或服务提出付款要求的报文。含有正确数据限定的联合国标准发票报文还可作为借记通知报文和贷记通知报文的规范。本部分所提到的“INVOICE”（发票）可作广义的解释为“发票/贷记通知/借记通知”。

本部分适用于国内国际贸易，它以与行政、商业和运输业相关的通用惯例为基础，但又不依赖于业务或行业类型。

2 规范性引用文件

下列文件中的条款通过 GB/T 17303 的本部分的引用而成为本部分的条款。凡是注日期的引用文件，其随后所有的修改单（不包括勘误的内容）或修订版均不适用于本部分，然而，鼓励根据本部分达成协议的各方研究是否可使用这些文件的最新版本。凡是不注日期的引用文件，其最新版本适用于本部分。

UNTDID 第4部分 联合国标准报文总体介绍

H.S. 商品名称及编码协调制度

3 术语和定义

UNTDID 第4部分中确立的术语和定义适用于 GB/T 17303 的本部分。

4 应用原则

——一个卖方可以就一笔或多笔交易开出发票；

——一张发票可以涉及到与一个或多个订单、交付指示、取消等相关的货物、项目或服务；

——一张发票可以包含有关的付款条款；

——一张跨境的交易的发票，可以包含用于海关和/或统计/服务的附加信息；

——一张发票可以包含运输事项。

5 报文定义

5.1 数据段描述

5.1.1 标头节

标头节提供的信息如下：

0010 UNH 报文头

服务段，开始并唯一标识一个报文。该发票报文的类型代码为“INVOIC”。

注：UNH 段复合数据元 S009 中应包含下列数据：

数据元	0065	INVOIC
	0052	D
	0054	08A
	0051	UN

0020 BGM 报文开始

发送方应根据发票类型、发票号或发票功能唯一地标识一个段。

0030 DTM 日期/时间/期限

描述与整个报文有关的总的日期和相关的时间，该段应至少有一次标识发票日期。使用DTM段的范例："装运日期"或"交货日期"。

无论何时当日期/时间/期限逻辑上与另一个特定数据项有关时，这个日期/时间/期限段可以在其他段组中使用。

例如：在PYT段组中说明应付款的日期。

0040 PAI 付款指示

要求或确定整个发票的付款条款、付款担保和付款方式。

例如：在本段中描述交换中所使用的跟单信用证的类型。

0050 ALI 附加信息

指出与发票相关的适用于原产地、关税待遇或其他商业因素等特殊情况。

0060 IMD 项描述

给出适用于发票中所有分项的描述。

0070 FTX 自由文本

当需要附加信息而其他段又不能提供时，可使用代码或自然语言形式给出的自由文本信息。

在计算机与计算机之间的交换中，这种文本通常需要接收方手工处理该段。

0080 LOC 地点/位置标识

标识运输事项中未描述的地点，如出口国(地区)、接收货物的地点以及交货的地点。

0090 GEI 处理信息

说明与发票有关的处理指示符。

0100 DGS 危险品

说明与发票有关的危险品的详细信息。

0110 GIR 相关标识号

给出适用于发票中所有分项的相关标识号。

0120 段组1：RFF-DTM-GIR-LOC-MEA-QTY-FTX-MOA-RTE

给出参考的段组，必要时给出与整个报文有关的日期、有关的标识号、地点、计量、数量、自由文本和货币金额等，如：合同信息、进口或出口许可证信息、发运通知等信息。

0130 RFF 参考

以号码及单证中的一个恰当的行号来标识参考。

0140 DTM 日期/时间/期限

说明与该参考有关的日期和时间。

0150 GIR 相关标识号

说明与该参考有关的标识号。

0160 LOC 地点/位置标识

说明与该参考有关的位置信息。

0170 MEA 计量

说明与该参考有关的计量信息。

0180 QTY 数量

说明与该参考有关的数量的信息。

0190 FTX 自由文本

说明与该参考有关的自由文本信息。

0200 MOA 货币金额

说明与该参考有关的货币金额信息。

0210 RTE 费率细目

说明与所参考的该元素有关的比率。例如：一个参考公式的结果系数。

0220 段组 2：NAD-LOC-FII-MOA-SG3-SG4-SG5

标识参与方的相关信息。

0230 NAD 名称和地址

用代码或自然语言形式标识参与方的名称和地址以及与发票有关的功能。对于发票报文而言，买方和卖方的标识是必备型的。建议应尽可能地使用代码型的参与方标识。由于买方和卖方彼此了解，因此，仅需要代码型的标识，但是收货人或交货地址可能出现变化，因此应对名称和地址以结构化的格式进行清晰的说明。

0240 LOC 地点/位置标识

给出多个在 NAD 段中说明的参与方的特定地址信息，如：内部地点/楼号。

0250 FII 金融机构信息

标识金融机构（如：银行）和买方、卖方以及其他必要的参与方的相关账号。

0260 MOA 货币金额

说明与方所说明的参与方有关的货币金额（如：应付给该参与方的金额）。

0270 段组 3：RFF-DTM

给出仅与特定参与方相关的而不是与整个发票相关的参考。

0280 RFF 参考

在一个单证中通过其号码，适当时通过一个行号标识该参考。

0290 DTM 日期/时间/期限

说明与该参考有关的日期和时间。

0300 段组 4：DOC-DTM

标识特定参与方的文件需求。

0310 DOC 单证/报文细目

标识和提供与由 NAD 段指定的参与方所要求的单证有关的信息。

0320 DTM 日期/时间/期限

说明该单证的日期和/或时间。

0330 段组 5：CTA-COM

给出在 NAD 段标识的参与方的具体人或部门的详细联系信息。

0340 CTA 联系信息

标识应直接联系的人员、部门和它们的功能。

0350 COM 通信联系

标识在 CTA 段中说明的通信类型和号码。

0360 段组 6：TAX-MOA-LOC

与税有关的信息，必要时说明与税信息有关的场所。

0370 TAX 关税/税/费细目

说明与整个发票有关的税种、税目和税率或免税信息，如：适用于所有货项的标准税率的增值税。

0380 MOA 货币金额

说明所确定的税/费金额。

0390 LOC 地点/位置标识

指出与在 TAX 段描述的税或免税适用的位置(地点),例如,国家税、州(省)税、城市税。

0400 段组 7:CUX-DTM

说明货币及与整个发票有关的日期/期限的有效期。货币数据在国内贸易中可以被省略,但在国际贸易中是必需的。

0410 CUX 货币

标识在发票中要求的货币,如发票货币。可以给出一种汇率,以使一种参考货币转换为一种目标货币。

0420 DTM 日期/时间/期限

说明与汇率有关的日期/时间/期限。

0430 段组 8:PYT-DTM-PCD-MOA-PAI-FII

说明适用于整个发票的付款条款。

0440 PYT 付款条款

标识付款条款以及日期/时间/期限。

0450 DTM 日期/时间/期限

必要时给出任意付款、折扣、分期付款等的确定的日期/时间/期限。

0460 PCD 百分比细目

说明折扣、利息、罚款及分期付款的百分比。

0470 MOA 货币金额

说明与付款折扣、罚款或分期付款有关的金额。

0480 PAI 付款指示

说明付款指示。

0490 FII 金额机构信息

标识一个帐户与之相关的金融机构。

0500 段组 9:TDT-TSR-SG10-SG11

标识与整个发票相关的运输方式和运输工具、运输合同以及地点和与运输相关的日期和时间。

0510 TDT 运输细目

说明发票有关的货物的运输方式、运输工具和运输标识。

0520 TSR 运输服务要求

说明发票中指明的货物的运输合同要求。

0530 段组 10:LOC-DTM

给出与运输有关的地点、日期/时间信息。

0540 LOC 地点/位置标识

标识与 TDT 段中规定的运输有关的地点,比如:启运地点或过境地点。

0550 DTM 日期/时间/期限

标识运到指定位置的货物的启运/到达的详细日期/时间。

0560 段组 11:RFF-DTM

给出运输细目的参考信息。

0570 RFF 参考

给出运输细目的参考。

0580 DTM 日期/时间/期限

给出与参考有关的日期/时间/期限。

0590 段组 12:TOD-LOC

指出整个发票的交货条款。

0600　TOD 交货或运输条款

标识所使用的交货条款,例如 INCOTERMS,应尽可能用代码规定交货条款。

0610　LOC 地点/位置标识

标识与在 TOD 段中规定的交货条款有关的位置。

0620　段组 13:EQD-SEL

说明在发票中给出的设备。

0630　EQD 设备细目

标识该设备,包括设备类型和编号。

0640　SEL 封志号

标识与该设备有关的封志号。

0650　段组 14:PAC-MEA-EQD-SG15

标识发票货物的包装、实际尺寸、运输标志、件数。

0660　PAC 包装

说明发票中包装的件数和类型,比如,托盘的数量和类型。

0670　MEA 计量

说明在 PAC 段中描述的包装的规格,比如,包装长度、重量。

0680　EQD 设备细目

说明该套设备。

0690　段组 15:PCI-RFF-DTM-GIN

说明单个物理单元上的标记和标签。

0700　PCI 包装标识

说明在 PAC 段中描述的单一物理单元(包装)上使用的标记和标签。

0710　RFF 参考

标识主标记号码。

0720　DTM 日期/时间/期限

说明与包装标记有关的日期。

0730　GIN 货物标识号

标识包装标记中使用的号码或号码范围。

0740　段组 16:ALC-ALI-FTX-SG17-SG18-SG19-SG20-SG21-SG22

说明整个发票的折让和费用。在本段组里所指定的折让或费用或者与总的发票有关,因此在细目节或者作为一种缺省的折让/费用,与分项有关,并且在 ALC 段组的明细部分可以被省略,适当的时候选择货币等细节将在 TAX 和 MOA 段中明示。

折让/费用的计算基础可以是某一数量、百分比、一定的金额或费率,并且可以使用段组 17～21 中的某一段。

0750　ALC 折让或费用

标识费用或折让,必要时标识它的计算次序。

0760　ALI 附加信息

指出所描述的折让或费用受原产地、海关特惠或其他商业因素的特定条件的限制。

0770　FTX 自由文本

说明折让或费用的文本性的描述。

0780　段组 17:RFF-DTM

给出参考,必要时,给出与折让或费用有关的日期。

0790　RFF 参考

以单证中的号码及单证中的一个恰当的行号来标识参考。

0800 DTM 日期/时间/期限

说明与参考有关的日期/时间。

0810 段组 18:QTY-RNG

说明以计量单位标识符的折让或费用的数量。可以指定折让或费用的应月范围。如,如果所订的货物数量超过 1 000 件,那么可以指定折让 20 件的免费数量。

0820 QTY 数量

标识数量的类型及与折让或费用相关的数量。

0830 RNG 范围细目

如果需要,说明折让或费用适用范围。

0840 段组 19:PCD-RNG

说明折让或费用的百分比,比如折让/费用金额的货价的 5%计,或如果所订的货物数量在 5 吨到 10 吨的范围内,可以指定折让 5%的价格。

0850 PCD 百分比细目

标识计算折让或费用的百分比和百分比基数。

0860 RNG 范围细目

如果需要,说明百分比适用的范围。

0870 段组 20:MOA-RNG-CUX-DTM

说明折让或费用的货币金额。可以指定折让或费用的应用范围,例如:如杲所订的货价大于 10 万欧元,可以指定折让 5 千欧元。

0880 MOA 货币金额

标识折让或费用的货币金额。

0890 RNG 范围细目

如果需要,说明折让/费用金额的应用范围。

0900 CUX 货币

说明折让或费用的货币金额和汇率。

0910 DTM 日期/时间/期限

说明货币汇兑比率的实施日期。

0920 段组 21:RTE-RNG

说明折让或费用适用的单位比率和基数,比如折让/费用金额是每 10 吨 3 欧元。

0930 RTE 费率细目

说明计算的单位比率和计算基数。

0940 RNG 范围细目

如果需要,指定折让/费用比率适用的范围。

0950 段组 22:TAX-MOA

如必要时,为折让或费用指定税目相关的信息。

0960 TAX 关税/税/费细目

说明与折让或费用相关的税种、税目和税率或免税。

0970 MOA 货币金额

说明折让或费用的金额。

0980 段组 23:RCS-RFF-DTM-FTX

标识规则、法律和条例,供应商应满足这些要求。如基建条例、安全条例等。

0990 RCS 需求和条件

说明行业或国家的规定要求。

1000 RFF 参考

以它的号码和一个恰当的行号来标识参考。

1010 DTM 日期/时间/期限

说明与参考段有关的日期/时间。

1020 FTX 自由文本

当需要附加信息而其他段又不能提供时,就可用来提供一些自由文本信息,信息以代码或自然语言形式出现。在计算机与计算机之间交换中,这种文本通常需要接收方手工处理这个段。

1030 段组 24:AJT-FTX

给出关于调整的信息。

1040 AJT 调整细目

给出调整细目。

1050 FTX 自由文本

给出调整的附加信息。

1060 段组 25:INP-FTX

给出这种可能性,以回答指示另一参与方采取行动的发票报文。

1070 INP 指示相关方

给出各方的信息到指令中。

1080 FTX 自由文本

把各方附加信息传到指令中。

1090 段组 26:EFI-CED-COM-RFF-DTM-QTY

通过外部文件参考对每个外部文件进行标识,并给出每个文件有关的附加信息。

1100 EFI 外部文件连接细目

在交换中通过指出文件名称、号码和其顺序号来标识外部文件。

1110 CED 计算机环境细目

对所有必要的属于计算机系统配置的元素的准确定义,如:硬件、程序语言、操作系统以及应用软件。

1120 COM 通信联系

标识直接进行通信联系部门或个人的通信号码。

1130 RFF 参考

给出与由前面的外部文件连接标识段所标识的文件有关的参考。

1140 DTM 日期/时间/期限

传递外部文件的日期/时间细目。

1150 QTY 数量

给出在前面的外部文件连接标识段中所标识的外部文件的大小。

5.1.2 细目节

细目节中提供的信息如下:

1160 段组 27:LIN-PIA-PGI-IMD-MEA-QTY-PCD-ALI-DTM-GIN-GIR-QVR-EQD-FTX-DGS-SG28-SG29-SG30-SG31-SG32-SG34-SG35-SG36-SG40-SG46-SG48-SG49-SG50-SG51

提供发票所开项目的单项细目,在一张发票里,段组 27 至少要出现一次,但不必在贷记通知和借记通知中出现。本段组可以重复给出分项细节。

1170 LIN 行项

以行项号和结构等级来标识行项，此外还能标识开出发票的产品或服务，其他的产品标识代码，比如买方产品代码等，可以在下列 PIA 段内指明。

1180 PIA 附加产品标识

提供在 LIN 段中被指定的产品的附加标识（比如《商品名称及编码协调制度》H. S. 代码），或提供任何替代产品标识。

1190 PGI 产品分组信息

标识该产品或一组价格。

1200 IMD 项描述

用来描述发票所列产品或服务以及产品特性，本段应该用于那些因产品编码或商品号码不能充分标识的产品或服务。

1210 MEA 计量

很多的产品标识要求说明实际的尺寸，所谓计量是指在无包装状态下的产品，如塑膜的厚度、长度、重量等等。

1220 QTY 数量

标识产品的量即发票所开数量。

1230 PCD 百分比细目

说明一种产品的强度或含量的百分比，如用 80％来描述一种酸的强度。

1240 ALI 附加信息

指出由于原产地、关税待遇、禁运条例或商业因素所产生的等特殊情况。

1250 DTM 日期/时间/期限

说明仅与分项有关的日期/时间/期限细目。

1260 GIN 货物标识号

提供适用于发票中所开的商品的标识码，如组装设备的序列号。

1270 GIR 相关标识号

为一个分项提供一组有关的标识码，如运载工具的引擎号、底盘号和变速箱号码。

1280 QVR 数量变更

标识数量的变更，比如，所交货物数量/所开发票数量和所订购货物数量之间的差异。

1290 EQD 设备细目

说明单证上所列设备的类型和尺寸。

1300 FTX 自由文本

当需要附加信息而其他段又不能提供时，就可用来提供一些自由文本信息，信息的代码或自由语言形式出现。在计算机与计算机之间交换中，这种文本通常需要接收方手工处理这个段。

1310 DGS 危险品

说明仅与行项有关的危险品细目。

1320 段组 28：MOA-CUX

说明与产品有关的货币金额，必要时指出货币种类。

1330 MOA 货币金额

说明与产品有关的货币金额，如分项金额、保险价值、海关价格。

1340 CUX 货币

当与目标货币有区别时，说明分项中所使用的货币。可以给出一种汇率，以使一种参考货币转换为一种目标货币的汇率。

1350 段组 29：PYT-DTM-PCD-MOA

当与标头节描述的付款条款有差别时，此段用来说明分项的付款条款。

1360　PYT 付款条款
标识付款条款及日期/时间基准。
1370　DTM 日期/时间/期限
如必要的话,给出付款、折扣、分期付款等的具体日期/时间/期限。
1380　PCD 百分比细目
说明折扣、利息、罚款及分期付款的百分比。
1390　MOA 货币金额
说明与付款折扣、罚款或分期付款有关的金额。
1400　段组 30:PRI-CUX-APR-RNG-DTM
为发票中的商品或服务标识出相关的价格信息。
1410　PRI 价格细目
说明价格类型和金额,此价格用在分项金额的计算,且被标识为"价格"。在 5387"价格类型限制符"中可以给出"净价"或"总价"。
1420　CUX 货币
说明价格货币。
1430　APR 附加价格信息
标识价格信息,如价格乘数、贸易级别或种类,并附加标识变化的原因。
1440　RNG 范围细目
标识附加价格信息所适用的范围(数量、金额等)。
1450　DTM 日期/时间/期限
标识与价格变化(如有效期)有关的日期/时间/期限信息。
1460　段组 31:RFF-DTM
给出与分项有关的参考,需要时,给出日期。
1470　RFF 参考
以号码和单证中一个恰当的分项号来标识参考。
1480　DTM 日期/时间/期限
指出与参考段有关的日期/时间。
1490　段组 32:PAC-MEA-EQD-SG33
标识分项中的货物的包装物理尺寸以及运输标志。
1500　PAC 包装
说明分项包装的件数和类型,如托盘的数量和种类。
1510　MEA 计量
说明在 PAC 段中描述的包装的规格,比如,包装长度、重量。
1520　EQD 设备细目
说明一套设备。
1530　段组 33:PCI-RFF-DTM-GIN
标识每个单独的物理单位的标记和标签。
1540　PCI 包装标识
说明在 PAC 段所描述的每个单一物理单位(包装)所使用的标记和标签。
1550　RFF 参考
标识主标记号码。
1560　DTM 日期/时间/期限
说明与包装标记有关的日期。

1570 GIN 货物标识号

标识包装标记中使用的号码或号码范围。

1580 段组 34:LOC-QTY-DTM

当一个分项的货物涉及到几个目的地交货时,用来说明目的地和量细目。

1590 LOC 地点/位置标识

标识已交付的部分货物的地点。

1600 QTY 数量

说明交付到标识地点的数量。

1610 DTM 日期/时间/期限

说明已交货的日期/时间。

1620 段组 35:TAX-MOA-LOC

说明与税有关的信息,及必要时与税目信息有关的场所。

1630 TAX 关税/税/费细目

说明与分项有关的税种、税目和税率或免税。

1640 MOA 货币金额

说明所标识的税/费的金额。

1650 LOC 地点/位置标识

指出与在 TAX 段描述的税或免税相关的位置(地点),如国家税、州(省)税、城市税。

1660 段组 36:NAD-LOC-FII-SG37-SG38-SG39

仅标识与分项有关的参与方的相关信息。

1670 NAD 名称和地址

用代码或自由语言形式标识参与方的名称和地址以及它们与行项有关的功能。建议尽量使用代码形式来标识参与方。比如买卖双方都彼此熟悉,这样仅需要 ID 标识符代码就可以了。但收货方或交货地点可能有所变化,应指示清楚,最好用结构化格式来表示。

1680 LOC 地点/位置标识

更详细描述在 NAD 段中参与方所处的位置信息,比如内部地点/建筑物门牌号。

1690 FII 金融机构信息

标识金融机构(如:银行),以及卖方和买方相关账号,必要时也可给出其他参与方的账号。

1700 段组 37:RFF-DTM

仅提供给参与方而非整个分项的相关信息。

1710 RFF 参考

以号码及单证中的一个恰当的分项号来标识参考的段。

1720 DTM 日期/时间/期限

指出与参考段有关的日期和时间。

1730 段组 38:DOC-DTM

该段组标识特定参与方对单证的要求。

1740 DOC 单证/报文细目

标识和提供与由 NAD 段指定的参与方所要求的单证有关的信息。

1750 DTM 日期/时间/期限

描述单证的日期和时间。

1760 段组 39:CTA-COM

描述在 NAD 段标识的参与方的具体人或部门的联络信息。

1770 CTA 联系信息

标识应直接联系的人员、部门和它们的功能。

1780 COM 通信联系

标识在 CTA 段中说明的通信类型和号码。

1790 段组 40:ALC-ALI-DTM-FTX-SG41-SG42-SG43-SG44-SG45

当与发票标头节指定的有所不同或在发票标头节中没有被指定时,此段用来指定分项的折扣或费用。

1800 ALC 折让或费用

标识费用或折让,必要时标识它的计算次序。

1810 ALI 附加信息

指出因原产地、关税待遇或其他商业因素等特殊情况产生的折让或费用。

1820 DTM 日期/时间/期限

说明日期和/或时间或期限。

1830 FTX 自由文本

说明折让或费用的文本性描述。

1840 段组 41:QTY-RNG

带计量单位标识折让或费用的数量,可以指定折让或费用的应用范围。比如,如果所订的货物数量超过 1 000 件,那么可以指定折让 20 件的免费数量。

1850 QTY 数量

标识数量的类型及与折让或费用相关的数量。

1860 RNG 范围细目

如果需要,说明折让或费用适用范围。

1870 段组 42:PCD-RNG

指出折让或费用的百分比,比如折让/费用金额的货价的 5%计,或如果所订的货物数量在 5 吨到 10 吨的范围内,可以指定折让 5%的价格。

1880 PCD 百分比细目

标识计算折让或费用的百分比和百分比基数。

1890 RNG 范围细目

如果需要,说明百分比适用的范围。

1900 段组 43:MOA-RNG-CUX-DTM

指出折让或费用的货币金额。可以指定折让或费用的应用范围。例如:如果所订的货价大于 10 万比利时法郎,可以指定折让 5 千比利时法郎。

1910 MOA 货币金额

标识折让或费用的金额。

1920 RNG 范围细目

如果需要,说明折让/费用金额的应用范围。

1930 CUX 货币

指定折让或费用的货币金额及汇率。

1940 DTM 日期/时间/期限

说明与汇率有关的日期/时间/期限。

1950 段组 44:RTE-RNG

指出折让或费用适用的单位比率和基数,比如,折让/费用金额是每 10 吨 3 个德国马克。

1960 RTE 费率细目

指定计算的单位比率和计算基数。

1970 RNG 范围细目

如果需要,说明折让/费用比率适用的范围。

1980 段组 45:TAX-MOA

如果必要,为折让或费用指定税目相关的信息。

1990 TAX 关税/税/费细目

说明与折让或费用相关的税种、税目和税率或免税。

2000 MOA 货币金额

说明折让或费用的金额。

2010 段组 46:TDT-SG47

当在发票标头节中没有描述或与发票标头节描述有所不同时,此段用来指定与分项有关的运输的位置、相关的日期和时间。

2020 TDT 运输细目

说明分项中的货物的运输方式、运输工具、运输标识。

2030 段组 47:LOC-DTM

指出与运输有关的位置、日期/时间信息。

2040 LOC 地点/位置标识

标识与 TDT 段运输有关的位置,比如:起运地点或过境地点。

2050 DTM 日期/时间/期限

标识运到指定位置的货物的启运/到达的详细日期/时间。

2060 段组 48:TOD-LOC

当与发票标头节描述有所不同或在发票标头节没有描述时,此段用来指示分项的交货条款。

2070 TOD 交货或运输条款

标识使用的交货条款,如 INCOTERMS,用代码规定交货条款。

2080 LOC 地点/位置标识

标识与 TOD 段交货条款有关的位置。

2090 段组 49:RCS-RFF-DTM-FTX

当与发票标头节描述有所不同或在发票标头节中没有描述时,此段组用来为分项标识、规则、法律和条例,供应商应满足这些要求,如基建条例、安全条例等。

2100 RCS 需求和条件

对行业或国家的要求进行规定。

2110 RFF 参考

以号码和单位中一个恰当的行号标识参考。

2120 DTM 日期/时间/期限

说明与参考有关的日期/时间。

2130 FTX 自由文本

当需要附加信息而其他段又不能提供时,就可用来提供一些自由文本信息,信息的代码或自然语言形式出现。在计算机与计算机之间交换中,这种文本通常需要接收方手工处理这个段。

2140 段组 50:GEI-RFF-IMD-DTM-GIR-LOC-MEA-QTY-FTX-MOA

给出处理指示符和参考,必要时给出与分项有关的项描述、日期、有关标识号、地点、计量、数量、自由文本、以及货币金额,如:合同信息、进口许可证信息或出口许可证信息、发运通知信息。

2150 GEI 处理信息

说明与分项有关的处理指示符。

2160 RFF 参考

以号码及单证中的一个恰当的分项号来标识参考的段。

2170 IMD 项描述

描述与该参考有关的产品项。

2180 DTM 日期/时间/期限

说明与参考有关的日期/时间。

2190 GIR 相关标识号

说明与参考有关的标识号。

2200 LOC 地点/位置标识

说明与参考有关的地点信息。

2210 MEA 计量

说明与参考有关的计量信息。

2220 QTY 数量

说明与参考有关的数量信息。

2230 FTX 自由文本

说明与参考有关的自由文本信息。

2240 MOA 货币金额

说明与参考有关的货币金额。

2250 段组 51:EFI-CED-COM-RFF-DTM-QTY

通过外部文件参考对每个外部文件进行标识,并给出每个文件有关的附加信息。

2260 EFI 外部文件连接细目

在交换中通过指出文件名称、号码和其顺序号来标识外部文件。

2270 CED 计算机环境细目

对所有必要的属于计算机系统配置的元素的准确定义,如:硬件、程序语言、操作系统以及应用软件。

2280 COM 通信联系

标识直接进行通信联系部门或个人的通信号码。

2290 RFF 参考

给出与由前面的外部文件连接标识段所标识的文件有关的参考。

2300 DTM 日期/时间/期限

给出与由前面的外部文件连接标识段所标识的文件有关的参考。

2310 QTY 数量

给出在前面的外部文件连接标识段中所标识的外部文件的大小。

5.1.3 汇总节

汇总节提供下列信息如下:

2320 UNS 节控制

服务段,置于汇总节的开始,以防止段的冲突。

2330 CNT 控制总计

可以为发送方提供报文控制总计,以便为接收方核查。

2340 段组 52:MOA-SG53

给出整个发票总金额,如果相关的话,用相关参考和日期给出详细的预付金额。

2350 MOA 货币金额

给出整个发票报文的总金额，如报文货币总额、报文行项总额、付款折扣的金额、税额、可选择的货币金额、总的附加额、预付的小计金额、总的预付额。

2360 段组 53：RFF-DTM

给出参考，必要时给出与预付金额相关的日期。

2370 RFF 参考

以号码和单证中一个恰当行号来标识参考。

2380 DTM 日期/时间/期限

给出与参考相关的日期/时间。

2390 段组 54：TAX-MOA

说明发票的税的总金额。

2400 TAX 关税/税/费细目

说明发票的全部税。

2410 MOA 货币金额

说明税的货币总金额。

2420 段组 55：ALC-ALI-MOA-FTX

说明发票的累计折让和费用的总金额。

2430 ALC 折让或费用

标识总的折让或费用的类型。

2440 ALI 附加信息

说明所描述的折让或费用受原产地、海关特惠或其他商业因素的特定条件的限制。

2450 MOA 货币金额

说明折让或费用的货币总金额。

2460 FTX 自由文本

说明折让或费用的文本性描述。

2470 UNT 报文尾

此服务段结束一个报文，给出报文中段的总数（包括 UNH 和 UNT）和报文的控制参考号。

5.2 数据段索引

AJT 调整细目
ALC 折让或费用
ALI 附加信息
APR 附加价格信息
BGM 报文开始
CED 计算机环境细目
CNT 控制总计
COM 通信联系
CTA 联系信息
CUX 货币
DGS 危险品
DOC 单证/报文细目
DTM 日期/时间/期限
EFI 外部文件连接细目
EQD 设备细目
FII 金融机构信息

FTX	自由文本
GEI	处理信息
GIN	货物标识号
GIR	相关标识号
IMD	项描述
INP	指示相关方
LIN	行项
LOC	地点/位置标识
MEA	计量
MOA	货币金额
NAD	名称和地址
PAC	包装
PAI	付款指示
PCD	百分比细目
PCI	包装标识
PGI	产品分组信息
PIA	附加产品标识
PRI	价格细目
PYT	付款条款
QTY	数量
QVR	量变更
RCS	需求和条件
RFF	参考
RNG	范围细目
RTE	费率细目
SEL	封志号
TAX	关税/税/费细目
TDT	运输细目
TOD	交货或运输条款
TSR	运输服务要求
UNH	报文头
UNS	节控制
UNT	报文尾

5.3 段表

"状态"标识中 M 为必备型，C 为条件型。

编号	标记	名称	状态	重复次数
0010	UNH	报文头	M	1
0020	BGM	报文开始	M	1
0030	DTM	日期/时间/期限	M	35
0040	PAI	付款指示	C	1
0050	ALI	附加信息	C	5
0060	IMD	项描述	C	1
0070	FTX	自由文本	C	99

编号	标记	名称	状态	重复次数
0080	LOC	地点/位置标识	C	10
0090	GEI	处理信息	C	10
0100	DGS	危险品	C	1
0110	GIR	相关标识号	C	10
0120		——段组 1	C	99999
0130	RFF	参考	M	1
0140	DTM	日期/时间/期限	C	5
0150	GIR	相关标识号	C	5
0160	LOC	地点/位置标识	C	2
0170	MEA	计量	C	5
0180	QTY	数量	C	2
0190	FTX	自由文本	C	5
0200	MOA	货币金额	C	2
0210	RTE	费率细目	C	99
0220		——段组 2	C	99
0230	NAD	名称和地址	M	1
0240	LOC	地点/位置标识	C	25
0250	FII	金融机构信息	C	5
0260	MOA	货币金额	C	99
0270		——段组 3	C	9999
0280	RFF	参考	M	1
0290	DTM	日期/时间/期限	C	5
0300		——段组 4	C	5
0310	DOC	单证/报文细目	M	1
0320	DTM	日期/时间/期限	C	5
0330		——段组 5	C	5
0340	CTA	联系信息	M	1
0350	COM	通信联系	C	5
0360		——段组 6	C	5
0370	TAX	关税/税/费细目	M	1
0380	MOA	货币金额	C	1
0390	LOC	地点/位置标识	C	5
0400		——段组 7	C	99
0410	CUX	货币	M	1
0420	DTM	日期/时间/期限	C	5

编号	标记	名称	状态	重复次数
0430		——段组 8	C	10
0440	PYT	付款条款	M	1
0450	DTM	日期/时间/期限	C	5
0460	PCD	百分比细目	C	1
0470	MOA	货币金额	C	1
0480	PAI	付款指示	C	1
0490	FII	金融机构信息	C	1
0500		——段组 9	C	10
0510	TDT	运输细目	M	1
0520	TSR	运输服务要求	C	1
0530		段组 10	C	10
0540	LOC	地点/位置标识	M	1
0550	DTM	日期/时间/期限	C	5
0560		段组 11	C	9999
0570	RFF	参考	M	1
0580	DTM	日期/时间/期限	C	5
0590		——段组 12	C	5
0600	TOD	交货或运输条款	M	1
0610	LOC	地点/位置标识	C	2
0620		——段组 13	C	99
0630	EQD	设备细目	M	1
0640	SEL	封志号	C	9
0650		——段组 14	C	1000
0660	PAC	包装	M	1
0670	MEA	计量	C	5
0680	EQD	设备细目	C	1
0690		——段组 15	C	5
0700	PCI	包装标识	M	1
0710	RFF	参考	C	1
0720	DTM	日期/时间/期限	C	5
0730	GIN	货物标识号	C	5
0740		——段组 16	C	9999
0750	ALC	折让或费用	M	1
0760	ALI	附加信息	C	5
0770	FTX	自由文本	C	1

编号	标记	名称	状态	重复次数
0780		——段组 17	C	5
0790	RFF	参考	M	1
0800	DTM	日期/时间/期限	C	5
0810		——段组 18	C	1
0820	QTY	数量	M	1
0830	RNG	范围细目	C	1
0840		——段组 19	C	1
0850	PCD	百分比细目	M	1
0860	RNG	范围细目	C	1
0870		——段组 20	C	2
0880	MOA	货币金额	M	1
0890	RNG	范围细目	C	1
0900	CUX	货币	C	1
0910	DTM	日期/时间/期限	C	1
0920		——段组 21	C	1
0930	RTE	费率细目	M	1
0940	RNG	范围细目	C	1
0950		——段组 22	C	5
0960	TAX	关税/税/费细目	M	1
0970	MOA	货币金额	C	1
0980		——段组 23	C	100
0990	RCS	需求和条件	M	1
1000	RFF	参考	C	5
1010	DTM	日期/时间/期限	C	5
1020	FTX	自由文本	C	5
1030		——段组 24	C	1
1040	AJT	调整细目	M	1
1050	FTX	自由文本	C	5
1060		——段组 25	C	1
1070	INP	指示相关方	M	1
1080	FTX	自由文本	C	5
1090		——段组 26	C	99
1100	EFI	外部文件连接细目	M	1
1110	CED	计算机环境细目	C	99

编号	标记	名称	状态	重复次数
1120	COM	通信联系	C	9
1130	RFF	参考	C	9
1140	DTM	日期/时间/期限	C	9
1150	QTY	数量	C	9

细目节

编号	标记	名称	状态	重复次数
1160		——段组 27	C	9999999
1170	LIN	行项	M	1
1180	PIA	附加产品标识	C	25
1190	PGI	产品分组信息	C	99
1200	IMD	项描述	C	99
1210	MEA	计量	C	5
1220	QTY	数量	C	5
1230	PCD	百分比细目	C	1
1240	ALI	附加信息	C	5
1250	DTM	日期/时间/期限	C	35
1260	GIN	货物标识号	C	1000
1270	GIR	相关标识号	C	1000
1280	QVR	数量变更	C	1
1290	EQD	设备细目	C	1
1300	FTX	自由文本	C	99
1310	DGS	危险品	C	1
1320		——段组 28	C	99
1330	MOA	货币金额	M	1
1340	CUX	货币	C	1
1350		——段组 29	C	10
1360	PYT	付款条款	M	1
1370	DTM	日期/时间/期限	C	5
1380	PCD	百分比细目	C	99
1390	MOA	货币金额	C	1
1400		——段组 30	C	25
1410	PRI	价格细目	M	1
1420	CUX	货币	C	1
1430	APR	附加价格信息	C	1
1440	RNG	范围细目	C	1
1450	DTM	日期/时间/期限	C	5
1460		——段组 31	C	10
1470	RFF	参考	M	1
1480	DTM	日期/时间/期限	C	5

编号	标记	名称	状态	重复次数
1490		——段组 32	C	10
1500	PAC	包装	M	1
1510	MEA	计量	C	10
1520	EQD	设备细目	C	1
1530		——段组 33	C	10
1540	PCI	包装标识	M	1
1550	RFF	参考	C	1
1560	DTM	日期/时间/期限	C	5
1570	GIN	货物标识号	C	10
1580		——段组 34	C	9999
1590	LOC	地点/位置标识	M	1
1600	QTY	数量	C	100
1610	DTM	日期/时间/期限	C	5
1620		——段组 35	C	99
1630	TAX	关税/税/费细目	M	1
1640	MOA	货币金额	C	2
1650	LOC	地点/位置标识	C	5
1660		——段组 36	C	99
1670	NAD	名称和地址	M	1
1680	LOC	地点/位置标识	C	5
1690	FII	金融机构信息	C	5
1700		——段组 37	C	5
1710	RFF	参考	M	1
1720	DTM	日期/时间/期限	C	5
1730		——段组 38	C	5
1740	DOC	单证/报文细目	M	1
1750	DTM	日期/时间/期限	C	5
1760		——段组 39	C	5
1770	CTA	联系信息	M	1
1780	COM	通信联系	C	5
1790		——段组 40	C	30
1800	ALC	折让或费用	M	1
1810	ALI	附加信息	C	5
1820	DTM	日期/时间/期限	C	5
1830	FTX	自由文本	C	1

编号	标记	名称	状态	重复次数
1840		——段组 41	C	1
1850	QTY	数量	M	1
1860	RNG	范围细目	C	1
1870		——段组 42	C	1
1880	PCD	百分比细目	M	1
1890	RNG	范围细目	C	1
1900		——段组 43	C	2
1910	MOA	货币金额	M	1
1920	RNG	范围细目	C	1
1930	CUX	货币	C	1
1940	DTM	日期/时间/期限	C	1
1950		——段组 44	C	1
1960	RTE	费率细目	M	1
1970	RNG	范围细目	C	1
1980		——段组 45	C	5
1990	TAX	关税/税/费细目	M	1
2000	MOA	货币金额	C	2
2010		——段组 46	C	10
2020	TDT	运输细目	M	1
2030		——段组 47	C	10
2040	LOC	地点/位置标识	M	1
2050	DTM	日期/时间/期限	C	5
2060		——段组 48	C	5
2070	TOD	交货或运输条款	M	1
2080	LOC	地点/位置标识	C	2
2090		——段组 49	C	100
2100	RCS	需求和条件	M	1
2110	RFF	参考	C	5
2120	DTM	日期/时间/期限	C	5
2130	FTX	自由文本	C	5
2140		——段组 50	C	999
2150	GEI	处理信息	M	1
2160	RFF	参考	C	9
2170	IMD	项描述	C	99

编号	标记	名称	状态	重复次数
2180	DTM	日期/时间/期限	C	5
2190	GIR	相关标识号	C	5
2200	LOC	地点/位置标识	C	2
2210	MEA	计量	C	5
2220	QTY	数量	C	9
2230	FTX	自由文本	C	5
2240	MOA	货币金额	C	2
2250		——段组 51	C	99
2260	EFI	外部文件连接细目	M	1
2270	CED	计算机环境细目	C	99
2280	COM	通信联系	C	9
2290	RFF	参考	C	9
2300	DTM	日期/时间/期限	C	9
2310	QTY	数量	C	9
汇总节				
2320	UNS	节控制	M	1
2330	CNT	控制总计	C	10
2340		——段组 52	M	100
2350	MOA	货币金额	M	1
2360		——段组 53	C	1
2370	RFF	参考	M	1
2380	DTM	日期/时间/期限	C	5
2390		——段组 54	C	10
2400	TAX	关税/税/费细目	M	1
2410	MOA	货币金额	C	9
2420		——段组 55	C	15
2430	ALC	折让或费用	M	1
2440	ALI	附加信息	C	1
2450	MOA	货币金额	C	2
2460	FTX	自由文本	C	1
2470	UNT	报文尾	M	1

ICS 35.240.60
A 13

中华人民共和国国家标准

GB/T 17303.2—2010
代替 GB/T 17303.2—1998

发票报文 第2部分:国际贸易商业发票报文

**Invoice message—
Part 2:Commercial invoice message for international trade**

2010-09-02 发布　　2011-04-01 实施

中华人民共和国国家质量监督检验检疫总局
中国国家标准化管理委员会　发布

前　言

GB/T 17303《发票报文》分为2个部分：

——第1部分：联合国标准发票报文；

——第2部分：国际贸易商业发票报文。

本部分为GB/T 17303的第2部分。

本部分代替GB/T 17303.2—1998《发票报文　第2部分：国际贸易商业发票报文》。

本部分与GB/T 17303.2—1998相比主要变化为：

——本部分的主要依据为GB/T 15310.1—2009《国际贸易出口单证格式　第1部分：商业发票》，而GB/T 17303.2—1998的主要依据为GB/T 15310.1—1994；

——对标准的前言进行了修改；

——增加了规范性引用文件。

本部分的附录A为资料性附录。

本部分由全国电子业务标准化技术委员会提出并归口。

本部分起草单位：中国标准化研究院、中国对外贸易经济合作企业协会、青岛港(集团)有限公司、宁波港股份有限公司。

本部分主要起草人：张荫芬、胡涵景、王凌云、李颖、熊虹艳、张蕾、龚天法、肖玉敬、陈颖。

本部分于1998年4月第一次发布。

发票报文
第2部分:国际贸易商业发票报文

1 范围

GB/T 17303 的本部分规定了国际贸易商业发票报文的应用原则、报文结构和段格式。

本部分适用于国际贸易中对外以及国内办理报关、结汇、申办各类证书和出口退税等业务中所需商业发票的电子数据交换。

2 规范性引用文件

下列文件中的条款通过 GB/T 17303 的本部分的引用而成为本部分的条款。凡是注日期的引用文件,其随后所有的修改单(不包括勘误的内容)或修订版均不适用于本部分,然而,鼓励根据本部分达成协议的各方研究是否可使用这些文件的最新版本。凡是不注日期的引用文件,其最新版本适用于本部分。

GB/T 2659 世界各国和地区名称代码

GB/T 6512 运输方式代码

GB/T 7407 中国及世界主要海运贸易港口代码

GB/T 12406 表示货币和资金的代码

GB/T 15514 中华人民共和国口岸及相关地点代码

GB/T 15421 国际贸易方式代码

GB/T 16833 用于行政、商业和运输业电子数据交换的代码表

GB/T 16962 国际贸易付款方式代码

GB/T 17295 国际贸易计量单位代码

WM 1-1999《中华人民共和国进出口企业代码规范》

3 应用原则

——一个卖方可以就一笔或多笔交易开具发票;

——一张发票可以涉及到与一个或多个订单、交付指示、取消某一项等相关的货物、项目或服务;

——一张发票可以包含有关的付款条款;

——一张跨境的交易的发票,可以包含用于海关和/或统计/服务的附加信息;

——一张发票可以包含运输事项。

4 报文定义

4.1 报文结构

"状态"标识中 M 为必备型,C 为条件型。

段表

编号	标记	名称	状态	重复次数
标头节				
0010	UNH	报文头	M	1
0020	BGM	报文开始	M	1

0030	DTM	日期/时间/期限	M	2
0060	IMD	项描述	C	1
0070	FTX	自由文本	C	1
0080	LOC	地点/位置标识	C	1
0120		——段组 1	C	2
0130	RFF	参考	M	1
0220		——段组 2	C	2
0230	NAD	名称和地址	M	1
0330		——段组 5	C	1
0340	CTA	联系信息	M	1
0350	COM	通信联系	C	1
0400		——段组 7	C	1
0410	CUX	货币	M	1
0500		——段组 9	C	1
0510	TDT	运输细目	M	1
0530		——段组 10	C	3
0540	LOC	地点/位置标识	M	1
0590		——段组 12	C	1
0600	TOD	交货或运输条款	M	1
细目节				
1160		——段组 27	C	99
1170	LIN	行项	M	1
1180	PIA	附加产品标识	C	1
1200	IMD	项描述	C	1
1220	QTY	数量	C	1
1320		——段组 28	C	2
1330	MOA	货币金额	M	1
1490		——段组 32	C	1
1500	PAC	包装	M	1
1520	EQD	设备细目	C	1
1530		——段组 33	C	1
1540	PCI	包装标识	M	1
汇总节				
2320	UNS	节控制	M	1
2340		——段组 52	M	1
2350	MOA	货币金额	M	1
2470	UNT	报文尾	M	1

4.2 段格式

发票报文由段组成，每一个段列出 UN/EDIFACT 中数据元的状态、类型和长度，以及与本部分的对应关系，并给出适当注释和说明。

各段按其在报文中出现的顺序列出。段或段组做出标记后为 M(必备型)/C(条件型)指示符、最大重复次数和段描述。从左至右，第一栏是数据元标记和名称，第二栏是数据元在 EDIFACT 中的状态(M 或 C)、类型和长度。以上信息构成了原始 EDIFACT 的段格式定义。

第三栏和第四栏为本部分特定信息。第三栏是使用 EDIFACT 数据元的状态指示符，第四栏是说明及报文中特定数据元所用的代码值。本部分除了使用 GB/T 16833 中的代码值外，还使用国标代码和外经贸部代码。当使用国标代码时，将其标准发布号列于段注释中；当使用 GB/T 16833 中代码和外经贸部代码时，将其具体代码值列于第四栏中。

EDIFACT 段中的必备型(M)数据元在本部分中保持其状态不变。

EDIFACT 段中的条件型(C)数据元在本部分中根据实际业务需要又进一步约定了三种状态，并且可用缩写表示，具体列举如下：

——必备型 M 指明数据元是必需的，应发送；

——条件型 C 指明数据元是选择性的，可按用户要求发送；

——不使用 N 指明数据元不使用，应省略。如果一个复合数据元被标为 N，则该复合数据元中的所有数据元的状态指示符栏为空白。

发票报文的段格式描述见表 1～表 25，附录 A 给出了国际贸易商业发票的报文的示例。

表 1

UNH　报文头			
功能：开始、标识并说明报文。 状态：M 重复次数：1			
	EDIFACT	本部分	说　明
0062　报文参考号	M1 an..14	M	发送方的唯一报文参考。交换中报文的顺序号。它与 UNT 中的数据元 0062 具有相同值，由发送方生成
S009　报文标识符	M1	M	
0065　报文类型	M　an..6	M	INVOIC——发票报文
0052　报文版本号	M　an..3	M	D——草案
0054　报文发布号	M　an..3	M	081——2008 年第 1 版
0051　管理机构，代码型	M　an..3	M	MFT——商务部
0057　团体分配的代码	C　an..6	N	
0110　代码表目录版本号	C　an..6	N	
0113　报文类型子功能标识	C　an..6	N	
0068　公共访问参考	C1 an..35	N	
S010　传送状态	C1	N	
0070　传送顺序	M　n..2		
0073　第一个和最后一个传送	C　a1		
S016　报文子集标识	C1	N	
0115　报文子集标识	M　an..14		
0116　报文子集版本号	C　an..3		
0118　报文子集发布号	C　an..3		
0051　管理机构，代码型	C　an..3		
S016　报文实施指南标识	C1	N	
0121　报文实施指南标识	M　an..14		
0122　报文实施指南版本号	C　an..3		

表 1（续）

	EDIFACT	本部分	说　明
0124 报文实施指南发布号	C an..3		
0051 管理机构，代码型	C an..3		
S018 剧本标识	C1	N	
0127 剧本标识	M an..14		
0128 剧本版本号	C an..3		
0130 剧本发布号	C an..3		
0051 管理机构，代码型	C an..3		

注：服务段，开始并唯一标识一个报文。该发票报文的类型代码为“INVOIC”。

数据元 0065、0052、0054 和 0051：指明报文为由商务部(MFT)归口管理的发票报文格式是 2008 年发布的第一版。

示例：

UNH＋ME0002＋INVOIC：D：081：MFT’ 发票报文参考号为 ME0002，管理机构为商务部，报文发布号为 081，版本号为 D。

表 2

BGM 报文开始

功能：指示报文类型和功能并传输标识号。

状态：M

重复次数：1

	EDIFACT	本部分	说　明
C002 单证/报文名称	C1	M	
1001 单证名称代码	C an..3	M	380——商业发票
1131 代码表标识代码	C an..3	N	
3055 代码表负责机构代码	C an..3	N	
1000 单证名称	C an..35	N	
C106 单证/报文标识	C1	M	
1004 单证标识符	C an..35	M an..17	发票号
1056 版本标识符	C an..6	N	
1060 修订标识符	C an..9	N	
1225 报文功能代码	C1 an..3	M	1——取消，5——代替，9——最初的
4343 应答类型代码	C1 an..3	N	

注：发送方根据发票号、发票功能唯一地标识一个段。

数据元 1001 单证名称代码本部分中只能使用 380。

数据元 1225：

1＝取消——对于一给定的交易取消先前发送的发票报文(本部分内不定义修改发票。如果发票有误，一定要取消，并重发一个新的代替报文)；

5＝代替——替代先前的发票报文，如：更正发票；

9＝最初的传输——发票报文的最初的传输。

示例：

BGM＋380＋K207181084＋9’ 发票号为 K207181084，此发票为第一次发送，代码为 9。

表 3

DTM　日期/时间/期限			
功能：说明日期和/或时间或期限。 状态：M 重复次数：2			
	EDIFACT	本部分	说　　明
C507　日期/时间/期限	M1	M	
2005　日期/时间/期限功能代码限定符	M　an..3	M	137——报文日期时间 3——发票日期
2380　日期/时间/期限	C　an..35	M　n8	报文日期时间/发票日期
2379　日期/时间/期限格式代码	C　an..3	M	203——CCYYMMDDHHMM 102——CCYYMMDD
注：本段用于标识报文日期时间和发票日期。 数据元 2379 表示发票日期时，选用代码 102，即发票日期用统一格式 CCYYMMDD 表示。 示例： DTM+137:200809291330:203'　报文发送时间为 2008 年 9 月 29 日 13 点 30 分 DTM+3:20080928:102'　表示发票日期为 2008 年 9 月 28 日			

表 4

IMD　项描述			
功能：用行业格式或自由格式描述一个项目。 状态：C 重复次数：1			
	EDIFACT	本部分	说　　明
7077　项目描述类型，代码型	C1 an..3	M	B——代码和文本描述
C272　项目特征，代码型	C1	N	
7081　项目特征，代码型	C　an..3		
1131　代码表标识代码	C　an..17		
3055　代码表负责机构代码	C　an..3		
C273　项目描述	C1	M	
7009　项目描述代码	C　an..17	M	贸易方式代码，采用 GB/T 15421
1131　代码表标识代码	C　an..17	N	
3055　代码表负责机构代码	C　an..3	N	
7008　项目描述	C　an..256	C	贸易方式描述
7008　项目描述	C　an..256	N	
3453　语言名称代码	C　an..3	N	
7383　表面/内层代码	C1 an..3	N	
注：本段用于说明发票所列的贸易方式，为必备段。 示例： IMD+B+10'　贸易方式为一般贸易(一般贸易代码为 10)			

表 5

FTX　自由文本			
功能：提供自由格式或代码型文本信息。 状态：C 重复次数：1			
	EDIFACT	本部分	说　明
4451　文本主题代码限定符	M1　an..3	M	ACB——附加信息
4453　文本功能代码	C1　an..3	N	
C107　文本参考	C1	N	
4441　自由文本描述代码	M　an..17		
1131　代码表标识代码	C　an..17		
3055　代码表负责机构代码	C　an..3		
C108　文字文本	C1	C	自由处置区的内容
4440　自由文本	M　an..512	M　an..35	
4440　自由文本	C　an..512	C　an..35	
4440　自由文本	C　an..512	C　an..35	
4440　自由文本	C　an..512	C　an..35	
4440　自由文本	C　an..512	N	
3453　语言名称代码	C1　an..3	N	
4447　自由文本格式代码	C1　an..3	N	
注：本段用于表示自由处置区的内容，一般为以下三种信息： ——说明特定号码，如进口许可证号、配额证书号等； ——运费、保险费等； ——缮打证明句。 示例： FTX＋ACB＋＋＋要求加注原料来源’　自由处置区的内容为“要求加注原料来源”			

表 6

LOC　地点/位置标识			
功能：标识地点或位置和/或相关位置。 状态：C 重复次数：1			
	EDIFACT	本部分	说　明
3227　地点功能代码限定符	M1　an..3	M	27——原产地国
C517　地点标识	C1	M	
3225　地点标识符	C　an..35	M	原产地国代码为 an2，采用 GB/T 2659
1131　代码表标识代码	C　an..17	N	
3055　代码表负责机构代码	C　an..3	N	
3224　地点名称	C　an..256	C	原产地国
C519　第一相关地点标识	C1	N	
3223　第一相关地点/位置标识	C　an..35		
1131　代码表标识代码	C　an..17		
3055　代码表负责机构代码	C　an..3		
3222　第一相关地点名称	C　an..70		

表 6（续）

	EDIFACT	本部分	说　明
C553　第二相关地点标识	C1	N	
3233　第二相关地点/位置标识	C　an..35		
1131　代码表标识代码	C　an..17		
3055　代码表负责机构代码	C　an..3		
3232　第二相关地点名称	C　an..70		
5479　关系代码	C1　an..3	N	
注：本段标识原产地国(地区)，为必备段。 示例： LOC+27+CN'　原产地国为中国			

表 7

段组 1　C2 RFF-DTM			
RFF　参考			
功能：说明一个参考。 状态：M 重复次数：1			
	EDIFACT	本部分	说　明
C506　参考	M1	C	
1153　参考代码限定符	M　an..3	M	CT——合同号，LC——信用证号
1154　参考标识符	C　an..70	M　an..17	合同号/信用证号
1156　单证行标识符	C　an..6	N	
1056　版本标识符	C　an..9	N	
1060　修订标识符	C　an..6	N	
注：本段用于规定与整个报文相关的参考，如合同号，信用证号等，其中合同号为必备项。 示例： RFF+CT:08WG311012061D'　(合同号) RFF+LC:WFH2191300F'　(信用证号)			

表 8

段组 2　C2 NAD-SG5			
NAD　名称和地址			
功能：说明名称/地址及其相关功能，可单独使用 C082 和/或非结构化的 C058 或结构化的 C080 至 3207。 状态：M 重复次数：1			
	EDIFACT	本部分	说　明
3035　参与方功能代码限定符	M1　an..3	M	EX——出口商、IM——进口商
C082　参与方标识细目	C1	C	
3039　参与方标识符	M　an..35	M　an13	出口商编码采用 WM 1—1999《中华人民共和国进出口企业代码规范》中规定的 13 位企业代码

表 8（续）

	EDIFACT	本部分	说　明
1131　代码表标识代码	C　an..17	C	160——参与方标识
3055　代码表负责机构代码	C　an..3	C	MFT——商务部
C058　名称和地址	C1	C	
3124　名称和地址描述	M　an..35	M　an..35	出口商名称/进口商名称
3124　名称和地址描述	M　an..35	C　an..35	
3124　名称和地址描述	M　an..35	C　an..35	
3124　名称和地址描述	M　an..35	C　an..35	
3124　名称和地址描述	M　an..35	C　an..35	
C080　参与方名称	C1	N	
3036　参与方名称	C　an..35		
3036　参与方名称	C　an..35		
3036　参与方名称	C　an..35		
3036　参与方名称	C　an..35		
3036　参与方名称	C　an..35		
3045　参与方名称格式代码	C　an..3		
C059　街道	C1	N	
3042　街道名称和门牌号码/邮政信箱标识符	M　an..35		
3042　街道名称和门牌号码/邮政信箱标识符	M　an..35		
3042　街道名称和门牌号码/邮政信箱标识符	M　an..35		
3042　街道名称和门牌号码/邮政信箱标识符	M　an..35		
3164　城市名称	C1 an..35	N	
C819　国家(地区)行政区划细目	C1		
3229　国家(地区)行政区划标识符	C　an..9	N	
1131　代码表标识代码	C　an..17		
3055　代码表负责机构代码	C　an..3		
3228　国家(地区)行政区划名称	C　an..70		
3251　邮政编码标识代码	C1 an..17	N	
3207　国家(地区)标识符	C1 an..3	N	

注：示例：

NAD+EX++CHINA AAA CORPORATION'　出口商为中国 AAA 公司。

表 9

段组 2　C2 NAD-SG5

段组 5　C1 CTA-COM

CTA　联系信息

功能:标识应直接通信的人员或部门。

状态:M

重复次数:1

	EDIFACT	本部分	说　明
3139　联系功能代码	C1 an..3	M	AE——合同联系人
C056　联系人细目	C1	M	
3413　部门或人员标识	C　an..17	C	
3412　部门或人员	C　an..256	M　an..35	联系人

注：本段用于标识在 NAD 段内规定的公司内部的部门和人员。

示例：

CTA+AE+Minerals:ZhangMing'　联系人:矿产部的张明

表 10

	EDIFACT	本部分	说　　明
段组 2　C2 NAD-SG5 段组 5　C1 CTA-COM			
COM　通信联系			
功能:标识应与其直接联系的部门或人员的通信号。 状态:C 重复次数:1			
C076　通信联系	M3	M3	
3148　通信地址标识符	M　an..512	M	电话号码
3155　通信工具类型代码	M　an..3	M	TE——电话

注：本段用于标识在 CTA 段中标出的人员的通信号和通信类型。

示例：

COM+01065198000:TE'　电话号码为 01065198000

表 11

	EDIFACT	本部分	说　　明
段组 7　C1 CUX			
CUX　货币			
功能:说明交易中使用的货币及其相关汇率细目。 状态:M 重复次数:1			
C504　货币细目	C1	M	
6347　货币使用代码限定符	M　an..3	M	1——付费币种
6345　货币标识代码	C　an..3	M	币种代码,见 GB/T 12406
6343　货币类型代码限定符	C　an..3	N	
6348　通货汇率	C　n..4	N	
C504　货币细目	C1	N	
6347　货币使用代码限定符	M　an..3		
6345　货币标识代码	C　an..3		
6343　货币类型代码限定符	C　an..3		
6348　通货汇率	C　n..4		
5402　汇率	C1 an..12	N	
6341　外汇交易市场标识符	C1 an..3	N	

注：货币段在国际贸易中是必备型的，本段描述在发票中要求的货币。

示例：

CUX+1:USD'　发票的付费币种是美元

表 12

段组 9　C1 TDT-SG10			
TDT　运输细目			
功能：说明有关运输的信息，如运输方式、运输工具、班次编号和运输工具标识。 状态：M 重复次数：1			
	EDIFACT	本部分	说　明
8051　运输阶段代码限定符	M1　an..3	M	20——干线运输
8028　运输工具行程标识符	C1 an..17	C	有关运输的参考号
C220　运输方式	C1	M	
8067　运输方式名称代码	C　an..3	M　an1	运输方式名称代码，采用 GB/T 6512
8066　运输方式名称	C　an..17	C	
C001　运输工具	C1	C	
8179　运输工具描述代码	C　an..8	C	6——飞机 13——远洋船 23——铁路散装货车 31——卡车
1131　代码表标识代码	C　an..17		
3055　代码表负责机构代码	C　an..3		
8178　运输工具描述	C　an..17	C	
C040　承运人	C1	C	
3127　承运人标识符	C　an..17	C	
1131　代码表标识代码	C　an..17	N	
3055　代码表负责机构代码	C　an..3	N	
3126　承运人名称	C　an..35	C	
8101　运送方向指示代码	C1　an..3	N	
C401　额外运输信息	C1	N	
8457　额外运输原因代码	M　an..3		
8459　额外运输责任代码	M　an..3		
7130　客户装运授权标识符	C　an..17		
C222　运输标识	C1	C	
8213　运输工具标识名称标识符	C　an..9	C	如：船名代码
1131　代码表标识代码	C　an..17	N	
3055　代码表负责机构代码	C　an..3	N	
8212　运输工具标识名称	C　an..35	C	如：船名、车辆牌照/飞机号
8453　运输工具的国籍代码	C　an..3	N	
8281　运输工具所有权指示代码	C1 an..3	N	
注：本段用于描述货物的运输方式、运输工具，为必备段。 示例： TDT＋20＋＋1＋13’　20：主段运输，1：运输方式为海上运输，13：运输工具为远洋船			

表 13

段组 9 C1 TDT-SG10 段组 10 C3 LOC			
LOC 地点/位置标识			
功能:标识地点或位置和/或相关位置。 状态:M 重复次数:1			
	EDIFACT	本部分	说 明
3227 地点功能代码限定符	M1 an..3	M	5——启运地点 8——目的地 13——转运地
C517 地点标识	C1	M	
3225 地点标识符	C an..35	M	地点代码,见 GB/T 15514 和 GB/T 7407
1131 代码表标识代码	C an..17	N	
3055 代码表负责机构代码	C an..3	N	
3224 地点名称	C an..256	C	地点名称
C519 第一相关地点标识	C1	N	
3223 第一相关地点/位置标识	C an..35		
1131 代码表标识代码	C an..17		
3055 代码表负责机构代码	C an..3		
3222 第一相关地点名称	C an..70		
C553 第二相关地点标识	C1	N	
3233 第二相关地点/位置标识	C an..35		
1131 代码表标识代码	C an..17		
3055 代码表负责机构代码	C an..3		
3232 第二相关地点名称	C an..70		
5479 关系代码	C1 an..3	N	
注:该段标识与前边 TDT 中规定的运输细目有关的位置。 示例:货物从天津的新港 CNTXG 发往日本大阪 JPOSK。 LOC+5+CNTXG' LOC+8+JPOSK'			

表 14

段组 12 C1 TOD			
TOD 交货或运输条款			
功能:说明交货或运输条款。 状态:M 重复次数:1			
	EDIFACT	本部分	说 明
4055 交货或运输条款的功能代码	C1 an..3	M	3——价格和交货条款
4215 运费支付方式代码	C1 an..3	C an1	付款方式代码,采用 GB/T 16962
C100 交货或运输条款	C1	M	

表 14（续）

	EDIFACT	本部分	说　明
4053　交货或运输条款描述代码	C　an..3	C	交货条款代码
1131　代码表标识代码	C　an..17	N	
3055　代码表负责机构代码	C　an..3	N	
4052　交货或运输条款描述	C　an..70	C　an..35	交货条款描述
4052　交货或运输条款描述	C　an..70	C　an..35	
段注释：本段规定整个发票的交货和付款条款，为必备段。 示例： TOD+3+1+CIF'　交货条款为 CIF，付款方式代码为 1(信用证)			

表 15

段组 27　C99 LIN-PIA-IMD-QTY-SG28-SG32			
LIN　行项			
功能：标识行项和配置。 状态：M 重复次数：1			
	EDIFACT	本部分	说　明
1082　行项标识符	C1 an..6	M	每个行项商品的顺序编号
1229　行为代码	C1 an..3	N	
C212　项号标识	C1	N	
7140　项标识符	C　an..35		
7143　项类型标识代码	C　an..3		
1131　代码表标识代码	C　an..17		
3055　代码表负责机构代码	C　an..3		
C829　分行信息	C1	N	
5495　分行指示符代码	C　an..3		
1082　行项标识符	C　an..6		
1222　配置等级号	C1 n..2	N	
7083　配置操作代码	C1 an..3	N	
注：本段用于标识每个行项商品的顺序编号，该段至少出现一次。 示例： LIN+1'　表示第 1 个行项的商品			

表 16

段组 27　C99 LIN-PIA-IMD-QTY-SG28-SG32			
PIA　附加产品标识			
功能：说明附加或补充项目标识代码。 状态：C 重复次数：1			
	EDIFACT	本部分	说　明
4347　产品标识代码限定符	M1　an..3	M	5——产品标识
C212　项号标识	C1	M	

表 16（续）

	EDIFACT	本部分	说　明
7140　项标识符	C　an..35	M	商品编码采用海关使用的《商品名称及编码协调制度》HS 代码，长度为 8 位或 10 位
7143　项类型标识代码	C　an..3	C	HS——HS 代码
1131　代码表标识代码	C　an..17	N	
3055　代码表负责机构代码	C　an..3	N	
C212　项号标识	C1	N	
7140　项标识符	C　an..35		
7143　项类型标识代码	C　an..3		
1131　代码表标识代码	C　an..17		
3055　代码表负责机构代码	C　an..3		
C212　项号标识	C1	N	
7140　项标识符	C　an..35		
7143　项类型标识代码	C　an..3		
1131　代码表标识代码	C　an..17		
3055　代码表负责机构代码	C　an..3		
C212　项号标识	C1	N	
7140　项标识符	C　an..35		
7143　项类型标识代码	C　an..3		
1131　代码表标识代码	C　an..17		
3055　代码表负责机构代码	C　an..3		
C212　项号标识	C1	N	
7140　项标识符	C　an..35		
7143　项类型标识代码	C　an..3		
1131　代码表标识代码	C　an..17		
3055　代码表负责机构代码	C　an..3		

注：本段用于提供在 LIN 段中被指定的产品的附加标识(比如 HS 码)，为必备段。

示例：

PIA+5+64039100:HS'　商品编码 64039100

表 17

段组 27　C99　LIN-PIA-IMD-QTY-SG28-SG32

IMD　项描述

功能：用行业格式或自由格式描述一个项目。

状态：M

重复次数：1

	EDIFACT	本部分	说　明
7077　项目描述类型，代码型	C1 an..3	M	F——自由格式
C272　项目特征，代码型	C1	N	
7081　项目特征，代码型	C　an..3		
1131　代码表标识代码	C　an..17		
3055　代码表负责机构代码	C　an..3		

表 17（续）

	EDIFACT	本部分	说　明
C273　项目描述	C1	M	
7009　项目描述代码	C　an..17	N	
1131　代码表标识代码	C　an..17	N	
3055　代码表负责机构代码	C　an..3	N	
7008　项目描述	C　an..256	M　an..17	商品描述
7008　项目描述	C　an..256	N	
3453　语言名称代码	C　an..3	N	
7383　表面/内层代码	C1 an..3	N	

注：本段用于标识当前分项，描述发票所列产品或服务，为必备段。

当没有产品码可用，或贸易伙伴要求用自由格式描述时使用数据元 7008。

示例：

IMD+F++:::DAQING CRUDE OIL-IN BULK'

表 18

段组 27　C99 LIN-PIA-IMD-QTY-SG28-SG32

QTY　数量

功能：说明一个相关的数量。
状态：M
重复次数：1

	EDIFACT	本部分	说　明
C186　数量细目	M1	M	
6063　数量类型代码限定符	M　an..3	M	47——发票上开列的数量
6060　数量	M　n..35	M	
6411　计量单位代码	C　an..8	C	见 GB/T 17295

注：本段用于标识发票上该分项开列的数量，为必备段。

示例：

QTY+47:2100:PCS'　商品数量：2100 条

表 19

段组 27　C99 LIN-PIA-IMD-QTY-SG28-SG32
段组 28　C2 MOA

MOA　货币金额

功能：说明一项货币金额。
状态：M
重复次数：1

	EDIFACT	本部分	说　明
C516　货币金额	M1	M	
5025　货币金额类型代码限定符	M　an..3	M	146——单价，23——收费金额
5004　货币金额	C　n..35	C	标识单价时，长度为 n..13，含 2 位小数 标识金额时，长度为 n..12

表 19（续）

	EDIFACT	本部分	说　明
6345　货币标识代码	C　an..3	N	
6343　货币类型代码限定符	C　an..3	N	
4405　状态描述代码	C　an..3	N	
注：本段应出现二次，分别用于表示每个行项商品单价、金额。 示例： MOA+146:50'　商品单价为 50 元 MOA+23:7150'　收费金额为 7 150 元			

表 20

	EDIFACT	本部分	说　明
段组 27　C99 LIN-PIA-IMD-QTY-SG28-SG32 段组 32　C1 PAC-EQD-SG33			
PAC　包装			
功能：描述包装/实物单位的数量和类型。 状态：M 重复次数：1			
	EDIFACT	本部分	说　明
7224　包装数量	C1 n..8	M	件数
C531　包装细目	C1	N	
7075　包装等级代码	C　an..3		
7233　与包装相关的描述代码	C　an..3		
7073　包装条款和条件代码	C　an..3		
C202　包装类型	C1	M	
7065　包装类型描述代码	C　an..17	C	包装类型代码
1131　代码表标识代码	C　an..17	N	
3055　代码表负责机构代码	C　an..3	N	
7064　包装类型	C　an..35	C	包装类型
C402　包装类型标识	C1	N	
7077　描述格式代码	M　an..3		
7064　包装类型	M　an..35		
7143　项类型标识代码	C　an..3		
C532　可退换包装细目	C1	N	
8395　可退换包装运送付款责任代码	C　an..3		
8393　可退换包装内装物代码	C　an..3		
注：本段用于描述发票中各分项的件数和包装类型，为必备段。 示例： PAC+210++CT'　210 件箱货物			

表 21

段组 27　C99 LIN-PIA-IMD-QTY-SG28-SG32 段组 32　C1 PAC-EQD-SG33			
EQD　设备细目			
功能:标识一套设备。 状态:C 重复次数:1			
	EDIFACT	本部分	说　　明
8053　设备类型代码限定符	M1 an..3	M	CN——集装箱
C237　设备标识	C1	M	
8260　设备标识符	C　an..17	M	集装箱箱号
1131　代码表标识代码	C　an..17	N	
3055　代码表负责机构代码	C　an..3	N	
3207　国家(地区)标识符	C　an..3	M	
C224　设备规格和类型	C1	C	
8155　设备规格和类型描述代码	C　an..10	C	集装箱类型代码
1131　代码表标识代码	C　an..17	N	
3055　代码表负责机构代码	C　an..3	N	
8154　设备规格和类型描述	C　an..35	C	集装箱类型描述
8077　设备提供方	C1 an..3	N	
8249　设备状况代码	C1 an..3	N	
8169　满/空指示符代码	C1 an..3	C	满/空标识
4233　标志说明代码	C1 an..3	N	
注:本段用于描述集装箱箱号。 示例: EQD+CN+CBHU1345518'　集装箱箱号为 CBHU1345518			

表 22

段组 27　C99 LIN-PIA-IMD-QTY-SG28-SG32 段组 32　C1 PAC-EQD-SG33 段组 33　C1 PCI			
PCI　包装标识			
功能:说明单件包装或实物单位上的标志和标签。 状态:M 重复次数:1			
	EDIFACT	本部分	说　　明
4233　标志说明代码	C1 an..3	M	21——指标分项
C210　标志和标签	C1	M	
7102　运输标志描述	M　an..35	M	运输标志
7102　运输标志描述	C　an..35	C	
7102　运输标志描述	C　an..35	C	
7102　运输标志描述	C　an..35	C	

表 22(续)

	EDIFACT	本部分	说　明
7102　运输标志描述	C　an..35	N	
7102　运输标志描述	C　an..35	N	
7102　运输标志描述	C　an..35	N	
7102　运输标志描述	C　an..35	N	
7102　运输标志描述	C　an..35	N	
7102　运输标志描述	C　an..35	N	
8169　满/空指示符代码	C　an..3	N	
C827　标志类型	C1	N	
7511　标志类型代码	M　an..3		
1131　代码表标识代码	C　an..17		
3055　代码表负责机构代码	C　an..3		

注:本段用于描述分项的运输标志。

示例:

PCI+21+ LGM 243041’　分项的运输标志为 LGM 243041

表 23

UNS　节控制

功能:分隔报文的标头节、细目节和汇总节。

状态:M

重复次数:1

	EDIFACT	本部分	说　明
0081　节标识	M1 a1	M	代码为 S 表示分隔细目节与汇总节

注:此段用于区分细目节与汇总节。

示例:

UNS+S’

表 24

段组 52　M1 MOA

MOA　货币金额

功能:说明一项货币金额。

状态:M

重复次数:1

	EDIFACT	本部分	说　明
C516　货币金额	M1	M	
5025　货币金额类型代码限定符	M　an..3	M	39——发票总金额
5004　货币金额	C　n..35	M　n..12	发票总金额
6345　货币标识代码	C　an..3	N	
6343　货币类型代码限定符	C　an..3	N	
4405　状态描述代码	C　an..3	N	

注:本段给出整个发票总金额,为必备段。

示例:

MOA+39:45612.20’　发票总金额为 45 612.20 元

表 25

UNT　报文尾			
功能：结束报文，并检查报文的完整性。 状态：M 重复次数：1			
	EDIFACT	本部分	说　明
0074　报文中的段数	M1 n..10	M	在此详述报文中段的总数
0062　报文参考号	M1 an..14	M	UNH 段用的参考号应在此重现
注：本段是必备型 UN/EDIFACT 段，它总是报文的最后一个段。 示例： UNT＋25＋ME0002’　报文中段的数目是 25，报文参考号为 ME0002			

附 录 A
（资料性附录）
国际贸易商业发票报文示例

A.1 纸面单证示例

本例为只有一个分项的发票报文。

天津 AAA 公司商业发票的纸面单证上的示例数据：

1） 卖方：中国天津的 AAA 公司

2） 买方：日本大阪的 BBB 公司

3） 发票号：K207181084

4） 发票日期：2008.9.28

5） 合同号：2008K090

6） 信用证号：LC-416397232

7） 贸易方式为一般贸易，代码为 10

8） 运输细目：从天津的新港运至日本大阪，用轮船

9） 交货条款：C&F

付款方式：信用证，代码为 1

10） 总金额：21 000.00 美元

以下为分项信息：

11） 运输标志：

SUMITOMO

TFRI-2008-2755

OSAKA

NO.1-21

12） 货物描述：印花棉纤维电热毯坯

物品编码：H.S.代码为 63013000

13） 数量：2 100 条

货物装入 210 个纸箱内

14） 单价：每条 10.00 美元

A.2 对应的国际贸易商业发票报文

UNH+1001+INVOIC:D:081:MFT'	报文头，报文参考号 1001
BGM+380+K207181084'	发票号为 K207181084
DTM+137:200809291330:203'	报文发送时间 2008 年 9 月 29 日 13 点 30 分
DTM+3:20080928:102'	发票日期 2008 年 9 月 28 日
IMD+B+10'	贸易方式为一般贸易，代码为 10
LOC+27+CN'	原产地国为中国
RFF+CT:2008K090'	合同号 2008K090
RFF+LC:LC-416397232'	信用证号 LC-416397232
NAD+SE++AAA CORPORATION TIANJIN,CHINA'	卖方名称
NAD+BY++BBB CORPORATION OSAKA,JAPAN'	买方名称

CUX+1:USD'	发票货币为美元
TDT+20++1+13'	主段运输为远洋运输船
LOC+5+:::XINGANG OF TIANJIN'	启运地点是天津新港
LOC+8+:::OSAKA'	目的地是日本大阪
TOD+3+1+CIF'	交货条款是CIF,付款方式代码1(信用证)
LIN+1'	第一种商品(本发票只有一种)
PIA+5+63013000:HS'	商品的HS码63013000
IMD+F++:::PRINTED COTTON FABRIC FOR ELECTRIC:BLANKET'	商品为印花棉纤维电热毯坯
QTY+47:2100:PCS'	商品数量:2 100条
MOA+146:10.00:USD'	单价:10美元
MOA+23:21000.00:USD'	该项金额:21 000美元
PAC+210++CT'	货物包装件数210箱
PCI+21+SUMITOMO:TFRI-97-2755:OSAKA:NO.1-210'	分项的运输标志
UNS+S'	细目节与汇总节分割符
MOA+39:21000:USD'	发票总金额21 000美元
UNT+26+1001'	报文中段的数目为26,报文参考号为1001

参 考 文 献

[1] GB/T 14805 用于行政、商业和运输业电子数据交换的应用级语法规则
[2] GB/T 15310.1 国际贸易出口单证格式 第1部分:商业发票

ICS 43.140
T 84

中华人民共和国国家标准

GB 17352—2010
代替 GB 17352—1998

摩托车和轻便摩托车后视镜的性能和安装要求

Performance and installation requirements of rear views mirrors for motorcycles and mopeds

2011-01-10 发布 2012-01-01 实施

中华人民共和国国家质量监督检验检疫总局
中国国家标准化管理委员会 发布

前　言

本标准的第4章、第5章为强制性的，其余为推荐性的。

本标准对应于联合国欧洲经济委员会法规 ECE-R81(00系列，2007年版)《关于后视镜认证和带有或不带边斗的两轮机动车辆在手把上安装后视镜认证的统一规定》(英文版)，一致性程度为非等效。

本标准与 ECE-R81 的主要差异如下：

——考虑到我国国情，本标准第1章范围中用"摩托车和轻便摩托车"替代 ECE-R81 法规的"L类车辆"；

——本标准5.2用"摩托车上应安装两个后视镜，一个安装在摩托车左侧，一个安装在摩托车右侧"替代 ECE-R81 法规的16.2.1"所有最大设计车速不超过50 km/h的两轮车辆应至少安装一个后视镜。如安装一个后视镜，在道路遵守右侧通行规则的国家这个后视镜应安装在车辆左侧，在遵守左侧通行规则的国家这个后视镜应安装在车辆右侧"和16.2.2"所有最大设计车速超过50 km/h的两轮车辆和所有三轮车辆应安装两个后视镜，一个安装在车辆左侧，一个安装在车辆右侧"，以符合我国国家标准 GB 7258—2004《机动车运行安全技术条件》；本标准的术语和定义相应删除了 ECE-R81 的13.1"最高设计车速"；

——鉴于我国标准体系与联合国欧洲经济委员会法规体系的差异，本标准删除了 ECE-R81 法规中与认证有关的内容，即第3章～第5章、第9章～第12章、第14章、第15章、第17章～第21章、附录1～附录4、附录7。

本标准代替 GB 17352—1998《摩托车和轻便摩托车后视镜及其安装要求》。

本标准与 GB 17352—1998 的主要差异有：

——后视镜反射面曲率半径"r"值由"应不小于800 mm，也不大于1 500 mm"修改为"应不小于1 000 mm，且不大于1 500 mm"；

——删除了后视镜的视野要求。

本标准的附录A、附录B、附录C为规范性附录。

本标准实施过度期：

本标准对新定型产品自2012年1月1日起实施，对在生产产品自2012年7月1日起实施。

本标准由中华人民共和国国家发展和改革委员会提出。

本标准由全国汽车标准化技术委员会(SAC/TC 114)归口。

本标准起草单位：天津摩托车技术中心、上海机动车检测中心。

本标准主要起草人：范国琛、储懿、王青、袁克忠、李钢。

本标准所代替标准的历次版本发布情况为：

——GB 17352—1998。

摩托车和轻便摩托车后视镜的性能和安装要求

1 范围

本标准规定了摩托车和轻便摩托车后视镜的性能和安装要求。

本标准适用于摩托车和轻便摩托车(以下简称摩托车),不适用于车身部分封闭或全部封闭驾驶员的摩托车。

2 规范性引用文件

下列文件中的条款通过本标准的引用而成为本标准的条款。凡是注日期的引用文件,其随后所有的修改单(不包括勘误的内容)或修订版均不适用于本标准,然而,鼓励根据本标准达成协议的各方研究是否可使用这些文件的最新版本。凡是不注日期的引用文件,其最新版本适用于本标准。

GB/T 5359.1 摩托车和轻便摩托车术语 第1部分:车辆类型(GB/T 5359.1—2008,ISO 3833:1977,NEQ)

3 术语和定义

GB/T 5359.1 中确立的以及下列术语和定义适用于本标准。

3.1

后视镜 rear-view mirror

用于提供清晰后方视野的装置,不包括潜望镜这类复杂光学系统。

3.2

反射面曲率半径 radius of curvature of the reflecting surface

r

按附录A规定的方法测得的反射面的平均曲率半径。

3.3

在反射面上某一点的基本曲率半径 principal radii of curvature at one point obtained on the reflecting surface

r_i、r_i'

用附录A规定的仪器,在通过反射面中心且在平行于镜面最大尺寸的平面内的反射面圆弧上测得的数值(r_i)和垂直于它的反射面圆弧上测得的数值(r_i')。

3.4

在反射面某一点的曲率半径 radius of curvature at one point on the reflecting surface

r_p

基本曲率半径 r_i 和 r_i' 的算术平均值:

$$r_p = \frac{r_i + r_i'}{2} \quad \cdots\cdots(1)$$

3.5

镜面中心 centre of the mirror

反射面可见区域的质心。

3.6

后视镜组成部件的曲率半径 radius of curvature of the constituent parts of the rear-view mirror

c

最接近后视镜组成部件某一部位曲线形状的圆弧的半径。

4 性能要求

4.1 一般要求

4.1.1 所有后视镜应能调节。

4.1.2 用硬度大于邵尔硬度A60的材料制成的后视镜零件应满足以下要求：

a) 反射面的边缘应包于保护壳体(如支架等)内，保护壳体周边上所有点的曲率半径 c 值在任何方向上应不小于2.5 mm。如果反射面超出保护壳体，则突出部分边缘上的曲率半径 c 值应不小于2.5 mm，且突出部位在50 N的作用力下能回到壳体内(该力应近似平行于摩托车纵向基准面，水平作用于反射面突出保持壳体最远一点)。

b) 将后视镜安放在平面上，不论其调节位置如何，除直径或最大对角线小于12 mm固定孔或凹座已经过圆滑处理的的边缘外所有可以与直径100 mm的球体发生静态接触的部分(包括按附录B规定的方法进行撞击试验后仍粘附在保护壳体上的部分)的曲率半径 c 值应不小于2.5 mm。

4.2 尺寸

4.2.1 反射面最小尺寸的限制

4.2.1.1 面积应不小于6 900 mm^2。

4.2.1.2 当镜子为圆形时，其直径应不小于94 mm。

4.2.1.3 当镜子不为圆形时，其反射面周边应能容纳一个直径78 mm的圆。

4.2.2 反射面最大尺寸的限制

4.2.2.1 当镜子为圆形时，其直径应不大于150 mm。

4.2.2.2 当镜子不为圆形时，其反射面不应超出120 mm×200 mm的矩形。

4.3 反射面和反射率

4.3.1 后视镜的反射面应为球状凸面镜。

4.3.2 曲率半径之差应满足以下要求：

a) 各基本曲率半径 r_i 或 r_i' 值与 r_p 值之差应不大于 $0.15r$；

b) 任意点的 r_p(r_{p1}、r_{p2} 和 r_{p3})值与 r 值之差应不大于 $0.15r$。

4.3.3 “r”值应不小于1 000 mm，且不大于1 500 mm。

4.3.4 按附录C规定的方法测定的标态反射率数值不应低于40%。后视镜有两个工作位置(白天和夜间)时，处于白天位置应能正确辨认道路交通的彩色信号，处于夜间位置的反射率数值不应低于4%。

4.3.5 在正常使用过程中，即使在不利天气条件下长期暴露在外，后视镜反射面应仍能满足4.3.4中规定的反射率数值。

4.4 抗撞击和弯曲性能

4.4.1 后视镜应按附录B规定的方法进行撞击试验和弯曲试验，以测定其承受撞击和弯曲的能力。

4.4.2 撞击试验时，摆锤在撞击后视镜后应能在其释放轨迹所在的平面内继续摆动20°以上。

4.4.3 经撞击试验和弯曲试验，后视镜的反射面不应破碎，但如属下述两种情况之一才视同符合要求：

a) 玻璃碎片仍然粘在保护壳体上，或粘在与保护壳体牢固相连的物体上。玻璃可局部脱离上述部位，但破裂处任何一个边的边长不应超过2.5 mm。在撞击点上，小碎片可脱离上述部位。

b) 反射面用安全玻璃制成。

5 安装要求

5.1 一般要求

在正常使用情况下，后视镜的固定方式应使它不因移动而明显改变其视野范围，或因振动而使驾驶员对图像产生错觉。

5.2 数量

摩托车上应安装两个后视镜，一个安装在摩托车左侧，一个安装在摩托车右侧。

5.3 位置

当方向把垂直于摩托车纵向中心平面，后视镜调整至正常位置时，镜面中心与摩托车纵向中心平面之间的距离应不小于 280 mm。

5.4 调节

驾驶员在其正常驾驶位置上应能调节后视镜。

附 录 A
（规范性附录）
测定后视镜反射面曲率半径 r 的程序

A.1 测量

A.1.1 设备：采用图 A.1 所示的球面计。

A.1.2 测点

A.1.2.1 基本曲率半径应在 3 个点上测得，这三个点应尽可能接近通过反射面中心且平行于镜面最大尺寸的平面内的反射面圆弧上弧长的 1/3、1/2 和 2/3 处，测量应在上述反射面圆弧和与它垂直的圆弧两个方向上进行。

A.1.2.2 由于后视镜尺寸的关系，不能按 A.1.2.1 规定的方法进行测量时，负责试验的技术人员应在两个相互垂直的方向，尽可能接近上述规定的点上进行测量。

A.2 反射面曲率半径的计算

计算公式如式（A.1）：

$$r=\frac{r_{p1}+r_{p2}+r_{p3}}{3} \qquad \text{(A.1)}$$

式中：

r_{p1}——第一测点的曲率半径，单位为毫米（mm）；

r_{p2}——第二测点的曲率半径，单位为毫米（mm）；

r_{p3}——第三测点的曲率半径，单位为毫米（mm）。

单位为毫米
表面粗糙度单位为微米

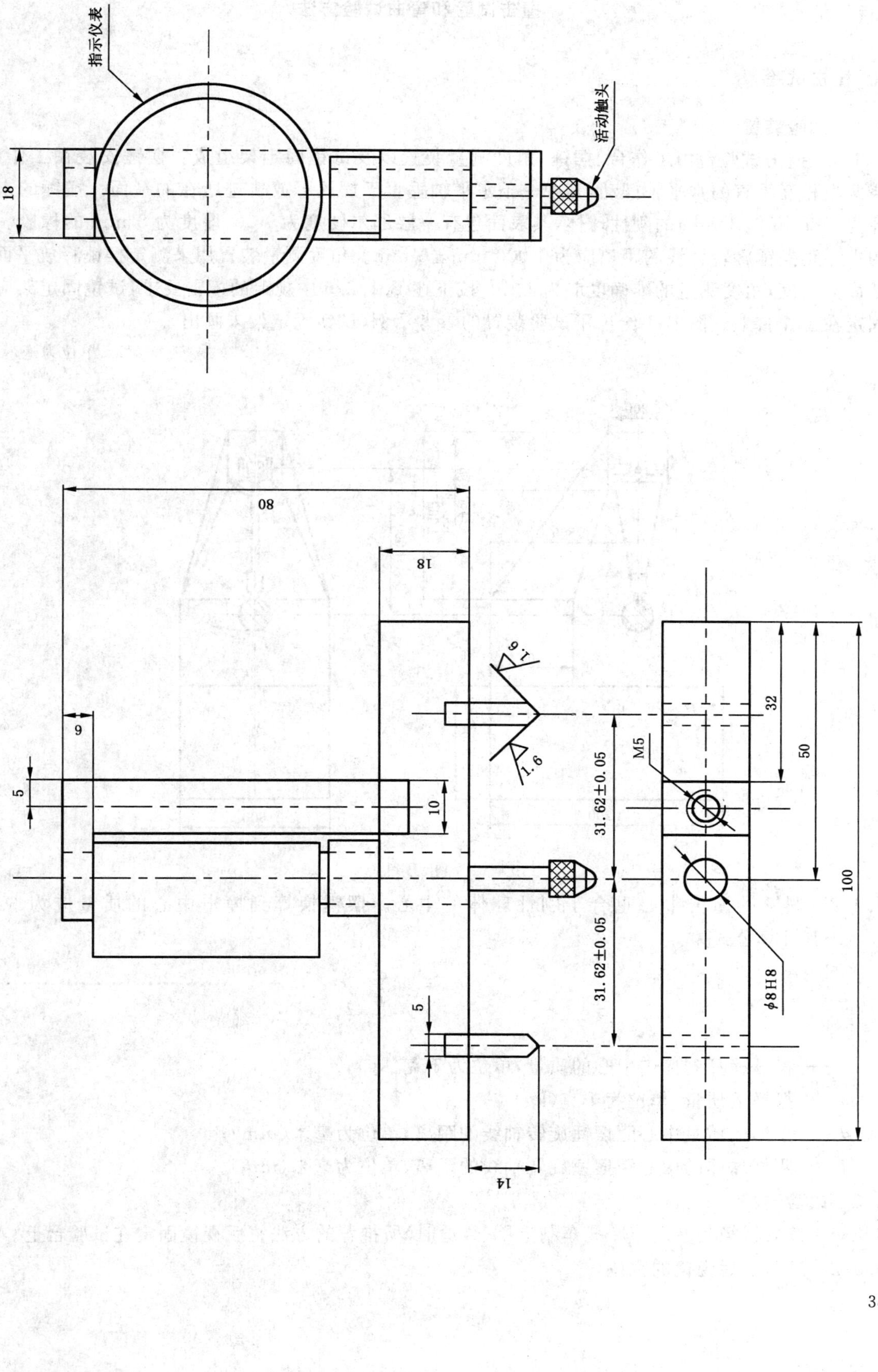

图 A.1

附 录 B
（规范性附录）
撞击试验和弯曲试验方法

B.1 撞击试验

B.1.1 试验装置

B.1.1.1 撞击试验台由工作台、摆锤、角度测量装置以及试镜固定架组成。摆锤安装在工作台上，可围绕两根相互垂直的水平轴摆动，其中一条水平轴垂直于摆锤释放轨迹所在的平面。摆锤的末端是一直径为 165 mm±1 mm 的刚性球体，其表面包有一层邵尔硬度为 A50、厚度为 5 mm 的橡胶。刚性球体的中心距摆锤旋转轴线的距离应为 1 000 mm±5 mm。角度测量装置用来测定摆锤释放平面内摆臂所处最大角度，角度测量的准确度应为±1°。按下述 B.1.2.6 中规定的撞击要求，试镜固定架应被牢固地固定在工作台上。图 B.1 给出了试验装置的参考示例（试镜固定架未画出）。

单位为毫米

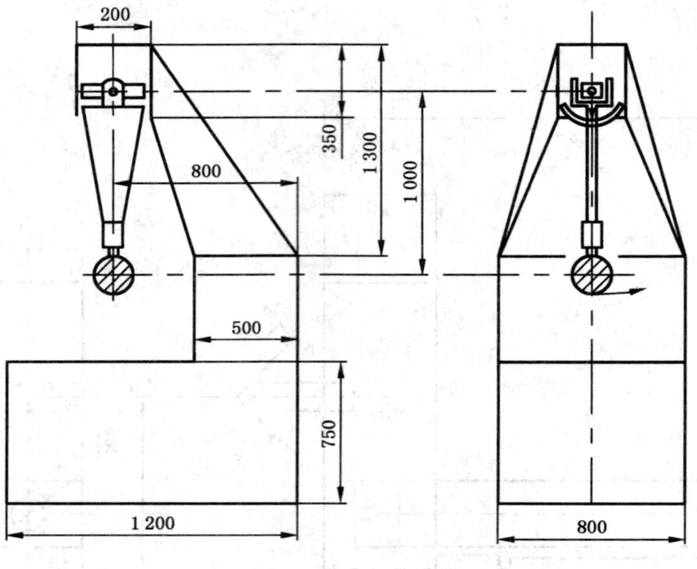

图 B.1

B.1.1.2 摆锤的撞击中心重合于刚性球体的中心。摆锤换算到撞击中心的质量应为 6.8 kg±0.05 kg，其计算公式为：

$$m_0 = m\frac{d}{I} \qquad \text{(B.1)}$$

式中：

m_0——摆锤换算到撞击中心的质量，单位为千克(kg)；

m——摆锤的质量，单位为千克(kg)；

d——摆锤的质量中心距摆锤旋转轴线的距离，单位为毫米(mm)；

I——刚性球体的中心距摆锤旋转轴线的距离，单位为毫米(mm)。

B.1.2 试验过程

B.1.2.1 按后视镜制造厂或摩托车制造厂（合适时）所推荐的方法将后视镜固定在试验台上。

B.1.2.2 试验时后视镜的定位

B.1.2.2.1 后视镜水平、垂直轴线的方向应与实际装车状态相同。

B.1.2.2.2 若后视镜能相对其基座角度可调，则它应位于后视镜制造厂或摩托车制造厂所规定的调节范围内，且撞击时对转动最不利的位置。

B.1.2.2.3 若后视镜能相对其基座距离可调，则应将调节装置调到使保护壳体离其基座最近的位置。

B.1.2.2.4 若反射面能在保护壳体内调节，则应将离摩托车最远的上角调至突出保护壳体最大的位置。

B.1.2.3 摆锤释放轨迹所在的平面应平行于摩托车纵向中心平面。当摆锤处于铅垂位置时，通过刚性球体中心的水平面和纵向铅垂平面应穿过 3.5 所定义的镜面中心，且刚性球体轻触后视镜表面。

B.1.2.4 摆锤处于铅垂位置时，刚性球体的接触点不在后视镜反射面或保护壳体上，可将接触点沿垂直于后视镜转轴或旋转中心方向调节，但应确定这种调节对完成试验是必要的，且刚性球体的接触点至少距反射面的边缘 10 mm。

B.1.2.5 试验时，使刚性球体从相对于摆锤的铅垂线 60°的角度处自由下落，当摆到铅垂位置时，刚性球体撞击后视镜。

B.1.2.6 后视镜应在下列不同条件下经受撞击：

——试验 1：撞击点应符合 B.1.2.3 或 B.1.2.4 的规定。刚性球体从反射面一侧撞击后视镜。

——试验 2：撞击点应符合 B.1.2.3 或 B.1.2.4 的规定。刚性球体从反射面相反的一侧撞击后视镜。

B.2 弯曲试验

B.2.1 试验过程

B.2.1.1 将保护壳体水平地置于试验台上，夹紧调节件。在保护壳体的最大尺寸方向上，离调节件固定点较近的一端，用 15 mm 宽的固定挡块覆盖在该壳体的整个宽度上，使之不能转动。

B.2.1.2 在保护壳体的另一端，覆盖一同样的挡块，以便按规定在上面施加试验载荷(见图 B.2)。

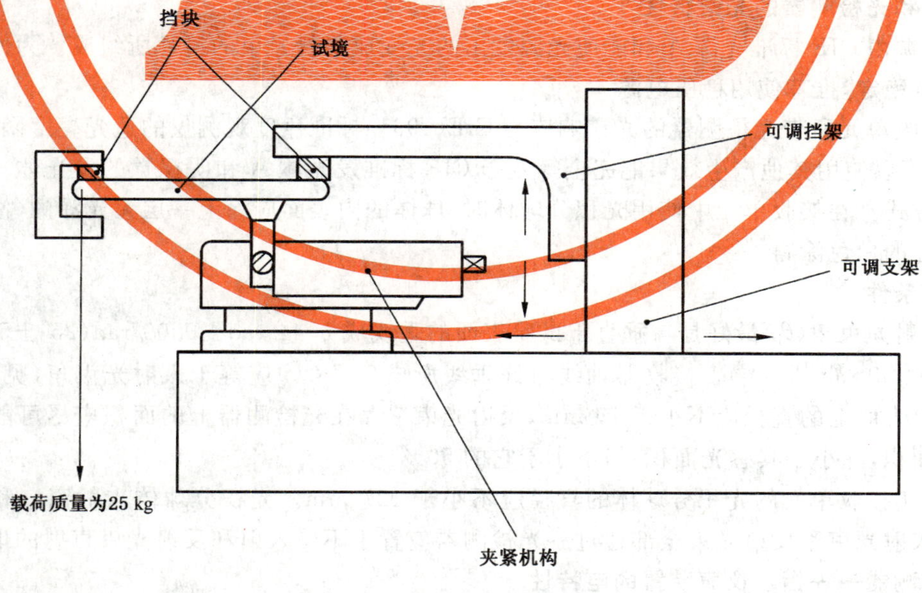

图 B.2 弯曲试验设备示意图

B.2.1.3 可在施加载荷的另一端予以夹紧，以替代图 B.2 所示方法固定保护壳体位置。

B.2.2 施加试验载荷的质量为 25 kg，保持时间为 1 min。

附　录　C
（规范性附录）
确定反射率的方法

C.1　术语和定义

C.1.1　CIE 标准发光体 A[1)]：

λ/mm	$\bar{x}(\lambda)$
600	1.062 2
620	0.854 4
650	0.283 5

C.1.2　CIE 标准光源 A[1)]：在相关色温 T_{68} = 2 855.6 K 时的充气钨丝灯。

C.1.3　CIE 1931 标准色度观测仪[1)]：是一种辐射感应器，其色度特性相当于光谱三色激励值 $\bar{x}(\lambda)$、$\bar{y}(\lambda)$、$\bar{z}(\lambda)$（见表 C.1）。

C.1.4　CIE 光谱三色激励值[1)]：在 CIE（x、y、z）系统中，等能量光谱分量的三色激励值。

C.1.5　明视觉[1)]：正常眼睛适应了每平方米至少几坎德拉亮度时的视觉。

C.2　仪器

C.2.1　概述

C.2.1.1　试验仪器由光源、试镜支架、带有光检测器和指示仪表的接收单元以及消除外来光影响的装置组成（见图 C.1）。

C.2.1.2　接收单元可以包括一个光积分球体，用于测量非平面镜（凸镜）（见图 C.2）。

C.2.2　光源和光检测器的光谱特性

C.2.2.1　光源由 CIE 标准光源 A 和能使光源发出的光变成平行光束的镜片所组成。为使仪器工作时光源电压保持稳定，推荐使用稳压电源。

C.2.2.2　接收单元所带光检测器的光谱响应与 CIE(1931)标准色度观测仪的适光亮度函数成正比（见表 C.1）。也可以使用其他产生效果能完全等效于 CIE 标准发光体 A 和明视觉的发光体—滤光片—接收器的组合方式。在接收单元中使用光积分球体时，球体的内表面应涂上一层无光泽的（漫反射的）、对光谱无选择性的白色涂料。

C.2.3　几何条件

C.2.3.1　入射光束角（θ_i）最好是与垂直于试验表面的垂线成 0.44 rad±0.09 rad（25°±5°），且不得超过角度上限（0.53 rad 或 30°）。接收器轴线与该垂线所成角度（θ_r）应等于入射光束角（见图 C.1）。入射光束在试验表面上的直径应不小于 19 mm，反射光束覆盖在光检测器上的面积应尽可能接近仪器标定时的覆盖面积，并小于其感光面积，但不小于它的 50%。

C.2.3.2　用于接收单元的光积分球体的直径应不小于 127 mm。光积分球体入射窗口和试镜窗口的孔径应能使入射光束和反射光束全部通过。光检测器应置于不受入射和反射光束直射的地方。

C.2.4　光检测器——指示仪表装置的电特性

在指示仪表上，光检测器输出的读数为感光区域内光亮度的线性函数。为了便于调零和标定，可采用光、电或光-电组合的方法，但所采取的方法不得影响仪器线性度和光谱特性。接收器——指示系统的准确度应在全刻度的±2%范围内或读数的±10%范围内（以二个中较小者为限）。

1）　定义摘自 CIE（国际照明委员会）出版物 50(45)、国际电子词汇、45 组：照明。

C.2.5 试镜支架

试镜支架应便于试镜定位，使光源支承臂与接收器的轴线在反射面上相交。反射面可能位于镜片的中间，或任何一面，视其为第一个面、第二个面，或是“转换”型棱镜而定。

C.3 方法

C.3.1 直接标定法

C.3.1.1 直接标定法以大气作为参考标准。此方法适用于其结构上允许将接收器调节到光源的光路上，进行100%测量标定的仪器（见图C.1）。

C.3.1.2 在某些情况下（如测定低反射率表面时），要求用此方法标定一个中间值（在0%～100%刻度之间）。这时将一个已知透光率的中性密度滤光片插入光路中，调节标定钮，直至仪器读数为中性密度滤光片的透光百分率为止。测定试镜反射率前必须拿掉滤光片。

C.3.2 间接标定法

间接标定法适用于光源和接收器的相对位置固定的仪器。此方法需有经过严格标定并能保持反射率不变的参考标样。该标样最好是与试镜反射率很接近的平面镜。

C.3.3 非平面镜（凸面镜）的测定

用带光积分球体的仪器测定非平面镜（凸面镜）的反射率（见图C.3）。如果测定反射率为$E\%$的参考标样时仪表指示n_E，测定试镜时仪表指示n_X，则试镜的反射率$X\%$可按下式计算：

$$X = E\frac{n_X}{n_E} \qquad \text{(C.1)}$$

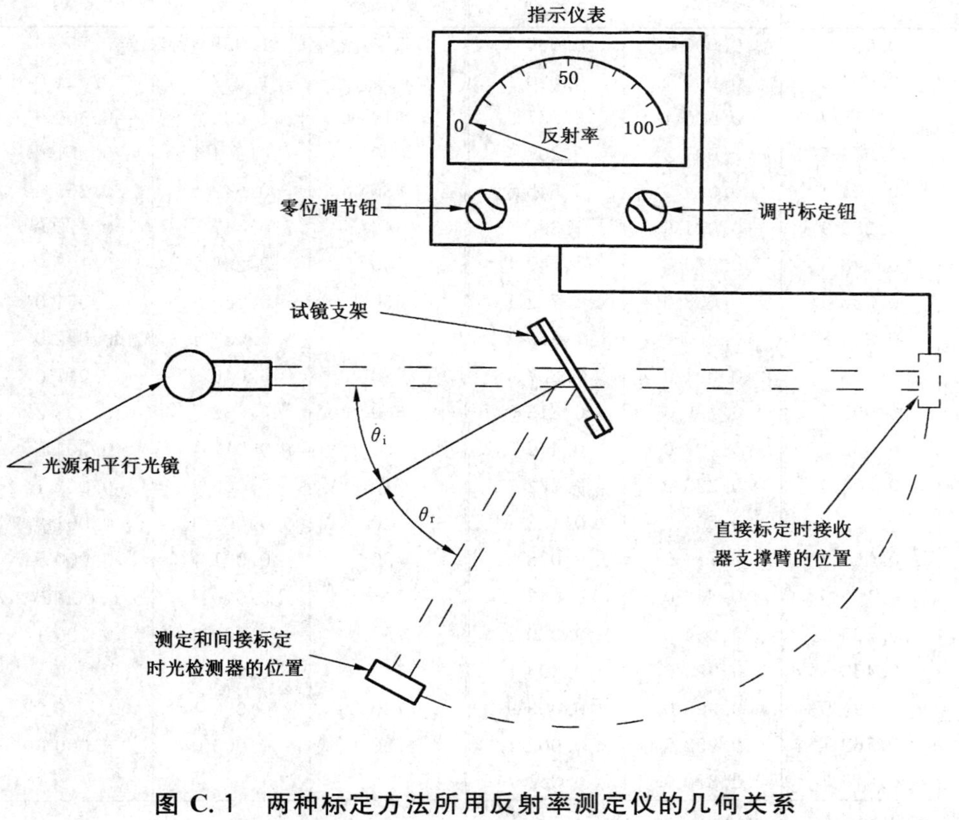

图C.1 两种标定方法所用反射率测定仪的几何关系

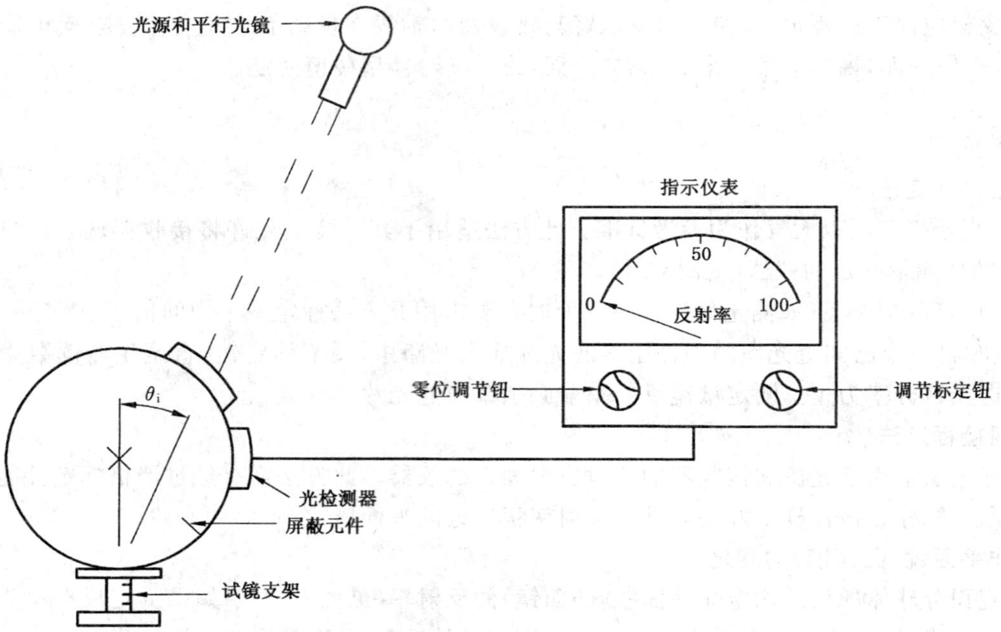

图 C.2　在接收单元中加装光积分球体的反射率测定仪

表 C.1　CIE 标准色度观测仪的光谱三色激励值

[此表摘自 CIE 出版物 50(45)(1970)][a]

λ/mm	$\bar{x}(\lambda)$	$\bar{y}(\lambda)$	$\bar{z}(\lambda)$	λ/mm	$\bar{x}(\lambda)$	$\bar{y}(\lambda)$	$\bar{z}(\lambda)$
380	0.001 4	0.000 0	0.006 5	590	1.026 3	0.757 0	0.001 1
390	0.004 2	0.000 1	0.020 1	600	1.062 2	0.631 0	0.000 8
400	0.014 3	0.000 4	0.067 9	610	1.002 6	0.503 0	0.000 3
410	0.043 5	0.001 2	0.207 4	620	0.854 4	0.381 0	0.000 2
420	0.134 4	0.004 0	0.645 6	630	0.642 4	0.265 0	0.000 0
430	0.283 9	0.011 6	1.385 6	640	0.447 9	0.175 0	0.000 0
440	0.348 3	0.023 0	1.747 1	650	0.283 5	0.107 0	0.000 0
450	0.336 2	0.038 0	1.772 1	660	0.164 9	0.061 0	0.000 0
460	0.290 8	0.060 0	1.669 2	670	0.087 4	0.032 0	0.000 0
470	0.195 4	0.091 0	1.287 6	680	0.046 8	0.017 0	0.000 0
480	0.095 6	0.139 0	0.813 0	690	0.022 7	0.008 2	0.000 0
490	0.032 0	0.208 0	0.465 2	700	0.011 4	0.004 1	0.000 0
500	0.004 9	0.323 0	0.272 0	710	0.005 8	0.002 1	0.000 0
510	0.009 3	0.503 0	0.158 2	720	0.002 9	0.001 0	0.000 0
520	0.063 3	0.710 0	0.078 2	730	0.001 4	0.000 5	0.000 0
530	0.165 5	0.862 0	0.042 2	740	0.000 7	0.000 2[b]	0.000 0
540	0.290 4	0.954 0	0.020 3	750	0.000 3	0.000 1	0.000 0
550	0.433 4	0.995 0	0.008 7	760	0.000 2	0.000 1	0.000 0
560	0.594 5	0.995 0	0.003 9	770	0.000 1	0.000 0	0.000 0
570	0.762 1	0.952 0	0.002 1	780	0.000 0	0.000 0	0.000 0
580	0.916 3	0.870 0	0.001 7				

a　略表，$\bar{y}(\lambda)=V(\lambda)$，各数值取值至小数点后 4 位。

b　1966 年修改时，将 3 改为 2。

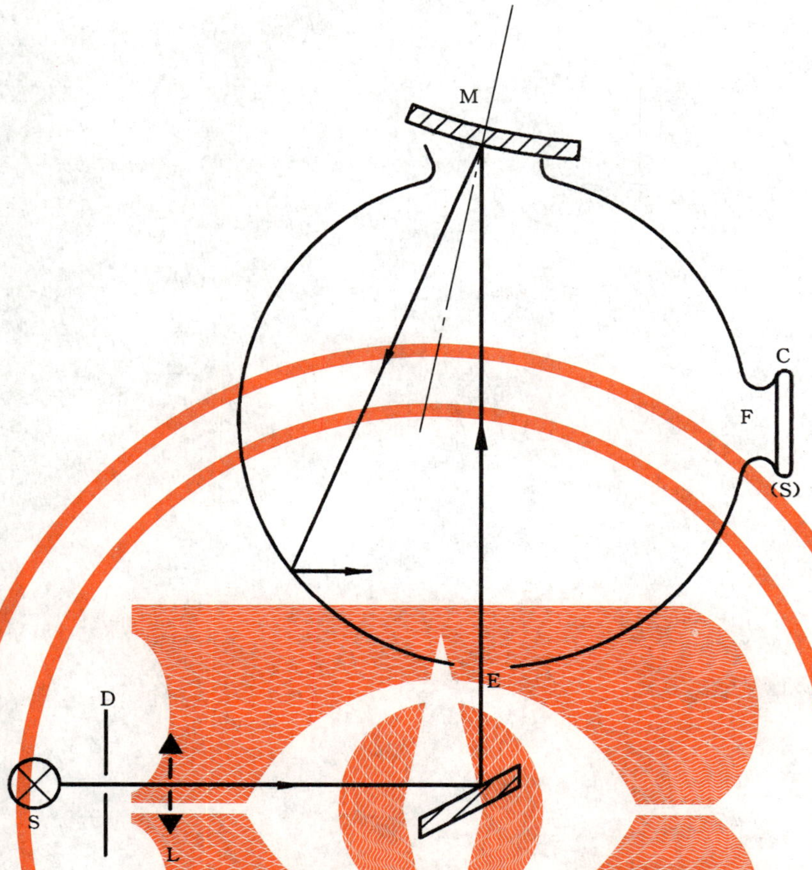

C——接收器；
D——光圈；
E——入射窗口；
F——测量窗口；
L——镜头；
M——试镜窗口；
S——光源；
(S)——积分球体。

图 C.3　凸面镜反射率测量装置

ICS 75.180.10
E 92

中华人民共和国国家标准

GB/T 17388—2010
代替 GB/T 17388—1998

潜油电泵装置的安装

Electric submersible pump installations

2010-11-10 发布　　2011-03-01 实施

中华人民共和国国家质量监督检验检疫总局
中国国家标准化管理委员会　发布

前　言

本标准修改采用 API RP 11S3:1999《潜油电泵装置的安装》(第三版)(英文版)。

本标准根据 API RP 11S3:1999 重新起草,考虑到我国国情,在采用 API RP 11S3:1999 时,本标准做了一些修改,主要技术差异如下:

——在使用单位方面,增加了公制单位,方便了使用;

——API RP 11S3:1999 中引用的国外标准,用已被采用为我国的国家标准代替对应的国外标准;

——删除了 API RP 11S3:1999 的"特别声明"、"前言"和"目录";

——根据对 API RP 11S3:1999 内容的采用程度,对规范性引用文件进行了删减;

——删除了"ASTM"和"IEEE"的标准缩写的解释(条文注解);

——修改了 3.2.3 条款内容;

——修改了 10.7 条款内容;

——删除了 4.1 概述中的注释;

——增加了资料性附录"主要名词解释"(见附录 A)。

为便于使用,本标准对 API RP 11S3:1999 还做了以下编辑性修改:

——"本推荐规范"一词改为"本标准";

——按照中文习惯对一些编排格式进行了修改。

本标准代替 GB/T 17388—1998《潜油电泵装置的安装》(MOD API RP 11S3:1992),与 GB/T 17388—1998 相比,主要变化如下:

——修改了潜油电泵装置组成内容和示意图;

——删除了电机控制柜示意图和对应的文字注释;

——删除了总则;

——修改了电缆盘轮缘与外层电缆间隙尺寸要求;

——修改了叉车装卸电缆的注意事项;

——删除了潜油电泵重新安装;

——增加了起出的潜油电泵机组现场分析;

——增加了使用过的潜油电泵装置评价。

本标准的附录 A 为资料性附录。

本标准由全国石油钻采设备和工具标准化技术委员会(SAC/TC 96)提出并归口。

本标准起草单位:大庆油田力神泵业有限公司、胜利油田胜利泵业有限责任公司、大港油田中成机械制造有限公司。

本标准主要起草人:邵永实、邓辉、史忠武、王维、王兆兰、汪卫军、甘玉涛、闫建文。

本标准所代替标准的历次版本发布情况为:

——GB/T 17388—1998。

潜油电泵装置的安装

1 范围

1.1 本标准规定了常规潜油电泵装置的运输、装卸、存储、现场安装、启动、起井、起井后的现场分析及评价。

本标准适用于常规潜油电泵装置所有主要部件的安装和替换(见图 1),特别适用于采油、采气中潜油电泵装置与油管的安装。

本标准不涉及潜油电泵装置的选择和应用。

1.2 只要能保证潜油电泵机组良好运行,不相同的安装程序都可以接受。然而,所有安装程序都需具有良好的工程经验、合理的判断和正确的维护。

2 规范性引用文件

下列文件中的条款通过本标准的引用而成为本标准的条款。凡是注日期的引用文件,其随后所有的修改单(不包括勘误的内容)或修订版均不适用于本标准,然而,鼓励根据本标准达成协议的各方研究是否可使用这些文件的最新版本。凡是不注日期的引用文件,其最新版本适用于本标准。

GB/T 17387 潜油电泵装置的操作、维护和故障检查

GB/T 17390 潜油电泵拆卸报告的编写

GB/T 18050 潜油电泵电缆试验方法

GB/T 18051 潜油电泵振动试验方法

SY/T 6598 潜油电泵保护器的使用和检验推荐作法

SY/T 6599 潜油电泵离心泵试验推荐作法

ASTM D-887 应用圆盘电极测量绝缘液体介质击穿电压的标准方法

3 潜油电泵装置的运输、装卸与存储

3.1 电缆

3.1.1 动力电缆

3.1.1.1 吊运电缆盘的推荐方法是:选用一根尺寸合适的钢管插入电缆盘中心作为轴,应用吊绳或吊链与轴连接后,使用动力绞盘和吊装架吊运。不允许使用没有吊装架的吊链或吊绳起吊电缆盘,防止吊链或吊绳损坏电缆或电缆盘。

3.1.1.2 电缆和电缆盘应采取必要的保护措施,防止在存放、运输或安装设备时受到损坏。

3.1.1.3 电缆盘不应滚动,避免与其他物体相撞或对电缆和滚筒造成其他的损害。

3.1.1.4 电缆盘轮缘与最外层电缆的距离应不小于 0.1 m(4 in)。见图 2。

3.1.1.5 电缆盘在运输和装卸时,电缆盘中心线应与地面保持平行。

3.1.1.6 常规方法运输时,电缆盘轮缘的两侧应卡死(挡住),同时用通过电缆盘中心的链子固定。

3.1.1.7 固定链不应经过电缆盘顶部或接触电缆。

3.1.1.8 用叉车装卸电缆盘时,应注意:

a) 叉臂必须足够长,能支承电缆盘的两个轮缘;

b) 叉臂的宽度必须适宜,保证电缆盘安全地举升;

c) 叉臂位置应能固定;

d) 举升时,叉车从电缆盘轮缘端部插入,并靠紧叉车根部;

e) 一次只应举升一个电缆盘。

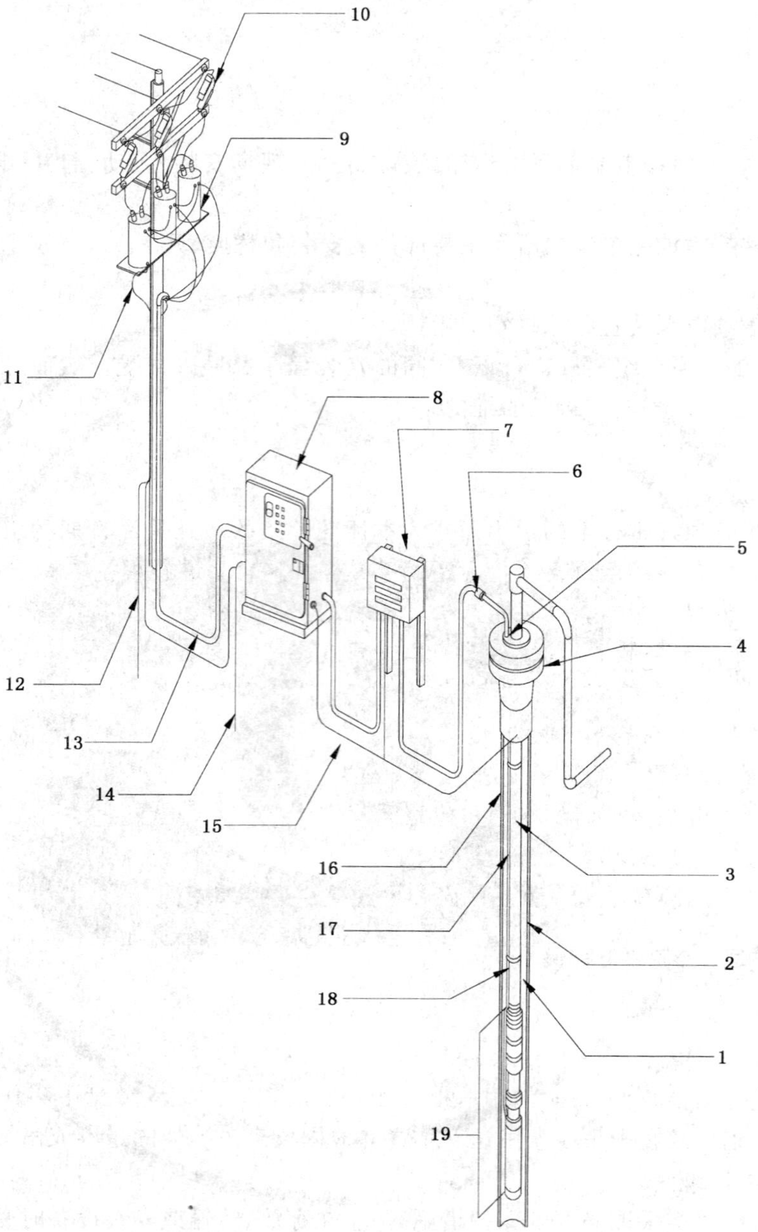

1——电缆卡子；
2——套管；
3——油管；
4——井口；
5——井口穿越；
6——密封装置和放气阀；
7——接线盒；
8——控制柜；
9——变压器；
10——分离开关；
11——接地线；
12——接地棒；
13——地面电缆；
14——接地棒；
15——接地线；
16——动力电缆；
17——电缆连接点；
18——引线电缆；
19——潜油电泵。

图 1 潜油电泵装置

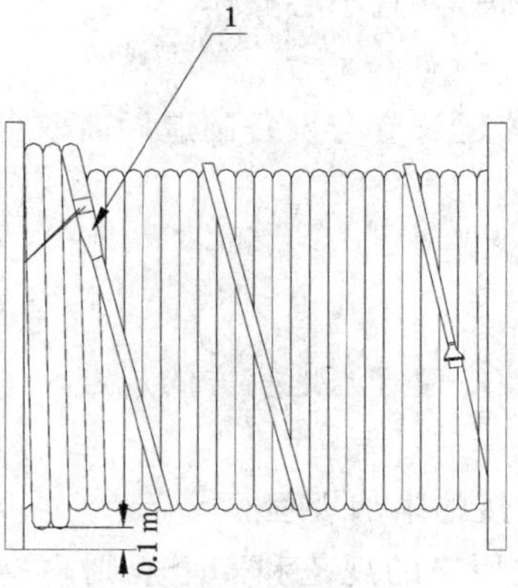

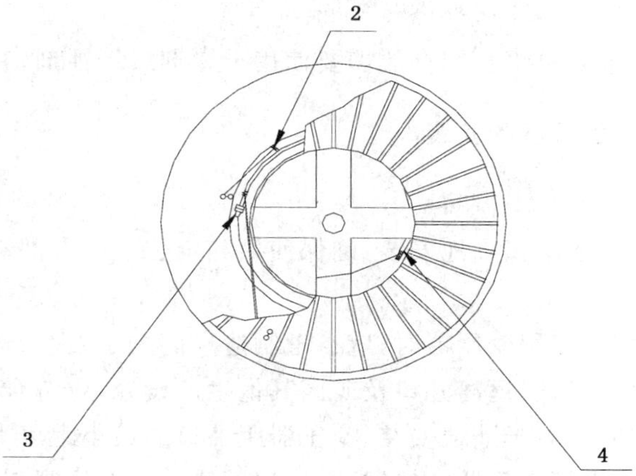

1——电缆连接部位；
2——电缆固定部位；
3、4——电缆端部密封。

图 2　运输与缠绕操作前电缆接头的预先处理

3.1.2　引接电缆

3.1.2.1　引接电缆在单独运输时，应装入包装盒、板条箱内或盘起固定货架内以防损坏。

3.1.2.2　引接电缆的两端应密封，进行隔离保护。

3.2　泵、电机、保护器、分离器

3.2.1　泵、电机、保护器、分离器一般使用制造厂商提供的金属包装箱装运。

3.2.2　在运输中，泵、电机、保护器、分离器在包装箱内应有合理的支撑。包装箱内的支撑点距两端的长度距离为总长的四分之一。按照制造商的规范要求，上述各设备应安装合适的护盖。

3.2.3　用于运输潜油电泵的卡车或拖车的车箱应有足够的长度，以支承整个机组包装箱。

3.2.4　运输时，潜油电泵包装箱应水平放置。

3.2.5　包装箱下面的支撑块应按潜油电泵的重量做适当的间隔，包装箱的固定吊链应位于支承块的上面。

3.2.6　潜油电泵制造厂商应标明潜油电泵包装箱的井口端。潜油电泵在井场卸下时，井口端的标记尽可能地靠近井口。

3.2.7　潜油电泵包装箱在装卸时，应采用两点吊装，并保持水平。

3.2.8　装卸时，包装箱不能拖、拉、碰撞或抛落。

3.3　地面及附属设备

3.3.1　变压器

3.3.1.1　变压器上应装有吊钩，供装卸和搬运使用。

3.3.1.2　变压器可以用钢丝绳或起重杆提升。用钢丝绳时，要保证盖子用螺钉拧紧，并用一个撑杆保持变压器处于垂直位置，以免损坏。

3.3.1.3　在吊车或提升机无法使用的情况下，可将变压器装在滑撬上，或用千斤顶顶起放在滚杠上移动，应小心避免变压器翻倒。使用千斤顶时，应顶在专门的起重吊耳或凸台上，不应顶在泄油阀等处。

3.3.2　控制柜

3.3.2.1　运输控制柜时，应将其固定在卡车车板上，以防止移动、翻倒或过度震动。

3.3.2.2　控制柜的顶部不许放东西。在拆除控制柜的包装时，应使用撬杠，不许用锤子。

3.3.2.3　控制柜内部必须保持清洁干燥，检查全部零件是否在装运过程中损坏。

3.3.3　辅助设备

3.3.3.1　辅助设备装运时，应装箱或予以妥当保护，并做标记。

3.3.3.2 运输或装卸辅助设备时，应提供与机组部件同样的保护，并且小心操作。

3.4 存储

潜油电泵机组长期存放需要使用干燥剂或缓蚀剂，有关具体建议应与设备制造厂商取得联系。

4 常规地面设备的安装

4.1 概述

所有设备应正确地安装，确保使用和定位。所有部件的组装应遵守当地官方的规定。

4.2 变压器

4.2.1 用户使用变压器时，应参考制造厂商关于安装、选型、连接的附加规程。

4.2.2 变压器需远离井口及矿区其他生产设施，应符合地方或用户的规范和安全规则，并要留有合适的场地空间。对于陆地安装，变压器距井口的最小距离为 30 m(100 ft)。

4.2.3 为方便变压器的使用，变压器不能安装在控制柜上方。

4.2.4 熔断器应安在变压器的初级线圈一侧。

4.2.5 避雷器应安装在变压器的初级线圈一侧。变压器的副边和控制柜应考虑使用避雷器或过电压保护器。

4.3 控制柜、排气阀和接线盒

4.3.1 仅限于有资质的操作人员可以接近运转设备(特别是中压部分)，并应提供合适的标志。

4.3.2 控制柜部件应符合电压、电流、周围温度等运行条件。

4.3.3 井口和控制柜之间建议安装排气阀。限定排气阀与控制柜之间密封的压力不超过 1.55 kPa (见图 1)。

4.3.3.1 设计合适的接线盒是完成 4.3.3 推荐的方法之一(见图 1 和图 3)。

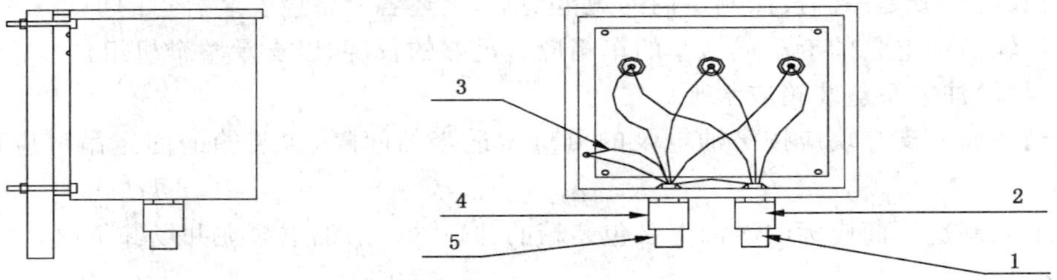

1——地面电缆(至井口)；
2——密封(可选)；
3——接地线；
4——密封；
5——地面电缆(至控制柜)。

图 3 接线盒

4.3.3.2 如果安装排气接线盒，接线盒距井口应超过 5 m(15 ft)。对井场的其他服务设施也应做出空间规定。

4.3.4 在井口和控制柜之间的接线盒应合理通风，防止接线盒内部易燃气体或蒸气的可燃浓度累积。

4.3.5 在接线盒内引线或电缆的连接部位与控制柜之间，应使电气密封装置进行密封。如果没有规定，接线盒的连接密封压力不能超过 1.55 kPa，否则建议从井口进入接线盒的引线或电缆要安装辅助密封。按区域分类，引线和电缆需要密封，且不能有气体或蒸气在外部凝结(见图 1)。

4.3.6 控制柜距井口距离不得小于 15 m(50 ft)。

4.4 地面电缆

4.4.1 所有地面电缆应符合电流、电压的运行条件。连接方法只要符合权威认证，都可以使用(见图 1)。

4.4.2 电缆支架、接线盒、控制柜应合理接地(见图 1)。

4.4.3 所有的接线方式都应具有连续导通、低阻抗的接地线路，能安全地把任何故障电流传导出去。

4.5 井口

应根据制造厂商的推荐方法安装井口。井口区域应按当地法规和用户要求,用适当方式进行保护。

5 潜油电泵的下井与起井装备

5.1 油井作业机

5.1.1 油井作业机应具有合适的工作能力及良好的操作条件,井架应有足够的高度,以便高效率地实施安装服务。

5.1.2 工作台尽可能保持清洁,设备使用时,应加安全护栏。

5.1.3 应让油井作业机操作人员意识到所安装的潜油电泵为精密设备,有关的作业程序应获得适当的指导。应实行严格监督,保证按规定作业。

5.1.4 潜油电泵安装和起出的相关工作计划应为操作人员执行每项任务提供充足的时间。

5.1.5 油井作业机的游动滑车应在潜油电泵井口中心的上方,并尽量接近中心。安装过程中应定期检查,并且根据需要重新校准油井作业机中心线。

5.1.6 当安装电缆设备时,防喷器应有潜油电缆进线槽或防止电缆损伤的环形防护装置。如果使用环形防护装置,当进行压井时,应调节密封压力,防止电缆损伤。

5.2 油管卡盘

5.2.1 卡瓦尺寸应适合所使用的油管。

5.2.2 只允许使用利齿且干净的卡瓦。

5.2.3 油管卡盘盖应有槽或开口,以便动力电缆通过。

5.2.4 卡瓦应保证不能打滑。

5.3 背钳

5.3.1 在油管上紧或卸开时,应使用背钳防止油管转动。

5.3.2 在进行起下作业过程中,应定期检查背钳的滞留杂物,以免引起打滑或损坏电缆。

5.4 电缆绞车或电缆盘

5.4.1 应选用尺寸合适的电缆绞车并保持完好的状态。

5.4.2 应考虑到,有时可能不具备动力电缆绞车,而需使用电缆盘支架。在这种情况下,应增加人力来操纵电缆盘。

5.4.3 电缆盘应距离井口 23 m～31 m(75 ft～100 ft),且在作业机操作员直接视线范围之内。

5.4.4 放置电缆盘时,不允许电缆从作业机操作者的上方通过。

5.4.5 电缆盘支架或绞车的位置应使电缆盘轴与井口成直角。绞车操作者在整个操作过程中不要碰到电缆盘边缘。

5.4.6 如果环境温度低需要在下潜油电泵时加热电缆,则应采用合适的带有护罩的加热器。

5.5 电缆保护器

根据当地的地面条件,可能需要在电缆盘到导向滑轮之间的电缆触地处施加电缆保护。在这种情况下,应在地面与电缆之间放一些防电缆损伤的保护器。

5.6 导向滑轮

5.6.1 起出或下入井下电缆时,应使用导向滑轮。

5.6.2 导向滑轮的直径应不小于 1.4 m(54 in),且应具有防止电缆在操作过程中脱出滑轮的结构。

5.6.3 在潜油电泵安装过程中,通过导向滑轮送进电缆时,导向滑轮应在地面上用支架支起。

5.6.4 在电缆通过导向滑轮之后,应牢固地固定在油管上。导向滑轮应升起大约高于地面 8 m～14 m (25 ft～45 ft)工作位置,然后固定使其位置尽可能符合游动滑车的移动。

5.6.5 不能用电缆改变导向滑轮的位置。

5.6.6 在将导向滑轮固定到油井作业机时,应将其悬挂在一个主悬挂装置上,并配有第二套安全悬挂装置，使其与导向滑轮及作业机上的单独支架相连接。在正常起下操作过程中，此安全装置上不应有任何负荷。

5.6.7 当仅用扁动力电缆时，应采用扁平轮缘作为导向滑轮。

5.6.8 在每次使用前，应检查导向滑轮轴、支架、轮缘及轮缘与框架之间的间隙。

6 潜油电泵装置井下部件的安装

6.1 安装环境要求

在恶劣天气情况下，不要在井场安装潜油电泵。因为在安装时，要求保证清洁。如需在这种气候条件下安装时，要求保证提供适当的环境保护措施。

6.2 潜油电泵机组检验

在任何安装作业开始之前，均应对运到井场的潜油电泵机组进行如下检验：

a） 所需要的设备是否全部运到井场；

b） 核对其规格和型号是否符合定单；

c） 对全部井下设备总成做标签和尺寸记录。

6.3 套管检查

6.3.1 在下列情况下，潜油电泵安装之前，应将一个全尺寸量规（其外径略大于设备外径）下到电机安装深度以下 18 m 或油井条件所允许的最大深度。

a） 在新井安装潜油电泵；

b） 当应用直径更大的潜油电泵时；

c） 起井发现电缆或潜油电泵有损伤痕迹；

d） 准备把潜油电泵下到更大深度时。

6.3.2 虽然可能存在某些毛刺、卡阻点、套管局部凹陷或其他问题，但是按 6.3.1 推荐的方法测量套管，就可以保证安装所需的适当间隙。当然，也可选择使用套管清刮器，保证不会有毛刺损坏电缆，或使用硬管线来检查油井的全角变化率。

6.3.3 如果测量后发现套管存在卡阻点，则应在下泵之前采取相应的措施予以消除。如果不能消除卡阻点，应使用直径较小的潜油电泵。

6.4 潜油电泵下井前井口装置的准备

6.4.1 应检查套管法兰和井口装置是否存在毛刺或外伸尖角，这些缺陷会损伤电机、泵或刮伤电缆卡子。

6.4.2 应清除所有的毛刺，将尖角打平，以排除潜在的下井故障。

6.4.3 如果使用防喷器，则应检查其内径间隙是否合适，同时参照按 5.1.6 中说明设计。

6.5 潜油电泵起吊到下井作业位置

6.5.1 在起吊任何设备之前，应检查提升装置（吊车、“A”型起重架等）、吊绳、吊链及起重吊钩，以确保安全。

6.5.2 从包装箱移出电机之前，先使用尼龙吊装带或用长度和承载能力适当的其他材质的吊带把电机头部提起，然后安装吊卡。

6.5.3 拉住潜油电泵底部，使其不要碰撞井口、工作台。

6.5.4 潜油电泵应用作业机提升，吊卡的尺寸和规格要适应所吊的每一组件。应确保吊卡尺寸合适、安装正确，然后再放入升降机内，以保证升降机锁销不承受载荷。

6.5.5 在设备处于井上方垂直位置并准备与其他部分连接之前，不得卸去护盖。

6.5.6 在潜油电泵下井之前和安装过程中，应根据制造商或用户的相应技术规范进行下列试验及检查：

a） 所有旋转部件盘动是否灵活；

b） 相应的电气检查，其中包括绝缘电阻测试；

c） 引接电缆与电机连接之后，应对电缆和电机一起进行相应的电气检查；

d） 保证设备注入合适等级和数量的电机油；

e） 检查所有注油、放气和泄油丝堵的装配和拧紧度；

f） 进行相应的压力测试。

6.5.7 整体组装好的潜油电泵应使用升降机或装卸短节吊升。

6.5.8 装配完或部分装配完的潜油电泵不应立在井架内，因为这样有可能会使其弯曲变形。应用吊卡悬挂井架上或井口内，或者平放。

6.6 电缆连接

根据井况和电缆材料，有几种可使用的电缆连接方法。潜油电泵制造商应提供技术咨询，以确定哪种方法。在电缆运到现场之前，引接电缆应连接到动力电缆上。

6.7 电缆卡子

6.7.1 绑扎工具性能应良好且操作正常。对使用这些工具的人员应进行培训和监督，以确保绑扎质量。

6.7.2 在铠装电缆时，卡子应扎紧到铠装稍有变形但不应压扁。

6.7.3 电缆连接处不应绑扎卡子，建议在连接处的上、下方各绑扎一个卡子，保证电缆连接处不受力。

6.7.4 一般建议在每个油管至少打两个电缆卡子，一个电缆卡子在油管中部，另一个电缆卡子在油管接箍上部 0.6 m～0.9 m(2 ft～3 ft)处。

6.7.5 在油井中通过全角变化率或其他狭窄点时，应当考虑安装更多的电缆卡子。

6.7.6 非铠装电缆应采用电缆卡子托架，如果需要，托架也可用在铠装电缆上。

6.7.7 在采用托架的非铠装动力电缆上，电缆卡子应打紧，以防电缆或托架滑动。

6.7.8 可选择的绑扎方法就是用电缆钳子绑扎。

6.8 单流阀和泄油阀

6.8.1 如果安装单流阀，单流阀应装在泵上边的第 6～8 个油管连接处，在潜油电泵启动时气体能从泵内排出。

6.8.2 如果安装单流阀，则应安装泄油阀。泄油阀应装在单流阀上边第一个或两个油管连接处。

6.9 下井操作

6.9.1 电缆损伤主要是由于电缆操作或安装不当造成的。为保证正确安装，应重视安装程序。

6.9.2 在下入和起出油管过程中，潜油电泵保持缓慢平稳是极为重要的。突然加速或减速是电缆损伤的主要原因。

6.9.3 应保证有一个作业工人负责电缆和油管卡盘门的沟槽或“缺口”对正(见 5.2.3)。

6.9.4 不允许在地面上拖拽电缆。在电缆盘和电缆导向滑轮之间的电缆要保持松弛，电缆应在电缆盘顶部盘入或盘出。

6.9.5 应按时检查下列情况下的电缆和潜油电机的电气连接和绝缘电阻。

a） 至少每 610 m(2 000 ft)检查一次；

b） 在泵挂深度位置；

c） 在电缆端口或电缆连接时。

6.9.6 只能在制造厂商推荐的温度范围内安装电缆。

6.10 下泵深度

6.10.1 泵与电机通常一起下到射孔段上方。

6.10.2 如果下泵以后，电机处于射孔段以下，则应提供某一装置(如电机导流罩等)以确保有足够的液体从电机表面流过，使电机得到适当的冷却。

6.11 井口装置的安装

6.11.1 应在下入油管后,根据井口装置的具体型号按照适当的程序组装井口装置。

6.11.2 为保证安全运行,在井口装置与出油管线之间,应安装有一定承压能力的油管和阀门。应考虑到泵的出口压力、井下压力、关闭压力和其他可用的参数。

7 潜油电泵机组启动程序

7.1 启动前的程序

7.1.1 在运行电气设备时,应遵循所有安全程序(包括隔离、警示程序等)。

7.1.2 确保所有接线盒、控制柜和变压器正确接地。

7.1.3 测量控制柜电压并检查控制柜输入端相位。如需要,切断变压器电源和改变档位获得正确的供电电压。

7.1.4 在得到正确的供电电压后,调节控制柜以获得正确的控制回路电压。检查电流互感器变比。如果需要,调节保护装置的过载电流(过载)和欠载电流(欠载),确保控制柜所有的继电器和控制机构处于合适状态。

7.1.5 将控制柜与井下设备断开,给控制柜送电,确定整个控制柜系统功能正常后断开。

7.1.6 进行电缆和电机的相对地绝缘电阻测试。检查相间直流电阻,验证系统的阻抗平衡。

7.1.7 电缆与接线盒连接之前,推荐使用相序表确保启动机组时电机旋转方向正确。

7.1.8 确保出油管线连接完好,所有阀门正确安装并处在正确的工作位置。

7.2 潜油电泵的启动

7.2.1 确定完成所有启动前程序(见7.1)。

7.2.2 遵循电力设备启动的相关安全标准。例如,当按启动按钮时,程序建议操作员应站在控制柜的侧边。

7.2.3 应进行如下运行检查、测量和记录,确保设备正常运行。

a) 每相的运行电压和电流;

b) 泵送液时间;

c) 流量(与泵设计值比较);

d) 阀门和生产油管是否泄漏。

7.2.4 在油井工况稳定后,应根据用户或制造厂商的规定重调过载、欠载、延时再启动值,以适应"正常运转"的条件。

7.2.5 应每隔几天都要仔细监视一次潜油电泵设备,建议定期测试和分析设备,参见GB/T 17387。

8 潜油电泵的起井

8.1 原始数据

原始数据参见GB/T 17387。

当决定对所用过的设备是否重新安装或修理时,应考虑下列因素并观察记录。

a) 潜油电泵机组的每一个组成部件的使用条件和运行时间;

b) 完成电缆原始记录;

c) 操作环境;

d) 设备运行的原始记录;

e) 设备规格及相关要求。

注:保证油井受控,所有的油管线和阀门位置处于正确状态。

8.2 潜油电泵起出

8.2.1 潜油电泵从井中起出的操作程序与下井程序(见6.9)基本相同,虽然起出的潜油电泵是已用过的，但也需要象新设备下井一样小心地处理。

8.2.2 按照当地的井控要求，油管泄油阀应在油管起出之前或在油管内出现液面之后打开。切断该阀的时间与方法取决于安装及所用泄油阀类型。

8.3 电缆卡子拆除

8.3.1 潜油电泵起出时，应记录丢失了多少卡子。由用户决定丢失的卡子数目是否达到危害程度，并决定是将卡子捞出还是推向井底。

8.3.2 电缆卡子应用剪断工具切断，决不能撬断。剪断时不能用力过大，否则会损坏电缆。

8.3.3 应当注意被拆除的卡子情况。若腐蚀明显，应改变电缆卡子相应的材料。

8.4 电缆缠绕

8.4.1 电缆不应放在地面缠绕。这样做可能损坏电缆。

8.4.2 重新把电缆绕到电缆盘上时，应使用硬橡皮锤，它有助于使电缆排齐，不应使用金属工具。

8.4.3 当电缆从井内起出时，应在电缆的损坏部位作个记号，以便日后修理。

8.5 潜油电泵机组返修

8.5.1 准备返回到制造厂修理的潜油电泵机组应放回到合适的机组包装箱中。

8.5.2 包装箱内应要有适当数量的支承块，且分布正确。

8.5.3 应按照制造厂商的要求安装好护盖。

8.5.4 排出泵内的积水，防止在结冻条件下机组遭到严重损坏。从泵内排放积水时，应注意查看有无砂子和砾石等。如果需要，固体样本应收集分析。

8.5.5 应将机组尽快返回制造厂，进行检查和测试。确定机组失效原因后，改进设计和使用操作方法。

9 起出的潜油电泵机组现场分析

9.1 现场观测和检查

记录现场观察和检查结果，按下面条款决定潜油电泵机组能否重新使用。

9.1.1 动力电缆

9.1.1.1 使用过的动力电缆应缠绕于电缆盘上，并观察其损坏和腐蚀情况，检查如下：

a) 铠装损坏和变坏的情况；

b) 绝缘体的膨胀情况；

c) 导体的暴露情况；

d) 电缆连接处的损坏情况或损坏的数量；

e) 腐蚀情况。

9.1.1.2 应按照 GB/T 18050 进行电气部分整体功能测试。

9.1.2 泵

9.1.2.1 应注意泵吸入口的状况，检查固体颗粒淤积、砂子和磨损情况。应收集固体颗粒的样品以便分析。

9.1.2.2 盘轴检查。

9.1.2.3 检查泵的腐蚀。

9.1.3 电机

9.1.3.1 应进行电气性能检查。

9.1.3.2 盘轴检查。

9.1.3.3 电机油检查如下：

a) 电机内腔是否有水；

b) 电机油中是否有金属屑；

c) 变色；

d) 气味异常。

9.1.3.4 电机腐蚀情况检查部位如下：

a) 电机头部的O环槽；

b) 电机表面及其他密封部位。

9.1.4 保护器

9.1.4.1 保护器一般不建议重复使用。

9.1.4.2 如果想重新使用保护器，保护器应保持垂直位置进行检查操作。应进行下列检查：

a) 盘轴检查是否有阻滞现象；

b) 取出丝堵检查是否有水和金属屑出现；

c) 检查是否有严重腐蚀。

9.1.5 引接电缆

9.1.5.1 一般不建议重新使用引接电缆，除非经过仔细检查并确认可以重新使用。

9.1.5.2 如果决定重新使用引接电缆，应注意引接电缆的机械损伤并送回车间按照GB/T 18050检测。

9.1.6 地面设备通电

9.1.6.1 清洁并检查电路连接和机械接触面。

9.1.6.2 检查是否有电火花现象。

9.1.6.3 对地面设备总成中的所有部件的导电体进行高压绝缘电阻测试。导体之间和导体对地之间的最小电阻应符合制造商的推荐要求。

10 使用过的潜油电泵机组评价

每次潜油电泵机组送回观察或修理，在重新使用之前至少应考虑下列程序。

注：参见GB/T 17390，包含潜油电泵机组的拆检记录表格。

10.1 动力电缆

10.1.1 所有电缆在修理前后都应进行电气性能测试。铠装应保证完整。在重新使用前，必须对腐蚀、破损和其他形式的损坏进行修复。

注：绝缘电阻测试(获得的阻值读数)所提供的信息不足以用来评价动力电缆。参见GB/T 18050。

10.1.2 如果不能证明电缆中是否有气体浸入，应让电缆在检测前释放几天气体。

10.2 泵

10.2.1 确定转动是否平滑。

10.2.2 检查泵轴窜量和轴头尺寸。

10.2.3 使用时用水或酸进行清洗。如果怀疑泵内堵塞，建议拆泵清洗。

10.2.4 按SY/T 6599进行泵的特性测试。

10.2.5 振动测试(可选)，参见GB/T 18051。

10.3 电机

10.3.1 对电机进行的电气性能测试。

10.3.2 根据ASTM D-887标准中的绝缘测试方法检查电机油的情况。

10.4 保护器

参见SY/T 6598。

10.5 引接电缆/电缆头

10.5.1 根据GB/T 18050标准，进行机械和电气性能测试。

10.5.2 不要试图修复引接电缆的损伤，O环不应重复使用。

10.6 供电部分

10.6.1 按照制造厂商推荐的测试程序测试。

注：仅仅进行绝缘电阻测试(获得的阻值)所提供的信息不足以用来评介供电部分的状况。

10.6.2 按照GB/T 18050标准进行机械和电气性能测试。

10.7 **潜油电泵机组的重新使用**

设备经过适当的评估并认为适合重新使用后，应遵循本标准和制造商安装规程进行安装。

10.7.1 建议保存原始参数和潜油电泵部件检测数据，SY/T 6599提供了一个记录数据格式。

10.7.2 对以前运行参数的回顾，可以确定是否能通过对设计进行改进，增加机组的运行时间。

10.7.3 在某些情况下，设备在原环境下重新使用比较勉强，则可以用于比较适合的、条件较好的环境。例如，在斜井或其他恶劣条件下用过的电缆可以在井况比较好的油井中使用。

附 录 A
（资料性附录）
主要名词解释

潜油电泵——包括潜油电机（简称电机），电机保护器（简称保护器），油气分离器（简称分离器），潜油泵（简称泵）。

潜油电泵机组—— 包括潜油电机，电机保护器，油气分离器，潜油泵，电缆，控制柜，变压器。

潜油电泵装置——包括潜油电泵机组，接线盒，井口装置，单向阀，泄油阀等附属装置。

ICS 75.180.10
E 92

中华人民共和国国家标准

GB/T 17390—2010
代替 GB/T 17390—1998

潜油电泵拆卸报告的编写

Recommended practice for electrical submersible pump teardown report

2010-11-10 发布　　2011-03-01 实施

中华人民共和国国家质量监督检验检疫总局
中国国家标准化管理委员会　发布

前　言

本标准等同采用美国石油学会 API RP 11S1:1997《潜油电泵拆卸报告的编写》(第三版,1997)。其技术内容相同,编写方法完全对应,仅有编辑性修改为:

——删除了 API 标准的前言;

——“本推荐规范”一词改为“本标准”;

——按照中文习惯对一些编排格式进行了修改。

本标准代替 GB/T 17390—1998《潜油电泵拆卸报告的编写》。与 GB/T 17390—1998 相比主要变化如下:

——删除了表 1 潜油电泵拆卸综合报告;

——增加了典型部件图示;

——增加了附录。

本标准的附录 A 为规范性附录,附录 B 为资料性附录。

本标准由全国石油钻采设备和工具标准化技术委员会(SAC/TC 96)提出并归口。

本标准起草单位:胜利油田胜利泵业有限责任公司、大庆油田力神泵业有限公司、大港油田中成机械制造有限公司。

本标准主要起草人:唐健、邵永实、王兆兰、王维、甘玉涛、汪卫军、石余磊、闫建文。

本标准于 1998 年首次发布,本次为第一次修订。

潜油电泵拆卸报告的编写

1 范围

本标准规定了潜油电泵拆卸报告的编写，包括表格、数据库的编写以及查询的应用。

本标准适用于普通潜油电泵部件拆卸报告的编写，特殊规格的潜油电泵以及不同的制造厂商生产的不同构造的产品亦可参照使用。

2 附加信息

为了恰当地使用本标准，下列数据是必不可少的：

a) 设备电流卡片；

b) 故障前的生产数据；

c) 任何不寻常的信息，例如：砂子或者水垢，电力中断，恶劣天气或者风暴，以及化学处理的改变等；

d) 提机报告、设备运行报告，服务报告和设备检测报告。

3 拆卸报告的编写

3.1 电机拆卸报告见表 1，典型电机结构见图 1。

3.2 保护器拆卸报告见表 2，典型保护器结构见图 2。

3.3 泵拆卸报告见表 3，典型泵结构见图 3。

3.4 分离器拆卸报告见表 4，典型分离器结构见图 4。

表 1 电机拆卸报告

作业方：________________ 制造厂商：________________

采油厂：________________ 井号：________________

编号：________ 额定功率：________ 额定电压：________ 额定电流：________ 型号：________

安装日期：________________ 提机日期：________________ 运行时间：________________

1. 头部：
   接线孔：完好______ 烧毁______
   腔体腐蚀：是______ 否______
   是否进水：是______ 否______
   电机头腐蚀：是______ 否______
2. 底座：
   是否腐蚀：是______ 否______
   底部衬套：完好______ 损坏______
   过滤器(如有)：完好______ 堵塞____ 脏______
3. 壳体状况：
   完好：______ 腐蚀：是______ 否______
   压力测试：通过______ 未通过______
   外壳结垢：是______ 否______
   厚度：________________
   酸溶性：是______ 否______
   涂层：完好______ 坏______(REM)
4. 轴状况：
   盘轴良好：是______ 否______
   断裂：是______ 否______
   高强度轴：是______ 否______
   花键情况：
   扭曲：是______ 否______
   腐蚀：是______ 否______
   延伸：完好______ 超标______
   烧毁：是______ 否______
5. 花键套：
   完好____ 磨损____ 断裂____ 缺失____
6. 止推轴承总成：
   止推静块：完好______
   止推静块磨损：轻微____ 中度____ 严重____
   高承载轴承：是______ 否______
   轴承塌陷：是______ 否______
   止推动块：完好______
   止推动块磨损：轻微____ 中等____ 严重____
7. 转子轴承总成：
   完好：______ 过热现象：是____ 否____
   旋转：是______ 否______
   止推垫片：完好____ 脆化____ 断裂____ 压痕____
   转子轴承衬套：完好____ 磨损____
   脱色：是______ 否______
8. 定子：
   电性能： (A-B) (A-C) (B-C)
   相间： ______ ______ ______
   相对地： ______ ______ ______
   绝缘电阻：________________
   高压测试：成功______ 失败______
   上部线圈烧毁：________________
   下部线圈烧毁：________________
   引线烧毁：________________
   定子叠片：
   烧毁：是______ 否______ 位置：________
   内壁：完好________ 磨损________
9. 电缆连接头总成：
   插入式____ 绕包式______
   完好____ 烧毁______ 损坏____
   电缆头：
   完好____ 损坏____ 过热现象____
   O环：完好____ 变硬____ 打结____
   剪切____ 熔化____
   终端块：完好____ 脏污____ 烧毁____ 损坏____
10. 转子：
    腐蚀：是______ 否______
    外圆磨损：是______ 否______
    磨损位置：________________
    外圆烧毁：是______ 否______
    烧毁位置：________________
11. 电机油：
    清澈____ 含水______ 变黑______
    乳状____ 含有固体物质________

注意：1. 对于没有提到的项目，可以使用意见栏或者本页的背面，有必要的话，单独形成文档。
2. REM 意思是改制。

备注 & 总结：________________________________

拆卸人：________________ 日期：________________ 地点：________________

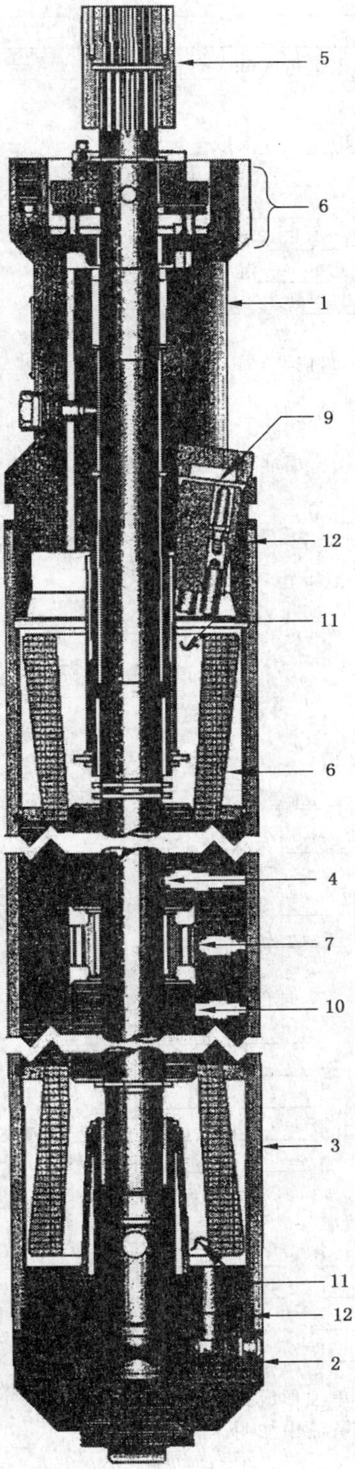

1——头部；
2——底座；
3——壳体；
4——轴；
5——花键套；
6——止推轴承总成；
7——转子轴承总成；
8——定子；
9——电缆连接头总成
（以插入式为例）；
10——转子；
11——电机油；
12——O环。

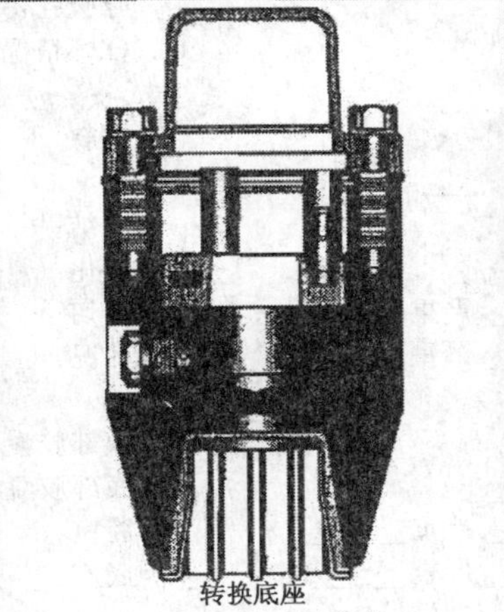

转换底座
（用于将上节转换为单节或
通用节转换为下节）

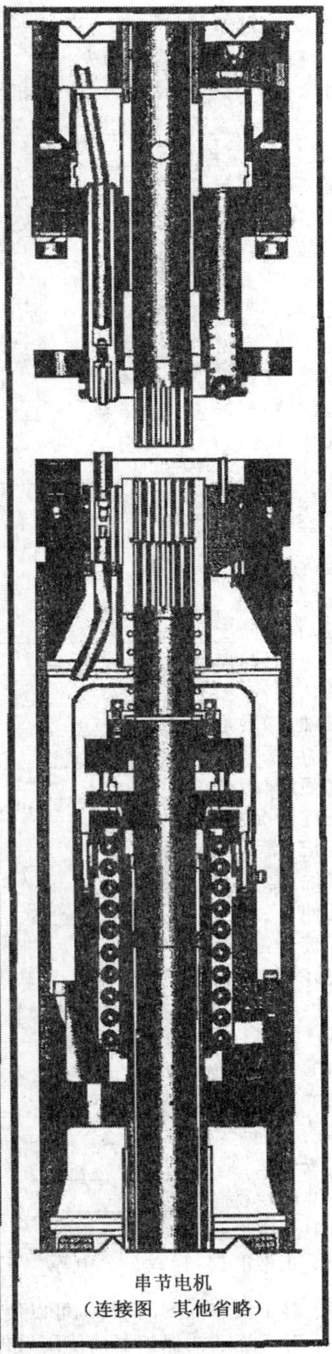

串节电机
（连接图 其他省略）

图 1 典型电机结构

表2 保护器拆卸报告

作业方：__________ 制造厂商：__________

采油厂：__________ 井号：__________

编号：__________ 型号：__________

安装日期：__________ 提机日期：__________ 运行时间：__________

1. 头部：
   单流阀：完好：______漏失：______
   呼吸孔：
   敞开：是：______否：______
   堵塞：是：______否：______
   堵塞物：__________
   酸溶性：是：______否：______
   腐蚀：是：______否：______
2. 底座：
   完好：______腐蚀：是______否______
   防倒块：完好：______
   衬套：完好______损坏______
   过滤器：完好______堵塞______
3. 壳体状况：
   完好：______腐蚀：是______否______
   壳体结垢：是______否______
   厚度：__________
   酸溶性：是______否______
   涂层：__________
   振动痕迹：__________
   压力测试：通过______失败______
4. 轴状况：
   盘轴良好：是______否______
   断裂：是______(REM)否______
   高强度轴：是______否______
   花键情况：
   旋扭：是______否______
   腐蚀：是______否______
   延伸：完好______超标______
5. 花键套：
   完好____磨损：____断裂：____缺失：____
6. 止推轴承总成：
   止推静块：完好：__________
   向上止推磨损：轻微____中等______严重______
   向下止推磨损：轻微____中等______严重______
   高承载轴承：是______否
   轴承塌陷：是______否______
   止推动块：完好：__________
   向上止推磨损：轻微____中等______严重______
   向下止推磨损：轻微____中等______严重______
7. 胶囊总成：
   耐压测试：成功______失败______
   胶囊萎缩：是______否______
   穿孔：是______否______
   破裂/龟裂：是______否______
   外壁沉积物：无______沉积物类型______
   卡子：完好______缺失______
8. 机械密封：
   指定类型——圆形一号：

动环：	碳	硅	钨
静环：	陶瓷	硅	钨
	顶部	中间	底部
完好	____	____	____
移位	____	____	____
严重移位	____	____	____
轴上沟槽	____	____	____
弹簧断裂	____	____	____
波纹管完好	____	____	____
动环完好	____	____	____
动环磨损	____	____	____
动环断裂	____	____	____
静环完好	____	____	____
压力测试：通过/失败	____	____	____

9. 溢流阀：完好______失效______
10. 沉淀腔总成：
    呼吸管：完好______损坏______腐蚀
    呼吸孔：完好______堵塞______
11. O环情况：

	顶部	中部	底部
柔软	______	______	______
硬	______	______	______
打结	______	______	______
熔化	______	______	______
剪切	______	______	______

12. 油况：

	清澈	含水	变黑	乳化	固体物质
顶部胶囊	____	____	____	____	____
底部胶囊	____	____	____	____	____
腔室	____	____	____	____	____
底座	____	____	____	____	____

注意：1. 对于没有提到的项目，可以使用备注栏或者本页的背面，有必要的话，单独形成文档。
2. 对于连通式保护器请使用另外的表格。如果密封方式是混合的，请在备注中注明。
3. REM意思是改制。

备注&总结：__________

____

____

____

拆卸人：__________日期：__________

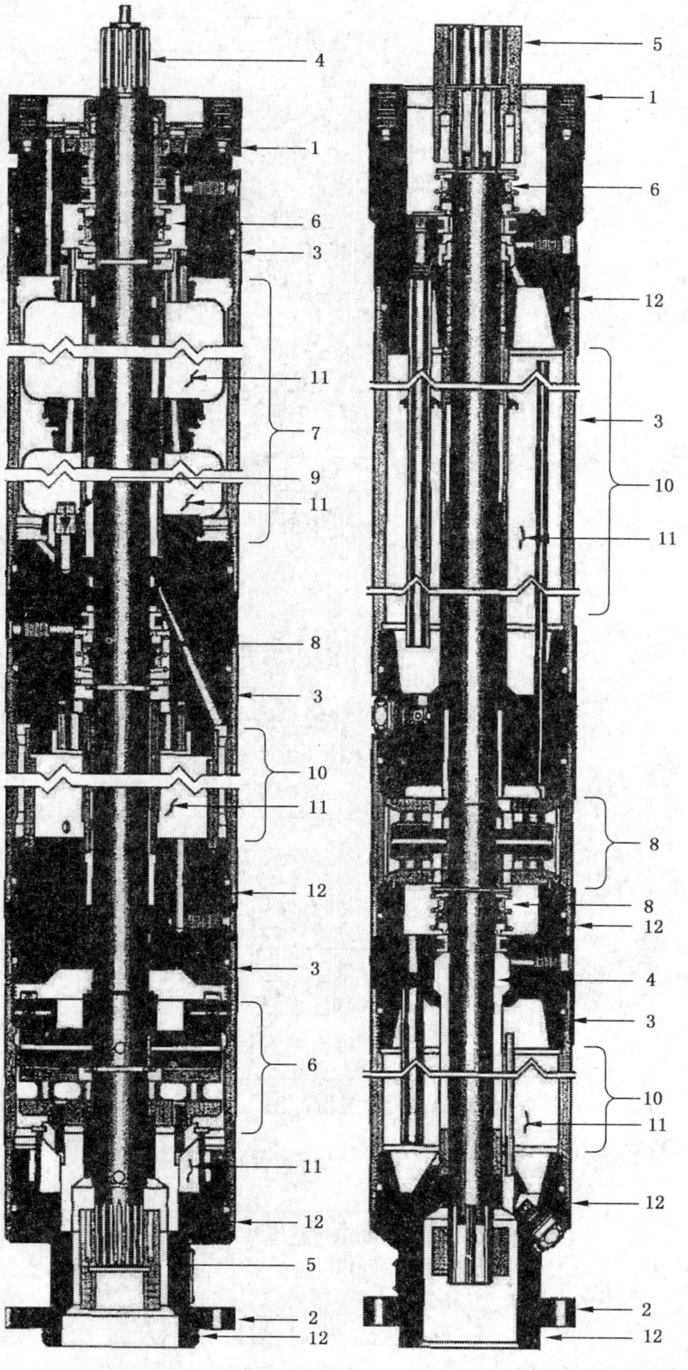

胶囊式保护器　　沉降式保护器

1——头部；
2——底座；
3——壳体；
4——轴；
5——花键套；
6——止推轴承总成；
7——胶囊总成；
8——机械密封；
9——溢流阀；
10——沉降腔总成；
11——电机油；
12——O环。

机械密封结构

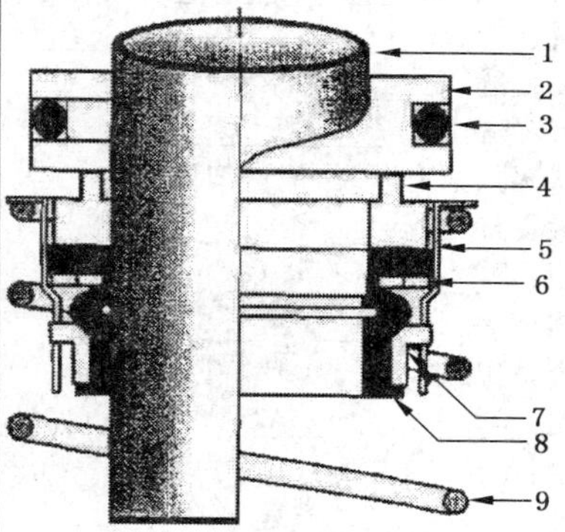

1——轴；
2——静密封面；
3——O环；
4——动密封面；
5——外圈；
6——垫圈；
7——支架；
8——密封波纹管；
9——密封弹簧。

图 2　典型保护器结构

表 3 泵拆卸报告

作业方：______________________ 制造厂商：______________________
采油厂：______________________ 井号：______________________
编号：__________ 泵级类型：__________ 级数：__________ 型号：__________
安装日期：__________ 提机日期：__________ 运行时间：__________

1. 头部：
   完好：______是______否______
   独立式______ 一体式______
   螺钉：完好______ 腐蚀______
   泵头腐蚀：是______否______
   堵塞：是______ 否______ 百分比______
   堵塞物：______________________
2. 底座：
   完好：______是______否______
   独立式______ 一体式______
   螺钉：完好______ 腐蚀______
   底座腐蚀：是______否______
   堵塞：是______ 否______ 百分比________
   堵塞物：______________________
3. 壳体状况：
   外壳结垢：是______ 否______
   厚度：______________________
   酸溶性：是______否______
   轴向冲蚀：是______否______
   蚀坑深度：______________________
   振动痕迹：是______ 否______
   涂层：完好______损坏______
4. 轴状况：(如有断裂，请详细说明)
   盘轴良好：是______ 否______
   断裂：是______否______
   高强度轴：是______ 否______
   花键情况：
   旋扭：是______ 否______
   腐蚀：是______ 否______
   延伸：完好：______ 超标：______
   径向磨损：是：______ 否：______
5. 花键套：
   完好______损坏：______
   水垢： 是：______ 否：______
   酸溶性： 是：______ 否：______
6. 滤网情况：
   堵塞：是：______否：______
   堵塞物：______________
   塌陷：是：______否：______
   腐蚀：是：______否：______
   结垢：是：______否：______
   酸溶性：是：______否：______
7. 扶正轴承：
   上轴承 完好______磨损______磨损严重______
   衬套：完好______ 老化______
   下轴承 完好______磨损______磨损严重：______
   衬套：完好：______ 磨损：______
8. O 环：

	导壳 顶部	导壳 中间	导壳 底部	壳体
完好	____	____	____	____
变硬	____	____	____	____
打结	____	____	____	____
膨胀	____	____	____	____
熔化	____	____	____	____

9. 止推垫片：

	下止推垫片	上止推垫片
完好	________	________
轻微磨损	________	________
中度磨损	________	________
严重磨损	________	________
脆化	________	________
缺失	________	________

10. 导壳：
    完好____ 堵塞百分比______%
    堵塞物：______________________
    止推磨损：轻微______中度______严重______
    轴向磨损：轻微______中度______严重______
    导壳自转：是______ 否______
    位置：______________________
    偏磨：是______否______
11. 叶轮：
    完好__________堵塞百分比__________%
    堵塞物：______________________
    止推磨损：轻微______中度______严重______
    轴向磨损：轻微______中度______严重______
12. 卡环：
    完好________ 腐蚀________ 缺失________

注意：1. 对于没有提到的项目，可以使用备注栏或者本页的背面，有必要的话，单独形成文档。
2. REM 意思是改制。

备注 & 总结：____
____
____
____
____

拆卸人：______________________ 日期：______________________

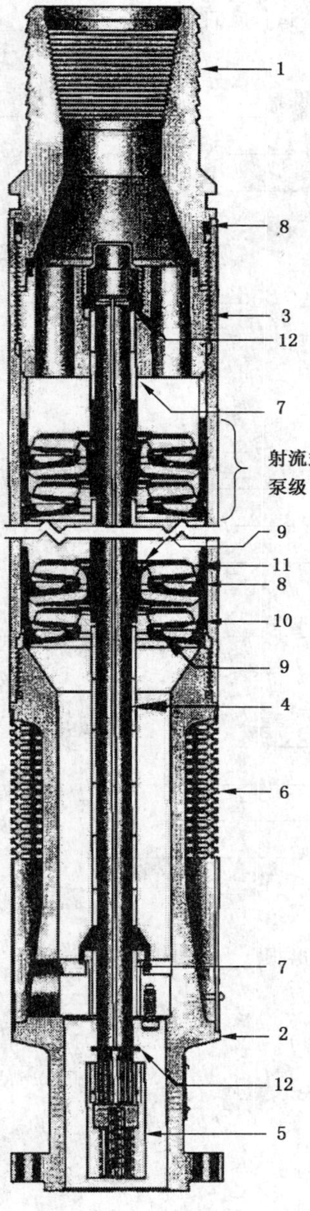

1——头部／排出口；
2——底座／吸入口；
3——壳体；
4——轴；
5——花键套；
6——滤网；
7——扶正轴承；
8——O环；
9——止推垫片；
10——导壳；
11——叶轮；
12——卡环。

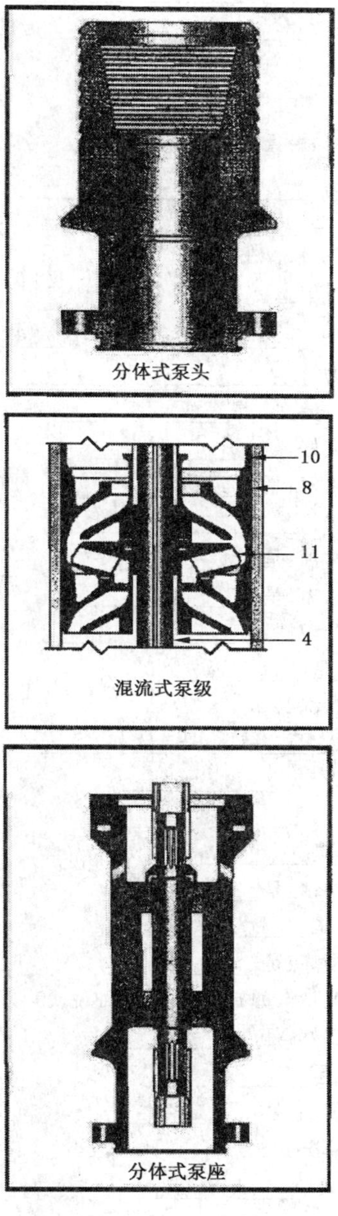

图 3　典型泵结构

表4 分离器拆卸报告

作业方：______________________________制造厂商：______________________________

采油厂：______________________________井号：______________________________

编号：______________________________型号：______________________________

安装日期：________________________提机日期：________________________运行时间：________________________

1. 头部：
   完好：
   堵塞：　是______ 否______
   堵塞物：______________________________
   腐蚀：是______ 否______
2. 底座/入口：
   吸入口干净　是______ 否______
   堵塞 是______否______ 百分比________
   堵塞物：______________________________
   吸入口滤网：是______ 否______
   滤网完好：是______ 否______
   滤网堵塞：是______ 否______
   堵塞物：____________________
   底座腐蚀：是______ 否______
   外壁结垢：是______ 否______
   结垢酸溶性：是______ 否______
   腐蚀：是______ 否______
3. 壳体状况：
   完好：______结垢：是______ 否______
   厚度：________________
   酸溶性：是______否______
   腐蚀：是______否______
   轴向冲蚀：是______ 否______
   涂层：是______否______
   涂层损坏：是______ 否______
4. 轴状况：（如有断裂，请详细说明）
   盘轴良好：是______ 否______
   断裂：是______否______
   高强度轴：是______ 否______
   花键情况：
   旋扭：是______ 否______
   腐蚀：是______ 否______
   延伸：完好______ 超标______
   径向磨损：是______ 否______
5. 花键套：
   完好______磨损______断裂______缺失______
   结垢：　是______ 否______
   酸溶性：　是______ 否______
6. 扶正轴承：

	顶部	中部	底部
完好：	______	______	______
磨损严重：	______	______	______

7. 诱导壳：
   完好：______
   堵塞：是______否______
   堵塞物：____________________
   堵塞百分比：________________%
   腐蚀：是______否______
   下止推垫片
   完好______磨损______脆化______缺失______
8. 分离壳：
   完好：______
   堵塞：是______否______
   堵塞物：____________________
   酸溶性：是______否______
   堵塞百分比：__________________%
   腐蚀：是______否______
9. 卡环：
   完好______磨损______断裂______缺失______

注意：1. 对于没有提到的项目，可以使用意见栏或者本页的背面，有必要的话，单独形成文档。

备注＆总结：____

____

____

____

____

拆卸人：________________________日期：________________________地点：________________

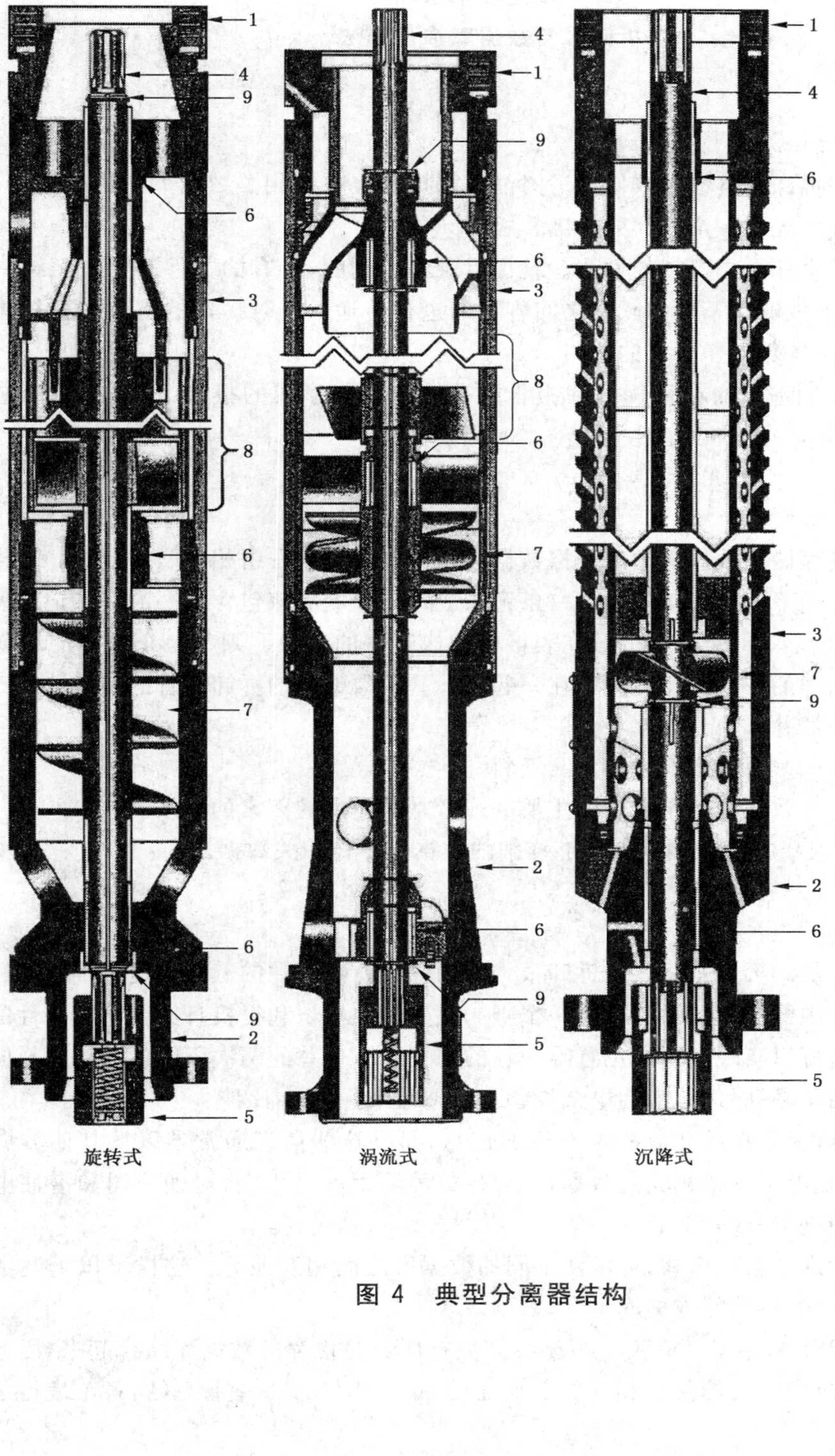

1——头部；
2——底座／入口；
3——壳体；
4——轴；
5——花键套；
6——扶正轴承；
7——诱导轮；
8——分离壳；
9——卡环。

图 4　典型分离器结构

附 录 A
（规范性附录）
拆卸报告数据库推荐作法

A.1 范围

本附录提供了一些拆卸观察参数以便促进潜油电泵拆卸报告在相关数据库中的传递和存储，主要目的是为电子化拆卸报告提供一个公共的基础。

还有很多方法由于本标准中提到的方法。就像附录中提到的，所有的文件都要按照统一的格式进行编写，以保证拆卸数据能够在不同的软件之间容易的进行传递。同时提供的还有表格结构和数据关系，但是这些并不像观察参数那样要求的严格。

附录B展示了一些制造厂商在使用拆卸报告数据库时可能形成的报告：1）提高潜油电泵使用寿命，2）识别操作中的问题，3）比较设备性能。

A.2 数据库表

数据库表是指那些存储在数据库中的表格数据。一个表格包含一组相关联的数据。表格中的标题被定义为域。每一个标题下面的信息被称为一条记录。每一个域应该包含唯一的一条记录。这个域被定义为主键。在某些情形下，一定数量的域在表格中构成唯一的记录。则每一个这样的域就被定义为次键。表格就是通过这样的一些键相互关联在一起的。基于数据库的拆卸报告的描述分为三部分：

A.3 相关数据——油井和潜油电泵相关的基本信息。

A.4 拆卸观测资料——每一个部件的观测资料

A.5 失效原因——导致潜油电泵故障的主要的或者是起作用的因素的总结。

在 A.3 中，那些相对于拆卸观测资料不够详细的数据被称作相关数据。

A.3 相关数据

相关数据有两种目的。第一是将设备拆卸报告与油井进行唯一性的链接。这种唯一性链接能够将拆卸数据与其他数据库中的数据关联起来。一个唯一性的油井标识和提机日期能够唯一性的定义一次拆卸为一次事件。这就可以实现在不同位置唯一性的识别同一口井的两次不同的拆卸以及同一日期的两次不同的提机。当使用序列号时，潜油电泵设备也能够被唯一性的识别。

第二，相关数据应该提供在拆卸分析中有用的信息，而且这些信息通常难以从其他数据库轻松获取。与完井，产量和潜油电泵设备相关的数据，在分析故障原因的过程中，对油公司和潜油电泵制造厂商都很有价值。不幸的是，这些外部数据一般是不共享的。

遵循一个公认的标准数据库格式，可以使不同的数据库之间相互兼容。这样可以下载数据到拆卸数据库中，或者上传数据到更大的数据库平台。

这个标准可以是 PPDM 或者 POSC。由于拆卸数据库会与现存的数据库结合起来，因此具体使用什么标准，由编程人员决定。拆卸报告相关的数据在图 A.3 到图 A.5 中有总结，各个表格之间的关系在图 A.1 中有说明。

A.3.1 油井名称表（WELLTAB）

井唯一性标识（UWI）是联系一口井所有重要参数的主键。WELLTAB 表（参见图 A.3）使用井唯一性标识来识别每一口井。在该表中的条目不可以经常变换，例如井的自然地址。井唯一性标识也被用于其他外部表，例如 所有人，油井维修历史和/或者完善数据库。

A.3.2　事件表(EVENTTAB)

提机日期和井唯一性标识可以在事件表(EVENTTAB)中唯一性的标识一次拆卸为一次事件。(参见图 A.3)无论如何,主键都是事件码(EVENTID)域。事件码(EVENTID)可能是一个随机的文字或数字,工作顺序,或者是服务合同号。保存在事件表(EVENTTAB)的值涉及到事件唯一性的信息。这可能包括提机的原因(参见图 A.8),泵挂深度,故障日期和故障前的生产数据,以及初次启动数据。

注:生产数据应该单独存放在一张表上,并通过事件码(EVENTID)域进行链接。

现场服务报告可以通过随机的序列号链接到事件表(EVENTTAB)。

A.3.3　设备表(EQUIPTAB)

潜油电泵可以被拆解成如下主要部件:泵、分离器、保护器、电机,以及每一个具有单独壳体的部件。将事件码(EVENTID)和序列号结合起来来标识拆卸的电泵组件以及油井和提机日期。这一组合可以给定一个唯一的身份标识,该标识被定义为设备码(EQUIPID),存储在设备表(EQUIPTAB)中(参见图 A.3)。

设备码(EQUIPID)可以是一个任意的字符或拆卸报告的编号对应的字符。该设备码(EQUIPID)编码表可以被链接到一个描述设备基本信息的表(设备详细报告的格式请参见 A.3.4 和图 A.5)。

各个厂商所使用的编码习惯不一样,这就使得从编号角度来定义设备的类型变难了。因此一个新域部件码(SECTID)就诞生了,将潜油电泵组件定义为泵、气体分离器、保护器和电机,来解决这一问题。分别使用字母 P、G、S 和 M,然后加上几个阿拉伯数字来表示。部件码(SECTID)阿拉伯数字前缀的目的在 A.4.5 中有说明。

A.3.4　设备详情表

设备的详情被记录在设备详情表中(参见图 A.5)。图 A.5 中的四个表显示了定义潜油电泵部件的基本数据。现有的制造厂商数据库将规定信息的结构。制造厂商数据库能够使用序列号在其自己的数据库内链接到潜油电泵的详细信息,但是这些数据在传输给非制造厂商数据库时会丢失除非创建标准的表。为了促进数据的交互,必须遵循图 A.5 中说明的域大小。

A.3.4.1　电泵结构

由于所使用的材料数量很大,潜油电泵中使用的材料的详细报告由制造厂商来完成;然而,必须遵守推荐的域大小。

A.3.5　观察资料

主要部分中的表格以表格的形式展示了本标准中推荐的观察报告。图 A.2 展示了这些相同的观察报告,一同列出的还有数据库中使用的相应的编码。这些观察报告表(OBSTAB)中的域的结构和关系在下面将进行讨论。

A.4　拆卸观察资料

一次拆卸过程的所有的观察报告将填写在同一张表上(观察报告表 OBSTAB——参见图 A.4)。故障观察报告编码可以存储在基于电泵组件的单独的查询表中。只有观察报告本身是保存在数据库中的。可以假定如果没有观察报告的生成,表示电泵各部件都处于好的状态。现在电泵中的各个部件都可以制作观察报告。

观察报告表(OBSTAB)中的域包含三个主要部分:

a. 设备码(EQUIPID)(设备辨认)

b. 部件码(SUBID)(次要部件辨认)

c. 现象码(OBS#)(观察报告号)

A.4.1　设备码(EQUIPID)

为了唯一性的识别任何观察报告,必须有唯一性的观察报告编码链接到设备码(EQUIPID)表。设备码(EQUIPID)是 OBSTAB 表的主键。

A.4.2 部件码(SUBID)

部件码(SUBID)是一个双字符域,该域用于识别观察报告中描述的次级部件。当与 OBS# 一起使用时,观察报告记录就变得唯一性了。图 A.2 展示了如何将部件码(SUBID)分解成两组,这两个组分别是:

a. 共同的多于一件的次级设备(部件码 SUBID 定义为“XY”)

b. 唯一的独立设备(部件码 SUBID 定义为“WZ”)

可变量组“XY”和“WZ”都是使用部件的关键字进行描述。XY 组中的 Y 部分是用次级部件的共同部分来描述,例如底座(Base)用 B 表示;头部(Head)用 H 表示;壳体(housinG)用 G 表示。“X”是描述的机组的主要部件,例如泵(Pump)用 P 表示;分离器(Gas separator)用 G 表示;保护器(Seal)用 S 是表示;电机(Motor)用 M 表示。因此,泵头(Pump Head)和电机壳体(Motor HousinG)可以分别描述成 PH 和 MG。

对于具有唯一性的次级部件,字符组“WZ”就是从部件的名字中提取的。在主要部件和次级部件之间没有直接的联系。例如:SE 描述的是定子电气参数(Stator Electrical condition);BC 描述的是胶囊总成(Bag Chamber)。

A.4.3 现象码(OBS#)

现象码(OBS#)描述的是观察报告编码,# 可以用 1 到 9 等数字进行替换。图 A.2 展示了推荐的四位整数编码,该编码符合本标准正文出现的拆卸报告格式的要求。注意:在每一个次级部件表中,不存在观察报告编码的副本;然而相同的编码在每一个次级部件表中只出现一次。

为了促进个体使用者的唯一性要求,编码的选择被设定成图 A.6 和图 A.7 中总结的可认知的格式。例如:所有腐蚀性的观察报告的编码中都含有 3700,但是次级部件的腐蚀是与其他腐蚀情况区别开来的,这一区分是通过 SUBID 实现的。

附加部件的观察报告也可以使用该命名法进行处理。遵循系统的适应性,以最小的努力使得软件之间能够进行查询和数据交互。

连接部件码(SUBID)表和现象码(OBS#)表也是编写唯一性观察报告编码的一种可选的方法,但是不推荐使用。

A.4.3.1 物理测量

量取的物理测量值都被存储在物理测量值表 PHYTAB 中(参见图 A.5)。设备码(EQUIPID)是连接物理测量值的主键。例如:从电机到其他设备的相间和相对地读数。

A.4.3.2 观察报告编码中的额外适应性

为了给观察报告增加适应性,要遵循上面提到的公认的格式。图 A.6 描述了在图 A.2 中展示的标准观察报告,在纵向上以 100 递增,在横向上以 10 递增。并且提供了额外的空,以便增加额外的类别。这些成组的数字能够用于在不需要额外注释的情况下为现有的几组参数提供更多的细节。图 A.7 展示了所使用的共同部件。

必须要注意的是,关于密封情况,只有顶部,中部和底部密封在图 A.6 中有描述,分别是 4900,5400 和 5900 系列。对于其他密封,可以在 4900 和 5900 之间以 100 的梯度递增,中部密封仍然是 5400 系列。必须注意的是如果不做提前准备的话,某些数据就会丢失。

A.4.4 备注

备注在任何拆卸报告中都很重要,以便为了下一步观察报告的编写,但是备注在数据库中往往被忽视。使用图 A.7 可以有助于观察报告的编写,但并不是适用于所有的观察报告。只是在理想状态下,备注能够适用于每一个观察报告;然而在实际情况下,却不是这样。关于每个次级部件的注释更实际一些。备注必须存储于单独的表(TDREM)中,并且通过设备码(EQUIPID)和部件码(SUBID)链接到观察报告表(TDOBS)中。

A.4.5 观察报告表的结构

图 A.4 展示了观察报告表(TDOBS)的被推荐的表格结构。设备码(EQUIPID)和部件码(SUBID)

组成了一个唯一对。关于次级部件的观察报告编码就遵循这唯一对。为了使域的尺寸最小化，与观察报告相联系的设备码(EQUIPID)和部件码(SUBID)的数量限制在9对以内。因而，如果设备处于良好状态，只存储观察报告。万一不存在损伤，设备码(EQUIPID)和部件码(SUBID)的组合就不存在，也就没有相关记录的存在。

在某些情况下，观察报告的数量可能超过9超过9的情况下就可以忽视最不重要的观察报告。或者增加设备码(EQUIPID)表中的项数，以便允许使用另外的设备码(EQUIPID)表和序列号对。这样就能允许所有观察报告的编写。

A.5 潜油电泵失效原因

潜油电泵故障的原因是数据库中的重要参数，因为数据库采取所有的观察报告并且将其综合起来生成一个或者一组结论。在这一点上，从系统整体上识别故障的原因要比单独的分析各部件的原因要有用的多。潜油电泵故障的原因可能非常的复杂，但是基于域和拆卸数据生成一些结论并将其存入数据库是有价值的。

故障可能与拆卸报告的发现有关，也可能无关。例如：如果是花键的故障，但是拆卸仍然进行了，这些都不会是所报告的故障的原因。图A.4展示了推荐的拆卸结论表(CONCLTAB)的格式。

A.5.1 事件码(EVENTID)

为了能够唯一性的识别潜油电泵故障的原因，唯一性的故障观察报告编码必须被链接到事件码(EVENTID)表。

A.5.2 部件域(SUBIDX#)

部件域(SUBIDX#)是一个双字节文本域，该域用于识别井下电泵故障时的故障次级部件(参见A.4.2中的描述)。

部件域(SUBIDX#)中的“X”是P、C或者S，分别代表的是主要、起作用的和次要故障。“#”的值设为1.详情请参见A.5.6.1。

当故障的原因与井下潜油电泵无关时(电缆或者油管故障)，部件域(SUBIDX#)的值就是“XF”。“X”表示故障的位置，例如：上、中、下，代码就分别是1、2、3。当位置不明确或者其他情况时就使用代码4，该手册没有包含更多分析潜油电泵故障的内容。

A.5.3 故障主要原因域(PFAIL#)

故障主要原因域(PFAIL)使用的是图A.2中展示的四位观察报告编码，该编码在A.4.3中有详细说明。图A.9展示了拆卸过程中与井下设备无关的额外的故障/观察报告编码。这些编码也出现在图A.6中。

A.5.4 起作用的因素域(CFAIL#)

起作用的因素域(CFAIL#其中#=1)使用了图A.2中展示的四位观察报告编码，该编码在A.4.3中有详细说明。该域提供了重要的对潜油电泵的主要故障起作用的观察报告。了解起作用的因素对查明故障的原因有帮助。额外的起作用因素可能被包含在额外的域中。

A.5.5 次要故障域(SFAIL1)

次要故障域(SFAIL#，#=1)是另外一个重要的故障机制，该故障机制是与PFAIL1和CFAIL#中涉及的主要原因和起作用因素所不相关的。如果主要故障被修正，则SFAIL#故障就是最重要的。例如，如果主要故障是电机短路，则泵壳的腐蚀就是导致该故障的次要原因。

A.5.6 结论备注

备注使得故障能够被更深入的了解。主要的、起作用的、和次要故障分析(PREM1；CREM#和SREM#)分别有240个字符的空间来做简要说明。

A.5.6.1 附加失效结论

虽然并不是该手册所要求的，但也包含了其他起作用因素和次要故障的规定。必须注意的是不可能同时存在两个引发故障的必然原因。该操作规程推荐在有条件深入了解故障细节之前，仅仅需要明确第一组结论。

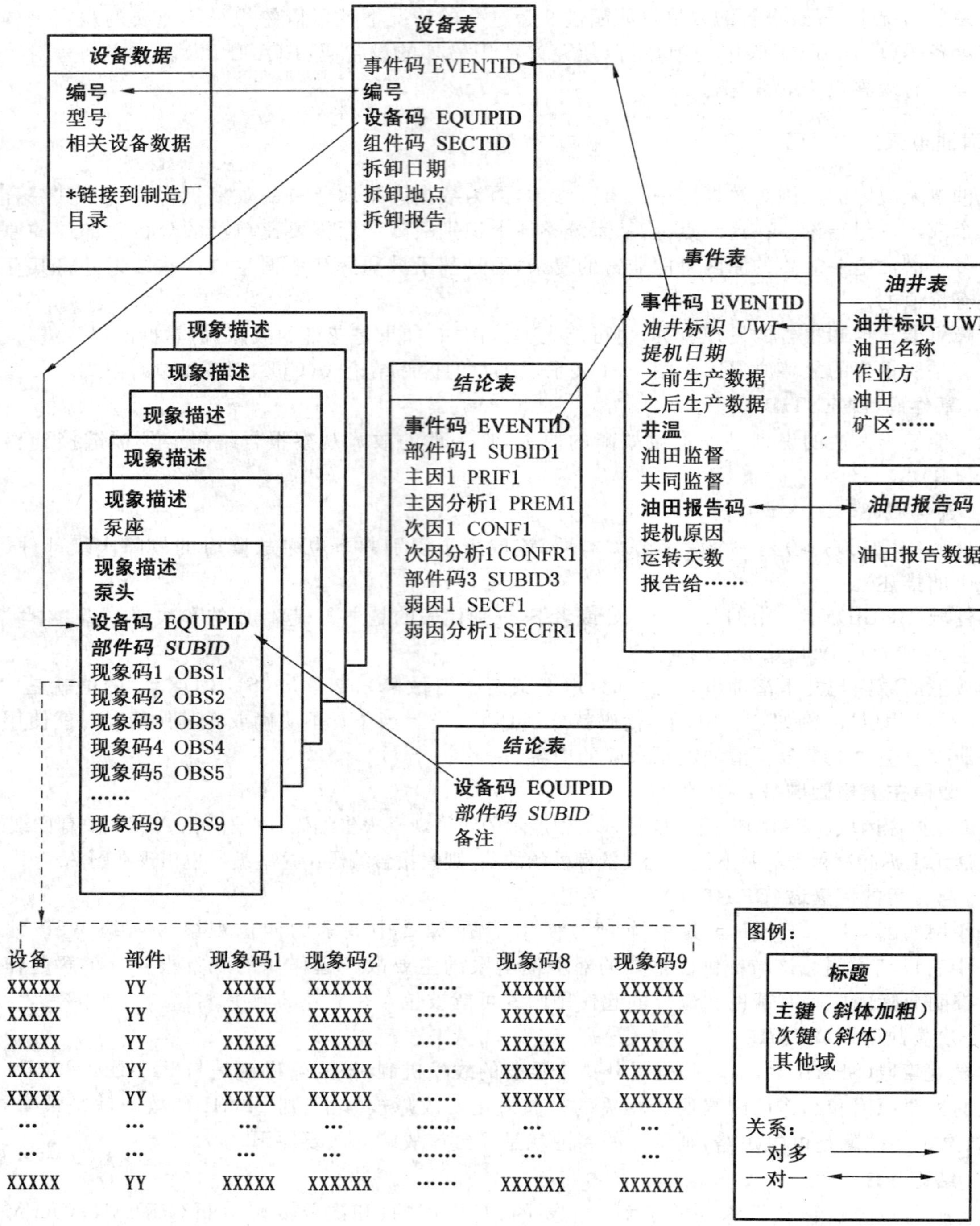
设备数据
编号
型号
相关设备数据
*链接到制造厂目录
设备表
事件码 EVENTID
编号
设备码 EQUIPID
组件码 SECTID
拆卸日期
拆卸地点
拆卸报告
事件表
事件码 EVENTID
油井标识 UWI
提机日期
之前生产数据
之后生产数据
井温
油田监督
共同监督
油田报告码
提机原因
运转天数
报告给……
油井表
油井标识 UWI
油田名称
作业方
油田
矿区……
油田报告码
油田报告数据
结论表
事件码 EVENTID
部件码1 SUBID1
主因1 PRIF1
主因分析1 PREM1
次因1 CONF1
次因分析1 CONFR1
部件码3 SUBID3
弱因1 SECF1
弱因分析1 SECFR1
现象描述
现象描述
现象描述
现象描述
现象描述
泵座
现象描述
泵头
设备码 EQUIPID
部件码 SUBID
现象码1 OBS1
现象码2 OBS2
现象码3 OBS3
现象码4 OBS4
现象码5 OBS5
……
现象码9 OBS9
结论表
设备码 EQUIPID
部件码 SUBID
备注
设备 部件 现象码1 现象码2 现象码8 现象码9
XXXXX YY XXXXX XXXXXX …… XXXXXX XXXXXX
XXXXX YY XXXXX XXXXXX …… XXXXXX XXXXXX
XXXXX YY XXXXX XXXXXX …… XXXXXX XXXXXX
XXXXX YY XXXXX XXXXXX …… XXXXXX XXXXXX
XXXXX YY XXXXX XXXXXX …… XXXXXX XXXXXX
… … … … …… … …
… … … … …… … …
XXXXX YY XXXXX XXXXXX …… XXXXXX XXXXXX
图例：
标题
主键（斜体加粗）
次键（斜体）
其他域
关系：
一对多
一对一

图 A.1 拆卸报告关联图

通用码	特指码	描　述	泵	分离器	保护器	电机	现象码
XH		头部					
		独立式泵头	×				2810
		接线孔烧				×	3060
		单向阀打开			×		3420
		电机进水				×	3460
		堵塞	×	×	×		3610
		连通孔打开			×		3620
		堵塞百分比	×	×			3630
		堵塞物	×	×	×		3660
		腐蚀	×	×	×	×	3700
		内腔腐蚀				×	3710
		螺栓腐蚀	×			×	3720
		酸溶性			×		3820
XB		底座					
		侵蚀明显		×			1000
		防倒块损坏			×		2000
		分体式底座	×				2810
		滤网脏				×	3600
		堵塞	×	×			3610
		滤网堵塞			×	×	3610
		堵塞百分比	×	×			3650
		堵塞物	×	×			3660
		腐蚀	×	×	×	×	3700
		螺栓腐蚀	×				3720
		外壳结垢		×			3810
		垢酸溶性		×			3820
		衬套磨损			×	×	3900
XG		壳体					
		涂层尚存	×	×	×	×	2820
		涂层损坏	×	×	×	×	2830
		泄漏位置					3400
		压力测试失败			×	×	3410
		腐蚀	×	×	×	×	3700
		壳体结垢	×	×	×	×	3810
		垢酸溶性	×	×	×	×	3820
		垢厚度	×	×	×	×	3830
		振动痕迹	×		×		4420
		轴向冲蚀	×	×			4440
		厚度/深度	×	×			4450

图 A.2　潜油电泵拆卸推荐现象码

通用码	特指码	描　述	泵	分离器	保护器	电机	现象码
XS		轴					
		轴断	×	×	×	×	2000
		高强度轴使用	×	×	×	×	2840
		轴烧毁				×	3030
		轴腐蚀	×	×	×	×	3720
		径向磨损	×	×			3900
		轴延伸超标	×	×	×	×	4220
		轴扭曲	×	×	×	×	4300
		盘不动轴	×	×	×	×	4400
		花键扭曲	×	×	×	×	4430
XP		花键套					
		花键套断	×	×	×	×	2000
		花键套缺失		×	×	×	2700
		花键套结垢	×	×			3810
		垢酸溶性	×	×			3820
		花键套磨损	×	×	×	×	4210
X-B		轴承					
		高承载轴承			×	×	2850
		轴承塌陷			×	×	3550
		下部轴承磨损	×				3910
		下部轴承磨损超标	×	×			3920
		中部轴承磨损超标		×			3940
		上部轴承磨损	×				3950
		上部轴承磨损超标	×	×			3960
		上部衬套磨损	×				3970
		下部衬套磨损	×				3980
		止推静块向下轻微磨损			×	×	4022
		止推静块向下中度磨损			×	×	4025
		止推静块向下严重磨损			×	×	4028
		止推动块向下轻微磨损			×	×	4032
		止推动块向下中度磨损			×	×	4035
		止推动块向下严重磨损			×	×	4038
		止推静块向上轻微磨损			×		4122
		止推静块向上中度磨损			×		4125
		止推静块向上严重磨损			×		4128
		止推动块向上轻微磨损			×		4132
		止推动块向上中度磨损			×		4135
		止推动块向上严重磨损			×		4138
		止推静块损坏			×	×	4320
		止推动块损坏			×	×	4330

图 A.2（续）

通用码	特指码	描　述	泵	分离器	保护器	电机	现象码
X-O		O形圈					
		顶部 O 环柔软			×		1310
		中部 O 环柔软			×		1330
		底部 O 环柔软			×		1350
		电缆头 O 环打结				×	1400
		顶部 O 环打结	×		×		1410
		中部 O 环打结	×		×		1430
		壳体 O 环打结	×				1440
		底部 O 环打结	×		×		1450
		电缆头 O 环剪切				×	1500
		顶部 O 环剪切/损坏			×		1510
		中部 O 环剪切/损坏			×		1530
		底部 O 环剪切/损坏			×		1550
		电缆头 O 环熔化				×	1600
		顶部 O 环熔化	×		×		1610
		中部 O 环熔化	×		×		1630
		壳体 O 环熔化	×				1640
		底部 O 环熔化	×		×		1650
		电缆头 O 环膨胀				×	1700
		顶部 O 环膨胀	×				1710
		中部 O 环膨胀	×				1730
		壳体 O 环膨胀	×				1740
		底部 O 环膨胀	×				1750
		电缆头 O 环变硬				×	1800
		顶部 O 环变硬	×		×		1810
		中部 O 环变硬	×		×		1830
		壳体 O 环变硬	×				1840
		底部 O 环变硬	×		×		1850
	RB	转子轴承					
		过热现象				×	2900
		旋转				×	4410
		止推垫片断裂				×	4070
		止推垫片脆化				×	4080
		止推垫片压痕				×	4090
		转子衬套磨损				×	4240
		转子轴承脱色				×	2910
	SE	定子电性能					
		高压测试失败				×	3480
		上部线圈烧				×	3010
		底部线圈烧				×	3020

图 A.2（续）

通用码	特指码	描　述	泵	分离器	保护器	电机	现象码
	SE	定子电性能				×	3030
		定子叠片烧				×	3040
		叠片内壁磨损				×	4210
		磨损位置				×	4200
	PC	电缆头					
		插入式				×	2870
		连接处烧毁				×	3050
		连接处损伤				×	3220
		电缆头损伤				×	3200
		电缆头有过热现象				×	2900
		终端块损伤				×	3240
		终端块烧毁				×	3060
		终端块脏污				×	3570
	RO	转子					
		腐蚀				×	3700
		外圆磨损				×	3900
		磨损位置				×	4200
		外圆烧毁				×	3070
		烧毁位置				×	3000
	BC	胶囊总成					
		耐压测试失败			×		3410
		胶囊萎缩			×		3550
		胶囊穿孔			×		2010
		胶囊破裂/龟裂			×		2020
		胶囊状况差			×		3500
		卡子失效			×		3430
		外壁沉积物			×		3850
		沉积物类型			×		3840
	ME	机械密封					
		顶部移位			×		4900
		顶部严重移位			×		4910
		顶部轴上沟槽			×		4920
		顶部弹簧断			×		4930
		顶部波纹管损坏			×		4940
		顶部动环损坏			×		4950
		顶部动环磨损			×		4960
		顶部动环断裂			×		4970
		顶部静环损坏			×		4980
		顶部压力测试失败			×		4990
		中部移位			×		5400

图 A.2（续）

通用码	特指码	描　　述	泵	分离器	保护器	电机	现象码
	ME	机械密封					
		中部严重移位			×		5410
		中部轴上沟槽			×		5420
		中部弹簧断			×		5430
		中部波纹管损坏			×		5440
		中部动环损坏			×		5450
		中部动环磨损			×		5460
		中部动环断裂			×		5470
		中部静环损坏			×		5480
		中部压力测试失败			×		5490
		底部移位			×		5900
		底部严重移位			×		5910
		底部轴上沟槽			×		5920
		底部弹簧断			×		5930
		底部波纹管损坏			×		5940
		底部动环损坏			×		5950
		底部动环磨损			×		5960
		底部动环断裂			×		5970
		底部静环损坏			×		5980
		底部压力测试失败			×		5990
		动环材料碳			×		6000
		动环材料硅			×		6010
		动环材料钨			×		6020
		静环材料陶瓷			×		6050
		静环材料硅			×		6060
		静环材料钨			×		6070
	RV	单向阀					
		单向阀失效			×		3440
	CA	沉降腔总成					
		呼吸管断裂			×		2050
		连通孔堵塞			×		3620
		呼吸管腐蚀			×		3700
	IN	诱导壳					
		腐蚀		×			1000
		下止推垫缺失		×			2770
		堵塞		×			3610
		堵塞程度		×			3630
		堵塞物		×			3650
		下止推垫磨损		×			4012
		下止推垫脆裂		×			4080

图 A.2（续）

通用码	特指码	描　　述	泵	分离器	保护器	电机	现象码
	SS	分离轮					
		腐蚀		×			1000
		堵塞		×			3610
		堵塞程度		×			3630
		堵塞物		×			3660
		垢酸溶性		×			3820
	TW	止推垫片					
		上止推垫缺失	×				2760
		下止推垫缺失	×				2770
		下止推垫轻微磨损	×				4012
		下止推垫中度磨损	×				4015
		下止推垫严重磨损	×				4018
		下止推垫脆裂	×				4080
		上止推垫轻微磨损	×				4112
		上止推垫中度磨损	×				4115
		上止推垫严重磨损	×				4118
		上止推垫脆裂	×				4180
	DU	导壳					
		堵塞程度	×				3630
		堵塞物	×				3640
		径向轻微磨损	×				3902
		径向中度磨损	×				3905
		径向严重磨损	×				3908
		止推轻微磨损	×				4072
		止推中度磨损	×				4075
		止推严重磨损	×				4078
		偏心磨损	×				4260
		导壳自转	×				4410
		自转导壳位置	×				4460
	IM	叶轮					
		堵塞程度	×				3630
		堵塞物	×				3640
		径向轻微磨损	×				3902
		径向中度磨损	×				3905
		径向严重磨损	×				3908
		止推轻微磨损	×				4072
		止推中度磨损	×				4075
		止推严重磨损	×				4078

图 A.2（续）

通用码	特指码	描　述	泵	分离器	保护器	电机	现象码
X-N		卡环					
		断裂		×			2050
		缺失	×	×			2700
		腐蚀	×	×			3700
		磨损		×			4210
X-L		电机油					
		顶部胶囊油颜色			×		2200
		顶部胶囊水颜色			×		2210
		顶部胶囊乳化颜色			×		2220
		顶部胶囊固体物质百分比			×		2280
		底部胶囊油颜色			×		2300
		底部胶囊水颜色			×		2310
		底部胶囊乳化颜色			×		2320
		底部胶囊固体物质百分比			×		2380
		沉降腔油颜色			×		2400
		沉降腔水颜色			×		2410
		沉降腔乳化颜色			×		2420
		沉降腔体物质百分比			×		2480
		底座油颜色			×	×	2500
		底座水颜色			×		2510
		底座乳化颜色			×	×	2520
		底座体物质百分比			×	×	2580
		游离水				×	2600

×	表示
P	泵
G	分离器
S	保护器
M	电机

图 A.2（续）

表格	属性名称	格式	大小	小数点后位数	可选	描　述
油井表格(WELLTAB)油井名称表格						
	油井标识 UWI	文本	20		否	油井唯一性标识
	采油厂名称	文本	20		是	采油厂名称
	更改名称	文本	20		是	更改油井名称(仅用于内部)
	油田	文本	12		是	指定的油田名称
	县	文本	12		是	县区或细化名称
	区	文本	12		是	区名称
	州	文本	12		是	州或省
	乡	文本	12		是	乡村

图 A.3　相关数据

表格	属性名称	格式	大小	小数点后位数	可选	描述
事件表格(EVENTTAB)						
	事件码 EVENTID	文本	12		否	对应于特定时间在特定井中提出的设备
	油井标识 UWI	文本	20		否	油井唯一性标识
	下井日期	日期	YY/MM/DD		否	设备下入井中日期
	故障日期	日期	YY/MM/DD		是	报告设备故障的日期
	提机日期	日期	YY/MM/DD		否	设备在井中提出的日期
	作业方	文本	20		否	油井的作业方
	提机报告码	文本	20		是	提机报告的代码
	服务单码	文本	20		是	服务派工单代码
	提机原因代码	文本	4		是	提机原因的描述代码(见图 A.8)
	斜井指示	整数	1		是	油井是斜井时指出(0=(默认)直井;1=斜井深度在测量深度;2=斜井深度在垂直深度)
	单位	整数	1		否	0——英制;1——公制
	泵挂深度	数字	10	5	是	电机底部垂直深度
	产油量	数字	12	2	是	最后一次测试换算到 24 h 的产油量
	产水量	数字	12	2	是	最后一次测试换算到 24 h 的产水量
	产气量	数字	12	2	是	最后一次测试换算到 24 h 的产气量
	出厂日期	日期	YY/MM/DD		是	出厂试验的日期
	井温	数字	5	2	是	估计的油井底部温度
	原油比重(API 度)	数字	5	2	是	原油的 API 比重
	原油黏度	数字	12	2	是	原油在原始状况下的黏度(cp)
	水比重	数字	12	2	是	水的比重
设备表格(EQUIPTAB)						
	设备码 EQUIPID	文本	12		否	对应于报告的设备
	出厂编号	文本	20		否	拆卸部件的序列号
	事件码 EVENTID	文本	12		否	对应于唯一的事件
	部件码 SectionID	文本	2		是	X# X(P 泵、G 分离器、S 保护器、M 电机) #=0,1,2,……)
	电泵厂家	文本	20		是	生产潜油电泵部件的厂家
	拆卸厂家	文本	20		是	拆卸潜油电泵的公司
	拆卸地点	文本	20		否	拆卸潜油电泵的地点
	拆卸报告码	文本	20		是	拆卸报告的代码
	拆卸日期	日期	YY/MM/DD		是	拆卸潜油电泵的日期
	拆卸代表	文本	20		否	拆卸厂家参与拆卸的人员
	作业代表	文本	20		否	作业方参与拆卸人员

注:1. 产液量:m^3/d[BPD(桶每天)]

2. 产气量:$10^3\ m^3/d$[MMSCFPD(百万标准立方英尺每天)]

3. 温度:℃(°F)

图 A.3(续)

表格	属性名称	格式	大小	小数点后位数	可选	描　　述
现象表格 OBSTAB 拆卸观察现象						
	设备码 EQUIPID	文本	12		是	对应于报告的设备
	(部件码 SUBID)	文本	2		是	对应于观察现象的部件
	现象码 1 OBS1	数字	4		是	部件的观察现象码 1
	现象码 2 OBS2	数字	4		是	部件的观察现象码 2
	现象码 3 OBS3	数字	4		是	部件的观察现象码 3
	现象码 4 OBS4	数字	4		是	部件的观察现象码 4
	现象码 5 OBS5	数字	4		是	部件的观察现象码 5
	现象码 6 OBS6	数字	4		是	部件的观察现象码 6
	现象码 7 OBS7	数字	4		是	部件的观察现象码 7
	现象码 8 OBS8	数字	4		是	部件的观察现象码 8
	现象码 9 OBS9	数字	4		是	部件的观察现象码 9
测量表格 MEASTAB 拆卸测量数据						
	设备码 EQUIPID	文本	12		是	对应于报告的设备
	A-B 相间	数字	5	0	否	A-B 相间
	A-C 相间	数字	5	0	否	A-C 相间
	B-C 相间	数字	5	0	否	B-C 相间
	A 对地	数字	5	0	否	A 对地
	B 对地	数字	5	0	否	B 对地
	C 对地	数字	5	0	否	C 对地
备注表 TREMTAB 拆卸备注表格						
	设备码 EQUIPID	文本	12		是	对应于报告的设备
	(部件码 SUBID)	文本	2		是	对应于观察现象的部件
	备注 1	文本	80		是	观察现象的备注
结论表(CONCLTAB) 拆卸结论表格						
	设备码 EQUIPID	文本	12		是	对应于报告的设备
	部件码 1 SUBID1	文本	2		是	对应于引发主要失效原因的部件
	主因 1 PRIM1	数字	4	0	是	失效的主要原因
	主因分析 1 PREM1	文本	120		是	引发主要失效原因的解释
	部件码 2 SUBID2	文本	2		是	对失效起作用的因素的部件
	次因 CONF	数字	4	0	是	失效的起作用的原因
	次因分析 CONFR	文本	120		是	引发起作用的原因的解释
	部件码 3 SUBID3	文本	2		是	值得注意的问题的部件
	弱因	数字	4	0	是	值得注意的问题 (与主要失效没有明显的联系)
	弱因分析	文本	120		是	产生问题的解释

注：**加粗**文字＝主键；(**加粗**)文字＝次键。

图 A.4　拆卸现象数据

表格	属性名称	格式	大小	小数点后位数	可选	描述
设备代码 EQUIPID						
泵						
	编号	文本	20		否	泵的编号
	订单号	文本	20		是	泵的订单号
	规格	文本	20		否	泵的规格
	型号	文本	20		否	泵的型号
	壳体号	数字	5	0	否	壳体尺寸
	级数	数字	5	0	否	泵级数
	材料代码 1	数字	4	0	是	材料描述(用户自定义)
	材料代码 2	数字	4	0	是	材料描述(用户自定义)
	材料代码 3	数字	4	0	是	材料描述(用户自定义)
	材料代码 4	数字	4	0	是	材料描述(用户自定义)
吸入口/分离器						
	编号	文本	20		否	分离器的编号
	订单号	文本	20		是	订单号
	规格	文本	20		否	规格
	型号	文本	20		否	型号
	材料代码 1	数字	4	0	是	材料描述(用户自定义)
	材料代码 2	数字	4	0	是	材料描述(用户自定义)
	材料代码 3	数字	4	0	是	材料描述(用户自定义)
	材料代码 4	数字	4	0	是	材料描述(用户自定义)
保护器						
	编号	文本	20		否	保护器的编号
	订单号	文本	20		是	订单号
	规格	文本	20		否	规格
	型号	文本	20		否	型号
	材料代码 1	数字	4	0	是	材料描述(用户自定义)
	材料代码 2	数字	4	0	是	材料描述(用户自定义)
	材料代码 3	数字	4	0	是	材料描述(用户自定义)
	材料代码 4	数字	4	0	是	材料描述(用户自定义)
电机						
	编号	文本	20		否	电机编号
	订单号	文本	20		是	订单号
	规格	文本	20		否	规格
	型号	文本	20		否	型号
	额定功率	数字	5	0	否	60 Hz 下的额定功率
	额定电压	数字	5	0	否	60 Hz 下的额定电压
	额定电流	数字	5	0	否	60 Hz 下的额定电流
	材料代码 1	数字	4	0	是	材料描述(用户自定义)
	材料代码 2	数字	4	0	是	材料描述(用户自定义)
	材料代码 3	数字	4	0	是	材料描述(用户自定义)
	材料代码 4	数字	4	0	是	材料描述(用户自定义)

注：**加粗**文字＝主键；(**加粗**)文字＝次键。

图 A.5 相关数据(设备)

		0	10	20	30	40	50	60	70	80	90
腐蚀	1 000	明显[(1)]	—	—	—	—	—	—	—	—	—
柔软	1 300	—	顶部	—	中部	—	底部	—	—	—	—
打结	1 400	电缆头	顶部	—	中部	壳体底部	底部	—	—	—	—
剪切/破坏	1 500	电缆头	顶部	—	中部	壳体底部	底部	—	—	—	—
熔化	1 600	电缆头	顶部	—	中部	壳体底部	底部	—	—	—	—
膨胀	1 700	电缆头	顶部	—	中部	壳体底部	底部	—	—	—	—
变硬	1 800	电缆头	顶部	—	中部	壳体底部	底部	—	—	—	—
断裂/破坏	2 000	损坏	刺破	破裂	动块损坏	断裂	—	—	—	—	—
顶部胶囊流体	2 200	油色	水色	乳状物颜色	—	—	—	—	—	固体	—
底部胶囊流体	2 300	油色	水色	乳状物颜色	—	—	—	—	—	固体	—
沉淀腔中流体	2 400	油色	水色	乳状物颜色	—	—	—	—	—	固体	—
底座处流体	2 500	油色	水色	乳状物颜色	—	—	—	—	—	固体	—
游离水	2 600	出现	—	—	—	—	—	—	—	—	—
缺失	2 700	缺失	N/A	—	—	—	—	上止推垫	下止推垫	—	—
使用设备	2 800	—	分体式	涂层	涂层损坏[(2)]	高强度轴	高承载轴承	—	—	插入式电缆头	—
过热现象	2 900	显著变热	转子轴承变色	—	—	—	—	—	—	—	—
烧毁	3 000	转子烧毁位置[(7)]	顶端烧毁	底端烧毁	引线绕线	定子叠片	电缆头连接处烧毁	端子块	外壁	—	—
损坏/故障	3 200	损坏	—	电缆连接头	—	端子块	—	—	—	—	—
测试失败	3 400	泄露	压力测试	阀门开启	卡子	泄流阀	—	进水	端子块脱色	高压测试	—
塌陷	3 500	胶囊状况	—	—	—	—	塌陷	—	—	—	—
堵塞	3 600	过滤器脏[(4)]	堵塞	滤网/孔	堵塞程度[(3)]	堵塞物[(4)]	—	—	—	—	—
腐蚀	3 700	腐蚀[(5)]	腔体腐蚀	（筛网/花键）腐蚀[(6)]	—	—	—	—	—	—	—
结垢	3 800	结垢/沉淀[(4,5)]	出现结垢	酸溶性	结垢厚度[(1)]	出现沉淀	沉淀类型[(8)]	—	—	—	—
偏心磨损	3 900	明显[(9)]	下轴承磨损	下轴承磨损超标	磨损的位置[(7)]	中轴承磨损超标	上轴承磨损	上轴承磨损超标	上垫片磨损	下垫片磨损	—
下止推	4 000	—	止推垫片	止推静块	止推动块	—	—	垫片断裂	止推磨损	垫片脆化	垫片印痕

图 A.6 拆卸观察报告编码细目分类表

		0	10	20	30	40	50	60	70	80	90
上止推	4 100	—	止推垫片	止推轴承	止推轴承动块	—	—	—	—	—	—
磨损	4 200	位置(7)	明显	延伸超标	—	转子轴承衬套	—	偏心	—	—	—
扭曲	4 300	轴扭曲	花键扭曲	—	—	—	—	—	—	—	—
旋转	4 400	盘不动轴	自转	震动痕迹(1)	轴向磨损	蚀坑深度(1)	—	—	—	—	—
底部机械密封	4 900(9)	移位	严重移位	轴磨损	弹簧断	波纹管损坏	动块损坏	动块磨损	动块断	静块磨损	密封失效
中部机械密封	5 400(9)	移位	严重移位	轴磨损	弹簧断	波纹管损坏	动块损坏	动块磨损	动块断	静块磨损	密封失效
顶部机械密封	5 900(9)	移位	严重移位	轴磨损	弹簧断	波纹管损坏	动块损坏	动块磨损	动块断	静块磨损	密封失效
机械密封材料	6 000	动块碳	动块硅	动块钨	—	—	静块陶瓷	静块硅	静块钨	—	—
其他情况	7 000	连接故障	电缆故障	电机故障	猪尾线故障	油管故障	—	—	设备正常更换	未知	其他
		0	10	20	30	40	50	60	70	80	90

注：有关脚注的解释，参见 A.4.3.2 及图 A.7。

图 A.6（续）

最终数字码	厚度	涂层描述	堵塞物	沉积物	颜色	腐蚀描述	位置描述	旋转描述	磨损描述
编码#	1000 3640	2830	3600 3640	3650	2300 2310 2320	3700 3720	4200	3000 3900 4400	4900 到 5900
脚注#	1	2	4	5		6	7	8	9
0	0.05 mm	较小损坏	沥青	沥青	清澈	较小损坏		锁定	其他
1	1.0 mm	严重损坏	铁硫化物	铁硫化物	白	一般	内部	其他(1)	磨损均匀轻微
2	2.0 mm	脱落	泥	其他(1)	黄	其他(1)	外部	明显变松	轻微
3	3.0 mm	磨损	石蜡	石蜡	绿	点蚀	顶部	其他(1)	偏磨轻微
4	4.0 mm	有凹痕/缺口	橡胶	其他(2)	浅褐色	其他(2)	中部	其他(2)	磨损中度
5	5.0 mm	碎裂	砂	其他(3)	其他(1)	破裂	底部	其他(3)	中度
6	7.0 mm	其他(1)	结垢	结垢	深褐色	其他(3)	其他(1)	其他(4)	偏磨中度
7	10.0 mm	其他(2)	形成物	其他(4)	其他(2)	其他(4)	其他(2)	变紧	磨损均匀严重
8	15.0 mm	其他(3)	其他(1)	其他(5)	其他(3)	其他(5)	其他(3)	其他(5)	严重
9	>25 mm	严重	其他(2)	其他(6)	黑	严重	其他(4)	旋转困难	偏磨严重

注：其他(—)可由用户自定义。

图 A.7　观察报告编码细目分类

编　码	描　述	编　码	描　述
LPRO	液量低	STIM	增产需求
POEF	不出液	LOGG	录井要求
RSIH	改型(提高产量)	COVT	转化井
RSDH	改型(降低产量)	TEST	试验井
DHSH	井下短路	TSPN	临时停井
LPUM	泵锁	ABAN	油井废弃
LOAM	电流低	OTH1	其他(1)
HIAM	电流高	OTH2	其他(2)
HITB	油管漏	OTH3	其他(3)
CSRP	套管维修	OTH4	其他(4)
WKOV	油井维修	OTH5	其他(5)

注：OTH＃可由用户自定义。

图 A.8　提机原因代码对照

PFAIL1/CFAIL1/SFAIL1 索引		1	2	3	4	
代码	描　述	上部	中部	下部	其他	现象码
X-F	故障原因					
	连接故障	×	×	×		7000
	电缆故障	×	×	×	×	7010
	电机故障	×	×	×		7020
	猪尾线故障	×	×	×		7030
	油管故障	×	×	×	×	7040
	无故障 设备更换				×	7070
	未知故障				×	7080
	其他故障				×	7090

图 A.9　失效代码

附 录 B
（资料性附录）
拆卸报告查询示例

描述：图表1显示了X油田平均运转寿命下的失效分布情况。从图表1可以看出泵失效是机组失效的一个重要部分(27%)，并且有着最短的运转寿命。注意到这个问题将会对提高该油田运转寿命降低作业成本产生最大的最直接的影响。图表2则进一步显示了泵失效的主要原因的四个主要因素：止推垫片、导壳、叶轮和吸入口滤网的失效。它证实了止推垫片和吸入口滤网引发了大部分的失效。

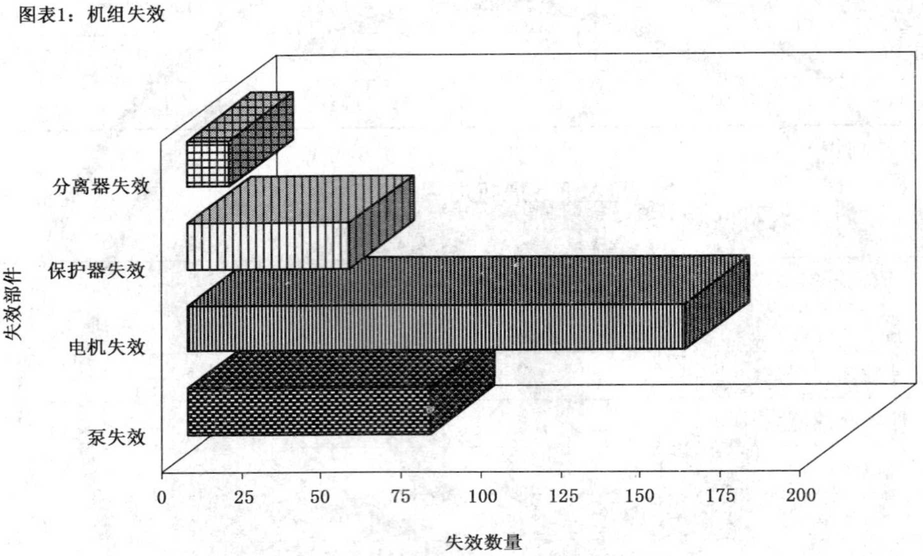

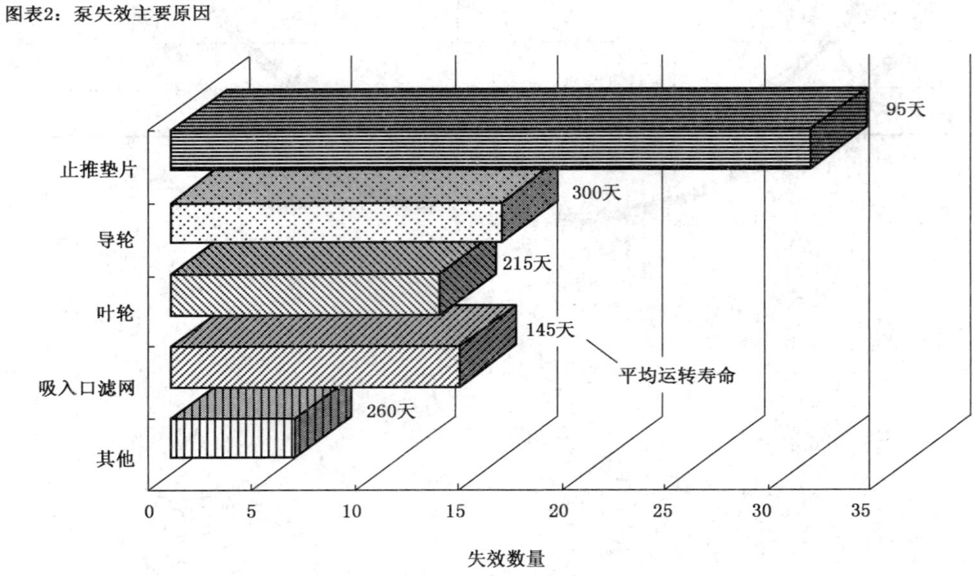

图 B.1 例1 拆卸报告查询

描述：图表 3 将泵失效原因分类更加细化，它显示了堵塞和下止推磨损是该油田电泵失效的主要因素。除了作为失效的主要原因外，图表 3 显示了该油田内机组拆卸现象的趋势，应关注该油田的作业和设计流程。

采用图表 2 和图表 3 相同的方法，我们可以看到电缆头是电机失效的一个主要因素。图表 4 显示了不同厂家由电缆头引发的电机失效对比。它显示了 B 厂相对于另外两个厂家有着更少的电缆头失效，并且，如果有证据显示电缆头失效问题局限于井况和作业问题，那么，B 厂的泵将是这些井的首选。同样，根据这些数据 A 厂和 C 厂能够明确的在设计上定位这些问题。

图表3：失效细目分类

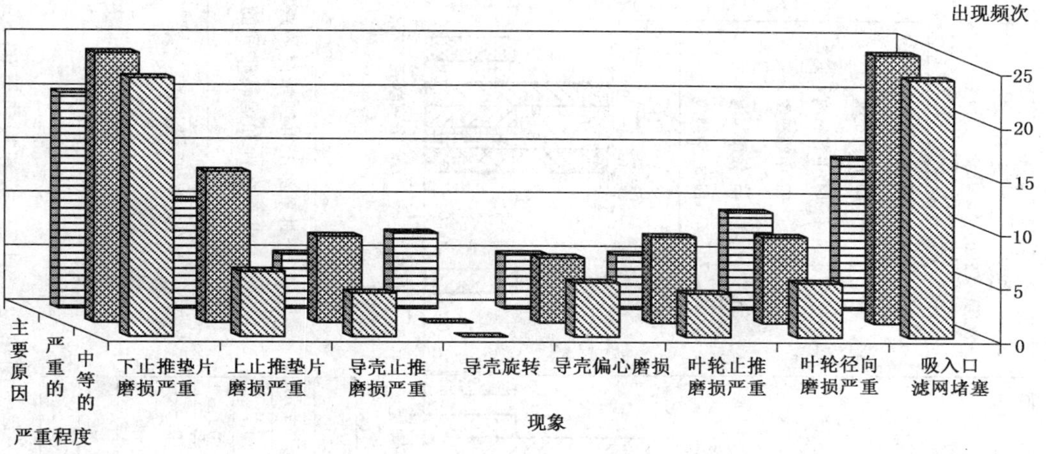

图表4：分厂家电缆头描述

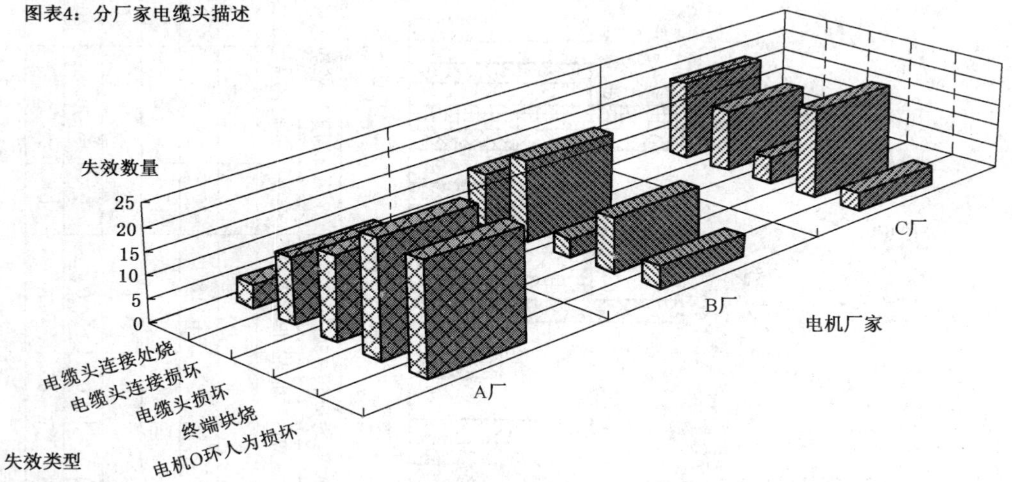

图 B.1（续）

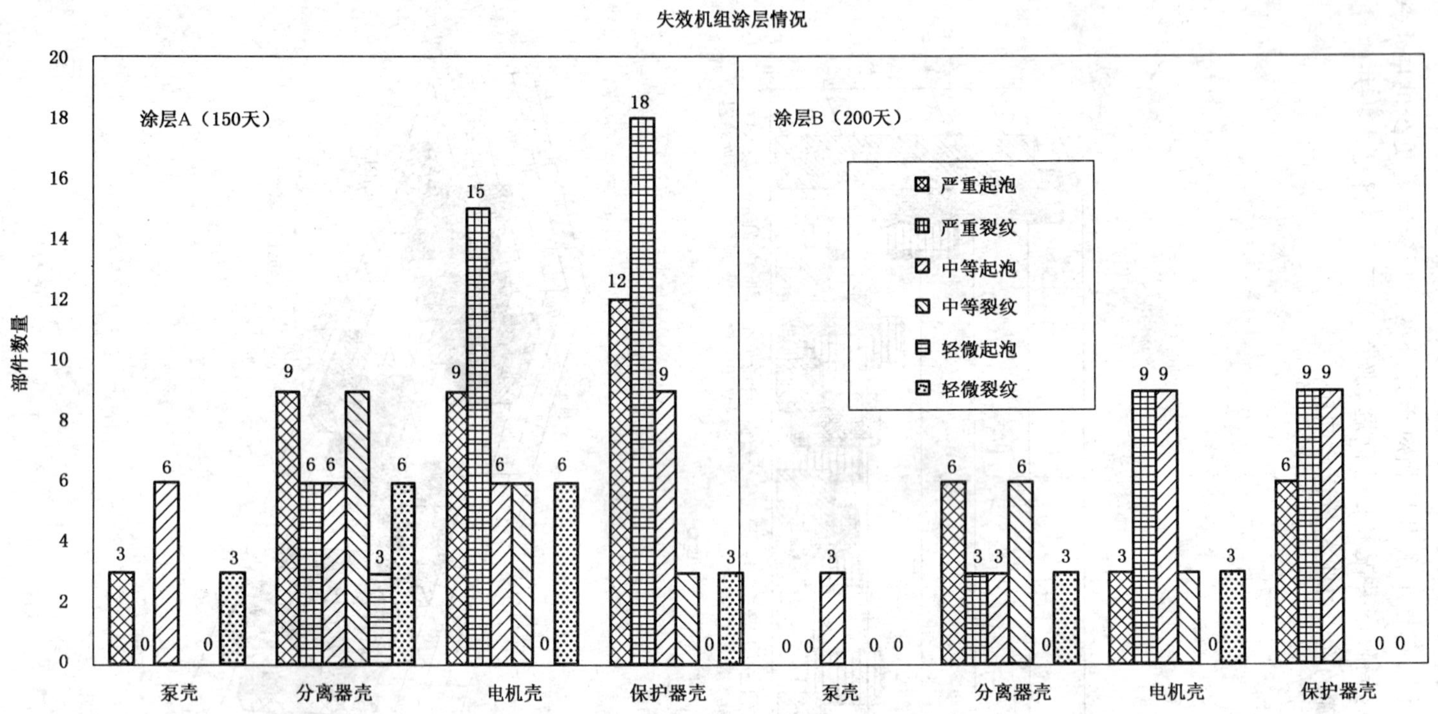

涂层情况	涂层 A 平均运转 150 天				涂层 B 平均运转 200 天			
	泵壳	分离器壳	电机壳	保护器壳	泵壳	分离器壳	电机壳	保护器壳
严重起泡	3	9	9	12	0	6	3	6
严重裂纹	0	6	15	18	0	3	9	9
中等起泡	6	6	6	9	3	3	9	9
中等裂纹	0	9	6	3	0	6	3	0
轻微起泡	0	3	0	0	0	0	0	0
轻微裂纹	3	6	6	3	0	3	3	0

基于对泵涂层拆卸情况的跟踪，可以认定涂层 B 性能优于涂层 A。而且井下条件和运转时间的对比可以确认这个结论。

图 B.2 例 2 拆卸报告查询

ICS 73.060
D 43

中华人民共和国国家标准

GB/T 17413.1—2010
代替 GB/T 17413.1—1998

锂矿石、铷矿石、铯矿石化学分析方法 第1部分:锂量测定

Methods for chemical analysis of lithium、rubidium and cesium ores—Part 1:Determination of lithium content

2010-11-10 发布　　2011-02-01 实施

中华人民共和国国家质量监督检验检疫总局
中国国家标准化管理委员会　发布

前　　言

GB/T 17413《锂矿石、铷矿石、铯矿石化学分析方法》分为 3 个部分：

——第 1 部分：锂量测定；

——第 2 部分：铷量测定；

——第 3 部分：铯量测定。

本部分为 GB/T 17413 的第 1 部分。

本部分代替 GB/T 17413.1—1998《锂矿石、铷矿石、铯矿石化学分析方法　火焰原子吸收/发射分光光度法测定锂量》。

本部分与 GB/T 17413.1—1998 相比，主要变化如下：

——修改了标准中文名称；

——修改了标准英文名称；

——增加了警示、警告的内容；

——增加了对所用试剂纯度及实验用水的要求；

——增加了对试样粒径及其干燥的要求；

——增加了验证试验内容。

本部分的附录 A 是资料性附录。

本部分由中华人民共和国国土资源部提出。

本部分由全国国土资源标准化技术委员会归口。

本部分负责起草单位：国家地质实验测试中心。

本部分起草单位：湖北省地质实验研究所。

本部分主要起草人：向兆、方金东、唐兴敏。

本部分所代替标准的历次版本发布情况为：

——GB/T 17413.1—1998。

锂矿石、铷矿石、铯矿石化学分析方法 第1部分:锂量测定

警示:使用本部分的人员应有正规实验室工作的实践经验。本部分并未指出所有可能的安全问题。使用者有责任采取适当的安全和健康措施,并保证符合国家有关法规规定的条件。

1 范围

GB/T 17413 的本部分规定了锂矿石、铷矿石、铯矿石中氧化锂量的测定方法。

本部分适用于锂矿石、铷矿石、铯矿石矿石,也适用于钽、铌矿石和稀土矿石中氧化锂量的测定。

测定范围:10 μg/g～4×10^4 μg/g 的氧化锂。

2 规范性引用文件

下列文件中的条款通过 GB/T 17413 本部分的引用而成为本部分的条款。凡是注日期的引用文件,其随后所有的修改单(不包括勘误的内容)或修订版均不适用于本部分,然而,鼓励根据本部分达成协议的各方研究是否可使用这些文件的最新版本。凡是不注日期的引用文件,其最新版本适用于本部分。

GB/T 6682 分析实验室用水规格和试验方法

3 原理

试料经氢氟酸、硫酸分解,在 1%硫酸介质中,于原子吸收分光光度计上,波长 670.8 nm 处,使用空气-乙炔火焰,测定氧化锂的吸光度或发射强度,计算氧化锂量。

4 试剂

除非另有说明,在分析中均使用分析纯试剂和符合 GB/T 6682 的分析实验室用水。

4.1 氢氟酸(ρ1.13 g/mL)。**警告:氢氟酸有毒,有腐蚀性,操作时应戴手套,防止与皮肤接触!**

4.2 盐酸(ρ1.19 g/mL)。

4.3 硫酸(1+1)。**警告:稀释时操作不当易引起烧伤!**

4.4 氧化锂标准溶液:

a) 氧化锂标准储备溶液:称取 1.236 4 g 光谱纯碳酸锂(105 ℃～110 ℃烘 2 h 并置于干燥器中冷却至室温),置于 400 mL 烧杯中,加 200 mL 水,盖上表面皿,慢慢加入少量盐酸(4.2),使其完全溶解,将溶液加热煮沸赶尽二氧化碳,取下,冷却,用水洗去表面皿,移入 500 mL 容量瓶中,用水稀释至刻度,摇匀。此溶液氧化锂的质量浓度为 1.0 mg/mL;

b) 氧化锂标准溶液:移取 25.00 mL 氧化锂标准储备溶液[4.4a)],置于 500 mL 容量瓶中,用水稀释至刻度,摇匀。此溶液氧化锂的质量浓度为 50.00 μg/mL。

5 仪器

5.1 原子吸收分光光度计(有发射功能)。附锂元素空心阴极灯。

5.2 分析天平:三级,感量 0.1 mg。

6 试样

6.1 试样粒径应小于 74 μm。

6.2 试样在105 ℃烘箱中烘2 h～4 h，并置于干燥器中冷却至室温备用。

7 分析步骤

7.1 试料

根据试样中氧化锂的含量，按表1称取试料量，精确至0.1 mg。

表1 称取试料量

氧化锂含量/%	试料量/g	试液总体积/mL	分取试液体积/mL	加入硫酸(4.2)/mL
0.001～0.08	0.5	—	—	—
>0.08～0.2	0.2	—	—	—
>0.2～0.4	0.1	—	—	—
>0.4～0.8	0.1	50	20.0	0.5
>0.8～2.0	0.1	50	10.0	1.0
>2.0～4.0	0.1	50	5.00	1.0

7.2 空白试验

随同试料进行双份空白试验，所用试剂应取自同一试剂瓶，加入同等的量。

7.3 验证试验

随同试料分析同矿种、含量相近的标准物质。

7.4 试料分解

7.4.1 将试料(7.1)置于铂坩埚(或30 mL聚四氟乙烯坩埚)中，用适量水润湿，加入15 mL氢氟酸(4.1)，2 mL硫酸(4.3)，置于中温电热板上加热分解(铂坩埚应放在干净的耐火盘上)，蒸发至小体积(视试料分解情况，必要时再加入氢氟酸处理一次)，待试料完全分解后，加热蒸发至三氧化硫白烟冒尽，取下，冷却。加入1 mL硫酸(4.3)、20 mL水，置于电热板上加热使盐类完全溶解，取下，冷却至室温，将溶液移入50 mL容量瓶中，用水稀释至刻度，摇匀，放置澄清(A液)。

7.4.2 根据试料中含氧化锂量，按表1分取试液(A液)(7.4.1)，置于50 mL容量瓶中，补加硫酸(4.3)，用水稀释至刻度，摇匀(B液)。

7.5 校准溶液系列配制

在一系列50 mL的容量瓶中，分取0.00 mL、1.00 mL、2.00 mL、4.00 mL、6.00 mL、8.00 mL、10.00 mL氧化锂标准溶液[4.4b)]，加入1 mL硫酸(4.3)，用水稀释至刻度，摇匀。该系列溶液氧化锂的质量浓度分别为：0.00 μg/mL、1.00 μg/mL、2.00 μg/mL、4.00 μg/mL、6.00 μg/mL、8.00 μg/mL、10.00 μg/mL。

7.6 测定

警告：应按照原子吸收分光光度仪的使用规定点燃或熄灭空气-乙炔火焰，以避免可能引起的爆炸危险！

使用火焰原子吸收分光光度计，在波长670.8 nm处按仪器工作条件(参见附录A)，分别测量校准溶液系列、空白溶液和试料溶液(7.4.1和7.4.2)中氧化锂的吸光度或发射强度。

7.7 校准曲线绘制

以氧化锂量为横坐标，吸光度或发射强度为纵坐标，绘制校准曲线，从校准曲线上查得相应的氧化锂量。

8 结果计算

氧化锂量以质量分数$w(Li_2O)$计，数值以μg/g(微克每克)表示，按式(1)计算：

$$w(Li_2O)=\frac{(m_1-m_0)V}{mV_1} \quad \cdots\cdots(1)$$

式中：

m_1——从校准曲线上查得试料溶液中的氧化锂量，单位为微克（μg）；

m_0——从校准曲线上查得空白试验（6.2）的氧化锂量，单位为微克（μg）；

V——试料溶液总体积，单位为毫升（mL）；

m——称取试料质量，单位为克（g）；

V_1——分取试料溶液体积，单位为毫升（mL）。

计算结果保留到小数点后两位。

9 精密度

吸收法测定氧化锂结果精密度见表2，发射法测定氧化锂精密度见表3。

表2 吸收法测定的精密度

水平范围 m/(μg/g)	重复性限 r/(μg/g)	再现性限 R/(μg/g)
29.9～37 700	$r=-0.0655+0.066m$	$R=-1.417+0.099m$
注：本精密度数据由五个实验室对六个水平的试料所做的试验中确定的。		

表3 发射法测定的精密度

水平范围 m/(μg/g)	重复性限 r/(μg/g)	再现性限 R/(μg/g)
28.0～37 900	$r=0.1218m^{0.91}$	$R=-0.0415+0.181m$
注：本精密度数据由六个实验室对六个水平的试料所做的试验中确定的。		

附　录　A
（资料性附录）
原子吸收分光光度计参考工作条件

使用原子吸收分光光度计的参考工作条件如表 A.1、表 A.2。

表 A.1　火焰原子吸收法参考工作条件

波长/nm	灯电流/mA	单色器通带/nm	燃烧器高度/mm	空气压力/MPa	乙炔压力/MPa	积分时间/s
670.8	7.5	0.4	7.5	0.16	0.025	5

表 A.2　火焰原子发射法参考工作条件

波长/nm	单色器通带/nm	燃烧器高度/mm	空气压力/MPa	乙炔压力/MPa	积分时间/s
670.8	0.4	7.5	0.16	0.025	5

ICS 73.060
D 43

中华人民共和国国家标准

GB/T 17413.2—2010
代替 GB/T 17413.2—1998

锂矿石、铷矿石、铯矿石化学分析方法 第2部分：铷量测定

Methods for chemical analysis of lithium、rubidium and cesium ores—Part 2：Determination of rubidium content

2010-11-10 发布　　2011-02-01 实施

中华人民共和国国家质量监督检验检疫总局
中国国家标准化管理委员会　发布

前　言

GB/T 17413《锂矿石、铷矿石、铯矿石化学分析方法》分为3个部分：

——第1部分：锂量测定；

——第2部分：铷量测定；

——第3部分：铯量测定。

本部分为GB/T 17413的第2部分。

本部分代替GB/T 17413.2—1998《锂矿石、铷矿石、铯矿石化学分析方法　火焰原子吸收/发射分光光度法测定铷量》。

本部分与GB/T 17413.2—1998相比，主要变化如下：

——修改了本部分中文名称；

——修改了本部分英文名称；

——增加了警示、警告的内容；

——增加了对所用试剂纯度及实验用水的要求；

——增加了对试样粒径及其干燥的要求；

——增加了验证试验内容。

本部分的附录A是资料性附录。

本部分由中华人民共和国国土资源部提出。

本部分由全国国土资源标准化技术委员会归口。

本部分负责起草单位：国家地质实验测试中心。

本部分起草单位：湖北省地质实验研究所。

本部分主要起草人：向兆、方金东、唐兴敏。

本部分所代替标准的历次版本发布情况为：

——GB/T 17413.2—1998。

锂矿石、铷矿石、铯矿石化学分析方法 第2部分：铷量测定

警示：使用本标准的人员应有正规实验室工作的实践经验。本部分并未指出所有可能的安全问题。使用者有责任采取适当的安全和健康措施，并保证符合国家有关法规规定的条件。

1 范围

GB/T 17413 的本部分规定了锂矿石、铷矿石、铯矿石中氧化铷量的测定方法。

本部分适用于锂矿石、铷矿石、铯矿石，也适用于钽、铌矿石和稀土矿石中氧化铷量的测定。

测定范围：50 μg/g～2×10^4 μg/g 的氧化铷。

2 规范性引用文件

下列文件中的条款通过 GB/T 17413 本部分的引用而成为本部分的条款。凡是注日期的引用文件，其随后所有的修改单（不包括勘误的内容）或修订版均不适用于本部分，然而，鼓励根据本部分达成协议的各方研究是否可使用这些文件的最新版本。凡是不注日期的引用文件，其最新版本适用于本部分。

GB/T 6682 分析实验室用水规格和试验方法

3 原理

试料经氢氟酸、硫酸分解，加入一定量钾盐作为消电离剂，在1%硫酸介质中，于原子吸收分光光度计上，波长 780.0 nm 处，使用空气-乙炔火焰，测定氧化铷的吸光度或发射强度，计算氧化铷量。

4 试剂

除非另有说明，在分析中均使用分析纯试剂和符合 GB/T 6682 的分析实验室用水。

4.1 氢氟酸（ρ1.13 g/mL）。**警告：氢氟酸有毒，有腐蚀性，操作时应戴手套，防止与皮肤接触！**

4.2 硫酸（1+1）。**警告：稀释时操作不当易引起烧伤！**

4.3 氯化钾溶液 $\rho(K_2O)=30$ mg/mL：称取 47.49 g 氯化钾（KCl）于烧杯中，溶于水，移入 1 000 mL 容量瓶中，用水稀释至刻度，摇匀。

4.4 氧化铷标准溶液：

a) 氧化铷标准储备溶液：称取 0.646 9 g 光谱纯氯化铷（105 ℃烘 2 h 并置于干燥器中冷却至室温）于 250 mL 烧杯中，加水溶解后，移入 500 mL 容量瓶中，用水稀释至刻度，摇匀。此溶液氧化铷的质量浓度为 1.0 mg/mL；

b) 氧化铷标准溶液：移取 25.00 mL 氧化铷标准储备溶液[4.4a)]，置于 500 mL 容量瓶中，用水稀释至刻度，摇匀。此溶液氧化铷的质量浓度为 50.00 μg/mL。

5 仪器

5.1 原子吸收分光光度计（有发射功能）。附铷元素空心阴极灯。

5.2 分析天平：三级，感量 0.1 mg。

6 试样

6.1 试样粒径应小于 74 μm。

6.2 试样在105 ℃烘箱中烘2 h～4 h,并置于干燥器中冷却至室温备用。

7 分析步骤

7.1 试料

根据试样中氧化铷的含量,按表1称取试料量及分取试液体积,精确至0.1 mg。

表1 称取试料量及分取试液体积

氧化铷含量/%	试料量/g	试液总体积/mL	分取试液体积/mL	加入氯化钾(4.3)/mL	加入硫酸(4.2)/mL
0.005～0.04	0.5	—	—	—	—
>0.04～0.2	0.1	—	—	—	—
>0.2～0.5	0.1	50	20.00	3.0	0.5
>0.5～1.0	0.1	50	10.00	4.0	1.0
>1.0～2.0	0.1	50	5.00	4.5	1.0

7.2 空白试验

随同试料进行双份空白试验,所用试剂应取自同一试剂瓶,加入同等的量。

7.3 验证试验

随同试料分析同矿种、含量相近的标准物质。

7.4 试料分解

7.4.1 将试料(7.1)置于铂坩埚(或聚四氟乙烯坩埚)中,用适量水润湿,加入15 mL氢氟酸(4.1),2 mL硫酸(4.2),置于中温电热板上加热分解(铂坩埚应放在干净的耐火盘上),蒸发至小体积(视试料分解情况,必要时再加入氢氟酸处理一次),待试料完全分解后,加热蒸发至三氧化硫白烟冒尽,取下,冷却。加入1 mL硫酸(4.2)、20 mL水,置于电热板上加热使盐类完全溶解,取下,冷却至室温,将溶液移入50 mL容量瓶中,加入5 mL氯化钾溶液(4.3),用水稀释至刻度,摇匀,放置澄清(A液)。

7.4.2 根据试料中含氧化铷量,按表1分取试液(A液),置于50 mL容量瓶中,加入1 mL硫酸(4.2),加入5 mL氯化钾溶液(4.3),用水稀释至刻度,摇匀(B液)。

7.5 校准溶液系列配制

在一系列50 mL的容量瓶中,分取0.00 mL、0.50 mL、1.00 mL、2.00 mL、3.00 mL、4.00 mL、5.00 mL氧化铷标准溶液[4.4b)],加入1 mL硫酸(4.2)及5 mL氯化钾溶液(4.3),用水稀释至刻度,摇匀。该系列溶液氧化铷的质量浓度分别为:0.00 μg/mL、0.50 μg/mL、1.00 μg/mL、2.00 μg/mL、3.00 μg/mL、4.00 μg/mL、5.00 μg/mL。

7.6 测定

警告:应按照原子吸收分光光度仪的使用规定点燃或熄灭空气-乙炔火焰,以避免可能引起的爆炸危险!

使用火焰原子吸收分光光度计,在波长780.0 nm处按仪器工作条件(参见附录A),分别测量校准溶液系列、空白溶液和试料溶液(7.4.1和7.4.2)中氧化铷的吸光度或发射强度。

7.7 校准曲线绘制

以氧化铷量为横坐标,吸光度或发射强度为纵坐标,绘制校准曲线,从校准曲线上查的相应的氧化铷量。

8 结果计算

氧化铷量以质量分数 $w(Rb_2O)$ 计,数值以微克每克(μg/g)表示,按式(1)计算。

$$w(Rb_2O)=\frac{(m_1-m_0)V}{mV_1} \qquad \cdots\cdots(1)$$

式中：

m_1——从校准曲线上查得试料溶液中的氧化铷量，单位为微克(μg)；

m_0——从校准曲线上查得空白试验(6.2)的氧化铷量，单位为微克(μg)；

V——试料溶液总体积，单位为毫升(mL)；

m——称取试料质量，单位为克(g)；

V_1——分取试料溶液体积，单位为毫升(mL)。

计算结果保留到小数点后两位。

9 精密度

吸收法测定氧化铷精密度见表2，发射法测定氧化铷精密度见表3。

表2 吸收法测定的精密度

水平范围 m/(μg/g)	重复性限 r/(μg/g)	再现性限 R/(μg/g)
231～13 000	$r=0.283\ 4m^{0.84}$	$R=62.94+0.085m$
注：本精密度数据由5个实验室对6个水平的试料所做的试验中确定的。		

表3 发射法测定的精密度

水平范围 m/(μg/g)	重复性限 r/(μg/g)	再现性限 R/(μg/g)
236～12 700	$r=0.964\ 2m^{0.65}$	$R=0.952\ 4m^{0.76}$
注：本精密度数据由6个实验室对6个水平的试料所做的试验中确定的。		

附 录 A
（资料性附录）
原子吸收分光光度计参考工作条件

使用原子吸收分光光度计的参考工作条件如表 A.1、表 A.2。

表 A.1 火焰原子吸收法参考工作条件

波长/nm	灯电流/mA	单色器通带/nm	燃烧器高度/mm	空气压力/MPa	乙炔压力/MPa	积分时间/s
780.0	7.5	0.4	7.5	0.16	0.025	5

表 A.2 火焰原子发射法参考工作条件

波长/nm	单色器通带/nm	燃烧器高度/mm	空气压力/MPa	乙炔压力/MPa	积分时间/s
780.0	0.4	7.5	0.16	0.025	5

ICS 73.060
D 43

中华人民共和国国家标准

GB/T 17413.3—2010
代替 GB/T 17413.3—1998

锂矿石、铷矿石、铯矿石化学分析方法 第3部分：铯量测定

Methods for chemical analysis of lithium、rubidium and cesium ores—Part 3：Determination of cesium content

2010-11-10 发布　　2011-02-01 实施

中华人民共和国国家质量监督检验检疫总局
中国国家标准化管理委员会　发布

前　言

GB/T 17413《锂矿石、铷矿石、铯矿石化学分析方法》分为3个部分：

——第1部分：锂量测定；

——第2部分：铷量测定；

——第3部分：铯量测定。

本部分为GB/T 17413的第3部分。

本部分代替GB/T 17413.3—1998《锂矿石、铷矿石、铯矿石化学分析方法　火焰原子吸收/发射分光光度法测定铯量》。

本部分与GB/T 17413.3—1998相比，主要变化如下：

——修改了标准中文名称；

——修改了标准英文名称；

——增加了警示、警告的内容；

——增加了对所用试剂纯度及实验用水的要求；

——增加了对试样粒径及其干燥的要求；

——增加了验证试验内容。

本部分的附录A是资料性附录。

本部分由中华人民共和国国土资源部提出。

本部分由全国国土资源标准化技术委员会归口。

本部分负责起草单位：国家地质实验测试中心。

本部分起草单位：湖北省地质实验研究所。

本部分主要起草人：向兆、方金东、唐兴敏。

本部分所代替标准的历次版本发布情况为：

——GB/T 17413.3—1998。

锂矿石、铷矿石、铯矿石化学分析方法 第3部分:铯量测定

警示:使用本标准的人员应有正规实验室工作的实践经验。本部分并未指出所有可能的安全问题。使用者有责任采取适当的安全和健康措施,并保证符合国家有关法规规定的条件。

1 范围

GB/T 17413的本部分规定了锂矿石、铷矿石、铯矿石矿石中氧化铯量的测定方法。

本部分适用于锂矿石、铷矿石、铯矿石矿石,也适用于钽、铌矿石和稀土矿石中氧化铯量的测定。

测定范围:10 μg/g~1.0×10^4 μg/g的氧化铯。

2 规范性引用文件

下列文件中的条款通过GB/T 17413本部分的引用而成为本部分的条款。凡是注日期的引用文件,其随后所有的修改单(不包括勘误的内容)或修订版均不适用于本部分,然而,鼓励根据本部分达成协议的各方研究是否可使用这些文件的最新版本。凡是不注日期的引用文件,其最新版本适用于本部分。

GB /T 6682 分析实验室用水规格和试验方法

3 原理

试料经氢氟酸、硫酸分解,对含微量氧化铯的样品,分取部分提取液,用氨水和碳酸铵分离铁、铝及碱土金属;对含氧化铯量较高的样品直接分取提取液,再加入一定量钾盐作为消电离剂,在1%硫酸介质中,于原子吸收分光光度计上,波长852.1 nm处,使用空气-乙炔火焰,测定氧化铯的吸光度或发射强度,计算氧化铯量。

4 试剂

除非另有说明,在分析中均使用分析纯试剂和符合GB/T 6682的分析实验室用水。

4.1 氢氟酸(ρ1.13 g/mL)。**警告:氢氟酸有毒,有腐蚀性,操作时应戴手套,防止与皮肤接触!**

4.2 硫酸(1+1)。**警告:稀释时操作不当易引起烧伤!**

4.3 氯化钾溶液 $\rho(K_2O)$=30 mg/mL:取47.49 g氯化钾(KCl)于烧杯中,溶于水,移入1 000 mL容量瓶中,用水稀释至刻度,摇匀。

4.4 氨水(1+1)。

4.5 碳酸铵溶液[$\rho(NH_4HCO_3+NH_2COONH_4)$=100 g/L]。

4.6 碳酸铵溶液[$\rho(NH_4HCO_3+NH_2COONH_4)$=10 g/L]。

4.7 氧化铯标准溶液:

a) 氧化铯标准储备溶液:称取0.597 4 g光谱纯氯化铯(105 ℃烘2 h并置于干燥器中冷却至室温)于250 mL烧杯中,加水溶解后,移入1 000 mL容量瓶中,用水稀释至刻度,摇匀。此溶液氧化铯的质量浓度为0.50 mg/mL;

b) 氧化铯标准溶液:移取25.00 mL氧化铯标准储备溶液[4.7a)],置于500 mL容量瓶中,用水稀释至刻度,摇匀。此溶液氧化铯的质量浓度为25.00 μg/mL。

5 仪器

5.1 原子吸收分光光度计(有发射功能)。附铯元素空心阴极灯。

5.2 分析天平:三级,感量 0.1 mg。

6 试样

6.1 试样粒径应小于 74 μm。

6.2 试样在 105 ℃烘箱中烘 2 h~4 h,并置于干燥器中冷却至室温备用。

7 分析步骤

7.1 试料

根据试样中氧化铯的含量,按表 1 称取试料量及分取试液体积,精确至 0.1 mg。

表 1 称取试料量及分取试液体积

氧化铯含量/%	试料量/g	试液总体积/mL	分取试液体积/mL	加入硫酸(4.2)/mL	测定方法
0.001~0.005	1.0	50	25.00	0.2	7.6
>0.005~0.05	0.5	50	20.00	0.5	7.6
>0.05~0.1	0.2	50	20.00	0.5	7.6
>0.1~0.5	0.1	50	10.00	1.0	7.6
>0.5~1.0	0.1	50	5.00	1.0	7.6

7.2 空白试验

随同试料进行双份空白试验,所用试剂应取自同一试剂瓶,加入同等的量。

7.3 验证试验

随同试料分析同矿种、含量相近的标准物质。

7.4 试料分解

7.4.1 将试料(7.1)置于铂坩埚(或聚四氟乙烯坩埚)中,用适量水润湿,加入 15 mL 氢氟酸(4.1),2 mL 硫酸(4.2),置于中温电热板上加热分解,蒸发至小体积(视试料分解情况,必要时再加入氢氟酸处理一次),待试料完全分解后,加热蒸发至三氧化硫白烟冒尽,取下,冷却。加入 1 mL 硫酸(4.2)、20 mL 水,置于电热板上加热使盐类完全溶解,取下,冷却至室温,将溶液移入 50 mL 容量瓶中,用水稀释至刻度,摇匀,放置澄清(A 液)。

7.4.2 试料中含氧化铯在大于 0.005%~1.0%范围时,按表 1 分取试液(A 液),置于 50 mL 容量瓶中,加入 5 mL 氯化钾溶液(4.3),加入硫酸(4.2),用水稀释至刻度,摇匀(B 液)。

7.4.3 试料中含氧化铯量在 0.001%~0.005%范围时,按表 1 分取试液(A 液),置于 100 mL 烧杯中,稍加热,并趁热加入 3 mL~4 mL 氨水(4.4),溶液冷却后,加 5 mL 碳酸铵溶液(4.5),用快速滤纸过滤于 150 mL 烧杯中,用碳酸铵溶液(4.6)洗涤烧杯 3 次,沉淀 8 次~10 次,将滤液置于电热板上蒸发浓缩至小体积,加 0.2 mL 硫酸(4.2),移入 10 mL 比色管中,加 0.5 mL 氯化钾溶液(4.3),用水稀释至刻度,摇匀(C 液)。

7.5 校准溶液系列配制

在一系列 50 mL 的容量瓶中,分取 0.00 mL、0.50 mL、1.00 mL、2.00 mL、3.00 mL、4.00 mL、5.00 mL 氧化铯标准溶液[4.7b)],加入 1 mL 硫酸(4.2)及 5 mL 氯化钾溶液(4.3),用水稀释至刻度,摇匀。该系列溶液氧化铯的质量浓度分别为:0.00 μg/mL、0.25 μg/mL、0.50 μg/mL、1.00 μg/mL、1.50 μg/mL、2.00 μg/mL、2.50 μg/mL。

7.6 测定

警告：应按照原子吸收分光光度仪的使用规定点燃或熄灭空气-乙炔火焰，以避免可能引起的爆炸危险！

使用火焰原子吸收分光光度计，在波长 852.1 nm 处按仪器工作条件((参见附录 A)，分别测量校准溶液系列、空白溶液和试料溶液(B 液或 C 液)中氧化铯的吸光度或发射强度。

7.7 校准曲线绘制

以氧化铯量为横坐标，吸光度或发射强度为纵坐标，绘制校准曲线，从校准曲线上查的相应的氧化铯量。

8 结果计算

氧化铯量以质量分数 $w(Cs_2O)$ 计，数值以微克每克(μg/g)表示，按式(1)计算：

$$w(Cs_2O)=\frac{(m_1-m_0)V}{mV_1} \qquad \cdots\cdots(1)$$

式中：

m_1——从校准曲线上查得试料溶液中的氧化铯量，单位为微克(μg)；

m_0——从校准曲线上查得空白试验(6.2)的氧化铯量，单位为微克(μg)；

V——试料溶液总体积，单位为毫升(mL)；

m——称取试料质量，单位为克(g)；

V_1——分取试料溶液体积，单位为毫升(mL)。

计算结果保留到小数点后两位。

9 精密度

吸收法测定氧化铯精密度见表 2，发射法测定氧化铯精密度见表 3。

表 2 吸收法测定的精密度

水平范围 m/(μg/g)	重复性限 r/(μg/g)	再现性限 R/(μg/g)
17.7～3 170	$r=1.179+0.079m$	$R=2.450+0.125m$
注：本精密度数据由 5 个实验室对 6 个水平的试料所做的试验中确定的。		

表 3 发射法测定的精密度

水平范围 m/(μg/g)	重复性限 r/(μg/g)	再现性限 R/(μg/g)
3.5～3 090	$r=0.146\ 6m^{0.88}$	$R=0.400\ 2m^{0.88}$
注：本精密度数据由 6 个实验室对 6 个水平的试料所做的试验中确定的。		

附 录 A
（资料性附录）
原子吸收分光光度计参考工作条件

使用原子吸收分光光度计的参考工作条件如表 A.1、表 A.2。

表 A.1 火焰原子吸收法参考工作条件

波长/nm	灯电流/mA	单色器通带/nm	燃烧器高度/mm	空气压力/MPa	乙炔压力/MPa	积分时间/s
852.1	7.5	0.4	7.5	0.16	0.025	5

表 A.2 火焰原子发射法参考工作条件

波长/nm	单色器通带/nm	燃烧器高度/mm	空气压力/MPa	乙炔压力/MPa	积分时间/s
852.1	0.4	7.5	0.16	0.025	5

ICS 73.060
D 43

中华人民共和国国家标准

GB/T 17414.1—2010
代替 GB/T 17414.1—1998

铍矿石化学分析方法 第1部分:铍量测定 埃利罗菁R光度法

**Method for chemical analysis of beryllium ores—
Part 1:Determination of beryllium content—
Eriochrome cyanine R photometric method**

2010-11-10 发布　　　　2011-02-01 实施

中华人民共和国国家质量监督检验检疫总局
中国国家标准化管理委员会 发布

前 言

GB/T 17414《铍矿石化学分析方法》共有两个部分：

——第1部分：铍量测定　埃利罗菁R光度法；

——第2部分：铍量测定　催化极谱法。

本部分为GB/T 17414的第1部分。

本部分代替GB/T 17414.1—1998《铍矿石化学分析方法　埃利罗菁R光度法测定铍量》。

本部分与GB/T 17414.1—1998相比，主要变化如下：

——修改了本部分的中英文名称；

——对文本格式进行了修改；

——计算公式中质量分数表示符号由w代替了ω(%)；

——增加了警示、警告内容；

——增加了试样条款；

——增加了废弃物处理条款。

本部分的附录A为资料性附录。

本部分由中华人民共和国国土资源部提出。

本部分由全国国土资源标准化技术委员归口。

本部分负责起草单位：国家地质实验测试中心。

本部分起草单位：辽宁省地质实验研究所。

本部分主要起草人：陈海英、魏占文。

本部分所代替标准的历次版本发布情况为：

——GB/T 17414.1—1998。

铍矿石化学分析方法
第1部分:铍量测定
埃利罗菁R光度法

警示:使用本标准的人员应有正规实验室工作的实践经验。本标准并未指出所有可能的安全问题。使用者有责任采取适当的安全和健康措施,并保证符合国家有关法规规定的条件。

1 范围

GB/T 17414的本部分规定了埃利罗菁R光度法测定铍矿石中铍量的方法。

本部分适用于铍矿石,也适用于锂、铷、铯矿石和钽、铌矿石中低含量铍量的测定。

测定范围:0.000 1%~1.0%(质量分数)铍量(以氧化铍计)。

2 规范性引用文件

下列文件中的条款通过GB/T 17414本部分的引用而成为本部分的条款。凡是注日期的引用文件,其随后所有的修改单(不包括勘误的内容)或修订版均不适用于本部分,然而,鼓励根据本部分达成协议的各方研究是否可使用这些文件的最新版本。凡是不注日期的引用文件,其最新版本适用于本部分。

GB/T 6682 分析实验室用水规格和试验方法

3 原理

试料用氢氟酸-硫酸分解,不溶残渣以焦硫酸钾熔融,盐酸提取,用乙二胺四乙酸二钠、三乙醇胺掩蔽铝、铁。在pH值5.7的介质中,溴化十六烷基三甲铵(CTMAB),埃利罗菁R与铍形成蓝紫色络合物,于分光光度计上,波长590 nm处测量吸光度,计算铍量。加入酒石酸可加速显色,溶液颜色至少可稳定20 h以上。

4 试剂

本部分所用试剂除非另有说明,分析时均使用分析纯化学试剂和符合GB/T 6682的分析实验室用水。

4.1 焦硫酸钾。

4.2 酒石酸钾钠。

4.3 乙二胺四乙酸二钠。

4.4 三乙醇胺。

4.5 乙酸丁酯。**警告:易燃,小心操作!**

4.6 氢氟酸(ρ1.13 g/mL)。**警告:有毒并有强腐蚀性,操作时应戴手套,防止皮肤接触!**

4.7 硫酸(1+1)。**警告:在不断搅拌下将浓硫酸缓慢加入水中,小心操作!**

4.8 盐酸(1+1)。

4.9 盐酸(8+92)。

4.10 硝酸(1+1)。

4.11 乙二胺四乙酸二钠溶液(100 g/L)。

4.12 乙酰丙酮溶液(20+80)。

4.13 氢氧化钠溶液(80 g/L)。

4.14 氢氧化钠溶液(200 g/L)。

4.15 混合掩蔽剂:称取 5.0 g 乙二胺四乙酸二钠(4.3),5.0 g 酒石酸钾钠(4.2)于烧杯中,加入 30 mL 三乙醇胺(4.4),加水 70 mL 搅拌溶解。

4.16 埃利罗菁 R 溶液(0.5 g/L)(现用现配)。

4.17 溴化十六烷基三甲铵(CTMAB)溶液[c(CTMAB)=0.01 mol/L]:称取 3.640 g 溴化十六烷基三甲铵[$C_{16}H_{33}(CH_3)_3NBr$]精确到 1 mg,溶解在 100 mL 乙醇中,用水稀释至 1 000 mL。

4.18 六次甲基四胺溶液(200 g/L)。

4.19 氧化铍标准溶液配制:

a) 氧化铍标准储备溶液(500.0 μg/mL):称取 3.541 g 硫酸铍($BeSO_4 \cdot 4H_2O$)精确到 1 mg,置于烧杯中,加 30 mL 水,2 mL 硫酸(4.7),加热溶解,移入 1 000 mL 容量瓶中,用水稀释至刻度,混匀;

b) 氧化铍标准溶液(2.0 μg/mL):分取 2.00 mL 氧化铍标准储备溶液[4.19a)]于 500 mL 容量瓶中,加 50 mL 硫酸(4.7),用水稀释至刻度,混匀。

4.20 甲基红溶液(1 g/L):乙醇溶液。

5 仪器和装置

5.1 分光光度计。

5.2 高温炉。

5.3 自动控温电热板:温度误差小于±5 ℃,表面有聚四氟乙烯涂层保护。

5.4 分析天平:三级,感量 0.1 mg。

6 试样

试样经加工后粒径应小于 74 μm,于 105 ℃预干燥 2 h～4 h,置于干燥器中保存。

7 分析步骤

7.1 试料量

按表 1 中铍量称取试料量,精确到 0.1 mg。

表 1 称取试料量

铍量/%	试料量/g
<0.005	1.0
>0.005～0.01	0.5
>0.01～0.05	0.2
>0.05～1	0.1

7.2 空白试验

随同试料做不少于两份空白试验,所用试剂应与试料分析取自同一试剂瓶。

7.3 验证试验

随同试料分析与被测样品性质相同或相近的标准物质。

7.4 试料分解

7.4.1 将试料(7.1)置于铂坩埚中,加适量水润湿,加 1 mL 硫酸(4.7),5 mL 氢氟酸(4.6),置控温电热板上蒸发至近干,再加 5 mL 氢氟酸(4.6),继续蒸发至三氧化硫白烟冒尽。冷却后加入 2.0 g～3.0 g 焦硫酸钾(4.1),在 700 ℃高温炉上熔融 15 min,冷却。

7.4.2 向铂坩埚中加入5 mL盐酸(4.8),置电热板上加热提取。移入100 mL烧杯中,用水洗净坩埚,盖上表皿,煮沸5 min,充分溶解熔融物,取下冷却。

7.4.3 将溶液移入50 mL或100 mL容量瓶中,用水稀释至刻度,混匀。

注:$w(BeO)<0.1\%$:50 mL容量瓶;$w(BeO)>0.1\%$:100 mL容量瓶。

7.4.4 分取1.00 mL～10.00 mL试液(7.4.3)于50 mL容量瓶中(特殊样品分取量参见附录A),加5 mL混合掩蔽剂(4.15),加水至20 mL左右,加1滴甲基红溶液(4.20),滴加盐酸(4.8)至红色,用氢氧化钠溶液(4.13)调至刚呈黄色,加2.0 mL盐酸(4.9),5.0 mL埃利罗菁R溶液(4.16),混匀。加入2.0 mL溴化十六烷基三甲铵(CTMAB)溶液(4.17),5.0 mL六次甲基四胺溶液(4.18),用水稀至刻度,混匀。放置90 min。

7.5 校准溶液系列配制

在一系列50 mL容量瓶中,分别加入0.00 mL、1.00 mL、2.00 mL、3.00 mL、4.00 mL和5.00 mL氧化铍标准溶液[4.19b)],加5 mL混合掩蔽剂(4.15),加水至20 mL左右,加1滴甲基红溶液(4.20),滴加盐酸(4.8)至红色,用氢氧化钠溶液(4.13)调至刚呈黄色,加2.0 mL盐酸(4.9),5.0 mL埃利罗菁R溶液(4.16),混匀。加入2.0 mL溴化十六烷基三甲铵(CTMAB)溶液(4.17),5.0 mL六次甲基四胺溶液(4.18),用水稀至刻度,混匀。放置90 min。

7.6 测定

于分光光度计上,以试剂空白作参比,用1 cm比色杯,在波长590 nm处测量校准溶液系列、试料溶液和空白试验溶液(7.2)的吸光度。

注:氟和铜对测定有影响,采用硫酸蒸发冒烟除氟,在三乙醇胺、酒石酸、乙二胺四乙酸二钠(EDTA)混合掩蔽剂存在下,>100 μg铜可在pH值4.5～5的溶液中,用乙酰丙酮、乙酸丁酯萃取分离。

7.7 校准曲线绘制

以校准溶液系列的氧化铍量为横坐标,校准溶液系列的吸光度为纵坐标,绘制校准曲线。查出试料溶液及空白试验溶液(7.2)相应的氧化铍量。

8 结果计算

计算结果以质量分数$w(BeO)$计,数值以(%)表示,按式(1)计算氧化铍量。

$$w(BeO)=\frac{(m_1-m_0)V\times 10^{-6}}{mV_1}\times 100 \qquad (1)$$

式中:

$w(BeO)$——试料中铍量的质量分数(以氧化铍计),单位为百分浓度(%);

m_1——从校准曲线上查得试料溶液的氧化铍量,单位为微克(μg);

m_0——从校准曲线上查得空白试验溶液(7.2)的氧化铍量,单位为微克(μg);

V——试料溶液总体积,单位为毫升(mL);

m——称取试料量,单位为克(g);

V_1——分取试料溶液体积,单位为毫升(mL)。

分析结果表示至小数点后两位。

9 精密度

铍矿石中铍量测定结果的精密度见表2。

表2 铍量精密度

元素(组分)	水平范围 m/(μg/g)	重复性限 r/(μg/g)	再现性限 R/(μg/g)
氧化铍	49.9～8 360	$r=0.296\ 7m^{0.77}$	$R=8.848+0.418m$
注:本精密度数据是由6个实验室对6个水平的试样所做的试验中确定的。			

10　废弃物处理

本方法涉及的有毒有害废弃物，应集中收集保存；严格根据国家环保行政部门的有关法规和技术指标对各类废弃物负责集中处理。

附 录 A
（资料性附录）
标准的有关说明

A.1 含铜量＞0.20％的样品，将试液移入125 mL分液漏斗中，加20 mL乙二胺四乙酸二钠溶液(4.11)，10 mL乙酰丙酮溶液(4.12)，3滴甲基红溶液(4.20)，用氢氧化钠溶液(4.14)和盐酸(4.8)调节至溶液刚变黄，加20 mL乙酸丁酯(4.5)，振荡2 min。弃去水相，继续用20 mL水洗有机相一次，加入20 mL盐酸(4.8)，振荡2 min反萃取铍，将反萃取液放入100 mL烧杯中，低温蒸发至2 mL～3 mL，加10 mL水，加热提取，冷却。

注：蒸至小体积时可加2滴硝酸(4.10)破坏指示剂。

A.2 铍矿石中铍含量在0.010％以上，一般可不经萃取分离铜直接进行显色测定。反萃取后的盐酸溶液不能蒸干，否则结果偏低。

ICS 73.060
D 43

中华人民共和国国家标准

GB/T 17414.2—2010
代替 GB/T 17414.2—1998

铍矿石化学分析方法
第2部分：铍量测定　催化极谱法

Method for chemical analysis of beryllium ores—
Part 2: Determination of beryllium content—Catalytic polarographic method

2010-11-10 发布　　　　2011-02-01 实施

中华人民共和国国家质量监督检验检疫总局
中国国家标准化管理委员会　发布

前　言

GB/T 17414《铍矿石化学分析方法》共有两个部分：

——第1部分：铍量测定　埃利罗菁R光度法；

——第2部分：铍量测定　催化极谱法。

本部分为GB/T 17414的第2部分。

本部分代替GB/T 17414.2—1998《铍矿石化学分析方法　催化极谱法测定铍量》。

本部分与GB/T 17414.2—1998相比，主要变化如下：

——修改了本部分的中英文名称；

——对文本格式进行了修改；

——计算公式中质量分数表示符号由 w 代替了 $\omega(\%)$；

——增加了警示、警告内容；

——增加了试样条款；

——增加了废弃物处理条款。

本部分由中华人民共和国国土资源部提出。

本部分由全国国土资源标准化技术委员归口。

本部分负责起草单位：国家地质实验测试中心。

本部分起草单位：辽宁省地质实验研究所。

本部分主要起草人：邵文军、杨威。

本部分所代替标准的历次版本发布情况为：GB/T 17414.2—1998。

铍矿石化学分析方法
第2部分:铍量测定　催化极谱法

警示:使用本标准的人员应有正规实验室工作的实践经验。本标准并未指出所有可能的安全问题。使用者有责任采取适当的安全和健康措施,并保证符合国家有关法规规定的条件。

1　范围

GB/T 17414 的本部分规定了用催化极谱法测定铍矿石中铍量的方法。

本部分适用于铍矿石,也适用于锂、铷、铯和钽、铌矿石中低含量铍量的测定。

测定范围:0.000 1%~0.40%(质量分数)铍量(以氧化铍计)。

2　规范性引用文件

下列文件中的条款通过 GB/T 17414 本部分的引用而成为本部分的条款。凡是注日期的引用文件,其随后所有的修改单(不包括勘误的内容)或修订版均不适用于本部分,然而,鼓励根据本部分达成协议的各方研究是否可使用这些文件的最新版本。凡是不注日期的引用文件,其最新版本适用于本部分。

GB/T 6682　分析实验室用水规格和试验方法

3　原理

试料经氢氧化钠-过氧化钠熔融分解,水提取,盐酸酸化,蒸干使二氧化硅脱水,稀盐酸溶解盐类,以氯化铵-氨水-乙二胺四乙酸二钠-铍试剂Ⅲ为底液,在示波极谱仪上,于峰电位−0.8 V左右,进行导数极谱测定。波高与浓度呈线性关系,测定范围为 0.001 μg/mL~0.80 μg/mL 铍量(以氧化铍计)。

4　试剂

本部分所用试剂除非另有说明,分析时均使用分析纯化学试剂和符合 GB/T 6682 的分析实验室用水。

4.1　氢氧化钠。

4.2　过氧化钠。

4.3　硫酸(ρ1.84 g/mL)。

4.4　硫酸(1+1)。**警告:在不断搅拌下将浓硫酸缓慢加入水中,小心操作!**

4.5　盐酸(ρ1.19 g/mL)。

4.6　盐酸(1+4)。

4.7　混合底液制备:

a)　称取 120.0 g 乙二胺四乙酸二钠,80.0 g 氯化铵溶于水中,加入 166 mL 氨水,用水稀释至 1 000 mL;

b)　铍试剂Ⅲ溶液(0.12 g/L),避光保存;

c)　将 200 mL 混合溶液[4.7a)]和 100 mL 铍试剂Ⅲ溶液[4.7b)]混合,混匀,用时配制。

4.8　氧化铍标准溶液配制:

a)　氧化铍标准储备溶液(100.0 μg/mL):称取 0.1 g 氧化铍(光谱纯)精确到 0.1 mg,经 500 ℃灼烧后,置于 100 mL 烧杯中,加入 10 mL 硫酸(4.4),加热,待全部溶解后,移入 1 000 mL 容量瓶中，用水稀释至刻度，混匀；

b) 氧化铍标准溶液(1.0 μg/mL)：分取10.00 mL氧化铍标准储备溶液[4.8a)]，置于1 000 mL容量瓶中，滴加1.0 mL硫酸(4.4)，用水稀释至刻度，混匀。

5 仪器和设备

5.1 示波极谱仪(三电极系统)。**警告：在通风良好处操作，避免汞蒸气可能引起的危险！**

5.2 高温炉。

5.3 自动控温电热板：温度误差小于±5 ℃，表面有聚四氟乙烯涂层保护。

5.4 分析天平：三级，感量0.1 mg。

6 试样

试样经加工后粒径应小于74 μm，于105 ℃预干燥2 h～4 h，置于干燥器中保存。

7 分析步骤

7.1 试料量

称取0.1 g试料，精确到0.1 mg。

7.2 空白试验

随同试料做不少于两份空白试验，所用试剂应与试料分析取自同一试剂瓶。

7.3 验证试验

随同试料分析与被测样品性质相同或相近的标准物质。

7.4 试料分解

7.4.1 将试料(7.1)置于镍坩埚中，加入1 g氢氧化钠(4.1)，在电热板上加热逐去水份后，加1 g过氧化钠(4.2)，于650 ℃高温炉中熔融至流体状，并保持5 min，取出，冷却后，放入150 mL烧杯中，用水提取，煮沸5 min，洗出坩埚，加入15 mL盐酸(4.5)，于自动控温电热板上蒸发至干，继续加热脱水，取下冷却，加入5 mL或10 mL盐酸(4.6)溶解盐类，移入50 mL或100 mL容量瓶中，以水稀释至刻度，混匀。

注：样品分解时间不宜过长，否则带来大量镍对测定有影响。

7.4.2 分取1.00 mL～5.00 mL清液(7.4.1)于20 mL烧杯中，不足5 mL者用空白溶液补足至5 mL，加入5 mL混合底液(4.7)，混匀，放置30 min。

7.5 校准溶液系列配制

在一系列25 mL烧杯中，分别加入0.00 mL、0.10 mL、0.20 mL、0.50 mL、1.00 mL、2.00 mL、3.00 mL、4.00 mL、5.00 mL和6.00 mL氧化铍标准溶液[4.8b)]，低温蒸干，加入5 mL试料空白试验溶液(7.2)，加5 mL混合底液(4.7)，混匀，放置30 min。

7.6 测定

在示波极谱仪上，于起始电位－0.65 V左右，进行导数极谱测量校准溶液系列、试料溶液和空白试验溶液(7.2)的峰电流。

注1：0.5 mol/L氯化氨-0.8 mol/L氨水-40 g/L乙二胺四乙酸二钠底液中，铍试剂Ⅲ本身在－0.6 V左右有一清晰的极谱波，其峰电流随铍含量的增加而降低，不影响铍-铍试剂Ⅲ络合物吸附波和浓度的定量关系。

注2：当铁、钛、铋含量分别是铍量的3 000倍、300倍、500倍时才引起负干扰。

注3：室温低时，在加入混合底液混匀后，放置时间需延长，最好置于25 ℃～30 ℃恒温槽内保温30 min。

7.7 校准曲线绘制

以校准溶液系列氧化铍量为横坐标，校准溶液系列的峰电流为纵坐标，绘制校准曲线。查出试料溶液及空白试验溶液(7.2)相应的氧化铍量。

8 结果计算

计算结果以质量分数 $w(\mathrm{BeO})$ 计，数值以(%)表示，按式(1)计算氧化铍量。

$$w(\mathrm{BeO})=\frac{(m_1-m_0)V\times10^{-6}}{mV_1}\times100 \qquad \cdots\cdots(1)$$

式中：

$w(\mathrm{BeO})$——试料中铍量的质量分数(以氧化铍计)，单位为百分浓度(%)；

m_1——从校准曲线上查得试料溶液的氧化铍量，单位为微克(μg)；

m_0——从校准曲线上查得空白试验溶液(7.2)的氧化铍量，单位为微克(μg)；

V——试料溶液总体积，单位为毫升(mL)；

m——称取试料量，单位为克(g)；

V_1——分取试料溶液体积，单位为毫升(mL)。

分析结果表示至小数点后两位。

9 精密度

铍矿石中铍量测定结果的精密度见表1。

表1 铍量精密度

元素(组分)	水平范围 m/(μg/g)	重复性限 r/(μg/g)	再现性限 R/(μg/g)
氧化铍	46.7～3 820	$r=0.150\ 4m^{0.93}$	$R=-0.527\ 0+0.232m$
注：本精密度数据是由5个实验室对6个水平的试样所做的试验中确定的。			

10 废弃物处理

本方法涉及的有毒有害废弃物，应集中收集保存；严格根据国家环保行政部门的有关法规和技术指标对各类废弃物负责集中处理。

ICS 73.060
D 43

中华人民共和国国家标准

GB/T 17415.1—2010
代替 GB/T 17415.1—1998

钽矿石、铌矿石化学分析方法 第1部分:钽量测定

Methods for chemical analysis of tantalum and niobium ores—
Part 1:Determination of tantalum content

2010-11-10 发布　　2011-02-01 实施

中华人民共和国国家质量监督检验检疫总局
中国国家标准化管理委员会　发布

前　言

GB/T 17415《钽矿石、铌矿石化学分析方法》共有两个部分：

——第1部分：钽量测定；

——第2部分：铌量测定。

本部分为GB/T 17415的第1部分。

本部分代替GB/T 17415.1—1998《钽矿石、铌矿石化学分析方法　硅胶富集分离-丁基罗丹明B萃取光度法测定钽量》。

本部分与GB/T 17415.1—1998相比，主要变化如下：

——修改了本部分的中英文名称；

——对文本格式进行了修改；

——计算公式中质量分数表示符号由w代替了$\omega(\%)$；

——增加了警示、警告内容；

——增加了试样条款；

——增加了废弃物处理条款。

本部分由中华人民共和国国土资源部提出。

本部分由全国国土资源标准化技术委员归口。

本部分负责起草单位：国家地质实验测试中心。

本部分起草单位：辽宁省地质实验研究所。

本部分主要起草人：闵广全、张世涛。

本部分所代替标准的历次版本发布情况为：

——GB/T 17415.1—1998。

钽矿石、铌矿石化学分析方法 第1部分：钽量测定

警示：使用本标准的人员应有正规实验室工作的实践经验。本标准并未指出所有可能的安全问题。使用者有责任采取适当的安全和健康措施，并保证符合国家有关法规规定的条件。

1 范围

GB/T 17415的本部分规定了丁基罗丹明B光度法测定钽、铌矿石中钽量的方法。

本部分适用于钽、铌矿石，也适用于锂、铷、铯矿石中钽量的测定。

测定范围：0.005 0%～1.0%（质量分数）钽量（以五氧化二钽计）。

2 规范性引用文件

下列文件中的条款通过GB/T 17415本部分的引用而成为本部分的条款。凡是注日期的引用文件，其随后所有的修改单（不包括勘误的内容）或修订版均不适用于本部分，然而，鼓励根据本部分达成协议的各方研究是否可使用这些文件的最新版本。凡是不注日期的引用文件，其最新版本适用于本部分。

GB/T 6682　分析实验室用水规格和试验方法

3 原理

试料经碱熔融分解，在乙二胺四乙酸二钠和草酸存在的氨性介质中以硅胶富集铌、钽，使其与钨、钼、钒、大部分钛、锆、铝等以及一般二价和三价金属离子分离，沉淀经过滤、洗涤和灼烧，氢氟酸去硅，将铌、钽制成酒石酸溶液。分取部分溶液甲苯和丙酮混合萃取剂萃取以丁基罗丹明B光度法，于分光光度计上，波长560 nm处测量吸光度，计算钽量。

4 试剂

本部分所用试剂除非另有说明，分析时均使用分析纯化学试剂和符合GB/T 6682的分析实验室用水。

4.1　氢氧化钾。

4.2　焦硫酸钾。

4.3　乙二胺四乙酸二钠。

4.4　草酸。

4.5　氨水（ρ0.90 g/mL）。**警告：小心操作！**

4.6　氢氟酸（ρ1.13 g/mL）。**警告：有毒并有强腐蚀性，操作时应戴手套，防止皮肤接触！**

4.7　盐酸（ρ1.19 g/mL）。

4.8　盐酸（1+9）。

4.9　氯化铵饱和溶液。

4.10　氯化铵洗涤液（50 g/L）：称取5.0 g氯化铵（NH_4Cl）于100 mL容量瓶中，加水70 mL～80 mL，用氨水（4.5）调至酚酞显红色，用水稀释至100 mL。

4.11　硅酸钠溶液（150 g/L）：称取15.0 g硅酸钠（$Na_2SiO_3 \cdot 9H_2O$），用水溶解后，稀释至100 mL。

4.12　酒石酸溶液（150 g/L）。

4.13 酒石酸溶液(60 g/L)。

4.14 酒石酸溶液(300 g/L)。

4.15 硫酸(1+1)。**警告:在不断搅拌下将浓硫酸缓慢加入水中,小心操作!**

4.16 氟化钾溶液(150 g/L):称取 15.0 g 氟化钾($KF \cdot 2H_2O$),用水溶解后,稀释至 100 mL,贮于塑料瓶中。

4.17 丁基罗丹明 B 溶液(5 g/L):称取 5.0 g 丁基罗丹明 B($C_{32}H_{39}ClN_2O_3$),用水溶解后,稀释至 1 000 mL,过滤后使用。

4.18 混合萃取剂:甲苯+丙酮=(9+1)。**警告:易燃,小心操作!**

4.19 五氧化二钽标准溶液配制:

a) 五氧化二钽标准储备溶液(100.0 μg/mL):称取 0.1 g 五氧化二钽(99.9%以上)精确到 0.1 mg,经 500 ℃灼烧 1 h 并于干燥器中放冷至室温,置于 30 mL 瓷坩埚中,加 5.0 g 焦硫酸钾(4.2),加盖但留一细缝,于高温炉中逐渐升温至暗红色流体,摇动,再保持数分钟,取出放冷,置于 200 mL 烧杯中,加约 100 mL 酒石酸溶液(4.14),加热使盐类溶解,放冷,移入 1 000 mL 容量瓶中,用酒石酸溶液(4.14)洗净坩埚和烧杯并以此浓度的酒石酸溶液稀释至刻度,混匀;

b) 五氧化二钽标准溶液(2.0 μg/mL):分取 5.00 mL 五氧化二钽标准储备溶液[4.19a)]于 250 mL 容量瓶中,加 45 mL 酒石酸溶液(4.14),用水稀释至刻度,混匀。

4.20 酚酞溶液(10 g/L):乙醇溶液。

5 仪器和设备

5.1 分光光度计。

5.2 高温炉。

5.3 电热板。

5.4 分析天平:三级,感量 0.1 mg。

6 试样

试样经加工后粒径应小于 74 μm,于 105 ℃预干燥 2 h~4 h,置于干燥器中保存。

7 分析步骤

7.1 试料量

按表 1 中钽量称取试料量,精确到 0.1 mg。

表 1 称取试料量

钽量/%	试料量/g	制成溶液体积/mL	分取溶液体积/mL
0.005~0.01	0.5	25	5
>0.01~0.05	0.2	50	5
>0.05~0.2	0.1	100	5
>0.2~1.0	0.1	200	2

7.2 空白试验

随同试料进行不少于 2 份空白试验,所用试剂应与试料分析取自同一试剂瓶。

7.3 验证试验

随同试料分析与被测样品性质相同或相近的标准物质。

7.4 试料分解

7.4.1 将试料(7.1)置于 30 mL 高铝坩埚中,加几滴乙醇使其湿润,烘干,加 4 g 氢氧化钾(4.1),于

650 ℃～700 ℃高温炉中熔融 10 min～15 min,取出,摇动内熔物,放冷,直立于 300 mL 烧杯中,加 20 mL 左右沸水于坩埚中并立即盖上表面皿。待剧烈作用停止后洗净坩埚,加约 15 mL 盐酸(4.7),立即搅匀。加 3.0 g 乙二胺四乙酸二钠(4.3),1.0 g 草酸(4.4)和 50 mL 氯化铵饱和溶液(4.9)。

7.4.2 加热使盐类溶解,煮至近沸,稍冷,加 5 滴酚酞溶液(4.20),在快速搅拌下加入氨水(4.5),中和至溶液变红并过量 4 mL～5 mL,立即煮沸数分钟,补加沸水至 200 mL 左右,加适量纸浆,充分搅拌,于 70 ℃～80 ℃保温 30 min。沉淀后立即同加有 10 mL 硅酸钠溶液(4.11)的空白比较,若硅胶不足,则补加硅酸钠溶液(4.11)并不断搅拌,使析出的硅胶与空白大致相当。

7.4.3 趁热用快速滤纸过滤,用氯化铵洗涤液(4.10)吹洗 3 次,用滤纸擦净烧杯,再洗沉淀 7 次～8 次,用热水洗 2 次,再用近沸的盐酸溶液(4.8)洗沉淀 6 次～7 次,其间用细玻璃棒搅动沉淀 3 次,最后用热水洗 2 次。

7.4.4 将沉淀连同滤纸放入铂坩埚中,于高温炉中灰化并于 750 ℃灼烧 30 min,取出,冷却,以水润湿,加 5 mL 氢氟酸(4.6),于水浴上蒸干,再加 3 mL 氢氟酸(4.6)蒸至恰干。加 10 mL 酒石酸溶液(4.12),50 ℃左右浸取 20 min～25 min,按(7.1)中表 1 移入容量瓶中,并制备成 60 g/L 的酒石酸溶液。

7.4.5 按(7.1)中表 1 分取制备溶液(7.4.4)于小塑料瓶中,不足 5.00 mL 时用酒石酸溶液(4.13)补足至 5.00 mL。加入 6 mL 硫酸(4.15),混匀。流水冷却至室温,加 1 mL 氟化钾溶液(4.16),1 mL 丁基罗丹明 B 溶液(4.17),混匀。加入 6 mL 混合萃取剂(4.18),振荡萃取 1 min,静置分层。

注:小塑料瓶用乙醇、硫酸-重铬酸钾洗液和水充分洗净,否则会影响分析结果。

7.5 校准溶液系列配制

在一系列 25 mL 小塑料瓶中,分别加入 0.00 mL、0.50 mL、1.00 mL、2.00 mL、3.00 mL、4.00 mL 和 5.00 mL 五氧化二钽标准溶液[4.19b)],不足 5 mL 者用酒石酸溶液(4.13)补足至 5.00 mL,加入 6 mL 硫酸(4.15),混匀。流水冷却至室温,加 1 mL 氟化钾溶液(4.16),1 mL 丁基罗丹明 B 溶液(4.17),混匀。加入 6 mL 混合萃取剂(4.18),振荡萃取 1 min,静置分层。

7.6 测定

分取有机相于分光光度计上,以试剂空白作参比,用 0.5 cm 比色皿,在波长 560 nm 处测量校准溶液系列、试料溶液和空白试验溶液(7.2)的吸光度。

7.7 校准曲线绘制

以校准溶液系列的五氧化二钽量为横坐标,校准溶液系列的吸光度为纵坐标,绘制校准曲线。查出试料溶液及空白试验溶液(7.2)相应的五氧化二钽量。

8 结果计算

计算结果以质量分数 $w(Ta_2O_5)$计,数值以(%)表示,按式(1)计算五氧化二钽量。

$$w(Ta_2O_5)=\frac{(m_1-m_0)V\times10^{-6}}{mV_1}\times100 \qquad (1)$$

式中:

$w(Ta_2O_5)$——试料中钽量的质量分数(以五氧化二钽计),单位为百分浓度(%);

m_1——从校准曲线上查得试料溶液的五氧化二钽量,单位为微克(μg);

m_0——从校准曲线上查得空白试验溶液(7.2)的五氧化二钽量,单位为微克(μg);

V——试料溶液总体积,单位为毫升(mL);

m——称取试料量,单位为克(g);

V_1——分取试料溶液体积,单位为毫升(mL)。

分析结果表示至小数点后两位。

9 精密度

钽、铌矿石中钽量测定结果的精密度见表2。

表2 钽量精密度

元素(组分)	水平范围 $m/(\mu g/g)$	重复性限 $r/(\mu g/g)$	再现性限 $R/(\mu g/g)$
五氧化二钽	48.2～10 500	$r=3.870+0.142m$	$R=1.350+0.305m$
注：本精密度数据是由5个实验室对6个水平的试样所做的试验中确定的。			

10 废弃物处理

本方法涉及的有毒有害废弃物，应集中收集保存；严格根据国家环保行政部门的有关法规和技术指标对各类废弃物负责集中处理。

ICS 73.060
D 43

中华人民共和国国家标准

GB/T 17415.2—2010
代替 GB/T 17415.2—1998

钽矿石、铌矿石化学分析方法 第2部分：铌量测定

Methods for chemical analysis of tantalum and niobium ores—Part 2: Determination of niobium content

2010-11-10 发布

2011-02-01 实施

中华人民共和国国家质量监督检验检疫总局
中国国家标准化管理委员会 发布

前　言

GB/T 17415《钽矿石、铌矿石化学分析方法》共有两个部分：

——第1部分：钽量测定；

——第2部分：铌量测定。

本部分为GB/T 17415的第2部分。

本部分代替GB/T 17415.2—1998《钽矿石、铌矿石化学分析方法　硅胶富集分离—硫氰酸盐萃取光度法测定铌量》。

本部分与GB/T 17415.2—1998相比，主要变化如下：

——修改了本部分的中英文名称；

——对文本格式进行了修改；

——计算公式中质量分数表示符号由w代替了ω(%)；

——增加了警示、警告内容；

——增加了试样条款；

——增加了废弃物处理条款。

本部分由中华人民共和国国土资源部提出。

本部分由全国国土资源标准化技术委员归口。

本部分负责起草单位：国家地质实验测试中心。

本部分起草单位：辽宁省地质实验研究所。

本部分主要起草人：张世涛、闵广全。

本部分所代替标准的历次版本发布情况为：

——GB/T 17415.2—1998。

钽矿石、铌矿石化学分析方法 第2部分：铌量测定

警示——使用本标准的人员应有正规实验室工作的实践经验。本标准并未指出所有可能的安全问题。使用者有责任采取适当的安全和健康措施，并保证符合国家有关法规规定的条件。

1 范围

GB/T 17415 的本部分规定了硫氰酸盐光度法测定钽、铌矿石中铌量的方法。

本部分适用于钽、铌矿石，也适用于锂、铷、铯矿石中铌量的测定。

测定范围：0.001 0%～1.0%(质量分数)铌量(以五氧化二铌计)。

2 规范性引用文件

下列文件中的条款通过 GB/T 17415 本部分的引用而成为本部分的条款。凡是注日期的引用文件，其随后所有的修改单(不包括勘误的内容)或修订版均不适用于本部分，然而，鼓励根据本部分达成协议的各方研究是否可使用这些文件的最新版本。凡是不注日期的引用文件，其最新版本适用于本部分。

GB/T 6682 分析实验室用水规格和试验方法

3 原理

试料经碱熔融分解，在乙二胺四乙酸二钠和草酸存在的氨性介质中以硅胶富集铌、钽，使其与钨、钼、钒、大部分钛、锆、铝等以及一般二价和三价金属离子分离。沉淀经过滤、洗涤和灼烧，氢氟酸去硅，将铌、钽制成酒石酸溶液。分取部分溶液乙酸乙酯萃取以硫氰酸钾光度法，于分光光度计上，波长 385 nm 处测量吸光度，计算铌量。

4 试剂

本部分所用试剂除非另有说明，分析时均使用分析纯化学试剂和符合 GB/T 6682 的分析实验室用水。

4.1 氢氧化钾。

4.2 焦硫酸钾。

4.3 乙二胺四乙酸二钠。

4.4 草酸。

4.5 氨水(ρ0.90 g/mL)。**警告：小心操作！**

4.6 氢氟酸(ρ1.13 g/mL)。**警告：有毒并有强腐蚀性，操作时应戴手套，防止皮肤接触！**

4.7 盐酸(ρ1.19 g/mL)。

4.8 盐酸(1+9)。

4.9 氯化铵饱和溶液。

4.10 氯化铵洗涤液(50 g/L)：称取 5.0 g 氯化铵(NH_4Cl)于 100 mL 容量瓶中，加 70 mL～80 mL 水，用氨水(4.5)调至酚酞显红色，用水稀释至 100 mL。

4.11 硅酸钠溶液(150 g/L)：称取 15.0 g 硅酸钠($Na_2SiO_3 \cdot 9H_2O$)，用水溶解后，稀释至 100 mL。

4.12 酒石酸溶液(150 g/L)。

4.13 酒石酸溶液(60 g/L)。

4.14 酒石酸溶液(300 g/L)。

4.15 三氯化铝溶液(100 g/L):称取 10.0 g 三氯化铝($AlCl_3 \cdot 6H_2O$)溶解于 100 mL 酒石酸溶液(4.13)中。

4.16 氯化亚锡溶液(150 g/L):称取 15.0 g 氯化亚锡($SnCl_2$)溶于 15 mL 盐酸(4.7)中,加水 85 mL,加金属锡粒贮于棕色瓶中。

4.17 硫氰酸钾溶液(500 g/L):称取 50.0 g 硫氰酸钾(KCNS),用水溶解后,稀释至 100 mL。

4.18 乙酸乙酯。**警告:易燃品,小心操作!**

4.19 五氧化二铌标准溶液配制:

a) 五氧化二铌标准储备溶液(100.0 μg/mL):称取 0.1 g 五氧化二铌(99.9%以上)精确到 0.1 mg,经 800 ℃灼烧 1 h 并于干燥器中放冷至室温,置于 30 mL 瓷坩埚中,加 5.0 g 焦硫酸钾(4.2),加盖但留一细缝,于高温炉中逐渐升温至暗红色流体,摇动,再保持数分钟,取出放冷,置于 200 mL 烧杯中,加约 100 mL 酒石酸溶液(4.14),加热使盐类溶解,放冷,移入 1 000 mL 容量瓶中,用酒石酸溶液(4.14)洗净坩埚和烧杯并以此浓度的酒石酸溶液稀释至刻度,混匀;

b) 五氧化二铌标准溶液(2.0 μg/mL):分取 5.00 mL 五氧化二铌标准储备溶液[4.19a)]于 250 mL容量瓶中,加 45 mL 酒石酸溶液(4.14),用水稀释至刻度,混匀。

4.20 酚酞溶液(10 g/L):乙醇溶液。

5 仪器和设备

5.1 分光光度计。

5.2 高温炉。

5.3 电热板。

5.4 分析天平:三级,感量 0.1 mg。

6 试样

试样经加工后粒径应小于 74 μm,于 105 ℃预干燥 2 h~4 h,置于干燥器中保存。

7 分析步骤

7.1 试料量

按表 1 中铌量称取试料量,精确到 0.1 mg。

表 1 称取试料量

铌量/%	试料量/g	制成溶液体积/mL	分取溶液体积/mL
0.001~0.01	0.5	25	5
>0.01~0.05	0.2	50	5
>0.05~0.2	0.1	100	5
>0.2~1.0	0.1	200	2

7.2 空白试验

随同试料进行不少于两份空白试验,所用试剂应与试料分析取自同一试剂瓶。

7.3 验证试验

随同试料分析与被测样品性质相同或相近的标准物质。

7.4 试料分解

7.4.1 将试料(7.1)置于 30 mL 高铝坩埚中,加几滴乙醇使其湿润,烘干,加 4 g 氢氧化钾(4.1),于

650 ℃～700 ℃高温炉中熔融 10 min～15 min，取出，摇动内熔物，放冷，直立于 300 mL 烧杯中，加 20 mL左右沸水于坩埚中并立即盖上表面皿。待剧烈作用停止后洗净坩埚，加约 15 mL 盐酸(4.7)，立即混匀。加 3.0 g 乙二胺四乙酸二钠(4.3)，1.0 g 草酸(4.4)和 50 mL 氯化铵饱和溶液(4.9)。

7.4.2 加热使盐类溶解，煮至近沸，稍冷，加 5 滴～10 滴酚酞溶液(4.20)，在快速搅拌下加入氨水(4.5)，中和至溶液变红并过量 4 mL～5 mL，立即煮沸数分钟，补加沸水至 200 mL 左右，加适量纸浆，充分搅拌，于 70 ℃～80 ℃保温 30 min。沉淀后立即同加有 10 mL 硅酸钠溶液(4.11)的空白比较，若硅胶不足，则补加硅酸钠溶液(4.11)并不断搅拌，使析出的硅胶与空白大致相当。

7.4.3 趁热用快速滤纸过滤，用氯化铵洗涤液(4.10)吹洗 3 次，用滤纸擦净烧杯，再洗沉淀 7 次～8 次，用热水洗 2 次，再用近沸的盐酸溶液(4.8)洗沉淀 6 次～7 次，其间用细玻璃棒搅动沉淀 3 次，最后用热水洗 2 次。

7.4.4 将沉淀连同滤纸放入铂坩埚中，于高温炉中灰化并于 750 ℃灼烧 30 min，取出，冷却。以水润湿，加 5 mL 氢氟酸(4.6)，于水浴上蒸干，再加 3 mL 氢氟酸(4.6)蒸至恰干。加 10 mL 酒石酸溶液(4.12)，温热浸取 10 min～15 min，按(7.1)中表 1 转移到容量瓶中，并制备成 60 g/L 的酒石酸溶液。

7.4.5 按(7.1)中表 1 分取制备溶液(7.4.4)于 25 mL 比色管中，不足 5.00 mL 时用酒石酸溶液(4.13)补足至 5.00 mL。加入 1 mL 三氯化铝溶液(4.15)，4 mL 盐酸(4.7)，3 mL 氯化亚锡溶液(4.16)，每加一种试剂均需混匀。冷却后，加 2 mL 硫氰酸钾溶液(4.17)，混匀。放置 5 min～15 min，准确加入 5 mL 乙酸乙酯萃取剂(4.18)，振荡萃取 1 min，静置分层。

7.5 校准溶液系列配制

在一系列 25 mL 比色管中，分别加入 0.00 mL、0.25 mL、0.50 mL、1.00 mL、2.00 mL、3.00 mL、4.00 mL 和 5.00 mL 五氧化二铌标准溶液[4.19b)]，不足 5.00 mL 者用酒石酸溶液(4.13)补足至 5.00 mL，加入 1 mL 三氯化铝溶液(4.15)，4 mL 盐酸(4.7)，3 mL 氯化亚锡溶液(4.16)，每加一种试剂均需混匀。冷却后，加 2 mL 硫氰酸钾溶液(4.17)，混匀。放置 5 min～15 min，准确加入 5 mL 乙酸乙酯萃取剂(4.18)，振荡萃取 1 min，静置分层。

7.6 测定

分取有机相于分光光度计上，以试剂空白作参比，用 1 cm 比色皿，在波长 385 nm 处测量校准溶液系列、试料溶液和空白试验溶液(7.2)的吸光度。

7.7 校准曲线绘制

以校准溶液系列的五氧化二铌量为横坐标，校准溶液系列的吸光度为纵坐标，绘制校准曲线。查出试料溶液及空白试验溶液(7.2)相应的五氧化二铌量。

8 结果计算

计算结果以质量分数 $w(Nb_2O_5)$ 计，数值以(%)表示，按式(1)计算五氧化二铌量。

$$w(Nb_2O_5) = \frac{(m_1 - m_0)V \times 10^{-6}}{mV_1} \times 100 \qquad \cdots\cdots (1)$$

式中：

$w(Nb_2O_5)$——试料中铌量的质量分数(以五氧化二铌计)，百分浓度(%)；

m_1——从校准曲线上查得试料溶液的五氧化二铌量，单位为微克(μg)；

m_0——从校准曲线上查得空白试验溶液(7.2)的五氧化二铌量，单位为微克(μg)；

V——试料溶液总体积，单位为毫升(mL)；

m——称取试料量，单位为克(g)；

V_1——分取试料溶液体积，单位为毫升(mL)。

分析结果表示至小数点后两位。

9 精密度

钽、铌矿石中铌量测定结果的精密度见表2。

表2 铌量精密度

元素(组分)	水平范围 m/(μg/g)	重复性限 r/(μg/g)	再现性限 R/(μg/g)
五氧化二铌	28.8～7 370	$r=0.521\ 3m^{0.76}$	$R=0.513\ 4m^{0.87}$
注：本精密度数据是由5个实验室对6个水平的试样所做的试验中确定的。			

10 废弃物处理

本方法涉及的有毒有害废弃物，应集中收集保存；严格根据国家环保行政部门的有关法规和技术指标对各类废弃物负责集中处理。

ICS 73.060
D 43

中华人民共和国国家标准

GB/T 17416.1—2010
代替 GB/T 17416.1—1998

锆矿石化学分析方法 第1部分:锆铪合量测定

Method for chemical analysis of zirconium ores—Part 1:Determination of zirconium-hafnium oxide content

2010-11-10 发布 2011-02-01 实施

中华人民共和国国家质量监督检验检疫总局
中国国家标准化管理委员会 发布

前　言

GB/T 17416《锆矿石化学分析方法》共有两个部分：

——第1部分：锆铪合量测定；

——第2部分：锆量和铪量测定。

本部分为GB/T 17416《锆矿石化学分析方法》第1部分。

本部分代替GB/T 17416.1—1998《锆矿石化学分析方法　二甲酚橙光度法测定锆(铪)量》。

本部分与GB/T 17416.1—1998相比，主要变化如下：

——修改了本部分的中英文名称；

——对文本格式进行了修改；

——计算公式中质量分数表示符号由w代替了$\omega(\%)$；

——增加了警示、警告内容；

——增加了试样条款。

本部分由中华人民共和国国土资源部提出。

本部分由全国国土资源标准化技术委员归口。

本部分负责起草单位：国家地质实验测试中心。

本部分起草单位：辽宁省地质实验研究所。

本部分主要起草人：邵文军、杨威。

本部分所代替标准的历次版本发布情况为：

——GB/T 17416.1—1998。

锆矿石化学分析方法
第1部分:锆铪合量测定

警示:使用本标准的人员应有正规实验室工作的实践经验。本标准并未指出所有可能的安全问题。使用者有责任采取适当的安全和健康措施,并保证符合国家有关法规规定的条件。

1 范围

GB/T 17416的本部分规定了二甲酚橙光度法测定锆矿石中锆铪合量的方法。

本部分适用于锆矿石,也适用于其他稀有金属矿石中锆铪合量的测定。

测定范围:0.010%~2.0%(质量分数)锆铪合量[以二氧化锆铪合量计]。

2 规范性引用文件

下列文件中的条款通过GB/T 17416的本部分的引用而成为本部分的条款。凡是注日期的引用文件,其随后所有的修改单(不包括勘误的内容)或修订版均不适用于本部分,然而,鼓励根据本部分达成协议的各方研究是否可使用这些文件的最新版本。凡是不注日期的引用文件,其最新版本适用于本部分。

GB/T 6682 分析实验室用水规格和试验方法

3 原理

试料经过氧化钠碱熔分解,三乙醇胺提取,在0.6 mol/L盐酸介质中,锆、铪与二甲酚橙生成红色络合物,加入阳离子表面活性剂溴化十六烷基三甲基胺(CTMAB)后,于分光光度计上,波长560 nm处测量吸光度,计算锆铪合量。

4 试剂

本部分所用试剂除非另有说明,分析时均使用分析纯化学试剂和符合GB/T 6682的分析实验室用水。

4.1 过氧化钠。

4.2 氢氟酸(ρ1.13 g/mL)。**警告:有毒并有强腐蚀性,操作时应戴手套,防止皮肤接触!**

4.3 硫酸(1+1)。**警告:在不断搅拌下将浓硫酸缓慢加入水中,小心操作!**

4.4 盐酸(1+2)。

4.5 盐酸(1+5)。

4.6 氢氧化钠溶液(10 g/L)。

4.7 三乙醇胺溶液(5+95)。

4.8 三乙醇胺氢氧化钠溶液:

在盛有1 L三乙醇胺溶液(4.7)的烧杯中,加入40 g固体氢氧化钠,溶解后,混匀。

4.9 氯化镁溶液(80 g/L)。

4.10 氯化铜溶液(20 g/L)。

4.11 硫脲溶液(100 g/L)。

4.12 二甲酚橙溶液(1 g/L):称取0.1 g二甲酚橙($C_{31}H_{28}O_{13}N_2SNa_4$)溶于100 mL盐酸(1+9)溶液中,放置数日后使用。

4.13 溴化十六烷基三甲基胺溶液（2 g/L）：称取 2.0 g 溴化十六烷基三甲基胺（CTMAB）[$C_{16}H_{33}(CH_3)_3NBr$]，溶解在 100 mL 乙醇中，用水稀释至 1 000 mL。

4.14 二氧化锆标准溶液配制：

a) 二氧化锆标准储备溶液（100.0 μg/mL）：称取 0.1 g 二氧化锆（光谱纯）精确到 0.1 mg，置于铂坩埚中，加入 10 滴硫酸（4.3）及 5 mL～7 mL 氢氟酸（4.2），在电热板上加热溶解并蒸发至冒浓白烟时取下，冷却后，沿坩埚壁用少量水淋洗一次，继续加热蒸发至冒白烟，重复处理一次。冷却后，用盐酸（4.5）提取，将溶液煮沸，冷却后用盐酸（4.5）移入 1 000 mL 容量瓶中，并稀释至刻度，混匀；

b) 二氧化锆标准溶液（10.0 μg/mL）：分取 20.00 mL 二氧化锆标准储备溶液（4.14a）置于 200 mL 容量瓶中，用盐酸（4.5）稀释至刻度，混匀。

5 仪器和设备

5.1 分光光度计。

5.2 高温炉。

5.3 电热板。

5.4 分析天平：三级，感量 0.1 mg。

6 试样

试样经加工后粒径应小于 74 μm，于 105 ℃预干燥 2 h～4 h，置于干燥器中保存。

7 分析步骤

7.1 试料量

按表 1 中锆铪合量称取试料量，精确到 0.1 mg。

表 1 称取试料量

锆铪合量/%	试料量/g
0.01～0.3	0.2
0.3～2.0	0.1

7.2 空白试验

随同试料进行不少于 2 份空白试验，所用试剂应与试料分析取自同一试剂瓶。

7.3 验证试验

随同试料分析与被测样品性质相同或相近的标准物质。

7.4 试料分解

7.4.1 将试料（7.1）置于高铝或石墨坩埚中，加 3 g～4 g 过氧化钠（4.1），搅匀后，在上面再覆盖 1 g，盖上坩埚盖，置于 700 ℃的高温炉中熔融 20 min，中间摇动 1 次～2 次。

注：锆矿石属于难熔矿石，因此熔矿时注意试料分解完全。

7.4.2 取出坩埚，冷却后，置于 250 mL 烧杯中。熔融物用 100 mL 热三乙醇胺（4.7）或三乙醇胺氢氧化钠溶液（4.8）提取，待作用停止后，洗出坩埚及坩埚盖，视沉淀多少加入 1 mL～2 mL 氯化镁溶液（4.9），加入适量纸浆，煮沸 15 min 以驱除过氧化氢。

注：用三乙醇胺（4.7）浸取熔融物时，注意所得溶液的碱度，尤其是含硅高的试样或取样量较多时，可用三乙醇胺氢氧化钠溶液（4.8）提取，这样可使绝大部分二氧化硅以硅酸形式留在溶液中与沉淀分离，以免在显色时加入溴化十六烷基三甲基胺（CTMAB）后出现浑浊现象。

7.4.3 冷却后，用快速滤纸过滤，用热氢氧化钠溶液（4.6）洗涤烧杯和沉淀 8 次～10 次，用水洗 1 次，用刻度移液管吸取 38 mL 热盐酸（4.4）于原烧杯中溶解沉淀，置于电热板上加热煮沸，再经原滤纸将溶液过滤于 100 mL 容量瓶中，用热水洗净烧杯和滤纸，冷却后，用水稀释至刻度，混匀备用。

注：如试料中 ZrO_2 含量较低，可取 19 mL 热盐酸(4.4) 溶解沉淀后过滤入 50 mL 容量瓶中。

7.4.4 分取 10 mL 试液(7.4.3)置于 25 mL 容量瓶中，加入 2 滴氯化铜溶液(4.10)和 2 mL 硫脲溶液(4.11)，混匀，放置片刻，加入 1.5 mL 二甲酚橙溶液(4.12)，2 mL 溴化十六烷基三甲基胺(CTMAB)溶液(4.13)，用水稀释至刻度，混匀。放置 10 min。

注：如分取 5 mL 试液，可补加 3.75 mL 盐酸(4.5)。

7.5 校准溶液系列配制

在一组 25 mL 容量瓶中，分别加入 0.00 mL、1.00 mL、2.00 mL、3.00 mL、4.00 mL、5.00 mL、6.00 mL 和 7.00 mL 的二氧化锆标准溶液(4.14 b)，补加盐酸(4.5)至 7.5 mL，加入 2 滴氯化铜溶液(4.10)和 2 mL 硫脲溶液(4.11)，混匀，放置片刻，加入 1.5 mL 二甲酚橙溶液(4.12)，2 mL 溴化十六烷基三甲基胺(CTMAB)溶液(4.13)，用水稀释至刻度，混匀。放置 10 min。

7.6 测定

于分光光度计上，以试剂空白作参比，用 1 cm 比色皿，在波长 560 nm 处测量校准溶液系列、试料溶液和空白试验溶液(7.2)的吸光度。

注：铁(Ⅲ)严重干扰测定，试料经碱熔，三乙醇胺提取后，残余的铁在铜盐存在下，用硫脲还原可得到满意的结果。

7.7 校准曲线绘制

以校准溶液系列的二氧化锆量为横坐标，校准溶液系列的吸光度为纵坐标，绘制校准曲线。查出试料溶液及空白试验溶液(7.2)相应的二氧化锆量。

8 结果计算

计算结果以质量分数 $w[(Zr,Hf)O_2]$ 计，数值以(%)表示，按式(1)计算二氧化锆铪合量。

$$w[(Zr,Hf)O_2]=\frac{(m_1-m_0)V\times10^{-6}}{mV_1}\times100 \qquad (1)$$

式中：

$w[(Zr,Hf)O_2]$——试料中锆铪合量的质量分数[以锆铪氧化物计]，单位为百分浓度(%)；

m_1——从校准曲线上查得分取试料溶液锆铪氧化物合量，单位为微克(μg)；

m_0——从校准曲线上查得分取试料空白试验溶液(7.2)锆铪氧化物合量，单位为微克(μg)；

V——试料溶液总体积，单位为毫升(mL)；

m——称取试料量，单位为克(g)；

V_1——分取试料溶液体积，单位为毫升(mL)。

分析结果表示至小数点后两位。

9 精密度

锆矿石中锆铪合量测定结果的精密度见表 2。

表 2 锆铪合量精密度

元素(组分)	水平范围 m/(μg/g)	重复性限 r/(μg/g)	再现性限 R/(μg/g)
二氧化锆铪合量	534～11 800	$r=-9.232+0.099m$	$R=-19.52+0.197m$
注：本精密度数据是由 6 个实验室对 6 个水平的试样所做的试验中确定的。			

ICS 73.060
D 43

中华人民共和国国家标准

GB/T 17416.2—2010
代替 GB/T 17416.2—1998

锆矿石化学分析方法
第2部分:锆量和铪量测定

Method for chemical analysis of zirconium ores—
Part 2:Determination of zirconium and hafnium contents

2010-11-10 发布 2011-02-01 实施

中华人民共和国国家质量监督检验检疫总局
中国国家标准化管理委员会
发布

前　言

GB/T 17416《锆矿石化学分析方法》共有两个部分：

——第 1 部分：锆铪合量测定；

——第 2 部分：锆量和铪量测定。

本部分为 GB/T 17416《锆矿石化学分析方法》第 2 部分。

本部分代替 GB/T 17416.2—1998《锆矿石化学分析方法　X 射线荧光光谱法测定锆量和铪量》。

本部分与 GB/T 17416.2—1998 相比，主要变化如下：

——修改了本部分的中英文名称；

——对文本格式进行了修改；

——增加了警示、警告内容；

——增加了试样条款。

本部分由中华人民共和国国土资源部提出。

本部分由全国国土资源标准化技术委员归口。

本部分负责起草单位：国家地质实验测试中心。

本部分起草单位：辽宁省地质实验研究所。

本部分主要起草人：王瑞敏、史军、王福林。

本部分所代替标准的历次版本发布情况为：

——GB/T 17416.2—1998。

锆矿石化学分析方法
第2部分:锆量和铪量测定

警示:使用本标准的人员应有正规实验室工作的实践经验。本标准并未指出所有可能的安全问题。使用者有责任采取适当的安全和健康措施,并保证符合国家有关法规规定的条件。

1 范围

GB/T 17416的本部分规定了X射线荧光光谱法测定锆矿石中锆量和铪量的方法。

本部分适用于锆矿石,也适用于其他稀有金属矿石中锆量和铪量的测定。

测定范围:0.001 6%~8.7%(质量分数)锆量(以二氧化锆计);0.003 4%~3.0%(质量分数)铪量(以二氧化铪计)。

2 原理

试料用四硼酸锂、氟化锂混合熔剂以1∶5的样品熔剂比熔融制成熔片,用X射线荧光光谱法测定。用国家级标准物质和光谱纯试剂按适当比例配制的标准样品以及国家级标准物质作为校准标准,用理论影响系数法校正元素间的吸收-增强效应。

3 试剂

本部分所用试剂除非另有说明,分析时均使用符合国家标准的分析纯化学试剂。

3.1 氧化锆(光谱纯)。

3.2 氧化铪(光谱纯)。

3.3 碳酸钠。

3.4 氧化镁。

3.5 三氧化二铝。

3.6 二氧化硅。

3.7 磷酸二氢钾。

3.8 碳酸钙。

3.9 氧化钛。

3.10 二氧化锰。

3.11 三氧化二铁。

3.12 氧化锆。

3.13 氧化铪。

3.14 碳酸锶。

3.15 无水四硼酸锂:X射线荧光光谱分析专用试剂,700 ℃灼烧2 h。

3.16 氟化锂(优级纯)。

3.17 混合熔剂:称取200.0 g无水四硼酸锂(3.15),12.0 g氟化锂(3.16)于玻璃乳钵中,轻轻仔细混匀,分装于若干个300 mL烧杯中,置于干燥器中冷却,备用。

4 仪器和设备

4.1 X射线荧光光谱仪(Rh靶端窗X射线管,50 kV,50 mA)。

4.2　熔样机：温度不低于 1 150 ℃。

4.3　铂-金合金坩埚(95%Pt+5%Au)：容积为 30 mL。

4.4　铂-金合金铸模(95%Pt+5%Au)：上端内径 36 mm，深 3 mm，底厚 1 mm～1.5 mm。

4.5　分析天平：三级，感量 0.1 mg。

5　试样

试样经加工后粒径应小于 74 μm，于 105 ℃预干燥 2 h～4 h，置于干燥器中保存。

6　分析步骤

6.1　校准曲线建立

6.1.1　向计算机输入测量条件。使用 X 射线荧光光谱仪测定锆量和铪量的参考测量条件见表 1。

表 1　锆量和铪量参考测量条件

元素	谱线	波长 nm	晶体	探测器	2θ(°) 谱线	2θ(°) 背景 1	2θ(°) 背景 2	计数时间(s) 谱线	计数时间(s) 背景 1	计数时间(s) 背景 2	狭缝	衰减器	干扰谱线
Na	Kα	1.190 9	TAP	F-PC	55.13		56.30	100		20	粗	1	Zr-Lα1(2)
Mg	Kα	0.988 9	TAP	F-PC	45.17		47.00	40		20	粗	1	
Al	Kα	0.833 9	PET	F-PC	144.60	140.00	148.00	20	10	10	粗	1	
Si	Kα	0.712 6	RX-4	F-PC	144.52	140.00	148.00	20	10	10	粗	1/3	
P	Kα	0.615 5	Ge	F-PC	140.91	140.00		40	10		粗	1	Zr-Lα1(2)
K	Kα	0.374 4	LiF-200	F-PC	136.60	134.00	139.00	20	10	10	粗	1	
Ca	Kα	0.336 0	LiF-200	F-PC	113.06	110.00		20	10		粗	1/3	
Ti	Kα	0.275 0	LiF-200	SC	86.12	85.00		20	10		粗	1	Hf-Lβ1(2)
Mn	Kα	0.210 3	LiF-200	SC	62.97	61.60	65.00	40	10	10	粗	1	Zr-Kβ1,3(3)
Fe	Kα	0.193 7	LiF-200	SC	57.52	55.00	60.00	20	10	10	粗	1/3	
Zr	Kα	0.078 8	LiF-200	SC	22.55	20.70	23.20	20	10	10	细	1/3	Sr-kβ
Hf	Lβ1	0.137 4	LiF-200	SC	39.91		41.20	40		40	细	1	
Sr	Kα	0.087 7	LiF-200	SC	25.15	24.50	25.70	20	10	10	粗	1	

注 1：F-PC：流气正比计数器，SC：闪烁计数器。

注 2：2θ 角以实测值为准。

注 3：粗狭缝箔片间距 450 μm，细狭缝箔片间距 150 μm。

6.1.2　"标准化"试样制备

6.1.2.1　用化学试剂(3.3～3.14)配制一个"标准化"试样，含量见表 2。"标准化"试样于 105 ℃烘 4 h。

表 2　"标准化"试样含量

试剂	Na_2CO_3	MgO	Al_2O_3	SiO_2	KH_2PO_4	$CaCO_3$	TiO_2	MnO_2	Fe_2O_3	ZrO_2	HfO_2	$SrCO_3$	总和
含量/%	17.0	9.0	14.0	25.0	2.0	13.0	3.0	1.36	7.0	6.5	1.14	1.0	100

6.1.2.2　称取 4.5 g 混合熔剂(3.17)精确到 0.5 mg 及 0.9 g"标准化"试样(6.1.2.1)精确到 0.1 mg，置于铂-金合金坩埚(4.3)中，用玻璃棒仔细混匀，盖上坩埚盖，置熔样机(4.2)上，于 1 200 ℃～1 250 ℃熔融 10 min～15 min。开始时先用小火慢慢预熔，待熔融物成暗红色的半熔状，开始加大火焰。熔融

过程中要不时摇动坩埚，使粘在坩埚壁上的小熔珠、熔剂或样品进入熔体中，同时驱赶气泡，并使熔融物混匀。熔好后立即将熔融物浇铸到已预热至800 ℃的铸模(4.4)中，迅速移离高温热源，并用压缩空气从下面冷却铸模底部，熔片即与铸模自动剥离，熔片也可在铂-金坩埚中直接冷却成型。

6.1.3 校准样品

6.1.3.1 人工校准样配制

首先称取氧化锆8.5 g(3.1)精确到0.1 mg，氧化铪1.5 g(3.2)精确到0.1 mg，仔细混匀，作为储备校准样。人工校准样配制方案见表3，人工校准样含量见表4。

表3 人工校准样配制方案

样　号	称储备校准样品/g	称GBW07109/g	合计/g
ZH1	5.000 0	20.000 0	25.000 0
ZH2	2.500 0	22.500 0	25.000 0
ZH3	1.250 0	23.750 0	25.000 0
ZH4	0.625 0	24.375 0	25.000 0
ZH5	0.312 5	24.687 5	25.000 0
ZH6	0.156 3	24.843 7	25.000 0

表4 人工校准样含量表

%

样号	Na_2O	MgO	Al_2O_3	SiO_2	P_2O_5	K_2O	CaO	TiO_2	MnO	Fe_2O_3	ZrO_2	HfO_2
ZH1	5.73	0.52	14.18	43.58	0.014 4	5.98	1.11	0.380	0.096	5.93	17.17	3.003 2
ZH2	6.44	0.58	15.95	49.03	0.016 2	6.73	1.25	0.430	0.108	6.67	8.69	1.503 6
ZH3	6.80	0.62	16.83	51.76	0.017 1	7.11	1.32	0.456	0.114	7.04	4.45	0.753 8
ZH4	6.98	0.63	17.28	53.12	0.017 6	7.29	1.36	0.468	0.117	7.22	2.33	0.378 9
ZH5	7.07	0.64	17.50	53.80	0.017 8	7.39	1.37	0.474	0.118	7.32	1.27	0.191 4
ZH6	7.12	0.65	17.61	54.14	0.017 9	7.43	1.38	0.477	0.119	7.36	0.74	0.097 8

6.1.3.2 除了6个以国家标准物质GBW07109为基体的人工校准样(6.1.3.1)以外，还选用了13个国家级标准物质GBW07304，GBW07308，GBW07311，GBW07103，GBW07104，GBW07105，GBW07106，GBW07108，GBW07109，GBW07111，GBW07112，GBW07114，GBW07407作为校准标准。将19个校准样(6.1.3.1)和(6.1.3.2)在105 ℃烘4 h，放入干燥器中，冷却至室温。

6.1.3.3 按照(6.1.2.2)的熔融方法将校准样(6.1.3.1)和(6.1.3.2)熔融成熔片。

6.1.4 "标准化"样片测量

6.1.4.1 按照测量条件(6.1.1)上机(4.1)测量"标准化"样(6.1.2.2)。

6.1.4.2 用一点法或两点法扣除背景(6.1.1)。

6.1.4.3 根据"标准化"样扣除背景后的净强度，按式(1)计算仪器漂移校正系数α，存入计算机。此后，每当测量校准样或未知试样前，均需要再测量"标准化"样，求新的α，存入计算机。

$$\alpha = I_{s1}/I_s \qquad \cdots\cdots(1)$$

式中：

I_{s1}——"标准化"样第一次测量强度(CPS)；

I_s——"标准化"样当前的测量强度(CPS)。

6.1.5 校准样片测量

6.1.5.1 按照测量条件(6.1.1)上机(4.1)测量标准样(6.1.3.3)。

6.1.5.2 用一点法或两点法扣除背景(6.1.1)。

6.1.5.3 进行仪器漂移校正：由计算机按式(2)对标准样片的净强度自动进行仪器漂移校正。

$$I_o = \alpha I_n \qquad \cdots\cdots (2)$$

式中：

I_o——校正仪器漂移后的强度(CPS)；

I_n——校正仪器漂移前的强度(CPS)。

6.1.6 计算理论影响系数

利用 NBSGSC 程序计算 Lachance 方程 $W_i = R_i(1+\sum\alpha_{ij}W_j)$理论影响系数 α_{ij}(熔融系统)，存入计算机。理论影响系数见表 5。

表 5 消去烧失量的理论影响系数

分析组分	谱线	平均含量/%	基体组成											
			Na_2O	MgO	Al_2O_3	SiO_2	P_2O_5	K_2O	CaO	TiO_2	MnO	Fe_2O_3	ZrO_2	HfO_2
Na_2O	Kα	5.00	0.120 2	0.153 1	0.177 6	0.198 3	0.213 2	0.259 5	0.293 8	0.355 8	0.547 5	0.579 7	0.402 2	0.399 1
MgO	Kα	10.00	0.564 7	0.174 8	0.191 4	0.212 9	0.229 1	0.263 8	0.298 0	0.360 2	0.555 9	0.588 3	0.459 0	0.482 9
Al_2O_3	Kα	15.00	0.566 9	0.621 4	0.223 1	0.233 1	0.251 0	0.268 0	0.301 8	0.364 2	0.563 3	0.596 0	0.532 6	0.585 8
SiO_2	Kα	60.00	0.569 1	0.624 2	0.692 1	0.276 8	0.282 0	0.273 1	0.306 3	0.368 2	0.569 6	0.602 5	0.624 3	1.532 3
P_2O_5	Kα	1.00	0.569 9	0.625 5	0.694 1	0.756 2	0.339 6	0.275 6	0.308 2	0.369 8	0.574 1	0.607 1	0.734 1	1.626 7
K_2O	Kα	5.00	0.556 8	0.613 8	0.684 2	0.748 2	0.834 7	0.547 8	0.333 4	0.326 6	0.454 2	0.486 9	2.147 9	2.480 6
CaO	Kα	20.00	0.562 9	0.620 4	0.691 5	0.756 2	0.843 6	2.538 8	0.608 8	0.373 0	0.476 4	0.501 0	2.165 4	2.548 7
TiO_2	Kα	4.00	0.559 6	0.617 9	0.689 9	0.755 7	0.844 6	2.567 1	2.556 8	0.748 7	0.475 7	0.486 0	2.164 4	2.654 4
MnO	Kα	1.00	0.538 7	0.597 2	0.669 7	0.736 1	0.825 7	2.561 6	2.553 9	2.769 4	1.308 5	1.121 2	2.086 3	2.799 6
Fe_2O_3	Kα	13.00	0.550 3	0.609 4	0.682 5	0.749 5	0.840 0	2.591 5	2.584 6	2.803 7	1.329 9	1.359 0	2.078 1	2.925 8
ZrO_2	Kα	5.00	0.571 2	0.634 7	0.713 7	0.786 8	0.885 6	2.793 0	2.795 3	3.054 1	5.405 3	5.424 7	5.852 2	14.753 3
HfO_2	Lβ1	1.50	0.565 0	0.626 2	0.702 0	0.771 9	0.866 2	2.690 1	2.686 5	2.922 0	5.131 5	5.140 0	1.819 1	4.703 7

样品 0.9 g 精确到 0.1 mg，无水四硼酸锂(3.15) 4.245 3 g 精确到 0.1 mg，氟化锂(3.16)0.254 7 g 精确到 0.1 mg，铑靶端窗 X 射线管，50 kV，入射角 63°，出射角 40°。

6.1.7 计算校准曲线系数

6.1.7.1 根据理论影响系数(6.1.6)和校准样(6.1.3)推荐值，按式(1)计算校准样的“表观含量”。

$$R_i = W_i/(1+\sum\alpha_{ij}W_j) \qquad \cdots\cdots (3)$$

式中：

R_i——表观含量；

W_i，W_j——校准样推荐值；

α_{ij}——理论影响系数。

6.1.7.2 通过校准样的表观含量和扣除背景并经仪器漂移校正的分析线净强度(6.1.5.2)和(6.1.5.3)，用回归法计算校准曲线系数 a，b，c 和经验的谱线重叠校正系数 β_{ij}，存入计算机。校准曲线见式(4)。

$$R_i = aI_i^2 + bI_i + c + \sum\beta_{ij}I_j \qquad \cdots\cdots (4)$$

式中：

a，b，c——校准曲线系数；

I_i——分析线强度，已经扣除了背景，但仍包含谱线重叠干扰的合强度(CPS)；

β_{ij}——经验的谱线重叠校正系数；

I_j——干扰组分已经扣除了背景的强度(CPS)。

6.2 试料量

称取 0.9 g 试料，精确到 0.1 mg。

6.3 测定

6.3.1 称取 4.5 g 混合熔剂(3.17)精确到 0.5 mg 及试料(6.2)，置于铂-金合金坩埚(4.3)中，按(6.1.2.2)的方法熔融成熔片。同一试样，在同一实验室，应由同一操作者在不同时间内熔 2 个～3 个样片，并同时熔融 1 个～2 个国家级标准物质，作为质量监控用。

6.3.2 按照测量条件(6.1.1)上机(4.1)测量“标准化”样(6.1.2.2)，扣背景。

6.3.3 按照测量条件(6.1.1)上机(4.1)测量试样(6.3.1)，扣背景，进行仪器漂移校正(6.1.5.3)，得到分析线净强度。

7 结果计算

由试样扣除背景的分析线净强度(6.3.3)，通过校准曲线式(4)计算试样的表观含量 R_i，同时校正谱线重叠干扰，再通过 Lachance 方程 $W_i=R_i(1+\sum\alpha_{ij}W_j)$ 和理论影响系数 α_{ij}(6.1.6)，用叠代法校正元素间的吸收-增强效应，计算出试样各组分的含量，打印分析结果。一旦校准曲线建立起来，在以后的例行分析中，只要按分析步骤(6.2～6.3)和(7)进行即可。

注：Na_2O，MgO，Al_2O_3，SiO_2，P_2O_5，K_2O，CaO，TiO_2，MnO，Fe_2O_3 作为对 ZrO_2 和 HfO_2 增强进行元素间吸收-效应校正的组分，SrO 作为对 ZrO_2 进行谱线重叠校正的组分，可以不报出分析结果。

8 精密度

锆矿石中锆量和铪量的测定结果的精密度见表 6。

表 6 锆量和铪量精密度

元素(组分)	水平范围 m/(μg/g)	重复性限 r/(μg/g)	再现性限 R/(μg/g)
氧化锆	1 890～69 800	$r=10.16+0.019\ m$	$R=35.95+0.056\ m$
氧化铪	45.0～2 830	$r=27.81+0.014\ m$	$R=1.361\ m^{0.84}$
注：本精密度数据是由 6 个实验室对 9 个水平的试样所做的试验中确定的。			

ICS 73.060.99
D 43

中华人民共和国国家标准

GB/T 17417.1—2010
代替 GB/T 17417.1—1998

稀土矿石化学分析方法 第1部分:稀土分量测定

Method for chemical analysis of rare earth ores—Part 1:Determination of rare earths

2010-11-10 发布　　2011-02-01 实施

中华人民共和国国家质量监督检验检疫总局
中国国家标准化管理委员会　发布

前　言

GB/T 17417《稀土矿石化学分析方法》分为两部分：

——第1部分：稀土分量测定；

——第2部分：钪量测定。

本部分为GB/T 17417的第1部分。

本部分代替GB/T 17417.1—1998《稀土矿石化学分析方法　阳离子交换树脂分离富集　电感耦合等离子体发射光谱法测定稀土分量》。

本部分与GB/T 17417.1—1998相比，主要变化如下：

——修改了标准的中文名称；

——修改了标准的英文名称；

——增加了警示、警告的内容；

——增加了对所用试剂纯度及实验用水的要求；

——增加了对试样粒径及其干燥的要求；

——增加了验证试验内容。

本部分的附录A是资料性附录。

本部分由中华人民共和国国土资源部提出。

本部分由全国国土资源标准化技术委员会归口。

本部分负责起草单位：国家地质实验测试中心。

本部分起草单位：湖北省地质实验研究所。

本部分主要起草人：赵志飞、方金东、唐兴敏。

本部分所代替标准的历次版本发布情况为：

——GB/T 17417.1—1998。

稀土矿石化学分析方法
第1部分：稀土分量测定

警示：使用本部分的人员应该有正规实验室工作的实践经验。本部分并未指出所有可能的安全问题。使用者有责任采取适当的安全和健康措施，并保证符合国家有关法规规定的条件。

1 范围

GB/T 17417的本部分规定了稀土矿石中15个稀土元素分量含量的测定方法。

本部分适用于稀土矿石，也适用于铍矿石，锂、铷、铯矿石，锆矿石和岩石中15个稀土元素分量的测定。

稀土氧化物的测定范围为：0.*x* μg/g～2×10^5 μg/g。

2 规范性引用文件

下列文件中的条款通过GB/T 17417本部分的引用而成为本部分的条款。凡是注日期的引用文件，其随后所有的修改单(不包括勘误的内容)或修订版均不适用于本部分，然而，鼓励根据本部分达成协议的各方研究是否可使用这些文件的最新版本。凡是不注日期的引用文件，其最新版本适用于本部分。

GB /T 6682 分析实验室用水规格和试验方法

3 原理

试料经过氧化钠熔融后，用水提取，稀土元素形成氢氧化物沉淀，加三乙醇胺掩蔽铁、铝，加EGTA络合钙、钡，过滤，稀土元素氢氧化物沉淀溶于2 mol/L盐酸，经强酸性阳离子交换树脂分离富集后，再用3.5 mol/L盐酸洗提，洗提液蒸发定容后，用电感耦合等离子体发射光谱仪快速测定15个稀土氧化物含量。

4 试剂

除非另有说明，在分析中均使用分析纯试剂和符合GB/T 6682的分析实验室用水。

4.1 过氧化钠。

4.2 抗坏血酸。

4.3 盐酸(0.6 mol/L)。

4.4 盐酸(1.25 mol/L)。

4.5 盐酸(3.5 mol/L)。

4.6 硝酸(1.25 mol/L)。

4.7 氢氧化钠溶液(10 g/L)。

4.8 三乙醇胺溶液(5%)。

4.9 EGTA溶液(0.1 mol/L)。

4.10 盐酸-过氧化氢溶液：溶液中$c(HCl)=2$ mol/L，$\phi(H_2O_2)=0.2\%$。

4.11 硝酸洗提液：称取1 g抗坏血酸(4.2)、20 g酒石酸，加入至盛有1 000 mL硝酸(4.6)的烧杯中，搅匀溶解备用。

4.12 酒石酸溶液(30 g/L)。

4.13 氯化镁溶液:称取 8.547 g $MgCl_2 \cdot 6H_2O$ 溶于 100 mL 水中,移入 1 000 mL 容量瓶中,用水稀释至刻度,摇匀,此溶液 $MgCl_2$ 的质量浓度为 4.0 mg/mL。

4.14 稀土氧化物标准溶液:

a) 稀土氧化物标准储备溶液:称取预先于 850 ℃灼烧并在干燥器中冷却至室温的单一稀土氧化物 La,Ce,Pr,Nd,Sm,Eu,Gd,Tb,Dy,Ho,Er,Tm,Yb,Lu,Y 各 0.100 0 g 置于一系列的 100 mL 烧杯中,分别加入 20 mL 盐酸(1+1),几滴过氧化氢,盖上表面皿,置电热板上加热溶解(溶解 CeO_2 须反复滴加过氧化氢),冷却,用少量水吹洗表面皿,移入 100 mL 容量瓶中,用水稀释至刻度,摇匀。这些溶液中各稀土氧化物的质量浓度为 1.0 mg/mL。

b) 稀土氧化物标准溶液Ⅰ:吸取 10.00 mL 各稀土氧化物标准储备溶液[4.14a)]分别置于 100 mL 容量瓶中,用盐酸(1+9)稀释至刻度,摇匀。这些溶液中各稀土氧化物的质量浓度为 100.00 μg/mL。

c) 稀土氧化物标准溶液Ⅱ:吸取 10.00 mL 各稀土氧化物标准溶液Ⅰ[4.14b)]分别置于100 mL 容量瓶中,用盐酸(1+9)稀释至刻度,摇匀。这些溶液中各稀土氧化物的质量浓度为 10.00 μg/mL。

d) 稀土氧化物标准溶液Ⅲ:吸取 10.00 mL 各稀土氧化物标准溶液Ⅱ[4.14c)]分别置于 100 mL 容量瓶中,用盐酸(1+9)稀释至刻度,摇匀。这些溶液中各稀土氧化物的质量浓度为 1.00 μg/mL。

4.15 阳离子交换树脂:

强酸性阳 1×8 聚苯乙烯-二乙烯苯磺酸型,74 μm～149 μm,H^+ 型。

a) 树脂的处理:先用水浸泡树脂,然后用 4 mol/L 氢氧化钠溶液浸泡过夜,用水洗涤树脂至中性,然后用 4 mol/L 盐酸浸泡过夜,用水洗涤树脂至中性,再用无水乙醇浸泡过夜后,用水洗至中性备用;

b) 树脂的再生:已装柱使用过的树脂再生后才能再使用。先用 10 mL 氯化铵溶液(50 g/L)淋洗,然后用 10 mL 水洗,再用 10 mL 草酸铵溶液(20 g/L)淋洗,10 mL 水洗后用盐酸(4.3)平衡备用。

4.16 离子交换柱:将已处理好的阳离子交换树脂[4.15a)]装入 ϕ 0.8 cm×11 cm 玻璃交换柱中,柱底塞有玻璃纤维,控制流速 0.5 mL/min。用前加 10 mL 盐酸(4.3)平衡。

5 仪器

5.1 顺序扫描型电感耦合等离子体发射光谱仪,带液体进样雾化装置,计算机控制及数据处理系统。

5.2 凡达到下列指标的电感耦合等离子体发射光谱仪在仪器最佳工作条件下均可选用。

表 1 仪器指标

波长扫描范围	160 nm～540 nm
光电倍增管波长范围	180 nm～540 nm
一级色散率倒数	＜0.3 nm/mm
实际分辨率	＜11 pm

5.3 分析天平:三级,感量 0.1 mg。

6 试样

6.1 试样粒径应小于 74 μm。

6.2 试样在 105 ℃烘箱中烘 2 h～4 h,并置于干燥器中冷却至室温备用。

7 分析步骤

7.1 试料

根据试样中稀土氧化物总量的含量按表2称取试料，精确至0.1 mg。

表2 称取试料量

稀土氧化物含量/(μg/g)	试料量/g	定容体积/mL
＜20	2.0	5.00
20～100	1.5	5.00
100～500	1.0	10.00
＞500	0.5	10.00～100.0

测量痕量稀土元素采取多取样、缩小定容体积(5.00 mL)的方法，为保证5 mL试液足够用于15个稀土氧化物的测定，要选择提升量小，雾化效率高的喷雾器，确保测定灵敏度。也可采用多份取样，分别进离子交换柱分离，然后合并试液进行测量。

7.2 空白试验

随同试料进行不少于两份的空白试验，所用试剂应取自同一试剂瓶，加入同等的量。

7.3 验证试验

随同试料分析同矿种、含量相近的标准物质。

7.4 试料分解

7.4.1 将试料(7.1)置于刚玉坩埚中，加3 g～6 g过氧化钠(4.1)，搅匀，再覆盖一薄层过氧化钠(4.1)，加盖，置于700 ℃高温炉中熔融片刻(刚全熔)，取出冷却。

7.4.2 将熔融物(7.4.1)置于预先盛有100 mL水的300 mL烧杯中，加入5 mL～15 mL三乙醇胺溶液(4.8)，加5 mL～10 mL EGTA溶液(4.9)，置电炉上加热煮沸，使融块脱落，洗出坩埚[若沉淀少，可加10 mL氯化镁溶液(4 mg/mL)作收集剂]，参见附录A，用水稀释至约200 mL，冷却。

7.4.3 将7.4.2烧杯中的沉淀用中速定量滤纸过滤，用氢氧化钠溶液(4.7)洗烧杯及沉淀7次～8次，再用水洗1次～2次，滤液弃去。用20 mL热盐酸-过氧化氢溶液(4.10)分次溶解滤纸上的沉淀于原烧杯中，再用40 mL酒石酸溶液(4.12)分次冲洗滤纸，加少许抗坏血酸(4.2)，搅匀。

7.4.4 将溶液(7.4.3)移入交换柱上进行交换，用酒石酸溶液(4.12)洗烧杯3次，倒入交换柱内，流完后，用50 mL硝酸洗提液(4.11)淋洗，然后用20 mL盐酸(4.4)洗提AI、Ca、Mg、U、Ti等杂质元素，流出液弃去。最后用50 mL盐酸(4.5)洗提稀土元素，流出液用50 mL烧杯承接。

7.4.5 将试液(7.4.4)置于低温控温电热板上加热浓缩至适当体积，(使定容后的溶液中的盐酸体积分数为10%)，取下，用水定容至合适的体积(见表2)。

7.5 测定

7.5.1 校准溶液

按表3所示浓度进行配制，吸取各单一稀土氧化物标准溶液[4.14a)，4.14b)，4.14c)]，组合配制成1和2两个校准溶液，调节溶液中盐酸体积分数为10%。

表3 校准溶液的配制含量　　单位为微克每毫升

校准溶液	CeO_2	La_2O_3 Nd_2O_3	Y_2O_3	Pr_6O_{11}	Sm_2O_3 Dy_2O_3	Gd_2O_3 Tb_4O_7	Eu_2O_3 Tm_2O_3 Er_2O_3 Yb_2O_3	Ho_2O_3	Lu_2O_3
1	20	10	5	4	2.5	1	0.5	0.25	0.1
2	2	1	0.5	0.4	0.25	0.1	0.05	0.025	0.01

7.5.2 调试好等离子发射光谱仪及其附件的各项参数后，用两个校准溶液（7.5.1）绘制15个元素曲线，并在相同条件下对空白溶液（7.2）和试料溶液（7.4.5）进行测量，由测量程序记录或打印出读数和浓度。

8 结果计算

稀土氧化物的量以质量分数 $w(RE_xO_y)$ 计，数值以微克每克（μg/g）表示，按下式（1）计算：

$$w(RE_xO_y)=\frac{(\rho_1-\rho_0)V}{m} \quad \cdots\cdots(1)$$

式中：

ρ_1——工作曲线上查得试料溶液中各稀土氧化物的浓度，单位为微克每毫升（μg/mL）；

ρ_0——工作曲线上查得空白溶液中各稀土氧化物的浓度，单位为微克每毫升（μg/mL）；

V——试料溶液体积，单位为毫升（mL）；

m——试料质量，单位为克（g）。

9 精密度

稀土氧化物测定结果精密度见表4。

表4 精密度

元素	水平范围 m/(μg/g)	重复性限 r/(μg/g)	再现性限 R/(μg/g)
La_2O_3	7.00～2 710	$r=0.382\,6+0.090m$	$R=0.244\,9m^{0.95}$
CeO_2	14.4～234	$r=0.269\,1+0.121m$	$R=-1.682+0.364m$
Pr_6O_{11}	1.85～549	$r=0.266\,5m^{0.71}$	$R=0.188\,6+0.198m$
Nd_2O_3	6.56～1 840	$r=-0.075\,6+0.096m$	$R=-0.248\,6+0.125m$
Sm_2O_3	1.46～331	$r=0.171\,9+0.078m$	$R=0.257\,6+0.170m$
Eu_2O_3	0.13～75.2	$r=0.198\,6m^{0.69}$	$R=0.046\,8+0.366m$
Gd_2O_3	1.21～491	$r=-0.064\,7+0.093m$	$R=-0.162\,4+0.221m$
Tb_4O_7	0.24～103	$r=0.089\,8+0.048m$	$R=0.099\,5+0.144m$
Dy_2O_3	1.14～650	$r=0.321\,8m^{0.70}$	$R=0.302\,3+0.172m$
Ho_2O_3	0.21～140	$r=0.119\,1+0.057m$	$R=0.132\,1+0.155\,5m$
Er_2O_3	0.66～376	$r=0.246\,3+0.047m$	$R=0.379\,3+0.187m$
Tm_2O_3	0.12～61.0	$r=0.151\,7m^{0.71}$	$R=0.326\,5m^{0.81}$
Yb_2O_3	0.99～356	$r=0.186\,3m^{0.80}$	$R=0.061\,4+0.201m$
Lu_2O_3	0.17～56.4	$r=0.152\,2m^{0.73}$	$R=0.061\,2+0.173m$
Y_2O_3	5.35～4 870	$r=0.323\,6m^{0.73}$	$R=-0.729\,6+0.306m$
注：本精密度数据由5个实验室对8个水平的试样所作的试验中确定的。			

附　录　A
（资料性附录）
有关说明

A.1　根据试样中钙、镁、铁的大致含量，参考表 A.1 确定 EGTA、氯化镁溶液和三乙醇胺的加入量。

表 A.1　络合剂、收集剂加入量

元　素	大致含量 $\times 10^{-2}$	EGTA(0.1 mol/L) mL	$MgCl_2$(4 g/L) mL	三乙醇胺(质量分数:5%) mL
CaO+MgO	0～3	0	10～20	—
CaO+MgO	3～20	5	—	—
CaO+MgO	>20	10	—	—
Fe_2O_3	0～10	—	10～20	5
Fe_2O_3	10～30	—	10～20	10
Fe_2O_3	>30	—	10～20	15

A.2　使用单道扫描等离子光谱仪的参考工作条件参见表 A.2。

表 A.2　参考工作条件

高频发生器输出功率	0.9 kW
反射功率	<3 W
高频感应线圈	3 匝
炬型	石英、可拆式、三轴同心
气体	氩气纯度>99.99%
载气压强	17.6 Pa
冷却气流量	1.2 L/min
雾化气流量	0.4 L/min
屏蔽气流量	0.5 L/min
试液提升量	1.0 mL/min
积分时间	400 μs～1 000 μs
观察高度	铜管线圈上方 16 mm
使用多道 ICP 仪器测试时应注意含量≤2×10^{-6}的各元素的测试精度与准确度。	

A.3　被测稀土元素波长选择见表 A.3。

表 A.3　稀土元素波长选择

元素	波长/nm	元素	波长/nm
Ce	418.66	Nd	406.11
Dy	353.17	Pr	440.88
Er	369.27	Sm	442.43
Eu	412.97	Tb	350.92
Gd	342.25	Tm	346.22
Ho	345.60	Y	437.49
La	408.67	Yb	369.42
Lu	261.54		

ICS 73.060.99
D 43

中华人民共和国国家标准

GB/T 17417.2—2010
代替 GB/T 17417.2—1998

稀土矿石化学分析方法 第2部分:钪量测定

Method for chemical analysis of rare earth ores— Part 2:Determination of scandium content

2010-11-10 发布

2011-02-01 实施

中华人民共和国国家质量监督检验检疫总局
中国国家标准化管理委员会 发布

前　言

GB/T 17417《稀土矿石化学分析方法》分为两部分：

——第1部分：稀土分量测定；

——第2部分：钪量测定。

本部分为GB/T 17417的第2部分。

本部分代替GB/T 17417.2—1998《电感耦合等离子体原子发射光谱法测定钪量》。

本部分与GB/T 17417.2—1998相比，主要变化如下：

——修改了标准的中文名称；

——修改了标准的英文名称；

——增加了警示、警告的内容；

——增加了对所用试剂纯度及实验用水的要求；

——增加了对试样粒径及其干燥的要求；

——增加了验证试验内容。

本部分由中华人民共和国国土资源部提出。

本部分由全国国土资源标准化技术委员会归口。

本部分负责起草单位：国家地质实验测试中心。

本部分起草单位：湖北省地质实验研究所。

本部分主要起草人：赵志飞、方金东、唐兴敏。

本部分所代替标准的历次版本发布情况为：

——GB/T 17417.2—1998。

稀土矿石化学分析方法
第2部分：钪量测定

警示：使用本部分的人员应该有正规实验室工作的实践经验。本部分并未指出所有可能的安全问题。使用者有责任采取适当的安全和健康措施，并保证符合国家有关法规规定的条件。

1 范围

GB/T 17417的本部分规定了稀土矿石中钪量的测定方法。

本部分适用于稀土矿石，也适用于铍矿石，锂、铷、铯矿石，锆矿石和岩石中钪量的测定，结果以三氧化二钪量表示。

测定范围为：0.2 μg/g～500 μg/g的三氧化二钪。

2 规范性引用文件

下列文件中的条款通过GB/T 17417本部分的引用而成为本部分的条款。凡是注日期的引用文件，其随后所有的修改单(不包括勘误的内容)或修订版均不适用于本部分，然而，鼓励根据本部分达成协议的各方研究是否可使用这些文件的最新版本。凡是不注日期的引用文件，其最新版本适用于本部分。

GB/T 6682 分析实验室用水规格和试验方法

3 原理

试料经过氧化钠熔融后，用水提取，澄清后过滤，沉淀用盐酸溶解，定容后的溶液用电感耦合等离子体发射光谱仪测定钪量。

4 试剂

除非另有说明，在分析中均使用分析纯试剂和符合GB/T 6682的分析实验室用水。

4.1 过氧化钠。

4.2 氢氧化钠洗液(20 g/L)。

4.3 盐酸(ρ1.19 g/mL)。

4.4 盐酸(1+1)。

4.5 盐酸(1+49)。

4.6 钪标准溶液：

a) 钪标准溶液：称取50.0 mg三氧化二钪(质量分数≥99.99%)于100 mL烧杯中，加入10 mL盐酸(4.3)，加热溶解，冷却后移入250 mL容量瓶中，补加20 mL盐酸(4.3)，冷至室温。用水稀释至刻度，摇匀。此溶液三氧化二钪的质量浓度为200.00 μg/mL；

b) 钪校准溶液Ⅰ：吸取25.00 mL钪标准溶液[4.6a)]，置于250 mL容量瓶中，用盐酸(1+9)稀释至刻度，摇匀。此溶液三氧化二钪的质量浓度为20.00 μg/mL；

c) 钪校准溶液Ⅱ：吸取25.00 mL钪校准溶液Ⅰ[4.6b)]，置于250 mL容量瓶中，用盐酸(1+9)稀释至刻度，摇匀。此溶液三氧化二钪的质量浓度为2.00 μg/mL。

5 仪器

5.1 顺序扫描型电感耦合等离子体发射光谱仪，带液体进样雾化装置，计算机控制及数据处理系统。

5.2 凡达到表1所列指标的电感耦合等离子体发射光谱仪在仪器最佳工作条件下均可选用。

表1 仪器指标

波长扫描范围	160 nm～540 nm
光电倍增管波长范围	180 nm～540 nm
一级色散率倒数	<0.3 nm/mm
实际分辨率	<11 pm

仪器参考测量条件如下：

——正向功率：0.9 kW；

——反向功率：<3 W；

——雾化器压力：26 Pa；

——雾化器流量：0.48 L/min；

——冷却气流量：12 L/min；

——溶液提升量：1.2 mL/min；

——观察高度：铜管线圈上方17 mm。

5.3 分析天平：三级，感量0.1 mg。

6 试样

6.1 试样粒径应小于74 μm。

6.2 试样在105 ℃烘箱中烘2 h～4 h，并置于干燥器中冷却至室温备用。

7 分析步骤

7.1 试料

根据试料中三氧化二钪的含量按表2称取试料，精确至0.1 mg。

表2 称取试料量

三氧化二钪含量/(μg/g)	试料量/g
<100	1.0
>100	0.1

7.2 空白试验

随同试料进行2份以上空白试验，所用试剂应取自同一试剂瓶，加入同等的量。

7.3 验证试验

随同试料分析同矿种、含量相近的标准物质。

7.4 试料分解

7.4.1 将试料(7.1)置于10 mL刚玉坩埚中，加入3 g～5 g过氧化钠(4.1)，搅匀，再覆盖1 g过氧化钠(4.1)，置于已升温至680 ℃～700 ℃高温炉中，并在此温度下保持3 min～5 min，使熔融物成为流体，取出冷却后，置于已盛有60 mL水的250 mL烧杯中，加热使融块脱落，煮沸5 min～10 min使熔块溶解，取下洗出坩埚，用水稀释至200 mL左右，澄清。

7.4.2 用定性滤纸过滤烧杯溶液中的沉淀(7.4.1)，用氢氧化钠洗液(4.2)洗烧杯及沉淀8次～10次，滤液弃去。沉淀用10 mL热盐酸(4.4)溶解于原烧杯中，再通过滤斗用50 mL容量瓶承接，用热盐酸(4.5)洗漏斗8次～10次，用水稀释至刻度，摇匀。

注：溶液制好后，不宜久放，防止硅酸析出，影响结果。

7.5 测定

7.5.1 校准曲线的绘制：按所列仪器工作条件调好仪器，选用361.384 nm波长，用两份校准溶液

[4.6b)]和[4.6c)]绘制三氧化二钪的校准曲线。

7.5.2 相同条件下分别对空白溶液(7.1)和试料溶液(7.3.2)进行测量,由测量程序记录或打印出读数和浓度。

8 结果计算

三氧化二钪量以质量分数 $w(Sc_2O_3)$计,数值以微克每克(μg/g)表示,按式(1)计算:

$$w(Sc_2O_3)=\frac{(\rho_1-\rho_0)V}{m} \qquad \cdots\cdots(1)$$

式中:

ρ_1——校准曲线上查得试料溶液中三氧化二钪的浓度,单位为微克每毫升(μg/mL);

ρ_0——校准曲线上查得空白溶液中三氧化二钪的浓度,单位为微克每毫升(μg/mL);

V——试料溶液体积,单位为毫升(mL);

m——试料质量,单位为克(g)。

9 精密度

稀土矿石中钪量测定结果精密度见表3。

表3 精密度

水平范围 m/(μg/g)	重复性限 r/(μg/g)	再现性限 R/(μg/g)
6.1～13.5	$r=-0.5880+0.139m$	$R=-1.190+0.280m$
注:本精密度数据由5个实验室对6个水平的试样所作的试验中确定的。		

ICS 73.060
D 46

中华人民共和国国家标准

GB/T 17418.1—2010
代替 GB/T 17418.1—1998

地球化学样品中贵金属分析方法 第 1 部分：总则及一般规定

Methods for analysis of noble metals in geochemical samples—
Part 1: General rules and regulations

2010-11-10 发布　　2011-02-01 实施

中华人民共和国国家质量监督检验检疫总局
中国国家标准化管理委员会 发布

前　言

GB/T 17418《地球化学样品中贵金属分析方法》分为七个部分：

——第 1 部分：总则及一般规定；

——第 2 部分：铂量和铑量的测定　硫脲富集-催化极谱法；

——第 3 部分：钯量的测定　硫脲富集-石墨炉原子吸收分光光度法；

——第 4 部分：铱量的测定　硫脲富集-催化分光光度法；

——第 5 部分：钌量和锇量的测定　蒸馏分离-催化分光光度法；

——第 6 部分：铂量、钯量和金量的测定　火试金富集-发射光谱法；

——第 7 部分：铂族元素的测定　镍锍试金-电感耦合等离子体质谱法。

本部分为 GB/T 17418 的第 1 部分。

本部分代替 GB/T 17418.1—1998《地球化学样品中贵金属分析方法　总则及一般规定》。

本部分与 GB/T 17418.1—1998 相比，主要变化如下：

——明确了本部分的适用范围；

——增加了正确度和精密度验证的内容；

——修改了对计量器具的校准和检定的内容；

——增加了仪器预试验验证和制样要求；

——增加了湿法处理试样对样品灼烧的要求；

——增加了使用方法标准中的人身安全和保护环境的要求。

本部分由中华人民共和国国土资源部提出。

本部分由全国国土资源标准化技术委员会归口。

本部分负责起草单位：国家地质实验测试中心。

本部分起草单位：浙江省地质矿产研究所、国家地质实验测试中心。

本部分主要起草人：郑存江、颜茂弘、王苏明。

本部分所代替标准的历次版本发布情况为：

——GB/T 17418.1—1998。

地球化学样品中贵金属分析方法
第1部分：总则及一般规定

1 范围

GB/T 17418的本部分规定了地球化学样品中贵金属分析方法总则及一般规定。

本部分适用于岩石及地球化学试样中贵金属元素的测定。

2 规范性引用文件

下列文件中的条款通过GB/T 17418的本部分的引用而成为本部分的条款。凡是注日期的引用文件，其随后所有的修改单(不包括勘误的内容)或修订版均不适用于本部分，然而，鼓励根据本部分达成协议的各方研究是否可使用这些文件的最新版本。凡是不注日期的引用文件，其最新版本适用于本部分。

GB/T 3100 国际单位制及其应用

GB/T 3101 有关量、单位和符号的一般原则

GB/T 3102(所有部分) 量和单位

GB/T 6379(所有部分) 测量方法与结果的准确度(正确度与精密度)

GB/T 8170 数值修约规则与极限数值的表示和判定

3 总则

3.1 标准中所列方法，可作为仲裁分析、验证其他分析方法、标准物质定值分析及例行分析时使用。

3.2 同一元素有多个分析方法标准时，可根据试样的组成和含量情况选择最适合的方法。

3.3 分析结果以被测元素的相对质量分数表示，单位以10^{-6}(或μg/g)或10^{-9}(或ng/g)表示。单位为10^{-6}表示时，有效位数取××.×、×.××、0.××、0.0××；单位为10^{-9}表示时，有效位数取××、×.×、0.×。

3.4 用贵金属分析方法标准测量得到的数值，要根据分析中所用的仪器、容器等实际精度水平按GB/T 8170进行数字修约。

3.5 参与分析过程计算的各种元素和化合物的量等物理化学参数和符号执行GB/T 3100、GB/T 3101和GB/T 3102。

3.6 精密度试验和正确度试验按GB/T 6379的要求进行。

3.7 使用本方法进行样品测定时，应同时使用含量和基体相近的标准物质和重复试样进行正确度和精密度验证。

4 一般规定

4.1 试样粒度应小于74 μm。试样量不少于500 g。对于贵金属分布不均匀的特殊样品应进行碎样缩分试验，采用合理的流程碎样，以保证试样的均匀性和代表性。

4.2 一般试样应在105 ℃预干燥2 h，硫含量较高的试样应在60 ℃的鼓风干燥烘箱内干燥2 h～4 h，然后置于干燥器中，冷却至室温。

4.3 称量所用分析天平精度级别应与称样量相适应，天平与砝码应在检定合格周期内：

a) 称样量为1 g以下者，所用天平精度级别不应低于三级，其感量达到0.1 mg；

b) 称样量为1 g～10 g者，所用天平精度级别不应低于四级，其感量达到1.0 mg。

4.4 由于碳硫对贵金属湿法分析结果影响严重，除火试金方法外，一般均需将试样置入高温炉内，由低

温升至 700 ℃并保持 2 h 以上。

4.5　容量器皿(容量瓶、滴定管、移液管等)应按国家有关标准校准或送检。

4.6　标准中所用的试剂,如无特殊说明,均指采用符合国家标准或行业标准的分析纯试剂。若用优级纯等其他规格的试剂,应注明试剂规格。

4.7　标准中所列出的酸、氨水、过氧化氢等液体试剂,如仅写出名称均指该试剂的浓溶液,并在该试剂名称后括号内注明其质量浓度。含结晶水的固体试剂,应在其名称后的括号内写出分子式。

4.8　配制溶液和样品分析过程中所用的水,均指蒸馏水或与其同等纯度的去离子水。

4.9　配制、贮存试剂溶液,采用硬质玻璃容器。对玻璃有腐蚀性的试剂、容易分解的试剂,应指明使用何种材料的容器贮存,贮存时的注意事项及贮存时间。

4.10　配制标准溶液应选择基准试剂或光谱纯试剂。用金属配制标准溶液时,其纯度应大于 99.99%。新配制的标准溶液应进行比对或验证。

4.11　配制低浓度标准溶液应采取从高浓度逐级稀释的方法。

4.12　标准中所配制的溶液,除注明溶剂外,均指水溶液。

4.13　标准中常用的溶液的浓度有以下表示方式:

a)　物质 B 的质量浓度:物质 B 的质量除以混合物之总体积。量符号为 ρ_B。在分析化学中,其单位常用 g/L、mg/L、mg/mL、μg/mL 或 ng/mL 等表示;

b)　物质 B 的物质的量浓度或物质 B 的浓度:物质 B 的物质的量除以混合物之总体积。量符号为 c_B。在分析化学中,其单位常用 mol/L 或 m mol/L 表示。在实际应用时必须指明溶质的基本单元形式;

c)　物质 B 的质量分数:物质 B 的质量与混合物的质量之比或溶质的质量与溶液(溶质+溶剂)的质量之比。量符号为 w_B。常用 g/t,mg/g,μg/g,ng/g,“%”或 10^{-2},10^{-6},10^{-9}等表示;

d)　物质 B 的体积分数:纯物质 B 与混合物在相同温度和压力下的体积之比。量符号为 ϕ_B。常用“%”,“mL/L”及其分倍数表示;

e)　体积比:体积比系指液体试剂与溶剂之比例。用“V_1+V_2”表示,即将体积为 V_1 的特定溶液加入到体积为 V_2 的溶剂中;

f)　质量比:质量比系指在混合物中两特定成分同类量之比,而不是与总量之比。用“m_1+m_2”表示,即将质量为 m_1 和质量为 m_2 的试剂混合均匀。

4.14　标准中的换算因素、标准溶液的浓度,均应保留四位有效数字。

4.15　标准所列称取试料量,指通常情况。取样时可根据试样中待测元素含量高低增减,以控制称样量在最佳测量条件范围内。

4.16　由于贵金属赋存状态不同,即使均匀的样品,称样时还应注意最小取样量问题。按不小于最小取样量称取试料量。

4.17　为了保证分析质量,应进行(2～3)次测定,仲裁分析测定次数不少于 5 次,并给出不确定度。

4.18　测定试料时,应平行进行双份空白试验。计算结果应扣除空白值。

4.19　本标准允许使用不同型号的测量仪器,但在测定试料前,应根据所采用仪器的工作条件,检查仪器的稳定性能、线性关系,并用标准物质进行预试验验证。

4.20　用摄氏温标表示温度(℃):

标准温度是 20 ℃,实验室温度一般指 15 ℃～25 ℃。除另有规定外,冷水系指 15 ℃以下,温水指 40 ℃～60 ℃,热水指 60 ℃以上。

4.21　使用易燃、易爆、有毒、有害等危险品,应采取相应措施,保障人身安全和环境质量。

ICS 73.060
D 46

中华人民共和国国家标准

GB/T 17418.2—2010
代替 GB/T 17418.2—1998

地球化学样品中贵金属分析方法
第2部分:铂量和铑量的测定
硫脲富集-催化极谱法

Methods for analysis of noble metals in geochemical samples—
Part 2:Determination of platinum and rhodium content—
Preconcentration by thiourea-catalytic polarographic method

2010-11-10 发布　　2011-02-01 实施

中华人民共和国国家质量监督检验检疫总局
中国国家标准化管理委员会　发布

前　言

GB/T 17418《地球化学样品中贵金属分析方法》分为七个部分：

——第 1 部分：总则及一般规定；

——第 2 部分：铂量和铑量的测定　硫脲富集-催化极谱法；

——第 3 部分：钯量的测定　硫脲富集-石墨炉原子吸收分光光度法；

——第 4 部分：铱量的测定　硫脲富集-催化分光光度法；

——第 5 部分：钌量和锇量的测定　蒸馏分离-催化分光光度法；

——第 6 部分：铂量、钯量和金量的测定　火试金富集-发射光谱法；

——第 7 部分：铂族元素的测定　镍锍试金-电感耦合等离子体质谱法。

本部分为 GB/T 17418 的第 2 部分。

本部分代替 GB/T 17418.2—1998《地球化学样品中贵金属分析方法　硫脲富集-催化极谱法测定铂量和铑量》。

本部分与 GB/T 17418.2—1998 相比，主要变化如下：

——增加了警告内容；

——明确了以质量分数表示测定范围；

——规范了标准中的名词；

——修改简化了试料量表、试液分取量表的内容；

——改变了部分试剂顺序和硫化物烘样条件；

——改变了部分试剂的顺序编号；

——补充修改了结果计算的内容。

本部分由中华人民共和国国土资源部提出。

本部分由全国国土资源标准化技术委员会归口。

本部分负责起草单位：国家地质实验测试中心。

本部分起草单位：浙江省地质矿产研究所。

本部分主要起草人：郑存江、胡勇平、张明杰。

本部分所代替标准的历次版本发布情况为：

——GB/T 17418.2—1998。

地球化学样品中贵金属分析方法
第2部分:铂量和铑量的测定
硫脲富集-催化极谱法

警告——使用本部分的人员应有正规实验室工作的实践经验。本部分并未指出所有可能的安全问题。使用者有责任采取适当的安全和健康措施,并保证符合国家有关法规规定的条件。

1 范围

GB/T 17418的本部分规定了地球化学样品中铂和铑的测定方法。

本部分适用于含铂族元素的超基性岩等地质物料中铂和铑的测定。测定范围,以质量分数表示:铂2 ng/g~5 μg/g;铑1 ng/g~0.5 μg/g。

2 规范性引用文件

下列文件中的条款通过GB/T 17418的本部分的引用而成为本部分的条款。凡是注日期的引用文件,其随后所有的修改单(不包括勘误的内容)或修订版均不适用于本部分,然而,鼓励根据本部分达成协议的各方研究是否可使用这些文件的最新版本。凡是不注日期的引用文件,其最新版本适用于本部分。

GB/T 17418.1　地球化学样品中贵金属分析方法　总则及一般规定

3 原理

试料经灼烧除硫及有机质,用过氧化钠分解,水提取,以硫酸酸化,加氢氟酸蒸发冒烟除硅。在浓硫酸介质中,加热至230 ℃时,硫脲与铂、钯、铑、铱等铂族元素生成硫化物沉淀,从而与大量贱金属分离。加硝酸-硫酸溶解沉淀并破坏滤纸和除去硫磺后,再用硫酸锂-焦硫酸钠熔融,使铂、铑等铂族元素转化为硫酸盐络合物。

铂和铑在硫酸-氯化铵-六次甲基四胺-硫酸联胺底液中产生灵敏度很高的催化波。铂的峰电位约为−1.00 V(对银电极)。铂在0.2 ng/mL~2 ng/mL范围内与其导数峰高呈线性关系。铑的峰电位约为−1.10 V(对银电极)。铑在0.025 ng/mL~0.25 ng/mL范围内,催化电流与铑的浓度并不完全成直线关系,要用曲线法计算浓度。

在地球化学样品中一般铂含量不高,铂、铑可以连续测定。在测定条件下,10 mL体积中,小于100 ng铂不干扰铑的测定,但大量铂应分离。10 mg Pb、Co、Bi、Mo,2 mg Cu、Ni、Cr,200 μg Zn,100 μg As、Tl,10 μg Au、Se、Pd,5 μg Ir、Os,2 μg Ru,1 μg Te,0.1 μg Rh不干扰铂的测定。NO^{3-}严重干扰应赶尽。

4 试剂

4.1　盐酸(ρ1.19 g/mL)。

4.2　硝酸(ρ1.42 g/mL)。

4.3　硫酸(ρ1.84 g/mL)。

4.4　硫酸(1+1),**警告——不当的稀释易发生危险。**

4.5　氢氟酸(ρ1.15 g/mL),**警告——氢氟酸有毒并有腐蚀性,操作时应戴手套,防止皮肤接触。**

4.6　磷酸(ρ1.69 g/mL)。

4.7 高氯酸(ρ1.67 g/mL),优级纯。**警告——易爆,小心操作。**

注:对高氯酸要用催化极谱法进行用前检查,若含有铂,则采用重蒸馏的高氯酸。

4.8 过氧化钠。

4.9 过氧化氢(ρ1.11 g/mL)。

4.10 氯化钠溶液 $w(NaCl)=20\%$。

4.11 硫脲。

4.12 氯化铵。

4.13 六次甲基四胺。

4.14 硫酸联胺。

4.15 硫酸锂-焦硫酸钠混合盐(1+1):1份硫酸锂与1份焦硫酸钠混匀,置于100 mL瓷坩埚中,加坩埚盖,放入高温炉中于600 ℃熔融15 min,取出坩埚,冷却至室温。将熔块倒入瓷研钵中研细。密封保存备用。

4.16 硫酸锂-焦硫酸钠溶液(60 g/L):称取6 g硫酸锂-焦硫酸钠混合盐(4.15),用水溶解后稀释至100 mL。

4.17 测定铂、铑极谱底液:1.5 mol/L H_2SO_4-30 g/L NH_4Cl-0.008 mol/L $(CH_2)_6N_4$-0.05 g/L $NH_2NH_2 \cdot H_2SO_4$:称取1.12 g六次甲基四胺(4.13)、30 g氯化铵(4.12)、0.05 g硫酸联胺(4.14),用水溶解,加入165 mL硫酸(4.4),移入1 000 mL容量瓶中,用水稀释至刻度,摇匀。放置1 d后使用。此溶液可稳定一个月。

4.18 铂标准溶液的配制:

a) 铂标准储备溶液(100.0 μg/mL):

称取0.100 0 g光谱纯(99.99%)铂丝,置于100 mL烧杯中,加入15 L盐酸(4.1)、5 mL硝酸(4.2),放在电热板上加热溶解后,加入5滴氯化钠溶液(4.10),在水浴上蒸干。用盐酸赶硝酸三次。加入10 mL盐酸(4.1)和20 mL水,加热溶解后移入1 000 mL容量瓶中,补加90 mL盐酸(4.1),用水稀释至刻度,摇匀;

b) 铂标准工作溶液(1 μg/mL):

移取10.0 mL铂标准溶液[4.18a)],置于1 000 mL容量瓶中,加入100 mL盐酸(4.1),用水稀释至刻度,摇匀;

c) 铂标准工作溶液(0.1 μg/mL):

移取10.0 mL铂标准溶液[4.18 b)],置于100 mL容量瓶中,加入10 mL盐酸(4.1),用水稀释至刻度,摇匀。

4.19 铑标准溶液的配制:

a) 铑标准储备的配制溶液(100.0 μg/mL):

称取38.56 mg光谱纯氯铑酸铵{$(NH_4)_3RhCl_6 \cdot 1\frac{1}{2}H_2O$}置于100 mL烧杯中,加入20 mL水,加20 mL盐酸(4.1),溶解后移入100 mL容量瓶中,用水稀释至刻度,摇匀;

b) 铑标准工作溶液(1.0 μg/mL):

移取10.0 mL铑标准溶液[4.19a)],置于1 000 mL容量瓶中,加入100 mL盐酸(4.1),用水稀释至刻度,摇匀;

c) 铑标准工作溶液(0.050 μg/mL):

移取5.0 mL铑标准溶液[4.19b)],置于100 mL容量瓶中,加入10 mL盐酸(4.1),用水稀释至刻度,摇匀。

5 仪器

5.1 示波极谱仪。

警告——汞污染环境并对人体有害,极谱仪应在有良好通风条件的设施中进行操作,需对排放的气体、固体和液体废弃物进行处理,达到国家有关排放标准。

5.2 参比电极:银电极。

5.3 天平:感量 0.1 mg。

6 试样

6.1 试样按 GB/T 17418.1 规定的方法进行加工制备。

6.2 试样应在 105 ℃预干燥 2 h,硫含量较高的试样在 60 ℃的鼓风干燥烘箱内干燥 2 h~4 h,然后置于干燥器中,冷却至室温。

7 分析步骤

7.1 试料量

按表 1 和表 2 的试料量称取试样(6.1~6.2),精确到 1 mg。

表 1 试液分取量

铂含量/(ng/g)	试料量 m/g	试液体积 V/mL	分取体积 V_1/mL	测定体积 V_2/mL	测定分取体积 V_3/mL
2~20	5	200~300	全量	25	5
>20~100	5	200~300	全量	25	1~5
>100~500	5	500	100	25	1~5
>500~5 000	5	500	10	25	1~5

表 2 试液分取量

铂含量/(ng/g)	试料量 m/g	试液体积 V/mL	分取体积 V_1/mL	测定体积 V_2/mL	测定分取体积 V_3/mL
0.5~10	5	200~300	全量	25	1~5
>10~50	5	500	100~500	25	1~5
>50~100	5	500	50~100	25	1~5
>100~500	5	500	10~50	25	1~5

7.2 空白试验

随同试料进行双份空白试验,所用试剂应取自同一试剂瓶,加入同等的量。

7.3 验证实验

随同试料分析同类型、含量相近的标准物质。

7.4 测定

7.4.1 灼烧

将试料(7.1)置于 30 mL 铁坩埚中,放入高温炉内,炉门留一小缝,由低温升至 700 ℃并保持 2 h。对含硫和含碳高的试料在灼烧过程中要搅拌试料 1 次~2 次。灼烧后取出冷却至室温。

7.4.2 试料的分解

在灼烧后的试料(7.4.1)中,加入 4 倍~6 倍的过氧化钠(4.8),搅匀,上面再覆盖一层约 1 g 过氧化钠(4.8),盖上坩埚盖,放入已升温至 700℃的高温炉中熔融 20 min~30 min,取出坩埚冷却至室温。对于硅含量较高的试料,若未熔好,可补加过氧化钠(4.8),再次送入高温炉直至完全熔融。

7.4.3 分离富集

将铁坩埚(7.4.2)放入 400 mL 烧杯中,加入约 150 mL 热水提取,洗净坩埚和盖,冷却。以硫酸(4.4)中和至氢氧化物沉淀全部溶解,滴加过氧化氢(4.9)至溶液清亮,将溶液转移至 40 0mL 聚四氟乙烯烧杯中,沉在烧杯底部的铁皮则弃去。(铂含量>0.1 μg/g,铑含量>0.01 μg/g 时,应将溶液移入 500 mL 容量瓶中,以水稀释至刻度,摇匀。按表 1 和表 2 分取部分溶液,置于 400 mL 聚四氟乙烯烧杯中。)

加10 mL硫酸(4.3)、10 mL氢氟酸(4.5),用塑料棒搅拌均匀。将聚四氟乙烯烧杯置于中温电热板上加热蒸发至冒硫酸烟。取下冷却。用水洗聚四氟乙烯烧杯壁,将烧杯重新放在电热板上继续加热蒸发至冒硫酸烟,如此反复三遍,以除尽氟离子。

取下烧杯放至稍冷,加入20 mL盐酸(4.1)。加20 mL磷酸(4.6)掩蔽铬(铬铁矿加40 mL磷酸(4.6))。加入50 mL水,温热使盐类溶解后移入500 mL烧杯中,用水洗聚四氟乙烯烧杯3遍～4遍,加50 mL硫酸(4.3),加3 g硫脲(4.11),用玻棒搅拌均匀,加盖表面皿。将烧杯置于电炉上加热蒸发至硫酸开始冒白烟。插入一支300 ℃温度计,此时液体的温度约180 ℃～200 ℃。继续加热,要求在4 min内达到230 ℃。取下烧杯,放至高温电热板上继续保温约1 h。

取下烧杯,冷却,在不断搅拌下加入温水至约400 mL,将烧杯放在电炉上加热煮沸,再移至电热板上保温直至硫磺完全凝聚溶液清亮为止。取下烧杯,冷却至室温。用有机玻璃漏斗经双层慢速定量滤纸抽气过滤,将沉淀全部移至漏斗中的滤纸上,擦净烧杯,用水洗烧杯7次～8次,洗沉淀7次～8次,抽干。

注:若经氢氟酸处理后,尚有部分硅未除尽时,将沉淀移至漏斗上后,用氢氟酸(1+1)洗2～3次。每次加氢氟酸前先把抽气瓶的水泵龙头关小,轻轻转动抽气瓶,使氢氟酸充分与沉淀接触将硅酸溶解,再打开水泵龙头,将硅酸及多余的氢氟酸抽去,用水洗约20次至无氟离子。

7.4.4 除硫磺,溶解铂族元素

将沉淀连同滤纸放入100 mL烧杯中,加入0.5 g硫酸锂-焦硫酸钠混合盐(4.15)、5 mL硫酸(4.3)、10 mL硝酸(4.2),盖上表面皿,将烧杯置于高温电热板上加热破坏滤纸分解硫磺。待硫酸冒烟时,用滴管由烧杯嘴顺着杯壁补加硝酸(4.2)数次,直至有机物及硫磺全部除尽。打开表面皿,继续加热至烧杯中剩下约1 mL硫酸时,取下烧杯,冷却。

放入7.5 mL盐酸(4.1)、2.5 mL硝酸(4.2),盖上表面皿,置于电热板上加热煮沸至反应完全后,取下,将溶液移入30 mL瓷坩埚中,加10滴高氯酸(4.7)除锇钌。将坩埚置于电热板上,先在低温加热至冒烟,取下冷却,用水洗坩埚壁,再加热至冒白烟,然后移至高温处冒尽白烟,取下坩埚。

注:当极谱测定铑的10 mL溶液中铂含量＞100 ng时,在破坏滤纸及硫磺后,王水溶解铂族元素时分离铂。方法是:加入10 mL王水,加热使盐类溶解并蒸发至小体积后将烧杯移至水浴上蒸干,用6 mol/L盐酸赶硝酸三次。加入6 mol/L盐酸20 mL,盖上表面皿,煮沸10 min。将溶液移至25mL比色管中,冷却后用6 mol/L盐酸稀释至刻度,摇匀。分取10 mL溶液置于30 mL瓷坩埚中,补加硫酸锂-焦硫酸钠混合盐至0.5 g测定铂。另取10.0 mL溶液置于分液漏斗中分离铂后测定铑,加入10滴氢碘酸,摇匀。放置10 min,加入15 mL含30%TBP的四氯化碳溶液(TBP : CCl_4=3 : 7),萃取1 min。分层后弃去有机相。将水相溶液放入预先加有0.3 g硫酸锂-焦硫酸钠混合盐(4.15)的30 mL瓷坩埚中,加入10滴硫酸(4.4)、10滴高氯酸(4.7)、5滴硝酸(4.2)。以下按7.4.4步骤进行。

7.4.5 将铂族元素转化为硫酸盐络合物

加入1 g硫酸锂-焦硫酸钠混合盐(4.15)于瓷坩埚中。盖上瓷坩埚盖,放入温度已升至600 ℃的高温炉中,在600 ℃熔融12 min。取出坩埚,冷却至室温。用水浸取熔块,搅拌溶解完全后,移入25 mL比色管中,以水洗坩埚数次,并稀释至刻度,摇匀。放置澄清后测定。

7.5 工作曲线的配制

7.5.1 工作曲线配制溶液的制备

移取1.00 mL铂标准溶液[4.18c)]和0.25 mL铑标准溶液[4.19c)],置于30 mL瓷坩埚中,加入0.5 g硫酸锂-焦硫酸钠混合盐(4.15),加10滴硫酸(4.3)、5滴硝酸(4.2)和10滴高氯酸(4.7)。将坩埚置于电热板上加热至冒尽三氧化硫白烟,取下冷却。加入1 g硫酸锂-焦硫酸钠混合盐(4.15),盖上坩埚盖,在600 ℃高温炉中熔融12 min,取出冷却。用水浸取熔块,溶解完全后移入25 mL比色管中,用水稀释至刻度,摇匀。此溶液1 mL含0.004 0 μg铂和0.000 5 μg铑。

7.5.2 铂、铑工作曲线的配制

分别取0.00 mL、0.50 mL、1.00 mL、1.50 mL、2.00 mL、3.00 mL、4.00 mL、5.00 mL铂、铑混合

标准溶液(7.5.1),置于一系列 10 mL 比色管中,用硫酸锂-焦硫酸钠溶液(4.16)稀释至 5 mL,加入 5 mL 测定铂、铑极谱底液(4.17),摇匀。将部分溶液倾入电解池中,用示波极谱仪导数部分进行测定,起始电位为－0.9 V(对银电极)。这一系列中分别含铂:0.00 ng/mL、0.20 ng/mL、0.40 ng/mL、0.60 ng/mL、0.80 ng/mL、1.20 ng/mL、1.60 ng/mL、2.00 ng/mL 和铑:0.025 ng/mL、0.050 ng/mL、0.075 ng/mL、0.100 ng/mL、0.150 ng/mL、0.200 ng/mL、0.250 ng/mL。

7.6 极谱测定

分取 1 mL～5 mL 试液(7.4.5),置于干燥的 10 mL 比色管中,不足 5 mL 者,以硫酸锂-焦硫酸钠溶液(4.16)补足至 5 mL,加入 5 mL 测定铂、铑极谱底液(4.17),摇匀。将部分溶液倾入电解池中,于示波极谱仪上,起始电位为－0.9 V(对银电极),测量铂和铑的导数极谱波。铂波在前,铑波在后。同时进行工作曲线的极谱测定。

以铂量或铑量为横坐标,相应的峰高为纵坐标,绘制铂或铑的工作曲线。从工作曲线上查得相应的铂量和铑量。

8 结果计算

按式(1)计算铂、铑的含量 w,以质量分数纳克每克(ng/g)表示:

$$w(\text{Pt 或 Rh})=\frac{(m_1-m_0)VV_2}{mV_1V_3} \qquad \cdots\cdots(1)$$

式中:

m_1——从工作曲线上查得试料溶液的铂量或铑量,单位为纳克(ng);

m_0——从工作曲线上查得试料空白溶液的铂量或铑量,单位为纳克(ng);

m——试料量,单位为克(g);

V——试料分解后制成试料溶液总体积,单位为毫升(mL);

V_1——从试料溶液总体积中分取的体积,单位为毫升(mL);

V_2——分离富集后制成测定溶液体积,单位为毫升(mL);

V_3——从测定溶液中分取的体积,单位为毫升(mL)。

铂、铑含量的计算结果以 ng/g 表示,有效位数为××、×.×、0.×。

9 精密度

表 3 精密度

元素	水平范围 m/(ng/g)	重复性限 r/(ng/g)	再现性限 R/(ng/g)
铂	1.2～400	$r=0.8220m^{0.7355}$	$R=1.0992m^{0.7259}$
铑	0.49～19.6	$r=0.5115m^{0.8770}$	$R=0.0013+0.5904m$
注:本精密度数据是由四个实验室对 7～9 个水平的试样所作的试验中确定的。			

ICS 73.060
D 46

中华人民共和国国家标准

GB/T 17418.3—2010
代替 GB/T 17418.3—1998

地球化学样品中贵金属分析方法 第3部分:钯量的测定 硫脲富集-石墨炉原子吸收分光光度法

Methods for analysis of noble metals in geochemical samples—Part 3: Determination of palladium content—Preconcentration by thiourea-graphite furnace atomic absorption spectrophotometric method

2010-11-10 发布　　2011-02-01 实施

中华人民共和国国家质量监督检验检疫总局
中国国家标准化管理委员会　发布

前　言

GB/T 17418《地球化学样品中贵金属分析方法》分为七个部分：

——第1部分：总则及一般规定；

——第2部分：铂量和铑量的测定　硫脲富集-催化极谱法；

——第3部分：钯量的测定　硫脲富集-石墨炉原子吸收分光光度法；

——第4部分：铱量的测定　硫脲富集-催化分光光度法；

——第5部分：钌量和锇量的测定　蒸馏分离-催化分光光度法；

——第6部分：铂量、钯量和金量的测定　火试金富集-发射光谱法；

——第7部分：铂族元素的测定　镍锍试金-电感耦合等离子体质谱法。

本部分为GB/T 17418的第3部分。

本部分代替GB/T 17418.3—1998《地球化学样品中贵金属分析方法　硫脲富集-石墨炉原子吸收分光光度法测定钯量》。

本部分与GB/T 17418.3—1998相比，主要变化如下：

——增加了警告；

——明确了以质量分数表示测定范围；

——规范了标准中的名词；

——修改补充了结果计算的内容；

——修改简化了试料量表、试液分取量表的内容；

——改变了部分试剂顺序和硫化物烘样条件；

——删除仪器对仪器检出限、工作曲线和精密度的要求；

——删除附录A。

本部分由中华人民共和国国土资源部提出。

本部分由全国国土资源标准化技术委员会归口。

本部分负责起草单位：国家地质实验测试中心。

本部分起草单位：浙江省地质矿产研究所。

本部分主要起草人：郑存江、胡勇平、章秋芳。

本部分所代替标准的历次版本发布情况为：

——GB/T 17418.3—1998。

地球化学样品中贵金属分析方法
第3部分:钯量的测定
硫脲富集-石墨炉原子吸收分光光度法

警告——使用本部分的人员应有正规实验室工作的实践经验。本部分并未指出所有可能的安全问题。使用者有责任采取适当的安全和健康措施,并保证符合国家有关法规规定的条件。

1 范围

GB/T 17418的本部分规定了地球化学样品中钯的测定方法。

本部分适用于含铂族元素的超基性岩等地质物料中钯的测定。测定范围,以质量分数表示:1 ng/g~0.5 μg/g。

2 规范性引用文件

下列文件中的条款通过GB/T 17418的本部分的引用而成为本部分的条款。凡是注日期的引用文件,其随后所有的修改单(不包括勘误的内容)或修订版均不适用于本部分,然而,鼓励根据本部分达成协议的各方研究是否可使用这些文件的最新版本。凡是不注日期的引用文件,其最新版本适用于本部分。

GB/T 17418.1 地球化学样品中贵金属分析方法 总则及一般规定

3 原理

试料经灼烧除硫及有机质后,用过氧化钠分解,水提取,以硫酸酸化,加氢氟酸蒸发冒烟除硅。在浓硫酸介质中,加热至230 ℃时,硫脲与铂、钯、铑、铱等贵金属元素生成硫化物沉淀,从而与大量贱金属分离。加硝酸-硫酸溶解沉淀并破坏滤纸及硫磺。再用硫酸锂-焦硫酸钠熔融,使铂、钯等铂族元素转化为硫酸盐络合物。

钯在6 mol/L盐酸介质中与DDO形成的螯合物可用石油醚-氯仿萃取,使钯进一步被富集。有机相中钯以石墨炉原子吸收法测定。

4 试剂

4.1 盐酸(ρ1.19 g/mL)。

4.2 盐酸(1+1)。

4.3 硝酸(ρ1.42 g/mL)。

4.4 硫酸(ρ1.84 g/mL)。

4.5 硫酸(1+1)。**警告——不当的稀释易发生危险。**

4.6 氢氟酸(ρ1.15 g/mL)。**警告——氢氟酸有毒并有腐蚀性,小心操作。**

4.7 磷酸(ρ1.69 g/mL)。

4.8 高氯酸(ρ1.67 g/mL)。优级纯。**警告——易爆,小心操作。**

4.9 过氧化钠。

4.10 过氧化氢(ρ1.11 g/mL)。

4.11 氯化钠溶液 $w(NaCl)=20\%$。

4.12 硫脲。

4.13 丙酮。

4.14 硫酸锂-焦硫酸钠混合盐(1+1):1份硫酸锂与1份焦硫酸钠混匀,置于100 mL瓷坩埚中,加坩埚盖,放入高温炉中于600 ℃熔融15 min,取出,冷却至室温将熔块倒入瓷研钵中研细。密封保存备用。

4.15 硫酸锂-焦硫酸钠溶液(60 g/L):称取6 g硫酸锂-焦硫酸钠混合盐(4.14),用水溶解后稀释至100 mL。

4.16 双十二烷基二硫代乙二酰二胺(DDO)溶液(2 g/L):称取0.2 g DDO溶于丙酮(4.13)中,并用丙酮(4.13)稀释至100 mL。

4.17 石油醚-氯仿混合液(3+1):3份石油醚与1份氯仿混匀。

4.18 钯标准溶液的配制:

a) 钯标准储备溶液(1.00 mg/mL):称取0.100 0 g光谱纯(99.99%)钯丝,置于100 mL烧杯中,加入15 mL盐酸(4.1)、5 mL硝酸(4.3),盖上表面皿,在电热板上加热,待钯丝全部溶解后,加入5滴氯化钠溶液(4.11),放在水浴上蒸干,用盐酸(4.1)赶硝酸三次。加入10 mL盐酸(4.1)和20 mL水,加热溶解后移入100 mL容量瓶中,用水稀释至刻度,摇匀;

b) 钯标准工作溶液(10 μg/mL):移取10.0 mL钯标准溶液[4.18a)],放入1 000 mL容量瓶中,加入100 mL盐酸(4.1),用水稀释至刻度,摇匀;

c) 钯标准工作溶液(0.1 μg/mL):移取10.0 mL钯标准溶液[4.18b)],放入1 000 mL容量瓶中,加入100 mL盐酸(4.1),用水稀释至刻度,摇匀。

5 仪器

原子吸收分光光度计,配有钯空心阴极灯及石墨炉装置,塞曼效应或氘灯背景校正器。

天平:感量0.1 mg。

6 试样

6.1 试样按GB/T 17418.1规定的方法进行加工制备。

6.2 试样应在105 ℃预干燥2 h,硫含量较高的试样在60 ℃的鼓风干燥烘箱内干燥2 h~4 h,然后置于干燥器中,冷却至室温。

7 分析步骤

7.1 试料量

按表1称取试料,精确到1 mg。

表1 试液分取量

钯含量/(ng/g)	试料量 m/g	试液体积 V/mL	分离富集体积 V_1/mL	测定体积 V_2/mL	分取体积 V_3/mL	萃取体积/mL
1~4	5	200~300	全量	约10	全量	1
>4~20	5	200~300	全量	25	5	1
>20~100	5	200~300	全量	25	1~5	1
>100~500	5	500	100~500	25	1~5	1

7.2 空白试验

随同试料进行双份空白试验,所用试剂应取自同一试剂瓶,加入同等的量。

7.3 验证实验

随同试料分析同类型、含量相近的标准物质。

7.4 测定

7.4.1 灼烧

将试料(7.1)置于30 mL铁坩埚中，放入高温炉内，炉门留一小缝，由低温升至700 ℃并保持2 h。对含硫和含碳高的试料在灼烧过程中要搅拌试料1次～2次。灼烧后取出冷却至室温。

7.4.2 试料的分解

在灼烧后的试料(7.4.1)中，加入4倍～6倍的过氧化钠(4.9)，搅匀，上面再覆盖一层约1 g过氧化钠(4.9)，盖上坩埚盖，放入已升温至700 ℃的高温炉中熔融20 min～30 min，取出坩埚冷却至室温。对于硅含量较高的试料，若未熔好，可补加过氧化钠(4.9)，再次送入高温炉直至完全熔融。

7.4.3 分离富集

将铁坩埚(7.4.2)放入400 mL烧杯中，加入约150 mL热水提取，洗净坩埚和盖，冷却。以硫酸(4.5)中和至氢氧化物沉淀全部溶解，滴加过氧化氢(4.10)至溶液清亮，将溶液转移至400 mL聚四氟乙烯塑料烧杯中，沉在烧杯底部的铁皮则弃去。(钯含量＞0.1×10^{-6}时，将溶液移至500 mL容量瓶中，用水稀释至刻度，摇匀。按表1分取部分溶液置于400 mL聚四氟乙烯烧杯中。)

加10 mL硫酸(4.4)、10 mL氢氟酸(4.6)，用塑料棒搅拌均匀。将烧杯置于中温电热板上加热蒸发至硫酸冒烟。取下冷却。用水洗烧杯壁，将烧杯重新放在电热板上继续加热蒸发至硫酸冒烟，如此反复三遍，以除尽氟离子。

取下烧杯放置稍冷，加入20 mL盐酸(4.1)。加20 mL磷酸(4.7)掩蔽铬[铬铁矿加40 mL磷酸(4.7)]。加入50 mL水，温热使盐类溶解后移入500 mL烧杯中，用水洗烧杯(3～4)遍，加50 mL硫酸(4.4)，加3 g硫脲(4.12)，用玻棒搅拌均匀，加盖表面皿，将烧杯置于电炉上加热蒸发至硫酸开始冒白烟。插入一支300 ℃温度计，此时液体的温度约180 ℃～200 ℃，继续加热，要求在4 min内达到230 ℃。取下烧杯，放至高温电热板上继续保温约1 h。

取下烧杯，冷却，在不断搅拌下加入温水至约400 mL，将烧杯放在电炉上加热至沸腾，再移至电热板上保温直至硫磺将铂族元素硫化物完全聚集，溶液清亮为止。取下烧杯，冷却至室温。用有机玻璃漏斗经双层慢速定量滤纸抽气过滤，将沉淀全部移至漏斗中的滤纸上，擦净烧杯，用水洗烧杯7次～8次，洗沉淀7次～8次，抽干。

注：若经氢氟酸处理后，尚有部分硅未除尽时，将沉淀移至漏斗上后，用氢氟酸(1+1)洗(2～3)次。每次加氢氟酸前先把抽气瓶的水泵龙头关小，轻轻转动抽气瓶，使氢氟酸充分与沉淀接触将硅酸溶解，再打开水泵龙头，将硅酸及多余的氢氟酸抽去，用水洗约20次至无氟离子。若未经氢氟酸处理，也应采用上述办法除硅。

7.4.4 除硫磺，溶解铂族元素

将沉淀连同滤纸放入100 mL玻璃烧杯中，加入0.5 g硫酸锂-焦硫酸钠混合盐(4.14)，5 mL硫酸(4.4)，10 mL硝酸(4.3)，盖上表面皿，将烧杯置于高温电热板上加热破坏滤纸及硫磺。待冒硫酸烟时，用滴管由烧杯嘴顺着杯壁补加硝酸(4.3)，直至有机物及硫磺全部除尽为止。打开表面皿，继续加热至烧杯中剩下约1 mL硫酸时取下，放至室温。加入7.5 mL盐酸(4.1)，2.5 mL硝酸(4.3)，盖上表面皿，置于电热板上加热煮沸至反应完全后，取下烧杯，将溶液移入30 mL瓷坩埚中。

7.4.5 将铂族元素转化为硫酸盐络合物

滴加10滴高氯酸(4.8)于瓷坩埚中，先在低温加热至硫酸开始冒烟时，取下放置冷却，以水吹洗坩埚壁，再加热至冒白烟，移至高温处，冒尽白烟后，取下坩埚，补加1 g硫酸锂-焦硫酸钠混合盐(4.14)，盖上坩埚盖，放入温度已升至600 ℃的高温炉中，在600 ℃熔融12 min，取出坩埚冷却至室温。以水浸泡熔块，用小玻棒搅拌，完全溶解后，移入25 mL比色管中，以水洗净坩埚，并稀释至刻度，摇匀。放置澄清后进行测定。

7.5　工作曲线的配制

7.5.1　工作曲线系列溶液的配制

移取1.00 mL钯标准溶液[4.18c)]于30 mL瓷坩埚中，加入0.5 g硫酸锂-焦硫酸钠混合盐(4.14)、10滴硫酸(4.5)、5滴硝酸(4.3)、10滴高氯酸(4.8)。将坩埚置于电热板上加热蒸发至冒尽白烟。取下坩埚，补加1 g硫酸锂-焦硫酸钠混合盐(4.14)，盖上坩埚盖，随同试料将坩埚放在600 ℃高温炉中熔融12 min，取出坩埚，放置冷却至室温。用水提取并移入25 mL比色管中，摇匀。此溶液1 mL含0.004 0 μg钯。

移取0.00 mL、1.00 mL、2.00 mL、3.00 mL、4.00 mL、5.00 mL钯标准溶液(7.5.1)置于一组10 mL比色管中，以硫酸锂-焦硫酸钠溶液(4.15)稀释至5 mL，加5 mL盐酸(4.1)，摇匀。加1 mL DDO溶液(4.16)，摇匀，放入60 ℃温水中保温30 min，取出冷却至室温，加入1 mL石油醚-氯仿混合溶液(4.17)，激烈振荡萃取1 min，分层后，按7.5.2步骤测定有机相中钯的吸光度。

7.5.2　绘制工作曲线

按优化的仪器工作条件测量钯的吸光度，工作曲线系列每一溶液的平均吸光度减去零浓度溶液的平均吸光度，为钯工作曲线系列溶液的净吸光度。以钯的浓度为横坐标，净吸光度为纵坐标，绘制工作曲线。

7.6　石墨炉原子吸收法测量吸光度

在配有石墨炉装置的原子吸收分光光度计上，调节波长为244.8 nm，狭缝为0.7 nm，装好石墨炉，接通冷却水及保护气体(一般采用氩气)按石墨炉升温程序设计好各个步骤，用20 μL或50 μL微量吸液器吸取工作曲线系列溶液浓度为零的溶液调零，然后按浓度由低到高的顺序吸取溶液注入石墨炉中，测量钯工作曲线系列溶液和待测试料溶液(包括空白与标准样品)。每个溶液至少测量两次，记下获得的稳定读数，求得各自的平均吸光度。

在测量试料溶液的过程中，应经常测量工作曲线系列溶液中的某一份，以了解仪器的稳定性，如果该溶液的读数有明显变化，则应重新测量全部工作曲线系列溶液后再继续测量。

7.7　定容

将试料溶液的平均吸光度和随同试料的空白溶液平均吸光度，从工作曲线上分别查出试料溶液和空白溶液中钯的浓度(ng/mL)。

8　结果计算

按(1)式计算钯的含量 w，以质量分数纳克每克(ng/g)表示：

$$w(\mathrm{Pd})=\frac{(m_1-m_0)\times VV_2}{mV_1V_3} \qquad \cdots\cdots(1)$$

式中：

m_1——从工作曲线上查得试料溶液的钯量，单位为纳克(ng)；

m_0——从工作曲线上查得试料空白溶液的钯量，单位为纳克(ng)；

m——试料量，单位为克(g)；

V——试料分解后制成试料溶液总体积，单位为毫升(mL)；

V_1——从试料溶液总体积中分取的体积，单位为毫升(mL)；

V_2——分离富集后制成测定溶液体积，单位为毫升(mL)；

V_3——从测定溶液中分取的体积，单位为毫升(mL)。

钯含量的计算结果以ng/g表示，有效位数为××、×.×、0.×。

9 精密度

表 2 精密度

水平范围 m/(ng/g)	重复性限 r/(ng/g)	再现性限 R/(ng/g)
1.4～538	$r=1.4191+0.4149m$	$R=1.3627m^{0.7740}$
注：本精密度数据是由四个实验室对八个水平的试样所作的实验中确定的。		

ICS 73.060
D 46

中华人民共和国国家标准

GB/T 17418.4—2010
代替 GB/T 17418.4—1998

地球化学样品中贵金属分析方法 第4部分：铱量的测定 硫脲富集-催化分光光度法

Methods for analysis of noble metals in geochemical samples—
Part 4: Determination of iridium content—
Preconcentration by thiourea-catalytic spectrophotometric method

2010-11-10 发布 2011-02-01 实施

中华人民共和国国家质量监督检验检疫总局
中国国家标准化管理委员会 发布

前　言

GB/T 17418《地球化学样品中贵金属分析方法》分为七个部分：

——第1部分：总则及一般规定；

——第2部分：铂量和铑量的测定　硫脲富集-催化极谱法；

——第3部分：钯量的测定　硫脲富集-石墨炉原子吸收分光光度法；

——第4部分：铱量的测定　硫脲富集-催化分光光度法；

——第5部分：钌量和锇量的测定　蒸馏分离-催化分光光度法；

——第6部分：铂量、钯量和金量的测定　火试金富集-发射光谱法；

——第7部分：铂族元素的测定　镍锍试金-电感耦合等离子体质谱法。

本部分为GB/T 17418的第4部分。

本部分代替GB/T 17418.4—1998《地球化学样品中贵金属分析方法　硫脲富集-催化分光光度法测定铱量》。

本部分与GB/T 17418.4—1998相比，主要变化如下：

——增加了警告；

——明确了以质量分数表示测定范围；

——仪器中增加了天平；

——规范了标准中的名词；

——将“标准试样”改为“标准物质”；

——修改补充了结果计算的内容；

——修改简化了试料量表、试液分取量表的内容；

——改变了部分试剂顺序和硫化物烘样条件。

本部分由中华人民共和国国土资源部提出。

本部分由全国国土资源标准化技术委员会归口。

本部分负责起草单位：国家地质实验测试中心。

本部分起草单位：浙江省地质矿产研究所。

本部分主要起草人：郑存江、胡勇平、孙朝阳。

本部分所代替标准的历次版本发布情况为：

——GB/T 17418.4—1998。

地球化学样品中贵金属分析方法
第4部分：铼量的测定
硫脲富集-催化分光光度法

警告——使用本部分的人员应有正规实验室工作的实践经验。本部分并未指出所有可能的安全问题。使用者有责任采取适当的安全和健康措施，并保证符合国家有关法规规定的条件。

1 范围

GB/T 17418的本部分规定了地球化学样品中铼的测定方法。

本部分适用于含铂族元素的超基性岩等地质物料中铼的测定。测定范围，以质量分数表示：1 ng/g～5 μg/g。

2 规范性引用文件

下列文件中的条款通过GB/T 17418的本部分的引用而成为本部分的条款。凡是注日期的引用文件，其随后所有的修改单(不包括勘误的内容)或修订版均不适用于本部分，然而，鼓励根据本部分达成协议的各方研究是否可使用这些文件的最新版本。凡是不注日期的引用文件，其最新版本适用于本部分。

GB/T 17418.1　地球化学样品中贵金属分析方法　总则及一般规定

3 原理

试料经灼烧除硫及有机质后，用过氧化钠分解。水提取，以硫酸酸化，加氢氟酸除硅。在浓硫酸介质中，加热至230 ℃时，硫脲与铼、铑、铂、钯等贵金属元素生成硫化物沉淀，从而与大量贱金属分离。加硝酸-硫酸溶解沉淀并破坏滤纸及硫磺。再用硫酸锂-焦硫酸钠熔融，使铼、铑等铂族元素转化为硫酸盐络合物。利用铼能催化铈(Ⅳ)-砷(Ⅲ)体系的氧化还原反应，且催化反应速度与铼的浓度成比例，借此测定微量铼。

采用固定浓度法时，适用的测定范围是2 ng/mL～10 ng/mL；固定时间法为0.2 ng/mL～2 ng/mL。延长反应时间可测定低至0.01 ng/mL的铼。

4 试剂

4.1　盐酸(ρ1.19 g/mL)。

4.2　硝酸(ρ1.42 g/mL)。

4.3　硫酸(ρ1.84 g/mL)。

4.4　硫酸(1+1)。**警告——不当的稀释易发生危险。**

4.5　硫酸 $c(H_2SO_4)$=1 mol/L。

4.6　氢氟酸(ρ1.15 g/mL)。**警告——氢氟酸有毒并有腐蚀性，小心操作。**

4.7　磷酸(ρ1.69 g/mL)。

4.8　高氯酸(ρ1.67 g/mL)。**警告——易爆品，小心操作。**

4.9　氯化钠溶液 $\omega(NaCl)$=20%。

4.10　过氧化氢(ρ1.11 g/mL)。

4.11　过氧化钠。

4.12 硫脲。

4.13 硫酸锂。

4.14 焦硫酸钠。

4.15 三氧化二砷。

4.16 硫酸铈铵{$Ce(SO_4)_2 \cdot 2(NH_4)_2SO_4 \cdot 4H_2O$}。

4.17 硫酸汞。

4.18 氯铱酸铵。

4.19 氢氧化钠。

4.20 硫酸锂-焦硫酸钠混合盐(1+1):1份硫酸锂(4.13)与1份焦硫酸钠(4.14)混匀,置于100 mL瓷坩埚中,加坩埚盖,放入高温炉中于600 ℃熔融15 min,取出,冷却至室温将熔块倒入瓷研钵中研细。密封保存备用。

4.21 硫酸锂-焦硫酸钠溶液(60 g/L):称取6 g硫酸锂-焦硫酸钠混合盐(4.20),用水溶解后稀释至100 mL。

4.22 三氧化二砷溶液(10 g/L):称取10 g三氧化二砷(4.15)放于1 000 mL烧杯中,加入5 g氢氧化钠(4.19)和约20 mL水。微热溶解后用水稀释至约700 mL。加入118 mL硫酸(4.4),用水转移至1 000 mL容量瓶中,稀释至刻度,摇匀。

4.23 硫酸铈铵溶液(72 g/L):称取72 g硫酸铈铵(4.16)溶于H_2SO_4(4.5)中,并用此酸稀释至1 000 mL。过滤后使用。

4.24 硫酸汞溶液(50 g/L):称取50 g硫酸汞(4.17)溶于H_2SO_4(4.5)中,并用此酸稀释至1 000 mL。

4.25 铱标准溶液的配置:

a) 铱标准储备溶液(1.00 mg/mL):称取57.35 mg光谱纯氯铱酸铵(4.18),置于100 mL烧杯中,加入25 mL水.再加入25 mL盐酸(4.1),温热使其溶解,取下冷却。移入250 mL容量瓶中,补加25 mL盐酸(4.1),以水稀释至刻度,摇匀;

b) 铱标准工作溶液(10 μg/mL):移取10.0 mL铱标准溶液[4.25a)],置于100 mL容量瓶中,加入20 mL盐酸(4.1),以水稀释至刻度,摇匀;

c) 铱标准工作溶液(0.5 μg/mL):移取5.0 mL铱标准溶液[4.25b)],置于100 mL容量瓶中,加入20 mL盐酸(4.1),以水稀释至刻度,摇匀。

5 仪器

分光光度计。

天平:感量0.1 mg。

6 试样

6.1 试样按GB/T 17418.1规定的方法进行加工制备。

6.2 试样应在105 ℃预干燥2 h,硫含量较高的试样在60 ℃的鼓风干燥烘箱内干燥2 h～4 h,然后置于干燥器中,冷却至室温。

7 分析步骤

7.1 试料量

按表1称取试料,精确到1 mg。

7.2 空白试验

随同试料进行双份空白试验,所用试剂应取自同一试剂瓶,加入同等的量。

7.3 验证实验

随同试料分析同类型、含量相近的标准物质。

7.4 样品处理

表 1 试液分取量

铱含量/(ng/g)	试料量 m/g	试液体积 V/mL	分取体积 V_1/mL	测定体积 V_2/mL	测定分取体积 V_3/mL
1～20	5	200～300	全量	25	1～5
20～100	5	500	100～500	25	1～5
100～500	5	500	100～500	25	1～5

7.4.1 灼烧

将试料(7.1)置于 30 mL 铁坩埚中，放入高温炉内，炉门留一小缝，由低温升至 700 ℃并保持 2 h。对含硫和含碳高的试料，在灼烧过程中要搅拌试料 1 次～2 次。灼烧后取出冷却至室温。

7.4.2 试料的分解

在灼烧后的试料(7.4.1)中，加入 4 倍～6 倍的过氧化钠(4.11)，搅匀，上面再覆盖一层约 1 g 过氧化钠(4.11)，盖上坩埚盖，放入已升温至 700 ℃的高温炉中熔融 20 min～30 min，取出坩埚冷却至室温。对于硅含量较高的试料，若未熔好，可补加过氧化钠(4.11)，再次送入高温炉直至完全熔融。

7.4.3 分离富集

将铁坩埚(7.4.2)放入 400 mL 烧杯中，加入约 150 mL 热水提取，洗净坩埚和盖，冷却。以硫酸(4.4)中和至氢氧化物沉淀全部溶解。滴加过氧化氢(4.10)至溶液清亮。将溶液转移至 400 mL 聚四氟乙烯烧杯中，沉在烧杯底部的铁皮则弃去。(对铬铁矿或铱含量＞20 ng/g 时，应将溶液移入 500 mL 容量瓶中，以水稀释至刻度，摇匀。一般情况分取相当于 1 g 试料溶液置于 400 mL 聚四氟乙烯烧杯中。)

加 10 mL 硫酸(4.3)，10 mL 氢氟酸(4.6)，用塑料棒搅匀。将烧杯置于中温电热板上加热蒸发至硫酸冒烟。取下冷却，用水洗烧杯壁，将烧杯重新放在电热板上继续加热蒸发至硫酸冒烟，如此反复三遍，以除尽氟离子。

取下烧杯，放至冷却。加入 50 mL 水，加 20 mL 盐酸(4.1)，加 20 mL 磷酸(4.7)掩蔽铬[铬铁矿加 40 mL 磷酸(4.7)]，温热使盐类溶解后，移入 500 mL 玻璃烧杯中，用水聚四氟乙烯烧杯 3 次～4 次，加 50 mL 硫酸(4.3)，加 3 g 硫脲(4.12)，用玻棒搅拌均匀，加盖表面皿。将烧杯置于电炉上加热蒸发至硫酸开始冒白烟。插入一支 300℃温度计，此时液体的温度约 180 ℃～200 ℃。继续加热，要求在 4 min 内达到 230 ℃。取下烧杯，放至高温电热板上继续保温约 1 h。

取下烧杯，冷却，在不断搅拌下加入温水至约 400 mL，将烧杯放在电炉上加热煮沸，再移至电热板上保温直至硫磺完全凝聚溶液清亮为止。取下烧杯，冷却至室温。用有机玻璃漏斗经双层慢速定量滤纸抽气过滤，将沉淀全部移至漏斗中的滤纸上，擦净烧杯，用水洗烧杯 7 次～8 次，洗沉淀 7 次～8 次，抽干。

注：若经氢氟酸处理后，尚有部分硅未除尽时，将沉淀移至漏斗上后，用氢氟酸(1＋1)洗 2 次～3 次。每次加氢氟酸前先把抽气瓶的水泵龙头关小，轻轻转动抽气瓶，使氢氟酸充分与沉淀接触将硅酸溶解，再打开水泵龙头，将硅酸及多余的氢氟酸抽去，用水洗约 20 次至无氟离子。若试料为铬铁矿时按上述方法除硅。

7.4.4 除硫磺，溶解铂族元素

将沉淀连同滤纸放入 100 mL 烧杯中，加入 0.5 g 硫酸锂-焦硫酸钠混合盐(4.20)、5 mL 硫酸(4.3)，10 mL 硝酸(4.2)，盖上表面皿，将烧杯置于电热板上加热，破坏滤纸及除去硫磺，待冒硫酸烟时，用滴管由烧杯嘴顺着杯壁补加硝酸(4.2)，直至有机物及硫磺全部除尽为止。打开表面皿，继续加热至烧杯中剩下约 1 mL 硫酸时，取下烧杯，放置冷却。

加入 7.5 mL 盐酸(4.1),2.5 mL 硝酸(4.2),盖上表面皿,置于电热板上加热煮沸至反应完全,取下,将溶液移入 30 mL 瓷坩埚中,加 10 滴高氯酸(4.8)除锇钌将坩埚置于电热板上,先在低温加热至冒白烟,取下冷却,用水洗坩埚壁,再加热至冒白烟,然后移至高温处冒尽白烟,取下坩埚。

注:当比色测定铱的溶液中铂含量>0.5 μg 时,在王水溶解铂族元素时分离铂。方法是:将己破坏有机物及硫的溶液冒尽白烟,取下,冷却。加入 10 mL 王水,加热使盐类溶解并蒸发至小体积后移至水浴上蒸干,以盐酸(4.1)赶硝酸三次。以 6 mol/L 盐酸加热溶解,放入 100 mL 分液漏斗中,使体积控制在约 15 mL,加入 10 滴氢碘酸(ρ1.55 g/mL),摇匀,放置 10 min。加入 15 mL 含 30%TBP 的四氯化碳溶液(TBP:CCl_4=3:7),萃取 1 min。分层后弃去有机相。将水相溶液放入 30 mL 瓷坩埚中,加入 10 滴硫酸(4.4)、10 滴高氯酸(4.8)、5 滴硝酸(4.2)。以下按 7.4.4 步骤进行。

7.4.5 将铱转化为硫酸盐络合物

加入 1 g 硫酸锂-焦硫酸钠混合盐(4.20)于瓷坩埚中。盖上瓷坩埚盖,放入温度已升至 600 ℃的高温炉中,在 600 ℃熔融 12 min。取出坩埚,冷却至室温。用水浸取熔块,搅拌溶解完全后。移入 25 mL 比色管中,以水洗坩埚数次,并稀释至刻度,摇匀。放置澄清后测定。

7.5 工作曲线的配制

7.5.1 工作曲线系列溶液的配制

移取 1.00 mL 铱标准溶液[4.25c)]置于 30 mL 瓷坩埚中,加入 0.5 g 硫酸锂-焦硫酸钠混合盐(4.20)、10 滴硫酸(4.3)、5 滴硝酸(4.2)、10 滴高氯酸(4.8),将坩埚置于电热板上加热蒸发至冒尽白烟。取下补加 1 g 硫酸锂-焦硫酸钠混合盐(4.20),盖上坩埚盖,在 600 ℃高温炉中熔融 1 min 和试料同时熔,取出坩埚,放置冷却至室温。用水提取,移入 25 mL 容量瓶中,摇匀。此溶液 1 mL 含 20.0 ng 铱。

7.5.2 移取铱标准溶液(7.5.1)10 mL 置于 25 mL 容量瓶中,以硫酸锂-焦硫酸钠溶液(4.21)稀释至刻度,摇匀。此溶液 1 mL 含 8.0 ng 铱。

7.5.3 固定时间法工作曲线的配制

移取 0.00 mL、0.10 mL、0.25 mL、0.50 mL、0.75 mL、1.00 mL 铱标准溶液(7.5.1)或(7.5.2),分别置于一组 25 mL 比色管中,补加硫酸锂-焦硫酸钠溶液(4.21)至 5 mL,加入 2 mL 三氧化二砷溶液(4.22),1 mL 硫酸汞溶液(4.24),摇匀,将比色管连同比色管架浸入室温水槽中恒温 20 min。迅速加入 1.0 mL 硫酸铈铵溶液(4.23),同时立即启动秒表并摇匀。在室温水槽中放置一定时间(以工作曲线中的最高铱含量之吸光度值降至 0.3 时所需要的时间来确定)。

将溶液移入 1 cm 比色杯中,在恰到设定时间时,以水作参比,在 420 nn 或 450 nm 波长处测量溶液的吸光度 A。求 $\lg(1/A)$值。以 $\lg(1/A)$值作纵坐标,铱的浓度作横坐标,绘制工作曲线。空白的吸光度应在 1.0 附近。

7.5.4 固定浓度法工作曲线的配制

移取 0.0 0mL、1.00 mL、2.00 mL、3.00 mL、4.00 mL、5.00 mL 铱标准溶液(7.5.1),置于一组 25 mL比色管中,以硫酸锂-焦硫酸钠溶液(4.21)稀释至 5 mL,加入 2 mL 三氧化二砷溶液(4.22),1 mL硫酸汞溶液(4.24),摇匀。将比色管连同比色管架浸入室温水槽中恒温 20 min。迅速加入 1.0 mL 硫酸铈铵溶液(4.23),同时立即启动秒表并摇匀。在室温水槽中放置一定时间。

将溶液移入 1 cm 比色杯中,以水作参比,在 420 nm 或 450 nm 波长处,测量溶液的透光率增至一定值(例如 50%)所需要的时间 t(min)。求 $1/t$ 值。以 $1/t$ 值作纵坐标,以铱的浓度作横坐标,绘制工作曲线。

7.6 催化光度法测定

移取 1 mL~5 mL 上述澄清溶液(7.4.5)置于 25 mL 比色管中,补加硫酸锂-焦硫酸钠溶液(4.21)至 5 mL,加入 2 mL 三氧化二砷溶液(4.22)、1 mL 硫酸汞溶液(4.24),摇匀,将比色管连同比色管架浸入室温水槽中恒温 20 min。用固定时间法或用固定浓度法测定。

7.6.1 固定时间法测定

迅速加入 1.00 mL 已恒温的硫酸铈铵溶液(4.24),同时立即开启秒表并摇匀,在室温水槽中放置一定时间(以工作曲线中的最高铱含量之吸光度值降至0.3附近时所需的时间来确定),然后移入1 cm比色杯中,在恰到设定时间时,以水作参比,在420 nm或450 nm波长处测量溶液的吸光度A。求$\lg(1/A)$值。从工作曲线上查出含铱量。一般空白的吸光度应在1.0附近。

7.6.2 固定浓度法测定

迅速加入1.00 mL已恒温的硫酸铈铵溶液(4.23),同时开动秒表并摇匀,在室温水槽中放置一定时间,将溶液移入1 cm比色杯中,以水作参比,在420 nm或450 nm波长处,测量溶液的透光率增至一定值(例如取50%)所需的时间t(min)。求$1/t$值。从工作曲线上查出含铱量。

8 结果计算

按式(1)计算铱的含量w,以质量分数纳克每克(ng/g)表示:

$$w(\mathrm{Ir})=\frac{(m_1-m_0)VV_2}{mV_1V_3} \qquad \cdots\cdots(1)$$

式中:

m_1——从工作曲线上查得试料溶液的铱量,单位为纳克(ng);

m_0——从工作曲线上查得试料空白溶液的铱量,单位为纳克(ng);

m——试料量,单位为克(g);

V——试料分解后制成试料溶液总体积,单位为毫升(mL);

V_1——从试料溶液总体积中分取的体积,单位为毫升(mL);

V_2——分离富集后制成测定溶液体积,单位为毫升(mL);

V_3——从测定溶液中分取的体积,单位为毫升(mL)。

铱含量的计算结果以ng/g表示,有效位数为××、×.×、0.×。

9 精密度

表2 精密度

水平范围 m/(ng/g)	重复性限 r/(ng/g)	再现性限 R/(ng/g)
2.5~326	$r=0.6676m^{0.8002}$	$R=1.0583+0.4027m$
注:本精密度数据是由五个实验室对七个水平的试样所作的实验中确定的。		

ICS 73.060
D 46

中华人民共和国国家标准

GB/T 17418.5—2010
代替 GB/T 17418.5—1998

地球化学样品中贵金属分析方法 第5部分：钌量和锇量的测定 蒸馏分离-催化分光光度法

Methods for analysis of noble metals in geochemical samples—Part 5: Determination of ruthenium and osmium content—Separationby distillation-catalytic spectrophotometric method

2010-11-10 发布　　2011-02-01 实施

中华人民共和国国家质量监督检验检疫总局
中国国家标准化管理委员会　发布

前　　言

GB/T 17418《地球化学样品中贵金属分析方法》分为七个部分：

——第1部分：总则及一般规定；

——第2部分：铂量和铑量的测定　硫脲富集-催化极谱法；

——第3部分：钯量的测定　硫脲富集-石墨炉原子吸收分光光度法；

——第4部分：铱量的测定　硫脲富集-催化分光光度法；

——第5部分：钌量和锇量的测定　蒸馏分离-催化分光光度法；

——第6部分：铂量、钯量和金量的测定　火试金富集-发射光谱法；

——第7部分：铂族元素的测定　镍锍试金-电感耦合等离子体质谱法。

本部分为GB/T 17418的第5部分。

本部分代替GB/T 17418.5—1998《地球化学样品中贵金属分析方法　蒸馏分离-催化分光光度法测定钌量和锇量》。

本部分与GB/T 17418.5—1998相比，主要变化如下：

——增加了警告；

——明确了以质量分数表示测定范围；

——仪器中增加了天平；

——规范了标准中的名词；

——将“标准试样”改为“标准物质”；

——修改补充了结果计算的内容；

——修改简化了试料量表、试液分取量表的内容；

——改变了部分试剂顺序和硫化物烘样条件。

本部分由中华人民共和国国土资源部提出。

本部分由全国国土资源标准化技术委员会归口。

本部分负责起草单位：国家地质实验测试中心。

本部分起草单位：浙江省地质矿产研究所。

本部分主要起草人：郑存江、胡勇平、刘清辉。

本部分所代替标准的历次版本发布情况为：

——GB/T 17418.5—1998。

地球化学样品中贵金属分析方法 第5部分：钌量和锇量的测定 蒸馏分离-催化分光光度法

警告——使用本部分的人员应有正规实验室工作的实践经验。本部分并未指出所有可能的安全问题。使用者有责任采取适当的安全和健康措施，并保证符合国家有关法规规定的条件。

1 范围

GB/T 17418的本部分规定了地球化学样品中钌、锇的测定方法。

本部分适用于含铂族元素的超基性岩等地质物料中钌、锇的测定。测定范围，以质量分数表示：1 ng/g～1 μg/g。

2 规范性引用文件

下列文件中的条款通过GB/T 17418的本部分的引用而成为本部分的条款。凡是注日期的引用文件，其随后所有的修改单(不包括勘误的内容)或修订版均不适用于本部分，然而，鼓励根据本部分达成协议的各方研究是否可使用这些文件的最新版本。凡是不注日期的引用文件，其最新版本适用于本部分。

GB/T 17418.1 地球化学样品中贵金属分析方法 总则及一般规定

3 原理

试料经过氧化钠熔融，用硫酸酸化，加高锰酸钾作氧化剂，使钌和锇生成挥发性的四氧化物被蒸馏出来从而与伴生元素分离。采用盐酸-乙醇-硫酸溶液作锇、钌分离剂并还原吸收钌。当水蒸汽把第一吸收管中的溶液加热沸腾后，四氧化锇被蒸至第二吸收管中由三氧化二砷还原吸收。利用钌和锇对Ce(Ⅳ)-As(Ⅲ)体系的催化作用，分别进行钌、锇的分光光度测定。

经蒸馏分离之后，卤素影响测定的元素。加入硫酸汞可以消除。

采用固定时间法时，可测定含量＜50 ng/g钌或锇；采用固定浓度法时，可测定含量＞50 ng/g的钌、锇。

4 试剂

4.1 硫酸(ρ1.84 g/mL)。

4.2 硫酸(1+1)。**警告——不当的稀释易发生危险。**

4.3 硫酸 $c(H_2SO_4)=1$ mol/L。

4.4 盐酸(ρ1.19 g/mL)。

4.5 乙醇。

4.6 氯化钠溶液 $w(NaCl)=20\%$。

4.7 过氧化钠。

4.8 氢氧化钠。

4.9 三氧化二砷。

4.10 硫酸汞。

4.11 硫酸铈铵{$Ce(SO_4)_2 \cdot 2(NH_4)_2SO_4 \cdot 4H_2O$}。

4.12 氯钌酸铵{$(NH_4)_2Ru(H_2O)Cl_5$},光谱纯。

4.13 高锰酸钾。

4.14 硫酸亚铁铵。

4.15 氯锇酸铵{$(NH_4)_2OsCl_6$},光谱纯。

4.16 溴酸钠 $w(NaCl)=15\%$。

4.17 氯气。**警告——氯气有毒,小心操作。**

4.18 钌吸收液(锇、钌分离剂):在 400 mL 水中,加入 222 mL 硫酸(4.2),40 mL 乙醇(4.5),1 mL 盐酸(4.4),搅拌均匀,冷却至室温后移入 1 000 mL 容量瓶中,以水稀释至刻度,摇匀。

4.19 锇吸收液(10 g/L 三氧化二砷-2 mol/L 硫酸溶液):称取 10 g 三氧化二砷(4.9),加入 5 g 氢氧化钠(4.8)和约 20 mL 水,微热使溶解后,用水稀释至约 700 mL,加入 230 mL 硫酸(4.2),搅拌,冷却后,移入 1 000 mL 容量瓶中,用水稀释至刻度,摇匀。

4.20 锇稀释液(5 g/L 三氧化二砷-1 mol/L 硫酸溶液):将锇吸收液(4.19)用水稀释一倍。

4.21 三氧化二砷(l0 g/L)-硫酸(1 mol/L)溶液:称取 10 g 三氧化二砷(4.9),加入 5 g 氢氧化钠(4.8)和约 20 mL 水,微热使其溶解后,用水稀释至约 700 mL,加入 118 mL 硫酸(4.2),搅拌,冷却后,移入 1 000 mL 容量瓶中,用水稀释至刻度,摇匀。

4.22 硫酸汞溶液 $w(HgSO_4)=5\%$:50 g 硫酸汞(4.10)溶解于 1 000 mL 硫酸(4.3)溶液中。

4.23 硫酸铈铵溶液:73 g 硫酸铈铵(4.11)溶解于 1 000 mL 硫酸(4.3)中,摇匀。如有白色沉淀析出,静置数天后过滤。铈的浓度可按实际情况配制,一般调至空白溶液的吸光度 $A\leqq 1$。

4.24 高锰酸钾饱和溶液:高锰酸钾(4.13)溶解于水中,直至饱和为止。

4.25 钌标准溶液的配置:

a) 钌标准储备溶液(5.00 μg/mL):准确称取 8.22 mg 氯钌酸铵(4.12)置于 100 mL 烧杯中,用水润湿,加入 0.5 g 硫酸亚铁铵(4.14),5 mL 硫酸(4.2),搅拌使之溶解,盖上表面皿,于中温电热板上加热至微冒白烟,取下冷却,用水洗烧杯壁及表面皿,再加热至冒白烟并继续保持 5 min,取下,冷却后移入 500 mL 容量瓶中,用硫酸(4.3)稀释至刻度,摇匀;

b) 钌标准工作溶液(0.050 μg/mL):移取 10.0 mL 钌标准溶液[4.25a)],置于 1 000 mL 容量瓶中,用硫酸(4.3)稀释至刻度,摇匀;

c) 钌标准工作溶液(0.005 μg/mL):移取 10.0 mL 钌标准溶液[4.25b)],置于 10 mL 容量瓶中,用硫酸(4.3)稀释至刻度,摇匀;

d) 钌标准工作溶液(0.001 μg/mL):移取 10.0 mL 钌标准溶液[4.25c)],置于 50 mL 容量瓶中,用硫酸(4.3)稀释至刻度,摇匀。

4.26 锇标准溶液的配置:

a) 锇标准储备溶液(5.00 μg/mL):准确称取 5.77 mg 氯锇酸铵(4.15),置于 100 mL 烧杯中,用水润湿,加入 0.5 g 硫酸亚铁铵(4.14),5m L 硫酸(4.2),搅拌使之溶解,盖上表面皿,于中温电热板上加热至微冒白烟。取下冷却,用水洗烧杯壁及表面皿,再加热至冒白烟并继续保持 5 min,取下,冷却后用硫酸(4.3)移入 500 mL 容量瓶中,用硫酸(4.3)稀释至刻度,摇匀;

b) 锇标准工作溶液(0.050 μg/mL)移取 10.0 mL 锇标准溶液[4.26a)],置于 1 000 mL 容量瓶中,以锇稀释液(4.20)稀释至刻度,摇匀;

c) 锇标准工作溶液(0.005 μg/mL):移取 10.0 mL 锇标准溶液[4.26b)],置于 100 mL 容量瓶中,以锇稀释液(4.20)稀释至刻度,摇匀;

d) 锇标准工作溶液(0.001 μg/mL):移取 10.0 mL 锇标准溶液[4.26c)],置于 50 mL 容量瓶中,以锇稀释液(4.20)稀释至刻度,摇匀。

5 仪器及装置

5.1 分光光度计。

5.2 天平,感量 0.1 mg。

5.3 锇钌蒸馏器(见图 1)。

单位为毫米

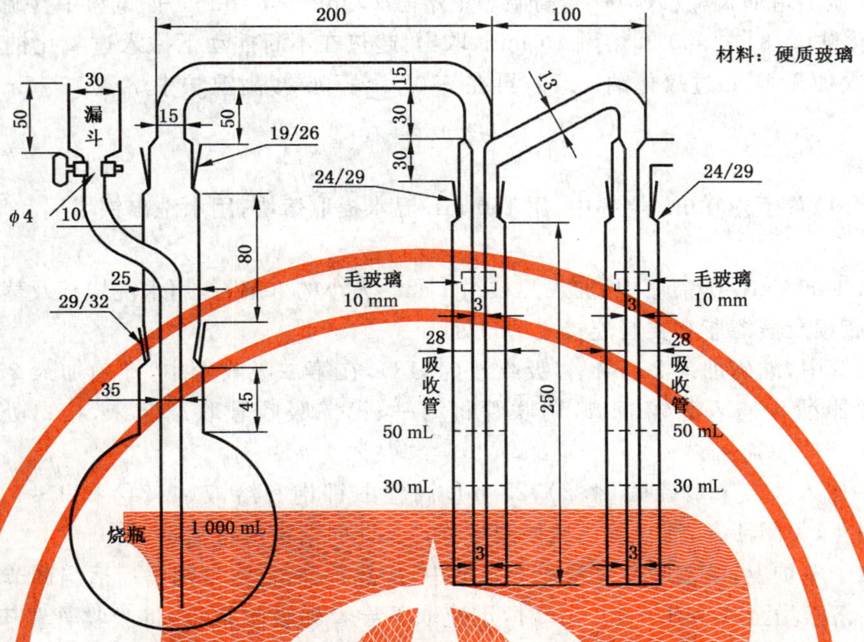

注:蒸馏器皿在使用前要洗净,办法是用热王水浸泡,使沉积物溶解,用水冲洗干净,再用热的 15% 溴酸钠溶液(4.16)洗涤或用氯气(4.17)熏内壁,清除可能沉积的钌。

图 1 锇钌蒸馏器

6 试样

6.1 试样按 GB/T 17418.1 规定的方法进行加工制备。

6.2 试样应在 105 ℃预干燥 2 h,硫含量较高的试样在 60 ℃的鼓风干燥烘箱内干燥 2 h~4 h,然后置于干燥器中,冷却至室温。

7 分析步骤

7.1 试料量

按表 1 称取试料,精确到 1 mg。

表 1 试液分取量

含量范围 (ng/g)	试料量 m/g	试液总体积 V/mL	测定分取体积 V_1/mL
1~250	5	50	1~5
250~1 000	5	50	1~5
>1 000	5	50	稀释后分取 1~5

7.2 空白试验

随同试料进行双份空白试验。所有试剂应取自同一试剂瓶,加入同等的量。

7.3 验证实验

随同试料分析同类型、含量相近似的标准物质。

7.4 测定

7.4.1 试料的分解

将试料(7.1),置于 30 mL～50 mL 铁坩埚中,加入 4 倍～5 倍过氧化钠(4.7),搅匀,上面再盖一层过氧化钠(4.7),盖上坩埚盖,放入 700 ℃高温炉中熔融 20 min～30 min。如试料中含硫或有机物较多,先用 10 g 氢氧化钠(4.8)在 500 ℃熔融 10 min,取出,趁热在不断摇动下撒入过氧化钠(4.7)直至剧烈的反应停止,分次加入 15 g 过氧化钠(4.7),再在 650 ℃～700 ℃高温炉中熔融 15 min～20 min,取出坩埚,冷却。

7.4.2 蒸馏分离

将坩埚(7.4.1)置于 400 mL 烧杯中,用 150 mL 温水提取熔块,用水洗出铁坩埚和坩埚盖。冷却至室温。

将溶液移入 1 000 mL 蒸馏瓶中,加入几粒约 1 cm^3 大小的方解石,用水洗烧杯及蒸馏瓶内壁,滴加硫酸(4.2)涂于瓶颈及蒸馏瓶和支管连接之磨口处。

在第一吸收管中,准确加入 25 mL 钌吸收液(4.18),在第二吸收管中,准确加入 25 mL 锇吸收液(4.19)。将蒸馏器漏斗插入蒸馏瓶口,用联管将第一、第二吸收管联结起来,接口处涂抹几滴硫酸(4.2)。见图 1。

从边管漏斗加入 120 mL 硫酸(4.2)、25 mL 高锰酸钾饱和溶液(4.24)和 4～5 滴氯化钠溶液(4.6),用水洗漏斗,关闭活塞,摇动蒸馏瓶使溶液均匀。此时溶液应澄清透明。

将蒸馏瓶架于电炉上,第二吸收管浸入冷水槽中,加热蒸馏,待溶液沸腾后适当调节炉温,蒸馏进行到第二吸收管内溶液增至 37 mL～40 mL 时,迅速取下导管和吸收系统,将吸收管置于水中冷却至室温,卸下吸收管,用水冲洗支管,以水稀释至 50 mL 刻度,摇匀。第一吸收管中溶液测定钌,第二吸收管中溶液测定锇。

7.5 工作曲线的配制

7.5.1 钌工作曲线的配制

7.5.1.1 固定时间法工作曲线的配制

移取 0.00 mL,0.50 mL,1.00 mL,2.00 mL,3.00 mL,4.00 mL,5.00 mL 钌标准溶液[4.25d)]或[4.25c)],分别置于一组 25 mL 比色管中,补加硫酸(4.3)至 5 mL,加入 2 mL 三氧化二砷溶液(4.21)、1 mL 硫酸汞溶液(4.22),摇匀,将比色管连同比色管架浸入室温水槽中恒温 20 min。迅速加入 1.00 mL 硫酸铈铵溶液(4.23),同时立即开启秒表并摇匀,在室温水槽中放置一定时间(以工作曲线中的最高钌量之吸光度值降至 0.3 附近时所需的时间来确定),然后移入 1 cm 比色杯中,在恰到设定时间时,以水作参比,在 420 nm 波长处测量溶液的吸光度 A。求 $\lg(1/A)$值。以 $\lg(1/A)$值作纵坐标,钌的量作横坐标,绘制工作曲线。

7.5.1.2 固定浓度法工作曲线的配制

移取 0.00 mL,0.50 mL,1.00 mL,1.50 mL,2.00 mL 钌标准溶液[4.25b)],置于一组 25 mL 比色管中,以硫酸溶液(4.3)补加至 5 mL,加入 2 mL 三氧化二砷溶液(4.21),1 mL 硫酸汞溶液(4.22),摇匀,将比色管连同比色管架浸入室温水槽中恒温 20 min。迅速加入 1.00 mL 硫酸铈铵溶液(4.23),同时立即开启秒表并摇匀,在室温水槽中放置一定时间,将溶液移入 1 cm 比色杯中,以水作参比,在 420 nm 波长处测量溶液的透光率增至一定值(例如取 50%)所需时间 t(min),求 $1/t$ 值。以 $1/t$ 值作纵坐标,钌的量作横坐标,绘制工作曲线。

7.5.2 锇工作曲线的配制

7.5.2.1 固定时间法工作曲线的配制

移取 0.00 mL,1.00 mL,2.00 mL,3.00 mL,4.00 mL,5.00 mL 锇标准溶液[4.26d)]或[4.26c)],分别置于一组 25 mL 比色管中,补加锇稀释液(4.20)至 5 mL,加入 2 mL 硫酸(4.3),1 mL 硫酸汞溶液(4.22),摇匀,将比色管连同比色管架浸入室温水槽中恒温 20 min。迅速加入 1.00 mL 硫酸铈铵溶液

(4.23)，同时立即开启秒表并摇匀，在室温水槽中放置一定时间(以工作曲线中锇最高量之吸光度值降至0.3附近时所需的时间来确定)，然后移入1 cm比色杯中，在恰到设定时间时，以水作参比，在420 nm波长处测量溶液的吸光度A。求lg(1/A)值。以lg(1/A)值作纵坐标，锇的量作横坐标，绘制工作曲线。

7.5.2.2 固定浓度法工作曲线的配制

移取0.00 mL，0.50 mL，1.00 mL，1.50 mL，2.00 mL锇标准溶液[4.26b)]，分别置于一组25 mL比色管中，补加锇稀释液(4.20)至5 mL，加入2 mL硫酸(4.3)，1 mL硫酸汞溶液(4.22)，摇匀，将比色管连同比色管架浸入室温水槽中恒温20 min。迅速加入1.00 mL硫酸铈铵溶液(4.23)，同时立即开启秒表并摇匀，在室温水槽中放置一定时间，将溶液移入1 cm比色杯中，以水作参比，在420 nm波长处测量溶液的透光率增至一定值(例如取50%)所需时间t(min)，求1/t值。以1/t值作纵坐标，锇的量作横坐标，绘制工作曲线。

7.6 测定

7.6.1 催化分光光度法测定钌

移取1 mL～5 mL第一吸收管溶液(7.4.2)，于25 mL比色管中，不足5 mL时，补加硫酸(4.3)至5 mL，加入2 mL三氧化二砷溶液(4.21)，1 mL硫酸汞溶液(4.22)，摇匀。将比色管连同比色管架浸入室温水槽中恒温20 min，用固定时间法或用固定浓度法测定。

7.6.1.1 固定时间法测定

迅速加入1.00 mL已恒温的硫酸铈铵溶液(4.23)，同时立即开启秒表并摇匀，在室温水槽中放置一定时间(以工作曲线中的最高钌量之吸光度值降至0.3附近时所需的时间来确定)，然后移入1 cm比色杯中，在恰到设定时间时，以水作参比，在420 nm波长处测量溶液的吸光度A。求lg(1/A)值。从工作曲线上查出含钌量。

7.6.1.2 固定浓度法测定

迅速加入1.00 mL已恒温的硫酸铈铵溶液(4.23)，同时启动秒表并摇匀，在室温水槽中放置一定时间，将溶液移入1 cm比色杯中，以水作参比，在420 nm波长处，测量溶液的透光率增至一定值(例如取50%)所需的时间t(min)。求出1/t值。从工作曲线上查出含钌量。

7.6.2 催化分光光度法测定锇

移取1 mL～5 mL第二吸收管溶液(7.4.2)，置于25 mL比色管中，不足5 mL时，补加锇稀释液(4.20)至5 mL，加入2 mL硫酸(4.3)，1 mL硫酸汞溶液(4.22)，摇匀。将比色管连同比色管架浸入室温水槽中恒温20 min，用固定时间法或固定浓度法测定。

7.6.2.1 固定时间法测定

迅速加入1.00 mL已恒温的硫酸铈铵溶液(4.23)，同时立即开启秒表并摇匀，在室温水槽中放置一定时间(以工作曲线中的最高锇量之吸光度值降至0.3附近时所需的时间来确定)，然后移入1 cm比色杯中，在恰到设定时间时，以水作参比，在420 nm波长处测量溶液的吸光度A。求lg(1/A)值。从工作曲线上查出含锇量。

7.6.2.2 固定浓度法测定

迅速加入1.00 mL已恒温的硫酸铈铵溶液(4.23)，同时立即开启秒表并摇匀，在室温水槽中放置一定时间，将溶液移入1 cm比色杯中，以水作参比，在420 nm波长处测量溶液的透光率增至一定值(例如取50%)，所需的时间t(min)，求出1/t值。从工作曲线上查出含锇量。

8 结果计算

按式(1)计算钌、锇的含量w，以质量分数纳克每克(ng/g)表示：

$$w(\text{Ru或Os})=\frac{(m_1-m_0)V}{mV_1} \qquad \cdots\cdots(1)$$

式中：

m_1——从工作曲线上查得试料溶液的钌或锇量，单位为纳克(ng)；

m_0——从工作曲线上查得试料空白溶液的钌或锇量，单位为纳克(ng)；

m——试料量，单位为克(g)；

V——试料蒸馏分离后制成试料溶液总体积，单位为毫升(mL)；

V_1——测定时从试料溶液总体积中分取的体积，单位为毫升(mL)。

钌、锇含量的计算结果以 ng/g 表示，有效位数为××、×.×、0.×。

9 精密度

表 2 精密度

元素	水平范围 m/(ng/g)	重复性限 r/(ng/g)	再现性限 R/(ng/g)
Ru	2.5～557	$r=0.2400m^{0.9138}$	$R=0.4074m^{0.8842}$
Os	2.5～558	$r=0.2349+0.1844m$	$R=1.0026+0.2183m$
注：本精密度数据是由五个实验室对 7～8 个水平的试样所作的实验中确定的。			

ICS 73.060
D 46

中华人民共和国国家标准

GB/T 17418.6—2010
代替 GB/T 17418.6—1998

地球化学样品中贵金属分析方法 第6部分：铂量、钯量和金量的测定 火试金富集-发射光谱法

Methods for analysis of noble metals in geochemical samples—Part 6: Determination of platinum, palladium and gold content—Preconcentration by fire assay-emission spectrometry

2010-11-10 发布　　2011-02-01 实施

中华人民共和国国家质量监督检验检疫总局
中国国家标准化管理委员会　发布

前　言

GB/T 17418《地球化学样品中贵金属分析方法》分为七个部分：

——第1部分：总则及一般规定；

——第2部分：铂量和铑量的测定　硫脲富集-催化极谱法；

——第3部分：钯量的测定　硫脲富集-石墨炉原子吸收分光光度法；

——第4部分：铱量的测定　硫脲富集-催化分光光度法；

——第5部分：钌量和锇量的测定　蒸馏分离-催化分光光度法；

——第6部分：铂量、钯量和金量的测定　火试金富集-发射光谱法；

——第7部分：铂族元素的测定　镍锍试金-电感耦合等离子体质谱法。

本部分为GB/T 17418的第6部分。

本部分代替GB/T 17418.6—1998《地球化学样品中贵金属分析方法　火试金富集-发射光谱法测定铂钯金》。

本部分与GB/T 17418.6—1998相比，主要变化如下：

——增加了警告；

——明确了以质量分数表示测定范围；

——仪器中增加了天平；

——规范了标准中的名词；

——将“标准试样”改为“标准物质”；

——修改补充了结果计算公式；

——修改了配料比例表示方式；

——改变了部分试剂顺序和硫化物烘样条件。

本部分的附录A为资料性附录。

本部分由中华人民共和国国土资源部提出。

本部分由全国国土资源标准化技术委员会归口。

本部分负责起草单位：国家地质实验测试中心。

本部分起草单位：浙江省地质矿产研究所。

本部分主要起草人：郑存江、胡勇平、陆丁荣。

本部分所代替标准的历次版本发布情况为：

——GB/T 17418.6—1998。

地球化学样品中贵金属分析方法 第6部分:铂量、钯量和金量的测定 火试金富集-发射光谱法

警告——使用本部分的人员应有正规实验室工作的实践经验。本部分并未指出所有可能的安全问题。使用者有责任采取适当的安全和健康措施,并保证符合国家有关法规规定的条件。

1 范围

GB/T 17418的本部分规定了地球化学样品中铂、钯和金的测定方法。

本部分适用于含铂族元素的岩石中铂、钯和金的测定,也适用于水系沉积物等地球化学样品的测定。不适用于铬铁矿矿石中铂、钯和金的测定。测定范围,以质量分数表示:铂0.2 ng/g~100 ng/g,钯1 ng/g~100 ng/g,金0.1 ng/g~100 ng/g。

2 规范性引用文件

下列文件中的条款通过GB/T 17418的本部分的引用而成为本部分的条款。凡是注日期的引用文件,其随后所有的修改单(不包括勘误的内容)或修订版均不适用于本部分,然而,鼓励根据本部分达成协议的各方研究是否可使用这些文件的最新版本。凡是不注日期的引用文件,其最新版本适用于本部分。

GB/T 17418.1 地球化学样品中贵金属分析方法 总则及一般规定

3 原理

试料与火试金熔剂混合,加入1 mg银,在950 ℃熔融得到含贵金属的铅扣。铅扣与熔渣分离后在900 ℃灰吹得含铂、钯和金的银合粒。钯银合粒装入电极,以发射光谱法同时测定铂、钯和金的含量。

4 试剂

4.1 碳酸钠,工业纯,粉状。

4.2 硼砂 $Na_2B_4O_7 \cdot 5H_2O$,工业纯,粉状。

4.3 乙酸(36+64)。

4.4 二苯基硫脲。

4.5 硝酸(ρ1.42 g/mL,优级纯)。

4.6 盐酸(ρ1.19 g/mL)。

4.7 锑粉(优级纯)。

4.8 碳酸锶。

4.9 氧化铅(工业级)。

4.10 活性碳(粒度为0.074 mm)。

4.11 面粉(市售一般面粉)。

4.12 石墨粉(光谱纯,0.074 mm)。

4.13 石英粉(粒度为0.074 mm),经过王水处理除去贵金属后烘干。

4.14 银粉(优级纯)。

4.15 碱式碳酸铅 $2PbCO_3 \cdot Pb(OH)_2$,粉状。

铂、钯和金的含量皆应小于0.05 ng/g。试剂制备方法如下：

称取1.2 kg氧化铅(4.9)，放入5 000 mL烧杯中，加3 500 mL自来水。在搅拌下加入600 mL硝酸(4.5)和100 mL冰乙酸(4.3)。搅拌25 min。另取1 g二苯基硫脲(4.4)，溶于15 mL热的冰乙酸(4.3)中，趁热将此溶液倒入铅盐溶液中，继续搅拌2 h。加入1 g活性碳(4.10)，再搅拌1 h。减压过滤。滤液盛于20 L塑料桶中。不溶物弃去。

另取800 g碳酸钠(4.1)，用3 000 mL热自来水溶解。在搅拌下逐步将碳酸钠溶液加入铅盐溶液中，直至溶液的pH>8。放置澄清后，倾析洗去上层清液，再用15 L自来水倾析洗涤沉淀3次。将沉淀移入布氏漏斗中，减压过滤，并用自来水洗涤3次，取出产品，在150 ℃烘干，得1.35 kg碱式碳酸铅，研碎后备用。

4.16 硝酸银溶液，$\rho(Ag)=10$ mg/mL。

称取0.50 g银粉(4.14)置于烧杯中，加入10 mL水和2 mL硝酸(4.5)，微热至银溶解后，用水稀释至50 mL。

4.17 碳酸锶-石墨混合粉末(1+4)。

称取1 g碳酸锶(4.8)和4 g石墨粉(4.12)，在玛瑙研钵中研磨均匀。

4.18 铂、钯和金标准系列合粒的制备：

每粒含有银1.0 mg，铂、钯和金各0.001 μg、0.003 μg、0.010 μg、0.030 μg、0.100 μg、0.300 μg、1.00 μg。

a) 制备铂、钯、金标准粉末A

称取光谱纯铂粉、钯粉、金粉各10.00 mg，置于50 mL瓷坩埚中。加入30 g锑粉(4.7)，搅匀，上面再盖12 g锑粉(4.7)。盖上坩埚盖后将坩埚放入900 ℃高温炉中熔融30 min。取出坩埚，去盖，稍冷但在开始结晶前将熔融锑以细流状全部倒入冷水中。收集全部锑粒，在110 ℃烘干。冷却后称量(精确至0.01 g)。在瓷研钵中钯、锑粒研磨至0.15 mm。该标准粉末中铂、钯、金的含量通过式(1)计算得到：

$$w_A(\text{Pt、Pd、Au})=\frac{0.01}{m_A} \qquad\cdots\cdots\cdots\cdots(1)$$

式中：

w_A(Pt、Pd、Au)——A标准粉末中铂、钯、金的含量，单位为克每克(g/g)；

m_A——锑粒质量，单位为克(g)。

b) 制备铂、钯、金标准粉末B

称取m_a g铂、钯、金标准粉末A[4.18a)]置于30 mL瓷坩埚中，加15 g锑粉(4.7)，搅匀，上面再盖7 g锑粉(4.7)。盖上坩埚盖，将坩埚放入900 ℃高温炉中熔融20 min。以下按[4.18a)]步骤，经水淬、烘干，称量和研磨，制得铂、钯、金标准粉末B。该标准粉末中铂、钯、金的含量通过式(2)计算：

$$w_B(\text{Pt、Pd、Au})=\frac{w_A m_a\times10^{-3}}{m_B} \qquad\cdots\cdots\cdots\cdots(2)$$

式中：

w_B(Pt、Pd、Au)——B标准粉末中铂、钯、金的含量，单位为克每克(g/g)；

m_a——称取标准粉末A的质量，单位为毫克(mg)；

m_B——锑粒质量，单位为克(g)。

c) 制备铂、钯、金标准系列粉末

制备1 000套合粒所需的标准粉末量及其制备方法如下：

取7个30 mL瓷坩埚，编号1～7。向每个坩埚加入1.00 g银粉(4.14)。分别称取铂、钯、金标准粉末B[4.18b)]1×10^{-6} g、3×10^{-6} g、10×10^{-6} g，依次放入1号～3号坩埚中；分别称取

铂、钯、金标准粉末 A[4.18a)]0.03×10^{-3} g、0.1×10^{-3} g、0.3×10^{-3} g、1×10^{-3} g,依次放入4～7号坩埚中。向每个坩埚中都加入锑粉(4.7)至总质量为16.5 g,搅匀,再盖5.0 g锑粉(4.7)。盖上坩埚盖,将坩埚放入900 ℃高温炉中熔融20 min。以下按[4.18a)]步骤,经水淬、烘干,称量和研磨,制得铂、钯、金标准系列粉末1～7号。设各号锑粒的质量依次为 m_1、m_2、m_3、m_4、m_5、m_6、m_7。并以 m_i 代表之。

d) 制备铂、钯、金标准系列合粒

从铂、钯、金标准系列粉末1号～7号[4.18c)]分别称取(m_i×10^{-3})g(精确至0.2 mg),各自置于铅皿[此铅皿由质量约1 g、面积约1 cm^2 的铅片压成表面皿状,铅片中铂、钯、金的含量均＜0.1×10^{-9} g/g]中。将盛有标准粉末的铅片放入已在900 ℃预热20 min的灰皿中灰吹至铅全部吹尽。以下按7.4.4步骤洗净,即得铂、钯、金的标准系列合粒。

5 仪器和设备

5.1 高铝坩埚,50 mL。

注:使用前先检查坩埚空白值。

5.2 镁砂灰皿:

顶部内径约33 mm,底部外径约38 mm,高约25 mm,深约15 mm。

制法:按水泥(标号425)—镁砂(0.099mm)—水(20+80+10),搅拌均匀,在灰皿机上压制成型,阴干三个月后备用。

5.3 高温炉。

5.4 石墨电极:

下电极为带颈杯形,规格:孔径1.2 mm,孔深(带尖)1.5 mm,壁厚0.5 mm,高2.0 mm,颈径1.6 mm,颈长4 mm;

上电极为圆筒形,孔径1.9 mm,孔深4.0 mm,壁厚0.5 mm,筒长6.0 mm;孔中充填碳酸锶-石墨混合粉末(4.17),压紧刮平。

5.5 一米平面光栅摄谱仪。

5.6 测微光度计。

5.7 天平,感量0.1 mg。

6 试样

6.1 试样按GB/T 17418.1规定的方法进行加工制备。

6.2 试样应在105 ℃预干燥2 h,硫含量较高的试样在60 ℃的鼓风干燥烘箱内干燥2 h～4 h,然后置于干燥器中,冷却至室温。

7 分析步骤

7.1 试料量

称取均匀试样10 g,精确至0.1 g。

7.2 空白试验

随同试料进行双份空白试验,所用试剂应取自同一试剂瓶,加入同等的量。

7.3 验证实验

随同试料分析同类型,含量相近似的标准物质。

7.4 测定

7.4.1 配料

将试料(7.1)放入200 mL锥形瓶中,根据试料的性质配料如下:

酸性岩：17 g 碳酸钠(4.1)，4 g 硼砂(4.2)，12 g 碱式碳酸铅(4.15)，1.4 g 面粉(4.11)；

基性和超基性岩：11 g 碳酸钠(4.1)，9 g 硼砂(4.2)，12 g 碱式碳酸铅(4.15)，1.4 g 面粉(4.11)；

碳酸盐：11 g 碳酸钠(4.1)，9 g 硼砂(4.2)，12 g 碱式碳酸铅(4.15)，1.4 g 面粉(4.11)，3 g 石英粉(4.13)。

注：若用硼砂($Na_2B_4O_7 \cdot 10H_2O$)配料，则酸性试样 5.3 g；中性试样和碱性试样各加 11.8 g。

根据试样酸碱特性，选择相应的配料，将试料和配料摇匀后，倒入高铝坩埚(5.1)中，然后挖一小坑，加入 0.1 mL 硝酸银溶液(4.16)。

7.4.2 熔融

将坩埚置于已升温至 950 ℃的高温炉中，关闭炉门升温至约 7 min 时，反应剧烈，应微启炉门，以避免溢出，关闭炉门继续升温至 950 ℃并保持 5 min。取出坩埚，将熔融体倒入铁模中。冷却后取出铅扣，砸去熔渣。铅扣质量 7 g～9 g。

警告——氧化铅(锑)蒸气有毒，火试金法熔融和灰吹的高温炉应置于抽风效率高的通风橱中进行。为了保护环境，需对排出的铅(锑)或氧化铅(锑)有毒气体进行处理，并达到国家规定的排放标准。

7.4.3 灰吹

将铅扣(7.4.2)放入已在 920 ℃高温炉内预热 20 min 的镁砂灰皿(5.2)中，关闭炉门，升温。待熔铅脱模后，半启炉门，并控制温度在 900 ℃灰吹至铅全部吹尽。取出灰皿。

7.4.4 洗净合粒

从灰皿(7.4.3)中取出银合粒，放入 10 mL 瓷坩埚中，加入 0.5 mL 乙酸(4.3)，放在已预热的电热板上微热至银合粒上的沾附物溶脱。取出银合粒，在水中漂洗一次，放在滤纸上吸干。

7.4.5 工作曲线的配制

将铂、钯和金标准系列合粒(4.10)分别放入下电极(5.4)中。

7.4.6 光谱测定

先将合粒装入下电极(5.4)中，然后用石墨粉(4.12)，充填电极孔，压紧，进行光谱测定。交流电弧激发(仪器工作参考条件参见附录 A.1)。采用天津产Ⅰ型光谱相板，AB 显影液，25 ℃显影 4 min，定影至透明。

注 1：装上电极压紧刮平，否则一受热 $SrCO_3$-石墨粉就可能脱出，影响摄谱重复性。

注 2：将下电极的头部烧光，各实验室的条件不尽相同，可以预先试验(空下电极装石墨粉，上电极装 $SrCO_3$-石墨粉)确定弧烧时间。

用测微光度计测量分析线的黑度，以绝对黑度法测定；或兼测分析线背景的黑度，以背景内标法测定。分析线、测量背景黑度的位置以及所用测定方法的具体规定参见附录 A.2。

同时进行标准系列的测量。分别以黑度 P 或黑度差 ΔP 为纵坐标，以金属量的对数($\lg C$)为横坐标，绘制铂、钯和金的工作曲线。从工作曲线查得相应的铂、钯和金的含量。

8 结果计算

按式(3)计算铂、钯和金的含量，以质量分数纳克每克(ng/g)表示：

$$w(\mathrm{Pt、Pd、Au})=\frac{m_s}{m} \qquad \cdots\cdots(3)$$

式中：

m_s——从工作曲线上查得试料中铂、钯或金的量，单位为纳克(ng)；

m——试料量，单位为克(g)。

铂、钯和金含量的计算结果以 ng/g 表示，有效位数为××、×.×、0.×。

9 精密度

表 1 精密度

元素	水平范围 m/(ng/g)	重复性限 r/(ng/g)	再现性限 R/(ng/g)
Pt	0.26～63	$r=0.704\ 2m^{0.804\ 3}$	$R=0.285\ 0+0.445\ 2m$
Pd	0.26～74	$r=0.054\ 0+0.444\ 7m$	$R=0.611\ 3m^{0.888\ 3}$
Au	0.27～10	$r=0.891\ 8m^{0.813\ 5}$	$R=0.917\ 0m^{0.845\ 5}$
注：本精密度数据是由四个实验室对 6～7 个水平的试样所做的实验中确定的。			

附 录 A
（资料性附录）
火试金富集-发射光谱法仪器工作参考条件

A.1 1 m平面光栅摄谱仪，测定铂、钯和金的工作参考条件见表A.1和表A.2。

表A.1 仪器工作参考条件

仪器参数	电学参数	预燃时间	曝光时间
光栅刻度1 200条/mm 中心波长290 nm 狭缝10 μm 中间光栅2 mm	交流电220 V，10 A	5 s	35 s

A.2 测微光度计测量谱线黑度，分析线的选择见表A.2。

表A.2 分析线

测定元素	分析线/nm	内标线	测量范围/ng
Pt	265.95	b	1～30
	265.95	a	30～300
	270.24	a	100～1 000
Pd	340.46	b	1～10
	324.27	a	10～100
	311.40	a	100～1 000
Au	267.60	b	1～10
	267.60	a	1～100
	274.83	a	100～1 000
注：a——绝对黑度法；b——紧靠分析线短波一侧背景最浅处。			

ICS 73.060
D 46

中华人民共和国国家标准

GB/T 17418.7—2010

地球化学样品中贵金属分析方法 第7部分：铂族元素量的测定 镍锍试金-电感耦合等离子体质谱法

Methods for analysis of noble metals in geochemical samples—Part 7: Determination of platinum group elements—By nickel sulfide fire assay-inductively coupled plasma mass spectrometry

2010-11-10 发布

2011-02-01 实施

中华人民共和国国家质量监督检验检疫总局
中国国家标准化管理委员会
发布

前言

GB/T 17418《地球化学样品中贵金属分析方法》分为七个部分：

——第1部分：总则及一般规定；

——第2部分：铂量和铑量的测定　硫脲富集-催化极谱法；

——第3部分：钯量的测定　硫脲富集-石墨炉原子吸收分光光度法；

——第4部分：铱量的测定　硫脲富集-催化分光光度法；

——第5部分：钌量和锇量的测定　蒸馏分离-催化分光光度法；

——第6部分：铂量、钯量和金量的测定　火试金富集-发射光谱法；

——第7部分：铂族元素的测定　镍锍试金-电感耦合等离子体质谱法。

本部分为GB/T 17418的第7部分。

本部分的附录A为规范性附录，附录B、附录C为资料性附录。

本部分由中华人民共和国国土资源部提出。

本部分由全国国土资源标准化技术委员会归口。

本部分起草单位：国家地质实验测试中心。

本部分主要起草人：李冰、杨红霞、刘崴。

地球化学样品中贵金属分析方法 第7部分:铂族元素量的测定 镍锍试金-电感耦合等离子体质谱法

警示——使用本部分的人员应有正规实验室工作的实践经验。本部分并未指出所有可能的安全问题。使用者有责任采取适当的安全和健康措施,并保证符合国家有关法规规定的条件。

1 范围

GB/T 17418的本部分规定了地球化学样品中镍锍试金-电感耦合等离子体质谱(ICP-MS)测定铂族元素的方法。

本部分适用于地球化学样品中铂、钯、铑、铱、锇、钌元素的测定。

测定范围:见附录A。

2 规范性引用文件

下列文件中的条款通过本部分的引用而成为本部分的条款。凡是注日期的引用文件,其随后所有的修改单(不包括勘误的内容)或修订版均不适用于本部分,然而,鼓励根据本部分达成协议的各方研究是否可使用这些文件的最新版本。凡是不注日期的引用文件,其最新版本适用于本部分。

GB/T 14506.1　硅酸盐岩石化学分析方法　第1部分:吸附水量的测定

GB/T 6682—2008　分析实验室用水规格和试验方法

3 原理

试料与混合熔剂按比例混合,于1 100 ℃高温熔融。贵金属通过镍锍捕集与其他元素分离,用盐酸溶解镍锍扣,抽滤,沉淀和滤膜转入封闭溶样器中,用王水溶解。在ICP-MS上直接测定铂族元素,其中锇用同位素稀释法测定。采用碲共沉淀法可以改善贵金属的回收和重现性。

4 试剂和溶液

除非另有说明,在分析中仅使用确认为分析纯的试剂和去离子水或相当纯度的水,所用水标准符合GB/T 6682—2008。在空白试验(7.1)中,若已检测到所用分析纯试剂中含有大于本部分待测元素方法检出限的含量,并确认已经影响试料中待测元素低量的测定,应纯化试剂。

4.1　硼砂:100 ℃烘烤脱水,研碎后备用。

4.2　四硼酸锂。

4.3　碳酸钠。

4.4　羰基镍:粒度2.2 μm~2.8 μm,使用前先进行铂族元素空白试验。**警示——剧毒化学品,小心操作。**

4.5　升华硫。

4.6　二氧化硅。

4.7　面粉:市售普通面粉。

4.8　覆盖剂(1+1):硼砂(4.1)与碳酸钠(4.3)混合均匀。

4.9　氯化亚锡溶液(ρ1 mol/L):用氯化亚锡制备成1 mol/L的氯化亚锡溶液(3 mol/L盐酸介质)。

4.10　盐酸(ρ1.18 g/mL):优级纯或高纯。

4.11　盐酸（1+9）。

4.12　硝酸（ρ1.42 g/mL）：优级纯或高纯。

4.13　王水：由盐酸（4.10）和硝酸（4.12）按 3+1 比例配制。

4.14　碲共沉淀剂：用碲酸钠制备成 0.5 mg/mL 的碲溶液（3 mol/L 盐酸介质）。

4.15　单元素标准储备液：具体配制参见附录 B。

4.16　铂族元素混合标准储备溶液：

直接分取单元素标准储备溶液（4.15）制备混合标准储备液，也可用市售多元素混合标准储备溶液进行稀释得到。各元素含量 10 μg/mL，介质为王水（4.13）（1+9）。

4.17　校准标准溶液：

用混合标准储备溶液（4.16）稀释制备。浓度为 20 μg/L，介质为王水（1+9）。

4.18　^{190}Os 稀释剂：

市售^{190}Os 稀释剂，^{190}Os/^{192}Os 比值和 Os 的质量浓度已知，符合同位素稀释法要求。

4.19　内标元素混合溶液：

直接分取铟和铊单元素标准储备溶液（4.15）配制内标元素混合溶液，铟和铊含量各为 10 ng/mL。

4.20　空白溶液：

a）　校准空白溶液：王水（1+9）；

b）　清洗空白溶液：硝酸（2+98）。

5　仪器和设备

5.1　电感耦合等离子体质谱仪：

a）　仪器能在 5 u～250 u 质量范围内进行扫描，最小分辨率为在 5%峰高处 1 u 峰宽。以四极杆电感耦合等离子体质谱仪为例的工作参数参见附录 C；

b）　氩气：高纯级（氩质量分数≥99.99%）。

5.2　耐火试金坩埚：容积 300 mL。

5.3　试金炉：功率 15 kW，最高温度为 1 600 ℃。

5.4　温控式电热板：最高温度为 250 ℃。

5.5　干燥箱：最高温度为 250 ℃。

5.6　封闭溶样器：不锈钢外套，聚四氟乙烯内罐，容积为 10 mL。

5.7　负压抽滤装置：耐强酸滤膜，孔径 0.45 μm。

5.8　分析天平：三级，感量 0.1 mg。

5.9　铸铁模。

5.10　碎扣装置。

6　试样

6.1　试样粒径应小于 74 μm。

6.2　试样应在 105 ℃预干燥 2 h～4 h，置于干燥器中，冷却至室温。

6.3　对易吸水的岩石，应取空气干燥试样，在称样的同时，按 GB/T 14506.1 进行吸附水量的测定。最终以干态计算结果。

7　分析步骤

7.1　空白试验

随同试料进行双份空白试验，所用试剂应取自同一瓶，加入同等的量。

7.2 验证试验

随同试料分析同矿种、含量相近的标准物质。

7.3 试料分解

7.3.1 根据试料基体的种类进行熔剂配比，不同基体的试金熔剂配比见表1。

表1 试金熔剂配比

单位为克

试样种类	样品量	硼砂	碳酸钠	氧化镍	二氧化硅	硫	四硼酸锂	面粉
一般岩石	20	20	12	1	1.5	1.4		0.5～1
超基性岩	10	25	16	3.5	5	2		1
铬铁矿	10		18	10	9	5	25	1
注：未知试料分析前，最好进行半定量分析，了解试料主要组成，以利于试金熔剂的配比。								

7.3.2 称取10 g～20 g试料（精确到0.01 g）于250 mL三角瓶中，加入混合溶剂（7.3.1），充分摇匀后转入坩埚（5.2）中，准确加入适量（相应于样品中含量）的锇稀释剂（4.18），覆盖少量覆盖剂（4.8），放入已升温至1 100 ℃的马弗炉中熔融1 h～1.5 h。

7.3.3 熔融体倒入铁模（5.9）中，冷却后砸碎熔块，取出镍锍扣。

7.3.4 用碎扣装置（5.10）粉碎，转入150 mL烧杯中，加入60 mL～100 mL盐酸（4.11），置于100 ℃的电热板上加热至溶液变清且不再冒气泡为止。

7.3.5 加入0.5 mL～1 mL碲共沉淀剂（4.14），1 mL～2 mL氯化亚锡溶液（4.9）。加热0.5 h并放置数小时。

7.3.6 用负压抽滤装置（5.7）将溶液抽滤，用盐酸（4.11）及水反复冲洗沉淀。将沉淀和滤膜转入封闭溶样器（5.6）中，加入1 mL～2.5 mL王水（4.13），置于干燥箱（5.5）中，100 ℃加热2 h～3 h。

7.3.7 冷却后移入10 mL～25 mL玻璃试管中，用水稀释至刻度，摇匀，备上机测定。

7.4 测定

7.4.1 按照仪器操作说明书规定条件启动仪器。选择分析同位素和内标元素，见附录A，编制样品分析表。

7.4.2 仪器点燃后至少稳定30 min，期间用含1 ng/mL铍、钴、铟、铈、铀的混合溶液进行仪器参数最佳化调试。在测定过程中通过三通在线引入内标元素混合溶液（4.19）。

7.4.3 校准。以校准空白溶液[4.20a)]和校准标准溶液（4.17）建立校准标准曲线。

7.4.4 每批样品测定时，同时测定实验室试剂空白溶液（7.1）。

7.4.5 样品测定中间用清洗空白溶液[4.20b)]清洗系统。

8 结果计算

8.1 分析结果的计算

按式（1）计算固体样品中待测物的量：

$$w(\mathrm{B})=\frac{(\rho-\rho_0)V}{m} \qquad \cdots\cdots(1)$$

式中：

$w(\mathrm{B})$——样品中待测物B的量，单位为微克每克（μg/g）；

ρ——测定溶液中待测物浓度，单位为微克每毫升（μg/mL）；

ρ_0——实验室试剂空白溶液中待测物浓度，单位为微克每毫升（μg/mL）；

V——测定溶液体积，单位为毫升（mL）；

m——被称取样品的质量，单位为克（g）。

8.2 干扰校正

^{192}Os存在^{192}Pt的同量异位素干扰，按式(2)校正。

$$I_{192Os} = I_{192} - 0.023 \times I_{195Pt} \quad \cdots\cdots(2)$$

式中：

I_{192Os}——^{192}Os的计数率；

I_{192}——192质量数的总计数率；

0.023——^{192}Pt和^{195}Pt两种同位素的天然同位素丰度比值。

8.3 锇的浓度计算

根据校正后^{192}Os的计数率，按同位素稀释法计算公式计算试料中Os的量：

$$w(Os) = \frac{m_s k(A_s - B_s R)}{m(B_x R - A_x)} \quad \cdots\cdots(3)$$

式中：

w——Os的量，单位为纳克每克(ng/g)；

R——测得的$^{192}Os/^{190}Os$比值；

m_s——稀释剂加入量，单位为纳克(ng)；

k——试料中Os的原子量与稀释剂中Os的原子量之比值；

A_s——稀释剂中^{192}Os的同位素丰度；

B_s——稀释剂中^{190}Os的同位素丰度；

A_x——试料中^{192}Os的同位素丰度；

B_x——试料中^{190}Os的同位素丰度；

m——试料量，单位为克(g)。

9 精密度

铂族元素量测定结果的精密度见表2。

表2 精密度

元素	水平范围 m/(ng/g)	重复性限 r/(ng/g)	再现性限 R/(ng/g)
Pt	0.26～5 700	$r=0.307\,3m^{0.929\,9}$	$R=0.441\,4m^{0.958\,6}$
Pd	0.26～1 660	$r=0.220\,2m^{0.896\,4}$	$R=0.364\,8m^{0.981\,3}$
Rh	0.018～7.7	$r=0.255\,2m^{0.925\,8}$	$R=0.465\,3m^{1.037\,4}$
Ir	0.032～29	$r=0.295\,3m^{0.832\,3}$	$R=0.555\,3m^{0.966\,7}$
Os	0.05～42	$r=0.562\,0m^{0.941\,8}$	$R=0.834\,1m^{0.931\,6}$
Ru	0.05～72	$r=0.691\,7m^{0.976\,6}$	$R=0.894\,7m^{0.897\,3}$
注：表中 m 为 n 次测定含量平均值。			

附 录 A
（规范性附录）
分析同位素、方法检出限和测定范围

本部分测定元素的分析同位素、内标、方法检出限及测定范围见表 A.1。

表 A.1 分析同位素、方法检出限和测定范围

分析同位素	内 标	方法检出限[a]/(ng/g)	测定范围/(ng/g)	干扰注释
^{195}Pt	^{205}Tl	0.026	0.026～50 000	
^{105}Pd	^{115}In	0.06	0.06～50 000	含铜高的样品，应选用^{106}Pd或^{108}Pd
^{103}Rh	^{115}In	0.001	0.001～5 000	
^{193}Ir	^{205}Tl	0.013	0.013～5 000	
^{192}Os	^{190}Os（稀释剂）	0.007	0.007～5 000	
^{101}Ru	^{115}In	0.02	0.02～5 000	

[a] 方法检出限是用流程空白溶液（相对于 20 g 样品）的 10 次测定结果的 10 倍标准偏差计算求得。所列检出限是在附录 C 所列仪器条件下测定。

附 录 B
（资料性附录）
单元素标准储备溶液的配制

B.1 铂标准溶液（1.000 mg/mL）

准确称取 0.100 0 g 光谱纯金属铂，置于 100 mL 烧杯中，加入 20 mL 王水（6.15），在电热板上加热溶解后，加入 0.2 g 氯化钠，在水浴上蒸发至干。用盐酸（2+1）反复蒸干以除去硝酸。加入 20 mL 盐酸（2+1）溶解，移入 100 mL 容量瓶中，用盐酸（2+1）稀释至刻度，摇匀。

B.2 钯标准溶液（1.000 mg/mL）

准确称取 0.100 0 g 光谱纯金属钯丝于 100 mL 烧杯中，按 6.17.5 相同步骤配制。

B.3 铑标准溶液（1.000 mg/mL）

准确称取 0.368 2 g 氯铑酸铵[$(NH_4)_2RhCl_6 \cdot 1(1/2)H_2O$]溶于盐酸（1+9）中，移入 100 mL 容量瓶中，并以盐酸（1+9）稀释至刻度，摇匀。

B.4 铱标准溶液（1.000 mg/mL）

准确称取 0.229 4 g 氯铱酸铵[$(NH_4)_2IrCl_6$]溶于盐酸（1+9），移入 100 mL 容量瓶中并以盐酸（1+9）稀释至刻度，摇匀。

B.5 钌标准溶液（1.000 mg/mL）

准确称取 0.328 9 g 氯钌酸铵[$(NH_4)_2Ru(H_2O)Cl_5$]，置于 200 mL 烧杯中，加入 0.2 g～0.3 g 硫酸亚铁铵和 25 mL 水，待盐类溶解后，慢慢加入 25 mL 硫酸（ρ1.84 g/mL），在电热板上加热至冒白烟，再继续保持 5 min，取下冷却，稀释至 100 mL，摇匀。

B.6 铟标准溶液（1.000 mg/mL）

准确称取 0.100 0 g 高纯金属铟（In），置于烧杯中，加入 10 mL 浓盐酸溶解。将溶液移入 100 mL 容量瓶，用水稀释至刻度，摇匀。

B.7 铊标准溶液（1.000 mg/mL）

准确称取 0.111 7 g，经 105 ℃烘 2 h 的光谱纯三氧化二铊（Tl_2O_3），置于烧杯中，加入 10 mL 硝酸（1+1），低温加热至溶解。冷却后移入 100 mL 容量瓶中，用水稀释至刻度，摇匀。

附　录　C
（资料性附录）
电感耦合等离子体质谱仪工作参考条件

以某四极杆电感耦合等离子体质谱仪为例的工作参数见表C.1。

表C.1　电感耦合等离子体质谱仪工作参考条件

参　　数	设定值	参　　数	设定值
ICP功率/W	1 350	数据获取	
冷却气流量/(L/min)	13.0	跳峰	3点/质量
辅助气流量/(L/min)	0.7	停留时间	10 ms/点
雾化气流量/(L/min)	1.0	扫描次数	40次
取样锥孔径/mm	1.0	测量时间	60 s
截取锥孔径/mm	0.7		

参 考 文 献

[1] 何红蓼,吕彩芬,周肇如,李冰.锍镍试金-等离子体质谱法测定地球化学勘探样品中的铂族元素和金Ⅰ.分析流程的简化.岩矿测试,2001,20(3):191-194.

[2] 吕彩芬,何红蓼,周肇如,李冰.锍镍试金-等离子体质谱法测定地球化学勘探样品中的铂族元素和金Ⅱ.分析流程空白的降低.岩矿测试,2002,21(1):7-11.

[3] 李冰,杨红霞.电感耦合等离子体质谱原理和应用.北京:地质出版社,2005.